U0946692

# 中关村国家自主创新示范区年鉴

# YEARBOOK OF ZHONGGUANCUN NATIONAL INNOVATION DEMONSTRATION ZONE

## —2014—

中关村科技园区管理委员会　编

北京出版集团公司
北 京 出 版 社

**图书在版编目（CIP）数据**

中关村国家自主创新示范区年鉴. 2014 / 中关村科技园区管理委员会编. — 北京 : 北京出版社, 2014.12
ISBN 978-7-200-10996-2

Ⅰ. ①中… Ⅱ. ①中… Ⅲ. ①高技术开发区—北京市—2014—年鉴 Ⅳ. ①F127.1-54

中国版本图书馆CIP数据核字(2014)第244655号

策　　划　于　虹
责任编辑　陈伟生　张　放　白　珍
特约编辑　王　岩
装帧设计　盛天果
责任印制　宋　超

**中关村国家自主创新示范区年鉴 2014**
ZHONGGUANCUN GUOJIA ZIZHU CHUANGXIN SHIFANQU NIANJIAN 2014
**中关村科技园区管理委员会　编**
*
北京出版集团公司
北　京　出　版　社　出版

(北京北三环中路6号)
邮政编码：100120

网　址：www.bph.com.cn
北京出版集团公司总发行
新　华　书　店　经　销
北京华联印刷有限公司印刷
*
889毫米×1194毫米　16开本　39.5印张　1280千字
2014年12月第1版　2014年12月第1次印刷

ISBN 978-7-200-10996-2

定价：420.00元

质量监督电话：010-58572393

# 《中关村国家自主创新示范区年鉴》编辑部

（按姓氏笔画排序）

5 月 4 日，市委书记郭金龙（左 2）到北京启明星辰信息技术股份有限公司等企业调研

3 月 22 日，科技部部长万钢（左 4）到北京国家现代农业科技城调研

7月25日，市长王安顺（左2）、常务副市长李士祥（左3）到"第十三届中国国际环保展览会"中关村示范区展区听取企业介绍创新成果

5月30日，保监会主席项俊波（左3）到石景山园西山汇高端产业集聚区调研

9月5日，市委常委赵凤桐（左2）到中关村示范区展示中心指导工作

6月7日，市委常委牛有成（右1）到德青源（北京）生态园就沼气发电和沼气提纯压缩项目进行调研

4月25日，市委常委陈刚在“全国中小企业股份转让系统制度解读会——中关村国家自主创新示范区专场”上讲话

3月7日，副市长苟仲文（右1）到怀柔园调研并为园区授牌

12月24日，海军副司令员丁一平（左1）参加“海军北京市军民融合储能及磁传动领域高新技术产品展示对接会”

6月27日，副市长林克庆（左2）到德青源（北京）生态园调研

1月7日，“国家自主创新示范区‘1+3’工作联席会”第三次会议召开

1月8日，“中关村示范区企业进入代办股份转让系统集体挂牌”仪式举行

3月14日，“中关村管委会2013年党风廉政建设工作会议”召开

3月26日，“香港科技园公司中关村联络处启动仪式”举行

4月11日，“中关村示范区社会组织工作大会”召开

5月14日，“2013首届中关村—硅谷创新创业大赛启动仪式”在北京、美国硅谷两地通过视频连线的方式同时举行

5 月 22—26 日，中关村示范区参展“第十六届中国北京国际科技产业博览会”

5 月 23 日，“2013 年度中关村人才市场、中关村科技园区海淀园企业博士、博士后专场洽谈会”举办

5 月 25 日，2013 年“中关村国家自主创新示范区体育运动展示”活动举办

7月1日，“第十六届国际雨水收集利用大会暨雨水综合利用国际论坛”举办

7月12日，“中关村管委会党的群众路线教育实践活动动员部署大会”召开

7月30日，“中关村知识产权服务业联盟成立大会暨知识产权融资战略合作签约仪式”举行

8月15日，“2013年度中关村十大系列评选活动新闻发布会”举办

9月6日，“信用中关村系列活动——北京中关村企业信用促进会成立十周年暨2013中关村信用双百企业发布会”举行

10月14日，“世界标准日暨全国标准开放服务日主题活动”举办

10 月 28 日，通州园利星行汽车中心开业

12 月 16 日，怀柔园玛氏巧克力中国总部基地落成

发展建设中的中关村科学城

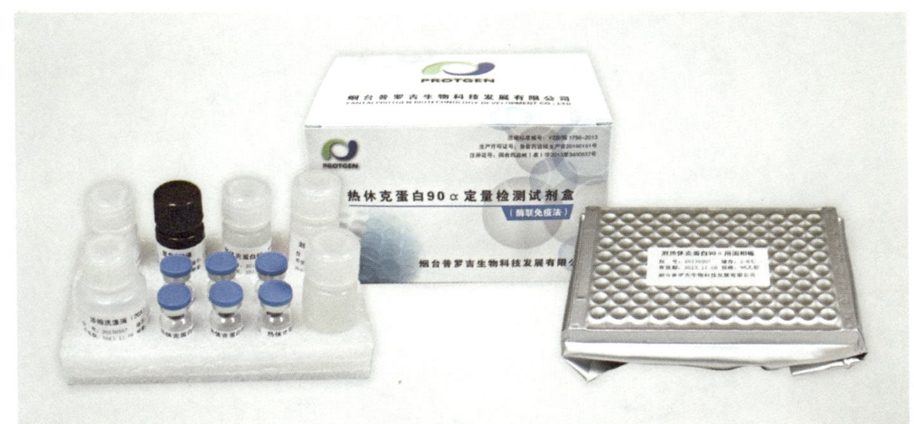


北京普罗吉生物科技发展有限公司——新型肿瘤标志物热休克蛋白90α（Hsp90α）

北京神雾环境能源科技集团股份有限公司——氢气竖炉直接还原技术及产业化应用

北京华力创通科技股份有限公司——HWA-RDSS-300 北斗手持卫星通信终端

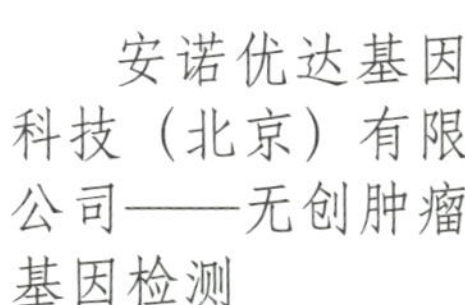

安诺优达基因科技（北京）有限公司——无创肿瘤基因检测

北京兆易创新科技股份有限公司——GD32 系列 32 位通用微控制器

北京碧水源科技股份有限公司——高效节能增强型中空纤维膜生物反应器组器

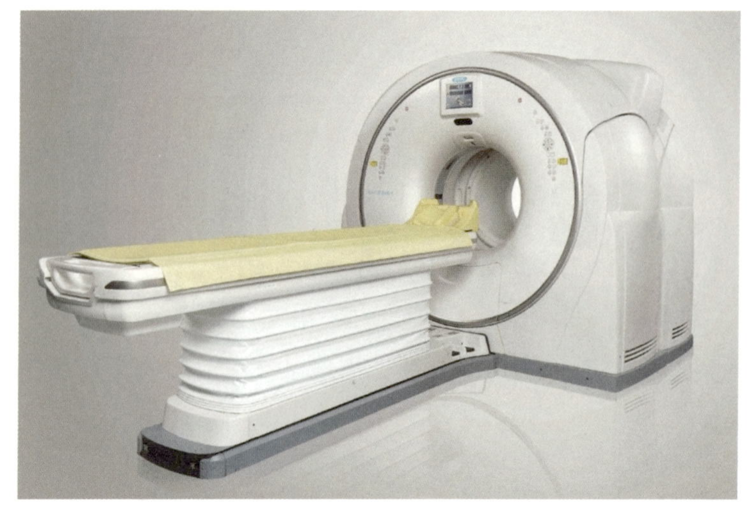

北京锐视康科技发展有限公司——PET-CT 分子医学影像整机系统

京东方科技集团股份有限公司——110 英寸 ADSDS 超高清液晶显示屏

北京长安汽车有限公司——长安 RAETON 睿骋

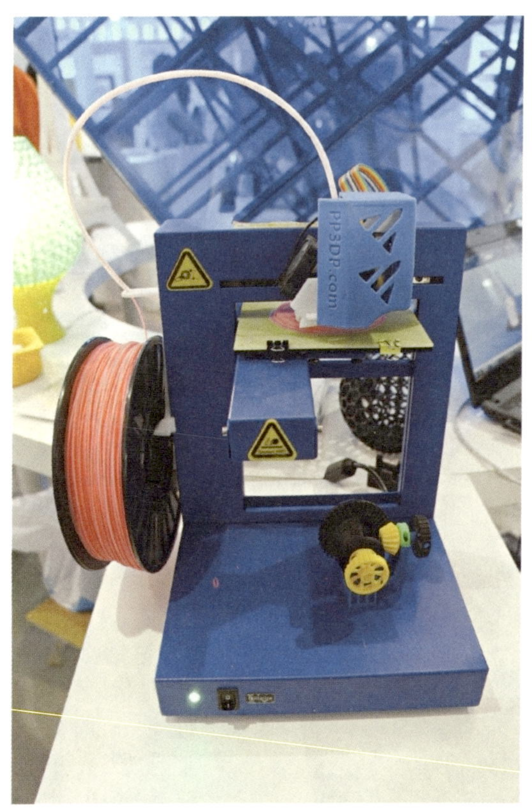

北京太尔时代科技有限公司——3D 打印机

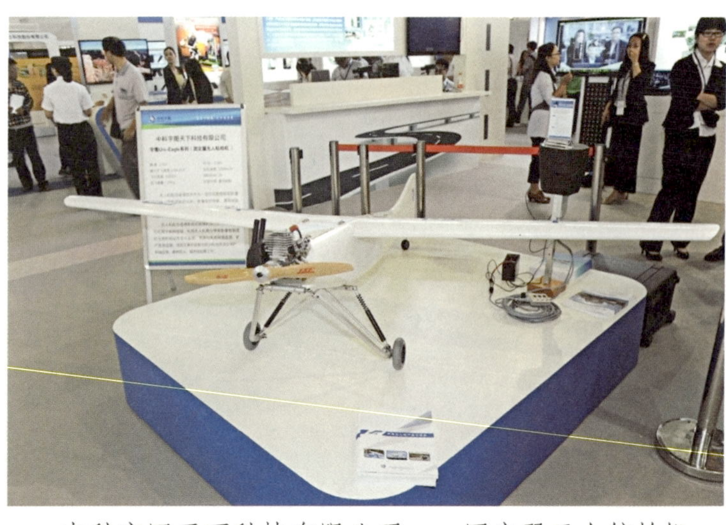

中科宇图天下科技有限公司——固定翼无人航拍机

1月24日，“中关村科技园区管委会江西省瑞金市人民政府战略合作框架协议签约仪式”举行

4月8日，“中芬国际合作创新平台启动暨北京芬华创新中心签约仪式”举行

7月11日，“中关村科技园区管理委员会中国进出口银行北京分行政策性金融助推中关村国际化发展战略合作签约暨业务推介”举办

7月13日，“烟台市与中关村战略合作暨北京南山航空材料研究院揭牌仪式”举行

8月19日，“中关村—台湾绿色科技文化产业联盟成立大会”召开

8月28日，贵阳市政府、中关村管委会“创新驱动 区域合作新闻发布会”召开

9月12日，“中关村管委会与德意志交易所签约仪式”举行

12月12日，北京工业设计促进中心与在线杂志DESIGNBOOM.COM国际版联手创办DESIGNBOOM中文站“设计邦”

2013 年中关村示范区高新技术企业统计图
（按园区分组）

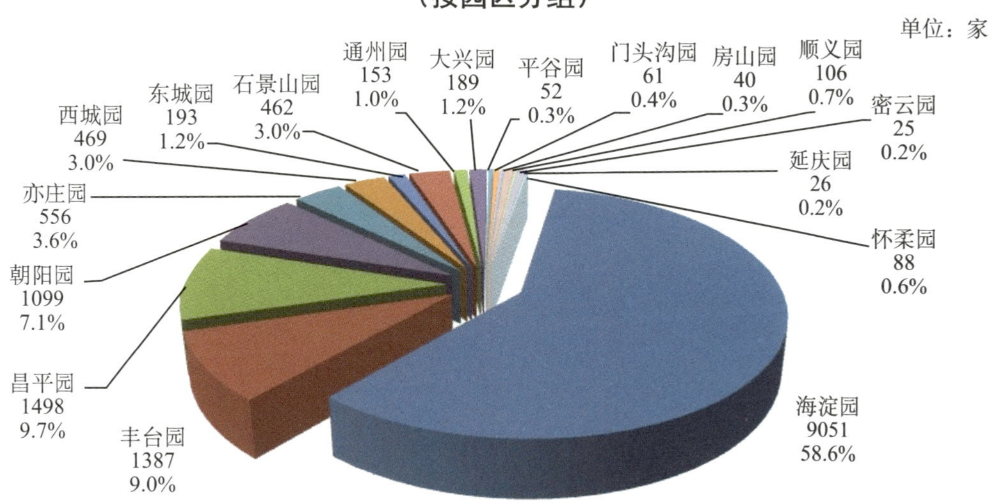


2013 年中关村示范区高新技术企业统计图
（按技术领域分组）

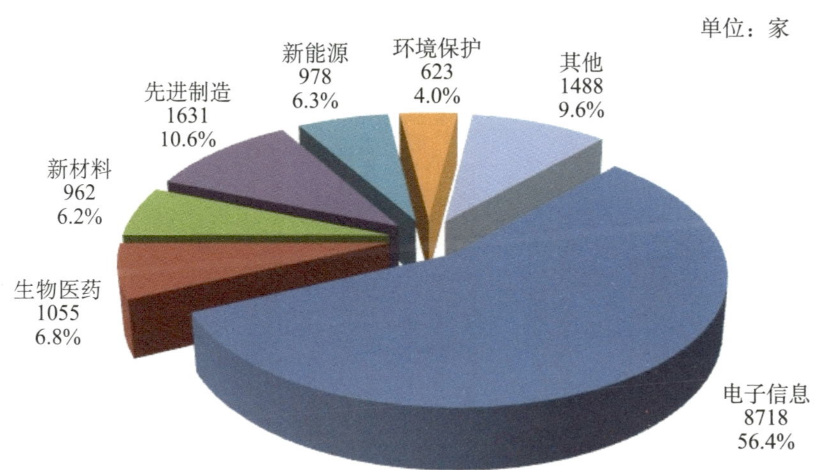


2013 年中关村示范区高新技术企业统计图
（按注册类型分组）

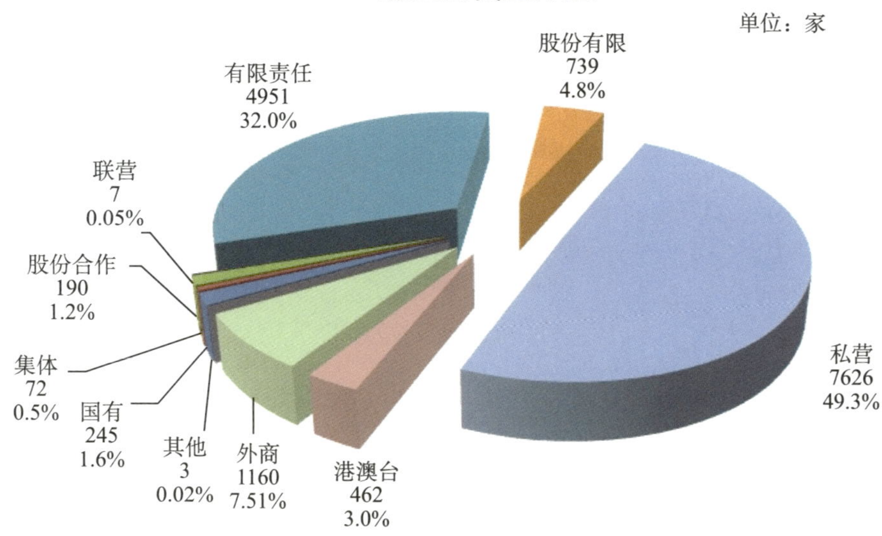

## 2005—2013 年中关村示范区收入规模亿元以上高新技术企业统计图

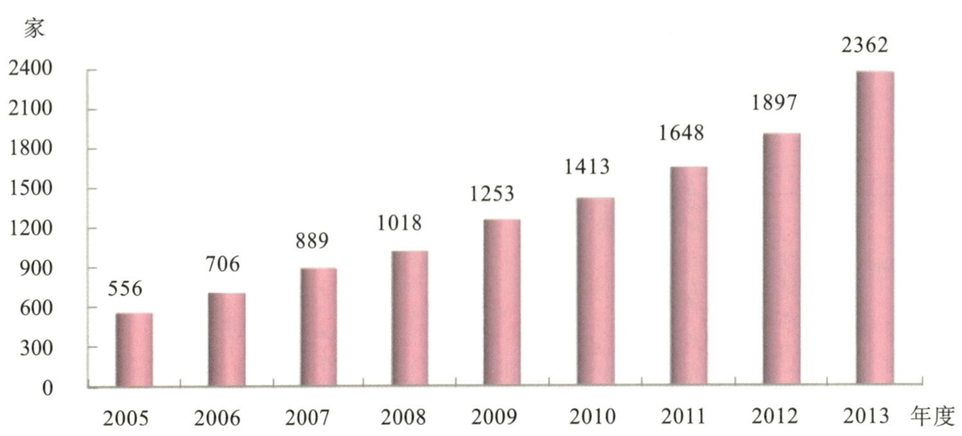


## 2005—2013 年中关村示范区累计上市企业统计图

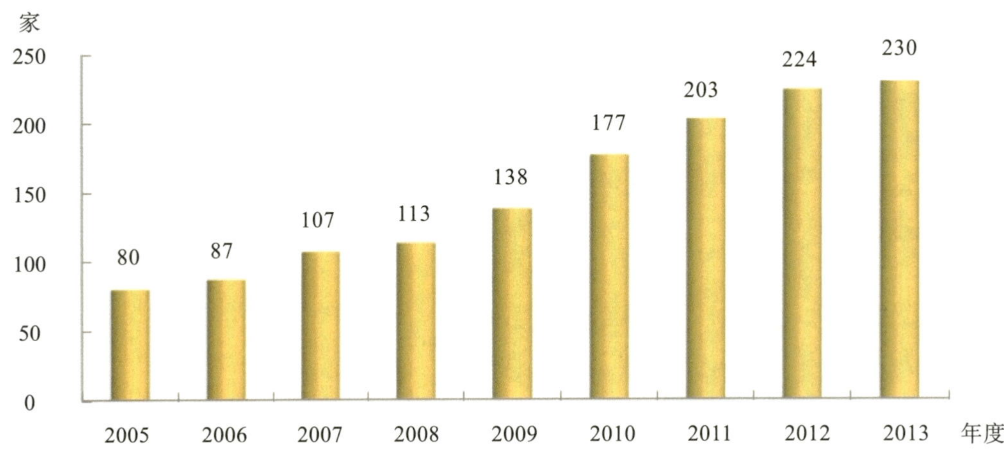


## 2005—2013 年中关村示范区人力资源统计表

| 年度<br>类型 | 2005 | 2006 | 2007 | 2008 | 2009 | 2010 | 2011 | 2012 | 2013 |
|---|---|---|---|---|---|---|---|---|---|
| 从业人员（万人） | 68.1 | 79.2 | 89.9 | 94.1 | 106.2 | 115.8 | 138.5 | 158.6 | 189.9 |
| 其中：留学归国人员（人） | 7170 | 7009 | 9527 | 7802 | 8478 | 9711 | 13704 | 16102 | 19763 |
| 其中：博士及以上学历（万人） | 0.9 | 0.9 | 1.0 | 1.1 | 1.1 | 1.2 | 1.4 | 1.5 | 1.8 |
| 硕士（万人） | 5.3 | 5.6 | 7.4 | 8.4 | 9.9 | 11.3 | 13.2 | 15.7 | 18.3 |
| 大学（万人） | 25.8 | 26.1 | 32.1 | 36.3 | 41.4 | 45.5 | 53.4 | 61.5 | 74.7 |
| 大专（万人） | 14.2 | 15.1 | 16.5 | 19.0 | 21.2 | 23.1 | 27.7 | 32.1 | 41.2 |

2013 年中关村示范区总收入统计图
（按园区分组）

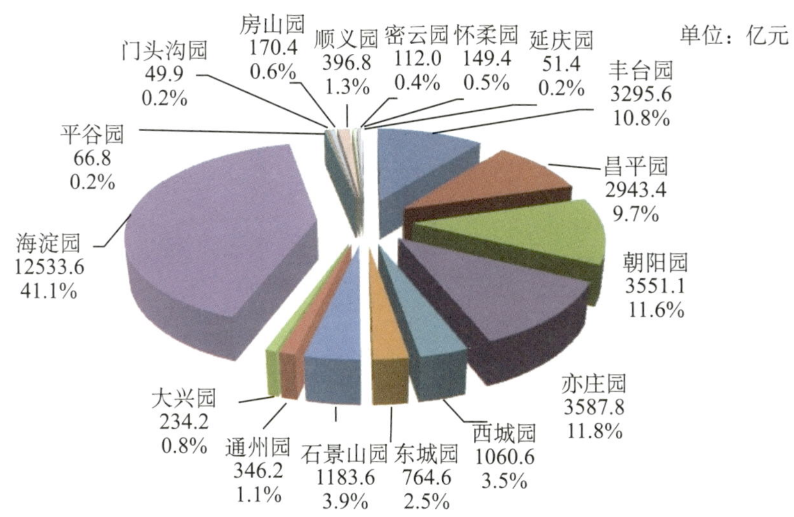


2013 年中关村示范区总收入统计图
（按技术领域分组）

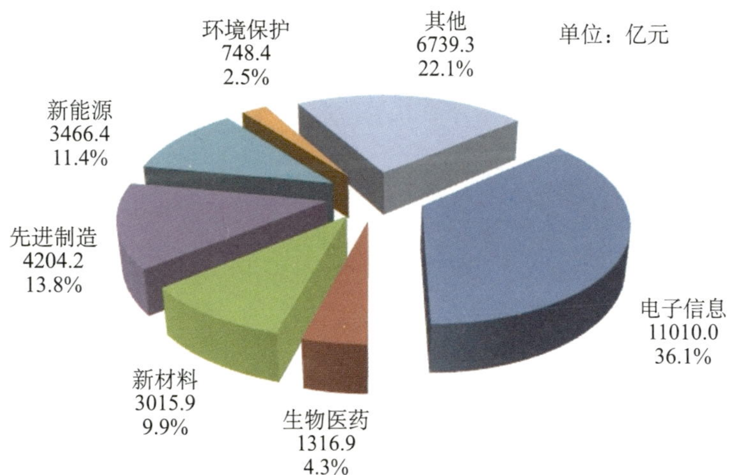


2013 年中关村示范区技术合同成交额流向统计图

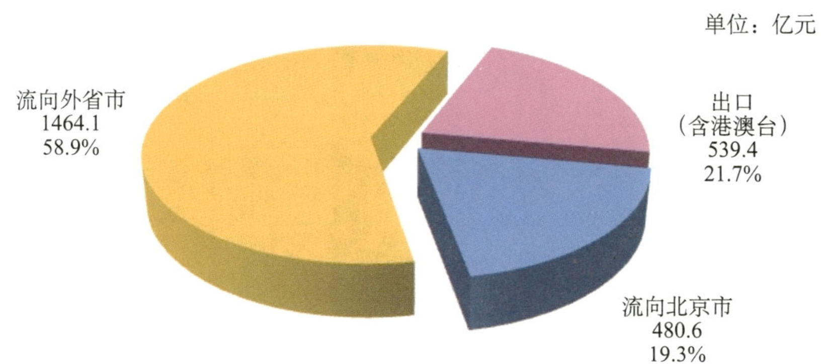

## 2005—2013 年中关村示范区总收入统计图

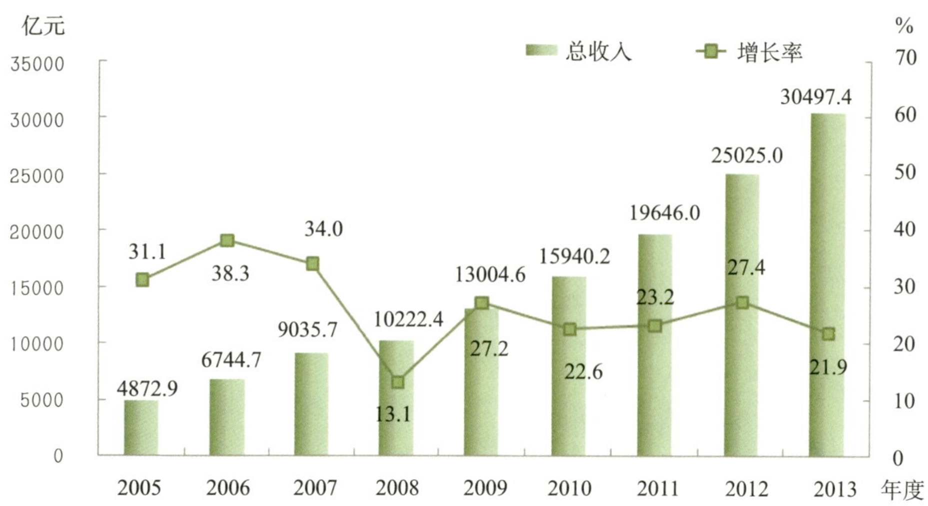


## 2005—2013 年中关村示范区实缴税费统计图

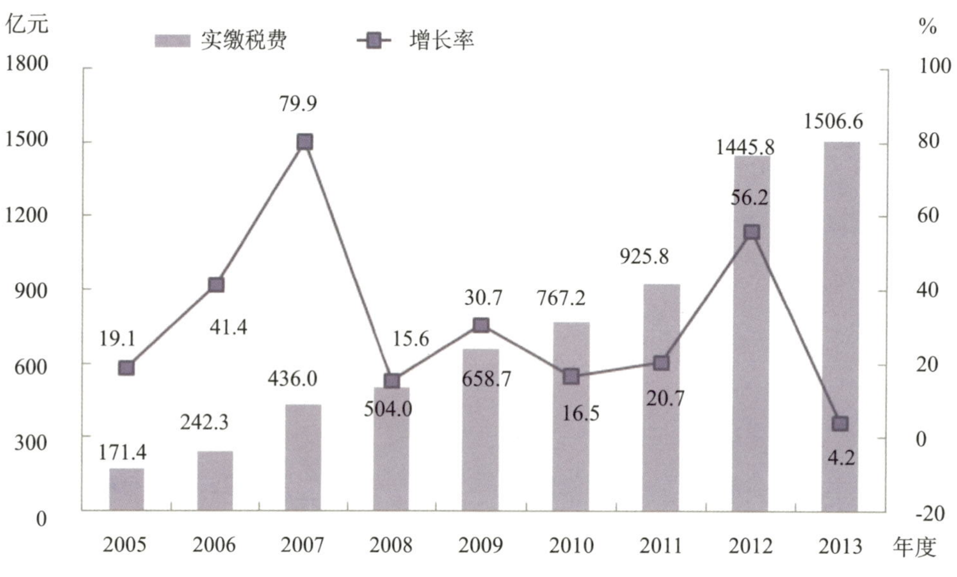

## 2005—2013 年中关村示范区出口总额统计图

## 2013年中关村示范区科技活动经费支出统计图（按园区分组）

单位：亿元

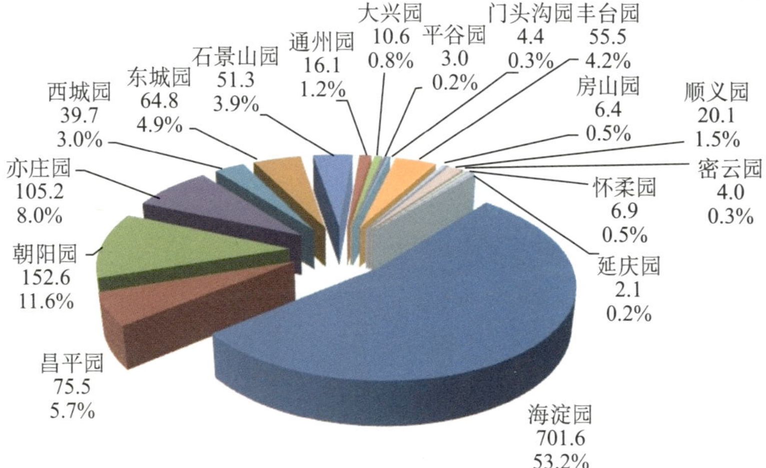


## 2013年中关村示范区科技活动经费支出统计图（按技术领域分组）

单位：亿元

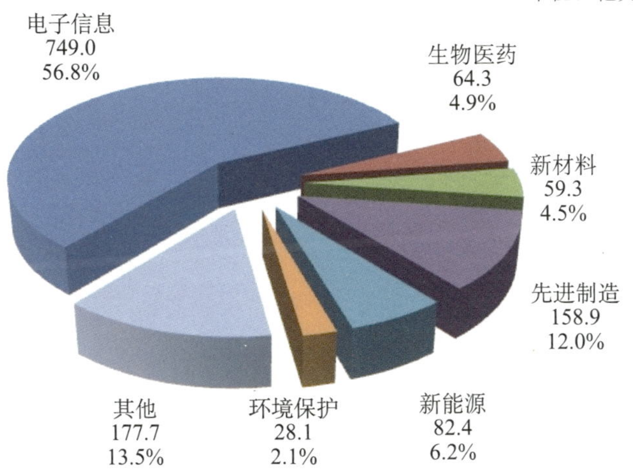


## 2013年中关村示范区出口总额统计图（按园区分组）

单位：亿美元

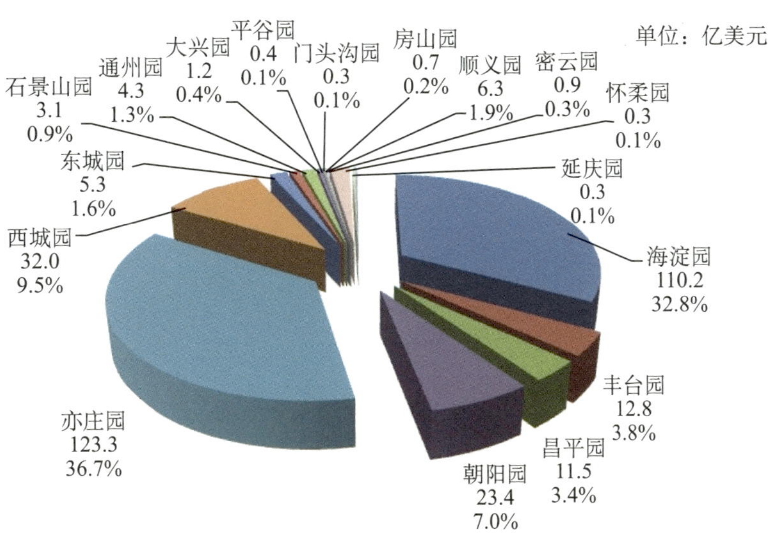

2005—2013 年中关村示范区企业专利申请与授权量统计图

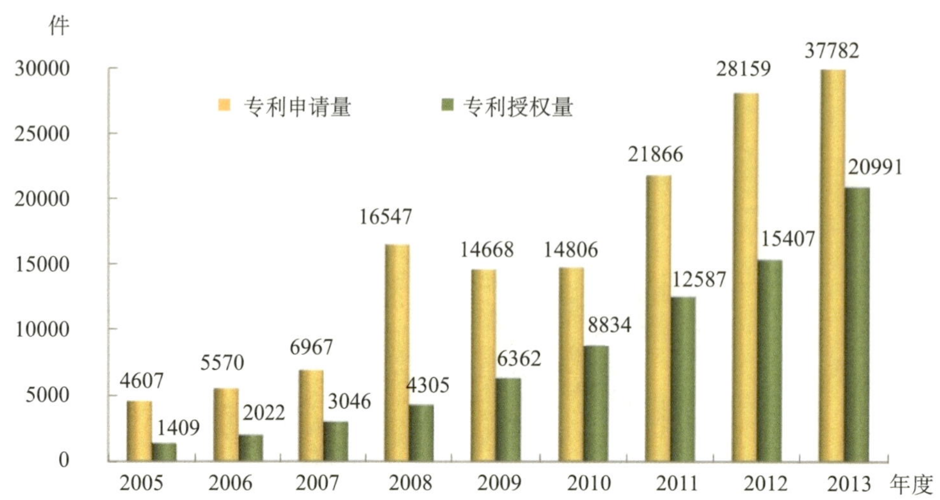


2005—2013 年中关村示范区总收入占全国高新区比重统计图

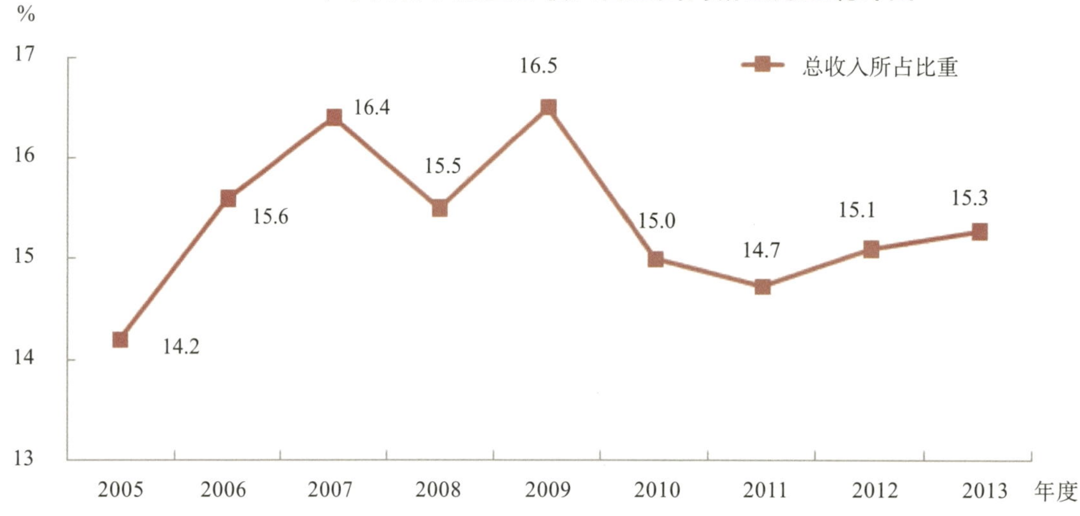


2005—2013 年中关村示范区实缴税费占全国高新区比重统计图

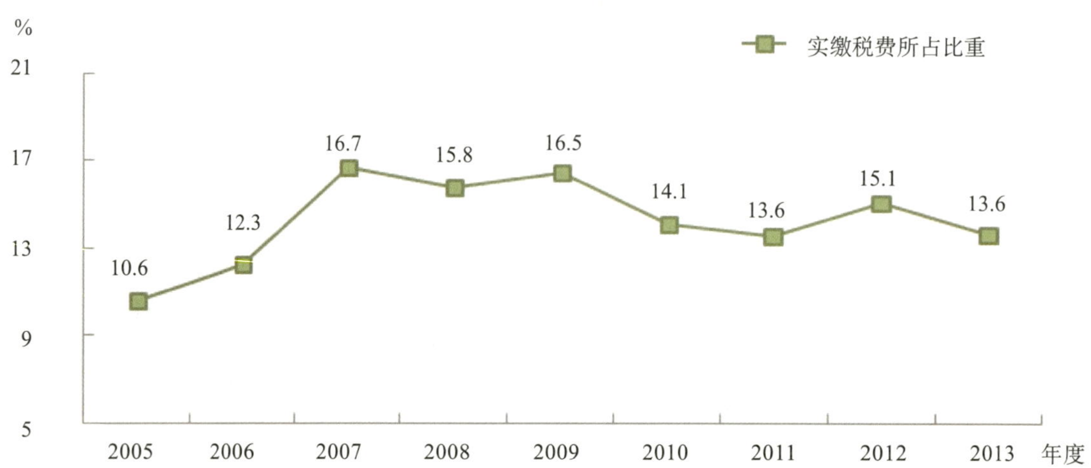

# 编辑说明

一、《中关村国家自主创新示范区年鉴》（原名《中关村科技园区年鉴》）是一部反映中关村国家自主创新示范区发展变化的综合性资料工具书和史料文献，由中关村科技园区管理委员会主持编纂。

二、本年鉴以邓小平理论和“三个代表”重要思想为指导，深入贯彻落实科学发展观，遵循实事求是的原则，科学、客观地反映实际情况。

三、本年鉴采用文章和条目两种体裁，以条目体为主，用规范的语体文、记述体，直陈其事，文字力求言简意赅。

四、本年鉴从 2008 年开始，逐年编纂。当年出版的年鉴，记述上一年度中关村示范区所发生的重大事件和新的情况，为领导决策提供可资参考的依据，为制订科技发展规划提供有价值的资料，为国内外人士了解中关村示范区、研究北京地区高新技术产业园区提供最新的信息，为开展交流合作和对外宣传提供基础资料。

五、本年鉴在记载中关村示范区“一区十六园”内高新技术企业情况为主的前提下，对政策覆盖范围的科研机构、高等院校等单位情况也适当记述，使主体突出而又概括全貌。

六、本年鉴设有特载、大事记、示范区建设、产业发展、重大创新成果、基地建设、科技金融、人才特区、创业服务、知识产权与标准化、合作与交流、社会组织、政策法规、统计资料、附录 15 个一级栏目。

七、本年鉴收录有中关村管委会以及各园区管委会等机构信息，所列各单位主要负责人均以 2013 年内任职为限。

八、选入本年鉴的文章和条目，均通过中关村管委会、各园区管委会、大学科技园及协会组织等单位确定的专人负责撰写或提供，并经所在单位主要负责人审核。统计资料由北京市统计部门、中关村管委会和各园区管委会统计部门等提供。

九、为便于读者查阅，本年鉴卷首设有“目录”，卷末设有“索引”。“索引”采用主题索引法（也称内容分析索引法）编制。主题词以《中关村国家自主创新示范区年鉴 2014》版正文中出现的专业名词、名词词组、机构名称、表格名称等为主。

十、本年鉴设有国家部分机构、北京市部分机构全称简称对照表，所有简称均按有关部门规定，规范使用；中关村国家自主创新示范区、中关村科技园区管理委员会的简称为“中关村示范区”、“中关村管委会”。

十一、本年鉴所涉及的资料包括了2012年10月13日《国务院关于同意调整中关村国家自主创新示范区空间规模和布局的批复》后新扩展的园区内容。

十二、《中关村国家自主创新示范区年鉴 2014》扩版为国际标准十六开版本，部分栏目的名称进行了调整。

十三、本年鉴记述2013年1月1日至12月31日期间情况，凡2013年的内容，均直书月、日，不再写年份。

# 目录 Contents

## 特 载



## 大 事 记



## 示范区建设

## 产业发展

## 生物工程与新医药产业 ··················262



## 新材料产业·····························272

## 重大创新成果

## 基地建设

## 科技金融

## 人才特区



## 创业服务

## 知识产权与标准化

## 合作与交流

## 社会组织



## 政策法规

## 统计资料



## 附 录

## Special Issues



## Chronicle



## Demonstration Zone Construction



## Industrial Development

## Major Innovative Achievements



## Base Construction



## Sci-tech Financing



## Special Talent Zone



## Start-up Service



## Intellectual Property and Standardization



## Cooperation and Exchange



## Social Organizations

## Policies and Regulations



## Statistics Data



## Appendix

# 特　载

## Special Issues

本栏目主要刊载国务院，以及国务院所属相关部委，中共北京市委、北京市政府印发的指导中关村国家自主创新示范区发展的文件；中央和北京市领导以及中关村管委会主要领导的讲话和文章；反映中关村示范区上一年度发展变化的“中关村指数”等专文。

# 在主持中央政治局第九次集体学习时的重要讲话

中共中央总书记　习近平

（2013 年 9 月 30 日）

科技兴则民族兴，科技强则国家强。党的十八大做出了实施创新驱动发展战略的重大部署，强调科技创新是提高社会生产力和综合国力的战略支撑，必须摆在国家发展全局的核心位置。这是党中央综合分析国内外大势、立足国家发展全局做出的重大战略抉择，具有十分重大的意义。

当前，从全球范围看，科学技术越来越成为推动经济社会发展的主要力量，创新驱动是大势所趋。新一轮科技革命和产业变革正在孕育兴起，一些重要科学问题和关键核心技术已经呈现出革命性突破的先兆，带动了关键技术交叉融合、群体跃进，变革突破的能量正在不断积累。即将出现的新一轮科技革命和产业变革与我国加快转变经济发展方式形成历史性交汇，为我们实施创新驱动发展战略提供了难得的重大机遇。机会稍纵即逝，抓住了就是机遇，抓不住就是挑战。我们必须增强忧患意识，紧紧抓住和用好新一轮科技革命和产业变革的机遇，不能等待、不能观望、不能懈怠。

从国内看，创新驱动是形势所迫。我国经济总量已跃居世界第二位，社会生产力、综合国力、科技实力迈上了一个新的大台阶。同时，我国发展中不平衡、不协调、不可持续问题依然突出，人口、资源、环境压力越来越大。物质资源必然越用越少，而科技和人才却会越用越多。我们要推动新型工业化、信息化、城镇化、农业现代化同步发展，必须及早转入创新驱动发展轨道，把科技创新潜力更好释放出来，充分发挥科技进步和创新的作用。

实施创新驱动发展战略是一项系统工程，涉及方方面面的工作，需要做的事情很多。最为紧迫的是要进一步解放思想，加快科技体制改革步伐，破除一切束缚创新驱动发展的观念和体制机制障碍。

一是着力推动科技创新与经济社会发展紧密结合。关键是要处理好政府和市场的关系，通过深化改革，进一步打通科技和经济社会发展之间的通道，让市场真正成为配置创新资源的力量，让企业真正成为技术创新的主体。政府在关系国计民生和产业命脉的领域要积极作为，加强支持和协调，总体确定技术方向和路线，用好国家科技重大专项和重大工程等抓手，集中力量抢占制高点。

二是着力增强自主创新能力。关键是要大幅提高自主创新能力，努力掌握关键核心技术。当务之急是要健全激励机制、完善政策环境，从物质和精神两个方面激发科技创新的积极性和主动性，坚持科技面向经济社会发展的导向，围绕产业链部署创新链，围绕创新链完善资金链，消除科技创新中的“孤岛现象”，破除制约科技成果转移扩散的障碍，提升国家创新体系整体效能。

三是着力完善人才发展机制。要用好用活人才，建立更为灵活的人才管理机制，打通人才流动、使用、发挥作用中的体制机制障碍，最大限度支持和帮助科技人员创新创业。要深化教育改革，推进素质教育，创新教育方法，提高人才培养质量，努力形成有利于创新人才成长的育人环境。要积极引进海外优秀人才，制定更加积极的国际人才引进计划，吸引更多海外创新人才到我国工作。

四是着力营造良好政策环境。要加大政府科技投入力度，引导企业和社会增加研发投入，加强知识产权保护工作，完善推动企业技术创新的税收政策，加大资本市场对科技型企业的支持力度。

五是着力扩大科技开放合作。要深化国际交流合作，充分利用全球创新资源，在更高起点上推进自主创新，并同国际科技界携手努力为应对全球共同挑战做出应有贡献。

面向未来，中关村要加大实施创新驱动发展战略力度，加快向具有全球影响力的科技创新中心进军，为在全国实施创新驱动发展战略更好发挥示范引领作用。

# 在副市级以上领导干部会上传达学习习近平总书记“9·30”重要讲话精神时的讲话

中共北京市委书记　郭金龙

（2013年10月1日）

今天，召开市级领导干部会，传达学习习近平总书记昨天在中央政治局到中关村集体学习时的重要讲话精神。中央政治局集体到一个地方，通过调研和讨论的形式进行集体学习，是新中国成立以来第一次，也是践行群众路线的一次生动范例，以好的作风给我们做出了表率，体现了中央对实施创新驱动发展战略的高度重视和对中关村创新发展的殷切希望，对我们既是鼓舞，更是鞭策。这次集体学习必将进一步增强全党全国实施创新驱动发展战略、建设创新型国家的信心，鼓舞首都科技工作者建设中关村国家科技创新高地的干劲，激发全市干部群众努力工作、推动首都科学发展的热情。总书记讲，今天采取别开生面的形式到中关村调研讨论，这次主题是实施创新驱动发展战略。中关村是国家科技创新的缩影，看了几个领域的成果展示，图文并茂，比坐下来谈好。昨天安顺、士祥、凤桐、张工同志和有关部门负责同志陪同参加了活动。

刚才，安顺同志传达了总书记的重要讲话精神。总书记的重要讲话，从世界和我们国家、中华民族发展历史的高度，深刻地分析了科技创新的重要作用，提出了许多新的观点、新的论述和新的要求，讲话具有很强的理论性、指导性，为我们加快实施创新驱动发展战略指明了方向。我们一定要认真学习、深刻领会，把思想和行动统一到总书记重要讲话精神上来，全力推动中关村创新发展，为创新型国家建设做出首都更大的贡献。

一要深刻领会总书记关于创新驱动重要性的论述。总书记指出，科技兴则民族兴，科技强则民族强。近代以来中国屡屡被经济总量不如我们的国家打败，其实不是输在经济规模上，而是输在科技落后上。实施创新驱动发展战略决定着中华民族前途命运，没有强大的科技，“两个翻番”“两个一百年”的奋斗目标难以达成，中国梦这篇大文章难以顺利写下去。这些论述非常深刻，发人深思，我们要认真学习把握。

二要深刻领会总书记关于创新驱动紧迫性的重要论述。总书记强调，机会稍纵即逝。新科技革命和产业变革，抓住了就是机遇，抓不住就是挑战，不能等待、不能观望、不能懈怠。从国内看，创新驱动是形势所迫，我国发展中不平衡、不协调、不可持续问题依然突出，人口、资源、环境压力越来越大，必须及早转入创新驱动发展轨道。我们必须增强推动科技创新的责任感，要有坐不住的紧迫感，率先形成创新驱动的发展格局。

三要深刻领会总书记关于着力推动科技创新与经济社会发展紧密结合、着力增强自主创新能力、着力完善人才发展机制、着力营造良好政策环境、着力扩大科技开放合作“五个着力”的重要论述。我们一定要抓住实施创新驱动发展战略的重点，狠抓各项工作落实，不断取得实实在在的成效。

四要深刻领会总书记对中关村提出的新要求。总书记强调，要发挥好中关村在创新驱动发展中的示范引领作用。发展中关村、建设高新区这步棋是走对了。作为我国第一个高新区，中关村在国家科技经济发展中的作用越来越突出，已经成为我国创新发展的一面旗帜。面向未来，中关村要加大实施创新驱动发展战略力度，加快向具有全球影响力的科技创新中心进军，为全国实施创新驱动发展战略发挥更好示范引领作用。

总书记的重要讲话，充分体现了新形势下中央对推动科技创新的高度重视。这是北京进一步抓好中关村建设发展、加快实施创新驱动发展战略的历史性机遇。我们要以此为动力，切实加快中关村建设发展步伐，推动首都各项工作。一是要继续下大力气，举全市之力抓好中关村示范区建设。中关村是首都发展的强大引擎。中关村的发展，显示了科技的强大力量、科技企业旺盛的生命力。面对国际金融危机带来经济下行压力，中关村企业总收入保持 25% 增长，2012 年对首都经济增长贡献率超过 30%，拉动经济增长 2.3 个百分点。中关村已经探索了可复制、可推广的改革经验，缩小了与发达国家的科技方面的差距。要从战略层面抓住定位，突出重点，做好顶层设计，狠抓政策落实，特别是对“1+6”政策、国务院新批复的 4 条试点政策，要细化配套措施，推动中关村的发展，带动全市产业结构优化升级，使中关村发挥好示范引领作用。二是要按照“五个着力”的要求，细化创新驱动前瞻性、战略性研究，尽快拿出可操作的措施和办法，落实好总书记的要求，努力使我市科技创新提高到一个新水平。这两个方面的工作，市委市政府要专题研究，适当的时候召开全市大会，进行动员部署。三是要推动科技创新与经济社会发展紧密结合。要充分挖掘和发挥首都科技智力资源密集的潜力和优势，以解决首都经济社会发展重点难点问题的科技需求为导向，有效整合各种创新资源，更好地发挥科技创新在经济社会发展中的支撑作用。当前，尤其要聚焦群众普遍关注的大气环境质量问题、交通拥堵问题、垃圾污水治理问题等，利用科技手段，加大科技攻关，把全社会智慧和力量凝聚到解决这些迫切需求上来，使科技创新造福社会、造福百姓，为国家的发展，为实现中华民族伟大复兴的中国梦，做出应有的贡献。

# 在国务院常务会议上的发言

北京市市长　王安顺

（2013 年 9 月 25 日）

国务院常务会议专门研究国家自主创新示范区政策创新工作，充分体现了对科技创新和示范区发展的高度重视。中关村作为第一个国家自主创新示范区，我们感到很受鼓舞和振奋。我简要汇报 3 个方面情况。

第一，体制机制改革为中关村示范区的创新发展提供了强大动力。从“中关村电子一条街”，到北京新技术产业开发试验区，再到中关村科技园区，直至 2009 年国务院批复建设国家自主创新示范区，中关村改革发展得到党中央、国务院、各部委的高度重视和大力支持，中关村成为我国科技改革和政策创新的试验田。特别是 2010 年底，国务院支持中关村先行先试“1+6”系列新政策，为示范区创新发展提供了更为优越的环境和条件。经过 3 年试点，政策创新效果逐步显现。中关村创新平台在机制创新、整合首都科技创新资源方面取得重大进展，逐步形成了央地联动、部门协同、科技创新和产业化服务体系高效运转的格局，探索出中关村独有的整合中央和地方创新资源的新途径。6 项新政策的实施，有效激发了企业和科研院所的创新活力，有力推动了示范区科技成果转化和产业化，中关村示范区创新发展保持了良好势头。2012 年，示范区企业总收入首次突破 2 万亿元大关，达到 2.5 万亿元。今年 1—7 月，实现总收入 14495.9 亿元，同比增长 29%。2012 年获得专利授权 15407 件，是 2008 年的 3.6 倍。2012 年中关村技术合同成交额 2459 亿元，占全国的近 40%，其中 80% 流向京外地区；示范区企业在京外地区设立分支机构 8300 余家，示范区对全国科技创新的示范引领和辐射带动作用进一步增强。

第二，中关村示范区的进一步发展需要更加强有力的政策支持。在全面落实“1+6”系列政策的过程中，随着中关村创新发展进程的推进，出现了一些新情况、新问题。例如，随着文化创意产业的迅猛发展，文化企业技术含量和附加值增高的趋势越来越明显，文化科技融合企业如何认定？再如，有限合伙制创业投资企业不享有法人制创业投资企业的税收优惠，随着有限合伙制创业投资企业在中关村投资规模的增大，如何进一步调动它们的投资积极性？等等。我们根据中关村创新发展的实际需求，经过深入调查研究，于 2012 年向科技部、财政部、国家税务总局提出了 5 条新的鼓励创新创业的税收优惠政策建议。经过与 3 部委反复研究论证，形成了今天上会讨论的 4

项新政策建议。这些政策建议对推动中关村文化与科技融合、创业投资、中小高技术企业的发展作用至关重要。

如果4项新的政策建议获得通过，我们将抓紧研究制定实施细则，抓好政策的宣传落实，并加大市级层面政策的创新力度。目前，围绕中关村示范区创新创业的关键环节和重点问题，我们正在研究科技研发和成果转化、创新创业环境、新技术新产品推广应用、人才特区、科技金融中心、园区建设和产业布局、战略性新兴产业以及行政管理体制改革等8个方面的政策建议，并将分期分批发布实施。

第三，请求并建议国务院继续加大统筹力度，强化科技创新顶层设计，推动中关村示范区的综合配套改革。李克强总理强调，发挥科技第一生产力的作用，关键是以创新和创业为导向，促进科技和经济社会深度融合；促进科技和经济社会深度融合，关键还得靠改革，通过创新体制机制，充分发挥企业的主体作用，使创新成果转化为实实在在的经济社会效益。我们在实际工作中也越来越明显地感受到，政策创新的红利空间在缩小，仅仅靠点上的政策刺激已经很难满足企业创新发展的需求，下一步示范区要想实现跨越式发展，必须靠深化改革而且是综合配套的改革。

我们建议并希望国家层面在充分研究论证的基础上，在中关村国家自主创新示范区范围内启动新一轮综合配套改革，核心是赋予中关村最大程度上的政策先行先试权和改革自主权，重点是推动科技、教育、金融、文化、行政管理体制等多方面的综合改革，以进一步整合创新资源、释放创新活力，促进科技与经济在示范区范围内实现更加紧密的融合，为国家创新战略实施做出更大贡献。

# 中关村：国家创新的战略高地

北京市委常委、中关村管委会党组书记　苟仲文

(2013年8月19日)

创新驱动发展是关系全局和长远的重大战略。中关村作为我国科技体制改革的先行者，经过20多年的发展，已经成为我国科技资源最为密集、创新创业最为活跃、高技术产业发展最为强劲的区域。如果说20年前中关村实现从“电子一条街”向“中国创新中心”的跨越是一场重大的革命性蜕变，那么，面对新形势和新要求，中关村则再一次站在了历史的潮头，必须实现向“具有全球影响力的科技创新中心”的第二次跨越，努力成为创新创业者追逐梦想的沃土，成为实现中国梦的前沿阵地。

当好中国科技体制改革的探路者。在当代中国改革发展的历程中，有两个“村”注定要载入史册，一个是开启中国农村改革新纪元的安徽凤阳小岗村，一个是掀开中国知识经济新篇章的北京中关村。如同小岗村探索农村联产承包责任制极大释放了农村生产力一样，中关村在高科技企业产权制度方面的成功探索对于解放城市科技生产力具有划时代的意义。中关村诞生了全国第一家实行股权激励制度的国有高新技术企业、第一家有限合伙制创业投资机构、第一家科技成果占注册资本100%的企业等。

2009年，中关村承担了建设我国第一个国家自主创新示范区的重要使命。19个国家部委和29个北京市相关部门共同组建了中关村创新平台，探索建立了跨层级、跨部门的协同创新组织模式；在此基础上，积极推进股权激励、科研项目经费管理、高新技术企业认定等6项政策创新试点。2011年以来，中关村大力推进国家科技金融创新中心建设，在集聚金融服务资源、完善技术与资本对接机制、促进科技金融产品创新等方面进行了积极探索，在全国开创了第一个企业信用自律组织、第一个场外股权交易平台、第一个吸引商业银行设立专门为科技型企业服务的信贷专营机构等。中关村也因此成为我国科技金融机构最多、吸引风险投资金额最多、上市企业数量最多的科技园区。未来，中关村将继续践行“敢为天下先”的精神，把握时代脉搏，深化体制改革与机制创新，为构建具有中国特色的自主创新制度先行示范。

建设具有全球影响力的科技创新中心。当前，全球新一轮科技革命正在孕育，谁占据了新一轮的技术

前沿领域，谁就掌握了新一轮的竞争主动权。这也是我国加快建设创新型国家的意义所在。20 多年来，中关村正是不断把握、追逐国际科技前沿，才创造了一批具有自主知识产权的重大技术创新成果，走出了一条创新引领发展的道路。比如，汉字激光照排、超级计算机、第三代移动通信（TD−SCDMA）等关键核心技术的突破，使我国在全球相关领域中拥有了一定话语权，推动了我国高技术产业的发展。

2009 年示范区批复以来，中关村高科技企业的创新活力进一步迸发，呈现出“四高”特征：一是创新投入强度高，2012 年中关村企业研发经费支出占园区增加值的 10%，是全国平均水平的 5 倍多。二是创新产出效率高，2012 年中关村企业申请专利 2.8 万件，百亿元 GDP 发明专利授权 170 件。三是创新成果层次高，中关村企业通过“标准战略”进入科技竞争的高端层级，主导创制了 103 项国际标准，2569 项国家标准。四是创新辐射水平高，2012 年中关村输出技术合同超过 3 万项，输出技术交易额占全国的 1/4 以上，近 80% 的技术交易额流向北京以外地区，有力推动了全国高技术产业的发展。今后，中关村要继续牢牢抓住创新这条主线，逐步由追随创新实现引领创新，争取在一些战略性新兴技术领域与发达国家“并驾齐驱”，在全球科技竞争中唱响“中国创新”，推动我国由经济大国向创新强国迈进。

打造战略性新兴产业的策源地。作为第一个国家级高新区，中关村一直把握全球高技术产业浪潮，引领着中国高新技术产业的发展方向。20 世纪 80 年代，中关村抓住电子计算机浪潮，产生联想、方正等一批国际知名的领军企业；90 年代末，紧追全球互联网科技革命步伐，涌现出新浪、搜狐、网易、百度等一大批互联网企业；21 世纪初，把握软件业发展趋势，培育出用友、文思创新等一批全国知名的软件领军企业。目前，中关村已经成为我国规模最大、综合竞争力最强的高技术产业基地。2012 年，中关村总收入突破 2.5 万亿元，占全国国家级高新区经济总量的 1/7，形成电子信息、生物医药、新能源与节能环保、高技术服务等产业集群。中关村在自身高技术产业快速发展的同时，也辐射带动了全国高技术产业发展。2012 年，中关村企业在京外设立分支机构达到 8300 余家，224 家中关村上市企业在京外地区的收入占到这些企业合并报表收入的 7 成以上。可以看出，中关村绝非是北京的中关村，它已经成为“中国的中关村”“中国的硅谷”。

面对全球新一轮科技革命背景下战略性新兴产业正在孕育兴起的重大机遇，中关村提出了打造全国乃至全球战略性新兴产业策源地的战略目标，力争形成 2~3 个拥有技术主导权的产业集群。为更好地承担这一重任，中关村集中力量加快下一代互联网、移动互联网和新一代移动通信、卫星应用、生物和健康、节能环保、轨道交通六大优势产业集群创新发展，推动集成电路、新材料、高端装备与通用航空、新能源和新能源汽车四大潜力产业集群跨越发展，促进现代服务业集群高端发展。

构筑引领国家创新的思想高地。随着知识经济时代的到来，资源价值被重新定义，人才资源以及由此产生的思想和创意成为国际竞争力的灵魂和标志。中关村建设具有全球影响力的科技创新中心，必须从生产产品、技术转向生产思想，成为原创思想的发源地。

为增强对国内外高端人才的吸引力，中关村确立了人才优先发展战略，围绕人才的“选、引、留、用”，在体制、政策、服务等方面不断探索和创新。按照“特殊政策、特殊机制、特事特办”的方式建设我国第一个“人才特区”，依托中央“千人计划”、北京“海聚工程”，组织实施“中关村高端领军人才聚集工程”，加快各类高端人才的集聚。中关村地区入选“千人计划”人数突破 700 人；会聚留学归国人员达 1.6 万人；集聚高素质从业者超过百万人。中关村已经成为我国最具向心力、最具凝聚力的科技型人才集聚地。未来，中关村要继续坚持“以人为本”，努力孕育和吸引一批像钱学森、邓稼先这样的科学巨匠，为具有创新思想的人才提供大展宏图的舞台，成为实现中国梦的人才摇篮与奋斗热土。

（刊载于《求是》杂志 2013 年第 16 期）

# 科技部 北京市人民政府 关于建设国家技术转移集聚区的意见

（国科发火〔2013〕456号）

北京市科委、中关村管委会、各有关单位：

为深入贯彻落实党的十八大和全国科技创新大会精神，实施创新驱动发展战略，把握世界科技创新格局调整时期科技、人才、资金等全球创新要素聚焦中国的战略机遇，深化科技体制改革，优化科技资源配置，大力促进国内、国际技术转移，科技部与北京市决定在中关村西区共建国家技术转移集聚区（以下简称集聚区）。现提出以下意见。

## 一、充分认识建设集聚区的重要意义

（一）技术转移是我国实施创新驱动发展战略的重要内容，是实现科技与经济结合的重要手段。经过30年的建设与发展，我国技术转移体系已初步形成，技术转移规模不断扩大，但在制度、组织、机制方面亟待完善，与应对全球竞争和建设创新型国家的迫切要求尚有差距。解决这些问题，既需要通过深化科技体制改革，进行全面系统设计，也需要在条件具备的地区先行开展改革试点，总结经验，逐步推广。

（二）依托北京市深厚的产业发展基础、科技创新基础和中关村国家自主创新示范区的政策优势建设集聚区，通过政策突破、技术转移资源的空间集聚和全国创新服务资源的信息化集成共享，推动形成我国技术转移和成果转化的新格局，有利于探索科技体制改革的经验和路径，有利于加速科技与经济结合的进程，有利于示范和引领我国科技创新服务体系和高端科技服务业发展，有利于集聚全球资源支撑我国自主创新，对建设具有全球影响力的科技创新中心和创新型国家具有重要意义。

## 二、建设集聚区的指导思想、原则与目标

（三）指导思想。以科学发展观为指导，以推动科技与经济结合为目标，以技术转移机制完善和商业模式创新为突破口，以“资源集散、模式创新、市场引领、全球链接”为路径，以中关村西区为“一个”核心，把握国际、国内“两大”市场，发挥北京创新资源集中、中关村先行先试、中关村西区技术转移活跃“三大”优势，促进集聚区技术、人才、资金、服务“四类”要素的流动和融合，大幅提高技术转移效率和整体服务能力，带动我国技术转移制度、组织与机制实现全面战略提升。

（四）建设原则。坚持政府引导、市场运作；集成资源、搭建平台；多方参与、共建共享；统筹协调、分步实施的原则。

（五）发展目标。将集聚区建设成为技术转移机制完善与商业模式创新的试验田，成为我国技术成果集成转化和区域创新合作核心区，成为具有全球影响力的国际技术转移大平台，成为技术转移服务的高端品牌和科技成果发布与交易的新地标。力争到2020年，集聚区成为我国科技创新服务体系建设的标杆，实现科技创新活力的充分释放和市场对科技资源的有效配置，初步实现对全球创新资源的凝聚、整合与利用，形成以北京为轴心的跨区域、跨领域、跨机构的技术流通与转化新格局。

## 三、实施载体建设工程，推进创新资源的集聚与扩散

（六）建设技术转移标志性区域。以中关村西区为核心，推进空间整合，完善基础建设条件，聚集各类创新要素，促进现有产业向高端科技服务业态转型，辐射带动现代服务业发展。分期布局国际技术转移中心区、国家高新区区域合作中心区、技术转移专业服务与合作区、技术研发合作区、科技金融服务区和科技成果应用发布交易区等6个功能性区域。

（七）建设中国网上技术市场。深化和完善中国技术交易信息服务平台，汇集高等学校、科研院所、产业技术研究院、国内外企业、高新区、创业团队、产业技术联盟以及各类科技服务机构等，建设全国统一的技术交易信息披露、报价和支付系统，促进技术、

资本、人才和创新服务的信息化集成共享和充分耦合，开展技术转让、难题招标、拍卖等公开交易模式创新，加快全国技术市场一体化进程。

## 四、实施改革推进工程，开展技术转移政策创新试点

（八）深化中关村先行先试政策。积极营造鼓励科技创新的政策环境，深化中央级事业单位科技成果处置和收益权改革政策试点，积极推动股权和分红激励试点，加大科技创新人才个人所得税的优惠力度，进一步激发科技人员实施和转化科技成果的积极性，推动技术创新。

（九）研究制定并实施促进技术转移的系统性政策。研究有利于技术转移的基础性、重大政策，探索建立与市场需求相适应的系统性政策体系，解决成果转化中确权、知识产权价值评估、无形资产处置和收益分配等技术转移的关键问题，在集聚区就相关政策开展先行先试。

（十）加快推进科技计划和经费管理改革。充分发挥政府财政资金的引导作用，加快形成多元化、多层次、多渠道的科技投入体系。依托集聚区集成资源，围绕区域经济社会发展重大需求，采取面向全球公开招标、邀标、定向征集等方式，组建联合项目研发团队，探索社会金融资本与科技计划经费联合支持、收益共享、风险共担、以企业为主体的协同创新机制。建立健全符合科研规律的科技项目经费管理机制和审计方式，继续优化财政预算评审程序。

## 五、实施服务提升工程，促进创新要素的协同与聚合

（十一）构建专业化、集成化的技术转移服务体系。围绕集聚区发展目标，推动服务领域和服务内容的专业化。在集聚区大力发展技术成果价值评估、技术标准服务、品牌建设服务、高端创业团队评估和管理服务等，以及与战略性新兴产业的培育壮大相结合的商业模式创新、科技金融、国际合作等高端化服务。探索应用研发、技术转移、创业孵化、创业投资相互融合的新型服务模式，促进服务机构之间的业务集成、服务机构与产业集群之间的供需集成。

（十二）打造技术转移公共服务平台。开展国内外领先的科技成果推介、展示和交易等活动，举办全球科技成果发布交易会、北京跨国技术转移大会（ITTC）等活动，发布国际国内重大科技成果及应用，对接跨国科技合作与技术转移需求，推介全球技术转移机构及服务，宣传全国技术转移和产学研合作的新模式与成效。通过国际技术转移协作网络（ITTN）等拓展国际合作渠道，加强信息交流，促进项目对接，使集聚区成为具有全球影响力的国内外高新技术成果发布及交易平台。

（十三）面向全球引进并培育高端人才和团队。深入实施国家及地方重大人才计划，围绕技术转移发展绘制世界人才地图，在全球范围内吸引和集聚技术转移高端人才。加快建立高端人才多层次培养体系，加快技术转移人才培养，推进建设集聚区技术转移人才资源库。兴办中关村创业学院，联合部分高校、新型创业孵化机构，培养一批新兴产业领域的创业者。

## 六、加强组织保障，稳步推进集聚区建设

（十四）建立部市协同工作机制。将集聚区建设纳入科技部和北京市部市会商重大议题，成立由科技部、北京市政府组成的领导小组，负责集聚区建设与发展的组织领导与统筹协调。领导小组下设办公室，负责集聚区建设与运营的各项具体工作。

（十五）加强部市经费统筹和扶持力度。科技部各相关科技计划积极支持集聚区内技术转移机构、国际（内）技术转移项目及公共服务平台等建设，产业化类计划优先将集聚区作为项目推荐渠道。北京市统筹各级经费支持集聚区条件建设、技术转移服务能力建设、集聚区入驻机构的房租补贴，支持国内外技术转移项目的引进、消化和吸收等。

（十六）加大开放合作和宣传推广力度。组织开展集聚区的对外宣传推广工作，加强舆论引导，通过全国高新技术产业化工作体系、国家和地方组织的重大活动以及中国驻外使领馆等多种渠道，对集聚区建设的功能作用、重大成果和典型案例等进行宣传，打造集聚区“链接全球、辐射全国”的品牌，营造集聚区建设与发展的良好氛围。

2013 年 4 月 26 日

# 北京市人民政府关于印发《建设中关村军民融合科技创新示范基地行动计划（2013—2015年）》的通知

（京政发〔2013〕19号）

各区、县人民政府，市政府各委、办、局，各市属机构：

现将《建设中关村军民融合科技创新示范基地行动计划（2013—2015年）》印发给你们，请结合实际认真贯彻落实。

2013年7月12日

# 建设中关村军民融合科技创新示范基地行动计划（2013—2015年）

为深入贯彻落实国务院和中央军委关于统筹经济建设和国防建设的战略部署，推动中关村军民融合科技创新示范基地建设，探索适合首都特点的军民融合创新发展模式，促进军地资源融合、推进创新驱动发展，特制定本行动计划。

## 一、指导思想、基本原则、战略定位和主要目标

（一）指导思想

以邓小平理论、“三个代表”重要思想和科学发展观为指导，落实党的十八大精神，坚持走中国特色军民融合式发展路子，坚持富国和强军相统一，以统筹经济建设和国防建设为引领，以加快转变经济发展方式和部队战斗力生成模式为出发点，以提升自主创新能力为核心，充分发挥军地科技资源优势，丰富融合形式，拓展融合范围，提高融合层次，形成军地良性互动、协调发展的良好格局。

（二）基本原则

1．坚持军地协同。统筹军地资源，加强工作筹划与协调，创新体制机制，形成国家主导、军地协同的发展格局。

2．坚持创新驱动。围绕国防建设和经济建设需求，开展政产学研用协同创新，推动产业发展与技术创新相结合，培育战略性新兴产业，为国防建设和经济建设提供科技支撑。

3．坚持融合发展。加大军地融合力度，促进经济领域和国防领域技术、人才、资金、信息等要素的双向互动，实现军地资源共享共用，共同发展。

4．坚持市场运作。遵循市场规律，强化市场意识，引导多元投资、多方技术、多种力量服务国防和军队现代化建设。

（三）战略定位

充分发挥首都国防科技资源和中关村科技创新优势，以中关村国家自主创新示范区（以下简称中关村示范区）为任务承载区，大力推动军民融合科技创新体系建设，以军民融合科技研发、成果转化和产业化、军事采购、人才培养为重点，打造具有全国影响力的军民融合科技创新示范基地。

（四）主要目标

到2015年，中关村军民融合科技创新示范基地建设实现以下目标：

1．政策保障体系进一步完善。初步形成有利于军地合作科技研发、军民科技成果转化的政策体系。加大资金支持力度，促进各类服务平台建设，推进军民

科技创新资源的融合。

2．创新能力显著增强。在军民两用技术领域，突破一批技术瓶颈，形成一批国际领先的自主创新科技成果。在先进技术领域推动并积极参与形成一批国家标准，承担或参与制定一批军用标准，采取多种方式创新性推动军用标准和民用标准体系融合。

3．成果转化模式逐步成熟。加大对军民两用关键技术研发的支持力度，促进军民两用技术成果的双向转移及产业化，构建以市场化运作为基础、技术转移服务与资本运作相结合的发展模式。探索军转民技术成果转化的交易方式、流程及知识产权归属和利益分配机制。

4．产业发展带动明显。推动战略性新兴产业快速发展，支撑传统产业改造提升，建成一批军民融合特色产业园区，形成产业集聚、结构合理、布局优化、核心竞争能力突出的产业发展模式。

## 二、重点工作

加强组织领导和统筹规划，持续完善创新环境建设，深入推动军地科技资源融合，加快战略性新兴产业发展和集聚，全面落实市政府和相关驻京军事单位、军工集团公司签署的战略合作协议，构建政产学研用相结合的军民融合协同创新体系。重点抓好以下工作：

（一）建设军民融合创新发展集聚区和特色园区，构建布局合理、多园发展、各具特色、整体协同的高效发展格局

1．推进三大集聚区建设，进一步提升北部科技研发水平，拓展南部成果转化和产业化能力。

（1）推进中关村科学城军民融合创新基地建设。深入推进中关村国防科技园、中关村航天科技创新园、中关村航空科技园、北航国际航空航天创新园等专业特色园区建设，打造中关村军民融合科技研发聚集区，成为服务于国防建设的高新技术研发和企业培育核心载体。（主责单位：市经济信息化委、市科委、中关村管委会、市发展改革委、海淀区政府）

（2）推进大兴军民结合产业基地建设。积极推进航空航天、智能装备、新能源、新材料及应急救援装备等五大产业集聚发展，成为集高端研发、先进制造和总部经济为一体的综合性高科技园区和国家级军民结合产业示范基地。积极推进海军北京市军民融合创新园（蓝鲸园）建设，支持军地双方建设军民技术成果双向转化服务平台，促进“民参军”和“军转民”项目落地和产业化。（主责单位：市经济信息化委、中关村管委会、市发展改革委、北京经济技术开发区管委会、大兴区政府）

（3）推进丰台军民融合创新基地建设。依托军工资源优势，以建设国防知识产权和国防专利转化应用中心为重点，以成果转化和产业孵化为核心，加快推进应急救援、通信导航、高端装备等产业集群发展。（主责单位：市经济信息化委、市科委、中关村管委会、市发展改革委、丰台区政府）

2．引导形成一批军民融合特色园区，带动相关优势产业快速发展。

在海淀园，依托永丰产业基地，建设北斗与空间信息服务产业基地；推进东升（国防）科技园建设，促进军用技术成果落地转化。（主责单位：海淀区政府、中关村管委会、市科委）

在昌平园，依托中关村生命科学园，军地共同推进国家蛋白质科学基础设施——北京基地（凤凰工程）发展，推进国家蛋白质药物产业化基地建设，构建蛋白质科学研究平台，打造世界蛋白质科学领域的核心基地和研究旗舰。（主责单位：昌平区政府、市发展改革委、中关村管委会、市科委）

在顺义园，推进顺义航空产业园建设，支持中航工业建设航空发动机、航空电子系统和航空材料等一系列重大项目，将其建设成为我国航空工业技术发展的核心基地、世界航空产业链的重要组成部分和首都经济产业升级的重要引擎。（主责单位：顺义区政府、市经济信息化委、中关村管委会、市发展改革委）

其他区县（园区）要按照《北京城市总体规划》和国务院关于同意调整中关村示范区空间规模和布局的有关批复精神，充分发挥各自资源禀赋优势，优化存量、集聚增量，推进本区域内特色产业园区建设。

（二）加强军地科技资源统筹和机制创新，推进科技成果、科研条件、科技人才和信息等要素的融合共享

1．加强军民科研力量的整合运用。以国家和军队重大专项为切入点，鼓励和支持军地组建联合研发团队，开展军民两用技术联合攻关。提升科研院所、高等院校、企业承担国防和军队重大专项任务的能力，积极争取和承接实施一批军民统筹重大科技基础设施项目。支持军队科研院所、军工集团公司承担民口重大专项。促进军民在科学发现、前沿技术探索等基础领域协调互动，加强应用技术研究与合作。（主责单位：市科委、市经济信息化委、中关村管委会、市政府外联服务办）

2．加强科研条件军民共建共享。建设完善布局

合理、装备先进、开放共享、高效运行的科研条件平台。推进军民共建共享国家重点实验室、测试验证平台、工程技术研究中心、博士后工作站、企业技术中心等研究平台和科研设施；支持具备条件的军事科研院所（大学）、军工集团公司所属实验室面向社会开放。（主责单位：市科委、市教委、市经济信息化委、中关村管委会、市政府外联服务办）

3．推进军地科技信息资源共享。构建网络化科技资源共享体系，加强军地科学数据、科技文献、科技资源、科技环境的整合，提高军民科技资源网络化共享和利用效率。支持具备开放条件的军工高校、部队科研院所、军工单位面向社会提供科技信息服务。（主责单位：市科委、市教委、市经济信息化委、中关村管委会、市政府外联服务办）

4．推动军民科技创新人才交流培养。建立部队和军事院校与地方高校、企业的科技人才交流制度。依托军地高校院所、行业协会、联盟，围绕重点合作领域举办军地科技人员、企业家专项培训。支持军队依托高等院校、科研院所、企业做好军事人才再教育。探索研究面向军队和国防军工高科技人才的中关村人才特区支持政策。（主责单位：市教委、市科委、中关村管委会、市政府外联服务办）

5．推进军民融合发展机制创新。以军事需求为牵引，在中关村示范区开展分层次项目招标试点，定期发布军队科技和项目研发需求目录，定向组织高校院所、企业承担或参与。加强对"民参军"企业的统筹组织和规范管理，根据工作职能和职责权限，在军工保密资格认证、武器装备科研生产许可、军工质量管理体系认证、武器装备承制单位认证、国防专利申请和授予等方面给予大力支持。（主责单位：市经济信息化委、中关村管委会、市政府外联服务办）

（三）加强需求引导，推动军民两用技术研发和技术成果双向转化及应用推广

1．推动一批军民两用重大科技成果服务于战略性新兴产业发展。结合实施中关村战略性新兴产业集群创新引领工程，大力推进科技创新，突破一批关键技术，服务国防建设和社会、经济转型发展。（主责单位：市发展改革委、市科委、市经济信息化委、中关村管委会）

（1）高端装备制造业。推动高档数控机床、3D打印、工业智能机器人、高效节能自动变速器、自动化成套生产线等智能装备的研发和产业化。

（2）信息产业。积极争取在"宽带中国"战略中发挥核心作用，组织产业技术联盟及企业积极承接下一代互联网国家重大专项。实施中关村下一代互联网提升计划，率先在中关村各相关园区内部署下一代互联网信息网络基础设施，搭建关键技术和评测认证公共服务平台。加快建设新一代移动通信基础设施，率先开展4G接入和应用示范，推动TD-LTE设备及芯片的研发制造及网络规模部署。在网络安全领域，研发具有自主知识产权的核心电子器件、高端通用芯片及基础软件，推动信息安全技术研发与产业化应用。

（3）卫星应用产业。重点突破芯片研发、数据处理、系统集成、运营服务等产业链关键环节，支持卫星通信、卫星导航、卫星遥感标准体系研究，建设提供基础数据、地理信息、卫星导航与卫星通信综合应用的公共服务平台，促进卫星应用产业规范发展。积极争取"北斗城市"试点，推动北斗卫星导航系统在重点领域开展示范应用。

（4）集成电路产业。以提升集成电路设计及先进工艺制造为突破点，全力打造集成电路设计、制造、封装测试和制造装备完整产业链，带动相关产业全面发展。支持关键技术研发，开发一批具有自主知识产权的芯片、集成电路制造装备和成套工艺，鼓励先进封装及测试技术创新，培育高附加值尖端产品。支持集成电路公共服务平台建设，为企业提供产品开发测试环境以及应用推广服务。完善产业生态环境，构建芯片与整机大产业链。

（5）新材料产业。支持军民两用电子信息材料、复合材料、超材料、含能材料、高性能金属材料的研发和产业化应用。突破纳米技术、高纯材料技术、半导体材料技术、高性能合金技术、稀土材料及其应用技术等一批关键技术，提升共性基础材料技术水平和新材料特色领域产业规模。

2．推动一批重大科技成果实现"民参军"和"军转民"。组织开展军民科技成果交流对接活动，促进军民科技成果双向转化。加强军地在项目预研和型号研制、生产等方面的合作，积极推进中关村高科技企业先进技术在军事领域的应用，实现"民参军"；积极推进军用先进技术成果的转化和产业化，带动中关村相关产业发展，实现"军转民"。（主责单位：市经济信息化委、市科委、中关村管委会、市政府外联服务办）

3．推动军地供应采购合作深入发展。依托中关村丰富的市场资源，发挥军队物资集中采购效能，协助部队主管部门做好军队物资采购供应商的遴选、推荐工作，加强军地供需信息对接，推动中关村高新技

术、产品在军事领域的应用，探索军地联合物资供应保障模式。（主责单位：市发展改革委、中关村管委会、市政府外联服务办）

（四）推进军民融合科技创新政策和服务体系建设，为创新驱动发展提供有力保障

1．完善政策扶持体系。研究制定军民融合科技创新相关扶持政策，支持军民关键技术联合攻关、技术成果相互转化、科研条件共建共享、科技信息服务及军民标准通用化、非公企业参与国防建设等。设立中关村国家自主创新示范区促进军民融合科技创新发展专项资金，加大资金支持力度。对于符合相关规定的重大项目，由北京市重大科技成果转化和产业项目统筹资金予以支持。积极探索运用多种金融手段，推进军民结合产业园区建设和重大项目落地实施。（主责单位：市科委、市经济信息化委、市发展改革委、中关村管委会）

2．加强科技金融的服务支撑。依托中关村“一个基础、六项机制、十条渠道”科技金融体系，鼓励银行、券商、创业投资等金融机构运用信用贷款、股权质押贷款、并购贷款、信用保险和贸易融资、知识产权质押贷款等多种金融工具，加强对“民参军”企业的支持；支持“民参军”企业发行信托计划、企业债券、集合票据、中小企业私募债等直接融资产品；支持“民参军”企业通过上市、并购、重组等方式做强做大；积极支持和参与设立“民参军”产业投资基金。（主责单位：市金融局、中关村管委会）

3．加强服务平台建设。推进军地科技资源的相互开放，完善首都科技条件平台等科技资源平台建设，提升公共信息、检验检测、中试验证等专业服务能力；推进军民科技成果转化平台建设，建立和完善知识产权集中托管平台、首都科技成果产业化公共服务平台等。依托科技中介机构，充分发挥综合服务保障功能，搭建军民科技合作中介服务保障平台。（主责单位：市科委、市经济信息化委、中关村管委会）

4．加强国防知识产权保护与应用。积极推动国防领域知识产权申请、运用、保护和管理体系建设，完善知识产权保护公共服务平台。开展国防知识产权创新成果展示交流活动和转化运用试点，扶持国防知识产权中介服务机构发展，推动军民技术转化运用服务体系建设。推进建立“民参军”中的国防知识产权评价机制，支持企业参与研究制定和采用国际标准、国家标准、国家军用标准，提升企业标准创新和应用能力，促进自主知识产权成果服务国防建设。（主责单位：市知识产权局、市科委、中关村管委会）

## 三、组织实施

（一）进度安排

1．筹划阶段（2013 年 7 月底前）。加强常态协作机制建设，研究建立由国家有关部委、相关驻京军事单位和本市共同参与的联席会议制度，统筹协调相关事宜。组建工作机构，在中关村创新平台成立军民融合创新工作组，由市经济信息化委、中关村管委会、市政府外联服务办、市发展改革委、市教委、市科委、市财政局、市金融局、市知识产权局、北京经济技术开发区管委会、北京科技协作中心和海淀区、丰台区、昌平区、大兴区政府相关人员组成，商请相关驻京军事单位指定部门作为工作组联系协调单位，定期参加工作组会议，加强军地协调和工作计划落实。各园区管委会负责加强本区域内军民融合工作组织和计划落实。

2．实施阶段（2013 年 8 月—2015 年 12 月）。2013 年 8—12 月，研究出台推进中关村军民融合科技创新示范基地建设的有关政策体系，认定一批中关村军民融合科技创新基地。整合军地科技创新资源，组建中关村军民融合科技创新顾问委员会，指导首都军民融合科学发展。统筹军地资源，着手编制《建设中关村军民融合科技创新示范基地中长期规划（2013—2020 年）》等文件，指导示范基地建设，初步探索军民融合科技创新的体制机制、路径和模式。

2014—2015 年，深化军地科技资源融合，推进军民科研合作平台、军民两用技术孵化平台、测试验证平台、成果展示体验平台建设。大力支持军民科技成果转化和产业化，促进军民融合领域战略新兴产业发展。

（二）工作要求

1．高度重视。建设中关村军民融合科技创新示范基地是国家统筹经济建设和国防建设的一项重要任务，各有关部门和单位要充分认识此项工作的重要性和紧迫性，加强领导，密切配合，确保工作顺利开展。

2．落实责任。各有关部门和单位要统筹各项工作，细化任务分工，明确责任，确保工作形成合力。按照任务分工和进度要求，制定完善相关方案和计划，同时加强监督检查，确保各项决策部署落到实处。

3．强化保密管理。各有关部门和单位应从维护国家安全和国防安全的战略高度，提高保密意识，严守保密纪律，按照国家有关法律法规要求，严格落实各项管理规章制度，在工作中对涉军、涉密信息进行全流程、全周期管控，切实采取有力措施，确保不发生任何失泄密问题。

# 中关村：不断优化的创新创业生态系统

中关村管委会主任　郭　洪

（2013 年 11 月 25 日）

中关村从模仿美国硅谷开始，从科技人员“下海”创办企业起步，脱胎于“中关村电子一条街”。经过近 30 年的发展，2012 年中关村企业总收入达到 2.5 万亿元，占全国国家级高新区的 1/7 强，年均增长率超过 30%；产业高端、高效、高辐射的特征突出，2012 年现代服务业实现总收入 1.7 万亿元，万元增加值能耗 0.08 吨标准煤，为北京市平均水平的 1/5、全国平均水平的 1/10。自主创新能力不断增强，中关村企业主导创制 100 多项国际标准、2500 多项国家标准，在一些科技领域抢占了国际竞争的制高点。

推动中关村创新发展取得巨大成就的因素很多，但最重要的是逐步形成并不断优化的创新创业生态系统，这也是其核心竞争力所在。

## 一、创新创业生态系统是中关村充满活力的根本条件

创新与创业是不可分离的。硅谷是公认的全球创新中心，但它的技术大多来自美国，甚至全球的其他地区，其中也包括中关村的研究成果。硅谷已经形成了一个较为完善的创新创业生态系统，能够不断聚集全球的人才、技术、资本、市场、文化、思想等创新资源在此碰撞融合，使各类创新创业活动更加容易。市场需求是创新的根本动力，硅谷成为全球公认的创新中心，首先在于其是全球最活跃的创业中心。

多年来，中关村始终致力于构建良好的创业生态系统。一方面，积极整合国内各类高端创新要素；另一方面，大力推进国际化发展，推动国际高端人才、技术、资本等创新要素的集聚，进一步丰富和完善了中关村创新创业生态系统，使中关村成为我国最活跃、最具吸引力的创新创业中心。越来越多怀抱创新创业梦想的年轻人来到中关村创业，每年新创办科技企业超过 4000 家，平均每天有 11 家科技企业在中关村诞生；吸收的创业投资占到全国的 1/3，这个和硅谷在全美的比重相当。创新效率越来越高，联想从成立到实现 100 亿销售收入用了 15 年，百度用了 12 年，小米用了不到 3 年；中关村实现第一个 100 家上市公司用了 20 年的时间，实现第二个 100 家上市公司用了不到 4 年的时间。

这一现象引起了国际著名媒体的高度关注。2011 年 9 月，《华盛顿邮报》记者在采访中关村后发表评论文章“美国应该害怕中国什么？”其中写道：“中国新一代年轻人的创新创业，才是中国未来的真正优势所在。”2013 年 7 月，《麻省理工科技评论》写道：“全世界的城市都在试图复制硅谷。但到目前为止，只有一座城市成为硅谷真正的竞争对手，它就是北京。”这说明中关村越来越被世界关注和认可。

## 二、创新创业生态系统是一个创新要素相互融合的有机整体

大家都知道雅虎，最初就是杨致远和他的同学为完成博士论文，在网上寻找资料。后来资料太多，就萌发出把凌乱的网站按顺序整理出来的念头。之后，在风险投资家的帮助下，最后做成一个世界著名的公司。其实这样的创意在任何一个地方都会有，但为什么杨致远他们的创意能成就了雅虎？因为这只有在像硅谷这样的地方才能做成，由其背后的生态系统中各种要素的推动与相互作用而促成。

基于对创新本质与规律的认识，中关村在创新创业生态系统构建过程中，主要推动以下 5 个方面要素的聚集与融合：一是领军企业。领军企业不仅是一个地区创新能力提高的标志，更是创新创业活动的带动者。中关村形成了以联想、百度为代表的一大批在国内外有影响力的科技企业，聚集的科技企业近 2 万家，年收入亿元以上企业近 1900 家。世界 500 强企业共在中关村设立 200 余家分支机构。二是高校和科研机构，这是技术创新的源头。中关村的科教智力资源密集程度，无论是在中国，还是在世界上，都是少见的。中关村核心区有以清华、北大为代表的高校 32

所，省级以上科研院所206所，先后产生了汉字激光照排、超级计算机等一批重大创新成果。三是高端人才。人才是第一资源。中关村国家人才特区目前共有两院院士590余名，占全国总数的40%左右；“千人计划”人才700余人，占全国总数的比例超过21%；北京市“海聚工程”人才437人，其中70%在中关村地区；海归创业人才1.6万名，累计创办企业超过6000家。四是科技金融。谷歌公司的文特·瑟夫说：“是源源不断的资金造就了（谷歌的）奇迹。”中关村国家科技金融创新中心，聚集了活跃的风险投资机构100余家，资金规模超过100亿美元，发生的投资案例和投资金额均占全国的1/3左右；上市公司总数达226家，其中创业板上市公司占国内的1/7，形成了“中关村板块”。积极支持互联网金融的发展，致力于解决小微企业融资难的问题。五是创业服务。中关村一方面加强对车库咖啡、创新工场等新型创业孵化机构的扶持，形成涵盖创业各环节的创业服务业；另一方面，注重创业导师队伍建设，聘请有经验的创业者、成功的企业家、天使投资人等对大量初创企业进行创业经验的传承。

## 三、创新创业文化和创业家精神是创新创业生态系统的灵魂

创业文化是创新创业生态系统的要素之一，又引领着这个系统的发展。在硅谷，有一位失败了3次的创业者，他的第四家公司依然并不完美，但是他依旧充满信心。在这位创业者身上，我们深深感受到了硅谷创业文化的力量。

一种文化的形成，并非一日之功，这既需要历史的积淀和传承，也需要不断地加以强化和弘扬。20世纪80年代初期，一大批科技人员“下海”创办企业，拉开了中关村发展的序幕，从那时起中关村就留下了“创业”的基因。一代一代的创业者，不断丰富和发展了中关村的创业文化，今天“鼓励创新、宽容失败”的理念已深入人心。

创业文化的核心是创业家精神。20多年来，中关村形成了联想、百度、神州数码、龙芯、小米科技等一大批明星级企业，涌现了陈春先、柳传志、王文京、杨元庆、邓中翰、李彦宏、张朝阳、雷军等一大批具有鲜明时代特征的创业企业家。他们有把企业做成一个全球型、领军型企业的雄心壮志，有持续的创新精神和创新能力，有百折不挠的毅力，有极强的风险意识和与之相对应的冒险精神。他们的创新创业故事汇聚成了中关村的发展历程，他们的创新创业精神凝炼成了中关村创业家精神。

## 四、科技服务企业、社会组织和政府是创新创业生态系统高效运行的加速器

创新创业生态系统绝不是创新要素的简单叠加，更重要的是推动各类要素的良性互动与高效运转。这需要市场、社会与政府共同做出努力。

科技服务业的兴起是创新创业生态系统实现质的飞跃的重要标志。从根本上讲，创新创业者的需求要靠市场化主体提供服务来满足。比如车库咖啡，它专注于服务早期项目创业者，帮助创业者完善商业模式、对接天使投资、融合创业团队，辅助创业者整合技术、财务、法律等创业资源。在这里每周都有10余家投资机构定期坐班，硅谷多家天使投资机构与投资人到访车库咖啡沟通交流，使这里的创业成功率大幅提升。目前，在中关村共有各类创业孵化机构100余家，其中像车库咖啡这样的创新型孵化器近20家，呈现出与硅谷同步创新发展的态势。

行业协会和产业联盟是创新创业环境的营造者、创新与产业发展的组织者和政府服务企业的合作者。目前活跃在中关村的协会组织达100余家，拥有近2万家会员企业；产业联盟80余家，成员单位近5500家，覆盖了中关村各个产业和技术服务领域。这些社会组织利用资源及行业优势，搭建了促进创新资源对接的公共服务平台68个；组织创制国际、国内标准近百项，其中TD产业联盟主导创制的3G及4G两项国际通信体系标准，打破了国际移动通信欧美垄断的格局；积极带领企业“走出去”，留创园协会组织建设中关村瀚海硅谷科技园，成为我国第一家在美国硅谷通过置业建立的高科技园区。

政府是构建创新创业生态系统的引导者和推动者。作为园区管理者，中关村管委会主要职责就是不断优化公平竞争的市场环境，进一步完善创新创业生态系统。我们一方面致力于推动创新创业要素的聚集，另一方面以发展科技服务业为抓手，培育各类市场化创新创业服务主体，促进各类创新要素的快速流动与高效配置。在中关村核心区推进“一城三街”建设，取得了显著的效果。

最后，还有一点非常重要，就是创新是一项开放的事业，是一项全球化的事业。搞科技创新既不能“坐井观天”，也不能“画地为牢”，关起门搞创新是没有出路的。推进科技开放合作，在更大范围内构建创新创业生态系统，是中关村下一步创新发展的必然选择。

# 中关村指数 2014

2013 年，中关村综合指数快速增长至 242.1 点，比 2012 年增长 47.5 点，中关村示范区整体呈现出稳中快进的良好发展态势，高新技术产业总收入突破 3 万亿元，对首都“转方式、调结构、促发展、增效益”和在全国实施创新驱动发展战略发挥了重要示范引领作用。

## 一、高端要素聚集态势明显，创新创业生态系统初步完成

2013 年，中关村示范区创新创业环境指数达到 284.5 点，比 2012 年提高 61.5 点。随着中关村示范区创新创业环境的发展，示范区逐步构建了以“领军企业、高校和科研机构、高端人才、科技资本、创新创业服务体系、创新创业文化”为六大要素的创新创业生态系统。示范区创新创业人才加速聚集，高端领军人才、具有国际化视角的人才数量稳步上升，“人才特区”建设成效显著。科技金融机构已经成为激发持续创新创业的重要保障，并具有明显优势，企业信用意识不断增强，创业投资额翻倍式增长。各类创新创业服务资源不断壮大，开放实验室、孵化器、留创园、中介机构以及行业协会等创业服务机构数量不断增多。

高端人才加速聚集。2013 年，中关村示范区“人才特区”建设成效显著，从业人员达 189.9 万人，较 2012 年增加 19.7%。从学历结构看，拥有本科及以上学历的从业人员再创新高，达到 94.9 万人，占从业人员总数的比重攀升至 50% 以上，其中，拥有硕士和博士学历的从业人员数量达到 18.3 万人和 1.8 万人，分别较 2012 年增加了 17.0% 和 21.3%。从高学历人才占比来看，本科及以上学历从业人员占比高出同期美国硅谷地区 4 个百分点，但低于同期台湾新竹工业园区 13.2 个百分点。从海外留学人员来看，2013 年留学归国从业人员规模持续增长，达到 1.9 万人，同比增长 22.7%。2013 年，示范区从业人员人均薪酬为 11.3 万元 / 年，高出北京市平均水平近 2 万元。

青年人是园区发展的支撑力量。2013 年，中关村示范区从业人员平均年龄为 33 岁，低于同期台湾新竹工业园区从业人员平均年龄（35 岁）；示范区 29 岁及以下从业者占从业人员总数的 46.5%。示范区年轻创业者方兴未艾，商业精英层出不穷，成为支持示范区发展的主力军。

企业信用意识不断增强。2013 年，北京中关村企业信用促进会新增会员 529 家，会员总数达到 4392 家；新增信用星级企业 423 家，总数达到 801 家；中关村信用双百企业达到 412 家。累计有 9800 余家次企业使用各类信用产品 1.7 万余份，购买信用产品的企业数量和信用产品使用数分别是 2008 年的 4.1 倍和 2.8 倍。

科技信贷创新继续深化。2013 年，中关村示范区全面实施科技担保融资服务工程、信贷专营机构培育工程、科技信贷创新工程、风险补偿机制搭建工程、银企交流公共服务平台建设工程等融资服务工程，缓解企业贷款难题，取得明显成效。实施“展翼计划”，重点解决年收入 2000 万元以下的小微企业的融资难问题。各项创新试点工作进展顺利，以中关村科技担保公司为平台，累计为企业提供贷款担保 837.2 亿元。累计组织 355 家次中小企业发行直接融资产品，融资额共计 60 亿元。27 家银行共为 1154 家次企业提供 2920 笔信用贷款，实际发放资金 356.5 亿元；信用保险及贸易融资试点工作进展顺利，累计为 67 家次企业提供近200亿元的信用保险和10亿元的贸易融资贷款；累计发放知识产权质押贷款121.1亿元；中关村小额贷款公司累计为企业发放贷款899笔，总金额62.87亿元。

*创业投资额占全国1/3强。*2013年，中关村示范区驻区创业投资及私募股权投资机构总数达330家，管理资本总量达5614.1亿元。示范区内发生创业投资案件432起，占全国创业投资案例总数的35.5%；已披露的股权投资金额约133.1亿元，占全国已披露股权投资金额的33.4%；新上市的公司75%以上获得过创业投资支持。

*创新创业服务组织不断壮大。*2013年，中关村示范区创新创业服务新模式不断涌现，聚集了一大批创新型孵化器、信用评级机构、知识产权机构、行业协会、开放实验室等创新创业服务资源。从科技设施来看，拥有国家重点实验室112家、国家工程研究中心27家、国家工程技术研究中心52家、国家级企业技术中心50家。从"金种子工程"建设成效来看，建立成针对不同发展阶段企业的服务和培育体系，持续挖掘一批"专特精新"小巨人企业，新增"金种子企业"95家，累计培育"金种子企业"195家，汇集了80余位创业导师，带动了近500家企业和超过60家风险投资机构，融资规模超过15亿元。从中介机构和协会方面来看，中关村协会联席会的成员单位增至61家，较2012年增加了10家。科技中介和行业协会是示范区创新型服务业的重要组成部分，已成为各类创新主体的黏接剂和创新活动的催化剂，为各类创新主体科技创新活动提供重要的支撑性服务。

*核心区城市居住品质不断改善。*2013年，中关村核心区城镇居民人均住房使用面积提升至24.5平方米，较2012年提高了11.3%；核心区居住成本明显提升，海淀区二手房成交均价超过4万元/平方米。在医疗设施方面，核心区执业医师总数增加至9713人，每千人口（常住人口）拥有执业医师不足3人，较2012年基本持平。在教育设施方面，核心区教育投入力度持续增加，人均教育经费支出增至1794.3元，同比增长15.1%；各级学校的基础办学条件不断改善，学前教育、小学教育、中等教育的专任教师人均负担学生数分别为10.8人、20.4人、12.9人。在文体设施方面，核心区辖区内共有公共图书馆、文化馆、博物馆、体育场馆1000余家，区属公共图书馆总藏书量超过100万册。在交通设施方面，核心区交通基础设施不断完善，新增城市道路里程43.7千米，道路路网密度达到1.2千米/平方千米。在生态环境方面，核心区城市绿化覆盖率小幅提升至49.7%，人均绿地面积达47.3%；人均公园绿地面积14.1平方米，较2012年水平基本持平；空气质量持续改善，污染物排放量进一步降低，大气中可吸入颗粒物年平均浓度为0.115毫克/立方米，与2012年水平相同。

## 二、自主创新能力加速提升，对首都和国家创新发展的示范引领作用更加突显

2013年，中关村示范区创新能力指数达到245.6，比2012年提高45.6点。示范区创新投入高速增长，创新成果丰富高质，创新协作纵深发展，创新效率持续提高，成为北京市强化全国科技创新中心功能的重要载体和国家建设创新型国家的战略引擎。

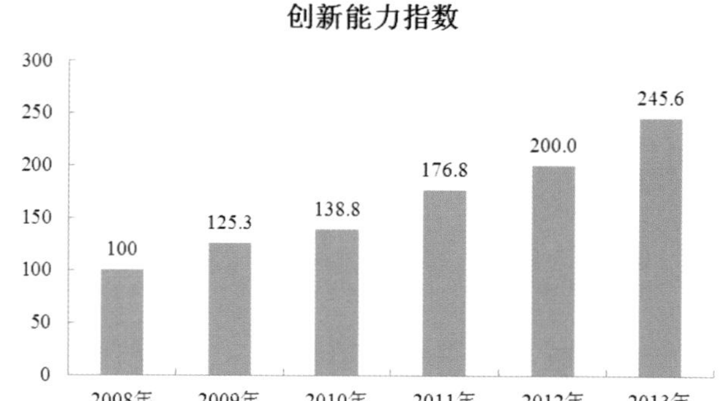


*拥有科技活动人员近50万人。*2013年，中关村示范区企业拥有科技活动人员近50万人，较2012年增加约10万人，其中研究与试验发展（R&D）人员达15.3万人，同比增长22.4%，占北京市的38.5%。从创新人员投入强度来看，每千名从业人员拥有科技活动人员263.3人，比全国国家级高新区平均水平高出86.2人。

*科技活动经费支出保持高速增长。*2013年，中关村示范区企业科技活动经费总额达1319.8亿元，同比增长达28%，增速达到2010年以来的最高值。其中，企业内部开展科技活动经费支出总额1032.6亿元，占科技活动经费支出的88.6%。

*企业获得专利授权突破2万件。*2013年，中关村示范区内企业、高校和科研机构3类创新主体申请专利总计4.9669万件，占北京市专利申请量的40.3%；其中示范区企业申请专利3.7782万件，同比增长34.2%。3类创新主体获专利授权2.7925万件，占北京市的44.6%，同比增长23.4%。其中示范区企业获专利授权2.0991万件，同比增长36.2%，企业获得专利授权数首次突破2万件。从企业层面看，年度专利申请量过百件的企业达46家，创历年新高；有4家企

业年度专利申请量过千件，其中联想（北京）公司和京东方科技集团的专利申请量均突破2000件；示范区首次出现年度专利申请量和授权量双过千件企业（京东方科技集团）；源荷根泽科技公司、嘉博文生物公司2家企业共获中国专利金奖2项，占全国的10%。

技术合同成交额突破2000亿元。2013年，中关村示范区技术交易活跃，企业输出技术合同4.526万项，合同成交额达2484.1亿元，比2012年增长107%，占北京市技术合同成交额的87.1%，占全国的33.3%。从技术领域看，电子信息领域技术合同成交额476.7亿元，占示范区输出技术合同成交额的比重为19.2%；环境保护与资源综合利用技术合同成交额403亿元，占示范区输出技术合同成交额的比重为16.2%；核应用技术合同成交额319亿元，占示范区输出技术合同成交额的比重为12.9%。上述3个领域合计约占48.3%。

标准、软件著作权、商标等知识产权成果丰富。2013年，中关村示范区新增国际标准23项，累计达130项；新增国家标准97项，累计达2778项。截至年底，由示范区企业主导创制的标准共4882项。在软件著作权方面，示范区企业获得软件著作权1.114万件，连续2年突破1万件，累计达4.96万件，较2012年增长27%。在商标方面，截至年底，中关村示范区企业商标申请累计9.8182万件，有效注册商标达6.095万件，其中2013年新增7654件；中国驰名商标和北京市著名商标分别达到63件和282件。

创新协作纵深发展。2013年，中关村示范区内主要联盟数量达104家，参与产业联盟的企业、高校院所等成员单位数超过5300家。从产业领域看，产业联盟主要集中在现代服务业、生物和健康、节能环保、移动互联网和新一代移动通信等“641”战略性新兴产业领域。2013年，示范区14家联盟入选科技部“2013年度国家产业技术创新战略试点联盟”、4家入选“2013年度国家产业技术创新战略重点培育联盟”，分别占全国入选量的25.5%和9.8%。同时，以战略合作、共建园区、共建产业联盟、创新资源共享为主要形式的京津冀创新协作蓬勃发展，成为区域一体化发展重要组成部分。

创新效率保持领先。2013年，中关村示范区企业万人发明专利申请数118.5件，连续3年攀升；每百亿元增加值的发明专利申请量为532件、发明专利授权量为157件、有效发明专利量为674件，是同期北京市平均水平的1.5倍左右以及全国平均水平的近4倍，其中有效发明专利拥有量为全国平均水平的6.5倍。

## 三、经济规模和人均效益持续攀升，成为支撑首都经济升级的中坚力量

2013年，中关村示范区产业发展指数保持稳步较快增长，达到206.4，比2012年提高31.7点。示范区产业结构调整和质量效益取得明显成效，成为首都构建“高精尖”经济结构的中坚力量，在全国“转方式、调结构、促发展、增效益”的格局中也发挥着重要示范引领作用。

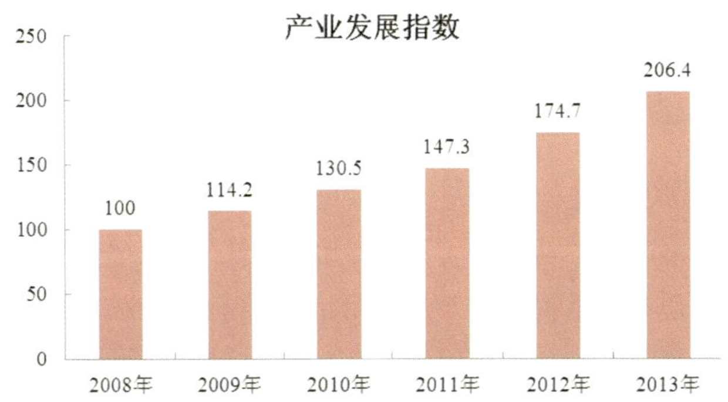


成为首都经济增长的强劲引擎。2013年，中关村示范区产业规模又上新台阶，总收入突破3万亿元，是2008年的3倍，年均复合增长率为24.4%。示范区全年实现增加值4227.7亿元，同比增长15.9%，占北京市生产总值的21.7%，比2012年提高1.3个百分点，在推动北京经济持续发展中的重要引擎作用不断强化。示范区总收入占全国国家级高新区总收入的15.3%，规模超过位列2～5位的高新区收入总和。

产业利润增长十分突出。2013年，中关村示范区实现利润总额2264.8亿元，同比增速较2012年提升10个百分点；利润超亿元企业424家，较2012年新增101家。受主动调结构以及梅赛德斯—奔驰（中国）汽车销售公司、中石油长城钻探公司等企业实缴税费大幅下滑的影响，示范区实缴税费总额1506.6亿元，同比增长4.2%，自国务院示范区批复（2009年）以来首次滑落至个位数；实缴税费超亿元的企业221家，比2012年增加61家。人均创造收入160.6万元，较2012年提高2.8万元，高于同期台湾新竹科技园区（151.5万元/人）；人均增加值22.3万元，比2012年下降0.7万元，不足美国硅谷（96万元）的1/4；人均净利润、人均税收分别为10.0万元、7.9万元，均高于全国高新区整体水平。

从电子信息“一业独大”到新兴领域“多点支

撑”。2013 年，中关村示范区电子信息领域实现收入 1.1 万亿元，占总收入的 36.1%，比 2008 年的 56.5% 下降 20.4 个百分点，改变了示范区高新技术领域中电子信息领域“一业独大”的状况。新材料及应用技术、先进制造技术、新能源与高效节能技术三大技术领域逐步兴起，经济份额持续增加，产业支撑力逐步增强。3 个领域总收入占示范区的比重分别为 9.9%、13.8% 和 11.4%，比 2008 年分别提高 3.6 个、5.5 个和 1.6 个百分点。

“641”战略性新兴产业集群日益壮大。2013 年，中关村示范区“六大优势产业”和“四大潜力产业”总收入和盈利规模稳步提升，整体实力不断增强。“6+4”战略性新兴产业集群实现总收入近 2 万亿元，同比增长 17.0%，占示范区总收入的 65%；实现利润 1454 亿元，同比增长 16.2%。从各领域来看，六大优势产业集群中，除卫星应用集群规模较小外，其余的集群收入规模均超过 1000 亿元，其中移动互联网产业集群实现总收入 4355.7 亿元，居首位；在四大潜力产业集群中，新材料和高端装备两大产业集群的收入规模分别达到 2666.1 亿元和 2220.3 亿元，同比增速分别达 40% 和 18%，增长态势保持向好。在利润方面，轨道交通、集成电路、生物健康、下一代互联网和新材料等产业集群利润总额增长较快，同比增速均超过 20%；生物健康和下一代互联网产业集群盈利能力较强，利润率均超过 10%。

## 四、领军企业引领作用不断增强，活力企业不断涌现

2013 年，中关村示范区企业成长指数达到 181.0，比 2012 年提升 22.8 点。示范区新创办科技型企业数创历史新高，企业创新活力不断涌现，年收入亿元级企业达到 2362 家，“十百千工程”企业创新能力不断加强，上市企业总收入与总市值再创新高，以“十百千工程”培育企业和上市企业为代表的领军型企业主导地位突出，成为带动示范区经济增长的主要力量。

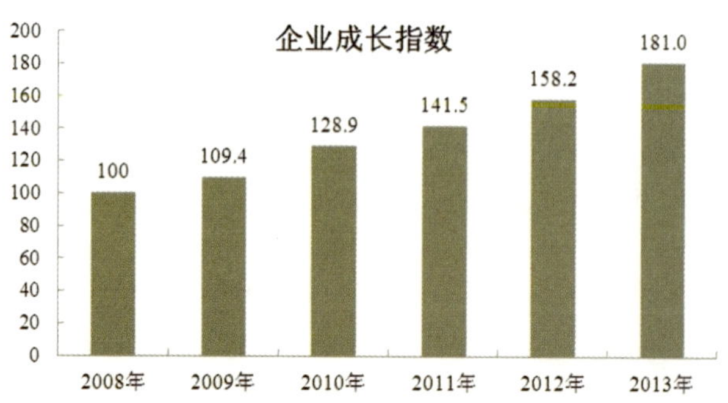


新创办科技型企业超过 6000 家。2013 年，中关村示范区创新创业活动愈发活跃，全年新创办科技型企业超过 6000 家，新创办科技型企业数连续 3 年超过 4000 家。

企业成长潜力凸显。2013 年，中关村示范区收入增长率超过 100% 的规模以上企业共 487 家。示范区企业高成长性获得社会认可，8 家企业入选“2013 亚洲中小上市企业 200 强榜单”，实现销售收入 16.2 亿美元；7 家企业入选 2013 年度“最受赞赏中国公司”榜单，上榜企业数量遥遥领先国内其他地区，其中百度公司连续 4 年位居榜单前三甲，2010 年成立的小米科技公司登上全明星榜单，成为该榜单有史以来最年轻的上榜公司。

瞪羚企业成为推动示范区发展的重要力量。2013 年，中关村示范区评选出 3299 家瞪羚企业，连续 4 年瞪羚企业数量在 3000 家以上。示范区内 967 家“瞪羚计划”重点培育企业 2013 年实现总收入 1611.9 亿元，利润率为 12.7%，领先示范区总体水平 6.1 个百分点。示范区重点瞪羚企业的创新活力不断增强，其 30.8% 的从业人员为科技活动人员，比示范区总体水平高出 4.5 个百分点；创新投入强度（企业科技活动经费支出总额 / 总收入）达 8.1%，是示范区总体水平的 2.1 倍。

领军型企业市场主导地位与创新能力持续增强。2013 年，中关村示范区全年收入超过亿元的企业数再创新高，首次突破 2000 家，达到 2362 家，其中收入过百亿元企业 56 家，越来越多的高成长性企业新晋跻身“百亿企业俱乐部”。其中，小米科技公司仅用 3 年时间便晋升为百亿元企业。“十百千工程”重点培育企业创新能力不断加强。2013 年，426 家“十百千工程”培育企业实现收入约 1.3 万亿元，对示范区总收入的贡献率达到 41.6%；一批“十百千工程”企业在关键技术突破取得进展，企业创新能力得到不断加强，比较典型的包括大唐电信公司、京东方科技集团、利亚德公司等，对示范区创新体系建设产生了极为重要的推动作用。

上市企业总市值与总收入再创新高。2013 年，受国内 IPO 停发的影响，中关村示范区上市企业数量仅新增 6 家，累计上市企业总数达到 230 家。2013 年末（各地市场的最后一个交易日），示范区上市企业总市值首次达 2.04 万亿元，比 2012 年末增长了 52.3%，创历史新高，其中市值过百亿的企业数达到 46 家；示范区上市企业总收入达 1.45 万亿元，比 2012 年增长 9.6%，连续 3 年保持在万亿元以上。其

中，营业收入超过百亿元的上市企业有13家，企业数与2012年持平。

## 五、对外辐射效率显著提高，对津冀地区带动效应逐步显现

2013年，中关村示范区辐射带动指数快速攀升至229.8，比2012年提升38.6点。示范区企业积极创新跨区域合作模式，辐射质量和效率显著提高，由以技术输出为主的单一辐射带动模式向以产业、资本、管理、经验、品牌等多种资源输出并重的全面辐射带动模式转变，对津冀地区乃至全国的辐射带动迈入新阶段。

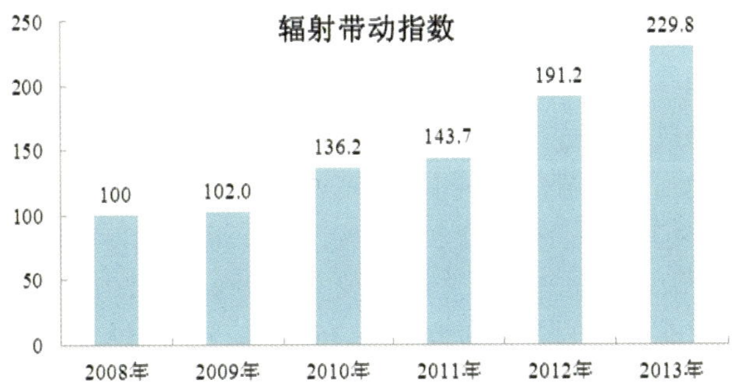


示范区与外省市技术交易增长明显，与津冀地区技术交易活跃。2013年，中关村示范区流向外省市技术合同2.503万项，成交额1464.1亿元，同比增长143.0%，占示范区技术交易额近六成。从技术交易国内流向看，跨区域技术交易辐射广度和深度进一步增大。与中西部地区技术交易明显增加，其中与四川省的技术交易稳步增长，技术成交额达85.8亿元，增长1.6倍；与南部地区的技术交易增长迅猛，其中福建省、广西壮族自治区吸纳示范区技术成交额分别达到302.2亿元和108.5亿元，较2012年分别增长21.7倍和12.1倍，跃居示范区技术流向地区的前2位；与津冀地区的技术交易活跃，流向津冀地区的技术合同2444项，较2012年增加715项，成交额64.6亿元，同比增长36.6%。

示范区企业加快拓展京外布局，积极融入京津冀协同发展大局。2013年，中关村示范区拥有总部型企业1846家，较2012年增加172家，共设立京外分支机构8629家，较2012年增加328家。分支机构数超过100家的省（直辖市）有12个，广东省和上海市位居前2位，分支机构数均超过600家。在津冀两地设立分支机构的总部型企业有341家，设立的分支机构分别为178家和209家，主要集中于新一代信息技术、节能环保、生物工程等领域。

企业并购不断涌现，跨区域整合资源能力进一步提高。2013年，中关村示范区发生并购京外企业案例72起，比2012年增加28起，占全部并购案例数的53.7%。从并购企业所属行业看，新兴产业领域发生并购51起，远高于传统产业领域，并购总额达323.9亿元，占示范区京外并购总额的83.9%。其中，有四成的并购案例发生在信息技术领域，并购总额达267.0亿元，占示范区京外并购总额的69.2%，平均并购金额为9.2亿元/起，是示范区并购最频繁、并购金额最大的领域。从并购企业所在地看，并购地区拓展到22个省市，长三角地区是并购最密集的地区，达24起。在上海市和广东省各发生13起并购，是示范区并购企业最多的省市。领军企业整合优势资源的能力进一步提高。其中，百度公司围绕移动·云、LBS生活服务、移动视频、安全领域等积极进行市场整合，先后并购91无线、百分之百、糯米网、PPS等企业，催生了14个过亿的移动产品；荣之联公司完成对车网互联科技公司的并购，使公司产业布局进一步完善，下游市场空间逐渐扩大，物联网行业的领先地位逐步确立。

多元主体加速推动共建园区，跨区域合作进一步深化。2013年，中关村示范区与全国28个地区建立了战略合作关系。跨区域共建园区逐渐成为示范区推进异地合作的首选模式，参与跨区域共建的主体更加多元，示范区由过去的以技术输出为主的单一辐射带动模式逐渐向以产业、资本、管理、经验、品牌等多种资源输出并重的全面辐射带动模式转变。截至年底，示范区已经与全国21个省、市、自治区（含香港）的50个地区建立了战略合作关系，覆盖京津冀、长三角、珠三角、东北老工业基地、中西部及重点援建区域。

跨区域产业技术联盟不断成立，推动形成产学研创新合作新模式。2013年，由中关村示范区企业发起或主导的主要联盟累计达到104家，其中一半左右的联盟吸纳了京外地区成员，形成了以联盟为依托的开放式跨区域产学研创新合作模式。3月，北京市首个覆盖集成电路全产业链的产业联盟——中关村集成电路产业联盟成立，该联盟的成立将不断提升示范区集成电路行业企业的凝聚力、影响力和话语权。同时，产业联盟推动京津冀协同发展的作用逐渐凸显。11月，京津两地首个跨区域产业联盟——中关村—滨海大数据产业技术创新战略联盟成立，该联盟的成立对促进京津两地大数据产业的快速发展具有重要作用。2013年底成立的京津冀及周边地区节能低碳环保产业

联盟，围绕京津冀、京晋、京蒙之间围绕生态环境改善、清洁能源保障、循环经济发展、绿色农畜产品供需等方面，开展多层次广泛合作，将有力促进产业合作和技术交流，为协同解决区域资源环境问题发挥积极作用。

## 六、国际资源配置能力日益增强，成为中国科技型企业参与国际竞争的前沿阵地

2013 年，中关村示范区国际化指数达到 293.4，比 2012 年大幅提升 90.9 点。示范区不断强化对接海外高端人才、国际性创新服务机构等国际高端资源，国际化步伐加速迈进，在全球协同创新、境外资本运作、跨境贸易和境外投资等方面大幅提升，国际资源配置能力和国际竞争力显著增强。

*海外人才加速汇聚*。2013 年，中关村示范区良好的创新创业环境吸引了一批海外高端人才。截至年底，中关村人才特区共有 703 人入选国家“千人计划”，占北京市入选人数的 78%，占全国入选人数的 21%；368 人入选北京市“海聚工程”，占北京市入选人数的 72%；158 名高端人才及其团队入选中关村“高聚工程”。2013 年，示范区外籍专家人数为 2654 人，较 2012 年增加 335 人，占外籍从业人员近 1/4。

*吸纳外资的质量不断改善*。2013 年，在中关村示范区设立子公司或研发机构的世界 500 强企业数量达到 98 家，比 2012 年增加 2 家，其中包括英特尔公司、微软公司、IBM 公司等国际知名企业，示范区对跨国公司科技巨头的吸引力不断增强。

*出口总额跃居全国高新区第一*。2013 年，中关村示范区共有出口企业 1393 家，出口总额达 336.2 亿美元，同比增长 28.5%，增速创 2008 年全球金融危机以来的最高值。示范区出口增长强劲，使得示范区对北京乃至全国的引领带动力进一步增强，2013 年示范区出口总额占北京市出口总额的比重首次超过一半，达到 53.2%，出口增速是北京市出口增速的 4.7 倍。在全国国家级高新区中，示范区出口规模跃居第一，高于上海张江高新区 23.4 亿美元。

*企业出口产品呈多元化发展趋势*。2013 年，中关村示范区企业产品出口总额达 162.6 亿美元，同比增长 10.6%，占示范区整体的 48.4%，其中高新技术产品出口总额达 54.2 亿美元，同比增长 6.1%，占示范区产品出口总额的 33.4%。示范区实现技术或服务出口 40.6 亿美元，同比增长 16.7%，占示范区出口总额的 12.1%。企业出口的产品呈现多元化发展，2013 年示范区企业出口产品种类达到 1511 种，比 2012 年出口产品种类增加 171 种。示范区有产品出口的企业数由 2012 年的 663 家增加至 2013 年的 839 家，其中出口产品种类达到 2 种及以上的企业数量为 243 家，较 2012 年增加 43 家，占示范区产品出口企业总数的 29.0%。

*对境外直接投资高速增长*。2013 年，中关村示范区企业延续了 2012 年的海外并购热潮，积极走出去并购海外优质资源，共完成海外并购 14 起，其中并购美国和新加坡企业各 4 起，并购加拿大企业 3 起；披露金额的 12 起并购案例涉及金额共计 25.4 亿元。2013 年示范区有 417 家企业开展境外直接投资，较 2012 年增加 121 家，对境外直接投资额 711.2 亿元，较 2012 年增长了 2.1 倍，整体增长更为迅猛，保持持续快速上升态势。

# 大事记

## Chronicle

本栏目采用以月为序的形式记载中关村国家自主创新示范区上一年度中发生的大事、要事。

# 2013 年中关村国家自主创新示范区大事记

## 1 月

**6 日** 市委常委陈刚到普罗吉生物科技发展有限公司和赛林泰医药技术有限公司调研。中关村管委会主任郭洪陪同。

**同日** 经市质监局和中关村管委会批准，中关村软件园成为首个中关村国家自主创新示范区标准创新试点园区。

**7 日** “国家自主创新示范区‘1+3’工作联席会”第三次会议举办，中关村、东湖、张江 3 个国家级示范区及合芜蚌综合试验区相关人员参加。

**8 日** “中关村示范区企业进入代办股份报价转让系统集体挂牌”仪式举行，北京道从交通安全科技股份有限公司等 10 家企业挂牌。市委常委陈刚、中关村管委会主任郭洪出席。

**10 日** “共青团中关村科技园区工作委员会暨中关村青年联合会成立大会”举行。市委常委陈刚等揭牌，中关村管委会副主任杨建华当选青联第一届主席。

**12 日** 主题为“凝聚创新力量、激发创新活力、履行创新使命”的“中关村国家自主创新示范区创新文化展演”举办。市委常委陈刚、副市长苟仲文出席。

**15 日** 第十六次重大科技成果产业项目统筹联席会会议召开。市委常委陈刚主持，副市长苟仲文、市委副秘书长傅华、中关村管委会主任郭洪参加。

**16 日** 副市长苟仲文主持召开中关村管委会班子会，听取中关村管委会关于中关村先行先试政策、加强产业集群创新统筹、国际化发展、一区多园协同发展、稳增长调结构等方面的工作汇报。

**同日** “2012 年度中关村十大系列评选榜单发布会”举行。发布会新增了主题演讲与高峰对话环节，现场听众分享了企业家们的创业经验。

**18 日** “梅河口中关村科技产业园揭牌暨中梅产业发展基金签约成立仪式”举行，北京市中关村创业投资发展有限公司与梅河口市政府签署中梅产业发展基金协议。中关村管委会主任郭洪出席。

**24 日** “中关村科技园区管委会 江西省瑞金市人民政府战略合作框架协议签约仪式”举行。双方将在战略性新兴产业发展、科技创新、金融试点、人才交流等方面合作。

**29 日** “中关村科技园区管理委员会与房山区人民政府签署战略合作协议”举行。中关村管委会主任郭洪与房山区区长祁红分别代表各方签署《共建中关村国家自主创新示范区房山园协议》。副市长苟仲文出席。

**30 日** 在“2013 新春驻华外交官科技合作通报会”上，市科委授予中关村核心区为北京市国际科技合作基地，海淀园管委会推荐的国际合作伙伴葡萄牙仕博创新管理咨询公司被评选为优秀国际合作伙伴并获授牌。

## 2 月

**2 日** “中关村国家自主创新示范区北京高端制造业基地揭牌仪式”举行，房山区区长祁红与中关村管委会副主任廖国华共同为基地揭牌。

**4 日** 由中关村管委会主办的中央及北京市主流媒体负责人座谈会举行。市委常委陈刚、副市长苟仲文、中关村管委会主任郭洪出席。

**7 日** “‘蓝鲸园’第九次‘民参军’‘军转民’项目对接会”举行。对接会展示北京中航智科技有限公司等 10 家企业的高新技术产品。副市长苟仲文、海军副司令员丁一平等出席。

**8 日** 质检总局、国家标准委公布 2013 年“中国标准创新贡献奖”获奖名单。中关村示范区内企业、科研院所等完成的 19 个项目入选，占全国获奖比例的 33%。

**19 日** 市委常委陈刚到中关村雍和航星科技园调研，先后考察诺基亚体验创新中心等企业并召开座谈会。市委副秘书长傅华等参加调研。

**同日** 中关村管委会公布中关村国家污水资源化产业联盟、中关村空间信息技术产业联盟、中关村网页游戏产业联盟等 22 家第一批符合备案条件的产业技术联盟名单。

**20日** 市委常委陈刚和黑龙江省副省长孙尧在京商谈中关村示范区与黑龙江省的合作事宜。市委副秘书长傅华、中关村管委会主任郭洪参加。

**26日** 市委常委陈刚到中关村平谷园、顺义园调研并为园区授牌。市委副秘书长傅华、中关村管委会主任郭洪参加。

**2月** 经国家知识产权局批准，中关村示范区成为国内首批10家“国家知识产权示范园区”之一，示范时限为2013年1月至2015年12月。

## 3月

**1日** 副市长苟仲文以及工业和信息化部相关领导到北京高端制造业基地调研。房山区政府有关领导陪同。

**7日** 副市长苟仲文到中关村怀柔园调研并为园区授牌。市政府副秘书长戴卫、中关村管委会主任郭洪参加。

**同日** 京东方科技集团股份有限公司成功研发出55英寸裸眼3D显示屏，其分辨率、亮度、视角等特性均得到极大提升。

**13日** 由北京科兴生物制品有限公司承担的国家科技支撑计划肠道病毒71型灭活疫苗Ⅲ期临床研究在京揭盲，试验研究结果显示良好。

**14日** “中关村管委会2013年党风廉政建设工作会议”召开，学习传达了中共中央总书记习近平在中央纪委十八届二次全会上的讲话精神。

**15日** “中关村集成电路产业联盟成立大会”召开，中芯国际公司为联盟的首届理事长单位。中关村管委会主任郭洪出席。

**17日** “中关村科技园区管委会、北京市海淀区人民政府、吉林省通化市人民政府战略合作框架协议签约仪式”举行。吉林省省长巴音朝鲁、北京市委常委赵凤桐、中关村管委会主任郭洪等出席。

**20日** “一区十六园”工作会召开，副市长苟仲文主持，市政府副秘书长戴卫、中关村管委会主任郭洪等参加。

**22日** 科技部部长万钢一行到北京国家现代农业科技城调研，参观北京通农种业科技有限公司种苗培育车间等。科技部副部长张来武、副市长林克庆陪同。

**23日** 由北京大学、中国政法大学、北京理工大学等高校的专家共同发起的中关村知识产权法律保护研究院成立。

**25日** 市长王安顺主持召开中关村国家自主创新示范区领导小组第十六次会议。市委常委陈刚，副市长苟仲文等市政府相关领导出席，中关村管委会主任郭洪参加。

**同日** 全国政协副主席王钦敏、全国工商联副主席黄小祥、副市长程红等到联东U谷·北京金桥产业园调研，参观园区企业桑德集团有限公司。

**26日** “香港科技园公司中关村联络处启动仪式”举行。联络处设在清华科技园，启迪公司负责为京港两地企业提供全方位服务。

**28日** 国务院常务副总理张高丽到中关村示范区调研，先后考察了科兴控股生物技术有限公司等企业及中关村示范区展示中心。市委书记郭金龙、市长王安顺陪同，中关村管委会主任郭洪参加。

**29日** “北京·什邡产业园中关村科技产业基地揭牌仪式”举行。中关村管委会主任郭洪等出席。

**3月** 北京富龙康泰生物技术有限公司开发出中国第一个商业化的3D重组人造皮肤模型，其角质层由人角质细胞层分化而获得，有24孔板和12孔板2种形式。

## 4月

**2日** 科技支撑首都生态文明和城乡环境建设工作会召开。与会人员就北京生态文明和城乡环境建设建言献策。市委常委陈刚出席并讲话，中关村管委会主任郭洪参加。

**3日** 市财政局和北京市国有资产经营有限责任公司签约设立“中关村现代服务业中小微投资基金”。

**同日** 副市长苟仲文到延庆园调研并为园区授牌。中关村管委会主任郭洪参加。

**8日** “中芬国际合作创新平台启动暨北京芬华创新中心签约仪式”在中关村软件园举行。平台由芬华创新中心有限公司负责运营，办公地点设在中关村示范区内。

**9日** 中关村管委会与太原市政府签署战略合作框架协议，双方将围绕合作建设科技创新平台、开展创新资源交流互动、产学研合作、成果示范应用、科技金融创新及培养高端人才等方面开展合作。

**11日** “中关村示范区社会组织工作大会”举行，主题为“创新、发展、自律、服务”。市委常委陈刚出席并讲话，中关村管委会主任郭洪参加。

**同日** 市委常委陈刚到北京民营科技实业家协会调研。市委副秘书长傅华、中关村管委会主任郭洪等陪同。

**18 日** 市委书记郭金龙、市长王安顺到通州国际种业科技园调研，参观中国农业大学通州实验站和北京通农种业有限责任公司。市委常委牛有成、陈刚，副市长苟仲文陪同。

**同日** 中关村杰出企业家海外（硅谷）培训班开学典礼举办，首期培训均为企业的主要负责人以及“千人计划”“海聚工程”入选者。中关村管委会主任郭洪出席开学典礼。

**22 日** 北京义翘神州生物技术有限公司仅用 12 天，研制成功 H7N9 疫苗关键蛋白——血凝素蛋白和神经氨酸酶蛋白，并实现规模化生产。

**23 日** 市委书记郭金龙、市长王安顺就“推动创新驱动战略，加快培育产业发展新优势”到昌平园调研，考察北京雪迪龙科技股份有限公司等 3 家企业。市委常委赵凤桐、陈刚，副市长苟仲文陪同调研。

**同日** “2013 年中关村知识产权推进大会”举行。市知识产权局、中关村管委会共同发布《2013—2015 年中关村知识产权推进计划》。

**24 日** “中关村遥感与测绘应用产业创新联盟成立大会暨空间信息交流会”举行。联盟由百度在线网络技术（北京）有限公司等 10 家单位发起，理事长单位为东方泰坦公司。

**25 日** 中关村科技金融工作第一次调度例会召开。市委常委陈刚主持，市委副秘书长傅华、中关村管委会主任郭洪参加。

**同日** “全国中小企业股份转让系统制度解读会——中关村国家自主创新示范区专场”召开。市委常委陈刚、市委副秘书长傅华等领导参加。会上，就“全国股份转让系统功能定位与制度框架”进行解读。

**26 日** 科技部、市政府联合印发《关于建设国家技术转移集聚区的意见》（国科发火〔2013〕456 号）。

**同日** 由航天东方红卫星有限公司研制的“高分一号”卫星在酒泉卫星发射中心用“长征二号丁”运载火箭以“一箭多星”方式成功发射升空，同时还搭载发射了 2 个荷兰卫星分配器和 3 颗分别由厄瓜多尔、阿根廷和土耳其研制的小卫星。

**同日** “中关村人民法庭成立大会”举行。法庭将审理知识产权、媒体和网络侵犯人格权和特许经营等类型案件。

**27 日** “中关村科技园区管理委员会、河南省南阳市人民政府战略合作框架协议签约仪式”在南阳市举行。中关村管委会主任郭洪等出席。

**28 日** 雍和艺术区正式运营，展出了李可染画院馆藏的齐白石、李可染等 10 位名家真迹作品。

**4 月** 中美企业创新中心开业，是首家由科技部支持成立的国际化科技服务机构，将采取线上线下协同的创新工作模式。

## 5 月

**4 日** 市委书记郭金龙就“优化创新创业环境，服务青年成长发展”主题到北京启明星辰信息技术股份有限公司等企业调研。市长王安顺、常务副市长李士祥等市领导陪同，中关村管委会主任郭洪参加。

**6 日** “中关村管委会、德阳市人民政府战略合作框架协议签约仪式”举行，双方将从软、硬环境的建设，探索差异化合作发展模式。中关村管委会主任郭洪以及德阳市政府有关领导出席。

**7 日** 乐视网信息技术（北京）股份有限公司推出乐视 TV 超级电视 X60，成为全球首家正式推出自有品牌电视的互联网公司。

**8 日** 诺和诺德中国研发中心在中关村生命科学园投入运营，将进行与糖尿病晚期并发症（DCL）药物相关的药理学研究。

**9 日** 市委书记郭金龙一行在怀柔区调研时，到中科合成油技术有限公司考察。市领导赵凤桐、苟仲文等陪同。

**10 日** 2013 年中关村现代服务业综合试点领导小组第一次会议召开。市委常委陈刚主持，市委副秘书长傅华、中关村管委会主任郭洪参加。

**同日** “中关村科技园区管理委员会、黄冈市人民政府战略合作框架协议签约仪式”举行。双方将重点围绕光机电一体化、环保和新能源等产业推进对接。

**13 日** 副市长苟仲文到中关村密云园、门头沟园调研并为园区授牌。市政府副秘书长戴卫等陪同。

**14 日** “2013 首届中关村—硅谷创新创业大赛启动仪式”在北京、硅谷通过视频连线的方式同时举行。大赛主题为“创新创业，你我同行”。中关村管委会主任郭洪出席。

**15 日** 市人力社保局发布《关于开展中关村国家自主创新示范区高端领军人才专业技术资格评价扩大

试点工作的通知》（京人社专技发〔2013〕127号），决定将中关村示范区高端领军人才专业技术资格评价试点工作扩大到“一区十六园”。

**16日** “北京物资学院现代物流创新园揭牌仪式”举行。创新园将按照“产学研一体化”的发展模式，建设成为产业集中、发展集约、资源共享、功能互补的公共服务平台。

**17日** 市委常委陈刚一行到北京中关村企业信用促进会调研中关村示范区企业信用体系建设情况。中关村管委会主任郭洪陪同。

**同日** “中关村示范区‘展翼计划’支持政策暨创新金融产品发布会”举行。发布了“展翼计划”工作方案，公布2180家入选“展翼计划”的企业名单。市委常委陈刚出席，中关村管委会主任郭洪参加。

**20日** 中关村创新平台第9工作组——军民融合创新工作组成立。工作组由市发展改革委、中关村管委会等15家单位19人组成，组长由市经济信息化委副主任熊梦担任。

**同日** 中关村重点企业“全球化”战略专题研讨班开班，围绕宏观形势、全球化运营能力建设和领导力提升三大板块进行讲授。中关村管委会主任郭洪出席开班仪式。6月7日，研讨班结业。

**21日** 市委常委牛有成到西城园普天德胜孵化器调研，了解孵化器在企业文化建设、搭建中小型科技企业服务平台等方面所做出的努力。

**22日** 中组部部长赵乐际一行到中关村示范区调研人才工作。市委副书记吕锡文、市委组织部部长姜志刚陪同，中关村管委会主任郭洪参加。

**同日** 由环球华影（北京）科技有限公司研发的炫幕品牌国内首款100英寸激光电视上市。

**同日** 中关村管委会和唐山市政府签署《中关村科技园区管理委员会、河北省唐山市人民政府共建曹妃甸中关村高新技术产业基地战略合作框架协议书》，重点围绕下一代互联网等领域开展合作。

**22—26日** 中关村示范区以“创新驱动　示范引领”为主题，组织150家企业参展“第十六届中国北京国际科技产业博览会”。市委书记郭金龙、科技部部长万钢、市长王安顺、市人大常委会主任杜德印、市政协主席吉林参观了中关村示范区展区。

**23日** 江苏省省委书记罗志军、省长李学勇率江苏省党政代表团到中关村示范区调研，并与市委书记郭金龙、市长王安顺等市政府领导座谈。中关村管委会主任郭洪汇报了中关村示范区体制机制创新情况。

**24日** “唱响中关村——中关村之歌征集活动新闻发布会暨启动仪式”举行，旨在传承中关村精神，打造具有中关村特色的品牌文化，提升园区品牌形象。市委副秘书长傅华、中国音乐家协会副主席叶小钢等出席仪式。

**同日** “北京市科技企业孵化器及大学科技园工作会议”召开。中关村管委会发布《中关村国家自主创新示范区创新型孵化器发展规划（2013—2015年）》（中科园发〔2013〕13号）。市委常委陈刚出席。

**25日** 主题为“运动激发活力　创新引领发展”的2013年“中关村国家自主创新示范区体育运动展示”活动举办，2万余人参加。市委书记郭金龙、市长王安顺、市人大常委会主任杜德印等出席开幕式。

**27日** “中关村科技园区管理委员会　临沂经济开发区管理委员会战略合作暨临沂中关村软件产业基地签约揭牌仪式”举行。中关村管委会主任郭洪等相关领导出席。双方将合作建设科技创新公共平台，共同开发建设临沂中关村软件产业基地，开展科技金融创新、高端人才培养以及国际合作。

**28日** 中关村雍和园硅谷高端文化科技人才创业基地揭牌，将成为美国当地优秀项目预孵化基地，筛选培育优秀项目，落地东城区进行产业化。

**同日** 中关村现代服务业综合试点工作领导小组办公室组建，市财政局副局长王婴兼任办公室主任。

**28日—6月1日** 中关村示范区参加“第二届中国（北京）国际服务贸易交易会”，展示大数据、云计算等成果。市委书记郭金龙、市长王安顺等市领导参观了中关村示范区展区，中关村管委会主任郭洪陪同。

**30日** 中关村现代服务业试点工作会议召开。试点领导小组组长陈刚出席并提出“六个一”的工作目标。

**同日** “2013中国设计节暨第二届中国设计发展年会”开幕，主题为“设计超乎想象”。副市长苟仲文讲话，十一届全国政协副主席李金华、国务院参事石定寰、市委副秘书长傅华等领导出席。

**31日** 由市科委和清华大学共同主办的“清华脑起搏器推广应用启动会”举行。产品可通过植入体内的刺激器向埋植在大脑特定靶点的电极发送电脉冲来治疗脑部疾患，主要用于帕金森病的治疗。

**5月** 京东方科技集团股份有限公司研制成功30英寸全高清有源驱动有机发光显示屏（FHD AMOLED），融合了背板技术和有机电致发光技术。

**同月** 由中关村管委会与市国税局、市地税局等单位相关工作人员组成的“中关村‘1+6’政策宣讲团”，赴顺义园、房山园等7个新纳入中关村示范区规划范围的园区，举办7场政策宣讲活动。

## 6月

**2日** 福田汽车与古巴交通部战略合作暨福田新能源汽车古巴哈瓦那市示范运行签约仪式举行。市委书记郭金龙等领导以及北汽福田汽车股份有限公司、古巴交通部相关人员参加。

**3日** 中关村示范区企业家顾问委员会2013年度第一次全体委员会议召开。市委常委陈刚出席，市委副秘书长傅华、中关村管委会主任郭洪及19位顾委会成员参加。

**5日** “北京·里约热内卢合作洽谈会”在巴西举行，市委书记郭金龙等出席。北汽福田汽车股份有限公司、巴西FAB公司等共同签署《福田汽车与FAB、MATER Group搭载康明斯发动机共同开发巴西商用车市场暨新产品导入协议》。

**同日** 市工商局印发《关于认定谷雨等179件商标为2012年度北京市著名商标的通知》，中关村示范区的105件商标被认定为北京市著名商标。

**7日** 市委常委牛有成一行到德青源（北京）生态园，对北京德青源农业科技股份有限公司沼气发电和沼气提纯压缩项目进行调研，实地查看沼气发电及沼气提纯压缩项目，参观了国家蛋品工程技术研究中心实验室。

**8日** 中央政治局常委刘云山到东城园、歌华有线电视网络公司、北京工业设计创意产业基地调研。市委书记郭金龙、市委常委赵凤桐、中关村管委会主任郭洪等陪同。

**10日** 易美芯光（北京）科技有限公司发布全球第一款全集成LED光引擎Disc Light，是在Brio LED COB基础上集成驱动电路芯片于一体的新型光源。

**11日** 由中国航天科技集团公司研制生产的“神舟十号”载人飞船在酒泉卫星发射中心发射升空，将聂海胜、张晓光、王亚平3名航天员送入太空。

**13日** 2013年北京（中关村）审查员实践基地启动暨第二期实践基地企业专利实务培训会举行，7家企业被授予审查员实践基地称号。

**14日** 在“2013朔州市（北京）招商推介会”上，朔州市政府与中关村管委会签订战略合作框架协议。中关村管委会主任郭洪出席。

**17日** 由北京中科大洋科技发展股份有限公司承担的央视新址播出系统项目全面启用。

**18日** 中关村科技金融会召开，市委常委陈刚主持并到北京国际信托有限公司等企业调研。市委副秘书长傅华、中关村管委会主任郭洪陪同调研。

**20日** 市委书记郭金龙视察首家入驻国家地理信息科技产业园的天地图有限公司，国家测绘地理信息局局长徐德明、市委常委赵凤桐以及顺义区政府等单位相关领导陪同。

**同日** 证监会副主席姚刚参观中关村示范区展示中心并座谈。市委常委陈刚、中关村管委会主任郭洪参加。

**24日** 《关于延长中关村国家自主创新示范区高新技术企业认定管理试点工作期限的通知》（国科发火〔2013〕529号）发布，将中关村示范区高新技术企业认定管理试点工作期限延长3年，从2012年1月1日起至2014年12月31日止。

**同日** 经科技部批准，北京中关村移动互联网创新型产业集群成为第一批创新型产业集群试点单位，集群建设单位是海淀园管委会。

**25日** 全国政协副主席韩启德率九三学社中央调研组就促进科技服务业发展问题在京调研并座谈。市长王安顺、市政协主席吉林、统战部部长牛有成、副市长苟仲文出席座谈会，中关村管委会主任郭洪参加。

**同日** 市委常委姜志刚到石景山园调研，走访趣游科技集团有限公司等企业，实地考察石景山园整体建设、“五站合一”工作站和文化创意产业等运行、发展情况。

**同日** 在“第一届互联网交易安全峰会”上，百度在线网络技术（北京）有限公司等21家互联网企业为应对网络交易诈骗、QQ视频诈骗、钓鱼网站诈骗等网络安全问题，发起成立“互联网反欺诈委员会”，形成电子商务生态圈“联防联打”的战略合作框架。

**26日** 北京银行组合产品助力中关村企业成长暨创业卡发布仪式举行。“创业卡”主要满足创业人员在创业初期日常消费的资金需求。市委常委陈刚、副市长苟仲文出席，中关村管委会主任郭洪参加。

**同日** 《北京市人民政府关于促进电子商务健康发展的意见》部署会召开，副市长程红主持，市委常委陈刚出席并讲话，中关村管委会主任郭洪做报告。

**27日** 京东网上商城作为电子发票项目应用试点单位成功开具出国内首张电子发票，金额是41.4元。

**同日** 副市长林克庆一行到德青源（北京）生态

园调研，参观北京德青源农业科技股份有限公司生物燃气项目，考察沼气生产提纯工艺。

**29 日** 副市长李士祥到国家地理信息科技产业园调研，并与国家测绘地理信息局局长徐德明共同为国家测绘地理信息局卫星测绘应用中心揭牌。

## 7 月

**2 日** “中关村管委会、江门市人民政府战略合作框架协议签约仪式”举行。双方将在企业、产业孵化和技术交易、科技服务等方面开展全面交流与对接。

**同日** 科技部部长万钢一行到北京国家现代农业科技城德青源生物燃气科技产业化基地调研。科技部副部长张来武、市委常委牛有成等陪同调研。

**3 日** 中关村管委会、市质监局联合印发《关于印发中关村国家自主创新示范区标准化行动计划(2013—2015) 的通知》（中科园发〔2013〕28 号），部署试点培育工程等 6 项重点任务。

**5 日** 中关村管委会与扬州市政府签署战略合作框架协议，将推进扬州中关村科技成果产业化基地建设，重点围绕汽车、智能装备、软件和信息、绿色新能源等领域进行合作。市委副秘书长傅华、中关村管委会主任郭洪等相关领导出席。

**11 日** “中关村科技园区管理委员会 中国进出口银行北京分行政策性金融助推中关村国际化发展战略合作签约暨业务推介”举行。中关村管委会主任郭洪出席。

**12 日** 市政府发布《建设中关村军民融合科技创新示范基地行动计划（2013—2015 年）》（京政发〔2013〕19 号），提出重点抓好建设军民融合创新发展集聚区和特色园区等工作。

**同日** “中关村管委会党的群众路线教育实践活动动员部署大会”召开，市委常委苟仲文参加。

**同日** 由中组部、教育部主办的中管高校党委书记、校长“学习贯彻党的十八大精神研讨班”到中关村示范区现场教学，并在北京航空航天大学与部分企业负责人座谈。中关村管委会主任郭洪等参加。

**13 日** “烟台市与中关村战略合作暨北京南山航空材料研究院揭牌仪式”举行。中关村管委会主任郭洪等相关领导出席。

**14 日** 由中国空间技术研究院抓总研制的“嫦娥二号”卫星，在轨飞行 1016 天，与地球间距离突破 5000 万千米，成为中国首个人造太阳系小行星。

**15 日** “北斗导航与位置服务产业公共平台暨北斗导航位置服务（北京）有限公司成立签约仪式”举行。市委副秘书长傅华、市政府副秘书长戴卫及中关村管委会主任郭洪出席。

**16 日** “前沿实验室国际学术指导委员会成立暨入驻及协同创新平台签约仪式”举行，将建设成为具有国际影响的农业生物技术研究中心。

**17 日** 中关村管委会副主任周国林做客《首都之窗》直播间，就中关村国际化工作的基本情况，中关村支持园区和企业国际化发展的具体措施、相关政策以及下一步发展计划等与广大网友进行交流。

**18 日** 中关村管委会与葫芦岛市人民政府签署战略合作协议。辽宁省省长陈政高、北京市委常委苟仲文等领导参加。

**21 日** 中关村管委会与三沙市人民政府战略合作框架协议签约仪式举行，双方将在三沙市联手建设重大工程。

**23 日** 中关村管委会以“引领自主创新，共建生态文明”为主题，组织 23 家节能环保新能源企业参展“第十三届中国国际环保展览会”。全国人大常委会副委员长陈昌智、环境保护部部长周生贤、市长王安顺参观中关村示范区展区，中关村管委会主任郭洪陪同。

**24 日** 中关村管委会与乐山市人民政府战略合作框架协议签约仪式举行，双方将共建“乐山中关村科技成果产业化基地”。中关村管委会主任郭洪出席。

**29 日** 中关村示范区 2013 年“一区十六园”工作会召开。市委常委苟仲文，副市长张工出席并讲话，中关村管委会主任郭洪介绍中关村示范区 2013 年上半年创新发展情况和下半年工作安排。

**30 日** “中关村知识产权服务业联盟成立大会暨知识产权融资战略合作签约仪式”举行。活动还举办中关村管委会专利促进资金发放仪式。中关村管委会主任郭洪出席。

**7 月** 国家作物分子设计工程技术研究中心首席科学家邓兴旺等研发成功全球最高精度玉米全基因组育种芯片。

## 8 月

**6 日** 经市民政局批准，北京民营科技实业家协会社团名称变更为中关村科技企业家协会。

**7 日** 市统计局与中关村管委会联合印发《关于

加强中关村示范区“一区十六园”统计工作的指导意见》。

**9 日** “中关村互联网金融行业协会成立大会暨中关村互联网金融信用信息平台启动仪式”举行。协会由 33 家单位发起成立，北京京东世纪贸易有限公司联席董事长赵国庆当选会长。中关村管委会主任郭洪等参加。

**12 日** 市委常委姜志刚到国家地理信息科技产业园区调研，顺义区政府、国门商务区管委会相关领导陪同。

**14 日** “海军北京市军民融合后勤领域高新技术展示对接会”举办，30 余家企业参加展示。市委常委苟仲文、海军副司令丁一平，以及中关村管委会主任郭洪等参加对接会。

**同日** “中关村国家自主创新示范区国家新媒体产业基地授牌仪式”举行，主题为“新媒体　新梦想　新启航”。市委副秘书长傅华出席。中关村管委会主任郭洪与大兴区代区长谈绪祥共同为基地揭牌。

**同日** 中关村管委会与云南省大理州人民政府在京签署战略合作协议。中关村管委会主任郭洪与大理州州长何华分别代表各方签署战略合作协议书。

**15 日** “2013 年度中关村十大系列评选活动新闻发布会”举办。此项活动由品牌联盟（北京）咨询股份公司等单位承办。

**18 日** 北京中关村电子产品贸易商会正式更名为中关村电子商会。

**19 日** “中关村—台湾绿色科技文化产业联盟成立大会”举行。联盟由 50 余家企业和研究机构共同发起成立，中关村国际环保产业促进中心为理事长单位。台盟中央副主席黄志贤出席并讲话，市政府副秘书长戴卫参加。

**20 日** 中关村大学生创业实战集训营总结会暨精品项目推介会召开。此项活动 7 月 15—21 日举办，20 余所高校的 100 余名大学生参加。

**同日** “中关村软件和信息服务业节能减排产业联盟第一届成员大会暨成立仪式”举行。工业和信息化部电信研究院当选为第一届理事长单位，中国泰尔实验室主任何桂立为第一届理事长。

**同日** 海淀园管委会发布《海淀区战略性新兴产业技术路线图及三年行动计划（公开发布版）》（海园发〔2013〕26 号）。

**22 日** “中关村管委会、衢州市政府战略合作协议签约仪式”举办，10 余家中关村示范区企业和机构与衢州市有关单位签订合作协议或合作意向书。中关村管委会主任郭洪与衢州市市长沈仁康分别代表各方签约。浙江省副省长毛光烈、北京市委常委苟仲文等相关领导出席。

**26 日** 质检总局局长、市长王安顺等一行到北京汽车股份有限公司北京分公司调研，了解北汽坤宝产品的制造情况。

**同日** 《中关村国家自主创新示范区年鉴　2012》获第七届全国年鉴编校质量检查评比特等奖。

**27 日** 市委常委李伟到大兴区、经济开发区调研，在西红门寿宝庄工业大院拆迁现场、星光影视园、榆垡镇郭家务村了解情况。

**30 日** 全国政协副主席卢展工及新闻出版界政协委员赴北京奇虎科技有限公司调研。

**同日** 国家知识产权局发布《关于确定国家专利导航产业发展实验区、国家专利协同运用试点单位、国家专利运营试点企业的通知》（国知发管函字〔2013〕149 号），中关村示范区入选首批国家专利导航产业发展实验区，所选产业领域为移动互联网。

## 9 月

**2 日** 由航天东方红卫星有限公司研制的“遥感卫星十七号”成功发射升空，主要用于科学试验、国土资源普查、农作物估产及防灾减灾等领域。

**5 日** “小米 2013 年度发布会”举行。客户和媒体代表 1000 余人参加。北京小米科技有限责任公司发布小米 3 代手机和小米电视。

**6 日** “信用中关村系列活动——北京中关村企业信用促进会成立十周年暨 2013 中关村信用双百企业发布会”召开，发布 2013 中关村信用星级企业名单，740 家企业入选。

**同日** 由中科院承担的国家重大科研装备项目“深紫外固态激光源前沿装备研制”通过验收，使中国成为世界上唯一能够制造实用化、精密化深紫外全固态激光器的国家。

**7—18 日** “第十三期科技型中小企业技术创新国际研讨班”举行，16 个国家的 26 名学员参加，安排主题讲座 7 场。

**8 日** “贵阳市人民政府、中关村科技园区管理委员会战略合作框架协议签约揭牌仪式暨中关村企业家贵阳峰会”举行，贵阳中关村科技园揭牌仪式，签署合作项目 106 个，投资总额 465 亿元。贵州省委书记赵克志、省长陈敏尔，北京市政协主席吉林、市委常委苟仲文等出席。

**9日** 第64届美国印制大奖揭晓，雅昌企业（集团）有限公司凭借《天地无极》、*THE IMPOSSIBLE COLLECTION OF CARS* 摘得2项全场大奖，还获得6项班尼金奖、10项优异奖、18项优秀奖，共36项大奖。

**12日** “中关村管委会与德意志交易所签约仪式”举行。双方将成立工作小组，组织拟上市企业培训。

**12—13日** “2013中关村论坛年会”举行，主题为“科技创新与产业革命”。中科院院士徐冠华、市委常委苟仲文出席，中关村管委会主任郭洪参加开幕式。

**13日** 在“部市共建国家技术转移集聚区工作会议”上，举行了国家技术转移集聚区揭牌仪式。集聚区由科技部、市政府共建，以中关村西区为核心进行建设。

**29日** 财政部、税务总局联合印发《关于中关村国家自主创新示范区技术转让企业所得税试点政策的通知》《关于中关村国家自主创新示范区企业转增股本个人所得税试点政策的通知》《关于中关村国家自主创新示范区有限合伙制创业投资企业法人合作人企业所得税试点政策的通知》。

**同日** 科技部、财政部、税务总局联合印发《关于在中关村国家自主创新示范区开展高新技术企业认定中文化产业支撑技术等领域范围试点的通知》。

**同日** 国务院副总理汪洋到通州国际种业科技园区调研种业发展现状，考察北京德农种业有限公司和北京金色农华种业科技有限公司的通州基地。

**30日** 中央政治局第九次集体学习在中关村示范区展示中心举行。中共中央总书记习近平主持学习并发表重要讲话。市长王安顺、常务副市长李士祥、市委秘书长赵凤桐、副市长张工等领导陪同参观中心展示的创新成果。中关村管委会主任郭洪参加接待。

**同日** 北京电影学院大学科技园、北京服装学院大学科技园、北京物资学院大学科技园被认定为北京市大学科技园。

**9月** 中国农业科学院植物保护研究所科研团队成功研制出中国第一个可防治植物病毒病的蛋白质生物农药——“6%寡糖·链蛋白可湿性粉剂”，并获准上市。

**同月** 市长王安顺、副市长陈红、质检总局局长支树平等政府领导考察北京汽车股份有限公司北京分公司生产车间，北汽福田公司获得质检总局授予的“出口免验证书”。

**同月** “2013年德国柏林国际电子消费品博览会（53届）”期间，吉尼斯世界纪录认证中心向北京京东方显示技术有限公司8.5代线研制生产的“110U8000液晶电视”颁发“世界最大的液晶电视”证书。

## 10月

**8日** 中关村管委会组织召开座谈会，传达学习中共中央总书记习近平在中央政治局第九次集体学习时的重要讲话。副市长张工、市委副秘书长傅华出席。

**9日** 中关村科学城生物产业创新基地落成，将重点发展蛋白质、抗体、诊断试剂三大领域和高效表达细胞株构建等五大关键技术。

**10日** “‘军转民’技术交易试点启动暨项目公开展示发布会”举行。会议还进行高校首场专利拍卖活动——“北京航空航天大学专利拍卖会”新闻发布。

**14日** 2013首届中关村硅谷创新创业大赛决赛在美国闭幕，来自加利福尼亚州圣巴巴拉市的Aptitude公司获第一名。

**同日** 在“世界标准日暨全国标准开放服务日主题活动”上，国家标准委宣布批准筹建国家技术标准创新基地（中关村），并举行中关村“全国软件与信息产业知名品牌创建示范区”授牌仪式。质检总局局长支树平、国家标准委主任田世宏、国际标准化组织（ISO）主席特里·希尔等出席。

**16日** 中关村创新文化发展促进会筹备成立大会暨第一次会员大会举行，中关村论坛协会秘书长夏颖奇当选为第一届会长，中关村管委会主任郭洪为指导委员会名誉主任。

**17日** 在巴西举行的第30届国际科技园区协会年会上，中关村科技园区以96票的成绩，获2015年国际科技园区协会（IASP）年会举办权。

**23—24日** 在“第17届北京·香港经济合作研讨洽谈会”上，以“优势互补、互利双赢、共同发展”为主题举办京港创业企业融资路演推介活动。中关村管委会、中关村发展集团、招商局（香港）有限公司共同签署战略合作协议。

**29日** 市人大常委会主任杜德印到顺义园国门商务区调研。市人大秘书长赵义以及顺义区政府、商务区管委会等相关领导陪同。

**30日** 中关村管委会与广安市人民政府签署战略合作协议，将推动区域间发展要素和创新资源的优化配置，探索建立特色鲜明的跨区域产业协同发展模式，构建区域合作与互动发展的新格局。

**31 日—11 月 3 日** 在“第九届北京国际金融博览会”上，中关村管委会以“建设具有全球影响力的国家科技创新中心”为主题，组织中关村互联网金融代表企业参展。市委书记郭金龙、人民银行行长周小川、市长王安顺参观了中关村示范区展区。

## 11 月

**1 日**“以色列信息通信技术企业洽谈会（北京）”举行，10 家来自以色列信息通信类企业的代表，与 30 余家中关村示范区企业、投资机构的代表进行一对一洽谈。

**5 日** 中关村管委会公布第三批“金种子工程”企业名单，95 家企业入选。

**5—9 日** 市经济信息化委、中关村管委会参加“第十五届中国国际工业博览会”。主题为“智慧北京，多彩生活”，并举办多彩生活展、智慧交通展、智能办公展、绿色环保展。上海市市长杨雄、工业和信息化部副部长苏波等参观了中关村示范区展区。

**6 日** 中关村管委会与焦作市政府签署战略合作协议。焦作市明仁天然药物有限责任公司等 4 家企业分别与北京红惠新医药科技有限公司等 4 家中关村示范区企业签署了合作协议。

**同日** 海淀园管委会与秦皇岛经济技术开发区管委会签署合作协议，双方将共建中关村海淀园秦皇岛分园，还将设立产业发展基金，用于培育和扶持入园企业。

**7 日** 中关村示范区领导小组第十七次会议召开，市长王安顺主持。会议传达中共中央总书记习近平在中关村示范区集体学习时的重要讲话精神。市委常委苟仲文、副市长张工、市政府秘书长李伟等出席，中关村管委会主任郭洪参加。

**8 日** 中关村—滨海大数据产业技术创新战略联盟在天津市滨海新区成立。联盟由来自中关村示范区和滨海新区的 70 余家单位组成，理事长由北京大学信息科学技术学院院长梅宏担任。

**11 日** 副市长戴均良就品牌创建工作到大兴—亦庄园调研，市质监局局长赵长山陪同参观了北京京东方显示技术有限公司等企业。

**12 日** 由清华大学和北京海鑫科金高技术股份有限公司丁晓青等完成的 TH-IDvs 视频监控人脸识别技术与系统通过教育部组织的成果鉴定。

**13 日** 中关村管委会与南充市政府签署战略合作协议。中关村管委会主任郭洪与南充市市长向东分别代表各方在战略合作协议书上签字。

**17 日** 清华大学罗永章课题组在国际上首次发现热休克蛋白 90α（Hsp90α）为一个全新的肿瘤标志物，且自主研发的 Hsp90α 定量检测试剂盒获临床试验验证、国家第三类医疗器械证书，并通过欧盟认证。

**18 日** 中关村管委会印发《中关村国家自主创新示范区优秀人才支持资金管理办法》（中科园发〔2013〕40 号），对海归人才和雏鹰人才的认定条件、支持措施做了规定。

**同日** 北京奔驰发动机工厂竣工投产，是戴姆勒股份公司在全球首个海外发动机制造工厂。

**同日** 施耐德电气（中国）有限公司发布全球首款 ePAC——Modicon M580（莫迪康 M580），实现工业以太网的连接和通信，使工厂的设计、实施以及运行达到前所未有的灵活性、透明化和安全性。

**19 日** “中关村国际生物试剂物流中心”核心项目——检验检疫监管库通过北京出入境检验检疫局的验收。

**20 日** “中关村—连云港市战略合作框架协议签约仪式”举行。双方 10 家企业进行签约。中关村管委会主任郭洪与连云港市代市长赵晓江分别代表各方签署战略合作协议书。

**21 日** 中关村管委会印发《中关村国家自主创新示范区技术创新能力建设专项资金管理办法》《中关村国家自主创新示范区社会组织发展支持资金管理办法》。

**22 日** 中关村管委会与德州市政府签署战略合作框架协议，双方将主要在相互借鉴发展理念、支持产业拓展对接等方面合作。

**23 日** 南阳中关村科技产业园揭牌仪式举行。产业园将重点发展“4+1”产业体系。17 个项目签署合作意向书，投资总额 70.66 亿元。中关村管委会主任郭洪等出席仪式。

**24 日** “浙江中关村科技产业园开园暨项目签约仪式”举行。产业园由“一心一城五园”组成，主要为节能环保、机械制造等领域的技术转化提供落户服务。浙江省副省长毛光烈、中关村管委会主任郭洪等出席。

**25 日** 由航天东方红卫星有限公司研制的“试验五号”卫星发射升空，主要用于开展空间技术试验和环境探测。

**27 日** “中关村核心区生物工程和新医药产业联盟成立大会”举行。联盟是中关村核心区第一家政府主导、依托企事业单位的行业联盟，由核心区内的200 余家相关单位组成。

**28 日** 中关村管委会与淮安市政府签署战略合作协议。中关村管委会主任郭洪与淮安市市长曲福田分别代表双方签署战略合作协议书。

**同日** 车库咖啡北美分店在美国斯坦福大学附近开始试营业，定位是“让海外创业者在创业初期就能跟中国国内无缝连接”。

**29 日** 由人行营管部、中关村管委会共同主办的中关村零信贷小微企业金融服务拓展活动启动。会上发布活动方案和无贷款卡企业名录。中关村管委会主任郭洪出席并讲话。

**30 日** “中关村科技园区管理委员会、中关村发展集团股份有限公司、天津市宝坻区人民政府战略合作签约仪式”举行，三方将围绕探索建立跨区域产业协同发展模式和新型利益共享机制展开合作。中关村管委会主任郭洪、中关村发展集团总经理许强、宝坻区委书记贾凤山出席。

## 12 月

**1 日** 由北京航空航天大学无人机所研制的“海鳐眼－Ⅰ”型无人水面艇在北京青龙湖试航成功。项目采用抗海流高精度航迹跟踪控制、高可靠推力矢量伺服控制等技术。

**2 日** 由中国空间技术研究院研制的“嫦娥三号”月球探测器在西昌卫星发射中心发射升空，承担中国首次月球软着陆和月面巡视勘察任务。

**3 日** 中关村管委会印发《中关村国家自主创新示范区创业服务体系发展支持资金管理办法》（中科园发〔2013〕41 号）。

**同日** “走进中关村——资本市场创富之旅”系列活动举办，相关专家就股权融资、债权融资等内容进行讲解。

**同日** 由北京信威通信技术股份有限公司提出的《航空机上公众移动通信系统》提案被国际电信联盟（ITU）采纳，成为全球空对地飞机移动通信国际标准。这是 ITU 首个以中国为主导，并拥有完全自主知识产权的国际航空通信标准。

**3—4 日** 青海省常务副省长骆玉林到中关村示范区调研，先后参观了中关村高端人才创业基地、启明星辰公司、百度公司及软件园孵化器，并举行座谈。

**4 日** 由中国交通通信信息中心建设的“第四代国际海事卫星北京关口站”在海淀区交付运行，是中关村科学城在中关村创新中心区（CID）建成的第一个项目。

**6 日** 市委书记郭金龙到大唐电信科技产业集团、闪联产业技术创新战略联盟等企业调研。市委常委苟仲文、副市长张工一同调研。

**10 日** “中关村现代服务业创业投资引导基金启动仪式”举行。北京亦庄国际投资发展有限公司为引导基金的受托管理机构。

**同日** “紫光股份云服务战略暨紫光云计算机发布会”举行，紫光公司推出紫光云计算机——紫云1000。

**12 日** 装备建设“民参军”技术成果推介展示会举行，30 余家企业展示 8 个领域 39 项新产品，并发布 100 余项技术合作需求信息。

**12—13 日** “亦庄·云世界大会”召开，主题为“云在现在，云在中国”，以展示、分享、探讨落地的云、身边的云为主要内容，凸显“趋势发展的世界云”和“自主创新的中国云”两大主线。

**13 日** “中关村互联网金融产业园暨宝蓝·金园国际中心开园仪式”举行。产业园将重点聚集互联网金融的研发、培训及重要的宣传展示。

**16 日** 市委常委牛有成、副市长林克庆等到通州国际种业科技园区调研土地流转相关问题，听取园区建设进展以及土地流转情况的汇报，参观了园区核心示范区及神舟绿鹏航天育种基地。

**18 日** 北京亦庄国际生物医药投资管理有限公司、北京创新方舟科技有限公司被科技部认定为国家级科技企业孵化器。

**同日** “宁夏中关村科技产业园·亚马逊 AWS 中国前店（北京）后厂（宁夏）合作备忘录签署仪式”上，中关村管委会与中卫市政府签订合作框架协议。北京市委常委苟仲文，宁夏回族自治区副主席袁家军、马廷礼等出席。

**20 日** “中关村、十堰市战略合作框架协议签约仪式”举行。双方将共同推动科技创新，促进“产学研用”合作。中关村管委会主任郭洪与十堰市市长张维国分别代表各方签署战略合作协议书。

**24 日** “海军北京市军民融合储能及磁传动领域高新技术产品展示对接会”举办，19 家企业展示 9 个领域的 32 项新产品。海军副司令员丁一平、市政府副秘书长朱炎出席，中关村管委会主任郭洪参加。

**同日** “中关村油气技术创新与服务产业联盟成立大会”举办。联盟由22家油气技术创新与服务相关单位共同发起成立，旨在解决油气资源勘探开发产业发展中的共性、关键技术问题。

**25日** 质检总局印发《关于在北京中关村开展进境动植物生物材料检验检疫改革试点有关意见的批复》（国质检动函〔2013〕710号），同意在中关村示范区开展分级授权审批等改革试点。

**同日** 中关村示范区领导小组印发《关于支持中关村互联网金融产业发展的若干措施》（中示区组发〔2013〕4号）。

**26日** 中关村示范区领导小组发布《中关村国家自主创新示范区小微企业信贷风险补偿资金管理办法（试行）》（中示区组发〔2013〕5号）。

**同日** 中关村管委会主任郭洪到中关村示范区房山园调研并为园区授牌。

**同日** 中关村产业技术联盟促进会（联席会）成立，旨在推动科技创新、协同创新和提高资源整合效率。启迪控股股份有限公司董事长梅萌当选为第一届理事长。

**27日** “信贷创新中关村系列活动——‘小企业微金融大平台’瞪羚十年暨创新金融产品发布会”举行。中关村担保公司发布系列创新金融产品并与中国建设银行签署商票合作协议；瞪羚基金与招银国际签署引资协议，并举行中关村担保公司与中关村企业主动担保授信服务启动仪式。

**同日** 副市长张工就石景山园文化创意产业发展情况进行调研，中关村管委会主任郭洪、石景山区区长夏林茂等陪同。

**同日** 中关村园区发展基金设立签约仪式举行。基金由中关村发展集团联合中国人民保险集团、中诚信托公司共同出资100亿元，主要用于中关村示范区“641”重点产业领域和新扩区项目。市委常委苟仲文、中国人保集团董事长吴焰等出席签约仪式。

**30日** 科技部火炬中心印发《关于支持中关村示范区创新型孵化器创新发展的复函》（国科火函〔2013〕52号），同意将创新工场等17家孵化器纳入国家科技企业孵化器体系。

# 示范区建设

# Demonstration Zone Construction

本栏目设有中关村国家自主创新示范区、海淀园、昌平园、顺义园、大兴—亦庄园、房山园、通州园、东城园、西城园、朝阳园、丰台园、石景山园、门头沟园、平谷园、怀柔园、密云园、延庆园17个分栏目，以条目体形式记述“一区十六园”在创新创业中采取的主要举措、开展的重要活动和取得的主要成绩等。

# 综 述

2013 年是中关村国家自主创新示范区建设具有里程碑意义的一年。中共中央政治局第九次集体学习在中关村举行，改革创新迈出坚实步伐，"新四条"政策经国务院批复实施，"1+6"政策试点持续深化，创新能力和效率明显提升，示范引领作用跃上新台阶。经济指标快速增长，中关村示范区总收入超过 3 万亿元，同比增长 22%。产业结构实现优化升级，下一代互联网、移动互联网和新一代移动通信、卫星应用等六大优势产业和集成电路、新材料等四大潜力产业占示范区总收入的 60% 以上，现代服务业占 66% 以上。收入过亿元企业 2300 余家，比 2012 年增加 400 余家。新创办科技型企业约 6000 家，新认定高新技术企业 1120 家。中关村示范区技术合同成交额 2848.1 亿元，占北京市的 87.1%；占全国的 33.3%，80% 以上辐射到京外地区。

*深化体制机制创新，营造良好的政策环境。*在创新平台增设军民融合创新工作组，所有市财政支持的科研项目均纳入经费管理改革试点。同时，科技成果处置权和收益权管理改革、研发费用加计扣除、职工教育经费税前扣除、股权奖励个人所得税、高新技术企业认定管理等试点政策获批延长适用期。"新四条"试点政策获国务院批准实施，在中关村示范区开展高新技术企业认定中文化产业支撑技术等领域范围。有限合伙制创业投资企业法人合伙人企业所得税、技术转让企业所得税、企业转增股本个人所得税等 4 项政策试点。着力推动市级层面政策创新，出台支持企业国际化发展、创业期企业集中办公区认定、小微企业信贷风险补偿、互联网金融产业发展、市属国有创投企业持有和转让所持中关村企业股权管理等 6 个政策文件。实施中关村示范区创新型孵化器发展规划，培育车库咖啡、创新工场、创客空间等 17 家新型孵化器。

*加速聚集高端创新要素，优化创新创业生态系统。*推动落实 13 项特殊政策，实现中关村高端领军人才职称评定政策"一区十六园"全覆盖。完善人才发展平台和培训体系，在打造企业家党校班、创新创业（海归）人才高级培训班等培训品牌的基础上，开展企业家和大学生专项培训。全面建设国家科技金融创新中心，实施《北京市建设中关村国家科技金融创新中心重点任务分解实施方案（2013—2015 年）》，启动中关村百千万科技金融服务平台建设，设立总规模 100 亿元的发展基金，成立全国首家互联网金融的行业组织，推动互联网金融产业发展。深化中关村示范区标准创新试点，筹建国家技术标准创新基地。完善海关检验检疫服务模式，协调推动质检总局分级授权审批、延长检疫许可证有效期等改革试点。

*全面落实国务院批复精神，优化示范区空间规模和布局。*贯彻落实国务院批复的中关村示范区空间规模和布局调整方案以及市委、市政府的实施意见，完成落桩定界、分园授牌、高新企业认定、政策宣讲、政策覆盖等工作，其中落桩定界材料以市政府名义报国务院完成备案。推动健全分园管理机构，组织修改、编制中关村示范区优化产业布局指导意见、特色产业基地规划建设方案。发挥"两城两带"带动作用，使各分园成为区县加快转变发展方式的引擎。

*深入实施创新引领工程，初步形成战略性新兴产业集群创新格局。*完成"641"产业关键技术、重点产业联盟、重点企业和产业基地情况梳理。依托北京市 100 亿元统筹资金，支持重大产业化项目 96 个，储备一批战略性新兴产业项目。完善技术创新市场导向机制，支持参股设立集成电路产业基金、创业投资引导资金、企业改制上市及并购资助资金。支持龙头企业提升影响力，亿元以上企业经济规模占中关村示范区经济总量的八成，对园区经济增长的贡献率超过 90%。新兴产业交叉融合发展态势凸显，涌现出搜狗、人人贷、58 同城、去哪网等一批高成长企业。推进产业链上下游集群创新，支持一系列产业链上下游的强强联合。围绕大数据、3D 打印、石墨烯、分子育种等前沿技术，布局重点产业联盟。

*发挥示范引领和辐射带动作用。*扩大"1+6"政策在国内外试点，研发费用加计扣除、职工教育经费税前扣除、股权激励个人所得税试点政策推广至东湖、张江示范区和合芜蚌综合试验区，"新三板"试点扩大至国内各地区。累计与天津、河北等 50 个地区建立战略合作关系。加快中关村军民融合科技创新示范基地建设，设立创新发展专项资金，并基本完成蓝鲸军民融合创新园主体工程施工。参与支持企业实施

首都生态文明与城乡环境建设工作方案，为解决大气污染治理、垃圾污水处理、交通拥堵等热点难点问题提供科技支撑。以服务京津同城化、京津冀一体化发展为重点，开创区域创新合作新局面。推动成立中关村—滨海新区大数据产业技术创新联盟和京津冀及周边区域节能低碳环保产业联盟，启动共建京津中关村科技新城。支持企业在境外建立研发机构、合资公司和孵化器。实施高端链接战略，依托专业机构和专利数据绘制全球顶尖技术和团队分布图。

（王亚强）

# 中关村国家自主创新示范区

**【国家自主创新示范区“1+3”工作联席会召开】**1月7日，由科技部高新司主办、中关村管委会承办的“国家自主创新示范区‘1+3’工作联席会”第三次会议在北京召开。北京市科委，上海市科委，湖北省科技厅，安徽省科技厅，中关村、东湖、张江3个国家级示范区及合芜蚌综合试验区相关负责人参加。中关村管委会相关负责人介绍了2012年度中关村示范区发展总体情况，“1+6”先行先试工作进展、政策落实情况及下一步工作思路。与会人员就如何借鉴中关村示范区先行先试试点工作的经验与成效、如何推进先行先试政策在各示范区试点等内容进行交流座谈。会议明确，将研发费用加计扣除、职工教育经费税前扣除和股权奖励个人所得税分期缴纳等3项税收试点政策推广到东湖、合芜蚌，进一步完善自主创新政策体系建设，加大政策先行先试力度，充分发挥国家自主创新示范区的政策引领作用。

（韩　冰）

**【10家企业“新三板”挂牌】**1月8日，由中关村管委会主办的“中关村示范区企业进入股份报价转让系统集体挂牌”仪式在中关村软件园举行。市委常委陈刚、中关村管委会主任郭洪以及证监会、北京证监局、深圳证券交易所等单位相关负责人和企业、中介服务机构的代表等400余人参加。北京道从交通安全科技股份有限公司、北京全有时代科技股份有限公司等10家企业在中关村代办股份转让系统挂牌。

（杜　玲　王　翔）

**【中关村企业参展国际消费电子展】**1月8—11日，在美国拉斯维加斯举行的2013国际消费电子展（CES）上，中关村管委会组织北京君正集成电路股份有限公司、北京天宇朗通通信设备股份有限公司、德信无线通讯科技（北京）有限公司等6家企业以中关村示范区整体形象参展，主要展示通信设备、电子产品硬件及相关衍生软件程序等。其中，天宇公司展示的天语U91T和S2T两款LTE手机，都配备了高通1.4吉赫

兹处理器和安卓系统，都支持 LET 网络。展会期间，中关村管委会还与海淀园管委会联合举办“中美科技企业研讨对接会”，中方企业针对创新科技研发、国际采购、生产与国际渠道拓展及销售等话题与美方企业进行交流，了解进入美国市场相关的法律、人才、科技、市场等资讯。

（殷　茵　杜　玲）

**【46 家企业入选福布斯榜单】** 1 月 9 日，《福布斯》中文版发布“福布斯 2013 中国潜力企业榜”，北京掌趣科技股份有限公司等 46 家中关村示范区企业入选，比 2012 年增加 16 家。其中，北京东方国信科技股份有限公司等 19 家企业入选“2013 福布斯中国潜力上市公司 100 强”，北京红马传媒文化发展有限公司等 27 家企业入选“2013 福布斯中国潜力非上市公司 100 强”。上榜企业主要集中于电子信息领域，共 31 家，占总数的 67%。其他领域也均有企业入选，分别是生物医药 4 家、先进制造 3 家、新能源 3 家、环境保护 3 家、新材料 1 家、核应用 1 家。

（孙　莹　杜　玲）

**【中关村标准化推动会召开】** 1 月 10 日，由中关村管委会、市质监局、中国电子工业标准化技术协会共同主办的“2013 年中关村标准化推动会”在万寿宾馆举行。会议以“推动技术自主创新，促进产业转型升级”为主题。国家标准化委、工业和信息化部、中国工程院等单位的有关领导、专家以及各区县质监部门与中关村示范区各分园负责人和标准促进机构、标准创新试点单位、企业的代表近 300 人参加。会议围绕中关村示范区企业如何通过标准创新推动战略性新兴产业发展进行分析和探讨，还发布首批中关村国家自主创新示范区标准创新试点园区和第二批中关村标准创新试点企业、产业联盟的名单，中关村软件园成为首个中关村示范区标准创新试点园区，北京长风信息技术产业联盟等 3 家联盟和北京恒华伟业科技股份有限公司等 68 家企业入选第二批中关村标准创新试点企业。

（钟锌章）

**【中关村团工委及青联成立】** 1 月 10 日，由中关村管委会主办的“共青团中关村科技园区工作委员会暨中关村青年联合会成立大会”在中关村国家自主创新示范区展示中心举行。市委常委陈刚，市委副秘书长王翔、傅华，中关村管委会主任郭洪以及团市委、市青联等单位领导，各区县团委和来自中关村示范区各行业、领域的青联委员近 200 人参加。会议公布团市委、中关村管委会《关于成立共青团中关村科技园区工作委员会的决定》（京团联发〔2013〕1 号）和中关村团工委负责人的任职通知。中关村团工委书记由中关村管委会人才资源处处长李志磊担任。中关村青联按照新一代信息技术、高端装备制造、生物、能源环保与新材料、现代服务业等产业领域划分界别，各界别委员人选以中关村示范区内的优秀青年企业家为主体，涵盖相关领域的政产学研金介等各类机构的优秀青年人

才。第一届中关村青联委员 168 名，中关村管委会副主任杨建华当选为第一届主席。中关村团工委、青联由团市委、市青联和中关村管委会共同筹备成立，旨在贯彻党的十八大提出的实施创新驱动发展战略的要求，加快推进中关村人才特区建设，广泛团结和联络中关村示范区各族各界优秀青年和海外青年代表，巩固和发展青年爱国统一战线，提升中关村示范区对青年人才的凝聚力。

（李　佳　李欢欢）

**【中关村示范区创新文化展演举行】** 1 月 12 日，由中关村管委会主办的“中关村国家自主创新示范区创新文化展演”在国家奥林匹克体育中心举行。活动主题为“凝聚创新力量、激发创新活力、履行创新使命”。市委常委陈刚、副市长苟仲文以及中关村管委会全体人员、企业和社会组织的代表参加。中关村管委会和

园区内的企业、机构等相关人员，根据他们的生活和工作经历，自编自演《开往明天的地铁》《歌唱中关村》《奇迹中关村》等节目，展现了中关村示范区科技创新与文化创新双轮驱动的融合与发展。

（刘　贵　杜　玲）

**【第十六次重大项目统筹联席会会议召开】**1月15日，第十六次重大科技成果产业项目统筹联席会会议召开。会议由市委常委陈刚主持。与会人员听取联席会办公室关于统筹工作思路和2013年统筹工作的初步安排、市科委关于2013年国家科技重大专项有关情况、中关村管委会关于2012年统筹项目调整情况的汇报。副市长苟仲文、市委副秘书长傅华、中关村管委会主任郭洪等领导参加。

（杜　玲）

**【16家联盟获科技部创新战略联盟A级评级】**1月15日，科技部发布《关于公布2012年度产业技术创新战略联盟评估结果的通知》（国科办体〔2013〕4号），公布参加2012年度试点的56家产业技术创新战略联盟的评估结果，26家联盟评估结果为A级。其中，中关村示范区内半导体照明产业技术创新战略联盟、TD产业技术创新战略联盟、闪联产业技术创新战略联盟等16家联盟获A级评级。

（韩　雯　陈宝德）

**【北京智慧旅游对接活动举办】**1月15日，由中关村管委会与市旅游委、市经济信息化委共同主办的“北京智慧旅游需求与产业对接——景区专场”在神州数码科技广场举行。来自北京市旅游行业的100余家A级景区以及60余家智慧旅游领域企业的代表参加。活动中，北京创艺丰通信息技术有限公司、金尚互联（北京）科技有限公司、北京古游文化发展有限公司等8家企业分别介绍其研发的智慧景区应用解决方案和产品。其中，创艺丰通公司提出可以为景区拍摄制作3D实景景区虚拟游产品，将景区及其周边的住宿、餐饮等旅游要素融合起来，在方便游客的同时也宣传了景区；古游文化公司提出“智慧旅游套餐”方案，游客可通过在线预订、景区现场购买等方式，获得“手机导游”和“手机门票”等智慧旅游服务；金尚互联公司提出“尚品美旅”方案，通过二维码技术向游客介绍景区信息，实现区内的数字导览。

（杜　玲）

**【梅河口中关村科技产业园揭牌】**1月18日，由梅河口市政府主办的“梅河口中关村科技产业园揭牌暨中梅产业发展基金签约成立仪式”在梅河口市举行。市经济信息化委、中关村管委会、通化市政府等单位有关领导以及企业代表200余人参加。梅河口中关村科技产业园规划占地11.5平方千米，起步区5平方千米，主要用于承接生物制药、现代农业和现代服务业等高端产业。北京市中关村创业投资发展有限公司与梅河口市政府签署中梅产业发展基金协议，双方共同出资建立5000万元的产业发展基金。北京赛林泰医药技术有限公司、北京汇龙森国际企业孵化有限公司与梅河口市政府签署梅河口创新生物医药产业园合作协议，签约额9亿元，将引入最新研制的抗血脂新药依折麦布和抗前列腺癌新药阿比特龙生产项目，一期占地面积33.3公顷，建筑面积15万平方米。

（李锦程）

**【16家企业入选国家级两化深度融合示范企业】**1月18日，工业和信息化部发布《关于公布国家级信息化和工业化深度融合示范企业（2012年）名单的通知》（工信部信〔2013〕28号），共有218家企业入选国家级两化深度融合示范企业（2012年）。其中，中关村示范区内大唐微电子技术有限公司、北汽福田汽车股份有限公司、北京燕京啤酒股份有限公司等16家企业入选。

（张　月）

**【蓝鲸园建设工作会召开】**2月7日，由中关村管委会主办的“蓝鲸军民融合创新园建设工作会”在裕惠大厦召开。副市长苟仲文、海军副司令员丁一平等领导以及海军、北京市相关部门负责人参加。会议审议蓝鲸军民融合创新园管委会筹建办公室人员组成方案，确定海军原参谋长助理赵冀川、市政府副秘书长戴卫为筹建办主任，并明确职责分工。会议还总结蓝鲸园的建设工作，要求北京市相关部门要站在增强海军战斗力和国防科技支援地方建设的高度，采取各项优惠政策支持蓝鲸园建设。

（赵蔚彬）

**【第一批产业技术联盟备案名单公布】**2月19日，中关村管委会发布《关于公布中关村国家自主创新示范区第一批产业技术联盟备案名单的通知》，公布中关村国家污水资源化产业联盟、中关村空间信息技术产业联盟、中关村网页游戏产业联盟等22家第一批符合备案条件的产业技术联盟名单。

（韩　冰）

**【启明星辰等企业被认定为国家规划布局内重点软件企业】**2月25日，发展改革委、工业和信息化部、财务部、商务部、税务总局联合发布《关于认定2011—2012年度国家规划布局内重点软件企业和集成电路设计企业的通知》（发改高技〔2013〕234号）。凭借在软件产品实际收入、企业年度营业收入等方面的杰出表现，中关村示范区内北京启明星辰信息技术股份有限公司、用友软件股份有限公司、北京华宇软件股份有限公司等企业被认定为“2011—2012年度国家规划布局内重点软件企业”。入选企业当年未享受低于10%税率优惠的，减按 10% 的税率征收企业所得税。

（尹玲利）

**【15 家企业获中国软件创新企业奖】** 2 月 27 日，在“纪念计算机软件著作权登记制度实施 20 周年——2012 中国软件创新企业颁奖”活动上，中国版权保护中心公布“中国软件创新力 20 强”和“中国软件创新潜力奖”获奖名单。其中，中关村示范区内北京金山软件有限公司、北京启明星辰信息安全技术有限公司、北大方正集团有限公司等 13 家软件企业，凭借在软件项目的创新能力、专业技术研发水平、科技成果数量质量等方面的突出表现当选“中国软件创新力 20 强”；北京数码视讯科技股份有限公司和北京同方软件股份有限公司 2 家企业获“中国软件创新潜力奖”。

（尹玲利）

**【中关村示范区获批国家知识产权示范园区】** 2 月，中关村示范区被国家知识产权局批准为“国家知识产权示范园区”，成为新《国家知识产权试点示范园区评定管理办法》（国知发管字〔2012〕84 号）实施后国内首批 10 家知识产权示范园区之一，示范时限为 2013 年 1 月至 2015 年 12 月。

（韩　冰）

**【“1+6”政策辐射全国】** 2 月，财政部、税务总局联合发布《关于中关村　东湖　张江国家自主创新示范区和合芜蚌自主创新综合试验区有关研究开发费用加计扣除试点政策的通知》（财税〔2013〕13 号）、《关于中关村　东湖　张江国家自主创新示范区和合芜蚌自主创新综合试验区有关职工教育经费税前扣除试点政策的通知》（财税〔2013〕14 号）、《关于中关村　东湖　张江国家自主创新示范区和合芜蚌自主创新综合试验区有关股权奖励个人所得税试点政策的通知》（财税〔2013〕15 号），将 3 项税收试点政策的执行期限延长 3 年，至 2014 年 12 月 31 日。同时将研发费用加计扣除政策推广至全国，另 2 项政策推广至东湖、张江、合芜蚌。6 月 24 日，科技部、财政部、税务总局联合发布《关于延长中关村国家自主创新示范区高新技术企业认定管理试点工作期限的通知》（国科发火〔2013〕529 号），将试点政策的执行期限延长 3 年，至 2014 年 12 月 31 日。9 月 26 日，财政部发布《关于扩大中央级事业单位科技成果处置权和收益权管理改革试点范围和延长试点期限的通知》（财教〔2013〕306 号），明确政策实施时间为 2013 年 10 月 1 日至 2015 年 12 月 31 日，实施范围扩大至东湖、张江、合芜蚌。

（韩　冰）

**【蓝鲸园管委会筹建办成立】** 3 月 1 日，蓝鲸军民融合创新园管委会筹建办公室第一次全体会议在裕惠大厦召开。海军相关部门以及市政府、市经济信息化委、中关村管委会等单位的有关负责人近 30 人参加。蓝鲸园管委会筹建办由北京市政府和海军相关部门共同组建，主要负责推进蓝鲸园工程建设和项目遴选工作。会上，相关人员汇报蓝鲸园工程建设进展情况及下一步工作计划；研究制定规划、政策和制度体系；就如何筹备海军、北京市军民融合成果展和后勤专场推介会等工作进行商讨。

（赵蔚彬）

**【党风廉政建设工作会议召开】** 3 月 14 日，“中关村管委会 2013 年党风廉政建设工作会议”在裕惠大厦召开。

中关村管委会全体党员干部及相关企业负责人 100 余人参加。会议学习传达中共中央总书记习近平在中央纪委十八届二次全会上的讲话精神，总结 2012 年度纪检监察工作，研究部署 2013 年党风廉政建设和反腐败工作，就如何贯彻中央纪委十八届二次全会和市纪委十一届二次全会会议精神进行探讨。

（傅恒轶）

**【中关村集成电路产业联盟成立】** 3 月 15 日，“中关村集成电路产业联盟成立大会”在北京丽亭华苑酒店举行。副市长苟仲文、中关村管委会主任郭洪等领导以

及发起企业代表等参加。联盟由中芯国际集成电路制造（北京）有限公司、北京集成电路设计园有限责任公司等涉及集成电路材料、设备、制造、设计、封装等领域的30余家企业共同发起，是北京市首个覆盖集成电路全产业链的产业联盟。联盟将搭建开放式合作平台，推进企业交流，实现资源优化配置，合作开展先进工艺或特色工艺的重点示范项目，带动全产业链产能跃升，推动中关村示范区集成电路技术和产品升级，扩大市场规模，打造具有竞争优势的产业生态系统。中芯国际公司为联盟首届理事长单位。

（张永平　李贺英）

**【苟仲文召开“一区十六园”工作会】**3月20日，由副市长苟仲文主持的中关村示范区“一区十六园”工作会召开。会议听取市编办关于中关村示范区分园管理机构有关情况，中关村管委会关于“一区十六园”统一规划和开发建设资金筹措情况，市级层面突破性先行先试政策情况的汇报。市政府副秘书长戴卫及中关村管委会主任郭洪等领导参加。

（王　翔）

**【中关村担保公司完成增资转资工商登记】**3月21日，北京中关村科技融资担保有限公司经市工商局海淀分局核准，完成增资转资工商登记程序。此轮新增注册资本11亿元，增至17.03亿元。根据融资担保行业相关监管规定，不考虑再担保风险的分担，中关村担保公司担保能力相应增加110亿元。

（赵正国）

**【中关村国际化大讲堂（第一期）举办】**3月25日，由中关村管委会主办的中关村国际化大讲堂（第一期）在中关村软件园举行。主题为中国企业国际化。乔治·华盛顿大学商学院院长顾道格、乔治·华盛顿大学中国研究院院长肖知兴分别做“中国企业的全球化创新前景”和“中国企业走出去面临的机遇与挑战”的主题演讲，以国际视野解析中国企业走出去面临的机遇和挑战以及中国企业的全球化创新前景。20余家企业的代表参加。国际化大讲堂是中关村管委会为进一步提升中关村示范区企业国际化业务能力而举办的培训讲座，将在国际贸易规则、国际知识产权保护、目标国投资环境、国际标准、专利、法律法规、会计准则等方面为企业提供免费培训。至年底，共举办8期。

（张　蕾　殷　茵）

**【中关村示范区领导小组第十六次会议召开】**3月25日，由市长王安顺主持的“中关村国家自主创新示范区领导小组第十六次会议”召开。市委常委陈刚、副市长苟仲文等市政府领导参加，中关村管委会主任郭洪等相关领导参加。会议听取中关村管委会、市金融局、市经济信息化委和中关村发展集团股份有限公司有关工作情况汇报，研究讨论了《中关村国家自主创新示范区2013年工作要点（送审稿）》《促进中关村示范区创新发展的市级层面先行先试政策研究工作方案（送审稿）》《北京市建设中关村国家科技金融创新中心重点任务分解实施方案（2013—2015）（送审稿）》《建设中关村军民融合科技创新示范基地行动计划（2013—2015年）（送审稿）》《2013年中关村军民融合科技创新工作要点（送审稿）》。王安顺指出，推进中关村示范区各项工作的实施方案任务明确，就是要踏踏实实抓好落实，将工作重点放到促进企业技术创新和成果转化上来，推动示范区创新发展再上新台阶；要大胆探索，紧紧围绕创新主体普遍关心的问题，着力推动市级层面政策创新，使新政策更加协调，更有利于基层落实操作；要整合各类创新资源，建立健全示范区统筹发展机制，提高整体创新能力和效率，切实推动统筹工作有序推进、早见实效。

（王　翔）

**【香港科技园公司中关村联络处启动】**3月26日，由中关村管委会与香港科技园公司共同主办的“香港科技园公司中关村联络处启动仪式”在清华科技园举行。中国高新区协会、中关村管委会、香港特别行政区政府投资推广署等单位有关领导以及相关政府机构、企业负责人等近20人参加。联络处设于清华科技园，是香港科技园公司在内地设立的首个联络处，启迪控股股份有限公司为该公司内地服务商，负责为京港两地

企业提供全方位的服务。联络处成立后，中关村管委会和香港科技园公司将围绕电子信息、先进制造、新能源等领域，在科技、产业、服务、人才等方面进行合作，开展高端人才互访，引导社会力量推广技术成果，采购新技术、新产品，推进重大示范应用工程在两地开展，共同加快发展高新技术产业集群。

（康秋红　杜　玲）

**【张高丽调研中关村示范区】** 3 月 28 日，国务院常务副总理张高丽到中关村示范区调研，在科兴控股生物技术有限公司、百度在线网络技术（北京）有限公司、联想集团有限公司等了解企业生产经营情况，并与企业家、科技人员进行交流。张高丽指出，中关村示范区对首都经济发展和科技进步发挥着重要作用，也为全国提供很好的示范。实施创新驱动发展战略，是中央在改革发展关键时期做出的重大决策，是促进结构优化、节能环保、生态建设和国民健康的重要支撑。实施好这一战略，要充分发挥企业的主体作用，大力增强创新能力，发展战略性新兴产业，支持科技型企业发展，要认真研究公平竞争规则，完善鼓励企业创新的财税、金融政策，激发各类企业和人才创新创造创业的积极性和主动性。市委书记郭金龙、市长王安顺等陪同调研，中关村管委会主任郭洪参加。

（尹玲利　张　蕾）

**【什邡中关村科技产业基地揭牌】** 3 月 29 日，由什邡市政府主办的“北京・什邡产业园中关村科技产业基地揭牌仪式”在四川什邡经济开发区举行。中关村管委会主任郭洪等领导以及什邡市政府及相关部门有关领导、企业代表等 200 余人参加。基地位于北京・什邡产业园内，什邡市政府与中关村管委会将围绕什邡经济开发区支柱产业以及高新技术产业等领域进行合作，促进产业融合与互补，为中关村示范区的企业建立配套生产基地和产业转移基地。

（李锦程　孙　莹）

**【5 家企业的产品获中国机械工业优质品牌】** 4 月 8 日，中国机械工业联合会发布《关于对 2012 年度中国机械工业优质品牌企业进行表彰的决定》（中机联质〔2013〕161 号）。北京市共有 5 家企业品牌获奖，全部在中关村示范区内，即丰台园 1 家、通州园 1 家、大兴—亦庄园 2 家、昌平园 1 家，涉及大型成套设备及整机产品，机械通用件、基础件及零部件等类别。包括中华电重工股份有限公司的“大型散料装卸输送成套设备”，品牌“CHEC 牌”；北京约基工业股份有限公司的“带式输送机”，品牌“约基牌”；北人印刷机械股份有限公司的“卷筒纸胶印机”，品牌“北人牌”；北京华德液压工业集团有限责任公司的“液压产品”，品牌“华德牌”；北京金威焊材股份有限公司的“焊条”，品牌“金威”。4 月 17 日，在“全国机械工业品牌战略推进工作会议”上，对获奖企业进行了表彰。

（李　刚）

**【中关村社会组织工作大会召开】** 4 月 11 日，由市委社会工委、市科委、市民政局、中关村管委会共同主

办的“中关村示范区社会组织工作大会”在中关村示范区展示中心举行。大会主题为“创新、发展、自律、服务”。市委常委陈刚、市委副秘书长傅华、中关村管委会主任郭洪等领导以及中关村示范区 100 余家社会组织的代表、会员企业代表 300 余人参加。与会领导为中关村示范区新成立的中关村资本市场研究会、中关村数字电视产业联盟、中关村华信知识产权法律保护研究院等 10 家社会组织颁发法人证书，并为被评为北京市第一批社会组织示范基地的北京市时分移动通信产业协会、北京市中关村高新技术企业协会、北京市闪联信息产业协会以及被评估为 5A 级、4A 级的 7 家社会组织授牌。会议还举行中关村国家环境服务业联盟的“北京未来科技城高效烟气余热回收利用能源系统建设项目”、中关村集成电路产业联盟的“面向下一代银行卡应用平台建设项目”和半导体照明产业技术创新战略联盟的“LED 照明建材一体化产品应用示范项目”签约仪式。会上，中关村协会联席会和中关村产业技术联盟联席会的相关负责人分别汇报中关村协会组织、产业技术联盟整体发展情况。科技部政策法规司、民政部民间管理局、中关村管委会等单位相关负责人针对政府如何培育中关村社会组织创新发展进行发言。

（杨　禹）

**【千件专利企事业单位培育工作会召开】** 4 月 20 日，由市知识产权局、市教委、市经济信息化委、市国资委和中关村管委会联合主办的“北京千件专利企事业单位培育工作会暨知识产权宣传周启动仪式”在西藏大厦举行。国家知识产权局以及市知识产权局、中关村管委会主办单位相关领导，200 余家专利示范、试点企事业单位的代表参加。会议公布 10 家获“2012 年度北京千件专利企事业单位”的名单并颁发匾牌。中关村示范区内有 8 家单位入选，中国石油天然气股份有限公司以 2861 件排名第一。此外还有清华大学、

北京理工大学、北汽福田汽车股份有限公司、联想集团有限公司、北京奇虎科技有限公司、京东方科技集团股份有限公司、北京航空航天大学等7家单位入选。

（苏　品）

**【中关村企业参与雅安抗震救灾】**4月20日，四川省雅安市芦山县发生7.0级地震。中关村示范区企业利用行业优势为抗震救灾提供服务。其中，百度在线网络技术（北京）有限公司、新浪网技术（中国）有限公司等单位在其网站显著位置开通地震专区及寻人通道传递救灾信息，践行网络媒体社会责任；北京天下图数据技术有限公司研制的无人机航飞获取灾后首个高清遥感影像，为灾害应急评估和损失评估做准备；北京联信永益科技股份有限公司为灾情的上报系统、评估系统、应急预案系统等提供支撑保障；北京合众思壮科技股份有限公司提供导航设备、GIS采集与移动GIS设备，并赶制芦山县周边的等高线地图，为灾情信息采集、处理提供辅助决策；高德软件有限公司开通高德导航应用软件免费下载渠道，以确保救援人员安装使用。

（杜　玲）

**【中关村知识产权推进大会召开】**4月23日，由市知识产权局、中关村管委会共同主办的“2013年中关村知识产权推进大会”在中关村示范区展示中心举行。国家知识产权局、市政府等单位相关领导以及来自中关村示范区各园区管委会、企业和知识产权服务机构的代表200余人参加。会议发布《中关村国家知识产权制度示范区一区十园2012年度专利分析报告》。报告显示，至2012年底，中关村示范区企业有效发明专利达2.0212万件，同比增长35.1%，首次突破2万件。企业发明专利拥有量占北京市企业发明专利拥有量的比例持续保持在60%以上。2012年，中关村示范区每万人发明专利拥有量达到129件。会上还发布《2013—2015年中关村知识产权推进计划》。根据计划，通过试验区建设，中关村示范区将利用3~5年的时间，培育一批专业化、规模化、规范化、国际化的知识产权服务品牌；引导有能力的知识产权服务机构开展重大经济科技活动知识产权评议、重点产业专利分析、知识产权运营等高端知识产权公共服务，为管理决策提供重要支撑；造就一支具有较高专业素养的知识产权服务队伍。大会还为中关村国家知识产权服务业集聚发展试验区揭牌，并对10家2012年度中关村示范区优秀知识产权服务机构进行表彰。

（苏　品　韩　冰）

**【中关村科技金融工作第一次调度例会召开】**4月25日，中关村科技金融工作第一次调度例会召开，市委常委陈刚主持。会议听取中关村发展集团股份有限公司关于《中关村百千万科技金融服务平台建设方案》的汇报和海淀区政府关于《中关村国家科技金融功能区建设方案》的汇报。会议指出，“百千万平台”建设要遵循如下原则：一是要充分发挥市场作用，引导市场主体广泛参与；二是要发挥政府资源的推动力，完善技术和资本高效对接机制；三是要聚焦中关村“641”重点产业领域，完善科技金融服务体系；四是要加强公共政策创新，推动重大科技金融创新试点。会议明确，要进一步完善“百千万平台”建设方案，强化可操作性和可落实性，加强政策协调力度；中关村发展集团要定位于市委、市政府推进北京科技发展的金融载体，相应调整集团的管理架构、内部体制机制等有关事项；由中关村管委会牵头，会同中关村发展集团，启动中关村银行的筹建工作。

（李志华）

**【股份转让系统制度解读会举办】**4月25日，由北京证监局、市金融局、中关村管委会、全国中小企业股份转让系统有限责任公司联合主办的“全国中小企业股份转让系统制度解读会——中关村国家自主创新示范区专场”在中关村软件园召开。市委常委陈刚、市

委副秘书长傅华等领导以及来自主办券商的负责人、已挂牌企业和拟挂牌企业负责人、中介服务机构代表等500余人参加。会上，全国股份转让系统公司总经理谢庚就“全国股份转让系统功能定位与制度框架”进行解读，从不同角度对全国股份转让系统相关制度与规则进行讲解，并与已挂牌和拟挂牌企业的代表、主办券商、会计师事务所、律师事务所等与会人员进行答疑互动。

（张　蕾　李志华）

**【22个项目获科技基础性工作专项立项】**4月25日，科技部发布《关于科技基础性工作专项2013年度项目立项的通知》（国科发基〔2013〕443号），批准48个项目立项。其中，中关村示范区内中国农业科学院农业质量标准与检测技术研究所王静负责的“农产品中高风险农药助剂残留调查、危害分析及助剂分类”、中国标准化研究院邱月明负责的“中国成年人工效学基础参数调查”、北京大学魏来负责的“我国丙型肝炎系列参比品的研制”等22个项目获批立项。

（龙　琦）

**【支持企业参与首都生态文明和城乡环境建设】**4月，中关村管委会发布《关于支持中关村示范区企业参与首都生态文明与城乡环境建设的工作方案》。《方案》提出“推动政策创新、加强需求导向的技术创新，支持企业参与重大工程、推进生态园区建设工作，完善服务平台建设，加强宣传和总结”等主要任务。根据《方案》要求，中关村管委会将重点开展5项工作：一是在PM2.5治理、污泥处理、垃圾焚烧、清洁能源等领域，组建专业产业技术创新联盟，推动企业开展联合攻关；二是进一步提升科技创新公共服务平台建设水平，推动产生一批环境治理新技术、新产品，并组织实施重大应用示范工程；三是落实政府采购，完善节能环保特色的金融服务手段；四是支持“一区十六园”基础设施建设和改造工程中广泛使用中关村示范区企业自主创新的技术、产品，打造中关村国际低碳示范园；五是完善技术对接、金融支持、展览展示服务平台。

（杜　玲）

**【中关村现代服务业综合试点领导小组第一次会议召开】**5月10日，2013年中关村现代服务业综合试点领导小组第一次会议在裕惠大厦召开。市委常委、试点领导小组组长陈刚以及财政部、商务部、发展改革委、科技部、市财政局等单位有关领导参加。会议听取市财政局关于2012年中关村现代服务业综合试点第四批项目评审结果、2013年中关村现代服务业综合试点工作要点等情况的汇报。陈刚要求，抓紧组建日常办公机构，认真总结试点经验，创新项目筛选、评审和支持方式，加大中关村现代服务业试点宣传力度。会议审议通过2012年第四批试点项目评审结果和资金支持方案。

（杜　玲）

**【首届中关村—硅谷创新创业大赛举办】**5月14日，由中关村管委会主办的“2013首届中关村—硅谷创新创业大赛启动仪式”在北京、美国硅谷两地通过视频连线的方式同时举行。大赛主题为“创新创业，你我同行”，旨在鼓励创新创业、发掘高科技人才、促进科技和金融融合。中国驻旧金山总领事馆、中关村管委会等单位有关领导以及来自中、美投资机构的相关人员等参加。参赛企业为在中关村示范区和美国硅谷的移动互联网和新一代移动通信、生物和健康、节能环保、集成电路、新材料等产业领域的创业团队或处于早期、

种子期的创业公司。来自美国、英国、澳大利亚等国家的200余家科技型创业企业报名参赛。9月11日，北京地区决赛在北京京仪大酒店举行。北京元复科技有限公司（Topgrid团队）获团队组一等奖，北京梅德厚普科技有限公司获初创组一等奖，北京梦之城文化有限公司获成长组一等奖。10月14日，大赛总决赛在美国举行，来自美国加利福尼亚州圣巴巴拉市的Aptitude公司获第一名。

（陈宝德）

**【扩大高端领导人才专业技术资格评价试点范围】**5月15日，市人力社保局发布《关于开展中关村国家自主创新示范区高端领军人才专业技术资格评价扩大试点工作的通知》（京人社专技发〔2013〕127号），决定将中关村国家自主创新示范区高端领军人才专业技术资格评价试点工作扩大到中关村示范区“一区十六园”。《通知》还就实施范围、申报条件、评价程序、申报流程、申报材料及要求等做了规定。

（李欢欢）

**【"展翼计划"发布】** 5月17日，由中关村管委会、人民银行营业管理部、北京银监局、市金融局联合主办

的"信贷创新中关村系列活动——中关村示范区'展翼计划'支持政策暨创新金融产品发布会"在北京裕龙国际酒店举行。市委常委陈刚、中关村管委会主任郭洪等领导以及企业、商业银行相关机构等负责人400余人参加。会议发布中关村管委会专门面向小微企业制定的《中关村"展翼计划"工作方案》(中科园发〔2013〕17号)，公布2180家"展翼计划"入选企业的名单，主要为尚未达到"瞪羚计划"标准却具有高成长性的科技型中小企业。北京中关村科技融资担保有限公司安排2亿元注册资金专项用于为"展翼企业"提供融资担保，并成立专门的小微事业部。

（王　翔　李志华）

**【全球化战略专题研讨班举办】** 5月19日—6月7日，中关村管委会举办"中关村重点企业'全球化'战略专题研讨班"。活动由中关村管委会委托国家行政学院实施。来自下一代互联网、节能环保、生物和健康、高端装备与通用航空等领域的30余位中关村示范区重点企业负责人参加。培训课程结合企业发展实际安排宏观形势、全球化运营能力建设和领导力提升三大板块的内容，并组织研讨座谈、现场教学和学员交流等。

通过培训加深企业家学员对全球化视野下中国经济、金融和科技的宏观形势的认识，提升企业家学员的全球化运营能力和领导力，构建地方政府与中关村示范区企业家的交流平台。

（李欢欢　王　翔）

**【军民融合创新工作组成立】** 5月20日，中关村创新平台第9工作组——军民融合创新工作组成立。工作组由市发展改革委、市教委、中关村管委会等15家单位的19位工作人员组成，组长由市经济信息化委副主任熊梦担任，副组长由市外联服务办主任刘京生、中关村管委会委员张茂盛担任。其主要职能是推动落实中关村示范区军民融合科技创新任务，统筹研究军民融合科技创新政策，组织制定并实施军民融合科技创新规划，建立健全军地和部市会商工作机制，协调解决工作中遇到的重大问题。

（赵蔚彬）

**【赵乐际一行到中关村示范区调研】** 5月22日，中组部部长赵乐际一行到中关村示范区调研人才工作。赵乐际一行参观了北京生命科学研究所、百度在线网络技术（北京）有限公司、中关村示范区展示中心。赵乐际强调，要深入学习贯彻党的十八大和中共中央总书记习近平一系列重要讲话精神，大力实施人才强国战略，坚持党管人才原则，加快人才发展体制机制改革和政策创新，持之以恒推进"千人计划""万人计划"，集聚用好创新创业人才，鼓励支持人才为实现"中国梦"奉献智慧和力量。

（李贺英　王红彬）

**【比利时联邦众议长来访中关村】** 5月22日，比利时联邦众议长安德烈·弗拉奥一行访问中关村示范区。中关村管委会相关负责人接待来访代表。安德烈·弗拉奥一行首先参观了中关村示范区展示中心，听取关于示范区发展历程及重点产业发展情况的介绍。随后，赴大唐电信科技产业集团参观，并与集团相关负责人举行座谈。安德烈·弗拉奥表示，将全力支持大唐电信集团等优秀中国企业在比利时及欧洲的发展。

（殷　茵）

**【中关村150余家企业参展科博会】** 5月22—26日，在中国国际展览中心举办的"第十六届中国北京国际科技产业博览会"上，中关村管委会组织以"创新驱动　示范引领"为主题的中关村示范区自主创新成果展，集中展示中关村示范区企业取得的成果。市委书记郭金龙、市长王安顺等领导参观了中关村展区。展览分"引领创新""智慧生活""生态家园"3个展区，共有150余家企业参加，涉及移动互联网、节能环保、

高端装备等领域。其中，“引领创新”展区以“科学发展，成就辉煌”为主线，展示中关村示范区在整合资源、搭建平台、创新体制机制、营造创新创业环境、聚集高端创新要素、推动战略性新兴产业集群发展等方面取得的成就，并通过国家“十二五”规划、《中关村示范区2011—2020发展规划纲要》及空间规模和布局调整等战略规划的重点展示，描绘中关村示范区未来发展的蓝图；“智慧生活”展区展示了北京小米科技有限责任公司的小米手机2代、北京数码大方科技股份有限公司的“CAXA电子图板”三维CAD数字设计软件、北京太尔时代科技有限公司的采用熔融挤压快速成形技术的3D打印机等中关村示范区企业在移动互联网等领域所取得的成果；“生态家园”展区通过生态修复、大气治理、垃圾处理、高效节能、水处理、新能源等六大板块，展出北京星旋世纪科技有限公司的采用全滚动轴承活塞构造的星旋式流体马达、精进电动科技（北京）有限公司为美国菲斯科汽车公司旗下全球首款增程式豪华电动跑车卡玛打造的永磁同步驱动电机、北京中瑞蓝科电动汽车技术有限公司设计生产的QUICCI纯电动汽车、北京绿创新能源科技有限公司的有机固废热化学资源化成套设备、北京赛诺水务科技有限公司的超滤膜组件海水淡化解决方案等中关村示范区企业在生态环境保护和治理方面所取得的成果。

（朱　凯　杜　玲）

**【江苏省党政代表团到中关村示范区调研】** 5月23日，江苏省委书记罗志军、省长李学勇率江苏省党政代表团到中关村示范区调研。代表团参观了北京生命科学研究所、中关村示范区展示中心，并与北京市委书记郭金龙，市长王安顺，市委常委赵凤桐、陈刚，副市长苟仲文座谈。中关村管委会主任郭洪汇报了中关村示范区体制机制创新情况。

（王　翔）

**【创新型孵化器发展规划发布】** 5月24日，在“北京市科技企业孵化器及大学科技园工作会议”上，中关村管委会发布《中关村国家自主创新示范区创新型孵化器发展规划（2013—2015年）》（中科园发〔2013〕13号）。《规划》明确孵化器作为原创产业的源头和创新创业的摇篮的战略定位，提出建设全球最具吸引力的创业中心的发展目标，对“一区十六园”的创新型孵化器建设进行总体布局，到2015年创新型孵化器将达到80家，在孵企业获得天使投资、创业投资的比例达到25%，研发投入占销售收入比例达到6%以上，平均毕业年限不超过2年，培育2~3家商业模式在全球领先的企业，孵化器内战略性新兴产业领域企业比例超过80%。

（陈宝德）

**【中关村之歌征集活动举办】** 5月24日，“中国梦·中关村”主题系列文化活动“唱响中关村——中关村之歌征集活动新闻发布会暨启动仪式”在中关村示范区展示中心举行。市委副秘书长傅华以及相关部门领导和媒体记者等参加。征集活动由市委宣传部、首都精神文明办、团市委和中关村管委会联合主办，旨在通过歌词征集活动，传承中关村精神，打造具有中关村示范区特色的品牌文化，提升品牌形象。歌词面向社会公开征集，作品要能够唱出时代的心声，体现“中国梦”的本质，展示中关村的内涵，引起所有敢于创新、

不怕失败的创业者的共鸣。歌词要求为本人原创，不得抄袭，无版权纠纷。征集活动为期6个月，分为启动、征集、评审及投票、谱曲、歌曲及MV录制、歌曲首发6个阶段。2014年7月11日，10首歌词入选。《与梦想同在》获优胜歌词，《梦开始的地方》等9首获优秀歌词。

（王　翔）

**【中关村示范区体育运动展示活动举办】** 5月25日，由中关村管委会、市体育局、丰台区政府等单位共同

主办的2013年“中关村国家自主创新示范区体育运动展示”活动在丰台体育中心举行。活动以“运动激发活力　创新引领发展”为主题。市委书记郭金龙、市长王安顺、市人大常委会主任杜德印等领导以及来自中关村创新平台、中关村管委会、各分园管委会、社会组织机构、服务体系、企业代表2万余人参加。比赛项目主要包括篮球、羽毛球、乒乓球等球类项目以及100米赛跑等田径运动项目。活动突出展示企业发展理念和创新成果，将产品模型与企业员工融为一体，增强企业员工自豪感和凝聚力，并利用中关村示范区高科技企业研制的LED显示屏等新技术及多媒体手段，呈现出示范区蓬勃发展的态势。新浪网技术（中国）有限公司、北京嘉林药业股份有限公司、中芯国际集成电路制造(北京)有限公司等重点企业积极参与，还有一批中小型创新创业企业首次以联合方队的形式参加展示。

（孙　莹　刘　贵）

**【中关村现代服务业综合试点领导小组办公室组建】**5月28日，根据市委组织部、市编办、市财政局、市人力社保局《关于印发〈中关村现代服务业综合试点工作领导小组工作人员管理办法〉的通知》，中关村现代服务业综合试点工作领导小组办公室组建。其主要职责是：组织制定中关村现代服务业总体发展规划及分领域规划、总体实施方案及分领域方案；组织研究财税、金融、土地等创新政策；组织建立评价体系和统计体系；研究提出领导小组会议、部市会商工作议题；组织协调市相关部门和协调落实中央部委相关工作；制定试点项目资金管理办法；组织做好政策宣传推广；制定考核奖惩管理办法。办公室设在中关村创新平台，下设综合部、规划部、资金项目管理部，市科委、市经济信息化委、市财政局、市商务委、市统计局、中关村管委会等职能部门为成员单位。市财政局副局长王婴兼任办公室主任。

（杜　玲）

**【中关村企业参展京交会】**5月28日—6月1日，在北京国家会议中心举办的“第二届中国（北京）国际服务贸易交易会”上，中关村管委会组织26家企业参展，并设立中关村现代服务业展示洽谈区，以“高端发展，协同创新”为主题，展示北京天云动力科技有限公司的Hadoop大数据平台、北京友友天宇系统技术有限公司的海量结构化数据管理系统等以大数据、云计算、数字内容为代表的高技术服务业的发展态势及最新成果。展会期间，中关村数字内容产业协会还承办数字内容产业洽商会。市委书记郭金龙、市长王安顺等市政府相关领导参观了中关村示范区展区，中关村管委会主任郭洪陪同。

（朱　凯）

**【优秀知识产权服务机构巡讲季活动启动】**5月29日，由中关村管委会主办的“中关村优秀知识产权服务机构巡讲季（第一期）”在中国技术交易所举办。80余家企业的100余位知识产权负责人参加。活动分为“专栏基础知识”和“企业专栏战略”2个部分，相关专家就专利基础概念、专利法实施细则、专利申请与审批程序、企业知识产权管理体系建设与知识产权战略等进行介绍，并现场解答有关问题。巡讲季由2012年度优秀知识产权服务机构负责人作为演讲嘉宾，分别围绕知识产权创造、管理、保护和运用4个环节，设置包括“基础、中级、高级”3个阶段的19节课程，通过讲授、研讨、答疑等方式，就专利商标基础知识、申报流程、专利申请策略、商标战略、知识产权的国际保护、知识产权风险防范与诉讼等主题进行探讨与交流。7月19日活动结束，共有800余人次参加。

（韩　冰）

**【中关村现代服务业试点工作会召开】**5月30日，中关村现代服务业综合试点工作会议在裕惠大厦召开。市委常委、试点领导小组组长陈刚以及市财政局、市发展改革委、市经济信息化委、市科委、市统计局、中关村管委会等单位有关领导参加。会议听取中关村管委会关于现代服务业试点调研报告和市财政局关于领导小组办公室组建情况的汇报。陈刚对下一阶段工作进行部署，提出“六个一”的近期工作目标：“体现一个特色”，重点围绕科技创新、自主创新的现代服务业展开工作；“出台一个意见”，尽快出台《关于加快推进中关村现代服务业发展的指导意见》；“召开一个大会”，召开中关村现代服务业发展动员大会，营造推进现代服务业发展的社会环境；“研究一个政策”，对中关村现代服务业现有政策进一步梳理，为出台新政策做好准备；“推出一批项目”，制定2013年中关村现代服务业综合试点项目申报指南，推出一批具有特色的重点项目；“建立一个机制”，研究建立中关村现代服务业试点工作机制。

（杜　玲）

**【9个园区获北京市总部经济和商务服务业集聚区称号】**5月，市商务委《关于认定命名北京市总部经济和商务服务业集聚区（第一批）的通知》（京商务总部字〔2013〕4号）发布，授予北京金融街等8个园区“北京市总部经济集聚区”称号，涉及6个区县，其中中关村示范区域内有海淀区“海淀园”、丰台区“丰台园”、朝阳区“电子城科技园”等3个园区入选；怀柔区北京雁栖经济开发区、平谷区北京兴谷经济开发区、通州区北京环渤海总部基地、密云县北京密云生态商务区4个园区被授予“北京总部经济发展新区”称号，涉及4个区县，全部位于中关村示范区域内；北京商务中心区等6个园区被授予“北京市商务服务业集聚区”称号，涉及5个区县，其中中关村示范区域内有海淀区中关村玉渊潭科技商务区、石景山区银沟综合商务区2个园区。被授予总部经济聚集区后，将享受市商委政策倾斜、资金补助、信息服务和配套鼓励4项后续支持，初步形成北京“三大五小”总部经济集聚区。（“三大”是指北京商务中心区、中关村科技园区、北京金融街，“五小”是指东二环高端商务服务业发展带、朝阳园、丰台园、北京天竺空港经济开发区和国门商务区。）

（龙　琦）

**【“1+6”政策宣讲活动举办】**5月，由中关村管委会与市国税局、市地税局等单位相关工作人员组成的“中关村‘1+6’政策宣讲团”，赴顺义园、房山园等7个新纳入中关村示范区规划范围的园区，举办7场政策宣讲活动。各园区所在区县相关委办局、园区管委会及高新技术企业代表等200余人参加。宣讲团就中关村示范区基本情况、“1+6”先行先试政策以及企业所得税、个人所得税等相关政策进行讲解，并现场解答有关问题。

（韩　冰）

**【中关村企业家顾委会全体会议召开】**6月3日，中关村示范区企业家顾问委员会2013年第一次全体委员会议在北大博雅国际酒店召开。市委常委陈刚、市委副秘书长傅华、中关村管委会主任郭洪等领导以及柳传志、王文京、徐井宏等顾委会委员20余人参加。会议总结顾委会2012年推动企业做强做大、挖掘重大产业化项目、培育高端领军人才、促进产学研用合作等工作情况，并讨论和部署2013年度工作任务。陈刚指出，要实现中关村示范区建成具有全球影响力的科技创新中心的战略目标，必然要求中关村示范区立足自身优势，聚焦高端，辐射全国，推动形成大循环的发展格局，依靠科技、资本、决策优势，逐步形成总部经济为特征的聚集效应。

（陈宝德）

**【阿根廷全国科研理事会主席来访中关村】**6月5日，在阿根廷驻华使馆公使阿尔夫雷多·巴斯库的陪同下，阿根廷全国科研理事会主席罗伯特·萨瓦瑞撒博士来访中关村示范区。中关村管委会相关负责人接待来访代表一行。双方就中关村示范区与阿根廷在科技领域的合作前景进行交流。中关村管委会提出与阿根廷开展多层次合作的相关建议：希望从政府层面建立沟通机制，长期保持联系，建立合作关系；组织双方企业开展多种形式的交流活动，增强彼此的相互了解，积极促成企业合作；依托各种活动，加强交流合作。罗伯特·萨瓦瑞撒和阿尔夫雷多·巴斯库表示，期待双方在科技领域以各种形式开展更广泛的交流合作。

（殷　茵）

**【中关村企业项目入围市2013年度高新技术成果转化项目榜单】**6月8日，市科委、市发展改革委、市财政局、市经济信息化委、中关村管委会联合发布《关于公示北京市2013年度高新技术成果转化项目名单的通知》，东方网力科技股份有限公司的“基于POSA开放架构的分布式网络视频管理平台产业化项目”、神州数码融信软件有限公司的“基于云计算的金融风险管理系统产业化项目”等130个项目入选，全部是中关村示范区内企业的项目，涉及新一代信息技术、生物、节能环保、新能源、高端装备制造等战略性新兴产业领域。经认定的项目，根据其技术水平、市场前景和经济社会效益，将定额给予后补助支持，最高支持额度可达500万元以上。

（龙　琦）

**【118家企业入选重点实验室和工程技术研究中心】**6月17日，市科委发布《关于公布2012年度北京市重点实验室和北京市工程技术研究中心认定名单的通知》，69个重点实验室、66个工程技术研究中心获认定。其中，中关村示范区内118家企业入选，包括北京空间飞行器总体设计部的空间热控技术重点实验室、北京矿冶研究总院的特种涂层材料与技术重点实验室、钢研纳克检测技术有限公司的金属材料表征重点实验室等57个重点实验室，北京星网锐捷网络技术有限公司的宽带接入应用交付工程技术研究中心、北京天下图数据技术有限公司的数字航空遥感工程技术研究中心、北京桑德环境工程有限公司的北京市小城镇污水处理与回用工程技术研究中心等61个工程技术研究中心。

（尹玲利　杜　玲）

**【中关村科技金融会召开】**6月18日，中关村科技金融会召开，市委常委陈刚主持。会议研究设立中关村国家自主创新示范区小微企业信贷风险补偿资金的工作思路及资金使用方案，并到北京国际信托有限公司、北京中关村科技融资担保有限公司调研。市委副秘书长傅华及市相关部门负责人，中关村管委会主任郭洪等参加会议并陪同调研。

（王　翔）

**【18家企业获金软件金服务奖】**6月19日，在北京新世纪日航酒店举行的“2013中国方案商大会暨（第十五届）金软件金服务颁奖盛典”上，中国电子信息产业发展研究院公布“2013（第十五届）金软件金服务奖项”榜单。中关村示范区内微软（中国）有限公司等2家企业获2013中国金软件之五大产业领袖，航天信息股份有限公司等4家企业获2013中国金服务之五大领袖服务商，航天信息软件技术有限公司等4家企业获2013中国金软件之十大杰出企业，北京荣之联科技股份有限公司等8家企业获2013中国金服务之十大杰出服务商。

（尹玲利）

**【姚刚一行到中关村示范区调研】**6月20日，证监会副主席姚刚带领发行部、创业板部、市场部、研究中心相关负责人一行10人到中关村示范区调研，听取科技创业企业对多层次资本市场的需求和建议，市委常委陈刚陪同调研。调研组首先到中关村示范区展示中心，参观中关村示范区数字沙盘以及部分高新技术企业自主创新技术和产品。随后，调研组同中关村示范区在主板、中小板、创业板、新三板、区域股权交易市场上市或挂牌的公司及初创企业的代表进行座谈。会上，中关村管委会主任郭洪汇报中关村示范区发展情况和中关村企业改制上市工作情况，提出希望得到证监会支持的工作建议。企业代表也结合自身发展中遇到的问题就完善多层次资本市场提出建议，主要包括：在发行上市审核方面，建议更多考虑科技型创业企业的特点和需求；完善资本市场在非国有企业股权激励方面的制度设计；进一步简化上市公司并购的审核流程，打通境内上市公司通过股票换股的方式实现海外并购的通道；开启创业板再融资功能；强化上市公司信息披露对企业商业机密的保护措施；加快新三板转板制度的出台；加快债券市场建设，支持企业发行公司债券。陈刚希望证监会继续在以下3个方面对中关村示范区予以支持。一是希望证监会将中关村示范区作为先行先试的试验田，安排证券业相关政策率先在中关村示范区试点；二是继续支持中关村企业借助新三板市场实现创新发展，并支持北京四板市场的设立和发展；三是支持北京证监局在中关村设立示范区分局，加大对中关村企业利用多层次资本市场发展的支持力度。

（王　翔）

**【促进电子商务健康发展工作部署会召开】**6月26日，由市商务委、中关村管委会共同组织的《北京市人民政府关于促进电子商务健康发展的意见》部署会在中关村示范区展示中心举行。会议主题为“创新驱动、产业协同，共创电子商务发展首善之区”。副市长程红主持，市委常委陈刚出席并讲话。来自北京市各相关委办局、行业协会和企业的100余名代表参会。会上，中关村管委会主任郭洪做了关于中关村现代服务业试点促进电子商务产业发展成效的报告，介绍促进电子商务产业发展的相关工作举措和成效，并就完善电子商务服务体系、发展新兴商业模式、相关标准制定、开展电子商务和现代物流业示范工程等方面提出下一步工作举措。会议发布《北京市人民政府关于促进电子商务健康发展的意见》(京政发〔2013〕12号)。《意见》围绕促进电子商务发展提出23条具体工作措施，分解为26项重点工作任务，突出创新、普及应用、协同发展和外部环境建设4个主题。《意见》提出，到2015年，北京市电子商务交易规模将超过1万亿元，电子商务零售额占社会消费品零售额的比重力争达到15%。

（杜　玲）

**【增设企业自理报检单位备案登记业务】**6月28日，北京出入境检验检疫局发布《关于增设办理自理报检单位备案登记点的通知》，决定自2013年7月1日起增设北京出入境检验检疫局中关村办事处等9个分支机构，受理自理报检单位备案登记业务。各自理报检单位根据企业工商营业执照注册地就近办理相应的自理报检单位备案、变更手续。

（韩　冰）

**【中关村创业企业新入职员工培训举办】**6月，由中关村管委会主办的“中关村创业企业‘赢在起点’新入职员工培训”在中国农业科学院举办。共有50余家企业的近300人参加。培训主要面向中关村示范区创业企业新入职大学生员工，共举办3期，每期3天。培训讲师为企业人力资源总监、职业培训师及高校大学生就业指导教师。培训内容包括角色转换、学习适应力、态度适应力、人际适应力、思维适应力和职场习惯养成6个模块，旨在解决新入职员工初入职场的种种不适应状况，快速提升其职业发展力。

（李欢欢）

**【中关村标准化行动计划发布】**7月3日，中关村管委会、市质监局共同发布《关于印发中关村国家自主创新示范区标准化行动计划（2013—2015）的通知》（中科园发〔2013〕28号），公布中关村示范区2013—2015年的标准化行动计划。计划阐明中关村示范区标准创新驱动和引领经济社会转型发展方面的战略思维、工作理念、指导思想、基本原则和保障措施，提出到2015年，中关村示范区要创制一批全球有影响力的重要标准、形成一批具有国际水平的标准联盟、中关村国际标准化影响力显著提升、建成中关村标准创新服务平台的战略目标，部署试点培育工程、中关村标准工程、国际提升工程、平台支撑工程、人才培养工程、示范推广工程6项重点任务。

（钟锌章　李　思）

**【中关村高成长企业TOP100榜单发布】**7月3日，由北京中关村高新技术企业协会主办的“2013中关村高成长企业TOP100颁奖典礼”在鑫泰大厦举行。市科委、中关村管委会、市民政局社团办等单位领导以及合作机构、获奖企业和媒体的代表300余人参加。会议发

布“2013中关村高成长企业TOP100”获奖榜单，北京星网锐捷网络技术有限公司、北京华宇信息技术有限公司、北京勤邦生物技术有限公司等高新技术企业入选。此次评选范围覆盖中关村示范区“一区十六园”，获奖企业包括海淀园75家，大兴—亦庄园、石景山园、朝阳园各4家，东城园、昌平园、通州园各3家，西城园、顺义园、丰台园、门头沟园各1家。上榜企业平均增长率达到117.75%，其中生物与新医药技术行业平均增长率高达154.59%，其次为高新技术改造传统产业，平均增长率是132.39%。上榜企业数量最多的是电子信息技术行业，占比为58%。

（刘乐乐　龙　琦）

**【中关村企业的项目获市科技型中小企业技术创新资金立项】**7月4日，市科委发布《2013年度北京市科技型中小企业技术创新资金立项公告》，对480项科技型中小企业技术创新资金项目进行立项支持。其中，中关村示范区内北京金润方舟科技股份有限公司的“招投标全过程海量数据云计算处理平台”、北京天云趋势科技有限公司的“支持异构虚拟化环境的云管理平台”、海纳医信（北京）软件科技有限责任公司的“远程会诊与手术室影像协同平台开发”等项目入选，涉及电子信息、新材料、新能源与高效节能、资源与环境、光机电一体化、生物医药、现代农业、新能源汽车等领域。

（龙　琦）

**【4家企业获第三方支付牌照】**7月6日，中国人民银行发放第七批27张非金融机构支付业务许可牌照，北京地区共有6家企业获得许可。其中，中关村示范区内4家，即北京新浪支付科技有限公司、北京百付宝科技有限公司、北京国华汇银科技有限公司、北京永超科技有限公司。

（李志华）

**【18家企业入选《财富》世界500强】**7月8日，《财富》杂志网站发布2013年《财富》世界500强排行榜榜单，

95家中国企业入选。其中，中关村示范区内中国中铁股份有限公司、中国机械工业集团有限公司、联想集团有限公司等18家企业入选。

（杜　菲　杜　玲）

**【部署党的群众路线教育实践活动工作】** 7月12日，“中关村管委会党的群众路线教育实践活动动员部署大会”在中关村示范区展示中心召开。市委常委苟仲文以及市委党的群众路线教育实践活动第五督导组全体成员、中关村管委会和相关出资企业的主要负责人及全体党员干部100余人参加。会议对开展教育实践活动进行动员部署，传达中共中央和北京市委的有关精神，并对中关村管委会如何开展党的群众教育实践活动提出要求。

（傅恒轶　刘　贵）

**【中管高校领导到中关村示范区现场教学】** 7月12日，由中组部、教育部主办的中管高校党委书记、校长“学习贯彻党的十八大精神研讨班”到中关村示范区现场教学。中管高校领导一行调研北京航空航天大学无人驾驶飞行器设计研究所和大型整体金属构件激光直接制造教育部工程研究中心，与相关专家学者进行交流，了解北航服务国家重大战略需求、提高科技创新水平和工程技术创新等方面取得的成果与经验。随后，在如心会议中心进行现场教学活动，听取中关村管委会相关负责人对中关村示范区创新发展及高校、科研院所、人才培养与科技创新有关情况的介绍，并邀请部分企业家座谈，与会领导围绕相关议题进行交流。中关村管委会主任郭洪参加。

（王　翔）

**【中关村企业入围《财富》中国500强】** 7月16日，《财富》杂志网站发布2013年《财富》中国500强排行榜榜单。其中，中关村示范区内中国石油天然气股份有限公司、中国建筑股份有限公司、中国铁建股份有限公司等企业入围。

（龙　琦）

**【2013年“一区十六园”工作会召开】** 7月29日，中关村国家自主创新示范区2013年“一区十六园”工作会在中关村示范区展示中心召开。市委常委苟仲文、副市长张工等政府部门相关领导，中关村管委会、中关村发展集团股份有限公司全体班子成员，各区县政府分管领导，各分园管委会主任、副主任参加。会上，中关村管委会主任郭洪介绍了中关村示范区2013年上半年创新发展状况和下半年工作安排，中关村发展集团股份有限公司董事长于军介绍了集团现状，部分分园管委会负责人汇报了本园区工作情况。

（王　翔）

**【中关村开放实验室主题宣传活动举办】** 7月31日，中关村管委会举办中关村开放实验室主题宣传活动。北京电视台、《北京日报》、千龙网等15家媒体的记者对中国农业科学院饲料研究所、轨道交通网络验证与测试实验室2家中关村开放实验室进行集中采访。活动以座谈、参观、互动交流的形式开展。2家实验室的负责人分别介绍其业务开展情况和产学研合作成果，合作企业代表介绍了产学研对接的成果与经验。

（尹玲利）

**【10家企业入选中国电子信息百强企业】** 7月31日，在贵阳市举行的“第27届中国电子信息百强企业座谈会暨2013年全国电子信息行业座谈会”上，工业和信息化部发布第27届电子信息百强企业榜单。北京地区有联想控股有限公司、北大方正集团有限公司、京东方科技集团股份有限公司等10家企业入围，全部为中关村示范区企业，其中联想控股位于第二。

（杜　玲）

**【中关村互联网金融行业协会成立】** 8月9日，由中关村管委会主办的“中关村互联网金融行业协会成立大会暨中关村互联网金融信用信息平台启动仪式”在北京京仪大酒店举行。中关村管委会主任郭洪等领导、中关村互联网金融企业代表等200余人参加。协会（www.zaif.org）由北京京东世纪贸易有限公司、北京当当网信息技术有限公司、用友软件股份有限公司等33家单位发起成立，包括电子商务平台、第三方支付、互联网金融平台服务等领域的企业、机构，是国内首家互联网金融行业组织。协会旨在通过整合互联网金融行业发展资源，实现成员优势互补、合作共赢、协同创新、规范自律，并推动制定互联网金融行业发展规则和标准。京东公司联席董事长赵国庆当选为会长。中关村互联网金融信用信息平台同时启动。平台将通过整合权威数据资源和会员企业信用信息，进行数据挖掘分析，以解决信用信息情况查询、通过共享企业

信用信息降低成本、建立评分机制、实现信用审核标准化等互联网金融模式下企业信用管理面临的问题。

（杜　玲）

**【海军后勤领域技术产品专场对接会召开】** 8月14日，由中关村管委会、中国人民解放军海军军民融合工作办公室共同主办的“海军北京市军民融合后勤领域高新技术展示对接会”在振海大厦举行。市委常委苟仲文、海军副司令员丁一平、中关村管委会主任郭洪等领导以及海军首长机关、北京市相关政府部门和企业的代表80余人参加。中关村管委会组织北京佳讯飞鸿电气股份有限公司等30余家企业参加展示。展示的产品涉及后勤指挥、军需物资、港口海岛营房建设、交通运输、卫生医疗、财务管理等6个领域，包括北京康比特体育科技股份有限公司的“能量棒”、北京安氧特科技有限公司的“制氧面罩”等。

（马晓清　赵蔚彬）

**【中关村十大系列评选活动启动】** 8月15日，由品牌中国产业联盟主办的“2013年度中关村十大系列评选活动新闻发布会”在湖北大厦举办。中关村管委会副主任杨建华以及各承办单位负责人出席。会上，2013年度中关村十大系列评选活动启动。评选设置2013中关村十大年度人物、2013中关村十大海归新星、2013中关村十大卓越品牌、2013中关村十大新锐品牌、2013中关村十大创新成果、2013中关村十大创新标准、2013中关村十大创投案例、2013中关村十大并购案例、2013中关村新锐企业十强、2013中关村十大年度新闻10个榜单。在中关村示范区内注册并符合条件的高新技术企业，公司主营业务属于中关村示范区支持的“641”战略性新兴产业集群的企业均可参与。评选榜单将于2014年1月揭晓。

（钟锌章）

**【中关村年鉴获全国年鉴评比特等奖】** 8月26日，中国出版工作者协会年鉴工作委员会公布第七届全国年鉴编校质量检查评比结果。由中关村管委会组织编纂的《中关村国家自主创新示范区年鉴2012》获特等奖。该卷年鉴设有特载、大事记、示范区建设等15个一级栏目，以条目体为主，100余万字，全面翔实地记载了中关村示范区2011年度发生的大事、要事、新事，为政府的科学决策、中关村管委会的政务公开和研究中关村示范区的发展起到重要作用。

（龙　琦）

**【中关村示范区获批国家专利导航产业发展实验区】** 8月30日，国家知识产权局发布《关于确定国家专利导航产业发展实验区、国家专利协同运用试点单位、国家专利运营试点企业的通知》（国知发管函字〔2013〕149号），中关村示范区入选首批国家专利导航产业发展实验区，所选产业领域为移动互联网。中关村专利导航产业发展实验区建设以移动互联网产业集聚区为依托，将专利运用嵌入到产业、产品和市场创新之中，以提升企业专利运用能力为核心，以推动企业、高校、科研院所专利协同运用为手段，探索专利运用推动产业高端发展的新模式。实验区将以中关村知识产权促进局为基础成立办公室，负责处理实验区建设中的具体事务并承担各项日常工作。实验区建设期截止到2018年8月。同时，中关村示范区内北汽福田汽车股份有限公司、同方威视技术股份有限公司、北京泰尔凯达电信信息咨询有限责任公司等11家单位入选国家专利运营试点企业。

（苏　品　杜　玲）

**【中关村企业参展东盟博览会】** 9月3—6日，在广西壮族自治区南宁市举行的第十届中国—东盟博览会上，中关村管委会组织乐视网信息技术（北京）股份有限公司等20家企业参展，以“示范引领，合作共赢”为主题，展示互联网、节能环保、智慧旅游、高新电子产品等领域的成果。智慧互联展区展出乐视网公司研发的采用四核1.7吉赫兹主频处理器的60英寸高清智能电视、北京韦加航通科技有限责任公司的VIGA-

VMS 移动多媒体指挥调度系统等；节能环保展区展出北京威业源生物科技有限公司的环保溢油处理产品和环保灭火产品、北京安力斯科技发展有限公司的小城镇污水整体解决方案及低温污泥干化技术等；智慧旅游展区展出触景无限科技（北京）有限公司的增强现实技术的智慧导游软件"美景看看"、北京东蓝数码科技有限公司研发的可无线传输文件的挥客软件等；数码天地展区展出"在线多媒体运动机""一体化办公云平台"等技术产品。

（朱　凯）

**【301 个项目入选国家科技计划】** 9 月 5 日，科技部发布《关于下达 2013 年度有关国家科技计划项目的通知》（国科发计〔2013〕571 号），发布 2013 年度国家星火计划、火炬计划、重点新产品计划和软科学研究计划的立项项目清单。其中，中关村示范区内北京德农种业有限公司的"优质高产玉米新品种产业化示范与推广"等 11 个项目入选 2013 年度国家星火计划，北京中科大洋科技发展股份有限公司的"新一代电视台网络化新闻制播系统"等 99 个项目入选 2013 年度国家火炬计划，同方威视技术股份有限公司的"RM2000 放射性物质监测系统"等 124 个项目入选 2013 年度国家重点新产品计划，北京科学学研究中心的"国家科技政策的咨询体系研究"等 67 个项目入选 2013 年度国家软科学研究计划。

（龙　琦）

**【中关村管委会与德交所签约】** 9 月 12 日，在北京国家会议中心举行的"2013 年中关村论坛年会"上，"中关村管委会与德意志交易所签约仪式"举行。根据协议，双方将成立工作小组，组织拟上市企业的培训，在企业信息、政策动向、资本市场最新情况等方面加强信息沟通，并将举办各类研讨交流以及人员互访等活动。

（杜　玲　李志华）

**【18 家企业入选 2013 德勤 50 强】** 9 月 12 日，在上海市举行的"2013 德勤高科技、高成长中国 50 强颁奖典礼暨德勤创业家论坛"上，2013 德勤高科技、高成长中国 50 强名单揭晓。中关村示范区内北京加华维尔能源技术有限公司、北京京北方信息技术有限公司、中粮我买网有限公司等 18 家企业入选，占入选企业数的 36%。

（杜　玲）

**【2013 年中关村论坛年会召开】** 9 月 12—13 日，由科技部、中科院、中国工程院、国务院侨办、国家知识产权局、北京市政府共同主办，中关村管委会等单位承办的"2013 中关村论坛年会"在北京国家会议中心召开。论坛主题为"科技创新与产业革命"。中国科学院院士徐冠华、市委常委苟仲文、中关村管委会主任郭洪等领导出席开幕式。国际知名科学家、国内外知名企业家、专家学者、政府官员等 2000 余人参加。诺贝尔经济学奖获得者詹姆斯·莫里斯就"绿色增长的价值"发表主题演讲，从环境影响的角度重新诠释经济发展的价值；瑞典科学家、欧盟"超薄石墨烯"项目负责人加里·凯纳雷特就共同致力于将科技成果转化成技术应用的话题发表演讲；瑞典皇家工程科学院院士托马斯·克伯格、澳大利亚科学院院士马丁·格林等 60 余位中外嘉宾出席各个分论坛活动，发表演讲并与观众互动交流。论坛进行以"科技改变生活""国际技术转移与创新之城建设""文化融合科技　创意点亮生活""科技金融创新""创新创业新势力——U30 创业者""中法节能环保企业对接"等为主题的 6 场分论坛和以"创新驱动下的科技园区国际化"为主题的圆桌会议，还举行 2013 年中关村指数发布专场活动。

（殷　茵）

**【中关村企业项目获科技型中小企业技术创新基金支持】** 9 月 18 日，科技部、财政部联合发布《关于 2013 年度科技型中小企业技术创新基金项目立项的通知》（国科发计〔2013〕583 号），北京市共有 217 个项目入选，获支持资金 1.5480 亿元。其中，中关村示范区内北京联创信安科技有限公司的"基于多通道判决均衡和存储容错技术的容错存储系统"、北京圣博润高新技术股份有限公司的"LanSecS 信息安全等级保护综合管理系统"、北京天人同达软件科技有限公司的"用于应急训练和方案演练的情景式综合虚拟现实平台"等项目获基金支持，包括无偿资助、贷款贴息等多种方式。

（龙　琦）

**【10 家企业入选最受赞赏的中国公司】** 9 月 26 日，《财富》(中文版)发布 2013 年度"最受赞赏的中国公司——50 全明星榜"。中关村示范区内百度在线网络技术（北京）有限公司、联想集团有限公司、北京京东世纪贸易有限公司等 10 家企业入选，涉及电子信息、先进制造业等领域。

（杜　玲）

**【"新四条"政策出台】** 9 月 29 日，科技部、财政部和税务总局联合发布《关于在中关村国家自主创新示范区开展高新技术企业认定中文化产业支撑技术等领域范围试点的通知》（国科发高〔2013〕595 号），财政部、税务总局联合发布《关于中关村国家自主创新示范区有限合伙制创业投资企业法人合伙人企业所得税试点政策的通知》(财税〔2013〕71号)、《关于中关村国家自主创新示范区技术转让企业所得税试点政策的通知》(财税〔2013〕72号)、《关于中关村国家自主创新示范区企业转增股本个人所得税试点政策的通知》(财税〔2013〕73号),标志中关村示范区"新四条"政策出台。这是继"1+6"系列先行先试政策之后,中关村示范区在创新创业政策领域的新突破。

(韩　冰)

**【中央政治局第九次集体学习举行】**9月30日,中央政治局以实施创新驱动发展战略为题在中关村示范区展示中心举行第九次集体学习。中共中央总书记习近平和政治局常委李克强、张德江、俞正声、刘云山、王岐山、张高丽等领导听取中关村管委会主任郭洪关于中关村创新发展情况的汇报,并前往展厅参观中关村示范区科技创新企业、科研单位重要创新成果,同企业负责人和科研人员进行交谈,询问增材制造、云计算、大数据、高端服务器、水处理、纳米材料、生物芯片、农作物精准生物育种、量子通信等技术研发和应用情况。参观结束后,习近平等领导听取科技部部长万钢介绍中国科技创新总体情况,并就实施创新驱动发展战略进行讨论。习近平指出,面向未来,中关村要加大实施创新驱动发展战略力度,加快向具有全球影响力的科技创新中心进军,为在全国实施创新驱动发展战略更好发挥示范引领作用。习近平强调,科技兴则民族兴,科技强则国家强。党的十八大做出了实施创新驱动发展战略的重大部署,强调科技创新是提高社会生产力和综合国力的战略支撑,必须摆在国家发展全局的核心位置。这是党中央综合分析国内外大势、立足国家发展全局做出的重大战略抉择,具有十分重大的意义。习近平就此提出5个方面的任务:一是着力推动科技创新与经济社会发展紧密结合;二是着力增强自主创新能力;三是着力完善人才发展机制;四是着力营造良好政策环境;五是着力扩大科技开放合作。市长王安顺、常务副市长李士祥、市委秘书长赵凤桐、副市长张工等陪同参观。

(王　翔)

**【新认定3家大学科技园】**9月30日,市科委、市教委、中关村管委会联合发布《关于认定北京电影学院大学科技园等3家大学科技园为北京市大学科技园的通知》(京科发〔2013〕402号),认定北京电影学院大学科技园、北京服装学院大学科技园、北京物资学院大学科技园为北京市大学科技园。

(陈宝德)

**【"智慧中关村"顶层设计方案完成】**9月,由中关村管委会组织相关专业机构和专家团队设计的"智慧中关村"顶层设计方案完成。方案按照"统筹规划建设、统筹平台开发、统筹数据管理、统筹网络环境、统筹规范标准"的设计原则,搭建"企业融合服务平台、业务协同平台、要素集聚平台和智慧决策平台"四大应用平台,以"提升企业融合服务能力,建设多部门协同办公平台,促进创新要素市场化集聚,构建智慧决策支持体系,完善信息基础环境"为主要建设任务,具体包括企业融合服务平台、中关村创新平台协同办公和联合审批平台等23项重点工程。方案主要包括《智慧中关村顶层设计总体方案》《智慧中关村云平台顶层设计方案》《智慧中关村地理信息服务平台顶层设计方案》等系列成果。智慧中关村建设将围绕不断完善创新创业生态系统的总体目标,利用信息技术,以广泛互联、高度共享和融合服务为基本特征,以资源整合和服务优化为重要手段,整合各类数据资源以及专业机构的信息服务平台,为企业提供高效、便捷、规范、差异化服务。

(邓立众)

**【学习习近平重要讲话精神座谈会召开】**10月8日,中关村管委会组织召开学习习近平总书记重要讲话精神座谈会。副市长张工、市委副秘书长傅华以及中关村管委会有关领导和各园管委会、高校院所、重点企业、产业联盟、行业协会、金融机构等各类创新创业主体的代表参加。会议传达学习中共中央总书记习近平在中央政治局集体到中关村示范区学习时的重要讲话精神。与会代表围绕习近平讲话精神和创新驱动战略交流认识与体会,并从产业、技术、政策、金融、人才等方面为中关村示范区如何实施创新驱动发展战略献计献策。

(王　翔)

**【军转民技术交易试点启动】**10月10日,由工业和信息化部军民结合推进司、中关村管委会共同主办的"'军转民'技术交易试点启动暨项目公开展示发布会"在中国技术交易大厦举行。来自有关军工科技成果持有单位、企业、科研机构、投融资机构的代表等100余人参加。试点工作依托中国技术交易所信息发布平台,对技术交易试点项目进行公开发布和展示推介,以加强军用技术向民用领域转移的宣传和推广力度,促进军民两用技术供需对接。会议还进行高校首场专利拍卖活动——"北京航空航天大学专利拍卖会"的新闻发布,介绍拍卖标的组成及整体招商、进度安排情况。北京理工大学、中国航天科技集团公司五院502所等11家单位分别对近20项重点技术成果进行推介,涵盖电子信息、先进制造、新材料、新能源等领域。

（赵蔚彬）

**【北京礼物旅游商品大赛颁奖】**10月10日，由市旅游委联合市文物局、中关村管委会等单位共同主办的“第十届北京礼物旅游商品大赛颁奖仪式”在全国农业展览馆举行。主办单位相关领导参加。大赛评出科技旅游商品、文博旅游商品、都市工业旅游商品和北京各区县特色旅游商品4类商品金奖5项、银奖14项、铜奖25项和优秀奖158项。其中，由市旅游委联合中关村管委会共同举办的北京礼物旅游商品大赛——科技旅游商品分赛推荐的北京美尔斯通科技发展股份有限公司的“骨传导耳机”获金奖，爱国者电子科技有限公司的“旅行多功能手环”、北京小米科技有限责任公司的“小米盒子”等50余件中关村示范区企业的科技产品分获银奖、铜奖及优秀奖，涉及电子技术、安全保健、生态环保等领域。

（尹玲利　严振宇）

**【中关村创新文化发展促进会成立】**10月16日，中关村创新文化发展促进会筹备成立大会暨第一次会员大会在裕惠大厦举行。中关村管委会等单位相关领导以及示范区各分园管委会的负责人和企业、高校、科研院所的代表参加。会议审议通过中关村创新文化发展促进会章程，并表决通过理事会候选名单和监事会候选名单。中关村论坛协会秘书长夏颖奇当选为第一届会长，中关村管委会主任郭洪为指导委员会名誉主任。市科委、文资办以及示范区各分园管委会等单位为指导委员会成员单位。促进会是经市民政局批准成立的，由时代集团公司、北京新东方教育科技（集团）有限公司等56家企业和社会机构，以及相关专家学者、企业家、社会知名人士等自愿结成的公益性社会组织，旨在研究、培育和弘扬中关村创新文化，营造创新创业浓厚氛围，增强中关村示范区软实力、感召力和向心力，架起政府、企业、研究机构沟通联系的桥梁与纽带，助力中关村示范区发展。

（王　翔）

**【获2015年IASP年会举办权】**10月17日，在巴西累西腓市举行的国际科技园区协会（IASP）第30届年会上，IASP140余家会员单位的代表共同投票确定2015年IASP年会的举办方。中关村示范区以96票的绝对优势获举办权。

（王　翔）

**【中关村社会组织秘书长培训会举办】**10月22—24日，由中关村管委会主办的中关村示范区社会组织秘书长培训会在清华同方科技广场举行。来自中关村示范区的70余家协会、产业联盟、民办非企业单位的200余名秘书长及信息员参加。会上，中关村管委会相关负责人介绍中关村示范区创新发展面临的机遇、挑战与对策，围绕“国家战略、先行先试、协同创新、创业经济、辐射带动”5个关键词进行概括，归纳分析园区未来发展面临的10大挑战，并就如何建设中关村示范区进行解读。会议还为参会学员讲授公文写作规范与技巧，解读公文的定义、特点、语言规范、种类、格式等内容。市政府研究室、中国人民大学、市质监局等单位相关领导分别讲授调查研究、宣传策划、标准创制和自身能力建设等相关内容。

（刘乐乐）

**【4家单位获国家技术创新示范企业认定】**10月23日，工业和信息化部、财政部联合发布《关于公布2013年国家技术创新示范企业名单的通知》（工信部联科〔2013〕428号），认定80家企业为国家技术创新示范企业。其中，中关村示范区内北京神雾环境能源科技集团股份有限公司、北京燕京啤酒股份有限公司、北京东方雨虹防水技术股份有限公司、中国电子工程设计院等4家入选。

（龙　琦）

**【49家企业入选火炬计划重点高新企业】**10月28日，科技部火炬中心《关于发布2013年国家火炬计划重点高新技术企业评选结果的通知》（国科火字〔2013〕258号），北京市的北京东方雨虹防水技术股份有限公司、北京碧水源科技股份有限公司、北京竞业达数码科技有限公司等49家企业入选，全部是中关村示范区内企业。

（龙　琦）

**【14家联盟入选国家级产业联盟】**10月30日，科技部印发《关于发布2013年度国家产业技术创新战略试点联盟和重点培育联盟名单的通知》（国科发体〔2013〕632号），公布55家第三批国家产业技术创新战略试

点联盟和41家重点培育联盟的名单。其中，中关村示范区内节能减排标准化产业技术创新战略联盟、安全自主软硬件产业技术创新战略联盟、膜生物反应器（MBR）产业技术创新战略联盟等14家联盟被确定为国家级产业联盟，印刷电子产业技术创新战略联盟和甘薯加工产业技术创新战略联盟等4家联盟被确定为重点培育联盟。试点期2年。

（刘乐乐）

**【82人获高级工程师（教授级）资格】**11月1日，北京市高级专业技术资格评审委员会公示中关村示范区高端领军人才高级工程师（教授级）专业技术资格评审结果。精进电动科技（北京）有限公司蔡蔚、北京玻钢院复合材料有限公司柴朋军、北京普罗吉生物科技发展有限公司常国栋等82人通过高级工程师（教授级）专业技术资格评审。

（龙　琦）

**【国家高新区先锋榜推选活动举办】**11月1日，国家高新区先锋榜组委会发布《关于举办国家高新区先锋榜（2013）推选及发布活动的通知》，由中国高新技术产业导报社、中国高新技术产业开发区协会和中国高新区研究中心共同举办的“国家高新区先锋榜（2013）”推选及发布活动启动。活动将集中宣传、推广和展示国家高新区一年来的发展成就和成果，塑造品牌知名度，扩大社会影响力。（2014年5月，榜单揭晓。活动评出最具网络人气的国家高新区20家，中关村示范区位居第八位，2616票；国家高新区十佳美丽园区，中关村示范区位居第六位，综合投票699票；国家高新区十佳创新创业服务机构，中关村示范区有2家机构入选，即北京华海基业科技孵化器有限公司、北京关键要素科技有限公司；国家高新区十佳企业家，中关村示范区有2人入选，即北京真视通科技股份有限公司王国红、北京奥特美克科技股份有限公司吴玉晓；国家高新区百快企业，中关村示范区有25家企业入选，其中北京兆易创新科技股份有限公司位居第二，2012年销售收入8.351168亿元，复合增长率165%；国家高新区百新企业，中关村示范区有北京方正阿帕比技术有限公司、北京时代亿信科技有限公司等18家企业入选。）

（刘　昆　杜　茜）

**【第三批金种子企业名单公布】**11月5日，中关村管委会公布第三批“金种子工程”企业名单。普强信息技术（北京）有限公司、北京拓目科技有限公司、北京博实联创科技有限公司等95家企业入选。至此，中关村管委会发布的金种子企业共195家。

（陈宝德）

**【中关村示范区领导小组第十七次会议召开】**11月7日，中关村国家自主创新示范区领导小组第十七次会议召开，市长王安顺主持。会议传达中央政治局在中关村示范区集体学习时，中共中央总书记习近平的重要讲话精神，研究讨论《中关村国家自主创新示范区支持企业国际化发展行动计划（送审稿）》《中关村国家自主创新示范区小微企业信贷风险补偿资金管理办法（试行）（送审稿）》《关于支持中关村互联网金融产业发展的若干措施（送审稿）》《北京市属国有创投企业持有和转让所持中关村国家自主创新示范区创业企业股权管理办法（试行）（送审稿）》《中关村国家自主创新示范区创业期企业集中办公区认定管理办法（试行）（送审稿）》《中关村百千万科技金融服务平台建设实施方案（送审稿）》。王安顺指出，要坚持走科技创新之路，举全市之力抓好中关村示范区建设，更大程度释放企业创新活力。市委常委苟仲文、副市长张工、市政府秘书长李伟等出席；中关村管委会主任郭洪等相关单位负责人参加。

（王　翔）

**【入选市级工程研究中心和工程实验室】**11月15日，市发展改革委发布《关于2013年认定北京市工程研究中心和工程实验室的公告》，2个工程研究中心和34个工程实验室被认定为2013年市级工程研究中心和工程实验室。其中，中关村示范区内北京东方百泰生物科技有限公司抗体药物北京市工程研究中心、北京中科博联环境工程有限公司固废生物处理装备北京市工程研究中心和北京辰安科技股份有限公司公共安全物联网应急技术北京市工程实验室等入选。

（龙　琦）

**【产业集群和自主创新专题研讨班举办】**11月18日—12月13日，中关村管委会举办第2期中关村重点企业国家行政学院培训班活动，主题为“产业集群与自主创新”专题研讨班。培训班由中关村管委会委托国家行政学院举办。来自中关村示范区上市企业、“十百千工程”企业、“瞪羚计划”重点培训企业的40余名主要负责人参加。研讨班结合国家战略和中关村示范区创新发展情况，设置宏观形势与政策、产业转型与发展、企业创新与发展、团队学习与创新4个教学模块，通过课堂教学、研讨交流等方式，使学员们明确产业集群的特征和方向，以提升企业的产业集群能力和自主创新能力。

（李欢欢）

**【74家企业获北京市企业技术中心认定】**11月18日，市经济信息化委发布《关于公布2013年度北京市第

十六批企业技术中心认定结果的通知》（京经信委发〔2013〕113 号），78 家企业的技术中心通过认定。其中，中关村示范区内北京荣之联科技股份有限公司、北京竞业达数码科技有限公司、北京桑普生物化学技术有限公司等 74 家企业的技术中心入选。

（尹玲利）

**【先行先试政策宣讲活动举办】** 11 月 18—22 日，由中关村管委会与市科委、市财政局、市地税局和市国税局组成的先行先试政策宣讲团，到中关村示范区十六园，举办中关村先行先试政策宣讲活动。宣讲团分为 2 个小组，同步进入十六园。宣讲内容包括“新四条”政策及其实施细则，“1+6”政策中的税收试点政策、高新技术企业认定试点政策、科技成果处置权和收益权管理改革试点政策，以及正在推进的各项相关政策。此次宣讲是深入推进“新四条”和“1+6”系列先行先试政策落地实施的一次重要活动，旨在指导园区内的中介机构和平台组织以及各类创新主体准确认识、理解各项先行先试政策。

（龙　琦）

**【30 项成果获中国有色金属工业科技奖】** 11 月 22 日，中国有色金属工业科学技术奖励工作办公室发布公告，公布 2013 年度中国有色金属工业科学技术奖获奖名单。其中，中关村示范区内中色地科矿产勘查股份有限公司等单位周朝宪等完成的“坦桑尼亚汉得尼地区美景金矿床地质特征和找矿预测”等 13 项成果获一等奖，中矿资源勘探股份有限公司边千韬等完成的“赞比亚中央省面包山铜矿床特征时代及成因”等 15 项成果获二等奖，金诚信矿业管理股份有限公司等单位王慈成等完成的“复杂地层溜井掘砌新技术研究”等 2 项成果获三等奖。

（龙　琦）

**【南阳中关村科技产业园揭牌】** 11 月 23 日，由南阳市政府主办的南阳中关村科技产业园揭牌仪式在南阳建业森林半岛酒店举行。中关村管委会主任郭洪等领导以及南阳市政府有关领导、企业代表等参加。产业园主要功能是总部经济、企业孵化器和重点龙头项目基地，将重点发展“4+1”产业体系：以光电显示、装备制造、智能电网为代表的智能制造产业，以超硬材料、金属材料、高分子材料为代表的材料科技产业，以水科技、生物能源为代表的能源环保产业，以生命健康、现代中药为代表的生物科学产业。仪式上，北京科泰兴达高新技术有限公司、恒有源科技发展集团有限公司等中关村示范区企业的 17 个项目与南阳相关部门及企业签署合作意向书，投资总额 70.66 亿元，将在南阳水源地保护、帮助当地经济转型发展等方面开展合作。

（许　靖）

**【浙江中关村科技产业园开园】** 11 月 24 日，由衢州市政府主办的“浙江中关村科技产业园开园暨项目签约仪式”在衢州绿色产业集聚区举行。浙江省副省长毛光烈、中关村管委会主任郭洪等领导以及浙江省和衢州市相关部门负责人、企业代表等参加。产业园由浙江省政府、衢州市政府和中关村管委会合作共建，位于衢州绿色产业集聚区内，规划区域面积 6000 公顷，由“一心一城五园”组成，主要为节能环保、机械制造、生物医药等领域的技术转化提供落户服务。仪式上，北京嘉博文生物科技有限公司、东华软件股份公司、北京赛诺水务科技有限公司等企业与衢州市相关部门及企业签署 29 个合作项目，投资总额 215.46 亿元。

（李贺英　许　靖）

**【多家单位获产学研合作创新奖】** 11 月 26 日，中国产学研合作促进会发布《2013 年中国产学研合作创新奖、促进奖、成果奖评审结果公示》。中关村示范区内北京市人民电器厂有限公司、北京威业源生物科技有限公司、联想控股有限公司 3 家企业获 2013 年中国产学研合作创新奖（单位）；北京城南橡塑技术研究所、北京大兴新媒体产业基地管委会、北京经开投资开发股份有限公司等 5 家单位获 2013 年中国产学研合作促进奖（单位）；北京中科信电子装备有限公司孙勇等完成的“90~65nm 大角度离子注入机”、北京大学张国义等完成的“GaN 基大功率高亮度 LED 制备技术”等成果获 2013 年中国产学研合作创新成果奖。

（龙　琦）

**【2013 中关村创业之星榜单发布】** 11 月 28 日，由北京中关村高新技术企业协会主办的“2013 中关村创业之星颁奖典礼”在翠宫饭店举行。市科委、市社团办、中关村管委会等单位领导以及企业和机构代表 100 余人参加。北京爱社时代科技发展有限公司董事长蔡茂

林等 20 名企业家被评为“2013 中关村创业之星”；北京国能中天环保科技有限公司董事长戴云峰等 10 名企业家被评为“2013 中关村创业先锋”；中国工商银行北京中关村支行等 3 家机构被评为“2013 中关村创业之星伯乐”。30 家上榜企业分布在海淀园、石景山园、朝阳园、西城园、大兴—亦庄园、密云园，覆盖信息技术、节能环保、生物医药、高端装备制造、新能源、新材料等领域。20 家创业之星企业平均复合增长率为 177.98%，10 家创业先锋企业为 94.02%。上榜企业拥有专利 297 件，软件著作权 372 件。其中 7 人有海外留学经历，入选“高聚工程”“海聚工程”“千人计划”的有 5 人。

（龙　琦　刘乐乐）

**【8 家企业通过动漫企业认定】** 11 月 28 日，文化部、财政部、税务总局联合发布《关于公布 2013 年通过认定动漫企业和重点动漫企业名单的通知》（文产发〔2013〕57 号）。中关村示范区内北京潘高文化传媒有限公司、北京鑫联必升文化发展有限公司、轩创国际文化发展（北京）有限公司、北京银河长兴影视文化传播有限责任公司、中科北控成像技术有限公司、北京漫联创意科技有限公司 6 家被认定为动漫企业；北京联盟影业投资有限公司、北京万豪天际文化传播股份有限公司被认定为国家重点动漫企业。通过认定的企业可享受有关税收优惠政策。

（张　月　付　骁）

**【零信贷小微企业金融服务拓展活动启动】** 11 月 29 日，由人行营管部、中关村管委会共同主办的中关村零信贷小微企业金融服务拓展活动启动会在中关村软件园举行。中关村管委会主任郭洪等领导以及来自银行、担保公司、中介机构、企业的代表 200 余人参加。活动旨在进一步推动银企对接，引导和鼓励银行、担保等机构帮助科技型小微企业解决首次融资难题。会议发布活动工作方案和无贷款卡企业名录。根据工作方案，双方计划通过半年的时间，推动各银行及担保公司以名录内企业为目标客户加大业务拓展力度。方案还就人行营管部、中关村管委会以及各家银行、担保公司等在活动中的职责分工做了部署。人行营管部将发挥窗口指导作用，与中关村管委会合力搭建银企、银政对接平台，为各银行办理业务提供绿色通道；中关村管委会将发挥财政杠杆作用，为银行和企业提供政策倾斜；各银行将信贷业务与结算业务、国际业务、投行业务有效衔接，给予企业差异化的金融综合服务，加大产品、组织、机制创新力度，有针对性地开展名录企业营销;各担保、再担保、评估、征信、信用评级等中介机构为名录内企业贷款优先提供服务。

（李志华　王　翔）

**【郭金龙到中关村高科技企业调研】** 12 月 6 日，市委书记郭金龙到中关村示范区高科技企业调研。郭金龙到大唐电信科技产业集团、闪联产业技术创新战略联盟、大北农生物技术中心，听取工作人员的介绍，了解企业的创新成果，并与有关负责人、专业技术人员就贯彻党的十八届三中全会精神、深化科技体制改革进行交流。郭金龙指出，要进一步建立完善产学研协同创新机制，充分发挥产业联盟作用，把各环节的优势资源串联起来，促进科技成果资本化、产业化，不断培育和壮大产业链。市委常委苟仲文、副市长张工一同调研。

（杜　菲）

**【中关村现代服务业创投引导基金启动】** 12 月 10 日，由中关村现代服务业综合试点领导小组主办的“中关村现代服务业创业投资引导基金启动会”在文津国际酒店举行。市财政局、中关村管委会、北京经济技术开发区管委会等单位有关领导以及行业代表参加。基金经中关村现代服务业综合试点领导小组会议批准设立，市财政局为履行出资人职责的机构，由北京亦庄

国际投资发展有限公司作为引导基金的受托管理机构。年内中关村现代服务业试点扶持资金中安排1.5亿元政府引导基金，采用有限合伙制或公司参股方式，与社会创业投资机构设立3支创投基金，包括节能环保创投基金、TMT创投基金、高科技服务创投基金，总基金约6亿~9亿元。基金重点投资中关村示范区内特色明显、发展基础好、具有创新服务模式并能形成规模经济的现代服务业产业。

（王　翔　杜　玲）

**【11项成果获全国工商联科技奖】** 12月12日，全国工商联发布《关于授予2013年中华全国工商业联合会科学技术奖的决定》，93个项目获奖。其中，中关村示范区内闪联信息技术工程中心有限公司等单位孙育宁等完成的“面向3C融合的闪联标准关键技术研究及重大产业化应用”等4项成果获一等奖；北京东方雨虹防水技术股份有限公司等单位田凤兰等完成的“高密度聚乙烯自粘胶膜防水卷材制备及其预铺反粘应用技术研究”等2项成果获二等奖；北京安网沐泽信息技术有限公司完成的“基于移动物联网的医院后勤管理系统技术的研究与应用”等5项成果获优秀奖；北京天普太阳能工业有限公司、北京佳讯飞鸿电气股份有限公司获2013年中华全国工商业联合会科技创新企业奖。

（龙　琦）

**【2家企业被认定为国家级科技企业孵化器】** 12月18日，科技部发布《关于认定北京亦庄国际生物投资管理有限公司等69家单位为国家级科技企业孵化器的通知》（国科发火〔2013〕703号）。北京市共有2家企业被认定为国家级科技企业孵化器，分别为北京亦庄国际生物医药投资管理有限公司和北京创新方舟科技有限公司，全部是中关村示范区企业。

（龙　琦）

**【宁夏中关村科技产业园揭牌】** 12月18日，在中卫市政府主办的“宁夏中关村科技产业园·亚马逊AWS中国前店(北京)后厂(宁夏)合作备忘录签署仪式”上，宁夏中关村科技产业园暨亚马逊AWS中国前店后厂揭牌。北京市委常委苟仲文、宁夏回族自治区副主席袁家军、马廷礼等领导出席。宁夏中关村科技产业园是中关村示范区在西部的第一个实质性载体，将以北京为“前店”发展完善云计算产业的生态系统，以宁夏为“后厂”，重点建设大型数据中心，以发挥双方的互补优势。中关村管委会与中卫市政府签订合作框架协议。根据协议，双方将共同实施科技创新，促进产学研合作，推动新技术新产品示范应用，加强现代服务业建设，促进产业服务协同发展，开展高端人才互访，建立交流合作机制。

（刘胜振）

**【中关村科学城第五批建设项目名单发布】** 12月20日，中关村科技创新和产业化促进中心发布《关于印发中关村科学城第五批建设项目名单的通知》（创新平台发〔2013〕7号），共有8个项目获批，即工业和信息化部电信研究院建设的“中关村宽带技术产业创新园”；中国航天科工集团航天三院建设的“中关村航星移动信息服务产业园”；北京联合大学建设的“中关村宽带文化融合产业创新园”“宽带文化融合产业技术研究院”；汇龙森国际企业孵化（北京）有限公司等单位建设的“中关村生物产业创新基地”；北京首都农业集团有限公司建设的“中关村移动智能服务创新园”；北京金隅股份有限公司建设的“中关村西三旗（金隅）软件园”；北京物资学院建设的“中关村智慧物流产业技术研究院”。

（陈宝德）

**【中关村园区发展基金设立】** 12月27日，中关村园区发展基金设立签约仪式在中国人民保险集团举行。市

委常委苟仲文等领导以及市金融局、中关村管委会等相关单位负责人50余人参加。基金由中关村发展集团股份有限公司联合中国人民保险集团股份有限公司、中诚信托有限责任公司共同出资100亿元设立，是“中关村百千万科技金融服务平台”的重要组成部分，主要用于中关村“641”重点产业领域和新扩区项目，用于新建、升级一批特色产业基地和扩区项目。基金管理人由中关村发展集团与中诚信托公司旗下中诚资本管理（北京）有限公司共同组建，将以“国有资本+社会资金”的方式筹集资金。

（李贺英）

**【12家企业入围软件和信息服务业品牌榜】** 12月28日，

在“2013（第二届）中国（黄山）软件和信息技术服务业品牌大会”上，中国软件和服务外包网、首都经济贸易大学中国品牌研究中心共同发布2013中国软件和信息技术服务业品牌榜。中关村示范区内北京华胜天成科技股份有限公司（品牌价值70.6亿元）、北京飞利信科技股份有限公司、文思海辉技术有限公司（品牌价值37.1亿元）等12家企业入围2013中国软件和信息技术服务业最有价值品牌；安世亚太科技股份有限公司（高端研发信息化行业）、北京九恒星科技股份有限公司（资金管理软件）入围2013中国软件和信息技术服务业最具影响力的行业品牌；北京软件行业协会（品牌价值2.1亿元）入围2013中国软件和信息技术服务业最具品牌影响力的（产业）服务机构。

（郝峥嵘）

**【18家国家重点实验室通过验收】**12月30日，科技部公布2013年通过验收的国家重点实验室名单。中关村示范区内北京大北农科技集团股份有限公司的饲用微生物工程国家重点实验室、北京建筑材料科学研究总院有限公司的固废资源化利用与节能建材国家重点实验室、北大方正集团有限公司的数字出版技术国家重点实验室等18家国家重点实验室通过验收。

（龙　琦）

**【41家非公企业建立团组织】**年内，共青团中关村科技园区工作委员会对中关村示范区100家非公企业开展团建工作进行摸底调查，通过前期团建宣传、建团程序指导及后期考核，在41家非公企业组建了团组织，吸纳团干部100余人，并邀请团市委有关领导授课，课程涉及团组织发挥的作用、团组织建设、如何在新媒体环境下开展团的工作等。

（李欢欢）

**【开展廉政风险防控管理工作】**年内，中关村管委会采取多项措施开展廉政风险防控管理工作。一是推进权力结构科学化配置体系建设。全面梳理职责范围内的工作事项，编制职权目录，分解细化办理流程，制作权力运行流程图，科学配置各类职权。二是推进权力运行规范化监督体系建设。加强专项资金使用管理监督，进一步完善专项资金使用风险防控制度，明确岗位防控职责，加大信息公开力度，完善信息公开目录和公开方式，实现政策、程序、过程、结果“四公开”，自觉接受监督。三是推进廉政风险信息化防控体系建设。加强涉权事项的网上办理，记录系统用户操作情况，实现对权力运行全过程的痕迹管理。

（傅恒轶）

**【开展党的群众路线教育实践活动】**年内，中关村管委会开展党的群众路线教育实践活动，完成学习教育、听取意见、查摆问题、开展批评、整改落实和建章立制等工作任务。按照教育实践活动总体要求，全年召开座谈会28次，发放征求意见表227份、走访调研80余次，并提出5个方面的整改方案和40条具体整改措施。主要成效为：一是有力地解决党性修养和作风方面存在的问题，进一步提高思想认识；二是增强战略全局意识，努力在国家、区域和首都发展中找准中关村示范区的定位；三是深化对中关村示范区治理模式的认识，加快优化协同创新体系和创业生态系统；四是推动中关村示范区建设的重点难点工作，使中关村示范区创新发展迈上新台阶。

（傅恒轶　刘　贵）

# 海淀园

海淀园起源于1980年中国第一家民营科技机构成立，起步“中关村电子一条街”。1988年，经国务院批准“北京市新技术产业开发试验区”成立，是中国第一个国家级高新技术产业开发区，规划占地面积1.33万公顷。1999年，国务院再次批复建设“中关村科技园区”，同年8月，北京市新技术产业开发试验区更名为中关村科技园区海淀园。2004年4月，中关村科技园区海淀园管理委员会重新挂牌成立，标志着海淀园先进生产力的发展进入新的生产关系平台。2009年4月，北京市政府批复同意在海淀园建设中关村国家自主创新示范区核心区，总目标是“建设成为具有全球影响力的科技创新中心”。自此，海淀园进入全新的跨越式发展阶段。园区拥有极其丰富的科技资源，包括北京大学、清华大学等著名学府及中国科学院等研究机构，为园区前沿的基础科学以及应用科学研究奠定了坚实的基础，先后获得无数国家、北京市甚至是世界级的科学技术的奖励。企业的科技实力强盛，北京中星微电子有限公司的“星光数字多媒体芯片”、曙光信息产业股份有限公司“曙光5000超级计算机”等多项企业成果先后获得国家科技进步奖；联想集团有限公司等多家企业成为奥运赞助商；北京奥瑞金种业股份有限公司等企业成功在美国、中国香港等地上市。一批高新技术企业群体不断发展壮大，开始在国际市场中占有一席之地。部分世界500强企业还在园区设立分支机构和研发中心，使园区初步形成以IT产业为主导的高新技术产业企业总部和企业研发总部聚集区。2012年10月，国务院调整中关村示范区空间布局，园区规划占地面积增至17432.24公顷，设有上庄科技产业基地、西山文化创意产业大道等10个区域，海淀园管委会与海淀区科委合署办公，为海淀区政府统一领导协调海淀园建设管理工作和区科学技术工作提供支撑。园区将重点发展软件、集成电路、新材料、生物医药产业、光机电一体化等产业，继续巩固和保持电子信息产业上的主导地位，培育潜在的具有自主知识产权的明星企业，发挥产业基地和专业园区在产业聚集中的作用，建设产业的核心竞争力，把发展大学科技园和留学生创业园作为培育新兴产业的重要平台。海淀园企业可享受国家、北京市、中关村示范区的各类优惠政策。

**海淀园管理委员会领导成员**

主　　任　孟景伟（兼）
常务副主任　梁　捷
副 主 任　唐　颖　胡　岩　孟　涵
　　　　　阎秀敏　黄　英　李长萍
工委书记　刘永水
工委副书记　龚茂淑
纪工委书记　刘向鑫

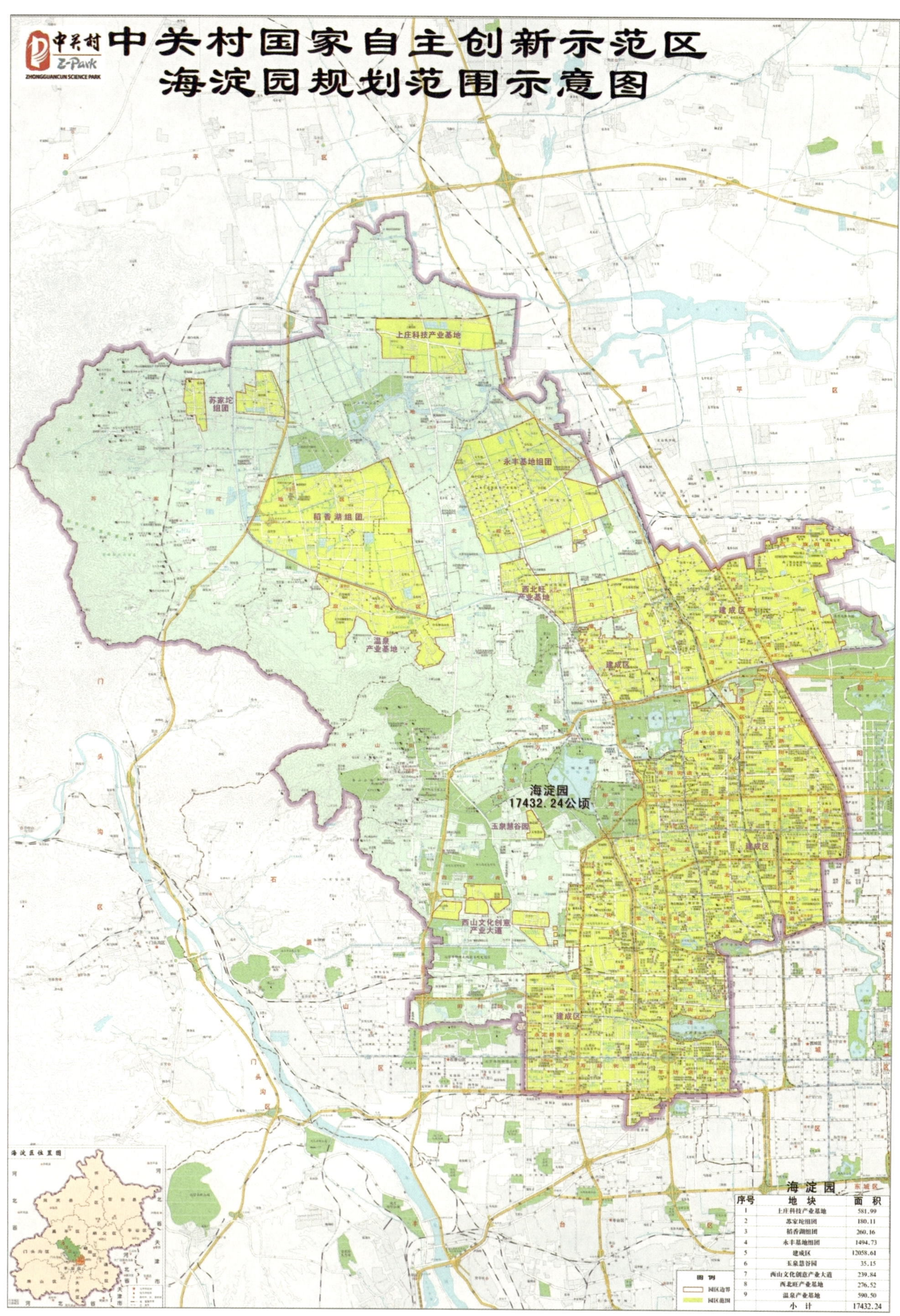


海淀园

| 序号 | 地块 | 面积 |
|---|---|---|
| 1 | 上庄科技产业基地 | 581.99 |
| 2 | 苏家坨组团 | 180.11 |
| 3 | 稻香湖组团 | 260.16 |
| 4 | 永丰基地组团 | 1494.73 |
| 5 | 建成区 | 12058.61 |
| 6 | 玉泉慧谷园 | 35.15 |
| 7 | 西山文化创意产业大道 | 239.84 |
| 8 | 西北旺产业基地 | 276.52 |
| 9 | 温泉产业基地 | 590.50 |
| | 小计 | 17432.24 |

**【概况】**2013年，海淀园以创新驱动发展为主线，完善政策服务支持体系，构建以企业为主体的协同创新体系，推动经济内生式增长。年内，园区高新技术企业总数9051家；从业人员近86.5万人；工业总产值1755.1亿元；总收入12533.6亿元；进出口总额359.2亿美元；上缴税费490.3亿元；利润总额938.4亿元；资产总计22797.2亿元；科技活动经费支出总额701.6亿元；专利申请量18515件，专利授权量9514件。

科技创新发展。园区内企业、机构等作为第一完成单位的53个项目分获国家自然科学奖、国家技术发明奖、国家科技进步奖和创新团队奖，占北京市通用项目获奖总数的70.7%，占全国的21.5%。中科院物理研究所赵忠贤等完成的“40K以上铁基高温超导体的发现及若干基本物理性质研究”获国家自然科学奖一等奖，中国船舶重工集团公司的“以创建国际一流船舶集团为目标的军民融合科技创新工程”等成果获国家科技进步一等奖。新认定高新技术企业785家，通过国家高新技术企业复审482家。技术合同成交额实现1191亿元，同比增长5%，占北京市的46%。

政策服务体系。25家国有企事业单位开展股权激励试点，占北京市总量的43.9%； 528家高新技术企业和50家企业享受研发费用加计扣除、职工教育经费税前扣除试点政策，减税总额1.443亿元。落实核心区创新和产业发展“1+10”政策，通过统一受理平台申报企业1340家，获得项目900余个，支持资金7.51亿元。发布《进一步加快核心区科技创新发展实施方案（2013—2015）》等，强化政策服务体系建立。

科技人才建设。70人入选首批国家高层次人才特殊支持计划“万人计划”，占北京市的70%。累计入选“千人计划”612人，“海聚工程”205人，“高聚工程”126人。累计设立院士专家工作站22家，进站院士专家49人；博士后工作站分站57家，进站215人，出站110人；青年英才基地工作站6家，进站人数7人。

重点功能区建设。中关村科学城先后签约授牌46家单位48个建设项目，中科科仪科学仪器产业创新园等特色产业园规划建设方案启动，中国电子信息等重点项目已落地。至年底，累计纳入科学城项目储备库的产业化及现代服务业项目204项，其中89个项目获资金支持12.27亿元。制定中关村创新中心区（CID）建设方案，接洽有意向落户的项目61个，安排落地项目15个。组织进行“一城三街”建设，推进海淀图书城等中关村西区楼宇的业态调整。

重点产业集群。培育移动互联网与下一代互联网等“6＋1”细分产业集群，组织200项近中期重点项目的征集、筛选、凝练和评估工作；北京软件交易所和乐视网设立2支文化科技融合产业领域基金，总额3.5亿元；规划建设海淀区文化与科技融合示范园区，制定《海淀区文化科技园区及孵化器认定和管理办法》；打造创意经济孵化转化平台，形成中关村虚拟科技园区“1园N平台”建设方案，并获市科委绿色通道专项资金支持。“智慧海淀”建设逐步完善区—街镇—社区三级政务网络建设及运维管理体系， 564个社区、84个行政村政务网络接入率分别达95%、100%，运行稳定。建立基站1200个， 构建九大基础库，推进第四代移动通信TD-LTE网络和光纤到户建设。开展一站式服务大厅建设，推动街镇审核事项大厅一站式办事、零距离服务。制定《海淀北部新区信息基础设施规划》《中关村科学城信息基础设施规划》，为加快“智慧海淀”建设提供决策依据。成立海淀智慧城市产业联盟，依托社会力量助力“智慧海淀”建设。

国际合作交流。接待美国、欧洲等国家和地区来访36批523人次，参加“全球跨国技术转移大会”等活动，扩大海淀园品牌影响。吸引包括中意技术转移中心、葡萄牙仕博创新管理咨询公司（SPI）等52家国际化创新服务机构入驻；通过北京国际技术转移大会、京交会等途径，与近100家企业对接，促成33个国际技术转移案例，技术交易额2.79亿元。

（刘伟杰）

**【海淀区集中办公区管理办法出台】**1月18日，区政府发布《海淀区创业期科技型企业集中办公区管理办法（试行）》，共6章19条。《办法》明确集中办公区的定义、主要服务内容、设立条件和单位、批准程序、支持政策、入驻企业条件、管理和监督等。大学科技园、科技企业孵化器、由知名创业投资机构（天使投资人）在区内发起设立的孵化机构、由社会力量兴办的信誉良好的集中办公区域（经营时间3年以上且服务企业数量在200家以上）可申请设立集中办公区。集中办公区经营管理机构应是独立企业法人，面积不少于500平方米，能为入驻企业提供注册、工商、税务、财务、社保等代理服务及创业咨询、投融资、法律事务、知识产权等增值服务。入驻的科技型中小微企业数量不低于70%，其产品（服务）属于《国家重点支持的高新技术领域》的范围。对于符合条件的机构和“合格天使投资人”按照《海淀区促进科技服务业发展支持办法》《海淀区促进企业创新发展支持办法》相应条款给予支持。

（刘伟杰）

**【核心区被授予北京市国际科技合作基地称号】**1月30日，在北京国际会议中心召开的“2013新春驻华外交官科技合作通报会”上，市科委授予中关村国家自主创新示范区核心区北京市国际科技合作基地称号，海淀园管委会推荐的国际合作伙伴葡萄牙仕博创新管理咨询公司（SPI）被评选为优秀国际合作伙伴并获授牌。海淀园管委会长期坚持“请进来、走出去”的国际化发展道路，逐渐形成“园区与企业”同行，集研究、政策、合作、平台、媒体于一体的国际化发展模式，2010年获得科技部授予的首家国家级高新区“国际科技合作基地”称号。

（刘伟杰）

**【海淀创业园7个项目入选留学人员资助项目】**3月15日，市人力社保局公布“2013年度留学人员科技活动择优资助项目”评审结果。海淀创业园企业的7个项目入选。分别是：九州华兴集成电路设计（北京）有限公司的“高性能椭圆曲线密码处理器芯片项目”获重点项目资助；北京中孵友信医药科技股份有限公司的“介入治疗高血压的射频消融设备的研制与产业化项目”、北京志光伯元科技有限公司的“高端蓝宝石材料的设备制造与应用开发项目”获优秀项目资助；芯联达科技（北京）有限公司的“区域协同移动医疗信息服务平台项目”、北京德中天地科技有限责任公司的“航空厘米级高分辨率遥感影像快速镶嵌方法研究”等4个项目获启动项目资助。

（刘伟杰）

**【海淀智慧城市产业联盟成立】**3月28日，海淀智慧城市产业联盟成立仪式在西苑饭店举行。工业和信息化部、市经济信息化委、区政府等单位相关领导以及海淀园100余家IT企业的代表200余人参加。联盟由方正国际软件（北京）有限公司、用友软件股份有限公司等65家IT企业发起，旨在融合产、学、研、用多方力量，促进海淀区智慧城市产业的发展壮大，同时引导企业间合作形成优势互补，助力科技型中小企业发展，并将企业的新技术新产品在区内进行示范应用。联盟成立后，将进一步整合智慧城市产业整体力量，加强智慧城市产业规划，为实现智慧政务、智慧园区、智慧城区、智慧家园和信息产业高地“四智一高”的智慧海淀建设目标提供支撑。联盟针对会员单位擅长领域，设立电子政务、医疗卫生信息化、教育信息化、城市运行信息化、信息基础设施、工程咨询等工作组。方正国际公司为首届理事长单位。

（刘伟杰）

**【海淀区文化创意产业报告发布】**3月30日，由区委、区政府主办的《海淀区文化创意产业发展报告（2012）》发布会暨产业促进专题文化沙龙在北京植物园举行，主办单位相关领导参加。《报告》分为年度总报告、行业分报告、文化创意产业排行榜、文化创意案例4章，系统阐述区文化创意产业的发展情况。《报告》显示，2012年区文创产业收入合计3840亿元，规模以上文创单位2800余家，占北京市总量的1/3；从业人员46万余人，占北京市总量的47%；文创规模居北京市16区县首位，北京市占比超过40%。《报告》评出的2012年区文创产业排行榜10强分别是：中央电视台、神州数码（中国）有限公司、百度在线网络技术（北京）有限公司、北京华为数字技术有限公司、微软（中国）有限公司、北京百度网讯科技有限公司、甲骨文（中国）软件系统有限公司、神州数码系统集成服务有限公司、腾讯科技（北京）有限公司、百度时代网络技术（北京）有限公司。

（刘伟杰）

**【新浪微博成为首家自动地震速报微博发布平台】**4月1日，中国地震台网对外启动自动地震速报服务，新浪微博成为国内首家发布自动地震速报的微博平台。中国地震台网产出的速报信息通过“中国地震台网速报”微博对外发布。自动地震速报发布采取“自动+正式”2次发布方式。地震发生后首先发布自动速报结果，第一时间向政府和社会提供震中位置、震级等基本信息；待人工速报完成后再发布正式速报进行修正，最终参数以正式速报为准。

（刘伟杰）

**【MIUI V5操作系统发布】**4月9日，由北京小米科技有限责任公司主办的2013米粉节在北京国际会议中心举行。小米公司相关负责人以及客户参加。小米公司发布MIUI V5正式版、小米2s和小米2a手机以及小米盒子。其中，MIUI V5操作系统最明显的改动是重新绘制1000个常用应用图标，每个图标都在拟物基础上加入写意元素，日历、时钟、网络助手、指南针、天气都可实时显示。MIUI V5进行人性化设计：30秒未接听，铃声自动放大；拿起手机，铃声会自动减弱。MIUI V5还对拍照和摄影功能进行优化，增加声控拍照功能，可以拍悬浮、拍月亮、拍夜景，还可以进行延时摄影。MIUI V5具有私密短信功能，将联系人加到私密短信名单中后，短信来了手机不提示，同时也不在正常的短信列表中显示；具有防骚扰功能，通过触宝号码助手、搜狗号码通等防骚扰工具来对付骚扰电话。

（刘伟杰）

**【乐视 TV 超级电视 X60 发布】**5 月 7 日，由乐视网信息技术（北京）股份有限公司主办的乐视 TV 超级电视产品发布会在北京举行。乐视网公司及其合作企业的相关负责人、客户等 1000 余人参加。乐视网公司推出乐视 TV 超级电视 X60，使其成为全球首家正式推出自有品牌电视的互联网公司。超级电视采用 60 英寸夏普 10 代线 X 超晶面板，搭载 1.7 吉赫兹高通骁龙 SPrime 四核处理器。X60 采用的 Letv UI 操作系统，可实现不间断影音体验，信号源采用平铺预览，实现在电视、电脑等多信道便捷切换。

（刘伟杰）

**【15 家单位入选第五批专利示范单位】**6 月 17 日，在市知识产权局召开的“2013 年北京市专利示范暨知识产权专家团巡讲工作推进会”上，海淀园 15 家单位入选第五批北京市专利示范单位，包括北京小米科技有限责任公司、优视科技有限公司、北京深思洛克软件技术股份有限公司、北京中创信测科技股份有限公司、天地融科技股份有限公司等企业，占北京市的 38%。

（刘伟杰）

**【移动互联网产业集群入选首批创新型产业集群试点】**6 月 24 日，科技部发布《关于认定第一批创新型产业集群试点的通知》（国科发火〔2013〕505 号）。北京中关村移动互联网创新型产业集群入选，建设单位为海淀园管委会，试点期 3 年。入选试点后，科技部将通过国家火炬计划、创新基金、高新技术企业培育和国家重点新产品等政策资源，支持试点的建设发展。

（刘伟杰　杜　玲）

**【建设国家科技金融创新中心实施方案发布】**6 月 24 日，区政府发布《关于落实中关村国家自主创新示范区建设国家科技金融创新中心的实施方案》（京海发〔2013〕15 号）。《实施方案》提出，到 2020 年海淀区要实现完备的科技金融体系，“建成一个全国股权投资中心，建设 2 个科技金融聚集区，打造三个科技金融服务平台，创建四个科技金融创新基地，构建五个科技金融综合体系”。并明确“鼓励各类机构加强互联网金融研究与创新，探索新型融资模式，促进民间金融的阳光化、规范化”，启动西直门外科技金融商务区建设规划；在原有的股权投资服务、中小微企业融资服务、企业上市服务等平台的基础上，实现线上线下方式投融资对接，形成服务高效、对接有效、服务深化的政府公共服务体制机制创新；创建产融结合示范基地、上市公司培育基地、天使投资孵化基地、中小微企业融资创新示范基地，实现金融资源的集聚和金融功能的发挥；构建科技金融政策、科技金融组织、科技金融产品、多层次资本市场、科技金融服务等体系，促进政策集合、机构集聚、产品集中、资本聚焦、服务集成五大科技金融体系的形成。

（刘伟杰）

**【互联网反欺诈委员会成立】**6 月 25 日，在第一届互联网交易安全峰会上，百度在线网络技术（北京）有限公司、新浪网技术（中国）有限公司等 21 家互联网企业为应对网络交易诈骗、QQ 视频诈骗、钓鱼网站诈骗等网络安全问题，发起成立“互联网反欺诈委员会”，形成电子商务生态圈“联防联打”的战略合作框架。委员会将启动统一的用户安全模型机制，建立统一模型及互通共享机制，形成联防联打机制，明确信息发布渠道、沟通渠道、交易渠道、支付渠道四大环节联防联打的权利义务，制定行动纲领、细化行动准则。

（刘伟杰）

**【赛尔网络公司入驻中关村壹号】**6 月 30 日，由赛尔网络有限公司与北京实创科技园开发建设股份有限公司共同主办的“‘下一代互联网及重大应用技术创新园’项目定制合作签约仪式”在清华大学举行。市发展改革委、中关村管委会、中关村科学城工作组等单位相关领导以及签约企业代表参加。赛尔网络公司与实创公司签约，入驻中关村壹号项目。创新园是中关村科学城第三批签约授牌项目，位于永丰产业基地核心区中关村壹号，占地面积约 2 公顷，规划建筑面积 10 万平方米，将建设成为下一代互联网及重大应用产业基地。以下一代互联网（北京）工程中心和下一代互联网核心网国家工程实验室为龙头，分期建设研发转化、数据运营、信息服务、互联网核心设备生产四大功能区和“下一代互联网核心网和接入网技术创新基地”。

（刘伟杰）

**【承办中韩产业集群创新合作交流会海淀专场】**7 月 3 日，由科技部火炬中心与韩国产业园区（集群）工团（KICOX）联合主办、海淀园管委会承办的“中韩产业集群创新合作交流研讨会海淀专场”在海淀留学人员创业园举办。中韩双方到会企业近 70 家，人数超过 100 人，产业领域涉及电子信息、先进制造、医疗器械、新材料、照明、生物医药等方面。会议介绍了中韩两国科技产业政策及发展情况。中韩双方企业代表围绕各自的技术优势和合作需求进行交流，并达成多项合作意向。其中，北京崇高纳米科技有限公司与韩国 Sooyangchemtec 公司通过对接议定，崇高纳米公司将在产品中使用对方抗静电剂，对方协助在韩国客户群中推广崇高纳米产品；北京炜科特锐科技发展有限责任公司等中方企业也与韩国对口企业议定相互产品代理等合作项目。

（刘伟杰）

**【海淀北部生态科技新区重大项目签约】**7月8日，由市投促局、区政府联合主办的“驻京中外知名企业投资海淀行暨海淀北部生态科技新区重大项目签约仪式”在中关村示范区展示中心举行。来自550余家驻京中外企业、100余家“十百千工程”企业、上市及拟上市企业、专业机构的代表参加。活动中，区政府宣布将在海淀北部生态科技新区打造中关村创新中心区（Center of Innovative District，CID）。CID面积2.26万公顷，涵盖西北旺、温泉、苏家坨、上庄等4镇，将建立起高端的战略新兴产业“专精特新”产业集群，构建产城融合、城乡统筹发展的创新区域。移动互联网、生物新医药等产业领域以及专精特新产业园区等16个项目签约落户CID，总意向投资金额约243亿元。包括：赛尔网络下一代互联网产业化项目、天地融科技股份有限公司入驻中关村壹号、大北农生物医药产业化项目、千方科技移动互联产业化项目入驻翠湖科技园、四维图新北斗与空间位置服务产业化项目、中关村气象科技产业创新园入驻永丰基地项目，以及北京鼎普科技股份有限公司等企业意向入驻翠湖科技园企业加速器。

（刘伟杰）

**【清华大学MPA通过NASPAA国际认证】**7月16日，“清华大学公共管理学院MPA项目成功通过NASPAA国际认证——中国首个通过国际认证的MPA项目”新闻发布会在清华大学举行。人力社保部等单位有关领导以及媒体记者等参加。清华大学公共管理学院公共管理硕士（MPA）项目通过公共管理院校联合会（NASPAA）的国际认证，成为美国之外全球首例通过NASPAA国际认证的公共管理硕士学位项目。（NASPAA成立于1970年，是国际公共管理教育领域最权威的认证组织，并建立严格的公共管理教育全球标准体系。NASPAA认证是该机构对全球公共事务、公共行政及公共政策专业硕士学位教育已达到一定培养水平的一种最有国际影响力的资格证明，是一种自愿参加，以使命驱动、过程监控和结果导向为基准的认证，突出强调公共服务价值与能力的定位与落实，涉及目标定位、治理结构、教师表现、学生学习、资源配置、沟通渠道和学生服务等7个方面，旨在通过一整套严格的评估程序测评公共管理教育项目的专业教育质量，以确保向公共部门输送有公共服务精神和相关竞争力及高技能的优质硕士毕业生。）

（刘伟杰）

**【首家中国创业投资示范基地授牌】**7月29日，由区政府主办的“海淀区创业投资引导基金第三批合作机构签约暨‘中国创业投资示范基地’授牌仪式”在中关村示范区展示中心举行。科技部火炬中心、市金融局、中关村管委会等单位相关领导以及驻区股权投资机构、科技企业的代表近200人参加。区政府与富汇创新创业投资管理有限公司、北京联华科创投资管理有限公司、北京用友幸福投资管理有限公司等11家创业投资引导基金第三批合作机构签署合作协议。根据协议，区政府将出资2.4亿元与11家创投机构合作成立参股基金；11家创投机构将在引导基金规模的基础上放大5倍，发挥引导基金作用支持企业创新创业，形成机构聚集、投资活跃、交易集中的全国创新资本中心。中国投资协会股权和创业投资专业委员会授予中关村示范区核心区“中国创业投资示范基地”称号。（中国创业投资示范基地由中国投资协会股权和创业投资专业委员会设立，旨在通过示范基地的引导、窗口、辐射和研究作用，为国家完善创业投资体制机制提供典型示范案例，基地将在实现政策对接、产业金融、专家咨询等方面获得支持。）

（刘伟杰）

**【UC浏览器排名印度移动浏览器市场份额第一】**7月，根据美国通信流量监测机构StatCounter的数据，优视科技有限公司自主研发的UC浏览器在印度市场上的份额达30%，超过Opera成为当地排名第一的移动浏览器。这是中国互联网公司首次在其他国家和地区拿到市场第一的成绩。UC浏览器拥有独创的U3内核和云端架构，完美支持HTML5应用，具有智能、极速、安全、易扩展、省电、省流量等特性，无论是阅资讯、读小说、看视频，还是上微博、玩游戏、网上购物，都能让用户得到最流畅、便捷的移动互联网享受。

（刘伟杰）

**【海淀区战略性新兴产业促进联席会成立】**8月6日，由海淀园管委会主办的“海淀区战略性新兴产业促进联席会成立大会暨授牌仪式”在中关村示范区展示中心举行。市经济信息化委、市科委、中关村管委会等单位有关领导及产业联盟、企业的代表等100余人参加。联席会是由海淀园管委会主导发起的产业促进组织，旨在整合联盟、协会、高校、投资机构、咨询机构、产业基地等行业资源，推动政策落地和需求对接。联席会首批成员由闪联产业技术创新战略联盟、中关村科技企业家协会等29家机构组成，涵盖云计算、卫星导航、生物医药、新能源、新材料、节能环保等领域。其主要工作是通过构建一个资源整合的平台，推动核心区产业要素的聚集，协助开展各类需求对接，同时支撑政府产业促进工作。联席会将及时反馈企业需求，支撑产业政策研究；建立项目储备机制，拓宽项目来源渠道；整合区内产业服务资源，引导需求要素对接；开展多层次对外合作，助力产业优化升级；协助制定评估机制，鼓励联盟提高工作成效。闪联信息技术工程中心有限公司总裁孙育宁任首届理事长。

（刘伟杰　杜　菲）

**【中关村软件园孵化器劳动关系协调中心成立】**8月13日，"中关村软件园孵化器劳动关系协调中心揭牌仪式"在中关村软件园举行。中心是北京市第一家孵化器企业劳动争议调解组织，区劳动人事争议仲裁院相关人员、企业代表等30余人参加。中心将发挥各专业园相关企业和各级工会的组织作用，通过劳动争议调节等形式，形成全面的维权网络；开展普法宣传，通过送法上门、交流座谈等活动，促进劳动关系法规政策的落实；关注企业劳动关系的调节，包括预警机制的建立以及劳动争议的化解，实现企业、职工双方共赢。

（刘伟杰）

**【60万家联盟网站加入百度网民权益保障计划】**8月16日，百度在线网络技术（北京）有限公司宣布60万家联盟网站加入"网民权益保障计划"。网民不仅可以在百度搜索中享受"全额保障"，同时访问百度60万家联盟网站中任何一家网站时，点击百度网盟推广结果，如果遭遇假冒、钓鱼欺诈等情况蒙受经济损失，将可申请并享有全额保障，进入全面保障网民权益的绿色通道。百度"网民权益保障计划"，是百度公司联合中华全国人民调解员协会、中国消费者协会共同发起的首个搜索引擎网民权益保障体系，目的是为更好地保障网民的合法权益。

（刘伟杰）

**【中关村核心区企业法治与发展促进会成立】**8月20日，"中关村核心区企业法治与发展促进会成立大会"在中科院国家科技图书馆举行。区委、区司法局、区知识产权局等部门相关领导以及北京市法学会专家、律师和行业协会、社会组织、企业的代表参加。促进会由市法学会、北京市法学会企业法治与发展研究会发起成立，是国内首家完全服务于科技园区企业发展的非营利性的专业法律社会组织，旨在汇聚多方法律专业资源为核心区发展提供高水平的法律支持，服务于核心区的科技产业发展，帮助核心区企业控制法律风险，健康成长。促进会定位为促进核心区企业健康发展的法律专业智库，将围绕企业发展主体，从企业维权、热点研究、专项培训、公益活动、交流合作等方面开展工作，解决核心区企业发展中的各种法律难题。

（刘伟杰）

**【《海淀区战略性新兴产业技术路线图及三年行动计划（公开发布版）》发布】**8月20日，海淀园管委会发布《海淀区战略性新兴产业技术路线图及三年行动计划（公开发布版）》（海园发〔2013〕26号），包括《海淀区北斗与空间信息服务产业技术路线图及三年行动计划研究报告》《海淀区移动互联网和下一代互联网产业技术路线图及三年行动计划研究报告》《海淀区云计算产业技术路线图及三年行动计划研究报告》《海淀区集成电路设计产业技术路线图及三年行动计划研究报告》《海淀区生物工程和医药产业技术路线图及三年行动计划研究报告》《海淀区新材料产业技术路线图及三年行动计划研究报告》《海淀区新能源及高效节能产业技术路线图及三年行动计划研究报告》《海淀区环保产业技术路线图及三年行动计划研究报告》《海淀区文化和科技融合新兴产业技术路线图和三年行动计划研究报告》，由海淀园管委会和区内236家企业、59位行业技术专家及14家投资机构共同编制。该文件首次明确将海淀区具有比较优势且未来有较强发展潜力的导航与位置服务、移动互联网与下一代互联网、云计算、集成电路设计、生物医药，发展态势强劲的新能源、新材料与节能环保产业，以及具有基础优势的文化与科技融合产业，作为地区重点培育的"6+1"战略性新兴产业，并明确七大产业的技术创新、孵化器建设、公共平台建设、产业基地建设及产业政策的近中期发展目标。

（刘伟杰）

**【以色列投资交流会暨项目路演会举行】**8月29日，由北京启迪创业孵化器有限公司与中关村股权投资协会、以色列Trendlines集团、以色列驻华大使馆、中国驻以色列大使馆联合举办的"以色列投资交流会暨项目路演会"在清华科技园举行。投资界专业人士及企业负责人等100余人参加。与会代表共同探讨医疗健康和现代农业技术的发展趋势。来自2个领域的13个项目参加路演，包括利用在受控环境中种植珊瑚的技术、采用生物活性移植骨替代牙科和整形外科应用研究、用于改善充血性心力衰竭患者肾功能的设备研究等医疗健康技术和不含气的连续气雾药剂分配器、用于水产养殖的即插即用水处理系统研发等现代农业技术。

（康秋红　刘伟杰）

**【海淀区政府与清华大学签署协议】**9月5日，"海淀区政府、清华大学全面合作框架协议签约仪式”在区政府大楼举行。市教工委、市科委、中关村管委会等单位有关领导以及签约双方相关人员参加。根据协议，区政府将与清华大学在开展战略咨询、支持重大项目建设、促进科技创新与产业化、加强教育合作和人才培养交流、推动区校文化繁荣发展、建立健全合作协调机制等方面开展合作。

（刘伟杰）

**【中关村论坛海淀专场举行】**9 月 12—13 日，由区政府主办的“2013 年中关村论坛海淀专场”在北京国家会议中心举行。来自国内外战略性新兴产业的近 300 位企业家及代表参加。会议主题为“国际技术转移与创新之城建设”。论坛邀请来自海内外的 8 位演讲嘉宾分别就区域创新发展、创新政策制定、全球创新商业模式研究、大数据云平台、国际技术转移战略和互联网金融等发表演讲。

（刘伟杰）

**【首个国家技术转移集聚区揭牌】**9 月 13 日，在科技部和北京市政府联合召开的“部市共建国家技术转移集聚区工作会议”上，举行了国家技术转移集聚区揭

牌仪式。集聚区由科技部、北京市政府共建，以中关村西区为核心进行建设，是国内首个以技术转移为主要内容构建的技术转移和创新资源集散中心，将发挥北京创新资源集中、中关村示范区先行先试、中关村西区技术转移活跃三大优势，促进技术、人才、资金、服务 4 类要素的流动和融合，提高技术转移效率和整体服务能力，带动中国技术转移制度、组织与机制的提升。

（刘伟杰　杜　玲）

**【第二届中关村数字设计创业大赛颁奖】**9 月 17 日，由区委宣传部、海淀园管委会共同主办的“第二届中关村数字设计创业大赛颁奖暨快速孵化器启动仪式”在中关村梦想实验室举行。大赛历时近 6 个月，共征集项目 210 项，最终评出金奖 2 项、银奖 3 项、铜奖 3 项、鼓励奖 3 项。获得金奖的项目是北京英狮互动科技有限公司的“恩启”多媒体感官康复训练系统、北京清科时代科技有限公司的“动感城市”移动互联网位置搜索平台。大赛获奖团队获进驻中关村梦想实验室进行专业孵化的资格，并获主办单位创业启动支持资金 29 万元。由北京中海投资管理公司在中关村梦想实验室设立的快速孵化平台，通过与建立在美国硅谷的孵化器平台的互联互通，形成中关村示范区与硅谷创业创新项目信息沟通同步、孵化同步、推进同步，进而实现中关村创业创新项目与世界最前沿进程接轨。

（刘伟杰）

**【动感城市平台项目获中关村创业大赛金奖】**9 月 17 日，在北京中关村梦想实验室举行的第二届中关村数字设计创业大赛颁奖仪式上，由北京清科时代科技有限公司研发的“动感城市”位置服务平台获金奖。平台已覆盖国内 39 个城市，公众可通过手机上网获得动感城市 APP 提供的基于位置的政府公共服务、便民服务、生活服务及商业应用；通过平台可以共享平台应用模式，包括上百个应用模块、数百万用户的应用体验；可以共享平台海量数据，数据可直接从平台提取，不必重复采集和上传；可以共享平台用户资源，通过用户账号和路径贯通共享平台用户资源。

（刘伟杰）

**【翠湖科技园重大项目开工开业仪式举行】**9 月 27 日，中关村翠湖科技园重大项目开工开业仪式在翠湖科技园举行。海淀北部指挥平台等部门负责人及企业代表等参加。开工开业项目包括人民银行、谱尼测试科技股份有限公司等 5 家新开工项目及天地阳光通信科技（北京）有限公司、恒泰艾普石油天然气技术服务股份有限公司等 8 家入驻项目。翠湖科技园规划占地面积

1873公顷，建筑面积1200万平方米，由北京实创高科技发展总公司负责开发建设，并以“智慧翠湖、生态翠湖、人文翠湖”为规划建设理念，已有入园企业400余家。

（刘伟杰）

**【首批创业期科技型企业集中办公区挂牌】**9月27日，由区政府召开的“《中关村核心区科技服务业发展三年行动计划（2013—2015年）》发布会”在中关村软件园举行。区政府相关领导以及企业代表、媒体记者等参加。《行动计划》旨在促进核心区科技服务业实现跨越式发展，辐射带动全国创新发展，打造国家科技服

务示范区、国际科技服务聚集区。区政府将在推动科技成果转化、建设科技服务平台、培育科技服务品牌、打造科技服务集聚区和优化科技服务环境等5个方面开展19项具体工作。作为计划的重要组成部分，创新工场、车库咖啡等11家首批批准的创业期科技型企业集中办公区挂牌运营。办公区是由独立机构运营、专业为科技型创业企业提供办公服务的场所，包括注册、工商、税务、财务、社保等代理服务及创业咨询、投融资等增值服务，以解决企业“注册难”等问题，降低开办和运营成本，进一步规范经营行为，推动中小微企业的良性发展。

（刘伟杰）

**【核心区中小微企业助力计划发布】**10月10日，“中关村核心区中小微企业助力计划发布会暨首批海帆企业授牌仪式”在中关村示范区展示中心举行。中关村管委会、区政府等单位有关领导以及北京市相关部门、金融机构、行业协会、产业联盟、孵化器、大学科技园的代表参加。区政府发布《核心区中小微企业助力计划（2013—2015年）》，并对中关村核心区中小微企业综合服务平台（qyfw.zhsp.gov.cn）进行展示。海淀园管委会公布艾体威尔电子技术（北京）有限公司、艾威梯科技（北京）有限公司、爱国者文化发展（北

京）股份有限公司等965家入选首批“海帆计划”的企业名单。计划以破解困扰中小微企业发展中的融资难、内部规范管理和运营难、市场拓展难、研发创新难、孵化服务获取难等问题为导向，以聚焦服务“海帆企业”为重点，加快搭建投融资、信息化管理、营销推广、协同创新、育成孵化五大体系。“海帆计划”作为助力计划的一部分，集成大量政策资源，引导各类社会资源支持优秀中小微企业发展，评选出的“海帆企业”都是海淀区内创新能力强、发展潜力大、信用基础好、社会关注度高的企业，可优先享受“助力计划”中的各项支持政策。综合服务平台包括企业信息信用融资服务、企业信息化服务、创新营销服务、创业孵化服务和政府服务5个板块，中小微企业通过平台可享受服务费用优惠和补贴。

（刘伟杰）

**【《海淀区关于促进互联网金融创新发展的意见》发布】**10月11日，区政府发布《海淀区关于促进互联网金融创新发展的意见》（海行规发〔2013〕3号），提出力争用3~5年时间将海淀区建设成为互联网金融中心，打造互联网金融政产学研投合作标杆的目标。《意见》包括充分认识促进互联网金融发展的重要意义；指导思想、工作原则和发展目标；加大政策支持力度，吸引互联网金融机构聚集；推动互联网金融功能区建设，拓展产业发展空间；完善配套服务体系，优化互联网金融发展环境；加强保障措施，推动互联网金融中心建设等6个部分27条。《意见》还在依托区域IT产业优势，创新发展互联网金融；支持互联网金融企业在海淀注册设立；对新设立或新迁入海淀区的互联网金融企业可享受购房补贴和3年租房价格补贴；支持重点引进的互联网金融企业在海淀长期发展；发起设立互联网金融产业投资引导基金等方面提出要求。

（刘伟杰）

**【29个项目入选2013年中关村现代服务业试点】**10月

15 日，中关村现代服务业综合试点领导小组办公室组织征集中关村现代服务业 2013 年试点项目。2014 年 1 月 2 日，中关村现代服务业 2013 年试点项目公示，52 个项目入选。海淀园新华瑞德（北京）网络科技有限公司“面向垂直行业的数字内容云服务平台及定制终端产业化”、北京空中信使信息技术有限公司“面向小微企业的移动互联网应用开发创新服务平台”、北京拓尔思信息技术股份有限公司“面向行业的大数据分析挖掘系统和公共服务平台建设”等 29 个项目入选，项目获支持资金 18755 万元，均为财政补助。

（刘伟杰）

**【渥太华国际孵化中心入孵项目签约】**10 月 16 日，由中关村发展集团股份有限公司与加拿大渥太华投资署共同举办的中关村发展集团渥太华国际孵化中心项目入孵合作签约仪式在北京市政府大楼举行。北京市市长王安顺、渥太华市市长吉姆·沃森以及签约方有关负责人近 30 人参加。项目的签订标志着中关村发展集团渥太华国际孵化中心投入使用。首批签约进驻入孵的 4 个项目分别来自 Inano 医疗公司、海微科技公司、GR 能源公司和 JP Canshielding 公司，涉及下一代信息技术、新能源、新材料、高端医疗器械等领域，包括临床局部麻醉产品、新一代青光眼筛查设备、超维光云网络以及将机械能源转化为清洁环保电力能源的清洁能源技术等项目。

（李贺英　刘伟杰）

**【中关村文化和科技融合产业峰会举办】**10 月 25 日，由海淀园管委会主办的“2013 中国·中关村文化和科技融合产业峰会”在中关村软件园举行。来自海淀区各文化科技园区、孵化器、各文化创意产业集聚区、文化科技企业的代表 400 余人参会。会上，海淀园管委会、区委宣传部公布《关于命名首批“海淀区文化科技园区及孵化器”的通知》，决定首批命名清华科技园、中关村软件园等 8 个园区为“海淀区文化科技园区”，命名动漫游戏孵化基地等 4 家孵化器为“海淀区文化科技孵化器”。大唐电信科技股份有限公司、北京数码大方科技股份有限公司、幻响神州北京科技有限公司分别发布各自开发建设的移动互联创新创业孵化平台、数字化设计创新平台、创意数码成果转化平台。平台分别针对依托移动互联网的创意经济、工业设计、创意数码产品设计 3 个领域，为中小企业、创业者、设计师们提供创意快速转化为生产力的孵化平台。会议还举行数字移动内容（手机游戏）推广渠道对接会和数字出版产业高峰论坛，通过展览展示、主题研讨、渠道推广、现场对接等方式，帮助企业建立上下游企业产业链的合作机制。

（刘乐乐　康秋红）

**【清华大学—微软创新与知识产权联合研究中心成立】**10 月 28 日，“清华大学—微软创新与知识产权联合研究中心成立仪式”在清华大学举行。清华大学、微软（中国）有限公司等单位相关负责人 40 余人参加。由清华大学和微软联合建立的研究中心将在创新、知识产权保护等领域开展研究，覆盖专利体系、软件版权保护、知识产权诉讼程序以及创新政策等研究课题，并通过跨行业、跨领域以及针对国际先进经验和最佳实践的相关研究，吸收借鉴国内外先进的研究成果，从而推动中国在创新和知识产权保护领域的发展。双方将共同成立管理委员会，由清华大学有关人员出任主任及执行主任，负责研究中心的日常工作以及对课题研究项目进行监督和评估。

（刘伟杰）

**【中信银行与海淀区政府签署协议】**10 月 31 日，中信银行与北京市海淀区人民政府战略合作协议签约仪式在北京富华大厦举行。双方相关负责人参加。根据协议，双方就城镇化建设、现代服务业、科技金融、公用事业等领域的大型项目融资达成共识，中信银行将为上述项目提供全方位、综合化的金融服务，每年提供不低于 500 亿元的项目融资。

（刘伟杰）

**【70 人入选首批“万人计划”】**10 月，中央人才工作协调小组办公室发布“国家高层次人才特殊支持计划”（万人计划）第一批入选名单，北京市共入选 100 人。其中，海淀园清华大学教授薛其坤等 70 人入选，占全市的 70%，占全国的 25.3%。“万人计划”于 2012 年 8 月经中央批准，由中组部、人社部等 11 个部委联合推出，是与引进海外高层次人才的“千人计划”并行的国家级重大人才工程，定位于国内高层次人才的培养支持，分为 3 个层次（杰出人才、领军人才和青年

拔尖人才）7个类别（杰出人才、科技创新领军人才、青年拔尖人才、科技创业领军人才、哲学社会科学领军人才、高校教学名师和百千万工程领军人才）。其总体目标是利用10年时间，在自然科学、工程技术、哲学社会科学和高等教育等领域，遴选支持1万名左右能够代表国家一流水平、具有领军才能和团队组织能力的高层次人才，特别是有重大创新前景和发展潜力的中青年人才。首批杰出人才和科技创新领军人才均是863计划、973计划等国家重大科研任务的主持人和高层次创新团队带头人。入选“万人计划”的人才，有关部门将通过统筹国家重大人才工程支持经费、国家科技计划专项经费和相关基金等多种渠道筹措特殊支持经费，支持其开展自主选题研究、人才培养和团队建设等，此外，还将在科研管理、事业平台、人事制度、经费使用、考核评价、激励保障等方面，制定特殊支持政策。对杰出人才入选者，还将采取“一事一议、按需支持”的特殊政策给予充分保障。

（刘伟杰）

**【共建中关村海淀园秦皇岛分园】**11月6日，海淀园管委会与秦皇岛经济技术开发区管委会合作协议签约仪式在秦皇岛市举行。双方相关负责人以及企业代表参加。根据协议，双方将共建中关村海淀园秦皇岛分园。园区位于秦皇岛经济技术开发区，是海淀园在国内建立的首个分园区，将承接北京电子信息、生物医药、节能环保等领域的产业转移，引导中关村示范区研发、生产类企业落户，打造环渤海首都经济圈重要的新型产业承载基地，对接首都资源、促进河北发展的先行区、示范区和带动区。秦皇岛经济技术开发区管委会针对入驻企业制定一站式、一条龙服务体系，协调资源支持产业园基础设施、配套服务设施、环境改造和公共服务平台建设，并将在购地用房、科技扶持、人才支持、新产品新技术推广等方面给予入园企业特别支持。海淀园管委会负责推荐入园企业和品牌建设。双方还将设立产业发展基金，用于培育和扶持入园企业。

（刘伟杰）

**【嘉博文公司专利获中国专利金奖】**11月11日，在“第十五届中国专利奖颁奖大会”上，北京嘉博文生物科技有限公司黄谦等人的专利“采用餐厨废弃物制备生物腐殖酸的技术与工艺”（专利号：ZL201010269356.7）获第十五届中国专利奖金奖，这是中国垃圾资源化利用行业的第一个专利金奖。专利通过生物装备工业技术对餐厨废弃物进行生物降解，把有机废弃物快速地全部转化为工业化的高品质碳肥。生产的高品质碳肥作为有机土壤调理剂，可解决农业单纯依靠施用化肥带来的土壤退化、农业面源污染等问题。其创新点为：对固形物的利用率达100%，是纯制沼工艺的100倍；转化速度快，是堆肥的40倍；有机质利用率高，是堆肥的2.5倍以上；腐殖酸含量是堆肥的7倍以上，和矿源性腐殖酸相当；重金属含量低，是普通有机肥的1%。利用该项技术，嘉博文公司在北京、成都、南京、广州、乌鲁木齐等9个城市建设14个规模化的处理厂，设施处理能力达到每年82万吨，不仅解决3000万城市人口每天产生的餐厨废弃物处理难题，还能为运营企业每年带来12亿元以上的再生产品销售收入。

（刘伟杰）

**【2家单位被认定为全国中小学质量教育社会实践基地】**11月11日，质检总局、教育部联合发布《关于命名2013年“全国中小学质量教育基地”的通知》，同意命名35家单位为2013年“全国中小学质量教育社会实践基地”。其中北京地区4家，海淀园2家，即中关村国家自主创新示范区展示交易中心、北京市海淀区产品质量监督检验所。中小学质量教育基地以传播产品质量安全知识、深化品牌与自主创新认识、增强产品伤害防范本领为重点，是集知识讲解、现场观摩、动手实践、互动交流等为一体的质量教育公益性实践平台。

（刘伟杰）

**【与中国（绵阳）科技城签订20项合作项目】**11月27日，由绵阳市政府主办的“中国（绵阳）科技城·中关村国家自主创新示范区产业合作说明会”在裕龙国际酒店举行。中关村管委会主任郭洪等领导以及绵阳市政府相关负责人和企业、科研院所、商协会、投资机构的代表参加。现场签订20项合作项目，签约总额62.1亿元。其中，北京恩源科技有限公司、联科智慧城投资有限公司、北京钢铁研究院等科研机构、企业分别与涪城、游仙、江油等县、市、区政府签署合作协议；北京盛世光明软件技术有限公司、北京东方灵盾科技有限公司等企业分别与绵阳高新区、经开区、科创区的相关部门签署合作协议；中航天旭恒源节能科技有限公司与九洲光电科技公司、绵阳城管执法局签署合作协议；清华大学与绵阳科技城工业技术研究院签署合作协议等。项目主要涉及科技创新、专利转让、院企合作、政企合作等领域。

（刘伟杰）

**【中关村核心区生物工程和新医药产业联盟成立】**11月27日，由区政府主办的“中关村核心区生物工程和新医药产业联盟成立大会”在中关村示范区展示中心举行。联盟由海淀园管委会组织发起，区内的200余家生物医药企业、高等院校、科研院所、医疗机构、金融投资机构和其他相关组织组成，是核心区第一家由政府主导、依托企事业单位的生物医药及相关行业联盟。联盟将开展生物医药科技创新与产业促进政策研究，为政府决策和行业发展提供咨询和建议；为成员单位做好服务，掌握政策导向，反映企业诉求；跟踪全球医药及相关领域最新研发与产业发展动态，向成员单位提供技术、市场、金融、政策等方面的服务；搭建产业协同创新平台和国际技术转移平台，优化海淀区生物医药技术创新与产业发展环境。北京双鹭药业股份有限公司董事长徐明波担任首任理事长。会上，首批7个协同创新和国际技术转移平台项目签约。

（刘伟杰）

**【罗克佳华北京公司落户中关村西区】** 11月，太原罗克佳华工业有限公司北京科技分公司落户中关村西区。罗克佳华公司2003年在太原高新区成立，是集产学研为一体的科研生产型企业，专注于用信息化手段推进安全生产、环境治理、节能减排、金融监控等，保证管理体系监管有力。公司拥有“千人计划”专家、国家特聘专家、多名外专局专家为核心组成的高科技团队，将物联网应用与云计算服务结合，开创“云＋端”的技术模式，成为新一代信息技术应用的领军企业。

（刘伟杰）

**【第四代国际海事卫星北京关口站交付运行】** 12月4日，由交通运输部中国交通通信信息中心主办的“第四代国际海事卫星北京关口站交付运行”活动举行。中央、北京市有关部门和单位、国际移动卫星组织（Inmarsat）及北京关口站工程咨询设计、建设单位、合作单位的相关负责人参加。北京关口站是中关村科学城在中关村创新中心区（CID）建成的第一个项目，由中国交通通信信息中心建设，位于海淀区上庄镇上庄水库北岸，总投资5.3亿元，征用土地6.7公顷，建有无线射频、无线网络、核心网、数据通信网、业务支撑、地面业务接续、运行支撑和安全应用服务等8个子系统。北京关口站是国家公益性通信基础设施，是国际移动卫星组织（Inmarsat）第四代海事卫星业务全球网络的重要组成部分，开通后将成为全球第三个主用地面关口站，中国领土范围内所有通信及200海里专属经济区内的中国用户通信将不再经由美国夏威夷地面站转接，有效保障通信主权和国家安全。

（刘伟杰）

**【中国国家博物馆改扩建工程（新馆）获鲁班奖】** 12月5日，在“2012—2013年度中国建筑工程鲁班奖（国家优质工程）表彰大会”上，由北京城建集团有限责任公司等单位承担的“中国国家博物馆改扩建工程（新馆）”获住房和城乡建设部、中国建筑业协会授予的中国建筑工程鲁班奖。工程是国家在“十一五”期间投资建设、竣工的重大文化工程项目，2003年3月批准立项，2007年3月动工，2010年12月竣工。新馆在原中国历史博物馆和原中国革命博物馆的基础上组建而成，总投资25亿元，占地面积7公顷，建筑面积19.9万平方米，设有49个展厅，是以历史与艺术并重，集收藏、展览、研究、考古、公共教育、文化交流于一体的综合性博物馆。工程通过智能化设计，实现对文物库、善本库等藏有珍贵文物的场所以及陈列馆、展馆等的恒温、恒湿控制及温湿度控制，实现对绘画、丝绢类等不宜长时间灯光照射文物的灯光控制；利用现代控制技术，实现对楼宇、通信、办公等的自动化系统控制；采用先进的技术手段和熟悉的图形界面，实现设备的管理和综合服务管理；通过对系统分级保护、数据存储权限的控制以及密码管理功能等手段，有效防止各种形式的非法侵入和网络攻击。

（刘伟杰）

**【中关村核心区三大文化和科技融合新兴产业联盟成立】** 12月20日，由海淀园管委会主办的“2013中国·中关村文化和科技融合产业峰会——核心区新兴产业联盟成立大会”在中关村示范区展示中心举行。文化部、市科委、中关村管委会等单位相关领导以及行业专家、联盟成员代表、企业代表等参加。中关村核心区互联网电视产业联盟、中关村核心区网络教育产业联盟、中关村核心区工业创意设计产业联盟3家联盟揭牌成立。核心区三大新兴产业联盟主要依托中关村核心区的产业集群效应，建立新型公共服务平台，有效利用中关村文化和科技融合优势，推动联盟成员的协同创新。互联网电视产业联盟由北京小米科技有限责任公司等互联网电视企业发起成立，将在推广电视教育、电视资讯、电视挂号、电视旅游、电视支付、电视商城、电视宽带上网等新型数字电视应用，引导电信运营商大力开展互联网视听节目服务、IPTV传输服务和手机电视分发服务等方面推进协同创新。小米科技公司董事长雷军任理事长。网络教育产业联盟由北京学而思教育科技有限公司等致力于网络教育产品的研究、开发、制造、服务的企事业单位、团体发起成立，将以服务网络教育产业为导向、以共享资源为主线、以攻关教育技术为核心，搭建网络教育产业研究合作平台，支持海淀区内高校、社会化教育机构与科技企业深度合作，并重点实施高清交互数字电视名师课堂的点播和直播服务、移动互联网远程教育服务、交互式网络教育服务等。学而思公司董事长张邦鑫任理事长。工业创意设计产业联盟由北京数码大方科技股份有限公司等从事工业产品创新设计和生产制造服务的企业或社会团体发起成立，将依托中关村创意设计转化综合服务平台，整合创意设计、工业设计、产品设计、工艺设计、3D 打印、数控加工等现代服务资源，为从事工业产品创新设计的企业和个人提供满足个性化需求的定制化设计制造以及批量化生产制造服务，构造创新设计产业链。数码大方公司总裁雷毅任理事长。

（刘伟杰）

**【中关村企业项目落户齐河科技城】**12 月 23 日，由海淀区政府、齐河县政府联合主办的“中关村海淀园齐河科技城投资环境说明会暨项目签约仪式”在中关村示范区展示中心举行。海淀区管委会、齐河县政府等单位有关领导以及企业代表 60 余人参加。会议介绍了中关村海淀园齐河科技城的投资环境。山东齐裕投资发展有限公司分别与中关村科技企业家协会、北京实创上地科技有限公司、北京科净源科技股份有限公司、北京泰宁科创雨水利用技术股份有限公司、北京紫光百会科技有限公司 5 家单位签约，其实施项目将落户科技城。

（刘乐乐　刘伟杰）

**【海淀园企业院士专家工作站授牌】**12 月 25 日，由市科协、海淀园管委会、海淀区科协共同主办的“2013 年中关村科技园区海淀园管理委员会‘企业院士专家工作站’授牌暨‘搭建产学研合作平台，提升核心区创新能力’座谈会”在中关村示范区展示中心举行。主办单位有关领导以及进站院士、建站企业代表等参加。会议为中国电子工程设计院、北京国电通网络技术有限公司、北京闪铁科技有限公司、大唐科技产业有限公司、央视国际网络有限公司、北京星网锐捷网络技术有限公司 6 家企业院士专家工作站授牌。6 家企业负责人分别向中国工程院院士苏义脑、何德全、张文海等进站院士及院士代表颁发聘书。

（刘伟杰）

**【6 家企业获首批虚拟运营商牌照】**12 月 26 日，工业和信息化部首批移动通信转售业务试点批文发布。海淀园北京华翔联信科技有限公司、北京京东叁佰陆拾度电子商务有限公司、北京万网志成科技有限公司、北京迪信通通信服务有限公司、北京分享在线网络技术有限公司等 6 家企业入选。批文对试点企业的试点地域范围、具体业务、试点时间等进行规定，从码号管理、业务资费、市场管理、服务质量、用户权益、设施建设、网络与信息安全保障、信息报送等方面对试点企业提出要求。

（刘伟杰）

**【共建江苏中关村海淀园】**12 月 26 日，“海淀园管委会与江苏中关村科技产业园管委会共建江苏中关村科技产业园签约仪式”在中关村示范区展示中心举行。中关村管委会、海淀区政府、江苏省溧阳市政府等单位相关领导参加。根据协议，双方在溧阳市合作共建江苏中关村科技产业园海淀园，将以科技创新、产业化项目合作为重点，建立区域性联合推动机制，实现资源优势互补、产业合理分工，促进区域经济协调发展。

（刘伟杰）

**【共建海淀园与赤峰分园】**12 月 28 日，“海淀区政府与内蒙古自治区赤峰市政府共建中关村海淀园赤峰分园签约仪式”在中关村示范区展示中心举行。海淀区政府和赤峰市政府相关领导参加。双方签订关于共建中关村海淀园赤峰分园等合作事项协议。根据协议，双方将共同建设中关村海淀园赤峰分园，打造京蒙合作示范园区，并在电子信息、生物制药、新材料、新能源和节能环保等相关产业以及绿色农畜产品供销领域进行合作。区政府将引导海淀园部分企业通过兼并、重组、投资等方式，将高科技产业和制造业企业有序向赤峰分园转移。赤峰市政府将加强协调，密切配合，为建设好中关村海淀园赤峰分园提供优质的服务和良好的发展环境。

（刘伟杰）

**【国家招投标公共服务平台项目落户海淀】**12 月，中易招标公共服务平台有限公司成立。中易公司由国和信息咨询有限公司、国家电网公司、中国石油天然气集团公司等 8 家企业共同出资，联合在海淀区组建，负责建设运营国家招标投标公共服务平台，注册资本 1.325 亿元。服务平台是一种建立在网络平台基础上的全新招标方式，可以实现信息发布、招标、投标、开标、评标、定标直至合同签订、价款支付等全过程电子化，对于在项目管理过程中增强招标采购透明度、提高效率、节约资源、降低交易成本、促进政府职能转变、提高政府招标投标公共服务水平具有重要意义。平台的建设将贯彻《电子招标投标办法》，规范电子招标投标活动，促进招标投标市场统一、公平、规范发展以及电子招标投标系统的互认共享，为市场主体、社会公众、监管部门及其相关信息平台提供市场信息一体化公开和共享服务，构筑统一开放的招标、投标市场，进一步优化海淀区域投资发展环境。项目获发展改革委专项资金支持。

（刘伟杰）

**【“一城三街”建设启动】**年内，市政府提出在核心区建设“中关村软件城”“知识产权与标准化一条街”“创新创业孵化一条街”“科技金融一条街”，由海淀园管委会作为具体牵头部门，建立市、区、园区三级工作推进机制。中关村软件城以“中关村软件名城”及周边地区为基础，开展软件和信息服务业产业规划、空间腾退及成果展示等工作，促进软件和信息服务业的产业聚集和上下游产业链的延伸发展。知识产权与标准化一条街以西土城路—学院路为纵轴，知春路—海淀南路为横轴，长约4千米，已有一批知识产权服务企业在此聚集。科技金融一条街以中关村西区金融广场为基础，着力于促进科技金融要素的聚集和创新发展。创新创业孵化一条街位于海淀图书城区域，重点安排场地引导一批创新创业孵化机构进入图书城，打造“天使投资大道”。至年底，通过回租、回购等方式，整合该区域可出租面积1.7892万平方米，引进车库咖啡、3W咖啡等10余家创新创业服务机构。配合建设行动，制定“中关村软件城”（大上地地区）规划、《支持知识产权和标准化服务业在中关村示范区集聚创新发展的办法》等。

（刘伟杰）

**【高性能纤维复合材料制备及应用关键技术获国家科技进步奖二等奖】**年内，由中冶建筑研究总院有限公司等单位岳清瑞等完成的“土木工程用高性能纤维复合材料制备及应用关键技术”获2013年度国家科技进步奖二等奖。项目历经10余年，围绕FRP制品、生产装备、工程性能表征评价、应用技术等四大需求，攻克10项关键核心技术，形成国际上最完整的土木工程用FRP技术体系，并实现产业化。主要创新性成果：攻克高性能低成本FRP制造中筋/索加肋成绞、稀纬定纹织造和超薄超大拉挤等关键核心技术，自主开发了FRP筋/索、织物、板、型材和配套树脂五大类FRP制品，性能指标达到或超过欧美日同类产品水平；首创连续拉挤—缠绕—绞合一体化装备，攻克多维多向机构耦合和纤维张力精细控制的技术难题，研制了三大系列数字化成套装备；首创正拉粘结强度评价界面性能等检测方法，建立了基于强度和应变双准则的材料设计和工程应用理论，首次提出土木工程FRP设计取值方法，构建了设计、测试和评价体系；在FRP结构安全裕度控制理论上取得重大突破，开发了4类既有结构的加固技术和5种FRP新型结构体系，创新性地完成国内首座CFRP索斜拉桥、首座CFRP悬挂建筑、首座FRP桁架桥、首座万米级FRP工业平台等多项应用示范工程。

（刘伟杰）

# 昌平园

昌平园1991年11月成立，1999年6月经北京市政府批准，更名为中关村科技园区昌平园，2009年3月经国务院批复，成为中关村国家自主创新示范区昌平园，规划占地面积1148公顷，包括中心区、中关村国家工程技术创新基地、中关村生命科学园及三一产业园。昌平园智力资源丰富，汇聚中国石油大学、北京化工大学等20余所高等院校和以能源科技、生命科学为代表的60余家科研机构，主要围绕新型能源、高端现代制造、生物医药三大支撑产业组织建设，发展重要行业的技术创新基地、科技成果孵化与产业化基地、创新型人才培养基地，形成国家级工程技术研发中心和国家级企业研发中心集群。昌平南部地区整体纳入中关村核心区和北部产业带范围，肩负建设“一城一带”重大任务，在中关村示范区“两城两带、一区多园”的发展格局中占据突出位置。经过20余年的发展，昌平园入园企业数量由建园初期的90余家发展到2000余家，其中国家级高新技术企业500余家，上市企业20余家，“十百千工程”企业30余家。北京瑞士诺华制药有限公司、诺和诺德（中国）制药有限公司等世界知名企业在此聚集，乐普（北京）医疗器材股份有限公司、北京康得新光电材料有限公司等新兴企业在此崛起，涵盖新能源、节能环保、新医药、电动汽车、新材料等战略性新兴产业领域。园区创新创业成果不断涌现，北汽福田汽车股份有限公司等企业专利申请数和授权数逐年增长，多项企业项目获国家重点新产品计划、国家火炬计划立项。创新创业要素进一步聚集，拥有博士后企业分站，博士后实践基地工作站，进站人才与企业合作，开展各类课题研究，使成果尽快实现产业化；各类孵化机构30家，孵化总面积近140万平方米，在孵企业1500余家；大学科技园、留学生创业园聚集，入选“千人计划”“海聚工程”“高聚工程”的高端人才均为园区发展做出贡献。2012年10月，国务院批复，调整中关村空间规模和布局，昌平园规划占地面积扩大到5140.71公顷，涉及流村、马池口等13个镇街以及未来科技城、生命科学园、三一光电等29个区块。昌平园企业可以享受到国家、北京市、中关村示范区的各类优惠政策。

### 昌平园管理委员会领导成员

工委书记　周云帆
主　　任　周云帆
工委副书记　高　芬
纪工委书记　邹乃千
副 主 任　颜　梅　康巍巍
　　张卫军（2013年1月免）
　　姚春增　王晨光
武装部部长　马新海
工会主席　钮亚敏

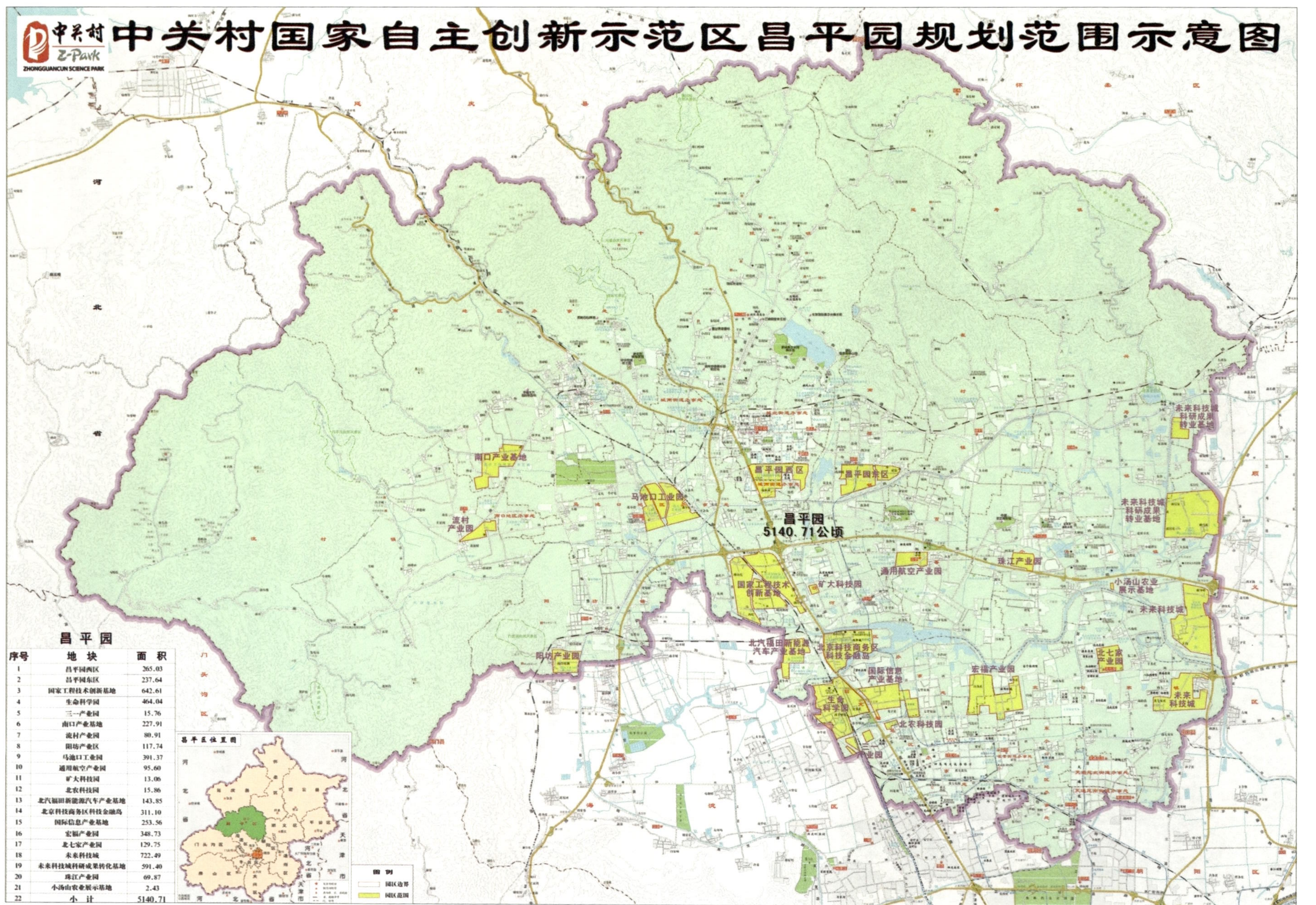


昌平园

| 序号 | 地块 | 面积 |
|---|---|---|
| 1 | 昌平园西区 | 265.03 |
| 2 | 昌平园东区 | 237.64 |
| 3 | 国家工程技术创新基地 | 642.61 |
| 4 | 生命科学园 | 464.04 |
| 5 | 三一产业园 | 15.76 |
| 6 | 南口产业基地 | 227.91 |
| 7 | 流村产业园 | 80.91 |
| 8 | 阳坊产业区 | 117.74 |
| 9 | 马池口工业园 | 391.37 |
| 10 | 通用航空产业园 | 95.60 |
| 11 | 矿大科技园 | 13.06 |
| 12 | 北农科技园 | 15.86 |
| 13 | 北汽福田新能源汽车产业基地 | 143.85 |
| 14 | 北京科技商务区科技金融岛 | 311.10 |
| 15 | 国际信息产业基地 | 253.56 |
| 16 | 宏福产业园 | 348.73 |
| 17 | 北七家产业园 | 129.75 |
| 18 | 未来科技城 | 722.49 |
| 19 | 未来科技城科研成果转化基地 | 591.40 |
| 20 | 珠江产业园 | 69.87 |
| 21 | 小汤山农业展示基地 | 2.43 |
| 22 | 小计 | 5140.71 |

**【概况】**2013年，昌平园经济继续保持较快增长趋势。年内，企业总数近1498家；从业人员近14.5万人；工业总产值1244亿元；实现总收入2943.4亿元；进出口总额27.2亿美元；上缴税费122.7亿元；利润总额208.8亿元；资产总计4593.3亿元；科技活动经费支出总额75.5亿元；专利申请量3345件，专利授权量2238件。园区有亿元级企业184家，实现总收入2778亿元，占昌平园总收入的94%，其中6家百亿级企业实现总收入1082.8亿元；有20家上市企业，总市值突破1400亿元；新增6家新三板企业，累计达15家。

*助推产业转型升级。*腾笼换鸟工作初见成效，所涉地块面积15公顷，进一步为产业转型升级腾退空间。在昌平区两批产业转型升级资金支持项目中，有园区企业项目473项，占总支持项目的64.7%；共获支持资金16485.4万元，占总支持资金的67.4%。

*组织园区建设规划。*推进昌平园51.4平方千米规划的实施工作，建立园区管委会与13个相关镇、街道以及重点功能区管委会、开发主体的联合开发、共同管理的工作机制，启动新纳入政策范围的地块定桩工作；完成对昌平园“十二五”产业规划的中期评估，推进空间和产业发展的有效对接。

*实施重点工程建设。*实施重点工程建设项目19项，实际完成投资24.94亿元；中石油管道联合有限公司、北京国联能源产业投资基金等重要企业入驻，带动上下游产业的进一步聚集；未来科技城的绿地中央广场正在建设，科技商务区引入国家知识产权园、香港置地“国际社区”综合体和融科智地产业园；泰康健康管理中心一期、康比特健康营养产业园等项目竣工，总建筑面积约10万平方米；北大国际医院一期、方正医药研究院一期、中海阳研发中心等主体工程项目完工，建筑面积约61.4万平方米。

*创新成果不断涌现。*北汽福田汽车股份有限公司专利申请量超千件，北京市三一重机有限公司、北京勤邦生物技术有限公司等4家企业被评为北京市专利示范单位；北京亚东生物制药有限公司66家企业专利获中关村示范区专利促进资金218万元。北京神雾环境能源科技集团股份有限公司承建的焦炉煤气直接炼铁生产线建设签约，填补中国气基竖炉直接还原炼铁技术和产品的空白；北京诺禾致源生物信息科技有限公司的“基于高通量测序技术的癌症基因检测芯片技术研发与推广”等25家企业的项目获2013年度北京市科技型中小企业技术创新资金立项；北京海林节能设备股份有限公司的“海林太阳能阳台热水器”通过中国质量认证中心的认证;北京神雾环境能源科技集团股份有限公司研发的“蓄热式直接还原炼铁转底炉”入选2013年度国家重点新产品计划；北京雪迪龙科技股份有限公司“固定污染源废气VOCs在线/便携监测设备开发和应用”获2013年度国家重大科学仪器设备开发专项立项。

*创新创业活动活跃。*出台《昌平科技孵化体系调研报告》《中关村昌平园支持集中入驻孵化器的科技中小企业房租补贴政策》，共有4家孵化器的9家企业获支持资金8.56万元；增设北京诺禾致源生物科技有限公司等2家博士后（青年英才）创新实践基地工作站，博士后科研工作站企业分站和创新实践基地工作站总数升至10家，进站人才17人；“千人计划”“海聚工程”“高聚工程”人才新增3名，总人数56人；累计有大学科技园、科技企业孵化器、留创园等各类孵化机构30家，孵化总面积近140万平方米；新建首批45套人才公租房，200余名人才入住生命园青年公寓。

（王红彬）

**【三一变频电机通过安全认证】**1月14日，由北京市三一重机有限公司研发的国内首台400千瓦矿用隔爆型永磁同步变频调速一体机，通过国家矿用产品安全标志中心认证，成为国内首个获矿用产品安全标志证书的矿用变频一体化电机产品。电机采用永磁技术，可实现多台电机同步运行，获8件国家专利。与同功率的进口产品相比，电机重量减轻10%、过载能力提高10%、效率提高3%；与分体式设备相比，电机设计紧凑，占地面积减少50%。

（王红彬）

**【海外人才孵化论坛暨项目对接会召开】**1月24日，由昌平园管委会主办的“昌平海外人才孵化论坛暨项目对接会”在美国硅谷召开，主题为生物医药和能源环保创新孵化。昌平区科委、区经济信息化委、区投促局等单位相关领导以及硅谷当地专业协会的专家等30余人参加。会议介绍了昌平园的有关政策和重点生物医药企业和硅谷华人创业的经验。11家生物医药与能源环保初创企业进行现场推介，其中3家企业与昌平园管委会进行对接。

（王红彬）

**【生物芯片分中心授牌仪式举行】**1月30日，由发展改革委组织的“生物芯片北京国家工程研究中心分中心授牌仪式”在博奥生物有限公司举行。发展改革委以及宁夏回族自治区等地区发展改革委的有关负责人参会。活动为宁夏、山西、宁波、新疆4家省、市、自治区生物芯片北京国家工程研究中心分中心授牌。

各分中心将针对所在区域生物芯片产业的发展需求，利用自身专业和技术队伍的特色优势，整合创新资源，加强运行管理，不断提高研发和工程化试验能力，完善产学研用合作机制，探索和建立行之有效的考核评价体系，加速生物芯片技术的研究、应用及产业化，为促进地方经济和生物技术产业的发展提供技术支撑。

（王红彬）

**【探路者公司参展 ISPO】** 2月27日—3月2日，在国家会议中心举办的“第九届亚洲运动用品与时尚展”（ISPO Beijing2013）上，北京探路者户外用品股份有限公司展示其探路者、阿肯诺（ACANU）、Discovery Expedition 三大户外品牌产品以及其自主研发的“极地仿生科技”平台。“极地仿生科技”汲取自然生物形态、结构、特质、功能等各种优异进化特征，结合产品概念，运用高科技仿生技术进行研发与设计创新，提供极致安全的保护，同时带来舒适体验。

（王红彬）

**【中国气象科技产业园落户昌平园】** 3月13日，由风云气象科技产业园发展有限公司主办的《合作共建中国气象科技园协议》签约仪式在中国气象局举行，标志着中国气象科技产业园落户昌平园。中国气象局、昌平区政府等单位相关领导以及签约方代表等参加。中国气象科技产业园（昌平园）位于昌平园西区，占地面积7.4公顷，规划建筑面积约18万平方米，总投资约20亿元，将于2015年底完成建设，主要用于孵化新兴气象科技开发企业和现代气象信息服务企业。

（王红彬　杜　玲）

**【昌平园管委会成为 IASP 会员】** 3月，昌平园管委会通过国际科技园区协会（IASP）会员资格审批，成为中关村示范区内第五家IASP会员。作为协会会员，昌平园管委会将享受多样化的专属服务及独特回报，包括权威认证、搭建会员网络、知识共享、提供国际化的展示平台等。

（王红彬）

**【3家企业获项目择优资助】** 3月，市人力社保局公布2013年度留学人员科技活动择优资助项目评审结果。昌平园3家企业的项目获资助，即方正医药研究院有限公司许恒的“抗肿瘤PI3K/m-TOR双重抑制剂的研究”获重点项目资助，百济神州（北京）生物科技有限公司宋兢的“针对肿瘤干细胞的单克隆抗体药物研发”获优秀项目资助，北京诺禾致源生物信息科技有限公司刘亮的“RNA-seq二代测序数据自动分析平台”获启动项目资助。

（王红彬）

**【双叶式机械心脏瓣膜获 CE 认证】** 4月12日，由北京思达医用装置有限公司研发的双叶式机械心脏瓣膜增加型号（GKS 33M）通过ITC认证机构审核，获CE认证。产品为GK型双叶式机械心脏瓣膜的一种，临床上用于瓣膜替换术，代替病变瓣膜。

（王红彬）

**【诺和诺德公司入围中国绿公司百强榜】** 4月20日，在昆明市举行的2013中国绿公司年会暨中国绿公司百强发布典礼上，诺和诺德（中国）制药有限公司因将可持续发展融入到公司的战略计划流程、企业治理结构和绩效管理体系，效果显著，入围2013“中国绿公司百强”榜，在外资企业30强中排名第五。

（王红彬）

**【郭金龙调研昌平园】** 4月23日，市委书记郭金龙一行就“推动创新驱动战略，加快培育产业发展新优势”到昌平园调研。郭金龙一行考察了北京雪迪龙科技股份有限公司、北京海林节能设备股份有限公司、北京勤邦生物技术有限公司3家节能环保和生物技术企业，听取雪迪龙公司负责人对其烟气重金属检测、脱硝分析、细颗粒物（PM2.5）检测等产品的介绍，了解了海林公司的平板太阳能集热系统情况，参观了勤邦生物公司的食品安全快速检测箱和全自动高通量食品安全检测仪等产品。郭金龙强调，要抓住生态文明建设和城镇化机遇，加快节能环保产业发展以及节能环保和生物技术企业的聚集。市长王安顺，市委常委赵凤桐、陈刚，副市长苟仲文一同调研。

（王红彬　江茂华）

**【昌平园企业入选纳税信用 A 级企业】** 4月，市国税局、市地税局联合发布《北京市2013—2014年度纳税信用A级企业名单公告》，昌平园中海阳能源集团股份有限公司、北京康得新复合材料有限公司等企业榜上有名。

（王红彬）

**【共建北医健康产业园】** 5月8日，“北大医学部与方正集团战略合作签约仪式”举行。签约双方相关领导参加。根据协议，双方将在学科建设、人才引进、人员培养、学术交流、医疗管理、品牌联合等方面展开合作。北大方正集团有限公司旗下北京大学国际医院将纳入北京大学医学部附属医院管理序列，成为北大医学部的教学、医疗和科研基地。北大医学部将为方正集团参与公立医院改制重组提供信息咨询和专家意见，并为改制重组后的医院提供支持，符合条件的医院将可以纳入北大医学部的临床教学医院管理序列。北大医学部支持方正集团在医疗医药产业板块发展进程中使用“北医”“北大医疗”“北大医药”等品牌。

双方还签署共建北医健康产业园的协议，共同建设综合性的医药研发技术平台及医药科研服务体系，以聚集并孵化出一批优质医药产品，协助企业构建技术和人才基础体系。北大医学部的项目“综合性创新药物研究开发技术大平台”“转化医学中心”“口腔数字化医疗技术和材料国家工程实验室”“北大医学部——方正创新药物研发基金”将入驻产业园。

（王红彬　杜　玲）

**【阿里巴巴集团入股高德公司】**5 月 10 日，高德控股有限公司宣布，获阿里巴巴集团控股有限公司 2.94 亿美元投资，阿里巴巴集团将持有高德公司约 28% 的股份，成为高德公司的第一大股东。阿里巴巴集团董事局执行副主席蔡崇信和无线事业部总裁吴泳铭将担任高德公司董事。双方将从移动互联网位置服务和深度生活服务的基础设施搭建切入，在地理数据、地图引擎、产品开发、商业化等层面展开合作。阿里巴巴集团旗下淘点点、淘宝本地生活等服务平台将分别引入高德公司的高德地图和导航系统。

（王红彬）

**【神雾集团承建焦炉煤气直接炼铁生产线】**5 月 13 日，由晋中市政府主办的“中晋太行矿业有限公司　北京神雾环境能源科技集团股份有限公司《30 万吨直接还原铁 EPC 总包协议》签约仪式”在太原市举行。科技部、中国石油大学（北京）、晋中市政府等单位有关领导、专家以及伊朗驻中国大使馆和企业的代表近 100 人参加。根据协议，神雾集团公司总承包建设中晋太行 30 万吨 / 年焦炉煤气竖炉直接还原炼铁项目，将建设一条完全利用焦炉煤气来代替焦炭和喷煤的炼铁工业化生产线。生产线建成后可降低炼铁生产的能耗和二氧化碳、氮氧化物、硫氧化物、PM2.5 等污染物的排放。

（王红彬　龙　琦）

**【共建生物医药知识产权产业化基地】**5 月 16 日，北医健康产业园科技有限公司与中国技术交易所共同举办中国技术交易所生物医药知识产权产业化基地签约授牌仪式。北京产权交易所、方正集团等单位有关领导以及签约各方代表参加。北医健康公司与中国技术交易所签署《全要素综合服务协议》，共建生物医药知识产权产业化基地。根据协议，双方将在技术交易、知识产权综合服务、投融资服务、股权激励咨询服务等业务领域开展合作，将设立生物医药知识产权工作服务站，建立科技成果供需信息交换机制，确定联络人，定期交换技术交易、科技成果转化需求信息，提供知识产权申请、管理、运用、保护等方面的综合服务，开展专利、商标申请、知识产权战略规划等业务。

（王红彬）

**【康得新公司获印刷行业 AAA 级信用企业】**5 月 16 日，在国际会展中心召开的“首批中国印刷行业信用 A 级以上企业授牌大会”上，北京康得新复合材料股份有限公司因实施完善的信用体系建设，满足了市场经济体系的需要，维护了消费者权益，获中国印刷技术协会颁发的企业信用评价 AAA 级信用企业证书。

（王红彬）

**【共同研发新一代睡眠诊断系统】**5 月 20 日，由北京德海尔医疗技术有限公司举办的最新睡眠诊断 MorpheusOX 系统合作开幕仪式暨与以色列生物医学信号诊断和治疗产品生产商 WideMed 战略协议签约仪式在北京港澳中心举行。以色列驻华大使馆、昌平区科委、昌平园管委会等相关机构和企业的代表参加。根据协议，德海尔公司成为以色列 WideMed 公司高效睡眠监测仪 MorpheusOX 产品在中国的独家推广伙伴。双方将在原有 MorpheusOX 基础上共同研发新一代高效睡眠诊断系统。系统采用基于云平台的 PPG 信号分析技术，将硬件收集到的数据上传到云端分析系统，并出具睡眠诊断报告，可持续检测用户的睡眠；云存储服务可以帮助医生管理存档患者病例。同时，医院借此系统能海量筛查“夜间缺氧及低氧症”患者，并对心血管疾病、糖尿病等患者进行相关分析。

（王红彬　杜　玲）

**【百济神州公司入选市国际科技合作基地】**5月24日，市科委发布《关于认定第二批北京市国际科技合作基地的通知》，百济神州（北京）生物科技有限公司的靶向抗肿瘤新药创制北京市国际科技合作基地入选，并获市科委给予的基地财政资金支持20万元。基地将依托于百济神州公司的靶向抗肿瘤新药研发平台，致力于靶向抗肿瘤新药创制国际科技合作基地能力提升。

（王红彬）

**【三一重工公司获Unique公司工程设备订单】**5月30日，泰国Unique工程建设股份有限公司与三一重工股份有限公司战略合作协议签约仪式在泰国曼谷市举行。双方相关人员参加。根据协议，三一重工公司将向Unique公司提供约8300万美元的工程设备，首批采购合同金额3300万美元，产品涵盖汽车起重机、挖掘机、旋挖钻机、压路机、平地机、搅拌站等设备。这是泰国历史上最大的工程机械设备采购合同。首批设备将主要用于建设泰国国家火车站项目，即新的国家铁路总站——曼谷城郊铁路邦寺（Bangsue）总站。

（王红彬）

**【福田汽车公司与古巴交通部签约】**6月2日，福田汽车与古巴交通部战略合作暨福田新能源汽车古巴哈瓦那市示范运行签约仪式在古巴举行。市委书记郭金龙等领导以及北汽福田汽车股份有限公司、古巴交通部等单位相关人员参加。此次签约意味着福田汽车公司对于古巴的出口将上升到官方和战略层次，有利于福田汽车公司进一步拓展全系列商用车古巴市场，并形成独特的市场竞争力。福田汽车公司在古巴市场的汽车销售已经涉及VAN、轻卡、皮卡等车型。

（王红彬）

**【三一重工公司参展CCT】**6月4—8日，在莫斯科Crucos展览中心举办的俄罗斯国际建筑及工程机械展览会（CTT）上，三一重工股份有限公司展示14台设备（含泵送、挖机、旋挖钻机、路机、港机、履带吊、起重机）。展会期间，三一重工公司与10余家代理商签订代理协议及约7000万美元的合作协议，且接受其他代理商与终端客户意向订单约3200万美元。

（王红彬）

**【签署共同开发巴西商用车市场协议】**6月5日，由北京奥运城市发展促进会承办的“北京·里约热内卢合作洽谈会”在巴西举行，市委书记郭金龙、副市长张工，里约热内卢市副市长佩雷斯等出席。北汽福田汽车股份有限公司、美国康明斯公司、巴西FAB公司、巴西MATER Group公司共同签署《福田汽车与FAB、MATER Group搭载康明斯发动机共同开发巴西商用车市场暨新产品导入协议》。

（王红彬）

**【8家企业的项目入选北京市成果转化项目】**6月8日，市科委、市发展改革委等5部门联合发布《关于公示北京市2013年度高新技术成果转化项目名单的通知》。昌平园8家企业的项目入选，包括北京利尔高温材料股份有限公司的“长效环保节能型无碳刚玉尖晶石耐材成果转化项目”、北京万泰生物药业股份有限公司的“艾滋病毒第四代诊断试剂盒产业化项目”、北京博晖创新光电技术股份有限公司的“原子吸收光谱仪5100T及其配套试剂的产业化项目”等。

（王红彬）

**【与公安部签署法庭科学技术转化协议】**6月9日，“公安部物证鉴定中心——生物芯片北京国家工程研究中心法庭科学技术转化战略合作协议签约暨联合实验室揭牌仪式”在公安部物证鉴定中心举行。双方相关负责人参加。根据协议，双方将建成可共同申请和承担国家、省部级重大科研项目的创新型研发平台；通过科研合作及产业化运作，组建生物芯片法庭科学领域成果转化基地；建设公安部高新技术培训示范基地，培养在前沿技术研究和成果转化方面有专长的创新人才团队。

（王红彬）

**【“航天科普大讲堂”系列活动启动】**6月21日，由中国航天报社主办的“2013四季沐歌杯‘航天科普大讲堂’系列活动启动仪式”在中国科学技术馆举行。中国科协等单位有关领导以及200余名中学生航天爱好者参加。“神舟”飞船首任总设计师戚发轫、中国飞天第一人杨利伟等20位航天领域的专家学者受聘为“航天科普大讲堂讲师团”首批成员。戚发轫、杨利伟作为第一课的主讲老师，从“神十”任务和航天员太空工作生活新亮点、载人航天工程历程和航天员选拔、太空授课内容原理和航天技术应用案例、人类未来的太空生活展望等4个方面进行讲授，并与中学生进行交流。“航天科普大讲堂”旨在更加深入、更加广泛地面向广大青少年普及航天知识，启蒙、吸引和培养未来的航天科技人才。

（王红彬）

**【3家企业入选高成长企业TOP100】**7月3日，在鑫泰大厦举行的“2013中关村高成长企业TOP100颁奖典礼”上，北京中关村高新技术企业协会发布“2013中关村高成长企业TOP100”评选结果。昌平园3家企业入选，分别是北京勤邦生物技术有限公司、北京康得新复合材料股份有限公司和北京爱美客生物科技有

限公司。

（王红彬）

**【25家企业的项目获市创新资金支持】**7月4日，市科委发布《2013年度北京市科技型中小企业技术创新资金立项公告》。昌平园北京诺禾致源生物信息科技有限公司的“基于高通量测序技术的癌症基因检测芯片技术研发与推广”、北京中易中标电子信息技术有限公司的“中易超大型全汉字检索系统”、北京九鼎同方技术发展有限公司的“塔桅式机械设备装配式预制混凝土构件基础”等25家企业的项目获立项支持。

（王红彬）

**【海林太阳能阳台通过中国节能产品认证】**7月15日，北京海林节能设备股份有限公司的海林太阳能阳台热水器通过中国质量认证中心的认证，获“中国节能产品认证证书”和“中国环保产品认证证书”。产品作为阳台一部分，替代部分阳台护栏，并可与建筑完美结合，可为家庭提供生活热水；集热器具有保温防水等功能，节省建筑材料及安装费用。该热水器在北京海淀安置房项目中大量应用。

（王红彬）

**【烟气二氧化碳捕集技术通过鉴定】**8月2日，由中国电机工程学会组织召开的“燃气烟气1000吨/年二氧化碳捕集技术研发与工程示范”项目技术鉴定会在北京举行。鉴定委员会专家、企业代表等参加。项目由中国华能集团清洁能源技术研究院有限公司研发，开发出中国首套基于燃气电厂烟气二氧化碳捕集的工业中试系统，并完成工程示范。在保证捕集率大于84%的情况下，装置连续运行超过3000小时，性能稳定。项目吸收剂损耗小于0.45公斤溶剂/吨二氧化碳，抗氧化降解和抗热降解能力强；吸收塔尾气中溶剂浓度小于0.17ppmv，亚硝胺排放小于3微克/当量立方米，未检测到硝胺。

（王红彬）

**【天翼电子商务有限公司入驻昌平园】**8月8日，天翼电子商务有限公司（翼支付）通过中关村高新技术企业认定，成为昌平园企业。公司于2011年3月成立，注册资金3亿元，是中国电信股份有限公司旗下的全资子公司，总部位于北京，下设上海、广东分公司，获央行颁发的非金融支付机构支付业务许可证（编号：Z2004111000017），负责集约经营中国电信全集团支付业务，业务范畴涵盖线上/线下、远程/近场、固定电话支付、移动支付、积分支付等领域。

（王红彬）

**【北汽福田PC6010项目协议签订】**8月9日，北汽福田汽车股份有限公司与佛山市政府、三水区政府签订《关于北汽福田PC6010项目战略合作协议书》。根据协议，福田汽车公司将在佛山市投资32亿元新建生产基地，规划产品为皮卡、SUV等，规划产能24万台/年。

（王红彬）

**【MIT-CHIEF创业项目昌平行活动举办】**8月19日，由美国麻省理工学院创新创业论坛、昌平园管委会共同举办的“麻省理工学院中国创新与创业论坛（MIT-CHIEF）创业项目昌平行”活动在昌平园举行。中关村管委会、昌平区政府等单位有关领导以及来自美国的创业团队成员和在京风投机构、区内孵化器代表等参加。活动介绍了昌平区的创业环境和政策以及昌平园的基本情况和昌平孵化器的发展情况。来自美国麻省理工学院、哈佛大学、芝加哥大学、波士顿大学等学校的14个创业团队进行项目路演，并与投资机构代表沟通交流，寻求合作。路演项目涉及新能源、信息技术、生命科学等领域。

（王红彬）

**【乐普PTCA球囊扩张导管获FDA认证】**8月21日，乐普（北京）医疗器械股份有限公司发布《关于PTCA球囊扩张导管获得美国FDA认证的公告》，公司心血管介入器械PTCA球囊扩张导管获美国食品药品监督管理局（FDA）FDA510（K）的认证许可，获准进入美国市场销售。产品为快速交换型经皮腔内冠状动脉成型术用球囊扩张导管，主要由手柄座、导管的外管、导管的内管和球囊组成。

（王红彬）

**【中船重工昌平船舶产业园一期开工】**8月23日，由北京赛思科系统工程有限公司投资建设的中船重工北京昌平船舶科技产业园项目一期开工。项目位于昌平园西区，一期占地面积2.35公顷，总建筑面积5.41万平方米，包括3座科研办公楼、1座后勤服务楼，总投资3.14亿元。产业园主要进行船舶配套产品的研发和协调集成，将建设成船舶配套高新技术产品产业化基地。

（王红彬）

**【运动营养食品技术与应用论坛举办】**8月23日，由中国食品科学技术学会运动营养食品分会、台北体育大学运动科学研究所共同主办，北京康比特体育科技股份有限公司承办的“2013海峡两岸运动营养食品技术与应用专家论坛”在康比特运动营养产业基地举行。来自海峡两岸的相关专家出席。与会代表就运动营养食品技术与应用发展趋势、运动营养知识普及与推广、国内外运动营养食品标准和法规现状及其推进、运动营养食品产业的发展等方面的问题进行阐述和研讨，提出运动营养食品产业发展中亟待解决的问题和解决途径。

（王红彬）

**【福田汽车公司获出口免验证书】**8 月 26 日，质检总局局长支树平、市长王安顺、副市长陈红等领导考察北京汽车股份有限公司北京分公司生产车间。座谈会后，北汽福田汽车股份有限公司获质检总局授予的“出口免验证书”，成为“国家级出口产品质量安全示范区示范企业”，同时也成为国内第三家获得出口免验产品资质的汽车企业，且是获得免验车型最多的企业。

（王红彬　杜　玲）

**【北陆药业公司获药品 GMP 证书】**8 月 28 日，北京北陆药业股份有限公司发布《关于获得药品 GMP 证书的公告》，宣布其收到国家食品药品监督管理总局颁发的药品 GMP 证书，认证范围为大容量注射剂、小容量注射剂，证书编号为 CN20130218，有效期至 2018 年 8 月 6 日。药品 GMP 证书的获得，说明北陆药业公司的“新建注射剂车间与对比剂营销网络建设项目”的生产质量管理体系符合《药品生产质量管理规范（2010 年修订）》，相关药品可以投产并销售。

（王红彬）

**【昌平园博士后工作站首位博士后出站】**8 月，昌平园博士后科研工作站下属北京神雾环境能源科技集团股份有限公司分站博士后李爱蓉完成 2 年的在站科研任务，获全国博士后管理委员会颁发的证书，经市人力社保局批准出站，成为昌平园博士后科研工作站首位出站的博士后。李爱蓉在站期间发表《印尼褐煤的热分解特性研究》等 3 篇论文，并申请“一种低阶粉煤分级转化与热电联产项目结合的方法”等 7 项专利。

（王红彬）

**【精耕天下产品通过欧盟有机认证】**8 月，北京精耕天下农业科技股份有限公司的出口级生态肥料及微生物产品，通过欧洲有机认证中心（ECOCERT）的认证，成为适合世界各国有机农场使用的优质种植投入品。系列产品包括微生物肥料和有机肥料，适用于有机耕作，已投入海外市场和国内高端茶叶、中草药材、蓝莓等作物的有机生产基地使用。

（王红彬）

**【贝瑞和康推出科诺安染色体畸变检测服务】**9 月 2 日，北京贝瑞和康生物技术有限公司推出科诺安 TM（CHROMATETM）染色体畸变检测服务，帮助排查 100Kb 以上染色体畸变造成的胎儿异常、不孕不育、流产和遗传疾病的原因。科诺安 TM 具有低成本、高精度的特点，不仅能发现大小在 100Kb 以上的染色体异常，而且实验室数据显示还能检出低至 5% 的嵌合。

（王红彬）

**【神雾集团产品入选国家重点新产品】**9 月 5 日，科技部发布《关于下达 2013 年度有关国家科技计划项目的通知》。由北京神雾环境能源科技集团股份有限公司研发的“蓄热式直接还原炼铁转底炉”入选 2013 年度国家重点新产品计划。项目能为低品位铁矿石、难选铁矿、复合共伴生矿及冶金有色固体废物等原料提供高效、低成本清洁处理的提炼方案。神雾集团公司完成蓄热式转底炉直接还原炼铁成套工艺技术与设备的研发，并实现工业化生产，实施转底炉处理非常规矿石资源和劣质含铁资源的多种工艺技术创新，设计制造了蓄热式转底炉及配套设备，包括转底炉自控系统、装料和出料设备、炉底机械、耐火及隔热炉衬等，较常规转底炉节能 15% 以上，形成 40 余件发明专利，具有金属化率高、能耗低、投资低等特点，且在此基础上建成沙钢年处理 30 万吨含锌粉尘转底炉、攀钢年处理 10 万吨钒钛矿转底炉等项目。

（王红彬）

**【腹泻四病毒联合检测试剂盒获医疗器械注册证】**9 月 17 日，北京博晖创新光电技术股份有限公司发布《关于取得腹泻四病毒联合检测试剂盒注册证的公告》，宣布其研发的腹泻四病毒联合检测试剂盒获食品药品监管总局颁发的医疗器械注册证（国食药监械〔准〕字 2013 第 3401297 号）。产品名称为“轮状病毒、肠道腺病毒、诺如病毒、星状病毒联合检测试剂盒（免疫荧光法）”，用途为用于儿童腹泻患者粪便中 A 群轮状病毒，40、41 型肠道腺病毒，诺如病毒，星状病毒血清型 I 的定性临床辅助诊断。

（王红彬）

**【11 个项目获科技型中小企业创新基金支持】**9 月 18 日，科技部、财政部联合发布《关于 2013 年度科技型中小企业技术创新基金项目立项的通知》。昌平园北京华耐农业发展有限公司的“甘蓝新品种铁头八号的培育研究”、北京九鼎同方技术发展有限公司的“塔桅式机械设备装配式预制混凝土构件基础”、北京中关村创业投资发展有限公司等 11 家企业的 11 个项目获立项支持，共获支持资金 885 万元。

（王红彬）

**【探路者获十大时装品牌奖】**9 月 24 日，在北京服装学院服饰时尚创新园举行的“2013 北京最具文化创意十大时装品牌颁奖盛典”上，北京探路者户外用品股份有限公司的探路者品牌以产品出众的文化创意理念，获北京服装纺织行业协会颁发的“2013北京最具文化创意十大时装品牌银奖”。

（王红彬）

**【三三会在生命园召开】**9月25日，由中关村管委会主办，中关村生命科学园留创园、中关村软件园留创园、中关村昌平园留创园共同承办的“中关村留学人员精品项目推介会（三三会）”在中关村生命园创新大厦举行。中关村管委会、北京海外学人中心、各类风投机构及企业的代表200余人参加。40余家企业进行集中产品展示，5家企业进行项目路演。北京绿环国际科技有限公司就“生防菌剂”、北京万辉视讯技术发展有限公司就“利用通用硬件、通用协议、通用标准和通用软件搭建开放的专业网络视音频系统平台”进行项目推介。

（王红彬）

**【三一重工公司入选最受赞赏的中国公司】**9月26日，《财富》（中文版）发布2013年度“最受赞赏的中国公司——50全明星榜”。昌平园企业三一重工股份有限公司凭借其抢眼的国际市场表现入选，是中关村示范区入选企业中唯一一家制造业企业。

（王红彬）

**【诺华新药在欧盟及日本获批】**10月11日，北京诺华制药有限公司宣布，欧盟委员会已批准其生产的每日1次Ultibro® Breezhaler®（茚达特罗/格隆溴铵）用于慢性阻塞性肺病成人患者维持治疗，缓解慢阻肺患者症状。此外，日本厚生劳动省（MHLW）批准通过Breezhaler®装置给药的每日1次Ultibro®吸入粉雾剂用胶囊（茚达特罗/格隆溴铵），用于缓解慢阻肺气道阻塞引起的多种症状。Ultibro®Breezhaler®/ Ultibro®吸入粉雾剂用胶囊在开发期间的代号为QVA149。Ultibro®Breezhaler®含有2种作用机制的支气管扩张剂：长效β2受体激动剂（LABA）茚达特罗和长效抗胆碱能药物（LAMA）格隆溴铵。2种成分通过Breezhaler装置给药，将树立慢阻肺治疗新标准。

（王红彬）

**【神雾集团入选国家技术创新示范企业】**10月23日，工业和信息化部、财政部联合发布《关于公布2013年国家技术创新示范企业名单的通知》认定全国80家企业为国家技术创新示范企业。昌平园企业北京神雾环境能源科技集团股份有限公司因其技术创新能力、创新业绩以及在节能减排行业中的重要示范和导向作用入选，也是入选企业中唯一一家节能服务企业。

（王红彬）

**【博晖公司PCR诊断试剂获医疗器械注册证】**10月23日，由北京博晖创新光电技术股份有限公司研发的甲型流感病毒及乙型流感病毒核酸检测试剂盒（PCR－荧光探针法）获食品药品监管总局颁发的医疗器械注册证（国食药监械〔准〕字2013第3401571号）。产品用于定性检测人口咽拭子样本中甲型流感病毒或（和）乙型流感病毒RNA。

（王红彬）

**【博奥公司与医科院肿瘤医院签署协议】**10月25日，“博奥生物暨生物芯片北京国家工程研究中心、中国医学科学院肿瘤医院转化医学战略合作协议签约仪式”在博奥生物公司举行。签约方相关负责人参加。根据协议，双方将进行肿瘤领域的转化医学研究及开发，使高通量生物医学检测的最新技术更快地应用于临床。双方的合作主要包括：培训年轻科学家及临床医师；开展基础及转化医学的合作研究；医护人员互换工作学习；临床前、临床试验研究；共同举办学术研讨会议与信息交流合作。

（王红彬）

**【钒钛资源高效清洁工艺设计获奖】**10月25日，在连云港市举行的“首届中国节能环保设计大赛颁奖仪式暨国家东中西区域合作示范区节能环保产业发展推介会”上，北京神雾环境能源科技集团股份有限公司的“钒钛资源高效清洁工艺设计”项目获应用类一等奖，并获50万元奖金。项目采用神雾集团全球首创的钒钛资

源氢气竖炉——熔分炉双联产工艺，并融合其自身的蓄热式高温空气燃烧等多个专利技术，将在连云港建设年处理200万吨钒钛资源综合利用深加工基地。

（王红彬）

**【4家企业入选国家火炬计划高新企业名单】**10月28日，科技部火炬中心发布《关于发布2013年国家火炬计划重点高新技术企业评选结果的通知》。昌平园有4家企业入榜，分别是：北京市三一重机有限公司、中节能六合天融环保科技有限公司、北京勤邦生物技术有限公司和天地融科技股份有限公司。

（王红彬）

**【昌平园企业参展医疗器械博览会】**11月3—6日，在厦门国际会展中心举行的第七十届中国国际医疗器械（秋季）博览会上，北京东华原医疗设备有限公司展示的常温两煎煎药机、高效浓缩设备、十功能专家型等产品，其智能化煎药系统实现煎药质量把控和信息追溯，开启中医煎药技术的新革命。北京博晖创新光电技术股份有限公司展示的25羟基维生素D试剂盒（微量末梢血检测）采用微量末梢血专利技术，用于测量人体血清中25羟基维生素D；BHfx400腹泻病毒联合检测系统包括BH100荧光免疫分析仪和轮状病毒、肠道腺病毒联合检测试剂盒，用于腹泻病毒的检测。

（王红彬）

**【国内最大太阳能采暖项目落成】**11月12日，在河北经贸大学举行的太阳能季节性蓄热采暖应用技术研讨会上，相关方宣布，国内最大太阳能季节性蓄热采暖项目——河北经贸大学太阳能季节性蓄热采暖及热水综合示范项目落成，标志着中国太阳能光热行业从热水系统应用时代步入采暖产业化升级阶段。项目总投资约4000万元，由北京四季沐歌太阳能技术集团有限公司总体设计，使用6.9万支真空管，总集热面积1.16万平方米；采用228个89吨水箱，总蓄热容量2万吨。项目在非采暖季，利用太阳能收集热量储存到水箱中，待到采暖季时，再通过换热提取水箱中的热量，对学校的教学楼、宿舍楼等建筑进行供暖，同时还可以满足3万名在校学生生活洗浴所需热水。

（王红彬）

**【昌平区政府与北大方正集团签约】**11月13日，昌平区政府与北大方正集团有限公司签署战略合作协议。北大方正集团计划将医疗板块、金融板块总部及旗下优质企业资源集中迁往昌平园，未来双方将在金融、医疗医药等领域开展更为广泛而深入的合作，从而进一步提升产业规模与竞争力，形成集聚效应。签约双方、北京大学国有资产股份有限公司等单位相关领导参加签约仪式。

（王红彬）

**【探路者总部成首家“绿色办公室”】**11月15日，在京举行的“小行动·大改变”绿色办公室项目研讨会上，世界自然基金会（WWF）向北京探路者户外用品股份有限公司颁发“绿色办公室”认证证书。探路者公司总部因采用环境管理并通过WWF的审核，成为通过WWF认证的国内第一家“绿色办公室”。“绿色办公室”是专为办公室环境设计的简便环境管理系统，是WWF在全球范围内用于减少生态足迹，推行可持续办公方式并减少气候变化的一种有效手段。

（王红彬）

**【中软公司参展第十五届高交会】**11月16—21日，在深圳会展中心举行的第十五届（深圳）中国国际高新技术成果交易会上，中国软件与技术服务股份有限公司展示其在本质安全产品、数据安全产品、国产系统替代、云计算和大数据等方面的成果，以及在税务、专利、安监、信访、电力、金融等行业信息化方面的实践案例。中国软件公司的产品——防水坝数据加密防泄漏系统被高交会组委会授予“优秀产品奖”。

（王红彬）

**【5家企业被认定为市技术中心】**11月18日，市经济信息化委发布《关于公布2013年度北京市第十六批企业技术中心认定结果的通知》，78家企业的技术中心通过认定。昌平园5家企业入选，分别是：扬子江药业集团北京海燕药业有限公司、二六三网络通信股份有限公司、北京雪迪龙科技股份有限公司、北京赛迪时代信息产业股份有限公司、北京科聚化工新材料有限公司。

（王红彬）

**【《LTE技术演进白皮书》发布】**11月20日，“赛迪顾问LTE技术演进白皮书发布会”在赛迪大厦召开。赛迪顾问股份有限公司等单位相关负责人以及相关专家、企业代表等参加。《LTE技术演进白皮书》包括LTE是由多国企业参与制定的国际通用标准、LTE关键技术驱动无线通信技术新一轮变革、LTE-TDD（TD-LTE）和LTE-FDD：全球标准下的两种模式、LTE精品网络商机无限等4个部分，就LTE的历史及演进、关键技术、LTE-TDD以及LTE未来商机进行了分析。

（王红彬）

**【先行先试政策宣讲会昌平园专场召开】**11月21日，由中关村管委会主办的中关村先行先试政策宣讲昌平园专场举行，区内120余家重点企业的近200人参会。市科委、市财政局、市国税局、市地税局等单位相关人员就“新四条”政策及其实施细则、“1+6”政策中的税收试点政策、高新技术企业认定试点政策、科技成果处置权和收益权管理改革试点政策，以及正在推进的各项相关政策进行解读。

（王红彬）

**【雪迪龙公司项目获国家重大科学仪器设备立项】**11月27日，科技部办公厅下发《科技部关于2013年度国家重大科学仪器设备开发专项项目立项的通知》，全国66个项目入选。北京雪迪龙科技股份有限公司申请承担的开发专项项目“固定污染源废气VOCs在线／

便携监测设备开发和应用”获准立项，项目编号为2013YQ060615，起止时间为2013年10月—2017年10月，总经费7902万元，其中国家财政拨款3762万元，企业自筹资金4140万元。专项将重点研制固定污染源废气VOCs在线/便携监测设备，并在此基础上进行工程化、产业化，同时建立起一套固定污染源废气VOCs监测的质量控制体系框架，为VOCs进一步减排防控提供数据支撑和科学依据。

（王红彬）

**【华能燃料公司入驻昌平园】** 11月，中国华能集团燃料有限公司通过中关村示范区高新技术企业认定，正式入驻昌平园。公司成立于2010年12月，注册资金30亿元，由中国华能集团公司和华能国际电力股份有限公司共同投资，是中国华能集团公司所属的二级产业公司，主要从事煤炭批发经营、进出口、仓储服务、经济信息咨询等业务。

（王红彬）

**【华电天仁公司成果获计算机软件著作权】** 11月，由北京华电天仁电力控制技术有限公司编写的“储能系统PCS网侧变流器控制程序软件”获版权局颁发的计算机软件著作权登记证书。储能系统PCS是实现直流储能电池与交流电网之间双向能量传递，将储能电池接入电力系统的关键设备，其网侧变流器控制程序软件可实现对储能系统PCS网侧输出功率的控制，以符合电网运行调度需求，包括配合电网实现调频调峰、动态无功支持以及改善电能质量等功能。软件还具备过压过流保护等保护机制，以及故障处理机制，可及时对PCS运行过程中出现的故障进行处理并产生报警信号。

（王红彬）

**【诺华公司公益项目获SCRIP奖】** 11月，北京诺华制药有限公司与香港溢达集团共同在新疆维吾尔自治区开展的“健康快车”公益项目在伦敦被授予2013年度SCRIP奖的新兴市场最佳发展奖（Best Advance in an Emerging Market）。（“健康快车”项目于2010年启动，通过对中小学生健康教育及基层医疗人员培训等多种形式，助力新疆地区医疗卫生水平提升。项目主要包含针对新疆基层医护人员培训的“春雨工程”以及针对新疆地区中小学生健康知识教育的“溢达—诺华健康快车万里行”，为超过69万人次学生及3.3万名成人进行健康及卫生知识培训，超过800名医生、护士和医疗专业人员接受传染病诊疗的专业培训。）

（王红彬）

**【海林城市太阳能热水系统获精瑞奖】** 12月4日，在“第十届精瑞奖颁奖典礼”上，北京海林节能设备股份有限公司的“海林城市太阳能热水系统”获第十届精瑞科学技术奖绿色技术产品优秀奖。海林城市太阳能热水系统包括太阳能阳台、太阳能幕墙、太阳能屋顶等应用方案，可为用户提供大量持续的热水。太阳能阳台：太阳能集热器作为阳台一部分，直接代替阳台护栏，可在保证美观、安全的前提下，在住宅建筑上大面积安装使用。太阳能幕墙：太阳能集热器作为玻璃幕墙的组成部分，代替部分玻璃幕墙，实现公共建筑上大面积低成本安装太阳能。太阳能屋顶：太阳能集热器作为屋顶的组成部分，可在不影响采光的同时大面积低成本安装太阳能。项目在杭州绿城桃花源、北京海淀区安置房工程、北京中煤电子新研发生产基地等城市建筑中得到应用。

（王红彬）

**【三一重工公司项目获全国工商联科技进步奖】** 12月12日，中华全国工商业联合会发布《关于授予2013年中华全国工商业联合会科学技术奖的决定》。三一重工股份有限公司易小刚等完成的“端面贴合式缓冲油缸和分体式多路换向集成阀组关键技术研究及应用”获一等奖。项目针对传统柱塞插入式缓冲油缸对配合间隙精度要求高，导致加工难、作业可靠性低的问题，发明端面贴合式缓冲结构；针对整体式多路换向阀组功能结构复杂、专用性强、批量小，以及阀体需整体精密铸造成型、细长阀孔加工难、整体易报废等问题，发明由阀体、阀套和阀芯组成，且阀套和阀芯可分段重组的分体式换向阀。项目获授权发明专利16件，广泛应用于挖掘机、混凝土泵送机械等机械设备。

（王红彬）

**【2家企业获最佳雇主奖】** 12月13日，在三亚海棠湾举行的2013中国年度最佳雇主评选年度颁奖典礼上，昌平园的北京诺华制药有限公司因其“成长，无止境”的雇主价值主张以及多年来坚持履行企业责任获中国年度最具社会责任雇主奖；三一集团有限公司因在企业文化建设、工作环境、福利待遇、人才培养等方面的良好口碑获中国最佳雇主百强奖。该奖项由智联招聘与北京大学企业社会责任与雇主品牌传播研究中心联合发起，已成为中国人力资源领域最具公信力、号召力和影响力的雇主品牌权威评选活动，被誉为人力资源行业的“奥斯卡”。

（王红彬）

**【五步卓越法获中国质量奖】** 12月16日，在北京航天城举行的“首届中国质量奖颁奖仪式”上，三一集团有限公司的“基于‘五步卓越法’的质量管理体系”

获首届中国质量奖提名奖。五步卓越法即通过质量管理的 5 个阶段来规划集团质量管理，包括 STEP 0：标准化作业体系（基础保证）；STEP 1：检查质量体系（不合格品不流入下工序）；STEP 2：保证质量体系（不生产不合格品）；STEP 3~4：预防质量体系（生产不出不合格品）、卓越质量体系。

（王红彬）

**【2 家企业入选市中小企业公共服务平台】** 12 月 17 日，市经济信息化委发布《关于公示第二批北京市中小企业公共服务平台名单的通知》，20 家平台项目通过认定。昌平园赛迪顾问股份有限公司（平台类别：信息、融资、创业）、北京博奥联创科技孵化器有限公司（平台类别：培训、技术、融资）2 家企业入选。

（王红彬）

**【未来科技城税务所揭牌】** 12 月 18 日，昌平区地方税务局未来科技城税务所揭牌仪式在北七家税务所举行。未来科技城管委会、昌平区地税局等单位相关人员参加。税务所位于昌平区北七家镇，负责未来科技城区域内注册的央企及与之相关的在昌平区域内注册的其他公司和包括参与未来科技城建设开发公司在内的纳税人信息采集、纳税申报、税款征收、纳税评估、减免缓退等涉税工作；负责监控税源户变化情况，并对企业办税人员开展日常咨询辅导。

（王红彬）

**【66 家企业获专利资金支持】** 12 月，昌平园 66 家企业专利获中关村示范区专利促进资金共 218 万元支持。包括北京亚东生物制药有限公司、北汽福田汽车股份有限公司、北京市三一重机有限公司等 63 家企业的 346 件国内发明专利，获资助 173 万元；北汽福田汽车股份有限公司、北京万泰生物药业股份有限公司、博奥生物有限公司 3 家企业的国际发明专利，获资助 45 万元。

（王红彬）

**【增设 2 家博士后工作站】** 年内，市人力社保局批准在中关村科技园区昌平园博士后（青年英才）创新实践基地增设北京诺禾致源生物科技有限公司和北京生泰尔生物科技有限公司 2 家博士后（青年英才）创新实践基地工作站（京人社专家发〔2013〕256 号）。诺禾致源基地工作站将开展“中欧猪种泛基因组构建”项目研究。至此，昌平园博士后科研工作站企业分站和博士后（青年英才）创新实践基地工作站总数升至 10 家，进站人才 17 人。

（王红彬）

**【121 家企业的研究开发项目通过鉴定】** 年内，市科委公布 2 批北京市企业研究开发项目鉴定结果。昌平园 121 家企业的项目通过鉴定，包括北京爱康宜诚医疗器材股份有限公司的“JPX 膝关节系统改进”、北京神雾环境能源科技集团股份有限公司的“2200℃超高温炉技术”、盎亿泰地质微生物技术（北京）有限公司的“冻土区油气微生物检测研究”、巴可伟视（北京）电子有限公司的“远程控制管理软件系统（RMSV2）”、北京安泰钢研超硬材料制品有限责任公司的“Φ750 毫米六面顶压机腔体结构及合成柱优化设计与开发”等。

（王红彬）

# 顺义园

2012年10月，经国务院批复，中关村国家自主创新示范区扩展为“一区十六园”，顺义区航空北区、航空南区、临空地块、空港西区、空港东区、实创高新北区、实创高新南区、北方新辉地块、非晶地块9个区域组成中关村示范区顺义园，总规划占地面积1207.7公顷，包括6个基地，集中形成下一代互联网、移动互联网和新一代移动通信、卫星应用、生物和健康、节能环保、轨道交通六大新优势产业集群以及集成电路、新材料、新能源汽车、高端装备与通用航空四大潜力产业集群，重点发展航空航天、高端装备制造、研发服务、信息服务等高端产业，加快推进高新技术成果孵化转化，建设“生态良好、产业集聚、用地集约、设施配套、城乡一体”的研发服务和高技术产业集聚区。2013年2月，园区获授牌。中航工业北京航空产业园规划占地面积518.41公顷，包括北区和南区。北区位于汽车生产基地，规划占地面积204.78公顷，市政基础设施实现“八通一平”，为航空总部、研发和制造业基地，中航发动机控股有限公司等企业入驻；南区位于国门商务区，规划占地面积313.63公顷，基础设施建设将达到“九通一平”，主要发展地理信息、航空服务等现代服务业产业，国家地理信息科技产业园等入驻。临空国际高新技术产业基地，规划占地面积157.02公顷，主要发展电子信息、通信设备产业，有北京数码视讯软件技术发展有限公司等企业入驻。空港创意产业园规划占地面积197.07公顷，包括西区、东区。西区规划占地面积66.78公顷，主要发展总部企业、文化创意产业等，有尚峰国际等企业入驻；东区规划占地面积130.29公顷，发展以汽车研发生产为主导的现代制造业、文化创意产业等四大主导产业，北汽自主品牌汽车生产基地等入驻。实创高新技术产业基地位于北石槽镇，规划占地面积94.79公顷，包括南区、北区。南区规划占地面积49.04公顷，以医药产业为主，北京世桥生物制药有限公司等企业入驻；北区规划占地面积45.75公顷，规划用地性质为工业用地，以医药及软件开发为主导产业，重点企业为梦天门科技有限公司等。北方新辉新兴产业基地规划占地面积81.47公顷，着力引进新兴节能环保产业、现代制造业等，主要企业包括北京北汽大世汽车系统有限公司等。非晶产业基地规划占地面积158.94公顷，以高新技术产业、非晶产业为主，引进企业包括中兆培基（北京）电气有限公司等。顺义园基础设施累计投资41.3亿元，拥有威乐（中国）水泵系统有限公司等实体企业108家，其中国家级高新技术企业106家，企业可享受各级政府政策、资金、项目等方面的支持。

### 顺义园管理委员会领导成员

主　任　盛德利

副主任　郭振江　兰雄景

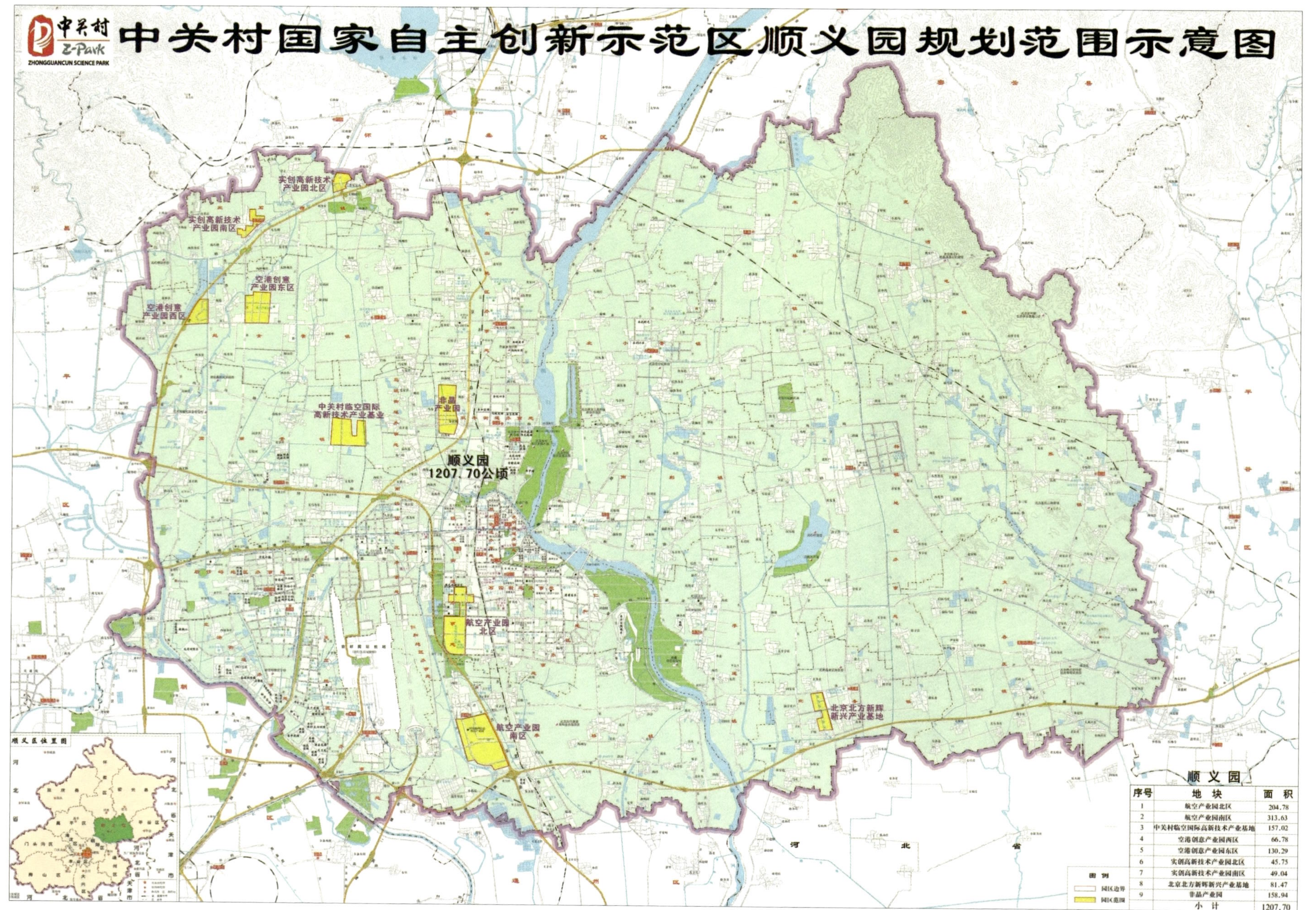


| 序号 | 地块 | 面积 |
|---|---|---|
| 1 | 航空产业园北区 | 204.78 |
| 2 | 航空产业园南区 | 313.63 |
| 3 | 中关村临空国际高新技术产业基地 | 157.02 |
| 4 | 空港创意产业园西区 | 66.78 |
| 5 | 空港创意产业园东区 | 130.29 |
| 6 | 实创高新技术产业园北区 | 45.75 |
| 7 | 实创高新技术产业园南区 | 49.04 |
| 8 | 北京北方新辉新兴产业基地 | 81.47 |
| 9 | 非晶产业园 | 158.94 |
|  | 小计 | 1207.70 |

【概况】2013年，顺义园纳入中关村示范区后，享受政策、资金、项目等方面的大力支持，产业发展进一步加快，带动顺义区经济社会发展。年内，顺义园高新技术企业总数106家；从业人员4.5万余人；工业总产值336.6亿元；总收入396.8亿元；进出口总额12.6亿美元；税费总额24.9亿元；利润总额29.1亿元；资产总计682.4亿元；科技活动经费支出总额20.1亿元；专利申请量129件，专利授权量123件。

制定规划建设实施方案。研究、制定《中关村科技园区顺义园未来三年建设发展的实施计划（暂行）》《中关村顺义园新占用土地项目准入标准和审核办法（暂行）》《中关村顺义园优惠政策摘要》等有关政策，为区域发展提供依据，助力园区建设；抓紧完成发展规划、产业布局和空间布局，在现有基础上，梳理出项目、企业，尽快与“641”产业布局对接。

创新型企业发展势头强劲。大力发展“高精尖”产业，打造临空经济的升级版。国家地理信息科技产业园具备成为地理信息创新基地、孵化基地和科技产业化基地的条件和能力，正式开园运营，总投资150亿元；北京激光显示产业园启动建设，整合国内、国际产业资源，陆续开展80~120英寸家用和商用全系列激光电视研发生产业务，全部投产后，将形成千亿元的产业集群。

大力引进重点企业。由斯泰克科技股份有限公司等3家核心主体共同实施的斯泰克信息安全项目入驻临空国际产业基地，将打通信息安全产品研发、生产、销售的上下产业链，建设国际级新型信息安全基地；北京笔克创意中心落户汽车生产基地，提供从设计到制作及项目管理等一系列全面的配套服务；天地图有限公司入驻国家地理信息科技产业园，其服务资源嵌入到已有的各类应用系统中，支撑开展各类增值服务与应用。在“菊韵北京美丽中国第十一届中国菊花展”投资顺义项目签约仪式上，14个高端项目签约，协议投资总额突破100亿元，其中航天技术应用产业园、荣宝斋文化创意产业园等5个项目落户顺义园，总投资额32亿元。

自主创新能力显著提升。环球华影（北京）科技有限公司发布国内首款100英寸激光电视，应用中国首创的激光荧光粉（ALPD）技术，奠定激光电视炫图像、高能效和长寿命的基础；北京雅昌文化集团推动商业模式的进化与创新，陆续进军互联网、艺术出版、艺术家服务、艺术衍生品、艺术影像、艺术普及教育等多个文化产业领域，年内即获得第六十四届美国印制大奖2项全场大奖和第四届中华印制大奖；北京汽车股份有限公司北京分公司举行首款中型轿车绅宝上市，具备极佳的转向精准性和循迹稳定性；天地图2013版发布，在线发布数据量由0.85TB增至3TB，支持每天用户网页浏览次数由2000万次增加到4000余万次；北京嘉孚科技有限公司“抑尘剂产业化项目”获2013年度国家火炬计划立项，说明项目产品的技术性能和市场前景得到了充分认可。

（宿　冉）

【斯泰克信息安全项目入驻临空国际产业基地】2月6日，由北京临空国际经济技术开发中心主办的“宝德阳与斯泰克项目转让签约仪式”在顺义举行。根据协议，宝德阳科技（北京）有限公司将现有土地及地上物出让给斯泰克集团，由斯泰克科技股份有限公司、东方斯泰克信息技术研究院（北京）有限公司、全联斯泰克科技有限公司3个核心主体共同实施斯泰克信息安全项目。项目位于临空产业基地，占地7.27公顷，注册总资本达3.1亿元，将通过组合公钥（CPK）技术的研发、应用、产业培育，打通信息安全产品研发、生产、销售的上下产业链，建设国际级新型信息安全基地，同时带动开发区周边产业的发展。项目将建设2个中心：全球可信标识芯片生产中心、CPK应用技术研究开发中心；1个基地：CPK产品生产基地；3个营运平台：安全支付平台、一体化防伪平台、数字产品交易平台。

（宿　冉）

【陈刚到顺义园调研】2月26日，市委常委陈刚到顺义园调研，市委副秘书长傅华、中关村管委会主任郭洪以及市、区政府有关单位领导陪同。在国家地理信息科技产业园，陈刚了解了园区一期建设、企业入驻和二期规划情况，并表示，相关部门要做好服务，加强后期配套设施建设，争取把园区建成国内一流的地理信息产业聚集基地。在临空国际高新技术产业基地，陈刚查看了基地的市政配套设施建设，听取相关负责

人对于园区发展思路的汇报，指出，基地地理位置优越，交通条件便捷，市政配套设施完善，要做好和中关村示范区的对接，下大力气引进高新技术产业。在北汽自主品牌汽车生产基地，陈刚参观了汽车生产车间，了解生产和销售情况，对北汽自主品牌汽车上市以来的成绩表示肯定。调研结束后，陈刚为中关村顺义园授牌。

（宿　冉）

**【中关村顺义园获授牌】** 2 月 26 日，市委常委陈刚在顺义园调研期间，为中关村顺义园授牌，并提出：顺义区要高度重视顺义园的建设，建立管理体制，设立管委会，完善协调机制，要专门机构、专人负责、专题研究，协调解决顺义园的问题；要规划发展布局，包括产业布局和空间布局，抓紧制订发展规划、在现有基础上，梳理出项目、企业尽早与中关村示范区“641”

产业布局对接。市委、市政府要加大对顺义园的支持力度，结合北京市产业布局和重点产业链以及顺义现有基础和产业特点，列出具体项目，梳理对接；加强政策协调，相关部门要制定工作意见，完善平衡机制，强化对企业的服务；加大融资支持，继续在融资担保、贴息、基础设施补贴等方面加大支持力度。顺义园总规划面积 1207.7 公顷，包括 6 个基地，即中航工业北京航空产业园、临空国际高新技术产业基地、空港创意产业园、实创高新技术产业基地、北方新辉新兴产业基地、非晶产业基地，将重点发展航空航天、装备制造、信息服务等高端产业。

（宿　冉）

**【多家入选纳税信用 A 级企业】** 4 月，市国税局、市地税局印发《北京市 2013—2014 年度纳税信用 A 级企业名单公告》。顺义区 105 家企业入选，顺义园北京雅昌彩色印刷有限公司、北京燕京啤酒股份有限公司、伟世通汽车空调（北京）有限公司、北京东方雨虹防水技术股份有限公司、北京嘉寓门窗幕墙股份有限公司等企业名列其中。入选企业在 2013—2014 年内将免除日常税务稽查，还将享受“绿色通道”、特约服务、简化发票购领程序等多项优先政策。

（龙　琦）

**【首款中型轿车绅宝上市】** 5 月 11 日，北京汽车股份有限公司北京分公司举行首款中型轿车绅宝上市发布会，北汽集团董事长徐和谊、北汽股份总裁韩永贵等领导参加。会上，共推出 3 个排量的 8 款车型，包括豪华版、精英版、舒适版等 6 种形式，售价区间为 13.98 万 ~21.58 万元。产品历时 3 年精心打造，传承欧洲豪华汽车品牌萨博的核心技术，搭载源于萨博公司的 1.8T、2.0T 和 2.3T 涡轮增压发动机，配以爱信全新五速自动变速箱；轻量化底盘、后轮随动转向技术、英国米拉的专业调校使其成为新一代“前驱之王”；独有的 ReAxs 后轮随动转向技术，配合米其林 PS3 高性能轿跑车轮胎，使绅宝具备极佳的转向精准性和循迹稳定性；相对萨博 9-5，绅宝轴距由 2703 毫米加长至 2755 毫米，后排空间大幅提高；全系装配有外后视镜倒车自动调整、后挡风加热功能、真皮方向盘、行车电脑显示屏、手机充电 USB 及疲劳提醒系统等，部分高配车型上还配置 GPS 导航、蓝牙通信、8 英寸液晶触摸屏的多媒体控制系统、USB 电子相册、BOSE 音响系统、后风挡电动遮阳帘、电加热 / 通风前座椅等。

（宿　冉）

**【雅昌公司再获中华印制大奖】** 5 月 15 日，在“第四届中华印制大奖颁奖典礼”上，雅昌企业（集团）有限公司凭借作品《美丽的奥林匹克文化长卷》获唯一的全场大奖，这是雅昌公司连续 4 年获此殊荣。作品在印制质量上处处体现出承印人对奥运精神、奥运文化和中国申奥意志最全面的理解，无论印前、印刷、印后无不反映出超一流的真功夫和高水平。在复制工艺技术上，充分体现出东西方文化、奥运精神的个性与共性的统一。作品每个细节都极具魅力，工艺、技术与过程控制均精准无误。在装帧设计上，极富传统创意，感染人的经折装设计，使复制作品“形神兼备”，达到形式与内容最恰当的统一。此外，由雅昌公司参选的《朝元图》《十二美人图》也分别获精装书（封面及封套设计）和日历类金奖，《中国京剧百部经典系列》《陈漫画集》获精装书（其他）和商业印刷类银奖。

（宿　冉）

**【北京激光显示产业园启动】** 5 月 22 日，北京激光显示产业园、环球华影（北京）科技有限公司在新闻大厦举办“中国创造北京启航——北京激光显示产业园启动暨国内首款 100 英寸激光电视上市发布会”。工业和信息化部、市经济信息化委、顺义区政府等相关单位领导出席，市相关委办局、产业界和新闻媒体的代表等近100人参加。产业园位于顺义区汽车生产基地内，将建成集激光技术研发、应用和生产为一体的产业基地，重点发展激光显示、激光加工、激光医疗、激光通信、激光检测等产业。同时，通过孵化、引进技术，围绕环球华影公司，洽谈其配套上下游企业，着力打造激光显示全产业链。

（宿　冉　杜　玲）

**【国内首款100英寸激光电视发布】**5月22日，在“北京激光显示产业园启动暨国内首款100英寸激光电视上市发布会”上，环球华影科技有限公司研制的炫幕品牌100英寸激光电视首发上市。该款“炫幕”分为家用型、家用高端型、商用型和商用高端型，超薄屏幕，长2.2米，厚度10毫米，为同尺寸液晶电视的1/6；功耗仅为250瓦，为同尺寸液晶电视的1/3；拥有全高清1080分辨率和10000000 ：1动态对比度，支持DTS虚拟环绕声，且配备USB、HDMI、AV、VGA等通用接口和SD卡槽、RJ45网络接口，支持WIFI无线互联和WiDi无线高清技术，内置智能电视操作系统，配以3轴体感技术的空鼠遥控器，可自由冲浪网络浏览、视频点播（VOD）和无线共享智能手机、笔记本电脑等。同时配置超酷智能机架，可通过智能手机操控屏幕升降、旋转，提供便捷、舒适的视听体验。产品应用了中国首创的激光荧光粉（ALPD）技术，奠定了激光电视炫图像、高能效和长寿命的基础，可同时满足家庭影院、电视会议、商业展示等需求。

（宿　冉）

**【中关村先行先试宣讲会举办】**5月、11月，中关村管委会先后组织2次“中关村顺义园先行先试宣讲会”，市国税局、市地税局等相关单位人员以及区相关单位、各基地负责人等参加。会议介绍了中关村示范区整体情况、科技成果产业化发展目标、“1+6”政策、“新四条”政策及其实施细则，包括“1+6”政策中的税收试点政策、高新技术企业认定试点政策、科技成果处置权和收益权管理改革试点政策等。市国税局、市地税局有关人员分别对先行先试政策、税收政策以及股权奖励政策进行重点解读。

（宿　冉）

**【顺义啤酒节招商推介会举办】**6月7日，由顺义区政府、市投促局联合举办的“驻京中外知名企业投资顺义行暨顺义区第二十二届燕京啤酒节招商推介会”在顺义宾馆召开。市、区相关单位领导出席，美国摩天三五集团、中国国际金融有限公司、福特汽车公司等中外知名企业的500余位代表参加。会上，区经济信息化委介绍了产业发展定位、经济结构调整、投资导向和重点项目情况，重点推介了北京天竺综合保税区、中关村顺义园、舞彩浅山、地铁15号线沿线等投资新区域，共对接洽谈项目200余个，主要集中在高端制造、电子信息、生物医药、新能源、现代物流、金融文创、旅游休闲和城市基础设施建设等产业，并解读了中关村“1+6”系列优惠政策，就企业提出的项目投资要求、中关村示范区、产学研一体化基地等问题进行了解答。

（宿　冉）

**【天地图公司入驻国家地理信息科技产业园】**6月18日，由国家测绘地理信息局主办的“天地图2013版发布暨天地图有限公司入驻国家地理信息科技产业园仪式”在园区举行。国家测绘地理信息局局长徐德明出席并讲话。顺义区政府以及公安部、安全部等相关单位人员参加。天地图有限公司2010年12月24日成立，由地理信息行业内的龙头企业参股组建，注册资本1亿元。公司的主营业务是互联网地图服务及软件开发，主要负责国家测绘地理信息局主导建设的国家地理信息公共服务平台公众版“天地图”的建设、平台研发、数据加工、发布以及“天地图”的商业化运营等。“天地图”运行于互联网、移动通信网等网络环境，以门户网站（www.tianditu.com）和服务接口2种形式向公众、企业、专业部门、政府部门提供24小时不间断“一站式”地理信息服务，可进行基于地理位置的信息浏览、查询、搜索、量算，利用编程接口将“天地图”的服务资源嵌入到已有的各类应用系统（网站）中，并以“天地图”的服务为支撑开展各类增值服务与应用。天地图有限公司作为第一家企业入驻，标志着国家地理信息科技产业园正式开园运营，已具备成为地理信息创新基地、孵化基地和科技产业化基地的条件和能力。

（宿　冉）

**【天地图2013版发布】**6月18日，在“天地图2013版发布暨天地图有限公司入驻国家地理信息科技产业园仪式”上，天地图2013版发布。其数据内容主要包括多比例尺矢量数据、多分辨率遥感影像数据、地形晕渲数据、地名地址数据以及有关综合信息等。数据源由30TB增至60TB（1TB=1024GB），在线发布数据量由0.85TB增至3TB，支持每天用户网页浏览次数由2000万次增加到4000余万次，整体服务性能提升4~5倍，并开通英文、综合信息服务、三维城市服务3

个频道，更新了手机地图。天地图2013版以平台软件V2.0为核心，细化了分类搜索，优化了地名兴趣点查询结果排序，新增地标搜索的直接跳转功能，增加了大量国外主要城市的搜索及跳转；新增公交搜索功能，支持公交线路规划、公交线路和站点查询；优化了驾车规划逻辑和操作功能；全面优化了网页程序，提高了地图首次加载与浏览速度；规范了网络资源服务地址，全面升级应用程序接口（API），并支持基于移动端的API，调用方便简单；在提供“经纬度投影”的基础上新增加了更适合普通用户使用的“球面墨卡托投影”“数据+软件+硬件+服务”的打包形式为用户提供独立网络环境中符合开放地理信息联盟（OGC）标准的瓦片地图服务（WMTS），并可定制开发各类专业应用功能。

（宿　冉）

**【郭金龙视察天地图公司】**6月20日，市委书记郭金龙视察首家入驻国家地理信息科技产业园的天地图有限公司，国家测绘地理信息局局长徐德明、市委常委赵凤桐以及顺义区政府等相关领导陪同。郭金龙询问了天地图公司建设和运营管理情况，查看并亲手操作天地图使用终端，观看了天地图三维城市影像演示，了解了生态顺义对空气质量的监测情况、研发中心工作状况。郭金龙指出，使用终端类似超级计算机的平台，信息量大，速度快，应用方便，开发和应用潜力巨大；政府部门要通过政府服务采购，加快天地图的应用，抓好地理信息的技术创新以及天地图的后续开发；要加快建设生态顺义的终端产品，为首都环境保护提供测绘地理信息保障。

（宿　冉）

**【李士祥考察国家地理信息科技产业园】**6月29日，副市长李士祥到国家地理信息科技产业园考察，并与国家测绘地理信息局局长徐德明共同为迁入国家地理信息科技产业园的国家测绘地理信息局卫星测绘应用中心揭牌。市政府、顺义区政府等相关单位领导陪同。在国家局卫星测绘应用中心，李士祥考察了北京地区资源三号卫星影像、三维立体地图和资源三号卫星模型。在天地图公司，李士祥了解了天地图公司的整体架构、建设情况、在应急救灾等方面的应用情况以及世界各地的点击情况，查看了天地图公司使用终端，观看了三维城市影像演示。卫星测绘应用中心（www.sasmac.cn）于2009年12月成立，是国家测绘地理信息局直属事业单位，主要承担“资源三号卫星应用系统建设”“资源三号卫星数据处理、应用及在轨测试关键技术研究”等项目，致力于推广中国自主知识产权的卫星影像产品并提供定位服务。

（宿　冉）

**【渣打银行与江河创建公司签署协议】**7月17日，渣打银行（中国）有限公司、江河创建集团股份有限公司“全面战略合作协议签约仪式”举行。双方签署《全面战略合作协议》，江河创建公司将获渣打银行40亿元等值人民币的综合授信额度，标志着双方全球化战略合作全面启动。渣打银行将对江河创建公司及麾下江河幕墙、承达装饰、港源装饰三大产业单位业务发展提供全方位的服务和支撑，有力推进其内外装业务持续和稳健发展，实现银企强强联合，双方合作共赢。（2013年5月28日，北京江河幕墙股份有限公司更名为江河创建集团股份有限公司。）

（龙　琦）

**【东北大学江河建筑学院成立】**7月18日，东北大学江河建筑学院成立仪式在东北大学举行。双方相关领导参加。学院由江河创建集团股份有限公司与东北大学共建，设建筑学和城乡规划2个本科专业，学制为5年，具有建筑学一级学科的硕士学位授予权。首批在校生300人，2013年秋季学期开始每年招收建筑学、城乡规划专业本科生120人。仪式结束后，与会嘉宾还出席了“东北大学江河建筑学院学科发展研讨会”。

（龙　琦）

**【华尚传媒集团入驻汽车生产基地】**8月8日，北京华尚传媒集团入驻汽车生产基地暨办公大楼交接仪式在基地举行。中国广播电视协会、区文化创意产业促进办公室以及影视传媒界的相关企业代表出席。华尚传媒集团主要致力于电影、电视剧的策划、制作和发行，以及文化衍生品的开发，已与美国第三楼前视觉特效影业公司签约，与美国海卓制片公司成立合资公司。此次合作，集团将以汽车生产基地为依托，引进国际一流的影视团队，打造北京影视新技术中心和项目孵化中心。

（宿　冉）

**【姜志刚到国家地理信息科技产业园调研】**8月12日，市委常委姜志刚到国家地理信息科技产业园调研，顺义区政府、国门商务区管委会相关领导陪同。姜志刚听取了区领导关于国门商务区、国家地理信息产业有关建设规划、发展前景等的介绍。在国家局卫星测绘应用中心，观看了宣传片、展板和卫星遥感影像产品，详细了解资源三号测绘卫星的发射、运行等情况；在天地图公司仔细观看各种影像地图和三维城市演示，对北京市PM2.5实时状况图表现出浓厚兴趣，并亲自体验天地图使用情况。姜志刚说，加快天地图的应用非常重要，应加大宣传推介力度，让各个政府部门都自觉地把各自的信息叠加在上面，实现信息共享，消除信息孤岛。在服务百姓方面，天地图可以把早餐点、加油站等兴趣点标注出来，帮助百姓科学规划出行路线。

（宿　冉）

**【支树平等领导到北汽股份公司北京分公司调研】** 8月26日，质检总局局长支树平、市长王安顺、副市长程红等领导到北京汽车股份有限公司北京分公司调研，考察公司生产车间，了解北汽自主研发的中高端自主品牌轿车绅宝产品的制造情况和产品特性。同日，质检总局授予北京地区出口汽车产品质量安全示范区为“国家级出口工业产品质量安全示范区”，并举行挂牌仪式。北汽绅宝基地等示范区企业将得到质检总局等部门在行业标准制定、技术创新、自主品牌开发和国外技术性贸易措施应对等方面的支持。在随后召开的座谈会上，王安顺强调，北京汽车要抓住中关村示范区建设的机会，推动北汽完善质量管理体系，提升质量管理能力；加强北汽绅宝等自主产品在国内外市场的产品竞争力，把“北京制造”和北京自主品牌打造成为有国际影响力的品牌。北京市有关部门要加强协调合作，进一步从财税支持、市场开拓、标准规范等方面，支持示范区政策集成和创新，形成政策支撑体系，做好企业监管与服务。

（龙　琦）

**【天地图3个产品上线】** 8月26日，天地图网站V2.1版、天地图·手机地图V2.2版、天地图·三维城市V2.1版正式在国家地理信息科技产业园上线。天地图是国家测绘地理信息局主导建设的国家地理信息公共服务平台，装载了覆盖全球的地理信息数据，这些数据以矢量、影像、三维3种模式展现。此次天地图更新的3个产品，扩展了天地图提供服务的方式，增加了新的功能。其中，天地图V2.1版实现了对矢量和影像地图的对比浏览，新增了国内多个城市街景浏览并强化了街景操作方式，优化了地图API，提升了地图浏览的速度；天地图手机地图2.2版提升了地图浏览、搜索、驾车等功能，地图界面显示更加清晰，加载速度更快，减少了对网络带宽的需求，节省了手机流量；天地图三维城市2.1版使地图运行速度更快，增强了用户体验，提高了整体稳定性。

（宿　冉）

**【北京笔克创意中心落户汽车生产基地】** 8月28日，“北京笔克创意中心落成典礼”在汽车生产基地举行。区文化创意产业促进办公室、北京汽车城投资管理有限公司等相关单位领导及企业有关负责人出席。笔克中心是北京笔克展览展示有限公司集办公、生产为一体的综合工作基地，占地面积1.87公顷，建设用地1.67公顷。北京笔克公司2010年7月成立，是全球首屈一指的品牌创意推广公司。公司在会展市场占有相当份额，拥有制作工厂及仓库，能够对展览设计及制作、活动推广、媒体创作及AV服务、博物馆展示、零售店装修、活动及会议管理等提供从设计到制作及项目管理等一系列全面的配套服务。

（宿　冉）

**【抑尘剂产业化项目获国家火炬计划立项】** 9月5日，《科技部关于下达2013年度有关国家科技计划项目的通知》下发，北京嘉孚科技有限公司“抑尘剂产业化项目”获2013年度国家火炬计划立项，并获科技部火炬中心颁发的《国家火炬计划产业化示范项目证书》。项目产品的技术性能和市场前景得到充分认可，其产业化方向将得到国家政策的鼓励和大力支持。

（宿　冉）

**【雅昌文化集团获2013美国印制大奖】** 9月9日，第六十四届美国印制大奖揭晓。雅昌企业（集团）有限公司摘得2项全场大奖，同时还获6座班尼金奖(Benny Award)、10项优异奖、18项优秀奖，以36项大奖创造雅昌历届获奖数量之最。自2003年，雅昌公司已摘得35座班尼金奖。本次荣膺班尼金奖的6本书籍分别是：《食物本草》《天地无极》《世界遗产40年》《*THE IMPOSSIBLE COLLECTION OF CARS*》《*STAND HERE*》《*MODERNIST CUISINE AT HOME*》。（作为全球印刷行业最权威、最具影响力的印刷产品质量评比赛事，“美国印制大奖”的最高荣誉班尼金奖，被喻为全球印刷界的“奥斯卡”。本赛事自1950年创办，班尼金奖以曾经为美国印刷业技术带来革命性发展的发明家本杰明·富兰克林命名。全场大奖是冠军中的冠军，只有获得金奖的作品才有资格参评全场大奖，在美国印制大奖中，只有满足其所有严苛的评选标准才能被评为全场大奖，否则宁缺毋滥。）

（宿　冉）

**【5个项目签约入驻顺义园】** 9月26日，顺义区政府在顺义宾馆会议中心举办“菊韵北京美丽中国第十一届中国菊花展览会投资顺义项目签约仪式”，市经济信息化委等相关单位领导出席。仪式上，14个高端项目签约落户顺义区，协议投资总额突破100亿元，其中5个项目落户中关村顺义园，总投资额32亿元，包括落户临空国际高新技术产业基地的上海万帝环保产业基地、荣宝斋文化创意产业园、航天技术应用产业园，

落户中航工业北京航空产业园南区的中青华夏基金总部、罗克佳华电子商务平台，涉及环境保护、地理信息、文化创意等领域。其中，北京中青华夏投资基金管理有限公司计划投资5亿元，建设基金总部；罗克佳华工业有限公司项目总投资13亿元，拟占地10.5公顷，建设罗克佳华云计算中心、首都物联网应用平台、优质农产品信任系统。

（宿　冉）

**【2家单位获国家技术创新示范企业】**10月23日，《工业和信息化部财政部关于公布2013年国家技术创新示范企业名单的通知》印发（工信部联科〔2013〕428号）。北京地区3家企业入选，其中顺义园2家，即北京燕京啤酒股份有限公司、北京东方雨虹防水技术股份有限公司。国家技术创新示范企业实行动态管理，每3年复核评价一次，对合格的示范企业予以确认，不合格的撤销。

（龙　琦）

**【东方雨虹公司入选国家火炬计划重点高新技术企业】**10月28日，科技部火炬中心《关于发布2013年国家火炬计划重点高新技术企业评选结果的通知》（国科火字〔2013〕258号）发布，北京东方雨虹防水技术股份有限公司凭借其出色的竞争优势、研发实力、基础设施、核心技术、人才队伍等，通过了国家严格评审，获得专家一致认可，以第一名的高分被评为“国家火炬计划重点高新技术企业”。截至2012年，东方雨虹企业技术中心先后承担3项国家火炬计划，1项国家重点新产品技术，1项国家863计划项目，申请专利138件。

（龙　琦）

**【杜德印到国门商务区调研】**10月29日，市人大常委会主任杜德印到国门商务区调研。市人大秘书长赵义以及顺义区政府、商务区管委会等相关单位领导陪同。杜德印一行听取国门商务区发展历程及产业功能定位、国家地理信息产业园项目的建设过程、地理信息产业发展情况的介绍，并就地理信息产业和入园企业相关情况与有关人员进行交流。随后，参观天地图有限公司，听取公司基本情况介绍以及其利用自主知识产权，打造地理信息公共服务平台的情况，并观看手机客户端、三维城市等应用实例展示。

（胡广林）

**【东方雨虹建筑防水行业项目获奖】**12月7日，在质检总局、中国建筑防水协会主办的全国建筑防水卷材产品质量提升大会上颁发了“2013年度建筑防水行业技术进步奖”。北京东方雨虹防水技术股份有限公司获3项科技进步奖，即“高密度聚乙烯自粘胶膜防水卷材的研发”获一等奖，“高密度聚乙烯自粘胶膜防水卷材”获二等奖，“外墙防水装饰砂浆”获三等奖；“高密度聚乙烯自粘胶膜防水卷材”“乙烯—醋酸乙烯共聚物（EVA）塑料防水板”“喷涂硬泡聚氨酯保温防水材料”“外墙防水装饰砂浆”4件产品被授予科技成果（防水专项）推广项目。

（龙　琦）

# 大兴—亦庄园

2012年10月，国务院批复调整中关村国家自主创新示范区空间布局，大兴—亦庄园成立，规划占地面积9827.07公顷，除原有的大兴生物医药产业基地外，增设大兴经济开发区、新媒体核心区等区块，共14块区域，园区企业可享有国家、北京市、中关村示范区的各项优惠政策。

大兴生物医药产业基地位于大兴新城，2002年成立。2006年纳入中关村科技园区，规划963公顷，批复为北京国家生物产业基地。2009年被授予"国家北京生物医药创新孵化基地"。2010年纳入北京经济技术开发区生物医药产业园。基地以生物医药为主导产业，重点构建"1+4+2"的特色产业格局，即医药研发及检验机构形成的核心板块；生物制药、现代中药、创新化药、医疗器械四大主体板块；"大健康"、动物疫苗及动物用药两大拓展板块。基地已完成总体投入80余亿元，其中基础设施投入20余亿元。累计完成道路建设47千米，各类专业管线204千米，绿化景观工程220万平方米；埝坛、皮各庄2座电站，第一供热厂投入使用。基地与企业合作搭建抗感染药物公共服务平台、中药质量控制公共服务平台等，为园区企业乃至北京市医药企业提供服务。

亦庄园位于京津塘高速公路和城市五环路与六环路之间，拥有连接各重要经济区域和交通枢纽的畅通道路及多种交通方式，"八横八纵"的路网格局，道路总里程超过3000千米；基础设施完备、生态环境优美、配套服务设施齐全、政府服务高效，具有优良的投资环境。1999年8月，市政府决定北京经济开发区700公顷面积划归中关村科技园区，为中关村科技园区"亦庄科技园"。园区已形成电子信息、生物医药、汽车制造、装备制造四大主导产业，新能源新材料、军民结合、文化创意三大新兴产业，生产性服务业、科技创新服务业、都市产业三大支撑产业，高端、高效、高辐射的十大产业集群。已有诺基亚（中国）投资有限公司、北京奔驰汽车有限公司、拜耳医药保健有限公司等各领域的知名企业，建立了世界上独一无二的星网模式，在大尺寸集成电路生产、移动通信产品研发与制造等方面领先国内同行业水平，高新技术企业成为区域经济发展的主要支撑，产业高端化、集聚化，资源集约化发展优势日益强化。

### 大兴生物医药基地管理委员会领导成员

工委书记　田德祥
主　　任　田德祥
副 主 任　何建涛

### 亦庄科技园管理委员会领导成员

主　　任　梁　胜
副 主 任　绳立成

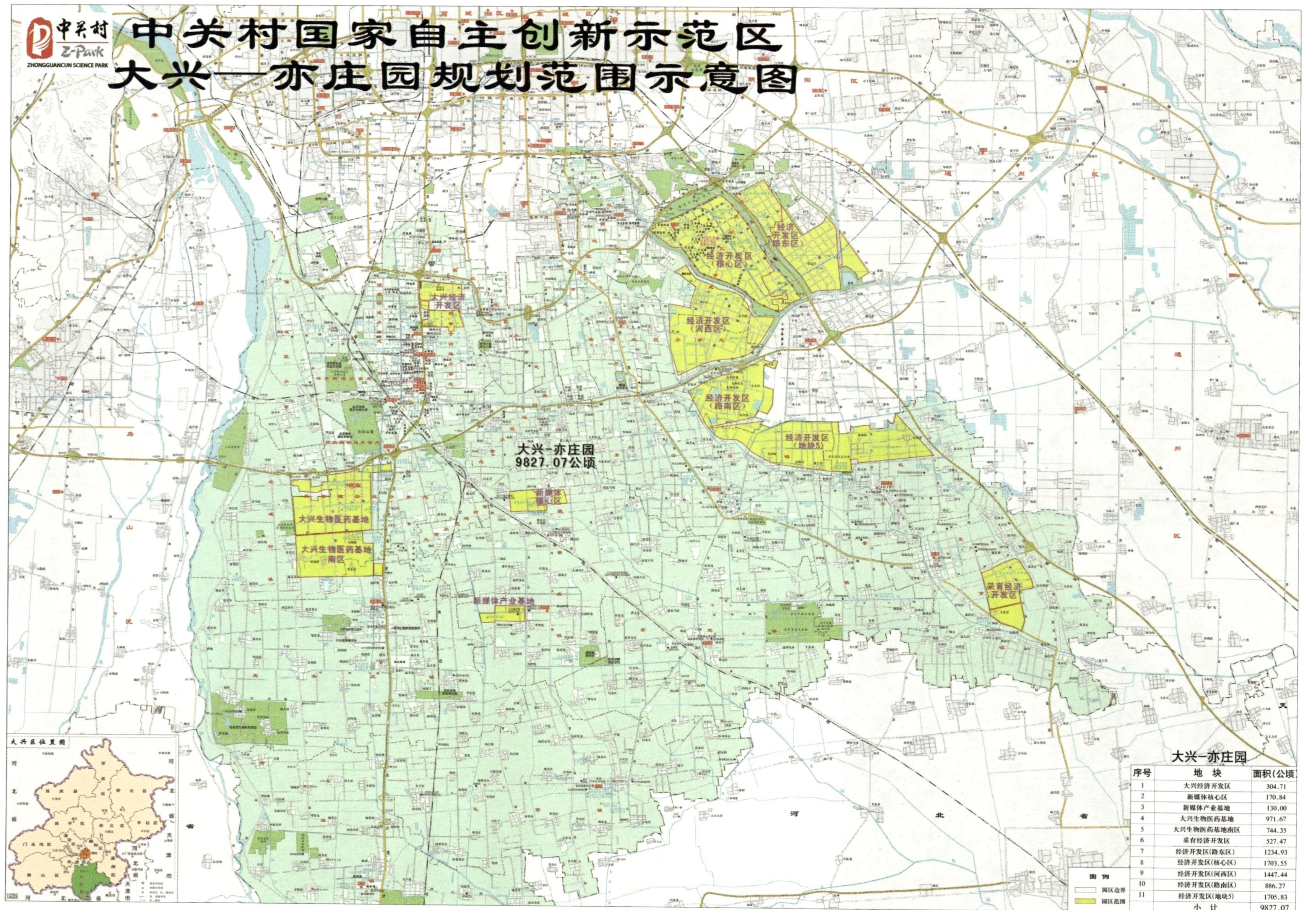


| 序号 | 地块 | 面积(公顷) |
|---|---|---|
| 1 | 大兴经济开发区 | 304.71 |
| 2 | 新媒体核心区 | 170.84 |
| 3 | 新媒体产业基地 | 130.00 |
| 4 | 大兴生物医药基地 | 971.67 |
| 5 | 大兴生物医药基地南区 | 744.35 |
| 6 | 采育经济开发区 | 527.47 |
| 7 | 经济开发区(路东区) | 1234.93 |
| 8 | 经济开发区(核心区) | 1703.55 |
| 9 | 经济开发区(河西区) | 1447.44 |
| 10 | 经济开发区(路南区) | 886.27 |
| 11 | 经济开发区(地块5) | 1705.83 |
| | 小计 | 9827.07 |

【概况】2013年，大兴生物医药产业基地重点围绕促进园区经济指标增长、推进四个一批项目、园区基础设施与环境建设、企业管理与服务、扩区等方面开展工作，经济贡献率不断提升。年内，园区高新技术企业总数189家；从业人员近3.1万人；工业总产值214.9亿元；总收入234.2亿元；进出口总额2亿美元；上缴税费14.6亿元；利润总额24.1亿元；资产总计382.9亿元；科技活动经费支出总额10.6亿元；专利申请446件，获专利授权361件。

*创新工作方法*。基地加大协调力度、创新工作方法，推进“并联审批”，提高项目推进效率，一批重点项目建设取得突破。引进的第一个世界500强直接投资项目北京费森尤斯卡比医药有限公司开工建设，实现从摘牌到开工1个月完成的重大突破；完成与中关村发展集团股份有限公司、北京斯利安药业有限公司等6个项目签约、14个项目挂牌；北京华泰中药新技术开发中心、河南依生药业有限公司等14个项目开工；北京协和药厂、康美药业股份有限公司等10个项目竣工，其中6个项目进入试生产阶段。

*拓展融资渠道*。获发展改革委批文，生物医药产业基地发展有限公司发行债券6亿元，募集的4.9亿元资金用于大兴区北臧村镇居住及配套用地项目；推进银行贷款，建设银行项目贷款全面到位；争取政策性资金，全年共落实政策性资金9667万元，企业资金1400万元；15家企业的25个项目获新区科技创新专项资金支持，包括成果转化、配比等项目。

*推进基础设施建设*。继续推进道路、管网工程建设，全年投入基础设施建设5亿元；编制完成热力管线及燃气管线专项规划，报市规委审批；与热力集团战略合作取得实质进展，引进投资15亿元；加快建设进度，热力集团将随基地项目建设情况推进供热厂建设；引进团队和技术，提高热力保障能力和管理水平。

*加强企业服务*。落实产业政策，扶持企业发展，先后组织40余家企业申报市、区两级经济信息化委支持项目、北京市中小企业支持资金、市科委高新技术企业发展资金；完成重大新药创制科技专项任务结题；搭建交流平台，做好政企对接；邀请区国税局开展税法培训，协助相关委办局做好政策支持企业的项目验收和执行管理；组织各类企业招聘会15场，实现就业安置600余人。

*强化环境整治*。基地主要领导牵头、全员参与，启动基地环境综合整治和生态建设工作，制定《环境综合整治与生态建设工作方案》，完善《综合管理办法》《施工工地管理规定》《综合管理工作职责和流程》，明确职责、分工、流程、标准；建立环境整治工作台账，涉及100余处，根据工作进展动态更新；组织召开环境综合整治和生态建设工作部署大会，参加城市清洁日活动。

*继续推进土地挖潜*。通过优化规划指标、推进土地腾退、加强闲置厂房利用等方式，累计盘活挖潜土地167公顷。提高未供土地的容积率，增加规划建筑面积125.6万平方米，相当于挖潜土地84公顷；推动21家企业扩建项目，新增建筑面积78万平方米，相当于挖潜土地52公顷，北京同仁堂制药有限公司等5家企业扩建项目建成；投资收回北京浚达丰医疗器械有限公司等3家企业的土地24.4公顷，推进北京康特制衣有限公司土地1.5公顷，4个地块收回土地26公顷；推进企业闲置厂房的利用，累计腾出厂房15万平方米，相当于土地挖潜10公顷。

2013年，亦庄园充分发挥高水平一体发展的体制优势，着力创新，经济社会发展的质量效益进一步提升。年内，园区高新技术企业总数556家；从业人员18.5万余人；工业总产值2163.2亿元；总收入3587.8亿元；进出口总额216.5亿美元；上缴税费232.3亿元；利润总额234.4亿元；资产总计3768.3亿元；科技活动经费支出总额105.2亿元；专利申请量2590件，专利授权量1642件。

*高端产业项目推进加快*。围绕加速大项目引进落地，积极创新招商模式，设立驻德国招商代表处，加大对欧盟国家的主动招商力度；健全项目全程管理机制，强化目标责任。全年引资总额83亿美元，同比增长73%，创历史新高。中石化新能源总部、乐视智能电视等36个总部类、高端制造业重大项目签约落地；百度云计算、蓝鲸军民融合园等30个项目开工；康宁二期、协和制药等30个项目实现投产，新增产值228亿元。推进要素整合，实现产业链增值10亿元。“北京·亦庄”品牌效应持续扩大，亦庄·云世界大会成为国际互联网新名片，“中国设计瑰谷”永久落户亦庄，参加京港洽谈会、京交会、金博会等活动，使亦庄的影响力进一步增强。

*产业集群发展势头良好*。以北京奔驰汽车有限公司为龙头的汽车产业集群加速壮大，北京奔驰新发动机工厂、采埃孚车桥工厂等配套项目投产，奔驰海外最大的汽车产业园初具规模。数字电视产业集群逐步发力，京东方8.5代线赢利能力持续提升。集成电路产业集群实力增强，中芯国际集成电路制造（北京）有限公司（一期）收入增长迅速，二期完成主体结构建设；北京北方微电子基地设备工艺研究中心有限责

任公司技术能力和市场份额快速拓展。电子商务产业集群发展迅猛，京东商城销售规模突破千亿元。经济开发区、生物医药基地等6园发展速度加快，融合以来累计布局华润北药等大项目29个，总投资164亿元。生物医药产业园、新媒体产业园等产值均呈增长态势，军民结合产业园、蓝鲸军民融合园等基础设施建设顺利进行，生产性服务业产业园、新空港产业园引入、储备优质高端项目。

*创新驱动步伐加快*。新增北京天诚同创电气有限公司研发中心等市级研发机构35家，北京亦庄生物医药园等4家孵化器进入市级孵化基地行列。新培育“小巨人”重点企业20家、市专利试点企业35家，北京英纳超导技术有限公司等3家企业入选第一批国家级知识产权优势企业，将推动企业知识产权管理标准化体系建设。发布“德勤亦庄高科技高成长20强”，其中北京圣福伦科技有限公司等7家跻身德勤中国50强。

*人才支撑能力提升*。新增中央“千人计划”4人、北京市“海聚工程”7人，入选首批“北京学者”1人，认定新区海外高层次人才26人；新设立博士后科研工作站3家。出台《建设高技术制造业和战略性新兴产业领军人才发展示范区的实施意见》，进一步强化新区人才支撑产业发展的引领示范作用。

*区域环境有效提升*。亦庄水厂建设前期工作进展顺利，推广利用自有绿地就地消纳雨水。实现光伏电站并网发电超过2000万千瓦时，减少碳排放超过2万吨。获批为国家智慧城市试点，且制订出智慧城市创建目标，完成顶层设计。高度重视安全生产工作，积极开展安全大检查，强化安全责任体系建设，有效消除安全隐患。

（刘　鑫　崔春雷）

**【北京市专利信息服务体系亦庄分站成立】**1月10日，在“国家知识产权局推进专利信息传播利用工作暨北京市区域专利信息服务体系建设大会”上，北京市知识产权信息中心与北京经济技术开发区知识产权局签署《专利信息服务合作框架协议》，成立“北京市专利信息服务体系亦庄分站”，旨在建立专利信息服务长效互动工作机制，进一步扩宽专利信息利用渠道，实现专利数据资源的共享和应用，推动专利信息服务于科技创新和经济转型发展。

（崔春雷）

**【四达时代集团总部基地落成】**1月18日，“北京四达时代集团总部基地落成典礼”在集团基地举行。项目占地面积近3公顷，建筑面积6.4万平方米，2010年7月奠基，包括办公楼、员工公寓、专家公寓及相应的配套设施，由新加坡RSP公司、北京市建筑设计公司设计，北京建筑二局第三建筑公司承建，是一个环境优美、功能齐全的园林式办公区。四达时代集团集模拟技术、IP网络技术和数字电视技术于一身，是国家认定的高新技术企业，也是中国广电行业唯一获国家对外承包工程经营资质的民营公司，在国内与多个省级有线电视网络公司合作，开展数字电视增值业务运营。自2007年起，集团先后在卢旺达、几内亚等国家注册成立数字电视运营公司，并获电视经营牌照和无线频率许可，开通地面无线数字电视系统，成为在非洲发展最快、影响最大的数字电视运营商。

（崔春雷）

**【大兴新区生物医药项目落地对接会召开】**1月21日，由大兴医药基地管委会主办的“大兴新区生物医药项目落地对接会”在大兴生物医药基地招商服务中心召开。大兴区政府、亦庄国际生物医药投资管理公司等单位有关领导出席，葵花药业集团等近30家企业的代表参加。医药基地管委会、北京亦庄生物医药园投资管理有限公司签署《大兴新区生物医药产业发展战略合作框架协议》，就建立信息共享平台机制、统一招商宣传、建立企业互动机制、优先项目引进机制等方面达成一致，将共同构建产研结合平台，实现项目孵化在新区、落地在新区、成长在新区的产业目标。北京富龙康泰生物技术有限公司、北京凯得尔森生物技术有限公司等5家企业与医药基地管委会签署入区意向书。

（孙　超）

**【北人迪潽瑞公司揭牌】**1月21日，“北京北人迪潽瑞印刷机械有限公司揭牌仪式”在北人印刷机械股份有限公司举行。北京京城机电控股有限责任公司等相关单位的负责人以及企业代表参加。北人迪潽瑞公司由北人股份公司、北京工业发展投资管理有限公司、北京印刷学院和北京北人京延印刷机械有限公司共同出资成立，是在市政府产业化项目资金引导下，由学校知识产权入股、企业重点投资组建的集开发、设计、生产、销售、服务于一体的印刷机械制造领域的现代化企业。公司将以北京北人京延印刷机械厂为平台，依托北京印刷学院的数字化高档给纸机技术和北人股份公司高速输纸机技术，研发生产数字化高档给纸机、对开给纸机、数字化卷筒纸书刊给纸机3个系列产品及零件加工，同时借助北人股份及北人京延已有的销售网络，组织产品试制及销售，实现单张纸平版印刷机的数字化单元产业化生产。

（崔春雷）

**【医药基地获批为北京市新型工业化产业示范基地】**1月30日，市经济信息化委等6部门发布《关于公布第一批“北京市新型工业化产业示范基地”名单的通知》，“大兴生物工程与医药产业基地·生物医药”名列其中，标志着医药基地被纳入市新型工业化产业空间管理体系，产业服务功能、产业集聚能力进一步增强。8月7日，市经济信息化委公示《2013年度新型工业化产业示范基地公共服务平台体系建设支持项目》，北京生物医药产业基地发展有限公司承担的“中关村科技园区大兴生物医药产业基地·生物医药公共服务平台提升服务能力建设项目”入选，获以奖代补资金200万元，用于平台建设以及提升基地服务能力。

（邱晓明　张　波）

**【科技创新专项资金落地大会召开】**1月30日，由经济技术开发区管委会主办的“2012年度开发区科技创新专项资金落地会议”在博大大厦召开。开发区管委会有关领导、企业负责人等200余人参加。北京中交兴路信息科技有限公司、北京诺赛基因组研究中心有限公司等178家企业的“大数据应用环境下行业GIS引擎与智能物流服务的集成应用研究”“重组人PDCD5蛋白治疗类风湿性关节炎的临床前研究”等274个项目获1.27亿元新区科技创新专项资金扶持，其中研发配比类20个、自定研发类32个、成果转化类22个、知识产权类101个。北京百奥赛图基因技术有限公司承担的“基因敲除（敲入）模式动物制备技术平台”、北京协和建昊医药技术开发有限责任公司承担的“药物安全性评价与成药性评估平台”等5家第二批公共技术服务平台和北京星昊医药股份有限公司、中国华冶科工集团有限公司等38家第三批企业创新中心获开发区管委会授牌。

（崔春雷）

**【推进科技强区战略领导小组会议召开】**1月30日，由经济技术开发区管委会主办的“2013年开发区推进科技强区战略领导小组会议”在博大大厦召开。开发区管委会有关领导、各部门负责人参加。会议总结2012年科技强区工作取得的成绩，明确2013年科技强区战略工作将以“无缝对接政策资源，加快转化要素优势，全面提升创新能力”为重点，力争在“科技创新重大项目落地、打造政产学研用创新体系、推进重大科技成果产业化、提升科技服务发展能力、加速高端创新人才聚集和发展”上实现新的突破。（科技强区战略2010年提出，即利用“大旗舰”打造工程、“小巨人”孵育工程、科技平台升级工程、高端创新人才汇聚工程、知识产权推进工程、科技金融创新工程、科技中介服务提升工程、创新文化建设工程等八大工程增强区域创新实力。）

（崔春雷）

**【华德液压公司获评工业品牌培育示范企业】**2月6日，工业和信息化部发布《关于2012年“工业质量品牌建设年”活动情况的通报》（工信部科函〔2013〕55号）。北京华德液压工业集团有限责任公司获评为“工业品牌培育示范企业”，是北京市唯一一家。“工业品牌培育”是2012年工业和信息化部“工业质量品牌建设年”活动的重要内容，旨在通过组织国内工业企业品牌培育试点，带动地区和行业推进品牌建设，指导企业建立品牌培育管理体系，提高品牌培育能力，为工业行业全面开展品牌培育工作提供经验。此次入围有助于发挥华德液压公司在信誉、文化、管理和技术等方面的优势，提高其产品的忠诚度和美誉度，创造品牌溢价，提升企业赢利能力。

（崔春雷）

**【举办10场科技政策大讲堂】**3月14日，北京经济技术开发区科技政策大讲堂首场报告会在博大大厦举行。北京盈科通达信息技术有限公司、百泰生物药业有限公司等200余家企业的400余人参加。会议邀请中关村管委会有关处室负责人重点介绍中关村战略性新兴产业项目扶持政策、“十百千工程”企业申报及专项资金扶持政策、产业创新联盟及资金扶持政策等，并现场就开发区科技创新数据服务平台改版情况以及如何使用进行辅导，对科协、中关村高新技术企业的办理及主要政策进行宣讲。至年底，大讲堂共开讲10场，累计有400余家企业的2000余人次参加，中关村管委会、市科委等有关部门相关专家分别就中关村示范区“1+6”政策体系、企业技术合同登记流程及常见问题、科技企业孵化器认定和支持政策、国家科技重大专项政策等进行讲解，旨在推动经济技术开发区企业与国家、北京市、中关村示范区的政策更紧密地对接，促进首都科技政策资源最大限度向开发区企业聚集。

（崔春雷）

**【京卫医药与大兴基地签署入驻协议】**3月22日，京卫医药科技集团有限公司与大兴生物医药基地管委会签署进驻协议。公司拟在基地建设药品研发和制造基地，主要包括制剂综合厂房，质检、研发综合楼及相关生产附属设施。项目投资额2.7亿元，建设用地约2.4公顷，预计2018年达产，将生产冻干片剂、透皮吸收制剂、气雾剂、乳液剂、固体制剂五大类产品。

（孙　超）

**【生物医药产业创新与发展系列论坛举办】**3月26日，

由北京亦庄国际生物医药投资管理有限公司主办的系列主题演讲活动“2013年北京亦庄生物医药产业创新与发展论坛第一期”在北京亦庄生物医药园举办。论坛主题为“生物医药企业创新模式　中小企业政策专项申报”。科技部、市科委、中关村发展集团股份有限公司等单位的相关专家就“创新模式与中小企业生存之策”“生物医药企业融资中的常见问题及解法探讨”“科技型中小企业技术创新基金申报”等议题进行演讲。至11月27日，系列论坛共举办9期，分别以“药物安全性评价与研究进展”“国内外创新型高端药物制剂技术及产品的现状与差距”“个体化诊断前沿技术及产业化发展机遇”等为主题，重点开展“专家讲坛、技术交流、项目推介、专家沙龙”等活动，特邀沈倍奋、侯云德、谭天伟3位院士分别就“国际抗体产业的前沿进展及发展趋势”“基因与细胞治疗研究进展”“工业生物技术与生物战略性新兴产业”等主题发表演讲。论坛为政府与企业搭建一个交流联系与互动的平台，为引导企业发展，鼓励中小企业科技创新，促进小微企业健康成长提供支持和帮助。

（崔春雷）

**【首届新区高层次人才联谊会举办】**3月26日，由经济技术开发区工委组织部主办的“2013年首届新区高层次人才联谊会”在亦庄生物医药产业园举行。北京百奥赛图基因生物技术有限公司、新博医疗技术有限公司、北京康乐卫士生物技术有限公司等生物医药企业的高层次人才40余人参加，共同分享创业经验和研发成果。至年底，新区有海外高层次人才的企业89家，其中生物医药企业53家100余人，占新区海外高层次人才总数的一半以上。

（崔春雷）

**【新能源汽车体验中心获批市科普基地】**3月29日，市科委、市科协联合发布《关于命名北京市科普基地的通知》。北京汽车新能源汽车有限公司的北京新能源汽车体验中心被命名为市科普基地，周期为2013—2015年。中心于2012年6月成立，位于大兴采育经济开发区新能源汽车科技产业园区内，由科技部、市政府及北汽集团共同建设，总投资2000余万元，总建筑面积1200平方米，是新能源汽车的展示基地，市民可以免费通过展板、视频、互动触摸屏、多媒体、幻影成像等表现手法和互动形式获得对新能源汽车全方位的科普介绍。中心设有新能源开发与利用展区，主题为“绿色革命”；新能源汽车诞生与发展展区，主题为“历史的足迹”；新能源汽车发展现状和趋势展区，主题为“科技的神韵”；新能源汽车前景与展望展区，主题为“未来的畅想”；新能源汽车充换电体验厅，主题为“创新能量之旅”；新能源汽车展厅以及环形跑道、可为40辆车同时充电的充电站。中心还提供预约参观、试乘试驾等服务。

（崔春雷　龙　琦）

**【开发成功3D重组人造皮肤模型】**3月，北京富龙康泰生物技术有限公司开发出中国第一个商业化的3D重组人造皮肤模型。皮肤模型分表皮层、真皮层和细胞外基质层（含胶原纤维），角质层由人角质细胞层分化而获得，有24孔板形式和12孔板形式。产品可替代传统的动物试验，检测化学物质、生物制品、日用化工产品以及化妆品的所有剂型，如粉剂、液体、膏剂。同时，MTT和IL−1α双终点检测方法可有效提高皮肤刺激性试验、腐蚀性试验的灵敏度、特异性和精确性。产品动物试验替代方法符合动物保护和福利的3R理论，使用黄种人皮肤细胞，更接近人体试验的结果，双终点检测法结果灵敏、准确、可靠。

（崔春雷）

**【“进园区　送服务”活动举办】**4月11日，由北京软件与信息服务业公共服务平台、开发区科技局、开发区科协共同主办的北京软件与信息服务业公共服务平台“进园区　送服务”活动在博大大厦举办。园区软件企业代表100余人参加。活动介绍了公共服务平台建设情况，解读了新修订的《软件企业认定管理办法》，分享了天云融创数据科技（北京）有限公司带来的“大数据——新生产力”报告。市经济信息化委设置17个摊位，提供一条龙咨询服务，涉及资质类、人才类、投融资等类型，包括双软认定、人才服务、知识产权质押贷款等服务内容。

（崔春雷）

**【H7N9疫苗关键蛋白问世】**4月22日，北京义翘神州生物技术有限公司针对3月底出现的国内首例人感染H7N9病例，根据H7N9基因序列获取病毒基因、构建目标载体，进行细胞培养、蛋白质纯化、质量控制和鉴定，仅用12天，研制成功H7N9疫苗关键蛋白——血凝素蛋白和神经氨酸酶蛋白，并实现规模化生产，为H7N9疫苗以及药物研制奠定关键性的基础。H是指血凝素蛋白，主要功能是感染人体内的细胞；N是指神经氨酸酶蛋白，其作用则是使已感染的细胞进一步感染其他细胞，扩散病毒影响。研发抑制这两种蛋白作用的抗体和疫苗的关键是要根据流感病毒的基因序列研制出相应的重组蛋白。H7N9关键蛋白根据不同种类的毒株研发分“安徽株”和“上海株”2种。

（崔春雷）

**【重奖企业创新发展“排头兵”】**4 月 26 日，大兴区政府、开发区管委会联合对为区域经济发展做出突出贡献的企业和个人进行表彰，共奖励 5726 万元。北京奔驰汽车有限公司、拜耳医药保健有限公司等 2012 年度纳税前 50 强企业和纳税增长前 50 强企业获奖。同时，京东方科技集团股份有限公司、中芯国际集成电路制造（北京）有限公司等 10 家企业被授予“十大功勋企业”称号，百泰生物药业有限公司董事长白先宏、北京英纳超导技术有限公司董事长韩征和等 10 人被授予“十大杰出人物”称号。

（崔春雷）

**【京东商城商超业务上线】**5 月 6 日，京东商城商超频道上线。用户可在“一站式购物平台”购买食品饮料、调味品等日用品，足不出户，即可轻松实现“打酱油”“买啤酒”等日常生活购物需求。京东商超首次上线的商品 5000 余种，全部是其自营，涉及休闲特产、纯净水、粮油、饮料等，凡是北京京东世纪贸易有限公司物流覆盖到的地区，用户均可上线消费。与以往打包出售所不同的是，在京东商超中，所有商品消费者都可零买，京东公司在 132 个区县提供“211 限时达”的极速配送、货到付款等服务。

（崔春雷）

**【高端医疗器械产业园项目签署进驻协议】**5 月 16 日，中关村高端医疗器械产业园项目公司——北京中科兴仪高端医疗器械产业投资有限公司与大兴医药基地管委会签署进驻协议。公司于 2012 年 12 月成立，是中关村发展集团全资子公司，注册资金 2 亿元，将全面承担中关村高端医疗器械产业园的规划建设和运营服务。该产业园选址大兴生物医药产业基地三期中部，生物医药国际企业花园用地范围内，规划用地面积 19.19 公顷，总建筑面积为 28.79 万平方米，总投资约 14.6 亿元，将以高端医疗器械产业为主，集研发、孵化、生产为一体，重点发展高端医疗器械研发总部、新型高端医疗器械生产制造、医疗器械企业孵化成长、医疗器械支撑服务等四大产业功能。已有北京天智航医疗科技股份有限公司等 10 家企业签约入驻产业园，意向签约面积 2 万平方米，累计意向投资额 2.8 亿元。

（孙　超）

**【15 位高端领军人才获教授级高工职称】**5 月 17 日，市人力社保局在大兴—亦庄园召开“中关村高端领军人才教授级高工评价试点总结暨扩大改革试点工作部署会议”。会上，2012 年通过评审的 44 名中关村示范区高端领军人才拿到教授级高工证书，其中包括北京义翘神州生物技术有限公司等大兴—亦庄园企业的高端领军人才 15 人，涉及信息技术、生物医药、新材料等领域。至此，中关村示范区 98 人破格获教授级高工职称，包括大兴—亦庄园 34 人。

（崔春雷）

**【亦庄园企业参展第十六届科博会】**5 月 22—26 日，在中国国际展览中心举行的“第十六届中国北京国际科技产业博览会”上，亦庄园管委会设立亦庄展区，30 家高新技术企业的 35 类展品参展，展示电子信息、先进装备制造等十大产业的创新成果，包括北京新航城规划沙盘，诺基亚通信有限公司的 Windows8 操作系统智能手机“Lumia 925”，北京博大光通国际半导体技术有限公司的“智能云车位锁分时共享停车管理物联网系统”和“城市井盖云监测智慧市政物联网系统”，北京云端时代科技有限公司的区域教育云整体解决方案、教师云备授课及资源共建共享平台方案、云电脑教室、云电子阅览室、云数字语音实验室等整体解决方案，北京中航智科技有限公司的“TD220 无人直升机”，安川首钢机器人有限公司的“蜘蛛机器人”等。

（崔春雷）

**【北京新航城参展科博会】**5 月 22—26 日，在中国国际展览中心举行的“第十六届中国北京国际科技产业博览会”上，亦庄展区展示了北京新航城规划沙盘。项目围绕北京大兴国际机场建设，位于大兴区礼贤镇、榆垡镇，定位于“世界枢纽、中国门户、区域引擎、生态新城”，拟规划建设面积为 3 万公顷，市政府计划投资 840 亿元，其中 2013 年至 2015 年的投资计划是 300 亿元。新航城将形成“一轴两核三区四组团”的产业空间布局。“一轴”指北京南中轴，“两核”指空港产业核与居住生活核，“三区”指保税物流区、临空产业区和国门商务区，“四组团”指庞各庄镇、安定镇、魏善庄镇和礼贤镇等，主要发展航空运输产业、航空物流业、临空高新技术产业、商务会展业、休闲旅游业等现代服务业。大兴区国资委和北京经济技术投资开发总公司共同出资，组建旨在“服务新机场、建设新航城”的实体公司——北京新航城控股有限公司，其目标定位为新航城的开发建设主体、投资融资主体、运营管理主体和资源整合主体。

（崔春雷）

**【100千瓦双绕组驱动电机参展科博会】**5月22—26日，在中国国际展览中心举行的“第十六届中国北京国际科技产业博览会”上，北京中瑞蓝科电动汽车技术有限公司展示其研发的纯电动车、100千瓦双绕组驱动电机、BMS电源管理系统等产品。其中，“100千瓦双绕组驱动电机”是其与清华大学共同研发的新能源汽车专用电机，于2012年12月28日下线。项目历经2年，摸索并建立完整的电动汽车驱动电机实验、组装、测试平台。产品具有高功率密度，符合电动汽车电机结构坚固、体积小、重量轻、功率高的特点，使电动汽车本就有限的空间得到节约；效率高达93.6%，高效区域广，有效提升纯电动汽车电池有限的电能利用率，可保证汽车足够的续航里程；恒功率调速范围广，

适应最高车速以及超车的需要；电机峰值转矩大，适应车辆的启动、加速、负荷爬坡、频繁起停等复杂工况；电机使用蛇形水道液体冷却方式，有效降低电机温升，提高电机使用寿命；电机用旋转编码器抗干扰能力强，旋转编码器置于非轴伸端，采用编码器解码芯片与编码器放于一个接线盒内的技术，使信号传输距离缩短到最短，降低信号干扰的可能性；定子采用2套完全相同的绕组，如其中一套绕组出现故障，另一套绕组还可保证电机在一定时间内的运转。

（崔春雷）

**【亦庄园企业科博会签约项目8个】**5月23日，在北京新世纪日航酒店举行的第十六届科博会“科技合作项目签约仪式”上，14个高科技合作项目集中签约，总金额为142.5亿元。其中，大兴—亦庄园相关单位签订中国石油化工集团公司的“新能源总部基地”、北京中航智科技有限公司的“无人航空器研发生产基地”、中航锂电（北京）有限公司的“锂电北京生产销售基地”等8个重大科技合作项目，总金额为141.72亿元，涉及高端装备制造、新一代信息技术、航空科技等领域。其中，签约额100亿元的中石化新能源总部基地项目将打造中国石化煤化工业务平台、专利设备制造基地、煤化工技术研发中心和技术服务中心。

（崔春雷）

**【渣打银行落户亦城国际中心】**5月28日，北京银监局下发《关于渣打银行（中国）有限公司北京亦庄支行开业的批复》（京银监复〔2013〕306号）。亦庄支行是渣打银行在中国的第101家支行，在北京地区的第11家支行，也是大兴—亦庄园的第二家外资银行。亦庄支行主要是为小微企业提供专业金融服务，包括贷款、现金管理、贸易融资、电子银行、外汇管理在内的全面金融产品。其中“无抵押小额贷款”无须抵押物或质押物，在材料齐全的情况下，最快5个工作日，企业便可拿到贷款。同时，银行配备有专属的客户经理，为小微企业提供量身定制的金融解决方案。7月8日，亦庄支行在亦城国际中心开业。

（崔春雷）

**【共建科技创新及成果转化应用平台】**5月30日，由市科委、经济技术开发区管委会共同主办的“共建科技创新及成果转化应用平台合作协议签约仪式”在博大大厦举行。双方相关领导参加。根据协议，双方将建立领导定期会晤机制，及时沟通；市科委将加强对经济技术开发区科技创新、成果转化、产业布局等工作的指导，汇总北京市各类科技成果，筛选有转化需求的项目向开发区管委会推荐，且强化先行先试政策在开发区的落地工作，优先布局科技成果转化基地等建设；开发区管委会负责做好科技成果落地承接工作，将与市科委紧密合作，推动科技创新及成果转化应用平台建设，完善科技创新及成果转化机制。

（崔春雷）

**【中国设计瑰谷揭牌】**5月30日，在“2013中国设计节暨第二届中国设计发展年会”上，中国设计瑰谷揭牌。“设计瑰谷”是北京光华设计发展基金会的注册品牌，主要是通过国际化服务、创意设计展示、工程技术服务、新材料研发展示、设备展示、信息服务、人力资源、知识产权及综合法律服务平台服务等八大平台，全方位服务于设计创新与成果转化。中国设计瑰谷落户大兴区，将建成设计瑰谷总部，以“一谷五园”方式布

局，“一谷”为中国设计瑰谷，“五园”为亦庄西曼设计园、设计企业创意园、建筑工程设计产业园、博洛尼都市设计园和服务文化创意产业园。首批将有国际设计联合会、台湾创意设计中心、中国工业设计协会、北京市建筑设计研究院等40余家协会组织、行业权威、龙头企业参与共建。中国设计瑰谷将以电子信息产品、汽车和服装设计，建筑和工程咨询设计，传播设计，家居家装设计以及设计产品展示交易设计等为重点发展领域，完善产业链，实现设计专家、设计组织、行业创新、区域发展等多方共赢。

（崔春雷）

**【龙腾之星“诺基亚·绿色设计青年之星”颁奖】**5月30日，在“2013中国设计节暨第二届中国设计发展年会”上，举行由诺基亚（中国）投资有限公司、光华设计基金会、大兴区政府、经济技术开发区管委会共同主办的“2013龙腾之星‘诺基亚·绿色设计青年之星’颁奖典礼”，市科协、大兴区教委等单位相关领导以及获奖学生设计师代表与来自各方的200余位来宾参加。大赛于2012年9月启动，是“诺基亚·绿色设计青年梦想计划”公益活动的重要组成部分，主题为“绿色设计”，旨在通过绿色设计方案征集，鼓励、支持年轻人关注、参与绿色设计，提升创新设计能力，发现设计人才，展示设计在建设节约型社会中的重要作用。大赛征集了来自华北、华南等七大赛区500余所高校的5000余个参赛作品，涉及通信、建筑、家电、汽车等六大领域的绿色设计方案，最终“SolarTriangle太阳能衣架”“小型城市车概念车设计”等20个设计团队的作品分获金、银奖。（由光华设计基金会发起设立的以“中国设计业十大杰出青年评选”“中国设计贡献奖评选”“龙腾之星评选”三大评选为核心的“光华龙腾设计创新奖”获得国家科学技术奖励工作办公室批准，是中国设计领域唯一一个国家级奖项。）

（崔春雷）

**【2013中国设计节举办】**5月30日—6月1日，由光华设计基金会、大兴区政府、经济技术开发区管委会共同主办的“2013中国设计节暨第二届中国设计发展年会”在丰大酒店举行，主题为“设计超乎想象”。20余个国家和地区的40余家设计组织的200余位设计师参加。活动由开幕式，中国设计发展年会，国际设计博览会，第四届海峡海岸和香港、澳门设计高峰会，2013年第二期秘书长沙龙五大主体内容组成，并举行“中国设计瑰谷”揭牌仪式，还公布《关于促进新区设计产业发展的若干意见》《新区促进设计产业发展的实施细则》。设计节以“共建瑰谷，共赢未来”为主线，将国内外设计力量汇集“中国设计瑰谷”，实现设计专家、设计组织、行业创新、区域发展等多方共赢，成为北京建设“设计之都”的重要支撑。中国设计发展年会设有“中国设计发展年会”“设计创新与新型工业产业发展论坛”“时尚设计产业与资本论坛”3场主题论坛，相关专家分别就“设计改变生活，设计提升产业”“中国设计复兴中国”“中国设计教育的现状及前景”“设计产业的生态链”等主题发表演讲，向中国设计行业传递国际前沿的设计理念。

（崔春雷）

**【国际设计博览会举办】**5月30日—6月1日，在丰大酒店举行的“2013中国设计节暨第二届中国设计发展年会”上，举办了活动主体内容之一的国际设计博览会。200余位在国内外各个设计领域的设计行业大师、杰出代表的300余件设计作品参展，基本囊括设计的各大门类。展览面积300余平方米，分为三大展区。第一展区展示了法国JANUS、台湾金点等获奖设计作品，重点是搭乘“神舟五号”飞向太空的中国自主设计研制的飞亚达航天表和北京华新意创工业设计有限公司获2012年中国优秀工业设计奖金奖产品“防灾减灾无人驾驶飞机”。第二展区为红星展区，介绍了“设计之都”申报历程、建设展望及产业统计、设计提升计划、红星奖、设计之旅、DRC基地和中国设计交易市场6项基本工作，展示柿子沙发、男式四方位透气可脱卸冲锋衣、交互联网机器人、宜生无闪舒视灯等红星奖获奖产品。第三展区为新区成果展，重点展示中芯国际集成电路制造有限公司的12英寸芯片生产线、北京京东方显示技术有限公司的8.5代线等创新成果。

（崔春雷）

**【36家企业参加市专利试点工作】**6月7日，市知识产权局发布《关于公布2013年度参加北京市专利试点工作的企事业单位名单的通知》，大兴—亦庄园内北京艾迪康医学检验所有限公司、北京安百胜生物科技有限公司、北京博大光通国际半导体技术有限公司等36家企业入选，涉及生物医药、电子信息等领域。（2014年2月18日，市知识产权局《关于公布2013年度北京市专利试点验收合格单位的通知》下发，36家均通过验收。）

（崔春雷）

**【7个项目入围市高新技术成果转化项目名单】**6月8日，市科委、市发展改革委、市财政局、市经济信息化委、中关村管委会联合公示北京市2013年度高新技术成果转化项目名单，大兴—亦庄园7家企业的7个项目入选，即悦康药业集团有限公司的“注射用兰索拉唑转

化项目”、北京三盈联合石油技术有限公司的“加油站嵌入式操作系统及终端设备技术成果转化项目”、中冶京诚工程技术有限公司的“大型钢铁冶炼关键设备及技术成果转化项目”、北京京运通科技股份有限公司的“大投料量定向结晶多晶硅铸锭炉转化项目”、北京北方微电子基地设备工艺研究中心有限责任公司的“LED蓝宝石图形化衬底（PSS）高密度刻蚀机产业化项目”、北京苍穹数码测绘有限公司的“KQGIS平台国土综合技术产业化项目”、北京绿竹生物制药有限公司的“A、C、Y、W135群脑膜炎球菌多糖疫苗转化项目”，涉及电子信息、生物、新能源、高端装备制造等领域。

（崔春雷）

**【开发区驻德代表处揭牌】**6月25日，“北京经济技术开发区驻联邦德国代表处揭牌仪式暨欧企产业园项目签约仪式”在法兰克福贸易、工业和科学协会举行。开发区管委会、德国RSBK公司、坤鼎投资管理集团有限公司等单位相关人员参加。开发区管委会与德国RSBK公司签署《投资意向书》，双方将形成战略合作关系。中方将针对欧洲企业在华投资需求，为入园企业提供集现代化生产、办公、生活于一体的创新商务模式，促进高端企业入驻开发区。坤鼎投资管理集团有限公司作为开发区授权的德国代表处，将立足德国，辐射欧洲，执行在欧招商任务并处理与此有关的一切事项，成为开发区与欧洲高端企业沟通的重要平台。

（崔春雷）

**【智慧园区与物联网产业发展论坛举办】**6月26日，由北京经开工大投资管理有限公司、经济技术开发区管委会、云计算知识产权创新联盟共同主办的“智慧园区与物联网产业发展论坛”在北工大软件园举办。论坛旨在推动物联网领域相关技术在智慧园区建设中的研究及应用，助力智慧园区与物联网产业共同发展。工业与信息化部、中国物联网产业协会等相关单位领导以及北京施耐德电气有限公司、北京云基地等企业高管100余人参加。与会人员就物联网在温度传感、压力、振动、照明、湿度等方面的应用，物联网的发展趋势等进行探讨。

（崔春雷）

**【首张电子发票发布】**6月27日，北京京东世纪贸易有限公司作为电子发票项目应用试点单位，攻克税控加密防伪、电子签章、二维条码、大数据存储及利用、发票赋码等关键技术，开具出国内首张电子发票，金额41.4元，卖出的商品是2本PDF格式《中国梦》（修订版），编号00000001，开票单位为京东公司旗下的江苏圆周电子商务有限公司北京分公司。为加强税收征管、强化发票管理，市国税局、市地税局、市商委、市工商局联合发文，开展电子发票应用试点。第一阶段只针对北京地区客户，仅限于在京东网上商城自营电子商务平台购买图书、音响等商品的个人消费者，暂无法用于报销，只是售后和维权的凭证。电子发票是纸质发票的电子映象和电子记录，不需要纸质载体，其申请、领用、开具、流转、查验等都可以通过税务机关统一的电子发票管理系统在互联网上进行。开具电子发票应按照规定的时限、顺序、栏目如实完整开具，并加盖发票专用章电子签章。

（崔春雷）

**【《新区促进科技创新发展的实施细则》出台】**7月4日，由经济技术开发区管委会、大兴区政府共同制定的《新区促进科技创新发展的实施细则》（京技管〔2013〕59号）出台，旨在鼓励和支持新区企业进行科技创新活动，提高自主创新能力，促使各种生产要素向科技创新和高端产业集聚，促进创新成果向现实生产力转化。《实施细则》共6章26条，自发布之日起30日后施行。《实施细则》明确支持企业建立研发机构、公共技术服务平台、申报实验室认可和国际认证，并分不同等级给予相应奖励；支持企业进行高新技术研发并将技术成果在新区实现产业化；对在国内外获得知识产权授权并将专利技术在新区实现产业化的项目，每项分别给予不同档次的支持；支持企业将在国内外获得知识产权授权的专利技术在新区实现产业化；支持科技企业孵化器和大学科技园发展；支持企业认定国家级高新技术企业，对申报和复核过程中发生的审计费用按照实际发生金额给予最高不超过5000元的贴息。细则适用于经济开发区、大兴区，在范围上实现新区科技政策的完全统一和全面覆盖，在内容上实现科技创新活动主要环节的全面覆盖。

（崔春雷）

**【5家企业入选全国医药百强】**7月17日，在上海举行的“2013年（第三十届）全国医药工业信息年会”上，中国医药企业管理协会发布2012年度中国医药工业百强企业榜单。北京地区共12家企业上榜，其中大兴—亦庄园5家，占北京地区总数的42%，即拜耳医药保健有限公司继续保持第九位；悦康药业集团有限公司较2012年第九十二位上升至第四十位；北京同仁堂健康药业股份有限公司排名第八十位；赛诺菲（北京）制药有限公司位于第九十一位；北京泰德制药股份有限公司首次入榜，列第九十六位。

（崔春雷）

**【蓝星公司电解制烧碱技术项目通过验收】**7月17日，

由中国石油和化学工业联合会组织的“氧阴极低槽电压离子膜法电解制烧碱技术项目验收会”举行。项目是2009年通过科技部可行性论证的国家科技支撑计划项目，由蓝星（北京）化工机械有限公司、北京化工大学共同承担。项目针对氯碱行业的技术发展需求，研制开发出大尺寸氧阴极电极产品、金属纳米粒子/C复合材料新型氧阴极催化剂材料；突破氧阴极离子膜电极材料制备、组装、电解槽制造、工业装置运行控制4项关键技术瓶颈，建成电极材料生产、电极组装、电解槽制造3条工业生产线和5万吨/年工业示范装置1套。项目开发的氧阴极技术吨碱能耗低于1500千瓦时，与离子膜法膜极距技术相比，吨碱节电600千瓦时。

（崔春雷）

**【第五届首都创新论坛举办】**7月18日，由市科协、经济技术开发区管委会共同主办的“第五届首都创新论坛”在博大大厦举办。论坛设有专家对话、科研成果发布和成果展示等环节，主题为“促节能减排，还碧水蓝天”。清华大学国家级实验室的8位专家及150余家园区企业的代表参加。相关专家就如何调整产业结构、能源结构及解决环境问题；企业应如何做到节能减排和经济效益双赢；政府如何治理污染；推广发展循环经济，可再生能源、石化燃料高效清洁利用有哪些难关，从哪些方面攻克，需要集聚什么力量等议题进行探讨。论坛还举办国家级实验室科研成果发布与展览，来自清华大学机械工程系、微电子研究所、建筑技术科学系等专家向园区企业介绍最新的科研成果。

（崔春雷）

**【110U8000液晶电视获超高清创新产品称号】**7月25日，在“2013年第二季度中国电子信息产业经济运行暨彩电行业研究发布会”上，揭晓由中国电子视像行业协会评定的“中国彩电行业2013年度超高清创新产品”榜单，由北京京东方显示技术有限公司研制生产的“110U8000液晶电视”入选。产品采用京东方公司独有的ADSDS宽视角技术，拥有上下/左右均为178度的超宽广视角，其分辨率3840×2160，相当于全高清的4倍，近距离观看下几乎察觉不到图像的像素点，画面质量优异，可实现真人尺寸1∶1画面再现。显示屏亮度高达1000尼特，在室外公共显示场所能够实现高品质显示，10比特色彩技术可呈现10.7亿色，远高于主流显示色彩数。此外，在音效方面，采用定制芯片系统，配备环绕音效还原声音信号，拥有宽广震撼的立体音域。产品同时集众多大尺寸面板的高端技术于一体：超大尺寸先进工艺制程技术、高帧速面板设计技术、超大尺寸拼接镜像同步扫描技术、120赫兹高频驱动技术、局域动态背光技术等，全方位实现细腻、逼真的显示，可广泛应用于办公场所、大型数字显示牌、展览会、高端影院等领域。

（崔春雷）

**【北京亦庄国际融资租赁有限公司成立】**7月，北京亦庄国际融资租赁有限公司成立。公司是大兴—亦庄园第一家中外合资的融资租赁公司，也是区内首家第三方融资租赁公司，注册资金4000万美元，由北京亦庄国际投资发展有限公司和亦庄国际控股（香港）有限公司共同出资，将为区内外大中型设备制造企业、具有发展潜力的中小企业、规范的上市公司以及符合国家发展规划的、发展改革委批准的项目提供融资租赁等服务。经营范围包括：生产设备、通信设备、科研设备、检验检测设备、工程机械、交通运输工具（包括飞机、汽车、船舶）及其附带技术的融资租赁业务；上述产品的批发、佣金代理及进出口业务；租赁资产的残值处理和维修服务；企业管理咨询；商务咨询；财务顾问；租赁交易咨询和担保业务；技术服务、技术转让。

（崔春雷）

**【开发区获批为2013年度国家智慧城市试点】**8月1日，住房城乡建设部办公厅发布《关于公布2013年度国家智慧城市试点名单的通知》（建办科〔2013〕22号），经济技术开发区获批为2013年度国家智慧城市试点。开发区管委会将针对园区新型城镇化推进中的实际问题，制订出智慧城市创建目标，做好顶层设计；明确创建任务和重点项目的时间节点；创新体制机制，制定责任和考核制度，落实相关保障措施；通过信息整合和共享协同，抓好城市公共信息平台和公共基础数据库建设，提升各应用系统效能，突出具有经济、社会效益的标志性成果。

（崔春雷）

**【生物医药公司发行6亿元债券】**8月12日，北京生物医药产业基地发展有限公司发行的公司债券在上海证券交易所交易市场竞价系统和固定收益证券综合电子平台挂牌交易。证券简称“13京生物”，证券代码“124325”，发行总额6亿元。证券期限7年，为固定利率债券；债券面值100元，平价发行；债券每年付息一次，分次还本；债券上市后可进行质押式回购，质押券申报和转回代码为“103325”。生物医药公司主要从事医药产业基地内项目的招商引资、土地一级开发、基础设施建设、物业管理等业务。此次发行债券募集的资金，有4.9亿元用于大兴区北臧村镇居住及配套用地项目，1.1亿元用于补充公司营运资金。

（刘　迪）

**【天地超云公司推出新款节能服务器】**8月15日，“天地超云高温节能服务器新品发布会”在云基地举办。北京天地超云科技有限公司推出专为IDC中心设计的高温节能服务器产品——R9160-G9和R9110-G9。2款机型采用后抽风散热墙设计，避免服务器内热流乱扰现象，可将服务器内各部件的热量快速抽出，形成有效、有序、快速、高效的散热通道，能够稳定运行于35℃~47℃环境温度下，对于经过优化的数据中心甚至无须空调制冷；每5个计算节点集中供电、智能功耗动态分配，可充分提高电源的使用效率；将I/O接口前置，以提高系统级别的维护效率；通过内嵌服务器智能管理芯片，实现完整的IPMI2.0远程系统监控、远程KVM、虚拟媒体等各种管理功能；搭配超云云平台管理套件可简化用户的设备部署，实现一键式虚拟化应用以及策略式物理资源动态调整。

（崔春雷）

**【北京医药产业投资政策说明会举行】**8月15—16日，由市台联、市医药行业协会、台湾中华营养食品协会等单位共同主办的“北京医药产业投资政策说明会”在医药基地举行。市投促局、市药监局、大兴区台办等单位有关领导以及由台湾10余家知名药企高层主管组成的“台湾药界领袖北京投资考察团”一行参加。会上，市相关部门和基地的有关人员分别介绍药品（含进口药品）、保健食品、化妆品、医疗器械等方面的审批流程，国内市场产业发展以及北京市投资政策，医药基地发展状况，机制、土地及园区二期规划和管理等，并就具体问题做了解释和说明，提供了资料查询和下载的途径与方式。考察团一行分别就园区优惠政策、土地开发、相关产业布局等问题进行询问，并参观北京永茂机电科技有限公司、北京以岭药业有限公司等企业。

（尚亚库）

**【天云软件SkyForm2.0发布】**8月16日，“天云软件SkyForm2.0发布会”在中关村软件园举行。SkyForm是由北京天云融创软件技术有限公司自主研发的云系统软件。SkyForm2.0（应用平台）是在IaaS平台上开发出来的PaaS平台，包括SkyForm系统、SkyForm应用平台、SkyForm数据平台、SkyForm高性能计算平台，可实现对整体IT应用系统建设框架的支撑和应用环境的自动部署配置，使IT资源快速合理化应用，并提供动态伸缩的集群环境和策略丰富的任务管理器，在应用和数据之间建立一个拥有全量数据的统一共享平台，以解决数据孤岛问题。

（崔春雷）

**【中国基因治疗药物产业创新与发展论坛举办】**8月19—20日，由北京亦庄国际生物医药投资管理有限公司主办的“第一届中国基因治疗产业年会暨2013中国基因治疗药物产业创新与发展论坛”在亦庄生物医药园举办。国内外10余位基因治疗领域的专家学者以及来自医院、高校、科研院所、企业的代表100余人参加。论坛上，中国工程院院士侯云德做“基因与细胞治疗研究进展”主题演讲，美国北卡罗来纳大学药学院肖啸、北京百奥赛图基因生物技术有限公司沈月雷等分别以“DMD和血友病的基因治疗研究进展”“人类疾病模式动物的研发与应用”等为题，发表演讲。与会代表就国内外基因治疗临床研究进展、基因治疗药物发展策略、体外转基因细胞治疗关键技术、基因治疗药物中试生产、质量评价和相关法规展开交流。

（崔春雷）

**【华泰中药新技术开发中心二期项目开工】**8月23日，“北京华泰二期建设项目开工仪式”在医药基地举行。中国药材公司、医药基地管委会等相关单位领导参加。北京华泰中药新技术开发中心为中国药材公司下属全资子企业，其一期已竣工投产。二期总投资1.87亿元，占地面积约3公顷，建筑面积3.6万平方米，包括一个8层的中药研发中心，建筑面积8800平方米，一个国内一流的现代化中药饮片生产基地，其中华邈迁建项目总建筑面积2.25万平方米。项目计划2015年建成投产，2017年实现规模化生产，达到年生产参茸礼盒31.03吨、毒性饮片413.71吨、传统饮片918.58吨、独立包装饮片1716.16万袋，设计年销售收入8亿元，年税收1亿元。

（王梓哲）

**【5项标准获市技术标准制修订补助】**8月26日，市质监局发布《关于公布2013年北京市技术标准制修订补助项目评审结果的通知》，大兴—亦庄园4家企业的5项标准获补助，其中有4项国际标准，即北人印刷机械股份有限公司的《印刷机械和纸加工机械的设计及结构安全规则　第1部分：一般要求》（GB/T 28387.1-2012）、《印刷机械和纸加工机械的设计及结构安全规则　第2部分：印刷机、上光机和印前机械》（GB/T 28387.2-2012），北京豪特耐管道设备有限公司的《高密度聚乙烯外护管硬质聚氨酯泡沫塑料预制直埋保温管及管件》（GB/T 29047-2012），中冶京诚工程技术有限公司的《挤压钢管工程设计规范》（GB 50754-2012）；有1项行业标准，即北京星和众工设备技术股份有限公司的《彩色涂层钢带生产线用焚烧炉和固化炉节能运行规范》（YB/T 4258-2012）。

5 项标准共获补助资金 60 万元。

（崔春雷）

**【天通泰中以文化数码科技园开工】**8 月 27 日，由亦庄园管委会、天通泰投资集团共同主办的“天通泰中以文化数码科技园奠基仪式”在大兴—亦庄园举行。以色列驻华大使马腾以及来自相关机构、企业的代表参加。科技园为中以合作项目，由天通泰投资集团开发建设，位于开发区路东区，占地面积约 7.48 公顷，目标为科创企业搭建成长平台。园区将通过引进先进的规划开发理念和与国际接轨的管理体制机制，建设成为集电子科技、能源管理、食品安全、医药和医疗器械、国际人文、教育六大产业于一体的国际化生态园。

（崔春雷）

**【李伟到新区调研】**8 月 27 日，市委常委李伟到大兴区、北京经济技术开发区调研，大兴新区相关领导陪同。李伟一行先后到西红门寿宝庄工业大院拆迁现场、星光影视园、榆垡镇郭家务村，了解大院升级改造试点工作、文化创意产业发展、重大项目管控等情况，并在博大大厦参观新区综合展。李伟表示，新区要着力抓好 4 个方面的工作，即在思想教育方面，要深入开展“中国梦”宣传教育活动；在舆论引导方面，要把握正确舆论导向，为科学发展提供强大的舆论支持；在文化产业发展方面，要找准发展方向和支柱产业，保持良好的发展势头；在公共文化上，要了解群众需求，结合本土文化特点，发展丰富多彩的群众文化，让公共文化服务成为党和群众沟通交流的纽带。

（崔春雷）

**【电子商务中心获批设立国家继续教育基地】**8 月，中国国际电子商务中心（CIECC）培训学院获人力资源社会保障部国家专业技术人员继续教育基地授牌。基地将采取“订单式”人才培养模式，面向各级政府、企业客户、大专院校毕业生和个人开展电子商务以及外经、外贸等多领域的定制化培训，着力培养电子商务领域高层次、急需紧缺和骨干专业技术人才，解决电子商务人才紧缺、知识结构老化、行业理念落后等问题。培训合格学员将颁发国家专业技术人员继续教育基地以及电子贸易产业技术创新战略联盟、京东商城等电子商务企业联合认证的培训证书。

（崔春雷）

**【2 家企业获批成立院士专家工作站】**9 月 4 日，由市科协、经济技术开发区管委会主办的“北京经济技术开发区驻区企业院士专家工作站授牌仪式”举行。主办单位相关领导及企业代表等 100 余人参加。北京同益中特种纤维技术开发有限公司、北京凯泰新世纪生物技术有限公司院士专家工作站获授牌。中国工程院院士姚穆、谭天伟分别进驻同益中公司、凯泰新世纪公司，将与企业共同在超高分子量聚乙烯的基础研究、表征体系建设、餐厨垃圾的生物能源再利用、酶法合成生物柴油等多个领域深入合作。至此，开发区共有 8 家企业建立院士专家工作站，入站院士 40 余人。

（崔春雷）

**【3 个基地科技成果转化项目通过验收】**9 月 5 日，由市科委、市高新技术成果转化服务中心组织的“科技成果转化项目验收会”在医药基地召开。会上，特邀的生物医药领域相关专家对 2012 年获批为北京市首批战略性新兴产业科技成果转化基地项目——由大兴生物医药基地管委会承担的“生物医药服务外包平台”、由北京麦邦光电仪器有限公司承担的“自动体外除颤器（AED）产业化”、由北京以岭药业有限公司承担的“夏荔芪胶囊产业化”进行审核，肯定了基地科技成果转化项目的实施成果。“生物医药服务外包平台”的建设，预示园区公共服务能力质的提升；“自动化体外除颤器”销往 24 个国家，缩短了与世界先进水平的差距；“夏荔芪胶囊”是以岭药业公司自主研发的现代中药新药，在主治前列腺增生方面疗效显著。

（张　波）

**【红豆杉缓释颗粒获国家火炬计划立项】**9 月 5 日，科技部发布《关于下达 2013 年度有关国家科技计划项目的通知》。北京章光 101 科技股份有限公司产业化示范项目“章光 101 红豆杉缓释颗粒”获 2013 年度国家火炬计划立项。项目进行 10 年的科学研究及临床实践，依据“肺主气，司呼吸，肺朝百脉”的中医学理论，以红豆杉枝叶为主材配伍中药材，引进栽培红豆杉，研制出 101 红豆杉缓释颗粒，其所含的生物类黄酮是具有天然抗氧化（抗衰老）的物质，有抗凝作用，能保护血管的韧度和弹性，阻止胆固醇在血管内沉积，预防心脑血管病的发生，通过呼吸吸收，从而清除自由基、保护细胞组织，增强人体免疫力。红豆杉缓释颗粒不但适用于心脑血管病和癌症的预防，且对失眠、视物不清、打呼噜均有疗效。

（崔春雷）

**【赛升药业公司产品入选国家重点新产品计划】**9 月 5 日，科技部发布《关于下达 2013 年度有关国家科技计划项目的通知》。北京赛升药业股份有限公司的“单唾液酸四己糖神经节苷脂钠（2mL：20mg）”入选 2013 年国家重点新产品计划，有效期 3 年。该注射液批准文号为〔国药准字 H20093980〕，用于治疗血管性或外伤性中枢神经系统损伤、帕金森氏病。其药理作用：阻断兴奋性氨基酸对神经元的毒性作用，选择性抑制谷氨酸过度激活引起的各种病理生理学改变，而不影响其正常的信号传导；抑制钙离子持续内流，减少细胞内钙离子浓度，降低自由基浓度，防止膜脂质水解，抑制磷脂酶 A2 和磷脂酶 C 的活性；明显增加神经生长因子的营养作用，增强其他神经营养因子如 bFGF 对受损神经元的修复再生作用。

（崔春雷）

**【德勤—亦庄高科技、高成长 20 强发布会举办】**9 月 5 日，由经济技术开发区管委会、德勤华永会计师事务所联合举办的“德勤—亦庄高科技、高成长 20 强(2013)发布会”在博大大厦举行。有关金融机构、部分区内企业代表 100 余人参加。会议公布德勤—亦庄高科技、高成长 20 强（2013）名单，前 3 名获奖企业包括北京圣福伦科技有限公司、北京旷博生物技术有限公司、舒泰神（北京）生物制药股份有限公司，其中圣福伦公司以 601% 的 3 年平均增长率登上榜首。前 3 家公司 3 年平均增长率从 334% 到 601%，整体入选企业的 3 年平均增长率在 125% 以上。入选的企业绝大多数为非上市民营科技公司，电子信息、装备制造、生物医药和科技创新服务业的企业入选率分别达到 30%、30%、25% 和 15%。中信银行、浦发银行、北京银行等 20 余家金融机构表达同 20 强企业的合作意向，3 家 20 强企业获金融机构的支持。9 月 12 日，2013 德勤高科技、高成长中国 50 强榜单发布，20 强中的北京圣福伦科技有限公司等 7 家企业入选。

（崔春雷）

**【斯利安制药有限公司开工】**9 月 12 日，北京斯利安制药有限公司奠基庆典在医药基地举行。10 月项目开工，计划 2014 年 12 月完工，2015 年投产。一期建筑面积 4 万平方米，其中生产车间 3.123 万平方米，办公生活用房 3720 平方米，中试车间 4550 平方米。项目总投资预算为 2.03 亿元。注册资本由原北京北大药业有限公司的 2640.88 万元，增至 9035.47 万元。该公司是北京斯利安药业有限公司在医药基地投资成立的全资子公司，用于建设大兴生产研发基地项目，主要生产斯利安叶酸片、甲羟孕酮、根痛平、金斯利安叶酸片、调经祛斑丸、伊来西胺、DHA 乳钙粉等。

（王梓哲）

**【驻京中外知名企业投资新区行举办】**9 月 25 日，由大兴区政府、经济技术开发区管委会、市投促局联合举办的“驻京中外知名企业投资新区行”活动在丰大国际酒店举行。中国五矿集团公司、中国光大集团等 500 余家在京跨国公司、大型民企、股权投资机构、中介机构的代表 800 余人参加，涉及金融业、文化创意产业、商业等领域。活动中，新区相关人员对北京大兴国际机场、大兴生物医药产业基地、新区产业金融环境、北京亦庄移动硅谷等项目进行推介；举办对接洽谈活动，开发区管委会联合区招商办、经济信息化委等 20 余家单位向参会企业和投资者全面展示新区在招商项目、投资环境、优惠政策等方面的优势。

（崔春雷）

**【华夏生生药业公司开工】**9 月 26 日，华夏生生药业（北京）有限公司在医药基地举行开工仪式。公司于 2012 年 6 月 8 日在市工商局大兴分局注册，注册资金 1000 万元，占地面积约 1.3 公顷，总建筑面积 2.12 万平方米，地上建筑面积 1.99 万平方米，地下建筑面积 1287 平方米，主要以试剂生产厂房为主，总投资 2 亿元。公司享受国家级产业和人才扶持政策，以创新药物研发、药品生产、销售等为主要业务。项目计划 2015 年完工，主要生产的广谱抗癫痫治疗药物——左乙拉西坦注射液，不与其他抗癫痫药物发生相互作用，副作用轻微，耐受性好，具有药效迅速、剂量准确、作用可靠等特点，应用价值广泛。

（王梓哲）

**【中铁投北方总部落户亦庄】**9 月 27 日，“中国铁建投资有限公司北方总部项目签约仪式”在博大大厦举行。签约双方相关领导参加。经济技术开发区管委会与中国铁建投资有限公司签订《投资合作框架协议》。根据协议，中铁投公司拟在开发区成立北方总部，将与总公司共同投资开发区的基础设施、一级土地整理、产业地产，共同推动新节能环保产业、新材料产业项目入区，并加强与区内云计算企业的合作。中铁投公司是中国铁建股份有限公司的全资子公司，业务领域涵盖高速公路、铁路、市政工程、金融等，投资规模累计超过 1400 亿元。

（崔春雷）

**【开发区获十大电子商务产业园称号】**10 月 9 日，在“第四届中国电子商务博览会”上，由中国电子商务协会组织的 2012—2013 年度中国电商服务商百强、2012—2013 年度中国网络零售百强评选榜单揭晓。北京经济技术开发区登上十大电子商务产业园榜首，区内企业北京京东世纪贸易有限公司、酒仙网电子商务股份有限公司获十大最受欢迎品牌网络零售商。至此，开发区聚集电子商务服务企业 200 余家，电子商务全产业链相关企业近 1000 家，在民生服务、供应链交易、农超对接等领域形成 400 亿元交易额，带动云计算、现代物流等相关产业实现500亿元产值，并于2012年获商务部首批“国家电子商务示范基地”称号，成为中国电子商务发展的领军区域。

（崔春雷）

**【费森尤斯卡比医药有限公司开工】**10月16日，北京费森尤斯卡比医药有限公司迁至大兴医药基地，占地面积4.4公顷，投资5亿元，拟建化药生产中心，预计2017年达产。该公司是德国费森尤斯卡比股份有限公司在中国的全资子公司，成立于1994年，致力将费森尤斯卡比的优质药品、先进技术以及治疗理念引进中国。主要产品系列包括：代血浆——万汶、贺斯，延缓肾衰药物——开同，静脉麻醉剂——静安、竞安，17种、18种氨基酸常规输液等。

（王梓哲）

**【华润医药北京产业园奠基】**10月22日，由华润医药集团有限公司举办的华润医药北京产业园项目建设方案汇报会在大兴医药基地举行。全国人大原副委员长桑国卫、副市长林克庆以及工业和信息化部、科技部、商务部等国家部委相关负责人，北京市、大兴区相关政府部门负责人和相关专家等300余人参加。中国医学科学院药物研究院、美国天福生物技术有限公司等15家国内外医药研发机构、制药企业分别与华润医药集团签署战略发展、项目开发等合作协议。华润医药北京产业园位于医药基地，占地面积40余公顷，规划建设面积74.6万平方米，包括生产车间、研发中心、技术中心、原料库、集中成品物流中心及公共服务配套设施，总投资预计148亿元，计划于2017年投入使用。园区功能定位为创新研发、高端制造基地和开放合作平台，将实现集研发、孵化、合作、生产、销售等于一体的产业集群化。

（徐　倩　杜　玲）

**【新区参展第十七届京港洽谈会】**10月23日，“第十七届北京·香港经济合作研讨洽谈会”在北京饭店开幕。亦庄园管委会组织区内相关单位参加。在活动现场的区域展板中，新区以“国际高端产业新城”为主题，展示“三城、三带、一轴、多点、网络化”的空间布局，重点是电子信息、汽车制造、生物医药、装备制造四大主导产业的发展模式，以及以“一区多园”为载体的产业发展平台。会上，新区重点推介移动硅谷创新中心、北京数字电视产业园、北京亦庄生物医药园、国家新媒体产业基地等招商项目。

（崔春雷）

**【首都知识产权国际交流合作基地启动】**10月25日，由市知识产权局、经济开发区知识产权局共同主办的首都知识产权国际交流合作基地启动仪式在博大大厦举行。合建各方有关领导以及相关企业代表60余人参加。基地由市知识产权局与开发区管委会合作创建，将开展涉外知识产权专题研究、知识产权对外交流研讨、涉外知识产权培训等工作，为开发区企业顺利“走出去”、努力开拓海外市场服务。活动还举办涉外知识产权培训会，国家知识产权局相关领导以“知识产权制度的国际发展趋势”为题，阐述中国知识产权发展现状、知识产权的国际发展态势、企业面临的知识产权挑战与应对等方面内容，并与企业代表进行交流。

（崔春雷）

**【3人入选中央“千人计划”】**10月25日，科技部、人力资源社会保障部对第十批“千人计划”入选人员名单进行公示，北京地区共有7人入选。其中，大兴—亦庄园3名高层次人才入选，即北京耐威科技股份有限公司董事长杨云春、北京百奥赛图基因生物技术有限公司董事长沈月雷、北京华脉泰克医疗器械有限公司总裁杨凡。

（崔春雷）

**【双鹭生物有限公司开工】**10月25日，北京双鹭生物技术有限公司在医药基地举行开工仪式。该公司是北京双鹭药业股份有限公司全资子公司，总用地面积9.4公顷，其中建设用地面积8公顷，建筑规模8.23万平方米，总投资额8亿元，计划2015年完工。公司将引进抗体药物、疫苗药物、天然生化药物、基因工程药物等产品进行研发、生产、销售。

（王梓哲）

**【6件专利获第十五届中国专利优秀奖】**10月29日，国家知识产权局发布《关于第十五届中国专利奖授奖的决定》，大兴—亦庄园3家企业的6件专利获中国专利优秀奖，即北京京东方光电科技有限公司窦芳的“避免残像的方法及装置”、殷新社等的“多级电平驱动装置”、彭志龙等的“液晶显示器的检测电路和检测方法”、薛建设等的“FFS模式显示装置的阵列基板及其制造方法”，属光电领域；百泰生物药业有限公司R．P．罗德里古兹等的“识别表皮生长因子受体的人源化和嵌合体单克隆抗体”，属医药生物领域；航天长征化学工程股份有限公司王明坤等的“一种可燃粉体旋流燃烧器”，属材料领域。

（崔春雷）

**【3家小型企业获国家专项扶持】**10月29日，由市经济信息化委、市财政局组织有关人员评定的2013年国家中小企业发展专项资金认定结果公示。大兴—亦庄

园 3 家小型企业的项目入选，分别是：北京万创科技有限公司的“年产 3.5 万只（台）薄膜电容器生产线技术改造”，属制造水平提升项目；北京津宇嘉信科技开发有限公司的“客专型智能电源屏产业化”，属专业化发展项目；北京星和众工设备技术股份有限公司的专利补助项目。

（崔春雷）

**【味多美食品公司建设项目竣工】**10 月，北京味多美食品有限责任公司建设项目建成竣工。项目 2013 年 5 月开工，位于医药基地 0506−033 地块（华佗路），用地面积 1 公顷，建设单位是北京味多美生物科技有限责任公司和北京味多美食品科技有限责任公司联合体，专项开发应用于西饼店类新鲜面包类食品酵母及相关酶产品。味多美公司创立于 1996 年，是一家专注于西饼连锁店业务的企业，其产品包括蛋糕、面包、咖啡等，且以丰富的、高品质的产品，平价化的价格，亲切友善的服务，便利的连锁店铺，赢得无数荣誉。2006 年在“中国国际餐饮食品博览会”上，味多美乳酪金砖获得银奖，法式巧克力、奶酪月饼获第二届中国国际餐饮食品博览会金奖；2008 年获北京市著名商标，中国金牌杰出饼家。

（王梓哲）

**【2013 第三届全球大学创意博览会举办】**11 月 6 日，由中国教育电视台、中国国际贸易促进委员会北京市分会主办的“2013 第三届全球大学创意博览会”在亦庄高校创意总部基地开幕。博览会设有 4 个部分。“2013 第三届全球大学创意作品交易展”展出来自美国 One Show 广告节、中国台湾战国策、2012 红点设计大赛等活动的作品，优秀作品将进入高校创意总部设计商店，为大学生实现创意资源的产业化提供帮助。“公仔创意造型绘画大赛”邀请爱创意、爱艺术的大小朋友参赛，为“寻找记忆中的丁老头”“让我们一起天天向上”“带上 Cci 去寻宝”的 3 个公仔创意造型，评出 25 位创意达人。“2013 四川电视节‘金熊猫’奖国际大学生影视作品评选颁奖活动暨高峰论坛”，主题为“抓住机遇，展示自我，从这里起飞”，征集到 44 个国家和地区送选的 2814 部作品，举办“展播、论坛、颁奖”三大系列活动，评选出纪录片、剧情片、实验片和动画片 4 项大奖和 24 个专业奖。在“上海大学生科技创业基金会与高校创意总部成立分基金会签约仪式”上，高校创意总部、中线创艺（北京）文化传媒有限公司、上海市大学生科技创业基金会三方签约，将共同扶持北方地区大学生就业创业，促进大学生创业项目的市场化和产业化发展。活动至 11 月 11 日结束，有 500 余人参加。

（崔春雷）

**【2 家企业分获市工程研究中心和市工程实验室认定】**11 月 15 日，市发展改革委发布《关于 2013 年认定北京市工程研究中心和工程实验室的公告》。其中，大兴—亦庄园内企业北京东方百泰生物科技有限公司被认定为“抗体药物北京市工程研究中心”，北京航天易联科技发展有限公司被认定为“分布式光纤振动传感应用技术北京市工程实验室”。至此，园区共有经市发展改革委认定的北京市工程研究中心 2 家、北京市工程实验室 5 家，涉及电子信息、生物医药等领域。

（崔春雷）

**【3 家企业入选国家级知识产权优势企业】**11 月 21 日，国家知识产权局下发《关于确定第一批国家级知识产权示范企业和优势企业的通知》。园内北京英纳超导技术有限公司、北京北方微电子基地设备工艺研究中心有限责任公司、中冶京诚工程技术有限公司 3 家企业获批成为第一批国家级知识产权优势企业，涉及高技术服务、电子信息等领域，期限自 2013 年 12 月至 2015 年 11 月。开发区知识产权局将协助和指导 3 家企业开展相关工作，按时、按质完成优势企业培育工作。

（崔春雷）

**【康美药业股份公司建设项目竣工】**11 月 28 日，康美药业股份有限公司建设项目竣工。项目 2012 年 9 月开工，位于医药基地 0504−054 地块（永旺路），建设用地面积 5.1 万平方米。公司是集药品生产、研发及药品、医疗器械营销于一体的现代化大型医药上市企业、国家重点高新技术企业，先后被评为“中国 500 强民营企业”“中国 100 家最有成长性上市公司”“中国制药工业百强”“广东省百强民营企业”等，将开展优质特色饮片的规范化生产和过程控制技术应用示范化项目，满足华北市场医院及终端药店销售需求。

（王梓哲）

**【循环化园区建设启动】**11 月 28 日，由经济技术开发区管委会主办的“循环化园区建设推荐会”在博大大厦召开。园区企业代表等参加。会议推荐了盈创绿纽扣科技有限公司的“饮料瓶智能回收机”等项目，开发区循环化园区建设正式启动。2012 年开发区获批为发展改革委、财政部组织实施的园区循环化改造示范试点，北京地区仅此 1 家。项目启动后，园区按照减量化、再利用、资源化原则，结合电子信息、汽车装备、生物医药等主导产业链条资源集成需求，紧抓能源高效利用、水资源循环利用、废物回收利用三大主线，以开展资源再生利用为核心，探索形成企业之间微循环、开发区整体中循环、跨区域大循环的开放式循环经济发展模式，提升开发区整体资源运行效率。

（崔春雷）

**【开发区获国家生物医药国际创新园认定】**11 月 30 日，在山西省太原市召开的“2013 年度国家国际科技合作基地证书授予仪式暨国台基地工作座谈会”上，北京经济技术开发区被科技部认定为“北京国家生物医药国际创新园”，将享受国家国际合作基地的相关扶持政策。开发区聚集了 500 余家化药、生物药、中药、诊断试剂、服务外包、药品流通销售等企业。在化药方面，形成从药物筛选、化学合成、制剂研发、规模化生产和药品上市的完整产业链。在生物制药方面，百泰生物药业有限公司、北京天坛生物制品股份有限公司等企业具备靶向药物、疫苗、抗体、试剂等研发生产能力。在中药方面，聚集北京同仁堂股份有限公司、北京以岭药业有限公司等一批知名企业和研究机构。在药品流通方面，有 39 家药品流通销售企业。在国际合作创制方面，北京泰德制药股份有限公司研制生产的前列地尔注射剂（凯时）销售额达到 12 亿元，泰欣生、凯美纳等一批国家一类新药在市场竞争中还掌握首创生物医药产品的定价权。

（崔春雷）

**【13 家企业通过高新认定、复审】**11 月、12 月，市科委、市财政局、市国税局、市地税局相继公布 2 批北京市 2013 年度认定高新技术企业名单、2013 年度通过复审高新技术企业名单。大兴园北京同仁堂制药有限公司等 5 家企业通过国家高新复审，北京华都诗华生物制品有限公司等 8 家企业通过国家高新认定，涉及生物与新医药技术、高新技术改造传统产业、新能源及节能技术、电子信息技术等领域。

（李　玉）

**【经开租赁有限公司项目签约仪式举行】**12 月 3 日，由经开租赁有限公司、北京银行共同主办的“经开租赁有限公司项目签约仪式”在北京经开投资开发股份有限公司举办。签约各方相关领导参加。经开租赁有限公司、北京银行、河北建设集团北京分公司、北京亦庄国际投资发展有限公司 4 家企业代表签订《经开租赁有限公司向河北建设集团提供叁仟万元委托贷款协议》《经开租赁有限公司向北京亦庄国际投资发展有限公司提供贰亿元委托贷款协议》。这是经开租赁公司自 10 月成立以来实施的第一批委托贷款业务，意味着公司业务正式起步。该公司是北京经开投资开发有限公司的全资子公司，经营范围包括融资租赁、企业管理和财务咨询服务等，主要服务于北京经开开发和运营的产业园区内的中小实体经济企业。

（崔春雷）

**【京东“京保贝”3 分钟融资到账】**12 月 6 日，北京京东世纪贸易有限公司上线供应链金融产品“京保贝”，为京东公司供应商提供额度灵活融资和放款服务。“京保贝”运用京东公司自有资金，凡与京东公司进行贸易合作 3 个月以上的，信用评级在 C 以上的供应商，无须抵押和担保，即可向京东金融发出“京保贝”业务申请，签订合同后在系统中获得融资额度，之后供应商便可在线自主申请，系统自动处置和放款，申请到放款最短时间仅 3 分钟。供应商的融资成本约为 10%，最长融资期限是 90 天。在贷款期间，供应商可以自己控制融资金额，选择还款方式，京东公司给供应商结算的资金，也可以随时用于还款。

（崔春雷）

**【亦庄·云世界大会举办】**12 月 12—13 日，由大兴区

政府、经济技术开发区管委会、中国云产业联盟、北京云基地科技有限公司联合主办的“亦庄·云世界大会”在亦庄创意生活广场召开。大会以“云在现在，云在中国”为主题，以展示、分享、探讨落地的云、身边的云为主要内容，凸显“趋势发展的世界云”和“自主创新的中国云”两大主线。工业和信息化部、市经济信息化委、中关村管委会等相关单位领导，世界各国云计算领域知名人士、业界相关代表 3000 余人参加。大会延续北京、硅谷对话的“双城记”传统，从技术、创新、投资、趋势等方面，解读云计算的本质、趋势、创业机会。大会设置“云 @ 服务器与数据中心”“云 @ 产业互联网”“云 @ 应用实践”“云 @ 创新力量”“云 @ 软件定义端”等主题论坛，围绕云计算基础设施、关键技术、创新应用以及关键行业落地等问题，汇聚业内顶尖公司和技术专家、行业客户一道展开探讨；现场还设有展览展示等环节，多种采用云技术的项目和产品参展，与会者零距离接触到中国云计算的发展成果；举行“中国联通云计算业务品牌及产品发布会”，

开通“沃云”云平台。

（崔春雷）

**【北京·亦庄《前沿论坛》系列节目上线】**12 月 13 日，由市委讲师团“宣讲家”网站与经济技术开发区工委宣传部联合摄制的 10 集系列电视节目北京·亦庄《前沿论坛》在“宣讲家”网站、开发区官网同步上线播出。节目特邀电子信息产业、云计算产业、装备制造产业等 10 个行业的领军人物、高管，包括北京云基地董事长赵安建、中芯国际技术研发副总裁吴汉明、北京亦庄生物医药园副总经理吴小兵等，围绕开发区高端创新技术产品、高端管理模式和发展理念以及高端人才聚集优势，畅谈行业前沿科技知识、发展动态和先进管理理念，以及高端科技和信息给人们的生产、生活带来的变化，帮助企业分析未来行业发展形势。

（崔春雷）

**【2013 外交官经济论坛举办】**12 月 14 日，由中贸国际商务交流中心主办，北京国际经济研究中心、经济技术开发区管委会等单位联合协办的“2013 外交官经济论坛”在丰大国际酒店举办，主题为“新机遇与新挑战——‘市场决定性’下的企业国际拓展与合作”。来自政府、外交界、经济学界、企业界以及媒体界等各界代表 400 余人参加。论坛就如何充分利用外交官人群的优势资源，推动民间外交、经济外交，如何帮助中国企业解决在开拓国际市场过程中遇到的困难和问题，促进其与世界不同国家和地区间的经贸合作，“市场决定性”作用条件下中国企业走出去面临的新机遇与新挑战，以及中外企业合作互利共赢新模式等议题进行交流。在“自由贸易、金融服务、技术创新与海外拓展”“中国企业，全球责任——‘市场决定性’下的中国企业海外发展战略”2 个平行分论坛上，与会者共同探讨如何推动中国大型企业与海外各国的深度合作。组委会宣读论坛倡议：凝聚中国外交新实践，阐释中国外交新理念；发挥民间外交巧实力，塑造中国新形象；研判国际经济大趋势，促进中国企业走出去；凝聚各方正能量，培育中国企业海外拓展的思想库；打造经济外交新平台，建设一流外交官经济平台。

（崔春雷）

**【京孚徵慈生物入驻大兴基地】**12 月 17 日，北京京孚徵慈生物科技有限公司与医药基地管委会签署进驻协议，投资建设生物工程基地及生物医药研究中心。项目用地面积 2.7 公顷，总投资 4.9 亿元。公司 2009 年注册在亦庄经济技术开发区，注册资本 7000 万元，是北京海吉星医疗科技有限公司的全资子公司，致力生物工程、生物制药领域的研发、生产和销售，主要生产冬虫夏草菌丝体（中国被毛孢菌）原料药，冬虫夏草菌丝体胶囊、虫草杞芝颗粒及纳豆软胶囊等产品。

（孙　超）

**【25 个项目获新区科技创新专项资金支持】**12 月 17 日，经济技术开发区科技局、大兴区科委《关于 2013 年度新区科技创新专项资金支持项目的公示》发布。医药基地 15 家企业的 25 个项目获支持，其中成果转化 4 项，包括北京三元基因工程有限公司“国家一类新药干扰素 α 1b 的儿科应用开发”等；配比项目 5 项，包括北京协和制药二厂“治疗老年痴呆创新天然药物天麻苄醇酯苷片的临床研究”等；北京奥宇模板有限公司“专利申请”等知识产权类 7 项；北京日上工贸有限公司“审计补贴”等高新补贴贴息类 3 项；国际认证、自定研发、孵化器支持、公共技术服务平台、市级研发机构奖励、新区研发机构各 1 项。

（李　玉）

**【认定新区企业研发机构等科技资质】**12 月 17 日，经济技术开发区科技局、大兴区科委下发《关于认定 2013 年度新区企业研发机构等企业科技资质的通知》。认定北京航天易联科技发展有限公司等 65 家企业为 2013 年度新区企业研发机构；认定北京经济技术开发区云计算知识产权创新联盟等 12 家联盟为 2013 年度新区产业技术（知识产权）创新联盟；认定由中线创艺（北京）文化传媒有限公司承担的高校创意总部等 4 家孵化器为 2013 年度新区科技企业孵化器；认定北京国富安电子商务安全认证有限公司等 7 家企业为 2013 年度新区重点科技服务机构；认定北京嘉捷企业汇投资咨询有限公司等 6 家企业为 2013 年度新区科技服务机构；认定由中线创艺（北京）文化传媒有限公司承担的新媒体影视制作平台等 4 家平台为 2013 年度新区公共技术服务平台。经认定的企业及相关机构将加大研发投入，以提升企业国际竞争力、突破产业技术难关、提升产业创新水平和区域创新氛围。

（崔春雷）

**【亦庄生物医药园获国家级孵化器认定】**12 月 18 日，科技部发布《关于认定北京亦庄国际生物投资管理有限公司等 69 家单位为国家级科技企业孵化器的通知》，北京地区共有 2 家企业获认定。其中，大兴—亦庄园内北京亦庄国际生物医药投资管理有限公司入选。至此，园区共有科技企业孵化器 18 家，其中国家级 3 家、市级 5 家、区级 10 家，初步形成以国家级孵化器为引领、市级孵化器为支撑、区级孵化器为基础的新区孵化器良性发展格局。

（崔春雷）

**【云基地开讲“云招聘”】**12月19日，由云计算知识产权创新联盟主办的企业服务培训系列活动“云招聘”在北京云基地开讲。大兴—亦庄园部分企业的人力资源从业者参加。培训班特邀南京枇杷派网络科技有限公司相关人员为与会者就“云招聘”进行教授。活动现场，工作人员在招聘界面中输入关键词，系统便按照职位要求精确筛选出匹配度最高的简历，之后，点击按钮便能给面试者发送面试安排、提醒，从面试到入职全程跟踪且可长期留存。云招聘是基于云计算的招聘管理平台，可以构建专属云人才库，建立长期人才储备，实现多部门、多区域的资源共享，还可自动进行笔试、多维度测试，自动化的管理面试流程提高了面试成功率，从简历筛选、面试、体检、报到等直到最后的培训和入职，均可利用系统，实现一站式招聘工作全信息化操作。

（崔春雷）

**【工业云着陆开发区】**12月19日，由市经济信息化委、经济技术开发区管委会等单位共同组织的“北京市工业云创新服务培训会”在博大大厦举办。区内40余家企业的80余人参加。会上，北京市工业云产业联盟有关人员介绍了北京市工业云服务的建设情况。工业云被列入工业和信息化部《信息化和工业化深度融合专项行动计划（2013—2018年）》中，北京市被授予工业云创新服务试点省市，大兴—亦庄园作为北京市工业云的试点园区，装备和汽车产业的聚集地，区内的富士康科技集团、北京德鑫泉物联网科技股份有限公司等重点企业已在应用工业云的相关软件和服务方面取得成效。工业云重点支撑单位北京数码大方公司的相关人员就工业云的研发设计解决方案以及企业应用案例等做了专门培训。工业云服务是通过整合云计算、物联网、移动互联网以及创新设计与协同制造等技术，专门面向工业企业，特别是中小制造业企业和个人用户提供产品创新的公共平台，主要提供云设计、云制造、云协同、云资源、云社区五大服务。

（崔春雷）

**【3个项目获大兴区科学技术奖】**12月，大兴区科委公示2013年区科学技术奖评审结果，共有60个项目获奖。其中，生物医药基地3个项目入选：一等奖1项，即北京以岭药业有限公司贾存勤等完成的“抗心律失常中药参松养心胶囊生产工艺关键技术攻关研究”，二等奖2项，即北京华都诗华生物制品有限公司王文泉等完成的“鸡马立克氏病活疫苗开发及应用研究”、北京以岭药业有限公司等单位付强等完成的“中药赤芍单萜类化学成分的研究”，均为生物医药领域项目。

（李　玉）

**【大兴区网上协同办公系统建设工程启动】**年内，区经济信息化委信息中心启动大兴区网上协同办公系统建设工程，确定首批9家试点单位，大兴医药基地管委会名列其中。主要建设内容包括内部、外部收发文管理，内部文件审批管理，日志管理，会议管理等。医药基地管委会根据业务体系和工作流程，搭建符合自身工作需要的网络办公系统，完成外部收文、外部发文等主要功能建设，且投入使用，实现和上级主管部门的文件流转和信息沟通，文件流转无纸化、审批节点规范化、督察督办制度化，推动了全区信息资源共享，使办公系统与政务云平台无缝对接。

（尚亚库）

**【医药基地网站改版运营】**年内，医药基地中文网站（www.bjcbp.com.cn）改版开通运营，并在工业和信息化部及公安局网监大队备案（京ICP备13006965号、京公网安备11011502002200）。中文网站改版后栏目设置更加全面，涵盖建设风貌展示、业务办理指导、国家政策宣传等相关信息，为展示园区形象、招商引资提供良好的宣传平台。同时，增加英文网站，以国际宣传招商为建设主旨，面向国外生物医药厂商，全面阐述园区建设情况、服务水平、政策扶持、管理法规等内容，为国外厂商了解医药基地发展情况、投资前景提供窗口。网站自开通运行后，保证每周至少更新5条信息，紧随国家、市、区政府以及中关村管委会的阶段宣传主题，进行飘窗或专题等形式同步宣传。

（尚亚库）

**【4家企业的项目获北京市科学技术奖】**年内，大兴—亦庄园4家企业的项目获2013年度北京市科学技术奖。其中，二等奖2项：北京泰德制药股份有限公司刘红星等承担的“脂微球载体靶向镇痛药物氟比洛芬酯注射液临床及产业化技术的研究”，属药物与生物医学工程领域；北京北方微电子基地设备工艺研究中心有限责任公司等单位赵梦欣等承担的“磁控溅射设备研发及产业化”，属先进制造与工业技术领域。三等奖2项：北京金风科创风电设备有限公司马鸿兵等承担的“适用于高原风区的兆瓦级直驱永磁风电机组研发及产业化”，属能源科技与节能技术；北京义翘神州生物技术有限公司谢良志等承担的“重要靶点的蛋白及抗体产品关键技术研究”，属药物与生物医学工程领域。

（崔春雷）

**【古建筑用电安全与能耗监测系统上线】**年内，北京泰豪智能工程有限公司专门针对世界文化遗产地和古建筑推出的物联网在线监测平台“古建筑用电安全与能耗监测系统”上线，用于故宫博物院。故宫室外电力线路总长度约 60 千米，共有配电箱 698 个。系统采用标准物联网架构设计，将电力实时监测管理部分划分为感知层、网络层、应用层；实现对古建筑电力运行长期不间断的实时监测，掌握重点保护区域、高负荷用电区域电力系统运行准确状况；及时发现不合理用电和违规用电，对用电异常提前预警、及时报警，做到事前有效预防、事中快速处置、事后便于总结；及时发现节能点，为采取节电措施提供依据，并在新增用电线路时，可根据现有线路运行情况进行科学有效的规划。

（崔春雷）

**【大数据实验室走进北京移动】**年内，中国移动北京公司与云基地大数据实验室共同举办 2 期“北京移动 2013 经理人跨界学习——云基地”系列活动，主题分别为“向云基地学大数据”和“电信运营商大数据价值及实现”。北京移动公司相关人员 100 余人参加，同时还向北京移动公司 10 余个分会场进行视频转播。相关专家从理论的高度、个性化推荐、排序、链接预测和评估指标等诸多角度讲解系统领域的最新进展，结合移动、电商、交通等领域的业务、数据及研究结果进行案例分析，并就大数据时代的数据开放所面临的机遇、挑战及应对方式做了汇报，还对大数据实验室以及其投资孵化的项目进行阐述，使听众对于理论研究所对应的现实世界的意义及应用有了直观的了解。

（龙　琦）

**【天地超云公司首推 SDN 交换机】**年内，北京天地超云科技有限公司推出国内首款采用 SDN 架构的交换机 SDN620。产品可提供一个有通用数据模型的开放构架，包括应用层、数据平面层和控制器平面层，意味着曾经构建网络所需要的机械设备现在可以以抽象化的方式来完成，整机转发延迟低至 300 纳秒，适用于 HPC、数据中心以及 Hadoop 环境使用，可作为 ToR 交换机，起到取代传统接入和核心层的作用，单台能够提供 64 个线速转发万兆端口，并配有 40G 上联接口。内部采用 NVOS 网络控制系统，能够将整个网络使用 OPENFLOW 技术整合并统一管理，解决虚拟化中多个 vSwitch 无法控制和虚拟机无法跨区域迁移等问题，同时提供开放式 API 接口，可以针对不同需求进行定制，将网络做到灵活、统一。

（崔春雷）

# 房山园

2012年10月，经国务院批复，中关村国家自主创新示范区调整空间规模和布局，扩展为“一区十六园”，石化新材料（1.2.3）、高端制造业（1、2）、良乡东区（1–5）、良乡西区（1–9）、海聚工程（1–2）共21个地块5个重点功能区组成中关村示范区房山园，规划占地面积1572.97公顷，园区企业可享受到国家、北京市、中关村示范区的各类优惠政策。2013年12月，房山园获授牌。北京石化新材料科技产业基地是国内首批62家新型工业化产业示范基地之一，位于房山区“三大城市组团”的燕房组团，分为东区和西区，纳入中关村示范区范围的面积736.77公顷，重点发展石化新材料产业，北京环宇京辉京城气体科技有限公司等企业入驻。北京高端制造业基地位于房山区“三大城市组团”的窦店组团，纳入中关村示范区范围的面积355.28公顷，重点打造汽车整车制造、高端汽车零部件配套产业，并培育新能源汽车、城市轨道交通设备制造等新兴产业集群。长安汽车有限公司等4家企业已投产，中关村新兴产业前沿技术研究院、北京普驰电气有限公司等项目正在建设。北京良乡高新技术产业区西区位于房山区“三大城市组团”的长阳良乡组团西部，包括良乡经济开发区和知识经济示范区，纳入中关村示范区范围的面积253.32公顷。经济开发区成立于1992年，2000年12月市政府批准列为市级开发区，占地面积109.5公顷，已基本建成，特色发展生物医药、高端装备制造和都市产业，引进美国的PLP公司、北京华素制药股份公司等54家国内外企业。知识经济示范区特色发展软件和信息技术服务、专业技术服务等现代服务业。北京良乡高新技术产业东区位于房山区“三大城市组团”的长阳良乡组团的东部，包括中核北京科技园和良乡高教园区，纳入中关村示范区范围的面积139.80公顷。中核北京科技园位于房山区长阳镇，特色发展高端研发制造产业，已有航天科工集团等央企和部委入驻，重点军民融合项目加快推进中。良乡高教园区依托北京工商大学等6所高等院校的教育资源和人才智力优势，特色发展教育、研发服务、文化创意产业，校企合作促进会正式成立，科技成果转化及智汇城科技创业园示范基地建设等工作正在全面推进中。北京海聚工程高科技产业园规划面积87.80公顷，围绕新材料、电子信息领域发展起步，有北京飞航吉达航空科技有限公司、北京能通国际信息服务有限公司等9家高新企业入驻，道路、供电、给水管网、燃气管网等基础设施建设陆续竣工。

### 房山园管理委员会领导成员

主　　任　祁　红
常务副主任　李　江
副 主 任　史全富　周文海

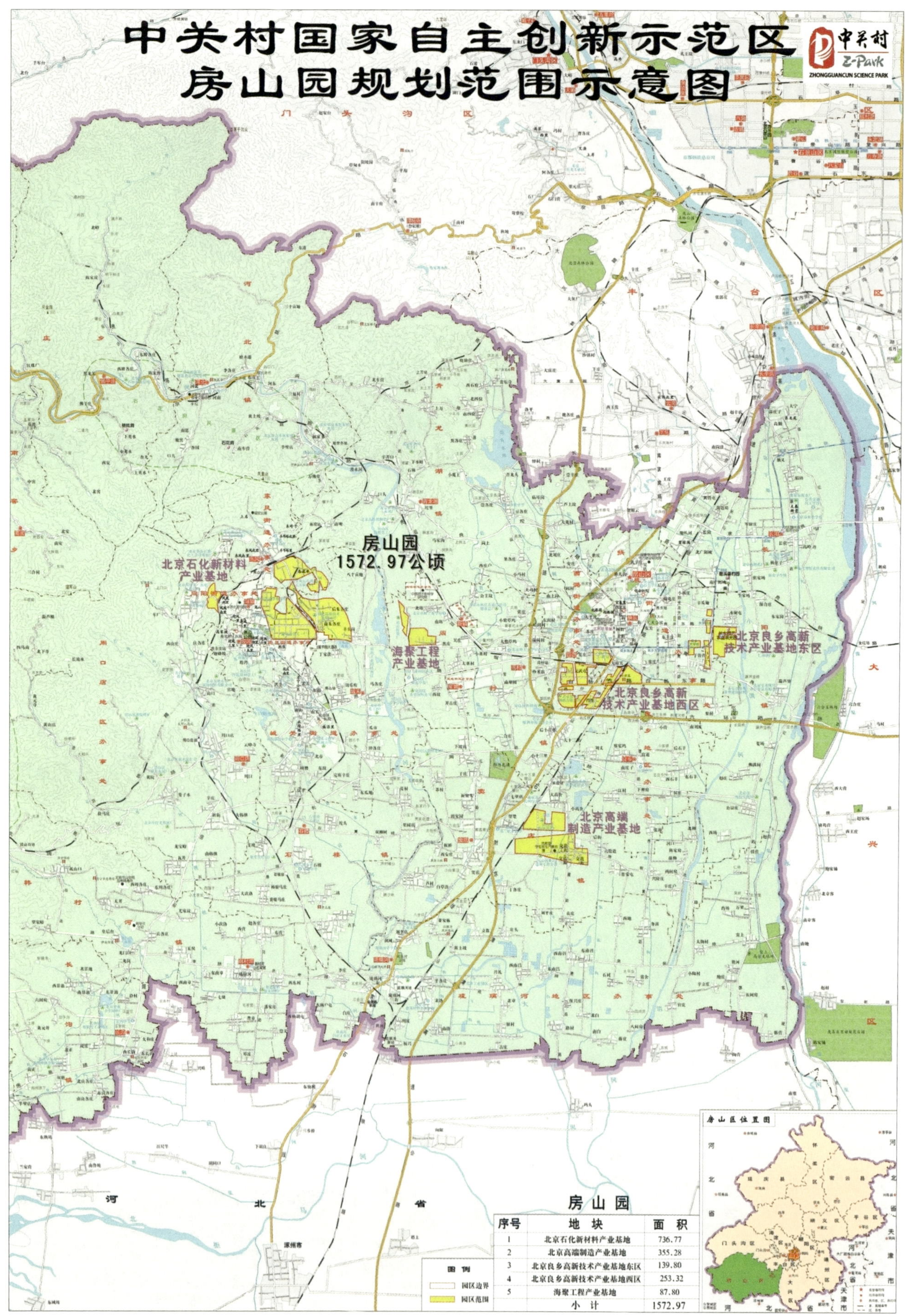


房山园

| 序号 | 地块 | 面积 |
|---|---|---|
| 1 | 北京石化新材料产业基地 | 736.77 |
| 2 | 北京高端制造产业基地 | 355.28 |
| 3 | 北京良乡高新技术产业基地东区 | 139.80 |
| 4 | 北京良乡高新技术产业基地西区 | 253.32 |
| 5 | 海聚工程产业基地 | 87.80 |
|  | 小计 | 1572.97 |

**【概况】**2013年，房山园准确把握首都发展的阶段性特征，强化统筹协调，谋求创新发展，推动园区产业与区域经济的有机融合，完成全年工作任务。年内，园区高新技术企业总数40家；从业人员2万余人；工业总产值128.8亿元；总收入170.4亿元；进出口总额1.5亿美元；税费总额7.1亿元；利润总额0.6亿元；资产总计220.4亿元；科技活动经费支出总额6.4亿元；专利申请量162件，专利授权量112件。

围绕布局抓规划。在分析区域资源优势，研判房山园与中关村示范区对接关键点的基础上，联合中关村国际环保产业促进中心，编制《房山园战略发展规划》，明晰园区产业定位。中关村示范区房山园获授牌，区政府常务会和区委常委会讨论通过《关于成立中关村国家自主创新示范区房山园管委会的请示》，房山园管理委员会成立，并配备相关处室，统管园区各项工作。

围绕政策抓普及。针对园区企业亟须了解和掌握中关村示范区各项优惠政策，特邀中关村政策宣讲团，2次来到房山园，为房山区、镇各职能部门、园区管委会和企业宣贯解读中关村“1+6”先行先试政策和“新四条”扶持政策，并进行政策指导，为有关单位申报各项政策扶持资金和企业培育工程奠定基础。

围绕高新抓认定。在摸清园区企业底数的基础上，与中关村管委会积极对接，开展高新技术企业认定工作。至年底，美聚合物有限公司、北京电力设备厂等60家企业获中关村示范区高新技术企业证书，涉及装备制造、石化新材料、现代服务业等领域，正式享受“1+6”系列优惠政策。

围绕拓展抓合作。与中关村发展集团签署共建中关村房山园协议，充分发挥各自的比较优势，拓宽合作领域，创新合作形式，借助中关村发展集团的资金和资源优势，为重大项目落地和战略性新兴产业培育，提供高端载体和良好环境，在发展中实现共赢，以共赢促进发展。

围绕发展抓基础。北京新材料科技研究院及产业园开工，首期推动高纯度碳纳米管生产制备等9个项目进行产业化；北京高端制造业基地揭牌成立，聚集北京长安汽车有限公司等一批在国内外具有影响力和产业带动力的规模企业，着力打造先进制造业全产业链集群，推动中国制造向中国创造转变；北京联通房山分公司与北京高端制造业基地携手打造“智慧园区”，以实现物联网和互联网的完全对接与融合，强化联通与基地及各企业的服务合作，提升联通公司属地信息化运营的综合实力。

围绕创新抓成果。中煤北京煤矿机械有限责任公司的“极薄煤层高产高效自动化刨煤机无人工作面支护技术及设备研究”、中国石油化工股份有限公司催化剂北京燕山分公司的“聚丙烯成核剂YS-689的工业开发及应用”等多项成果获2013年度北京市科学技术奖，充分显示园区企业的创新发展实力。

（刘晓会）

**【新材料科技研究院及产业园开工建设】**1月9日，“北京新材料科技研究院及产业园开工仪式”在北京高端

制造业基地举行。区政协副主席周文海及相关人员出席。项目为市政府重大科技成果转化和产业孵化平台，占地面积36.7公顷，设有专项统筹资金启动建设，北京建工第三建筑公司负责施工。研究院首期推动高纯度碳纳米管生产制备、高纯度石墨烯生产制备、碳纳米分散液规模化生产、纳米钒电池的研发及生产、锂电池的规模化生产、新型显示器的研发和生产、碳纤维的规模化生产、海水淡化技术的研发、新能源电动车的研发和生产9个项目进行产业化。

（刘晓会）

**【共建中关村示范区房山园】**1月29日，“中关村科技园区管理委员会与房山区人民政府签署战略合作协议”仪式在CSD商务广场举行，副市长苟仲文、市政府副

秘书长戴卫、市经济信息化委副主任樊健以及区相关单位负责人出席。仪式上，中关村管委会主任郭洪与房山区区长祁红分别代表双方签署《共建中关村国家自主创新示范区房山园协议》，双方在共同推进园区建设方面进一步明确了工作内容、确立了对接机制；苟仲文将“中关村国家自主创新示范区北京高端制造业基地”的牌匾授予房山区委书记刘伟，双方将以该基地为切入点深入推进战略合作，促进中关村“1+6”系列先行先试政策覆盖落地，打造高技术含量、高附加值、环境友好、具有研发特质的新型园区。

（刘晓会　温会姣）

**【北京高端制造业产业基地入选首批市新型工业化产业示范基地】**1月30日，市经济信息化委等6部门发布《关于公布第一批“北京市新型工业化产业示范基地”名单的通知》，北京高端制造业产业基地·高端装备制造入选。基地坚持引进高技术含量、高附加值、低污染、低排放，具有研发特质的高端制造业项目，力争建设成为“研发、转化、服务”三位一体的高端制造业基地。已有长安汽车北京公司、中关村新兴产业前沿技术研究院等投产、在建项目约20个，云狐科技有限公司等8个“高端化、轻质化、集群化、生态化”优质项目也已签约入驻基地。

（刘晓会）

**【北京高端制造业基地揭牌】**2月2日，“中关村国家自主创新示范区北京高端制造业基地揭牌仪式”举行，房山区区长祁红与中关村管委会副主任廖国华共同为基地揭牌。基地（fmd.bjfsh.gov.cn）是由市政府批准，2011年7月21日经市经济信息化委、市发展改革委、市科委、市财政局、市国土局、市规划委6部门联合发文成立的唯一一个市级高端制造业基地，位于房山区窦店镇中部，起步区规划面积585公顷，核心区面积1200公顷，扩展区面积500公顷，2013年1月29日纳入中关村示范区。基地重点吸纳信息技术、新材料、

新能源、高端装备、航空航天、新能源汽车等战略性新兴产业项目，着力打造先进制造业全产业链集群，推动中国制造向中国创造转变。至年底，已聚集一批在国内外具有影响力和产业带动力的规模企业，长安汽车、京西重工减震器等项目建成投产，北车轨道交通装备产业园、北控绿色科技产业园等在建项目陆续建成投产，投产、在建、签约和在谈项目约20个，投产企业总产值21.90亿元，收入20.5亿元，税金1.6亿元，解决就业2300余人。

（刘晓会）

**【苟仲文深入工程一线关注基地建设者】**2月8日，副市长苟仲文在房山区委书记刘伟、区长祁红的陪同下，到北京新材料科技研究院及产业园项目工地，慰问战

斗在工程一线的干部职工。苟仲文等市、区领导听取关于基地建设的总体情况汇报，与大家一起包饺子、话新年，共度新春佳节。苟仲文指出，新材料产业园是北京高端制造业基地纳入中关村示范区启动的一项重要工程，关系着一次能源革命，十分重要，房山区、建设单位、施工单位、监理单位和管委会等相关部门要团结协作，创新拼搏，保质保量完成工程任务。

（刘晓会）

**【苟仲文到北京高端制造业基地调研】**3月1日，副市长苟仲文以及工业和信息化部相关领导就北京高端制造业基地建设工作进行调研。房山区委书记刘伟、区长祁红陪同。苟仲文一行听取了基地建设和未来发展目标的情况介绍。指出北京高端制造业基地得到中关村示范区的授牌，迎来了前所未有的发展机遇，特别是正在全力建设的北京新材料科技产业园工程，十分重要。苟仲文希望工业和信息化部相关各司领导要高度重视建设工作，力争把基地打造成产城融合发展的园区典范。

（刘晓会）

**【长安RAETON睿骋上市】**4月16日，以“心所思

行即达”为主题的“长安 RAETON 睿骋上市发布会”在北京长安汽车有限公司举行。国家相关部委，市委、市政府，区委、区政府以及北京长安汽车有限公司等单位相关领导出席。RAETON 睿骋全系提供 2 款动力组合共 6 款车型，分别搭载全新 1.8T、2.0VVT 动力总成，官方指导价格为 10.98 万 ~20.08 万元。RAETON 睿骋汇集长安汽车五国九地的杰出智慧，实现了 0.29 的超低风阻系数，降低了油耗，提供领先同级车型的 2810 毫米超长轴距与 2025 毫米越级空间，全车高达 40% 的高强度钢用材，为消费者打造最高安全屏障。

（刘晓会）

**【中关村政策宣讲报告会举办】**5 月 6 日，由中关村管委会主办的“中关村政策宣讲报告会”在房山区 CSD 商务广场举行，旨在贯彻落实《中关村国家自主创新示范区空间规模和布局调整的批复》以及《实施意见》精神，深入推进中关村示范区“1+6”先行政策，加强对园区内企业、高校、科研机构等的政策服务。中关村管委会、房山区政府等单位相关领导，区经信委、区科委等单位相关人员，部分企业代表 140 余人出席。会上，由中关村管委会、市科委、市财政局、市地税局、市国税局等单位组成的宣讲团重点讲述了中关村创新平台建设和“1+6”系列先行先试政策等方面内容，并为与会人员进行政策指导。11 月 20 日，中关村示范区宣讲团二次入园进行宣讲专题活动，详细解读了“1+6”“新四条”政策，并介绍了市级政策创新突破情况。

（刘晓会）

**【联通公司与高端制造业基地携手打造“智慧园区”】**6 月 8 日，由北京联通房山分公司主办的“‘打造智慧园区·与沃共赢’——信息化应用推介会”在北京长安汽车有限公司举行，旨在基于物联网、云计算等新一代信息技术的应用，全面整合通信信息网络、技术资源，实现物联网和互联网的完全对接与融合，强化联通与基地及各企业的服务合作，提升联通公司属地信息化运营的综合实力。北京高端制造业基地管委会、窦店镇政府等相关单位领导，50 余家各级企业的代表出席。推介会上，联通公司演示了 3G 无线网视频监控系统、呼叫中心坐席外包业务、移动办公、手机一卡通以及汽车信息化等产品，推出了 IDC、ICT 等多项通信业务。

（刘晓会）

**【高端制造业基地入选市科技成果转化基地】**7 月 4 日，市科委《关于公示 2013 年度北京市战略性新兴产业科技成果转化基地认定及项目立项结果的通知》下发。北京高端制造业基地入选市科技成果转化基地，基地的“北京高端制造业基地技术研发与实验协作服务平台建设”入选基地公共服务平台项目。

（刘晓会）

**【对接房山园工作座谈会召开】**8 月 1 日，房山区政府与中关村管委会就推进群众路线教育实践活动，对接房山园工作召开座谈会。市委常委苟仲文、中关村管委会主任郭洪、区长祁红以及相关部门负责人出席。与会人员听取中关村管委会关于开展党的群众路线教育实践活动和与房山园工作对接情况介绍，以及北京高端制造业基地有关建设工作的汇报。房山园纳入中关村示范区后，与中关村管委会实现机制对接、领导对接、部门对接、项目对接；北京高端制造业基地基础设施建设全面启动，新材料产业园等一批项目开工。苟仲文指出，要倾听基层园的呼声，征求意见和建议，用务实的工作取得活动实效；中关村管委会各部门要进一步加强与房山园的沟通、协调和指导，特别是在招商和项目工程方面，以高水平的国际标准认真研究，狠抓落实。

（刘晓会）

**【奥得赛公司项目入驻新材料基地】**8 月 7 日，由北京石化新材料科技产业基地主办的“北京奥得赛化学股份有限公司项目对接座谈会”在石化基地召开，房山区政府相关人员参加。会议就奥得赛公司拟在基地建设电子化学品 B28、B29 生产车间，多功能原料药中间体生产车间，产品质控研发中心等相关事宜进行探讨。工程总投资 1.2 亿元，占地面积 1.4 公顷，主要生产电子化学品和多功能原料药中间体，计划 2015 年完工投入运营。

（刘晓会）

**【新材料基地获批市战略性新兴产业科技成果转化基地】**8 月 22 日，市科委举行“北京市战略性新兴产业科技成果转化基地授牌仪式”，北京石化新材料科技产业基地成为首批认定的10个“北京市战略性新兴产业科技成果转化基地”之一。此次授牌是2012年10月24日市科委公布的《关于公示2012年度北京市战略性新兴产业科技成果转化基地认定及项目立项结果的通知》中明确认定的，同时公布由北京燕山集联石油化工有限公司、北京燕山和成催化剂有限公司承担的公共技术服务能力建设项目“公共试验检测平台建设”，共性技术研发项目“集联公司混合碳四制MTBE项目”“1000吨/年稀土催化剂项目”。

（刘晓会）

**【石化润滑油公司搬迁改造项目建设对接会举行】** 9月13日，由北京石化新材料科技产业基地主办的“中国石化润滑油公司搬迁改造项目建设对接会”在石化基地召开，区人大、燕山工委等单位相关领导参加。会议就润滑油公司年产53万吨润滑油搬迁改造项目手续办理、进场施工、管廊建设等相关事宜进行沟通探讨。项目投资额9亿元，采用多项节能及环保工艺，建成后形成年生产润滑油产品45万吨、防冻液产品8万吨的产能，将在国内同类行业中处于较大的优势地位，成为亚洲最大的润滑油生产基地。

（刘晓会）

**【3家企业的项目获中关村新技术新产品认定】** 10月16日，市科委、市发展改革委等单位公布2013年第二批中关村国家自主创新示范区新技术新产品目录。房山园北京恒通创新赛木科技股份有限公司的“无机集料阻燃木塑复合墙板”、康莱德国际环保植被（北京）有限公司的“环保草毯”和北京冠华东方玻璃科技有限公司的“低辐射镀膜玻璃”3家企业的项目入选。

（刘晓会）

**【燕房东北环线竣工通车】** 10月18日，“燕房东北环线竣工通车仪式”举行。区人大、区政府、燕山办事处等单位相关领导出席。东北环线起点于东万路，终点至大件路丁家洼桥西，道路等级为城市次干路，总长度5028米，红线宽25米，其中行车道宽16米，两侧各为4.5米宽的人行步道。工程始于2010年10月，2011年12月动工，同步实施桥涵、交通、绿化、照明、市政管线等工程，中铁五院集团公司市政院设计，总投资2.7亿元。工程为北京石化新材料科技产业基地的主要交通道路，将有效分流燕房城区出行车辆和燕山石化公司、产业基地入驻企业运输车辆，疏导大型车辆不再穿越生产、生活密集区，缓解燕房组团的交通压力，提高对外交通和过境车辆的通行效率，初步形成“两环三横一纵”的城市交通主骨架。

（刘晓会）

**【60家企业获中关村高新技术企业认定】** 10月22日，由房山园管委会主办的“首批中关村高新技术企业证书颁发仪式”在CSD商务广场举行，区人大常委会副主任刘顺林、副区长吕守军等相关领导，华美聚合物有限公司、北京电力设备厂、中煤北京煤矿机械有限责任公司等企业的代表100余人出席。60家高新

技术企业获中关村管委会颁发的证书，涉及装备制造业、石化新材料、现代服务业等领域，正式享受中关村“1+6”系列优惠政策。

（刘晓会）

**【北京校企合作促进会成立】** 10月26日，由高教园区管委会主办的“北京校企合作促进会第一次会员大会暨成立大会”在北方温泉会议中心举行。中国科协副主席冯长根、房山区政府相关领导及100余家会员发起单位、《人民日报》等多家新闻媒体参加。会议审议通过《北京校企合作促进会章程》《北京校企合作促进会第一次会员大会选举办法》，表决通过《北京校企合作促进会会费标准与管理办法》，选举产生第一届理事会、监事会，北京理工大学焦文俊为第一届理事会会长，冯长根为名誉会长。促进会（www.bapuec.org）是由良乡高教园区管委会联合北京地区的部分高等院校、研究院所及企业自愿发起成立，经市民政局核准

登记的非营利性社会团体，其宗旨是“以服务为基础，以合作为导向，以共赢为目标”。促进会将发挥桥梁纽带作用，整合校企资源，共建共享校企、校地合作平台，开展人才培养、技术咨询、联合开发或委托研发、联合申报、技术转移、成果转化、教育慈善等工作，促进北京地区校企政的交流与合作以及科技成果转化。

（刘晓会）

**【区中小企业信息化提升工程启动】** 11月15日，由房山区经信委主办的“‘青云计划、助企腾飞’暨房山区中小企业信息化提升工程启动仪式”在北京超越电缆有限公司举行。区人大、区政府、区政协相关领导参加。“青云计划、助企腾飞”工程是由区经信委组织，与北京用友软件公司和北京百度在线网络技术有限公司共同实施，旨在为区内广大中小企业提供个性化、专业化的信息管理提升服务。工程将对“初创期”“成长期”“成熟期”3个不同阶段的企业进行信息化管理提升，包括财务管控、管理提升、品牌推广，同时对应提出3种信息化提升方案。

（刘晓会）

**【2家企业获企业技术中心认定】** 11月18日，2013年度北京市第十六批企业技术中心认定结果公示，北京特普丽装饰装帧材料有限公司名列其中。11月26日，第二十批国家认定企业（集团）技术中心及分中心名单公布，中煤北京煤矿机械有限责任公司获国家企业技术中心认定。

（刘晓会）

**【首都大学生科技创新作品与专利成果展示推介会举行】** 11月23—24日，由市科协、市教委、中关村管委会、市知识产权局等联合主办的“第二届首都大学生科技创新作品与专利成果展示推介会”在北京工商大学良乡校区举行，主题是“青春构筑梦想　创新成就未来”。主办单位、房山区政府等相关机构的领导出席。推介会共征集到41所高校大学生的138项专利成果、142件科技创新作品、105件文化创意作品、47件创业计划书、103件优秀论文，内容涵盖建筑、机械、国防、信息技术等领域。展会以各参会高校提供的大学生科技创新实物作品、专利发明为主，高校简介、论文、创意等内容为辅，运用展板、交互式多媒体、互动展品、实物模型等形式全方位地展示大学生科技创新作品与专利成果。同期还举办创新大讲堂、创新创业讲座、专利申请及保护讲座等主题活动。北京航空航天大学的“嵌段共聚物自组装构建的外界刺激响应智能界面的研究与应用——温度梯度驱动的液滴移动”等9个项目获展示推介会创新奖金奖；北京燕京啤酒集团国

建正坤公司等企业与北京工商大学、北京航空航天大学等高校的学生代表达成合作意向。

（刘晓会）

**【基因IT项目洽谈对接会举行】** 12月10日，由高教园区管委会主办的“基因IT项目洽谈对接会”在高教园区召开。长城长富投资管理有限公司、中细软网络科技有限公司等相关单位负责人参加。会议就北京圣谷同创科技发展有限公司的基因IT项目洽谈对接。圣谷同创公司是一家致力发展个体化基因检测用于疾病预测和治疗的企业，其革命性的半导体基因测序、高效的数据分析和临床应用一体化的技术平台，为疾病的预测、预警、预防和个体化医疗提供不同类型的服务。

（刘晓会）

**【中关村房山园获授牌】** 12月26日，由中关村管委会主办的“中关村房山园授牌暨中关村发展集团与房山区人民政府战略合作签约仪式”在CSD商务广场举行。中关村管委会主任郭洪为房山园授牌。2012年10月，房山区1572.97公顷纳入中关村示范区，主要分布在北京石化新材料科技产业基地、北京高端制造业基地、高教园区等重点产业基地和功能区，重点培育新材料、新能源和高端装备制造业三大主导产业，全力推动文化创意、研发服务和空港服务三大特色产业，积极培

育航空航天、节能环保、生物医药三大潜力产业，全力打造“中关村南部创新示范区”。仪式上，中关村发展集团股份有限公司与房山区政府签署共建中关村房山园协议。

（刘晓会　李贺英）

**【极薄煤层高产高效自动化刨煤机无人工作面支护技术及设备研究获市科学技术奖】**年内，由中煤北京煤矿机械有限责任公司等单位刘国柱等完成的“极薄煤层高产高效自动化刨煤机无人工作面支护技术及设备研究”获2013年度北京市科学技术奖三等奖。项目采用先进的弹塑性理论、有限元设计方法及先进制造技术，通过产、学、研联合攻关，研制了高强度“超薄梁”结构，使支护设备最低高位降为0.8米。其技术创造性与先进性：率先提出向极薄煤层开采方向发展的新目标和方向，坚持“刨煤机核心技术与国产设备相配套”的原则，最低极限支护高度处于领先水平；产品0.8米极薄煤层开采的支架最低高度仅为0.6米，最大高度1.65米，支架调高比范围达2.75，使用高度0.8~1.5米，支架工作阻力4800千牛，支护强度高；极薄煤层工作面支护设备及其配套设备实现了无人全自动化作业，极薄煤层综采支护设备年产100万~120万吨。项目获2010年度中国煤炭工业协会科学技术一等奖，中煤集团2008—2009年度科学技术进步一等奖，产品成果辐射到神华、平朔、伊泰等国内重要矿区。

（刘晓会）

**【聚丙烯成核剂YS–689的工业开发及应用获市科学技术奖】**年内，由中国石油化工股份有限公司催化剂北京燕山分公司刘志坚等完成的“聚丙烯成核剂YS–689的工业开发及应用”获2013年度北京市科学技术奖三等奖。项目属材料科学与工程技术领域。其主要成果：利用基团贡献法，首次完成了山梨醇缩醛成核剂反应的热力学分析，发现该类反应为放热反应；讨论了酸催化山梨醇与苯甲醛及其衍生物反应生成山梨醇缩醛的反应机理，为优化该类反应的合成工艺提供了理论基础；根据聚丙烯结晶成核机理，设计了聚丙烯新型成核剂YS–689的结构（山梨醇缩醛/硅胶）及其制备方法，完成系列山梨醇缩醛/硅胶复合成核剂的小试、中试和工业化产品的合成、结构表征及其在聚丙烯中的应用试验和成核聚丙烯的性能评价，实现聚丙烯成核剂YS–689的工业生产和应用。

（刘晓会）

**【年产千万吨特厚煤层超长综放工作面支护技术及设备研究】**年内，由中煤北京煤矿机械有限责任公司等单位刘国柱等完成的“年产千万吨特厚煤层超长综放工作面支护技术及设备研究”获2013年度北京市科学技术奖三等奖。项目通过“产、学、研”联合攻关，设计耐久性试验次数达5万次以上，整机大修寿命5年，使“特厚煤层超长工作面放顶煤高端支架”成为具有先进水平的支护设备。项目产品“在超长工作面、特厚煤层、硬顶板、硬煤层条件下”首次实现1000万吨以上综放工作面重大装备本土化制造；配备北煤机公司专利产品大流量液压系统，具有大放煤口和强力破碎功能；采用高强度钢板药芯焊接工艺等国内液压支架结构件先进的制造工艺。项目曾获2012年度中国煤炭工业协会科学技术奖二等奖。

（刘晓会）

**【3家企业获2013年度北京市著名商标】**年内，房山园3家企业的3件商标被认定为2013年度北京市著名商标。即北京华素制药股份有限公司的“华素”，商标注册号“1120125”，类别“5”，商品或服务“人用药”；中煤北京煤矿机械有限责任公司的“BMG”，商标注册号“1336903”，类别“7”，商品或服务“矿井作业机械”；北京极易化工有限公司的“极易”，商标注册号“6377158”，类别“1”，商品或服务“抗氧剂；2，6–二叔丁基苯酚、2，4–二叔丁基苯酚”。

（刘晓会）

# 通州园

2006年1月，发展改革委第三号公告批准通州光机电基地、环保园区纳入中关村科技园区政策区范围。同年5月，经中关村管委会同意、通州区编办批准，成立中关村科技园区通州园管理委员会，标志通州园光机电一体化产业基地、金桥科技产业基地纳入中关村科技园区政策区范围，规划占地面积1450公顷。主任、副主任分别由通州区政府的派出机构通州区人民政府园区管理委员会的主任、副主任兼任，致力打造“一站式”高效快捷的服务平台，完善项目审批便捷通道，真正实现全程代理式服务。光机电一体化基地成立于2001年，位于京津塘高速公路与五环路交会处，规划占地面积750公顷，配有服务中心、三星级宾馆、高标准配套生活服务区，医院、学校、幼儿园等均已建成并投入使用，重点发展微电子、光电子、数控机床、知能仪器仪表、机器人等主导产业，形成以高新技术产业为主，传统产业改造提升为辅，多个领域支撑的格局。金桥科技产业基地位于京津塘高速公路与六环路交会处，规划占地面积700公顷，建有高档住宅区、商务办公楼、星级酒店、教育机构等各项配套设施，本着“高标准、高起点、国际化、现代化”的原则建设，与周边地区产业基础形成配套，以汽车零部件、环保、电子信息和都市工业为主导产业。园区投入大量资金，用于道路、供电、供气、供热、供水、污水处理、通信、村庄拆迁等基础设施建设，达到“十通一平”，具有良好的生产、研发、商务、生活环境，北京百纳威尔科技有限公司、北京中科信电子装备有限公司等“十百千工程”首批企业，北京约基工业股份有限公司、甘李药业股份有限公司、北京世纪联保消防新技术有限公司等“瞪羚计划”首批重点培育企业入驻。园区建立起信息服务平台、就业服务平台、人才培训基地和融资绿色通道，实现企业网上申报，政府网上办公，政企时时互动的服务模式，通过提供全方位、高质量、高效率的服务，降低企业商务成本，减轻企业负担，助推企业发展。2012年10月，经国务院批复，调整中关村示范区空间规模和布局，通州园在光机电、金桥2个基地的基础上，将通州经济开发区东区、西区、南区，永乐经济开发区，运河核心区，环渤海高端总部基地，国际种业科技园，国际医疗康体8个分园纳入到中关村示范区政策区范围，规划占地面积3434.46公顷，区内企业可享受国家、北京市、中关村示范区的各类优惠政策。

### 通州园管理委员会领导成员

党组书记　聂玉泉
常务副主任　聂玉泉
副主任　裴志强　郭成礼　刘　生　冯顺利
纪检组组长　张友刚

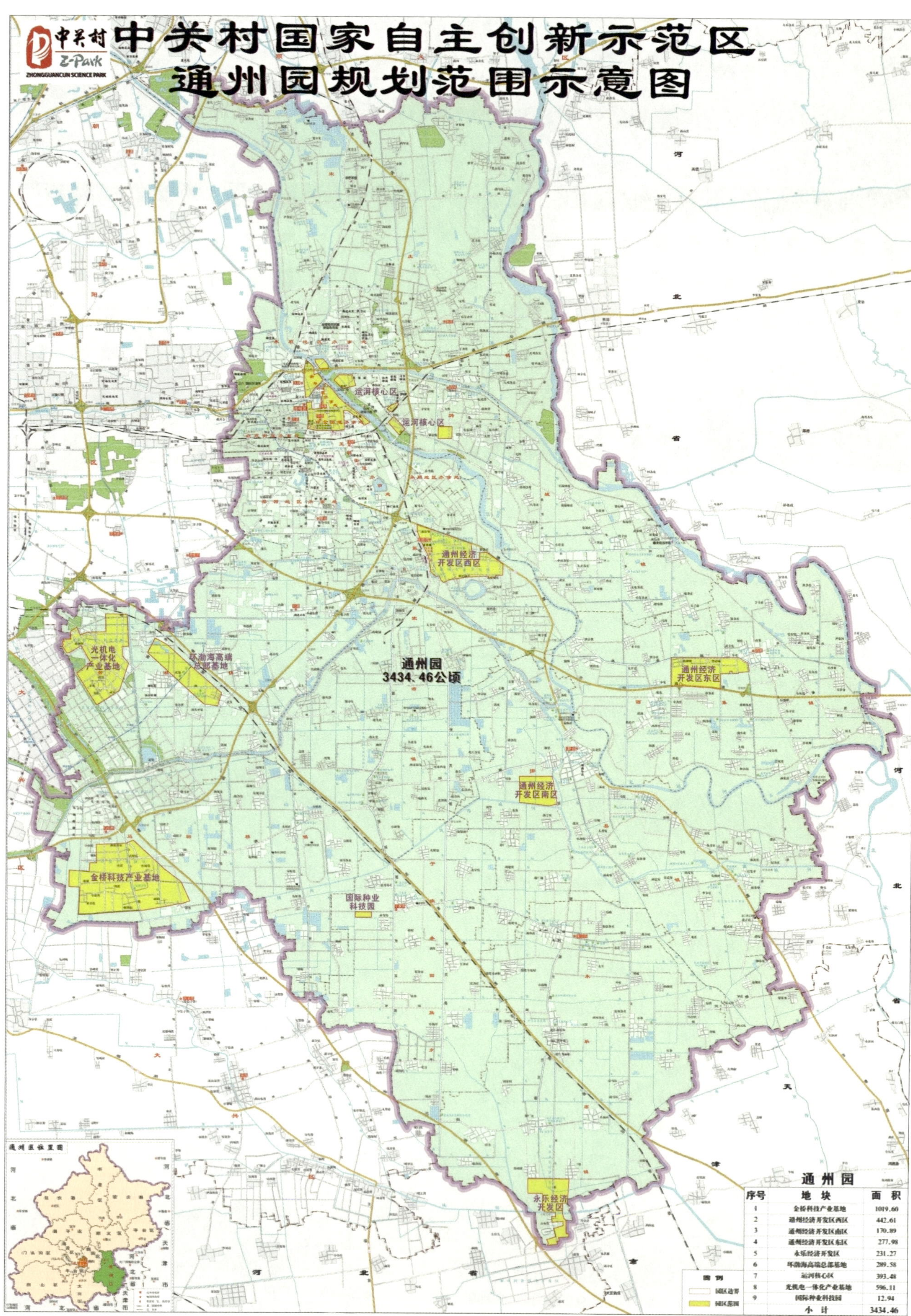


| 序号 | 地块 | 面积 |
|---|---|---|
| 1 | 金桥科技产业基地 | 1019.60 |
| 2 | 通州经济开发区西区 | 442.61 |
| 3 | 通州经济开发区南区 | 170.89 |
| 4 | 通州经济开发区东区 | 277.98 |
| 5 | 永乐经济开发区 | 231.27 |
| 6 | 环渤海高端总部基地 | 289.58 |
| 7 | 运河核心区 | 393.48 |
| 8 | 光机电一体化产业基地 | 596.11 |
| 9 | 国际种业科技园 | 12.94 |
|  | 小计 | 3434.46 |

**【概况】**2013 年，通州园紧紧围绕北京城市副中心建设，开拓创新、真抓实干，圆满完成各项任务指标。年内，区高新技术企业总数 153 家；从业人员近 3.4 万人；工业总产值 262.2 亿元；总收入 346.2 亿元；进出口总额 7.1 亿美元；上缴税费 18.2 亿元；利润总额 11.4 亿元；资产总计 405.5 亿元；科技活动经费支出总额 16.1 亿元；专利申请量 565 件，专利授权量 409 件。

招商引资。年内，园区共引进项目 58 个，协议投资总额 39.82 亿元，投资超亿元以上项目 9 个。其中：实体占地项目 9 个，协议投资总额 29.73 亿元，占地 40 公顷；购买标准厂房项目 38 个，协议投资总额 9.23 亿元，面积 7.65 万平方米；租赁标准厂房项目 11 个，面积 2.98 万平方米。

项目建设。年内，诺思兰德一期、嘉林药业等 15 个项目开工建设，投资额 47.6 亿元，建筑面积 74.7 万平方米；枢密院二期、联东 U 谷永乐产业园二期等 16 个项目复工建设，投资额 53.5 亿元，总建筑面积 102.4 万平方米；四环制药、北汽研发 A 座等 10 个项目竣工，投资额 31.4 亿元，建筑面积 49.1 万平方米。

完善环境。年内，园区共实施道路、变电站等基础设施项目 23 个，总投资额 13.47 亿元，其中光机电基地科创八街、物流基地污水管线工程、开发区西区垂柳路雨水工程等 9 个项目竣工。完成土地上市交易 12 宗，总面积 83.8 万平方米。建立重点项目定期梳理分析制度，协调解决项目建设过程中存在的问题，帮助重点产业项目落地建设，并定期向区长办公会汇报重点项目的进展情况。园区管委会与工商分局等共同建立“企业集中年检工作站”，共为 7278 家企业集中办理了年检、办证检测等。

创新驱动。年内，园区企业用于科技创新活动的经费 16.1 亿元，申请专利、专利授权均比 2012 年同期有所增长，北京世纪联保消防新技术有限公司的“干粉灭火装置热启动信号反馈装”等多项专利获得授权，北京源荷根泽科技有限公司的“含有分子内伴侣样序列的嵌合蛋白及其在胰岛素生产中的应用”被授予第十五届中国专利奖金奖；北京汽车动力总成有限公司等 3 家企业获“2013 年度中关村审查员实践点单位”称号；北京新光凯乐汽车冷成型件有限责任公司等 3 家企业入选 2013 中关村高成长企业 TOP100 榜单；北京黎明文仪家具有限公司企业分别获 2012、2013 年北京市著名商标；北京约基工业股份有限公司等 35 家企业成为 2013 年中关村示范区“瞪羚企业”；北京四环制药有限公司等 2 家企业获第三届北京市发明专利奖；北京壹人壹本信息科技有限公司成果获 2013 年度北京市科学技术奖。

宣传培训。年内，通过集中培训和送政策到园区等方式，对驻区企业进行“园区经济保增长”“园区人才工作”“中关村 1+6 政策”“新四条”等相关政策进行培训，为企业申报各级有关政策资金提供帮助。共组织政策培训 10 次，500 余家企业参加。争取到中关村生态型园区建设支持资金、北京市财政局地方特色产业发展资金等共计 1852.5 万元。

人才引进。年内，通州园“北京市博士后（青年英才）创新实践基地”以及四环制药、甘李药业等首批 5 家企业工作站建立。与中科院过程所、中科院物理所签订联合培养协议，与北京化工大学、沈阳药科大学达成合作意向，确定引进人才及研究课题。向市人力社保局推荐申报 7 名专业技术人才，其中 2 人获得高级工程师（教授级）资格。组织通美晶体、动力总成等 4 家企业申报“通州区人才公寓”并获得批准，完成入驻。

（郭庆云）

**【国际医疗服务区获一期土地一级开发授权】**1 月 7 日，北京国际医疗服务区获一期土地一级开发授权，占地面积 217.3 公顷，位于通州新城 0605 街区，涉及 7 个地块（A、B、C、D、E、F、G），由北京潞城建设开发有限公司负责建设。至年底，7 个地块均获市发展改革委土地一级开发项目核准的批复，将分两批获国家开发银行 36 亿元银团贷款授信；确定北京国际医学中心、北大国际肿瘤医院、三博脑科医院等 7 个首期入园重点项目，其中信诺佰世医疗投资（北京）有限公司设置的北京信诺佰世医学检验所已开始试运营。

（郭庆云）

**【区扶持高端产学研基地建设暂行办法发布】**1 月 21 日，区政府发布《通州区扶持高端产学研基地建设暂行办法》（通政发〔2013〕1 号）。《办法》明确：为每个新设立的院士专家服务中心、工作站提供 30 万元专项资助，为在站院士、专家每人提供 5 万 ~10 万元的研发经费和每人每年 1.8 万元的生活补贴；为每个新设立的博士后工作站提供 20 万元专项资助，为在站博士后每人提供 5 万元的研发经费和每人每年 1.5 万元的生活补贴；为每个新设立的市博士后（青年英才）创新实践基地提供 20 万元专项资助，为在基地的博士、博士后每人提供 5 万元的研发经费和每人每年 1.2 万元的生活补贴；为每个区高层次人才创新创业实践基地提供 15 万元专项资助，为在基地的博士、博士后每人提供 3 万元的研发经费和每人每年 1 万元的生活补贴。《办法》自公布之日起施行。

（郭庆云）

**【北京国际医疗服务区建设启动】**1月24日，北京国际医疗服务区建设启动，并获区政府批准成立国际医疗服务区建设管理委员会。该项目纳入北京市“十二五”规划，是市政府重点推进的通州副中心“一核五区”项目之一，位于通州新城规划中心区4800公顷范围内（潞城镇辖区），规划面积1500公顷，一期占地367公顷。服务区定位于补充基本医疗，面向国内外具有中高端、个性化医疗、康复管理和养生养老服务需求的人群，以及各种疑难重症患者，提供高水平医疗健康服务；将国际一流医院、一流医学院、一流医学科研人才、一流康复养老、一流健康管理资源，与社会资本对接，与商业性医疗保险结合，打造“医、教、研、养、康”五位一体的首个医疗健康全产业链；以“医、教、研”一体化平台为核心，以顶级专科医院为主导，以中医诊疗、养生与健康管理和中医文化医疗旅游为特色，以高端康复与专业化高端养老为延伸，以医疗相关产业为支撑，以生活、商业服务为配套，形成6个方面的健康服务产业业态。

（郭庆云）

**【2家基地入选首批市新型工业化产业示范基地】**1月30日，市经济信息化委、市发展改革委、市科委等6部门联合发布《关于公布第一批“北京市新型工业化产业示范基地”名单的通知》，通州区4家基地入选，其中通州园2家，即光机电一体化产业基地·光机电、金桥科技产业基地·节能环保。金桥基地自成立以来，经济综合实力不断增强，先后引进70余家能源、环保企业，特色化产业发展粗具规模，初步形成以能源环保、汽车零部件和新型都市产业为主导的产业格局，2012年实现销售收入27亿元，占基地总销售收入的31%；形成工业总产值17.6亿元，占基地总产值的41%。光机电基地成立10余年来已形成现代制造业、总部型产业、中小企业总部集群的三大产业格局，2012年累计完成工业产值153.5亿元，技工贸总收入248.8亿元，实现税收11.5亿元，占通州区上缴税收总额的27%。

（郭庆云）

**【国际企业大道Ⅲ期开园】**1月，国际企业大道Ⅲ期开园。项目位于通州光机电一体化产业基地内，2011年开工，由北京经开投资开发股份有限公司开发并负责服务和运营。项目占地面积100公顷，建筑面积160余万平方米，总投资70亿元，由62栋企业独栋、双拼集合办公总部及商业组成，配合8种各具新意的楼型设计风格，内部建有100余栋企业总部，单体建筑面积均为3000~7000平方米，建筑高度20.4~50米，层高3.6~5.2米。项目秉承企业+自然双生态独栋总部集群的设计理念，营造花园式的办公环境，整个园区通过内部环路交通将建筑分为5个组团，呈“五洲”形态。每个组团围合成相对独立的绿化休憩空间，最终形成“两轴、一带、五组团”的景观布局。入驻企业可享受中关村示范区以及通州区台湖镇、光机电一体化产业基地的各项优惠政策，包括税收奖励、人才奖励、资金支持等。

（郭庆云）

**【林克庆调研通州区农业生产工作】**2月18日，副市长林克庆、市政府党组成员夏占义带队到通州区调研

农业生产工作。林克庆一行先后到北京永乐食用菌生产基地、通州国际种业园区进行实地调研，了解企业发展规划以及生产情况，并到车间生产第一线，与企业职工交流，了解职工们的想法以及愿景。市委农工委主任王孝东、市委农工委副书记刘福志等领导陪同调研。

（郭庆云）

**【区“十二五”时期工业发展规划发布】**2月20日，区政府发布《通州区“十二五”时期工业发展规划》（通政发〔2013〕4号）。《规划》包括“十一五”发展回顾、发展环境、思路原则与目标、重点任务和保障措施5个部分。《规划》明确：“十二五”时期将通州区打造成北京高端制造业新区、战略性新兴产业发展的重要基地和二、三产业融合发展的示范区，全面支撑通州新城建设；力争完成现价工业总产值1700亿元，实现工业增加值400亿元；高端制造业和战略性新兴产业在通州区工业中所占比重要增加到38%以上；力争完成新增固定资产投资720亿元；形成“两带、九园、四大产业”的发展格局，打造品牌园区。

（郭庆云）

**【6家企业入驻经济开发区南区】**2月—5月，北京德

民食品有限公司、欧陆金鑫国际贸易有限公司、中铝金达北京物资有限公司、前门开关有限公司、北京荣誉博浩交通设施有限公司、北京海蓝科技开发有限责任公司入驻通州经济开发区南区。德民食品公司投资1000万元，以生产干果、食用菌、干制蔬菜等为主；欧陆金鑫公司项目占地5公顷，投资1.5亿元，主要生产出口家具；中铝金达公司项目占地1.02公顷，投资3000万元，主要经营铝合金产品；前门开关公司项目占地4.6公顷，投资1.5亿元，主要生产GCS、GCK低压抽出式开关柜等；荣誉博浩公司项目占地0.8公顷，投资2300万元，主要制造交通设施；海蓝科技公司项目占地3.38公顷，投资3亿元，计划建设研发试验用房、总装车间等，主要研发光子计数器、电阻率等产品。

（郭庆云）

**【两岸产业合作交流会召开】**3月5日，由台湾区电机电子工业同业公会、环渤海高端总部基地管委会等单位共同主办的“两岸产业合作交流会”在台北市召开。70余家台企代表参加。会议介绍了环渤海高端总部基地项目开发建设进展情况，并为环渤海高端总部基地专家顾问团新成员台湾区电机电子工业同业公会、台湾拓墣产业研究所、京泰发展有限公司3家企业授牌。至此，总部基地专家顾问团的参加企业达47家。交流会上，环渤海高端总部基地管委会与北京中骏置业控股有限公司、北京首德置业有限公司就闽台商务总部基地项目签订合作框架协议。闽台商务总部基地规划

用地面积33.35公顷，总建筑面积80万平方米，总投资120亿元。基地规划设计将借鉴闽南建筑特点，融入乡土乡情，使入驻的闽台企业有一种离土不离乡的感觉。基地定位为统一规划、统一设计、统一建设的系统化、标准化、生态化、规模化高效生态办公群，集独栋办公、集中办公、总部公寓、高端商业、生态景观、闽台会馆、艺术公社、商务中心于一体。

（郭庆云）

**【诺思兰德产业基地一期开工建设】**3月6日，北京诺思兰德医药科技有限公司产业基地一期在通州区经济开发区东区开工建设。一期占地面积0.619公顷，建筑面积9981平方米，投资6928万元，包括滴眼液生产车间、动力站、门卫、垃圾站等，计划引进韩国技术，生产无菌、无防腐剂的眼科用药品。5月30日，一期主体封顶，预计2014年底竣工试生产。

（郭庆云）

**【“春风行动”人才招聘会举办】**3月15日，由通州经济开发区西区、张家湾镇政府联合主办的“‘春风行动’人才招聘会”在张家湾镇举行。北京万生药业有限责任公司、比泽尔压缩机（北京）有限公司等企业参加，共提供就业岗位近400个，200余人与用工单位达成就业意向。招聘会为大、中专毕业生，农村富余劳动力，城镇下岗失业人员等提供就业机会。

（郭庆云）

**【胰岛素类似物及其制剂获国家发明专利授权】**3月20日，由甘李药业股份有限公司王大梅等发明的“快速起效且在酸性条件下稳定的胰岛素类似物及其制剂”获国家发明专利授权。发明涉及一种快速起效且在酸性条件下稳定的胰岛素类似物及其药物组合物和药物制剂，其类似物的A链A21位的天冬酰胺（Asn）突变为甘氨酸（Gly），并可与长效胰岛素类似物如甘精胰岛素混合，制成同时具有速效降糖和平稳长效降糖2种功能的预混制剂，解决天然胰岛素（猪、牛、人）和速效胰岛素类似物在酸性环境下不稳定，预混制剂不澄清，需引入外源蛋白（例如鱼精蛋白）作为缓释剂等问题，使制剂安全性更高。

（郭庆云）

**【CTC企业管理信息化平台获准立项】**3月21日，区经济信息化委批复中国建材检验认证集团股份有限公司（CTC）企业管理信息化平台建设项目立项。项目所在单位北京天誉有限公司是中国建材检验认证集团股份有限公司华北地区分公司，在通州经济开发区西区，拥有500平方米的房产建设机房和办公场所，计划建设独立完备的实验室信息管理及配套系统，包括企业信息化平台、网络升级、辅助系统3个部分，建设期为18个月，总投资3065.9万元。

（郭庆云）

**【万钢考察国家现代农业科技城】**3月22日，科技部部长万钢一行到北京国家现代农业科技城调研，先后参观了北京通农种业科技有限公司种苗培育车间、北京德农种业科技有限公司北方育种中心实验室、中国农业大学智能机械装备及节水设施基地。在座谈会上，

科技部、区政府有关负责人介绍了北京农科城的建设发展情况。万钢提出4点希望，即抓好协同创新，北京农科城的要素聚集要起辐射作用；加快培育现代农业产业链，注重职业化、专业化农民的培养；北京农科城要为北京生态建设做出贡献；要完善金融服务体系建设，在技术推广中将信息、金融、技术交易等服务辐射出去。科技部副部长张来武、副市长林克庆以及通州区政府相关领导陪同。

（郭庆云）

**【王钦敏考察金桥产业园】**3月25日，全国政协副主席王钦敏、全国工商联副主席黄小祥、副市长程红等一行考察联东U谷·北京金桥产业园及园区企业桑德集团有限公司，参观展馆、设备制造车间、技术研发中心，并与联东集团领导及企业人员座谈，就产业园区运营、企业发展进行交流，了解联东集团基本情况，特别是产业园区运营的理念和特点。王钦敏指出，联东U谷今后的发展，要着力提升产业园的专业化服务，寻找园区企业的共性需求，提供创新性和技术性服务，打造第三方服务支持平台，通过不断提升园区服务的软实力，使联东U谷这个品牌真正成为行业标杆。

（郭庆云）

**【开展创建安全生产标准化示范园区试点】**3月26日，区安委会发布《关于创建安全生产标准化示范园区的实施方案》（通安委发〔2013〕2号）。方案明确在通州经济开发区西区、光机电一体化产业基地率先开展示范园区企业达标试点工作，旨在全面推进通州区安全生产标准化建设。4月23日，开发区西区管委会组织召开“创建安全生产标准化示范园区工作大会”。区安监局相关人员就企业安全生产标准化的工作目标、工作安排、工作要求等进行讲解，并对园区企业开展安全生产标准化工作提出具体要求，包括做好企业自身安全生产的自检自查，消除各类安全隐患，确保年底前园区内所有企业全部达到安全生产标准化三级标准，大型企业中申请安全生产标准化一级或二级的企业实现达标。

（郭庆云）

**【7278家企业通过工商集中年检】**4月1—30日，通州园管委会联合区工商局为光机电一体化产业基地、金桥科技产业基地、永乐经济开发区、通州经济开发区（东区、西区、南区）等11个园区的入区企业提供集中上门年检服务。共有注册企业9747家参加年检，其中实地经营1222家，招商引资8525家。最终，7278家通过工商集中年检，占园区注册企业总数的74.66%。

（郭庆云）

**【组建种苗健康北京市工程研究中心】**4月8日，由区政府与中国农业大学共同主办的“种苗健康北京市工程研究中心签约仪式”在中国农大举行。市农委、市科委等相关单位领导参加。中国农大与区政府签署在国际种业科技园区共同建设“种苗健康北京市工程研

究中心”的协议，并与北京中农大地科技发展有限公司三方签署关于使用中国农业部分无形资产组建“种苗健康北京市工程研究中心”的协议。双方还商讨中国农大通州试验站种苗健康中心和高通量分子育种服务平台建设的具体事宜。中心设在通州国际种业科技园区内，计划投资1500万元，建设1000平方米的实验室与约6.7公顷的露地工作平台。建成后将实现五大功能，即种苗健康基础生物学研究创新、种苗健康检测与诊断技术支撑平台、种苗传带外来生物入侵预警与防控技术研发、种苗预防保健处理产业化服务、种苗健康信息传播与技术示范推广应用。

（郭庆云）

**【国家车联网产业基地启动】**4月12日，由市交通委主办的“国家车联网产业基地建设启动会”在北京环渤海高端总部基地举行。交通运输部副部长高宏峰、副市长苟仲文等领导以及相关部门负责人等参加。基地由交通运输部和北京市人民政府合作共建，由北京环渤海高端总部基地管委会、中国交通通信信息中心

和北京千方科技集团有限公司共同建设，位于通州区台湖镇环渤海高端总部基地，占地面积40公顷，总建筑面积80万平方米，预计总投资约70亿元，初步规划为办公、科研、生产制造、服务运营、商务配套、生活及居住配套等一体的综合产业集聚区。基地将从商用车入手，以车辆动态监控和运营服务为核心，以重点营运车辆联网联控系统和道路货运公共监管与服务平台为基础，聚集一批车联网产业领域的研究中心、重点实验室和工程中心等创新资源，监测中心、认证中心等一批职能机构，以及一批上下游核心企业，打造包括汽车电子、芯片、车载终端生产、电子地图、导航服务、民用北斗、3G通信、金融支付、车辆保险、油品能源、应急救援、物流服务等上下游贯通的车联网产业链。

（尹玲利　郭庆云）

**【通州园获批建设博士后创新实践基地】** 4月16日，市人力社保局发布《关于批准设立第三批北京市博士后（青年英才）创新实践基地及北京市博士后（青年英才）创新实践基地工作站的通知》（京人社专家发〔2013〕96号），通州园获批设立北京市博士后（青年英才）创新实践基地，并下设甘李药业股份有限公司、北京四环制药有限公司、北京捷宸阳光科技发展有限公司、北京通美晶体技术有限公司、北京玲珑轮胎有限公司5家企业工作站。基地拟招收一批博士后（青年英才），投入研发经费，与北京师范大学、北京化工大学、中国人民解放军军事医学科学院、美国可再生能源实验室等国内外高等院校、研究所、实验室合作，开展涉及生物医药、纳米技术、新材料和新能源等领域的多项科研创新活动。7月3日，由园区管委会主办的“通州园博士后（青年英才）创新实践基地成立仪式”在通州会议中心举行。

（郭庆云）

**【郭金龙一行调研通州国际种业科技园】** 4月18日，市委书记郭金龙、市长王安顺到通州国际种业科技园调研。郭金龙一行先后参观了中国农业大学通州实验站的膜下滴灌、地下滴灌、智能农业机器人等节水设施和农业智能机械设备，北京通农种业有限责任公司种苗培育车间的“太空种子”等航天育种成果。郭金龙强调，北京都市型现代农业的发展，需要继续增强科技创新的支撑引领作用，加快发展籽种产业，希望通州区和中国农业大学进一步加强合作，更加广泛地聚集种业高端要素，为种业科技园区吸引更多的优质科研人才和优势种业企业，形成可持续发展的产学研用科研创新体系，努力使园区成为首都种业产业的重要支撑，推动北京市“种业之都”的建设与发展。市科委、区政府、于家务回族乡政府等单位相关领导陪同。

（郭庆云　付　骁）

**【保罗成功系统启动】** 4月21日，“保罗成功系统启动大会”在北京工业大学举行，主题为“梦想·超越”。保罗生物园科技股份有限公司管理团队以及来自国内各地近5000名保罗生物公司的经销商参加。系统由保罗生物公司开发，用于教育培训，创建人为保罗生物公司副总裁陈湛。系统包括一套独特的生意模式、标准的操作流程，可帮助系统成员建立一个庞大而又稳固的消费型组织，使成员能够清晰地看到自己的前进方向，明确自己的目标并制订可行的计划。系统融合中国的直销文化内涵，对其核心内容——“文化教育体系”进行创新，并将之成功地运用到保罗成功系统，旨在使保罗生物市场实现标准化、模式化、可复制化。成功系统的文化在世界26个国家和地区传播，用15种语言出版和发行教育培训用的磁带、光盘等，并定期举办各种类型的研讨会和领导力论坛。系统还设有“月度读书计划”（CEP），每月在全球范围内精选一本优秀图书推荐给会员。12月18日，“保罗成功系统”凭借广阔创新的发展前景获“2013年度中国直销最具竞争力系统”。

（郭庆云）

**【冰岛虞美人节举办】** 4月26日，由通州国际种业科技有限公司、北京花儿朵朵花仙子农业有限公司共同主办的2013花仙子万花园“春在通州—冰岛虞美人节”开幕式在种业科技园区举办。中国花卉报社、区科委等单位相关人士以及30余家媒体的记者参加。花仙子万花园坐落在国际种业科技园区内，占地约40公顷，拥有一、二年花卉和宿根花卉，以及冰岛虞美人花海、月牙湖、双喜字迷宫、鲜花餐厅、园艺中心等景点，并设有家庭园艺教室、花卉超市等。冰岛虞美人属于罂粟科，原产于极地地区，花单生于无叶的花上，颜

色深黄或白色，属园林观赏植物。其药用价值也很高，入药叫雏罂粟，无毒，有镇咳、止痛、停泻、催眠等作用，种子可抗癌。活动于6月16日结束，有500余位嘉宾、游客参与。

（郭庆云）

**【华龄集团落户枢密院】**4月27日，由全国老龄工作委员会、区政府共同主办的“全国养老产业人才实训基地入驻北京通州启动工作会暨华龄集团落户光机电基地发布会”在星湖园温泉度假酒店举行。台湖镇政府、光机电基地管委会等单位相关人员参加。此次落户枢密院的除华龄老年产业控股集团有限公司总部外，还有集团旗下的10余家独资及控股公司，国家老龄办

信息中心、软件工程国家重点实验室、信息安全国家重点实验室。会上，全国养老产业人才实训基地揭牌。基地项目占地面积约33.3公顷，计划追加10亿元在星湖园原有设施基础上建设，将成为老干部休养基地，承担北京地区老干部休养和疗养任务。（华龄集团公司是中国首家专门从事老年产业的研究、投资、开发与运营的综合性企业集团，总资产89亿元。）

（郭庆云）

**【大三元公司入驻光机电基地】**5月6日，大三元（北京）食品加工有限公司与光机电基地签署协议，入驻光机电基地。项目拟租赁标准厂房1.64万平方米，投资1500万元，用于月饼、元宵、粽子等食品生产加工。大三元公司是集酒家餐饮、食品加工为一体的餐饮集团，成立于1983年，是北京市第一家拥有自己的烘焙技术和食品加工厂的餐饮企业。

（郭庆云）

**【36家企业入选2013年“瞪羚企业”】**5月9日，中关村管委会公布2013年“瞪羚企业”名单，通州园36家企业入选，包括北京韬盛科技发展有限公司、北京红狮漆业有限公司、北京博海升彩色印刷有限公司等1亿至5亿元企业15家，北京普发兴业动力科技发展有限责任公司、北京凯隆分析仪器有限公司等5000万至1亿元企业11家，依博汽车部件（北京）有限公司、北京海斯顿环保设备有限公司等1000万至5000万元企业10家。

（郭庆云）

**【金桥产业园工会联合会成立】**5月16日，由金桥基地管委会、联东U谷·北京金桥产业园、马驹桥镇政府联合举办的“联东U谷金桥产业园工会联合会成立大会”在北京金桥产业园举行。区政府、联东集团、马驹桥镇政府等单位相关领导以及40余家企业的代表参加。会议选举产生联合会主席、副主席和执行委员，北京联东国际物业管理有限公司总经理马荣梅当选联合会主席。联合会成立后，将创新园中园工会组织体系，推动园区内企业工会组织的全覆盖；开展区域性的工资集体协商，协调园区内的劳动关系；面向园区内的企业和职工，打造服务企业、服务职工的载体和平台；促进园区内企业文化和职工文化的交流。

（郭庆云）

**【74家企业获通州区纳税信用A级企业】**5月29日，区国税局、地税局公布通州区2013—2014年度纳税信用A级企业名单，共有244家企业入选，其中通州园有74家，包括北京天宇朗通通信设备有限责任公司、北京万生药业有限责任公司、北京中丽制机工程技术有限公司等，涉及通信设备、生物医药等领域。

（郭庆云）

**【光机电基地3块地块挂牌成交】**5月，光机电基地内3块地块挂牌成交，总额29.9亿元。B-23地块总用地面积4.91公顷，其中建设用地面积3.14公顷，建筑控制规模6.28万平方米，被北京世纪鸿房地产开发有限公司以8.25亿元竞得；B-03地块总用地面积8.21公顷，其中建设用地面积5.07公顷，建筑控制规模13.2万平方米，被北京泰禾房地产开发有限公司以11.25亿元竞得，将配建7.3万平方米公共租赁住房；

B-21（部分）地块总用地面积6.54公顷，其中建设用地面积3.93公顷，建筑控制规模7.65万平方米，被北京世纪鸿房地产开发有限公司以10.4亿元竞得。

（郭庆云）

**【环渤海总部基地获“北京市总部经济发展新区”称号】**6月1日，在“第二届中国（北京）国际服务贸易交易会‘北京主题日’关于总部经济和商务服务集聚区认定评选活动授牌仪式”上，4家单位入选市商务委认定的第一批“北京市总部经济发展新区”，北京环渤海高端总部基地名列其中。根据相关政策，发展新区内的总部企业享受市级各项奖励、补助政策以及优先享受各项个性化服务。

（郭庆云）

**【通马路取得道路工程规划批复】**6月3日，环渤海高端总部基地通马路取得道路工程规划意见书批复。工程规划为城市主干路，设计全长2450米，起点为京渠路规划中线，终点为京津高速公路规划中线；设计时速为60千米，为3幅路形式，主路宽为16米，安排两上两下4条机动车道，两侧主辅分隔带各宽5米，两侧辅路各宽12米，两侧人行步道各宽5米。工程预计2014年2月开工，11月竣工，投资金额约1.9亿元。工程一标段由中壤建设有限公司承建，二标段由北京建宏兴顺市政工程有限公司承建。

（郭庆云）

**【环渤海高端总部基地专家顾问团项目签约】**6月4日，由区台湖高端总部基地建设管理委员会主办的“北京环渤海高端总部基地专家顾问团年度交流暨项目签约大会”在总部基地召开。区政府、台湖镇政府、总部基地管委会等单位相关领导以及企业代表参加。会上，为新加入基地的中国移动通信集团北京有限公司通州分公司、青旅控股（北京）有限公司、北京万科企业有限公司、泰禾集团、中闻律师事务所5家总部基地专家顾问团颁牌，基地顾问团已达52家。旭天发展有限公司、青旅控股公司、国采科技股份有限公司、三亚华创美丽之冠投资有限公司等4家企业与总部基地管委会达成战略合作意向，将分别在基地选址建设北京SAP智慧城市创意中心、国际青年企业家论坛暨城市文化生态综合体、全球公共采购现代服务示范区、永不落幕的世博会四大项目；内蒙古赤峰翁牛特旗玉龙工业园区与总部基地签署战略性合作协议，双方将发挥各自优势，加强资源共享与合作互动，共同推动总部基地和玉龙工业园发展。

（郭庆云）

**【国家现代农业科技城良种展示会举办】**6月4日，由市科院、区政府联合主办的“2013年春季北京国家现代农业科技城良种展示会”在通州国际种业科技园举办，主题为“良种改变世界，科技创造未来”。农业部、市农委、市科委、区政府等单位有关领导以及国内外种业企业和高校的相关人员参加。展览展示面积26.7公顷，北京神州绿鹏农业科技有限公司、市农科院玉米研究中心、法国利马格兰特种谷物研发有限公司等40余家国内外知名种子企业、科研院所、农业院校的名、特、优、新蔬菜品种及特色作物品种参展，展示了航天辣椒品种航椒1号等四大类5000余个品种，包括茄果类1219个、叶菜类1029个、瓜类1039个，促进了国内外优秀种业企业作物新品种的交流、交易与成果转化。

（郭庆云）

**【5家企业获市高新技术成果专项奖励资金】**6月8日，市科委、市发展改革委、市财政局、市经济信息化委、中关村管委会联合公示北京市2013年度高新技术成果转化项目名单。通州园共有5家企业的项目入选，包括北京壹人壹本信息科技有限公司的“应用在平板电脑上的原笔迹手写技术产业化”、北京四环制药有限公司的“抗心脑血管疾病药物马来酸桂哌齐特注射液高新技术成果转化项目”、北京韬盛科技发展有限公司的“集成式升降操作平台转化项目”、北京中纺锐力机电有限公司的“矿用无极绳绞车专用高效节能调速电机系统产业化项目”、北京恒聚化工集团有限责任公司的“超高分子量抗温型聚丙烯酰胺转化项目”，涉及电子

信息、生物制药、光机电一体化等领域。

（郭庆云）

**【实施高通量育种技术服务平台建设】**6 月 27 日，由北京通州国际种业科技园区管委会主办的“通州种业园高通量育种技术服务平台建设项目启动仪式”在国际种业科技园举行。市农科院、市植保站等单位相关人员参加。平台为市科委 2013 年重大科技项目，分农作物育种研发服务平台建设、农科城作物新品种展示基地建设、作物种质资源共享交流平台建设 3 个课题，由国际种业科技园区管委会承担，投入市级资金 1500 万元。至年底，项目启动高通量 SNP 数据分析系统研

制，经过测试应用，可实现数据间的整合与比较、基于样品的数据分析统计、基于位点的数据分析统计等功能；完成品种展示厅的考察、设计，与市农科院等机构开展合作，收集玉米、小麦、黄瓜等 100 余个特性品种的信息；完成对中国种业交易发展体系现状、种质资源共享交流、交易现状的调研、分析与研究。

（郭庆云）

**【300 千瓦离网太阳能光伏电站建成】**6 月 28 日，由中轻太阳能电池有限责任公司承建的国内最大的沙漠腹地光伏电站——内蒙古阿拉善左旗额尔克哈什哈苏木离网型太阳能光伏发电示范项目竣工投用。项目是由发展改革委批复的地区守边富民民生工程，位于腾格里沙漠腹地，占地面积 0.5 公顷，2013 年 5 月 15 日动工建设，总装机容量 300 千瓦，使用太阳能电池组件共计 1260 板，年理论发电量 341.69 兆瓦时。项目解决了卫生院的用电问题，牧民可用上 B 超、小型 X 光等设备，方便了群众就医，同时还为驻地机关单位的正常工作和苏木经济社会发展提供电力保障。

（郭庆云）

**【3 家企业入选“2013 中关村高成长企业 TOP100”】**7 月 3 日，在“2013 中关村高成长企业 TOP100 颁奖典礼”上，通州园北京新光凯乐汽车冷成型件有限责任公司、北京壹人壹本信息科技有限公司、北京珠江钢琴制造有限公司 3 家企业获北京中关村高新技术企业协会、2013 中关村高成长企业 TOP100 评委会颁发的“2013 中关村高成长企业 TOP100”证书。

（郭庆云）

**【2 家企业获市科技型中小企业技术创新资金资助】**7 月 4 日，市科委《2013 年度北京市科技型中小企业技术创新资金立项公告》发布。通州园 2 家企业的 2 个项目入选，分别是北京陆合飞虹激光科技有限公司的“带主动防反射损伤装置的高光束质量大功率半导体激光器”项目，技术领域为光机电一体化；北京铸山科技有限责任公司的“用于防止易污染液体渗泄漏并实时监测的双层罐及制造技术”项目，技术领域为资源与环境。

（郭庆云）

**【黑曲霉入册国家保藏中心】**7 月 5 日，中国微生物菌种保藏管理委员会普通微生物中心将保罗生物园科技股份有限公司提供的生物材料“黑曲霉”登记入册，保存期 30 年。这是保罗生物公司在该中心继嗜酸乳杆菌（POLO–LA69）、植物乳杆菌（POLO–LP16）、鼠李糖乳杆菌（POLO–LR18）等菌株之后第八株入册的菌株。（黑曲霉，半知菌亚门，半知菌纲，壳霉目，杯霉科，属真菌中的一个常见种，广泛分布于世界各地的粮食、植物性产品和土壤中，是重要的发酵工业菌种，可生产淀粉酶、酸性蛋白酶、纤维素酶等，有的菌株还可将羟基孕甾酮转化为雄烯。黑曲霉生长适温 37 摄氏度，最低相对湿度为 88%，能引致水分较高的粮食霉变和其他工业器材霉变。）

（郭庆云）

**【大正恒丰金属科技项目开工】**7 月 24 日，北京大正恒丰金属科技有限公司新型冶金技术装备及新材料研发设计基地项目在通州经济开发区东区开工建设。项目于 2012 年 10 月签约入驻，投资额 1.8 亿元，占地面积 1.59 公顷，总建筑面积约为 1.16 万平方米，将建成套精密冶金装备研发、生产基地。公司以开发、设计、制造成套精密冶金装备，生产销售精密金属带材等新型材料为主营业务，预计 2014 年 6 月竣工试生产。

（郭庆云）

**【11 家企业获 2012 年中关村专利促进资金支持】**7 月 30 日，在“中关村知识产权服务业联盟成立大会暨知识产权融资战略合作签约仪式”上，通州园的北京四环制药有限公司、北京中科信电子装备有限公司、北京中纺锐力机电有限公司等 11 家企业获市知识产权局、中关村管委会颁发的 2012 年国内外专利保护专项

促进资金，总金额13万元，涉及生物制药、新能源等领域。

（郭庆云）

**【韬盛科技公司通过三大国际管理体系认证】**7月，北京韬盛科技发展有限公司全面通过ISO 9001质量管理、ISO 14001环境管理、OHSAS 18001职业健康安全管理三大国际体系认证。此次质量管理体系认证按照ISO 9001：2008标准进行，采用过程审核的方法对体系所覆盖产品（附着式升降脚手架、集成式升降操作平台、集成式电动爬升模板系统）的设计、制造、安装和服务等过程进行监督检查，利用过程方法及科学有效的循环管理模式，对企业进行规范化、系统化的管理，标志着公司综合服务能力已经与国际水准接轨，将进一步完善和提升企业管理水平。

（郭庆云）

**【科拉思纳总部基地项目奠基开工】**8月18日，“北京科拉思纳服饰有限公司总部基地·奠基仪式”在金桥产业基地景盛中街项目地块举行。相关单位代表参加。项目由科拉思纳公司建设，总占地面积2.75公顷，建

筑规模5.2万平方米，总投资1.5亿元，计划2015年底竣工。公司是一家集设计、生产、销售为一体的大型服装企业，产品为时尚秋冬女装，全线出口北欧与东欧市场，重点客户遍及欧洲各大主要城市。

（郭庆云）

**【中国农科院通州院区建设启动】**8月26日，由区政府主办的“中国农科院与通州区共建院区合作协议签约仪式”在区会议中心举行。副市长林克庆、中国农科院院长李家洋以及区政府等单位相关负责人参加。双方签署《中国农业科学院与通州区政府共建通州院区战略合作协议》。根据协议，中国农科院将发挥其科技、人才优势，结合通州的人文、区位特色，在于家务回族乡建设占地面积413.33公顷的中国农科院通州院区暨通州“四化同步”核心示范区。双方将从5个

方面开展合作共建：建设科技创新园，拟建立5~10个以国家重大科技基础设施为主体的新型自主创新平台，构建10~20个面向未来的现代农业关键技术支撑体系；建设产业孵化园，重点构建高值化农产品、绿色植物保护产品、都市型农业关键技术、新型功能肥料、新型饲料和生物反应器、纳米技术与新材料等六大产业孵化区；构建人才培养园，建设一个集国家级科研机构研究生教育、国内农业科研与技术人才的培训基地；建设交流展示园，示范推广以现代农业生物技术、现代农业工程技术、现代农业信息与物联网技术及现代农业环境自动化模拟调控技术为核心的新技术体系成果；建设管理服务中枢，打造“智慧院区”。

（郭庆云）

**【圣永制药公司入驻开发区东区】**8月，北京圣永制药有限公司与通州经济开发区东区管委会签约，将整体搬迁至园区。圣永制药公司是具备实验研发、中药提取、中西药制剂、销售服务系统化的综合型企业。入驻项目占地面积1.26公顷，投资总额约3亿元，规划总建筑面积约2.5万平方米，其中生产区建筑面积约1.4万平方米，科研办公区建筑面积约5900平方米，其他附属设施建筑面积约5100平方米，将主要生产“君力达”牌盐酸二甲双胍肠溶胶囊、颈康胶囊等产品。

（郭庆云）

**【保罗生物公司项目获国家重点新产品计划立项】**9月5日，科技部发布《关于下达2013年度有关国家科技计划项目的通知》，保罗生物园科技股份有限公司申报的“适用不同地域的高效溶磷青霉菌生物肥料”（项目编号：2013GRA00021）获国家重点新产品计划立项。产品将通过产有机酸和一些酶类，使土壤中的难溶性磷素如磷酸铁、磷酸铝以及有机磷酸盐矿化形成作物能吸收利用的可溶性磷，将有效解决磷矿资源缺乏等问题。

（郭庆云）

**【3家企业获中关村信用双百企业】**9月6日，在“北

京中关村企业信用促进会成立10周年暨2013中关村信用双百企业发布会"上，通州园3家企业获2013年中关村信用双百企业证书。北京世纪联保消防新技术有限公司被评为"2012—2013中关村信用培育双百工程百家最具发展潜力信用企业"，信用等级为BBBzc；保罗生物园科技股份有限公司、婷美集团保健科技有限公司被评为"2012—2013中关村信用培育双百工程百家最具影响力信用企业"，信用等级分别为Azc-和Azc。

（郭庆云）

**【首开万科房地产项目获立项】** 9月9日，环渤海高端总部基地北京首开万科房地产项目（4-1-014、4-1-015、4-1-019地块）获市发展改革委立项批复。项目东北至亦庄站前街，东南至次渠西一路（规划支十四路），南至站前街南四街（规划支十二路），北至站前街南三街（规划支十一路）。总用地面积7.03公顷，其中建设用地规模约3.9公顷，代征道路用地规模约0.83公顷。总建筑规模9.13万平方米，建设内容为住宅、托幼、医疗卫生等（配建公共租赁住房），总投资约11.5亿元，全部由北京首开万科房地产开发有限公司自筹解决。项目将于2014年8月开工建设。

（郭庆云）

**【嘉林药业一期项目开工建设】** 9月17日，北京嘉林药业股份有限公司通州生产基地一期在通州经济开发区东区开工建设。项目2012年10月奠基，总投资额10.6亿元，总建筑面积4.3万平方米，一期建筑面积约1.8万平方米。项目主要建设内容：固体制剂生产厂房，用于片剂、颗粒剂、胶囊剂、膏剂的生产；注射制剂生产厂房，用于小容量注射剂、冻干粉针剂的生产；研究中心、质检实验楼、仓库，办公楼及辅助配套设施等，计划2016年竣工投产。

（郭庆云）

**【中丽制机公司被授予中央企业先进集体】** 9月22日，《人力资源社会保障部　国资委关于表彰中央企业先进集体和劳动模范的决定》(人社部发〔2013〕68号)印发，中国通用技术（集团）控股有限责任公司北京中丽制机工程技术有限公司被授予"中央企业先进集体"称号。中丽制机公司是化纤纺织装备制造及工程服务板块的骨干企业，国内最大的现代化化纤机械制造基地之一。公司通过自主创新、开拓市场，实现跨越式发展，资产规模不断扩大，销售收入、利润总额大幅上升，生产总值和人均收入逐年提高。

（郭庆云）

**【北京国际医学中心入驻国际医疗服务区】** 9月25日，北京国际医疗服务区一期医疗组团的首发和核心项目——北京国际医学中心签约入驻。项目以北京宾美希医院投资有限公司为法人主体，吸引社会资本共同开发，建设用地约8.47公顷，初步规划建设1家300床规模的国际医疗部和2个300床规模的特色专科中心，以及为一期医疗组团提供临床、后勤、生活保障服务的医技综合楼，形成功能完备的900床医院组团，分三期建设。中心将引入北京市优质医疗资源，并结合美国华人医师协会、国内外优秀医师及团队等高端医疗资源，建成一所营利性综合医院，按照现代医院管理模式运营管理。

（郭庆云）

**【保罗生物菌种保藏库成为WFCC会员】** 9月28日，"WFCC会员保藏中心及WDCM 863号注册保藏中心授牌仪式"在保罗生物园科技股份有限公司举行。世界微生物菌种保藏联合会（WFCC）主席菲利普·德斯梅特（Philippe Desmeth）、世界微生物数据中心（WDCM）主任马俊才授予保罗生物菌种保藏库为WFCC的联盟会员牌匾，并颁发保罗生物菌种保藏库在WDCM成功注册（注册号863）的纪念牌匾，标志着保罗生物公司的菌种保藏技术进入国际先进行列。活动中，与会人员参观了公司的展厅、院士专家工作站、生产车间，了解了企业规模、发展历程、研发成果、热销产品等信息。

（郭庆云）

**【汪洋考察通州国际种业科技园区】** 9月29日，国务院副总理汪洋到国际种业科技园区调研国内种业发展现状，农业部部长韩长赋、市长王安顺等领导陪同。汪洋一行了解了北京德农种业有限公司育种研究中心郑单958等多个高产稳产、抗倒抗病的玉米良种的特性和推广情况，植保实验室和质量检测室育种流程与种子质量控制情况，以及北京金色农华种业科技有限公司玉米第一代、第二代品种和正在培育的第三代品种的特征特性。在随后召开的座谈会上，汪洋听取国际种业科技园区规划建设情况、种业发展情况、种业立法情况汇报，提出，希望北京发挥优势，加快打造国家种子"硅谷"，有关部门要积极支持，共同推动北京市现代种业的发展。

（郭庆云）

**【珅诺基一期开工建设】** 10月17日，北京珅诺基医药科技有限公司一期在经济开发区东区开工建设。2012年签署项目入驻协议，总用地面积约4.74公顷，一期总建筑面积约1.06万平方米，其中药品生产车间面积9628平方米，仓库、办公楼、污水处理站等设施建筑面积1003平方米，主要生产阿可拉定软胶囊，设计生产能力为年产2000万粒。

（郭庆云）

**【联东U谷·永乐产业园一期投入运营】** 10月18日，联东U谷·永乐产业园一期投入运营。一期签约企业40余家陆续入驻，涉及医疗、电子、制冷、生物等领域，其中高新技术企业5家。联东U谷·永乐产业园位于北京永乐经济开发区内，2012年3月奠基，由北京联东投资（集团）有限公司全资打造，定位为“环渤海核心高端产业综合体”，重点发展电子产业、信息产业、新能源等三大带动产业。一期位于园区东北角，规划面积约8.26公顷，总占地面积约6公顷，总建筑面积约8万平方米，容积率约1.5。拥有自由组合空间、独栋或双拼生态建筑以及柱网大尺度空间设计，企业可自主选择，满足不同功能需求。

（郭庆云）

**【促进中小企业发展实施意见发布】** 10月21日，区政府发布《关于进一步促进中小企业发展的实施意见》（通政发〔2013〕42号）。《意见》包括加快推进中小企业产业转型升级、努力营造有利于中小企业发展的良好环境、加强对中小企业公共服务体系建设、着力提高中小企业综合经营能力、加强对中小企业工作的组织领导等五大方面。《意见》明确，区政府拟设5000万元中小企业发展专项资金，并逐年扩大财政预算扶持资金规模，重点用于建设中小企业公共服务体系，搭建融资、培训、信息等网络服务平台和中小企业两化融合、技术创新、企业上市、创名牌、节能减排、“三高”企业退出、产品结构调整、扩大就业、融资服务等方面。

（郭庆云）

**【约基公司项目获机械工业科学技术奖二等奖】** 10月21日，中国机械工业联合会和中国机械工程学会联合发布《关于表彰2013年度中国机械工业科学技术奖奖励项目的通告》，公布获奖项目名单。北京约基工业股份有限公司黄文林等承担的“长距离大型空间曲线U型带式输送机”获2013年度中国机械工业科学技术奖二等奖。项目研制出世界上首台大型长距离空间曲线U型带式输送机。产品为新型输送机，由4个或5个辊子组成承载托辊，两侧的辊子是垂直的，把输送胶带窝成U型，其他部件与普通带式输送机完全一样。由于胶带窝成U型后对物料产生侧压力，因此输送能力可提高25%左右，输送倾角可增大8~12度，还可以很小的半径水平拐弯，运行时胶带不易跑偏，不撒料，环保性好。

（郭庆云）

**【国家种子“硅谷”工作研讨会召开】** 10月23日，由市农委、市科委共同主办的“国家种子‘硅谷’工作研讨会”在国际种业科技园区召开。市农业局、中国农业大学、通州园管委会等相关单位领导和专家参会。

与会人员听取由中国国际经济交流中心于2012—2013年度完成的重大咨询课题《国家种子“硅谷”发展战略研究》的介绍，并就中国资源现状，围绕如何建设、发展国家种子“硅谷”这一目标进行讨论。一致认为，园区需进一步努力完善基础设施建设、整合优势资源延伸产业链条、鼓励企业创新建立奖励机制、搭建科技平台优化成果推广、创造良好软硬件环境、加大人才引进力度。

（郭庆云）

**【2家企业获批火炬计划重点高新技术企业】** 10月28日，科技部火炬中心《关于发布2013年国家火炬计划重点高新技术企业评选结果的通知》（国科火字〔2013〕258号）发出，通州园北京四环制药有限公司、北京中纺锐力机电有限公司2家企业榜上有名。

（郭庆云）

**【利星行汽车中心开业】** 10月28日，由利星行之星（北京）汽车有限公司主办的“利星行汽车中心开业庆典”在金桥基地举行。中国汽车流通协会等相关单位代表以及媒体嘉宾、厂商代表、合作伙伴400余人参加。项目于2009年7月签约，2010年4月开工，占地面积6.8公顷，总建筑面积12万平方米，总投资5.5亿元。中心设有维修间、餐厅、新车展示等区域，可展示车辆46台，售后可提供6个预检工位，车间拥有80个维修工位，钣喷中心建筑面积7万平方米，共有100余个维修工位及2000个停车位，将为北京及周边地区奔驰客户提供销售、维修、零部件加工及售后服务，以及农家乐、庄园采摘等多样化的生态休闲活动。活动还为利星行培训学院揭牌。学院拥有8间专业培训室、4个维修培训工位，可同时容纳160名培训人员，

将负责向利星行汽车国内经销商提供涵盖销售、售后、市场、金融保险、客户关系管理与业务管理等全方位、多层次的培训。

（郭庆云）

**【“未来合伙人”入园体验活动举办】** 10月29日，由北京经开·国际企业大道Ⅲ主办的以“未来合伙人”为主题的入园体验活动在经开园区举行。活动中，主办方为“未来合伙人”全面展示其在硬件设计和软性服务方面的内容，包括“园区增值服务中心”平台和“客户定制化服务”，旨在为入园企业提供一个运行高效、要素健全的公共综合配套体系，提升服务深度和质量；介绍了兴业银行北京开发区支行与北京经开·国际企业大道Ⅲ一起打造的“项目特色金融产品”，即在向入园企业发放一定比例的、期限不超过10年的按揭贷款外，同时为购置企业总部的入园企业提供短期流动资金贷款；解读了园区多种税收优惠政策、相关支持政策。

（郭庆云）

**【信诺佰世医学检验所试运营】** 10月，首个入驻北京国际医疗服务区的医疗机构——信诺佰世医疗投资（北京）有限公司设置的北京信诺佰世医学检验所开始试运营。检验所由在美国的华人专家和中国相关行业人士共同投资设立，专注于病理和遗传疾病诊断服务，将建设达到国际CAP标准的医学实验室，搭建DNA测序技术平台、基因芯片技术平台、PCR技术平台、数字化免疫组化技术平台等，在病理、肿瘤个性化治疗、遗传病诊断、重大疾病预警预防（肿瘤、心血管疾病、老年性疾病）等方面开展相关检测服务，为高端医疗机构提供疾病预防、预警、诊断、治疗、预后等方面的技术支持。

（郭庆云）

**【环渤海规划设计方案获美国建筑师协会奖】** 11月5日，环渤海高端总部基地城市规划设计方案获美国建筑师协会香港分会颁发的2013年度城市设计优异奖。方案于2011年开始征集，规划用地面积1721公顷，总建筑面积约1720万平方米，包括城市景观轴线等设计方案，分为核心商务区、总部基地园区、绿色生活区、城市景观轴线、城市湿地等部分，由美国SOM建筑设计公司、英国福斯特设计公司（Foster Partners Limited）、北京市弘都城市规划建筑设计院AECOM（美国）联合体、日本株式会社日建设计公司4家规划设计公司参与，最终美国SOM公司中选。项目规划通过对靠近高铁站核心片区综合功能的开发，形成围绕核心区的5个邻里小区的框架结构。“一核、一轴、五邻里”的规划结构与完善的绿色开放系统交织构建生动活跃、健康、宜居的城市环境。方案体现了总部基地打造“有城有业、城业联动”的高端、智慧、生态的现代城市综合体的目标。

（郭庆云）

**【飞虹激光公司参展第十五届工博会】** 11月5—9日，在“第十五届中国国际工业博览会”上，北京陆合飞虹激光科技有限公司展出从外延片、芯片、激光堆栈、半导体激光器直到大功率半导体激光器成套加工系统全产业链产品，包括三维光纤激光切割系统、三维半导体激光焊接系统、光纤激光切割机、高光束质量大功率半导体激光器（DISTA系列）等。其中DISTA系列由激光头和冷却控制柜2个部分组成，具有主动激光防反射功能，功率达4000瓦，激光加工时，可有效防止高功率激光在加工过程中因材料反射对激光器发光单元及光学系统的损伤，且光束质量小于30毫米×毫弧度。此外，激光器采用特殊材料的微通道冷却热沉来替代铜微通道冷却热沉，寿命可达8万小时以上。产品成功应用于激光熔覆、激光焊接和激光淬火等加工中，并实现批量化生产。

（郭庆云）

**【2家企业获2013中国化学制药行业优秀企业品牌和产品品牌奖】** 11月12日，在“2013中国化学制药行

业年度峰会”上，发布2013中国化学制药行业优秀企业品牌和产品品牌榜单。通州园北京四环制药有限公司获中国化学制药协会、中国医药商业协会等5家组织授予的“2013中国化学制药行业工业企业综合实力百强”“2013中国化学制药行业成长型优秀企业品牌”“2013中国化学制药行业神经（精神）系统类优秀产品品牌”（马来酸桂哌齐特注射液）；北京万生药业有限责任公司获“2013中国化学制药行业其他各科用药优秀产品品牌”（复方a－酮酸片）。

（郭庆云）

**【2家企业获市工程实验室认定】** 11月15日，市发展改革委发布《关于2013年认定北京市工程研究中心和工程实验室的公告》。通州园北京万生药业有限责任公司的“纳米粒药物制备技术北京市工程实验室”、甘李药业股份有限公司的“重组蛋白药物北京市工程实验室”通过认定。

（郭庆云）

**【3家企业通过第十六批企业技术中心认定】** 11月18日，市经济信息化委发布《关于公布2013年度北京市第十六批企业技术中心认定结果的通知》。通州园北京韬盛科技发展有限公司、北京万生药业有限责任公司等3家企业凭借综合实力、技术创新体系建设与运营机制、技术中心基本条件、技术创新活动成果等优势通过认定，涉及生物医药、高端建筑机械与安全技术应用等领域。

（郭庆云）

**【保罗生物科技奖揭晓】** 11月19日，在“中国科学院大学2013年度奖学金、奖教金颁奖典礼暨‘中国科学院学子讲坛’”上，保罗生物科技奖揭晓。奖励中科院遗传发育所王莫等10人获优秀学生特等奖，中科院心理所王毅等50人获优秀学生奖、优秀教师奖。2012年7月，保罗生物园科技股份有限公司与中科院研究生教育基金会签约设立保罗生物科技奖，包括保罗生物科技优秀学生特等奖、保罗生物科技优秀学生奖、保罗生物科技优秀教师奖3个奖项，旨在奖励在中科院研究生院生物学及管理学领域相关研究生培养单位学习且成绩优异的学生以及在从事教学、指导研究生等工作中有突出贡献的导师及科研人员，奖励年限为3年。

（郭庆云）

**【杨晓超到北京国际医疗服务区调研】** 11月22日，副市长杨晓超到北京国际医疗服务区调研。市政府、市发展改革委，市卫生局以及区、镇政府相关人员参加。杨晓超一行参观了信诺佰世病理检验中心，观看了园区宣传片和沙盘，听取《关于医疗区工作进展情况》《关于北京国际医疗服务区试点工作的若干意见的相关情况》的汇报。杨晓超提出5点要求：要坚定社会资本办医的方向，政府各个部门都要自觉支持配合园区发展建设；要从服务对象和市场需求考虑园区的发展，针对功能定位制定支持园区发展的配套政策；要积极协调国家部委争取支持，打造全健康产业链，以教学板块做支撑，争取教育部门的支持；要进一步加大协调力度，一边继续争取政策，一边积极推进落实政策；要全力推进通州区重点基本医疗机构建设，争取在“十二五”末，区内4个区域医疗中心和妇幼医院全部投入使用。

（郭庆云）

**【90纳米~65纳米大角度离子注入机获产学研合作奖】** 11月26日，中国产学研合作促进会发布《2013年中国产学研合作创新奖、促进奖、成果奖评审结果公示》，由北京中科信电子装备有限公司孙勇等完成的国家科技重大专项“极大规模集成电路制造装备及成套工艺”的项目“90纳米~65纳米大角度离子注入机”获2013年中国产学研合作创新成果奖。设备具有掺杂浓度高、剂量准确性高、控制精度高、生产效率高等特点，适用于中低剂量掺杂和精确角度与剂量控制的工艺步骤，包括阈值电压调整注入和沟道阻隔注入以及晕注入、袋注入等注入工艺。其各项性能指标均达到国际同类设备的技术水平，整机控制高度自动化，并具有完善的工艺参数与整机运行状态监控数据库系统，适用于90纳米~65纳米工艺产品的生产。设备的研制成功，使中国集成电路专用装备制造水平由6英寸500纳米跨越到12英寸65纳米的技术水平，实现跨越式的发展。

（郭庆云）

**【开发集成式电动爬升模板系统】** 11月，北京韬盛科技发展有限公司的“集成式电动爬升模板系统”（TSMJ60型）入选2013年度中关村示范区新技术新产品名录。系统属建筑工程安全防护行业，具有构造简单、安拆方便、自动操控以及智能防坠和经济性强等特点，有效解决同类产品“不能同步控制、液压油泄露、防坠落缺陷”等难题。产品整体全钢结构，避免消防隐患，无须钢管扣件；模板不落地操作，适用于超高层核心筒施工；模板开合牵引系统使用电动葫芦自动往复循环，操作简便、效率高、同步性好；单元折叠的方式，使现场安装方便；升降采用智能荷载控制系统和遥控控制操作，更便捷、更可靠，人员可不上架操控。

（郭庆云）

**【凯悦宁医药项目签约入驻开发区东区】** 11 月，北京凯悦宁医药科技有限公司与通州经济开发区东区管委会签署入驻协议，投资医药项目，总投入 1 亿元（不含一般设备），占地面积约 2.07 公顷，总建筑面积 2.4 万平方米，主要建设制药厂房、包装厂房等硬件设施，将生产“培美曲塞二钠”制剂、“恩妥宾”、手足口病的 EV71 多肽重组疫苗等产品，计划 2015 年投产。

（郭庆云）

**【威特龙消防项目签约入驻】** 11 月，四川威特龙消防设备有限公司与经济开发区东区管委会签署协议，入驻园区投资消防项目，总投入 1.2 亿元，占地面积约 2.33 公顷，主要建设石油石化、风电、军品、古建筑四大行业消防高端产品的制造、演示、展示和培训基地，计划 2014 年 10 月开工建设。项目产品包括石油石化的天然气输（配）气场站消防安全防护系统、大型石油储罐主动安全防护系统和远程可视化智能消防炮 / 雨雾炮；风电行业的风力发电机组自动灭火系统；军品消防装备的油气智能抑爆装置、远程可视化智能消防炮 / 雨雾炮和油库消防安全管理信息系统；文物古建筑的分布式高压喷雾灭火系统。公司为国家高新技术企业，专业致力自动消防系统和安全防护装备的研究开发、设计制造、安装维护及系统集成。

（郭庆云）

**【共建市农林科学院科技创新与示范基地】** 12 月 2 日，由区政府主办的“北京市农林科学院、通州区人民政府科技创新与示范基地框架协议签约仪式”在通州会议中心举行。区科委、区农委，于家务乡政府等单位相关负责人参加。基地位于国际种业科技园内，由核心区和展示示范区 2 个部分组成，总占地面积约 166.67 公顷。核心区占地面积约 33.33 公顷，主要承担科技创新、高端研发、中试孵化等功能，将建科学试验区、种质资源保存区、中试基地和创新中心三大区域。科学试验区建有科研实验楼及 16.67 公顷的科学试验用地；种质资源保存区建有中、长期种质资源保存楼 1 座，并辅以约 13.33 公顷的种质资源保存用地；中试基地和创新中心建有北京市缓控肥料中试基地、天敌昆虫中试基地、生防微生物农药中试基地、农产品加工中心、农业智能装备创新中心、林木和花草脱毒中心、组培车间等。展示示范区占地面积 133.33 公顷，以籽种、信息技术、智能装备和物联网等品种、成果、产品和技术展示为重点，主要承担新品种展示和高端引领等功能，包括设施蔬菜展示区、新装备与物联网运用展示区、农作物新品种新技术展示区、林果花卉新品种展示区、其他主题成果展示区五大区域。仪式还举行中国林业科学研究院林业研究所、通州国际种业科技园区合作签约仪式。林业研究所通州基地一期建设面积约 9.21 公顷，涵盖林业育种、种苗繁育、示范推广等内容。

（郭庆云）

**【共建北京国际医疗服务区频道】** 12 月 3 日，国际医疗服务区与新华社北京分社签署共建“北京国际医疗服务区频道”的合作协议。频道（www.bj.xinhuanet.com/gjyl）是全方位、多角度介绍医疗园区打造“医、教、研、养、康”五位一体医疗健康产业链进程，构建北京推进医药卫生体制改革、探索社会办医新模式、建设医疗健康产业聚集区的新闻资讯平台。主要设置《要闻聚焦》《行业聚焦》《医学研发》《医疗旅游》《康复疗养》《图片报道》等 19 个栏目，内容丰富、布局简洁、色调清新。其中，《园区动态》《入园项目》等栏目关注北京国际医疗园区建设，为网民介绍医疗园区健康服务产业的建设，《新华社专稿》《访谈专题》等栏目着眼深度新闻策划。

（郭庆云）

**【4 家企业工作室获批通州区首批“首席技师工作室”】** 12 月 5 日，区政府印发《关于批准建立北京市通州区首批“首席技师工作室”的通知》（通政发〔2013〕53 号）。通州园北京中丽制机工程技术有限公司的“彭尔康首席技师工作室”（涉及行业：纺织机械制造）、北京星海钢琴集团有限公司的“董革首席技师工作室”（涉及行业：乐器制造）、奥力通起重机（北京）有限公司的“李亚民首席技师工作室”（涉及行业：起重机械制造）、天纳克（北京）汽车减震器有限公司的“潘玉岐首席技师工作室”（涉及行业：减震机械制造）4 家工作室被认定为首批“首席技师工作室”单位。

（郭庆云）

**【牛有成到国际种业科技园调研土地流转】** 12 月 16 日，市委常委牛有成、副市长林克庆等到通州国际种业科技园区调研土地流转相关问题，区政府有关领导陪同。

牛有成一行听取园区建设进展以及土地流转情况的汇报，参观了园区核心示范区及神舟绿鹏航天育种基地。牛有成指出，种业科技园迅速发展的基础是土地，园区的土地流转关系到农民租金收益和农村剩余劳动力问题。

（郭庆云）

**【保罗生物公司获中国直销奖】**12月18日，在“直销中国梦·第九届（2013）中国直销风云榜”活动中，保罗生物园科技股份有限公司凭借厚积薄发、锐意进取的能力和雄厚的企业实力被评为“2013年度中国直销新锐企业”，“保罗成功系统”凭借广阔创新的发展前景获“2013年度中国直销最具竞争力系统”称号，保罗益生菌系列产品凭借良好的市场口碑被选为“2013年度中国直销最具价值产品”。

（郭庆云）

**【“一核五区”专家顾问团工作推进会召开】**12月20日，由区政府主办的“通州区‘一核五区’专家顾问团工作推进会”在通州会议中心召开。区政府、国际种业科技园区管委会等相关单位领导以及部分专家顾问团成员参加。与会者听取区科委、国际种业科技园区管委会、顾问团等相关专家所做的“一核五区”专家顾问工作进展情况、园区与专家对接情况及取得的成效、顾问团服务园区发展情况等汇报；为国际种业科技园区顾问专家颁发了聘书。至年底，通州区专家库经调整，“一核五区”专家增至58名，并均具有高级以上职称，是在经济发展、建设规划等领域的权威人士，在服务园区建设方面发挥重要作用。

（郭庆云）

**【北美中华医学会一行到国际医疗服务区考察】**12月23日，由北美中华医学会主席曾庆霖率队的专家考察团到国际医疗服务区考察交流，区政府、潞城镇政府相关人员陪同。考察团一行参观了信诺佰世医学检验中心项目；观看了国际医疗服务区规划沙盘和视频宣传片；举行座谈，介绍了园区的相关建设情况以及“海聚工程”的各项优惠政策；北美中华医学会与国际医疗服务区管委会签署《合作框架协议》，双方将在医疗、医学教学、医学科研等方面开展合作。

（郭庆云）

**【6家企业签约入驻光机电基地】**12月24日，光机电基地管委会与6家企业签署入驻协议。其中北京乾园玉石文化有限公司、北京西都地产发展有限公司、建元超宇装饰集团有限公司3家与北京经开国际企业大道III期签约；北京棋兴盛达商贸有限责任公司、赤峰九天建材化工（集团）有限责任公司、包商银行北京分行3家与北京总部签约。西都地产公司投资6000万元，购买办公楼3800平方米，将置换给中国国家博物馆用于展览、展示、科研等；建元超宇公司投资6000万元，购买办公楼3800平方米，用于总部办公、研发等；棋兴盛达公司投资5000万元购买办公楼2106平方米，用于公司总部、五金建材销售等；九天建材公司投资7500万元，购买办公楼3190平方米，用于公司总部销售、办公及投资等；包商银行投资8000万元，购买办公楼3368平方米，用于北京分行总部、办公，为小企业信贷业务提供服务。

（郭庆云）

**【4家单位获首都绿化美化评比表彰】**年内，首都绿化办主办了2013年度首都绿化美化评比活动。通州区36家单位15人获表彰，其中通州园有4家单位获“首都绿化美化花园式”称号，分别是环渤海高端总部基地、永乐店镇永乐经济开发区、北京岱摩斯变速器有限公司和北京汽车动力总成有限公司。

（郭庆云）

**【5家企业的9个项目获示范区新技术新产品认定】**年内，市科委、市发展改革委、市经济信息化委、市住房城乡建设委、中关村管委会公示两批2013年度示范区新技术新产品名录。通州园北京韬盛科技发展有限公司的“集成式升降操作平台”（TSZJ50型）、“集成式电动爬升模板系统”（TSMJ60型），北京四环制药有限公司的“单唾液酸四己糖神经节苷脂钠注射液（2毫升：20毫克）”“马来酸桂哌齐特注射液（10毫升：320毫克）”等5家企业的9个项目入选，涉及生物医药、新一代信息技术等领域。

（郭庆云）

**【屋顶太阳能发电站建成发电】**年内，由中科信电子装备公司负责实施的“15兆瓦太阳能屋顶发电站”一期工程竣工，3万平方米的太阳能电池在公司铺设完成。全部发电后，预计年均发电量约1600万千瓦时，相当

于节约标准煤约 5400 吨，减少二氧化碳排放 1.6 万吨，二氧化硫 540 吨，碳氧化合物 270 吨，可满足该公司 30% 的用电量需求，且具有安全、无噪声、无须消耗燃料、无污染排放等优点。项目是北京市重点工程之一，总投资 1.4 亿元，其中 8000 万元由市发展改革委等部门支持，其余则由公司承担。

（郭庆云）

**【园区项目建设效益显著】**年内，通州园作为首都城市副中心，开展全面建设，共竣工项目 11 个，包括四环制药、万生药业、北汽研发 A 座、卫星导航二期、玲珑轮胎一期等，投资额 31.9 亿元，总建筑面积 50.1 万平方米；复工建设项目 19 个，包括枢密院二期、联东 U 谷永乐产业园二期、阳光保险、博旺天成等，投资额 83.5 亿元，总建筑面积 137.1 万平方米；开工建设项目 21 个，包括中安欧尚、诺思兰德一期、百丽、金轮坤天、嘉林药业等，投资额 87.3 亿元，总建筑面积 119 万平方米。

（郭庆云）

**【2 家企业项目获第三届北京市发明专利奖】**年内，北京四环制药有限公司的“一种安全性高的桂哌齐特药用组合物及其制备方法和其应用”、北京中丽制机工程技术有限公司的“利用聚酯废料生产涤纶纤维的方法”获第三届北京市发明专利奖三等奖。

（郭庆云）

**【壹人壹本公司成果获北京市科学技术奖】**年内，北京壹人壹本信息科技有限公司杜国楹等完成的“基于原笔迹手写技术的商务平板电脑研发及产业化”获 2013 年度北京市科学技术奖三等奖。项目以原笔迹手写技术为基础，研究内容包括平板电脑硬件研发、办公应用软件系统开发和云服务等，主要为政商用户提供原笔迹手写商务平板电脑及高效移动办公解决方案。在硬件上采用笔控操作，突破中文输入、识别、搜索等难题，可实现原笔迹输入、原笔迹输入信息存储以及原笔迹输入识别，且对安卓系统进行改造，开发出适合笔控式原笔迹手写输入的 EPOS 操作系统、笔写智慧办公系统、智慧云服务和智慧企业架构。智慧云服务是公司在“硬件 + 软件 + 云服务”的经营模式下自主研发的云服务系统，包括书城、应用商城、云同步与存储、运营体系。智慧企业架构是通过系统设置、信息通知、应用设置等，为企业提供的移动设备管理工具，使企业能够通过互联网管理其自有的移动设备。

（郭庆云）

# 东城园

2012 年 10 月，国务院批复，东城园在原雍和园的基础上重新调整建立，增加龙潭湖地块，总规划占地面积为 603.33 公顷。2006 年 1 月，雍和园被列入中关村科技园区，面积 290.3 公顷，位于东城区东二环路和北二环路的交会处，是科技部、中宣部、文化部、国家广电总局认定的国家级文化和科技融合示范基地，国家版权局认定的“国家版权贸易基地”，北京市首批认定的文化创意产业集聚区，也是“国家网络游戏动漫产业（北京）发展基地”。园区具有深厚的文化底蕴和鲜明的古都风貌，拥有国家级文物 4 处（钟楼鼓楼、国子监、孔庙和雍和宫），市级文物 7 处，保护院落 4 处，歌华大厦、雍和大厦等大型现代化楼设施 85 座，建筑面积约 570 万平方米，以及嘉诚印象藏经馆 17 号、人民美术文化园等分布在胡同的胡同工厂 17 处，建筑面积约 20 万平方米。园区已形成以中国对外文化集团公司、中国出版集团公司等企业为代表的东二环总部经济产业带；以神华集团有限责任公司、英特尔中国有限公司为代表的和平里现代服务业新区；以诺基亚西门子通信技术（北京）有限公司、北京歌华文化发展集团为代表的北二环文化和科技融合发展的数字内容产业带；以国家体育总局及其下属企业为核心的龙潭湖体育产业专业园区；以创新创意企业集聚为特色的胡同里的创意工厂，发展文化创意产业、优化胡同创意生态、促进城市有机更新的胡同创意文化。雍和园管委会实行政府引导，企业运作，注重高端，打造品牌的建设原则，其主要功能是：吸引总部，打造精品；特色突出，产业集聚；注重创新，掌握高端；环境一流，专业服务。东城园依托良好的商务氛围和便捷的交通等服务环境享受中关村示范区系列优惠政策、国家网络游戏动漫产业（北京）发展基地优惠政策等。园区将以文化为内涵、科技为手段，成为国内文化和科技融合发展典范；应用下一代互联网、大数据等新兴信息技术，发展移动娱乐、移动办公、移动电子商务等移动互联网产业和内容服务业，拓展数字文化、数字版权、数字生活等新兴服务业，成为中关村现代服务业创新发展区；围绕文化创意产业、体育产业和绿色低碳环保产业的创新发展需求，推动文化金融服务、体育金融服务和绿色金融服务等领域的金融服务机构聚集，打造成集新兴产业投融资服务、版权交易、体育产权交易及碳交易于一体的具有全国影响力的新兴产业金融服务中心，成为新兴产业金融服务功能区。

### 雍和园管理委员会领导成员

主　　任　彭　湘
党组书记　贾红梅
副 主 任　韩树凡　贾　邦
纪检组组长　王树春

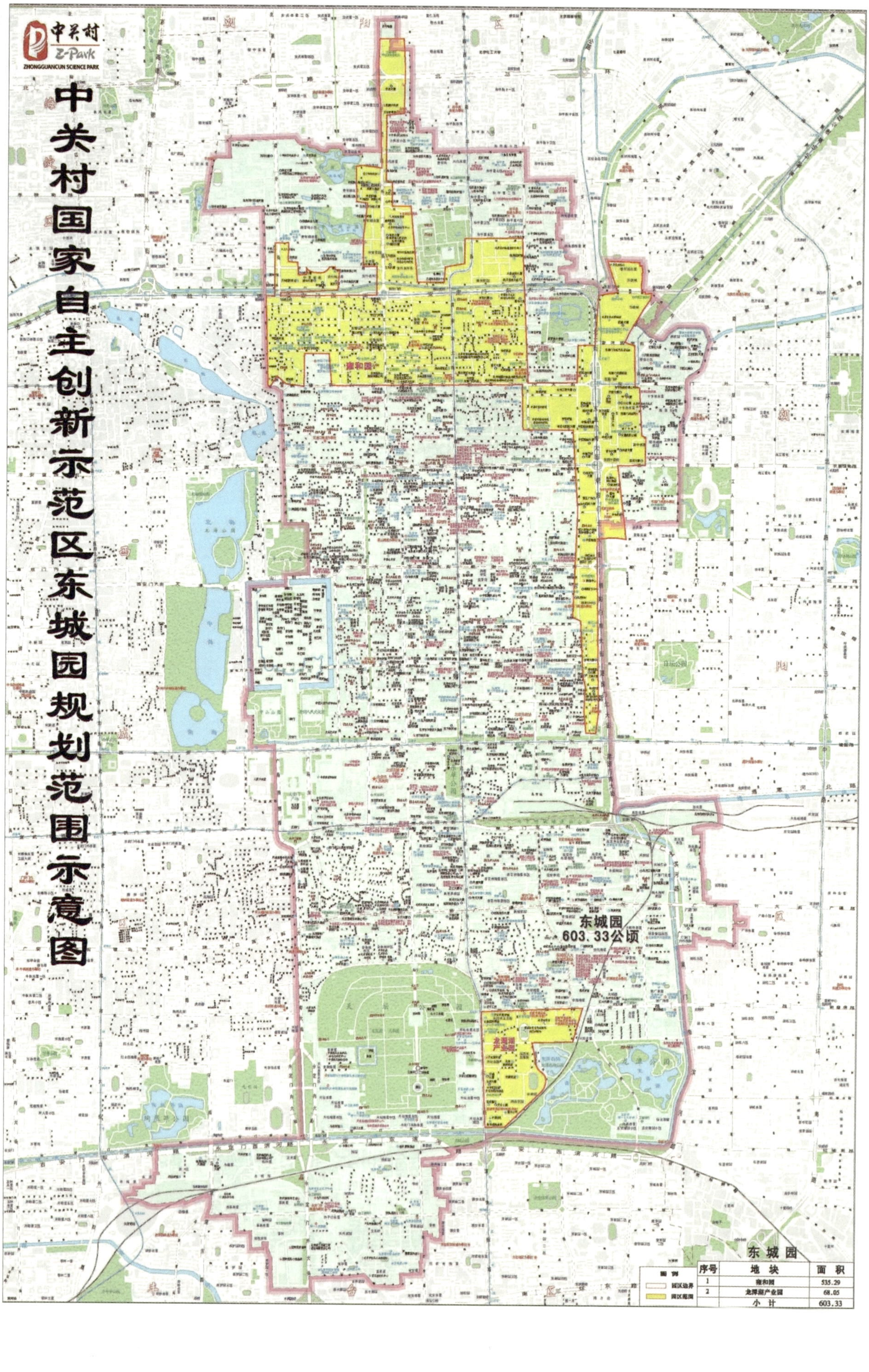

中关村
Z-Park
ZHONGGUANCUN SCIENCE PARK

# 中关村国家自主创新示范区东城园规划范围示意图

东城园
603.33公顷

东城园

图例

园区边界

园区范围

| 序号 | 地块 | 面积 |
|---|---|---|
| 1 | 雍和园 | 535.29 |
| 2 | 龙潭湖产业园 | 68.05 |
|  | 小计 | 603.33 |

**【概况】**2013 年，东城园以中关村空间规模与布局调整为契机，加快产业结构调整步伐，产业聚集和重点项目建设实现快速发展，中关村先行先试政策覆盖区域进一步扩大，高端人才加速集聚趋势明显，园区品牌影响力进一步提升，国际影响力和产业竞争实力逐步增强。年内，园区高新技术企业总数 193 家，从业人员 4.4 万余人；工业总产值 32.9 亿元，总收入 764.6 亿元；进出口总额 6.6 亿美元；实缴税费 33.1 亿元，利润总额 48.2 亿元；资产总计 1027.6 亿元；科技活动经费支出总额 64.8 亿元；专利申请量 543 件，授权量 169 件。

*确立园区规划思路，实现产业前瞻布局。*深入开展东城园“十二五”规划自评，全面总结梳理近 3 年工作，对今后 2 年工作的开展做出安排；加快产业结构调整步伐，结合东城园内各产业功能区、街道办事处及重点楼宇的发展及建设情况，确定雍和园扩园后的产业定位，夯实产业集聚发展的工作基础；根据园区规划思路，打造“一园多基地”产业格局，包括中关村金隅环贸科技商务区、雍和航星科学城、雍和文化与科技融合发展示范区、东二环高端服务业发展带、龙潭文化与体育产业园为主体的产业功能区。

*挖潜产业空间资源，提升整体运行环境。*拓展园区空间资源，优化胡同创意生态。统筹协调区相关部门，完成青龙胡同环境提升工程的主要建设项目，使青龙周边地区成为文化和科技融合发展的重要区域。打造特色产业园区，就雍和航星园的规划建设、重点项目给予支持，推进航星科学城计划实施。

*推进示范基地建设，实现文化科技深度融合。*完成《北京市东城区推进中关村东城园文化和科技融合发展行动计划（2013—2015 年）》的制定并通过区委、区政府的审议。到 2015 年，形成数个以上支撑区域重点文化产业板块的核心技术平台，数字版权、移动互联网、文化演出等优势产业板块北京市领先，建成 2~3 家专业化产业基地，成长起数家行业领军企业，将中关村东城园建设成为国内领先、全球瞩目的文化和科技融合发展示范区。

*加大产业促进力度，优化服务体系建设。*对扩园区域涉及的 10 个街道进行了全面的政策宣传和辅导，深入重点楼宇和企业进行定制化的专业指导；根据“一园多基地”的产业发展思路，加强特色产业基地和主题产业楼宇建设；深化共性关键技术平台建设，升级精细管理服务水平，引导北京航星机器制造有限公司、北京市文化投资发展集团中心等联合发起建设网络游戏产业公共平台，在文化和科技融合重点行业实现共性关键技术平台的布局；支持中国国际演出剧院联盟发展，加强园区对文化演出行业的资源聚拢能力；结合园区“一园多基地”格局，充分利用中关村人才特区和市文化人才改革试验区优势，初步形成以产业集群带动人才集聚，以人才集聚引领产业集群的发展模式；成功举办 2013 年“创意点亮北京”科普体验活动，提升园区品牌辐射力；代表东城区组织园区企业参与第十六届北京科博会、第二届京交会、第八届北京文博会等展会，为企业搭建宣传推广高端平台。

（潘汝清）

**【东城区中小企业服务中心分中心启用】**1 月 30 日，由东城区产促局主办的“东城区中小企业服务中心嘉诚分中心和东直门分中心启动仪式”举行。市经济信息化委、东城区政府等单位有关领导以及雍和园管委会、合作机构、中小企业的代表 50 余人参加。2 个分中心是东城区中小企业服务中心旗下的首批中小企业服务分中心。仪式上，分中心分别与来自商协会、产业园区、金融服务机构的 15 家单位签署合作协议，多家机构发布针对版权、文化金融、科技等领域的服务政策和信托产品。嘉诚分中心采用企业化运营与市场化合作模式，聚集包括银行、担保公司、信用评价机构等在内的多领域专业服务机构，引入政府协同引导机制，搭建政策宣讲、解读和培训的集合通道，为企业提供政务代办、专项审批、信用认证、高新认证等服务；东直门分中心聚集包括律师事务所、会计事务所、税务事务所、资产评估等多领域专业服务机构，为中小微企业提供政务类代办、法律、创业等服务。

（潘汝清）

**【陈刚到航星园调研】**2 月 19 日，市委常委陈刚到中关村雍和航星科技园调研，先后考察诺基亚体验创新中心、北京网秦天下科技有限公司、北京航星机器制造有限公司，并就雍和航星园的规划建设、重点项目支持等问题召开座谈会。陈刚要求市、区相关部门全力支持航星园的建设，从改善交通入手，优化发展环境。市委副秘书长傅华等参加调研。

（潘汝清）

**【雍和创新大家谈活动举办】**3 月 22 日，由雍和园管委会主办的“雍和创新大家谈——国际集成创新型孵化器发展模式探索主题座谈会”在环球贸易中心举行。来自东城区委组织部、中关村管委会、中国电子信息产业发展研究院等单位相关负责人和专家以及北京瀚海智业投资管理集团、林肯国际（中国）公司等企业的高管 50 余人参会。会议围绕“国际集成创新型孵化器的发展模式”，探讨资本运作模式如何能达到优化，如何实现创新人才与项目、资本的对接。与会代表就构建企业为主体的孵化器管理创新模式和培育战略性新兴产业集群，健全创新资源整合服务平台，统筹技术、海内外人才、资本等创新资源的优化布局等议题发表意见，提出孵化器应向专业化方向发展、引进年轻人才应给予落户等方面的帮助。会议还倡议建立东城区国际集成创新型孵化器联盟。

（潘汝清）

**【推出“剧保通”】** 3月31日，在北京会议中心举办的“2013年第十二届北京电视节目交易会”上，北京国华文创融资担保有限公司联合国际版权交易中心推出以电视剧版权质押模式为影视剧企业提供担保贷款的特色产品“剧保通”，旨在解决影视文化企业融资难问题。企业可通过国际版权交易中心对版权价值进行评估认定，并向国华担保公司提供版权价值实现保证，由国华担保公司审核、向银行出具保函，最终实现贷款融资。至年底，“剧保通”成功为20余个电视剧项目融资1亿余元。

（潘汝清）

**【雍和艺术区开园】** 4月28日，雍和艺术区正式运营，并举办主题为“当代传统艺术”的开园展览。艺术区相关负责人以及李庚等艺术家参加。李庚归国巡展、“清风吹来”范学宜艺术作品展、“留意”贾宝峰作品展同天举办，11号空间还展出齐白石、李可染等10位李可染画院馆藏的名家真迹作品。雍和艺术区是一个呈现当代中国传统艺术作品的主题性艺术区，位于安定门东滨河路，占地2000余平方米，由4种不同风格的艺术空间构成，拥有博物馆级别的灯光设施、恒湿恒温环境以及户外园林景观，可满足高规格作品保护需求，各类国际大型展览及活动的场地要求。

（潘汝清）

**【中美企业创新中心落户雍和园】** 4月，中美企业创新中心开业。中心依托瀚海智业集团建立，位于东城园银河SOHO，是首家由科技部支持成立的国际化科技服务机构，将采取线上线下协同的创新工作模式。线上依托国际创新云服务平台，打造资源共享和线上交流对接；线下依托瀚海智业集团在美国和中国的科技园区，为在中美两国发展的企业提供政策指导、人才输送和项目引进等服务。中心与美国的常驻机构中关村瀚海科技园形成对接，促进中美企业、项目、技术互通，帮助区内企业走出去，协助国外优秀企业“走进来”。

（潘汝清）

**【中国原创版画交易平台启动】** 5月17日，由北京东方雍和国际版权交易中心主办的“中国原创版画交易平台启动暨首届中国原创版画发展论坛”在圣唐古驿文化创意园举行。市新闻出版（版权）局、市金融局、市文化创意产业促进中心等单位有关领导以及相关专家参加。平台（www.cbice.com/article/projecTmp/print/）的成立是为版画艺术家、艺术管理机构、投资机构、投资人提供一个全面沟通、资源互惠的渠道。平台拥有完备合规的交易制度和交易流通系统，完善的文化产权交易所渠道和完整的版画交易业务模式，可保证原创版画的学术和艺术价值。国际版权交易中心邀请中国美术家协会理事姜陆等多位国内顶级版画艺术家为平台的学术指导委员会专家委员；限量收藏品交易平台可实现在线交易、在线展览，随时了解原创版画的发展状况。论坛上，与会专家就中国原创版画发展之路、交易发现价值等议题进行探讨。

（潘汝清）

**【“文化创意中国行”活动举办】** 5月21日，北京建都860周年、北京国际皇城旅游节系列纪念活动——“文化创意中国行”启动仪式暨全国首站活动“北京东城区胡同创意工厂低碳骑行游”在东城园举办。活动由东城区委宣传部、雍和园管委会、东城区旅游委等单位联合主办。活动中，相关媒体记者和胡同创意工厂讲解员组成的骑行队伍，对东城区胡同创意工厂及企业进行实地采访，体验胡同创意工厂标准化服务模式，这对发展胡同创意工厂游成为新兴的创意旅游产业，进行跨界跨区域推广、文化创意孵化具有重要意义。

（潘汝清）

**【东城园企业参展科博会】** 5月22—26日，在中国国际展览中心举行的“第十六届中国北京国际科技产业博览会”上，雍和园管委会组织乐动天下（北京）体育科技有限公司、北京鼎能开源电池科技股份有限公司等近60家东城区内企业参展，组成“北京·东城”展区，主题为“加快经济转型，实现高端发展”。在近200平方米的展位上，展示中国海洋石油总公司等大型企业集团、人美美术文化园等胡同里的创意工厂、诺基亚体验中心等创新型孵化器等各种类型企业的创新成果。滕海视阳网络科技（北京）有限公司展示的体记忆运动手环，可记录人体浅睡、熟睡等数据，同时还能记录人体运动里程、营养摄入量和消耗等数据，适合亚健康人群根据这些数据调理制定合理的工作、饮食和运动计划；北京酷云互动科技有限公司展示的电视互动软件“酷云TV”，可实现用户实时参与电视互动，具有“电视智能识别技术”“看到即浏览”“看到即参与”“看到即购买”等功能。

（潘汝清）

**【雍和园硅谷人才创业基地揭牌】**5月28日，“中关村雍和园硅谷高端文化科技人才创业基地揭牌仪式”在美国硅谷中关村瀚海科技园举行。东城区政府赴硅谷代表团人员以及北京瀚海智业投资集团等单位相关负责人和企业代表50余人参加。基地旨在了解美国市场，建立广泛的优势资源网络，帮助东城区企业“走出去”，吸引海外优秀项目和人才落户东城；作为东城园硅谷海外人才联络处，与位于银河SOHO的中美企业创新中心形成相呼应的国际高端协作孵化平台，招才引智，推进两地企业跨境融合；宣传、解答东城区招商引智的新政策，对有意向的企业、项目进行持续性跟进；成为美国当地优秀项目预孵化基地，筛选、培育优秀项目，落地东城区进行产业化。

（潘汝清）

**【版权交易板块展览举办】**5月28日—6月1日，由北京东方雍和国际版权交易中心承办的版权交易板块展览在京交会举办，主题为“版权成就文化，贸易提升价值”。展览设有四大展区，即“文化产业、文化金融”东城企业联展，汇集天脉聚源（北京）传媒科技有限公司、北京盛世骄阳文化传播有限公司等18家企业参展，设有大型3D人文景观展示和互动环节；“中国文学走出去”展区，举办“中国文学走出去海外推广计划启动仪式”，集中展示贾平凹、海岩等一批国内著名作家作品的英文介绍与梗概，旨在将国内著名作家的作品推向国际市场；“艺术进万家”展区，以“台北故宫”艺术授权产品运营商“艺奇文创集团”为代表的多家参展商带来大量艺术授权精品，展出郎世宁《花鸟图册》《花荫双鹤》等著名画作的授权产品；“版权集约化运营”展区，展示影像版权银行、纪录片版权银行等“专业版权银行集群”以及“版权印”“版权交易电子化服务平台”等专业支撑服务平台，通过版权集约化运营理念的推广、版权印核心机制的发布和版权银行集群的整体亮相等形式向社会各界全面展示“版权云”建设的最新发展。

（潘汝清）

**【刘云山听取文化改革建议】**6月8日，中央政治局常委刘云山到东城园、歌华有线电视网络公司调研，就文化科技融合、文化业态创新、文化人才培养等同有关方面负责人和企业员工交流，了解文化改革发展情况。刘云山指出，深化文化体制改革、推动文化繁荣发展，关键是要跳出文化看文化；要确立文化改革发展的新目标，着力在转变职能基础上提高文化宏观管理能力，在转企改制基础上增强文化市场主体竞争力，在规范秩序基础上建立现代文化市场体系，在统筹城乡基础上加快建立公共文化服务体系，在统筹各种资源基础上提高文化“走出去”水平；要加强组织领导、战略谋划和顶层设计，注意把握好政府、市场、社会的关系，把握好经济效益与社会效益的关系，把握好意识形态属性和文化产业属性的关系，调动各方面积极性、主动性，形成推进文化改革发展的正能量。市委书记郭金龙一同调研。

（尹玲利　潘汝清）

**【中关村金隅环贸科技商务区揭牌】**6月14日，由雍和园管委会主办的“中关村金隅环贸科技商务区揭牌仪式”在北京环球贸易中心举行，中关村管委会、东城区政府、北京金隅股份有限公司等单位相关领导以及科技商务区入驻企业代表参加。2013年1月17日，中关村国家自主创新示范区领导小组办公室批复同意原北京环球贸易中心冠名为“中关村金隅环贸科技商务区”。中心是金隅公司在城北地区打造的最具规模的商务综合体，位于东城区北三环东路，主要发展定位为打造高科技与现代服务产业融合的基地，重点吸引现代服务业重点领域的跨国公司地区总部、国际知名机构、要素交易市场、高端人才等要素，成为北京高端服务业发展的重要空间载体。

（潘汝清）

**【雍和园胡同工厂国际孵化器联盟成立】**7月5日，由雍和园管委会主办的“中关村雍和园‘胡同工厂’国际孵化器产业联盟成立暨2013未来领袖文化创意大赛发布会”在中美企业创新中心举行。市委宣传部、东城区政府、北京大学等单位相关领导参加。联盟是由雍和园管委会指导发起，辖区各单位自愿参与的非营利性社会组织，已有瀚海留学生创业园、航星留学生创业园、胡同创意工厂等30余家成员。联盟成立后将采取“整合资源，构建平台，提供服务，孵小扶新”的建设和运作思路，整合政府、研究院所、中介机构、投资机构和各科技企业孵化器的优势资源，构建技术支持、人才交流、产权交易、投融资服务、专业培训等创新创业服务平台，通过举办论坛、沙龙、会议、培训、考察交流等活动，实现各会员单位之间、孵化企业与会员单位之间的联系、交流与合作，建立共享机制、完善孵化体系、探索发展模式，推动中小企业创新创业。会议还宣布联盟的首项工作，即与北京大学文化产业研究院作为联合主办单位，启动“2013未来领袖文化创意大赛”。

（龙　琦）

**【“GTC 时尚创意廊”主题活动举办】** 8 月 14—16 日，“GTC 时尚创意廊”主题活动在环球贸易大厦举办。活动是“创意点亮北京”分板块“创意之旅”的重要组成部分，主题为“感受多彩生活、品味手工精品”，设有陶艺、插花创作、DIY 手机壳、DIY 小油画等一系列特色活动，旨在吸引市民、游客关注创意产业、创意集聚区。参与者可在专业指导老师的辅导及辅助下，制作自己心仪的陶艺作品和花艺作品，为自己的手机设计一款专属的实用配饰。

（潘汝清）

**【“创意点亮北京”活动举办】** 8 月 17—18 日，由雍和园管委会、东城区园林绿化局、东城区园林绿化管理中心、东城区文化发展促进中心共同主办的 2013 年“创意点亮北京”科普体验活动在地坛公园举办。市文化局、中关村管委会、区政府等单位有关领导参加。活动主要由国际灯光艺术展、文化创意产业综合展、雍和放映和创意之旅 4 个板块组成，吸引观众 3 万余人次。国际灯光艺术展的参展作品由海内外 21 位灯光设计师根据地坛公园的地形地貌设计，分布在地坛公园的各个角落，表达对人、城市与环境的重新思考；文化创

意产业综合展由多家东城园创新型企业共同参与，展现园区企业与企业家风采，集中体现东城园作为国家级文化和科技融合示范基地的整体风貌；雍和放映和创意板块则免费向市民播放正版动漫、影视作品。活动期间，还启动了“首届青年手机游戏创意设计大赛”。

（潘汝清）

**【香江国际盛唐文创园项目签约】** 10 月 24 日，在“第十七届北京·香港经济合作研讨洽谈会”举办的“2013 京港文化创意产业项目推介洽谈会”上，东城区文化发展促进中心与北京香海会展房地产开发有限公司签署香江国际盛唐文创园项目合作协议，签约额 8000 万元。项目位于天安门核心区域，是在原写字楼、酒店旧址翻建改造的文化创意项目，占地面积约 0.4 公顷，总建筑面积约 1.2 万平方米，由 9 栋独立微型写字楼组成。项目目标客户为高端文化创意企业。

（龙 琦）

**【光线传媒公司参股新丽传媒公司】** 10 月 25 日，北京光线传媒股份有限公司与新丽传媒股份有限公司及其股东王子文签订《股权转让协议》，以自有资金 8.29 亿元投资参股新丽传媒公司，即通过收购股权及增资的方式获取新丽传媒公司 27.642% 股权。新丽传媒公司成立于 2007 年，是一家集电视剧、电影、网络剧制作以及全球节目发行、娱乐营销和艺人经纪为一体的专业综合性影视机构，其电视剧代表作有《悬崖》《北京爱情故事》等。

（潘汝清）

**【网络文学大学成立】** 10 月 30 日，由北京中文在线数字出版股份有限公司主办的“网络文学大学成立仪式暨 2013 年开学典礼”在孔庙国子监举行。广电总局、中国作家协会等单位有关领导以及原创文学网站的代表等参加。网络文学大学（daxue.17k.com）由中文在线公司发起成立，并联合 17K 小说网、纵横中文网、创世中文网等 10 余家原创文学网站共建，是培养网络文学原创作者的公益性大学，将为国内网络文学作者提供免费培训。大学设有青训学院、精英学院和创作研究院三大学院，针对不同层次学员分阶段进行教学。各学院均将邀请文学名家、网文专家、作协领导和各界学者，定期进行线上、线下讲座，与成体系、分专业的在线教学课程相结合。中文在线公司董事长童之磊任校长，诺贝尔文学奖得主莫言任名誉校长。仪式上，网文大学第一课“作家的成长与文学的发展方向”开讲。

（潘汝清）

**【中文在线公司参展中国图书馆年会】** 11 月 7—9 日，在 2013 年中国图书馆年会——中国图书馆学会年会·中国图书馆展览会上，北京中文在线数字出版股份有限公司通过资源产品、“书香中国互联网阅读平台”、“未来图书馆”解决方案 3 个展示区，展示其“移动图书馆，终生微书房”的主题理念。移动数字图书馆让读者可以通过手机、电脑、iPad 等不同终端，通过无线或有线网络在任何时间、任何地点，搜索、浏览图书、杂志等任何内容。基于云技术的互联网开放式数字图书馆，让每位用户都拥有自己的“虚拟书架”，可保存所有阅读过的书籍以及读书笔记和书籍评论，并按照日期分类排列，读者可以随时翻阅回顾自己不同时期的写作作品，还可以在用户之间进行分享与展示。

（潘汝清）

**【国际艺术授权博览交易会举办】** 11 月 7—10 日，由

北京东方雍和国际版权交易中心、国际艺术授权基金、跨界（北京）授权管理有限公司承办"2013北京国际艺术授权博览交易会开幕会暨'文化品牌授权商专场推介会'"在北京银河SOHO举行。交易会是第八届文博会推介交易板块的重点活动之一，旨在促进艺术授权领域的快速、健康发展，加强与国际授权领域的沟通，构建授权业上下游的对话机制，拉动文化消费。活动由展览展示、品牌推介交易及"中国授权20人"论坛3个板块组成，北京梦之城、香港可利可、元亨利古典家具、观复博物馆、艺奇文创、元华堂、今日艺术汇及曹勇艺术世界等8家国内外高端授权机构的众多品牌产品集中亮相，产品种类涉及原创授权、馆藏授权、国际动漫授权、传统艺术授权及当代艺术授权等五大领域。品牌推介交易板块，发布品牌信息，推广授权理念，提供一对一的交易洽谈服务，让授权品牌真正与市场需求对接。论坛环节，国际授权行业专家、学者等20人共同讨论"原创文化艺术的品牌转化""文化艺术授权与新型工业化"等议题。

（潘汝清）

**【参展文化创意产业博览会】**11月7—10日，在中国国际展览中心举办的"第八届中国北京国际文化创意产业博览会"上，雍和园管委会组织企业在东城展区进行展示。展区主题为"科技助推文化　创意点亮生

活"，分为四大板块：主体展览展示、企业推荐日活动、现场互动交流体验和场外活动。北京中文在线数字出版股份有限公司、北京市数虎创意科技有限公司等37家东城园企业参展。其中，北京金刚游软件有限公司展示集MMORPG自主研发、运营、网络销售和地面宣传推广等为一体的游戏平台项目；北京数虎创意科技有限公司以"视觉工程服务专家"的角色，展示其文化科技融合的新影像技术；北京春秋永乐文化传播有限公司展示专业票务平台——自助换票一体机项目；乐动天下（北京）体育科技有限公司将网络游戏与体育娱乐相结合，展示"模拟高尔夫"设备，让观众一边锻炼身体、一边体验文化创意产品的乐趣；东方雍和国际版权交易中心展示限量收藏品登记认证与交易平台项目。

（潘汝清）

**【东城园游戏公共开发平台启动】**11月8日，由雍和园管委会、东城区文化发展促进中心主办的"东城园游戏产业共建基地暨游戏公共开发平台启动仪式"在

雍和航星科技园举行。市文资办、东城区政府等单位有关领导以及企业代表等100余人参加。平台由北京航星机器制造有限公司、北京市文化投资发展集团中心、北京市文化科技融资担保有限公司、北京金刚游科技有限公司联合发起，位于雍和航星科技园，面积1万余平方米。平台将为入驻企业提供办公租金减免、引擎技术公共开发平台、公用测试平台、公用美术制作中心、投融资平台、公共产品发行运营平台等支持和服务，再辅以产业政策、税收优惠等措施，将游戏开发公司集中在一起扶持孵化，实现产业互助、共同发展。4家发起单位签署网络游戏公共平台共建战略框架协议，10家游戏企业负责人签署入驻航星园网络游戏公共平台的意向书。

（潘汝清　杜　玲）

**【"柬埔寨王国76号国家公路改扩建工程"获国家优质**

**工程奖】** 11月25日，中国施工企业管理协会印发《关于表彰2012—2013年度国家优质工程的决定》，中国路桥工程有限责任公司“柬埔寨王国76号国家公路改扩建工程”获国家优质工程（境外工程）奖。柬埔寨76号公路是2006年时任国务院总理温家宝到柬埔寨访问的成果之一，2012年被评为中国交建优质工程。项目位于柬埔寨东北部，始于桔井省斯努区，终点在森莫诺隆市，路线全长127千米，2008年1月5日开工，2011年3月25日提前竣工。公路为柬埔寨重要的交通干线，促进了项目沿线地区的经济发展。

（龙　琦）

**【中国路桥公司项目获全国交通运输企业管理现代化创新成果一等奖】** 12月，由中国路桥工程有限责任公司承担的“国际工程公司海外市场社会责任竞争力的构筑”项目获中国交通企业管理协会、交通行业优秀企业管理成果评审委员会授予的2013年全国交通运输企业管理现代化创新成果一等奖。课题报告结合中国“走出去”的政策背景，对公司在管理变革和竞争力构筑方面开展的工作进行系统梳理和深度研究提炼，阐述了企业如何以满足利益相关者诉求为导向，构建与利益相关者的和谐关系。

（龙　琦）

**【基于生物力药理学丹参组分活血化瘀机理研究】** 年内，由中国中医科学院中药研究所、北京市中医研究所游云等完成的“基于生物力药理学丹参组分活血化瘀机理研究”获2013年度北京市科学技术奖三等奖。项目属中医与中药学领域。从血流/血管/血液三者之间相互作用的角度深入研究活血化瘀中药防治心脑血管疾病的作用机制；从离体及整体动物水平研究血流剪应力与活血化瘀中药的联合效应；将多因素多水平析因设计应用于生物力药理学研究，分析药物与力学因素的交互作用。其主要研究内容：①疾病模型大鼠服用丹参等有效成分提取物，结合游泳锻炼，可以从抑制炎症蛋白分泌，改善血液流变学特征、改善血脂水平等方面有效预防动脉粥样硬化斑块的形成，说明通过运动提高血流剪应力，并辅以服用中药有效成分所达到的生物力药理学效应。②在被TNF-α激活的内皮细胞表面，病理水平的低剪应力是单核细胞黏附的必要条件；正常流动剪应力表现出抗炎的生物学效应。③正常水平的流动剪应力可以提高丹参提取物抑制炎症蛋白E-selectin表达的效应，其机制涉及NFκB信号通路。项目发表相关论文21篇，被引111次。

（龙　琦）

# 西城园

2001年6月，经科技部批准，德胜园成立，2002年5月开园，政策区占地面积290公顷，位于西城区北部，有高新技术企业3家，当年企业总收入1300万元，上缴税费总额60万元。2006年1月，经发展改革委审核、国务院批准，德胜园政策区面积增至564公顷，分为德外地区与西外地区2个部分。西城区首都功能核心区的定位，以及其深厚的文化底蕴和强大的金融、信息、科技、教育等资源优势，为园区产业发展奠定了良好的基础。先后改造西外大街、德外大街等近20条市政道路，建成德胜国际、西环广场等一批标志性的高端商务楼宇，新增建筑面积150万平方米；充分利用国有企业老旧厂房等资源，集中建设科技企业孵化器，孵化面积11万平方米；在园区及周边建成一批大型高端商务酒店、商务公寓和综合服务设施，改造人定湖、双秀和玫瑰等公园环境，教育、医疗、文化等公共服务设施得到较大程度的改善和提升。园区拥有电子与信息技术、生物医药、新材料、先进制造、文化创意等领域众多重点企业，包括联动优势科技有限公司、北京因科瑞斯医药科技有限公司、有研稀土新材料股份有限公司、北京矿冶研究总院、北京DRC工业设计创意产业基地等。通过巩固优势资源、完善基础设施建设、引进重点项目、培育特色产业，园区自主创新能力不断增强，文化创意产业实力雄厚，科技与金融不断融合，高端交易市场前景广阔，科技孵化基地成果显著，逐步发展成为一个设施完备、服务优良的综合性产业功能区，先后被认定为北京市首批文化创意产业集聚区、首都四大金融后台服务区、全国唯一的国家级出版创意产业园区、北京设计之都核心区、第一批国家级科技与文化融合示范基地。2012年10月，经国务院批准，西城园在德胜园的基础上重组，规划占地面积扩大至999.63公顷，包括德胜地区、展览路地区、广安地区3个地块，将以研发设计、科技金融、文化创意和高端交易为主要产业业态，全力推进产业优化升级;以特色街区、主题楼宇为主要空间形态，重点推进空间布局调整和城市形态提升，促进产业发展和空间改造的相互支撑，持续稳定地推进体制机制创新，加快公共服务平台建设，塑造并提升西城园区域品牌形象，将园区打造成产业高端发展、空间高效利用、生态环境优美、品牌形象知名、管理服务一流的首都高端创新型产业集聚区。

### 西城园管理委员会领导成员

主　　任　陈　宁（副区长兼）
常务副主任　台　峰
副 主 任　张新华
党组书记　张新华
党组副书记　台　峰

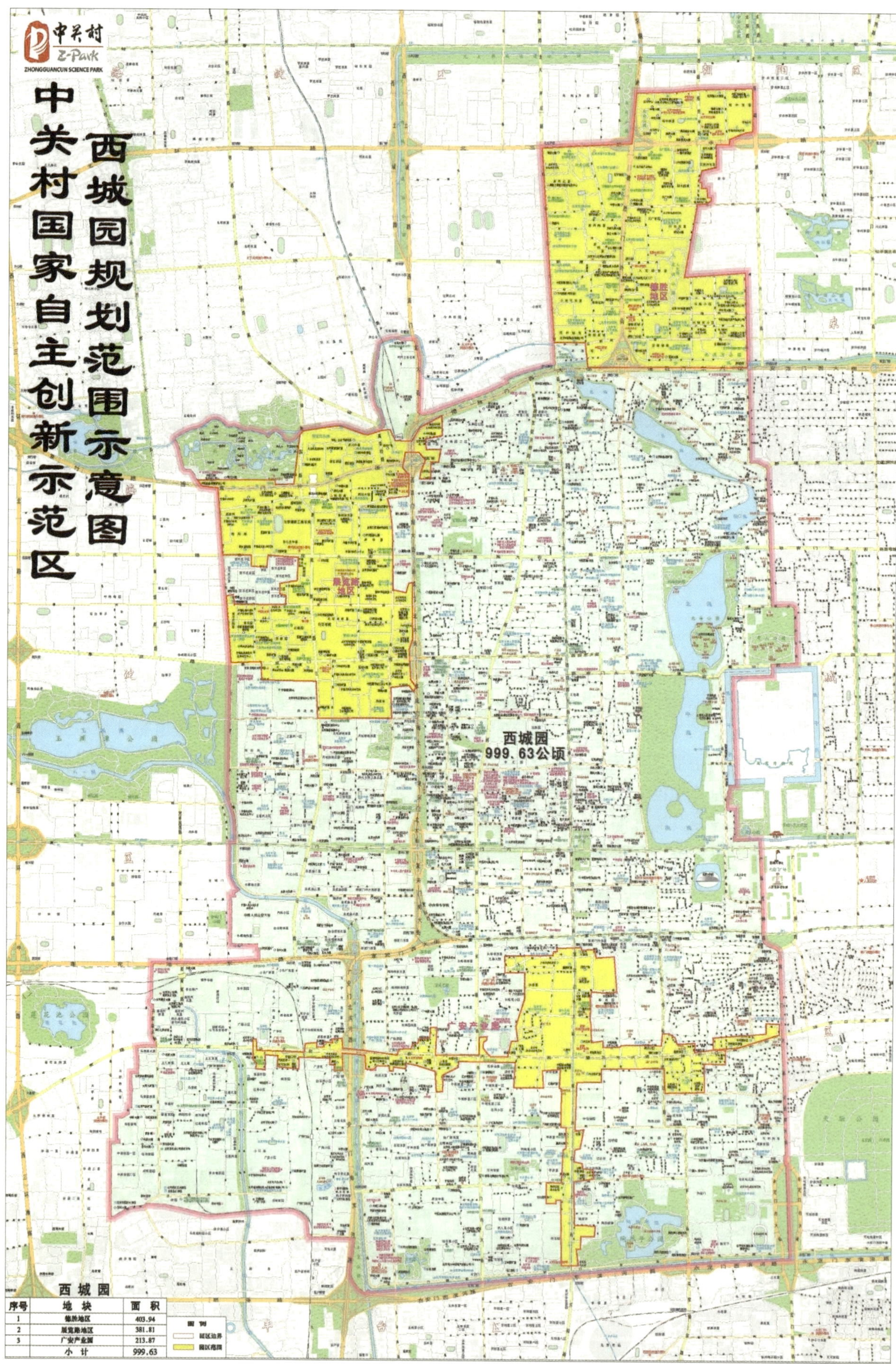


西城园

| 序号 | 地块 | 面积 |
|---|---|---|
| 1 | 德胜地区 | 403.94 |
| 2 | 展览路地区 | 381.81 |
| 3 | 广安产业园 | 213.87 |
| | 小计 | 999.63 |

【概况】2013年，西城园紧紧围绕建设中关村国家自主创新示范区要求，认真贯彻落实西城区委、区政府决策部署，各项工作任务顺利开展。年内，园区高新技术企业469家；从业人员近6.76万人；工业总产值266.1亿元；实现总收入1060.6亿元；进出口总额38.7亿美元；上缴税费60.6亿元，利润总额147.2亿元；资产总计2196亿元；科技活动经费支出总额39.7亿元；专利申请量1895件，专利授权量588件。

夯实基础工作。完成产业发展规划编制，明确园区发展目标及产业发展重点；开展2012年度园区政策兑现工作，北京绿色能量环境工程有限公司等企业分别获中介服务费、知识产权补贴等资金资助；出台《北京市西城区促进出版创意产业园区发展办法》，每年安排2000万元专项资金，支持园区出版创意产业企业发展；修订《德胜科技园中关村高新技术企业认定和管理实施办法》，新认定国家高新技术企业46家，中关村示范区高新技术企业67家；《西城区设计产业发展规划和产业发展指导目录》前期工作完成，并草拟《北京市西城区促进设计服务业发展办法》初稿。

特色产业有序推进。组建北京设计产业联盟，中国建筑设计研究院等22家设计机构及企业成为联盟发起单位；积极配合联合国教科文组织首届创意城市北京峰会，分享创意、创新、发展的经验；洛可可设计集团获“国家级工业设计企业”称号，其产品“Chocolate组合式移动电源”“ABB H1000分布式控制系统及输出输入模块系统”获德国红点设计奖，“美杜莎HIFI耳机”获IF产品设计奖。

重点项目稳步推进。西城区政府与中国北方工业公司共同签订合作框架协议，就合作共建达成一致意见，有序推进“中关村广安军民融合产业园”项目。北京机械工业自动化研究所举行“北自所（常州）智能装备制造产业基地合作签约仪式”，实施产业化基地项目。北京奇虎科技有限公司的“控制补丁包下载的方法、系统、客户端及服务器”等3件专利获第十五届中国专利奖优秀奖。由中国摄影家协会与北京设计之都发展有限公司合作共建的中国摄影展览馆落户设计之都大厦，是科学技术、设计创意和摄影艺术的跨界融合。

服务工作进一步加强。组织证监会发审部领导和专家为高新技术企业代表答疑，与全国场外交易市场进行对接；组织近300家企业召开2次出版创意产业园区政策宣讲会、3次科技园政策宣讲会、2次科技园政策兑现辅导会；推荐园区企业申报中关村高端领军人才、西城区人才培养资助计划、北京市人才培养资助计划等人才项目，4人获西城区人才培养资助计划资助，7人获教授级高级工程师职称；召开“十百千工程”企业服务对接会，组织17家企业申报“企业持续研发投入支持”专项，获支持资金642万元；召开德胜园企业服务年会，听取企业意见和建议，表彰年度突出贡献企业、高成长企业、自主创新企业、专业孵化基地和自主创新示范基地；联合科技园协会，先后举办“中国梦——影响中国未来发展的十大技术”讲座和“中国梦——企业成功之道”座谈，覆盖园区内的各孵化器及250余家企业，教育效果明显。

（许海龙　赵俊生）

【康西铜业粗铜冶炼技改项目通过现场检查】1月4—6日，科技部863项目领域部分领导、专家对江西铜业集团公司的“康西铜业粗铜冶炼技改项目”（5万吨铜双侧吹熔池熔炼项目）进行现场检查。该技术是863项目“大型高效冶金装备”的子课题，2010年4月启动，其可行性研究、初步设计及施工图设计均由北京

矿冶研究总院承担，得到2012年863计划的资金支持，是该院第一个大型铜冶炼设计项目。2012年11月下旬投产，产出第一炉粗铜，各项数据均达到设计指标。项目采用双侧吹熔池熔炼冰铜—转炉吹炼粗铜生产工艺，综合能耗316公斤/吨粗铜，相当于改造前的34.1%，节能效果显著。达产后，可年产粗铜5万吨、铁精矿1.2万吨、硫酸18万吨。

（赵　浩）

【洛可可“SANSA上上”参展福州海峡创意设计周】1月12日，以“让艺术与设计走进生活”为主题的“2013福州海峡创意设计周”在福州古街南后街开幕。本届设计周为海峡两岸设计师首次合作，有300余件创意设计精品展出。洛可可工业设计集团旗下自主生活美学品牌“SANSA上上”用现代设计手法表现中国传统文化，展出的“高山流水”“大耳有福”“荷塘月色”“上山虎”“飞龙在天”等产品，展现了东方审美，获观展人群以及福州电视台等媒体的关注。

（李凤琴）

**【首家 3D 打印体验馆开业】** 1月15日，全国首家3D打印体验馆在北京DRC工业设计创意产业基地开业，新华社、《人民日报》、《科技日报》等28家媒体及上海、天津等地近10省市记者参加开业活动。DRC基地建设以北京上拓科技有限公司等龙头企业为核心的3D打印技术条件平台，汇聚美国、以色列技术设备，可提供从3D创作到打印的全过程服务。体验馆以数字化三维扫描技术和3D打印技术为核心，面向社会提供3D照相、3D产品打印、个性化定制以及3D产品、设备选购等服务，是中国首个在线3D打印电子商务服务平台叁迪网(www.3drp.cn)的线下体验店。在这里，不光是人物可以“打印”制作，一个易拉罐、一枚戒指、一个动漫玩偶、iPhone手机座、3D游戏里的人物角色、个性花瓶……只要是能够想象到的东西或者现实中已经存在的东西，都有可能被3D打印机“打印”出来。通过线下3D打印体验馆和叁迪网在线电子商务平台，上拓科技公司在全球首次实现全方位线上线下3D照相系列服务。

（田　旭）

**【红土镍矿回转窑直接还原粒状镍铁技术通过验收】** 1月22日，“红土镍矿回转窑直接还原粒状镍铁技术项目验收会”举办。项目为863计划课题，北京矿冶研究总院牵头承担。专家组听取课题组的汇报，审阅相关材料，并就有关技术问题进行质询。课题通过对红土镍矿回转窑直接还原粒状镍铁技术的研究，查清粒状镍铁合金团聚长大的规律，查明镍铁合金品位及回收率的影响因素，研制出良好的防黏剂，解决了在还原过程中的结圈难题，且红土镍矿回转窑直接还原生产镍铁工艺，具有工艺流程短、能耗低、污染少、产品质量好、生产成本低等优点，为回转窑直接还原红土镍矿的顺利进行提供保障。

（赵　浩）

**【矿冶总院与六合天融公司签订战略合作协议】** 1月26日，“北京矿冶研究总院与中节能六合天融战略合作签约仪式”举行。签约双方相关领导、特邀专家出席。会上，矿冶总院环境所和中节能六合天融环保科技有限公司分别介绍各自的发展历程和技术优势，业务范围、研发领域等。根据协议，双方将在环境保护领域的技术研发及推广应用、信息共享、技术支持、咨询服务、项目开发、专家支援、人才培养等方面全面合作，实现共赢。

（赵　浩）

**【涂料级高岭土稀相换热煅烧技术及装备的开发通过验收】** 1月30日，“涂料级高岭土稀相换热煅烧技术及装备开发项目验收会”举行。项目2008年由发展改革委下达，针对回转窑煅烧高岭土投资大、能耗高的现状，开展涂料级高岭土稀相换热煅烧技术及装备开发。超细高岭土颗粒的流化分散技术，保证物料和空气充分混合使其快速均匀地传热煅烧；超浓相物料输送技术，解决了高温物料的堵塞问题；高效旋风收尘器，使细粒物料的收尘效率进一步提高。基于该项目成果，内蒙古华生高岭土有限公司建成年产1万吨涂料级煅烧高岭土的示范工程，实现该技术在煤质高岭土领域的工业化应用；与现有的回转煅烧窑生产工艺相比，主体设备投资减少64.32%，节能20.9%，效益良好。

（赵　浩）

**【谦比西选矿厂 DCS 和 PLC 系统升级改造项目通过验收】** 1月31日，“谦比西选矿厂DCS和PLC系统升级改造项目验收会”举行。2011年9月20日，中色非洲矿业有限公司与北京矿冶研究总院签订该项目合同，主要内容包括破碎筛分、磨浮、尾矿分级与粗砂输送泵站、尾矿浓缩泵站等系统的施工图设计，设备及仪表采购、安装、调试，主控制系统DCS和PLC系统供货、安装、调试及培训。改造后的新系统运行正常。

（赵　浩）

**【西城区促进出版创意产业园区发展办法出台】** 2月4日，西城区政府出台《北京市西城区促进出版创意产业园区发展办法》（西政发〔2013〕2号），旨在建设以出版原创为核心、以产业促进为目的、以高新技术为引领的国家级出版创意产业园区。办法明确，西城区政府每年财政专项投入2000万元，通过专项补贴、贷款贴息、专项奖励等方式支持出版创意产业园区企业发展。办法自2013年3月7日起实施，有效期5年。

（单　毅）

**【城区第一批雨水泵站自控及仪表系统升级改造完成】** 2月，北京机械工业自动化研究所与北京百氏源环保技术有限责任公司签订安华桥、大钟寺、五路居、麻峪等8座雨水泵站的自控及仪表系统升级改造合同，旨在解决立交桥积水问题，提升泵站排水能力。工程包括更换泵房水泵、高低压配电室、自控仪表系统以及新建初期雨水池和雨水调蓄池等。改造后，大钟寺、五路居等4个泵站的自控系统，在年内汛期投入使用，完成对急降雨进行“削峰”，当降雨量超过泵站排水负荷，发生水淹路面情况时，启用调蓄水池中的上层调蓄池，让雨水灌进调蓄池中暂存起来，待最大流量下降后再从调蓄池中将雨水慢慢地排出，既规避雨水洪峰，又实现对雨水循环利用。

（刘先禹）

【中加基金管理有限公司成立】3 月 15 日，“中加基金管理有限公司成立仪式”举行。加拿大驻华大使、发起单位相关领导等出席。公司注册资本 3 亿元，由北京银行股份有限公司、加拿大丰业银行、北京有色金属研究总院发起成立，持股比例分别为 62%、33% 和 5%，经证监会批复成立。公司将为市场提供差异化的、有特色的、高品质的财富管理服务，树立良好的社会形象，提升品牌价值，成为市场可信赖的合作伙伴，为广大投资者和公司股东创造良好的投资回报。10 月 16 日，公司首只基金——中加货币市场基金成立，募集资金 68.7 亿元。（加拿大丰业银行成立于 1832 年，从 1995 年开始进入中国市场并设立广州分行。）

（王　婷）

【洛可可再获国际大奖】3 月，德国红点奖评选结果揭晓。洛可可设计集团“Chocolate 组合式移动电源”“ABB H1000 分布式控制系统及输出输入模块系统”获红点设计奖，“美杜莎 HIFI 耳机”获 IF 产品设计奖。“Chocolate 组合式移动电源”设计灵感来源于“扩容无极限，时尚又甜蜜”的手机“口粮”，一小块“Chocolate”即有 1000 毫安储电量，能够配合手机电池，保证一天的用电量，用户亦可根据手机“食量”，选择用量，模块化的设计，磁铁吸附拼接方式，携带方便，组合灵活，使用自由。“ABB H1000 分布式控制系统及输出输入模块系统”打破“沟沟缝缝”的“功能型”分布式控制系统外观，不但未受外观影响，反而更加清晰便捷，单手按键式插拔设计，升级改良以往设计，抢占了行业技术专利。

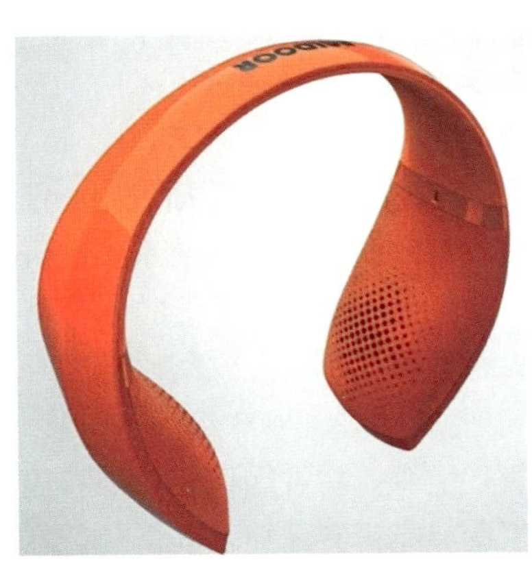

“美杜莎 HIFI 耳机”灵感源自神秘的“美杜莎”心动与诱惑，具有双耳轮廓耳罩，使耳机与耳形贴合。6 月 27 日，在 LKK 洛可可设计集团主办的“2013 LKK 洛可可案例分享会”主题展上，重点展示集团 8 年的所有获奖产品，9 项红点奖、3 项 IF 奖、4 项 IDEA 奖、41 项红星奖。

（李凤琴）

【时代亿信信息安全产品全国巡展举办】4 月 19 日，由北京时代亿信科技有限公司主办的主题为“执握安全　亿信时代”的“2013 时代亿信信息安全产品全国巡展”活动在西安拉开帷幕。巡展将在山东、湖南等地举办系列活动，是时代亿信公司针对不同应用领域内优秀、主打产品的一次整体亮相，也是公司针对不同市场需求，构筑整体解决方案的一次演练，更是时代亿信近距离了解客户、共同切磋信息安全领域的前沿技术、寻找新的合作伙伴的一次主动出击。

（刘　昆　杜　茜）

【CNN 采访报道诺亦腾公司】5 月 15 日，美国有线电视新闻网 CNN 播出专题系列片《2013 全球制造业竞争力调查》之中国篇，介绍中国制造业正从“中国制造”向“中国创造”转变。北京诺亦腾科技有限公司被选为中国唯一受访企业，接受 CNN 的深度采访。专题片“Golf gadget made in China”讲述诺亦腾公司通过将动作捕捉传感器应用到高尔夫训练中，开发并销售创新的高尔夫训练设备——my Swing 挥杆分析仪的创造过程。CNN 中国站记者走访诺亦腾北京总部及深圳生产工厂，与创始人刘昊扬、戴若犁深入沟通，了解到整个产品的策划、研发、生产过程完全依靠自身力量，公司掌握产品核心技术、拥有全部知识产权与产品定价权，体现高附加值的“中国创造”产品正在逐步替代传统的低附加值“中国制造”的大趋势。专题片中对诺亦腾公司的核心技术以及创新能力表示赞扬，称其为中国制造业转型的代表性企业。

（杜　茜）

【时代亿信文档安全管理系统获优秀产品奖】5 月 16 日，在“2013 第十四届中国信息安全大会”上，北京时代亿信科技有限公司的“文件盾 SecureDOC（文档安全管理系统）”获中国计算机报社颁发的 2013 年度中国信息安全数据泄露防护优秀产品奖。产品秉承“事前加密保护、事中权限控制、事后跟踪审计”的计算机安全系统设计理念，为企事业单位内部 OA、档案、工程建设、经营分析等应用系统构建电子文件安全管控平台，通过完善的应用集成接口，配合丰富实用的细粒度的权限控制以及友好的用户体验，实现企业应用系统中文件创建、存储、传输、流转、使用过程的全方位加密保护、自动授权、细粒度权限控制和审计，在保持用户使用习惯的同时，最大限度地保护企业电子文件资源和知识产权。

（杜　茜）

【牛有成调研普天德胜孵化器】5 月 21 日，市委常委牛有成到普天德胜孵化器调研，旨在进一步深化北京市各级政府机关与孵化器的沟通与合作，共同探讨在西城园区政策环境中孵化器的管理、建设和发展模式与策略。西城区政府等单位相关领导陪同参观园区的孵化办公环境，了解孵化器近 11 年的发展历程，以及

非公企业不断探索科技、文化创新积极服务首都发展情况，重点是孵化器在企业文化建设、搭建中小型科技企业服务平台、政策及项目对接等方面所做出的努力。

（刘 昆 杜 茜）

**【"BCJ–15 型铵油炸药现场混装车"项目通过鉴定】**5 月 22 日，工业和信息化部在包头市主持召开"BCJ–15 型铵油炸药现场混装车"项目成果鉴定会。内蒙古国防科工办、北京市国防科工办等单位相关专家出席。产品由北京北矿亿博科技有限责任公司开发，符合《现场混装粒状铵油炸药车标准》，安装了工业炸药现场混装车动态监控信息系统，试生产的铵油炸药符合《多孔粒状铵油炸药标准》。现场混装技术是指装药车装载炸药半成品或原材料驶入爆破作业现场，通过车载系统将其充分混合后装填到炮孔内，经过一定时间后才变为成品炸药。装药车装载的是炸药半成品或原料，其生产、运输和使用过程中本质安全性高，是工业炸药技术最具本质安全性的一项炸药制备、现场装填和爆破一体化技术，可广泛应用于各种类型露天矿山、采石场等的爆破工程中。

（赵 浩）

**【环球中国专家文化智库启动】**5 月 24 日，科博会期间，由环球时报社、零极限健康静心网联合主办的"环球中国专家文化智库新闻发布会暨中国专家文化全球化、网络化、数字化传播模式主题研讨会"在北京国际展览中心召开。来自国学、文化艺术、健康、心理等各界的知名专家、学者 100 余人参加。智库由会议主办方联合发起，是中国专家文化和民众传播的一个全球化、网络化、数字化新媒体互动平台，用专家原创的文化思想带动科技的发展，用云技术和先进的互联网支持系统、专家文化智库资料库管理系统，以及立体化、交互性、全息化、数字化、网络化的新媒体科技优势手段作为文化传播的有效载体，促进中国专家文化跨国界、跨文化的传播。智库为中国专家公益构建独享在线个人主页和在线个人工作室、白话文化网上论坛、专家文化互动社交圈、专家文化产品线上交易美好生活馆；为专家打造新型移动互联网文化平台，通过手机客户端为专家提供"掌上文化工作室"，以及优质丰富的文化商品解决方案。智库专家可通过手机客户端即时记录自己的思想火花，碎片化地进行文化传播和文化互动，为专家和民众提供一个完善、便捷、多样、高效的互动频道。会上，启动书画专家文化智库、共和国将军书画智库、健康专家智库、创意养生文化智库、非遗专家智库、民间特色特技专家智库、节庆文化智库、传统村落文化智库。会议就如何帮助专家有效实现文化经济和经济文化的融合等话题进行研讨。新华社、《人民日报》（海外版）等媒体进行了报道。

（杜 茜）

**【无污染有色金属提取及节能技术国家工程研究中心创新能力建设项目通过验收】**5 月 30 日，由北京矿冶研究总院承担的"无污染有色金属提取及节能技术国家工程研究中心创新能力建设项目"通过发展改革委组织的验收。中心 1995 年批准立项，2003 年通过验收。2009 年，发展改革委再次立项，旨在围绕无污染有色金属提取、有色金属工业节能、资源综合利用与循环冶金、"三废"安全处置与资源化等核心技术开发，重点建设无污染湿法冶金实验室、火法冶金节能技术及装备实验室、综合利用与循环冶金实验室及无污染湿法冶金技术验证平台、火法冶金节能技术验证平台，升级完善技术创新平台。至 2012 年，完成中心 1.24 万平方米的实验室建设以及所属实验室和研究平台的搬迁、更新和升级；承担国家项目 62 项，累计获得国家科技经费 1.1 亿元；企业委托项目 212 项，累计业务收入 2.3 亿元；建立产业化示范工程 18 项，形成产值超过 100 亿元；发表学术论文 240 篇，其中在国外科技期刊发表论文 36 篇；申请专利 80 件，其中发明专利 60 件，授权 30 件。

（田　旭）

**【西城区与北方公司签订《合作框架协议》】** 5 月 31 日，由西城区政府主办的“西城区政府、中国北方工业公司合作框架协议签字仪式”在区政府举行，签约双方相关领导出席。根据协议，北方公司负责投资建设“中关村广安军民融合产业园”，搭建军贸研发体系、海外油气资源开发研发体系和海外有色金属资源开发研发体系 3 个核心研发体系；区政府将为北方公司提供优质的纳税服务、金融服务、信息资源、公共服务等全方位支持。园区位于广安门南街，先期投资约 20 亿元，计划用 3~5 年时间建成。

（赵俊生）

**【诺亦腾公司与浙江大学建立联合实验室】** 5 月，北京诺亦腾科技有限公司与浙江大学求是高等研究院合作成立联合实验室。实验室将为该院的“脑—机交互（BCI）研究动捕技术支持”课题提供支持，包括为其开发定制软、硬件系统，帮助在脑—机交互（BCI）研究过程中对研究对象的动作进行量化，以建立控制与反馈之间的数值关系模型等。至年底，课题实现在猴子身上通过大脑信号控制机械手做出抓、勾、握等精细手势，在“脑—机接口”领域有所突破。

（杜　茜）

**【凯瑞德获评北京市著名商标】** 6 月 5 日，市工商局发布《关于认定谷雨等 179 件商标为 2012 年度北京市著名商标的通知》，北京英凯瑞科技发展有限公司的商标“凯瑞德”被认定为 2012 年度北京市著名商标，商标注册号为“5156248”，商品或服务为“计算机外围设备”，有效期为 3 年。公司成立于 2007 年，专业从事远程数字微波无线监控系统、弱电系统集成、建筑弱电智能化产品研发等，致力开拓数字化、信息化、智能化远程数字微波无线监控系统领域。公司先后承担北京奥运会火炬接力山东段安保监控项目、北汽集团北京汽车研发基地监控系统项目、金融街金阳大厦楼宇监控系统项目等工程，拥有 6 件发明专利，26 件软件著作权，6 件软件产品，并连续 4 年获“纳税 A 级企业”称号。

（刘　昆）

**【刘云山调研 DRC 基地】** 6 月 8 日，中央政治局常委刘云山调研北京 DRC 工业设计创意产业基地。刘云山一行听取申报“设计之都”、中国设计“红星奖”等情况介绍，考察了北京上拓科技有限公司和北京华新意创工业设计公司。在基地大厅，刘云山对意大利阿莱西设计梦工厂与中国 8 位建筑设计师组建国际化设计团队，向世界传播中国文化模式很感兴趣，询问设计理念以及产品在国际市场的售价等情况，并了解大学生在基地的培训方式和就业等情况。在 3D 打印科技条件平台，刘云山询问技术原理、材料、成本、设备研发和产业化情况，对为设计师提供系统化服务、缩短产品研发周期、降低研发成本的做法给予充分肯定。在上拓公司 3D 打印体验馆，刘云山观看了人像 3D 扫描、打印的全过程。在华新意创公司，了解了无人驾驶飞机和北京礼物的设计研发过程。刘云山表示，工业设计包含了如此多的内容，是科技与文化结合的典型。市委书记郭金龙、市委常委赵凤桐、中关村管委会主任郭洪、西城区委书记王宁等陪同调研。

（田　旭）

**【铜锡钨复杂多金属资源高效利用技术与装备研究通过验收】** 6 月 28 日，由中国有色金属工业协会组织的“‘十一五’国家科技支撑计划‘铜锡钨复杂多金属资源高效利用技术与装备研究’课题技术验收会”在北京矿冶研究总院举行。项目是“难采选金属矿高效开发关键技术及装备研究”的子课题，2008 年 1 月启动，由矿冶总院矿物工程研究所、机械研究所和矿产资源研究所联合攻关，解决的关键技术问题：低品位、微细粒锡、钨矿石综合回收技术及浮选设备研制；低品位锡、钨矿石预富集技术；采用高效捕收剂和调整剂进行铜、锌矿物分离及回收技术；微细矿物颗粒表面气核形成及矿化技术；引射器和释放器关键机构参数的研究。取得低品位铜锡钨复杂多金属矿石综合回收工艺，低品位铜锡资源预富集技术，低品位铜锡资源高效捕收剂 BK302、BK411 和 BK412，微细粒浮选柱等重大成果。形成的一整套低品位铜锡钨复杂多金属矿石的选矿高效利用新技术，具有较强的示范性和带动性，在湖南柿竹园有色金属有限责任公司建设 600 吨铜锡露天采矿生产线，在郴州大金矿业有限责任公司建设每天 500 吨的工业化试验生产线。

（赵　浩）

**【硫酸渣提质减排资源化清洁利用关键技术及示范研究通过验收】** 6 月 28 日，由中国有色金属工业协会组织的“‘十一五’国家科技支撑计划‘硫酸渣提质减排资源化清洁利用关键技术及示范研究’课题技术验收会”在北京矿冶研究总院举行。项目是“难采选金属矿高效开发关键技术及装备研究”的子课题，2009 年 1 月启动，由矿冶总院矿物工程研究所、矿产资源研究所联合攻关，主要完成：含铅锌高硫尾矿工艺特性及目标矿物在选矿过程中的行为研究；含铅锌高硫尾矿中铅锌矿物浮选条件试验；高硫尾矿无酸选硫（碱法选硫工艺）条件试验，深度精选试验研究；含金高铁低硫性硫酸烧渣湿法提金试验研究；30万吨/年高硫尾矿选硫生产示范工程建设技术支持。项目形成一整套铅、锌、铁、硫、金、银等复杂多金属矿石的高效选矿综合利用新技术，并转化为生产力，应用于南京银茂铅锌矿业有限公司选厂，铁的回收率从0达到88%，硫的回收率从68%提高到77%、铅的回收率从89%提高到90%、锌的回收率从91%提高到92.5%、金的回收率从22%提高到75%、银的回收率从78%提高到92%，从根源上杜绝硫酸渣的环境污染问题。

（赵　浩）

**【矿物加工科学与技术国家重点实验室通过验收】** 7月11日，“矿物加工科学与技术国家重点实验室验收会”在依托单位北京矿冶研究总院召开，科技部、国资委等相关单位领导，中国工程院院士孙传尧等有关专家出席。该机构为2007年科技部批准建设的首批企业国家重点实验室之一，面积1万余平方米，涵盖矿物加工、机械工程、环境工程、自动化工程、矿产资源、分析测试等学科，建设有矿物加工工艺、矿物材料、选矿药剂、矿物加工设备与控制等研究平台。实验室围绕矿物加工科学与技术的发展趋势与突出问题，以提高矿产资源综合利用水平、资源清洁生产和循环利用等基本科学问题研究与高技术创新研究为核心，协调布局应用基础研究和高技术研究，形成一支年龄和专业结构较为合理的科研队伍，承担国家973计划、863计划、科技支撑计划等科研项目，获多项国家和省部级科技奖项，在获取专利授权、制定国家与行业标准、发表学术论文与专著等方面均取得较好的成绩。

（田　旭）

**【暑期老龄产品设计工作坊举办】** 7月15日，由北京邮电大学数字媒体与设计艺术学院联合普天德胜孵化器、海尔创新设计中心举办的“北邮—海尔·普天德胜暑期老龄产品设计工作坊”在普天德胜孵化器早期项目孵化中心启动，主办方相关领导、专家出席。此

次是该中心首期活动，至8月2日结束，旨在通过不同专业的创业咨询辅导和不限形式的创业咨询模式，为即将步入社会的学子模拟了解企业化运营的创业环境，使其切身感受到普天德胜浓厚的创业氛围，挖掘富有潜力的创业团队。活动邀请荷兰代尔夫特理工大学工业设计系劳·朗荷菲尔德教授，围绕老龄用户，对智慧家居、家电产品的形态和交互方式概念设计等进行讲解，分享国际前沿的设计理念。

（杜　茜）

**【智能矿山产业技术创新战略联盟成立】** 7月19日，“‘智能矿山产业技术创新战略联盟’成立暨第一届一次理事会”在北京矿冶研究总院举行。科技部、国资委、中国有色金属协会以及联盟成员单位等相关领导出席。联盟由矿冶总院发起，联合北京科技大学、江西铜业集团公司等共14家单位共同组成，将着眼于金属矿山行业自动化、智能化建设，针对诸多制约中国金属矿产业可持续发展的问题，加速推进金属矿山行业装备与过程控制的智能化和管理的信息化，建立以企业为主体、市场为导向，产学研用相结合的技术创新体系。

（田　旭）

**【诺亦腾公司参加美国Siggraph2013展会】** 7月21—25日，在美国洛杉矶举办的Siggraph2013展会上，北京

诺亦腾科技有限公司携自主研发的“动作捕捉系统”参展。系统将可穿戴式传感器模块附着于人体肢体捕捉人体姿态；不受遮挡影响，可在室内外全天候使用；无须外部设备，易于安装设置，操作简便；价格低廉，应用空间广阔；输出为BVH格式，可轻松导入至MotionBuilder，Maya，3D Studio Max等软件进行后处理。其关键特性为高速计算及高速数据输出，可适应大动态运动捕捉，后台计算达480fps；全球最小最轻的无线动作姿态捕捉传感器模块，重量仅9克，精度0.2度；远距离多通道无线数据传输，户外距离最远可达150米；低功耗设计，可连续进行3~5小时连续动

作捕捉；灵活弹性的系统设计为单节点至17节点。该项目可输出优质而精准的动捕数据，在系统架构、核心算法等方面均具有优势，广泛运用于三维动漫及影视制作，以及体验式游戏、体育锻炼、医疗康复、机器人等众多领域。

（杜　茜）

**【12项产品入选示范区新技术新产品】**7月、10月，市科委等5部门发布2批中关村示范区新技术新产品，西城园8家企业的12项产品入选。即北京达博有色金属焊料有限责任公司的“LED封装用超微细键合金丝”；北京博希格动力技术有限公司的“弹簧液压自动变加载装置”；北京阅联信息技术有限公司的“3G加油站平台系统软件”；北京市科瑞讯科技发展股份有限公司的“CreGA公安综合指挥系统”“公安110、122、119报警系统软件”；北京时代亿信科技有限公司的“时代亿信UAP访问控制应用安全平台系统软件V4.0”“时代亿信Secure Doc文档安全管理系统软件V2.0”；北京恒华伟业科技股份有限公司的“配网线路设计软件”“资源管理平台”“智能电网移动应用平台”；北京正安融翰技术有限公司的“全时空立体可视化平台”；北京互信互通信息技术股份有限公司的“互信互通图像管理系统”。

（单　毅）

**【高砷锑金精矿矿浆电解技术与工业装备项目通过鉴定】**9月27日，由中国有色金属工业协会主办的“高砷锑金精矿矿浆电解技术与工业装备项目科技成果鉴定会”在湖南省邵阳市召开，中国工程院院士张国成等相关专家及项目承担单位北京矿冶研究总院、新邵辰州锑业有限责任公司有关技术人员出席。项目主要技术特点和创新点有：应用高砷锑金精矿矿浆电解工艺，一步制得98%以上的金属锑，锑回收率大于97%，金回收率大于99.5%，比火法流程分别提高5个和7个百分点，有效解决锑、砷选择性分离难题；发明新型阳极矿浆电解槽，提升了阳极面积，增加了电解槽的物料处理能力，大幅提高生产效率；有效解决传统火法工艺的“三废”污染问题，矿浆电解渣含锑小于1%，经济、社会和环境效益显著。

（田　旭）

**【洛可可公司布局南京】**9月27日，“南京夫子庙洛可可文化发展有限公司开业庆典”举办，南京市政府、中国工业设计协会等单位相关领导参加。公司为LKK洛可可设计集团南京分公司，位于L-Park南京国家领军人才创业园内。洛可可南京公司将秉承“创意是水”的经营理念，主营业务除了工业设计和整合设计服务

之外，将以文化为切入点，进行文化及旅游衍生品设计开发和销售，着力打造高端礼品定制及设计研发，使科技、设计、文化三者有机结合，并进行实体店销售。开业当天，还举办“SANSA上上”精品展。

（刘　昆　李凤琴）

**【第一届全国有色金属分析检测与标准化技术交流研讨会召开】**10月21—24日，由北京矿冶研究总院承办的“第一届全国有色金属分析检测与标准化技术交流研讨会”在北京展览馆召开。中国分析测试协会、中国有色金属学会、安捷伦科技（中国）有限公司等单位相关专家、学者和业内人士150余人参加。中国钢研科技集团有限公司、国家重有色金属质量监督检验中心等单位相关人士分别做了“材料基因组计划表征技术试验平台——新材料高通量合成与表征系统”“有色金属行业分析检测现状、问题与未来”的报告。会议围绕矿石及复杂原料中主要计价元素与有害元素分析技术、选冶中间物料中主要计价元素及有害元素分析技术、金属与合金分析技术、高纯金属中痕量杂质元素分析技术、复杂物料中阴离子分析技术、有色金属标准研究及标样研制技术等相关议题进行研讨，探讨复杂原料与中间物料中主要计价元素及有害元素、高纯金属中痕量杂质元素分析方法，交流科研成果和实践经验。

（田　旭）

**【北京设计产业联盟成立】**10月22日，由西城园管委会主办的“北京设计产业联盟揭牌仪式”在设计之都大厦举办。市科委、中关村管委会、西城区政府等单位相关领导出席，联盟成员单位、设计机构、企业以及媒体的代表等近100人参加。联盟由中国设计集团有限公司、中国建筑设计研究院、洛可可设计集团等22家单位发起组建，包括4位中国工程院院士，标志着设计领域的产学研大协作、大融合格局形成。活动介绍联盟筹建情况，宣读联盟第一届理事会和秘书长

名单，发布联盟LOGO，中国建筑设计研究院被推举为联盟首届理事长单位，院长修龙为首届理事长。联盟将以自愿、平等、合作、共赢为原则，通过整合北京地区设计院所、设计高校、设计企业、设计大师、设计平台五大资源要素，促进跨界融合、推动产学研协同创新、服务设计企业发展，开展设计产业的横向合作与交流，拓展国际市场，发挥设计在各行各业中的龙头作用，持续引领、带动企业生产技术和产品创新。

（刘　昆）

**【3件专利获中国专利奖优秀奖】**10月29日，国家知识产权局《关于第十五届中国专利奖授奖的决定》发布。西城园3家企业的3件专利获中国专利奖优秀奖，分别是北京奇虎科技有限公司孙海等完成的“控制补丁包下载的方法、系统、客户端及服务器”（通信领域，201110041517.1），有研稀土新材料股份有限公司黄小卫等完成的“一种有机萃取剂的预处理方法及其应用”（材料领域，00710163930.9），北京建筑工程学院等单位王随林等完成的“一种利用烟气冷凝热能的复合型防腐换热装置”（材料领域，200810227196.2）。

（郭　海）

**【中航规划公司项目获钢结构科学技术奖】**10月，由中国航空规划建设发展有限公司等单位葛家琪等承担的“伊旗全民健身体育中心43米多层悬挑与72米索穹顶组合结构关键技术应用研究”项目获2013年度中国钢结构协会科学技术奖一等奖。项目研发出新型多层空间大悬挑结构体系与索穹顶结构相结合形成的新型组合结构体系，通过实现结构内力自平衡，使多层大悬挑结构多层次空间协同工作，提高多层大悬挑整体结构的抗震及静力延性性能；首次在国内进行71.2米跨度索穹顶结构体系设计、施工研究，完成1：4索穹顶结构模型试验，建成中国大陆地区首座跨度大于70米的索穹顶工程。课题组在国内率先进行大跨度体育馆楼面运动荷载的数据统计及运动员、观众舒适度分析、实测研究，通过结构施工全过程仿真分析，提出在设计过程中调整结构构件施工顺序进行结构设计优化的悬挑结构新的设计方法和索穹顶性能化设计方法，并通过对实际工程施工的全过程监测得到验证。

（丁雯雯）

**【《可编程序控制系统设计师》系列培训教材出版】**10月，由北京华夏莱茵教育科技有限公司与人力社保部教材办公室共同编写的《可编程序控制系统设计师》系列培训教材出版。丛书紧密结合《国家职业标准·可编程序控制系统设计师》（试行）所提出的培训和鉴定能力要求，融合工业现场经典控制案例，旨在通过本教材的学习，使学员在掌握该标准所规定的知识要求和能力要求的基础上，实现与工业现场零距离对接，为培养“有用”“适用”“实用”的自动化技术的高技能人才提供理论支持。

（刘　虹）

**【天视全景公司举办欧洲漫画大师邀请展】**10月，在“国际动漫博览会（北京2013）”上，北京天视全景文化传播有限责任公司举办了欧洲漫画大师邀请展。展区总面积680平方米，来自法国、意大利等国家的漫画大师，展览展示全球限量版动漫手办产品以及欧美原版漫画图书。法国漫画大师佛朗索瓦·布克以及法

国国宝级漫画大师埃德蒙·伯顿还参加大师画画贵阳的公益活动。

（刘　昆）

**【7人获教授级高级工程师专业技术资格】**11月1日，《中关村国家自主创新示范区高端领军人才高级工程师（教授级）专业技术资格评审结果》公示，西城园7人获高级工程师（教授级），分别是：北京奇虎科技有限公司齐向东、北京诺亦腾科技有限公司刘昊扬、北京敬业机械设备有限公司刘尚勇、北京达博有色金属焊料有限责任公司陈彪、北京机械工业自动化研究所娄

亚军、中钞实业有限公司陈章永、北京阅联信息技术有限公司彭扬。

（单　毅）

**【环球专家文化原创大赛启动】**11 月 8 日，在“第八届中国北京国际文化创意产业博览会”上，环球时报社、零极限健康静心网联合在国际展览中心举办“‘开启专

家文化原创新时代’主题研讨暨‘环球专家文化原创大赛’启动仪式”，主题是“中国专家文化走出国门，走向世界”，旨在呼吁权威专家走下“神坛”，把其系统化的专业知识、和谐的健康理念用原创的、创新的、创意的“白话文化”传播给大众。新华社、《人民日报》（海外版）、新华网等 50 余家媒体进行报道。启动仪式上，国际儒学联合会、北京军区总医院等相关人士分别做了“古为今用——国学创新的价值”“原创平衡文化，创造和谐健康！”“中国医易文化，创新、融合与发展！”“原创‘天桥’，创新‘天桥’，构架起世界文化交流的桥梁”等主题演讲。大赛为期 1 年，主要针对国学专家、文化艺术专家、非物质文化遗产专家、健康专家、心灵心理专家、民间特色特技专家。在专家专业范畴内，征集环球中国专家的“创意性原创文化内容”，包括专家的文化创意、白话文化思想和理论以及专家的原创文化产品。大赛中创新、创意的专家原创文化将被收录在“环球中国专家文化智库”中。

（杜　茜）

**【先行先试政策宣讲会西城园专场举行】**11 月 19 日，由西城园管委会组织的“中关村示范区先行先试政策宣讲会西城园专场”活动在西城区行政服务大厅举行，西城区政府等单位相关领导出席，园区近 200 家企业的 300 余人参加。由中关村管委会、市财政局、市地税局、市科委等单位相关人员组成的中关村政策宣讲团结合中关村“1+6”政策体系和国务院批复的“新四条”政策，为与会企业讲解中关村企业所得税、中关村企业转增股本个人所得税、国家高新技术企业认定、文化科技支撑领域范围、技术转让企业所得税等中关村示范区试点政策。

（单　毅）

**【洛可可获工业设计 2 项殊荣】**11 月 21—24 日，在“第八届中国工业设计周暨第二届中国（重庆）国际设计周”上，揭晓 2013 年度中国工业设计十佳结果。北京洛可可科技有限公司获中国工业设计协会授予的 2013 年度中国工业设计十佳设计公司，董事长贾伟获 2013 年度中国工业设计十佳杰出设计师。

（李凤琴）

**【洛可可获国家级工业设计企业称号】**11 月 25 日，《工业和信息化部关于 2013 年国家级工业设计中心名单的通告》发布，北京洛可可科技有限公司获国家级工业设计企业，是北京市唯一一家获此殊荣的设计公司。11 月 29 日，LKK 洛可可设计集团举办主题为“中国心　世界梦”的“国家级工业设计中心发布暨公司九周年庆”活动。LKK 洛可可成立于 2004 年，已成功布局伦敦、深圳、上海、成都等地，成立了 11 家子公司，

拥有 300 余名来自世界各地的设计师及高级专门人才，获得国内外 58 项顶级设计大奖；拥有超过 50 个世界 500 强客户，为 100 余家国内 500 强客户创造 1000 余项专利创新设计。

（李凤琴）

**【委内瑞拉金铜矿项目签约】**11 月 26 日，“中信建设——矿冶总院、委内瑞拉金铜矿项目合作签约仪式”在中信建设有限责任公司总部举行。克里斯蒂娜金矿位于委内瑞拉玻利瓦尔州，是一座超大型金矿床，已探明的矿石储量 6.4 亿吨，金品位约 1.17 克 / 吨，金属量约 750 吨。矿冶总院负责项目管理、选冶试验、融资可研 3 个部分，是该院承揽的合同额最高的咨询、管理项目，将充分利用拥有的选冶工艺试验研究、选矿设备配套、工程设计等方面的优势，配备高水平工程管理专家，力争优质、高效地完成项目可研任务。

（田　旭）

**【互联网金融沙龙举办】** 11 月 26 日，由西城园管委会、西城区金融服务办主办，科技园协会承办的“互联网金融沙龙”在普天德胜孵化器举行。来自园区的先智创科（北京）科技有限公司、北京联动优势科技有限公司、北京天相通和信息技术有限公司等互联网金融、第三方支付、金融后台及高新技术企业的负责人和领域专家，就互联网金融发展现状、存在问题及未来趋势等进行交流研讨。

（单　毅）

**【有色总院 6 个项目获中国有色金属工业科学技术奖】** 11 月，由中国有色金属工业协会、中国有色金属学会主办的 2013 年度中国有色金属工业科学技术奖评选揭晓。北京有色金属研究总院作为第一完成单位的 6 个项目获奖，其中一等奖 3 项，即屠海令等完成的“纳米集成电路设备用高端硅单晶材料的研发”、张奎等完成的“新型超高强变形镁合金的研究开发与应用”、黄国杰等完成的“C7025（Cu–Ni–Si）高强度铜合金带材的关键技术及产业化生产”；二等奖 3 项，即黄松涛等完成的“废杂铜冶炼渣中有价金属分质回收关键技术及应用”、徐骏等完成的“环缝式电磁搅拌熔体处理技术的研发与应用”、刘兴宇等完成的“多金属硫化矿浮选废水臭氧－高效菌填料生物膜处理回用新技术”。

（田　旭）

**【矿冶总院 4 个项目获中国有色金属工业科学技术奖】** 11 月，2013 年度中国有色金属工业科学技术奖评选揭晓。北京矿冶研究总院 4 个项目获一等奖，均为第一完成单位，即魏明安等完成的“富含砷锑的铜铅锌多金属矿选矿关键技术”、王云等完成的“难处理复杂金矿原矿循环流态化焙烧技术开发”、桂卫华等完成的“基于分布机器视觉的选矿过程全流程监控技术（发明）”、杨晓松等完成的“大型铅锌冶炼企业节水技术开发”。

（田　旭）

**【在线分析技术仪器化研究与应用示范通过验收】** 12 月 4 日，由中国 21 世纪议程管理中心组织的“十二五”时期 863 计划项目“选冶检测与优化控制技术”子课题“在线分析技术仪器化研究与应用示范”验收会在山东省莱州市召开。课题由矿冶总院、三山岛金矿等单位承担。项目通过多任务嵌入式主机系统、在线分析仪器远程智能服务系统、手持无线终端巡检设备的开发研制，完成矿浆品位分析仪等 6 种检测分析仪器和浓缩过程控制器等 5 种自动控制装置的结构优化、性能升级，使上述仪器产品的技术成熟度达到 TRL8–9 级，并通过 EMC 测试和 CE 认证。仪器产品具有自主知识产权，在国内外大型矿山企业进行应用示范和推广，形成与选矿过程控制系统相配套的工业在线分析整体解决方案和系列化产品。课题申请国家发明专利 4 件，登记计算机软件著作权 2 件，发表论文 5 篇。

（田　旭）

**【2 家企业获评国家重点软件企业】** 12 月 6 日，发展改革委、工业和信息化部、财政部、商务部、税务总局联合发布《关于印发 2013—2014 年度国家规划布局内重点软件企业和集成电路设计企业名单的通知》，园区企业联动优势科技有限公司、北京恒华伟业科技股份有限公司被认定为 2013—2014 年度国家规划布局内重点软件企业。此次评选，除采用软件出口额、年度营业收入等硬指标进行遴选，还实施企业逐年报审、优胜劣汰的资格审核制度。入选企业可享受到减按 10% 的税率征收企业所得税的优厚待遇，还将在承接重大工程等方面得到国家一系列的优惠政策。

（单　毅）

**【联手创办 DESIGNBOOM 中文站“设计邦”】** 12 月 12 日，在 2013 年“中国设计红星奖颁奖”活动中，北京工业设计促进中心与在线杂志 DESIGNBOOM.COM 国际版就联手创办 DESIGNBOOM 中文站“设计邦”达成意向，拟打造北京设计之都媒体中心。DESIGNBOOM.COM 创立于 1999 年，是一个拥有 10 多年历史的意大利设计网站，为“全球 100 本最具影响力的设计杂志”之一，读者群遍及全球 190 余个国家。双方合作后，DESIGNBOOM 中文站“设计邦”可享有 3 万余篇历史专业文献及平均每天 15 篇更新文章的翻译权，将帮助中国设计师第一时间掌握全球设计资讯；向国际推送“北京设计”优秀企业，推动北京设计企业与国外企业开展合作；报道展示北京“设计之都”建设成果，浏览量可达每月 400 万次及单篇文章阅读 100 万次，吸引国际设计企业及人才落户北京；联合开展跨地区项目研究、设计比赛、人才交流等国际活动。

（田　旭）

**【中国摄影展览馆落户设计之都大厦】** 12 月 20 日，由中国文联、新华社、中国摄影家协会共同主办，中国文学艺术基金会、中国摄影展览中心、北京设计之都发展有限公司承办的“中国摄影展览馆开馆仪式”在设计之都大厦举行，全国政协、市科委等相关领导，社会各界代表、媒体记者等近 1000 人参加。该馆位于设计之都大厦 B1 层，占地 2000 余平方米，由中国摄影家协会与北京设计之都发展有限公司合作共建，是科学技术、设计创意和摄影艺术的跨界融合，将作为

国内摄影人展示摄影艺术成就、交流摄影文化的重要平台，在展示摄影精品、展现中国摄影人才济济、精品迭出的良好发展态势的同时，为广大摄影人提供研讨摄影理论、交流摄影技法、活跃摄影创作的舞台，让一流摄影作品广泛流传、优秀摄影人才得到充分认同，推动名家名作走向世界。为了确保展览活动的专业性和学术性，中国摄影家协会成立中国摄影策展专业委员会，为中国摄影展览馆的整体运作提供学术支撑。

（田　旭）

**【中国摄影与科技影像展开幕】** 12 月 20 日，在“中国摄影展览馆开馆仪式”的同日，“同筑中国梦百年跨越史——中国摄影与科技影像展”开幕。摄影展分为“摄影术”“中国照相机”“中国影像文献选”“新华典藏与中国典藏”4 个部分，大量经典摄影历史文献结合实物，全景式展示百年中国梦的进程。首次展出自 1840 年摄影术发明以来的 200 余幅作品，第一台国产相机、目前发现的在中国拍摄的第一张照片、中国第一部摄影文献。同时，还展出新华社和中国摄影协会整理的中国各个时期具有代表性的摄影家代表作。其中，白求恩、沙飞、毛泽民用过的相机作为中国摄协文物级藏品第一次对公众展出。此外，还有 1890 年法国生产的玻璃底片相机、美国摄影师詹姆斯・利卡尔顿所拍的 1900 年中国行的立体照片、代表当今科技与摄影艺术完美结合的 3D 打印设备。

（田　旭）

**【组建国嘉汽车动力电池研究院】** 12 月 23 日，由中国汽车工业协会主办的“推进汽车动力电池发展座谈会暨组建汽车动力电池研究院签字仪式”在中国科技会堂举行。工业和信息化部部长苗圩、中国机械工业联合会会长王瑞祥、中国工程院院士屠海令以及来自发展改革委、科技部、财政部、国资委、汽车动力电池研究院等部门的领导出席会议。在中国汽车工业协会的推进下，由一汽、东风、上汽、长安、北汽、广汽、华晨等 7 家整车生产企业联合北京有色金属研究总院、力神电池股份公司共同发起设立“国嘉汽车动力电池研究院”，注册资本 5.4 亿元，其中有研总院出资 2.7 亿元，一期能力建设投资约 4.5 亿元。该院以推动中国动力电池产业链整体的产品技术、制造技术、应用集成技术的进步，支撑中国品牌整车企业在新能源汽车方面取得竞争优势为使命，通过建立以资产为纽带的跨领域、跨学科的产学研协同创新平台和有利于提高创新效率的体制机制，集聚国内外优秀人才和研发资源，提高动力电池前沿的共性技术研发水平及产业化进程。

（王　婷）

**【北自所（常州）智能装备制造产业基地签约】** 12 月 23 日，北京机械工业自动化研究所举行“北自所（常州）智能装备制造产业基地合作签约仪式”。常州市政府、机械科学研究总院等相关单位领导出席。常州市钟楼区政府、北自所相关领导分别代表各方签字。基地位

于钟楼区新闸街道，计划总投资 10 亿元，以生产智能核心专机设备为主，是北自所第一个产业化基地项目。

（刘先禹）

**【电子直线加速器工程通用规范标准公布】** 12 月 31 日，质检总局、国家标准委《关于批准发布〈化学试剂甲醛溶液〉等 567 项国家标准和 45 项国家标准样品的公告》发布，由北京机械工业自动化研究所起草的国家标准《无损检测用电子直线加速器工程通用规范》（GB/T 30371—2013）名列其中，2015 年 3 月 1 日实施。标准由中国核工业集团公司提出，全国核能标准化技术委员会归口，中国同位素与辐射行业协会辐射加工专业委员会组织管理。标准对无损检测用电子直线加速器装置、运动机械及工装装置、射线无损检测建筑物工程、施工及质量监督、工程安装、检验和验收等内容做出规定；适用于能量为 15MeV 以下的无损检测用电子直线加速器工程，包括胶片 X 射线照相、计算机 X 射线成像（CR）、数字 X 射线实时成像、数字 X

射线照相（DR）及工业计算机 X 射线层析扫描（ICT）等工程。该标准是《辐射加工用电子加速器工程通用规范》的姊妹篇，也是一部具有创新性、完整性的工程性标准。

（刘先禹）

**【7000 系铝合金强韧化热处理技术创新与工业应用获国家科技进步二等奖】**12 月，由北京有色金属研究总院等单位熊柏青等完成的“7000 系铝合金强韧化热处理技术创新与工业应用”获 2013 年度国家科技进步二等奖。项目得到国家科技支撑计划、863 计划等支持，开展全面的创新研发工作：开发了实用化的铸锭双级和多级均匀化退火处理新技术、变形加工材多级固溶热处理新技术，开发了实用化的 T79、T76 和 T74 双级过时效热处理技术，以及与国外现有工艺相比具有更宽的高温回归处理时间窗口、适用于更大厚度制品生产的三级时效热处理新技术。项目建立完整的、包括铸锭双级 / 多级均匀化退火处理、变形加工材多级固溶热处理、T6 单级峰时效、T79 双级微度过时效、T76 双级浅度过时效、T74 双级中度过时效、T73 双级深度过时效、三级时效在内的 7000 系铝合金强韧化热处理技术体系。项目成果广泛应用于国产民用飞机、直升机、在研新型战机、卫星、载人航天飞船、探月飞行器等领域。

（田　旭）

**【蔺家坝复线船闸电气工程完成】**12 月，京杭运河湖西航道整治一期工程交工验收。工程 2010 年 12 月 22 日开工，起于蔺家坝船闸，止于沛县房村。北京机械工业自动化研究所 2013 年 2 月中标承建其中蔺家坝复线船闸电气控制系统，包括船闸运行控制、高低压配电、室外照明、工业电视、广播通信和船闸收费。该工程特点：基于 Web 的监控软件可实现船闸远程监控和诊断；新建的变电所高、低压开关柜设置“三遥”系统，可在船闸集控室对供配电系统进行远方监视和控制；工业电视系统实现监控画面和视频图像信息的综合显示，并能上传至上级省、市管理单位，满足船闸及航道的监控、调度等显示需求；广播系统可对船闸进行自动、人工分区域广播；室外照明系统能实现集中和分区照明。

（刘先禹）

**【16 个项目获 2013 年市科学技术奖】**年内，西城园内 16 家单位主持或参与完成的 16 项成果获 2013 年度北京市科学技术奖。其中，二等奖 5 项，包括北京排水集团有限责任公司等单位张树军等完成的“基于厌氧氨氧化的高氨氮有机废水生物除碳脱氮技术创新与实践”、北京城建设计研究总院有限责任公司等单位杨秀仁等完成的“城市轨道交通 U 型梁系统综合技术研究”等；三等奖 11 项，包括中国建筑设计研究院等单位范重等完成的“开合屋盖结构关键技术研究与应用”、北京京仪椿树整流器有限责任公司等单位贺明智等完成的“智能型工业用大功率开关电源终端系统”等。

（刘先禹）

# 朝阳园

1999年1月，科技部下发《关于同意北京市新技术产业开发试验区调整区域范围的函》，将酒仙桥电子城1050公顷的区域范围纳入北京市新技术产业开发试验区，成为中关村科技园区“一区五园”之一。2001年6月，科技部《关于同意调整北京市新技术开发试验区区域范围的复函》，将望京新兴产业区约300公顷调入政策区。2006年，根据国土资源部《第十五批落实四至范围的开发区公告》，重新核定电子城四至范围，政策区域面积增至1276公顷。2007年6月，电子城管委会划归朝阳区管理，电子城工委与电子城管委会合署办公，东区、西区、北区、健翔园一并纳入电子城管委会管理范畴。东区地处酒仙桥地区，规划占地面积611公顷，是市政府批复的老工业基地改造试验区，高新技术产业和生产性服务业融合发展的新型产业区，吸引和培育一批像京东方科技集团股份有限公司、ABB集团等国际知名的电子信息领军企业，北京798艺术区、北京时尚设计广场两大文化创意产业园也坐落其中。西区位于望京地区，规划占地面积202公顷，是国际电子通讯总部及研发中心的聚集地，安捷伦科技有限公司、爱立信（中国）通信有限公司等众多世界500强企业均聚集此地。北区规划占地面积338公顷，重点打造中国“移动谷”，为高新技术产业集群提供新的承载空间，是电子城的“未来之星”。健翔区规划占地面积388公顷，辖区内分布着中国科学院12个科研院所和10个国家级、市级重点实验室，为国际科技活动和产业发展提供重要的服务平台。望京地区规划占地面积97公顷，定位为具有国际影响力的科技商务中心，与北区一并列入朝阳区十大发展基地，成为电子城“三新”产业高地的延伸和支撑。垡头中心区规划面积801公顷，所建垡头环渤海总部商务基地重点发展“总部办公、科技研发、商务服务、文化休闲”四大功能性产业。2012年10月，国务院批复，朝阳园在原电子城科技园的基础上重新调整建立。朝阳园总规划占地面积2610.18公顷，位于北京市东北部，包括电子城东区、西区、北区，健翔园、望京地区、垡头中心区，重点发展电子信息、生物医药、高技术服务三大产业，力争实现园区产业结构趋于合理、主导产业特色突出、重点企业稳定发展、服务体系健全、经济总量快速提升的总体目标。企业可以享受到国家、北京市、中关村示范区的各类优惠政策。

## 朝阳园管理委员会领导成员

主　　任　汪　洋
工委书记　王文军
常务副主任　王文军
副 主 任　刘克文　黄文伟
　　　　　栾　玲　李　琼（挂职）

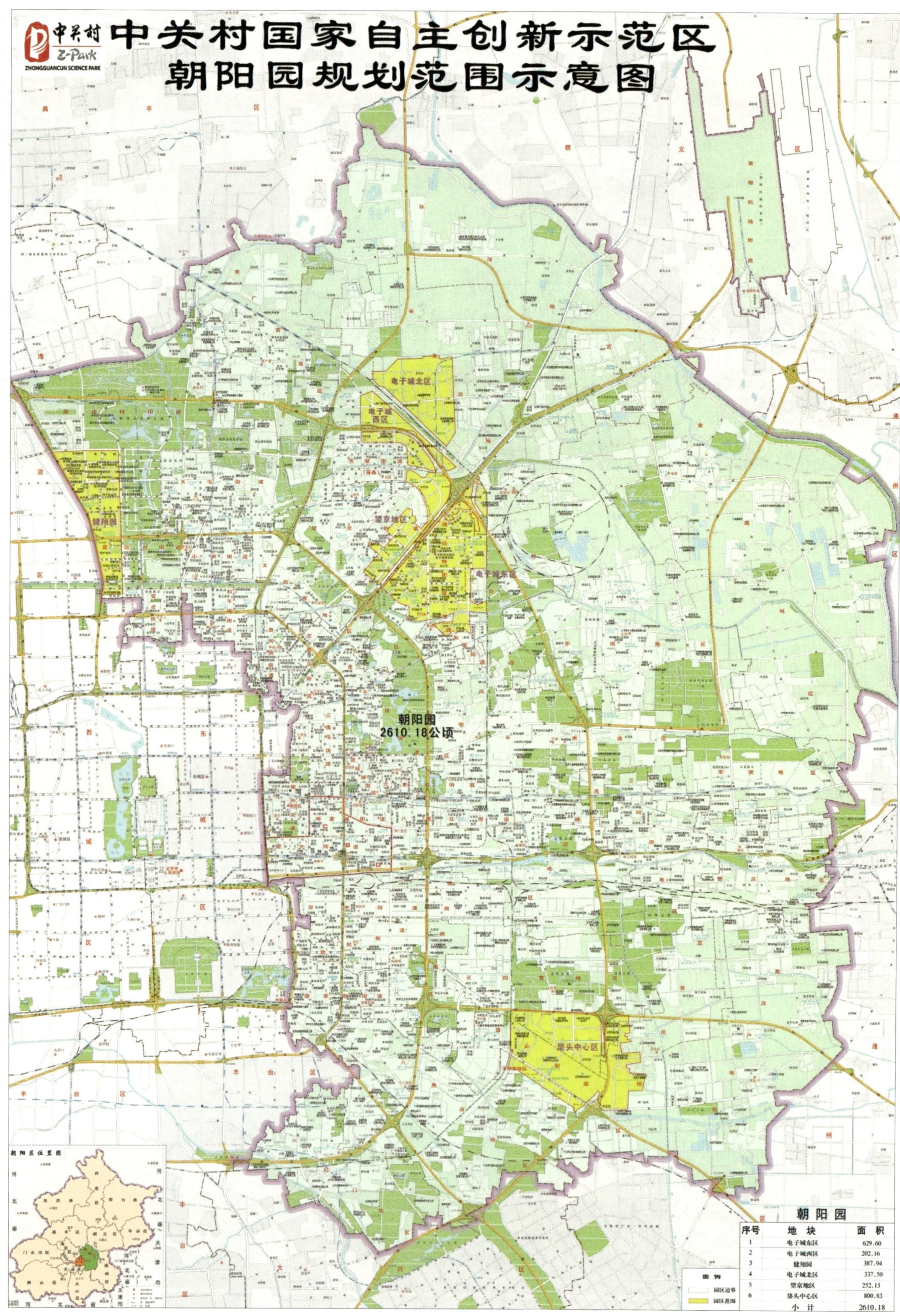


| 序号 | 地块 | 面积 |
|---|---|---|
| 1 | 电子城东区 | 629.60 |
| 2 | 电子城西区 | 202.16 |
| 3 | 健翔园 | 387.94 |
| 4 | 电子城北区 | 337.50 |
| 5 | 望京地区 | 252.15 |
| 6 | 堡头中心区 | 800.83 |
|  | 小计 | 2610.18 |

【概况】2013年，朝阳园管委会统筹功能区建设、运行和发展，提升科技实力和创新优势，经济运行稳中求进，各项工作进展良好。年内，园区高新技术企业总数1099家；从业人员近19万人；工业总产值744.6亿元；总收入3551.1亿元；进出口总额146.6亿美元；上缴税费350.9亿元；利润总额343亿元；资产总计5368.8亿元；科技活动经费支出总额152.6亿元；专利申请量4823件，专利授权量3022件。

部门联动聚合力。制订机关内部和属地街乡税源建设方案，成立工作组，签订责任书，召开专题会，进一步加强与部门街乡之间的统筹协调和联动互动；搭建在线交流平台，做好产业监测分析，动态跟踪楼宇空置情况，科学预判税收贡献变化；举办“改进工作作风、密切联系群众”“保存量、挖潜量、引增量”主题征文活动，推动“稳增长”工作的贯彻和落实；将税源建设任务纳入“双百考核”“效能监察”进行严格考核，全年走访企业210家、规范异地纳税企业31家。

机制创新增活力。率先在十大重点功能产业园设立“招商引资工作站”和“党建服务工作站”，签订招商和党建共建协议，出台资金支持标准和清退置换办法，加快园区腾笼换鸟、提升企业经济贡献。十大重点功能产业园入驻企业891家，形成区级收入14.6亿元，同比增长40.4%，并通过集中办公、全程代办等招商服务，吸引企业206家，其中注册资本亿元以上的企业15家，形成园区收入2.5亿元。特别是电子城集中办公区，成为在全区“企业数量最少，区级贡献最大”的集约利用典范。

项目建设添动力。建立项目监管办法、准入标准和联席制度，签订项目监管、安全生产和消防安全责任书，统筹企业、项目的进入、调整和迁出。项目开、竣工面积约100万平方米，其中普天三网融合创新园一期等9个项目实现竣工，默沙东中国研发中心、北京时代凌宇科技有限公司等3个项目开工建设，C1-1、A10-2等4个项目实现开工，望京创新研发基地容积率由1.6调整为2.5，45%的项目主体结构封顶，吸引北京奇虎科技有限公司等25家有影响力、符合产业定位的企业有意向入驻。

环境提升强实力。启动酒仙桥、将台地区469座房屋、7.1万平方米区域的环境整治入户调查；完成东区万红路改造建设、将台路改造土地预审；西区五环北辅路、三号路、四号路施工竣工；大望京区域热力管线取得工程规划许可证，全面开工建设；协调解决园区高压线入地等电力设施的相关问题。开展业务培训、专场招聘、银企对接10余场，惠及企业1000余家；推进一站式服务大厅设计，启动法律服务外包工作，深化行政审批绿色通道，完善企业走访制度；组织园区企业申报北京市、中关村示范区、朝阳区各类项目，拨付高新技术产业专项资金1000余万元，拉动产业发展，提升创新能力。企业发展环境进一步优化。新认定中关村高新技术企业220家，新增协会会员50家；华润万东医疗装备股份有限公司等3家企业分别入选2013年中关村示范区“十大创新标准”“十大新锐品牌”“十大并购案例”；北京时代凌宇科技有限公司获批设立北京市博士后（青年英才）创新实践基地工作站，累计有3家，共吸引16名青年英才进站工作；朝阳园获“北京市总部经济集聚区”和“北京市战略性新兴产业科技成果转化基地”荣誉称号。

（孙咪咪）

【时代凌宇公司获“智慧北京大赛”优秀解决方案奖】1月16日，在首届“中国移动杯‘智慧北京’大赛颁奖大会”上，北京时代凌宇科技有限公司自主开发的“城市生命线监测系统”获智慧北京大赛组委会颁发的优秀解决方案奖。系统通过对城市生命线燃气、热力、供水、排水、电力等资源供应和使用的计划、调度、存量等运行信息进行实时、准确的采集和整合分析，以及系统的应急指挥、辅助决策等功能的使用，可使市领导、相关职能部门、企业等用户及时准确地掌握城市生命线的整体运行情况，提升城市生命线突发事

件的应急反应能力和应急处置水平；以城市生命线相关的五大行业的运行状态（运行监测点以及安全关注点）统计和风险预测为出发点，提升生命线相关企业的精细化、智能化运行监控和安全管理水平；在五大行业推广应用物联网，促进生命线领域的物联网产业发展。（2012年11月27日，由中关村物联网产业联盟等主办的首届中国移动杯“智慧北京”大赛启动。）

（赵　剑　苏　姗）

**【时代凌宇公司获批北京市博士后工作站】**1月24日，市人力社保局发布《关于批准北京时代凌宇科技有限公司设立北京市博士后（青年英才）创新实践基地工作站的通知》（市人社专家发〔2013〕26号），批准电子城博士后（青年英才）创新实践基地工作站增设时代凌宇公司工作站。工作站招收1名博士后在站工作，进行物联网智能传感节点与网关设备研发及产业化项目研究。至年底，园区北京市博士后（青年英才）创新实践基地共有3家工作站，旨在整合人才、智力、科技资源，构建产、学、研、用相结合的创新研发支撑平台。

（李　哲　尹玲利）

**【陶瓷材料界面黏结强度试验方法获标准创新贡献奖】**2月8日，由中国建材检验认证集团股份有限公司（CTC）等单位包亦望等完成的国际标准“ISO 13124：2011 精细陶瓷（高性能陶瓷，高技术陶瓷）—陶瓷材料界面黏结强度试验方法”获质检总局、国家标准委颁发的中国标准创新贡献奖二等奖（2013-58-2-04-D01）证书。成果属于方法类标准，于2011年5月发布，相关技术获2005年国家发明专利授权。标准提供一种测试陶瓷材料的界面拉伸和剪切强度的新型方法——十字交叉法，解决过去无法测得脆性材料的拉伸黏结强度的问题；用简单的方法同时得到拉伸黏结强度和剪切黏结强度，无须改变试样形状和夹具；试样夹具的制备简单易行，可操作性强，既可测试金属与金属的黏结强度，也可以测试陶瓷与金属、陶瓷与陶瓷的黏结强度；强度计算简单明了，无须建立力学模型和众多的假设前提。方法为检测服务类企业提供一种新的、快捷、便利的检测技术和标准，适用于航空航天材料、特种工业材料等领域。

（龙　琦）

**【高新技术企业认定检查工作启动】**2月18日，市科委、市财政局、市国税局、市地税局联合发布《关于开展全市高新技术企业认定管理工作检查的通知》。电子城管委会根据市统一部署，重点对2010年以来组织认定（复审）、至通知发布之日仍在有效期内的高新技术企业，以及2010年以来参与高新技术企业认定的中介机构进行检查，包括企业申报高新时的核心自主知识产权、研发费用归集、高新技术产品（服务）及收入、人员及其他条件是否符合高新认定管理办法的规定等，旨在规范高新技术企业认定管理工作。园区317家企业参加，并递交高新技术企业自查表及中介机构自查表。

（赵　剑）

**【研发成功55英寸裸眼3D显示屏】**3月7日，京东方科技集团股份有限公司成功研发出55英寸裸眼3D显示屏。产品以京东方集团自主开发的3840×2160分辨率超高清（Ultra HD）液晶面板为基础进行研发，并应用其独有的ADSDS宽视角技术，分辨率、亮度、视角等特性均得到极大提升，解决裸眼3D的清晰度问题，让家用裸眼3D显示产品变成现实。产品集成3840×2160分辨率超高清显示技术，使裸眼3D显示效果更加逼真和细腻；应用全球最尖端的对位贴合技术，克服掉全行业的工艺难题；开发出显示视频内容的2D与3D转换系统，支持2种播放模式，观看者通过遥控器即可实现2D和3D显示的自由切换；采用成熟工艺实现Active Barrier技术量产，并成功将其应用到55英寸3D显示产品上。

（赵　培　付　然）

**【国高新认定暨复审培训会召开】**3月14日，由电子城管委会主办的“2013年国家高新技术企业认定暨复审培训会”在电子城科技大厦召开。北京国遥新天地信息技术有限公司、北京电通伟业电子设备有限公司等60余家企业的代表参加。会议聘请从事高新技术企业认定工作的相关人员，对《高新技术企业认定管理办法》及相关高新政策进行解读，并现场解答与会企业人员提出的知识产权有效性、高新技术收入界定等问题。

（赵　剑）

**【信用促进会电子城平台增添信用评定业务】**3月18日，北京中关村企业信用促进会电子城工作平台开通网上办理支持资金及信用星级评定2项中介服务业务。其中资金补贴分为网上申报（点击首页“办事指南”—“中介资金”进入）和现场受理2个部分。企业需先网上在线填写申请表，并按提示上传相关原件的扫描件；待网上审核通过之后，将网页申请表及上传文件全部打印，并加盖企业公章或财务章，装订成册，于审核通过后15日内递交至电子城信用工作平台。申请星级评定的企业，需在线填写“企业信用星级评定申请表”并提交，由平台或秘书处审核通过后备齐网页中列出的资料报送信促会秘书处即可。

（李　哲　于梦晨）

**【园区企业集中办理工商年检】**3月18—22日，电子城科技园服务中心与酒仙桥工商所、望京工商所、奥运村工商所合作，300余家园区企业现场通过工商年检。在办理过程中，企业遇到疑问，可及时得到工商所工作人员的答复，而对于一些疑难问题，服务中心则帮助企业与工商所沟通协调，发挥“绿色通道”作用，从而有效提升年检工作效率。

（司　维）

**【电子城第一届妇委会成立】**3 月 29 日，“电子城管委会妇委会成立大会”在朝阳园召开，园区全体妇女代表出席。大会投票通过筹备小组、筹备报告及选举办法，以无记名投票方式选举产生第一届妇委会委员。妇委会主席为栾玲。妇委会将成为建立妇女权益保障机制、构筑妇女工作常态化格局、开拓党建妇建助力发展的平台。

（付　然）

**【电子城服务中心举办 3 次招聘会】**3 月、11 月，电子城科技园服务中心分别联手北京朝阳人才服务中心和北京高校毕业生就业指导中心举办春季 4 所校园巡回招聘会、春季第一届电子城专场招聘会、冬季高新技术企业专场招聘会，吸引北京兆维电子（集团）有限

责任公司、京东方科技集团股份有限公司、北京名道恒通信息技术有限公司等 200 余家园区企业参加，提供工作岗位近 1000 个，包括项目经理、工程师、经理助理等职位，计划招聘人才 3000 余人。来自北京工业大学、邮电大学、北京信息科技大学等北京各高校及社会应聘人员前来应聘。

（司　维　付　然）

**【ABB 集团推出节能低压断路器】**4 月 10 日，ABB 集团推出全球第一款集成电能管理功能的低压断路器 Emax2。使用 Emax2 替换现有传统低压断路器，每年可节省用电 58 亿度，相当于 210 万个中国家庭的年用电量，同时可以减少 400 万吨二氧化碳排放量，等同于超过 100 万辆轿车一年的碳排放量，如果在一幢大楼里安装 Emax2 低压断路器取代传统低压断路器，峰值功率可以降低 15%。Emax2 集成系统保护、负载管理、测量、通信及电能管理等多种功能，从标准系统到最复杂的自动化网络，Emax2 都能满足用户需求，需要大量电能保护和控制的低压工作场所，如工业厂房、商用楼宇、数据中心或船舶等均可应用。

（赵　培　付　然）

**【蓝色光标公司收购 Huntsworth 公司股份】**4 月 25 日，北京蓝色光标品牌管理顾问股份有限公司发布《关于公司子公司收购 Huntsworth 公司股权暨对外投资的公告》。公司全资子公司香港蓝标以自有资金认购英国 Huntsworth plc 公司发行的 6300 万新股，认购价格为 58 便士 / 股，共计 3654 万英镑（按照 4 月 22 日汇率，折合人民币约 3.5 亿元）。认购完成后，香港蓝标公司将持有 Huntsworth 公司 19.8% 的股权，蓝色光标公司将成为其第一大股东，董事长兼首席执行官赵文权担任 Huntsworth 公司的董事及战略委员会成员，Huntsworth 公司指定专人和蓝色光标传播集团首席运营官毛宇辉一起负责 2 家公司未来的业务协作事宜。这是中国本土公关公司第一例海外重大收购，也是中国企业第一次在营销传播领域投资世界巨头公司。（Huntsworth 公司是一家全球领先的公关顾问集团，总部设在伦敦，在 32 个国家和地区拥有 72 个办事处，并在伦敦证交所上市。其业务重点涵盖消费、科技、金融服务、医疗、食品、饮料等领域，旗下拥有 4 个著名品牌。）

（赵　培　付　然）

**【中北大学 · 施耐德电气联合实验室揭牌】**4 月 28 日，“中北大学 · 施耐德电气联合实验室揭牌仪式”在中北大学举行。双方相关负责人参加。实验室以施耐德电气（中国）投资有限公司设备捐赠为主，中北大学配套投资共同建设，是一个以 So-Machine 为核心软件，包含电气控制、工业控制以及运动控制系统的全方位实验平台和创新活动基地。双方将建立长期互惠的合作关系，实施人才联合培养计划，打造与国际电气及自动化接轨的工程实践环境，建立与真实工业环境一致的先进实验平台，使学生零距离地接触到电气工程及工业自动化领域的先进技术。施耐德电气公司向实

验室提供包括可编程控制器、触摸屏、变频器以及伺服驱动器等价值300万元的新设备；配合学校制订和完善了专业课程架构，并提供相关技术资料、服务和资源用以支持教学课程课件的开发。

（赵　培　付　然）

**【普天三网融合创新园一期竣工】**4月，普天三网融合创新园一期项目竣工并完成现场施工验收。项目总建筑面积约19万平方米，总投资10亿余元。其中一期位于朝阳区将台路，包含A、B两个厂房，占地面积约3公顷，总建筑面积约5.68万平方米，投资额约2.6亿元。该园是2010年中国普天信息产业股份有限公司与北京市政府确定的合作项目，2011年3月奠基，列入中关村示范区专业化特色园区的重点建设规划，由普天实业有限公司建设、中国建筑技术集团有限公司设计、北京市五环监理公司监理、中国建筑一局（集团）有限公司施工。园区已与人人公司、霍尼韦尔（中国）有限公司北京分公司等企业签订入驻协议。

（王　谦）

**【层台式亲水景观护岸系统获专利授权】**5月8日，由北京东方园林股份有限公司刘雨佳等自主研发的实用新型专利“层台式亲水景观护岸系统”获国家知识产权局授权。系统由一种混凝土砌块逐层错缝排列而成，即先在河道底层将砌块沿着河岸平行排列，再将砌块错缝堆砌在底层砌块之上，上下两层砌块用连接杆固定，依次类推，一直排列至岸顶，形成层台式亲水护岸防护结构；砌块上圆筒形廊道在水面以下填充卵石可以作为小型水生动物生存的廊道，水面以上可以填充种植土进行绿化种植；2块砌块之间形成的扇形空隙可以作为种植槽填充种植土栽种水生植物。该项专利集河道防护、河流水生动物栖息、植物景观配置于一体，可防护河岸、绿化护岸，还可方便游人亲近水面，为河道景观的营造起到重要作用。

（苏　姗　付　然）

**【电子城管委会参加招商推介活动】**5月16日，朝阳区政府在朝阳规划艺术馆举办“驻京中外知名企业投资朝阳行”，市投促局、朝阳区政府等单位相关领导出席，驻京跨国公司、大型民企、各省市驻京企业的200余名代表参加。活动围绕朝阳区金融、文化创意、高新技术及现代服务业等四大主导产业进行专题推介和项目洽谈。电子城管委会以IT产业园、国际电子总部、电子城北区、大望京科技商务创新区4个招商项目为主，通过PPT、播放宣传片以及现场咨询、答疑等多种方式使与会代表近距离、全方位地了解园区良好的发展环境和投资潜力。推介活动结束后，华泰汽车集团有限公司即表示入驻朝阳园的意愿，并就相关政策进行沟通交流。

（苏　姗　付　然）

**【朝阳园获“北京市总部经济聚集区”称号】**6月1日，在第二届京交会“北京主题日”活动上，对市商务委授予的北京市8个总部经济集聚区和6个商务服务业集聚区进行认定授牌。朝阳园凭借其区位优势、政策优势、产业优势和总部及研发中心集聚优势入选，被授予市总部经济聚集区，并将享受市商务委政策倾斜、

资金补助、信息服务和配套鼓励4项后续支持，成为北京“三大五小”总部经济集聚区的一部分。

（孙咪咪）

**【双界面高安全芯片获金蚂蚁奖】**6月4日，在“国家金卡工程2013年度金蚂蚁奖颁奖盛宴”上，北京中电华大电子设计有限责任公司设计的“双界面高安全芯片”获国家金卡工程协调领导小组办公室颁发的“国家金卡工程2013年度金蚂蚁奖（创新产品奖）”证书。产品采用32位安全CPU，支持Java的高安全、高性能、高可靠性的双界面芯片以及多算法和多种安全芯片设计技术，可满足金融IC卡的应用要求。

（赵　培　付　然）

**【751“时尚回廊”开幕庆典举行】**6月28日，“751‘时尚回廊’开幕庆典”在751D PARK北京时尚设计广场举行，时尚界人士、知名设计师及媒体人等出席。开幕式上，751H.N.LIN空间美学馆、玫瑰坊时尚文化会馆、意大利生活体验馆和意尚居·意式风尚馆一同亮相，“世界百大名椅展”“高级时装与欧洲古董家具展”融合当代大师的设计、艺术、文化、生活等元素，为观众带来视觉冲击与震撼。时尚回廊由台湾名师林宪能主持设计，以“高端、时尚、生活”为主题，将原煤气脱硫的设备设施融入现代理念，形成钢铁与柔美共生的3层错落式特型空间，其工业特质不仅彰显了751工业资源的发展脉络，且实现对工业资源的保护和再利用。“时尚回廊”将定期举办海峡两岸及国际时

尚文化发布交流会、名椅家居展售交流、设计论坛、红酒交流会、新品发布等活动，整合高端时尚设计资源，打造国际化的高端设计生活展示交流平台，提高中西方文化感知与素养，展开深度合作及贸易交流。

（赵培付然）

**【2家基地被认定为科技成果转化基地】** 7月4日，市科委《关于公示2013年度北京市战略性新兴产业科技成果转化基地认定及项目立项结果的通知》下发。朝阳园的“朝阳移动互联网和新一代移动通信产业基地”“普天三网融合创新园”被认定为市战略性新兴产业科技成果转化基地。同时，移动通信产业基地内的“智慧电子城（一期）建设”、融合创新园内的“数字电视系统传输技术研究、应用与测试平台建设”2项基地公共服务平台建设项目以及北京首信科技股份有限公司、中国科学院计算技术研究所承担的“下一代移动互联网认证鉴权（AAA）设备研发”和鼎桥通信技术有限公司、北京商智库管理顾问有限公司承担的“TD-LTE多媒体集群系统在城市管理专用网的应用示范”2项针对移动互联网和新一代移动通信产业基地的企业协同创新项目获市科委的支持。

（李哲）

**【握奇公司成果获Frost & Sullivan新产品创新奖】** 7月11日，握奇数据系统有限公司凭借“SIMpass ™ -SC移动支付全卡解决方案”获世界著名咨询及调研机构Frost & Sullivan颁发的2013年印度“电子工业领域杰出成就——新产品创新奖”。方案在握奇SIMpass ™基础上，应用先进的生产工艺，将天线等多种零部件和材料集成于一张标准的SIM卡中，不仅可用于普通手机，还可用于SIM卡置于电池下的手机、金属后盖手机及Micro-SIM卡的手机，且支持公交卡、小额支付、金融IC卡等多应用的非接触支付，并在中国成功商用。

（龙琦）

**【蓝色光标公司名列全球公关公司第十九位】** 7月25日，全球权威公关行业资讯机构霍尔姆斯（The Holmes Report）发布2013全球公关公司250强榜单。北京蓝色光标品牌管理顾问股份有限公司以2012年的服务费收入增长38.9%，进入全球20强，名列第十九位，增长率在20强中排名第一，并蝉联亚洲最大的公关公司。2007年，蓝色光标公司首次进入霍尔姆斯榜单，位列第七十五位。公司收入增长主要在3个方面：新行业的拓展，从最初的高科技行业，发展到汽车、快速消费品、金融、医疗等行业；新业务的开发，在新媒体营销、危机管理、娱乐营销等业务领域积极布局，新媒体营销的业务收入超过1亿元；新地域的渗透，依托于蓝色光标公司在北京、上海等地的公司以及20个城市的办事处，公司的业务能力已经渗透到中国的4~6级城市。

（赵培付然）

**【3家企业入选中关村十大系列评选榜单】** 8月15日，中关村十大系列评选活动启动。2014年1月15日，“2013年度中关村十大系列榜单发布会”举办，朝阳园3家企业入选。精进电动科技（北京）有限公司的“精进电动”入选十大新锐品牌；华润万东医疗装备股份有限公司的“医用电气设备　数字X射线成像系统的曝光指数　第1部分：普通X射线摄影的定义和要求”入选十大创新标准，属于生物和健康领域；北京蓝色光标品牌管理顾问股份有限公司“蓝色光标并购东方博杰，打造行业典范”入选十大并购案例。

（孙咪咪）

**【默沙东博士后工作分站挂牌】** 8月21日，由默沙东（中国）有限公司主办的“默沙东中国研发中心博士后工作分站启动仪式”在望京科技园举行，主题为“合作人才培养　创新引领未来”。默沙东公司、北京生命科学研究所等单位相关人士出席。工作站将依托默沙东实验室的科研和创新实力，通过建立高等学校、科研院所和企业协同创新的长效机制，整合人才、智力、科技资源，构建产、学、研、用相结合的创新研发支

撑平台。工作站首创全新的中外双导师制，即站内的每 1 名博士都将有 1 名本土学术导师和 1 名国外产业导师，本土学术导师负责基础研究，产业导师则来自默沙东实验室，帮助博士后们对全球医药产业有更深入的了解，更全面地评估和完善研究课题，加速科研成果的有效转化。工作站已有来自中科院上海有机所、北京大学、香港科技大学等 11 名外部博士后和默沙东中国研发中心的 4 名博士后加盟，研究方向包括与新药研发相关的化学、生物学以及量化科学等。

（赵　培　付　然）

**【全国政协委员赴奇虎公司调研】**8 月 30 日，全国政协副主席卢展工及新闻出版界政协委员赴北京奇虎科技有限公司调研。委员们参观了公司的展览室，考察网站搜索舆论审核区，听取信息安全与互联网创新发展情况的汇报。随后，围绕"全媒体时代的文化责任与网络安全"展开座谈。与会者一致认为，政府应该在互联网领域反垄断、优化网络舆情监管体系、促进互联网的开放和信息自由流动、鼓励互联网公司走向国际化，进一步提高新闻工作者，特别是网络新媒体从业人员职业道德和专业素养等问题上发挥更大作用。

（付　然）

**【北京 798 艺术节举办】**9 月 21 日—10 月 20 日，"北京 798 艺术节"在 798 艺术区举办，主题为"艺象·融合"。艺术节期间，推出 29 个主题展、57 个同盟展、10 个特别展，参展作品逾万件。9 名艺术家、艺术策展人获"展演项目策展人优秀奖""展演项目贡献奖"，40 家优秀机构获"同盟展优秀奖""主题系列展优秀奖""展演项目优秀奖"。尤伦斯当代艺术中心的创始人盖伊·尤伦斯获"北京 798 艺术区 2013 年文化艺术交流特别贡献奖"。主题系列展、同盟系列展以艺术机构参与联合展出艺术作品的形式，表达出一种前沿性的态度，彰显 798 艺术区的重要性与影响力；特别展中的"先锋岁月：摄影中的 798"，展现 798 的历史巨变和现实活力；"创意·跨界·中国"2013 全国青年主题创意大赛"为青年提供原创设计平台"；"青年艺术家推介展"呈现青年艺术家们最前沿的创作理念。此外，还举办 798 户外雕塑展从艺术节、"'中外创意碰撞大集结'涂鸦表演"、开放的艺术家工作室、"提升 798 品牌价值，推动 798 国际影响力座谈会"等活动，国内外游客 80 余万人次参与。

（龙　琦）

**【大望京 630 地块竣工验收】**10 月 21 日，大望京科技商务创新区 4 号地 630 地块的 1 号、6 号商业楼和 2 号、3 号、4 号、5 号住宅楼及 1 号地车库等通过市规划委竣工验收，面积 10.34 万平方米。至此，除作为售楼中心的 7 号商务楼外，630 地块其余楼座全部完工，竣工验收证书编号为 2013 规（朝）竣字 0134 号和 2013 规（朝）竣字 0135 号。630 地块位于朝阳区崔各庄乡大望京村，为保利中央公园三期建设项目，总占地 3.47 公顷，建筑面积 10.53 万平方米，由北京保利营房地产开发有限公司负责建设。投入使用后，将为大望京科技商务创新区提供近 8 万平方米的住宅空间和近 1 万平方米的商务办公空间，承担大望京区域高端住宅配套服务和商务活动服务功能。

（黄雅卿）

**【京东方集团推出超高清显示屏】**11 月 16—21 日，在深圳会展中心举行的第十五届（深圳）中国国际高新技术成果交易会上，京东方科技集团股份有限公司展示其开发的 98 英寸 7680×4320 像素超高清显示屏。显示屏分辨率达 7680×4320，显示效果是 4096×2160 像素显示屏的 4 倍，是主流的高清电视分辨率的 16 倍。产品采用京东方集团的 ADSDS 宽视角技术，拥有上下 / 左右均为 178 度的超宽广视角，显示屏亮度高达 1000 尼特，在室外公共显示场所也能实现高品质显示，10 比特色彩技术可呈现 10.7 亿色，远高于主流显示色彩数。7680 像素技术的电视显示画质细腻，而且可以覆盖人眼的整个视域，使观看者产生临场感。产品可广泛应用于商业领域，如大型体育赛事、音乐会、会议等转播中心，顶级艺术展厅，远程医疗，安防监控等。

（龙　琦）

**【京东方集团推出 6 英寸手机显示屏】**11 月 16—21 日，在深圳会展中心举行的第十五届（深圳）中国国际高新技术成果交易会上，京东方科技集团股份有限公司展示其开发的 6 英寸 ADSDS·LTPS–TFT 手机显示屏。显示屏集高 ppi、全视角、窄边框于一体，具有屏幕大、轻薄、环保的特点，静态画面显示和动态影像效果都能精准、细腻地呈现。其分辨率为 2560×1440，近 500ppi 的高像素密度，比 326ppi 视网膜显示屏高约 51%，全面超越全高清电视屏的画面效果。产品还采用京东方集团的 ADSDS 宽视角技术，实现近 180 度的全视角显示，可满足用户视频电话或观赏影片的需求，还实现了 0.9 毫米的极致窄边框。

（龙　琦）

**【"新四条"政策宣讲会举办】**11 月 20 日，由电子城科技园服务中心主办的"中关村示范区'新四条'政策宣讲会"在蟹岛生态园会议中心举行。会上，来自市国税局、市地税局、市科委的相关人员，就中关村企业所得税、中关村个人所得税、国家高新技术企业认定、文化科技支撑领域范围的试点政策以及与技术转让企业所得税试点政策相关的技术合同登记等内容进行宣讲，并结合企业在实际缴税问题方面的流程细节，比对“1+6”先行先试延期政策进行新旧政策解析。此次会议是中关村示范区先行先试政策“一区十六园”宣讲活动的一部分，园区内100余名高新技术企业相关人员参会。

（司维付然）

**【国高新企业认定、复审工作完成】** 11月、12月，市科委、市财政局、市国税局、市地税局相继公布2批2013年度认定的高新技术企业名单、2批2013年度通过复审的高新技术企业名单。朝阳园东芝医疗系统（中国）有限公司、施耐德电气（中国）有限公司、北京曼恒数字技术有限公司等42家企业被认定为国家高新技术企业；北京电通伟业电子设备有限公司、德信互动科技（北京）有限公司、爱科凯能科技（北京）股份有限公司等44家企业通过国家高新技术企业复审。至年底，园区拥有国家高新技术企业318家，涉及电子信息、新能源及节能技术、资源与环境技术等领域。

（赵剑）

**【大望京3号地通过竣工验收】** 年内，大望京3号地北京绿地中心项目1号、2号商务办公楼通过市规划委组织的竣工验收，编号为2013规（朝）竣字0184号，竣工总面积12.12万平方米，工程总造价近4.82亿元，由北京绿地京华置业有限公司开发建设。北京绿地中心项目为商业金融用地，总建筑面积约23.5万平方米，2011年8月开工，分2个地块，规划为5栋商务办公楼，其中1号商务办公楼地上部分面积2.74万平方米，2号商务办公楼地上部分面积3.16万平方米，地下部分面积6.19万平方米。

（黄雅卿）

**【3家企业的项目获区企业研发投入资助计划立项】** 年内，朝阳区科委对企业研发投入资助计划项目进行公开征集，18家企业的项目获立项支持，包括新能源及节能环保10项、现代服务业6项、新生物医药1项、新一代移动通信相关领域1项。朝阳园北京东方园林股份有限公司的“中度盐碱地苗木选择及栽培技术”、建研科技股份有限公司的“PKPM-2010新规范版建筑工程设计CAD系统研究与开发”、北京怡成生物电子技术有限公司的“糖尿病及并发症快速检测系统的研发”3家企业的3个项目获立项，获支持资金100万元。（2014年1月6日，区科委“2013年度朝阳区企业研发投入资助计划拟立项项目名单”公示。）

（孙咪咪）

**【751数字化科技服务平台获区区域创新体系建设项目立项】** 年内，朝阳区科委对区域创新体系建设项目进行公开征集，29个项目获立项。其中朝阳园北京正东电子动力集团有限公司的“751数字化科技服务平台”入选，获支持资金50万元。（2014年2月19日，区科委“2013年度朝阳区区域创新体系建设拟立项项目名单”公示。）

（孙咪咪）

**【3家企业的项目获区高新技术产业发展计划立项】** 年内，朝阳区科委对高新技术产业发展计划项目进行公开征集，23家企业项目获立项，包括新一代移动通信领域相关8个、新能源及节能环保9个、文化与科技融合3个、新生物医药3个。其中，朝阳园北京握奇数据系统有限公司的“基于北斗和TD的智能交通物联网终端的研发”、中科宇图天下科技有限公司的“分布式水环境数据库管理系统设计与开发”、北京亿维讯科技有限公司的“基于TRIZ方法的计算机辅助工具开发与应用”3家企业的3个项目获立项，获支持资金120万元。（2014年1月6日，区科委“2013年度朝阳区高新技术产业发展计划拟立项项目名单”公示。）

（孙咪咪）

**【29个项目获高新技术产业发展专项资金支持】** 年内，电子城管委会组织对2013年度朝阳区高新技术产业发展专项资金项目进行公开征集，30家企业的项目获资金支持，共计1480万元。朝阳园29个项目入选，包括：北京望京新兴产业区综合开发有限公司的“望京科技创业园产业园”、北京电子城有限责任公司的“电子城IT产业园”、北京兆维电子（集团）有限责任公司的“兆维工业园”等，共计1050万元，同时对北京百利时能源技术有限责任公司、北京博汇特环保科技有限公司、北京博朗德科技有限公司等55家2012年认定的国家高新技术企业补贴73.75万元。

（赵剑）

**【大型开放式三维空间信息平台EV-Globe获市科学技术奖】** 年内，由北京国遥新天地信息技术有限公司吴秋华等完成的“大型开放式三维空间信息平台EV-Globe”获2013年度北京市科学技术奖三等奖。项目产品EV-Globe属于地理信息领域，是一款三维GIS基础平台，具有强大的三维GIS功能，可以在其上用开发工具（.NET、JAVA、C++等）构建各类三维GIS应用，是空间信息软件技术的核心。国遥新天地公司EV-Globe发明一种全新的三维全尺度数字地球实现方法，并获国家发明专利，且在国内首次实现地上、地表、地下、水下信息一体化集成表达，率先解决三维 CAD 设计成果与三维空间信息平台无缝集成、二三维一体化等技术难题。EV–Globe 广泛应用于航空航天、国防、国土等多个领域，在汶川抗震救灾、上海世博会等一系列国家重大工程中发挥重要作用，尤其在神舟飞船发射与返回过程中，EV–Globe 以实时的三维动画结合测控数据展现火箭起飞、助推器分离、整流罩分离、船箭分离、太阳能电池帆板展开、测控站链接与切换，以及在太空中飞行姿态等过程细节的系列实时态势，实现多目标、多任务下航天飞船及运载工具运行状态以及运行环境的虚拟现实表现。

（赵 培 付 然）

**【固体生物质燃料检验方法的研究获市科学技术奖】**年内，由煤炭科学研究总院张克芮等完成的“固体生物质燃料检验方法的研究”获 2013 年度北京市科学技术奖三等奖。项目属新能源与高效节能领域。研究内容为：解决固体生物质燃料应用中主要特性指标无法测定的难题，进行了固体生物质燃料特性的试验方法研究及相关标准的制定；研究适用于多种不同类型的固体生物质燃料的样品制备方法，包括合理的破碎、干燥、缩分的条件和程序；研究固体生物质燃料的全水分、工业分析、全硫、发热量、碳氢、氮、氯、灰成分和灰熔融性 9 大项 25 小项品质特性的试验方法，适用于多种不同类型的固体生物质燃料。课题提出固体生物质燃料的样品制备方法、全水分测定方法、工业分析方法、全硫测定方法、发热量测定方法、碳氢测定方法、氮测定方法、氯的测定方法、灰成分测定方法、灰熔融性测定方法等 10 项研究报告及标准草案，解决了在固体生物质燃料应用和开发领域品质检验方法和标准技术问题。

（龙 琦）

**【长城钻探公司成果获市科学技术奖】**年内，由中国石油集团长城钻探工程有限公司等单位伍东等完成的“海内外一体化测井解释处理软件开发与应用”获 2013 年度北京市科学技术奖二等奖。其创新点：①实现将多维离散数据分析处理技术运用到过套管电阻率精细解释；将自适应寻频技术应用于多阵列感应趋肤效应校正；将复合波形量化差分解码技术应用于阵列声波高压缩比解码；将分数维解谱技术应用于解决低信噪比核磁共振解谱难题，使得处理精度达到并超过国外测井解释处理软件的水平；应用地层组份快速分析技术，实现 6 种矿物的并行计算，具有速度快、精准度高、简单实用等特点。②实现测井解释平台的高度集成，扭转了测井解释“多国部队封锁割据”的不利局面。软件集常规测井、成像测井、特殊测井和 LEAP800 测井解释于一体，实现高集成性、高配套性。③采用先进的编程技术，实现界面的高度人性化和可操作性，交互友好，操作简便，减轻了解释人员的劳动强度，提高了工作效率。该软件先后在公司位于哈萨克斯坦、苏丹等国家的 5 个海外作业区部署安装，累计处理 1391 井次，解释符合率同比提高 3%，单井处理效率提升 25%。

（龙 琦）

# 丰台园

丰台园建于1991年11月，位于北京西南西环金角，交通网络四通八达、环境清新优美，投资环境优越。2006年1月，国务院批准园区总规划占地面积818公顷，由东区、西区和科技一条街构成“两区一街”空间格局。东区面积401公顷，是发展总部经济核心区域。其中东区一期规划建设面积176万平方米，主要入驻了北京动力源科技股份有限公司、北京金自天正智能控制股份有限公司等一批以管理、研发、生产为主体的重点企业，成为集企业研发、总部管理、中试制造为一体的产业化基地；东区二期规划建设面积235万平方米，采用组团式大项目建设，形成了总部基地、鹏润国际时尚中心、托普科技园、总部国际等四大重点项目，吸引了中国建龙钢铁、中国诚通集团等一批重点总部型企业入驻，成为园区发展总部经济最重要的空间载体，其中总部基地是丰台园“东扩西进”开发战略重要的组成部分，总面积181公顷，是北京西南地区面积最大的一片待开发高新技术产业用地，整体定位为高技术服务总部区。西区面积417公顷，已部分建成“军民融合创新园”，主要定位于制造业创新中心。科技一条街主要是对原有楼宇的整合拓展，以北京国际企业孵化中心（IBI）为品牌，构成了14个孵化器分中心、18幢孵化大楼、22万平方米的孵化器网络，是中小企业重要空间载体，汇聚了以软件、生物医药、光机电为主体，涵盖新材料、新能源、高效节能与环保等高科技在内的高新技术企业，形成了高科技产业带。2012年10月，国务院批复调整中关村示范区空间规模和布局，丰台园规划占地面积1763.09公顷，增幅115%，新增新兴际华集团、北车集团、南车集团、首钢总公司和丽泽5个主体，应急救援科技创新园、二七机车厂、二七车辆厂、首钢动漫城、永定河文化创意产业聚集区（包括北区和南区）、丽泽金融商务区7个区域。园区已成为创新活跃、要素集中、经济发达、区域和谐的总部经济区，北京市重要的高新技术产业基地和丰台区核心的城市经济功能区，园内企业可享受国家、北京市、中关村示范区的各类优惠政策。

## 丰台园管理委员会领导成员

主　　任　张　婕
副 主 任　冯晓光（2013年9月11日免）
　　　　　段海波　孙永文
　　　　　徐　芳（2013年12月25日免）
工委书记　冯晓光（2013年9月11日免）
　　　　　霍连明（2013年11月6日任）
工委副书记　段海波（2013年11月6日任）
纪工委书记　贾　敏
系统工会主席　罗荣富（2013年11月6日免）
　　　　　石　岩（2013年11月20日任）

丰台园

| 序号 | 地块 | 面积 |
|---|---|---|
| 1 | 丰台区东区 | 477.76 |
| 2 | 丰台园西区1 | 130.44 |
| 3 | 丰台区西区2 | 217.10 |
| 4 | 丽泽科技商务区 | 394.77 |
| 5 | 永定河文化创意产业园北区 | 126.43 |
| 6 | 永定河文化创意产业园南区 | 105.92 |
| 7 | 二七车辆厂 | 70.81 |
| 8 | 二七机车厂 | 50.84 |
| 9 | 首钢动漫城 | 172.13 |
| 10 | 科技一条街 | 4.49 |
| 11 | 应急救援产业园 | 12.40 |
| | 小计 | 1763.09 |

【概况】2013年，丰台园围绕实现开发建设、产业集聚、体制机制3个优化升级，全面推进“东扩西进”，圆满完成全年各项任务。年内，园区高新技术企业总数1387家；从业人员15.7万余人；工业总产值367.9亿元；总收入3295.6亿元；进出口总额64.4亿美元；上缴税费85.4亿元；利润总额177.3亿元；资产总计7225.8亿元；科技活动经费支出总额55.5亿元；专利申请量2686件，专利授权量1524件。

引资、投资。建立和完善企业注册一条龙服务机制，提升新引进企业规模和质量。新注册企业430家，涵盖轨道交通、新材料新能源、节能环保、金融服务、文化创意、生物医药及工程技术等领域，完成全年任务的107.5%，注册资金102.16亿元，同比增长51%。新引进注册资本亿元以上企业27家，其中注册和税务关系均落户丰台的企业19家，超额完成全年任务的27%，同比增长72%；新引进注册资本千万元至亿元企业74家，超额完成全年任务的23%，同比增长6%。城南行动计划涉及园区8个项目（东区三期、西区Ⅰ、三洲隆徽、国知中心、广州海格、华夏幸福、中国通号和东区三期内部次干道），全年计划投资67.8亿元，实际完成72.9亿元。

科技创新。积极对接中关村“1+6”先行先试改革政策；组织企业申报各类科技项目、奖项；落实知识产权优惠政策；完成技术合同登记额310亿元；200余家企业的科技项目获得国家和市、区相关资金支持；中铁工程设计咨询集团有限公司等单位的4项成果获2013年度北京市科学技术奖；北京谊安医疗系统股份有限公司等3家企业被认定为2013年度北京市工程技术研究中心；北京交控科技有限公司等4家企业获北京市第十六批企业技术中心；北京真视通科技股份有限公司的“综合会议管理平台”等48件产品获2013年中关村示范区新技术新产品认定。

产业促进。丰台园被授予首批“北京市总部经济集聚区”称号，将享受信息服务等政策支持。轨道交通产业列入中关村“641”的产业集群，丰台区轨道交通产业示范基地等2家基地被认定为第二批北京市外贸转型升级示范基地。积极打造丰台军民融合创新基地，成为中关村示范区“三区支撑、多园发展”的3个军民融合产业集聚区之一。与新兴际华集团有限公司对接，就合作方式进行探讨，实现资源共享。

企业服务。举办“新三板”挂牌培训会，新增北京全有时代科技股份有限公司等“新三板”上市企业7家。与中铁诺德中心、汉威广场等楼宇建立共同招商机制，对接新的空间资源，针对符合产业发展方向的大企业、大项目，派驻专人，设立工商、税务一站式服务窗口，现场为企业办理入驻手续，确保企业真正落地。为注册资金千万元以上的企业提供注册全程代办，确保税收留园。完善企业专管员制度与重点企业走访制度，对重点企业、年度区域财政贡献前50强企业进行走访和调研，全年走访企业近350家次。

人才建设。举办第十三期科技型中小企业技术创新国际研讨班，达成合作意向协议20项。新建北京戎鲁机械产品再制造技术有限公司等4家博士后（青年英才）工作站，引进博士后（青年英才）7名；新建北京全路通信信号研究设计院有限公司等3家院士专家工作站，引进中国工程院院士徐滨士等专家开展相关领域研究。

（魏立亮）

【3家企业入选福布斯中国潜力企业榜】1月9日，《福布斯》中文版发布“福布斯2013中国潜力企业榜”，丰台园3家企业入选。吉艾科技（北京）股份公司入选“2013福布斯中国潜力上市公司100强”榜单，排名第二十六位，主营产品“小井眼仪器和测井工程服务”。北京都市鼎点科技股份有限公司、北京真视通科技股份有限公司入选“2013福布斯中国潜力非上市公司100强”榜单。都市鼎点公司排名第五十五位，主营产品“矿用隔爆型动态无功补偿装置”，3年销售增长率52.1%。真视通公司排名第六十八位，主营产品“多媒体视讯综合解决方案”，3年销售增长率38.1%。

（李　刚）

【中国中铁科技期刊被EI列为源期刊】1月，由中国中铁股份有限公司主办的《铁道工程学报》和主管的《现代隧道技术》《桥梁建设》3种国内外公开发行的科技期刊，被《美国工程索引》（EI）列为源期刊，将进一步展示中国在工程领域的科技认知水平和科技创新能力。中国中铁公司坚持科学的办刊原则，不断探索和创新，刊载内容代表中国铁路工程高端技术水平，是中国铁路工程技术走在世界前列的客观结果。（EI创立于1884年，以宁缺毋滥的严格选刊标准而著称；其选刊的宗旨是学术严谨，并以学术水平高、实用性强、出版及时、质量上乘为准则，在工程与科学领域被称为全球核心，是全世界公认的、最具权威的工程技术类综合性检索体系。）

（李　刚）

【中国通号公司获铁路优质工程奖】2月5日，中国铁道工程建设协会发布2011—2012年度铁路优质工程（勘察设计）奖项目名单，由中国铁路通信信号股份有限公司郭永泉等承担的“武广客运专线通信信号工程”、张树坤等承担的“新广州站及其配套信号工程”，以及参与承建的“京沪高速铁路四电系统集成工程”获优质工程一等奖。在“京沪高速铁路四电系统集成工程”项目建设过程中，中国通号公司完成京沪高铁全线通信信号的系统集成、研发设计、设备制造、施工安装、科学试验，并依托国家科技支撑项目“高速列车运行控制系统技术及装备研制”，研发出高速列车运行控制系统（CTCS-3 级），基于 GSM-R 无线通信，实现车—地信息双向传输、无线闭塞中心（RBC）生成行车许可，可满足 300~350 千米 / 小时的运行速度、最小运行间隔 3 分钟的列车运营要求。

（李　刚）

**【中牧股份公司通过国家重点龙头企业监测】** 2 月 21 日，农业部发布《关于公布第五次监测合格农业产业化国家重点龙头企业名单的通知》（农经发〔2013〕2 号），中牧实业股份有限公司经全国农业产业化联席会议审定，通过农业产业化国家重点龙头企业监测，可享受税收减免，以及在银行信贷、财政支持和配股融资等方面的优惠政策。

（李　刚）

**【《东区三期地下空间规划》获市规划委批复】** 3 月 5 日，《东区三期地下空间规划》获市规划委批复。规划涉及地下空间的建筑规模约 97 万平方米，其中商业设施面积约 27 万平方米，步行通道长度 1.5 千米，地下 2 层设置有步行环廊，将园区东区三期 10 个地块相互连通。规划定位于服务高新技术产业发展。通过系统的地下空间研究，可提升园区城市品质，增加活力；通过设置地下步行环廊，与轨道交通、地面公交组成立体交

通体系，丰富了园区的交通环境；通过提升商业配套价值，为入园企业提供多样化的配套空间。

（山显彬）

**【“发现园区企业之美”发布活动举办】** 3 月 21 日，“2013 年中关村国家自主创新示范区丰台园工作会议”在玛雅岛酒店召开。中关村管委会、丰台园管委会等单位有关领导以及区政府相关部门负责人、园区企业代表等 300 余人参加。会议首次举办“发现园区企业之美”发布活动，授予 2011 年在留区财政、收入增长、科技创新以及精神文明建设方面做出突出贡献的企业“园区之美”称号。北京科园信海医药经营有限公司等 2011 年留区财政收入在 500 万元以上的 10 家企业获“贡献之美”称号；北京方大炭素科技有限公司等 2011 年留区财政收入在 100 万元以上（含）、500 万元以下，高于丰台区平均增幅的 10 家企业获“成长之美”称号；北京高盟新材料股份有限公司等 10 家企业获国家科技进步奖、北京市科学技术奖以及标准创制突出、获市级专利项目资助的企业获“创新之美”称号；北京依文服装服饰有限公司等 10 家在精神文明建设、文化建设、社会公益活动方面做出突出贡献的企业获“和谐之美”称号。

（沈建新）

**【丰台园商标工作座谈会召开】** 3 月 28 日，由丰台园科协主办的“2013 年丰台科技园区商标工作座谈会”在丰台园管委会举行，园区企业相关负责人员参加。来自中关村商标服务中心、区工商局商标科的相关人员介绍北京市著名商标的申请条件、资格及注意事项，与会者就中关村国家商标战略实施示范区商标示范试点单位申报内容、企业对于商标的应用与日常管理、中关村商标促进资金申请的流程及注意事项等进行座谈。

（李　刚）

**【3 个项目获 1100 万元中关村专项资金支持】** 4 月 10 日，丰台园东区三期土地一级开发、孵化器创新创业服务平台建设和园博会太阳能光电建筑应用一体智能化等 3 个园区申报的项目被纳入到中关村管委会资金支持范围，获补贴资金 1100 万元。其中东区三期土地一级开发项目 600 万元，孵化器创新创业平台建设项目 100 万元，园博会太阳能光电建筑应用一体智能化项目 400 万元。

（山显彬）

**【丰台园获北京市总部经济集聚区称号】** 5 月，市商务委发布《关于认定命名北京市总部经济和商务服务业集聚区（第一批）的通知》，丰台园获授牌，被授予“北京市总部经济集聚区”称号。6 月 1 日，在第二届中国（北京）国际服务贸易交易会“北京主题日”上，丰台园被授予总部经济聚集区后，将享受市商委政策倾斜、资金补助、信息服务和配套鼓励 4 项后续支持。

（沈建新）

**【3 件商标获北京市著名商标认定】** 6 月 5 日，市工商

局发布《关于认定谷雨等179件商标为2012年度北京市著名商标的通知》(京工商发〔2013〕56号)。丰台园北京太空板业股份有限公司的"太空"、北京高盟新材料股份有限公司的"高盟牌"、北京天路通科技有限责任公司的"天路"3家企业的3件商标获认定。商品或服务分别为"建筑用非金属隔板""工业用黏合剂""扫路车、清洁车",有效期3年。

(李 刚)

**【天健公司入选最具投资价值方案商】**6月6日,在商业伙伴咨询机构主办的"2013中国方案商峰会暨VAR500评选颁奖典礼"上,北京天健源达科技有限公司获"2013最具投资价值方案商TOP50"。此奖项是"中国方案商500强"活动中首次针对未上市IT方案商群体投资价值的评选。公司凭借"天健无线移动信息系统解决方案""数字化医院解决方案""区域卫生信息化解决方案"等优质的产品和服务获奖,是对公司潜在投资价值的认可。

(李 刚)

**【21家企业入选2013年度市专利试点单位】**6月7日,市知识产权局《关于公布2013年度参加北京市专利试点工作的企事业单位名单的通知》下发,丰台区中国北方车辆研究所、北京天地日月生物能源科技有限公司、北矿机电科技有限责任公司等21家企业入选,全部是丰台园企业,涉及先进制造、电子信息等领域。(2014年2月18日,《关于公布2013年度北京市专利试点验收合格单位的通知》下发,丰台园21家专利试点单位全部通过市知识产权局组织的验收。)

(李 刚)

**【直接空冷国产化研究及应用获第六届金桥奖】**6月15日,在"第六届'金桥奖'颁奖大会"上,由华电重工股份有限公司研发的"直接空冷国产化研究及应用"获中国技术市场协会颁发的金桥奖优秀项目奖。项目通过对直接空冷系统中关键部件换热管束进行国产材料替代进口的研究、试制及性能测试,研制出新的直接空冷换热器产品,极大降低了管束造价,并有效节约水资源。研究成果成功应用于天富热电股份有限公司2兆瓦×330兆瓦建设工程直接空冷系统项目,自2011年12月投运以来,运行安全平稳,各项技术指标满足设计要求。

(李 刚)

**【华电工程集团被认定为北京市专利示范单位】**6月17日,在市知识产权局召开的"2013年北京市专利示范暨知识产权专家团巡讲工作推进会"上,公布了第五批北京市专利示范单位名单并举行授牌仪式,共有40家企事业单位入选。其中,丰台园中国华电工程(集团)有限公司因其具备较强的知识产权创造、运用、保护与管理综合能力及竞争力名列其中。市政府将对示范单位的国内外专利申请费用给予资助,全额资助示范期间应支付的国内发明专利申请费、发明专利实审费、印刷费;鼓励申请国外专利,同等条件下优先给予资助等。

(李 刚)

**【中关村示范区首家企业家党校成立】**6月28日,丰台科技园区2013年入党积极分子培训班暨企业家党校揭牌仪式在园区管委会举行,中关村示范区首家企业家党校成立 。丰台园管委会有关领导以及31家园区企业的109名参加首期入党积极分子培训班的企业家参加。园区企业家党校的成立,旨在提升园区各级党组织的凝聚力和战斗力,将通过课程培训加强基层党组织建设,培养企业家的历史使命感和社会责任感。

(沈建新)

**【谊安医疗危重症呼吸机通过美国FDA认证】**6月,北京谊安医疗系统股份有限公司危重症呼吸机通过美国FDA认证,获准进入美国市场。产品由谊安公司美国研发团队和中国研发团队联合开发,精细的气流控制、丰富的监测功能、简捷的操作方式、不同的配置解决方案,可满足多样的临床需求。产品采用主动式呼气阀技术,允许患者在压力持续阶段进行自主呼吸和咳嗽,如因自主呼吸或者咳嗽造成的气道压力突然变高,主动呼气阀开启并释放压力,患者便可更舒适和安全地进行通气。产品运用20余项专利技术,屏幕尺寸、工业设计、呼吸模式、功能配置等均达到世界主流产品水平。

(李 刚)

**【15个项目获市科技型中小企业创新基金立项支持】**7月4日,市科委发布《2013年度北京市科技型中小企业技术创新资金立项公告》。丰台园标旗世纪信息技术(北京)有限公司的"基于物联网的养老健康监护服务平台"、北京三益能源环保发展股份有限公司的"废弃物高浓度厌氧发酵处理系统"、北京众力德邦智能机电科技有限公司的"'流量温度法'热分配系统"等15家企业的15个项目获2013年度立项支持,其中创业孵化项目6项,一般项目9项,涉及电子信息、资源与环境、新能源与高效节能等领域。

(李 刚)

**【中国中铁公司入选2013年世界500强】**7月8日,美国《财富》(Fortune)杂志通过其网站和杂志公布2013年世界500强企业名单。中国中铁股份有限公司以2012年度营业收入767.11亿美元列世界500强第一百零二位，名次较2012年度上升10位。列中国入选企业（含内地、港澳和台湾企业）第十四位，中央企业第八位，全球工程建筑行业第三位。

（李　刚）

**【中铁股份公司入围2013年中国500强】** 7月16日，《财富》杂志中文版发布2013年中国500强企业排行榜，丰台园有3家企业入围。其中，中国中铁股份有限公司以2012年度营业收入4843.13亿元，利润73.55亿元，列第七位。

（李　刚）

**【中牧股份公司获农业部重点实验室资质】** 7月19日，农业部发布《关于公布增补农业部重点实验室（企业）依托单位名单的通知》（农科教发〔2013〕9号）。依托于中牧实业股份有限公司的农业部兽用生物制品与化学药品重点实验室入选，所属学科群为兽用药物与兽医生物技术。实验室主要用于兽用生物制品与化学药品的检测与研发。

（李　刚）

**【48项产品获中关村新技术新产品认定】** 7月、10月，市科委、市发展改革委、市经济信息化委等5家单位相继发布2批2013年中关村示范区新技术新产品名录。丰台园北京真视通科技股份有限公司的“综合会议管理平台”“智能多媒体移动控制系统”“‘真视通’远景呈现模拟仿真平台”，北京世纪东方国铁科技股份有限公司的“旅客列车尾部安全防护装置”，北京鑫丰南格科技有限责任公司的“南格护理呼叫信息系统”等30家企业的48项产品获认定。

（李　刚）

**【2家企业入围全球最大承包商排行榜】** 8月26日，美国《工程新闻记录》（ENR）公布两大榜单。中国中铁股份有限公司在2013年度全球250家最大国际承包商名单中位于第三十四位，其2012年海外营业收入37.996亿美元，全球营业收入818.057亿美元；在2013年度全球250家最大承包商名单中，位于第二位，其2012年总收入818.057亿美元。中国通用技术（集团）控股有限责任公司位于最大国际承包商第八十一位，2012年海外营业收入12.083亿美元，全球营业收入42.68亿美元；最大承包商第六十七位，2012年总收入42.68亿美元。

（李　刚）

**【人才引进及服务政策宣讲培训会举办】** 9月23日，由丰台园管委会主办的人才引进及服务政策宣讲培训会举行。园区企业的人力资源总监及相关负责人近80人参加。相关专家分别讲解2013年人才引进政策及用人单位岗位补贴、社保补贴管理办法，并就人才引进条件、工作居住证办理、失业登记手续、社保中心与社保所职能等问题进行解答。工作人员还向企业发放人才服务联系卡、丰台区人才引进政策选编及人才引进服务工作流程等。

（沈建新）

**【华电重工公司研制圆形料仓系统试车成功】** 10月22日，由华电重工股份有限公司研制建造的2套直径136.5米的圆形料仓系统在宝钢集团新疆八一钢铁有限公司重载试车成功。八一钢厂公司采用华电重工公司的技术解决方案，规划用11套环保型圆形料仓代替露天料场，全部由华电重工公司总承包建设。圆形料仓系统具有环保性能好、占地少、自动化程度高等优点。

（李　刚）

**【华电重工公司获得英美资源集团供应商资格证书】** 10月23日，在北京举行英美资源集团堆取料机项目高层会议上，华电重工股份有限公司获英美资源集团公司颁发的供应商资格证书。华电重工公司进入英美资源集团全球采购系统供应商候选名单，在其后继项目中具备优选资格。（英美资源集团是世界五大矿业集团之一，在海外矿业领域具有重要影响力。）

（李　刚）

**【元六鸿远公司入选中国电子元件百强企业】** 10月29—31日，在北京新世纪日航饭店举行的“中国电子元件行业协会第七届会员代表大会”上，北京元六鸿远电子技术有限公司凭借在企业规模、财务状况、研发能力以及电子元件收入比重等方面高出行业整体水平入围“2013年（第二十六届）中国电子元件百强企业”榜单，综合排名第八十位，主营业务为“MLCC”，2012年收入为2.89462亿元。

（李　刚）

**【中国通号轨道交通研发中心项目开工】** 10月30日，中国铁路通信信号股份有限公司在园区东区三期1516−42、1516−49地块投资建设的中国通号轨道交通研发中心项目经市、区两级政府同意完成各项协议出让手续的办理。其中，1516−49地块为研发用地，于11月1日取得该宗地国有土地使用证，11月25日取得用地规划许可证，并已开工建设。

（张　丽）

**【泛华集团获北京市第十七届优秀工程设计奖】** 10月，由市规划委举办的北京市第十七届优秀工程设计评选结果揭晓。泛华建设集团有限公司设计的主项目获奖，即濮阳新区概念规划及控制性详细规划项目、河南省武陟县木栾新区城市设计项目获第十七届优秀工程设计城乡规划设计综合奖三等奖，连云港市平山北路景观桥桥梁工程项目获第十七届优秀工程设计综合奖——道路桥隧设计三等奖。

（李　刚）

**【真视通公司获中国优秀数据中心年度奖】** 11月15日，在北京召开的“2013年度数据中心工程标准化建设年度论坛”上，2013年度优秀数据中心评选结果揭晓。北京真视通科技股份有限公司凭借其承建的中国电力投资集团公司数据中心机房建设工程获中国工程建设标准会协会信息通信专业委员会颁发的数据中心年度设计理念奖和年度创新奖。

（李　刚）

**【丰台园新增4家北京市企业技术中心】** 11月18日，市经济信息化委发布《关于公布2013年度北京市第十六批企业技术中心认定结果的通知》。其中，丰台园北京鼎汉技术股份有限公司、北京交控科技有限公司、北京航天斯达新技术装备公司、北京亚新科天纬油泵油嘴股份有限公司等4家企业的技术中心通过认定。

（李　刚）

**【樊羊路以东用地控规获市规划委批复】** 11月27日，市规划委批准东区三期樊羊路以东用地控规指标。该地段总用地面积42公顷，建设用地约24公顷，总建筑规模约69万平方米，建筑高度主要控制在45~80米，局部高点控制在150米。樊羊路以东控规的获批，确保东区三期325万平方米的建筑总量，完成由2006年的200万平方米提升至325万平方米的跨越，土地招商的持续发展，慢行系统、公共空间及绿地系统等各专项规划的实现。

（山显彬）

**【新增3家企业院士专家工作站】** 11月28日，由丰台园管委会主办的“中关村丰台科技园区驻区企业院士专家工作站授牌暨‘创新驱动发展’座谈会”在丰台园管委会举行。中国工程院院士徐滨士以及市科协、丰台园管委会等单位有关领导和企业代表参加。北京全路通信信号研究设计院有限公司、北京国能中电节能环保技术有限责任公司、北京碧海舟腐蚀防护工业股份有限公司3家企业获院士专家工作站授牌及建站补贴和人才引进补贴。全路通信公司将联合中科院院士张钹，共同攻克轨道交通信号系统运维海量数据处理关键技术等难题；国能中电公司与中国工程院院士岑可法联手，在水泥窑脱硝、热电厂脱硫脱硝、脱硝催化剂再生技术、除尘改造及细颗粒PM2.5控制技术等领域开展合作；碧海舟公司将与中国工程院院士徐

滨士及其研究团队与企业技术创新团队合作，开展海洋腐蚀环境中应用热喷涂层技术的研究。至年底，丰台园已有9家院士专家工作站。

（沈建新）

**【3个项目获“十百千工程”重大项目专项资金支持】** 11月，丰台园3家企业的3个项目获中关村示范区“十百千工程”重大项目专项资金立项支持。北京当升材料科技股份有限公司的“高能量密度长寿命锂电高镍多元正极材料的研究与中试开发”获前沿技术研究类项目支持；北京动力源科技股份有限公司的“高能耗企业云能源管控平台的开发及产业化”、北京世纪东方国铁科技股份有限公司的“轨道交通运营设备在线监测与诊断系统研发及产业化”获产业化类项目支持，共获支持资金816万元。

（李　刚）

**【2个基地获批外贸转型升级示范基地】** 12月5日，在市商务委方庄办公区召开的北京市外贸转型升级示范基地工作会议上，公布入选第二批市级外贸转型升级示范基地的8个特色产业基地的名单并授牌。丰台园的丰台区轨道交通产业基地、丰台区应急救援产业基地入选。轨道交通产业基地聚集100余家轨道交通企业，包括中国中铁股份有限公司等多家行业龙头企业或领先企业，近40家企业收入亿元以上，形成较为完善的产业体系，其业务或产品均在全国同类产品市场中占据主导地位。应急救援产业基地入驻企业近40家，其中规模企业25家。

（沈建新）

**【晶龙集团落户丰台园】** 年内，河北晶龙实业集团有限公司落户丰台园，在中铁诺德中心购置总部办公楼，建筑面积约1.26万平方米，以设立集团总部。晶龙集团注册资金3亿元，以生产太阳能级大直径、低氧碳单晶硅棒、片和半导体器件级、集成电路级单晶硅系列产品、太阳能电池、组件为主，是集生产、科研、加工、贸易、服务为一体的高科技、外向型、股份制

民营企业。

（张红莉）

**【中国水务集团中国区总部落户丰台园】**年内，中国水务集团有限公司中国区企业总部银龙水务投资有限公司入驻丰台园。银龙水务公司注册资金 10 亿元（港资注册），以中国水务集团在国内的业务投资及管理工作为主。中国水务集团是在香港联合交易所主权上市的公众公司，主要承担国内供排水及涉水等相关辅助配套业务。

（魏立亮）

**【4 项成果获 2013 年度北京市科学技术奖】**年内，丰台园 4 家企业参与的 4 项成果获 2013 年度北京市科学技术奖。北京金自天正智能控制股份有限公司参与完成的“大功率直线电机变频驱动系统关键技术研发及应用”项目获一等奖；中铁工程设计咨询集团有限公司完成的“顶推法施工的大跨度曲线预应力混凝土斜拉桥技术研究及应用”项目获二等奖；中国华电工程（集团）有限公司完成的“基于吸收式热泵的火电厂余热回收利用技术研究”项目、北矿机电科技有限责任公司完成的“铝土矿浮选机关键技术研究及应用”获三等奖。

（李　刚）

**【中铁咨询集团成果获北京市科学技术奖】**年内，由中铁工程设计咨询集团有限公司等单位徐升桥完成的“顶推法施工的大跨度曲线预应力混凝土斜拉桥技术研究及应用”获 2013 年度北京市科学技术奖二等奖。项目组针对顶推法施工的大跨度曲线预应力混凝土斜拉桥技术开展系统研究，形成了一整套建造技术，主要创新点有：①根据桥梁跨越京包铁路、城铁 13 号线的场地条件设计的水滴形独塔单索面曲线混凝土斜拉桥，采用曲线单点顶推法施工。②提出的混凝土复杂曲线箱梁顶推施工新方法，优化了顶推轨迹，简化了滑道和限位装置的设计；采用的两点限位方法纠偏，受力明确，效果良好。③首次系统分析了混凝土梁与导梁接合部的钢与混凝土的界面行为，钢—混凝土过渡段变形协调、应力分布均匀，设计合理。④首创斜拉索灯具套筒式安装装置，解决了大跨度斜拉桥亮化灯具易于产生风振的技术难题。⑤设计的新型主塔及拉索检查维修系统，满足了运营养护的需要。成果应用于上地桥，相比转体施工方法，减少主跨跨度 20 米、征地拆迁 1 万平方米、建安费 1700 万元；仅用 20 个月便建成通车；完成了单点顶推重量 2.5 万吨、梁宽 35.5 米，复杂曲线混凝土主梁安全、精确就位，减轻了施工对铁路运营的干扰。

（李　刚）

**【铝土矿浮选机关键技术研究及应用获市科学技术奖】**年内，由北矿机电科技有限责任公司等单位的史帅星等完成的“铝土矿浮选机关键技术研究及应用”获 2013 年度北京市科学技术奖三等奖。项目属矿物加工工程领域，2003 年启动，以传统浮选理论研究为基础，通过研究槽内铝土矿与气泡的碰撞、黏附、脱落过程，总结出了铝土矿浮选流体动力学的特殊规律，制定出能提高铝土矿回收率的合理的流体动力学技术路线，开发了低铝硅比铝土矿“选矿—拜耳法”专有浮选机技术。其创新点如下：①研发出小气量、目的矿物难矿化条件下铝土矿浮选流体动力学技术，实现了气泡的高效分散；②研发出大泡沫量的泡沫快速回收与输送技术，实现泡沫的短距离快速输送，提高了分选效率；③研发出厚泡沫层、小矿浆流量的气量及液位控制技术，保证了矿浆液面和充气量的精确控制及目的矿物的有效回收；④开发了多种浮选机融合的高效水平配置技术。项目成果在中国铝业中州铝厂、重庆铝业等单位推广 200 余台套，成功实现“选矿—拜耳法”生产氧化铝的工程化应用，彻底改变了传统焙烧工艺能耗高、单位产出成本高的现状。

（李　刚）

# 石景山园

2006年1月17日，经发展改革委批准石景山园加入中关村科技园区。园区地处石景山区中部，规划面积345公顷，分为北Ⅰ、北Ⅱ和南区3个区域，紧邻长安街延长线、五环路等，交通便利、政策优惠、发展空间广阔。2007年3月，区委、区政府确立区科委、园区管委会、区知识产权局三位一体的管理模式，建立园区建设领导小组工作协调机制，按照建设首都文化娱乐休闲区的发展定位，重点发展高新技术及文化创意、科技服务等新兴高端产业。园区充分发挥中关村产业发展政策、市文化创意产业支持政策和区特色政策的叠加优势，整合凝聚国家、市各类产业平台项目资源，支持企业快速发展。园区建立了综合服务中心，实施“绿色通道”服务；完善投融资体系，解决中小企业融资困难;营造创新创业氛围，吸引凝聚高端人才。“金桥工程”“明星计划”“园区讲堂”等一系列园区品牌服务得到进一步深化，入驻企业足不出户，即可享受首都上百家优质中介机构的专业服务和30余家政府部门的一条龙服务。石景山园作为中关村示范区的文化创意特色园和数字娱乐示范园，在发展以数字娱乐为特色的文化创意产业过程中逐步树立了品牌，国家数字媒体技术产业化基地、国家网络游戏动漫产业发展基地、中国电子竞技运动发展中心、国家动画产业基地等多块国家级牌子相继落户，以趣游科技集团有限公司、北京暴风科技股份有限公司为代表的娱乐互动门户企业，以华录文化产业有限公司为代表的影视文化产业，以北京东土科技股份有限公司、北京东方信联科技有限公司为代表的现代通信技术企业，先后参与奥运重点工程，“神舟六号”“神舟七号”等国家重大科技工程建设，初步形成以高新技术产业为主体、文化创意产业为特色、现代服务业总部楼宇经济为支柱的产业格局，获得“中国十大最具投资价值科技园区”和“中国最佳创意产业园区”等一系列殊荣。2012年10月，经国务院批复，调整中关村示范区空间布局，园区规划占地面积增至1334.39公顷，增加西部拓展、首钢改造区、银河商务区、永定河绿色发展带商务区、五里坨西部发展预留用地等17个区域，共有20个地块，大力推进中国动漫游戏城和新媒体产业基地等一批重点项目建设，将石景山园打造成为中国数字娱乐第一区、中关村示范区特色区。

## 石景山园管理委员会领导成员

工委书记　李　艳
副书记　王亚迅　张晋福　柴亚洲
纪工委书记　王　朴
主任　张晋福
副主任　毛慧敏　翟继松　邓清平
　　　　李　晨　段京涛　于海春

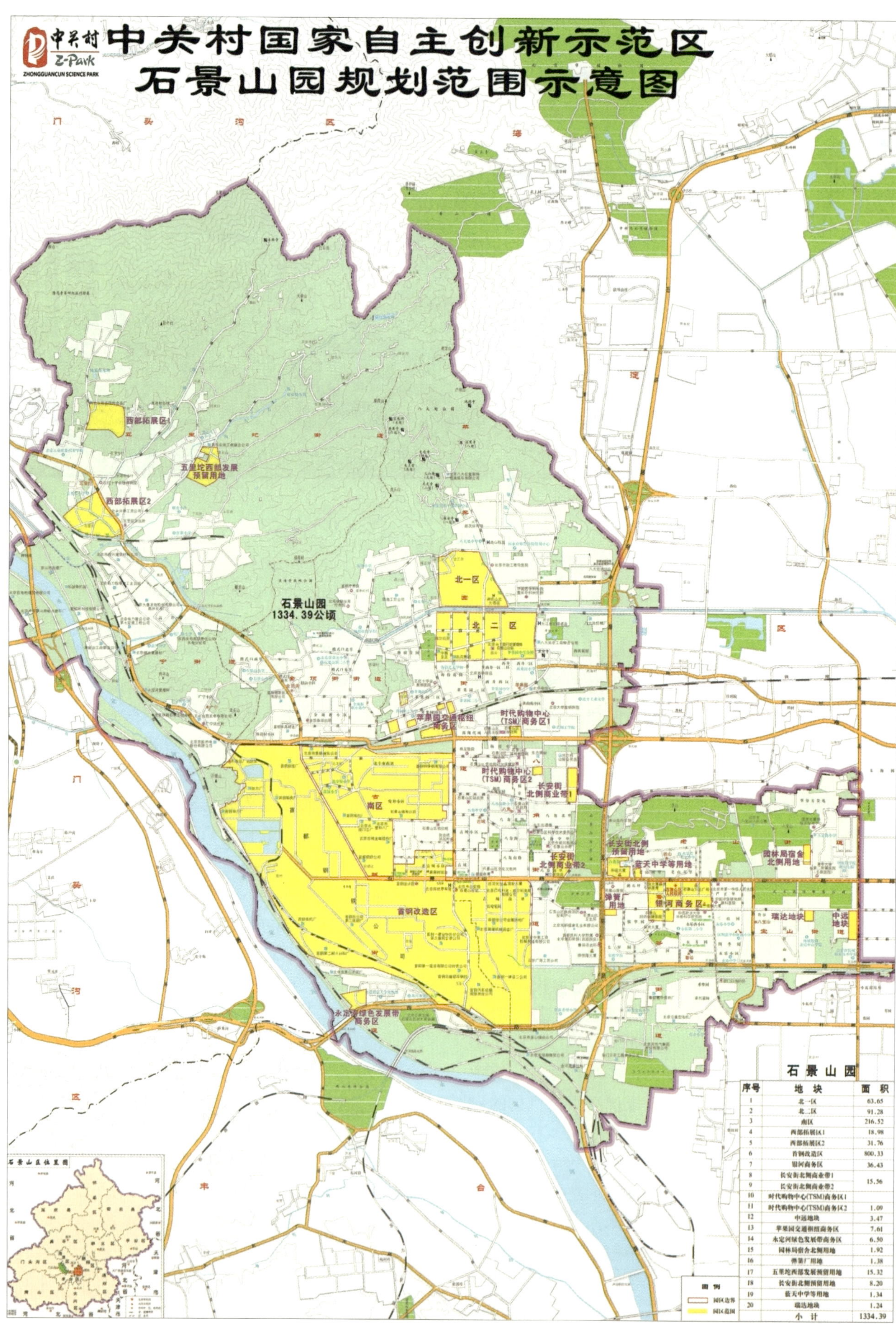


石景山园

| 序号 | 地块 | 面积 |
|---|---|---|
| 1 | 北一区 | 63.65 |
| 2 | 北二区 | 91.28 |
| 3 | 南区 | 216.52 |
| 4 | 西部拓展区1 | 18.98 |
| 5 | 西部拓展区2 | 31.76 |
| 6 | 首钢改造区 | 800.33 |
| 7 | 银河商务区 | 36.43 |
| 8 | 长安街北侧商业带1 | 15.56 |
| 9 | 长安街北侧商业带2 | |
| 10 | 时代购物中心(TSM)商务区1 | |
| 11 | 时代购物中心(TSM)商务区2 | 1.09 |
| 12 | 中远地块 | 3.47 |
| 13 | 苹果园交通枢纽商务区 | 7.61 |
| 14 | 永定河绿色发展带商务区 | 6.50 |
| 15 | 园林局宿舍北侧用地 | 1.92 |
| 16 | 弹簧厂用地 | 1.38 |
| 17 | 五里坨西部发展预留用地 | 15.32 |
| 18 | 长安街北侧预留用地 | 8.20 |
| 19 | 蓝天中学等用地 | 1.34 |
| 20 | 瑞达地块 | 1.24 |
| | 小计 | 1334.39 |

【概况】2013年，石景山园以科技创新为动力，发挥中关村示范区先行先试政策优势，加快特色园区和国家可持续发展实验区建设。年内，园区企业总数462家；从业人员6.8万余人；工业总产值71.7亿元；总收入1183.6亿元；进出口总额3.9亿美元；上缴税费40亿元；利润总额65.2亿元；资产总计1408.7亿元；科技活动经费支出总额51.3亿元；专利申请量1060件，专利授权量519件。

*招商引资成效显著，产业集聚效果初显。*以新一代信息技术为支撑的高新技术产业和新兴产业高端融合化发展为方向，招大引强。全年新增北京世纪星空影业投资有限公司、北京华艺飞国际文化传媒有限公司等注册资本过千万元企业126家；国家保险产业园落户北I区，将成为首都金融业发展的内生动力，建立新的经济增长极；着力打造互联网金融产业基地，依托西山汇、北I区和新首钢高端产业综合服务区的部分区域，形成20万平方米建筑规模，吸引网信有限公司等企业入驻；中关村文化创意产业高端人才创业基地和中关村雏鹰人才创业基地加速发展，培育高成长型小巨人企业，已遴选北京大朴至向家居设计有限公司等36家雏鹰企业。

*实施企业创新战略，凸现科技发展实力。*多家园区单位和企业完成的技术成果获得国家及北京市的科学技术奖励，彰显园区的创新能力。中国科学院高能物理研究所参与完成的“上海光源国家重大科学工程”成为中国第一个进入国际领先行列的大型多学科研究平台，将大幅提升在蛋白质结构、材料和催化剂等方面的实验研究能力，获2013年国家科学技术进步奖一等奖。共有8项成果获2013年度北京市科学技术奖，涉及节能环保、新能源等领域。中国科学院高能物理研究所参与完成的“砷超富集植物及其对砷污染土壤的修复机理”获一等奖，北京首钢国际工程技术有限公司“海水淡化联合发电关键技术研究与应用”、首钢总公司“高效低耗少渣炼钢新工艺的开发与创新”获二等奖，北京首钢自动化信息技术有限公司等5家企业完成的5个项目获三等奖。

*抓住扩园有利时机，协同推进开发建设。*探索建立扩园后协同发展模式。北I区取得建设用地批准书，大部分土地具备供应条件；北II区普利门研发楼开工建设，产业园内项目进展顺利；南区控规调整方案通过市规划院技术论证，北辛安平房区改造纳入“棚户区”政策；完成双园路西段施工和融景城208套人才公租房购买，第一餐厅开张营业，为入区企业提供居住、饮食等服务。

*提升新服务能力，促进全面协调可持续发展。*石景山创新平台展览展示厅建成，对扩大园区的知名度和影响力将起到重要作用；石景山园科技金融服务联盟成立，将打造园区科技金融品牌，为园区企业提供个性化、专业化的精细服务；园区获批国家级服务业标准化试点基地和北京市首批“战略性新兴产业科技成果转化基地”，且通过国家可持续发展实验区中期检查和“2013年全国县（市）科技进步考核”；举办“2013年石景山区科技周”等系列科普活动，为群众义诊，组织法律咨询等，有上万人受益。

*加强党建引领作用，凝聚力量共建和谐园区。*实施“1234”凝聚力工程，建立企业党支部161个，基层工会382家；园区被评为“2013年度全国企业党建创新示范基地”，党工委被评为北京市第十一届思想政治工作优秀单位。

（张玉霞）

【2012中国可持续发展论坛暨学术年会召开】1月16日，由中国可持续发展研究会、石景山区政府联合主办，北京石景山国家可持续发展实验区办公室承办的“2012中国可持续发展论坛暨学术年会”在铂尔曼大饭店举办，主题为“发展方式转变与绿色转型”。中国可持续发展研究会理事长邓楠、科技部副部长王伟中、国务院参事刘燕华等国家相关部门领导出席，区政府相关领导以及国家可持续发展实验区代表600余人参会。论坛设有“绿色经济发展与生态建设”“农业科技发展与美丽村镇”“水生态文明和安全防灾体系建设”3个专题论坛，以及一个由政府、专家、企业家、社会团体、青年学者、媒体组成的6方主题论坛，探讨新形势下可持续发展与绿色发展、循环发展、低碳发展的关系，内容涵盖绿色经济与生态建设、水生态文明和安全防灾体系建设等多方面专业议题。会上，举办了由国家可持续发展实验区办公室主办的“第十届国家可持续发展实验区论坛”，以“建设生态文明”为主题，围绕实验区生态文明建设开展研讨与交流，包括“保护生态环境　建设美丽中国”“发展绿色经济　资源合理利用”“建设低碳城镇　促进低碳发展”“生态建设管理　机制模式创新”等4个议题。开幕式上，研究会领导向获2012年全国优秀科技工作者和2012年度优秀论文获奖者颁发了奖章和证书。

（岳继华）

【中关村石景山园科技金融服务联盟成立】3月26日，由石景山园管委会主办的“中关村科技园区石景山园科技金融服务推进会暨中关村科技园区石景山园科技金融服务联盟成立大会”在万商花园酒店举行。市知

识产权局、中关村管委会、区政府相关领导出席，50余家金融机构及100余家园区重点企业的代表参会。联盟是由园区管委会发起，北京中关村科技担保有限公司、北京石金小额贷款股份有限公司等32家金融、信用担保、券商、基金机构组成的非营利性和开放式的合作组织，首届秘书长单位设在北京联合信用公司。7月26日，科技金融服务联盟第一次会议召开。

（王　震）

**【建设服务平台绿色通道信息服务系统】** 3月27日，由石景山园管委会主办的“石景山服务平台绿色通道信息服务系统研讨会”在园区召开。会议明确系统的建设目标和方向，规范和统一了工作流程，确定要充分利用数字化管理手段，畅通数据支持和服务提升渠道。系统集入园登记、虚拟档案、中介服务、统计分析等多项功能于一体，可与园区统计申报系统数据层面实现共享对接，可为工商、税务、投促等多部门提供数据共享。系统以“面向企业、深化服务、整合资源、提升效益”为主线，突出企业需求为导向，先进技术为支撑，强化信息资源交换共享、业务协同，实现招商引资企业入驻与政府部门和中介机构服务的无缝对接，对园区整体管理服务水平和效率的提升具有积极作用。

（盛丽霞）

**【中交机电公司落户石景山园】** 4月16日，中交机电工程局有限公司落户石景山园。公司为中国交通建设股份有限公司的全资子公司，注册资金5亿元，与中国交通建设股份有限公司总承包经营分公司实行“一套人马，两块牌子”的运营模式。公司将整合中交股份公司内部机电成套工程业务，打造成为涵盖总体策划、设计、采购、安装、调试、运营、售后服务等全产业链的一体化机电成套工程业务系统服务商。

（付　琦）

**【2013年知识产权联席会议召开】** 4月17日，由区知识产权联席会主办的“石景山区2013年知识产权联席会议工作会”在万商花园酒店召开。市知识产权局、区政府等相关单位领导出席，区知识产权联席会成员单位、驻区科研院所、企业的代表等100余人参加。会议总结、部署石景山区知识产权工作；对中国科学院大学、北京易华录信息技术股份有限公司等10家2012年度石景山区知识产权工作先进单位进行表彰；为石景山区“国家专利产业化试点基地”揭牌。（国家专利产业化试点基地是国家知识产权局在全国范围内开展的旨在通过试点基地建设，充分发挥知识产权工作对国家产业健康发展和转型升级的引领促进作用，促进区域经济实现可持续发展。）

（陈　京）

**【2013年石景山区企业服务季活动举办】** 4月25日，区工商联在万商花园酒店举办“2013年石景山区企业服务季启动仪式暨北京市工商联与石景山区人民政府‘服务非公经济战略合作框架协议’签约仪式”，市工商联、区政府等相关单位领导出席，相关机构、企业的代表等100余人参加。仪式上，市工商联、区政府签署《服务非公经济战略合作框架协议》，区委统战部、工商联与北京广东企业商会、北京山西企业商会、市工商联饮料食品行业商会等分别签署合作协议。此次“企业服务季”由启动仪式、信息发布会、金融服务咨询会、科技服务咨询会、人才服务交流会、法律服务咨询会、政策辅导培训会等7个专场组成，至7月结束。

（崔海霞）

**【开展知识产权普法宣传活动】** 4月26日，第十三个世界知识产权日期间，科委园区联合区法院、工商分局、商务委、文委等单位在瑞达大厦、北京首特科技孵化器有限公司举办2场主题为“知识产权引领发展服务转型”的知识产权普法宣传活动，旨在通过集中宣传，提高企业知识产权保护意识，增强区域经济发展能力。活动中，主办方向企业发放《商标知识手册》等知识产权宣传材料，讲解商标知识和商标保护的重要性，现场解答百姓和经营者提出的相关问题。

（陈　京）

**【北方工业大学获批国家级大学生校外实践教育基地】** 5月7日，教育部《关于公布地方所属高校“本科教学工程”大学生校外实践教育基地建设项目的通知》（教高司函〔2013〕48号）下发，石景山园与北方工业大学联合申报的“北方工业大学—中关村科技园区石景山园工程实践教育中心”入选，学科门类“工学”。双方将通过共同制订校外实践教育的教学目标和培养方案、共同建设课程体系和教学内容、共同组织实施培养过程、共同评价培养质量，组建由高校教师和企事业单位专业技术人员、管理人员组成的教师队伍等措施，进一步推动和完善校企联合培养机制，切实做好国家级大学生校外实践教育基地的建设与运行工作。（国家级“本科教学工程”大学生校外实践教育基地，是教育部“十二五”期间“本科教学工程”的重要建设内容，旨在通过建设校外实践教育基地，促进高校和行业、企事业单位、科研院所、政法机关联合培养人才新机制的建立，推动高校转变教育思想观念，改革人才培养模式，加强实践教学环节，提升高校学生的创新精神、实践能力、社会责任感和就业能力。）

（曹　洁）

**【驻京中外知名企业投资石景山行活动举办】**5 月 15 日，区政府、市投促局在万商花园酒店举办“驻京中外知名企业投资石景山行”活动。主办方相关领导出席，来自正大集团、国家开发投资公司、美中贸易发展协会以及中国能源集团、云基地企业投资有限公司等企业的代表参会并参与项目对接洽谈，涉及文化创意、现代金融、石景山园、重点楼宇等主题。会上，市投促局就其工作职能，即使命、目标、建设、定位、需求、服务等方面做了介绍，并帮助企业家分析投资石景山园应注重的领域、项目、政策等，旨在有针对性地促进中外企业、中介机构、VC/PE 投资机构与区内企业的沟通交流及项目对接。相关机构与企业对接洽谈项目 157 人次，涉及投资类项目 39 个，金融产业、文化创意产业项目 58 个，地块项目 33 个。

（付　航）

**【2013 北京京西科技企业融资项目洽谈会举办】**5 月 23 日，由中国国际贸易促进委员会北京市分会、市投促局、区政府主办的“2013 北京京西科技企业融资项目洽谈会”在万达铂尔曼大饭店举办。科技部、发展改革委等单位相关领导及摩立摩根、IDG 资本、中国国际金融有限公司等 40 余家银行、投资机构和近 200 家企业的代表参加。洽谈会作为第十六届科博会重要活动之一，旨在帮助企业降低项目对接成本，促进科技与金融融合，助推科技创新。会上，政府代表、专家学者分别就“如何运用财政政策支持科技型企业”“多层次资本市场与创新发展”“科技与文化”等做主题发言；京港投融资协会与光大银行、北京银行等 10 家银行签署战略合作协议，与会领导共同启动中小企业融资服务平台。

（付　航）

**【项俊波到西山汇新媒体基地调研】**5 月 30 日，保监会主席项俊波、副市长李士祥等一行到石景山园西山汇新媒体基地调研，市金融局、区政府等相关领导陪同。调研组听取基地开发项目汇报，视察基地建设情况，期望加快项目开发进程。西山汇新媒体基地位于石景山园北Ⅱ区，占地 9 公顷，规划建筑面积 26 万平方米。项目背靠八大处公园，依山傍水，交通便利，是石景山区文化创意产业和现代服务业发展的重要载体之一，2008 年北京市重点建设工程项目。基地以“企业绿洲，生态家园”为设计主旨，以“打造共生与多赢的企业形态，创造财智生产的企业家园”为策略，融现代时尚建筑与中国古典院落文化于一体，重点发展影视产业、动漫网游、文化创意等新媒体业务。“西山汇”将依托北京数字娱乐产业示范基地和园区优势，打造融合数字媒体技术“研发—创业—产业化”于一体的创新型、国际化新媒体产业基地。

（龙　琦）

**【新增 44 家国家高新技术企业】**5 月，石景山园 44 家企业获批国家高新技术企业。其中，可牛网络技术（北京）有限公司等 22 家企业体现了计算机信息技术与文化、金融等产业的高度融合互促，多业态高端融合态势显著；学成世纪（北京）信息技术有限公司等 9 家企业体现了高新技术对教育培训、传统制造业等的改造升级，高新技术促进传统产业改造升级作用显著；北京西街驰宇电子商务有限公司等 13 家企业分属电子商务、创意设计等领域，新兴产业类企业的积极申报，为区高新技术产业群注入新活力。至此，区内国家高新技术企业达 248 家。

（张　旭）

**【校企合作对接会举办】**6 月 5 日，由石景山园管委会主办的“‘百家重点实验室进千家企业’暨首都科技条件平台石景山工作站与北方工业大学科技合作对接会”在北方工业大学举办。校方相关领域专家、教授，北京易华录信息技术股份有限公司、北京东土科技股份有限公司等企业的代表参加。会上，首都科技条件平台石景山工作站展示了在整合科技条件资源、对接需求、解决科研转化中的成果，与会代表参观了相关实验室，了解学校在通信、物联网、机电等领域的科研方向、科研条件及科研成果，并分别就企业情况和相应的科研需求进行交流。

（何　源）

**【“飞圣达”获北京市著名商标】**6月5日，市工商局发布《关于认定谷雨等179件商标为2012年度北京市著名商标的通知》，北京奥力助兴石化有限公司的“飞圣达”品牌入选，注册号“4923556”，商品或服务为“润滑油、润滑脂”。该公司是一家集工业润滑油、燃料油添加剂、汽车化学品研发、生产、销售和服务于一体的国家高新技术企业，下设“飞圣达”研究院，拥有自主研发的专利技术10余项，是国内首批获得ISO 9001认证的石油工业企业。至此，区内已有北京市著名商标10件，中国驰名商标2件。

（陈　京）

**【雏鹰人才基地金融专场举办】**6月18日，由石景山园科技金融产业联盟、京西创业公社、21世纪天使资本承办的“企飞京西—雏鹰人才基地金融专场”在区科技馆举办。相关机构和企业的代表80余人参加。活动举行银企对接签约仪式，中国银行北京分行与北京仙境乐网科技有限公司、北京卓信智恒科技有限公司签署《融资意向书》，授予2家企业无抵押信用贷款合

计500万元，并在现场设置了咨询台，为与会企业提供全面金融咨询服务。企业代表就自身面临的问题与该行进行沟通。

（罗耀玲）

**【游戏动漫类项目投融资对接会举办】**6月19日，由创业影院、北京华海基业科技孵化器有限公司承办的“游戏动漫类项目投融资对接会”在区科技馆举办。30余家银行、证券、投资等金融机构和40余家游戏动漫企业的代表100余人参加。会上，华海基业相关人员

就公司在北美游戏国际化及发行的现有基础及营销策略做了阐述。北京飞扬天下网络科技有限公司、武汉梦之游科技有限公司等8家企业的游戏动漫类项目进行融资路演，多家企业与参会金融机构达成意向合同。

（罗耀玲）

**【姜志刚到石景山园调研】**6月25日，市委常委姜志刚到石景山园调研，市、区政府相关领导参加。姜志刚一行走访了瑞达大厦、趣游科技集团有限公司和中国华录集团有限公司，实地考察石景山园整体建设、“五站合一”工作站和文化创意产业等方面的运行、发展情况。姜志刚指出：在企业发展的同时，要加强党建工作，吸纳优秀青年加入党组织；要继续创新党建工作模式，实现非公企业党建全覆盖；要充分发挥国有企业优势，为地区经济发展做贡献。

（孟宪然）

**【签署专利行政执法委托协议】**6月26日，市知识产权局、区知识产权局在万商花园酒店举行《北京市专利行政执法委托协议》的签署仪式，双方签署专利行政执法委托协议。区知识产权联席会议成员单位，区公安分局、法院、工商分局等单位相关人员30余人参加。根据协议，区知识产权局具有独立的对辖区内假冒专利案件进行查处和对专利纠纷案件进行调解的职能。区知识产权局将从人员、资金、物资等方面提供必要的软、硬件支持；优化机制，进一步整合资源，充分利用区知识产权联席会议制度开展联合执法，形成合力，共同推进；提高社会大众对保护知识产权的认识和意识，招募“保知志愿者”，形成保护知识产权的良好氛围。

（陈　京）

**【5家企业获市设计机构及设计计划支持】**7月5日，市科委《关于公示2013年度北京市设计创新中心拟认定名单的通知》《关于公示2013年度首都设计提升计划支持项目与支持北京市设计创新中心的通知》下发。北京首钢国际工程技术有限公司、北京漫游谷信息技

术有限公司获2013年度北京市设计创新中心认定（首批），有效期3年；北京首钢国际工程技术有限公司获创新环境培育支持；北京帷幄三谛数码科技有限公司的“‘微宝系列’幼教平台设计”、北京华录亿动科技发展有限公司的“移动健康监测终端系列产品的设计”、北京信力筑正新能源技术股份有限公司的“钢铁企业综合节能工程”3家企业的项目获首都设计提升计划支持。

（李　成）

**【加快推进石景山区国家服务业综合改革试点区发展意见下发】**7月9日，市政府批转市发展改革委《关于加快推进石景山区国家服务业综合改革试点区发展的意见》（京政发〔2013〕17号）下发。《意见》对文化创意、现代金融、高新技术、商务服务、旅游休闲等区五大产业未来发展方向进行系统阐述：建设文化创意产业特色区，重点发展动漫游戏、电子竞技、设计创意等产业，打造国家动漫网游中心和首都数字娱乐中心；推动现代金融业集聚发展，加快长安街西延线金融创新要素聚集，加大对各类外埠金融机构的引进力度，吸引职能总部及新兴金融机构落户；加快高技术服务业创新发展，争取国家级资源及重大科技成果转化项目落户，培育战略性新兴产业，构建京西高技术服务基地；打造京西商务中心区，吸引国内外制造业企业总部落户，构建银河综合商务区等若干个现代服务业综合体，建设一批生态智能型商务楼宇，发展电子商务，积极推进连锁经营、物流配送等现代流通方式；打造京西特色文化旅游融合发展区，进一步整合旅游资源，加快重点项目建设，开发特色产品，完善配套设施，打造精品旅游线路和品牌活动，提升首都文化娱乐休闲区的承载力。

（张玉霞）

**【首家毕业生创业基地成立】**7月9日，由区人力社保局主办的北京市首家毕业生创业基地揭牌仪式在常青藤创业研究中心举行。市人力社保局、区委组织部、区人力社保局、石景山园管委会等相关单位领导出席。基地由区政府与蒲公英国际青年创业驿站合作建立，面向国内有创业意愿的毕业生，提供教育、融资、团队指导等创业支持一条龙服务。毕业生入驻基地后，每年交纳4000元，即可获得办公场所，电脑、电话等配套办公设备及经费、场地、税费等方面的政策优惠。首批60名高校毕业生创业者已签约入驻，聘请的创业导师将指导青年创业者，协助其规避创业风险，走好人生创业的第一步。

（孟宪然）

**【动画电影全产业链运营平台启动】**8月20日，由卡通骑士（北京）文化传媒有限公司主办的“动画电影全产业链运营平台启动仪式”在西山汇举行。文化部、区政府等相关单位领导出席，部分金融机构、企业代表120余人参加。平台由制片管理、全媒体传播、院线发行、版权销售、整合营销和衍生品销售六大平台组成，旗下有弹匣创设、黑帆和“Summerplan”3个原创动画工作室，并在外部投资合作了8家工作室，且与央视动画达成动画业务的战略合作，与天津静海达成产业园合作，与少先队事业发展中心、腾讯儿童达成项目渠道推广合作，与北京一轻食品集团有限公司达成义利、北冰洋品牌推广合作，与中国木偶剧院达成儿童乐园及舞台剧项目合作。平台将针对动画电影全产业范围内的专业服务，从制片优化到品牌推广，从院线发行到版权运营，从衍生品销售到整合营销，致力于用电影全产业运营方式将优质动画品牌价值最大化。至年底，《愤怒的鸭子》等2部动画系列电影和《第七战队》《叽叽咕噜咕》等3部动画剧集在平台上线。

（李　成）

**【郭洪到石景山区调研】**8月21日，中关村管委会主任郭洪到石景山区调研。区政府相关领导参加。双方就互联网金融产业在石景山区发展的基础和前景进行交流，并就在石景山园建设中关村互联网金融产业基地达成意向。郭洪指出：石景山区有配套良好的基础设施、首钢主厂区腾退的空间资源和深厚的文化积淀，对支撑中关村示范区建设国家科技金融创新中心具有非常好的条件；中关村将大力支持互联网金融产业发展和区创新驱动转型，建设中关村互联网金融产业基地，吸引重点企业聚集，形成中国互联网金融创新中心的重要功能区。石景山区政府表示要以优惠政策、优越环境、优质服务吸引互联网金融企业到此发展，做好基础设施建设、政策制定、人才支持以及相关配套准备工作。

（吴　旋）

**【石景山区获批国家知识产权试点城区】**8月23日，《国家知识产权局关于确定国家知识产权试点城市（城区）的通知》下发，确定12个地级城市为国家知识产权试点城市，试点时限自2013年9月至2016年8月。北京市仅一家，即石景山区，试点主题为“知识产权制度创新”。2012年，石景山区专利申请量2162件，发明专利占52%；专利授权量1185件，发明专利占52%。申请和授权量同比均增长20%，每万人拥有发明专利授权19.45件。北京易华录信息技术股份有限公司等大批知识产权优势企业不断涌现，有力支撑了区域经济社会全面转型发展。区知识产权局先后获"全国专利系统先进集体"和"北京市专利试点先进单位"称号，知识产权管理和服务工作列北京市前3名。

（陈　京）

**【基石租赁落户石景山园】**8月30日，由基石国际融资租赁有限公司主办的"基石国际融资租赁有限公司创立大会暨一届一次董事会"在京投大厦召开。该公司是由北京市基础设施投资有限公司旗下京投（香港）有限公司出资设立，初期注册资本金1250万美元，融资租赁规模达31亿元。其主要业务是为轨道交通相关企业提供融资租赁服务，打造轨道交通行业"境内融资融物，境外投资融资"闭环资金链条。基础设施公司副总经理郝伟亚任基石租赁首届董事长。

（付　琦　于　田）

**【国家服务业综合改革试点区互联网金融产业基地揭牌】**8月30日，由区政府主办的"北京石景山国家服务业综合改革试点区互联网金融产业基地揭牌新闻发布会"

在万商花园酒店举办。市发展改革委、市金融局、中关村管委会、首钢总公司以及区政府等相关单位领导出席。会上，区政府发布《石景山区支持互联网金融产业发展办法（试行）》，为互联网金融产业发展提供一系列人才、政策、服务保障；区政府同相关单位签署设立"北京互联网金融研究院"合作意向书、互联网金融股权投资基金发起人协议书和网信金融公司入驻互联网金融产业基地协议书。基地依托西山汇、北I区和新首钢高端产业综合服务区的部分区域，建筑规模20万平方米，主要集聚了两大产业组团，分别是以促进传统金融机构互联网升级的产业组团，将致力于吸引传统金融机构的电子、信息、数据事业部以及网络银证保等服务业态；以创新型互联网金融服务为主的产业组团，将吸引互联网非银行金融机构、金融服务公司、物联网供应链金融、小额信贷、金融产品垂直搜索与销售等为代表的专业化互联网金融机构。

（张玉霞）

**【石景山区支持互联网金融产业发展办法发布】**8月30日，在"北京石景山国家服务业综合改革试点区互联网金融产业基地揭牌新闻发布会"上，区政府发布《石景山区支持互联网金融产业发展办法（试行）》（石金融发〔2013〕48号）。办法中明确提出，将互联网金融作为推进国家服务业综合改革试点区建设的重要内容，发挥政府引导基金的杠杆作用，吸引社会资本共同参与发起设立互联网金融产业投资基金，扶持互联网金融企业发展，加快培育龙头企业。该区将每年安排1亿元专项资金用于支持互联网金融产业基地建设、完善基础配套设施、奖励产业人才。此外，石景山区还将给予这类企业金融创新资金、房租补贴、一次性开办补贴等一系列优惠政策。

（张玉霞）

**【博士后创新实践工作发展顺利】**8月，经人力资源社会保障部、全国博士后管理委员会批准，中科博联环境工程有限公司、北京易维先创科技有限公司获准成为博士后科研工作站，5名博士后进站。至年底，园区共有工作站8个，争取北京市博士后（青年英才）创新实践基地产学研合作经费累计65万元，共招收进站博士22名，与35所科研院所、高等院校建立了合作关系，开展科研项目38个，在国际、国内核心期刊发表论文30余篇，出版学术专著1部，获得专利授权31件，投产的新产品10个。

（孟宪然）

**【中德"环境、冲突与合作"巡展活动启动】**9月4日，由石景山区建设国家可持续发展实验区领导小组办公室承办的"中德'环境、冲突与合作'巡展启动仪式"在区科技馆举行。中国可持续发展研究会、德国阿德菲研究院、中国21世纪议程管理中心等相关人士出席，学生、居民、机关和企事业单位代表150余人参

加。此次展览为模块化展览，包括生存安全、引发冲突的资源、气候变化、能源安全、水冲突等，从水问题、自然资源和气候变化的角度出发，展示环境恶化和资源短缺对世界所带来的挑战以及导致的新的安全风险，突出强调环保合作和可持续发展在促进社会和平、稳定发展中扮演的重要角色。此外，以中国的视角来讨论气候变化问题设一专门模块。仪式上，京源学校学生代表用英语做了题为“唤醒者”的主题演讲，参会领导与嘉宾就环境保护、可持续发展等问题进行了开放讨论，并举行可持续科普读本赠书仪式。展览至10月6日结束。

（裴菊芳）

**【2013首都文化金融服务季动漫游戏专场举办】**9月6日，由中关村管委会、石景山园管委会、北京华海基业科技孵化器有限公司等单位承办的“2013首都文化金融服务季动漫游戏专场”在区科技馆举办。市金融局、市委宣传部、区政府等主办单位相关领导出席，14家金融机构及40余家游戏动漫企业参加。活动中，北京京西创业投资基金管理有限公司、浦东发展银行、翼龙贷网、天风证券股份有限公司等5家金融代表机构以不同角度、视点介绍动漫游戏企业融资模式、文创企业信贷服务、中小微企业互联网金融服务、动漫游戏企业上市融资服务、中小企业上市融资服务等相关内容以及金融业支持文创产业发展的最新动态；北京科影国际影视策划有限公司、北京飞扬天下网络科技有限公司等5家文创企业代表分别介绍各自的融资需求，金融机构当场点评，并结合自身的融资产品，分析企业的发展现状，为其提出切合实际的解决方案。

（罗耀玲）

**【中关村论坛年会创意产业发展分论坛举办】**9月12日，由中关村管委会、区政府主办，石景山园管委会承办的“2013中关村论坛‘文化融合科技　创意点亮生活’”在国家会议中心举行。主办方相关领导，200余名国内外嘉宾出席，国际创意产业专家和国内文化创意产业一线精英与现场观众同场交流。3位美国嘉宾就国际创意产业发展的最新动态和发展趋势做了陈述；北京暴风科技股份有限公司、微软亚洲研究院等企业高管、专家分别讲述了企业文化与科技融合的突出成就和最新进展。论坛围绕主题，探讨了文化创意产业发展进程中文化元素与科技元素融合的条件、途径，以及对文化传播力和技术进步产生的影响。

（胡斌辉）

**【猫妹微电影咖啡开业】**10月9日，由瑞思集团及北京猫妹咖啡文化有限公司主办的“猫妹微电影咖啡开业庆典”在西山汇举行，工业与信息化部、科技部、中关村管委会及区政府等相关单位领导出席，微电影、移动互联网等行业相关人士参加。仪式上，总额为5000万元的猫妹微电影基金启动；发布了猫妹一款集移动投影、充电、播放于一体的后移动时代新概念终端；由猫妹团队与业界人士合作筹拍的《布袋中国》开机；北京鑫泰文化发展有限公司拍摄的微电影《球哥囧事》举行现场见面会和首映礼。微电影咖啡将打造成为一个充满创造力的资源整合平台，不但提供创业空间、影视拍摄基地，更有微电影基金为影视项目做投资，扶持优秀的微电影创作团队。已有《球哥囧事》《江河十年行》等10余个签约团队入驻微电影创业基地。

（李　成）

**【云能态投资公司落户石景山园】**10月16日，北京中关村云能态投资管理有限公司落户石景山园。公司为中关村云能效生态投资基金的基金管理人，由北京中关村国际环保产业促进中心有限公司、北京国电龙源环保工程有限公司等6家单位发起成立，注册资金1000万元。云能效生态投资基金是北京中关村创业投资发展有限公司旗下专注于节能环保新能源领域的投资基金，一期规模5亿元，二期募资预计15亿元，重点关注节能环保、新能源与现代服务业产业，投资范围涵盖循环经济、绿色材料、低碳经济、绿色交通等领域，包括EMC－合同能源管理、BOT－建设/经营/移交投资等多种先进的经营模式业务，致力于解决投资中小企业退出周期长、风险高等问题。

（付　航　张　晟）

**【广发银行石景山支行开业】**10月16日，广发银行股份有限公司北京石景山支行在西山汇开业，这是广发银行在区内建设的第一家营业网点，也是进驻西山汇的第一家银行。该银行主要为园区企业提供金融、信贷等服务。至此，园区已有光大、中信、杭州、华夏等多家银行进驻，同时，中国保险信息技术有限公司、基石国际融资租赁公司、好贷天下网等科技金融企业也相继落户园区，形成银行、证券、保险、小贷等门类齐全、业态丰富的科技金融产业结构和服务体系。

（罗耀玲）

**【国家服务业综合改革试点区暨新首钢推介会举行】**10月24日，由市投促局、区政府、香港贸易发展局、首钢总公司共同主办的“北京市石景山区国家服务业综合改革试点区暨新首钢推介会”在铂尔曼大饭店举行，主题为“京港携手合作，创新驱动转型”，市发展改革委、市经济信息化委、中关村管委会及区政府等相关单位领导出席，京港投融资协会、部分企业的代表等

300 余人参会。此次推介会是“第 17 届北京 · 香港经济合作研讨洽谈会”的活动之一。会上，区发展改革委相关人员重点宣讲了市政府出台的《关于加快推进石景山区国家服务业综合改革试点区发展的意见》及推进措施；香港企业代表做了“京港合作，共创辉煌”的推介演讲；首钢总公司相关人员推介了新首钢高端产业综合服务区，包括西十筒仓、首钢广场、中国网谷等项目；区政府分别与中意赛达产业发展集团和香港国誉置业有限公司签署开发“香港 CEPA 北京产业园”“中意赛达产业发展集团公司产业平台”项目协议。

（付　航）

**【腾讯（北京）创业基地落户石景山园】** 11 月 14 日，由腾讯集团主办的“腾讯开发者沙龙暨‘腾讯创业基地’（北京）揭牌仪式”在北京国家会议中心举行，主题为“孵化　成长”。石景山园管委会以及企业、媒体的代表等参加。腾讯开放平台首个创业基地落户创业公社 · 京西，旨在打造一站式移动新生态，利用腾讯云强大的流量入口、移动能力和商业变现模式等为移动开发者提供创业保障，以及免费办公场地、财税代理、法务服务、知识产权服务等基础运营服务，为符合条件的创业团队申请政府扶持政策，为创业团队对接天使投资。创业公社也将持续导入更多的创业资源，打造良性、健康的创业生态。腾讯创业人才云服务技术支持平台同时落户石景山园雏鹰人才创业基地，将通过双方共建合作、优势互补，营造包括技术开发服务平台与公共、中介、孵化服务平台线上线下一体化的“创业生态园”。至年底，涵盖手游，O2O 生活电商、生活工具、生活娱乐等多个领域数千款 APP 的开发者入驻基地，包括神之刃、全民英雄、塔防三国志等。腾讯开放平台也在成都、武汉、厦门等 10 个城市相继建立腾讯创业基地。上游互动信息科技有限公司、北京醋溜科技有限公司等企业高管共同出席“创业与孵化”圆桌论坛，回忆与腾讯开放平台的成功合作案例，与开发者一同探讨移动开放趋势。

（孟宪然）

**【国家级保险产业园落户石景山】** 11 月，国家级保险产业园揭牌。该项目由保监会和市政府联手打造，位于石景山国家服务业综合改革试点区，包括石景山园北 I 区、南区和新首钢高端产业综合服务区，总建设用地约 100 公顷，建筑规模约 200 万 ~300 万平方米。产业园将以中国保险信息技术有限公司为核心，吸引国内各类保险业态及新兴金融机构，着力构建完善的现代保险市场体系，承担保险业改革创新先行先试工作，重点吸引各类保险机构聚集，支持各保险公司设立数据中心、结算中心等，将保险产业园打造成为国家保险产业聚集区、保险创新示范区和保险文化引领区。注册资金达 1 亿元的新华保险全资子公司新华电子商务有限公司已入驻保险产业园。

（杨　莉）

**【趣游时代获评市高新技术产业专业孵化基地】** 12 月 2 日，市科委《关于公示 2013 年度高新技术产业专业孵化基地的通知》下发，趣游时代（北京）科技有限公司获 2013 年度北京市高新技术产业专业孵化基地称号。该公司是趣游科技集团有限公司的全资子公司，主要负责运营 2011 年 7 月集团有限公司投资建设的石谷轻文化创业基地。基地总建筑面积 4800 平方米，集技术研发、产品开发、产品运营、团队孵化、渠道整合、数据管理、资源共享等功能于一体，重点孵化网络科技、体育文化、休闲娱乐产业等轻文化新业态企业，可对在孵企业研发、运营、市场推广、支付渠道及 IDC 服务等产业链各个环节进行优化。至年内，基地在孵企业 9 家，毕业企业 11 家。

（耿　璐）

**【法治石景山创建活动启动】** 12 月 3 日，由区司法局、区科普活动中心主办的“‘12·4’全国法制宣传日暨法治石景山创建活动启动仪式”在区科技馆举行，市司法局、区政府等单位相关人员及社区居民 120 余人参加。仪式上，宣读了《关于命名石景山区法制宣传教育基地的通知》。“法治石景山”创建工作启动，由区法制宣传教育和依法治区领导小组办公室组织实施。9 月 9 日，区委办公室、区政府办公室为此印发《关于开展法治石景山创建活动的实施意见》。活动将按照“启动部署阶段”（2013 年 9 月—2013 年 12 月）、“基础建设阶段”（2014 年 1 月—2014 年 5 月）、“具体实施阶段”（2014 年 6 月—2014 年 9 月）、“总结评估阶段”（2014 年 10 月—2014 年 12 月）4 个步骤进行。石景山园将集合产业发展优势，深入园区企业，加大法治宣传力度，创新法治宣传手段，为建设“法治石景山”做贡献。

（雪　冰）

**【2 家企业获市外贸转型升级示范基地授牌】** 12 月 5 日，在市商务委等部门主办的“北京市外贸转型升级示范基地工作会议”上，为 8 家北京市第二批外贸转型升级示范基地授牌，趣游科技集团有限公司、北京华录百纳影视股份有限公司分获趣游集团游戏出口基地、华录百纳影视文化产品出口基地称号。趣游集团已在全球范围内成立了 40 余家分 / 子公司和运营中心。《横扫天下》在越南、泰国等国家开服情况良好，《九龙朝》

《傲剑》等多款产品输出海外，2012年度海外收入近1亿元；华录百纳公司的作品出口到亚太、北美、大洋洲、非洲等地区的几十个国家，在海内外的资源整合能力进一步加强，品牌知名度和综合影响力继续提升；《媳妇的美好时代》在非洲热播；《金太狼的幸福生活》作为“中国电视剧走向东盟”的代表作，在缅甸国家电视台开播；正在建设中的“影视文化产品出口公共技术服务平台”项目得到中央文化产业发展专项资金的支持，平台的建成将促进中国影视产品出口常态化、中国影视文化元素国际化、中国影视产业运作全球化。

（耿　璐）

**【雏鹰基地企业入驻园区政策宣讲对接会召开】**12月5日，雏鹰基地企业入驻园区政策宣讲对接会在西山汇京西创投创业公社召开，主题是“提升服务水平，促进中小微企业发展”。科委园区、京西创投创业公社等相关负责人参会。相关人员就园区发展情况、企业入驻政策细则、一体化服务内容等进行讲解，鼓励企业落户石景山园发展壮大。参会代表根据自身发展现状提出企业入驻、政策兑现、人才支持等方面的需求和问题，会议取得“会企知企帮企”的实质成效。

（付　航）

**【7家企业获2013中国动漫游戏行业9项大奖】**12月7日，在“2013年度（第十届）中国游戏行业年会”上，石景山园7家企业获由中国软件行业协会游戏软件分会创立的中国游戏行业业内最高级别的专业奖项“金手指”奖中的9项大奖。

| 奖项名称 | 单位 | 获奖人 | 获奖产品 |
|---|---|---|---|
| 优秀企业家 | 北京畅游时代数码技术有限公司 | 总裁 陈德文 | |
| | 北京漫游谷信息技术有限公司 | CEO 张福茂 | |
| | 蓝港在线（北京）科技有限公司 | 董事长 王　峰 | |
| | 北京海游科技有限公司 | 总裁 李　捷 | |
| | 北京乐动卓越科技有限公司 | CEO 邢山虎 | |
| | 北京趣游科技集团有限公司 | CEO 玉　红 | |
| 新锐人物 | 北京畅游时代数码技术有限公司 | COO 洪晓建 | |
| | 蓝港在线（北京）科技有限公司 | 总裁 廖明香 | |
| | 北京呈天时空信息技术有限公司 | COO 韩　静 | |

（续表）

| 奖项名称 | 单位 | 获奖人 | 获奖产品 |
|---|---|---|---|
| 优秀企业 | 北京畅游时代数码技术有限公司 | | |
| | 北京漫游谷信息技术有限公司 | | |
| | 蓝港在线（北京）科技有限公司 | | |
| | 北京海游科技有限公司 | | |
| | 北京乐动卓越科技有限公司 | | |
| | 北京趣游科技集团有限公司 | | |
| 产品研发先进单位 | 北京漫游谷信息技术有限公司 | | |
| | 蓝港在线（北京）科技有限公司 | | |
| | 北京乐动卓越科技有限公司 | | |
| 最受期待手机游戏 | 蓝港在线（北京）科技有限公司 | | 《苍穹之剑》 |
| | 北京乐动卓越科技有限公司 | | 《佣兵天下》 |
| 优秀手机游戏 | 北京乐动卓越科技有限公司 | | 《我叫MT》 |
| | 蓝港在线（北京）科技有限公司 | | 《王者之剑》 |
| 优秀网页游戏 | 北京趣游科技集团有限公司 | | 《横扫天下》 |
| 最受期待网络游戏 | 北京畅游时代数码技术有限公司 | | 《蛮荒搜神记》 |
| 优秀网络游戏 | 北京畅游时代数码技术有限公司 | | 《新天龙八部》 |

（罗耀玲）

**【首家区政府参股融资担保公司成立】**12月9日，北京石创同盛融资担保有限公司成立。该公司是市、区两级国有出资控股的中小企业融资担保机构，由北京市中小企业信用再担保公司、北京服务新首钢股权创业投资企业（有限合伙）、北京万商投资发展有限公司等单位出资设立，是首家政策性融资担保公司，主营“科技担保”“文化担保”，重点支持高新技术、文化创意、现代服务、旅游休闲等产业领域的中小微企业。公司将以最高10倍的融资性担保放大倍数，可撬动10亿元信贷资金服务中小企业，有效缓解区内中小企业融资难问题。信用再担保公司总经理秦恺当选为首届董事长。

（张玉霞）

**【网页游戏运营服务支撑平台获市文资办支持】**12月25日，石景山区生产力促进中心主持的项目《网页游戏运营服务支撑平台》获得市文资办2013年度文化创新发展专项资金支持。平台包括4个部分内容，即：

①网络运营管理平台。整合360网络安全技术和CDN加速技术，提供游戏推送服务、游戏审核服务、统一用户认证服务、游戏支付服务等内容。②增值服务平台。研发海量数据，挖掘及统计分析系统、客户服务系统、游戏评价系统，将海量日志收集、存储、分析、计算，提供定制化的数据报表服务，挖掘服务优秀游戏。③知识产权咨询服务平台。搭建网络游戏知识产权数据资源环境和网络游戏软件评测与鉴定软硬件资源环境，建设知识产权公共服务、评测及鉴定服务两大服务系统。④综合运营服务支撑系统。开发服务器防泄密系统，防止源程序被盗，有效防治私服产生。

（李　成）

**【4家企业获2013年度中国“游戏十强”多项大奖】** 12月26—28日，在“2013年度中国游戏产业年会”上，公布2013年度中国“游戏十强”获奖名单，园区4家游戏企业获多项大奖。北京畅游时代数码技术有限公司获得“2013年度中国十大品牌游戏企业”“2013年度中国十大海外拓展游戏企业”“2013年度十大最受欢迎的客户端网络游戏”等8项大奖；北京世界星辉科技有限责任公司的“360游戏中心”、趣游科技集团有限公司的“哥们网”分别获得2013年度中国十大游戏运营平台。

（罗耀玲）

**【张工到石景山园调研】** 12月27日，副市长张工就石景山园文化创意产业发展情况进行调研，中关村管委会主任郭洪、石景山区区长夏林茂等相关领导参加。在中国华录集团有限公司和西山汇，参观北京易华录信息技术股份有限公司智能交通模拟沙盘和可用于交通、社会面防控等领域的高清摄像设备。在听取相关

工作汇报后张工强调：石景山区要抓住永定河周边建设和浅山区地带建设的双重机遇，以服务新首钢发展带动石景山区的崛起。

（张玉霞）

**【园区创新平台展览展示厅投入使用】** 12月30日，由园区管委会、区经信委组织建设的石景山园区创新平台展览展示厅投入使用。该展厅由“数字沙盘”和“区情展示厅”2个部分组成。“数字沙盘”以石景山数字沙盘三维模型平台系统为支撑，实现多通道大屏幕投影显示，全面展示园区规划方案。“区情展示厅”通过数字多媒体终端、实物、灯箱、图片等介质，综合展示园区的区情、区貌，包括功能定位、政策优势、发展历程、产业集聚优势以及高端产业的融合发展等。

（马海涛）

**【3家企业的项目获中关村现代服务业试点项目支持】** 年内，2013年中关村现代服务业试点支持项目揭晓，园区3家企业项目入选，共计获财政补助2563万元。易宝支付有限公司的“面向大宗商品交易的第三方金融服务平台”为大宗商品交易提供的第三方金融服务平台，包括账户体系、多渠道支付、委托结算、交易风险控制、身份认证、商户信用管理、网络营销、商户后台等8个部分，获财政补助904万元；北京天山新材料技术股份有限公司的“新型功能材料综合服务与检测平台建设项目”包括建立技术咨询和转移平台、产品检测平台等，财政补助951万元；北京信力筑正新能源技术股份有限公司的“钢铁企业三废利用综合节能示范工程系统项目”整合多项节能技术、信息与网络技术、合同能源管理形成新的商务模式，获财政补助708万元。至此，园区共有6家企业获得中关村现代服务业试点项目支持，涵盖互联网、文化创意、新材料、节能环保等众多领域，累计获得财政补贴5233万元。

（李　成）

**【雏鹰人才工程效果渐显】** 年内，石景山雏鹰人才基地以“基地+金融”“股权+债权”“政策+市场”“孵化+投行+投资”为运营思路，为入驻企业提供包括物业服务、企业增值服务、金融服务等一站式创业服务。首批36家雏鹰企业获得政策扶持资金支持共计1800余万元，带动运营投资410万元，引导社会资本投资总额超过2亿元，集聚了一批移动互联、大数据、3D打印等掌握核心技术和自主知识产权的科技型创业企业；聚集200余名高端创业人士，其中来自斯坦福大学、耶鲁大学等海外归国首次创业人员51名；入驻企业拥有专利权165件，著作权200余件。（2012年10月，中关村管委会启动实施了“海内外优秀人才创业扶持工程”，即“雏鹰人才工程”，先期在海淀园、石景山园、望京园试点。中关村雏鹰人才创业基地由中关村管委会与相关区县政府共同建设，采取政府引导、市

场化运作的方式，其最大的亮点是对人才的认定，其所创办的企业必须是获中关村管委会认定的、市场投资机构投入一定规模资金的。经认定的雏鹰人才可获得创业启动资金支持，并能优先入驻基地，享受不超过100平方米的办公用房租金补贴。）

（孟宪然）

**【上海光源国家重大科学工程获国家科技进步奖一等奖】**年内，中国科学院高能物理研究所作为第二完成单位完成的“上海光源国家重大科学工程”获2013年度国家科学技术进步奖一等奖。项目是一台性能优异的第三代同步辐射光源，由432米周长储存环、3.5GeV增强器、150MeV直线加速器、7条首批光束线站及配套公用设施等组成，2004年12月动工，共约300余个单位参与，2009年4月按期、高质量地完成建设任务。研制过程中，自主研发近100项关键技术，主要创新点为：通过低发射度储存环、2赫兹增强器和单束团直线加速器的众多关键技术突破和系统集成创新，光源总体性能进入国际领先行列，使中国光源亮度提高1万倍；突破第三代光源高性能光束线站技术瓶颈，大幅提升中国光源的实验技术能力；攻克上海软土地基微振动极不利条件对光源稳定性带来的世界性难题，实现亚微米束流轨道与光束位置稳定度。上海光源成为中国第一个进入国际领先行列的大型多学科研究平台，将大幅提升在蛋白质结构、材料和催化剂等方面的实验研究能力，促进多个学科的快速发展，特别是蛋白质结构生物学的跨越式发展。上海光源运行4年多来，提供实验用光超过12万小时，涵盖生命、材料、环境等10余个学科领域，涉及国内用户298家6589人，发表研究成果1247篇。

（石桂莲）

**【8项成果获2013年度北京市科学技术奖】**年内，园区共有8项成果获得2013年度北京市科学技术奖，涉及节能环保、新能源等领域。其中一等奖1项，即中国科学院高能物理研究所参与完成的“砷超富集植物及其对砷污染土壤的修复机理”；二等奖2项，即北京首钢国际工程技术有限公司等单位李杨等完成的“海水淡化联合发电关键技术研究与应用”、首钢总公司等单位张功焰等完成的“高效低耗少渣炼钢新工艺的开发与创新”；三等奖5项，即北京首钢自动化信息技术有限公司完成的“首钢京唐300吨转炉‘全三脱’冶炼自动化炼钢技术”、首钢总公司完成的“超大型高炉高效低耗技术集成研究与应用”、中国中医科学院眼科医院参与完成的“冠心病心绞痛介入前后症候动态演变规律的研究”、北京纳美联创科技发展有限公司完成的“环保型多功能空气净化地板垫层的开发及产业化”、北京建筑材料科学研究总院有限公司参与完成的“水泥窑共处置垃圾焚烧飞灰工程化技术研究”。

（石桂莲）

**【高效低耗少渣炼钢新工艺的开发与创新获市科技奖】**年内，由首钢总公司等单位张功焰等完成的“高效低耗少渣炼钢新工艺的开发与创新”获2013年度北京市科学技术奖二等奖。项目属先进制造领域，开发了炉渣物性控制与足量稳定倒渣、低碱度渣条件下高效脱磷、液态终渣快速固化、“留渣＋双渣”炼钢工艺模型与自动控制、脱磷阶段煤气回收与干法除尘防“泄爆”“转炉—精炼—连铸”生产组织与周期匹配等关键技术。其主要创新为：氧气转炉高效低耗少渣炼钢新工艺技术集成；脱磷阶段低碱度、低MgO渣系开发与炉渣物性控制技术；低碱度渣条件下高效脱磷工艺；“溅渣—氮气冷却—固化剂”相结合的液态终渣快速固化技术；新炼钢工艺过程控制模型等。项目已在唐钢、邯钢试验采用，能够减轻石灰石、白云石矿开采造成的植被破坏、水土流失和炉渣排放带来的环境问题。

（石桂莲）

**【海水淡化联合发电关键技术研究与应用获市科技奖】**年内，由北京首钢国际工程技术有限公司等单位李杨等完成的“海水淡化联合发电关键技术研究与应用”获2013年度北京市科学技术奖二等奖。该成果属于新能源及节能技术领域，主要创新点：发明利用汽轮发电机组末端乏汽进行海水淡化的工艺（发明专利）；开发出低温多效海水淡化与汽轮发电机的联合运行的调控方法；开发出汽轮机末端排汽压力、温度适应海水淡化的控制系统；发明真空下海水淡化与发电系统间的安全切断装置（实用新型专利）；开发出海水淡化制取高品质除盐水补充生产及调配污废水，节约淡水资源，并实现污废水零排放的耦合式盐平衡技术（发明专利）；创新设置的抽汽式汽轮机组，将抽汽应用至海水淡化维持真空，替代高品质蒸汽，节约了能源，并有效避免蒸汽、燃气放散。该成果获专利4件，发表论文10余篇。

（石桂莲）

**【首钢京唐300吨转炉“全三脱”冶炼自动化炼钢技术获市科技奖】**年内，由北京首钢自动化信息技术有限公司等单位强伟等完成的“首钢京唐300吨转炉‘全三脱’冶炼自动化炼钢技术”获2013年度北京市科学技术奖三等奖。项目属计算机过程控制领域，应用于冶金企业转炉炼钢过程。项目实现“全三脱”工艺脱磷、脱碳转炉的一键式全自动炼钢，尤其是脱磷冶炼工艺模型及其软件具有较高水平；自动化炼钢系统解决了干法除尘、少渣冶炼、留渣操作、溅渣护炉等影响转炉自动控制的技术难题；系统适用于“全三脱”工艺与常规工艺频繁切换，脱碳转炉终点碳、温度双命中率提高到 92.6%，脱磷转炉碳、磷双命中率从采用模型前的 44.43% 提高到 85.4%，结合渣循环技术逐步实现无氟化炼钢。项目可提高产品过程控制能力和产品质量稳定性，减少钢渣外排、环境污染，改善工作环境。

（石桂莲）

**【超大型高炉高效低耗技术集成研究与应用获市科技奖】** 年内，由首钢总公司等单位王毅等完成的“超大型高炉高效低耗技术集成研究与应用”获 2013 年度北京市科学技术奖三等奖。项目属于冶金工程技术的炼铁学科，拥有自主知识产权。其创新性：在国内首次研发成功的超大型煤气全干法除尘技术，煤气含尘量达到 3 毫克每标准立方米以下，TRT 吨铁发电量达到 45 千瓦时，年节约新水 190 万吨，创造了新的节能减排纪录；首次在 5500 立方米超大型高炉上成功应用顶燃式热风炉，开发大型高炉高风温控制技术，实现 1300 摄氏度风温稳定运行；开发超大型高炉无料钟炉顶设计制造技术，并开展 1∶1 布料模型试验；建立完善的高炉专家系统，数据全面，能快速判断剔除异常数据，全面、准确、及时反映高炉运行状况；通过配套大型原燃料生产设备，提高加工能力，生产出满足大型高炉要求的高质量烧结矿、球团矿、焦炭等原燃料；采用联合料仓以及短捷的运输方式，减少转运流程，提高炉料利用效率；采用分级入炉方式，合理调整入炉原燃料粒度，控制其在炉内分布，从而改进高炉顺行，提高煤气利用率。

（石桂莲）

**【环保型多功能空气净化地板垫层的开发及产业化获市科技奖】** 年内，由北京纳美联创科技发展有限公司欧阳林等完成的“环保型多功能空气净化地板垫层的开发及产业化”获 2013 年度北京市科学技术奖三等奖。项目属环保领域，选用环保型多孔过滤吸附材料为载体，复合催化净化材料技术（健康钛技术），经掺杂改性、纳米复合、生物活化等系列严格工艺精细加工后，吸附材料多孔纤维内壁附载纳米复合催化材料，具有超大比表面积，超强吸附能力，孔隙结构发达且与有害气体分子直径科学匹配，吸附范围广、降解能力强、功能时效长，具备安全、经济、便捷等特性，可吸附分解地表以上 1 米以内的甲醛等有害物质，对空气中有害物质进行高效复合催化反应，最终形成水和二氧化碳等无害物质，祛除各类异味、臭味，时刻净化室内空气环境。

（张玉霞）

# 门头沟园

2012年10月，经国务院批复，北京石龙经济开发区划入中关村国家自主创新示范区，定名为中关村示范区门头沟园，规划占地面积扩展到188.96公顷，并成立相应的管理机构。5月13日，门头沟园获授牌，四至范围扩展到东至华园路、规划S1线、西苑路，南至京原路、小圆安置房用地北边界，西至三石路，北至石龙东路、北京锅炉厂南路西延线。石龙开发区始建于1992年1月，位于门头沟新城南部，永定河绿色生态走廊西岸，拥有良好的自然环境和紧临城区的区位优势。2000年经市政府批准为市级开发区，规划占地面积150公顷，已完成120公顷土地的建设。至2012年底，园区拥有土地产权企业60家，房屋产权企业88家，登记注册、异地经营企业1.4万余家，国家级高新技术企业50家，中关村高新技术企业70家，累计投资63.45亿元，上缴税收135.85亿元，区财政收入40.79亿元， 就业人员4500余人，形成以数控装备、生物医药、仪器仪表、机械等行业为主体的产业集群，以北京精雕科技有限公司、北京凝华科技有限公司、北京科星瑞特电磁兼容工程技术有限公司等为代表的数控装备制造产业主导着石龙经济开发区的产业形态，且有上万家涵盖房地产、商业物流、信息技术、电子商务、现代服务等诸多行业的注册挂靠企业，有北京立思辰科技股份有限公司等5家上市公司。在电力供应上，开发区建有110千伏变电站，装有3150千伏安变压器2台，供电容量能满足园区产出规模基本运营的需要；在热力保障上，门头沟南城地区供热中心—金源热力有限公司安装有3台80吨燃煤热水锅炉；在用水供给上，开发区地处永定河边，地下水充足，取用方便，水质优良;在污水处理上，门头沟区再生水厂日处理污水4万吨，开发区内的生产与生活废水均可得到集中处理，达到再生水标准;在道路及市政建设上，开发区对8条主要道路及市政基础设施进行升级改造和绿化、美化工程建设，将从打造世界城市的高度，以高于或等同于长安街的标准进行设计，涉及城市美化工程的18个要素。“十一五”后期建成的石龙产业孵化中心，成功引进一批有房屋产权的企业入驻，使入区企业找到集约利用土地、转型升级的路径，北京三聚裕进发展有限公司等10余家企业在原有土地上进行企业总部基地建设。石龙开发区将建设北京城西总部新基地，以发展高端制造业、网络金融业、现代服务业三大产业作为发展目标，精心打造企业研发中心、结算中心、行政中心、销售中心“四位一体”的总部集群。

### 北京石龙经济开发区管理委员会领导成员

工委书记、主任　张丰收
工委副书记、纪工委书记、工会主席　高增龙
工委委员、副主任　张文军　杨　璞

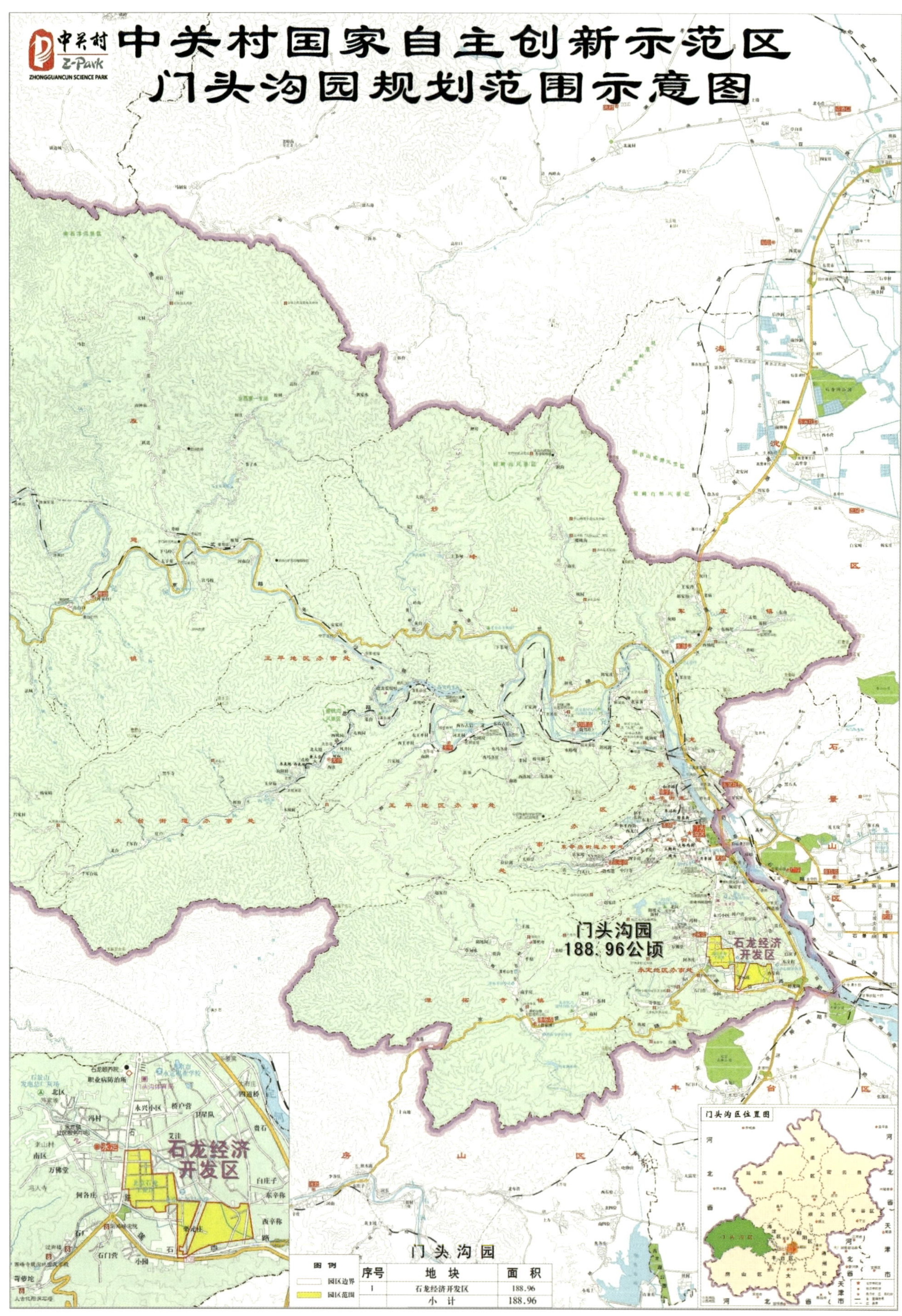


| 序号 | 地 块 | 面 积 |
|---|---|---|
| 1 | 石龙经济开发区 | 188.96 |
| | 小 计 | 188.96 |

**【概况】**2013年，门头沟园按照产业集群化发展，资源集约化利用的思路进行建设，在招商引资、重大工程、技术创新等方面均有显著提升。年内，园区高新技术企业总数61家；从业人员有8148人；工业总产值28.4亿元；总收入49.9亿元；进出口总额0.5亿美元；税费总额5.5亿元；利润总额2.7亿元；资产总计207.4亿元；科技活动经费支出总额4.4亿元；专利申请量217件，专利授权量174件。

组织招商引资。招商引入各类企业1554家入驻园区进行开发建设，注册资金总额45.33亿元，包括道富资产管理有限公司、中铁建金鹰投资有限公司等注册资金在5000万元至1亿元以下的企业5家，道富基金管理有限公司等注册资金1亿元以上的企业7家。北京思源恒丰置业投资有限公司总部基地等重大项目相继落地园区，促进门头沟区在税收、就业、服务企业、捐资助学等方面的发展。至年底，园区累计拥有土地产权企业60家；房屋产权企业88家；登记注册、异地经营企业6800余家。

实施重大工程。北京三聚裕进科技发展有限公司研发生产基地、德山机械生产研发中心等5家企业总部大厦项目开工建设，总建筑面积24万平方米，总投资10.2亿元。中铁东方国际产业园、洪源广业研发中心大厦等6项储备项目进入前期方案、深化设计阶段。

开展技术创新。北京华夏聚龙自动化股份公司、北京精雕科技有限公司2家企业的项目获科技部、环境保护部等部门联合批准的2013年度“国家重点新产品”立项；北京华夏聚龙自动化股份公司的“综合纸币处理系统”获2013年度北京市科学技术奖三等奖；北京崇远信达科贸有限公司的“基于互联网节传技术的应急广播系统——省无线广播‘村村响’工程”等7家企业的项目获门头沟区科委组织实施的2013年科技创新项目立项。各层次、各类科技项目的实施以及获得的成果，充分显示园区企业的科技创新实力。

提供金融服务。北京市农业融资担保有限公司门头沟分公司成立，将面向区内工业企业承担贷款、票据承兑等融资性担保服务；北京银行股份有限公司、石龙管委会、农担公司三方签署《支持园区金融建设的战略合作框架协议》，将发挥各自优势，分别给予授信额度、融资担保等各类支持，搭建园区金融建设战略合作平台；石龙经济开发区投资开发有限公司与北京银行签约，成立北京银行门头沟支行石龙开发区网点，以提升园区配套设施及金融服务水平，实现银企双赢、银政双赢。

（亢　建）

**【农业融资担保有限公司门头沟分公司成立】**1月11日，由区发展改革委主办的“北京市农业融资担保有限公司门头沟分公司成立暨揭牌仪式”在西峰山庄举行。门头沟区政府、相关委办局，北京创业集团有限公司、重点乡镇政府等单位相关负责人参加。农担公司是国内首家省市级以服务“三农”为主的专业化农业担保机构，归首创集团管理。该分公司将承担贷款、票据承兑、贸易融资、项目融资、信用证及其他融资性担保服务，面向门头沟区区内工业企业以及在郊区县工商管理部门注册登记并有固定资产投入的中小企业，优先支持符合市农业产业发展规划的设施农业、籽种产业、观光休闲农业、农产品加工、农业物流及配送、高科技农业、生态农业、出口创汇农业及新农村建设中重点农业产业项目等，重点支持高端都市型现代农业项目、低端基层农户项目以及立足农村、带动农村经济富裕、间接拉动农业发展等工商服务业项目。

（亢　建）

**【搭建园区金融建设战略合作平台】**3月2日，由石龙管委会主办的“北京银行　石龙管委　农担公司园区金融签约仪式”在石龙开发区举行。三方代表分别在《支持园区金融建设的战略合作框架协议》上签字。北京银行股份有限公司根据石龙开发区建设发展需求，意向性给予区内重点企业、重点工程和重点项目、符合政策导向的中小企业等重点服务客户授信额度5亿元，旨在提供全方位、多品种的金融服务，以及结构化融

资等投行类产品服务，并将通过增设营业网点等举措，提升整体金融服务企业和金融服务民生的水平。北京市农业融资担保有限公司意向性同意为园区企业使用该协议下的授信额度而产生的债务向北京银行提供担保，并在法律法规、金融监管制度以及担保管理制度允许的范围内，对园区推荐的优选、重点项目等给予融资担保支持。

（亢　建）

**【2013 年工作部署大会召开】** 3 月 7 日，石龙管委会在石龙开发区召开“北京石龙经济开发区 2013 年工作部署大会”。中关村管委会、区经济信息化委等相关单位领导以及园区所属公司、入区企业的代表 120 余人参加。会上，石龙管委会主任张丰收做了题为“攻坚克难、求真务实，开创石龙经济开发区工作新局面”的工作报告，总结 2012 年的工作，并对 2013 年各项工作进行总体部署。石龙管委会、北京石龙经济开发区投资开发有限公司、北京精雕科技有限公司、北京立思辰科技股份有限公司 4 家单位的代表做了主题发言。有关单位的相关人员针对企业发展的相关政策、可补助的项目等做了讲解；就中关村科技园区的规模、企业的大致情况及石龙开发区加入后的机遇发表看法；石龙管委会与企业代表签订 2013 年安全管理责任书和党风廉政责任书。

（亢　建）

**【北京石龙经济开发区企业协会成立】** 4 月 10 日，由石龙管委会主办的“北京石龙经济开发区企业协会成立大会”在北京山景苑服务中心举行。门头沟区政府等相关单位的领导，30 家首批会员单位的负责人参加。会议宣读门头沟区民政局《关于成立石龙开发区企业协会行政许可决定书》；表决通过协会章程，选举产生第一届理事会成员，推选石龙管委会主任张丰收为会长。协会将发挥纽带、协调、服务职能，面向区内企业，为会员提供优质、高效服务，开展经贸促进活动，

维护企业的合法权益，加强会员与政府间的沟通，增进中外企业、经贸界人士的互相了解，促进企业与开发区的共同成长。

（亢　建）

**【华尔盾公司党支部成立】** 4 月 18 日，由石龙管委工委主办的“北京华尔盾生物技术有限公司党支部成立大会”举行，区委组织部、区委社会工委等相关单位领导，华尔盾公司负责人及全体党员参加。仪式上，

宣读了石龙管委工委关于北京华尔盾生物技术有限公司成立党支部的批复，并为公司党支部授牌。非公有制经济组织党建工作的开展，将同弘扬企业文化有机结合，激发普通员工的工作积极性，有效促进企业发展，同时还将畅通员工利益诉求渠道，及时向企业反映员工的意见与建议，帮助解决党员反映的问题和困难。

（亢　建）

**【中关村门头沟园获授牌】** 5 月 13 日，副市长苟仲文一行到石龙开发区调研，实地查看园区运行情况，并为中关村示范区门头沟园授牌。市政府副秘书长戴卫、市科委主任闫傲霜以及中关村管委会等单位有关领导和区政府有关部门负责人陪同。门头沟园即北京石龙经济开发区，纳入到中关村示范区后，规划面积扩至 188.96 公顷，享受中关村示范区各项优惠政策和配套政策措施，并将在规划、产业、项目、融资、财务等方面加快与中关村示范区的对接，推进总部经济发展

和上市公司聚集，使园区成为集金融、环保、高新技术等于一体的新型园区。

（亢　建　温会姣）

**【思源集团总部基地签约】** 5 月 28 日，“北京石龙经济开发区投资开发有限公司、北京思源恒丰置业投资有限公司北京思源集团总部基地签约仪式”在石龙高科大厦举行，石龙管委会主任张丰收、思源集团董事长陈良生以及相关单位领导参加。仪式上，双方签署《北

京思源集团总部基地合作开发协议书》，拟在石龙经济开发区产业孵化中心二期C区合作共建北京思源集团总部基地，项目占地面积1.4公顷，资金投入3.75亿元，计划2014年8月开工，2016年6月竣工，主要功能为科研办公、技术支持与研发、服务企业创新发展等。思源集团主营房产一手销售代理、二手代理，以及地产投资服务、商业管理服务（管理、包租、运营）、金融服务（典当、担保、小额贷款）等，目标是占据国内房产交易量的20%~30%，同时打造房地产买卖、

租赁即房地产流通领域的优质服务商。总部基地随着思源集团更多下属公司的进驻，在税收、就业、服务企业、捐资助学等多方面回报门头沟。

（亢　建）

**【三聚裕进研发生产基地奠基】**6月7日，由北京三聚裕进科技发展有限公司主办的“北京三聚裕进研发生产基地建设项目奠基仪式”在石龙开发区举行，香港裕进公司等相关设计、监理单位代表参加。基地位于石龙开发区华园路4号，占地面积3.96公顷，总投资约7亿元，总建筑面积约15万平方米，计划2015年底竣工并投入使用，其中包括生产实验中心、研发中心、工程及服务中心以及地下车库、机电用房等公共辅助设施。该项目是开发区年内计划新开工的区属重点科研、总部经济和低碳园建设项目之一，是集产、研、学于一体的总部基地。基地由北京蓝图工程设计有限

公司、北京京冶工程技术有限公司负责工程设计，北京新恒元工程监理咨询有限公司监理，中国铁建十六局集团有限公司建设。

（亢　建）

**【石龙开发区获市科技成果转化基地认定】**7月4日，市科委《关于公示2013年度北京市战略性新兴产业科技成果转化基地认定及项目立项结果的通知》下发。石龙经济开发区“中小企业技术支持与研发服务平台建设”获准为基地公共服务平台建设项目。由北京凝华科技有限公司、北京航天北仿科技有限公司承担的“PCD锯片双侧刃磨电火花专机研发”项目，北京利德衡环保工程有限公司、北京化工大学承担的“燃煤锅炉及钢厂烧结机一塔式湿法联合脱硫脱硝关键技术与装备研发和工程示范”项目获准为基地入驻企业协同创新项目。

（亢　建）

**【北京银行门头沟支行进驻石龙开发区】**8月31日，北京石龙经济开发区投资开发有限公司与北京银行股份有限公司签约成立门头沟支行石龙开发区网点。该网点租用石龙高科大厦为经营办公用房，建筑面积969.26平方米，租期10年。此次北京银行入驻开发区，目的是提升石龙开发区配套设施及金融服务水平（借贷服务、投资顾问、自助银行等），优化园区总部基地的服务内容，并作为一个商业典型，为未来其他金融机构的引进产生“蝶翼效应”，为入驻企业提供高效优质的金融服务，以及更为方便快捷、个性化的银行业务办理渠道，支持石龙开发区的经济增长，实现真正银企双赢、银政双赢；石龙投资公司分3期建设的产业孵化中心项目全部建成后，可投入使用的标准化办公楼、个性化定制楼宇面积逾35万平方米，将吸纳众多集团企业总部和中小企业落户开发区，形成资本高度密集的企业总部和产业集群。

（亢　建）

**【2家企业的项目获国家重点新产品计划立项】**9月5日，《科技部关于下达2013年度有关国家科技计划项目的通知》下发，北京华夏聚龙自动化股份公司“综合纸币处理系统”、北京精雕科技有限公司的“Carver600V_AU数控雕刻机”获科技部、环境保护部、商务部和质检总局联合批准的2013年度“国家重点新产品”立项。其中“综合纸币处理系统”还获2013年度北京市科学技术奖三等奖。

（亢　建）

**【门头沟园流动检察联络室签约】**9月10日，由石龙管委会和门头沟检察院共同主办的“中关村门头沟园

流动检察联络室签约仪式”在石龙开发区举行，市检察院、门头沟区检察院、石龙管委工委等相关单位领导及部分入区企业代表参加。仪式上，区检察院、石龙管委会签订《门头沟区人民检察院驻中关村门头沟园流动监察联络室合作备忘录》，并为联络室揭牌。联络室将在法律允许和法定职责范围内，依法服务、保障入园企业的经营发展；不介入、不过问、不干涉石龙管委会和企业的日常管理、经营活动；主动接受监督；听取并及时反馈企业对检察工作的批评、意见和建议；接收企业及各界人士对国家机关工作人员贪污、贿赂、渎职、侵权的检举、控告及对区检察院检察官违纪违法行为的举报；定期举办职务犯罪预防、普法宣传等活动；设立检察院受理举报箱，开通检察热线电话，接受企业和各界人士监督；不定期举办职务犯罪预防讲座、法律咨询、普法宣传等活动。

（亢　建）

**【第二届“石龙杯”消防安全技能竞赛举办】**11月7日，石龙管委会、门头沟区消防支队、永定镇派出所在石龙广场联合举办“第二届‘石龙杯’消防安全技能竞赛”。北京精雕科技有限公司、北京门头沟区医院等30余家企业、镇街单位190余人参加。代表队分为男子组、女子组、男女混合组，设有“一人两盘水带连接”“两人五盘水带连接”“50米快速灭油盆火”“地下灭火栓出枪射水打靶”“4×100米持灭火器混合接力跑”5项赛事，集趣味性、知识性于一体。北京利德衡环保工程有限公司获竞赛冠军。

（亢　建）

**【“一区十六园”先行先试政策宣讲活动举办】**11月20日，石龙管委会举办中关村示范区“一区十六园”先行先试政策宣讲活动。开发区内70余家高新技术企业的相关负责人和财务人员及区属相关部门代表100余人参加。市地税局、市科委、中关村管委会等单位相关人员就中关村企业所得税试点政策、中关村个人所得税试点政策和高新企业认定试点政策以及中关村示范区创新发展最新情况等为与会者进行介绍。

（亢　建）

**【综合纸币处理系统研发及应用获市科学技术奖】**年内，由北京华夏聚龙自动化股份公司张建军等完成的“综合纸币处理系统研发及应用”获2013年度北京市科学技术奖三等奖。产品属电子信息技术领域，由除尘装置、纸币清分系统、自动化传输系统、管理控制系统、提升盖章系统、整理捆扎系统、自动喷码贴标系统和塑封系统组成，实现纸币除尘、清分、扎把、盖章、残损币分离、捆扎、喷码、贴标、统计报表全过程的自动化处理，提高银行金库、银行现金清分中心等单位的现金处理速度。

（亢　建）

**【7家企业的项目获区科技创新项目立项】**年内，门头沟区科委组织实施2013年科技创新项目，15家企业的项目获立项。其中，门头沟园7家企业名列其中，即北京崇远信达科贸有限公司的“基于互联网节传技术的应急广播系统——省无线广播‘村村响’工程”、北京竞业达数码科技有限公司的“多路高清视频预处理与编码设备研制”、北京威尔创业科技发展有限公司的“石油焦碳粉应用于浮法玻璃窑燃烧系统的研制”、北京华夏聚龙自动化股份公司的“纸币冠字号码识别系统”、北京荣锋精密工具有限公司的“精密磨削用高档陶瓷结合剂金刚石磨盘研发”、北京东方昊炅科技发展有限公司的“改性超耐候彩色共挤材料”、北京诚田恒业煤矿设备有限公司的“煤矿用高速吸能防冲让位液压支架”。

（亢　建）

# 平谷园

2012年10月，国务院批复，中关村示范区平谷园成立。2013年2月，平谷园获授牌。园区位于北京市东北部，地处京津冀三省市交汇点，境内大秦铁路横贯东西，高速公路直达京津，内陆口岸联通首都机场和天津新港，区位优势明显，首都生态涵养区，历史文化底蕴深厚，居住生活环境良好。园区规划占地面积508.36公顷，包括马坊工业园（1、2、3）、兴谷（A、C区和B区）、峪口新能源地块、物流基地共7块地域4个园区，各园区高新产业用地分别占平谷园规划占地总面积的49.8%、41.7%、2.6%和5.9%，区内企业可享受到国家、北京市、中关村示范区等各级机构的各类优惠政策。园区拥有北京普析通用仪器有限责任公司、北京市富乐科技开发有限公司、北京白象新技术有限公司等知名企业，兴谷孵化中心、马坊创业大厦、环渤海创业大厦等服务机构，可为各种创新创业企业及项目提供全方位的支持。园区以打造“京东生态科技城”为目标，坚持“差异化、特色化、品牌化”的建园方针，大力实施“创新驱动发展、合作谋求共赢、园区引领全区”发展战略，加速“三园区、五基地”产业聚集，以通用航空为主的高端装备产业、高端食品与健康产业、现代物流和电子商务产业、音乐文化创意产业为四大主导产业，打造以“北京通用航空产业基地”为核心的通用航空与高端装备制造产业集群、以兴谷经济开发区“中关村食品产业网络发展基地”为核心的高端食品与健康产业集群、以“北京平谷物流基地”为核心的现代物流与电子商务产业集群、以“中国乐谷”为核心的音乐文化创意产业集群、以“北京轨道交通设备产业基地”为核心的轨道交通产业集群、以马坊工业园区“北京绿色能源产业基地”为核心的新能源产业集群，引领地区经济面向高端转型升级，努力把平谷园建设成为推动平谷区经济又好又快发展的强大引擎、中关村示范区的重要功能区。北京兴谷经济开发区由市政府批准建立，是北京市16家市级开发区之一，规划面积1502.7公顷，主要以汽车零部件、食品、机械等为重点支柱产业。北京马坊工业园区规划面积346公顷，以电子信息、新能源、现代制造为主导产业，2007年12月，中关村科技园区与平谷区政府合作共建“中关村高新技术产业基地”。峪口新能源产业基地规划面积268公顷，2010年，被中关村管委会命名为“中关村国能新能源产业园区”。马坊物流基地规划面积300公顷，主要分为口岸功能区、电子商务园、御马坊国际物流中心、物流总部基地等。

### 平谷园管理委员会领导成员

主　　任　底志欣
常务副主任　崔东辉
副 主 任　蒋仕义　郑衍松

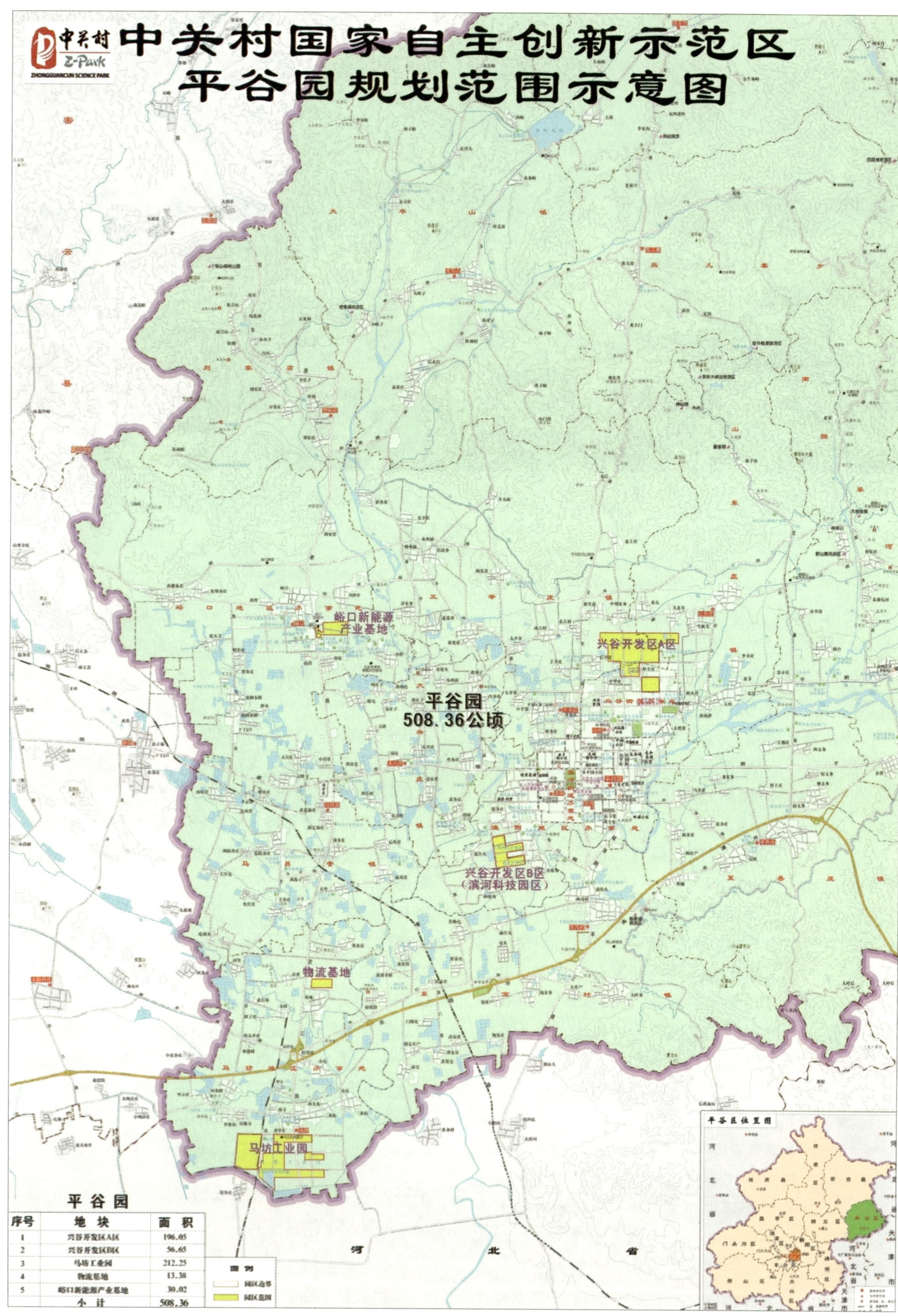


平谷园

| 序号 | 地块 | 面积 |
|---|---|---|
| 1 | 兴谷开发区A区 | 196.05 |
| 2 | 兴谷开发区B区 | 56.65 |
| 3 | 马坊工业园 | 212.25 |
| 4 | 物流基地 | 13.38 |
| 5 | 峪口新能源产业基地 | 30.02 |
| | 小计 | 508.36 |

【概况】2013年，平谷园积极对接中关村国家自主创新示范区，加大招商引资力度，增强高新产业的集聚效应，构建区域高新企业招商网络，充分体现引领地区工业经济转型升级和高新产业聚集的核心作用。年内，园区高新技术企业总数52家；从业人员8471人；工业总产值37.2亿元；总收入66.8亿元；进出口总额0.7亿美元；上缴税费4.1亿元；利润总额3.6亿元；资产总计131.5亿元；科技活动经费支出总额3.0亿元；专利申请量196件，专利授权量156件。

制定政策。组织相关人员制定《中关村科技园区平谷园企业注册管理办法（暂行）》《中关村平谷园总体发展规划》《中关村科技园区平谷园高新技术企业认定工作指引》等一系列政策，使园区发展、企业认定有法可依、有章可循。中关村管委会与市科委、市财政局等组成的先行先试政策宣讲团，宣讲“新四条”“1+6”等系列政策，加快园区与中关村示范区的衔接。平谷区委、区政府分别召开会议，成立“中关村科技园区平谷园”筹委会，全力推进平谷园建设工作。平谷区政府与中关村管委会就“中关村科技园区平谷园”建设工作进行座谈，双方明确“中关村科技园区平谷园”建设方面的工作内容，确立对接机制，重点建设“三园区、五基地”。北京马坊工业园区入选市经济信息化委第一批北京市新型工业化产业示范基地；兴谷经济开发区被市商务委授予“北京市总部经济发展新区”，享受审批单位的各项政策。

企业发展。新增注册企业752家，其中兴谷经济开发区406家、物流基地255家、马坊工业园91家；组织认定北京普析通用仪器有限责任公司、北京长吉加油设备有限公司等50余家中关村示范区高新技术企业；认定北京普析通用仪器有限责任公司的“非色散原子荧光光度计”等项目为中关村示范区新技术新产品，涉及电子信息等领域；北京市富乐科技开发有限公司获北京中关村企业信用促进会授予的“中关村示范区信用二星级企业”；北京普析通用仪器有限责任公司获批成立平谷园首家博士后科研工作站，在博士后研究人员的参与下，承担重大科技项目的能力进一步提升。

创新成果。北京马坊物流基础设施开发建设有限公司、平谷区科委承担的市科委绿色通道项目“北京跨境食品农产品冷链电商公共服务平台构建与应用”课题立项，提高马坊物流服务进出口企业的能力；北京普析通用仪器有限责任公司承担的“水质有机污染物GC/MS分析专家系统——VOC版”成果通过鉴定，开发出有特色的质谱专用软件系统，首次实现水质VOC的GC/MS分析、定性、定量一体化解决方案；北京通用航空产业基地投资控股有限公司参加第十五届北京国际航空展览会，展现钻石飞机、AC20旋翼机等公司取得的诸多成就；在“第二届中国（北京）国际提琴及琴弓制作比赛”活动中，中国乐谷的26岁选手常虹获“最年轻决赛者”奖。

签约入驻。平谷国际陆港二期工程开工，拟建设成为平谷地区特色农产品提供体验、展示、仓储、交易、物流的一站式供应链服务体系；中国宜通集团（北京）有限公司、俄罗斯直升机公司《Ka-32A11BC大型直升机生产组装项目协议》签约，将生产双发共轴双旋翼中型多用途直升机，俄罗斯直升机第一个境外整机生产项目落户北京通用航空产业基地。

（席　锴）

【中关村平谷园获授牌】2月26日，市委常委陈刚到平谷区调研，并在“中关村平谷园工作会议”上为中关村示范区平谷园授牌。市委、中关村管委会、中关村发展集团以及区政府等单位相关领导参加。陈刚听取了区经济社会发展及平谷园相关情况的汇报，指出，平谷园要高度重视中关村工业园的带动作用，从发展定位、产业布局、人才就业等方面进行整体考虑。挂牌后，要不断优化和提升产业结构，进一步拓宽发展思路，大力发展有核心产业带动力、在国内有竞争优势和领导地位的项目，充分体现“首都优势”。中关村管委会和中关村发展集团，要进一步发挥组织协调作用，在规划、政策、融资、担保等方面支持平谷园。

在园区发展上，平谷园将坚持“园区引领全区”的原则，重点建设“三园区五基地”。“三园区”即兴谷经济开发区、马坊工业园区、马坊物流园区；“五基地”即食品产业基地、通用航空产业基地、轨道交通产业基地、音乐文创产业基地、绿色能源产业基地。

（席　锴）

【平谷国际陆港二期工程开工建设】3月24日，平谷国际陆港二期工程项目开工，由北京平谷马坊物流基地管委会投资建设，预计 2015 年 3 月投入使用。项目拟建 15 万吨冷库、1.5 万平方米普通库及 6.1 万平方米展示中心。项目建成后，为陆港进出口货物及泛平谷地区特色食品农产品提供体验、展示、仓储、交易、物流的一站式供应链服务体系。平谷国际陆港位于马坊物流基地，是北京市“十一五”发展规划确定的具有口岸功能的综合性保税物流基地，2010 年 3 月启动，将建设成集国际中转、货物配送、保税仓储、物流加工、口岸通关等多功能为一体的大型海陆联运枢纽。

（席　锴）

**【平谷园高新技术企业认定工作指引发布】** 3 月，由平谷园管委会制定的《中关村科技园区平谷园高新技术企业认定工作指引》发布。《指引》主要明确高新企业的认定标准，适用于：注册在平谷区内，按照《高新技术企业认定管理办法》（国科发火〔2008〕172 号）已取得国家级高新技术企业资格的企业；2008 年 4 月 1 日前注册在平谷园内并具有中关村高新技术企业资格的企业；2008 年 4 月 1 日后注册在平谷园内，产品（服务）属于国家重点支持的高新技术领域规定的范围，其高学历的科技人员、从事高新技术产品研究开发的科技人员占企业职工总数符合相关要求的企业；企业研究开发费用总额占销售收入总额的比例符合要求，高新技术企业的技术性收入与高新技术产品销售收入的总和占本企业当年总收入的 60% 以上的企业；注册在平谷园区内，并符合高技术服务类企业所从事的科技领域的高技术服务业企业和文化创意产业企业。

（席　锴）

**【认定首批高新企业 9 家】** 3 月，北京普析通用仪器有限责任公司、北京长吉加油设备有限公司、北京岐黄制药有限公司、北京坎普尔环保技术有限公司、北京容鑫泰水处理设备有限公司、北京森沃鑫达开关有限公司、北京清大天达光电科技有限公司、北京天高隔膜压缩机有限公司、北京多力多机械设备制造有限公司 9 家企业，经中关村管委会审核，被认定为平谷园第一批中关村示范区高新技术企业。4 月 18 日，平谷园举行高新技术企业授证仪式。至年底，共认定中关村示范区高新技术企业 50 余家。

（席　锴）

**【工行推出“科技通”中小企业信用贷款】** 5 月，工商银行平谷分行推出“科技通”中小企业信用贷款。至年底，北京普析通用仪器有限责任公司、北京市富乐科技开发有限公司、北京华通恒盛电气设备有限公司 3 家企业成功申请贷款，总额度 600 万元。该产品定位于注册在中关村示范区内的科技型小微企业，只要成立满 3 年、上年度纳税收入 1000 万元以上，拥有相关高新技术企业证书等条件，即可申请最高 500 万元、最长 1 年期的信用贷款。“科技通”产品无须抵押担保，有效匹配科技企业普遍存在的“轻资产、高成长”的特点，解决了传统贷款方式中由于担保不足造成的融资难题。

（席　锴）

**【兴谷开发区被授予市总部经济发展新区】** 5 月，市商务委《北京市总部经济和商务服务业集聚区（第一批）名单》发布，北京兴谷经济开发区被市商务委授予“北京市总部经济发展新区”，享受北京市总部经济各项政策。兴谷开发区 2000 年由市政府批准建立，为 16 家市级开发区之一，规划面积 1502 公顷，形成现代制造业、饮食品业两大都市工业产业基地。2012 年纳入中关村示范区，成为平谷园的主要区域。至年底，兴谷开发区吸引新注册企业 415 家，注册资本 1 亿元以上的企业 4 家，实现工业总产值 174.7 亿元。

（席　锴）

**【4 家企业获市专利试点单位】** 6 月 7 日，市知识产权局《关于公布 2013 年度参加北京市专利试点工作的企事业单位名单的通知》下发，平谷区 5 家企业入选，其中平谷园 4 家，即北京七星华创磁电科技有限公司、北京白象新技术有限公司、北京利乐生物技术有限公司、北京沃特玛德环境技术股份有限公司，涉及医疗器械研究、现代生物技术、环境工程技术等领域。（2014 年 2 月 18 日，《关于公布 2013 年度北京市专利试点验收合格单位的通知》下发，4 家企业均通过市知识产权局组织的验收。）

（席　锴）

**【编制《中关村平谷园总体发展规划》】** 6 月，由平谷园管委会制定的《中关村平谷园总体发展规划》发布。《规划》指出：平谷园以打造“京东生态科技城”为目标，全面落实《中关村战略性新兴产业集群创新引领工程》，坚持差异化定位、特色化发展原则，大力实施“创新驱动发展、合作谋求共赢、园区引领全区”发展战略，优化产业布局，调整产业结构，加速“三园区、五基地”产业聚集，重点发展通用航空、高端食品、现代物流商贸、音乐文创四大高新技术产业，打造具有平谷特色和优势的六大产业集群，引领地区经济面向高端转型升级，努力把平谷园建设成为推动平谷区经济又好又快发展的强大引擎、中关村示范区的重要功能区。

（席　锴）

**【富乐科技公司被授予中关村示范区信用二星级企业】** 9月6日，在“北京中关村企业信用促进会成立十周年暨2013中关村信用双百企业发布会”上，公布中关村信用星级企业名单，北京市富乐科技开发有限公司获北京中关村企业信用促进会授予的“中关村示范区信用二星级企业”。

（席　锴）

**【俄大型直升机项目落户北京通用航空产业基地】** 9月6日，中国宜通集团（北京）有限公司、俄罗斯直升机股份公司签署《Ka-32A11BC大型直升机生产组装项目协议》，并举行新闻发布会，标志着俄罗斯直升机第一个境外整机生产项目落户北京通用航空产业基地。同时俄罗斯直升机公司、中国宜通集团、国研信息科技有限公司和中关村发展集团签署四方合作协议，共同实施该项目；中国宜通集团与中信银行签署《战略合作协议》，以30亿元授信额度支持该项目；市公安局已与中俄直升机制造（北京）有限公司签署购置首架在京组装的Ka-32A11BC直升机意向。项目计划建设期2年，总投资额40亿元，首期设计产能为年产30架。Ka-32A11BC直升机是俄罗斯直升机集团卡莫夫制造公司生产的一种双发共轴双旋翼中型多用途直升机，可执行消防救援，也可广泛应用于森林灭火、工程吊装、紧急救援等各个领域，在白天和夜间，陆地和水面，正常和恶劣天气条件下，均可进行目视或仪表飞行。直升机机身长11.3米、高5.4米、宽3.5米，最大正常起飞重量1.1万千克、发动机型号TB3-117BMA、发动机功率2×2200马力、最大平飞速度260千米/小时、最大巡航速度230千米/小时、最大航程920千米。

（席　锴）

**【中国乐谷发展态势良好】** 9月11日，在“第二届中国（北京）国际提琴及琴弓制作比赛”活动中，平谷区4名制琴师的2把中提琴、2把小提琴进入决赛，中国乐谷北京音乐产业园区管委会的26岁选手常虹获得特别奖暨“最年轻决赛者”奖。（2009年，东高村镇被中国轻工业联合会授予“中国提琴产业基地”称号，成为了世界闻名的“提琴之乡”，拥有提琴生产规模企业9家，配件生产企业150余家，年产值3亿元，年产提琴30万把，其中90%以上的产品销往美国、日本等50余个国家和地区，占据国际市场30%的份额。2010年，中国乐谷项目签约，规划面积10平方千米，计划投资150亿元，以东高村镇为核心组织建设。项目被列为北京市文化创意产业“十二五”专项规划，提琴为主的乐器制造产业，将形成较为完善的产业和

产品结构，生产大提琴、小提琴、贝斯、二胡、吉他等十大类30余种产品，以及舞台设备、舞美设计等音乐衍生品。）

（席　锴）

**【北京通用航空产业基地推介暨项目签约仪式举行】** 9月25日，由第十五届北京国际航空展览会组委会主办的“北京通用航空产业基地推介暨项目签约仪式”在北京国家会议中心举行，相关单位的领导出席。基地与澳大利亚永翼飞行学院、湖北黄石通用航空产业园、河南飞天通用航空有限公司、北京东方研修学院、誉高航空技术有限公司分别就国外联合办学，园区规划，项目引进，旋翼机、直升机推广和维修项目，航空专业人员培训，合作建设通用航空维修基地等项目签约，总金额40余亿元。基地位于金海湖地区，占地1100公顷，2011年12月由市经济信息化委、市发展改革委、市科委批准挂牌。市政府批复设立北京通用航空产业基地管理委员会，负责基地的规划、建设、管理等组织协调工作；基地管委会发起成立北京通用航空产业基地投资控股有限公司，开发建设以基地为核心的通用航空业务，开展飞机制造、飞机销售与租赁、机场网络建设、飞机维修与改装、航空专业人才培训、航空公司运营、航空产业园规划与服务七大板块业务，旨在将其打造成为中国乃至亚太地区的通用航空现代服务业集聚中心区。

（席　锴）

**【普析通用获批建立博士后科研工作站】** 10月29日，经人力社保部、全国博士后管委会联合批准，北京普析通用仪器有限责任公司获批成立平谷园博士后科研工作站，这是平谷园首家设立博士后科研工作站的高新技术企业。工作站将建章立制，逐步开展博士后研究人员的招收、选聘等工作，并建立创新及技术研发团队，发挥博士后在科技创新中的智力优势，积极申报中国博士后科学基金，使博士后研究人员的培养与普析公司承担的重大科技项目相结合，从事分析仪器、仪表等领域的科学研究，促进科技创新工作的发展。公司是集分析仪器研发、制造、销售为一体的高科技

企业，在平谷园建有3.6万平方米的基地，包括研发中心、分析应用实验室、培训中心、生产车间，产品有光谱、色谱、质谱、X射线类、医疗仪器等几大系列50余种型号，应用于食品安全、环保等多个领域。

（席　锴）

**【中关村先行先试政策宣讲团走进平谷园】** 11月19日，由中关村管委会、市科委、市财政局、市地税局、市国税局组成的先行先试政策宣讲团，为平谷园企业宣讲中关村示范区先行先试政策。区政府相关领导出席。宣讲内容包括“新四条”政策及其实施细则，“1+6”政策中的税收试点政策、高新技术企业认定试点政策、科技成果处置权和收益权管理改革试点政策，以及各项相关政策。北京普析通用仪器有限责任公司、北京白象新技术有限公司等企业的代表50余人参加。

（席　锴）

**【平谷国际陆港食品产业科技园建设规划通过论证】** 12月20日，北京国家现代农业科技城联合办公室组织有关专家对平谷区政府编制的《北京平谷国际陆港食品产业科技园建设规划（2013—2017）》进行论证。平谷食品科技园依托北京平谷国际陆港、平谷马坊物流基地、兴谷开发区，围绕进出口食品产业链进行建设，规划面积400公顷，计划建成“一港一基地一中心”，即进出口高端食品陆港核心区、高端食品研发与制造基地和物联网智能服务中心，将建设成为“立足平谷，服务首都，联通世界”的食品产业科技园。其中进出口高端食品陆港为园区核心区，是国际国内网联互通的纽带，其作用是保障北京进口高端食品质量安全及供给水平，扩大产业聚集效应，提高园区核心竞争力；高端食品研发与制造基地是园区的基础，是园区发展实体经济的主要载体，将成为平谷及周边地区特色食品附加值提升的根据地；物联网智能服务中心是园区的中枢，负责园区的智能化管理和服务，制定高端食品相关标准和模式。

（席　锴）

**【水质有机污染物GC/MS分析专家系统–VOC版通过成果鉴定】** 12月29日，由中国分析测试协会主办的“水质有机污染物GC/MS分析专家系统–VOC版成果鉴定会”在北京普析通用仪器有限责任公司平谷总部举行。项目由普析通用公司开发，2012年10月1日启动，2013年9月30日完成。根据北京出入境检验检疫局、国家饮用水产品质量监督检验中心、中国疾控中心环境所等多家权威单位的试用验证结果，技术鉴定组专家一致认为，项目在国内水质有机污染物VOC检测技术方面具有突破性的创新性成果。项目是在稳定可靠的质谱硬件平台上，针对水质VOC分析的细分市场，开发出有特色的质谱专用软件系统，首次实现水质VOC的GC/MS分析、定性、定量一体化解决方案，成为国内分析仪器发展的重要方向，且具有操作简便、检测高效、结果准确、针对性强等特点，可大幅度提升工作效率。

（席　锴）

**【制定平谷园企业注册管理办法（试行）】** 年内，平谷区政府通过《关于中关村科技园区平谷园企业注册管理办法（试行）》。办法针对国家级高新技术企业和中关村高新技术企业以及登记住所为平谷园的新设企业，区内迁入、区外迁入企业的入园注册问题进行明确规定：通用航空、食品加工、生物医药相关企业注册地为兴谷经济开发区，音乐文创、绿色能源、节能环保相关企业注册地为马坊工业园区，现代物流、电子商务、轨道交通相关企业注册地为马坊物流园区，以实现产业集聚效应；平谷区各乡镇（街道）、委办局招商引资企业，愿意注册在平谷园且符合第一条规定入驻条件的企业，可根据产业类型注册在平谷园内的不同园区，各开发区管委会负责根据其园区的产业定位审核入驻企业类型，并为企业开具平谷园注册地址证明，同时将确定的集中办公区地址向区工商分局备案，进一步规范了园区企业注册管理工作。

（席　锴）

# 怀柔园

2012年10月，经国务院批复，以北京雁栖经济开发区为核心的711.01公顷区域纳入中关村国家自主创新示范区。2013年3月，中关村示范区怀柔园揭牌。园区位于雁栖湖畔，包括核心区西区、中区、南区以及北区1~4区7个区域，已纳入首都半小时经济圈。核心区面积622.96公顷，位于雁栖开发区内；北区48.51公顷，位于怀北镇，属于中国科学院创新基地用地。根据怀柔区建设文化科技高端产业新区的总体目标及“641”整体布局，怀柔园确定总体产业规划，着力打造科技服务产业园、纳米科技产业园、数字信息产业园。科技服务产业园以中科院北京怀柔科教产业园为基础，以建成国家自主创新体系的重要示范基地为发展目标，发展研发和设计服务、创业及产业化服务以及科技咨询服务，聚集了大科学装置、中科院部分科研机构及产业化项目等一大批科技服务资源。纳米科技产业园由市科委与怀柔区政府共同打造，以建成世界知名的纳米科技创新集群、国内领先的纳米科技成果转化基地、北京北部研发服务和高技术产业聚集区新支点为发展目标，重点发展纳米绿色印刷、纳米新能源、纳米生物科技等领域的产品和技术，主要涵盖共性技术研发、科技成果孵化、成果落地转化、产业化支撑服务等四大功能，致力于纳米科技在能源、电子、环境、生物医药四大领域的应用，被科技部评定为“国家纳米高新技术产业化基地”，与苏州纳米科技城形成南苏州、北怀柔的格局，拥有中科院外籍院士王中林领衔的纳米发电机、中科院院士范守善的超顺排碳纳米管、中科院化学研究所宋延林的绿色打印印刷等前沿科技项目。数字信息产业园主要以中科院网络中心为代表，大力培育并加快发展云计算应用、物联网关键技术研发、大型数据中心、数字内容等服务业态，目标是建成特色鲜明、创新能力极强、产业配套完善、具备全国竞争力的数据信息服务基地。园区市政基础设施全面实现“十通一平”，建有变电站、水厂、热力中心、银行等市政配套设施，万方研发服务中心等商务配套，顶秀美泉小镇等生活配套，已有来自美国、英国等17个国家的企业入驻，包括中科合成油技术有限公司、有研粉末新材料（北京）有限公司、奥瑞金包装股份有限公司等。入园企业可享受到国家、北京市、中关村示范区、怀柔区在促进高新技术产业、文化创意产业等方面的各项发展政策。

### 怀柔园管理委员会领导成员

主　　任　周福枢
党委书记　刘怀英
副 主 任　胡静平
　　　　　肖东亮
党委副书记、纪委书记　李建荣

怀柔园

| 序号 | 地块 | 面积 |
|---|---|---|
| 1 | 核心区西区 | 45.10 |
| 2 | 核心区中区 | 425.98 |
| 3 | 核心区南区 | 191.42 |
| 4 | 核心区北区 | 48.51 |
|  | 小计 | 711.01 |

【概况】2013年，怀柔园挂牌运行，中关村示范区“1+6”“新四条”等先行先试政策全面覆盖，主要经济指标稳步增长。年内，园区高新技术企业总数88家；从业人员有1.6万余人；工业总产值109.8亿元；总收入149.4亿元；进出口总额0.7亿美元；税费总额8.1亿元；利润总额18.4亿元；资产总计197.3亿元；科技活动经费支出总额6.9亿元；专利申请量452件，专利授权量309件。

*龙头企业经济持续增长。*高新技术龙头企业持续保持增长活力，是园区经济增长的主要支持力量。奥瑞金包装股份有限公司、北京东明兴业科技有限公司等重点高新技术企业全年增长均在20%以上；汽车零部件及配件制造企业受北京福田戴姆勒汽车有限公司增产的带动，普遍增长较快，全年平均增长率超过30%，增速在所有产业中排名第一。

*签约入区项目显现增长。*园区签约项目26个，包括纳米科技园项目15个、中科院产业化项目7个、其他产业项目4个，计划总投资52亿元。纳米科技园引入王中林院士、范守善院士、周郁院士三大顶尖科学家，与宋延林教授形成纳米科技园四大领军团队；集办公、研发、结算等为一体的华信集团总部基地项目落地园区，总投资6.8亿元，将建设七大中心，带动园区总部经济发展。

*7项重点建设工程进展顺利。*中科院网络中心一期建成并投入使用，二期启动建设；中科院国家空间科学中心一期部分主体结构完工；中科合成油技术有限公司二期一、二号楼封顶，拟进行二次结构施工；北京有色金属研究总院怀柔基地主体结构完工；北京御食园食品股份有限公司扩建及技改一期工程竣工，二期工程即将开工；北京东明兴业科技有限公司新建厂房及附属用房项目取得开工证，拟兴建厂房及附属用房；玛氏巧克力中国总部基地建成并投入使用，将提升对中国市场提供国际品质的高质量产品能力。

*配套设施建设逐步完善。*商务配套方面：由园区自主建设的集餐饮、购物、娱乐、休闲功能为一体的万方研发服务中心一期工程投入运营，和福火锅、汉釜宫烤肉、优客隆超市等服务场所相继开业；万方研发服务中心二期占地4.3公顷的孵化器大楼完成基础施工，建成后将大幅提高开发区的配套设施水平和服务水平；中青旅控股股份有限公司旗下山水时尚酒店试营业，拥有完整的配套设施，用于经营商务旅游酒店及配套商业；北京华中新工贸有限公司2万平方米孵化厂房即将启动建设。生活配套方面：由园区投入200余万元，实施“亮起来”路灯工程，对区内2412盏路灯进行升级改造，主要采用LED节能灯；由园区委托北京思诺淇工贸有限公司投资建设怀柔新城12街区人才公租房，总面积9.2万平方米，共有公租房684套，将优先配租给区内企业，为园区人才引进提供便利的居住条件。教育方面：北京市第101中学怀柔分校主体完工，拟建设成为九年一贯制寄宿学校。

*打造高品质服务软环境。*建立领导干部联系企业服务机制，9位主管领导与区内200余家企业“点对点”的服务，至年底，受理企业诉求300余件，且件件有着落，事事有回音；公共宣传服务平台利用开发区自有媒体资源为区内企业提供宣传服务，45家企业被纳入平台；社保所完善服务功能，实现现场办理社保卡申请、挂失等相关业务；完成500平方米展厅改造升级，对区内企业的创新成果通过视频、图片、实物等进行全方位展示。

（雷思源）

【雁栖经济开发区建区20周年答谢会举行】1月15日，由雁栖开发区管委会主办的“北京雁栖经济开发区建区20周年答谢会暨企业家联谊会”在雁栖眉州生态园举行，区政府相关领导出席，20位老干部及150家企业的代表参加。会上，为开发区评选出的21家2012年最佳投资效益企业、精神文明建设优秀企业、经济贡献杰出企业、最具发展潜力企业、最佳科技创新企业、慈善捐助先进企业、安全生产明星企业颁奖；推选中科合成油技术有限公司执行总裁郑大为任开发区企业家联谊会2013年轮值主席。开发区经20年发展，由最初的工业开发区发展成为经济开发区，形成科技服务产业园、都市产业园、数字信息产业园及纳米科技产业园四大产业格局。

（郝　晶）

【2家企业获统计诚信单位称号】2月27日，在怀柔区2013年统计工作会议上，对2012年度统计工作中成绩突出的优秀单位及个人进行了表彰。全区10家单位企业获统计诚信单位称号，30人获统计工作先进个人称号。其中，怀柔园北京御食园食品股份有限公司、北京市长城伟业投资开发总公司2家企业获2012年度区统计诚信单位称号。

（蒋　盟）

【中关村怀柔园获授牌】3月7日，中关村国家自主创新示范区怀柔园授牌仪式在雁栖开发区举行，副市长苟仲文、市政府副秘书长戴卫、中关村管委会主任郭洪、怀柔区区长齐静等相关领导出席。该园规划面积711.01公顷，包括核心区西区、中区、南区以及北区1~4区共7个区域。怀柔园纳入中关村示范区“一区

十六园”体系后，将着力打造中科院北京怀柔科教产业园、北京纳米科技产业园、互联网创新产业园三大特色产业园，充分利用中关村“1+6”系列先行先试政策和标准体系，促进怀柔园的产业结构优化升级。同时，在体制机制、各项政策、信息资源等方面将尽快实现与中关村示范区的全面对接，加快产业发展规划和控制性详细规划的编制，制定相关政策落地的实施细则，与中关村管委会建立重大项目引进、建设的联动工作机制，由中关村创新平台统一协调项目纳入绿色通道，提高重大项目引进的质量和效益。

（赵 敏）

**【北京纳米科技产业园孵化器建设项目开标】** 3月18日，由区科委主办的北京纳米科技产业园孵化器建设项目开标仪式在光耀东方广场举行，区科委、北京市长城伟业投资开发总公司、竞标单位等相关人士参加了仪式，标志着北京纳米科技产业园建设正式启动。该园坐落在雁栖开发区内，规划总面积331公顷，首期规划用地约33.3公顷，由市科委与怀柔区政府合作共建，2012年4月21日揭牌，将集科技创新、成果孵化、产业支持等功能于一体，致力于促进纳米产业链的聚集发展，推动纳米技术在能源、电子、环境、生物医药四大领域的应用。首批5家企业与雁栖经济开发区管委会签约入驻园区，包括五和动力技术有限公司的“纳米磷酸铁锂正极材料产业化”、北京有色金属研究总院的“微纳米化高比容锂电池关键材料”、中科纳通电子技术有限公司的“绿色打印RFID电子标签天线产业化”、北京首创纳米科技有限公司的“低辐射节能玻璃用纳米材料及镀膜技术产业化”以及北京欧亚瑞康新材料科技有限公司的“纳米口腔修复材料”，涵盖新能源、电子信息、医疗等领域。至年底，园区签约纳米项目15个。

（李 萍）

**【北京市纳米材料绿色印刷产业发展工作会召开】** 3月，由市科委主办的北京市纳米材料绿色印刷产业发展工作会在北京中科纳新印刷技术有限公司召开，市科委、市人力社保局、市环保局、中关村管委会、区政府等单位有关领导及相关负责人参加了会议。会上，中科院化学所相关人员对纳米材料绿色印刷产业的发展情况进行汇报，与会人员就如何支持纳米材料绿色印刷产业发展达成共识：将北京纳米科技产业园纳入北京市重点支持的园区，由市科委、中关村管委会、区政府等单位研究具体政策；逐步解决中科纳新公司的人才引进问题；在报纸印刷方面的应用推广，由市科委立项给予相应支持；在交通票卡方面的示范应用，由市科委与相关单位进一步磋商。

（郝 晶）

**【东明兴业新地块项目取得开工证】** 3月，北京东明兴业科技有限公司位于雁栖开发区内的新地块建设项目开工，拟兴建厂房及附属用房。8月，公司取得相关部门颁发的开工许可证。该地块用地性质为一类工业用地，总用地面积约5.66公顷，其中建设用地面积约3.45公顷、代征道路用地面积约0.56公顷、代征绿化用地面积约1.65公顷，规划建设规模地上建筑面积约为5.18万平方米，并确定准确的用地边线和用地坐标。公司是以精密模具、冶具、塑料制品的加工为主体，集设计、生产、科研于一体的高新技术企业。

（杨 婕）

**【电子所怀柔园区投入使用】** 4月，中科院电子学研究所怀柔园区一期、二期工程建设竣工，交付验收。该所是第一批进入怀柔科教产业园的项目，位于雁栖开发区北端，2009年9月开工，占地面积6.75公顷，其中建设用地面积6.09公顷，总投资约4.1亿元，规划建筑面积约7.5万平方米。一期、二期工程共7个单体建筑，建筑面积约6万平方米，包括空间行波管及大功率速调管研发生产楼、高速高精度加工中心、环模中心等，以及液氮储罐、氢气汇流排、新风系统、循环水等配套和食堂、研究生宿舍、职工之家等后勤保障设施。园区将重点布局微波真空器件、合成孔径雷达两大主体领域，并以科研为支撑、以军工技术应用为载体成立若干高技术公司。5月2日，中科院电子学研究所怀柔园区启用大会召开，电子所有关领导出席并讲话，相关部门干部、职工共约80余人参加。至年底，第一批设备调试完成。

（赵 敏）

**【“1+6”先行先试政策宣讲团走进怀柔园】** 5月7日，中关村管委会联合市国税局、市地税局组织的“1+6”先行先试政策宣讲团走进怀柔园并在雁栖开发区管委会举行政策宣讲。区政府、区各委办局、部分企业的代表200余人参加。中关村管委会相关负责人介绍了中关村示范区整体空间规模和布局设置，重申了开发区发展高科技，促进科技成果转移、转化，实现科技成果产业化的发展目标，提出科技创新型企业的发展离不开科技和金融的紧密融合。市国税局、市地税局相关人员分别就企业重点关注的先行先试政策、税收政策以及股权奖励政策进行深入解读。与会企业代表表示，要继续学习和运用各项科技创新和改革政策，加大企业自主创新能力建设，为怀柔园未来发展做出更大的贡献。

（李　萍）

**【郭金龙一行到中科合成油公司视察】**5月9日，市委书记郭金龙一行在怀柔区调研时，到中科合成油技术有限公司参观视察。市领导赵凤桐、苟仲文以及区政府、雁栖开发区管委会等单位相关领导陪同。郭金龙一行听取公司发展历程，包括科研人员构成、各实验室组成及功能等方面的介绍，了解中温浆态床费托合成技术工艺流程、百万吨级煤制油项目进展情况，参观了公司研发中心表征测试、油品及化学分析、激光显微拉曼光谱、扫描电子显微镜、X射线光电子能谱以及催化剂评价等实验室，就FT产品转化率、FT合成核心技术及产品性能以及煤炭间接液化技术等研究状况进行询问。郭金龙对公司的发展状况，取得的技术成果给予了充分肯定。中科合成油公司研制的煤制油技术已申请技术专利100余件，获授权国际专利14件、中国发明专利80余件，制定煤制油技术国家标准2项，拥有煤制油工艺设计软件版权1件。

（雷思源）

**【纳米能源所与开发区管委会签署意向用地协议】**5月20日，中科院北京纳米能源与系统研究所、雁栖开发区管委会“科研园区建设项目意向用地签约仪式”在北京纳米能源所举行。仪式上，所长王中林、管委会

主任周福枢分别代表双方签署《北京雁栖经济开发区意向用地协议》。纳米能源所初选地块为雁栖经济开发区D区，拟用土地总面积6.1公顷，将设立材料物性、微纳能源、微纳系统、压电电子学、压电光电子和耦合传感等6个研究部，重点建设纳米材料制备、纳米材料表征、微纳制造与加工、纳米生物与环境、纳米光电测量等5个技术支撑平台。

（王　磊）

**【雁栖开发区与启迪孵化器签约】**5月24日，在“北京市科技企业孵化器及大学科技园工作会议”上，雁栖开发区与北京启迪创业孵化器有限公司就纳米科技项目孵化与产业化对接合作签署《北京市雁栖经济开发区管理委员会与清华科技园共建“清华科技园怀柔园”框架协议》。根据协议，双方将共同推动，使纳米科技产业园成为北方乃至国内纳米产业创新及产业联盟重要基地。启迪孵化器公司负责为开发区引进纳米产业，组织并推动重大产业化项目优先在园区落户、注册、纳税及结算，争取市相关科技政策向园区项目倾斜。雁栖开发区作为清华科技园纳米产业化基地，将设置专项资金，支持重大科技项目引进。

（张　蕾　康秋红）

**【雁栖开发区获市总部经济发展新区称号】**6月1日，在第二届中国（北京）国际服务贸易交易会“北京主题日”活动中，市商务委授予4个园区首批“北京市总部经济发展新区”称号，雁栖开发区名列其中。经过20年的发展，雁栖开发区形成由都市产业园、科技服务产业园、北京纳米科技产业园、数据信息产业园构成的“一区四园”的产业格局，入驻总部企业31家，占开发区规模以上企业数量的40.2%。根据相关政策，北京市总部经济发展新区内的总部企业，除享受市级各项奖励、补助政策外，还将优先享受各项个性化的服务以及配套扶持政策，以加快区内总部经济发展。

（史　琳）

**【2家企业获市著名商标】**6月5日，市工商局发布《关于认定谷雨等179件商标为2012年度北京市著名商标的通知》。雁栖开发区2家企业榜上有名，即北京金田麦国际食品有限公司的“伊田面馆”，商品或服务为“面粉制品、米粉”，商标注册号“1583311”，类别“30”；北京联合荣大工程材料有限责任公司的“RD”，商品或服务为“耐火材料”，商标注册号“1437654”，类别“19”。至年底，怀柔园共有北京市著名商标7件。

（史　琳）

**【超顺排碳纳米管阵列产业化项目落户雁栖】**6月18日，“清华大学碳纳米管项目落户雁栖开发区签约仪式”在

雁栖开发区管委会举行，市科委、区政府相关人员参加。根据协议，清华—富士康纳米科技研究中心超顺排碳纳米管阵列产业化项目入驻北京纳米科技产业园，计划建设碳纳米管超顺排阵列、薄膜、线材的生产和研发基地，一期厂房面积3000平方米，主要生产8英寸直径的碳纳米管原材料，每个月可制作出300万片手机触摸屏。超顺排纳米管阵列是由高质量的碳纳米管整齐排列而成的一种新型材料，可以直接制膜或者拉丝，在触摸屏、超细导线、瞬时加热器、超薄扬声器等多个领域具有极其广阔的应用空间。此次签约的产业化项目主要是生产制作手机触摸屏的原材料。

（赵　敏）

**【北京纳米科技产业园晋级“国家队”】**6月18日，“北京国家纳米高新技术产业化基地专家论证会”在雁栖开发区管委会召开。市科委、区政府相关领导出席。专家组先后参观北京中科纳新印刷技术有限公司、北京中科纳通电子技术有限公司等企业，对纳米印刷、纳米膜材料等项目进行实地考察，一致同意北京纳米科技产业园晋级“国家队”。该园主要涵盖纳米领域共性技术研发、科技成果孵化、成果落地转化等功能，致力于纳米科技在能源、电子、环境、生物医药四大领域的应用，并以下游应用带动上游纳米材料、纳米加工、纳米器件等产业链各环节实现快速聚集发展。至年底，园区落地签约的纳米成果转化和产业化项目29个，计划总投资约45亿元，有研粉末新材料（北京）有限公司等6个项目投产，初步形成纳米绿色印刷、纳米能源、纳米水处理材料、新型显示材料等产业快速聚集发展的格局。

（喻思阳）

**【碧水源公司获百家污水处理厂满意设备品牌】**6月28日，在“2013（第七届）环境技术论坛”上，“2012—2013年度污水处理厂设备用户满意度调查”评选结果揭晓，北京碧水源科技股份有限公司“膜”获中国水网颁发的“2012—2013年度水业用户满意设备品牌颁奖仪式百家污水处理厂满意设备品牌”。碧水源公司在雁栖高新技术创新基地建有亚洲最大的膜技术研发中心和生产基地，拥有产能达400万平方米/年的PVDF微滤膜（用于污水处理）和200万平方米的超滤膜（用于自来水处理），以及相应规模的膜组器；与清华大学合作组建的碧水源—清华环境膜研发中心，承担国家863计划项目、国家水专项、国家科技支撑计划等重大课题，研发出的拥有完全自主知识产权的膜生物反应器（MBR）污水资源化技术，解决了膜生物反应器的三大国际技术难题：膜材料制造、膜设备制造和膜应用工艺。（活动由中国水网联合国家环境保护技术管理与评估工程技术中心举办，在国内外400余个设备品牌中展开，从使用效果、设备故障率、售后服务、性价比、运行成本和维修成本六大指标考查。）

（董　珊）

**【《北京纳米科技产业园发展规划》出台】**6月，雁栖开发区管委会出台《北京纳米科技产业园发展规划》。《规划》从发展背景、面临机遇、重大任务、政策保障4个层面，分别阐述纳米产业在国际、国内的发展前景以及存在的机遇和挑战，同时结合怀柔区的科技、环境、政策等资源，提出“创新融合、产研合作、应用示范、规模提升”的目标，明确园区将重点发展纳米绿色印刷、纳米新能源、纳米生物科技、纳米新型显示材料。《规划》还确定构建科学的项目衔接机制、规划合理的园区空间布局、搭建创新的项目孵化体系、建立完善的综合配套服务、设计有效的人才集聚机制等5项重点任务及相应的保障措施。

（李　萍）

**【华信集团北京总部基地落户雁栖】**6月，雁栖开发区与邯郸市华信实业集团有限公司签署协议，华信集团北京总部基地项目落户雁栖开发区。基地占地面积3.4公顷，总投资6.8亿元，将建设七大中心：集团总部办公中心、金融服务中心、精品陈列展示中心、企业联合总部中心、科研孵化中心、电子商务中心和现代农业科技研发中心，已取得营业执照和税务登记证。华信集团是河北省的一家大型民营企业，始创于1991年，总部设在邯郸市，主要经营范围涉及汽车销售、钢材经营、文化传媒等多个领域。

（耿晓夏）

**【2个产业化项目落户雁栖】**7月2日，在“中外投资机构暨民营企业北京投资发展洽谈会”上，海杰亚（北京）医疗器械有限公司、北印东源新材料科技有限公司2项亿元项目完成签约，落户雁栖开发区。中科院

理化研究所与海杰亚公司联合开发的“高低温复式消融肿瘤微创治疗系统（康博刀）产业化项目”，主要优势在于“双刀融合，性能显著超越单一性物理消融手段、治疗快速精准，彻底摧毁肿瘤效果确切、术后患者恢复快、住院时间短”，其产品所应用的纳米技术体现在“纳米冷冻——通过在治疗靶向区域加载具有特定功能的纳米颗粒及其溶液，根据需要实现强化或弱化传热过程以达到低温医学治疗的目的”。项目总投资 3.2 亿元，在北京东方医院进行临床试验，预计 2016 年投产。北印东源公司的“高阻隔、抗迁移绿色包装薄膜产业化项目”核心技术来源于北京印刷学院等离子体研究室，采用磁场增强 roll–to–roll 工艺制备高阻隔包装薄膜，是对传统电子器件封装的转型升级、创新、开拓，目标市场定位为食品、药品、电子产品包装等领域。项目总投资 1.02 亿元，拟建设用于电子封装和高阻隔薄膜材料的等离子体化学气相沉积纳米薄膜示范生产线 9 条。

（崔银龙）

**【杜邦营养食品配料（北京）有限公司开业】** 7 月 12 日，由杜邦营养食品配料（北京）有限公司主办的“杜邦营养食品配料（北京）有限公司开业庆典”在公司本部举行，标志着杜邦营养与健康事业部的封装益生菌产品即将进入市场。2011 年杜邦公司收购位于雁栖开发区内的一家食品加工厂——北京绿柔浆果饮料有限公司，将其改造为技术先进的复配与包装工厂，以服务全球特别是中国和亚太区的膳食补充剂和食品饮料客户。新厂将生产含有丹尼斯克 HOWARU 品牌的优质益生菌以及 FloraFIT 品牌定制复配益生菌的市场终端产品。

（杨　婕）

**【北京科技政策法规宣讲团走进纳米科技园】** 7 月 18 日，由区科委、雁栖开发区管委会承办的“北京科技政策法规宣讲团走进纳米科技园政策专题宣讲会”在雁栖开发区举办。红牛维他命饮料有限公司、有研粉末新材料（北京）有限公司等 70 余家企业以及中科院相关院所的代表约 100 人参加。市科委相关处室负责人分别就北京市支持企业开展技术创新的主要做法、市重点实验室和工程技术研究中心认定与管理政策，高新技术企业认定、技术先进型服务企业认定、研发经费加计扣除、技术合同登记，科技新星、百名领军人才、千人计划、海聚工程，纳米跃升工程、市科委与怀柔区支持纳米产业发展政策，科技金融政策、工商银行北京分行“科技通”产品等内容进行介绍。

（黄　亮）

**【博萨公司配件生产线 H 线投产】** 7 月，北京博萨汽车配件有限公司冲压生产线 H 线投产。生产线由齐齐哈尔第二机床厂生产的 1600 吨多连杆压力机为主的 5 台压力机组成，总投资 9000 余万元，安装德国 SMT 涂油清洗以及德国力士乐数控液压垫，采用瑞士 ABB 自动化机器人连线。生产线主要产品为高质量汽车外板，日均生产能力 1.6 万件，合计产能 400 万件 / 年。

（王振楠）

**【有色总院怀柔分院开工建设】** 8 月 1 日，北京有色金属研究总院怀柔分院建设项目开工。怀柔分院位于雁栖开发区 13 街区 058 号地块，建筑面积 7 万平方米，占地面积 15.3 公顷，其中建设用地面积 12.8 公顷，代征道路面积 2.5 公顷，项目总投资 5.5 亿元。怀柔分院主要定位于有色金属新材料战略高技术和前沿技术研发、产业化关键技术和行业共性技术开发、中试生产和成果孵化转化。此次入驻包括 10 个项目，即国家有色金属复合材料工程技术研究中心、有色金属材料制备加工国家重点实验室、生物冶金国家工程实验室、加工工程研究中心、能源材料与技术研究所、先进电子材料研究所、超导材料研究中心、粉末冶金及特种材料研究所、矿物资源与冶金材料研究所、多品种小批量高水平军用有色金属材料科研生产基地。

（杨　婕）

**【中科佰能公司落户怀柔科教产业园】** 8 月 8 日，中科佰能科技股份有限公司与北京市长城伟业投资开发总公司签署用地协议，落户怀柔科教产业园。项目总占地面积约 2 公顷，建设用地 1.87 公顷，计划投资 3.21 亿元，拟建设年产 20 万套（90 万平方米）新型真空集热管式太阳能热水器生产线（中温产品）和年产 3 万套分布式太阳能中高温集热器、储热器生产线（中高温产品）。项目所属中科院自动化所，主要研发、生产可吸收利用 200℃以上的太阳能高温产品，以“太阳能高温热能”技术为主攻方向，采用高温集热、高温换热、相变储热、综合用热技术，为工业及家庭提供结构简单、制造成本低、适用范围广、换热效率高、空间利用率高的太阳能蒸汽供热系统。项目已通过市规委审核，计划2015年开工。

（耿晓夏）

**【纳米压印项目入驻纳米产业园】** 8月16日，由市科委主办的“纳米压印项目落户北京纳米科技产业园签约仪式”举行，市科委、区政府等单位相关领导出席。美国普林斯顿大学终身教授周郁团队“纳米压印LED图形衬底产业化项目”签约意向入驻纳米产业园，成立北京市纳米压印技术及应用产业化中心，将普林斯顿大学实验室成果在中国实现产业化。纳米压印技术是21世纪重大技术发明，与传统的微米图形衬底技术相比，制作的LED芯片具有更高发光效率，且成本低、操作简单，在数据存储、固态照明、平板显示、半导体制造、生化检测等领域正在逐渐得到应用，被列为半导体国际路线图的下一代重点发展技术，并被麻省理工科技周刊评为“将改变世界的十大新兴技术之一”。

（耿晓夏）

**【高能所民用核技术产业化生产基地落户雁栖】** 10月29日，中科院高能物理所的民用核技术产业基地项目落户雁栖开发区。2010年10月，高能所与雁栖开发区就此项目签订意向协议，基地占地面积2公顷，计划投资1.5亿元，主要建设民用核技术项目孵化及产业化公共专业支持平台，前期孵化项目主要包括工业辐照加速器、核医学成像设备、精密检测和安全检测设备等，同时提供面向中关村示范区的专业技术公共平台，计划2015年开工。

（耿晓夏）

**【科卫临床诊断试剂公司落户雁栖】** 10月，北京科卫临床诊断试剂有限公司与北京市长城伟业投资开发总公司签署《厂房租赁合同》，作为北京纳米科技产业园引入的首个纳米生物医药类项目，落户雁栖开发区。北京科卫公司前身为中国人民解放军第302医院1990年创建的北京科卫临床诊断试剂厂，是国内传染病领域体外诊断试剂产业化的先驱者，在乙肝病毒、艾滋病病毒等检测领域有较大的成就。公司拟在纳米科技产业园租用厂房建药品GMP生产车间，总投资2亿元，组织实施纳米抗体产业化项目，预计2014年6月投产。

（耿晓夏　温会姣）

**【智能型固体绝缘环网柜全自动化生产线启动】** 11月11日，北京双杰电气股份有限公司在雁栖开发区新投产的生产基地内举办“双杰电气57快线暨智能型固体绝缘环网柜全自动化生产线启动仪式”。中国电力企业

联合会、国家电网公司以及国内外科研院所的领导和专家，双杰电气公司的合作伙伴300余人出席。“57快线”即第二代固体环网柜生产线，设在双杰电气公司与天津天一建设集团有限公司合作建设的二期智能化厂房，由原材料立体库、自动物流输送系统、核心部分SVS开关装配生产线、SVS开关立体库、SVI整柜的装配生产线、全自动化的钣金生产线、全自动化钣金指挥监控系统、全自动化生产信息管理系统八大部分组成，配置先进的自动化设备，如视觉化机器人、数控拧紧机、AGV、伺服穿梭机等，自动化率达到70%左右，实现了物料入库、输送，产品装配生产线、检测，生产信息管理的自动化。整个生产系统由中央信息系统操控运行，呈“作业岛”式布局，把相类似的设备，相同作业模式的工位，集中在各个模块化的区域，然后通过全自动物流设备把各工作区连接成一个有机整体，最大限度地提高设备和人员的使用率。“5”代表“57快线”中设备装配最高容许误差为0.5毫米，“7”代表“57快线”可实现7分钟1台产品下线的高生产效率，如果单班运行，年产量可达3万台回路。仪式上，推出固体绝缘环网柜第二代产品，可靠性、安全性都有较大的提升，产品的体积减小，外观设计也更加亮丽。

（雷思源　杜　玲）

**【超级云计算中心建设进展顺利】** 11月14日，中国科学院北京超级云计算和国家重要信息化基础平台建设项目一期竣工。项目位于怀柔科教产业园内，总投资4.3亿元，总占地面积3.34公顷，总建筑面积7万平方米。其中一期2011年11月启动，投资额2.3亿元，占地1.4公顷，建筑面积3.5万平方米；二期投资额2亿元，占地1.94公顷，建筑面积3.5万平方米，8月20日启动，拟建设5个互联网核心公共服务平台：公共云计算和云存储服务平台；集系统设计开发、资源集成、平台资源管理、应用开发及性能优化于一体的超级云

服务平台；域名增值云服务平台；第三方网络数据平台；咨询公共服务平台。全部建成后将实现三大功能定位：院市共建千万亿次机的超级计算环境，为地方提供先进信息化设施服务；两地三中心的重要部署，即北京同城信息化设施的重要备份中心、国家域名顶级节点同城灾备中心；面向科研信息化与区域信息化需求服务的平台。投入使用后将实现每秒2000万亿次的超算能力，为国内最大的超级云计算中心，应用于生物医药、智能交通、生态环境规划等领域。

（耿晓夏）

**【中科纳通公司参展美国印刷电子展览会】** 11月20—21日，世界最大的印刷电子、柔性和有机电子行业盛会2013美国印刷电子展览会（Printed Electronics USA 2013）在加利福尼亚圣克拉拉市举行。中科纳通电子技术有限公司是国内唯一参展企业，现场展示其自主知识产权研发的成熟产品，包括纳米银粉、纳米银浆（丝印）、纳米银墨水（压印）、石墨烯和柔性印刷电路等。中科纳通公司将纳米导电材料专利技术同先进的印刷电子工艺结合，生产高效环保的印刷电路产品，解决传统蚀刻电路板制造过程中蚀刻曝光、电镀等高能耗、高污染问题。

（雷思源）

**【玛氏巧克力中国总部基地落成】** 12月16日，由玛氏食品（中国）有限公司主办的“玛氏巧克力中国总部基地落成典礼”在玛氏巧克力中国总部基地举行，主题是“新未来　新起点”。项目2010年落户雁栖开发区，位于玛氏食品公司现有厂区南部地块内，总投资1.3亿元，总建筑面积约1.42万平方米，是一座以国际LEED金级认证为目标的“绿色”建筑，是美国玛

氏公司在中国的行政管理中心、结算中心、人才发展中心以及科技研发中心。其投入使用，将提升该公司对中国市场提供国际品质的高质量产品能力，扩大对周边国家的出口规模。

（张　蕾）

**【中青旅山水酒店·怀柔雁栖店试运行】** 12月20日，由中青旅山水酒店投资管理有限公司主办的“中青旅山水酒店·怀柔雁栖店竣工暨试运行仪式”举行，主办单位相关领导出席。3月27日，中青旅山水公司与北京市长城伟业投资开发总公司签约。酒店是中青旅

山水时尚酒店连锁店，位于万方研发服务中心一期J楼，总建筑面积1.61万平方米，地上10层，地下2层，计划投资2000万元，拥有180余间客房，并配备有中西餐厅、会议室、泳池、健身房、KTV等完整的配套设施，用于经营商务旅游酒店及配套商业，涉外四星级。中青旅山水公司的入驻为开发区发展高端产业提供配套支撑，其品牌和旅游服务水平将带动怀柔整体旅游服务业水平的提升。

（雷思源）

**【饲用微生物工程国家重点实验室通过验收】** 12月30日，《科技部关于高性能土木工程材料等19个国家重点实验室通过验收的通知》下发，饲用微生物工程国家重点实验室名列其中。实验室依托北京大北农科技集团股份有限公司，2010年由科技部批准建立。实验室创立以来，一直致力于饲用微生物工程领域的研发工作，整合国内外先进的饲用微生物科技资源，加速饲用微生物工程领域技术成果的中试转化，有效促进了生物饲料产业的发展，对于大北农集团产学研的紧密合作开发、国内现有生物饲料重大关键共性技术开发平台的水平和功能起到了催化提升的作用。

（李　鑫）

**【30家企业获雁栖开发区优秀企业称号】** 年内，雁栖开发区管委会对入区企业在经济发展、科技创新、安全生产、精神文明建设等领域取得的优异成绩进行表彰，特设五大奖项，30家企业获2013年优秀企业称号。其中，北京罗麦科技有限公司、京天威瑞恒电气有限责任公司等5家企业获精神文明建设优秀企业奖；北京北起意欧替起重机有限公司、北京博萨汽车配件有

限公司等5家企业获安全生产优秀企业奖；北京太尔时代科技有限公司、北京中科纳通科技有限公司等5家企业获最佳科技创新企业奖；北京福思特汽车电线有限公司、北京康普锡威科技有限公司等5家企业获经济发展潜力明星企业奖；玛氏食品（中国）有限公司等10家企业获经济贡献十强企业奖。

（雷思源）

**【SMT用环保型无铅焊料及其旋转盘雾化制备技术的研究与应用获市科学技术奖】** 年内，北京康普锡威科技有限公司等单位的徐骏等完成的“SMT用环保型无铅焊料及其旋转盘雾化制备技术的研究与应用”获北京市2013年度科学技术奖二等奖。项目属新材料技术领域。通过在Sn–Cu、Sn–Ag–Cu等中温软钎焊材料基础上添加改性元素，大幅提高无铅焊料的可焊性、可靠性，使之综合性能更接近原来的Sn–Pb共晶焊料；利用焊料内部金属间化合物横向钉扎脆性解理面，改善Sn–Bi系低温软钎料最突出的脆性问题；采用纳米增强的方法，为现有高铅含量的高温软钎料无法实现无铅化替代问题提出一种新的解决方法；突破旋转盘雾化制粉的超高速电主轴应用和旋转雾化盘设计等核心雾化技术，研制出适用于高品级焊粉类软质粉末的高速旋转盘雾化器；采用新型的DCS集散式控制系统设计，实现焊粉制备工艺过程全部参数调整、控制的自动化；开发出精确气动分级技术及超声振动筛分装置，分级精度达±2微米。项目建成2条年产2000吨SMT用合金焊料（粉）产业化示范生产线，可实现24小时不间断稳定雾化生产。成果获授权发明专利5件、实用新型专利1件。

（雷思源）

**【雁栖开发区规上企业专利总数达1160件】** 至年底，雁栖开发区规模以上企业112家，拥有专利的企业51家，占企业总数的46%，专利总数1160件。其中，发明专利321件、实用新型431件、外观设计408件，涉及包装印刷、汽车电线等领域。

（史　琳）

**【3家企业获中关村专利促进资金资助】** 年内，雁栖开发区内3家企业的11件专利获中关村专利促进资金资助，包括有研粉末新材料（北京）有限公司5件、北京大北农动物保健科技有限责任公司3件、北京碧水源膜科技有限公司3件，涉及纳米等领域，共获资助资金5.5万元。

（史　琳）

# 密云园

2012年10月，经国务院批复，中关村示范区密云园成立，包括密云经济开发区A、B、C区和生态商务地块1、2、3共6个区域，总规划占地面积1000.81公顷。2013年5月，密云园获授牌，区内企业可全面享受到国家、北京市、中关村示范区的各类优惠政策。1992年5月，经市政府批准，密云县工业开发区成立，2000年升级为市级开发区。2006年12月，经发展改革委验收，更名为北京密云经济开发区，位于密云县城西南部。2007年，成为中关村高新技术产业共建基地。经20年的建设，开发利用面积1255公顷，其中A区和B区规划占地面积735公顷、C区规划占地面积520公顷，全面实现"九通一平"，综合配套服务齐全，供水、排水、供电、通信、供热、天然气、道路等市政基础设施完备，能够为企业投资提供良好的发展环境。园区已初步形成以福田汽车北京多功能汽车厂为代表的汽车及零部件产业，以北京仁创科技发展有限公司为代表的新型建材产业，以今麦郎饮品股份有限公司为代表的食品饮料产业，以中国人保财险电子商务北方运营中心为代表的电子信息产业，以北京康辰药业有限公司为代表的生物医药产业等五大主导产业。开发区结合县委、县政府建设"绿色国际休闲之都"的发展定位，着力把生态环境优势转化为经济发展优势，且提出打造"'总部经济+标杆工厂'基地、现代制造业和数字信息产业基地"两大功能区的总体规划。教育部、科技部、农业部、市政府、市经济信息化委相继批准在开发区建立"中国高校科技产业基地""国家火炬计划北京绿水高新技术产业基地""全国农产品加工业示范基地""北京高新技术成果孵化基地""北京汽车零部件产业基地""北京数字信息产业基地""生态工业园试点园区"。密云生态商务区位于新城南端，2010年10月成立，总体规划面积694公顷。2011年5月，市政府专题会议审议通过《密云生态商务区的概念性规划》，明确其发展与建设"要坚持一流标准，大力发展符合生态涵养发展区功能定位要求的高端生态商务产业，与城市核心区功能优势互补的高端服务业，吸引高端商务、休闲消费"。其定位是立足北京面向国际，建设绿色低碳生态特色总部基地，打造首都乃至全国首屈一指的"山水商务、田园总部"。商务区一期包括A、B、C 3个地块，生态乐活城、中央公园、五彩城商业综合体等项目已开工建设，华电环球（北京）贸易发展有限公司、中金投资（集团）有限公司等企业已先后入驻。2013年6月，商务区被市商务委授予首批"北京市总部经济发展新区"。

## 密云经济开发区管理委员会领导成员

主　任　李洪山

副主任　曹文秀　王武军

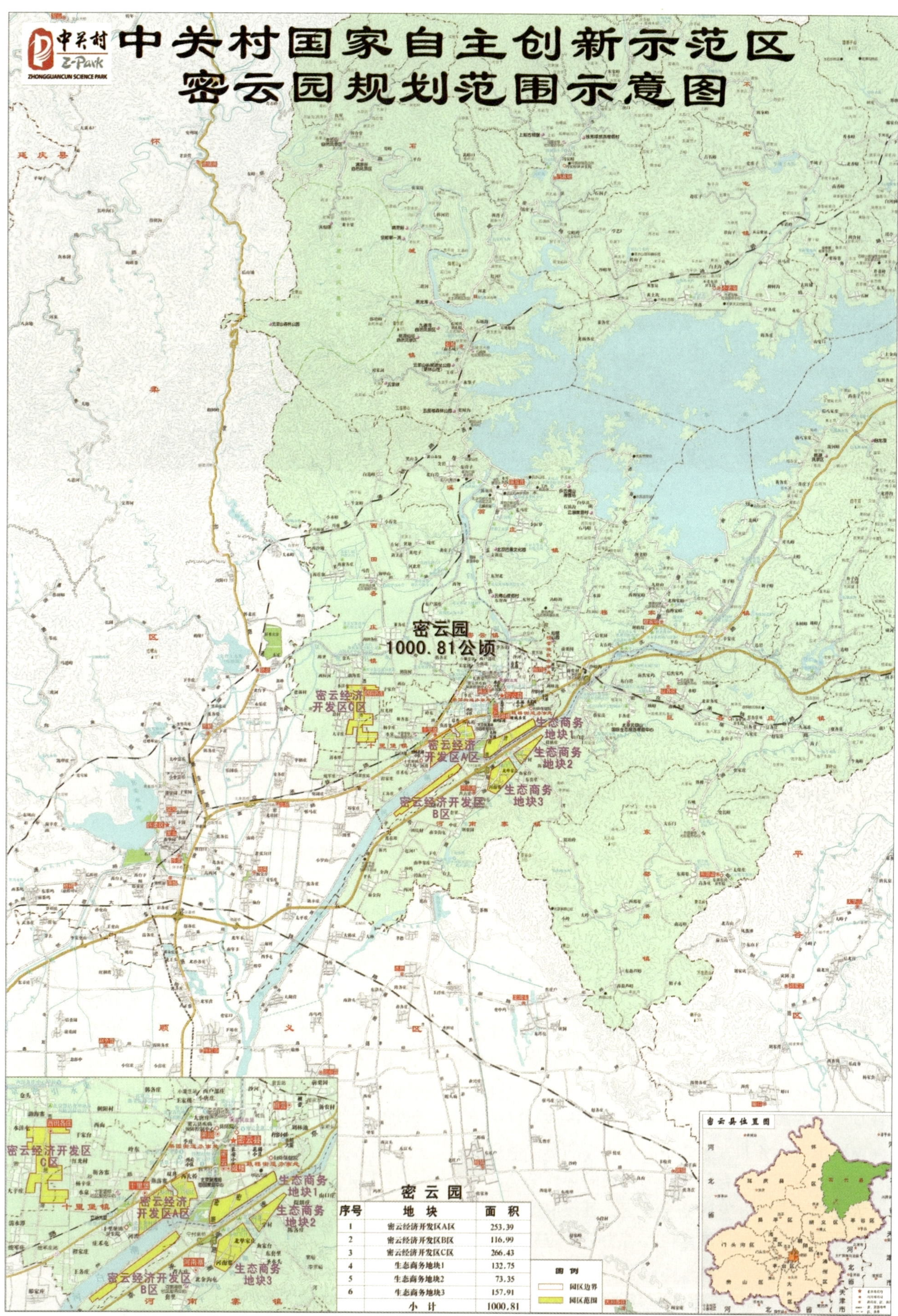


密云园

| 序号 | 地块 | 面积 |
|---|---|---|
| 1 | 密云经济开发区A区 | 253.39 |
| 2 | 密云经济开发区B区 | 116.99 |
| 3 | 密云经济开发区C区 | 266.43 |
| 4 | 生态商务地块1 | 132.75 |
| 5 | 生态商务地块2 | 73.35 |
| 6 | 生态商务地块3 | 157.91 |
|  | 小计 | 1000.81 |

【概况】2013年，密云经济开发区圆满完成全年各项工作任务。年内，园区高新技术企业总数25家；从业人员9702人；工业总产值93.4亿元；总收入112亿元；进出口总额1.3亿美元；税费总额6.4亿元；利润总额8.9亿元；资产总计123亿元；科技活动经费支出总额4亿元；专利申请量93件，专利授权量89件。

*对接工作成效明显*。北京中防恒立人防设备有限公司等17家企业获国家高新技术企业认定，北京三辰化工有限公司等66家企业先后入选中关村高新技术企业，有资格享受中关村示范区以及当地政府部门各项优惠政策；21家企业加入中关村信用促进会，5家被评为“统计诚信单位”，在增强信用信息应用与服务能力、搭建银政企沟通交流平台方面发挥了积极的作用；北京格兰特膜分离设备有限公司等18家企业入围“瞪羚计划”，且获中关村管委会的贷款贴息等优惠；中科恒源科技股份有限公司等3家企业被认定为市企业技术中心；北京国电四维清洁能源技术有限公司等6家企业入选市专利试点单位。

*服务体系趋于完善*。以打造“手续办理、政策对接、银企对接、培育上市、就业对接、协会交流”六大服务平台为重点，协助企业融资，推荐企业申报政策扶持资金，为企业上市提供全方位服务；开展“新四条”和“1+6”先行先试政策宣讲活动7次，覆盖园内企业205家；北京康辰药业有限公司的“出血性疾病药物北京市工程实验室”获市科委认定。

*招商引资效果明显*。引进美国希马克资本控股有限公司、京沈（京冀）铁路客运专线有限公司等企业53家，招大引强战略得到有效贯彻；盘活小散低劣企业10家，涉及土地面积20公顷，地上建筑物5.79万平方米；通过二次招商，引进落地实体项目8个，协议投资额4.47亿元。

*基础设施改造升级*。A区16条道路、B区2条道路升级改造工程全面竣工，总长21.46千米；对兴盛南路、科技路等6条重点道路进行绿化美化升级改造，总面积15万平方米，栽植各种苗木60余万株，形成三季有花、四季常绿、红叶迎秋的优美景观；生态商务区华润生态乐活城中央公园开工建设，囊括城市豪宅、高端生态写字楼、星级酒店等多种城市功能性业态。

*规划设计取得突破*。为期3年的A区规划修编取得市政府批复；《关于密云生态商务区0104、0105、0304、0305街区调整后规划水资源论证报告的批复》《关于密云新城MY00-0104-0065、MY00-0105-0089等地块控规审查意见》等分别获市水务局、市规委批复；绿地控股集团以18亿元中标A-2地块，占地面积41公顷，总建筑体量44万平方米。生态商务区被纳入北京首批绿色生态示范区，被市商务委认定为“北京市总部经济发展新区”。编制《城市设计和生态导则》，将国际主流生态规划理论以及其他城市成熟经验应用到园区规划建设中，以打造独具特色的绿色生态示范新城。

*创新企业硕果累累*。北京北汽摩有限公司获园博会园区电动摆渡观光车运营权，运送游客近1万人；北京绿润食品有限公司等企业获北京市著名商标；北京华源泰盟节能设备有限公司研发的“大温差吸收式换热机组”获国家重点新产品立项，产品可大幅提高热源供热和热网输送能力；金诚信矿业管理股份有限公司获2项中国有色金属工业科学技术奖，成果达到国内先进水平；北京仁创科技集团有限公司“水收集净化储存系统”获第三届北京市发明专利奖一等奖，收集的水质部分指标达到饮用水标准；北京赫宸环境工程有限公司等企业的项目获2013年度北京市科学技术奖。

（郎　郎）

【北超伺服公司与北科大签约】1月17日，“北京科技大学、北超伺服技术有限公司合作签约仪式”在北超伺服公司总部举行。市科委、密云县科委、密云县十里堡镇政府等单位有关领导以及北科大校友等参加。双方签订校企合作协议。根据协议，双方将在自动化、机电一体化领域的科学研究、技术成果转化，以及人才培训与交流、学生培养与实践等方面开展实质性的合作，共同推进双方的建设与发展。双方还签订《北超伺服向北京科技大学教育发展基金会捐资协议书》。根据捐赠协议，北超伺服公司将在北科大设立为期5年的“超越奖学金”，奖学金每年10万元，共计50万元，主要用于奖励北京科技大学自动化学院的优秀学生。

（龙　琦）

【合纵科技公司中标国家电网公司3.28亿元订单】1月29日，《北京合纵科技股份有限公司关于项目中标的提示性公告》发布（公告编号：2013-003），公司中标国家电网公司各省（地区）2013年第一批配（农）网设备协议库存招标采购项目。中标金额3.28亿元；合计中标10个项目，涉及山东、甘肃和黑龙江等省份及地区；中标产品包括环网柜、箱式开闭所、美式箱变、欧式箱变、非晶合金变压器、柱上负荷开关和柱上断路器等。

（王希华）

**【春季大型招聘会举办】** 2月28日，密云经济开发区管委会联合县人力社保局，在园区内举办“密云县2013年春季招聘洽谈会”，主题为“搭建供需平台、促进转移就业”，旨在最大限度地推进本地劳动力就业。福田汽车北京多功能汽车厂、万都（北京）汽车底盘系统有限公司、中国人保财险电子商务北方运营中心等100余家企业参加招聘，提供仓管、电工、焊工、操作工等就业岗位4300余个，1万余名求职者前来应聘，近5000名求职者与用工企业达成就业意向。县计生委、十里堡卫生院等单位还在现场设置咨询台，宣传劳动就业、计划生育、职业健康等有关政策，普及相关知识。

（王希华）

**【鑫芳源塑料制品项目落户密云园】** 3月1日，北京鑫芳源塑料制品有限责任公司与经济开发区管委会签约，在密云园注册旺佳（北京）生活用品公司，总投资4000万元，占地面积0.5公顷，地上建筑物面积2973.39平方米，主要生产塑料制品、日化用品。达产后，年产值可达4亿元，上缴税金800万元，解决劳动力就业200余人。

（王希华）

**【绿润食品公司获评北京农产品加工先进企业】** 3月21日，在“2013年北京市农村工作电视电话会议”上，发布市农工委、市农委、市人力社保局《关于表彰北京市社会主义新农村建设先进集体和先进个人的决定》（京农发〔2013〕4号）。北京市有10家企业获“北京农产品加工先进企业”荣誉称号，密云园北京绿润食品有限公司因农产品加工、检测和研发等方面的优势名列其中。

（王希华）

**【智能型电容式玻璃钢变压器套管通过验收】** 4月9日，北京国电四维电力技术有限公司自主研发的ZFGRBWD1-252/630智能型电容式玻璃钢变压器套管在国家高压电器质量监督检验中心通过新国标GB/T 4109-2008型式试验验收。套管在原有电容式玻璃钢变压器套管的基础上增加智能测量端子，将变压器套管带进智能化产品的浪潮中，进一步提高国家电网的安全性。此次型式试验按新国标比以往增加“操作冲击湿耐受电压试验”和“长时间工频耐受电压试验”，国电四维公司是国内电力企业中第一家通过新国标型式试验企业，验证了该产品的稳定性和优越性。

（王希华）

**【嘉和美康婴儿医疗系列产品项目落户密云园】** 4月10日，嘉和美康科技股份有限公司全资子公司北京嘉和美康医用设备有限公司的婴儿医疗系列产品项目落户密云园。项目总投资2.5亿元，占地面积1.9公顷，地上建筑面积5036平方米，将生产销售小儿CPAP及新生儿呼吸机、新生儿综合治疗台、婴儿暖箱等系列产品，计划2014年投产。

（王希华）

**【北汽摩公司成为第九届园博会电瓶车唯一指定运营商】** 4月15日，第九届中国（北京）国际园林博览会组委会宣布：北京北汽摩有限公司因具备丰富的电动车生产和运营经验，完善的管理体系及管理制度，符合北京园博会园区电动车运营企业的甄选要求而获园博会园区电动摆渡观光车运营权。5月18日，公司为园博会专门开发、设计、生产的40辆12座贵宾接待用车、50辆14座豪华锂电观光车运营，共计运送游客近1万人。该车设计时尚，配备有进口电机，真皮座椅，且运行平稳，噪音小，乘坐舒适。

（王希华）

**【2批66家企业被认定为中关村高新技术企业】** 4月23日，密云园管委会在开发区会议室举办“中关村自主创新示范区密云园2013年高新技术企业颁证暨政策培训会”，北京三辰化工有限公司、北京斯伯乐科技发展有限公司、北京富特盘式电机有限公司等48家企业

被认定为中关村高新技术企业，涉及领域包括新材料9家、生物与新医药8家、电子信息7家、新能源及节能7家、高新技术改造传统产业5家、其他产业12家。培训会上，中关村管委会、企业信用促进会以及县科委生产力促进中心等单位相关负责人分别讲解中关村高新技术企业政策、高新技术企业的信用与科技金融政策以及首都科技条件平台及技术市场等方面的内容，80余家企业负责人参会。8月29日，“第二批中关村高新技术企业颁证暨政策培训会”召开，18家企业通过中关村示范区高新技术企业认定。至年底，密云园66家企业获高新“绿卡”，有资格享受园区各项优惠政策，并将得到当地政府部门的政策扶持。

（郎　郎）

**【“1+6”先行先试政策宣讲活动举办】**5月8日，中关村管委会联合市科委、市财政局、市地税局等有关部门组织的“中关村示范区‘1+6’先行先试政策宣讲活动”在密云园举办，县政府相关领导以及县直有关职能部门、企业的负责人参加。活动中，中关村管委会、市地税局有关人员分别就中关村示范区基本情况、“1+6”先行先试政策，以及企业所得税、个人所得税等相关税收政策进行讲解，并就有关问题现场解答。至年底，园区开展“新四条”和“1+6”先行先试政策宣讲活动7次，覆盖园内企业200余家。

（郎　郎）

**【弘浩明传公司获通信信息网络系统集成企业资质】**5月9日，弘浩明传科技（北京）股份有限公司取得工业和信息化部颁发并备案的通信信息网络系统集成企业乙级资质，这是园区第一家获此资质的企业，表明公司技术管理人员专业水平和相关经验技能，高级工程师、工程师等技术人员数量及专业均达到资质标准要求，有实力进行通信信息网络系统集成。至此，公司可在全国范围内承担工程投资额2000万元以下的通信网络系统集成和电信支撑网络系统集成业务以及工程投资额1000万元以下的电信基础网络系统集成业务。（通信信息网络系统集成企业资质由工业和信息化部颁发并备案，专门颁发给符合“通信信息网络系统集成企业资质”等级标准，专门从事通信信息网络系统集成业务的企业，共分为甲、乙、丙3个等级。）

（王希华）

**【中关村密云园获授牌】**5月13日，副市长苟仲文在密云县调研期间，代表市政府向密云园授牌。根据国务院的批复，密云经济开发区和密云生态商务区纳入中关村密云园的范围，总面积1001.81公顷。密云园将立足北京市对生态涵养发展区产业园区的发展定位，

加快完善产业布局规划，为市重大项目落户密云奠定基础；学习研究中关村示范区“1+6”系列先行先试政策，使政策覆盖到开发区全部企业；加快建立与中关村示范区“创新发展”主题相适应的管理体制、服务体系及运行机制，强化城市配套功能，推动城业互促发展，吸引、整合创新资源，优化园区发展环境；以密云开发区五大主导产业为基础，重视发展高技术研发、总部经济、电子商务、现代物流等高端业态，着力发展节能环保、新一代信息技术、高端装备制造、新能源、新材料和新能源汽车等战略性新兴产业，不断提高产业核心竞争力。

（王希华）

**【苟仲文到密云县调研】**5月13日，副市长苟仲文到

密云县调研，市政府副秘书长戴卫以及市科委、县政府、中关村管委会等相关单位领导陪同。苟仲文来到同方威视技术股份有限公司，了解企业依托科技创新不断发展壮大的相关情况，并实地查看总装车间。之后，苟仲文听取密云县经济社会以及密云园发展的情况汇报，指出要充分利用中关村发展集团、首科集团资金、项目优势及密云园的土地资源，促进一批高科技项目落户园区，并表示将从人事管理体制、重大项目落户等方面给予密云园全力支持，还将关注和支持通航产业发展。调研期间，苟仲文代表市政府为密云园授牌。

（王希华）

**【“圆梦”房屋援建雅安老人安置院发车】**5 月 26 日，北京成龙慈善基金会联合北新建材集团有限公司举办的“‘圆梦’房屋援建雅安老人安置院发车仪式”在北新国家住宅产业化基地举行，以“北新建材 绿色建筑未来 援建雅安抗震减灾新型房屋”为主题。基金会成员、捐赠者、北新建材青年志愿者近 200 人参加。此次援建的“小康抗震房屋”是北新建材公司研制的第三代“圆梦”新型房屋，以轻钢结构为主体，采用金邦板代替彩钢板，A 级防火岩棉替代泡沫塑料，抗震连接件柔性连接，可满足 9 级地震烈度设防要求，抵御 12 级台风，屋面承雪可达 1000 毫米。房屋全部使用绿色环保材料，且 90% 以上可回收，采用“双保温”+“双隔层”的墙体结构保温节能技术，墙体六面保温，可满足建筑节能 75% 的国内节能率最高标准要求，能避免“冬天结露”“夏天返潮”；独特的开放式通气层设计，利用空气对流原理，有效阻止潮气或其他腐蚀性气体侵入；主体结构与外墙装饰层之间设有“单向呼吸纸”，室内潮气可由里向外透出，而室外潮气却无法透入；外墙隔声量大于 50 分贝，内墙隔声量大于 45 分贝；整体施工均为干法作业，用水量仅为传统房屋的 10%，不受季节气候的影响，施工现场无噪音、粉尘、污水污染，施工速度快捷。

（郎　郎）

**【鑫达源通汽车销售公司落户密云园】**5 月 30 日，北京鑫达源通汽车服务有限公司落户密云园，坐落在密云鑫达源通别克 4S 店。项目总投资 4000 万元，占地面积 2.49 公顷，建筑面积 7677.88 平方米，主要销售进口、国产别克汽车、汽车零配件等。

（王希华）

**【新型高效节能智能换热站下线】**5 月，北京京海恒通化工设备有限责任公司自主研发的新型高效节能智能换热站下线。项目 2011 年启动，主要针对内深式换热器使用年限短、热效率低、占地面积大等问题，以“全焊接高效换热器”为核心技术，整合全焊接高效换热器、智能电气控制设备及智能运行监控设备等先进的设备及技术，开发出新一代具有“物联网”“云计算”“移动互联网”功能的“模块式智能换热站”，可将城市热源供给的一次热能间接转换成供暖、生活用水等用户实际需要的低温热水，提高了换热器的承压和耐温能力，增加有效换热面积，采用的智能电控设备，按节能方式运行，无人值守，实现管控一体化。项目 2012 年 12 月申报国家专利，具有占地面积小、热效率高、可移动等特点，首批生产的 2 台设备销往北京热力集团有限责任公司。

（王希华）

**【密云生态商务区被授予北京市总部经济发展新区】**5 月，市商务委《关于认定命名北京市总部经济和商务服务业集聚区（第一批）的通知》下发，密云生态商务区被授予首批北京市总部经济发展新区。入驻商务区的总部企业，将在企业落户、经营贡献、管理人员等方面享受奖励政策，并在企业用房方面给予适当补助。商务区位于新城南端，整体规划面积 694 公顷，重点吸引和承接绿色环保、健康医疗、休闲旅游、文化及设计创意产业以及配套商务服务业等，着力引进世界 500 强企业和具有成长性的创新型企业总部。

（王希华）

**【2 家企业获北京市著名商标】**6 月 5 日，市工商局发布《关于认定谷雨等 179 件商标为 2012 年度北京市著名商标的通知》。密云园 2 家企业榜上有名，即北京绿润食品有限公司的“绿润”，商标注册号“5202163”，类别“29”，商品或服务为“精制坚果仁；糖炒栗子”；北京力达塑料制造有限公司的“力达”，商标注册号“306570”，类别“9”，商品或服务为“塑料安全帽”。至年底，密云园已有北京市著名商标 4 件。

（郎　郎）

**【6 家企业入选市专利试点】**6 月 7 日，市知识产权局《关于公布 2013 年度参加北京市专利试点工作的企事业单

位名单的通知》下发。密云县10家企业入选，密云园北京国电四维清洁能源技术有限公司、北京康辰药业有限公司、雷蒙德（北京）阀门制造有限公司、中科恒源科技股份有限公司等6家企业名列其中。（2014年2月18日，市知识产权局《关于公布2013年度北京市专利试点验收合格单位的通知》下发，试点企业全部通过验收。）

（郎　郎）

**【国电四维公司获2项电气大奖】**6月22日，在中国电工技术学会主办的“2013第8届中国电工装备创新与发展论坛”上，北京国电四维电力技术有限公司凭借扎实的创新能力及技术成果，获2013年度“十大电气创新企业”和“十大变频器创新产品”2项大奖，是此次所有获奖企业中唯一同时获2项荣誉的创新企业。

（王希华）

**【中科恒源公司项目获市科委支持】**7月5日，市科委发布《关于公示2013年度首都设计提升计划支持项目与支持北京市设计创新中心的通知》。中科恒源科技股份有限公司的“风光互补路灯的设计及产业化”项目入选“2013年度首都设计产业提升计划”。产品主要采用永磁悬浮技术和智能控制技术，完全利用自然风能和太阳能进行发电，可自动感应光线变化、控制开关和调节亮度。

（郎　郎）

**【企业登记注册协办人持证上岗】**7月22日，密云经济开发区管委会在园区举行“经济开发区工商注册协办人颁证仪式”。来自开发区相关部门的20名职工经过县工商分局的“企业登记注册协办人”专题培训以及理论考试，获得企业登记注册协办人资格证书。至年底，共为238家企业办理了核名、工商设立等全部手续。

（郎　郎）

**【天迈流化科研仪器项目落户密云园】**8月1日，密云经济开发区总公司与北京天迈流化设备有限公司签订合作协议，该公司科研仪器项目落户密云园。项目将盘活原乐艳影视公司土地1. 8公顷，厂房6866.5平方米，总投资2.9亿元，主要生产销售热分析仪器、物理化学仪器、石油化工检测仪器等电子产品、电子器件，预计2014年下半年试生产。

（郎　郎）

**【高校毕业生专场招聘会举办】**8月7日，由经济开发区管委会联合县人力社保局共同举办的“2013年高校毕业生专场招聘会”在县人才中心举行，主题为“搭建供需平台、促进毕业生就业”。雷蒙德（北京）阀门制造有限公司、今麦郎饮品股份有限公司、北京以岭生物工程技术有限公司等24家企业现场招聘，提供办公室文员、技术员、操作工等200余个职位，30余名求职者与用工企业达成就业意向。

（郎　郎）

**【与蓝翔航空公司签订飞机销售协议】**8月12日，北京乔治海茵茨飞机制造有限公司与河南蓝翔通用航空公司签订购买、代理CH系列轻型飞机协议仪式在密云张裕爱斐堡举行。县政府、县科委、经济开发区等单位有关领导以及媒体记者等40余人参加。根据协议，在3~5年内，海茵茨公司将向蓝翔航空公司交付300架轻型飞机，包括CH750型2人座飞机以及CH8000型4人座飞机，总销售额超过8亿元，主要用于飞行员培训、农药喷洒等。CH750悍马型飞机机身长9.5米，双翼长8米，外壳使用铝合金材料，油耗与普通轿车不相上下，具有安全性能高、节能环保、运载能力强等特点，可应用于低空运输、航测、人工降雨、农药喷洒等领域。（北京乔治海茵茨飞机制造有限公司2012年在密云园落户，一期投资10亿元，占地面积7.2公顷，利用开发区现有厂房进行装配，主要组装生产10座以下的CH悍马型飞机，年装配能力为500架。）

（郎　郎）

**【“我的梦·中国梦”百姓宣讲团走进密云园】**8月23日，“密云县‘我的梦·中国梦’百姓宣讲团经济开发区报告会”在经济开发区举行，密云园开发区总公司等单位的100余人参加。来自大学生村官、消防官兵、人民警察、医生、农民等6名不同身份的宣讲团成员，结合自身的工作生活经历，用朴实无华的语言、感人肺腑的故事，讲述“小家”和“大家”同呼吸、共命运，表达实现“我的梦·中国梦”的强烈愿望。

（郎　郎）

**【大温差吸收式换热机组获国家重点新产品立项】**9月5日，科技部发布《关于下达2013年度有关国家科技计划项目的通知》，公布2013年度国家重点新产品计划立项项目清单。密云园内北京华源泰盟节能设备有限公司研发的“大温差吸收式换热机组”名列其中。基于吸收式换热的大温差供热技术是指在二级换热站处以吸收式换热机组代替传统的板式换热器，从而使一次管网回水温度降低至30℃以下，拉大了供、回水温差，故称为大温差供热技术。吸收式换热装置以一次网供水的热量作为驱动力，产生热泵效应，能够吸收低温热源的热量。一次网供水依次放热给吸收式换热装置的高温热源、常规换热和吸收式换热装置的低温热源，温度降低至30℃以下后返回热电厂。二次网回水依次经过吸收式换热装置和常规换热器被加热升温后，供向热用户。采用吸收式换热机组后，一次网供回水温度由原来的110℃ /70℃变为110℃ /25℃，温差由原来的40℃增加至85℃，管网的热量输送能力增大约1倍，不可逆损失显著降低。产品应用于热电厂、工矿企业的余热回收和城市热网供热等环保节能领域，可大幅提高热源供热和热网输送能力，降低供热能耗。

（郎　郎）

**【康辰药业入选德勤中国50强】** 9月12日，在“2013德勤高科技、高成长中国50强颁奖典礼暨德勤创业家论坛”上，密云园北京康辰药业有限公司以3年平均收入增长率833%的增幅入选，排名榜单第五位。（康辰药业公司2003年落户密云经济开发区，是一家集高新医药研发、生产、销售于一体的全国性医药专业公司，拥有专门从事创新药物研发的专业机构——新医药研究所，并建立从选题调研、临床前研究、注册申报，到临床研究、产权保护的完整研发体系，先后参与完成被列入国家863计划的“一类新药尖吻蝮蛇血凝酶的临床研究”“一类新药盐酸洛拉曲克的临床研究”，卫生部“十年百项”计划项目“骨疏康项目”。）

（郎　郎）

**【希马克资本总部基地项目落户密云园】** 10月11日，北京密云经济开发区总公司与美国希马克资本控股有限公司签订协议，希马克资本总部基地项目落户密云园。项目一期占地面积20.7公顷，投资24亿港元，建设资本总部基地，计划2014年开工建设，2016年运营，主要从事互联网企业总部引入、影视公司总部引入、钻石等奢侈品在华销售总部引入、跨国公司驻华机构引入等业务。（希马克公司是一家专注于投资成长型企业的国际投资公司，总部设在美国纽约市。）

（郎　郎）

**【2家企业获评市级工程实验室】** 11月15日，市发展改革委发布《关于2013年认定北京市工程研究中心和工程实验室的公告》。密云园内北京康辰药业有限公司的“出血性疾病药物北京市工程实验室”和北京仁创科技集团有限公司的“硅砂生态建筑技术北京市工程实验室”被认定为2013年市级工程实验室。2个项目总投资1.33亿元，将分别开展国家一类新药研发和硅砂生态建筑材料研发。

（郎　郎）

**【3家企业被认定为市级企业技术中心】** 11月18日，市经济信息化委发布《关于公布2013年度北京市第十六批企业技术中心认定结果的通知》。密云园内中科恒源科技股份有限公司、北京第七九七音响股份有限公司、北京中电加美环保科技股份有限公司3家企业被认定为北京市企业技术中心。

（郎　郎）

**【百草一号获我信赖的绿色防控品牌产品称号】** 11月20日，在全国农业技术推广服务中心召开的“2013年我信赖的绿色防控品牌产品”调查结果发布会上，北京三浦百草绿色植物制剂有限公司生产的0.5%苦参碱（百草一号）获“2013年我信赖的绿色防控品牌产品”称号，并入选2013年绿色防控品牌产品使用手册。百草一号是三浦百草公司研发的新一代植物源杀虫剂。其产品成分来自植物源，无污染、无残留，可用于有机农业生产，利于农业的可持续发展。

（龙　琦）

**【水源路A—2地块完成入市交易】** 11月21日，市土地整理储备中心公布密云县水源路南侧土地储备项目A—2地块中标结果［京土整储招（密）〔2013〕117号］，绿地控股集团有限公司以18亿元中标。地块位于密云县滨河路东侧、水源路南侧、潮河北侧。四至范围为：东至南山路，南至潮河北岸，西至滨河路，北至水景街。地块为混合住宅用地（F2）及其他类多功能用地（F3）、托幼用地（R53），总面积40.87公顷，其中建设用地面积18.35公顷，建设规模为44.26万平方米。

（郎　郎）

**【金诚信公司获2项中国有色金属工业科学技术奖】** 11月22日，中国有色金属工业科学技术奖励工作办公室公示了《2013年度中国有色金属工业科学技术奖评审通过项目》。金诚信矿业管理股份有限公司获2项奖励，均为第一完成单位，即王先成等完成的“斜坡道优质高效施工综合技术研究”获二等奖，王慈成等完成的“复杂地层溜井掘砌新技术研究”获三等奖。

（王希华）

**【华环电子公司入选光传输与网络接入设备最具竞争力企业】** 11月25日，在“2013年中国光通信发展与竞争力论坛”上，网络电信信息研究院公布“2013年全球/中国光通信最具竞争力企业10强”各领域榜单。北京华环电子股份有限公司入选“2012—2013年度中国光传输与网络接入设备最具竞争力企业10强”，列第八位，竞争力综合指数0.1980，竞争力综合得分603分。直接计量硬指标财务数据加权标准值合计为0.1967（权重70%），其中总资产利润率0.1104、净资产收益率0.1065、出口收入占销售收入百分比0.0217、近3年销售收入平均增长率0.0255、近3年净利润平均增长率0.0527；间接计量软指标加权标准值合计为

0.2011（权重30%），其中技术创新0.0663、客户满意度0.0275、品牌知名度0.0322、企业家及管理水平0.0333、企业文化0.0418。

（郎　郎）

**【B区道路升级改造工程竣工】**11月，密云园B区道路升级改造工程竣工。项目自9月中旬开始实施，由北京开源市政工程公司承担建设，包括云西三街、云西七街，全长2260米，共计铺设沥青混凝土路面4.6万平方米，更换路缘石4620米，新建雨水管道540米，改造绿化带2.54万平方米。

（郎　郎）

**【“以抢占‘制高点’为核心的战略管理”获全国企业管理现代化创新成果奖】**12月20日，全国企业管理现代化创新成果审定委员会发布《关于发布和推广第二十届全国企业管理现代化创新成果的通知》。北新建材股份有限公司王兵等完成的“以抢占‘制高点’为核心的战略管理”获由中国企业联合会、中国企业家协会颁发的第二十届国家级企业管理现代化创新成果一等奖。成果的内涵和主要做法为：围绕主业战略目标制定抢占制高点的策略。创新驱动，打造核心竞争力，抢占技术制高点，即打造建筑立体创新网络；产学研结合，完善创新队伍；加大科研投入，改善硬件设施；构建、完善专利机制；主导和参与标准的制定，把握主导话主权。抢占品牌制高点，通过倡导绿色建筑理念，扩大市场影响力，从而达到抢占品牌制高点的目的。积极履行社会责任，援建都江堰医院、爱心老人院，处理好企业形象。瞄准地标工程项目、大客户和营销主渠道，抢占市场制高点。

（郎　郎）

**【5家企业获统计诚信单位称号】**12月24日，由密云县统计局组织的统计诚信单位评选活动结果揭晓，9家企业入选，其中密云园北京倍舒特妇幼用品有限公司、北京力标伟业科技有限公司、万都（北京）汽车底盘系统有限公司、北京亨通斯博通讯科技有限公司、北京神威新星科贸有限公司等5家企业被评为2013年度密云县“统计诚信单位”。入选单位将被市统计局计入市企业信用信息系统，3年内免于执法检查。

（郎　郎）

**【石城镇新农村项目竣工】**年内，由北新集团建材股份有限公司实施的密云石城镇新农村项目竣工。2012年，北新建材公司旗下北新房屋有限公司与石城镇政府签订石城镇新农村建设项目协议。公司以“绿色、低碳、美丽、乡愁”8个字为理念来建设绿色小镇、生态之城，整合从规划、设计、材料、建造、节能低碳新技术、地产金融等产业链的优质资源，实现新型建材、新型房屋、新型城镇化三位一体。项目总建筑面积约8669平方米，总金额1917万元，44栋双层单家独院式户型，单栋建筑面积约197平方米，户型平面布置紧凑，采光通透，可随意设置房间职能，接待旅游团、做农家院等。房间尺度设计适宜，空间利用率高，且特在一层卧室设置节能环保吊炕，让百姓深刻体验与传统生活元素完美融合后的新型住宅带来的新生活。新型房屋的板房全部采用高效节能墙体，保温、隔热、隔音效果好，可达到建筑节能75%的标准，材料可回收，真正做到绿色无污染，具有抗风抗震性好、保温隔热隔声、节能效果好等特点，实现太阳能集中供暖、有线电视和宽带网入户。

（郎　郎）

**【水收集净化储存系统获市发明专利奖一等奖】**年内，由北京仁创科技集团有限公司秦升益完成的专利项目“水收集净化储存系统”（专利号:ZL200710064303.X）获第三届北京市发明专利奖一等奖。系统主要由透水砖、雨水收集、雨水过滤净化、雨水储存、雨水回用等六大系统组成，地面铺设透水砖，地下建设蓄水池，实现雨水排水、收集、再利用的良性循环；采用“收、蓄、渗、排”有机结合的雨洪利用技术，具有“收集、过滤、净化”同步，“储存、保鲜、回用”一体的特点；收集的水质达到并部分优于《生活杂用水水质标准》，且部分指标达到饮用水标准。

（郎　郎）

**【乙烯装置碱洗塔黄油抑制剂研发与产业化获市科学技术奖】**年内，由北京斯伯乐科学技术研究院等单位刘宽胜等完成的“乙烯装置碱洗塔黄油抑制剂研发与产业化”获2013年度北京市科学技术奖二等奖。项目属于材料科学中的高性能高分子材料领域，发明了制备环保型黄油抑制剂的关键核心技术，即新型酰肼化合物的制备工艺技术、多功能黄油抑制剂产品结构组成新技术、酰肼类化合物对Aldol缩合抑制的技术、烷基胺化合物消除物料中过氧自由基的技术、醇胺类化合物钝化金属离子的技术，创制了黄油抑制剂专有注入技术，制得高性能的黄油抑制剂，解决了黄油抑制剂推广使用过程中产生的多项难题。项目获发明专利授权2件，发表论文10余篇。项目产品2010年被认定为北京市自主创新产品；2012年获第六届北京发明创新大赛奖、入选国家重点新产品计划、首届全国创新创业大赛优秀项目。项目建成年产2600吨工业装置和1条关键组分合成生产线，用于中国石油、中国石化和中国神华等企业的大型乙烯装置和煤制烯烃 MTO 装置。

（郎　郎）

**【静态清灰袋式除尘技术研究获市科学技术奖】**年内，北京赫宸环境工程有限公司赵健飞等完成的“静态清灰袋式除尘技术研究”获 2013 年度北京市科学技术奖三等奖。项目属于能源与环境科学技术领域。其创新点：提出“静态气化清灰原理”及技术路线；发明了外滤式微压反吹袋式除尘技术，反吹清灰机构可提供高效、均匀、稳定清灰气流；发明了适应高温、高腐蚀、易积灰条件下使用的机械密封阀门技术，且在大量的工程实践过程中通过技术集成得到完善。项目获发明专利 1 件，实用新型专利 4 件。其技术经济指标：可稳定实现烟尘超低排放，出口排放浓度一般维持在小于 20 毫克 / 标准立方米的水平；对 PM2.5 超细粉尘去除能力强于其他除尘技术；可使用玻璃纤维作为燃煤锅炉袋式除尘器的滤料，滤料成本降低 30%，实现滤料国产化；具备初始投资省、占地面积小的技术优势；可实现机组故障在线检修能力；有效提高“滤袋群”寿命的一致性，大大降低了电厂的维修频次和强度。该技术先后在 50 兆瓦 ~600 兆瓦机组上成功应用，累计应用 33 项工程，水平在国内同行领先。

（郎　郎）

**【特高绝缘高抗干扰电缆技术研制及应用】**年内，北京亨通斯博通讯科技有限公司的王首佳等开发的“特高绝缘高抗干扰电缆技术研制及应用”申报了 2013 年度北京市科学技术奖。研究项目于 2011 年 2 月启动，2012 年 10 月完成。项目针对现有通信电缆在信息安全、通信质量、防潮阻水等方面存在的问题，通过研究提高了绝缘电阻性能技术，提升了抗内部、外部干扰，双向绕包屏蔽、通信电缆抗渗水等技术性能，形成国内领先核心技术 5 项、中国专利 10 件。项目的绝缘电阻性能指标为行业标准 YD/T 322−1996 的 200 倍，是行业最高纪录的 12 倍；抗渗水指标是行业纪录的 3 倍，延长了线路使用寿命；屏蔽结构的独特设计实现双法拉第保护罩，增强了对外界干扰信号的屏蔽，提高了施工的弯曲半径以及施工过程中接续的效率。项目在北京、贵州、福建等地区的通信专用局销售和应用，用户反馈良好。

（王希华）

**【17 家企业获国家高新技术企业认定】**年内，密云园内北京中环膜材料科技有限公司、北京盛广拓公路科技有限公司、北京中防恒立人防设备有限公司等 17 家企业获国家高新技术企业认定，涉及环保、人防、液压、养殖等多个领域。

（郎　郎）

**【RwJa 发泡水泥保温板通过科技成果评估】**年内，北京鸿锐嘉科技发展有限公司开发的 RwJa（锐嘉）发泡水泥保温板及应用技术通过住房城乡建设部的科技成果评估。RwJa（锐嘉）发泡水泥保温板是综合外墙保温技术而发展的一种低碳、环保、节能、保温、隔热、隔音、防火一体化的新型保温材料，采用独特的孔径控制技术以及防水憎水技术，具有导热系数低、吸水率低、强度高等技术优点，并可与多种外墙装饰层进行复合，达到保温、防火、美观的综合效果，可广泛应用于建筑墙体保温和防火隔离带。

（龙　琦）

# 延庆园

2012年10月，经国务院批复，中关村国家示范区延庆园成立，规划占地面积491.20公顷。2013年4月，园区获授牌，并成立延庆园管理委员会，建立网站，统管园区发展各项事务，宣传相关单位、企业创新成果。园区位于延庆县南部，包括八达岭经济开发区304.70公顷，北京延庆经济开发区129.31公顷，康庄农民就业产业基地57.49公顷。园区基础设施完备，生态环境优美，配套服务设施齐全，政府服务高效，具有优良的投资环境。园区结合延庆县的发展基础，基于空间集聚、生态贯穿、板块互动、设施共享的理念，产业结构为"一园两基地"，即中关村延庆园，绿色制造和技术转化基地（八达岭经济开发区）、绿色服务集成和外包基地（延庆经济开发区）。综合考虑产业趋势和区域特点，主要构建以绿色能源和环保科技为主导，以生态文化创意产业为特色，以低碳服务业为支撑，以通用航空产业为拓展的"4+1"产业发展体系。延庆园初步形成以北京市新能源产业基地为核心的"一园多基地"空间布局，"121"产业集群创新引领的发展格局，整体定位为首都绿色科技新磁极，京冀协同发展新支点。园区入区企业近1500家，拥有中材科技风电叶片股份有限公司、北京紫光制药有限公司、北京京仪绿能电力系统工程有限公司等20余家国家级高新技术企业。园区企业可享受国家、北京市、中关村示范区、延庆县的产业扶持、资金支持、智力资源等方面的相关政策。八达岭经济开发区1992年8月经市政府批准成立，2000年12月晋升为市级经济开发区，2006年3月被发展改革委确定为北京市保留的16家市级开发区之一，2009年6月被认定为"北京市新能源产业基地"。区内实现道路、供水、排水等"九通一平"，中材科技风电叶片股份有限公司等龙头企业入驻，逐步形成风电产业、光伏产业、智能电网产业、生物质能产业、节能环保产业集群，2012年被认定为市第三批市级生态工业园试点园区。延庆经济开发区1992年8月经市政府批准成立，总体规划面积3.03公顷，2006年，通过ISO 14001国际环境管理体系的认证，并成为第四批通过发展改革委审核的市级开发区。园区内实现"八通一平"，北京卓文时尚纺织股份有限公司、北京九龙制药有限公司等多家知名企业入驻，初步建成以长城服装产业园、生物医药科技园、绿色食品工业园为特色的产业聚集区。康庄基地实施整体运作、联动开发，不断提高京城环保等现有企业的产能以及一批重点项目建设，着重开发和引进总部经济，且实施"一专多能"培训工程，大力开展企业用人、政府埋单等实操技能培训活动。

## 延庆园管理委员会领导成员

主　任　刘　兵

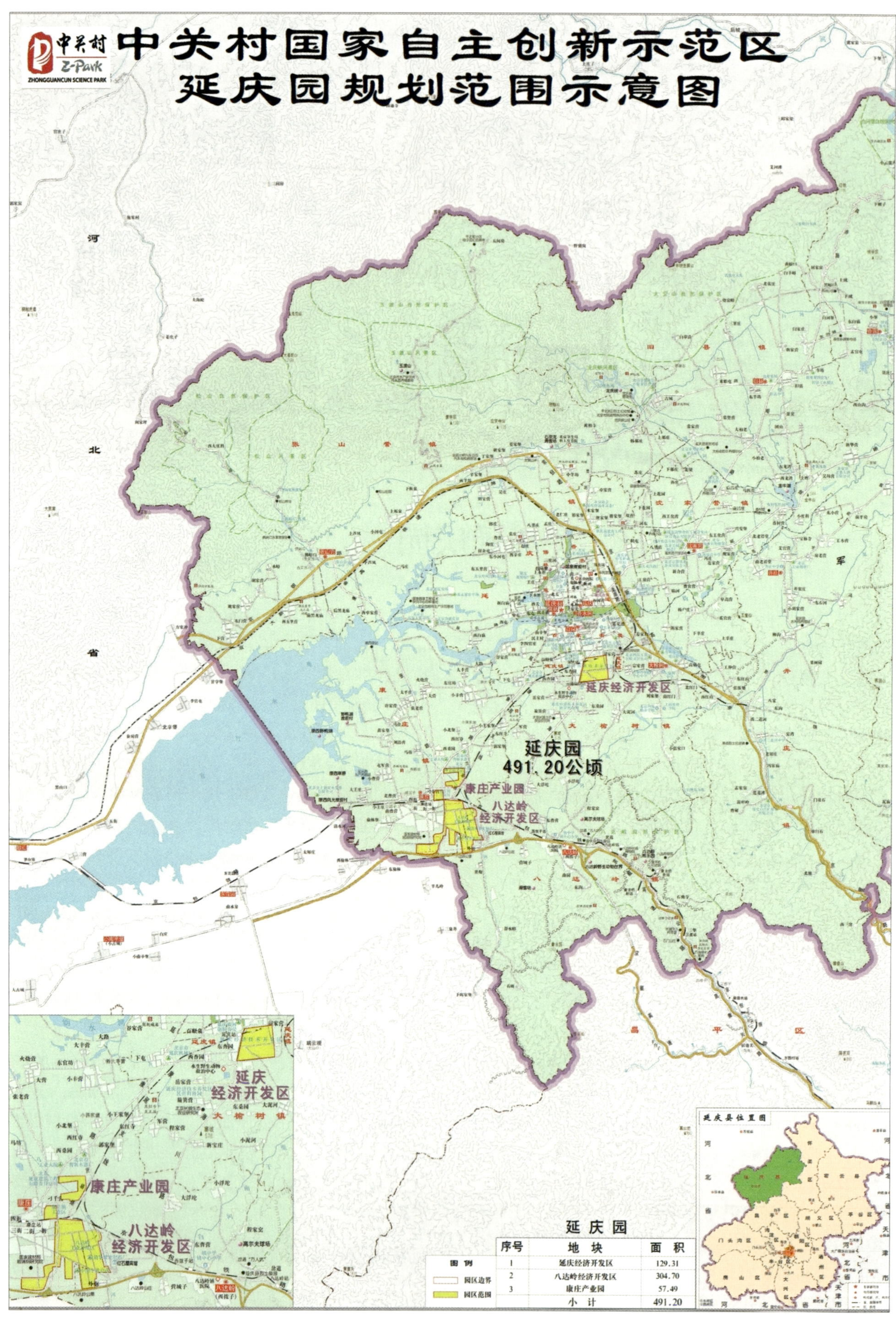


延庆园

| 序号 | 地块 | 面积 |
|---|---|---|
| 1 | 延庆经济开发区 | 129.31 |
| 2 | 八达岭经济开发区 | 304.70 |
| 3 | 康庄产业园 | 57.49 |
| | 小计 | 491.20 |

**【概况】**2013年，延庆园转变经济发展方式、推动产业转型升级、全面建设绿色北京示范区，各项工作稳步推进。园区高新技术企业总数26家；从业人员4744人；工业总产值33.5亿元；总收入51.4亿元；进出口总额0.3亿美元；上缴税费2.4亿元；利润总额3.6亿元；资产总计78.5亿元；科技活动经费支出总额2.1亿元；专利申请量65件，专利授权量42件。

组建管理机构，保障工作推进。4月，延庆园获授牌。9月，《关于成立中关村科技园区延庆园管理委员会的请示》获批，县经济和信息化委与延庆园管委会合署办公。为加快延庆园建设，进行充分调研论证，结合延庆县实际情况，形成《中关村科技园区延庆园管理委员会组建方案》。管理机构的建成，为保障园区发展建设奠定基础。

加快编制规划，提高建设水平。按照中关村示范区整体规划和布局，结合延庆县产业定位、产业发展基础和空间布局，园区管委会会同中关村发展集团股份有限公司并聘请专业咨询公司共同编制延庆园发展规划。依照中关村战略性新兴产业集群创新引领工程的要求，提出构建"121"产业集群创新引领的发展格局，即加快节能环保产业集群引领发展，推动新能源、高端装备和通用航空2个产业集群加快发展，促进现代服务业集群高端发展。

加强资本引进，实现合作共赢。县政府与中关村发展集团签订《关于中关村延庆园开发建设合作框架协议》，合资组建延庆园建设发展有限公司，旨在使延庆园的土地资源与中关村发展集团的资本有效衔接，充分发挥双方各自资源优势，为双方持续、全面、深入合作明确目标方向。通过县政府和中关村发展集团多轮协商沟通，形成《延庆园项目公司组建方案》《延庆园项目公司章程》《延庆园项目公司股东协议》，推动延庆园开发建设。

依托政策支持，提升科技水平。协调帮助北京玻璃钢研究设计院、北京京仪绿能电力系统工程有限公司等多家企业申报商标、专利、高端人才直通车、标准化体系建设、十大新锐企业、开放实验室等各级、各类项目支持资金，八达岭开发区"生态系统建设和智能微电网建设项目"、延庆城市规划展览馆"布展及设计项目"获中关村管委会生态园区和示范应用项目扶持资金2700万元。

推进重大项目建设，增强发展后劲。新能源孵化器二期、2兆瓦屋顶光伏电站、智能微电网项目建成使用；合力清源、京城压缩机、京能31兆瓦光伏示范电站项目建设稳步推进；协调推进环都拓普、远东仪表等项目加快办理前期手续，尽快开工建设，增强新能源和环保产业发展后劲；华润高科、九龙制药等技改项目竣工并投产；推进北汽福田、北控装备、创业板创新总部基地等项目落地，与北京太阳能研究所、北京浩运金能科技有限公司等一批新能源和环保企业签订框架协议；推动八达岭机场改造，实施高端装备与通用航空产业项目。

优化发展环境，提升承载能力。完成旧区道路绿化工程，栽植各类苗木40余万棵；加强外部景观形象建设，完成各类围挡式宣传栏更新、旗阵、灯杆旗、环保垃圾桶和标志性雕塑景观建设等工程；光谷街、风谷路的16条道路获命名；完成新能源产业基地3条新建规划道路施工图设计、施工方案以及各项手续。通过建立常态化走访企业机制、规范企业服务标准、开通园区服务企业短信平台等方式，深化服务内涵。

（宋　强）

**【八达岭经济开发区入选首批市新型工业化产业示范基地】**1月30日，市经济信息化委《关于公示北京市新型工业化产业示范基地（第一批）名单的通知》发出，北京八达岭经济开发区入选。园区主导发展新能源环保产业，并挂牌北京市新能源产业基地和北京市第三批生态工业园区试点园区。入选示范基地后，园区将引入骨干企业和专业中介机构参与管理和服务，加强对示范基地发展各个环节的统筹协调和顶层设计能力，建设八达岭经济开发区新能源产业基地公共服务平台，完善企业技术支撑、融资服务、人员培训、政策信息咨询等软硬环境，提升公共服务平台的服务能力和质量。8月7日，市经济信息化委《2013年度新型工业化产业示范基地公共服务平台体系建设支持项目》公示，北京八达岭工发新能源科技企业孵化器有限公司"北京八达岭经济开发区·新能源公共服务平台建设"项目入选，获资助资金200万元。

（宋　强）

**【中关村延庆园获授牌】**4月3日，副市长苟仲文在延庆县调研期间为中关村示范区延庆园授牌。中关村管委会主任郭洪、延庆县政府以及中关村发展集团股份有限公司等单位相关领导参加。延庆园总面积491.20公顷，包括延庆经济开发区、八达岭经济开发区、康庄地块1、康庄地块2。其中，面积304.70公顷的八达岭开发区主要发展新能源和环保、高端装备和通用航空产业；面积57.49公顷的康庄农民就业产业基地将加强与八达岭开发区的产业衔接和资源整合，突出发展高端装备制造业，形成八达岭开发区产业发展的

有效延伸；面积 129.31 公顷的延庆开发区将在进一步改造提升服装纺织、生物医药、基础新材料等传统优势产业的同时，重点发展现代服务业。延庆园有实体和注册型企业 1496 家，其中，实体企业 110 家。荀仲文要求，延庆园发展高技术、新兴产业的目标很明确，要把示范应用放在重要位置，与科技协同发展，带动新能源和环保产业的集群发展；要加强与中关村管委会以及中关村发展集团的沟通对接，推进园区土地一级开发、基础设施建设等工作。

（宋　强）

**【合力清源燃气观光车成功运行】**5 月 2 日，由北京合力清源科技有限公司改造完成的生物燃气动力与汽油动力两用观光车在德青源北京生态园内运行。从测试过程分析，生物燃气动力与汽油动力相当，1 立方米生物燃气行驶距离与 1 升汽油的行驶距离相同。

（宋　强）

**【中关村政策宣讲会举办】**5 月 9 日、11 月 22 日，由延庆园管委会主办的“中关村示范区先行先试政策延庆园宣讲会”在县经济信息化委举行。中关村管委会、市科委、市财政局、市地税局、市国税局等有关部门组成政策宣讲团，为县相关部门、延庆园部分企业负责人宣讲、解读“1+6”和“新四条”先行先试政策。

（宋　强）

**【1.7 兆瓦级光电建筑应用一体化示范项目通过验收】**5 月 29 日，由北京京仪绿能电力系统工程有限公司完成的北京仪器仪表工业基地 1.7 兆瓦级光电建筑应用一体化示范项目通过市住建委验收。项目采取光伏发电建筑一体化方式，太阳能电池组件为建筑物供电，总装机容量为 1.7 兆瓦，年发电量近 158 万千瓦时。根据标准项目建设投运 25 年计算，可减少的二氧化碳减排量为 9520.5 吨，二氧化硫减排量为 234.5 吨，年氮氧化合物减排量为 217.5 吨。

（宋　强）

**【18 家媒体采访延庆县绿色燃气工程】**8 月 23 日，北京电视台、北京广播电台、《北京日报》等 18 家媒体的记者，到延庆县张山营镇，参观采访由北京合力清源科技有限公司承建的延庆县绿色燃气工程。合力清源公司利用厌氧发酵技术、膜提纯技术，以沼气工程为纽带，打造玉米种植—养鸡—鸡粪 + 污水 + 秸秆生产沼气、天然气、发电—沼液、沼渣还田—生产有机果品和玉米的循环经济模式，有效地解决养殖场的污染问题，产生的生物天然气可供周边 39 个村 1 万余户居民使用。

（宋　强）

**【延庆园管理委员会成立】**9 月 3 日，市编办批复延庆县编办《关于成立中关村科技园区延庆园管理委员会的请示》，同意县经济信息化委加挂中关村示范区延庆园管理委员会牌子，设置办公室、经济运行监测科、产业发展规划科、政工科、创新能力建设科以及中关村延庆园高科技产业服务中心，明确各相关机构主要职责。为加快延庆园建设，园区管委会按照县委、县政府和中关村管委会的要求，结合县实际情况进行充分调研论证，形成《中关村科技园区延庆园管理委员会组建方案》，且通过了县政府办公会审议，明确管委会和各科室职能以及管委会的人员配置。

（宋　强）

**【10~220 千伏树脂基复合材料输电杆塔项目入选国家重点新产品计划】**9 月 5 日，科技部发布《关于下达 2013 年度有关国家科技计划项目的通知》，北京玻钢院复合材料有限公司的“10~220 千伏树脂基复合材料输电杆塔”项目入选“2013 年度国家重点新产品计划”。项目突破输电领域 10~220 千伏用纤维增强高性能复合材料杆塔基础科学问题和关键技术，开发出相应电压等级线路的复合材料杆塔相关部件，初步形成复合材料杆塔设计、研发、制造、质量控制一整套工程化生产技术和能力。产品可广泛应用在杆塔、小风电杆、城市路灯杆、通信塔杆、交通标志支柱等输配电领域。其综合耗能量为同规格钢管杆的 58%，二氧化碳排放量为同规格钢管杆的 47%。

（宋　强）

**【合力清源公司参加全国科普日活动】**9 月 14—20 日，在北京园博园举行的“2013 年全国科普日”活动中，北京合力清源科技有限公司向观众展示其以清洁能源为核心的循环经济模式，包括畜禽粪便处理工程的沙盘、小包装有机肥料、德青源鸡蛋及阳台种植套装等。合力清源公司的工作人员向观众讲解公司实施的沼气发电工程和绿色天然气工程。其研发的移动式沼气提纯站获取的高纯度生物天然气，可将有机废弃物转化为高附加值清洁能源；利用鸡粪发酵后的沼渣加工而成的有机肥料含有丰富的营养成分，可促进植物生长；阳台种植套装可提供阳台种植的一站式服务，不仅可获得丰硕的果实，还可体验种植的乐趣。

（宋　强）

**【面向大城市交通管理的无线智能车辆探测传感器通过市科委验收】** 9月24日，由浩华科技实业有限公司承担的“面向大城市交通管理的无线智能车辆探测传感器”课题通过市科委组织的专家验收。课题基于非晶丝材料，采用微磁GMI传感器技术，完成无线智能车辆探测传感器的基础研发，并设计了传感器、通信基站等系统相关设备及应用软件，且在交通管理工作中应用推广。

（宋　强）

**【合作开发建设延庆园】** 9月27日，“延庆县人民政府　中关村发展集团中关村延庆园开发建设合作签约仪式”在延庆圣世苑温泉大酒店举行，中关村管委会、中关村发展集团股份有限公司、县政府等单位相关领导出席。仪式上，双方签署了《关于中关村延庆园开发建设合作框架协议》。根据协议，延庆县政府所属

投资主体将与中关村发展集团共同出资设立项目公司，注册资本2亿元，合作开发总用地面积266.2公顷，其中，延庆经济开发区129.3公顷，八达岭经济开发区136.9公顷。双方将按照园区整体规划布局，采用“腾龙换鸟”、土地置换等方式，开展园区区域内土地一级开发、二级载体建设、配套基础设施建设及相关运营管理工作，按照产业集群创新引领的发展格局，加快推进节能环保、新能源、高端装备和通用航空、现代服务业等发展。中关村发展集团将为延庆园在融资、人才、招商引资等方面提供支持；延庆县也将为中关村发展集团提供更为广阔的发展空间，转移承接相关产业。

（宋　强　李贺英）

**【北京新能源产业基地2号子微电网项目试运成功】** 9月27—29日，北京市新能源产业基地智能微电网建设工程2号子微电网（500千瓦屋顶光伏发电及微电网储能系统）试运行成功，实现太阳能发电、变电、送电及配电到户的整个流程应用，点亮了园区路灯等用电负荷。项目由北京北变微电网技术有限公司、北京诚信能环科技有限公司、长江勘测规划设计研究院共同设计建设，验证了新能源产业基地绿色能源直接到户的理念，实现新能源微电网孤网运行。

（宋　强）

**【大中型沼气厂技术培训举办】** 10月14—18日，由农业部对外合作经济中心（FECC）、德国国际合作机构（GIZ）和农业部农业生态与资源保护总站共同主办，北京合力清源科技有限公司承办的“‘大中型沼气厂技术人员运行与维护培训’暨‘沼气物管员培训’”在德青源北京生态园举行。来自全国各省的学员近100人参加。国内外沼气技术领域的专家通过理论授课、发电厂现场讲解以及发酵实验室操作等方式讲授沼气技术的基础知识、实际运行和实验操作。

（宋　强）

**【京仪绿能公司古巴电站项目并网发电】** 11月2日，由北京京仪绿能电力系统工程有限公司承建的古巴1兆瓦并网光伏并网电站项目并网发电。项目应用京仪绿能公司研发的兆瓦级并网逆变器，并以无人值守的标准建设远程监控系统。电站年均发电量为146.6万度，每年可节约标准煤53.5万吨，减排二氧化碳1405.9吨。

（杜　玲）

**【8家企业获国家高新技术企业认定】** 11月、12月，市科委、市财政局、市国税局、市地税局公示2批国家高新技术企业认定名单，延庆县内北京北方博业科技发展有限公司、北京普华亿能风电技术有限公司、北京合锐清合电气有限公司等8家企业通过认定，全部为延庆园内企业。至此，延庆园国家高新技术企业达到30余家，包括中材科技风电叶片股份有限公司、北京华润高科天然药物有限公司等重点企业，涉及高新技术改造传统产业、新能源与节能、生物与新医药、电子信息技术等多个领域。

（宋　强）

**【农业部植保技术员培训班举办】** 12月18—21日，由中农绿康（北京）生物技术有限公司等单位承办的“农业部植保技术员培训班”在中国农业大学西校区举办。来自全国各地从事农资和植保行业的50余名学员参加，其中35名通过考试取得植保员从业资格证书。此次培训邀请中国农业大学、北京农学院等单位的相关专家，就“中国绿色防控的现状及发展前景”“新型职

业农民与家庭农场”“花生主要病虫害防控技术”等主题教授，包括植保、土肥等方面内容。

（宋　强）

**【延庆园项目研讨会举行】**12月24日，由北京方迪经济发展研究院、中关村创新发展研究院承办的“中关村延庆园项目研讨会”在中关村发展集团举行。科技部火炬中心、市科委、中关村管委会、延庆县政府、中关村发展集团以及来自市发展改革委、环境保护部、中国人民大学等机构的专家、学者参加。会议就延庆园产业发展规划、土地一级开放项目可行性报告、总体发展定位等问题进行研讨。

（宋　强）

**【27家企业获中关村高新技术企业认证】**年内，按照中关村管委会《关于开展中关村示范区高新技术企业认定工作的通知》的要求，延庆园27家企业通过中关村高新技术企业认定，其中北京京城压缩机有限公司、北京合力清源科技有限公司、中材科技风电叶片股份有限公司、北京京仪绿能电力系统工程有限公司、北京华润高科天然药物有限公司等重点企业均按照规定纳入中关村示范区统计范围。

（宋　强）

**【500kW光伏并网逆变器的研发及大规模产业化应用获市科学技术奖】**年内，由北京京仪绿能电力系统工程有限公司马亮等完成的“500kW光伏并网逆变器的研发及大规模产业化应用”获2013年度北京市科学技术奖二等奖。项目属新能源及节能技术领域，主要进行大功率IGBT的模块化并联技术、SVPWM控制技术、低电压穿越技术、三相不平衡控制技术、LCL滤波器设计技术、集群控制技术等研究。其技术创新点：对大功率IGBT模块均流问题的突破，使系统功率可成倍提高；高性能DSP使用，提升了系统的控制速率和控制精度；低电压穿越、三相不平衡控制使得系统接入电网不存在障碍，且能满足在电网多重故障状态下系统的保护以及对电网的支撑；LCL滤波器的优化设计提高了系统输出功率的品质，使得谐波远远低于系统入网标准；光伏系统集群控制优化技术的应用，极大地提升了系统的发电能力，使系统效率的提高从理论变为现实。产品初步实现产业化，500千瓦光伏并网逆变系统应用到包括北控格尔木40兆瓦电站等20余项光伏工程项目。

（宋　强）

# 产业发展

## Industrial Development

本栏目设有电子信息产业，现代制造产业，生物工程与新医药产业，新材料产业，新能源、节能与环境保护产业，航空航天产业，文化创意产业7个分栏目，以条目体形式记述中关村国家自主创新示范区企业和单位在各产业领域开展的创新活动、取得的新进展和新成绩等。

# 综　述

2013 年，中关村示范区紧紧把握国家战略性新兴产业发展方向，深入实施《中关村战略性新兴产业集群创新引领工程（2013—2015 年）》，聚集“641”重点领域，重点推进前沿产业布局、重大科技成果转化以及重大应用示范、现代服务业试点和“十百千工程”等工作，推动战略性新兴产业发展。

*产业规模和效益快速提升*。2013 年，中关村示范区产业增加值超过 4100 亿元，同比增长约 12.5%，对北京市经济增长的贡献率保持在 30% 左右，占北京市生产总值的比重在 20% 以上，继续发挥着推动北京市经济持续发展的重要引擎作用。2013 年，中关村示范区实现总收入 3.05 万亿元，同比增长 22%；实现利润总额 2264.8 亿元，同比增长 26.6%；实现出口 336.2 亿美元，占北京市出口总额的五成以上，同比增长 28.5%；从业人员人均创造收入和利润继续保持平稳上升，分别为 160.6 万元和 11.9 万元，较 2012 年增长 1.8% 和 5.3%；人均创造增加值 21.6 万元。

*“641”战略性新兴产业集群日益壮大*。2013 年，中关村示范区“六大优势产业”和“四大潜力产业”总收入和盈利规模稳步提升。“6+4”战略性新兴产业集群实现总收入 1.98 万亿元，同比增长 17%，占示范区总收入的 65%；实现利润 1454 亿元，同比增长 16.2%。六大优势产业集群中，除卫星应用集群规模较小外，其余五大产业集群的收入规模均超过 1000 亿元，其中，移动互联网产业集群实现总收入 4355.7 亿元，居第一位；四大潜力产业集群中，新材料和高端装备两大产业集群的收入规模分别为 2666.1 亿元和 2220.3 亿元，同比增速为 40% 和 18%。轨道交通、集成电路、生物健康、下一代互联网和新材料等产业集群利润总额增长较快，同比增速均超过 20%；生物健康和下一代互联网产业集群盈利能力较强，利润率均超过 10%。

*现代服务业对示范区经济增长的支撑作用日益显著*。2013 年，中关村示范区现代服务业实现收入 1.98 万亿元，占示范区总收入六成以上，同比增长 18.8%，对示范区经济增长的贡献率为 57.2%。租赁和商务服务业以及交通运输、仓储和邮政业等具有生产性服务特征的现代服务领域发展迅速，同比增速均超过 60%；科学研究和技术服务领域增速领先现代服务产业整体 2.6 个百分点；信息传输、软件和信息技术服务领域同比增长 9.8%。

*创新能力不断提高*。2013 年，中关村示范区企业科技活动经费支出总额 1319.8 亿元，同比增长 27%；科技活动人员近 50 万人，占从业人员总数的 1/4 以上；专利申请量首次超过 3 万件，达 3.7782 万件；创制标准 221 项；获 2013 年度国家科学技术奖 64 项，占北京市获奖总数的 85%；3029 家技术卖方机构输出技术合同成交额 2484.1 亿元，占北京市的 84.2%，占全国的 33.3%。中关村示范区技术流向总体呈“二六二”结构，即流向北京市技术合同成交额 480.6 亿元，占 19.4%，流向外省市技术合同成交额 1464.1 亿元，占 58.9%，技术出口 539.4 亿元，占 21.7%；重点产业技术交易活跃，现代交通、电子信息、环境保护、核应用、城市建设与社会发展等重点领域技术合同成交额 2060.1 亿元，占成交总额的 82.9%。

*领军企业影响力不断提升*。2013 年，中关村示范区收入过亿元企业 2362 家，比 2012 年增加 465 家，其中，10 亿元以上企业 427 家，比 2012 年增加 85 家；百亿元企业 56 家，比 2012 年增加 11 家。中国中铁股份有限公司等企业入围 2013 年度全球创新 1000 强；联想集团有限公司等 18 家企业入围《财富》2013 年度世界 500 强榜单。截至年底，示范区企业在境外设立分支机构 562 家，其中百度在线网络技术（北京）有限公司在硅谷设立了硅谷深度学习研究院。2013 年，426 家“十百千工程”培育企业实现收入约 1.3 万亿元，占示范区总收入的 41.6%。规模跨越方面，中国中铁公司等 16 家“十百千工程”企业入围《财富》2013 年度中国 500 强榜单；百度公司等 7 家“十百千工程”企业入围《财富》2013 年度 50 家最受赞赏中国公司。创新突破方面，京东方科技集团股份有限公司 110 英寸 ADSDS 超高清液晶显示屏获吉尼斯世界纪录认证中心颁发的世界最大的液晶电视证书；利亚德光电股份有限公司首发超大尺寸 LED 电视，标志着中国 LED 电视技术在全球范围内取得领先成绩，并迈入产业化阶段。

（杜　玲）

# 电子信息产业

**【概况】**2013年，中关村示范区电子信息产业继续呈现蓬勃发展的态势，在大数据领域形成大数据创新创业生态体系和企业群，在云计算领域形成较为完善的云计算产业链。联想集团推出首批网络存储产品及解决方案；书生公司电子文档云服务平台获美国《云计算》杂志评选的十大“云存储技术卓越奖”；百度公司等4家企业被纳入国家统计局大数据合作平台企业；畅捷通公司的云计算中小企业服务平台，能同时满足企业内部管理、协同工作、业务拓展和整体运营需要；紫光公司推出首台云计算机“紫云1000”。在IPv6领域，开放网络基金会授权下一代互联网关键技术和评测北京市工程研究中心建立全球SDN测试认证中心，面向全球开展Open Flow测试认证服务。在物联网领域，航天信息公司的城市食品安全监管系统实现覆盖食品安全全程各个环节的监管。在移动互联网领域，英特尔—百度移动测试中心启动，面向移动应用开发者提供一站式测试和移植服务；北纬通信获工业和信息化部颁发的首批虚拟运营商牌照；正益无线打造出国内首个HTML5在线移动应用开发平台；大唐移动签约建设台中市TD-LTE试验网；金山安全发布金山私有云安全系统。2013年，示范区电子信息产业实现总收入1.1万亿元，同比增长23.1%，实现利润769.1亿元，同比增长26.4%。

（杜　玲）

**【LiT安卓版下线】**1月10日，由北京明伦高科科技发展有限公司研发的智能移动物流信息配载终端LiT安卓版2.0生产下线。LiT利用GPRS、GPS和射频识别等技术，通过对整个物流信息链的跟踪、整合，实现物流信息的全过程管理，可有效解决物流信息发布、撮合、信息下架等问题，保证信息的真实有效性。物流信息配载成功后，还可跟踪定位车辆和货物，实现运输过程透明化、可视化管理。设备除常规平板电脑功能外，还具备电话、导航、3G、高清输出、标准USB接口、打印接口等功能。

（尹玲利）

**【海泰方圆公司产品通过合规性测试】**1月14日，由北京海泰方圆科技有限公司研发的海泰电子文件管理中心（V2.0）软件产品因满足国家标准《电子文件管理系统通用功能要求》（GB/T 29194—2012）和《电子文件元数据基本集》中对电子文件的分类组织、鉴定处置、统计管理、存储保管、检索利用、元数据等各项必选功能（231项）的要求，通过中国人民大学电子文件系统测试中心的标准符合性测试，测试编号为ERSTC2013102。产品对电子文件的形成、办理、传输、保存、利用、处置提供覆盖全生命周期的管控手段，主要负责从各业务系统中捕获/接收/分类汇总电子文件或电子化信息，对电子文件的产生、作用、消亡的全生命周期过程提供真实、全面、完整的记录，维护文件之间、文件和业务之间的各种关联，提供方便的检索利用手段，并以有序的、系统的、可审计的方式进行处置，管理范畴涵盖文字、图表、图像、音频、视频等文件类型。

（杜　玲）

**【SurDoc获美国云存储技术卓越奖】**1月15日，美国《云计算》（*Cloud Computing*）杂志在TMCnet网站公布十大“云存储技术卓越奖”（Cloud Storage Excellence Award）名单，由北京书生电子技术有限公司王东临等研发的SurDoc（电子文档云服务平台）获奖。SurDoc是基于云服务的在线文档平台，支持云服务和移动终端，能让用户无须安装Office、PDF或其他软件即可阅读所有格式的文档。平台将上传到网站上不同格式的文件（Word、Excel、PDF等），通过UOML标准的技术，让不论手机还是电脑，也无论是否安装PDF阅读器或Office软件，都能在线阅读所有文件，打破不同文件格式之间的壁垒，让所有格式的文件畅通无阻。

（尹玲利）

**【UC浏览器云下载解决方案发布】**1月15日，由优视科技有限公司主办的“解放你的iPhone——UC浏览器云下载解决方案发布会”在京举行。优视公司宣布推出针对iOS用户的UC浏览器云下载解决方案。方案由云、端、资源聚合平台3个部分组成，具有离线下载、视频缓存离线观看、下载文件管理、后台下载等功能。

（杜　玲）

**【万维网联盟（北航）总部成立】**1月21日，由北京航空航天大学主办的“万维网联盟（北航）总部成立仪式”在北航科技园举行。工业和信息化部等单位有关领导及万维网联盟（World Wide Web Consortium）会员单位代表、企业代表、北航计算机学院师生代表100余人参加。万维网联盟第四家总部在北航落成，为国内相关产业融入Web国际标准生态系统搭建了平台，为与全球产业界、学术界、标准化组织及开发者社区共同构建开放万维网平台起到促进作用。[万维网联盟的组织机构分为总部（全球）和办事处（国家或地区）2个层次。全球总部一般建立在信息技术领域享有盛誉的国际一流大学或研究机构，已建立3个，分别建在美国麻省理工大学、欧洲数学与信息学研究联盟（ERCIM）和日本庆应大学。]

（钮　键）

**【天清WAF通过IPv6认证】** 1月30日，由北京启明星辰信息安全技术有限公司研发的天清Web应用安全网关（WAF）产品通过全球IPv6测试中心的IPv6 Ready第二阶段核心协议（IPv6 Ready Phase-2）认证，标识编号为02-C-000909。天清WAF是采用启明星辰公司VXID专利算法技术的Web安全防护与应用交付类应用安全产品，能够对Web服务器进行HTTP/HTTPS流量分析，防护以Web应用程序漏洞为目标的攻击，优化Web应用访问和性能，提高Web应用的可用性和安全性，可以为电子商务、网上银行、电子政务及媒体网站提供全面的安全防护。

（尹玲利）

**【微视项目获电信集团岗位创新金奖】** 1月，由北京数码视讯科技股份有限公司与中国电信福建分公司合作完成的校园视讯社交应用——微视项目获中国电信集团的岗位创新金奖。微视项目是2012年福建电信分公司重点打造的品牌产品之一，以“视频+微博+校园SNS”的联合模式，构建融合互联网和移动互联网的微视频交互分享平台，已成功在福州、厦门等地的高校进行推广。微视是数码视讯公司与电信运营商整合双方优势和资源，推出3G时代的移动互联网应用产品。在项目建设过程中，数码视讯互动视频服务平台凭借高性能的视频处理能力，全面的视频平台管理策略，以及专业的研发团队，克服项目开展时间紧、任务重等难题，保证了项目的总体进度，为项目上线运营提供有力支持。

（尹玲利）

**【Sm@rtTeller银行智能综合前端系统上线】** 1月，神州数码融信软件有限公司宣布，其研发的银行智能综合前端系统Sm@rtTeller首例应用——华融湘江银行“智能综合前端系统建设项目”上线。银行智能综合前端系统Sm@rtTeller是一套有丰富图形化界面，并具备应用界面整合能力和高效便捷开发部署能力的统一柜面系统，具有高效有序人机协同、网点全面转向客户营销和提升服务水平、提高前端系统新功能设计和开发效率等特点，可提升网点整体工作效率，增强网点的服务与营销能力，适用于银行任何需要使用人机交互的系统。

（杜　玲）

**【推出“百度微购”】** 1月，百度在线网络技术（北京）有限公司推出一款购物Web应用“百度微购”。“百度微购”是百度搜索结果页的Web应用，当用户搜索某些商品时，会触发百度微购，该应用将为用户提供快捷购买渠道，无须注册，快捷下单，货到付款。

（杜　玲）

**【华胜天成公司获IT市场年会奖】** 2月26日，在工业和信息化部中国电子信息产业发展研究院主办的“2013中国IT市场年会暨新一代信息技术产业大会”上，北京华胜天成科技股份有限公司被授予2012—2013年中国IT运维服务市场年度成功企业奖，同时其大数据产品“i维数据”被评为2012—2013年中国大数据市场年度创新产品。“i维数据”是基于大数据的内容管理平台，采用计算机及网络技术对海量电子记录、非结构化信息进行集中存储管理，支持各种格式的非结构化数据的分类存储，并能够进行完整生命周期管理，可通过整合屏蔽底层内容访问细节，并且对相关系统提供包括内容的添加、更新、检索和提取等内容服务功能，适用于银行、保险、证券、电信运营等大量使用凭证单据，并把这些凭证单据视为其宝贵信息资产的行业。

（孙　莹　杜　玲）

**【航天信息软件公司获软件市场年度奖】** 2月26日，在工业和信息化部中国电子信息产业发展研究院主办的“2013中国IT市场年会暨新一代信息技术产业大会”上，航天信息软件技术有限公司获2012—2013年中国企业税务会计软件市场年度成长最快企业奖。评审专家通过对2012年企业税务会计软件市场的全面调研和数据分析，汇总各级专家、用户意见，了解航天信息软件公司无论在市场占有率、应用成功率，还是在产品创新性和服务保障力上均有着突出的表现。其“懂税的ERP”产品，实现了与企业税务会计软件的无缝融合，解决了企业，尤其是广大中小企业在财税互联应用方面的刚需。

（杜　菲）

**【共同推出搜狗搜索官方网站认证】**2月，北京搜狗科技发展有限公司和北龙中网（北京）科技有限责任公司共同推出搜狗搜索官方网站认证（help.sogou.com/renzheng）。中网公司将负责对官方网站的真实身份进行审核，搜狗公司将在搜索结果中予以智能匹配并给予“认证”标注和提示，网民可在搜狗搜索中通过查看有无“认证”提示辨别网站是否系正规的官方网站。

（杜　玲）

**【瑞友公司获计算机信息系统集成资质】**3月4日，北京瑞友科技股份有限公司获工业和信息化部颁发的计算机信息系统集成三级资质证书（证书编号：Z3110020130062）。取得该资质表明瑞友公司在计算机信息系统集成方面的综合实力，包括技术水平、管理水平、服务水平、质量保证能力、技术装备、系统建设质量、人员构成与素质、经营业绩、资产状况等经营要素得到政府管理部门的认可，已具备独立承揽中小型企业项目或合作承揽大型企业项目的政府资格。

（尹玲利）

**【中国银行业协会认证数据入驻百度认证】**3月8日，中国银行业协会认证数据在百度搜索上线。当网友搜索银行名称、网上银行等关键词时，经中国银行业协会审核的正规网站将加注“百度认证”。

（杜　玲）

**【全球首个4G集群示范网开通】**3月11日，普天信息技术研究院有限公司宣布，由其主导建设的海淀多媒体集群示范网开通。示范网是国内首个达到商用标准的LTE宽带集群系统，也是全球首个4G集群示范网。项目开发出支持广覆盖、互联互通、安全可靠，并具有完全国产化能力的数字集群共网系统和相关软硬件产品；形成资源共享、快速联动、协同服务的城市管理应用保障方案；通过安全可靠集群通信系统在城市管理专用网中的应用示范，实现安全可靠集群通信系统和终端设备产业化，研究数字集群专网的共网建设及运营的盈利模式。

（龙　琦）

**【敦煌网推出免费全程外贸开放平台】**3月12日，敦煌网年度外贸电商观察新闻发布会在深圳举行。世纪禾光科技发展（北京）有限公司（敦煌网）有关领导以及媒体代表等参加。世纪禾光公司发布年度外贸电子商务观察并宣布敦煌网全程外贸开放平台在8月上线。平台包括平台服务、海外营销、物流支付供应链、诚信体系等，中国供应商可以免费建立网上店铺，向全球客户推广品牌、产品。

（杜　玲）

**【拉卡拉公司加入微软重点应用合作计划】**3月12日，拉卡拉支付有限公司宣布加入由微软中国和诺基亚联合发起的重点应用合作计划，成为Windows Phone重点应用审核项目中首批WP8重点应用合作伙伴，首版适配WP8系统的拉卡拉客户端应用在3月27日上线。在具体功能应用上，首版客户端包括信用卡还款、转账汇款、余额查询、手机充值、水电燃气缴费等多项功能，后续升级版本将会陆续增设电影票、交通缴罚办理等便民业务，最终WP8上的应用会实现和iOS、Android的同步升级。

（尹玲利）

**【金山公司推出轻办公】**3月12日，北京金山办公软件有限公司发布WPS Office 2012的3月抢鲜版。新版本增加一款面向办公用户的云办公产品——轻办公。轻办公是一个多人、多平台、多文档的协同工具，包括文档云存储、轻地址、云编辑、圈子协作、讨论和文件历史版本等功能。用户通过轻办公可以直接在云端存储文档、建立文档相关人员的圈子，在圈子中针对文档内容进行讨论、修改，形成文档的全生命周期管理，便于存档和查看。

（杜　玲）

**【“简”网络系列新品发布】**3月12日，“简网络　享未来——锐捷网络2013年新品发布会”在中国科技馆举行。相关专家、技术人员等1000余人参加。北京星网锐捷网络技术有限公司发布“简”网络系列新产品。产品具备全业务导向、架构简单高效、网络可视化管理三大特征，涵盖网络应用从核心到接入的端到端解决方案，涉及网络构建、安全和运维的各个层面，让网络成为企业业务开拓的先行者。其推出的“云架构网络”核心交换机——Newton 18000，借助虚拟化技术可让用户按照所需，自由分配网络资源，并支持云数据中心和云园区网；针对移动医护和学生宿舍网推出的无线智分系列产品，可解决信号穿墙、抗干扰等问题；针对体育场馆、会展中心推出的802.11ac X-sense系列AP产品，实现信号覆盖零盲区。锐捷网络公司还推出网络安全、网络出口、移动通信技术、IT运维管理等领域的新产品。

（杜　玲）

**【天地超云公司发布云计算“英雄战略”】**3月12日，“2013年天地超云战略发布会”在上地云基地举行。来自企业、媒体的代表参加。北京天地超云科技有限公司发布云计算“英雄战略”，将打造高密度（High-density）、低能耗（Energy-saving）、易管理（Reorganization）、系统优化（Optimization）的云服务器。天地超云公司与英特尔公司联合推出的高温一体机系统，可全年无休地运行在40℃左右的高温环境中，无须空调，节约能耗，适合云计算中心的大规模应用部署。天地超云公司还推出新一代数据中能耗管理平台 iCenter，可监控、采集能耗情况，进行能耗调度管理，节约30% 以上的电能。

（杜　玲）

**【航天信息公司获 RFID 年度评选 2 项大奖】** 3 月 18 日，由国际物联网贸易与应用促进会主办的“2012 中国 RFID 世界最有影响力评选活动”评选结果揭晓。航天信息股份有限公司因其在 2012 年深入研究 RFID 射频识别技术和物联网行业技术，并将其成功应用到智能交通、身份识别、物流防伪、公共安全及国家粮食流通信息化等领域，在技术和产品创新发展的基础上，加强在电子标签的工艺研究和标准制订等方面的投入，并承担多个国内外重大 RFID 物联网应用项目，还与欧洲及东南亚等地区的多家厂商就电子标签海外推广业务结成战略合作伙伴并达成战略合作协议，而获“2012 中国 RFID 行业年度最有影响力系统集成企业”奖。航天信息公司研发的辽宁五市食品药品安全监管系统获“2012 中国 RFID 行业十大最有影响力成功应用”奖。系统借助 RFID 射频识别技术、物联网技术、通信技术、网络技术、信息技术、软件技术等，建立起一套完整、规范、长期有效的食品药品安全监督管理体系和指挥调度监管系统，有效地解决食品药品生产、经营、使用及安全监管等方面存在的诸多问题，实现食品药品安全监管方式和食品药品安全监管模式的重大突破。系统包含协同办公子系统、许可证审批与诚信子系统、从业人员子系统等 12 个子系统，涵盖远程监管、稽查办案、资源共享、协同办公、应急指挥、分析决策、公共服务等业务内容。

（杜　菲）

**【用友公司发布 U8+ 平台】** 3 月 19 日，“平台化发展　产业链共赢——用友 U8+ 及伙伴业务策略发布会”在用友软件园举行。来自企业、媒体的代表参加。用友软件股份有限公司发布服务于“成长型企业管理与电子商务平台”的 U8+ 平台。U8+ 实现了从 ERP 到“软件 + 云服务”的跨越，可为成长型企业构建出集“精细管理、产业链协同、云服务”为一体的管理与电子商务平台。U8+ 基于 UAP 平台，提供覆盖数十个行业应用的 U8 All-in-One 全面信息化管理方案，还可通过应用商店模式为企业提供云应用服务。

（杜　玲）

**【拉卡拉手机刷卡器 APP 下载量占比 83.5%】** 3 月，北京易观智库网络科技有限公司发布《中国第三方支付行业发展阶段研究专题报告》。《报告》指出：截至 2012 年底，拉卡拉手机刷卡器的 APP 下载量占比最高，达到 83.5%。《报告》认为，拉卡拉支付有限公司是刷卡支付领域创新企业代表，在个人便利刷卡支付领域取得较大成绩，并积极拓展商户收单业务和移动支付业务。特别是其从用户操作和心理需求的角度出发，产品和业务创新坚持便利和用户的安全心理承受能力平衡的导向，使其在用户收单市场具有较大的规模。同时采用线上系统 + 线下硬件设备的模式，便于通过统一的系统平台实现支付 + 营销的业务模式拓展。研究发现，拉卡拉在品牌知名度、平台协同性、创新能力以及业务延伸能力方面表现突出。

（尹玲利）

**【联想集团发布网络存储产品】** 4 月 2 日，联想集团有限公司和美国易安信公司（Electron Machine Corporation，EMC）共同在深圳市举办“智存高远　共耀未来——联想企业级战略和 Lenovo/EMC 存储产品企业级发布会”。来自企业、媒体的代表参加。联想集团发布 Lenovo/EMC 首批网络存储产品及解决方案，包括旨在满足大中型企业对高性能、高可扩展性要求的 VNX5100、VNX5300 和专为中小企业 IT 经理打造的 VNXe3150。Lenovo/EMC VNX 系列产品是适合多协议文件、数据块和对象存储的统一存储产品，基于英特尔 5600 系列处理器，实现模块化的体系结构，集成了用于数据块、文件和对象的硬件组件，通过 2~8 个 X-blade 数据移动器提供文件（NAS）功能，通过 6 吉兆 SAS 磁盘驱动器拓扑的双存储处理器提供数据块（iSCSI、FCoE 和 FC）存储，利用闪存盘作为系统扩展缓存。基于 Lenovo/EMC VNX 系列产品，联想集团还搭建“智慧城市视频安控解决方案”“GIS 行业大数据方案”“数字化医院数据容灾方案”等 19 个面向政府、医疗、教育、金融、企业、邮电等行业的存储解决方案，以满足客户在统一存储、数据共享和数据备份、数据容灾、数据镜像等方面的需求。

（杜　玲）

**【数码视讯公司参展美国 NAB 展会】** 4 月 8—11 日，在美国拉斯维加斯举行的 2013 年全美广播电视展（NAB2013）上，北京数码视讯科技股份有限公司以“第三代数字视音频技术（3G Digital Audio&Video Solution）”为主题参展，展示数字电视软硬件产品以及相关解决方案，包括 EMR3.0、高清编解码系统、Video3.0、中间件系统、增值业务平台、5A 级安全平台、安卓智能机顶盒及超光网 -CCMTS 等产品。在媒体综合处理平台 EMR3.0 下实现的编解码超低延时，最小延时时间为 33 毫秒；手机 VOD 系统可在不增加网络投入的同时实现双向网的点播；超光网 -CCMTS 实现了下载速度 32 兆位 / 秒；数码视讯安卓高清互动电视智能终端将双向高清机顶盒、IPTV 机顶盒、安卓平板电脑、体感游戏机、硬盘播放机等多种终端形式融合，可满足用户标清、高清数字电视节目直播、点播等多项需求。

（尹玲利）

**【博雅软件获国家信息安全服务资质证书】**4 月 15 日，博雅软件股份有限公司通过中国信息安全测评中心审核，获国家信息安全测评信息安全服务资质证书（安全工程类一级），证书号：CNITSEC2013SRV-I-288。中国信息安全测评中心通过对博雅软件公司的评审，认定该公司具备过硬的信息系统安全工程过程能力、系统的项目和组织过程能力、坚实的技术能力、可靠的安全项目服务能力，并建立起完善的质量管理体系和信息安全管理体系，在安全服务的可持续发展方向上具有长远和可行的规划，符合信息安全服务资质（安全工程类一级）的认定要求。

（江　欣）

**【航天信息公司获物联网 RFID 年度大奖】**4 月 16 日，在国家金卡工程物联网应用联盟等单位主办的“第五届中国物联网 RFID 发展年会暨‘国家金卡工程万里行’启动仪式”上，中国物联网 RFID2012 年度优秀成果评选结果揭晓。航天信息股份有限公司获 2012 年度“中国物联网领先企业奖”，其研发的“航天信息食品药品安全监管系统”及“航天信息居住证管理及服务平台”分别获得“中国 RFID 优秀应用成果奖”和“中国物联网优秀应用示范项目奖”。其中，“航天信息居住证管理及服务平台”基于 SOA 架构，通过整合各类关联业务服务，实现流动人口的跟踪、统计和管理。此外，基于该平台研发生产的“居住证”具备承载信息量大、快速查验、高效制证、一次采集共享、安全保护隐私等一系列特点。居住证内的信息不仅包括姓名、单位、职业、住址等信息，同时还能够扩展到包括持证人纳税、社保、犯罪记录、信用记录等多方面内容，便于对持证人信息的动态管理和准确查验。同时，航天信息公司的《基于物联网的数字粮库管理系统》《青岛市食品药品监督管理局基本药物电子监管系统》《流动人口居住证管理及服务系统建设与应用》作为 3 个优秀案例被收录到年会发布的《中国物联网 RFID 优秀应用案例汇编》（第四集）中。

（杜　菲）

**【推出畅捷通 T+ 中小企业服务平台】**4 月 18 日，由北京畅捷通信息技术股份有限公司主办的“T+ 云之悦——管理科技体验日”在畅捷通公司举行。来自政府、研究机构、企业、媒体的代表近 300 人参加。畅捷通公司推出以“云 + 端”模式为核心的“畅捷通 T+”云计算中小企业服务平台。畅捷通 T+ 综合移动互联、社交网络、云计算三大技术特性，能同时满足企业内部管理、协同工作、业务拓展和整体运营需要，从管理、办公、业务三维度实现企业整体运营能力的提升，使企业信息化从单纯的管理工具，升级为能够帮助企业提升整体运营能力的经营工具。平台主要针对中小型工贸和商贸企业的财务业务一体化应用，融入社交化、移动化、电子商务、互联网信息订阅等元素，为企业打造了全新的生意模式、管理模式、工作模式。

（江　欣）

**【荣之联公司获云计算应用优秀解决方案奖】**4 月 24 日，在北京新世纪日航酒店举行的 2013 年中国数据中心产业发展大会暨 IDC 产品展示与资源洽谈交易大会上，中国数据中心产业发展联盟对 2012—2013 年期间行业表现突出的企业和单位进行颁奖。北京荣之联科技股份有限公司凭借 2012 年在云计算领域的突出贡献和优秀业绩获 2012—2013 年度云计算应用优秀解决方案奖。

（尹玲利）

**【绿盟公司发布下一代防火墙】**4 月 25 日，北京神州绿盟科技有限公司发布其研发的下一代防火墙产品。产品以掌控应用风险，重塑边界安全为目标，在企业网络边界建立以应用为核心的网络安全防护，即可视化应用安全（Visualization）、一体化安全防护（Integration）、高安全处理性能（Performance），通过智能化识别、精细化控制、一体化扫描等逐层递进方式实现用户 / 应用行为可视、可控、合规和安全。产品在满足 Gartner 定义的同时，融入了业务处理双引擎、一体化安全策略、多核并行处理等技术。其中，业务处理双引擎实现了基础防护、应用层防护分离，保障了业务的永续，并结合多核并行处理技术提升网络层性能和应用处理性能。

（杜　玲）

**【IT 专业交流平台瑞问发布】**4 月，北京瑞友科技股份有限公司 IT 应用研究院发布由其运维的 IT 专业交流平台瑞问（q.itari.com.cn）。平台可提供技术问答服务，内容包括：瑞友科技相关技术产品的问答服务，编程语言、数据库、中间件、操作系统、移动互联网、云计算等内容相关的技术问答，UI/UE、运维、过程管理、设计等内容相关的技术问答，特别提供 Mac 使用的相关问题。

（尹玲利）

**【神州数码公司推出瑞思服务】**4 月，神州数码控股有限公司推出“瑞思”（Runser）服务品牌。“瑞思”服务围绕思科公司（Cisco）的产品服务展开，将面向合作伙伴、中小企业以及用户，通过拓展增值服务业务，搭建涵盖产品售前售后服务、高端咨询以及行业解决方案在内的立体化服务体系。

（杜　玲）

**【用友公司发布银行管理解决方案】**4 月，用友软件股份有限公司发布用友金融·银行管理解决方案（Yonyou Banking V7.0）。方案定位助力银行的“转型创新与价值经营”，意在打造银行风险调整后的价值管理体系，帮助中国商业银行满足外部监管和内部转型创新的要求。方案由平台层、数据层、应用层构成。其中，UAP 平台层是支撑高端应用的平台；数据层管理（包括标准化数据层 ODS\DW、大数据、风险与盈利管理金融数据模型 FDM）以“应用驱动”推动银行管理系统的稳定建设。银行价值管理（RAPM）、银行人财物管理（ERP）和银行业务条线经营管理作为解决方案的三大应用主题，支持基于互联网、移动网和物联网等各种终端应用。

（杜　玲）

**【百度平台引入国家代码中心数据】**5 月 7 日，“创新信息认证　共筑安全搜索——全国组织机构代码管理中心、百度合作签约发布会”在百度大厦举行。国家代码中心和百度在线网络技术（北京）有限公司相关领导参加。根据协议，国家代码中心通过百度平台把中国依法登记、依法注册的组织机构实名认证信息向社会公众开放。社会公众可以通过百度平台搜索“组织机构代码查询”进入专业核查工具，只要输入组织机构名称、代码、登记证号中的任意一项，就可以了解机构类型、地址、有效期、颁发单位等信息。

（孙　莹　杜　玲）

**【拉卡拉公司获移动互联网开拓精神奖】**5 月 7—8 日，在国家会议中心举行的“2013 年全球移动互联网大会·北京”（GMIC）上，拉卡拉支付有限公司因其多年来不断为广大用户提供值得信赖的金融服务，一直致力于开创中国金融服务的新时代，在线支付、移动支付的占有率逐月攀升，而获“最具移动互联网开拓精神奖”。

（尹玲利）

**【联想 3C 服务战略发布】**5 月 8 日，“打造中国消费市场 3C 服务首选品牌——2013 联想 3C 服务战略媒体沟通会”在京举行。联想集团有限公司相关领导及媒体代表等参加。联想集团发布联想 3C（计算机、通信和消费电子）服务战略：开发满足客户数字生活需求的服务产品和解决方案，构建覆盖广泛的线上、线下以及线上到线下（O2O）的服务销售和实施网络，建立 3C 产品软硬件服务支持能力，打造专业、值得信赖的消费客户首选 3C 服务品牌。联想集团推出针对个人及家庭客户的“乐享家”全线服务产品，包括设备及选件服务、系统及软件服务、数据安全及管理服务、数字生活方案服务、移动互联服务等，并计划将其全国 2400 余家服务站改造成 3C 服务中心，同时还提供“联想服务箱”APP、“联想服务频道”微博、联想服务微信等线上服务。

（杜　玲）

**【金山私有云安全系统发布】**5 月 8 日，在国家会议中心举行的“2013 全球移动互联网大会”上，金山安全系统公司发布其研发的可捕捉定向攻击（APT）、实现高级威胁实时防御的产品——金山私有云安全系统。产品以可信应用控制 + 程序安全属性动态鉴定为核心技术，采用白名单方案，可实现全网、全终端、跨平台的静态文件级和动态行为级的云查询、云鉴定、云追溯、云处理。系统以信息终端的“受限、重要、审计、开放”4 种安全策略，实现文件、行为、边界和系统的检测与防御，阻断具有隐蔽性、破坏性的持续定向攻击，可为信息资产保障需求高的组织机构或大型企业的运维环境提供安全保障。

（杜　玲）

**【瑞友科技公司项目获奖】**5 月 9 日，在济南举行的“China Sourcing 第四届中国软件与信息服务外包产业年会”上，北京瑞友科技有限公司的“PE 投资管理系统解决方案”获“金融行业优秀 IT 服务解决方案奖”。“PE 投资管理系统解决方案”是瑞友科技国际化应用开发平台（Rayoo Tech−GAP）的业务组件之一。该组件是在对 PE 投资业务特点进行分析、总结，以及参考实际软件项目经验的基础上研发而成。组件建设过程中，对 PE 项目管理业务的核心部分进行比较全面的规划，使其能够灵活应用于多种项目类型和业务场景。

（尹玲利）

**【360 传媒上线】**5 月 10 日，北京奇虎科技有限公司推出的 360 传媒（media.so.com）上线。360 传媒是 360 新闻搜索的子产品，是以媒体为单位的聚合展现平台。用户可通过平台快速切换浏览多家媒体的头条新闻，

包含中央媒体、门户网站和地方媒体。

（杜　玲）

**【东方信联公司获通信信息网络系统集成甲级资质】**5月14日，工业和信息化部发布《关于公布2013年第二季度获得通信建设企业资质和个人资格名单的通告》（工信部通函〔2013〕237号），公布46家获得甲级通信信息网络系统集成资质的企业名单。北京东方信联无线通信有限公司入选（证书编号：06101092）。具有通信信息网络系统集成甲级资质的企业，可以在全国范围内承担各种规模的基础网、业务网、支撑网的通信信息网络建设工程总体方案策划、设计、设备配置与选择、软件开发、工程实施、工程后期的运行保障等业务。

（尹玲利）

**【东方信联公司展出智慧驻地系统】**5月22—26日，在中国国际展览中心举行的“第十六届中国北京国际科技产业博览会”上，北京东方信联科技有限公司展出“智慧驻地系统（TIPS）”。系统在用户驻地区域内使用一张光纤网络，实现将电信固网、移动互联网、有线电视网、物联网完全统一承载传输，可避免重复建设资源浪费，工程施工简单、后期管理维护方便简捷。系统可应用于市政、机场、铁路、公路、街道、社区、物业、楼宇、家庭、医疗等各类民生环境。

（尹玲利）

**【“有圈网”参展科博会】**5月22—26日，在中国国际展览中心举行的“第十六届中国北京国际科技产业博览会”上，中电达通通信技术股份有限公司展示了其开发的专门针对企业的移动社交办公网络平台“有圈网”（www.yuuquu.com）。“有圈网”是集娱乐、社交、办公等模块为一体的现代化移动产品，是企业办公、私密交流、兴趣交流的平台，是企业专属社交办公及营销网络，融合了微博、SNS、轻博、OA等多种功能于一体，整合了企业邮箱系统、短信平台、云文件分享平台、云笔记平台、企业通信录管理系统等功能。企业圈以圈子为单元，把企业员工组织起来，为企业提供有别于传统OA的全新协作和沟通方式。同时，其开放主页、公开圈为企业提供真实易用的圈子化营销和数据挖掘平台，让营销更有针对性。

（龙　琦）

**【中国软协系统与软件过程改进分会发布Q计划】**5月30日，在北京京仪大酒店举办的第十七届中国国际软件博览会软件工程与质量论坛上，中国软件行业协会系统与软件过程改进分会发布第三代软件质量运动行动计划——“Q计划”行动路线图，并阐述计划的目标、框架和实施路线。“Q计划”是中国软件行业质量工作的规划性和纲领性文件，将作为中国软件行业未来10年的发展计划，意在解决软件行业一系列悬而未决的问题，包括甲方不满意、乙方不挣钱、从业不快乐、不能有效应对云时代挑战，具体要解决产业生态中若干瓶颈问题，包括软件价值低估、需求频繁变更、软件创新乏力、软件人才缺乏、过程改进不可持续等。“Q计划”一期分4个阶段，将用9年完成，用友政务软件有限公司、中创软件工程股份有限公司、北京交通大学软件学院等8家单位为“Q计划”的首批战略合作伙伴。

（刘乐乐）

**【数码大方公司展示工业云】**5月30日—6月1日，在“第十七届中国国际软件博览会”上，北京数码大方科技股份有限公司展示了其在工业云方面的技术及服务。数码大方公司研发的“中国工业软件云服务平台”，主要基于云计算技术，通过整合云计算、物联网、移动互联网以及创新设计与协同制造等技术，提供专门面向中小制造业企业和个人用户的产品创新的公共服务平台，主要包括工业设计软件、数据管理、协同营销以及3D打印、数控编程、仿真分析等工程服务，涵盖企业设计、制造、营销等产品创新流程所需要的工具和服务。

（杜　玲）

**【联想集团研发校车“黑匣子”】**5月31日，“校车安全运行信息系统研究战略合作框架协议签字仪式”在京举行。教育部教育装备研究与发展中心、联想集团有限公司和郑州宇通客车股份有限公司签署校车安全运行信息系统研究战略合作框架协议，将共同开展校车安全运行信息系统标准的研究，建设校车安全运行动态信息管理平台，探索符合中国国情的校车监管体系，全面保障校车安全、规范、高效运营。联想集团将主要进行校车“黑匣子”信息技术的研发，确保教育部门、学校、家长对校车安全的实时监控。签约各方相关领导参加。

（杜　玲）

**【航天信息公司成果获金蚂蚁奖】**6月4—6日，在北京展览馆举办的“2013年中国国际智能卡、RFID与物联网展览会”上，航天信息股份有限公司展出智能卡、RFID及物联网领域的系列产品和整体解决方案。其中，硬件产品方面重点展示其研发的900MHz系列读写器、JKE120制证一体机等，产品应用涉及交通、物流、公安等领域；系统解决方案方面重点展示应用于物流防伪领域的城市食品安全监管系统、基于物联网技术的产品追溯系统、粮食流通信息化解决方案以及应用于智能交通领域的ETC系统解决方案、多义性路径识别系统解决方案、物联网感知交通服务管理系统等。展会期间，国家金卡工程协调领导小组办公室举办了国家金卡工程20周年优秀应用成果奖、国家金卡工程2013年度金蚂蚁奖颁奖典礼，航天信息公司的“航天信息城市食品安全监管系统”获“国家金卡工程2013年度金蚂蚁奖——优秀应用成果奖”，“航天信息居住证信息管理及公共服务平台”获“国家金卡工程2013年度金蚂蚁奖——公共服务平台奖”。

（杜　菲）

**【佳讯飞鸿公司签约南京轨道交通项目】**6月5日，北京佳讯飞鸿电气股份有限公司在创业板指定信息披露媒体上发布《关于签订重大合同的公告》，宣布其与东软集团股份有限公司作为卖方与中铁电化集团南京有限公司签订南京宁天城际一期工程专用通信系统项目《合同协议书》，合同的集成管理方为南京轨道交通系统工程有限公司，合同金额9451万元。佳讯飞鸿公司为合同项目主要实施方。

（龙　琦）

**【合作开发 WiFi 气象站】**6月6日，美国 Ayla Networks 公司宣布，其与新浪网技术（中国）有限公司达成合作，开发 WiFi 天气预告设备“气象站”。新浪微博将通过位置信息及当地即时天气信息，为用户提供针对一座房子的微型天气预报，当上千台这样的设备连接到云端，就可以获得一个城市的离散天气预报。

（杜　玲）

**【拉卡拉公司更换企业标识】**6月13日，拉卡拉支付有限公司宣布更换企业标识。新标识采用亮蓝色，主体形状为规则的正方形造型，由一个大写的“L”和一张银行卡组合、演变而来，阐述拉卡拉公司“支付只要刷一下”的服务特质，同时还表现出拉卡拉公司与银行之间紧密的业务关系，以及为用户提供“安全、便捷、通用”的服务理念。

（尹玲利）

**【华胜天成公司推出 OpenStack 服务中心】**6月18日，由南京市信息协会、中国计算机学会计算机应用专委会、北京华胜天成科技股份有限公司等单位共同主办的“中国云计算产业促进大会暨中国 OpenStack 服务中心发布会”在江苏省南京市举行。来自国内外IT企业及机构的代表200余人参加。华胜天成公司推出中国 OpenStack 服务中心。中心由华胜天成公司、英特尔公司、中国开源云联盟（COSCL）等共同组建，将设置800电话、Web在线等多种支持中心，并设立服务电子销售平台、知识库、CRM系统以及逾500人规模的专业咨询、现场技术支持、客制化开发、运维管理与全球实验室级支持团队，为用户提供L1、L2以及L3实验室级别的在线与现场服务、咨询服务、版本发布与升级服务、测试服务等多种服务方式。（OpenStack 是由美国国家航空航天局和 Rackspace 公司合作研发的开源项目，旨在为公共及私有云的建设与管理提供软件。）

（孙　莹　杜　玲）

**【时代凌宇公司获金服务奖】**6月19日，在中国电子信息产业发展研究院主办的“2013中国方案商大会暨（第十五届）金软件金服务颁奖盛典”上，北京时代凌宇科技有限公司因在物联网方面拥有多套成熟技术先进的解决方案而获主办方等3家单位颁发的“2013年度中国金服务物联网领域最具影响力服务商”奖项。

（杜　菲）

**【航天信息公司获金软件金服务3项大奖】**6月19日，在中国电子信息产业发展研究院主办的“2013中国方案商大会暨（第十五届）金软件金服务颁奖盛典”上，航天信息股份有限公司及其子公司获3项大奖。航天信息公司因产品质量过硬、服务完善获“2013中国金服务五大领袖服务商”奖；因在增值服务领域的突出业绩获“2013年度中国金服务IT增值服务领域金服务奖”。其子公司航天信息软件技术有限公司凭借在企业税务会计软件市场的持续开拓获“2013中国金软件十大杰出企业”奖。

（杜　菲）

**【推出中搜移动船票】**6月24日，北京中搜网络技术股份有限公司与高德软件有限公司签订战略合作协议，将互通各自旗下产品的位置数据信息，为中小企业提供精准的位置显示服务。中搜公司还发布企业级移动互联网应用产品及配套服务——中搜移动船票。产品包括企业专属APP、企业移动门户、企业社交平台及后续运营、技术支持在内的整体解决方案，以为企业打造专属移动APP并提供后续运营服务的方式，辅助传统产业企业迅速进入移动互联网，并在中搜公司初期的运营支持下迅速熟悉移动互联网的基本技术、规律、运营模式等。

（杜　玲）

**【新增 A-Link 手机连接汽车功能】**6月26日，高德软件有限公司发布高德导航软件7.5版，采用A-Link通信协议连接技术，新增手机连接汽车功能。手机与车载系统连接后，手机端内容通过A-Link通信协议，经由有线（USB）或无线（蓝牙）通信的方式传输到汽车端，可将手机上的高德导航同步输出到车载系统，在汽车端的操控同样通过A-Link通信协议返回到手机端，实现直接在车载系统上对高德导航进行交互操控。

（杜　玲）

**【文思海辉公司成为对欧美离岸软件最大开发商】**6月，国际数据公司（International Data Corporation，IDC）发布研究报告《中国离岸软件开发市场2013—2017年预测与分析》，公布2012年中国离岸软件供应商的排名。文思海辉技术有限公司以销售额6.73亿美元，在中国企业为欧美市场提供离岸软件开发的服务商中位列第一。报告显示，文思海辉公司的主要竞争优势体现在其强大的解决方案能力以及长期创新机制上，成熟的交付能力和严格的质量控制也是其优质服务的可靠保证。

（杜　玲）

**【智慧城市（二期）项目课题一、三启动】**7月2日，由北京航空航天大学主办的“国家863计划智慧城市（二期）重大项目课题一和课题三启动会”在北京航空航天大学召开。科技部有关领导、智慧城市项目的相关专家以及课题参研单位代表50余人参加。北航计算机学院院长吕卫锋为课题一“城市多模式数据系统互联技术与支撑环境”技术负责人。课题将基于中国智慧城市产业技术创新战略联盟的平台，在标准体系的规范过程中与产业、政府进行互动，推动国家标准体系形成，制订智慧城市系统汇聚模型与互联系统的技术体系和规范，形成技术体系。公安部第三研究所梅林担任课题三“面向城市运行管理的数据高性能分析技术与系统”技术负责人。项目将主要围绕智慧城市中各类应用系统汇聚与联结的挑战，建立国内自主的智慧城市技术与标准体系；突破各类城市运行、服务与管理系统汇聚互联解决方案；各类系统的数据融合与共享、实时高性能分析、城市动态呈现等共性关键技术；研制智慧城市一体化综合运行管理服务平台，开展以人为中心的公共服务和城市多层次决策支持系统示范应用。

（钮　键）

**【20家企业入选中国服务外包领军和成长型企业】**7月3日，在浙江省杭州市举行的“第五届中国国际服务外包交易博览会”上，中国国际投资促进会联合国际数据公司（IDC）、美国高德纳公司（Gartner）等咨询机构公布2013年中国服务外包十大领军企业、百家成长型企业、十大电信服务供应商以及十大在华跨国服务供应商的名单。其中，中关村示范区内文思海辉技术有限公司等4家企业入选2013年中国服务外包十大领军企业，微软（中国）有限公司等3家企业入选2013年十大在华全球服务供应商，亚信联创科技（中国）有限公司入选2013年中国十大电信服务供应商，北京瑞友科技股份有限公司等13家企业入选2013年中国服务外包百家成长型企业。

（尹玲利）

**【海兰信电子海图显示与信息系统获DNV认证】**7月19日，由北京海兰信数据科技股份有限公司研发的电子海图显示与信息系统（HLD-ECDIS100）获挪威船级社（DNV）颁发的“型式认可证书”。HLD-ECDIS100是专为船舶“无纸化航行”设计开发的电子海图产品，满足国际海事组织（IMO）国际规范并经过实船使用验证。产品具有中/英文切换、航迹控制、雷达图像叠加、在线海图数据更新、航行决策支持等功能，操作简便、稳定性高、兼容性强，既能够形成双工作站，也可集成于综合船桥系统（INS）中，提高船舶航线规划科学性及船舶航行监控效率。

（龙　琦）

**【英特尔—百度移动测试中心启动】**7月24日，“英特尔—百度移动测试中心启动媒体沟通会”在京举行。英特尔公司和百度在线网络技术（北京）有限公司的相关人员以及媒体代表参加。英特尔公司和百度公司共同宣布，双方联合建立的移动应用（APP）测试中心——英特尔—百度移动测试中心（MTC）启动。中心采用全程全免费模式，面向移动应用开发者提供包括从后台服务器到前端移动设备的使用，以及移动统计服务的一站式测试和移植服务，帮助APP程序开发者快速、高效、低成本地开发和上线基于英特尔架构移动设备的应用程序。

（杜　玲）

**【北京地区网站联合辟谣平台上线】**8月1日，北京地区网站联合辟谣平台上线仪式举行。北京市互联网信息办公室等单位有关领导以及平台发起网站代表参加。北京地区网站联合辟谣平台（py.qianlong.com）是在市网信办和首都互联网协会指导下，千龙网、搜狗、新浪微博、搜狐、网易、百度6家网站共同发起成立，是中国首个由管理部门指导、基于大数据结构、以开放平台方式、由行业领军网站联合建设的平台。千龙网·中国首都网负责内容搭建，搜狗负责数据整合，新浪微博、搜狐、网易、百度提供辟谣信息。平台汇聚发起网站创办的辟谣产品，汇集北京地区主要网站的举报方式，设有《法律法规》《自律规范》等栏目。

（杜　玲）

**【神州易桥 2013 年财税大管家 4.0 发布】** 8 月 5 日，由神州易桥（北京）财税科技有限公司主办的神州易桥 2013 年财税大管家 4.0 产品启动大会在北京昆泰嘉禾酒店举行。神州易桥公司相关人员以及财税用户单位代表 200 余人参加。财税大管家 4.0 分为基础功能平台和增值业务平台。基础功能平台由财务处理平台、税务处理平台和支付处理平台组成，包括财税办公、财税体检、资金管理、财税分析、数据保镖、管家服务等内容。增值业务平台涉及中介、培训、金融、信息、技术等服务内容，产品内置众多财税办公软件，包括财务管家、申报管家、知识管家、发票验伪和各种财税专用工具，并配备有财税知识应用库，数据超过 50 万条，涵盖办税、财会、法规、问答、考试学习等模块。产品配有财税体检、数据保镖两大安全系统，并提供智能数据备份与恢复功能，针对数据、报表提供智能分析及一键填入功能，并可通过微信平台查询企业财税信息。

（郝峥嵘）

**【灵云平台全面开放】** 8 月 8 日，北京捷通华声语音技术有限公司在其网站宣布，其推出的灵云开发者社区（dev.hcicloud.com）面向开发者全面开放，开放的能力包括：语音合成（TTS）、语音识别（ASR）、手写识别（HWR）、汉字印刷体识别（OCR）等多项 HCI 技术。开发者可通过注册进入灵云平台，在灵云社区内可以自由选择能力，并下载相应的 SDK 包，在开发过程中可通过社区获得稳定的技术支持。灵云平台还提供“云 + 端”服务，开发者根据实际应用需要，可选择云端服务与客户端应用。

（杜　玲）

**【联想集团推出企业级移动互联方案】** 8 月 8 日，联想企业级移动互联策略媒体沟通会在京举行。联想集团有限公司宣布将全面发力企业级移动互联市场，并针对企业用户在业务、服务和技术 3 个不同层面的移动互联需求，推出联想业务移动化解决方案、联想 PC/PC+ 整合运维解决方案、联想多终端整合管理方案、联想 WLAN 无线服务等，助力企业提升生产力。联想业务移动化整合解决方案覆盖建设和运营 2 个阶段，可提供企业级移动互联业务系统建设服务、移动互联行业硬件定制服务和企业级移动互联运维管理平台建设服务以及技术运维、业务流程外包服务。联想 PC/PC+ 整合运维解决方案可以帮用户解决移动互联问题，并协助用户整合传统桌面设备和移动设备平台间的问题，让传统平台支撑到平台的移动设备，也让平台的移动设备能够摆脱无序状态。联想多终端整合管理方案以“软件 + 服务”的方式，为企业提供基于多种品牌、多平台、多终端的整合管理服务，让企业获得端到端一站式服务保障，帮助企业 IT 管理从传统 PC 桌面扩展到移动终端，实现跨设备领域的快速延展和灵活管控。联想 WLAN 无线服务，可支持多类型终端并发连接，减少带宽浪费，同时还提供远程监控和现场支持，如发现问题，可以快速解除故障。

（杜　菲）

**【时代凌宇公司获金谱奖】** 8 月 9 日，在北京国际饭店举行的“第七届中国品牌节暨第十六届品牌中国高峰论坛闭幕式暨金谱奖颁奖典礼”上，北京时代凌宇科技有限公司因拥有多项领先的物联网产品及解决方案专业提供商获“2013 品牌中国金谱奖——中国物联网行业十佳品牌”。

（杜　菲　尹玲利）

**【共同研发车载多媒体系统】** 8 月 16 日，“中国北车股份有限公司、中国普天信息产业股份有限公司战略合作框架协议签字仪式”在中国北车公司举行。2 家公司相关领导参加。根据协议，双方共同推进轨道交通产业与新一代信息技术的融合，研究开发为轨道车辆乘客提供增值服务的多媒体系统解决方案，促进铁路货运物流的全面升级，探索战略新兴领域的业务拓展，并加强在智能交通、行业信息化、信息安全、系统集成、新能源等战略性新兴产业的合作。

（杜　玲）

**【EI32–JD 型计算机联锁系统通过认证】** 8 月 20 日，由北京交大微联科技有限公司研发的“EI32–JD 型计算机联锁系统”通过 TüV 莱茵的软件 SIL4 及系统 SIL4 安全认证。EI32–JD 型计算机联锁系统是高可靠、高安全的 2×2 计算机联锁系统，支持设备集中和设备分散 2 种制式，适用于区域联锁。信号微机监测系统能够实现监测并记录信号设备的主要运行状态，实现车站电务联锁设备的日常维护及管理，系统功能完善，可应用于城市轨道交通、国有铁路、铁路客运专线、地方铁路。

（丁　蕾）

**【两岸 TD–LTE 业务互动仪式举办】** 8 月 27 日，由 TD 产业技术创新战略联盟等单位与台湾工业技术研究院、威达云端电讯股份有限公司在台中市联合举行“两岸携手，开启 TD–LTE 合作新航程——两岸 TD–LTE 业务互动仪式”。国务院台办、发展改革委、工业和信息

化部等单位有关领导以及两岸通信业界代表参加。北京、福州、台中三地与会人员共同进行TD-LTE端到端的视频业务互动演示，视频画质流畅，声音清晰，展现了TD-LTE成熟的技术。

（韩　雯）

**【共建台中市TD-LTE试验网】**8月27日，在台中市召开的“2013两岸通讯产业合作及交流会议”上，大唐移动通信设备有限公司与台湾工业技术研究院、威达云端电讯股份有限公司共同签署战略合作协议，宣布将在台中市联合建设TD-LTE试验网。根据协议，此次建网的相关基站设备、组网规划、设备升级的软件技术等均由大唐移动公司独家提供。同时，大唐联仪科技有限公司和台湾联发科技股份有限公司也就共同开展TD-LTE终端芯片与仪表测试签订合作协议。

（韩　雯）

**【全球SDN与开放网络高峰会议举行】**8月29—30日，由开放网络基金会（ONF）、中国SDN与开放网络专业委员会、下一代互联网关键技术与评测北京市工程中心、北京天地互连信息技术有限公司联合主办的“2013全球SDN与开放网络高峰会议”在北京国宾酒店举行。来自全球12个国家的互联网企业、运营商、企业网和园区网的代表1000余人参加。与会代表从产业、学术、设备、测试、解决方案、标准以及最终应

用等方面对SDN技术进行分析和研讨。会上，ONF授权下一代互联网关键技术和评测北京市工程研究中心建立“全球SDN测试认证中心”，面向全球开展Open Flow测试认证服务，并负责推进SDN和Open Flow协议在中国运营商、数据中心、互联网公司和大型企业等方面的部署和商业化。这是ONF授权的亚洲首家全球SDN测试认证中心。

（尹玲利　李建丽）

**【Elaster云管理平台5.1发布】**9月1日，北京天云趋势科技有限公司发布Elaster云管理平台5.1版本。Elaster 5.1是集资源管理、安全防护、运营计费、系统监控于一身的云平台，是可同时满足公有云和私有云需要的云管理平台。平台以x86服务器为基础而构建，通过将计算、存储、网络等IT基础资源进行池化管理，实现计算资源的弹性分配、按需供给。

（龙　琦）

**【推出小米电视和小米3代手机】**9月5日，“小米2013年度发布会”在国家会议中心举行。客户和媒体代表1000余人参加。北京小米科技有限责任公司发布小米3代手机和小米电视。小米3代手机配置5英寸1080P夏普高清屏幕，1920×1080像素，搭载四核高通骁龙Snapdragon 800 8974AB/Tegra 4、四核1.8吉赫兹处理器，摄像头后置1300万像素，前置200万像素，分别运用在移动版和联通版。小米电视采用47英寸1080P全高清屏幕和高通骁龙处理器，2×2双天线，可以和电脑、手机互动，无线投射图片、视频，支持蓝牙4.0，可用蓝牙手柄操控电视玩游戏。

（杜　玲）

**【联想威睿技术联合实验室落成】**9月24日，“智领云端 共拓未来——联想威睿技术联合实验室落成仪式”在联想北京基地举行。双方相关领导参加。联想威睿技术联合实验室由联想集团有限公司与威睿公司（VMware）共建，承载云计算方案开发、方案展示、测试验证、人才培训等平台功能。借助该实验室，双方将在服务器虚拟化、桌面虚拟化、云计算数据中心建设、基础架构管理与运维、数据容灾等技术领域进行合作，共同开发适合中国客户的解决方案。

（杜　菲）

**【跨区域电网智能协同动态监测系统项目通过鉴定】**10月8日，由湖北省科技厅主办的跨区域电网智能协同动态监测系统项目鉴定会在武汉市举行。鉴定委员会专家及项目负责人等10余人参加。项目由华中电网有限公司和北京四方继保自动化股份有限公司共同承担，完成“华中智能电网调度技术支持系统电网运行动态

监视与分析试点项目”和“华中智能调度技术支持系统应用深化技术研究及应用项目”的研发和实施。鉴定委员会认为：项目首次提出并实现多调度中心动态数据和分析结果按需实时共享的互联互通；首次提出并实现基于动态监测系统的多调度中心协同故障分析和协同低频振荡分析，可以大幅度提高电网运行的安全水平；提出面向请求的动态数据压缩传输技术，有效解决海量数据的传输与处理问题。鉴定委员会一致同意项目通过鉴定。

（龙　琦）

**【三方合推教育解决方案】** 10月14日，“聚合领先优势 共建智慧教育——联想—英特尔—微软SMILE战略合作启动会”举行。来自教育部和部分省、市、自治区教育信息化主管部门的领导以及教育行业代表等20余人参加。联想集团有限公司、英特尔公司、微软公司共同宣布将携手在教育信息化领域开启战略合作，开发基于云技术的数字校园等解决方案，同时还发布首期合作成果——SMILE（Strategic Microsoft Intel Lenovo Education）数字校园解决方案。在SMILE数字校园解决方案中，联想集团将作为智慧教育端到端解决方案提供者，将英特尔公司的处理器和微软公司的云计算平台，部署于联想集团的服务器、存储等企业级产品和PC、移动互联设备等终端产品中，打造一系列教育云计算解决方案。通过该方案，老师与学生可以方便建造网站，进行互动式网络学习，教师之间还可以协同完成教案制作、进行教学日历管理等。

（杜　玲）

**【灵云离线式语音识别技术发布】** 10月18日，北京捷通华声语音技术有限公司推出灵云离线式语音识别技术。该技术包括词表识别、语法识别、“自由说”识别3个部分。词表识别和语法识别离线语音识别率为97%以上，实时率、加载时间和资源占用率等技术性能均得到优化，主要应用于各种移动终端，保证用户在无网络环境下依然可以应用语音流畅地与各种数字设备沟通。

（杜　玲）

**【中国云·移动互联网创新大奖赛颁奖】** 10月18日，由中国云产业联盟主办的“2013第二届中国云·移动互联网创新大奖赛颁奖典礼暨创新创业论坛”在北京航空航天大学举办。北航、中国联通运营公司等单位有关领导以及来自产业界不同领域的投资人、经理人、创业者及北航师生200余人参加。中国、新加坡、美国等国家和地区的200余个团队参与大赛，Ideastar、LCLL、rucasu、PDL@NUDT等团队分别获商业创新类、人才技术类优胜奖和一等奖，rucasu还获得百度在线网络技术（北京）有限公司20万元特别大奖。

（钮　键）

**【网秦发布平台化战略】** 10月25日，“永无止境——网秦8周年庆暨战略发布会”在京举行。相关专家、企业代表等参加。北京网秦天下科技有限公司发布移动广告和搜索平台“NQ Live”以及公司平台化战略。网秦公司将以开放性的移动安全业务为核心，整合旗下专业的手机游戏发行平台、定制化的企业级移动服务平台以及创新性的广告和搜索平台，打造一家全球性的移动互联网平台型公司。平台以网秦公司核心业务的移动安全产品为基础，整合了网秦公司旗下的手机游戏、动态壁纸、音乐搜索、图像搜索等入口级应用，并向第三方开发者开放，最终通过流量变现的方式获得收益。

（杜　玲）

**【ZigBee测试实验室落户亦庄】** 10月28日，由中国电子技术标准化研究院主办的“ZigBee测试实验室成立仪式”在大兴—亦庄园举行。这是在亚太地区首家也是唯一一家为ZigBee认证项目提供专业测试服务的实验室。中国电子技术标准化研究院、ZigBee联盟（The ZigBee Alliance）、亦庄园管委会等单位相关负责人以及ZigBee联盟厂商、测试机构、研究机构的代表参加。中国电子技术标准化研究院与ZigBee联盟签署ZigBee联盟测试实验室测试服务协议，宣布ZigBee联盟（北京）办公室以及ZigBee应用展示中心（北京）成立，并介绍赛西实验室的测试能力和ZigBee测试业务申请流程等。中国电子技术标准化研究院ZigBee测试实验室拟对ZigBee PRO兼容平台和ZigBee照明链路的终端产品在兼容性和互操作性方面进行服务，同时包括ZigBee其他的规范化和标准化平台检测，使本地用户和ZigBee联盟沟通更直接。（ZigBee译为紫蜂，与蓝牙相类似，是一个低功耗个域网协议。根据这个协议规定的技术是一种短距离、低功耗的无线通信技术，其特点是近距离、低复杂度、自组织、低功耗、低数据速率、低成本。）

（崔春雷）

**【百度理财平台上线】** 10月28日，百度在线网络技术（北京）有限公司推出的百度金融中心理财平台（8.baidu.com）上线。同时，还推出百度公司的“百发理财计划”首款产品——华夏现金增利货币基金。百度理财平台是面向大众客户的金融服务平台，作为互联网用户的理财中心、贷款中心，为各类用户提供安全高收益、简单易操作的理财服务和一揽子理财解决方案。百发理财计划将在渠道和模式方面进行创新，与数十家金融机构合作，面向广大互联网用户提供创新性理财解决方案，贯穿产品设计、渠道、风险控制、服务等各个环节。

（杜　玲）

**【神州数码公司发布城市公共信息服务平台】**10月29日，由神州数码控股有限公司主办的“中国智慧城市核心支撑系统——城市公共信息服务平台2.0发布会”在数码科技广场举行。工业和信息化部等单位有关领导以及相关专家、媒体代表等参加。平台系统由神州数码公司自主研发，主要包括市民融合服务平台、企业融合服务平台和城市管理服务平台，将利用云计算、大数据等信息技术，为市民、企业和城市管理者提供双向、多向信息沟通机制和服务渠道。

（杜　玲）

**【360儿童卫士智能手环发布】**10月29日，由北京奇虎科技有限公司主办的“让爱一路同行媒体沟通会”在奇虎公司总部大厦举行。儿童安全专家、媒体代表等参加。奇虎公司发布“360儿童卫士”智能手环。手环包括GPS实时定位、安全区域预警、通话和录音三大功能，内置GSM通话模块。家长可通过对应的应用软件向手环发送命令查询孩子位置，并查看孩子在某段时间内的行动轨迹。同时系统可识别孩子佩戴手环期间常去的安全区域，如果孩子行动范围超出该区域，系统就会向家长手机报警。

（杜　玲）

**【瑞友公司发布PE投资管理平台1.0版本】**10月，北京瑞友科技股份有限公司发布PE投资管理平台1.0版本。平台基于瑞友科技公司的GAP4.0技术框架开发，可对PE项目管理业务的核心部分进行规划，使其能够灵活应用于多种项目类型和业务场景，并提供可配置的管理流程定义以及多层次的权限管理，可以满足大多数PE投资项目过程管理的需要，流程的定义更改通过界面操作完成，可提高系统效率，增加系统的稳定性，减少系统开发和维护成本。

（尹玲利）

**【广联达公司发布云战略】**11月13日，“广联天下、云动四方——广联达云战略新闻发布会”在广联达大厦举行。业内专家、学者及媒体代表参加。广联达软件股份有限公司发布公司的云战略，推出首个云业务项目广联云（yun.glodon.com），并启动广联云公测及千万奖金项目。广联达公司计划在3年内将广联云打造成中国建设工程领域唯一的集应用、专业和商界三位一体的云社区。广联云是实名制注册的互联网云社区，主要针对建筑和地产行业的业务人员及招标采购人员，提供包括免费在线应用、SaaS服务、电子商务以及专业知识讲座等服务。会上，广联达公司分别与北京超图软件股份有限公司、山东勇进集团有限公司签订云战略合作协议，将为其定制个性化的云计算及移动应用解决方案。

（杜　玲）

**【4家企业入选国家统计局大数据合作平台企业】**11月19日，在国家统计局举行的“大数据战略合作框架协议签约仪式”上，国家统计局与11家企业签订大数据战略合作框架协议，并授予“国家统计局大数据合作平台企业”称号，共同推动大数据在国家统计工作中的应用。中关村示范区内北京五八同城信息技术有限公司、天云融创数据科技（北京）有限公司、天脉聚源（北京）传媒科技有限公司、百度在线网络技术（北京）有限公司4家企业被纳入国家统计局大数据合作平台企业。根据协议，国家统计局将与入选企业共同研究探讨建立大数据应用的统计标准，包括指标定义、口径、范围、分类、计算方法、代码等；确定利用企业数据完善、补充政府统计数据的内容、形式及实施步骤，包括数据采集、处理、分析、挖掘、发布等。

（龙　琦）

**【TD-LTE技术与频谱研讨会举办】**11月19日，由TD产业技术创新战略联盟（TDIA）、国际电信联盟（ITU）、中国移动通信集团公司、TD-LTE全球发展倡议（GTI）共同主办的“TD-LTE技术与频谱研讨会”在泰国举行。ITU秘书长图埃、工业和信息化部部长苗圩等来自世界各国的政府电信部门主管及监管机构代表、国际组织代表、运营商代表、通信企业代表200余人参加。与会代表分析了全球各地区移动宽带发展趋势、TD-LTE市场和产业进展，探讨了TDD频谱规划等TDD全球化发展关键问题。会上，中国无线电管理局对中国TDD频谱规划使用做了说明介绍，并向中国三大电

信运营商分配 TD-LTE 扩大规模试验频段。

（韩 雯）

**【第 15 届国际信息与通信安全会议举行】** 11 月 19—22 日，由中国科学院信息工程研究所、中国科学院软件研究所、北京大学软件与微电子学院及北京鼎普科技股份有限公司联合主办的“第 15 届国际信息与通信安全会议（ICICS 2013）”在北京友谊宾馆举行。相关专家和业内人士参加。会议分为两大部分：工业部分和学术部分。在工业部分，微软公司、百度在线网络技术（北京）有限公司、鼎普科技公司等信息安全企业的专家分别针对云计算安全、大数据安全、可信计算、电子信息 DNA、安全可信芯片等内容进行演讲。在学术部分，国内外众多信息安全领域的专家学者，针对信息安全访问控制、分布式系统安全、密钥管理与密钥恢复、无线安全等方面发表众多原创未公开的学术论文。

（龙 琦）

**【12 家企业入选中国信息产业年度影响力企业】** 12 月 6 日，在北京香格里拉酒店召开的“2013 中国信息产业经济年会”上，赛迪顾问股份有限公司等单位发布“2013 中国信息产业经济年会”奖项。其中，中关村示范区内北京荣之联科技股份有限公司、北京同有飞骥科技股份有限公司、京东方科技集团股份有限公司等 12 家企业入选“2013 中国信息产业年度影响力企业”。

（尹玲利）

**【紫光公司推出云计算机】** 12 月 10 日，“紫光股份云服务战略暨紫光云计算机发布会”在京举行。行业专家、媒体记者等参加。紫光股份有限公司发布其“云服务”战略，同时推出紫光云计算机——紫云 1000。“云服务”战略包括提供云计算基础设施建设服务、云计算行业应用解决方案服务和云计算的平台化服务。紫云 1000 的 CPU 处理器数量可扩充至 6.5535 万个，存储空间可扩充至 85 拍字节，吞吐量可达 1.2 吉字节 / 秒，运行的系统软件包括虚拟化模块、大数据模块和自动部署模块等，并具备以下特点：分布式新型体系结构，多种廉价计算资源并行计算；支持海量结构化和非结构化的数据处理；计算能力动态可伸缩；极强的容错能力，在节点计算资源发生故障的情况下仍能继续正确完成指定任务，并可在不切断电源的情况下取出和更换损坏的节点计算单元或存储单元，从而提高整机的扩展性、灵活性以及对灾难的及时恢复能力；协同快速部署技术。产品可满足金融、电信等大数据行业用户的需求，并将促进信息技术在物联网、智慧城市、智能电网等大数据应用领域的应用。

（康秋红 杜 玲）

**【3 家企业获国家信息化建设奖】** 12 月 11 日，在北京万寿宾馆召开的“2013 国家政务信息化建设发展年会”上，中国政务信息化建设推进中心为优秀的信息化产品技术和解决方案商颁发奖牌和荣誉证书。其中，中关村示范区内北京启明星辰信息技术股份有限公司获“国家信息安全优秀供应商”，北京可信华泰信息技术有限公司获“国家信息安全创新产品奖”，北京锐易特软件技术有限公司获“国家智慧城市优秀供应商”。

（尹玲利）

**【嘀嘀打车建成全国最大手机智能召车平台】** 12 月 11 日，北京小桔科技有限公司宣布，腾讯科技（深圳）有限公司向叫车软件“嘀嘀打车”注资 1 亿美元，与微信合作的打车服务、微信支付业务上线。小桔公司推出的网络智能叫车软件“嘀嘀打车”，是一种基于智能手机的应用软件平台，面向出租车司机和乘客 2 个终端，能够较准确地定位出租车和乘客位置，为出租车司机和乘客提供打车供需服务。产品不仅帮助乘客随时随地、方便、快捷地叫到出租车，且通过降低司机空驶率，改善市民叫车体验，缓解城市交通运营。“嘀嘀打车”已在国内 28 个大中型城市开展网络智能召车业务，有超过 20 万司机、1000 万乘客使用，每天服务人数突破 500 万人次。根据艾瑞咨询集团发布的 2013 年中国手机打车应用市场的研究报告显示，“嘀嘀打车”以数倍的优势成为国内最大的手机智能召车平台。

（龙 琦）

**【云端时代公司推出系列桌面云产品】** 12 月 12 日，在北京亦庄创意生活广场举行的 2013 年云世界大会上，北京云端时代科技有限公司推出 CT 系列桌面云产品和六大行业解决方案，包括 CTVI-STD 标准企业级桌面云平台、CTVI-AIO 一体化桌面云解决方案、CTVO-3D 设计 / 重型多媒体应用、CTVA 应用云平台、CTBox 数据协作共享平台、CTDM 桌面云及云终端统一运维管理平台、CTAM IC 卡认证管理系统、BYOD 带自己的设备办公、CTMMR 高清多媒体重定向技术以及移动安全医疗方案、能源行业安全节能方案、智能一卡通校园方案、连锁行业便捷解决方案、政务办公双网隔离方案、通信行业桌面云解决方案。云解决方案的终端支持 Windows、linux 客户端以及 Android 和 iOS 移动客户端。

（龙 琦）

**【北纬通信公司获首批虚拟运营商牌照】** 12 月 25 日，工业和信息化部发布《关于同意北京北纬通信科技股份有限公司开展移动通信转售业务试点的批复》（工信部电管函〔2013〕548号），同意北纬通信公司与中国电信股份有限公司合作，在北京、天津、上海等29个省（直辖市、自治区）范围内开展移动通信转售业务试点（不包含预付费业务）。试点截止日期为2015年12月31日。

（尹玲利）

**【CZ云压缩技术产业化项目签约】**12月27日，由北京黔龙泰达科技有限公司主办的“环境孕育　市场主导　产业落地——中关村重点项目—CZ云压缩技术产业化签约会”在中关村创业大厦举行。中关村管委会等单位相关领导以及企业代表参加。黔龙泰达公司分别与中国建设质量安全管理视频服务中心、中国通号

通信信息集团有限公司、北京中海纪元数字技术发展股份有限公司等单位签订行业采购合作协议，协议金额约6.5亿元，并与海淀园创业服务中心签署“金种子”投资协议。黔龙泰达公司研发的无损耗超低压缩图像、视频技术，可使图形图像在国际压缩标准的基础上再压缩100倍左右，视频可再压缩10倍左右，节省了图形图像、视频存储空间，提高了传输效率。

（杜　玲）

**【360企业版用于公安隔离专网】**年内，公安部第一研究所采用北京奇虎科技有限公司研发的360企业软件安全管理解决方案作为公安行业定制版本。360企业软件管家将应用于公安隔离专网内，为终端计算机提供软件管理功能，提高网络信息安全水平。

（杜　玲）

**【京东公司推云解决方案云峰】**年内，由北京京东世纪贸易有限公司推出的围绕移动应用客户端开发云解决方案——京东云峰（maengine.jd.com）上线。京东云峰是移动应用客户端开发、测试平台，能为移动应用开发者提供应用开发云工具，并将开发者的个人工具和工作平台移至云端，包括云推送、短域名、云分析、云测试等产品与服务。

（杜　玲）

**【下一代互联网测试服务中心开展服务】**年内，中关村下一代互联网测试服务中心为北京东土科技有限公司、北京天融信科技有限公司、北京启明星辰信息技术股份有限公司等20余家企业提供下一代互联网测试认证服务，辅助中关村示范区企业及国内厂商提高产品的市场认可度；技术支持并协助100所高校进行IPv6访问能力的测试和验证，实现下一代互联网教育网升级；联合华为技术有限公司等单位承担发展改革委《2012年下一代互联网技术研发、产业化和规模商用专项——网络及网站IPv6支持度评测体系及平台建设项目》，为政府部门建设下一代互联网相关项目提供必要的技术支撑和验证手段；为全球超过4500个网站提供IPV6访问能力的测试和验证。

（李建丽）

**【GAP平台4.0版本发布】**年内，北京瑞友科技股份有限公司发布GAP（RayooTech Global Application Platform）平台4.0版本。GAP4.0引入Spring MVC和Struts2等MVC框架，并采用Eclipse4.2（JUNO）作为平台的集成开发环境，还增加功能组件——企业建站平台，可实现企业软件与互联网的融合。企业建站平台可以快速搭建企业门户网站，实现企业内部的信息和资源管理，支持大容量和并发，支持自定义模板、多语言、虚拟站点等，同时还可以对企业的非结构化资源进行管理，包括各类文档、音视频等，企业不需要进行后台开发即可以进行网站的建设。

（尹玲利）

**【IPv6认证数量全球第一】**年内，北京天地互连信息技术有限公司全球IPv6测试中心（www.ipv6ready.org.cn）完成IPv6认证80个，年度认证数量首次超过美国，居全球首位。（中心2003年成立，是IPv6 Ready Logo委员会核心成员，2008年启动认证计划，2009年上线运行，覆盖网络设备、终端、服务器等领域。）

（尹玲利）

**【百度深度学习研究院设立】**年内，百度在线网络技术（北京）有限公司在美国硅谷设立人工智能实验室——深度学习研究院（Institute of Deep Learning，IDL）。研究院位于美国加利福尼亚州库帕提诺，致力于用计算机软硬件模拟人类的大脑，让计算机像人类一样思考和学习，为百度公司提高搜索的智能化、精度和体验开展战略性研究、产品创新和人才储备。百度公司董事长李彦宏担任院长。

（龙　琦）

**【旋极公司产品获营改增税控盘供应商评比第一】**年内，国家信息安全工程技术研究中心对全国5家“营改增”税控盘供应商进行产品综合检测评比。评比根据生产环节中的坏盘率和使用环节中的坏盘率等数据的综合汇总进行考核。北京旋极信息技术股份有限公司研制的“营改增”税控盘位列第一。

（尹玲利）

**【中盈安信公司提供数字气田建设总体框架】**年内，北京中盈安信技术服务有限公司为中国石油天然气股份有限公司下属天然气公司提供数字气田建设总体框架，应用其研发的“油气田二三维一体化平台”“基于智能油气田的综合管理系统”“油气生产综合预警系统”“油气生产动态分析系统”“油气生产及管理辅助决策系统”“三维应急指挥管理系统”等业务应用系统软件。这些软件以安全生产为核心，既可独立应用又能有效集成，从油气勘探开发到油气储运，构建了全面综合的油气勘探、开发、生产、储运安全保障。

（郝峥嵘）

**【国家互联网基础数据管理与服务平台关键技术及应用获奖】**年内，国家计算机网络与信息安全管理中心等单位刘欣然等完成的“国家互联网基础数据管理与服务平台关键技术及应用”获2013年度北京市科学技术奖三等奖。项目属信息技术领域。系统实现对31个省、市、区1000余家ISP和运营商的海量互联网基础数据进行报备、核验、更新，有效规范了业务管理，向国内2000余家政府部门、互联网行业用户和5.6亿网民提供专项查询与综合服务。其主要技术创新点：首次提出国家级、省级、企业级和数据层、业务层的“三级两层”新型体系结构，解决海量用户对互联网基础数据利用的QoS和服务扩展性难题；设计了安全的互联网基础信息数据交换接口，并成为通信行业的技术标准，解决了大量、异构、独立系统之间数据实时交换与复杂业务关联难题；提出互联网基础数据有效性校验机制，研制了互联网基础数据自动核验系统和面向IDC的网站合规性监管系统，实现对特定互联网基础数据有效性的即时核验，有效支持了政府、社会对互联网的规范管理和监督。

（龙　琦）

**【国家级卫生监督信息系统项目获奖】**年内，由卫生部卫生监督中心曹丽萍等完成的“基于移动互联网的现场执法模式与国家级卫生监督信息系统项目”获2013年度北京市科学技术奖三等奖。项目属计算机信息技术领域，是面向国内卫生监督领域设计建设的涵盖公共场所、生活饮用水等专业领域的卫生监督信息系统。项目创新多模式信息化系统构架，创建基于移动互联网的现场手持机终端电子执法模式，建立国家级信息系统卫生监督执法模板，制定《卫生监督信息报告系统数据交换标准》及相关规范，实现卫生监督个案信息网络报告。其卫生监督手持终端执法系统，通过使用现场手持终端和现场快速检测信息采集终端，实现卫生监督现场执法检查、快速检测和执法信息采集。

（龙　琦）

# 现代制造产业

**【概况】**2013年，中关村示范区现代制造产业取得突破。中科院所属多家研究所联合研制成功世界唯一实用化深紫外全固态激光器，在国际上首先生长出大尺寸氟硼铍酸钾晶体，并发明了棱镜耦合技术。中国恩菲公司研发的地下矿无人驾驶电机车运输技术获得成功，标志着中国向远程遥控和自动化采矿迈出关键一步。中科院电工所与汇影互联公司研制成功中国首台自平衡电磁力的磁场强度在0.5~0.7特斯拉的开放式超导核磁共振系统，并获得高清晰的人体成像。易美公司发布全球第一款全集成LED光引擎DiscLight。神雾集团完成的蓄热式转底炉直接还原技术开发及产业化推广项目，解决了普通蓄热式烧嘴直接在转底炉应用出现蓄热体堵塞等难题。奔驰发动机厂投产，可同时生产双涡轮发动机和混合动力发动机。施耐德发布全球首款基于工业以太网的可编程自动化控制器Modicon M580，能够使工厂的设计、实施以及运行达到极高的灵活性、透明化和安全性，拓展了海外市场。和利时公司以7300万美元收购邦德集团及集团旗下公司100%所有权，标志着中国高端装备产业海外拓展能力不断增强。2013年，示范区现代制造产业实现总收入4204.2亿元，实现利润383.9亿元。

（杜　玲）

**【TD–LTE终端产品参展CES展】**1月8—11日，在美国拉斯维加斯举行的“2013年国际消费电子产品展”（CES 2013）上，TD产业技术创新战略联盟携成员企业组团参展，展示来自华为技术有限公司、中兴通讯股份有限公司、北京创毅视讯科技有限公司等终端、芯片企业的手机、数据卡、CPE、MiFi产品、笔记本等TD–LTE终端产品以及TD–LTE技术在智能家庭、工作SOHO、宽带集群业务、交通运输等多种场景的应用。TD联盟展台还全景展现TD产业全产业链在产业推进进程中的成就、业务能力和支持状况。

（韩　雯）

**【荷兰代尔夫特研究中心成立】**1月10日，半导体照明联合创新国家重点实验室代尔夫特研究中心（SKL Delft Research Center）揭幕仪式在荷兰举行。荷兰经济部、科学研究组织（NWO）、国家应用科学研究院（TNO）以及国家半导体照明工程研发及产业联盟等机构相关人员参加。研究中心是中国半导体照明联合创新国家重点实验室在荷兰设立的海外研发实体机构，依托荷兰代尔夫特理工大学，重点开展半导体照明科技及应用创新的研发，将参与欧共体及荷兰的公共研发项目，促进半导体照明领域高级研发人员向国内流动，致力于打造成为半导体照明联合创新国家重点实验室及中国半导体照明产业在欧洲的创新中心、人才招聘中心、产业化服务中心和信息集散中心。

（杜　玲）

**【智能电网数据黑匣子交付使用】**1月23日，由北京氢璞创能科技有限公司研发的智能电网数据黑匣子OriMeter 15A交付上海电力学院使用。产品可以记录电流、电压、相位、功率因子、有效功率、累计用电量以及完整精确的时间等7个参数，还可用于测量和记录包括压力、温度、湿度、光、磁和声等参数。

（程亚飞　姜笑笑）

**【七星华创公司承担02专项项目】**1月29日，北京七星华创电子股份有限公司发布《关于本公司承担国家科技重大专项的公告》，宣布根据“极大规模集成电路制造装备及成套工艺”专项（02专项）实施管理办公室下发的《关于02专项2013年度项目立项批复的通知》（ZX02〔2012〕020号），其申请承担的国家科技重大专项2013年度项目“65纳米~45纳米铜互连清洗设备产业化”被批准立项。项目的资金已完成预算核定，公司将获中央财政5676万元资金支持，还将获地方政府的配套资金。项目的实施将提升七星华创公司的清洗系统类产品技术水平，并使65纳米~45纳米铜互连清洗设备实现产业化。

（杜　玲）

**【电力牵引及辅助变流系统试运营】**1月，由北京交大铁科科技园有限公司牵头，北京交通大学承担的“城市轨道交通能馈式牵引供电系统及牵引传动系统”项目在北京地铁10号线的十里河和西钓鱼台变电所投入试运营。项目属国家“十一五”科技支撑计划，是地铁A型车电力牵引及辅助变流系统，具有高性能、模块化、轻量化、低噪声等特点。

（丁　蕾）

**【和利时公司收购Bond集团】**3月6日，北京和利时自动化驱动技术有限公司与新加坡邦德集团（Bond Corporation Pte. Ltd.）并购签约仪式在新加坡举行。双方相关人士参加。和利时公司以7300万美元收购邦德集团及集团旗下公司100%所有权。收购价款采用50%现金加50%股票综合方式，包括以普通股支付的2年期激励计划和一旦Bond集团达到某些业绩目标情况下其他激励性股票。Bond集团在新加坡和马来西亚有3个子公司，主要从事工厂、楼宇等的机电设计、安装等总包服务。

（杜　玲）

**【发布光纤输出半导体激光器组件】**3月19—21日，在上海新国际博览中心举办的2013年慕尼黑上海光博会上，北京凯普林光电科技有限公司发布2款新产品：915纳米/75瓦/105微米和915纳米/120瓦/200微米光纤输出半导体激光器组件。该系列产品基于多个单管芯的空间光耦合技术，拥有低电流高电压特点，方便驱动设计，可应用于光纤激光器泵浦，以及部分直接半导体激光的材料加工。

（龙　琦）

**【地下矿无人驾驶电机车运输系统问世】**3月22日，由中国恩菲工程技术有限公司主办的“‘地下矿无人驾驶电机车运输技术’研究成果发布会”在该公司举行。相关企业人士参加。该技术的研发成功，标志着中国向远程遥控和自动化采矿迈出关键的一步，填补中国乃至亚洲在这一领域的空白。地下矿无人驾驶电机车运输系统由智能无人驾驶变频电机车，巷道移动无线通信系统，电机车自动调度、保护、监视系统和电机车运输供电管控系统4个部分组成。电机车牵引列车组在运行过程中实现远程遥控装矿，以及自动运行、卸矿，并满足多列机车同时运输的需求。运行状态通过无线通信实时显示于调度室内，必要时也可通过远程实时调度操控。

（孙　莹　杜　玲）

**【大唐电信公司与清华微电子所签署协议】**3月26日，“大唐电信与清华微电子所战略合作签约仪式”在永丰产业基地举行。市经济信息化委以及签约双方有关领导参加。大唐电信科技股份有限公司与清华大学微电子学研究所签署战略合作协议，双方将在集成电路设计、信息安全芯片、汽车电子芯片和移动通信芯片的设计、分析和测试验证等领域进行产品研发、技术培训、人才培养、政府公关等方面的广泛合作；加强校企联合，开拓战略新兴产业，推动成立联合实验室；进行人才交流，互聘知名专家学者参与战略、技术、研发、产品与投资等方面的咨询工作，为企业骨干研发人员和清华微电子所学生提供深造和实习的便利条件。双方还签署芯片安全性技术联合开发合同以及工程硕士生在企业完成论文工作的协议。

（张　月　杜　玲）

**【轨道交通产品对接会召开】**3月27日，由中关村管委会与市重大项目办共同召开的“中关村轨道交通领域新技术新产品（服务）专场对接会”在裕惠大厦举行。北京市基础设施投资有限公司等市属轨道交通投资、建设、运营企业以及北京和利时系统工程有限公司、北京佳讯飞鸿电气股份有限公司等21家中关村示范区企业的代表参加。会议重点推介轨道交通智能运营自动化系统、MDS3400调度指挥系统等产品。佳讯飞鸿公司的MDS3400调度指挥系统由中心交换设备、调度终端设备、网管设备、其他子系统设备等部分组成，集语音和数据业务应用为一体，其开放性、兼容性、高可靠性的设计可满足不同行业用户的组网要求，其灵活的综合接入方式、个性化业务定制能力、先进的维护手段，为客户提供安全可靠的系统和解决方案，可应用在铁路、地铁、石油等领域。

（周云峰）

**【汉博公司推出i-Education系统】**3月28—30日，在北京展览馆举行的2013年北京教育装备展示会上，北京汉博信息技术有限公司推出从学校到家庭端到端的数字化教育技术理念产品i-Education系统。系统以学生从家到学校、学校到家的端到端模式，全程记录学生安全、学生动态、校园状态等，使家长时刻了解孩子在学校的情况，当孩子放学回家后还通过系统进行远程自主学习。系统分为五大部分，分别是智控采播系统、云采播系统、媒资教研互动平台、校车安全管理系统、校园进出管理系统。其中，云采播系统采用基于网络的分布式产品架构，在每间教室分别配置编码器，教室内的音视频信号通过编码器转换成网络数据包，最终由中心控制室内的采播服务器进行统一录制、存储及直播，通过课程实时监控系统对所有多媒体教室进行分屏显示和摄像机云台控制。

（江　欣）

**【推出 MOTOMAN 高速机器人视觉搬运系统】**3 月 28—30 日，在重庆国际博览中心举行的“第十三届中国（西部）国际工业自动化及仪器仪表展览会”上，安川首钢机器人有限公司推出其研发的“MOTOMAN 高速机器人视觉搬运系统”。系统主要由 MOTOMAN MPK2 高速搬运机器人、机器人视觉系统和工件上下料线构成。工作时，系统根据机器人视觉传感器对传送带上的工件进行位置检测，实现机器人对工件的同步跟踪、拾取、高速搬运。工件的定位精度可达 0.2 毫米，最高可满足生产节拍 0.5 秒 / 次，具有高可靠性、高速性、高柔韧性等特点，可广泛应用于食品、电子、医药等领域。

（崔春雷）

**【TD 产业联盟携企业参展 CITE 2013】**4 月 10—12 日，在深圳会展中心举行的“2013 第一届中国电子信息博览会”（CITE 2013）上，TD 产业技术创新战略联盟和大唐电信科技产业集团、中国普天信息产业股份有限公司、北京创毅视讯科技有限公司等 16 家企业共同参展。展区由 TD 产业电子终端类产品区、TD 电子系统设备、TD 产业电子测试仪器及仪表、TD 电子配套类

产品、TD 电子芯片类产品等分展区组成，展现 TD 产业全产业链在产业推进进程中的成果。其中，TD 产业电子终端类产品区展示了 100 余款 TD 手机、数据卡、无线座机、芯片、电子阅读终端等 TD 终端系列产品。展示的多模手机、多模 MIFI、多模 CPE 等多模终端可同时支持 TD-LTE、LTE FDD、TD-SCDMA、WCDMA、GSM 等通信模式，支持 TD-LTE Band38/39/40、TD-SCDMA Band34/39、WCDMA Band1/2/5、LTE FDD Band7/3、GSM Band2/3/8 等频段，部分终端还可支持 TD-LTE Band41、LTE FDD Band1/17、GSM Band5 等频段，实现终端全球漫游。

（韩　雯　杨　禹）

**【钢铁制造流程优化工程实验室通过验收】**4 月 13 日，由中国钢研科技集团有限公司主办的“钢铁制造流程优化国家工程实验室建设项目验收会”在钢研科技集团公司举行。验收专家组成员及项目主要负责人 20 余人参加。项目由发展改革委立项，冶金自动化研究设计院具体实施。验收专家组确认项目完成流程优化与模拟仿真技术平台、节能减排新工艺研究室、信息化与自动化系统研究室和系统环境监测控制研究室的建设任务，具备钢铁制造流程优化技术研发和工程化实验验证条件；研发一批自主知识产权的钢铁制造流程优化技术，开展“流程优化与模拟仿真技术平台”“低品质含铁资源综合利用技术”“大型热连轧自动化系统”“大型联合企业先进能源管理系统”等多项工程化技术转化和成果推广工作。项目超额完成批复中的各项目标任务和考核指标，一致同意通过验收。

（龙　琦）

**【GTS-1 全自动陀螺寻北仪通过验收】**4 月 19 日，由北京博飞仪器有限责任公司主办的“GTS-1 全自动陀螺寻北仪新产品鉴定验收会”在京举行。中科院光电研究院、中国测绘学会等单位相关专家及用户代表参加。产品属于集成型全自动下架式产品，陀螺仪架在经纬仪下方，精度高，控制和显示与陀螺仪主机一体化设计，一键式全自动寻北，小型化电源，总体轻便简洁，便于使用和运输。除此，产品采用全自动定向测量模式，与全站仪或经纬仪联用，具有全自动精密寻北功能，技术先进、集成度高、操作简便，可满足大型隧道贯通测量、地铁施工、矿山贯通测量、航天及航天装备测量、炮兵阵地联测、建立方位基准等各类大型工程对陀螺定向测量的需要，替代进口同类产品。产品的关键技术获得相应的知识产权，并通过第三方检测，寻北精度可达 5 秒以内，寻北时间可达 8 分钟以内。

（崔春雷）

**【普天研究院与南瑞通信用电中心签约】**4 月 23 日，“普天研究院与南瑞通信用电中心战略合作签约仪式”在普天大厦举行。普天信息技术研究院有限公司和南京南瑞集团公司北京通信用电技术中心的相关领导参加。根据协议，双方将共同开展 TD-LTE230 新型宽带电力无线通信系统在智能用电领域的市场应用工作，开发 LTE230 芯片，推广 LED 节能照明等项目，并在技术、产业领域合作，共同开拓电力通信和信息化市场。

（龙　琦）

**【国产化大型热轧板精整机组交工验收】**4月25日，河北钢铁集团邯宝热轧2250毫米2号横切机组在邯郸市用户现场通过交工验收。这是国内首次全线自主集成，集产、学、研三位一体的高技术水平横切生产线。北京科技大学设计研究院有限公司负责项目关键性核心技术——电气系统的研发，包括过程控制系统（L2）、基础自动化系统（L1）、传动系统（L0）及配套大型宽幅板带横切机组的全套核心张力控制、剪切控制、矫直机控制等关键数学模型的研发，这也是国内首套自主设计、集成和调试的宽幅横切生产线电气系统。（项目于2012年3月1日启动设备安装，在通过设备机械单动、机组一次性成功过钢后，2013年2月开始单体设备验收。）

（张慧秋）

**【中国南车公司成果获节能中国十大应用新技术奖】**5月21日，在北京京西宾馆举行的“2013第四届节能中国推介活动发布仪式”上，由中国南车股份有限公司完成的“高速动车组综合节能技术”获中国节能协会颁发的“第四届节能中国十大应用新技术”奖。该成果属先进节能环保技术，在动车CRH2A、B、C、E和380A（L）以及城轨车辆和大功率电力机车上得到广泛应用，主要包括隔热性能、减振降噪、减重降耗、新材料（隔热套的应用、隔热膜的应用，降低能耗，实现节能环保）、噪声控制、LED照明系统应用（冷光源的大量使用，不仅安全环保、可靠性高，并且使用寿命长，节约能源）、动车组复合制动方式（新一代动车组采用复合制动方式，优化制动控制，提高能量回馈，减少盘片磨耗，节能环保）、永磁电机的应用、螺杆式空压机应用等。

（龙　琦）

**【和利时公司展示城市轨道交通信号系统】**5月22—26日，在“第十六届中国北京国际科技产业博览会”上，北京和利时自动化驱动技术有限公司展示了其研发的城市轨道交通信号系统，包括CBTC正线连锁、ZC区域控制、安全平台HVC2000和应答器，可用于中国时速350千米的高铁列车安全控制系统，4项成果均获得德国南德意志集团（TÜV SÜD）颁发的SIL4级独立第三方安全认证证书。和利时公司还推出56系列闭环步进系统、可用于百万千瓦核电站仪控系统等产品。56系列闭环步进系统具有防堵转、低功耗、可适应各种机械负载状态、运行平滑、振动轻微、无振动的零速静止能力等性能，可应用于纺织机械、激光加工机械、雕刻机等行业。

（杜　玲）

**【电动汽车非接触充电系统参展科博会】**5月22—26日，在“第十六届中国北京国际科技产业博览会”上，中国科学院电工研究所展示其研制的电动汽车非接触充电系统。系统由地面能量发送端及车载能量接收端2个部分组成，地面端的高频逆变电源将电网电能进行高频变换注入能量发送线圈，在能量发送线圈和接收线圈之间加入谐振线圈，进行电磁能量的高效远距离传输。系统可实现地面端和车载端的能量、信号同时无线传输，最大无线传输功率为3.3千瓦，整体传输效率为85%。

（龙　琦）

**【展示钱袋宝大精灵】**5月22—26日，在“第十六届中国北京国际科技产业博览会”上，北京钱袋宝支付技术有限公司展示了其研发的新型POS终端——钱袋宝大精灵。产品基于智能手机等移动设备，具有快速办理、成本低廉、交易安全、功能全面等优势，可以一站式完成转账、信用卡还款、话费充值等常规金融服务，符合中小型商户的使用需求。

（杜　玲）

**【CSA东欧半导体照明营销中心投入运营】**5月，由国家半导体照明工程研发及产业联盟（CSA）在匈牙利布达佩斯市建立的“CSA东欧半导体照明营销中心”投入运营。中心将为企业提供多元化组合式服务，包括建立东欧经销商、专业市场和工程商等买家和用户数据库，搭建半导体照明精品展示中心、仓储物流中心，并协助中国企业与海外各种工程项目进行对接，与卖场以及电子商务企业拓展合作。

（杜　玲）

**【中芯北方公司成立】**6月3日，由中关村发展集团股份有限公司主办的“合资成立中芯北方集成电路制造（北京）有限公司签约仪式”在朔黄发展大厦举行。市经济信息化委、中关村管委会、北京经济技术开发区管委会等单位有关领导以及合资各方代表30余人参

加。根据协议，由中芯国际集成电路制造（北京）有限公司、中关村发展集团、中芯国际集成电路制造有限公司、北京工业发展投资管理有限公司4家单位共同出资成立中芯北方集成电路制造（北京）有限公司，分别占24亿美元股东出资总额的41.25%、13.75%、42.75%及2.25%股本，拟建设一条月产3.5万片、技术水平在45纳米~28纳米的12英寸集成电路生产线。中芯北方公司位于北京经济技术开发区，主要负责测试、开发、设计、制造、封装及销售集成电路产品和建设运营中芯国际（北京）二期项目。

（李贺英）

**【国智恒公司北斗对讲机中标】**6月4日，由北京国智恒电力管理科技集团有限公司研发的内置北斗导航芯片的彩屏数字对讲机——北斗PDT数字对讲机，中标国家林业局西南航空护林总站2013年森林防火储备物资采购项目。数字对讲机将北斗天线与对讲机天线合二为一，设有高级别加密，确保北斗信号接收性能以及用户通信的私密性，并能通过无线信号把定位信息传输到指挥中心，方便指挥中心进行调度管理。产品可应用于公共安全、电力、石化、应急救援等行业。

（杜　玲）

**【用友软件公司核高基项目获批准】**6月4日，用友软件股份有限公司发布《关于公司承担的“核高基”重大专项获得批准的公告》，宣布收到工业和信息化部《核高基实施管理办公室关于批复核心电子器件、高端通用芯片及基础软件产品科技重大专项2013年立项课题中央财政资金预算的通知》（工信专项一简〔2013〕45号），其承担的“核高基”重大专项“面向大型行业应用的共性云计算基础软件平台研制与应用”获工业和信息化部批准立项。项目将研究大型行业应用的云计算环境下软件服务化转型的共性技术问题，建设面向制造、流通与服务、医疗、金融、电信、汽车等行业大中型企业应用的共性云计算基础软件平台，支持大型行业应用服务的开发与运行，并通过产业化推动云计算在中国大中型企业的发展和普及应用。项目实施周期为3年（2013—2015年），中央财政对项目的预算资金为3025万元。

（刘伟杰　杜　玲）

**【钢轨打磨列车参展轨道交通展】**6月4—6日，在上海举行的2013中国国际轨道交通展览会上，北京二七轨道交通装备有限责任公司展示了其研制的GMC16A型钢轨打磨列车。该车采用液压传动方式，实现高精度恒低速作业速度控制，具有新轨预防性打磨、周期预防性打磨、修理性打磨、非对称性打磨、抗噪音打磨、轨头修正打磨、轨距角打磨、道岔打磨等多种打磨方式，主要用于城市轨道交通正线、道岔的打磨作业。

（杜　玲）

**【全球首款全集成LED光引擎发布】**6月10日，由易美芯光（北京）科技有限公司主办的“易美芯光新闻发布会”在广州威斯汀酒店举行。LED业界知名企业家、技术专家、投资人以及媒体记者200余人参加。易美芯光公司发布其研发的全球第一款全集成LED光引擎DiscLight。产品是在BrioLED COB基础上集成驱动电路芯片于一体的新型光源，应用易美芯光公司自主知识产权的驱动技术，在不需要任何外加电容、电感和变压器的情况下，可直接连接110伏或220伏交流电，实现99%的功率因子，且与多种调光开关匹配，可实现连续调光，用电量是白炽灯的1/10，是节能灯的1/3，寿命可达5万小时。LED光引擎包含LED封装或阵列、LED驱动器和其他光度、热学、机械和电气元件，是一个介于LED灯具和LED灯之间的器件，通过一个与LED灯具匹配的常规连接器直接连到分支电路上，可有效提高LED室内灯具的稳定性、显色性和系统光效。

（崔春雷）

**【GEAK Watch搭载君正JZ4775处理器】**6月17日，盛大果壳电子有限公司发布智能手表产品GEAK Watch。产品采用北京君正集成电路股份有限公司研发的JZ4775处理器。芯片为65纳米单核XBurst CPU，是针对移动便携产品的32位嵌入式CPU，具有高性能、高集成度、超低功耗等特点，支持Android、Linux、RTOS等多种操作系统以及WiFi/BT/TV等模块，主要面向智能手表、生物识别、教育电子、电子书、医疗器械、游戏机等领域。

（杜　玲）

**【360随身WiFi发布】**6月18日，北京奇虎科技有限公司发布其研发的便携路由器“360随身WiFi”。用户只需将其插到一台可以上网的电脑上，不用做任何设置，手机、Pad等智能设备就可以上网，与同类产品相比，操作极其简单。“360随身WiFi ”还可与360手机助手结合使用，在手机和电脑间创建好无线连接后，即可实现无线手机优盘、隔空传图、隔空软件操作等功能。

（杜　玲）

**【首批高铁多功能作业车订单签约】**6月18日，“利用世行贷款采购160千米/小时多功能作业车签约仪式”在北京二七轨道交通装备有限责任公司举行。中国铁路总公司、北京二七装备公司等单位领导参加。根据合同，北京二七装备公司向中国铁路总公司提供16台接触网多功能综合作业车，将装备北京、上海、济南等铁路局。这是该车获得的首批订单。作业车由北京二七装备公司研制，是针对高速铁路的专用救援车辆，装配高速和低速2种双柴油机传动机组，能够在液力传动和液压传动系统之间实现切换，具有快速行驶和低速作业走行2种运行模式，最高时速160千米。车上配有升降旋转作业平台、高空作业斗、导线拨线装置、接触网检测装置等设备，可进行线路故障的处理以及铁路电气化接触网的维护和保养作业，且具备铁路接触网综合检测功能。

（杜　玲）

**【星河亮点成为高通QRD支持工具的终端仪表厂商】**6月19日，在深圳威斯汀酒店举行的“2013年高通参考设计工厂工具用户推荐会”上，美国高通公司向全体终端厂商发布，由北京星河亮点通信软件有限责任公司研制的支持TD-SCDMA 3G标准的“多模终端综合测试仪”成为高通公司QRD工厂工具的标准配置仪表。星河亮点终端综合测试仪主要支持TD-LTE、FDD-LTE、TD-SCDMA、WCDMA、GSM、GPRS、EDGE终端射频指标信令测试，同时具备非信令（NSFT）综测及快速校准功能，可应用于终端的研发、制造和维修等领域中。

（朱文利）

**【海兰信船用雷达获CCS认证】**6月24日，由北京海兰信数据科技股份有限公司研发的X波段与S波段船用雷达HLD-RADAR800和海图雷达HLD-RADAR800C获中国船级社（CCS）颁发的“型式认可证书”（证书编号：TJ12T00018）。2款雷达采用模块化、分布式设计，具备高性能的海杂波、雨杂波抑制技术，可有效提升系统精确度；能够与电子海图完美协同对航线进行监测与管理，提高航行效率；配备搁浅预警机制，以保障航行安全。

（龙　琦）

**【思诺科技中标南京至安庆铁路应答器采购项目】**6月28日，北京交大思诺科技有限公司中标“新建南京至安庆铁路四电集成及相关工程”应答器采购项目，为工程提供有源应答器及无源应答器。有源应答器是应答器系统中传输报文信息（包括可变信息和固定信息）的关键高速数据传输设备，用于接收来自地面电子单元的可变信号数据，当接口“C”无效时，将有源应答器自身存储的固定报文信息循环无缝地正确传输至车载接收设备。无源应答器是应答器系统中传输固定报文信息的关键高速数据传输设备，用于将无源应答器自身存储的固定报文信息循环无缝地正确传输至车载接收设备。（南京至安庆城际铁路是长江三角洲城际客运铁路网的延伸，设计时速为每小时250公里。）

（丁　蕾）

**【海兰信船用陀螺罗经系统获CCS认证】**7月4日，由北京海兰信数据科技股份有限公司研发的船用陀螺罗经系统获中国船级社（CCS）颁发的“型式认可证书”（证书编号：TJ12T00002）。海兰信船用陀螺罗经系统（HLD-GC100）具有体积小、指向精度高、运行稳定、时间短、能够自动补偿维度和速度及自动修正摇摆误差等特点，并且无安装方向要求，可一键修正安装基线误差，与配套产品组合后可在紧凑型、标准型、冗余型等多种模式下应用。

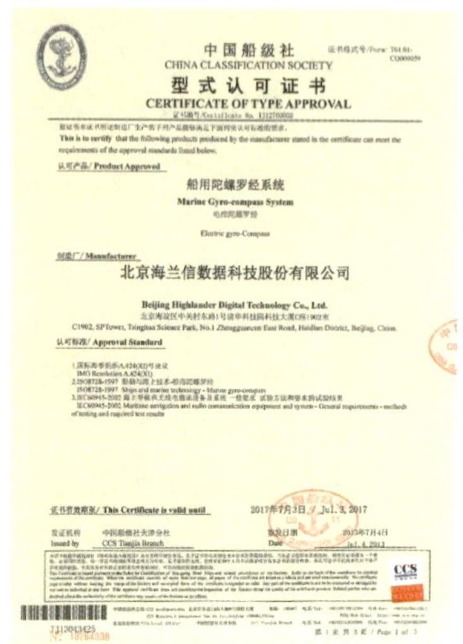
中国船级社
CHINA CLASSIFICATION SOCIETY
型式认可证书
CERTIFICATE OF TYPE APPROVAL

This is to certify that the following products produced by the manufacturer stated in the certificate can meet the requirements of the approval standards listed below.

认可产品/Product Approved
船用陀螺罗经系统
Marine Gyro-compass System
Electric gyro-Compass

制造厂/Manufacturer
北京海兰信数据科技股份有限公司
Beijing Highlander Digital Technology Co., Ltd.
C1902, SPTower, Tsinghua Science Park, No.1 Zhongguancun East Road, Haidian District, Beijing, China

认可标准/Approval Standard
1. IMO Resolution A.424(XI)
2. ISO8728-1997 Ships and marine technology - Marine gyro-compass
3. IEC60945-2002 Maritime navigation and radio communication equipment and systems - General requirements - methods of testing and required test results

证书有效期至/This Certificate is valid until 2017年7月3日 / Jul. 3, 2017
发证机构 Issued by 中国船级社天津分社 CCS Tianjin Branch
发证日期 Date 2013年7月4日 Jul. 4, 2013

（龙　琦）

**【动车组运行故障图像检测系统通过鉴定】**7月24日，由中国空间技术研究院主办的“动车组运行故障图像检测系统（TEDS）新产品鉴定会”在北京举行。鉴定委员会专家及项目负责人等20余人参加。产品由北京康拓红外技术股份有限公司和上海铁路局车辆处合作研制，采用图像识别技术，通过采集动车组走行部、制动部件、底部悬吊件、车端连接装置等部位图像，对关键部件进行自动故障报警，可提高动车组检修作业效率，用于保证动车组检修质量、监测动车组运行状态。鉴定委员会专家认为，系统针对动车组的特点，在图像自动识别、线面结合图像采集、历史对比智能过滤、车号采集、近距离大视场拍摄等关键技术取得突破，运行稳定，符合中国铁路总公司设备技术条件要求，一致同意通过产品鉴定。

（龙　琦）

**【利亚德公司发布大尺寸电视产品】**7月25日，“I See超越视界——利亚德4K超大高清LED电视全球首发”在北京香格里拉酒店举行。新华社、工业和信息化部、中关村管委会等单位有关领导以及行业专家和媒体、客户等代表400余人参加。利亚德光电股份有限公司发布6款超大尺寸LED电视产品，包括288英寸4K超高清LED电视、LED 144英寸3D电视等。大尺寸电视使用利亚德公司研发的LED显示面板，其像素间距分为1.6毫米、1.9毫米、2.5毫米，可根据使用需求提供110英寸、144英寸、288英寸标准显示尺寸产品，也可任意定制尺寸。产品可以实现标清、高清及4K超高清显示，集成小间距LED显示屏、平板电视、光电技术等技术，实现无缝拼接和任意尺寸拼装，采用组合式设计，易于维护，改善了电视的观看效果，还可多窗口高分辨率实时显示各种信息源数据，具有节能环保、超静音、3840赫兹高刷新速率等特点，可应用于调度、指挥、监控中心以及大型会议中心、商场、高级会所等场所。利亚德公司还推出点间距为1.2毫米的微间距电视面板。显示面板具有刷新频率高、显示亮度高、可调节、能够无缝拼接等优点，可以任意尺寸拼装、易于维护、环保节能。

（杜　玲）

**【博电新力公司成功完成地铁金台路站直流断路器测试】**7月25日，北京博电新力电气股份有限公司的技术人员采用其研发的PDC15K高精度直流断路器测试系统完成北京地铁6号线金台路站的现场应用测试。PDC15K高精度直流断路器测试系统是一款地铁专用大功率测试仪器，主要用于地铁供电系统中直流断路器动作电流值、动作时间等技术指标的测试，适用于直流断路器0~15000安培的动作电流值、动作时间、接触电阻等技术指标的测试，具有便携、精度高、程序控制等特点，精度为0.5%。

（尹玲利）

**【汉王公司推出人脸智能锁】**7月27—29日，在浙江省永康市举行的“2013中国五金年度产业峰会暨2012年度中国五金锁具行业颁奖盛典”上，汉王科技股份有限公司推出“人脸识别智能锁”。产品通过对人的面部特征进行扫描识别控制门的开关，人脸识别开门速度不到2秒，还提供“人脸＋密码＋钥匙”的多重开锁方式，具有便捷、精准、低能耗、安全性高等特点。当人脸识别或密码输入验证失败3次以上或门虚掩时，人脸锁会智能开启系统报警，同时每个尝试开锁的人员，也会被拍照留档。

（龙　琦）

**【SDN测试和Show Case活动举办】**7月29日—8月28日，北京天地互连信息技术有限公司承办2013全球

SDN与开放网络高峰会议互通性测试，并进行SDN Show Case展示活动的环境搭建和应用展示调试。天地互连公司对16家企业和机构的30款设备进行SDN互通性测试，测试内容包括：拓扑发现，二层、三层转发，路径切换等。8月29—30日，SDN Show Case展示活动在“2013全球SDN与开放网络高峰会议”上举行。展示活动包括“数据中心应用”“企业业务应用”“网络安全应用”“云计算应用”及“互通性业务演示”五大板块，展示了SDN应用解决方案和成果。神州数码网络有限公司等10余家设备商参展。

（尹玲利）

**【联想服务器通过GS认证】**7月31日，由德国莱茵TÜV集团（Technischer Überwachungs-Verein，TÜV）和联想集团有限公司共同举办的“德国莱茵TÜV第10000张全新GS证书颁赠仪式”在北京联想大厦举行。双方相关人员参加。德国莱茵TÜV集团向联想集团颁发全新GS证书，标志着联想服务器通过德国莱茵TÜV新版能源之星2.0认证。（GS认证是以德国产品安全法为依据，按照欧盟统一标准或德国工业标准进行检测的一种自愿性认证，是欧洲市场公认的德国安全认证标志。）

（杜　玲）

**【首台开放式超导核磁共振成像系统研制成功】**8月7日，中国科学院电工研究所王秋良研究部与北京汇影互联科技有限公司等单位合作，研制成功中国首台自平衡电磁力的磁场强度在0.5~0.7特斯拉的开放式超导核磁共振系统，并获高清晰的人体成像。系统由2个

大分离间隙超导磁体、一体化低温系统以及形状复杂的铁轭组成，采用液氦零挥发技术，具有磁场强度较高、结构紧凑、场强和均匀度高、磁场连续可调、操控性好、运行平稳可靠、节能、经济和环保等优点。

（张蕾 罗灵）

**【联想 MIIX 发布】** 8月14日，由联想集团有限公司主办的“MIIX Show——联想与英特尔®共同呈现笔记本新品大赏”新品发布会在798艺术区举行。联想集团推出专为职场人士打造的联想 MIIX 平板/PC 二合一电脑。联想 MIIX 采用屏幕和键盘之间的可插拔式设计，融合平板电脑和传统笔记本电脑2种使用形态，可连续使用10小时。在硬件配置方面，联想 MIIX 搭载 Intel Clover Trail Atom Z2760M 双核处理器，主频1.8吉赫兹，2吉兆内存，64吉兆固态硬盘。屏幕方面采用10.1英寸1366×768分辨率 IPS 屏。

（杜菲）

**【中国赛西—环宇 KGD 检测中心成立】** 8月18日，由中国电子技术标准化研究院、环宇集团有限公司共同主办的“中国赛西—环宇 KGD 检测中心成立发布会”在北京兴基伯尔曼饭店举行。总装备部、航天一院等国内各相关领域的生产、研制与使用单位的100余名代表参加。会上，中国电子技术标准化研究院与深圳市正和兴电子有限公司签署《中国赛西—环宇 KGD 检测中心合作协议》，成立第一届“中国赛西—环宇 KGD 检测中心”技术专家委员会。中心由主办双方联合建立，旨在通过对裸芯片的功能测试、参数测试、老化筛选和可靠性试验，使裸芯片在技术指标和可靠性指标上达到封装成品的等级要求，以保证 MCM 和 HIC 中裸芯片的质量。中心成立后，将在国内制订、发布及推广裸芯片检测新标准，提升质量等级，经中心权威性检测后的产品，可放心应用于航天、航空、船舶、电子等尖端领域。（KGD 是指已知好芯片等效于封装元件具有相同质量和可靠性的裸芯片，组件中任何一个裸芯片的失效即意味着整个组件的失效。）

（崔春雷）

**【蒙巴萨港19号泊位启用】** 8月28日，肯尼亚蒙巴萨港19号泊位项目启用仪式在肯尼亚举行。肯尼亚总统乌胡鲁·肯雅塔（Uhuru Kenyatta）、卢旺达总统保罗·卡加梅（Paul Kagame）、乌干达总统约韦里·卡古塔·穆塞韦尼（Yoweri Kaguta Museveni）及肯尼亚交通部部长、财政部部长等三国政要出席。此次扩建工程于2011年3月开工，工期24个月，养护期12个月，由中国路桥工程有限责任公司承建，是中国公司在肯尼亚承建的第一个港口项目，泊位总长240米，可容纳5万吨级集装箱。新泊位的投入运营，使蒙巴萨港每年将增加20万个标准集装箱的吞吐量，港口整体的年吞吐能力提升30%。

（龙琦）

**【PDZD-HR 系列配电终端产品通过鉴定】** 9月5日，由中国电力企业联合会召开的“北京合锐赛尔电力科技有限公司‘PDZD-HR 系列配电终端装置’产品鉴定会”在北京润泽嘉业大酒店举行。鉴定委员会专家、产品研发人员等20余人参加。由合锐赛尔公司研发的 PDZD-HR 系列配电终端装置通过专家鉴定。产品是集数据采集与监控、继电保护、故障检测、远程控制、馈线自动化于一体的智能配电终端，由核心监控单元、智能充电电源、操作控制回路、蓄电池组等功能单元组成，具备虚拟面板接口功能和开关控制操作回路在线监测功能，可提高配电网的供电可靠性和配电网的运行维护水平，减少停电损失。

（龙琦）

**【拉卡拉公司推出社区网购终端】** 9月5—8日，在北京展览馆举行的2013年中国国际金融展上，拉卡拉支付有限公司展示其研发的集支付、生活、网购、金融于一体的综合金融及电子商务服务平台——开店宝。开店宝是主要用于网购的多媒体终端，具有自助银行、便民缴费、生活服务、电子货架、店主工具五大功能，可用于办公室、住宅、酒店、连锁超市等场所，其中电子货架是拉卡拉公司基于社区电商 O2O 概念而推出的核心业务。拉卡拉公司依靠社区店铺，结合线上电商、金融、支付、生活业务，通过开店宝平台，让居民在其周边的社区店即可完成汇款转账、信用卡还款、保险购买、飞机票订购、水电煤费用缴纳等一站式电商和金融服务。

（杜玲）

**【深紫外全固态激光器研制成功】** 9月6日，由财政部和中国科学院共同举办的国家重大科研装备研制项目“深紫外固态激光源前沿装备研制项目”验收会在北京举行。中科院院长白春礼、财政部副部长张少春以及中科院和财政部相关主管部门负责人、项目承担单位科研人员、管理人员及支撑人员等80余人参加。验收委员会一致认为，项目完成了总体目标，超额完成任务书规定的考核指标，取得的研究成果属于原始创新工作，具有重要意义，同意通过验收。项目由三大部分组成，包括深紫外非线性光学晶体与器件平台、深紫外全固态激光源平台以及基于这2个平台研制的8台新型深紫外激光科研装备。项目核心器件深紫外晶体及器件实现小批量生产，并初步打造出中国“晶体—

光源—装备—科研—产业化”的自主创新链。深紫外激光非线性光学晶体方面，首先生长出大尺寸氟硼铍酸钾（KBBF）晶体，在此基础上发明棱镜耦合专利技术，率先发展出直接倍频产生深紫外激光的先进技术，并全面开展深紫外固态激光源装备的研制和学科应用研究；深紫外激光输出方面，首次研制成功集实用化、精密化于一体的深紫外固态激光源。8台国际首创新型深紫外激光科研装备，分别是深紫外激光拉曼光谱仪、深紫外激光光化学反应仪、深紫外激光光发射电子显微镜、深紫外激光光致发光光谱仪、深紫外激光自旋分辨角分辨光电子能谱仪、光子能量可调深紫外激光光电子能谱仪、深紫外激光原位时空分辨隧道电子谱仪、基于飞行时间能量分析器的深紫外激光角分辨光电子能谱仪，在石墨烯、高温超导、拓扑绝缘体、宽禁带半导体和催化剂等重大研究领域获得重要成果。项目的完成，使中国成为世界上唯一一个能够制造实用化深紫外全固态激光器的国家。成果入选2013年中国十大科技进展新闻。

（龙　琦）

**【实施饱和带压更换刀具技术】**9月9日，由中交隧道工程局有限公司承担的南京纬三路过江通道工程，在国内首次成功实施大型盾构机饱和带压更换刀具技术。通道全长7.2千米，开挖直径14.98米，是世界上最大的盾构隧道之一。项目的实施解决了难以实现敞开式检查维修和刀具更换、利用人员舱带压进行安全快速换刀等技术难题，制备出对地层适应性极强的泥浆，以保证撑子面的稳定，通过改进设备及作业流程，使饱和带压作业中穿梭仓与生活仓对接、穿梭仓与人闸仓对接，确保作业人员长时间在0.6兆帕斯卡压力下的工作、生活。

（龙　琦）

**【海信集团推出微博空调】**9月23日，“智慧微博 物连世界——新浪微博携手海信空调物联网智能空调发布会”在北京繁星戏剧村举行。会上，海信集团有限公司推出2款接入新浪微博的智能空调，用户可通过微博来操控空调。微博空调采用基于闪联国际标准的协议栈，通过自身电源线（电力载波技术）即可联网，实现家电端与移动互联网SNS端的互联互通，提升用户对家电设置的操作效率，同时也提高了用户与家电厂商的沟通效率。用户可通过简单的操作实现微博账号与空调设备的绑定，绑定成功后，用户就可以直接通过发送私信或使用简便的控制按钮对空调进行操作。当出现误操作时，空调还会主动发私信通知用户。

（杜　菲）

**【中标工行动态密码器项目】**9月29日，由飞天诚信科技股份有限公司研发的动态密码器产品——时间挑战复合型令牌中标中国工商银行动态密码器项目。该产品是一种脱机方式的基于挑战应答以及时间同步技术的动态口令身份认证设备，小巧轻便，通过其生成的动态口令进行身份认证，可以有效防止身份盗用、冒用以及身份欺诈，在分离模式下还可实现随时随地对网络资源的用户进行强身份验证，具有使用简单、稳定性好、安全性高的特点，可同时应用于网上银行、手机银行和电话银行。

（张　月）

**【神雾集团蓄热式转底炉项目获奖】**10月21日，中国机械工业联合会、中国机械工程学会联合发布《关于表彰2013年度中国机械工业科学技术奖奖励项目的通告》（中机联科〔2013〕525号），北京神雾环境能源科技集团股份有限公司吴道洪等完成的“蓄热式转底炉直接还原技术开发及产业化推广”项目获中国机械工业科技进步奖一等奖。项目完成蓄热式转底炉成套装备和技术开发，即对蓄热体材料、结构以及工艺的改进和创新，重点解决普通蓄热式烧嘴直接在转底炉应用出现蓄热体堵塞等难题；不同含铁原料的直接还原工艺技术的开发，针对原料物理化学性质、冶炼性能、产品应用的差异，以转底炉直接还原为核心研发内容，结合燃气熔分、电炉熔分、磁选压块等技术，二次集成创新形成多种新工艺技术和流程。项目针对低品位难选矿、复合共伴生矿、低品位红土镍矿等非常规矿石资源，以及冶金固废等劣质含铁资源利用难度大、利用水平低等难题，将蓄热式高温空气燃烧技术和转底炉直接还原技术相结合，建成转底炉大型中试平台。

（王红彬　杜　玲）

**【2家企业入选中国电子元件百强】**10月29—31日，在北京新世纪日航饭店举行的中国电子元件行业协会第七届会员大会暨中国电子元件产业峰会上，中国电子元件行业协会公布“2013年（第26届）中国电子元件百强企业”榜单。北京地区有2家企业上榜，均为中关村示范区企业，即朝阳园的北京七星华电科技集团有限责任公司，综合排名第37位，2012年主营

业务收入 15.1432 亿元，主营业务为“电声器件、阻容元件、晶体器件等”；丰台园的北京元六鸿远电子技术有限公司，综合排名第 80 位，2012 年主营业务收入 2.89462 亿元，主营业务为“MLCC”。

（魏立亮）

**【中标建行海外令牌项目】** 10 月 30 日，由飞天诚信科技股份有限公司研发的挑战应答型动态令牌中标中国建设银行海外令牌项目。该产品是一款脱机方式的基于挑战应答以及时间同步技术的动态口令身份认证设备，支持登录、签名、同步 3 种口令的生成，同时具备密钥更新、PIN 码保护、PUK 码保护、多语言设置等功能。产品还支持 SM3、SHA256、SHA512 等 3 种算法，以帮助用户提高身份认证安全性，可防止攻击者通过偷看、监听、拦截等方式攻击用户的账户。

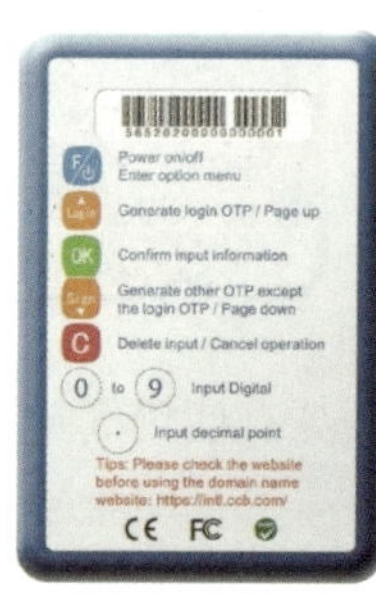


（张　月）

**【北人集团推出新型印刷机】** 10 月 30 日，由北人集团公司主办的 BEIREN 105 对开多色胶印机演示会在郑州市举行。印刷界的专家、企业代表等近 300 人参加。北人集团推出的 BEIREN 105 对开多色平版印刷机采用以现场总线技术为平台的 PRINTING STAR 数字化工作流程系统，符合 CIP3-4 标准，可实现印刷厂数字化工作流程管理，5 分钟即可完成所有色组的换版并重新开始印刷。产品的整体式主机机架结构，可提高整机稳定性；超大纸张规格可满足包装印刷的需求；酒精湿润系统保证供水膜更加均匀稳定，水量调节方便，反应迅速；全新的递纸系统可减轻印品二次输纸印刷的背面蹭脏现象；纸张规格预置、气动侧拉规、气垫导纸系统等自动化功能模块，使工作效率大幅度提高。产品最高印刷速度 1.65 万张 / 小时，最大纸张规格 720 毫米 ×1050 毫米，最大印刷面积 710 毫米 ×1040 毫米。

（崔春雷）

**【博电公司网络分析仪用于香港首座智能变电站】** 10 月，由北京博电新力电气股份有限公司研制的 PNA1000 网络分析仪成功应用于香港特别行政区的首座数字化变电站——启德变电站。PNA1000 网络分析仪是一种在线的高性能记录分析仪器，可对智能变电站全生命周期中的网络报文情况进行在线监测、记录和分析。分析仪通过监听网络通信过程及设备通信状态，及时预警、排除由于网络通信设备故障可能造成的变电站系统瘫痪或故障；通过对全景数据及异常事件的记录，为变电站运营过程、站内设备故障、二次系统故障的分析提供原始数据依据和多视角、多方位分析方法。PNA1000 具有 1100 兆比特每秒流量的记录存储能力，大流量情况下也可同时保证报文 100% 完整、准确，在记录过程中实现 0 丢包率。

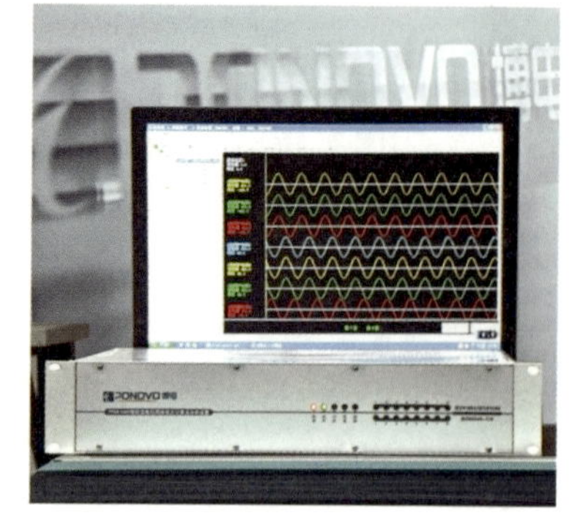


（尹玲利）

**【太尔时代 3D 打印机获最易使用奖第一名】** 11 月 11 日，美国 *MAKE* 杂志宣布，北京太尔时代科技有限公司研制的桌面级 3D 打印机——UP Plus 2 获该杂志 2013 年度消费者最易使用奖（Best in Class：Just Hit Print）的第一名，并给予 UP Plus 2“创新性的自动校准、上佳的打印质量、丰富的功能和易于使用的软件”的总体评价。UP Plus 2 的打印尺寸为：长 140 毫米 × 宽 140 毫米 × 高 135 毫米，配备自动对高块和水平校准器，可自动化完成喷嘴高度测试以及打印平台的水平校准。

（杜　玲）

**【先导式大流量电液比例阀关键技术研究通过鉴定】** 11 月 11 日，“‘十二五’国家科技支撑计划先导式大流量电液比例阀关键技术研究与应用科技成果鉴定会”在项目承担单位北京华德液压工业集团有限责任公司召开。由中国工程院院士曾广商等 7 名专家组成的新产品鉴定委员会听取成果报告，视察生产车间，并对产品进行现场抽样测试，认为项目符合工程装备高压、大流量、高可靠性的发展方向，可以满足国内工业装备和工程机械的发展要求，具有自主知识产权，完全具备进入市场参与竞争的能力。项目为 2011 年国家科技支撑计划重点项目“关键基础件和通用部件”的子课题，主要内容：开发研制先导型大流量电液比例阀及其配套的数字式放大器；重点开展高精度数字式比例放大器及其软件补偿方法、阀体和阀芯的材料和表面处理工艺、孔系高精度加工工艺以及高频响动态试验测试技术等研究；研究高压液压阀的可靠性设计、测试考核技术，研制高性能的液压阀测试装备。

（崔春雷）

**【视频监控人脸识别技术通过鉴定】**11 月 12 日，由教育部组织的“TH-IDvs 视频监控人脸识别技术与系统成果鉴定会”在清华大学举行。清华大学等单位有关领导以及鉴定委员会专家等参加。由清华大学和北京海鑫科金高技术股份有限公司丁晓青等完成的“TH-IDvs 视频监控人脸识别技术与系统”项目通过教育部的科技成果鉴定。成果针对视频监控中运动、姿态、光照等巨大变化和清晰度低下等条件下的人脸识别难题，通过使用时域滤波器和多视角主动表象模型（Active Appearance Model，AAM）相结合的人脸特征点精确跟踪方法，由单张正面光照样本生成多光照人脸图像的方法，一种结合字典学习和图像自相似性先验知识的核回归图像超分辨率重构方法以及一种基于稀疏特征点和 L1 范数约束的快速三维人脸重建算法等，有效解决在复杂背景和动态视频里存在的姿态、光照、表情、视角、运动、图像清晰度等变化条件下的视频序列人脸识别和认证问题，显著提高大姿态变化的人脸识别准确率。

（杜　玲）

**【北京奔驰发动机工厂投产】**11 月 18 日，“北京奔驰发动机工厂竣工投产仪式”在北京奔驰新发动机工厂举行。中国机械工业联合会、市国资委、亦庄园管委会等相关部门领导以及北京奔驰汽车有限公司的合作伙伴，德国大使馆、戴姆勒大中华区投资有限公司等有关人员参加。工厂是戴姆勒股份公司在全球首个海外发动机制造工厂，2011 年 7 月奠基，由中德双方共同投资，投资金额约 200 亿元，总面积 30 万平方米，一期规划产能 25 万台。工厂采用梅赛德斯—奔驰公司的生产工艺，可同时生产双涡轮发动机和混合动力发动机，包括四缸发动机 M274 系列、M270 系列及六缸发动机 M276 系列，产品将匹配北京奔驰 C 级轿车、长轴距 E 级轿车、GLK 级越野车及福建奔驰商务车等车型。新厂能够独立进行四缸发动机缸体、缸盖及曲轴的机加工及四缸和六缸整机发动机的装配和测试，其所生产的发动机将会以双涡轮增压、缸内直喷分层燃烧、可变进气升程、可调解式油泵、智能启停等多项先进技术实现高动力、低油耗和低排放的统一。新发动机工厂的投产标志着北京奔驰公司将实现从单纯整车生产，到生产核心零部件，以及掌握核心制造工艺技术的本质转变。

（崔春雷）

**【施耐德电气公司发布全球首款 ePAC】**11 月 18 日，施耐德电气（中国）有限公司发布全球首款 ePAC（Ethernet Programmable Automation Controller，基于工业以太网的可编程自动化控制器）——Modicon M580（莫迪康 M580）。ePAC 是深度集成的工业以太网技术，从底层实现工业以太网的连接和通信，能够使工厂的设计、实施以及运行达到极高的灵活性、透明化和安全性，将主要应用在供水和水处理、油气、金属和采矿、食品和饮料等过程领域。Modicon M580 的核心优势在于通过 ARM 架构微处理器将标准的以太网嵌入自动化控制器，并且将其应用到现场总线、控制总线和内部的背板总线等通信中，以及所有的设备和模块，实现无缝连接和通信的优化。Modicon M580 符合《工业过程测量、控制和自动化网络与系统信息安全》标准（IEC 62443 / ISA 99），并通过 Achilles level 2 网络安全认证。其 ARM 双核处理器除了提供计算能力和连接性，还使控制器具有安全功能，提高抵御病毒攻击的能力。Modicon M580 是施耐德电气 Plant Struxure ™协同自动化控制系统可选择使用的一款自动化控制器，两者共同使用，将过程管理和能源管理融合到同一个系统中，用户可通过管理流程、仪器仪表，实时了解能源数据，提高工厂的运营效率，减少能耗。

（崔春雷）

**【北方微电子公司获 2013 高工金球奖】**11 月 25—27 日，在广州保利世贸博览馆举办的 2013（第三届）高工 LED 照明展上，北京北方微电子基地设备工艺研究中心有限责任公司展示了针对 LED 领域的 ETCH、PVD 和 CVD 三大类工艺设备解决方案，包括可用于 PSS 刻蚀、GaN 电极刻蚀、GaN 深槽刻蚀、红黄光刻蚀、钝化层刻蚀的 ELEDE 330 系列 ICP 刻蚀机，应用于 ITO 薄膜溅射、无损伤 Ag/Al 薄膜溅射的 iTops 230 系列 LED Sputter 和可用于沉积多层金属薄膜、TSV 深孔填充工艺的 Flexer 系列 LED Sputter。其最新推出的用于 LED PECVD 工艺的 EPEE 550 设备，获加工设备类 2013（第四届）高工金球奖。

（崔春雷）

**【12 英寸集成电路生产线厂房封顶】**11 月 30 日，由中芯北方集成电路制造（北京）有限公司主办的“12 英寸集成电路生产线厂房工程建设封顶仪式”在北京经济技术开发区举行。中关村发展集团股份有限公司等单位有关领导以及企业代表等 200 余人参加。工程是中芯国际（北京）二期项目完成的第一阶段，总投资 35.9 亿美元，将建成一条月产能为 3.5 万片的集成电路生产线，工艺技术水平为 28 纳米 ~45 纳米，是中国大陆技术水平最高、规模最大的集成电路生产线。

（李贺英）

**【“海鳐眼－Ⅰ”型无人水面艇试航成功】**12 月 1 日，

由北航无人机所研制的“海鳐眼－Ⅰ”型无人水面艇在北京青龙湖试航成功。无人水面艇采用抗海流高精度航迹跟踪控制、高可靠推力矢量伺服控制等关键技术，具有长航时、自主能力强、灵活机动、部署方便等特点，可实现“一键启动”、自主巡航、人工干预、信息实时传输等功能，续航时间超过 24 小时，速度可达 50 节以上，作用距离超过 1000 千米，应用于水文观测、水底地形勘探、水域巡逻与警戒等领域，可独立作业，或跟随大型舰艇作业。

（钮 键）

**【北京奔驰 2 款车型投产】** 12 月 2 日，北京奔驰汽车有限公司宣布 E400L 混合动力、GLK260 两款车型投产。2 款车型均搭载由北京奔驰新发动机工厂生产的发动机。GLK260 匹配 M274 型四缸 2 升涡轮增压发动机，最大功率 155 千瓦，最大输出扭矩 350 牛顿·米，采用戴姆勒公司的兰彻斯特平衡器，以及缸内直喷、压力喷射器、涡轮增压器等技术，可减少燃油消耗；E400L 混合动力车型采用 M276 型六缸发动机，将 V 型排列的夹角度数缩小为 60 度，能实现均质燃烧和分层燃烧 2 种运行模式，达到高动力和低油耗的统一，100 千米油耗 7.2 升。

（崔春雷）

**【海兰信公司展示“智慧桥”】** 12 月 3—6 日，在上海举行的“2013 年中国国际海事技术学术会议和展览会”上，北京海兰信数据科技股份有限公司展示了“智慧桥”全自主综合导航系统、极小目标探测雷达技术等产品。“智慧桥”可实现船舶智能化 1 人驾驶。其多功能工作站可集中显示船舶运行数据并自动执行航线优化、航行监控、航迹控制等功能，可降低船舶燃油消耗，并配有 2 套独立的千兆通信网络，具有多工作站自主切换功能，可保障系统运行的冗余性和可靠性。极小目标探测雷达技术基于海杂波处理的独特算法，提高对雷达回波信号的处理能力，对大于 0.1 平方米的海上极小目标具有自动跟踪和识别能力，并可根据客户需求开发出溢油探测雷达、浮冰探测雷达、海浪探测雷达、防海盗雷达等系列产品，还可应用于岸基和舰载对海监控领域，提升国家海上警戒水平和海洋执法能力。

（杜 玲）

**【HLD-TCS 600 航迹控制系统获 GL 认证】** 12 月 4 日，在上海举行的“2013 年中国国际海事技术学术会议和展览会”上，北京海兰信数据科技股份有限公司研制的航迹控制系统 HLD-TCS 600 获德国劳氏船级社（GL）颁发的“型式认可证书”。HLD-TCS 600 采用高性能自适应控制算法，能够控制船舶克服风浪、洋

流的影响，精确地按照设定航线航行，控制误差小于 60 米，具备控制精度高、操舵次数少、节油效果显著等优点，是国内首套获 GL 认证的航迹控制系统。

（龙 琦）

**【同方公司推出 USB 端口信息管控方案】** 12 月 11 日，同方股份有限公司推出 USB 端口控制方案。方案将高速加密芯片固化到电脑中，在移动存储和电脑间架起硬件加密桥梁，所有进出电脑数据强行加解密，防止数据被恶意拷贝、移动存储丢失泄密。也可通过授权分配，机密信息和移动存储在被授权的几台机器上流转，实现共享与保密的双重功能。

（杜 玲）

**【首届“驭远杯”机器人大赛举行】** 12 月 18 日，由北京航空航天大学主办的首届“驭远杯”机器人大赛决赛在冯如创意中心举行。大赛的主题为“致敬消防员”，以灭火机器人为主要设计方向。赛事旨在培养学生的自动控制理论及机械设计相关知识的应用与动手实践的能力。比赛历时近 2 个月，共有 24 个团队 106 人参赛。“Ardour”队获得冠军，“凌云”队、“昌平人”队分获亚军和季军，“北航青年”队和“Walker”队获最佳创意奖。

（钮 键）

**【中芯国际北京公司成果获国家科技进步奖】** 年内，由中芯国际集成电路制造（北京）有限公司等单位吴汉明等完成的“超大规模集成电路 65 纳米~40 纳米成套产品工艺研发与产业化”获 2013 年国家科技进步奖二等奖。项目开发建立相应的设计 65 纳米~40 纳米的 IP 库；实现可制造设计（DFM）的产业应用；针对低漏电产品的 SPICE 模型，研究出新的集成电感模型和工作周期涨落对影响器件老化过程中的动态涨落特性；研发了在大生产条件下的产品良率提升等技术；建立 65 纳米~40 纳米产品工艺平台，实现世界 IC 代工先进主流技术 65 纳米~40 纳米的大规模生产；提出新型

sigma−delta 小数分频噪声补偿方法和新型高能效运算放大器。

（崔春雷）

**【磁控溅射设备研发及产业化获市科学技术奖二等奖】**年内，由北京北方微电子基地设备工艺研究中心有限责任公司等单位赵梦欣、丁培军、王厚工等承担的“磁控溅射设备研发及产业化”项目获2013年度北京市科学技术奖二等奖。项目属于先进制造领域，是国家“十一五”极大规模集成电路制造装备及成套工艺重大专项“65纳米~45纳米PVD设备研发”工作的一部分。其主要成果：完成应用在集成电路、先进封装及半导体照明领域的多种PVD设备的研发，通过大生产线的考核，设备硬件及工艺指标均达到国内领先；取得等离子PVD磁控溅射技术、反应腔室设计等多项关键技术突破，初步建立以专利为核心的自主知识产权体系；搭建了国内一流的设备研发、工艺检测和产品制造平台；培养一支高素质的研发和管理团队，为建立国际一流的PVD国家级研发生产基地奠定人才基础；建立以企业为主体，科研院所和高校共同参与，与用户广泛合作的产学研用相结合的技术创新体系。

（崔春雷）

**【全自动液压栈桥式仰拱移动模架一体机成功应用】**年内，由中交隧道工程局有限公司研发的“全自动液压栈桥式仰拱移动模架一体机”在沪昆客专贵州段隧道工程中成功应用。产品主要用在钻爆开挖的隧道施工中，是保证隧道内施工车辆正常通行、仰拱衬砌、仰拱填充、中心水沟一次性衬砌施工同步进行的非标施工设备。一体机全长37米（其中主桥19米，前后坡桥均为9米），宽为11米，主要由主桥、坡桥、走形机构、仰拱模板系统、中心水沟模板系统、垫梁、电机、液压系统等构成。该技术设备的研制成功和推广应用实现了隧道仰拱的自动化、机械化施工，在大幅提高施工速度的同时，有效保证施工安全。

（龙　琦）

# 生物工程与新医药产业

**【概况】**2013 年，中关村示范区生物工程与新医药产业成绩显著。科兴生物公司完成 EV71 疫苗（肠道病毒 71 型灭活疫苗）Ⅲ期临床研究；清华大学在国际上首次发现热休克蛋白 90α 为一个全新的肿瘤标志物，自主研发的 Hsp90α 定量检测试剂盒通过国家和欧盟的认证；对 H7N9 和 H5N1 禽流感病毒研究取得突破；清华大学研制的国产脑起搏器进入市场应用；天智航骨科导航定位机器人助力股骨颈骨骨折手术；乐普医疗公司实施多元化发展战略，全面拓展心血管领域市场。优纳科技建立全国首个远程病理会诊和培训基地；海纳医疗影像信息管理系统获得美国 FDA 市场准入许可；长风联盟北新桥智慧养老服务平台启动，以“虚拟养老院”的形式实现老年人居家养老；中关村国际生物试剂物流中心通过北京出入境检验检疫局的验收。农业生物技术取得进展。中国农业科学院植物保护研究所研制出中国第一个可防治植物病毒病的蛋白质生物农药“6%寡糖·链蛋白可湿性粉剂”。国家作物分子设计工程技术研究中心研发成功全球最高精度玉米全基因组育种芯片。2013 年，示范区生物工程与新医药产业实现总收入 1316.9 亿元，同比增长 19%，实现利润 160.5 亿元，同比增长 28.1%。

（杜　玲）

**【基因敲除大鼠技术研发成功】**1 月 13 日，北京百奥赛图基因生物技术有限公司利用 TALEN 制备基因敲除大鼠的技术研发成功。百奥赛图公司利用 TALEN 技术制备的 RAG2 基因敲除大鼠，基因型鉴定结果证实为阳性 RAG2 基因敲除杂合子大鼠。

（杜　玲）

**【猪圆环病毒疫苗技术获国家科技进步奖】**1 月 18 日，在人民大会堂举行的“国家科学技术奖励大会”上，北京大北农科技集团股份有限公司参与完成的“重要动物病毒病防控关键技术研究与应用”项目获 2012 年国家科技进步奖一等奖。大北农集团主要针对国内猪圆环病毒 2 型疫苗种类少的问题，研发了猪圆环病毒 2 型灭活疫苗（DBN−SX07 株）。其采用的毒株（DBN−SX07 株）由大北农集团动物医学研究中心自行分离，具有毒力和免疫原性强、免疫保护率高的特点。在研发过程中，科研团队攻克了转瓶大规模培养、生物富集及免疫效力替代试验等 3 项关键技术，采用 β − 丙内酯灭活技术，提高疫苗的抗原含量与免疫原性，改进疫苗评价标准，解决了病毒培养滴度提升、生产工艺优化、效力检验标准确立以及猪体攻毒模型的建立等问题。

（杜　玲）

**【口服液体脊灰疫苗获生产批件】**1 月 22 日，由北京天坛生物制品股份有限公司研制的“口服脊髓灰质炎减毒活疫苗（人二倍体细胞）”（液体 OPV）获食品药品监管总局颁发的生产批件（国药准字 S20130001）。产品采用脊髓灰质炎Ⅰ、Ⅱ、Ⅲ型减毒株分别接种于人二倍体细胞培养制成的三价疫苗液体剂型，可刺激机体产生抗脊髓灰质炎病毒免疫力，用于预防脊髓灰质炎。

（龙　琦）

**【远程病理会诊和培训基地成立】**1 月 27 日，新疆维吾尔自治区远程病理会诊及病理技师规范化培训基地揭牌仪式在新疆维吾尔自治区人民医院举行。自治区卫生厅、中关村管委会等单位有关领导以及 40 余家医院医务处负责人参加。基地由北京优纳科技有限公司和自治区人民医院共同组建，是全国首个远程病理会诊及病理技师规范化培训基地，将为新疆数百家基层医院通过实操培训的方式，培养出合格的病理技术工作者，并开展疑难病理的远程会诊，病理咨询及技术指导。基地采用优纳科技公司研发的“数字病理远程会诊一体化解决方案”，可将病理玻片全视野高分辨率数字化，通过计算机和网络进行病理诊断、教学和科研等，结合信息化管理和网络平台，整合病理专家资源，实现远程专家会诊、远程教学等。基地计划每年培训学员 200~300 名。

（马雨桐　杜　玲）

**【海纳医信公司参与项目获市科学技术奖】**2 月 21 日，在市政府召开的“北京市科学技术奖励大会暨 2013 年北京市科学工作会议”上，由海纳医信（北京）软件科技有限责任公司参与完成的“基于中医诊疗信息系统的集成可视化建模及其应用研究”项目获 2012 年度北京市科学技术奖二等奖。成果选取中医诊疗过程的隐性知识（包括证候信息）显性化、干预措施（针刺）

荣誉证书

北京市科学技术奖

为表彰在推动科学技术进步、对首都经济建设和社会发展作出贡献的集体和个人，特颁此证，以资鼓励。

获奖项目：基于中医诊疗信息系统的集成可视化建模及其应用研究

获奖等级：贰等奖

获奖单位：北京中医药大学、中国科学院自动化研究所、海纳医信（北京）软件科技有限责任公司

北京市人民政府

二〇一二年十二月

NO. 2012中-2-004

机理探索、专家共识（决策）意见集成3个关键环节为切入点，进行可视化建模。

（尹玲利）

**【合作打击虚假药品信息】**2月25日，“安全用药，搜索护航——国家食品药品监督管理局与百度合作签约仪式”在北京举行。双方相关领导参加。根据协议，食品药品监管总局将已经批准上市的药品及经批准具有正规资质的网上药店的权威数据提供给百度在线网络技术（北京）有限公司，百度公司据此数据，通过在搜索结果中展现药品数据信息、网上药店信息、药品安全置顶提示信息，为网民提供服务。食品药品监管总局向百度公司开放的三大数据库包括：药品数据库，包括18万余种国产和进口药品信息；药品说明书范本数据库，包括近6000余种非处方药（OTC）化学药品说明书范本及中药说明书范本；经过认证的可向个人售药的网站的数据库。这些数据将随着食品药品监管总局的数据变化实时更新。

（杜　玲）

**【合作研发SKL—PSL】**2月26日，北大国际医院集团西南合成制药股份有限公司发布《关于公司与SKBP、方正医药研究院、上海美迪西签署新药合作研发、生产、销售协议的公告》，宣布将与韩国SKBP（SK Biopharmaceuticals Co，LTD）公司、方正医药研究院有限公司、上海美迪西生物医药有限公司就精神神经类全球首创药物SKL—PSL在包括临床前试验、新药注册申请、临床试验、生产批件申请、生产销售权益及在中国、美国或欧洲的注册等方面开展合作。SKL—PSY为多靶点的小分子化合物，是新一代用于治疗双向障碍的精神神经类药物，具有抗抑郁、抗狂躁、抗精神分裂等生物活性。

（杜　玲）

**【EV71疫苗Ⅲ期临床研究揭盲】**3月13日，由北京科兴生物制品有限公司举办的“EV71疫苗Ⅲ期临床试验揭盲会”在公司本部举行。食品药品监管总局、国家药品审评中心、中国食品药品检定研究院、中国疾病预防控制中心等单位专家以及申办方、研究方、数据统计方、监察方的专家50余人参加。由科兴公司研发的肠道病毒71型灭活疫苗（EV71疫苗）的Ⅲ期临床研究于2012年1月6日启动，先后对1万余名婴幼儿进行疫苗接种。科兴公司通过1年的流行病学保护效果观察，初步结果显示疫苗具有良好的安全性和有效性，对EV71病毒导致的疾病保护率达到94.5%。

（尹玲利　刘伟杰）

**【合作开发远程医疗系统】**3月20日，海纳医信（北京）软件科技有限责任公司与中国人民解放军总医院签署科研合作开发协议。根据协议，双方将按照国家科技支撑计划课题“面向军地协同的跨区域协同医疗应用示范”的研究内容，合作开发“跨区域远程通用会诊和放射影像会诊信息系统”应用软件，并在跨区域协同医疗应用领域长期合作。

（尹玲利）

**【助力晋城市区域医疗服务共同体】**3月23日，在晋城市人民医院举行的“晋城市区域医疗服务共同体启动会”上，依托于海纳医信（北京）软件科技有限责任公司承建的“晋城市远程医疗会诊系统”搭建的“晋城市区域医疗服务共同体”启用。“晋城市远程医疗会诊系统”覆盖晋城市6县（市、区），由海纳医信公司研发的医疗影像信息管理系统（HINA MIIS）搭建，是综合性的区域远程医疗加区域PACS系统，具有高稳定性、易部署、易实施等特性。系统不仅连接晋城市卫生局以及晋城市人民医院和6县（市、区）人民医院等7家医院，还对接中国人民解放军总医院、北京协和医院、北京大学人民医院和慧影远程医疗平台，实现与优质医疗资源的直接对接和共享。

（尹玲利）

**【骨科机器人完成骨科手术】**3月26日，深圳市第二人民医院的医务人员首次利用北京天智航医疗科技股份有限公司研发的Galen骨科机器人导航定位系统成功完成2例股骨颈骨骨折空心钉内固定手术。Galen骨科机器人导航定位系统包括牵引导航系统和计算机系统，主要具有以下功能：病历管理的功能；采集C型臂图像的功能；定位靶点、计算锁钉路径和长度的功能；术前模拟仿真的功能；存储靶点、锁钉路径和长度图像数据的功能；胫骨骨折闭合牵引复位的功能。该系统适用于任意患肢部位的骨固定术。

（孙　莹　杜　玲）

**【安尔来福获墨西哥商业许可】**4 月 1 日，北京科兴生物制品有限公司获墨西哥卫生部联邦健康风险防范委员会（COFEPRIS）颁发的许可证书，批准其在墨西哥进行季节性流感疫苗安尔来福（Anflu）的商业化运作，有效期为 2013 年 4 月 1 日至 2018 年 4 月 1 日。

（尹玲利）

**【同昕公司 3 项产品获医疗器械注册证】**4 月 2 日，由同昕生物技术（北京）有限公司研发的 3 项产品分别获食品药品监管总局颁发的医疗器械注册证，即：EB 病毒衣壳抗原（VCA）IgA 抗体检测试剂盒（国食药监械［准］字 2013 第 3400467 号）、EB 病毒 Rta-IgG 检测试剂盒（国食药监械［准］字 2013 第 3400468 号）、EB 病毒早期抗原（EA）IgA 抗体检测试剂盒（国食药监械［准］字 2013 第 3400469 号）。

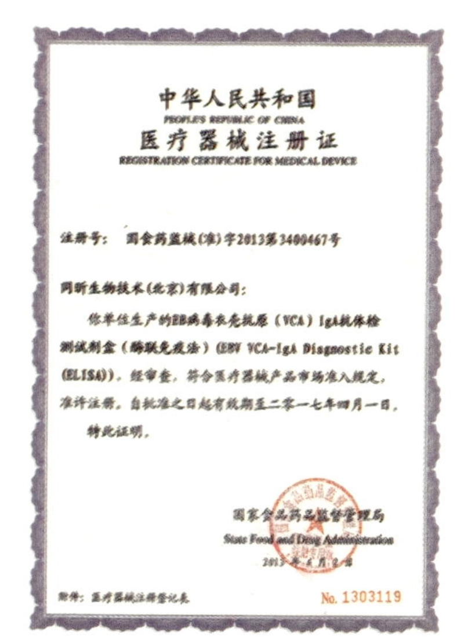

中华人民共和国
PEOPLE'S REPUBLIC OF CHINA
医疗器械注册证
REGISTRATION CERTIFICATE FOR MEDICAL DEVICE

注册号：国食药监械(准)字2013第3400467号

同昕生物技术(北京)有限公司：

你单位生产的EB病毒衣壳抗原（VCA）IgA抗体检测试剂盒（酶联免疫法）(EBV VCA-IgA Diagnostic Kit (ELISA))，经审查，符合医疗器械产品市场准入规定，准许注册。自批准之日起有效期至二零一七年四月一日。

特此证明。

国家食品药品监督管理局
State Food and Drug Administration
2013 年 4 月 2 日

附件：医疗器械注册登记表

No. 1303119

（江茂华）

**【科兴公司所有上市产品均通过 GMP 认证】**4 月 17 日，食品药品监管总局发布《药品 GMP 认证公告》（第 2 号），批准向北京科兴生物制品有限公司等 21 家符合《药品生产质量管理规范（2010 年修订）》要求的药品生产企业颁发“药品 GMP 证书”。科兴公司的所有上市产品一次性通过新版 GMP 认证，包括甲型肝炎灭活疫苗（人二倍体细胞）、甲型乙型肝炎联合疫苗、流感病毒裂解疫苗、大流行流感病毒灭活疫苗、大流行流感病毒裂解疫苗、甲型 H1N1 流感病毒裂解疫苗、分包装车间。证书有效期为 2013 年 4 月 17 日至 2018 年 4 月 16 日。[2011 年 1 月 17 日，原卫生部发布《药品生产质量管理规范（2010 年修订）》（卫生部令第 79 号），新版 GMP 基本与欧洲 GMP 接轨，并要求疫苗企业必须于 2013 年底之前通过新版认证，否则将停产。]

（尹玲利　杜　玲）

**【中生朗捷公司捐赠毒品唾液检测试剂】**4 月 26 日，由中国禁毒基金会、公安部禁毒局和公安部交通管理局共同主办的“提高毒检效率 向‘毒驾’宣战——中国禁毒基金会、北京中生朗捷生物技术有限公司毒品唾液检测试剂捐赠仪式”在北京举行。国家禁毒办、中国科学院生物物理研究所等单位有关领导参加。中生朗捷公司向中国禁毒基金会捐赠价值 300 万元的毒品唾液检测试剂，用于支持全国各地毒品查缉、驾驶人员和公用服务场所涉毒筛查工作。检测试剂为体外检测试剂，用于体外定性检测人体唾液中临界值为 15 毫微克 / 毫升的吗啡、50 毫微克 / 毫升的甲基安非他明和 150 毫微克 / 毫升的氯胺酮，用于吗啡、甲基安非他明和氯胺酮的初筛检测，具有操作简便快速、便于取样、不受场地和性别限制、干净卫生等特点。

（龙　琦）

**【H7N9 禽流感病毒溯源研究取得进展】**5 月 1 日，英国《柳叶刀》（*The Lancet*）杂志在线发表由中国科学院微生物研究所高福团队和相关机构的研究人员共同完成的 H7N9 禽流感病毒初步溯源工作取得的进展。研究发现 2013 年暴发的 H7N9 禽流感病毒是一种新型的重配病毒，主要由 4 个不同来源的流感病毒重配而成。病毒的表面抗原血凝素（HA）基因很可能来源于中国长江三角洲地区的鸭群中的 H7 亚型禽流感病毒，而这种病毒很有可能是由在东亚迁徙线路上的候鸟传入中国长三角地区鸭群中。另一个表面抗原神经氨酸酶（NA）基因的最可能来源是经过中国的迁徙候鸟，而鸭群很可能作为一个重要的宿主将野鸟的病毒传入家禽。从 HA 和 NA 基因进入中国鸭群的时间来看，HA 基因要早于 NA 基因。另外 6 个内部基因片段来源于在中国家禽中（主要是鸡群）流行的 H9N2 亚型禽流感病毒。这 6 个基因片段并非单一来源，其中非结构蛋白基因（NS）更可能来源于江苏省周边的鸡群，而其他 5 个片段来源于上海市、浙江省附近的鸡群中。造成 6 个内部基因片段多样性的原因很可能与家禽的运输有关。同时，病毒基因的系统发生和蛋白质一级结构分析表明 H7N9 禽流感病毒至少有 2 个不同的分支，各分支在病毒的受体结合特性、“达菲”耐药性等方面有不同的表征。成果入选 2013 年中国十大科技进展新闻。

（龙　琦）

**【H5N1 禽流感病毒跨种间传播机制研究取得突破】**5 月 3 日，美国《科学》（*Science*）杂志在线发表中国科学院微生物研究所高福团队关于高致病性禽流感 H5N1 跨种间传播机制研究的成果。高福团队利用表面等离子共振技术研究 H5N1 病毒野生型和突变型（突变后病毒能在雪貂中传播）HA 蛋白分别与禽源和人源受体类似物的结合能力，发现野生型 HA 只结合禽源受体，而突变型 HA 不仅保留对禽源受体的结合能力，还具备结合人源受体的能力。这表明突变型 H5N1 病毒有可能感染哺乳动物上呼吸道，并侵染肺部组织造成严重感染。之后，团队利用晶体学方法解析高致病性禽流感 H5N1 病毒的野生型和突变型 HA 蛋白分别与禽源和人源受体类似物的复合物结构，揭示突变型 HA 与人、禽受体结合的特点以及结构基础，发现关键的 Q226L 氨基酸突变决定受体结合特性转换，并进一步阐明这种转换机制，同时证明该突变型 HA 的其他 3 个氨基酸突变也对病毒获得空气传播能力起重要作用。该研究是国际上首次在分子水平对重要氨基酸突变能够导致 H5N1 病毒在哺乳动物间获得空气传播能力这一重要现象进行解析，是禽流感跨种传播研究领域的重要突破。成果入选 2013 年中国十大科技进展新闻。

（龙　琦）

**【北京农学院与大北农集团签约】** 5 月 8 日，“北京农学院、大北农集团战略合作协议签字仪式”在北京农学院举行。双方相关领导参加。根据协议，在未来的 5 年内，双方将在人才培养领域、科技研发领域开展合作，包括现代农业人才培养培训、“卓越农林人才”实习基地建设、校企联合培养研究生、现代农业科技攻关、共建农户规模健康养殖技术支撑服务系统、联合开展农业新品种审定以及重大科技奖励申报等。北京大北农科技集团股份有限公司将出资 600 万元在北京农学院设立“大北农奖学金”“大北农奖教金”“大北农科研基金”，用于奖励优秀师生和资助青年骨干教师从事都市型现代农业科技研究，特别是有关饲料、动物保护、植物保护、种子、种猪等领域的科学研究。双方还将共同成立“首都生物农业协同创新中心”，开展生物饲料、生物育种和具有都市型现代农业特色的健康养殖支撑技术的协同研发。

（杜　玲）

**【现代医药物流中心落成】** 5 月 15 日，华润新龙（北京）医药有限公司“慈善捐助仪式暨现代医药物流中心落成典礼”在国家新媒体产业基地举行。华润新龙公司成立于 1999 年，2011 年加入华润医药商业集团，是集批发、物流、电子商务为一体的大型医药流通企业，主要服务对象是零售药店、医药批发企业、社区医疗机构、诊所和农村卫生室。物流中心总面积约 5.33 万平方米，按照国家新版 GSP 标准建设，拥有先进的信息化、自动化物流设施和现代化的经营场所，可储存 1.536 万个品规 31 万箱药品，每小时处理订单条目数 5000 条，日均吞吐量 4 万箱。物流中心拥有自动化立体仓库、零货及整箱拣选设备、自动输送设备、条码扫描复核设备等，设计安装摄像头 148 个，分别布置在物流节点和安全控制部位，保证了物流中心的可视化程度和药品的安全。

（龙　琦）

**【中农先飞公司参展科博会】** 5 月 22—26 日，在中国国际展览中心举行的“第十六届中国北京国际科技产业博览会”上，中农先飞（北京）农业工程技术有限公司研发的“物联网智能灌溉施肥与温室环境控制系统”作为北京市重大科技成果参展。系统将节水灌溉技术、环境因子无线监测技术和远程智能控制技术有机结合，使物联网架构、专家系统和控制算法、自动控制装置成为一个有机整体，以实现温室环境调控、作物灌溉施肥自动决策和控制。

（付　骁）

**【清华脑起搏器进入市场应用】** 5 月 31 日，由市科委和清华大学共同主办的“中关村国家自主创新示范区重大科技成果——清华脑起搏器推广应用启动会”在清华大学举行。市科委、清华大学等单位相关领导以及医院、企业的代表等参加。国产脑起搏器由清华大学神经调控技术国家工程实验室主任李路明等研发，可通过植入体内的刺激器向埋植在大脑特定靶点的电极发送电脉冲以治疗脑部疾患，主要用于帕金森病的治疗。2013 年 5 月，国产脑起搏器获食品药品监管总局颁发的产品注册证。会上，市科委、清华大学和北京天坛医院、北京协和医院、解放军总医院、北京宣武医院、北京三博脑科医院共同签署联合推动脑起搏器临床应用合作意向书。

（龙　琦）

**【北新桥智慧养老服务平台一期启动】** 6 月 8 日，由北新桥街道办事处和北京长风信息技术产业联盟共同主办的“北新桥街道智慧养老建设启动仪式”在北新桥街道举行。北京市及东城区相关部门主管领导以及企业代表、街道及社区老年人代表等 100 余人参加。仪

式上，长风联盟—北新桥智慧养老服务平台一期启动。长风联盟与北新桥街道办事处签署《北新桥街道智慧养老建设战略合作协议》。根据协议，一期工程以北新桥街道的民安小区和北关厅小区作为试点小区，融合物联网、互联网、电话网，采用3G移动技术和位置定位等技术，创建包括家庭服务、紧急救助、医疗保健、精神慰藉、安全监控五大内容的新型智慧养老管理和服务平台，提供智慧医疗、居家养老和老年关怀等一系列信息化产品，具有服务预定、短信报送和智能看家等功能，以“虚拟养老院”的形式实现老年人居家养老。

（董　琳　杜　玲）

**【miPlatform获美国FDA市场准入许可】**7月12日，由海纳医信（北京）软件科技有限责任公司研制的海纳医疗影像信息管理系统miPlatform（HINA MIIS）通过美国食品和药品管理局（FDA）510（k）认证，获准在美国市场销售，认证编号（510[k]Number）为K131424。海纳医疗影像信息管理系统采用海纳医信公司研发的“即时传递”“全在线存储”“医学影像实时会议”“主动监控及自我修复”“一体化平台”五大核心技术，集成全院级PACS/RIS、区域PACS管理、网络化三维医学影像后处理、临床影像交互共享、远程医疗诊断会诊、移动医疗影像信息管理六大管理系统，可满足医院以及区域医疗的影像信息应用需求。

（尹玲利）

**【中美院士组建前沿实验室学术委】**7月16日，由未名兴旺系统作物设计前沿实验室（北京）有限公司主办的“前沿实验室国际学术指导委员会成立暨入驻及协同创新平台签约仪式”在中关村高端人才创业基地举行。市委组织部、中关村管委会等单位有关领导以及相关专家等参加。会上，未名兴旺系统作物设计前沿实验室入驻中关村高端人才创业基地。同时，由中国科学院院士许智宏、朱玉贤和美国科学院院士彼得·奎尔（Peter Quail）、董新年、邓兴旺等5位中美科学院院士共同组成的前沿实验室国际学术指导委员会成立。此举旨在加大国际顶尖院士间的交流合作，提升前沿实验室国际研发水平，将前沿实验室建设成为具有国际影响的农业生物技术研究中心。此外，实验室还与海淀园管委会就主要作物全基因组分子育种协同创新平台达成合作意向，并将与美国加州大学戴维斯分校就抗逆基因在作物中的应用加强合作。（未名兴旺系统作物设计前沿实验室于2009年成立，主要致力于作物育种前沿核心技术的研究，以实现中国主要作物由“经验育种”到“精确育种”的革命性转变。实验室既是一个农业核心生物技术研发基地，也是一个高端人才引进和培养基地。前沿实验室带头人邓兴旺是国际著名植物分子生物学家、首批“千人计划”入选者、美国科学院院士、国家作物分子设计工程技术研究中心首席科学家、耶鲁大学冠名终身教授。）

（李欢欢　杜　玲）

**【远程会诊系统可行性研究课题结题】**7月25日，由北京市公共卫生信息中心主办的“北京市区域远程会诊系统可行性研究课题结题会”在北京深圳大厦举行。北京市公共卫生信息中心等单位有关领导以及来自首都医科大学宣武医院、首都医科大学附属北京天坛医院、中国人民解放军总医院等医疗机构的专家参加。北京市区域PACS远程会诊信息管理系统依托海纳医信（北京）软件科技有限责任公司研发的海纳医疗影像信息管理系统搭建，以宣武医院为中心，连接中国医科大学北京顺义医院，实现医院之间的实时远程影像会诊，旨在提高区县中心医院的诊疗水平和看大病的能力。课题2011年立项，初步实现区域内医疗影像的共享，并且通过普通互联网环境成功完成高效和稳定的音、视频远程影像的实时会诊，区域电子病历的无缝链接，且支持各级医院的双向转诊功能。与会领导及专家对北京市区域PACS远程会诊信息管理系统表示肯定。

（尹玲利）

**【海纳医信公司被评为推进信息化建设优秀企业】**7月，在中国信息化推进联盟组织的信息化行业评选中，海纳医信（北京）软件科技有限责任公司被选为“推进信息化建设优秀企业”，其成果“海纳医疗影像信息管理系统（HINA MIIS）在武警总医院的实施应用”入选由中国信息化推进联盟编印的《百家优秀信息化应用案例汇编（2013版）》。在武警总医院全院级影像归档和通信系统（PACS）选型中，海纳医信公司被选定为其PACS系统产品与技术提供商。HINA MIIS系统

证　书

海纳医信（北京）软件科技有限责任公司

推进信息化建设优秀企业

其产品、技术、方案入选《百家优秀信息化应用案例汇编（2013版）》，特颁此证，予以推介。

中国信息化推进联盟
2013年7月

在武警总医院安装和上线后，所有的影像都直接存储到海纳影像存储服务器上，实现“全在线”存储、快速索引、即时调用和诊断的优化工作流程，能够直接支持全院范围内联网终端对影像的访问和调阅，满足武警总医院的需求。

（尹玲利）

**【中关村企业参展美国国际医疗设备展】**8月7—9日，2013年美国国际医疗设备展览会（FIME）在美国佛罗里达州迈阿密市举行。由北京市商务委牵头，北京中关村高新技术企业协会和北京市助新技术公司组织北京麦邦光电仪器有限公司、北京市大维同创医疗设备有限公司等7家中关村示范区企业组成北京展团，以“北京创造、世界共享”为主题参展，展品涵盖医疗设备及配套产品等。其中，北京谷山丰生物医学技术有限公司展示的基于苹果iPad、iPhone开发的专业便携心电图仪，采用无线WiFi传输方式，屏蔽传统数据线传输给患者心理和医师操作上带来的影响，使其传输空间和距离变得灵活、便捷和畅通。北京宏润达科技发展有限公司展示了全自动生化分析仪、全自动血液流变测试仪等检验设备及系列麻醉机等。其中GSM-IIIA型麻醉机的主机采用特有气路设计，使麻醉机在低流量麻醉中更加省气，一瓶13兆帕斯卡的氧气一般可用10小时以上，同时还采用独特的压力上限限制设计：当气道压力超过上限设定值时，呼吸机自动限制气道压力的继续升高，以确保堵塞气管插管的黏液或痰不被冲到肺里去，更具安全性。展会期间，

北京展团签订合同10份，意向合同40份，合同累计金额40.8万美元。

（龙　琦）

**【翠湖公园两栖爬行动物再引入项目启动】**8月9日，由北京碧水天成湿地生态环保科技有限公司承担的“翠湖国家城市湿地公园两栖爬行动物再引入项目”启动。项目实施中，通过对现场环境的处理、改造和水生植物的种植搭配营造出适合两栖爬行动物生存的环境，恢复园区内两栖爬行类动物的种群数量，为建立一个稳定、平衡的园区生态系统打下良好基础。该项目可提高园区内两栖爬行动物类动物生物多样性，丰富园区内景观。

（刘　佳　王　瑾）

**【第三届国际都市农业科技节举行】**9月12—13日，由中国农业大学科技园主办的“通州区第三届国际都市农业科技节”在通州北京国际都市农业科技园举行。来自国家有关部委办局、地方区县政府、农业科研院校、国内外知名涉农企业、有关国家驻华使馆的代表300余人参加开幕仪式。科技节主题是“发展都市农业，推动城乡一体化，创新农业体系，共享科技成果”。科技节期间举行现代化农业科学技术发展研讨会、农业科技成果展览、全程露地蔬菜生产机械化现场演示、创意农业体验、家庭园艺展示等活动。展示区分为主园区、水科技研发展示园以及田间超市、新型日光温室、连栋温室。主要展示内容有：高效栽培新品种、新技术、新设备、新设施；节水灌溉、水肥一体化、水处理等技术与产品。活动接待参观者2万余人次。

（付　骁）

**【微生物饲料工程国家重点实验室通过验收】**9月25日，微生物饲料工程国家重点实验室验收会在京举行。科技部、市科委等单位有关领导以及由相关领域的9位专家组成的专家组参加。依托于北京大北农科技集团股份有限公司的微生物饲料工程国家重点实验室总面积3000余平方米，下设5个研究室：菌种资源研究室、工艺制剂研究室、基因工程研究室、检测标准研究室、发酵饲料研究室，以生物饲料新产品与产业化所需的共性技术和关键技术为研究重点，主要研究方向涵盖饲用微生物菌种选育技术、微生物发酵和制剂工程技术、生物饲料产品检测技术、生物饲料配套应用技术、生物发酵饲料新技术等领域。

（罗　灵）

**【首个抗病毒蛋白质生物农药研制成功】**9月，由中国农业科学院植物保护研究所研究员邱德文领衔的科研团队研制出中国第一个可防治植物病毒病的蛋白质生

物农药“6%寡糖·链蛋白可湿性粉剂”。植保所生物农药科研团队根据现代植物免疫学原理，大量筛选弱致病性病原真菌，获得能高效提高植物免疫的极细链格孢菌株，分离纯化高活性热稳定蛋白，研究高效蛋白生产加工工艺，并添加增效因子氨基寡糖素配制成该药剂。药剂通过诱导植物自身抗性，激发植物生长代谢和自身免疫系统。田间试验结果证明，药剂对水稻条纹叶枯病的防治效果为65%，对番茄黄化曲叶病毒病的防治效果为68%，对烟草花叶病毒病的防治效果为75%。药剂对环境和植物本身安全、无污染。

（龙　琦）

**【德青源蛋品加工项目落户滁州开发区】** 11月11日，“德青源蛋品加工项目签约仪式”在滁州市经济开发区管委会举行。北京德青源农业科技股份有限公司、滁州市经济开发区管委会等单位领导参加。德青源公司和滁州市经济开发区管委会签订《德青源蛋品加工项目投资协议》。德青源蛋品加工项目位于滁州市经济开发区，占地面积6.7公顷，将建设包括壳蛋、液蛋及深加工在内的若干项目。

（尹玲利）

**【GE医疗中国研发试产运营科技园奠基】** 11月12日，由通用电气（GE）医疗集团、坤鼎投资管理集团有限公司共同主办的“GE医疗中国研发试产运营科技园奠基仪式”在大兴—亦庄园举行。亦庄园管委会相关领导以及项目单位有关人员参加。科技园位于亦庄核心区，占地面积约5公顷，总建筑面积8万余平方米，总投资8亿元，由坤鼎投资管理集团有限公司投资建设，计划2015年底竣工。建成后将成为集研发、培训、管理及办公于一体的GE医疗中国总部和全球研发中心之一，用于CT、核磁共振、X光等大型医疗影像诊断设备的研发试生产和运营基地。

（崔春雷）

**【大北农科技奖颁奖】** 11月14日，由北京大北农科技集团股份有限公司和北京生产力促进中心共同主办的“第八届大北农科技奖颁奖大会暨中关村全球农业生物技术创新论坛”在北京国家会议中心举行。来自科技部、中国农业科学院、解放军军事医学研究院等单位以及全国各地农业科研单位、农业企业的领导、专家1000余人参加。第八届大北农科技奖共有72个项目获奖，包括成就奖1名、特等奖2名、一等奖3名、二等奖11名、促进奖30名，奖金总额1000万元。中国农业大学李宁等完成的“中国家猪种质特征演化及其分子育种应用”，因首次确证中国家猪在中原地区近万年的驯化历史和在欧美国家的非连续性驯化历史，建立了中国地方猪种分子遗传评估技术体系，获大北农科技特等奖。中国农业科学院饲料研究所姚斌完成的“饲料用酶技术体系创新及产品创制”，因建立了完整的饲料用酶基础研究与产品开发技术平台，获大北农科技特等奖。会议期间，大北农集团与加拿大吉博克种猪育种公司签署种猪育种全面合作协议，将共同开展现代育种、疾病防控、均衡营养、系统免疫等功能相关的高科技分子育种工作。

（杜　玲）

**【首证热休克蛋白90α为肿瘤标志物】** 11月17日，由抗肿瘤蛋白质药物国家工程实验室主办的“全球首个热休克蛋白90α肿瘤标志物成果发布会”在清华大学举行。发展改革委、市科委、中关村管委会等单位有关领导以及参与项目临床研究的医疗系统专家、清华大学生命学院等院系的师生代表参加。清华大学宣布，抗肿瘤蛋白质药物国家工程实验室罗永章教授课题组在国际上首次发现热休克蛋白90α（Hsp90α）为一个全新的肿瘤标志物，与北京普罗吉生物科技发展有限公司合作，自主研发的Hsp90α定量检测试剂盒已通过临床试验验证，获国家第三类医疗器械证书，并通过欧盟认证，获准进入中国和欧盟市场。罗永章教授课题组首次揭示癌细胞分泌Hsp90α调控机制的重大科学发现和细胞外Hsp90α与细胞内Hsp90α的分子差异，证明了分泌型Hsp90α能促进肿瘤侵袭及转移，且其在血液中的含量与肿瘤恶性程度正相关。

（杜　玲）

**【中关村国际生物试剂物流中心通过验收】** 11月19日，“中关村国际生物试剂物流中心”核心项目——检验检疫监管库通过北京出入境检验检疫局的验收。中关村国际生物试剂物流中心位于北京亦庄生物医药园，由北京亦庄国际生物试剂物流中心有限公司承建，是对接海关、出入境检验检疫、卫生局等监管部门的一个生物试剂进出口绿色通道，也是一个为生物试剂生产和使用企业、研发人员搭建的公共服务平台，将在建立进出口集成创新服务模式、优化生物试剂流通服务、推动生物试剂行业集聚发展、搭建生物试剂进出口数据平台等方面发挥作用。

（秦　琳）

**【京鹏智慧温室投入运营】** 11月21日，北京市农业机械研究所京鹏智慧温室投入科研运营。温室位于通州区，面积3024平方米，集成应用物联网技术、无土栽培技术与自动化装备，通过可视化管理和智能化决策，实现作物周年精准化高效生产，能够进行工厂化种苗繁育，花卉、果菜等生产以及低碳节能、精准远程控制等农业高新技术试验展示。

（杜　玲）

**【H7N9特效靶向药研制成功】** 11月29日，由神州细胞工程有限公司研制的H7N9特效靶向药——重组人源化抗H7N9单克隆抗体注射液，完成了临床前安全性评价研究和临床用药GMP生产，向市食品药品监管局提交临床申报。抗体的研制仅用6个月的时间，是国际上首次在突发重大传染病初现后几个月内应急研发的特效生物治疗药物，具有靶向性、特效性和低毒性，可对病毒进行"精准打击"，且不会"误杀"正常组织和细胞。

（崔春雷）

**【批准开展生物材料检验检疫改革试点】** 12月25日，质检总局发布《关于在北京中关村开展进境动植物生物材料检验检疫改革试点有关意见的批复》（国质检动函〔2013〕710号），同意在中关村示范区开展分级授权审批、缩短审批时间、延长检疫许可证有效期、调整相关动物细胞系风险级别、调整SPF（无特定病原体动物）鼠境内隔离检疫措施等改革试点。

（秦　琳）

**【高风险生物制品查验调整至亦庄】** 12月25日，北京出入境检验检疫局发布《关于调整特殊物品卫生检疫流程的通知》，决定自2014年1月1日起，北京口岸进口的所有高风险生物制品查验功能，从首都机场口岸调整至北京经济技术开发区检验检疫局，指定在中关村国际生物试剂物流中心进行。

（秦　琳）

**【双鹭药业公司研发成功2种治癌新药】** 年内，北京双鹭药业股份有限公司及其子公司研发成功来那度胺和达沙替尼2种药物新晶型及药物组合物，突破原研方知识产权的限制，拥有自主知识产权。来那度胺和达沙替尼分别用于治疗骨髓癌和血癌。

（杜　玲）

**【玉米全基因组育种芯片研发成功】** 年内，国家作物分子设计工程技术研究中心首席科学家邓兴旺等研发成功全球最高精度玉米全基因组育种芯片。芯片能够从9万个位点观测种子。利用该技术，原来8~10年的育种周期，可以减半至4~5年。这种杂交前先验DNA的方法，还能更好地观测到种子的隐性基因、预测后代的特征，为农民减少种植风险。

（杜　玲）

**【3D人造皮肤实现产业化】** 年内，由北京富龙康泰生物技术有限公司研发的FL-3D重组人造皮肤模型实现产业化。"人造皮肤"是将人的表皮细胞在特定的培养液中进行培养，通过该细胞自身的分化、增长、分层，最终成长为类似于人类表皮的皮肤组织。只要把化妆品中使用的化学成分涂抹在这些人造表皮上，放置42个小时就可以通过观察细胞的反应来测试化妆品的功效和安全性。该皮肤模型可对化合物、生物制品、日用化工产品以及化妆品是否引起机体皮肤刺激性及腐蚀性反应进行预测，是皮肤用药安全性评价及危险鉴定的重要组成部分，可替代传统的动物试验，检测化学物质、生物制品、日用化工产品以及化妆品的所有剂型；同时，MTT和IL-1α双终点检测方法还可有效提高皮肤刺激性试验、腐蚀性试验的灵敏度、特异性和精确性。

（崔春雷）

**【脂微球载体靶向镇痛药获市科学技术奖】** 年内，由北京泰德制药股份有限公司、北京大学刘红星等承担的"脂微球载体靶向镇痛药物氟比洛芬酯注射液临床及产业化技术的研究"获2013年度北京市科学技术奖二等奖。项目研究解决了脂微球载体靶向制剂——氟比洛芬酯注射液规模化生产的技术问题，实现靶向制剂质量可控的产业化生产，制备出剂量是普通制剂1/10的靶向药物制剂，毒副作用低，疗效显著上升。产品（商品名"凯纷"）既达到注射剂无菌保障水平要求，又不失靶向性，兼顾了临床用药的安全与有效性；质量控制符合国际要求，2008年出口日本，至2012年12月底，累计实现出口3350万元。产品自上市以来累计销售约2760万支，销售收入约14.4亿元，上缴税费约3亿元，且被纳入《国家基本医疗保险、工伤保险和生育保险药品目录（2009年版）》，使用患者累计1000万人次以上，部分替代吗啡类麻醉镇痛药。

（崔春雷）

**【重要靶点的蛋白及抗体产品关键技术研究获市科学技术奖】** 年内，由北京义翘神州生物技术有限公司谢良志等完成的"重要靶点的蛋白及抗体产品关键技术研究"获2013年度北京市科学技术奖三等奖。项目属生物医药技术领域，主要围绕重要靶点的蛋白、抗体产品开发以及规模化生产进行技术研究。其创新性成果：建立了哺乳动物细胞、昆虫细胞、大肠杆菌表达技术平台，实现重要蛋白靶点的高通量和高效率表达，拥有全球第二大蛋白库，包括3000余种重要靶点蛋白；建有第二代兔单克隆抗体技术平台，亲和力超过鼠单抗10~100倍，采用具有正确结构的靶点蛋白作为免疫原，获得的抗体能够识别天然蛋白，且研发成功3000余种抗体及相关产品；抗体药物的产业化技术平台实现动物细胞的大规模高密度培养，抗体规模化生产达到 2~3 克 / 升。通过实施项目，公司掌握了蛋白、抗体产品从研发到生产的全套关键技术，拥有以“千人计划”高端人才领军的海外高层次创新团队以及北京市抗体重点实验室。

（崔春雷）

**【PET 核医学装备系统的研制及产业化获国家科技进步奖】** 年内，由北京大基康明医疗设备有限公司等单位孙启银、黄钢、曾骏等完成的“正电子发射断层扫描（PET）核医学装备系统的研制及产业化”获 2013 年度国家科技进步奖二等奖。成果是中国首家完全自主研发并生产的高科技核医学功能成像诊断设备，属高档全身 PET，2000 年 8 月经原国家经贸委、原卫生部立项，2003 年完成样机，2005 年 12 月获原国家食品药品监督管理局（SFDA）产品注册认证。研究突破性创新了基于多学科多技术集成化的 PET 整机设计制造技术、PET 高分辨快速图像迭代重建方法和完善的校正算法、临床应用软件系统、动态绝对定量分析方法、可扩展的多模态核医学影像诊断技术等五大类关键技术，获国家专利 25 件，其中发明专利 5 件。系统的关键技术和整机系统的成功研制，打破国外公司在国内 PET 市场的垄断，推动了国内原材料生产厂家的技术进步，培养了一批 PET 研发生产的复合型人才，促使临床检查费用的大幅度降低，检查价格由 1 万元降为 7000 元。设备广泛应用于肿瘤、心血管、脑神经系统等疾病的早期诊断、病灶精确定位、指导治疗、预后评估，使癌症、冠心病、癫痫等重大疾病得到早诊断、早治疗，提高癌症的生存率 5 年。

（崔春雷）

**【创造性思维中关键认知神经科学过程的机理研究获市科学技术奖】** 年内，由中国科学院心理研究所等单位罗劲等完成的“创造性思维中关键认知神经科学过程的机理研究”获 2013 年度北京市科学技术奖二等奖。项目创制适合于脑功能成像技术要求的谜题—催化顿悟研究范式，解决了因创造性顿悟的偶发性特点而造成的难以多次重复测量的问题；提出并发现在脑内负责记忆形成的海马，同时也是支持创造性顿悟产生的关键神经结构，将顿悟与记忆过程结合起来，研究了经验和长时记忆对于创造性顿悟的约束作用；首次揭示重复学习效应对于与人类思维密切相关的工作记忆执行功能的影响，观察到对潜在规则的学习可以同时发生在外显意识和内隐意识水平；揭示包含情绪信息加工在内的各类心理与思维定势的脑认知特点，发现前扣带回和前额叶皮层在创造性顿悟过程中发挥着打破由过去记忆所造成的不适当的思维定势的作用；揭示人类的知觉过程能够在问题编码的早期阶段就对创造性思维产生约束，发现顿悟式知觉组块破解的脑认知机制，特别是其在视觉皮层的特殊信息加工过程。

（龙 琦）

**【重大自然灾害后心理援助模式、关键技术及应用获市科学技术奖】** 年内，由中国科学院心理研究所张侃等完成的“重大自然灾害后心理援助模式、关键技术及应用”获 2013 年度北京市科学技术奖三等奖。项目总结和提出国内灾后心理救援模式，包括基于“时空二维”心理援助工作模式，“一线两网三级”等心理援助体系等；研发了系列灾后心理创伤评估工具和干预方法、设备，其评估工具包括《中国心理健康量表——成人版》《中国心理健康量表——青少年版》《中国心理健康量表——老年版》《中国人心理创伤评估工具》和《中国人创伤后成长评估工具》等，干预工具包括心率变异型（HRV）生物反馈仪；研发了面向大规模人群开展心理援助的移动心理服务系统，集心理健康状况测评、干预为一体，通过网站和短信平台的形式提供心理援助知识；探索了“台风眼效应”，提出“时间景观”的理论视角；建立了国内最大的灾后国民心理健康数据库，建成 33 万名受灾群众的包含多项生物与心理健康指标的数据平台，并形成了系列流行病学、症状分类和临床干预研究报告；依托灾后心理援助模式、关键技术，开展大规模心理援助与服务，5 年为灾区培训高水平专业心理教师、医务人员等 413 人，进行个体心理咨询 12.6 万人次，开展团体辅导 4400 场 11.4 万人次，通过出版手册与移动心理服务平台，约有 54.5 万人次接受心理服务。

（龙 琦）

**【北京地区林业碳汇关键技术研究与试验示范获市科学技术奖】** 年内，由北京市林业碳汇工作办公室等单位王小平等完成的“北京地区林业碳汇关键技术研究与试验示范”获 2013 年度北京市科学技术奖三等奖。研究属于林学和生态学范畴，侧重于城市林业、森林培育和森林经理学领域。项目首次引入林业碳汇理念，研发碳足迹计算器和计算罗盘及网络计算软件；制定北京林业碳汇发展框架和相关技术标准，构建林业碳汇宣传网络体系和计量监测网络体系，建立不同森林类型和主要造林树种的碳计量模型；测算出北京山区森林、城区绿地以及典型森林类型的碳储量和碳汇能力；分析不同立地条件下杨树速丰林的碳储量和碳汇能力，确立杨树速丰林和果园复合系统的固碳增汇技术以及碳汇营造林技术；建立北京地区主要果树类型碳储量估算模型，测算出苹果、桃、梨等果园的碳储量和碳汇量，并评估不同管理方式的增汇减排效应；集成8套林地绿地固碳增汇技术模式，并对碳汇造林、增汇营林、杨树速丰林和果园增汇技术示范区，进行大面积示范推广。

（龙　琦）

**【缺血性中风病中医康复方案研究】**年内，由中国中医科学院中医临床基础医学研究所等单位王永炎等完成的“缺血性中风病中医康复方案研究”获2013年度北京市科学技术奖二等奖。研究属医药卫生领域，2007年启动，得到国家863计划资助。研究结果：①以“松”和“静”理念为指导，形成规范、易操作的缺血性中风病中医康复方案；②开展为期3年1151例符合国际规范的前瞻性、多中心、实用性随机对照临床研究，取得临床试验国际注册号（美国NIH）NCT00843765，且实施严格的二级监察质量控制，采用“临床研究中央随机系统”进行随机，在线录入“临床研究数据采集系统”，保证结果真实、可靠。经过美国华盛顿大学公共卫生学院第三方评价，该方案能够显著改善21天肢体运动功能（$P=0.043$）；明显降低90天严重残疾率（$P<0.05$）、病死率（$P<0.05$）；3年病死率，中医康复组为7.85%，现代康复组为10.28%，绝对降低2.43%，相对降低24%；能够降低复发率，3年复发率中医康复组为7.43%，现代康复组为9.31%，绝对降低1.88%，相对降低20%。该方案依从性好，效果确切，曾获2011年度中华中医药学会科学技术奖一等奖。

（龙　琦）

**【提高肺动脉高压诊断和治疗水平获市科学技术奖】**年内，由中国医学科学院阜外心血管病医院等单位何建国、甘辉立等完成的“提高肺动脉高压诊断和治疗水平的关键技术研究”获2013年度北京市科学技术奖三等奖。项目围绕提高肺动脉高压诊断和治疗水平关键技术开展系统研究，取得系列创新性成果：①在国际上首次报道靶向药物西地那非长期治疗可显著提高特发性肺动脉高压患者3年生存率和低剂量伊洛前列素治疗肺动脉高压安全有效的循证医学证据；建立国内肺动脉高压靶向药物治疗规范化技术，使特发性肺动脉高压患者3年生存率达70.6%。②在国际上首次报道慢性血栓栓塞性肺动脉高压的改良分型方法，建立适合国人的肺动脉血栓内膜剥脱术适应证，显著提高中央型慢性血栓栓塞性肺动脉高压患者接受肺动脉血栓内膜剥脱术外科手术治疗的长期疗效，10年和15年生存率分别达94.6%和90.96%。③首次评价重度肺动脉高压的介入治疗效果，明确介入治疗的适应证，为肺动脉高压治疗提供一种微创介入治疗方法。④建立影像学、心导管和病理学诊断肺动脉高压及评价疗效和预后的系列新技术方法，显著提高诊断正确率。⑤首次报道国内高危人群中肺动脉高压的发生率，阐明发生的高危因素，为临床和政府制订防治策略提供科学依据。项目发表论文204篇，出版专著8本，获专利1件，建立了以北京为中心覆盖国内的52家肺动脉高压防治研究基地。

（龙　琦）

# 新材料产业

**【概况】**2013年，中关村示范区新材料产业技术研发取得多项成果。氢璞创能公司研发中国第一台商用甲醇燃料电池，可应用在移动基站、IDC机房、家庭热电、汽车交通以及军用飞机等领域；清华大学魏飞教授团队研制出超过半米的、世界最长的碳纳米管；清华大学薛其坤团队在实验上首次发现量子反常霍尔效应；京东方科技公司成功研制9.55英寸AMOLED（有机发光二极管）柔性显示屏，标志着中国大陆企业在柔性显示领域取得重大突破；浩运金能公司承担的科技部863计划和北京市工业发展专项资金项目“电动汽车用稀土系高功率型储氢合金”通过成果鉴定，可为镍氢动力电池提供优质原材料；北京大学研发的GaN基大功率高亮度LED制备技术获2013年中国产学研合作创新成果奖。产业化水平不断提升。首科喷薄公司“纳米纤维动力锂离子电池隔膜研究及产业化”项目通过验收，建成年产30万平方米的隔膜中试生产线。由清华大学教授范守善等研发的全球首个碳纳米管触控面板实现产业化。2013年，示范区新材料产业实现总收入3015.9亿元，同比增长15.9%，实现利润105.9亿元，同比增长7.2%。

（杜　玲）

**【氢璞创能公司发布商用甲醇燃料电池】**1月14日，由北京氢璞创能科技有限公司主办的商用甲醇燃料电池发布会在京举行。中关村能源与安全科技园管理办公室等单位有关领导以及相关专家、媒体代表参加。氢璞创能公司发布其研发的商用甲醇燃料电池系统——OriGen S系列甲醇燃料电池。产品内部结构增加一个燃料处理模块，功能是将甲醇等替代能源转化为质子交换膜燃料电池可以利用的高纯氢气，使其具有绿色、高效、成本低、可靠性高、寿命长、燃料储运方便等特点，可以应用在移动基站、IDC机房、家庭热电、汽车交通以及军用飞机等领域。

（姜笑笑　杜　玲）

**【纳米科技产业政策讲座举办】**1月15日，由北京启迪创业孵化器有限公司举办的“纳米科技产业发展趋势及政策解读”讲座在清华科技园科技大厦举行。北京新材料发展中心纳米科技产业部等单位有关领导以及清华科技园纳米新材料企业的代表20余人参加。相关专家就纳米科技产业发展现状、北京市纳米科技产业扶持政策以及产业园建设等情况进行介绍。

（康秋红）

**【京东方公司推出首款5.5英寸全高清手机屏】**1月，北京京东方光电科技有限公司研发出全球首款5.5英寸ADSDS FHD级（全高清分辨率）LTPS-TFT手机显示屏。产品分辨率1920×1080，采用京东方公司的ADSDS宽视角技术，实现近180度的全视角显示，可满足用户视频电话或观赏影片的需求；像素密度403ppi，无论是静态画面显示，还是动态影像效果都能精准、细腻地呈现，具有屏幕大、轻薄、环保等特点；采用窄边框设计，在相同外形尺寸的显示屏上得到更大的可视面积；采用的LTPS-TFT技术在有效降低显示屏功耗的同时拥有更出色的亮度，实现堪比全高清电视屏的画面效果。产品在京东方成都4.5代线投入生产。

（崔春雷）

**【共建核石墨联合研究中心】**2月1日，清华大学核能与新能源技术研究院、方大炭素新材料科技股份有限公司核石墨联合研究中心揭牌仪式在方大炭素公司宾馆举行。甘肃省科技厅、甘肃省工业信息化委、兰州市工业信息化委等单位有关领导参加。双方签订合作协议书，将联合成立“清华大学（核研院）—方大炭素高温气冷堆核石墨联合研究中心”，在核石墨制备工艺、检测标准和质保体系等方面开展理论实验和工程化示范研究。根据协议，方大碳素公司将在3年内向核石墨研究中心累计提供不少于1200万元的科研经费，清华大学核研院负责提供人力、技术、场所等研究资源。

（杜　玲）

**【康宁公司二期开业】**2月28日，由康宁公司主办的“康宁显示科技（中国）有限公司二期开业庆典”在北京数字电视产业园区举行，主题是“显科技　示未来”。副市长苟仲文以及北京经济技术开发区管委会有关领导及区内相关企业的代表参加。新工厂2010年开建，投资8亿美元，是美国康宁公司在华设立的第二家薄膜晶体管液晶显示器玻璃生产厂，拥有8.5代玻璃的熔融、成型和后段加工能力，将向包括京东方集团（BOE）在内的TFT–LCD客户供应产品，生产世界上最先进的EAGLEXG玻璃基板，采用环保成分，不含有任何重金属或卤化物，生产出的大尺寸超薄玻璃基板可用于生产更光滑、更大尺寸的电子设备和LCD电视。

（崔春雷）

**【OLED材料产业化项目签约】**3月1日，由梅河口市政府主办的“梅河口市人民政府·北京吉大瑞宝光电科技有限公司有机电致发光（OLED）材料产业化项目签约仪式”在北京长白山大酒店举行。中关村管委会、通化市政府等单位有关领导以及企业代表60余人参加。根据协议，双方将加强投融资合作，开展产学研、科技成果转化、产业投资等方面的合作。该项目是第一个入驻梅河口中关村科技产业园的产业化项目，总投资3000万元，年产OLED材料5000千克，包括有机发光材料、有机电子传输材料等。

（李锦程）

**【京运通公司研制成功G7多晶硅铸锭产品】**3月12日，北京京运通科技股份有限公司发布《关于研发项目取得重大进展的公告》，宣布其研发项目“G7铸锭炉研制”在工艺实验上取得重大技术进展，研制出G7多晶硅铸锭产品。项目应用其设计研发的铸锭热场，采用定向凝固生长技术铸出重量1200千克、尺寸为1152毫米×1152毫米×390毫米、可以切割出7×7共49块156毫米×156毫米小方锭的G7多晶硅锭。该多晶硅锭外观完整，无缺角、裂纹等缺陷，从外观上已达到设计要求（行业一级标准）。

（杜　玲）

**【首次在实验中发现量子反常霍尔效应】**3月15日，美国《科学》杂志在线发文，宣布由清华大学薛其坤院士领衔的团队在实验中首次发现量子反常霍尔效应。薛其坤团队利用分子束外延的方法生长了Cr掺杂的（Bi，Sb）2Te3薄膜，将其制备成输运器件并在极低温环境下对其磁电阻和反常霍尔效应进行精密测量，发现在一定的外加栅极电压范围内，材料在零磁场中的反常霍尔电阻达到量子霍尔效应的特征值h/e2～25800欧姆。这是中国科学家从实验中独立观测到的一个重要物理现象，也是物理学领域基础研究的一项重要科学发现。研究得到自然科学基金委、科技部、教育部等单位的资助。量子反常霍尔效应不需要任何外加磁场，因此，人们未来有可能利用量子反常霍尔效应无耗散的边缘态发展新一代的低能耗晶体管和电子学器件，从而解决电脑发热问题和摩尔定律的瓶颈问题。成果入选2013年中国十大科技进展新闻。

（龙　琦）

**【新能源汽车动力电池项目签约】**4月22日，由北京汽车集团有限公司、北京电控股份有限责任公司和韩国SKI公司共同主办的“新能源汽车动力电池项目签约仪式”在京举行。市委常委陈刚等领导以及市相关委办局、企业的有关负责人参加。根据协议，三方将在京建设技术水平国内领先、国际一流的动力电池项目，研发和制造性能优越的基于三元体系的动力电池和电池包。三方将成立电池包合资公司，预计总投资为10亿元，注册资本3.5亿元，其中电控公司持股41%，北汽集团持股19%，外方持股40%。公司将建设国内第一条全自动的模组生产线和半自动的电池包装配线。

（龙　琦）

**【30英寸FHD AMOLED研制成功】**5月，京东方科技集团股份有限公司研制成功30英寸全高清有源驱动有机发光显示屏（FHD AMOLED）。该显示屏是中国大陆第一块30英寸AMOLED显示屏，融合了背板技术和有机电致发光技术。

（杜　玲）

**【高温超导电力应用研讨会举办】**5月，CIGRE D1（材料与新测试技术）专委会D1·38工作组2013年春季会议——高温超导电力应用研讨会在博大大厦举办。北京云电英纳超导电缆有限公司等D1·38工作组成员单位以及相关领域的专家参加。会议围绕超导输配电、用于电力系统保护的超导设备、超导储能和超导风力发电、与超导电力设备相关的材料与共用技术等问题进行研讨，相关专家解答参会人员当场提出的各种问题，与会者共同探讨世界高温超导电力应用的最新研究成果和发展现状。国际大电网会议（CIGRE）总部设在法国，是电力系统中覆盖技术、经济、环境、组织和管理方面的最重要的世界性组织。CIGRE D1·38为其下属工作组，有成员25人，来自中国、韩国、美国等13个国家。

（崔春雷）

**【细菌纤维素医用敷料产业化项目签约】**6月3日，由北京北科大新兴产业技术研究院与北京鼎瀚恒海生物科技发展有限公司共同主办的“新型纳米细菌纤维素多功能医用敷料项目产业化合作签约仪式”在方兴大厦举行。双方相关领导及项目负责人等参加。根据协议，双方将开展股份合作，以推进由鼎瀚恒海公司与北京科技大学生物医用材料研究中心副主任郑裕东合作研发BC医用敷料、BC复合磺胺嘧啶银医用敷料和BC复合胶原蛋白医用敷料3个项目的产业化。

（张慧秋　陈宝德）

**【HEEGER 北京研究院成立】** 6 月 13 日，由北京航空航天大学主办的“HEEGER 北京研究院成立典礼”在北航唯实国际文化交流中心举行。科技部、市科委、北航等单位有关领导和专家 100 余人参加。研究院以 2000 年诺贝尔化学奖获得者、美国加州大学圣芭芭拉分校教授艾兰·黑格尔的名字命名，将围绕有机太阳能电池基本科学技术及相关产业化问题，在新能源、新材料等领域持续深化国际合作。

（钮 键）

**【研制出世界最长的碳纳米管】** 6 月 27 日，《美国化学会纳米》（*ACS Nano*）杂志在线发表清华大学张如范等完成的论文《基于 Schulz–Flory 分布的半米长碳纳米管制备》（*Growth of Half–Meter Long Carbon Nanotubes Based on Schulz–Flory Distribution*）。论文介绍清华大学魏飞团队首次研究发现，在舒尔兹－弗洛里（Schulz–Flory）机理描述下，碳纳米管的催化剂活性概率在进一步提高碳纳米管的长度中起到最关键的作用，并在制造设备、制备工艺方面进行改进和创新，首次将生长每毫米长度碳纳米管的催化剂活性概率提高到 99.5% 以上，成功制备出单根长度超过半米的、世界上最长的碳纳米管。

（刘伟杰 杜 玲）

**【北京纳米跃升工程沙龙举办】** 7 月 4 日，由市科委和北京启迪创业孵化器有限公司共同主办的“北京纳米跃升工程沙龙——纳米绿色印刷产业化之路”在清华科技园举行。企业代表 40 余人参加。会上，北京中科纳新印刷技术有限公司总经理梁青做了题为《从中科纳新案例看科技成果创新应用的几个问题》的演讲，从实践经验出发，围绕科技成果与商业机会、科技成果与商业模式、科技成果与产品开发、科技成果与发展路径等 4 个方面展开讲解；市科委相关负责人从政府项目管理、资金扶持统筹的角度介绍北京市执行的纳米产业扶持政策、项目规划以及产业未来发展蓝图，并将已得到政府关注的纳米行业企业作为有效案例介绍给企业。

（康秋红）

**【2013 年 LED 供应链大会召开】** 7 月 5 日，由北京北方微电子基地设备工艺研究中心有限责任公司承办的“2013 年 LED 供应链大会”在丰大国际酒店举办。会议主题为“合作共赢　协同发展”。工业和信息化部、市经济信息化委等单位有关领导以及同方光电科技有限公司等相关企业的代表近 200 人参加。与会代表就 LED 产业链、供应链协同发展，LED 价格和成本优势的建立，寻找产品成本平衡点，产业链各环节技术与市场的现状和发展趋势，LED 企业应加强供应链科学的组织和管理等问题的探讨工作，内容涉及 LED 产业上游的外延生长、中游的芯片制作、下游的封装及应用等。

（崔春雷）

**【纳米能源技术应用和产业化讲座举办】** 8 月 26 日，由中关村发展集团股份有限公司主办的“纳米能源技术的应用前景和产业化”专题讲座在中关村软件园举行。中关村管委会等单位有关领导以及创投机构和企业的代表等近 100 人参加。中国科学院院士王中林就纳米能源的技术特点、研究方向和产业化道路等方面做了讲解，并展示压敏、振动驱动的纳米发动机原型和阵列级显示模块等科研成果。

（李贺英）

**【京东方显示屏获吉尼斯世界纪录认证】** 9 月 8 日，在第 53 届德国柏林国际电子消费品展（IFA2013）上，吉尼斯世界纪录认证中心向京东方科技集团股份有限公司颁发“世界最大的液晶电视”证书。此次获认证的京东方 110 英寸超高清 ADSDS 显示屏，采用 ADSDS 宽视角技术，拥有 178 度超宽视角，最高分辨率 3840 × 2160（4K × 2K 标准）。产品可以完全替代 4 台 55 英寸的拼接效果，实现画面真人尺寸 1 : 1 的再现。

（杜 玲）

**【战略性新兴产业孵育基地新产品发布】** 9 月 17 日，由北京高技术创业服务中心、北京创业孵育协会共同主办的“北京市战略性新兴产业孵育基地新产品发布会清华科技园专场”在清华科技园举行。市科委、海淀园管委会等单位有关领导以及来自纳米行业及相关机构的代表近 100 人参加。清华大学发明纳米“碳丝绸”团队的代表刘亮做了题为《碳纳米管从基础研究走向产业化》的主题演讲，将碳纳米材料科研成果的转化过程向与会人员做了介绍。集盛星泰（北京）科技有限公司等 4 家纳米产业企业还分别就其产品以及经验做了推介与分享。会上，市科委为清华科技园纳米专业孵化器授牌。纳米专业孵化器位于启迪创业孵化器内，面积 5000 平方米，将专门用于纳米科技成果孵化。北京启迪创业孵化器有限公司还发布集盛星泰（北京）科技有限公司等 5 家首批获“启迪之星”称号的企业名单。（“启迪之星”计划是北京启迪创业孵化器公司推出的企业培育计划，将通过“孵化服务 + 创业培训 + 天使投资 + 开放平台”的扶持手段，培养科技创业项目，对接“钻石计划”，打造“世界级企业”。）

（康秋红 刘伟杰）

**【电动汽车用储氢合金项目通过鉴定】** 9月18日，由中国有色金属工业协会组织的“北京浩运金能科技有限公司科技成果鉴定会”在方兴大厦举行。评审专家、项目负责人等参加。由浩运金能公司承担的科技部

863计划和北京市工业发展专项资金项目“电动汽车用稀土系高功率型储氢合金”通过成果鉴定。项目采用成分优化、精确控制合金快淬带材的冷却速度和介质温度、表面酸处理等创新技术，制备具有优良的高倍率性能、低温性能和动力学性能的储氢合金，并降低合金的成本，为镍氢动力电池提供优质原材料，可促进国内电动汽车的应用。

（张慧秋）

**【新材料公共技术服务平台对外提供服务】** 10月15日，由汇龙森欧洲科技（北京）有限公司承建的北京市“十二五”科技规划专项——“先进陶瓷材料公共技术服务平台”项目“新材料公共技术服务平台”对外提供服务。平台于2011年3月开始建设，投资近2000万元。建成后的平台定位是为使用单位提供小试、中试环节的试验与检测，设有超细粉碎研磨、压力成型、材料热处理、多功能高温烧结及分析检测等5个实验室，实验设备有小试和中试高温烧结炉、陶瓷粉体加工设备、陶瓷粉体成型设备、脱脂炉以及相应的检测仪器等，还可提供亚微米级高纯超细粉体的制备设备、400兆帕斯卡的干压成型设备、1000℃真空脱脂和氮气气氛保护脱脂设备，以及2400℃的真空或气氛保护高温烧结炉等专业设备。

（李美惠）

**【纳米纤维动力锂离子电池隔膜研发成功】** 10月22日，“纳米纤维动力锂离子电池隔膜研发及产业化（中试阶段）”项目验收会在京举行。市科委、市经济信息化委和中关村管委会等单位相关领导以及验收专家组成员等参加。中国科学院理化技术研究所在京转化的重大科技项目“纳米纤维动力锂离子电池隔膜研发及产业化（中试阶段）”通过由市科委、市经济信息化委和中关村管委会组织的专家验收。项目采用经纬双向大流量静电纺丝技术，建成经纬双向纳米纤维动力锂离子电池隔膜中试生产线。中试线解决设备在低速运行低张力工况下的稳定制膜及收卷的技术难题，研制出多针头阵列喷丝设备，开发出静电纺丝制备纳米纤维动力锂离子电池隔膜的工程化技术；试制出的隔膜材料各项指标达到设计要求，初步得到用户认可；设计产能30万平方米/年，经过试运行，设备性能达到设计要求。项目执行期间，形成完善的制膜工艺体系，制订一系列标准和管理的规章制度，为后续项目的产业化奠定基础。由首钢集团与中科院理化所共同成立的“北京首科喷薄科技发展有限公司”承担项目相关中试及产业化工作。

（龙　琦）

**【无损检测技术与装备联合研发中心揭牌】** 11月15日，“北京航空航天大学—烟台神宇航天科技有限公司先进无损检测技术与装备联合研发中心揭牌暨合作签约仪式”在北航唯实大厦举行。烟台市政府、北航先进工业技术研究院等单位有关领导及北航无损检测技术实验室研究生30余人参加。研发中心将在先进复合材料无损检测技术、激光超声检测、空气耦合超声检测、相控阵超声检测、水浸超声C扫描和红外无损检测等领域开展研究。

（钮　键）

**【京东方第5.5代AMOLED生产线投产】** 11月21日，京东方鄂尔多斯第5.5代AMOLED（有机发光二极管）生产线点亮投产仪式在内蒙古自治区鄂尔多斯市举行。发展改革委、工业和信息化部等单位有关领导以及内蒙古自治区相关部门负责人、鄂尔多斯市政府相关领导和企业界代表参加。生产线由京东方科技集团股份有限公司投资建设，是中国首条第5.5代AMOLED生产线，总投资220亿元，项目建筑面积约46.7万平方米，设计产能为5.4万片玻璃基板/月，产品定位主要为中小尺寸低温多晶硅（LTPS）及AMOLED高端显示器件。

（杜　玲）

**【GaN基大功率高亮度LED制备技术获产学研合作奖】** 11月26日，中国产学研合作促进会发布《2013年中国产学研合作创新奖、促进奖、成果奖评审结果公示》，由北京大学张国义等完成的“GaN基大功率高亮度LED制备技术”项目获2013年中国产学研合作创新成果奖。成果在国内首次实现光泵浦下波长为410纳米的GaN基多量子阱激光器受激发射；研制成功电注入多种结构的GaN基激光二极管，实现波长为

405 纳米的电注入条型和脊型波导 GaN 基激光二极管的受激发射；在国内首次实现基于一维光子晶体 DBR 腔镜面结构的 GaN 基激光器和超薄无支撑 GaN 基激光器的电注入受激发射。在国内首次成功地运用 FIB 技术研制出新型半导体 / 空气周期性 DBR 腔结构的 GaN 基激光器原型器件；在国内首次发展激光剥离技术获得自支撑超薄（5~7 微米）GaN 基激光器外延芯片，并在国内首次成功实现超薄无支撑 GaN 基激光器的原型器件；研制成功用于 GaN——基白光光源的高亮度 LED 外延片芯片和高亮度 LED 芯片。项目研制的 LED 芯片，蓝光 460 纳米，350 毫安下的发光强度 140 毫瓦；紫光 395 纳米，发光强度 100 毫瓦；绿光 520 纳米，发光强度 79 毫瓦；白光 LED 光通量 43 流明，白光 LED 发光效率 51 流明 / 瓦。同时研制出 3 台设备：激光剥离系统，包括光斑匀化，自动位移台和相关的软件；Wafer Bonding 系统；大功率老化台。

（龙　琦）

**【京东方集团研制成功 AMOLED 柔性显示屏】**12 月，京东方科技集团股份有限公司宣布研制成功 9.55 英寸 AMOLED（有机发光二极管）柔性显示屏，标志着国内企业在柔性显示领域取得了技术与工艺的重大突破。柔性显示屏是基于氧化物—薄膜晶体管（Oxide TFT）背板的柔性 AMOLED 显示屏，使用塑料基板，屏厚度小于 200 微米，可弯曲曲率半径小于 20 毫米。

（杜　玲）

**【京东方集团研发成功“美容显示屏”】**年内，京东方科技集团股份有限公司研发出一款创新型手机显示屏，在传统的液晶显示屏中添加了纳米级别的远红外放射材料，在通电情况下能发射出对皮肤有利、具有美容效果的远红外线。“美容显示屏”利用电子显示产品使用时发出的热量增强远红外线发射效果，同时这部分热量的转移也可使手机发出的射频电磁辐射变弱，减少辐射伤害。

（杜　玲）

**【既有玻璃幕墙安全评价方法及检测技术研究获市科学技术奖】**年内，中国建材检验认证集团股份有限公司等单位包亦望等完成的“既有玻璃幕墙安全评价方法及检测技术研究”获 2013 年度市科学技术奖三等奖。项目属材料检测与分析和公共安全检测检验领域。基于光弹技术和动态评价理论系统研究了玻璃自爆和松动脱落的机理，开发了相应的检测技术和检测仪器设备，并形成国家标准，实现既有玻璃幕墙安全评价和现场无损在线检测，解决了既有玻璃幕墙安全服役的评价难题。项目首次建立引起钢化玻璃自爆的内部缺陷和杂质尺寸与自爆风险概率之间的关系，开发钢化玻璃缺陷光弹检测技术，实现幕墙钢化玻璃缺陷在线检测；建立玻璃幕墙固有频率变化与支撑结构松动或玻璃受损之间的关系，开发了玻璃幕墙动态检测系统，利用振动测试技术获得幕墙玻璃的动态特性参数改变来识别玻璃幕墙支撑体系及黏结体系的松动、损伤与老化状况，预测幕墙玻璃脱落风险；首次研发出系列检测仪器，包括玻璃幕墙自攀爬检测机器人、玻璃幕墙脱落风险动态检测设备、幕墙玻璃缺陷与应力扫描仪、中空玻璃密封失效检测设备等，可实现玻璃幕墙的缺陷检测、脱落风险评估、中空玻璃密封失效和功能失效以及玻璃品种、厚度的无损检测。成果在厦门、西安等国内多个城市得到推广应用。

（龙　琦）

# 新能源、节能与环境保护产业

**【概况】** 2013年，中关村示范区新能源、节能与环境保护产业企业国内竞争力进一步提升。天立环保公司与临沂亿晨镍铬合金有限公司签订《6×33MVA镍铬合金生产线项目总承包合同书》，合同总金额为5.68亿元；神雾集团总承包的中晋太行30万吨/年焦炉煤气竖炉直接还原炼铁项目，将建设一条完全利用焦炉煤气来代替焦炭和喷煤的炼铁工业化生产线；万邦达环保中标宁夏宁东能源化工基地煤化工高盐水处理处置项目，并实施神华宁夏煤业集团高盐水零排放项目。京东方集团获世界环保大会“碳金价值创新奖”。北京排水集团红菌技术示范工程投入试运行。中关村—台湾绿色科技文化产业联盟成立，集中两岸资源优势，从能源环保和文化创意2个方面进行合作。由中关村管委会和5省市相关部门共同发起的京津冀节能低碳环保产业联盟成立，将成为为京津冀及周边地区提供和实施防控环境污染的主要力量。海外扩张步伐不断加快，汉能控股集团完成对美国MiaSolé公司的并购，进一步提高清洁能源企业的海外竞争力。2013年，示范区新能源、节能与环境保护产业实现总收入4214.8亿元，同比增长24.6%，实现利润358.2亿元，同比增长36.9%。

（杜　玲）

**【德青源公司项目获国家能源科技进步奖】** 1月4日，国家能源局发布公告（2013年第1号），公布2011年度国家能源科技进步奖评选结果。由北京德青源农业科技股份有限公司和北京合力清源科技有限公司钟凯民、张瑞红共同完成的“特大型养鸡场沼气发电工程”获2011年度国家能源科技进步奖三等奖。成果基于德青源生态园的蛋鸡养殖体系，以沼气为纽带，通过循环经济理念和方法，实现集“生态养殖—食品加工—清洁能源—有机肥料—订单农业”于一体的循环经济模式，年产沼气700万立方米，并网供电1400万度，余热回收相当于4500吨标煤，每年为农户供气73万立方米，供有机肥18万吨，实现二氧化碳减排8.4万吨。

（尹玲利）

**【石景山园节能技术中心授牌】** 1月6日，由石景山园管委会主办的中关村石景山园节能技术中心授牌仪式在北京京能恒基新材料有限公司举行。石景山园管委会等单位有关领导以及中国运载火箭技术研究院航天材料及工艺研究所、北京建材院、北京化工大学等科研院所和高校的专家等参加。中心将依托京能恒基公司，围绕石油石化安全节能、高能耗工业节能等领域开展研发工作。

（杜　玲）

**【桑德环境公司湖南静脉园项目获批】** 1月9日，桑德环境资源股份有限公司发布公告，宣布其收到湖南省发展改革委《关于核准湖南湘潭固体废弃物综合处置中心工程项目的批复》（湘发改能源〔2012〕2018号），批复同意建设湖南湘潭固体废弃物综合处置中心项目，项目业主为桑德环境资源股份有限公司，建设内容包括：建设规模为日处理生活垃圾2000吨、餐厨垃圾200吨、市政污泥200吨；同时配套建设餐厨垃圾处理系统、污泥干化系统、给排水系统、废气处理系统等固体废弃物综合处置中心相关附属工程，工程总投资12.53亿元。（桑德环境资源股份有限公司控股股东桑德集团有限公司于2010年12月24日与湖南省湘潭市人民政府签署《湖南静脉园项目投资合作协议书》，同时桑德集团邀请桑德环境公司共同参与湖南静脉园项目的投资、建设、开发与运营。项目总投资约50亿元，建设占地面积约200公顷的环保产业园，投资项目内容包括固废综合处理中心、再生物资及再制造产品生产交易中心、循环经济型企业孵化中心、环保及循环经济技术研发中心等。）

（尹玲利）

**【汉能集团并购MiaSolé】** 1月9日，汉能控股集团有限公司在北京总部召开发布会，宣布完成对美国米亚索能公司（MiaSolé）的并购。收购完成后，MiaSolé将作为汉能集团的全资子公司运营。位于美国加利福尼亚州圣克拉拉市的MiaSolé是铜铟镓硒（CIGS）薄膜太阳能组件制造企业，其薄膜光伏组件量产转化率已达15.5%。

（孙　莹　杜　玲）

**【13家企业获中国节能服务产业奖】** 1月15日，在北京国际会议中心举行的“2012中国节能服务产业年度峰会”上，中国节能协会节能服务产业委员会公布2012中国节能服务产业评优活动获奖名单。其中，中

关村示范区内中节能工业节能有限公司等 2 家企业获 2012 中国节能服务产业最具成长性企业奖，北京奥天奇能源科技有限公司等 5 家企业获 2012 中国节能服务产业优秀企业奖，北京神雾环境能源科技集团股份有限公司等 6 家企业获 2012 年度中国节能服务产业品牌企业奖。

（龙　琦）

**【中关村企业参展世界未来能源峰会】**1 月 15—17 日，在阿拉伯联合酋长国举行的第六届世界未来能源峰会及展览会（WFES2013）上，中关村管委会组织北京博电新力电气股份有限公司、北京市远方动力可再生能源科技发展有限公司、北京仁创科技集团有限公司等 5 家企业参展，展示博电新力公司的静止无功补偿装置、远方动力公司的太阳能控制器、仁创集团的透

气防渗沙等产品。仁创集团发明的透气防渗砂，利用“增加水的界面张力”的技术原理，解决“透气与防渗”的矛盾，在防渗漏、保成活、提升水分利用效率等方面效果显著，为荒漠化地区植物种植提供技术与产品支撑。展会期间，参展企业共签署 25 份合作意向书。

（殷　茵　杜　玲）

**【完成燃料电池供电的无线测试车测试】**1 月 18—24 日，由北京氢璞创能科技有限公司与中国普天信息产业股份有限公司共同研制的燃料电池供电的无线测试车完成移动路测。测试车采用中国普天 TD-LTE 无线专网产品和氢璞创能公司的紧凑型燃料电池产品 OriGen M5000，行驶距离达 1000 千米以上，每天持续 10 小时左右的连续使用测试，未出现断电及供电不稳、报警停机等现象。OriGen M5000 是专为车载、船载、机载设计的 5000 瓦电力系统，具有启动迅速、结构紧凑、体积小等特点，其高能量密度的特性可为无线测试车长时间提供安静、稳定的移动电源。

（程亚飞　姜笑笑）

**【天立环保公司获 5.68 亿元项目合同】**1 月 31 日，天立环保工程股份有限公司与临沂亿晨镍铬合金有限公司签订《6×33MVA 镍铬合金生产线项目（土建施工除外）总承包合同书》，合同总金额为 5.68 亿元。天立环保公司负责亿晨公司的 6 台 33 兆伏安镍铁矿热炉及 3 套 L90m 带式烧结机项目工程（不包含土建施工）的设计、设备采购、设备安装、调试、技术服务和相关总承包项目管理工作。项目分 2 期建设，第一期执行合同金额为 1.89 亿元。

（杜　玲）

**【煤矿设备冷却水系统优化项目通过鉴定】**3 月 9 日，由中国煤炭工业协会主办的“大同煤矿集团 2013 年科技成果鉴定会”在中国煤炭工业协会召开。鉴定委员会专家、项目承担单位的代表等参加。由北京矿大节能科技有限公司等单位完成的煤矿综采工作面设备冷却水系统优化利用研究项目通过科技成果鉴定。项目对煤矿综采工作面设备冷却水系统进行优化设计，改变原系统冷却水直接排放的运行模式，节约水资源，提高冷却效率。

（姜笑笑）

**【签订韶钢 120 吨 Consteel 电炉余热锅炉项目合同】**3 月，北京华泰润达节能科技有限公司与上海宝钢节能技术有限公司就宝钢韶钢 120 吨 Consteel 电炉余热锅炉项目签订合同。项目 8 月开工，总投资约 3000 万元，其设计理念主要是回收电炉的烟气余热，通过加入余热锅炉系统，产生一定量的过热蒸汽供外网发电使用。工程余热锅炉设计每小时产生 26 吨过热蒸汽，净回收能源折算标煤约为 2 万吨 / 年。华泰润达公司负责项目的设计、供货、安装及调试等。

（龙　琦）

**【朗德华展示能源管控技术】**4 月 1—3 日，在北京国际会议中心举行的“第九届国际绿色建筑与建筑节能大会暨新技术与产品博览会”上，朗德华（北京）云能源科技有限公司展示其研发的“建筑（群落）能源动态管控优化系统技术”暨云能源管控技术。该技术在建筑监测基础上，增加管控技术，实现综合能源整体管控和节能减排，可应用于建筑、工业及交通等各个领域的单栋建筑、建筑群落以及跨区域建筑群落（包括 IDC 机房）。

（杜　玲）

**【企业家建言首都生态文明建设】**4 月 2 日，由中关村管委会主办的科技支撑首都生态文明和城乡环境建设工作会在裕惠大厦举行。市委常委陈刚等领导以及北京绿创环保设备股份有限公司等近 20 家从事大气、污水和固废处理的中关村示范区企业和产业联盟的负责

人参会。与会人员就北京生态文明和城乡环境建设建言献策。陈刚说，北京这些年孕育了一批生态环境的科技企业，这些企业拥有成果，具备市场开拓能力，有一些企业已经实现了成功的案例和市场推广。北京要实现生态环境的改善，重要的一点要依靠科技创新。具体来说就是利用市场的手段，形成政策创新机制、示范推广机制和社会协调机制。政府有关部门要积极研究政策，形成一个鼓励企业参与北京生态环境建设的政策氛围。

（杜 玲）

**【推出高温一体机 MINI R9480】**4 月 10 日，在 2013 英特尔信息技术峰会上，北京天地超云科技有限公司展示其最新发布的高温一体机 MINI R9480 以及新一代能耗管理系统 iCenter。R9480M 沿用 SC-9100 高温一体机的设计理念，其“超高温运行”（高达 45℃室温环境）、“前置 I/O”、“统一部署”和“高密度低功耗”的设计原则，颠覆以往机房必须配备高能耗空调用于控制温度的传统，使得用户在整体拥有成本上获得巨大的收益。MINI R9480M 高温一体机以其体积小、运输方便等特点，使数据中心建设时对空间利用率更高，也更适用于移动数据中心的需求，应用区域和领域更加广泛，再配合战略分析部署系统 Icenter，相对传统数据中心可以节约 30% 以上的运维成本，同时利用 Icenter 进行管理可以广泛适用于各种环境，克服了传统数据中心的诸多问题。

（崔春雷）

**【六里屯填埋气发电厂发电量突破 1000 万度】**4 月 16 日，由北京华泰润达节能科技有限公司承建的六里屯填埋气发电厂并网发电总量达 1007 万度，突破 1000 万度大关，最高日发电量突破 13 万度。发电厂于 2012 年底建成投产，装机容量 10 兆瓦，将海淀区六里屯垃圾卫生填埋场所产生的填埋气，经净化处理后通过直燃发电转化为电能，同时并入市网，提高了对能源和资源的利用，减少温室气体的排放。

（龙 琦）

**【万邦达公司中标高盐水处理项目】**5 月 2 日，北京万邦达环保技术股份有限公司发布《重大合同中标公告》，宣布公司中标宁夏宁东能源化工基地煤化工高盐水处理处置项目，并实施神华宁夏煤业集团有限责任公司高盐水零排放项目。高盐水零排放项目包括煤制烯烃高盐水零排放装置、煤制甲醇和甲醇制烯烃项目高盐水零排放装置、煤化工基地污水回用处理厂高盐水零排放装置等 3 个装置的设计、施工、采购。项目将由万邦达公司投资建设，建成后转交其子公司宁夏万邦达水务有限公司负责运营，运营期满后转让给神华宁煤煤化工公司。项目建成后，煤化工废水回用率将由 70% 提升至 90%，剩余的浓盐水可直接蒸汽处理。

（杜 玲）

**【新能源汽车示范项目进驻清华科技园】**5 月 20 日，由市科委主办的“‘电动北京·伙伴计划’启动仪式”在清华科技园举行。市科委、启迪控股股份有限公司等单位有关领导参加。“电动北京·伙伴计划”是由市科委组织策划为推动北京市私人购买和使用纯电动汽车的示范项目。总体模式是：由市科委协调，各科技园区提供场地，北京市电力公司负责建设安装充电设施，由相关租赁公司提供出租车辆。清华科技园项目是北京市第一个电动汽车租赁示范项目，由园区提供数十个车位，市电力公司负责安装充电桩，易卡绿

色（北京）汽车租赁有限公司提供电动汽车租赁运营服务。项目采用“10+1”的充电形式，即 10 个慢充充电桩加 1 个快速充电桩，可同时满足 11 辆纯电动汽车的充电要求。首期建成谷歌大厦南侧 10 个慢充及 1 个快充接口，还将逐步建设 3 个“10+1”形式的充电车位以满足用户需求。

（康秋红）

**【国电龙高科公司成果获节能中国十大应用新技术奖】**5 月 21 日，在北京京西宾馆举行的“2013 第四届节能中国推介活动发布仪式”上，由北京国电龙高科环境工程技术有限公司完成的“立体分级低氮燃烧技术”获中国节能协会颁发的“第四届节能中国十大应用新技术”奖。成果将水平浓淡燃烧原理，以及空气水平分级——水平摆动二次风及侧二次风技术等相结合，在主燃区和再燃区有效地组织内外双环的燃烧方式。其中内环具有合适的还原性气氛，减少氮氧化物的形成，外环具有合理的氧化性气氛，避免水冷壁表面产生高温腐蚀。在燃尽区，通过多级高速燃尽风强化焦炭的燃烧，保证锅炉燃烧效率。技术的创新性在

于把运行中能够灵活调节的燃料分级和空气分级、水平分级和垂直分级技术措施有机地结合起来，通过复合分级技术的集成、耦合与优化，在炉内形成分区明显、功能互补的反应区域。通过该技术改造的锅炉，在燃用高挥发分煤种时，锅炉相关指标超过美国相关技术的水平，在燃用劣质煤时，保证在不降低锅炉燃烧效率的条件下，大幅度降低氮氧化物排放。

（龙　琦）

**【时代博诚公司成果获节能中国十大应用新技术奖】**5月21日，在北京京西宾馆举行的“2013第四届节能中国推介活动发布仪式”上，由北京时代博诚能源科技有限公司完成的“油气田联合站分布式能源系统”获中国节能协会颁发的“第四届节能中国十大应用新技术”奖。成果是针对油气田联合站开发的余热余能利用技术，属集成技术。系统技术包括电力系统和余热利用系统，即燃气内燃机、三相分离器、原油储罐、并网柜、市电接入和用电系统。其特点有：节能环保性，显著提高一次性能源利用率，实现能源能量梯级利用；安全可靠性，能与大型电网相互支撑、互为补充；技术先进，多能互补，包含可再生能源利用技术、热泵技术、余热回收技术、电力并网技术；削峰填谷，减轻夏季电网压力，提高燃气管网利用率；经济性好，利用余热供热、制冷可省一半的燃气用量，平均节约运行成本约20%等。

（龙　琦）

**【北科大成果获节能中国十大应用新技术奖】**5月21日，在北京京西宾馆举行的“2013第四届节能中国推介活动发布仪式”上，由北京科技大学完成的“用冶金烧结电除尘灰生产氯化钾的技术”获中国节能协会颁发的“第四届节能中国十大应用新技术”奖。成果在教育部、自然科学基金委、科技部相关科技项目的支持下，研发出从铁矿粉烧结富钾电除尘灰中分离回收氯化钾的成套工艺技术和装备，实现从基础研究到技术原理集成示范再到产业示范的成果转化，解决了钢铁企业烧结电除尘灰的排放的环境污染及铁资源循环利用问题，并可拓展到用其他富钾烟尘生产氯化钾，开辟了一条氯化钾生产新途径，可使中国氯化钾对外依存度降低20%左右。项目在曹妃甸国家高技术开发区循环经济园区建厂，2012年10月投产运行，吨氯化钾产品蒸汽消耗2吨左右，副产品铁粉渣铁含量50%左右，达到钢铁厂烧结循环利用的要求。

（龙　琦）

**【储能国际峰会举办】**5月29—30日，由中关村储能产业技术联盟（CNESA）主办的“共研政策机遇分享先践经验——储能国际峰会2013”在北京希尔顿逸林酒店举行。来自国内外储能界的专家、企业代表等300余人参加。与会代表共同探讨在可再生能源接入比例不断提升的宏观趋势下，储能产业面临的机遇与挑战，并对制约储能产业机制发展的经济性等相关问题进行探讨。会议还发布由中关村储能产业技术联盟储能专业委员会编写的《储能产业研究白皮书2013》。《白皮书》通过对比美国、日本、欧洲等国家和地区在推进新能源方面的产业政策，为未来中国的电力体制的调整提供参考。

（杜　玲）

**【桑德SMART乡镇污水处理技术通过鉴定】**5月30日，由湖南省长沙县环保局组织的桑德SMART工艺技术用于长沙县乡镇污水处理设施专家论证会在长沙县明城国际酒店举行。来自高校、企业、环保部门的专家参加。与会专家对污水处理厂现场（黄花污水处理厂、春华污水处理厂和果园污水处理厂）进行考察，听取桑德集团的汇报。专家一致认为：桑德SMART工艺具有模块化设计、设备化、装置化和一体化的污水处理特点，满足长沙县乡镇污水治理实际需求，工程应用表明，主要污染物排放指标满足相关国家标准要求，对促进中国乡镇污水处理具有示范作用。专家还一致强调，桑德SMART工艺主要采用生物转盘和过滤相结合的技术，是微动力生物膜法污水处理技术的一种。长沙县乡镇污水处理设施全覆盖工程包括18座乡镇污水处理设施，采用桑德SMART小城镇污水处理系统解决方案建设，项目群包括长沙县16个乡镇污水处理厂（总规模为2.94万吨/日）的投资、建设、运营（BOT）和管网等配套建设工程的建设、移交（BT），以及原有2个污水处理厂（总规模为5000吨/日）的托管运营（O & M）。该项目系统解决了长沙县区域内分散的小城镇污染治理工程及其附属设施的建设、日常的管理运营及资金瓶颈等问题，工程建成投入使用后，出水水质将达到国家一级B标准。

（尹玲利）

**【牛有成到德青源生态园调研】**6月7日，市委常委牛有成一行到德青源（北京）生态园，对北京德青源农业科技股份有限公司沼气发电和沼气提纯压缩项目进行调研。牛有成一行实地查看了解沼气发电及沼气提纯压缩项目，参观了国家蛋品工程技术研究中心实验室。座谈会上，牛有成听取德青源公司发展情况和规划以及延庆县政府支持德青源公司发展所做的工作和未来合作方向的汇报。牛有成充分肯定德青源公司的正确发展方向和绿色发展理念，并强调，企业要遵循自然规律、市场规律、社会规律，树立可持续发展的理念，充分研究不同群体的文化取向和消费心理，明确市场目标，准确引导消费，实现更大的效益；要注重人才使用，发挥科技作用，保持核心创新能力，做强做大行业品牌。市委副秘书长赵玉金等陪同调研。

（尹玲利）

**【苟仲文到德青源生态园调研】**6月10日，副市长苟仲文到德青源（北京）生态园对北京德青源农业科技股份有限公司沼气提纯天然气有关项目进行调研。苟仲文一行实地查看并了解德青源公司沼气发电及沼气提纯压缩项目。座谈会上，苟仲文听取北京合力清源

科技有限公司生物燃气项目情况和规划以及市科委、市经济信息化委和延庆县政府等部门支持德青源公司发展所做工作的汇报。苟仲文充分肯定德青源公司和合力清源公司在循环经济发展上的做法和对城市发展所起到的重要作用，并强调，各部门要高度重视，大力推广合力清源循环经济发展模式；要加快合力清源项目技术的推广和应用，利用现有优势，促进液化天然气汽车的使用和推广；要寻找更广阔、更典型的原料市场，做强做大产业规模；要在中关村设置展台，重点展示高分子膜技术和模块化沼气装置、高浓度厌氧发酵系统等技术，借鉴其他企业成功经验，辐射带动全国。市委宣传部常务副部长王海平、市科委副主任伍建民等陪同调研。

（尹玲利）

**【林克庆到德青源生态园调研】**6月27日，副市长林克庆一行到德青源（北京）生态园调研。林克庆一行首先来到北京德青源农业科技股份有限公司生物燃气项目现场，参观沼气生产提纯工艺展厅、合力清源生物燃气工程及加气站。林克庆提到，北京每年消耗燃煤2000多万吨，是引发雾霾的主要原因之一。要做好北京的蓝天工程，就必须进一步减少燃煤用量，大力发展清洁能源。德青源公司在这方面探索出了一条新路，希望继续加强研究，提高技术水平和运营水平，降低成本，使这种模式能适应市场化的需求，在北京更多农村地区得以应用，为首都克霾减排做出贡献。在参观德青源公司的壳蛋厂和液蛋厂时，林克庆说，H7N9禽流感对畜牧行业造成了一定影响，德青源公司的养殖模式是一个榜样，希望德青源公司在北京带动更多的散养殖户进行集约化、规模化养殖，降低风险，为首都的食品安全做出贡献。市政府副秘书长赵根武等陪同调研。

（尹玲利）

**【京东方集团获碳金价值创新奖】**6月30日，在世界环保大会组委会举办的第三届“国际碳金奖”发布会上，京东方科技集团股份有限公司获“碳金价值创新奖”。世界环保大会组委会认为，京东方集团不断创新节能减排、环保低碳技术，以可持续的方式设计建设全球先进的绿色工厂，为全行业乃至整个产业链上下游带来成体系、可持续的创新价值和示范意义。

（杜　玲）

**【红菌技术示范工程投入试运行】**7月1日，北京城市排水集团有限公司高碑店污水处理厂厌氧氨氧化示范工程投入试运行。相关人员向污泥硝化生物反应池投加第一批“红菌”菌种。该菌种将不断繁殖生长，最终实现系统出水达标。项目采用北京排水集团研发的厌氧氨氧化技术，通过厌氧氨氧化菌处理高氨氮浓度的硝化污泥脱水滤液，进而降低回流到总进水的氨氮浓度，节约运行成本。项目运行后将成为“红菌”的生产基地，为其他新建项目提供菌种。（“红菌”学名“厌氧氨氧化菌”，可“吃”掉10倍于自己体重的氨氮污染物，而且几乎不产生污泥。）

（杜　玲）

**【万钢到德青源生态园调研】**7月2日，科技部部长万钢一行到德青源（北京）生态园调研。万钢一行首先到国家蛋品工程技术研究中心，参观蛋品加工实验室，然后在北京德青源农业科技股份有限公司生物燃气项

目现场参观沼气生产提纯工艺展厅、合力清源生物燃气工程及加气站，最后到延庆县张山营镇前黑龙庙生物燃气科技示范村，同使用合力清源生物燃气的农民群众进行交流。在与专家和企业代表座谈时，万钢强调，发展生物燃气产业是促进克霾减排、保护生态环境的有效手段。科技部副部长张来武等陪同调研。

（尹玲利）

**【碧水源公司中标烟台污水处理项目】**7月4日，北京碧水源科技股份有限公司与北京城建集团有限责任公司组成的联合体，中标烟台套子湾污水处理厂二期工程代建项目采购，中标金额5.93亿元。该项目采用地埋式MBR处理工艺，主要包括：新建处理规模为15万吨/日的半地下污水处理设施；再生水生产设施土建按10万吨/日规模建设，设备按4万吨/日能力安装；3000平方米的化验中心1座；工程项目建设范围内的厂区道路、绿化等配套设施。

（杜　玲）

**【龙源集团加拿大风电项目获开工许可】**7月8日，龙源电力集团股份有限公司的加拿大安大略省10万千瓦风电项目获加拿大安大略省电力局颁发的开工许可证。项目计划于2014年一季度投产。（2011年7月13日，龙源电力集团所属龙源加拿大可再生能源公司与加拿大梅兰克森电力公司在北京签署加拿大风电项目收购协议，成为中国第一个在境外投资新能源项目的国有发电企业。）

（杜　玲）

**【北京电动汽车试驾活动启动】**7月9日，由北京牡丹科技孵化器有限公司等单位共同发起的“电动北京，驾驭绿创想——电动汽车试驾活动”在中关村数字电视产业园举行。发起单位负责人及企业代表近100人参加。“电动北京”是由市科委牵头，组织北京各个科技园区、北京市电力公司、北京华商三优新能源科技有限公司等一批涵盖电动汽车全产业链的相关企业共同参与，旨在推动私人购买和使用电动汽车。试驾现场，电动汽车企业试驾负责人对试驾学员进行一对一辅导，协助企业员工体验试驾电动汽车。

（陈宝德）

**【23家企业参展环保展】**7月23—26日，在中国国际展览中心举行的“第十三届中国国际环保展览会”上，中关村国家环境服务业发展联盟以“引领自主创新，共建生态文明”为主题，组织中关村示范区的23家企业参展，展示水污染治理、大气污染治理、固体废物处理处置、节能、新能源以及环境服务等领域的技术和装备。其中，北京威业源生物科技有限公司展示的

微普紧急泄漏处理液（水域型）是基于微普生物修复技术研发的生物修复型环保溢油处理产品，能迅速分解并降解水面溢油，消除溢油污染，修复水域生态环境；中食（北京）净化科技发展有限公司展示的“保食安”水触媒食品净化机系列产品，无任何化学添加，仅用水作为解毒净化的介质，通过水的裂解与还原，可杀灭食品上各种致病微生物，降解农药、激素、抗生素等化学残留；北京博朗环境工程技术股份有限公司展示的循环流化床垃圾焚烧及尾气净化技术，可在垃圾燃烧过程中有效控制氮氧化合物、二氧化硫、氯化氢以及二噁英等二次污染物的产生。市长王安顺到中关村示范区展区了解企业创新成果。

（马晓清　朱　凯）

**【清控人居建设集团成立】**7月25日，“用远见践行人居理想——清控人居建设（集团）有限公司成立大会暨新闻发布会”在清华科技园举行。住房和城乡建设部、清华大学、中关村管委会以及来自高校、市政环保领域的代表等300余人参加。集团是以人居环境科学理论为指导的大型人居环境科技产业集团，由清华大学注资6亿元，依托清华大学建筑学院、清华大学人居环境研究中心及清华大学环境学院、美术学院、土木水利等学院，在整合优势资源的基础上组建的，将对北京清华同衡规划设计研究院、清华大学建筑设计研究院、北京清尚建筑装饰工程有限公司、北京国环清华环境工程设计研究院有限公司、北京清控水木工程有限公司等企业进行重组，构成由人居咨询、人居工程、人居科技三大产业组成的产业发展框架。集团将在充分发展规划、建筑、景观和环境四大核心学科的基础上，对规划、建筑、装饰、环境、照明、文化遗产、环能、工程、传媒、科技等板块进行拓展，通过“新型城镇化”“生态城市”“山水城市”“智慧城市”“畅通城市”“文化名城”等角度解决中国快速城镇化中的问题。

（杜　玲）

**【35千瓦/40兆伏静止无功发生器投入运营】**7月，由

北京四方继保自动化股份有限公司承建的 35 千瓦 /40 兆伏安静止无功发生器（SVG）在江苏永联钢铁集团公司投入运行。静止无功发生器是采用可关断电力电子器件组成自换相桥式电路，经过电抗器并联在电网上，适当地调节桥式电路交流侧输出电压的幅值和相位，或者直接控制其交流侧电流，迅速吸收或者发出所需的无功功率和谐波，实现快速动态调节无功、谐波的目的，是实现无功补偿、功率因数校正、暂态电压波动和闪变抑制、谐波与负序电压治理的有效手段。

（龙　琦）

**【海淀园入选分布式光伏发电应用示范区】** 8 月 9 日，国家能源局发布《关于开展分布式光伏发电应用示范区建设的通知》（国能新能〔2013〕296 号），批准第一批全国 18 个分布式光伏应用示范区建设项目。海淀园入选，入选示范项目业主为北京远方动力可再生能源科技发展有限公司。项目规划 2015 年容量为 178 兆瓦，2013 年实施容量为 88 兆瓦，实施容量位居 18 个示范区项目首位。项目建设内容为：永丰高新技术产业基地 53.3 兆瓦，中关村软件园 25 兆瓦，清华科技园 4.4 兆瓦，中关村东升科技园 4.9 兆瓦，所发电力 90% 以上自用。国家将对示范区的光伏发电项目实行单位电量定额补贴政策，对自发自用电量和多余上网电量实行统一补贴标准。项目的总发电量、上网电量由电网企业计量和代发补贴。

（龙　琦）

**【中天环保公司降低焦炉烟气排放技术获奖】** 8 月 13 日，中国钢铁工业协会、中国金属学会冶金科学技术奖奖励委员会发布《关于授予“先进高强度薄带钢制造技术与产业化”等 76 个项目 2013 年中国钢铁工业协会、中国金属学会冶金科学技术奖的公告》（冶奖〔2013〕1 号），由北京国能中天环保科技公司参与完成的“移动式热风板流化床煤调湿技术”项目和“大型转炉干法除尘系统泄爆防控集成技术”项目分别获 2013 年中国冶金科学技术奖二等奖。“移动式热风板流化床煤调湿技术”针对燃煤链条炉排工业锅炉运行热效率低、大气污染排放超标等问题，把二次风、特质耐火异型砖墙和炉拱的辐射、扰流作用有机结合到一起，通过二次风搅动、多孔耐火砖的吸热和放热以及辐射拱的反射，较好地改善了劣质煤着火困难的问题，并使燃煤达到充分燃烧。“大型转炉干法除尘系统泄爆防控集成技术”采用自主设计的蒸发冷却器、静电除尘器及其炼钢干法除尘系统泄爆防控集成技术及自测软件等，项目投入生产后，煤气回收为每吨钢 133 立方米，工序水耗为每吨钢 0.025 立方米，电耗为每吨钢 2.51 千瓦时，烟尘排放浓度为 5~8 毫克每标准立方米。

（杜　玲）

**【中关村—台湾绿色科技文化产业联盟成立】** 8 月 19 日，由台湾民主自治同盟中央委员会联络部、中关村管委会共同主办的“中关村—台湾绿色科技文化产业联盟成立大会”在北京台湾会馆举行。台盟中央副主席黄志贤以及北京市政府、中关村管委会等单位相关领导和企业代表近 100 人参加。联盟由中关村国际环保产业促进中心、北京市台湾同胞联谊会、台湾绿色生产力基金会以及两岸 50 余家企业和研究机构共同发起成立，旨在集中两岸资源优势，将能源环保产业和文化创意产业相结合，在两地生态园区建设、土壤污染治理与生态修复、固废处理、环境污染处理以及传播优秀文化等方面开展产业技术合作。中关村国际环保产业促进中心为联盟理事长单位。会上，中关村环

保中心分别与台湾绿色生产力基金会、中宇环保工程股份有限公司、台湾环保科技研究发展协会、台湾圆力科技公司签署废 LED 灯回收再处理、城市污水处理、钢厂电厂环境污染处理、土壤污染治理与生态修复、新能源生态园区建设等项目的合作协议。

（马晓清　杜　玲）

**【桑德集团承建北京城区首个地下全封闭再生水厂】** 8 月，北京肖家河污水处理厂升级改扩建工程开工。工程由桑德集团有限公司承建，位于北京肖家河污水处理厂厂区内，是北京城区首个地下全封闭再生水厂。其污水处理工艺将由半地下的“预处理 +A2O+ 生物滤池 + 深度处理 + 二氧化氯消毒”工艺，升级改造为全地下的“预处理 +A2O+MBR 膜生物反应器 + 臭氧紫外联合消毒”工艺，处理能力将由 2 万吨 / 天提高到 8 万吨 / 天，出水水质将由《北京市水污染物排放标准》的一级 A 标准限值提高到《地表水环境质量标准》（GB 3838−2002）IV 类水体的水质标准，电力成本可降低 1/3 以上。

（杜　玲）

**【海峡两岸电动汽车产业研讨会举办】** 9 月 4 日，由中

关村发展集团股份有限公司与台湾电机电子工业同业公会共同主办的“海峡两岸电动汽车产业发展技术研讨会”在中关村软件园举行。来自市经济信息化委、市台办、中关村管委会、电动车行业企业的代表 50 余人参加。与会代表围绕电动车充电、储能、电机、电池防爆等技术的发展与合作、知识产权转让与保护，以及国外电动车产业发展的路径与经验等方面进行交流。

（李贺英）

**【中法节能环保企业对接会举行】** 9 月 12 日，在北京国家会议中心举行的“2013 中关村论坛年会”上，中关村国际环保产业促进中心承办第六分论坛——“中法节能环保企业对接”。来自中法两国企业、科研机构、金融机构、媒体的代表 200 余人参加。与会代表就可再生能源、垃圾处理、可持续发展等领域以及市场和技术方面的问题进行交流。桑德集团有限公司、博天环境集团股份有限公司、北京雪迪龙科技股份有限公司等 25 家中关村节能环保企业与法国企业进行一对一

对接，中联电科技术有限公司与法国 SP3H 公司就技术合作达成共识。

（马晓清）

**【金属氢化物储氢装置项目通过鉴定】** 9 月 18 日，在方兴大厦举行的“北京浩运金能科技有限公司科技成果鉴定会”上，由浩运金能公司完成的“基于固态储氢技术的金属氢化物储氢装置”项目通过中国有色金属工业协会组织的成果鉴定。项目通过成分和工艺优化，研制出综合性能优良的储氢合金，同时在金属氢化物储氢装置中采用多种创新性结构，解决因粉末堆积引起的容器变形和开裂，提高装置结构稳定性和装置内部传热传质性能。产品具有储氢密度大、压力低、安全性高、稳定性好、输出氢纯度高、循环寿命长等优点，可应用于氢气循环利用系统、储能及燃料电池、超高纯氢制备及储存等行业。项目建成年产 2000 台储氢装置生产线，产品已通过相关部门的检测。

（张慧秋）

**【德青源公司获全球水晶鸡蛋奖】** 9 月 24 日，在南非开普敦市举行的 2013 世界蛋品年会上，北京德青源农业科技股份有限公司因其为广大消费者提供优质的蛋白质，同时有效解决养殖带来的环境问题，通过企业核心技术将畜禽粪便、农业废弃物、城市垃圾转化为生物质能源，以及其对产业模式的示范意义和对社会责任的杰出贡献，获得世界蛋品协会颁发的 2013 年度全球水晶鸡蛋奖。

（杜　玲）

**【气候创行者项目合作框架协议签订】** 9 月 25 日，由中关村国际环保产业促进中心与世界自然基金会（WWF）共同主办的《中关村国际环保产业促进中心·世界自然基金会（瑞士）北京代表处气候与能源项目关于“气候创行者项目”合作框架协议》签约仪式在北京上地大厦举行。双方相关人员参加。根据协议，WWF 授予环保中心“气候创行者项目”战略合作伙伴称号；环保中心协助 WWF 专家团队，针对气候创行者候选企业的低碳技术进行分析，评估其二氧化碳的减排潜力；WWF 将通过“气候创行者项目”为中关村示范区企业搭建投融资和技术转让平台；环保中心协助低碳创新型中小企业寻找新的发展机遇和模式，共同助力低碳技术与资本的对接，并且寻求国外政府及非政府组织在资金、技术等方面的支持与合作。

（马晓清）

**【ARC 项目结题】** 9 月 27—28 日，由北京碧水源科技股份有限公司、清华大学组织召开的 ARC 项目结题会在清华大学环境学院举行。澳大利亚新南威尔士大学、碧水源公司、清华大学等项目承担单位的负责人及专家 20 余人参加。新南威尔士大学进行膜污染的清洗策略研究和应用、CFD 组器内流态模拟以及膜丝填充密度优化、膜污染评价方法研究、铁在污泥混合液中的形态转化以及造成膜污染机制研究等 4 项汇报；清华大学进行冬季膜污染机制和控制研究、膜池污泥混

合液中微生物种群分布与膜污染关系研究情况2项汇报；碧水源公司汇报研究成果的工程应用，并组织与会人员参观碧水源膜技术创新产业园。该项目的研究成果得到澳大利亚科学基金委员会、新南威尔士大学等ARC项目主管部门的认可，并同意结题。(ARC项目由澳大利亚科学研究委员会于2010年立项，主要开展“利用絮凝剂降低膜污染和脱氮除磷”“计算流体力学（CFD）”“评价膜污染”“剩余污泥脱水”“动力学模拟铁在混合液中的转变”等方面的研究。)

（龙　琦）

**【ES-500K储能双向变流器获奖】**10月19日，在山东枣庄新城会展中心举行的“‘电源工业’杯2013中国新能源产业十大科技创新奖颁奖典礼”上，北京索英电气技术有限公司的储能双向变流器ES-500K升级版获“电源工业”杯2013中国新能源产业十大科技创新奖。ES-500K升级版的直流电压范围为600~900伏，具有宽度小、体积小的特点；采用优化的交流滤波器设计，实现更小的谐波和更快的响应速度；采用DSP全数字化矢量控制技术、优化的控制电路设计和故障自检、保护和显示功能，保证系统的性能优异性与安全、稳定、可靠运行；采用可活动的IGBT模块化设计，方便产品的安装及后期的维护、调试工作。同时，产品还可以和计算机通信，进行数据采集和监视。

（龙　琦）

**【太钢碧水源公司成立】**10月25日，“太原钢铁（集团）有限公司—北京碧水源科技股份有限公司高性能膜材料研发制造及水务工程战略业务启动暨山西太钢碧水源环保科技有限公司成立仪式”在山西省太原市举行。双方相关领导参加。双方签署高性能膜材料研发制造及水务工程项目股东协议，将在太原市建设年产100万平方米的高性能膜材料及膜组件生产基地，打造承接膜处理工程、特许经营水处理项目等业务发展平台。山西太钢碧水源环保科技有限公司由双方合资设立，注册资本2亿元，注册地在太原市。其中，碧水源公司出资9000万元，占股45%。新公司主要从事水处理等水务及环保工程，自来水及污水处理膜成套设备的生产、销售，以及水务投资与运营等业务。

（杜　玲）

**【集中式离网光储路灯微电网系统建成】**10月，由北京索英电气技术有限公司等单位承建的青海省科技厅“党政军企共建示范村”科技支撑项目——门源县集中式离网智能光储路灯微网系统投运。系统采用集中式光伏锂电池储能并以微电网形式供电，将个体供电变为集中式微电网系统供电；以集中式、容量较大的锂电池替代传统独立灯柱下埋放的铅酸电池，改变户外铅酸电池使用寿命在2年的状况；由于光伏发电与电池储能系统适度集中，不仅能够提高发电效率，而且延长了微电网系统寿命；由于路灯的本体结构变得简单，节省了花费在灯柱上的成本，降低了维护难度。

（尹玲利）

**【兆瓦级集装箱式可移动储能电站通过验收】**11月2日，由北京索英电气技术有限公司主办的“南方电网1MW分布式模块化储能系统项目验收评审会”在索英电气公司召开。来自中国电科院、广东电科院、清华大学等单位的专家参加。会上，由索英电气公司参与承建的南方电网1兆瓦分布式模块化储能系统项目通过验收。项目研发完成了兆瓦级集装箱式可移动储能电站。集装箱式移动储能电站采用便于安装、维护的模块化设计和即拖即走的集装箱设计，以20英尺的集装箱做载体，内置2台500千瓦储能双向变流器、250千瓦时的电池及储能监控系统，以实现高集成度、大容量储能的储能设备，具有占地面积小、安装灵活、移动性好、扩展性好、高可靠性、持续供电能力强等特点。系统可灵活与光伏、风电、电力电网等配置使用，适用于电网调峰调频、微电网建设、新能源并网调节、海岛、应急电源等场合，并可实现任意增容，组成大容量储能电站。

（尹玲利　龙　琦）

**【未来交通研究中心揭牌】**11月5日，未来交通研究中心揭牌仪式在清华大学举行。来自中国智能交通协会、中国可再生能源学会、北京交通大学等单位的专家以及高校、企业、媒体的代表60余人参加。研究中心由“清华大学—剑桥大学—麻省理工学院低碳能源大学联盟”创办，是以“三校低碳联盟”的合作框架为基础，以未来交通为主要研究方向，以3所顶尖学府的教授和专家为核心的国际合作研究与交流的开放性平台，旨在利用国际一流平台，系统开展交通拥堵、交通环境和交通能源方面的科研合作，满足国家重点发展领域的需要，研究方向包括智慧交通、绿色交通、低碳交通、生态交通。

（龙　琦）

**【750千伏磁控型可控并联电抗器通过鉴定】**11月9日，由中国电力企业联合会主办的“‘PRT-600-750/330Q0磁控型可控并联电抗器成套装置’技术鉴定会”在北京举行。鉴定委员会由来自国网电力科学研究院、中国电力科学研究院、电力规划设计总院等单位的14位专家组成。由中电普瑞科技有限公司研制的PRT-600-750/330Q0磁控型可控并联电抗器成套装置通过

技术鉴定。成套装置为世界首套高海拔750千伏磁控型可控并联电抗器，额定电压800千伏，额定容量330兆乏。其主要创新点为：首次在750千伏电压等级采用自励磁和外励磁相结合的方案，兼具正常励磁和快速励磁功能，采用冗余配置的励磁系统，可靠性高；首次采用谐波自助（自耦）补偿方式，通过将滤波支路连接在补偿绕组的形式，减少流入网侧绕组的谐波电流；基于复杂磁路建模方法，首次建立适应本体三绕组裂芯结构的磁控型可控并联电抗器仿真模型和低压物理模型，并通过RTDS、动模仿真平台验证；首次提出装置本体保护策略和配置方案，研制了保护设备，提高本体绕组匝间短路保护灵敏度。成套装置已成功应用于新疆与西北联网第二通道750千伏风电集中送出系统鱼卡开关站，运行情况良好。

（龙　琦）

**【大型钒钛资源综合利用项目签约】**11月11日，“青岛钢铁控股集团有限责任公司、北京神雾环境能源科技集团股份有限公司400万吨/年钒钛资源综合利用项目合作框架协议签约仪式”在山东省青岛市举行。双方相关领导参加。根据协议，双方将在青岛市董家口合作建设总投资近90亿元的年处理400万吨钒钛资源综合利用项目，建成后每年可生产钛资源90万吨、钒资源13万吨，副产的铸铁作为青岛钢铁集团炼钢原料。项目规划占地面积130余公顷，将采用神雾集团

研发的节约化石能源、控制大气雾霾技术以及氢气竖炉清洁冶炼工艺，能耗可比传统冶炼工艺下降20%以上，二氧化碳、氮氧化物、硫氧化物、PM2.5等污染物排放可降低90%以上。

（王红彬　杜　玲）

**【万钢调研新能源汽车租赁推广工作】**11月15日，科技部部长万钢一行到北京市调研新能源汽车租赁推广工作。副市长张工、市科委主任闫傲霜陪同调研。万钢一行参观了北京理工大学、清华科技园电动汽车充电停放区域，了解电动汽车租赁系统使用和租赁业务开展情况，到清华大学汽车研究所参观车用动力电池、燃料电池和动力系统测试平台，并就电动汽车推广进行座谈。万钢强调，政府部门出台政策措施，科学有序进行电动汽车推广，要做好城市充电基础设施规划，积极引导社会资源参与建设和商业化运营，同时要加强服务管理保障运行安全。电动汽车推广要认真研究推广目标群体，探索用户认可的商业模式，同时要利用电子商务等技术手段提高用户使用的便利性。

（康秋红）

**【杂多3兆瓦独立光储电站投运】**11月15日，由北京索英电气技术有限公司等单位承建的2012年金太阳示范项目——杂多3兆瓦独立光储电站在青海省杂多县投入运营。系统由3兆瓦光伏、3兆瓦/12兆瓦时的双向储能设施组成，为光储独立发电系统。其最大的特点在于系统不含任何火电或水电机组，整个系统仅以光伏发电为能量来源，完全由储能变流器作为电网支撑向杂多县新县城配电系统供电。基于完全由储能系统作为电网支撑的技术要求，系统运用6台储能变流器离网并联，实现在无大电网支撑下多台储能变流器并联、光储互补协调控制的技术创新，在解决储能系统在保障供电功率平稳和夜间正常供电的同时，也避免了独立光储系统的弃光/断电等问题，实现系统的高可靠性和高发电效率。该项目解决了高海拔、偏远无电地区的供电需求难题，系统正常运营后，年平均发电能力为500余万度。

（尹玲利）

**【中关村企业参展世界电动车大会】**11月17—20日，在西班牙举行的第27届世界电动车大会（evs27）上，中关村管委会组织13家企业组成中关村展团参展。展会上，精进电动科技（北京）有限公司展示的高性能电机、北京中瑞蓝科电动汽车技术有限公司展示的三电控制系统以及北京波士顿电池有限公司展示的高性能三元锂离子电池等产品以其优异的性能和创新性的设计受到关注。

（殷　茵）

**【合作设立污水处理公司】**11月28日，北京碧水源科技股份有限公司发布《关于对外投资设立合资公司的公告》，宣布其与青岛水务集团有限公司签订《关于组建“青岛水务碧水源科技发展有限公司”的出资人协议》。根据协议书，设立青岛水务碧水源科技发展有限公司。该公司注册资本3亿元，其中青岛水务集团出资1.53亿元，占51%的股权，碧水源公司出资1.47亿元，占49%的股权。公司成立后将开展以膜技术为

核心，涵盖污水处理与自来水处理、海水淡化等业务，并整合山东水务市场，为区域解决污水、水资源短缺及饮用水安全提供全方位服务，还将开展包括海水淡化等领域的技术开发与应用工作。

（杜　玲）

**【首秦公司烧结机烟气脱硫项目实施】**11月，由北京首科兴业工程技术有限公司组织实施的秦皇岛首秦金属材料有限公司烧结机烟气脱硫项目通过秦皇岛市环保局的竣工环保验收。项目于2013年7月启动，总投资2500万元。项目所用工艺及设备之前仅适用于电厂运行工况，经首科公司的专业设计与组织，将其成功应用于烧结工序，为首秦公司项目的预算节省资金近3000万元。

（张慧秋）

**【合资成立大唐恩智浦半导体公司】**12月3日，大唐电信科技股份有限公司发布《对外投资公告》，宣布公司董事会审议通过《关于与恩智浦合资设立公司的议案》，同意公司与荷兰恩智浦有限公司（NXP B.V.）共同出资，在江苏省南通市如东县设立大唐恩智浦半导体有限公司。合资公司注册资本2000万美元，其中大唐电信公司现金出资1020万美元，持股比例51%，恩智浦公司现金出资980万美元，持股比例49%。其业务定位是新能源汽车和传统汽车电源管理和驱动及新能源相关的半导体领域的研发。

（杜　玲）

**【垃圾渗滤液浓缩液MVR技术通过鉴定】**12月9日，由北京格林雷斯环保科技有限公司研发的“垃圾渗滤液浓缩液MVR（机械式蒸汽再压缩）技术”在北京通过北京市环境卫生协会组织的成果鉴定。成果核心技术是采用絮凝预处理加MVR技术的工艺对渗滤液浓缩液进行处理。运行结果表明，系统出水率可达90%且达标排放。成果的创新点：一是采用特制絮凝剂，通过絮凝预处理减缓蒸发器在运行过程中的结垢问题，延长设备的连续运行时间至15天；二是自主研发的MVR蒸发器能在蒸汽压缩回路不停工的情况下，实现在2小时内完成对蒸发器内部结垢的清洗。

（尹玲利）

**【京津冀节能低碳环保产业联盟成立】**12月26日，“京津冀及周边地区节能低碳环保产业联盟成立暨项目技术融资对接会”在北京召开。市发展改革委、市金融局、中关村管委会和天津、河北、山西、内蒙古、山东等5省市主管节能低碳环保工作的部门相关负责人以及各省市节能环保领域相关企业的代表参加。联盟在北京、天津、山西、内蒙古自治区4省市发展改革委、山东省政府节约能源办公室和中关村管委会的指导下发起成立，并吸纳区域内从事节能环保产业科研、产品及设备研发制造、咨询和服务的企事业单位、高等院校及科研院所参加。其作用是整合加强环保产业各个环节，引领产业集群的转型升级，强化对环境效果负责的综合环境服务意识，搭建政府引领与产业协同发展的开放式平台，将成为京津冀及周边地区提供和实施防控环境污染的主要力量。

（龙　琦）

**【长钢4号、5号烧结机烟气脱硫项目实施】**12月31日，首钢长钢钢铁有限公司4号、5号烧结机烟气脱硫项目通过山西省环保厅组织的竣工环保验收。项目由北京首科兴业工程技术有限公司总承包，总投资6500万元，采用密相干塔脱硫技术，处理烟气量为2×120万立方米/小时，达到排放烟气二氧化硫浓度≤100毫克/标准立方米和排放烟气含尘浓度≤50毫克/标准立方米的环保指标，二氧化硫年减少排放量1.59万吨。

（张慧秋）

**【首钢矿业球团烟气脱硫项目实施】**12月，首钢矿业公司100万吨球团烟气脱硫承包项目通过迁安市、唐山市等环保部门组织的竣工环保验收。项目由北京首科兴业工程技术有限公司总承包，总投资3415万元，采用改进型密相塔半干法脱硫技术，各项指标均领先国内其他半干法脱硫技术，能够保证系统更加稳定可靠地运行。项目投产后，可达到排放烟气二氧化硫浓度≤100毫克/标准立方米和排放烟气含尘浓度≤50毫克/标准立方米的环保指标，年减少二氧化硫排放量75万吨。

（张慧秋）

**【推出手持式网络报文分析仪】**12月，北京博电新力电气股份有限公司推出其研制的PNS610智能变电站手持式网络报文分析仪。分析仪是针对智能变电站现场调试设计的专用测量测试工具，帮助现场施工（调试）及变电站维护（检修）人员对光数字信号进行分析，以确保智能电网的安全性和可靠性。分析仪可自动探测解析 IEC61850-9-2/LE、IEC60044-8、GOOOSE、IEC61588、国网采集器标准格式的报文，并具有报文发送功能（可发送 IEC61850-9-2/LE、IEC60044-8、GOOOSE 报文），支持光 B 码、IEC61588 对时及光功率测试，同时可以发送光 B 码、IEC61588 网络对时报文。

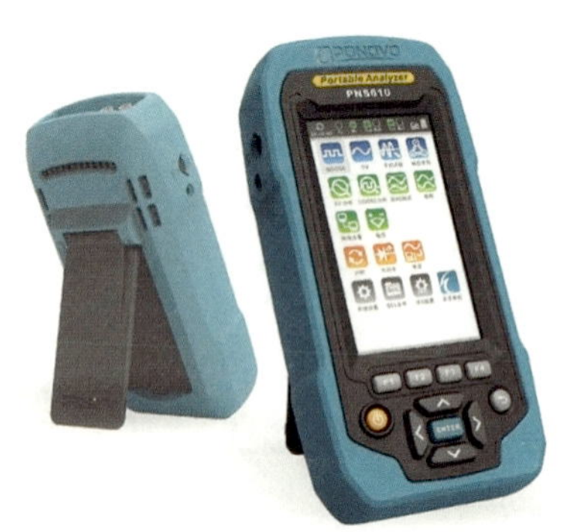

（尹玲利）

**【东风特种车动力电池系统总成项目签约】**12 月，北京海博思创科技有限公司与东风汽车股份有限公司特种车事业部签署协议，海博思创公司将为 200 余辆东风特种车提供动力电池系统总成。动力电池系统总成项目包括电池组、电池管理系统和电池箱 3 部分，用以监测电池状态、控制电池充放电，确保电动汽车动力的正常输出。海博思创公司的动力电池系统总成，采用的海博思创大电流主动均衡电池管理系统，可以减小和消除电池组内电量不一致性，有效提高续航里程，可应用于多种车型，有效提高电池组实际可用容量并延长使用寿命。

（龙　琦）

**【助力电动汽车里程突破 300 千米】**年内，深圳五洲龙汽车有限公司生产的纯电动客车产品在城市工况、乘员满载和空调运转的情况下，一次充电后的续航里程突破 300 千米。客车设计的动力系统，采用北京国能电池科技有限公司的 160 瓦小时 / 千克高性能磷酸铁锂动力电池，在保持原来重量及体积的条件下，装载电量从 322 千瓦时增加到 415 千瓦时，提升近 30%，电池组能量密度 115 瓦小时 / 千克。在城市工况、满载、开空调的情况下，可满足公交公司充一次电行驶 300 千米以上的使用要求。

（杜　玲）

**【建设雨洪利用示范工程】**年内，中关村示范区展示中心雨洪利用示范工程完工。示范工程位于展示中心东侧绿地，采用北京仁创科技集团有限公司研发的“雨水专家系统”建设蓄水池和“透气防渗砂”做砂砖垒砌，具有透气不透水和有收集过滤、储存保鲜雨水的功能。蓄水池容积 7000 立方米，主要收集海淀公园、中关村示范区展示中心、新建宫门路的雨水，并可缓解万泉河桥低洼地区的积水。“雨水专家系统”是专门针对新建小区与老旧小区改造、城市道路及立交桥等开发的生态雨水收集系统，实现由传统的“点式”排水变成“线式”“面式”相结合的“立式”排水，形成“收集、蓄用、渗补、排放”相结合的生态雨水系统。

（杜　玲）

# 航空航天产业

**【概况】**2013年，中关村示范区航空航天产业取得骄人业绩。由航天东方红公司研制的国家科技重大专项高分辨率对地观测系统首颗卫星“高分一号”发射成功；由中国航天科技集团研制生产的“神舟十号”载人飞船发射成功，并首次开展中国航天员太空授课活动；由中国航天科技集团抓总研制的“嫦娥三号”月球探测器和“玉兔号”月球车，承担中国首次月球软着陆和月面巡视勘察任务，实现中国首次对地外天体的直接探测；由北京控制工程研究所发明的一种非太阳同步轨道卫星双轴帆板控制方法，首次实现中国卫星双轴帆板自主控制；中国卫通集团推出的航空器客舱卫星宽带通信服务，可向客舱提供宽带互联网接入服务、实时数据传输服务等业务服务；中科宇图公司的环境应急监测无人机系统，集视频监控、航拍、有毒有害气体监测等功能于一体，可在应急现场实现多项监测任务；由北航经济管理学院承担的C919大型客机关键技术攻关项目通过验收。中关村遥感与测绘应用产业创新联盟成立，将围绕以中国高分辨率对地观测系统重大专项为主导的对地观测技术，推动遥感及测绘行业产业化应用进程。2013年，示范区航空航天产业实现总收入392.7亿元，同比增长42.1%，实现利润30.3亿元，同比增长34.1%。

（杜　玲）

**【四维集团与华力创通公司签署协议】**1月8日，“中国四维与华力创通战略合作签约仪式”在北京华力创通科技股份有限公司举行。中国四维测绘集团有限公司、华力创通公司相关领导参加。根据协议，双方将在北斗导航应用领域加强合作，通过导航、地理信息服务等技术的优势互补，共同开拓国内外市场。

（杜　玲）

**【北航重大科研仪器设备研制专项启动】**1月14日，由北京航空航天大学主办的“国家自然基金委员会重大科研仪器设备研制专项‘基于原子自旋效应的超高灵敏磁场与惯性测量实验研究装置’项目启动会”在北航召开。自然科学基金委、北航有关领导及参研单位的代表70余人参加。项目由北京航空航天大学牵头，项目负责人是北航仪器光电学院院长房建成，山西大学、华东师大以及中科院化学所、物理所和系统所等5家单位参加，拟在5年内研制一套基于原子自旋效应的超高灵敏磁场与惯性测量实验研究装置，包含基于原子自旋SERF效应的超高灵敏磁场测量单元、惯性测量单元和结构限域介质材料与内嵌原子操控惯性测量单元，将用于原子自旋极化的精密操控、原子自旋进动的高精度检测等新原理新方法的实验研究，还可用于研究物质的极弱磁性，以及作为超高灵敏磁场测量的计量基准，同时将支撑超高灵敏SERF原子自旋陀螺仪和原子自旋磁强计的研制。

（钮　键）

**【16个软件获国产空间信息系统软件测评表彰】**1月15日，在北京永兴花园饭店召开的2012年度国产空间信息系统软件测评表彰会上，国家遥感中心公布2012年度国产空间信息系统软件测评结果。参加测评的软件包括地理信息系统（GIS）软件、遥感（RS）软件及全球导航定位系统（GNSS）软件，共有23个软件获奖，包括优秀软件11个、表彰软件11个和鼓励软件1个。其中，中关村示范区内北京超图软件股份有限公司的超图地理信息系统软件平台套件6R（2012）等5家单位的6个软件获优秀软件奖，北京东方泰坦科技股份有限公司的泰坦遥感图像处理系统V8.0等7家单位的9个软件获表彰软件奖，北京东方道迩信息技术股份有限公司的易遥影像处理系统V1.0获鼓励软件奖。

（龙　琦）

**【旋极公司项目获北京市科学技术奖】**2月21日，在市政府召开的“北京市科学技术奖励大会暨2013年北京市科学工作会议”上，由北京旋极信息技术股份有限公司蔡厚富等完成的“航空数据总线故障注入系统的开发与应用”项目，获北京市科学技术奖三等奖。成果主要应用于航天、航空、国防、舰船、车辆电子等领域。系统由故障注入设备、故障注入主控软件和故障注入专家库组成，是一套对通信链路进行系统级故障注入的设备，可精准、便捷地验证目标系统的容错性、稳定性和健壮性。其主要技术创新点如下：①同时实现物理层、电气层和协议层的故障注入操作；②实现物理层和电气层任意波形噪声的产生和叠加；③采用非侵入式故障注入方案，使用时不需要对原有系统进行更改。故障注入系统以串联的方式接入到正常通信的传输线路中，采用非侵入式故障注入方案，独立运行于目标系统之外，与被测系统的软件及硬件的构成方案无关，不需要被测系统配合提供任何形式的测试接口或者故障注入接口。

（尹玲利）

**【中关村遥感与测绘应用产业创新联盟成立】**4月24日，“中关村遥感与测绘应用产业创新联盟成立大会暨空间信息交流会”在中国地质大学（北京）举行。科技部原部长徐冠华院士以及国家测绘地理信息局、国家遥感中心、中关村管委会等单位有关领导和联盟发起单位代表等参加。联盟由北京东方泰坦科技股份有限公司联合国家测绘地理信息局卫星测绘应用中心、北京航空航天大学、百度在线网络技术（北京）有限公司、北京四维图新科技股份有限公司等10家单位共同发起，旨在实现产业集群的创新发展模式，拓展遥感测绘发展业务方向，提升产业技术创新能力，形成联合开发、利益共享、风险共担的技术创新合作组织，围绕以中国高分辨率对地观测系统重大专项为主导的对地观测技术，推动遥感及测绘行业产业化应用进程。联盟理事长单位为东方泰坦公司。

（孙　莹　杜　玲）

**【气动弹性技术联合实验室揭牌】**4月24日，由中国航空工业集团公司第一飞机设计研究院主办的“气动弹性技术联合实验室揭牌仪式”在一飞院举行。北京航空航天大学和一飞院有关领导及负责人近30人参加。实验室由一飞院与北航共同组建，位于西安阎良飞机城。共建双方签署合作协议。根据协议，双方将以研究为基础，发挥学校和企业优势，通过技术人员走进学校，学院教授走进企业的方式，加快人才培养能力和科研能力的共同提升，最终促成合作双方战略性、系统性长远发展。

（钮　键）

**【“高分一号”卫星发射成功】**4月26日12时13分，中国“长征二号丁”运载火箭在酒泉卫星发射中心发射场点火升空，以“一箭多星”方式将“高分一号”及搭载的卫星分配器和小卫星送入预定轨道。“高分一号”卫星由中国航天科技集团公司所属中国空间技术研究院航天东方红卫星有限公司研制，是中国国家科技重大专项高分辨率对地观测系统首颗卫星，也是中国首颗设计、考核寿命要求大于5年的低轨遥感卫星。卫星突破高空间分辨率、多光谱与宽覆盖相结合的光学遥感等关键技术，配置2台分辨率为2米全色/8米多光谱的高分辨率相机和4台分辨率为16米的多光谱中分辨率宽幅相机，实现在小卫星上中高分辨率和宽幅成像能力的结合，可满足多种空间分辨率、多种光谱分辨率、多源遥感数据需求。卫星的主要用户为中国国土资源部、农业部和环境保护部。（高分辨率对地观测系统工程是中国《国家中长期科学和技术发展规划纲要（2006—2020）年》确定的16个重大专项之一，由天基观测系统、临近空间观测系统、航空观测系统、地面系统、应用系统等组成，计划“十二五”期间发射5~6颗观测卫星，目标是建成高空间分辨率、高时间分辨率、高光谱分辨率的对地观测系统，并与其他观测手段相结合，到2020年形成具有时空协调、全天时、全天候、全球范围观测能力的稳定运行系统。）

（杜　玲）

**【西安北航科技园项目签约】**5月7日，由西安航天基地管委会与北京航空航天大学共同主办的“西安北航科技园项目现场签约暨封顶仪式”在西安航天基地举行。陕西省商务厅、西安市发展改革委、航天基地管委会等单位有关领导以及项目建设单位的代表等参加。西安北航现代服务业技术研究院、西安北航天汇科技孵化器、西安航天国际服务外包人才培训基地、科技大市场等4个合作平台项目签约入驻。其中，西安北航现代服务业技术研究院项目由西安航天基地与北航共建，是以学校为主体、校区共建、企业化运作的技术开发和转移机构，下设现代服务业技术创新中心、北斗卫星导航工程中心、高端装备自动化工程中心、产业技术转移中心4个平台，主要负责承担国家、省、市的重大科技研发项目，实施重大科技成果转化和在航天基地落地产业化，孵化“空天信融合”特色的创新型企业，为航天、航空、电子信息与北斗导航及现代服务业高技术转化和军民融合发展搭建高端技术创新平台、公共服务平台以及人才培养和汇聚平台。

（钮　键）

**【华力创通公司发布车载芯片】**5月8日，北京华力创通科技股份有限公司发布《关于发布GNiStar-2车载北斗/GPS多媒体智能处理器芯片的公告》，宣布其完成GNiStar-2车载北斗/GPS多媒体智能处理器芯片研发和量产测试，并开始接受市场订货。该芯片基于华力创通公司研发的北斗/GPS兼容卫星导航技术，将北斗/GPS兼容定位与智能CPU操作系统、多媒体影音、汽车总线、车身影像等应用技术融合而研发完成的一款单片集成的北斗/GPS多媒体智能处理器芯片，主要应用于车载智能终端、车载多媒体导航监控终端、多功能行驶记录仪等。

（孙　莹　杜　玲）

**【北斗移动警务手持终端发布】**5月15日，在“第四届中国卫星导航学术年会”上，北京合众思壮科技股份有限公司发布其研发的北斗移动警务手持终端。该产品同时支持北斗和GPS双系统导航定位，集警务对讲、身份证验证、移动计算机等功能于一体。产品符合工业级三防标准，具有一定的防尘、防水、抗跌落能力，适应野外、户外等相对恶劣的工作环境，适用于公安行业的不同警种。使用该款设备的公安执法人员通过产品预置的作战软件系统，以公安加密TF卡认证方式接入公安网，实时获取公安网内的各类大情报数据，发现嫌疑人员后立刻预警和提示，在查缉过程中提高了查询效率和命中率。通过预置的导航电子地图数据库，执法人员能实现在设备上查看自己、队友和监控目标的实时地图位置。同时执法人员可通过无线方式和指挥中心进行实时指挥调度，接收指挥中心下发的作战指令和预案地图，能对调度指令进行实时文字回复。执法人员也可通过设备进行现场拍照、录像、录音等现场取证，把采集的证据实时回传到指挥中心，实现后期情报研判的信息采集和积累。该系列产品包括3款型号，以满足不同警种的业务需求。

（罗　灵　杜　玲）

**【示范区企业参展卫星导航学术年会】**5月15—17日，在“第四届中国卫星导航学术年会”上，北京北斗星通导航技术股份有限公司、北京合众思壮科技股份有限公司、北京东方联星科技有限公司等中关村示范区的卫星应用领域企业参展，展示了卫星导航的芯片、板卡、终端、运营服务等产品和技术。北斗星通公司推出蜂鸟Humbird芯片、UR370高精度接收机等产品。Humbird芯片是一款兼容北斗的多模GNSS SoC芯片，具有体积小（面积25平方毫米）、功耗低（35毫瓦）、灵敏度高（捕获灵敏度−147分贝毫瓦，跟踪灵敏度−160分贝毫瓦）等特点，并支持基站辅助定位（AGNSS）和差分辅助定位（DGNSS），扩展功能丰富。和芯星通科技（北京）有限公司推出基于北斗的驾考应用系统解决方案。该系统可实现厘米级的定位精度和0.2度/1米基线的定向精度，并可实现自动评判、实时监控、异地监管等功能。

（杜　玲）

**【瑞龙无人机参展科技周活动】**5月19—25日，在全国农业展览馆新馆举行的2013年全国科技活动周暨北京大型科普博览活动上，北京德可达科技有限公司展示其研发的瑞龙系列轻型无人直升机TC−2130。无人直升机机身长2.9米、高0.9米，机重45千克，最大起飞重量为90千克，有效载荷达30千克，能自动起飞降落，执行预定飞行及勘探任务，巡航时间3小时，最高时速100千米。该机配备的双涡轮轴引擎系统，可在一个引擎发生故障时，利用单引擎正常降落，具有较高的安全性和稳定性，可应用于应急救灾、环境监测、信息数据采集、地质勘探、精准农业、交通管理、商务航拍等领域。

（李　莹　杜　玲）

**【SmartEarth北斗位置服务平台参展软博会】**5月30日—6月1日，在“2013第十七届中国国际软件博览会”上，泰瑞数创科技（北京）有限公司展示的SmartEarth北斗位置服务平台，是交通部通信信息中心“两客一危车辆监控平台”。平台采用海量、实时、多源、多属性位置信息的采集与接入技术，集成了云存储和云计算的海量位置服务数据展示技术、海量感知数据存储挖掘与增值技术，将各类客户与地区分级监管平台和监控平台的车辆的GPS数据通过“车联网位置服务平台”，实现对区域内乃至全国海量车辆数据的动态展示、实时汇总、查询分析，并提供深层次的数据挖掘分析与服务功能，且可根据不同的终端用户需求提供数据共享分析服务，对管理者提供有效的决策支持，实现对车辆进行科学、有效、可视的管理。（两客一危，是指从事旅游的包车、三类以上班线客车和运输危险化学品、烟花爆竹、民用爆炸物品的道路专用车辆。）

（李　莹）

**【“神舟十号”发射成功】**6月11日17时38分，“神舟十号”载人飞船在酒泉卫星发射中心由“长征二号”F改进型运载火箭（遥十）“神箭”成功发射。“神舟十号”由中国航天科技集团公司研制生产，是中国第五艘搭载人的太空飞船，由推进舱、返回舱、轨道舱和附加段组成。“神舟十号”在轨飞行15天，升空后和目标飞行器“天宫一号”实现对接，对其进行短暂的有人照管试验，打造太空实验室，并首次开展中国航天员太空授课活动，为青少年演示讲解失重环境下的基础物理实验。6月26日，搭乘3名中国航天员的“神舟十号”载人飞船返回舱在内蒙古四子五旗顺利着陆。

（龙　琦）

**【旋极信息公司测试技术服务神十】**6月11—26日，“神舟十号”载人飞船完成中国载人航天的第五次任务。北京旋极信息技术股份有限公司的多项嵌入式系统测试技术为“神舟十号”载人飞船提供三大类测试技术服务：一是Systemverify嵌入式目标码测试工具，用于安全关键软件的目标码测试。二是旋极信息系列地面系统检测设备——天线地面测试设备、信号源模拟设备、中继终端系统地面检测设备等，为载人航天系统的地面系统检测提供了技术保障。三是MC/DC测试工具，用于载人航天A/B级软件的单元测试阶段，在载人航天系统的核心关键软件的验证测试阶段发挥了重要作用。

（尹玲利）

**【推出航空器客舱卫星宽带通信服务】**7月4—6日，在北京展览馆举行的“中国卫星应用产业技术交流暨成果展览”上，中国卫星通信集团有限公司推出航空器客舱卫星宽带通信服务，并向观众进行现场模拟效果演示。航空器客舱卫星宽带通信系统，主要由机载卫星通信终端系统、地球同步轨道通信卫星Ku频段空间段系统以及地面站运营管理和数据中心系统组成，可向客舱提供宽带互联网接入服务、实时数据传输服务等业务服务，网络传输速率为上行速率2兆、下行速率40兆，服务内容包括语音通信、网页浏览、即时通信、视频点播、微博/邮件、网上购物、游戏/股票等。

（杜　玲）

**【“嫦娥二号”成为中国首个人造太阳系小行星】**7月14日，由中国航天科技集团公司所属中国空间技术研究院抓总研制的“嫦娥二号”卫星，在轨飞行1016天，与地球间距离突破5000万千米，成为中国首个人造太阳系小行星。卫星状态良好，可继续向更远的深空飞行。根据轨道计算，预计“嫦娥二号”卫星最远将飞行到距地球约3亿千米处。

（龙　琦）

**【北斗公共平台签约】**7月15日，由市财政局主办的“北斗导航与位置服务产业公共平台暨北斗导航位置服务（北京）有限公司成立签约仪式”在中关村软件园举行。市委、市政府、市财政局等单位相关部门的负责人以及平台参建企业代表近100人参加。北京市财政代持股机构北京工业发展投资管理有限公司与北京合众思壮科技股份有限公司、北京四维图新科技股份有限公司、北京超图软件股份有限公司等7家参建企业签订协议，标志着北京市北斗公共平台进入运作阶段。该项目以合资公司形式投资建设，公司名为“北斗导航位置服务（北京）有限公司”，注册资本总额3亿元，北京市财政与北京合众思壮科技股份有限公司分别出资1.405亿元，各占合资公司资本总额的46.83%。北斗公共平台为智慧城市建设提供“数据共享、互通互联”的平台级运营服务，功能包括智慧政务管理，推动行业应用和实现民生服务。北京市北斗公共平台建设基于国家GPNT导航与位置服务现有基础与规范，得到北京市政府及各级部门持续支持，并成为国家的区域级平台。

（张　蕾　刘伟杰）

**【环境应急监测无人机参展环保展】**7月23—26日，在北京中国国际展览中心举行的第十三届中国国际环保展览会上，中科宇图天下科技有限公司展示其依托科技部国际科技合作项目“基于无人机平台的环境应急监测关键技术与应用研究”课题研发的环境应急监测无人机系统。系统通过搭载高清晰摄像头和环境监测系统，集视频监控、航拍、有毒有害气体监测等功能于一体，可在应急现场实现多项监测任务，具备图像处理、数据无线传输及处理、空间分析等辅助决策支持功能。其应用范围包括：爆炸、泄漏、火灾等环境突发事件引发的大气环境污染应急监测、风险场区的常规大气质量状况巡查、城市低空大气质量状况监测等领域，可以为防控突发性环境事件、快速获取事件现场各类环境信息提供技术支持。

（杜　玲）

**【中科院2013年度科技创新巡展举办】**7月23日—8月31日，由中国科学院主办的“中国科学院2013年度科技创新巡展”在中国科学技术馆举行。展览主题为“创新驱动发展，科技引领未来”。中科院展示了包括基础前沿科学、重大科技任务、科技转移转化等三大类21项成果，由以图片、互动展品、科普动漫、视频为主的实体展和以网络、微信、微博等形式综合呈现的网络展共同组成。其中，基础前沿科学成果包括大亚湾中微子实验首次发现第三种中微子振荡模式、“量子反常霍尔效应”研究获重大突破、干细胞研究取得重要进展等；重大科技任务成果包括助力完成“天宫一号”与“神舟十号”载人交会对接重大任务、成功研发“蛟龙号”控制系统和声学系统、正式交付使用“科学号”海洋科学综合考察船等；科技转移转化成果包括如：3万吨/年稀土异戊橡胶生产技术成功应用、地奥心血康胶囊获准欧盟注册上市以及抗抑郁、抗肿瘤、抗乙肝病毒等创新型药物研发取得的新进展等。

（杜　菲）

**【千方集团交通运输行业研发中心获认定】**8月23日，交通运输部发布《关于公布2013年度交通运输行业研发中心认定结果的通知》（交函科技〔2013〕229号），公布第二批行业研发中心认定名单。其中，北京千方科技集团有限公司被认定为智能交通技术与设备交通运输行业研发中心。研发中心将在智能交通技术和设备方向上，开展“公路网运行监管、服务与应急处置技术及系统研发”“城市客运智能化运营与服务技术及系统研发”“北斗导航船载终端、车载终端及信息管理服务平台研发”3个方面的研发工作。

（杜　玲）

**【参展道路交通安全产品博览会】**8月28—30日，在中国国际展览中心举行的“第五届中国国际道路交通安全产品博览会暨交通安全论坛”上，北京精英智通科技股份有限公司展示其研发的北斗定位智能驾考系统和“违停拍”智能监控抓拍系统。智能驾考采用北斗卫星定位，应用惯性技术、卫星导航技术、传感器技术和位置推导四轮定位技术，可实时提供4个车轮的绝对位置，直接输出驾校科目考试中各个项目的判定结果，实现严格精确的自动评判。“违停拍”是针对超速、违反停车、路口违章3种交通违法行为的非现场执法系统，集成目标识别、目标比对、智能模糊匹配等图形识别算法，可以自动、准确地搜索路面违法乱停车辆，从发现违法停车到抓拍证据、识别车牌过程全部自动完成。

（江　欣）

**【遥感卫星17号发射成功】**9月2日3时16分，搭载“长征四号丙”运载火箭的遥感卫星17号在酒泉卫星发射中心发射升空，进入预定轨道。卫星由中国航天科技集团公司所属中国空间技术研究院航天东方红卫星有限公司抓总研制，主要用于科学试验、国土资源普查、农作物估产及防灾、减灾等领域。

（龙　琦）

**【C919客机关键技术攻关项目通过验收】**9月6日，由上海飞机制造有限公司主办的“飞机总装移动生产线系统总体设计与开发项目的结题验收评审会”在上海召开。该项目是由北航经济管理学院承担的C919大型客机关键技术攻关项目，其研究成果在ARJ21飞机上进行了1年的验证运行，有效地解决飞机总装过程中存在的若干挑战性难题，为在C919大型客机总装移动生产线上应用积累大量的经验。验收组专家一致同意课题通过验收评审。

（钮　键）

**【SuperMap GIS 7C发布】**9月11—12日，由北京超图软件股份有限公司主办的“2013 SuperMap GIS技术大会”在北京国际会议中心举行。来自国土资源部、环保部、中国地质调查局等单位有关领导以及行业组织、相关企业和媒体的代表4000余人次参加。与会代表探讨了云计算时代GIS（地理信息系统）技术的发展趋势。会上，超图软件公司发布其研发的云端一体化GIS平台软件——SuperMap GIS 7C。平台面向云GIS、移动GIS、二三维一体化GIS三大技术方向，提供云GIS门户、云GIS应用服务器和云GIS分发服务器等云GIS软件，以及PC端、Web端、移动端产品与开发包，并具有并行计算技术、智能集群技术、跨平台GIS技术和64位GIS技术等特色，可用于多种类型的GIS应用开发环境。

（杜　玲）

**【发布就近儿平台】**9月12日，北京四维图新科技股份有限公司主办的“就近儿平台发布暨合作伙伴推荐会”在北京索菲特酒店举行。四维图新公司合作单位和相关企业的代表等参加。四维图新公司发布了移动互联网应用服务平台——就近儿，并与人民数字科技产业有限公司、北京博升优势科技发展有限公司签订合作协议。根据协议，就近儿将逐步上线《人民日报》电子阅报栏，并通过地图融合技术，将博升优势公司的产品与服务内容及传统地理信息数据结合，达到LBS应用展示的精准效果。就近儿是基于位置、时间、个性化需求等生活信息的推送平台，通过整合行业资源、营销信息、商业媒体资源等有价值的信息及平台，利用GIS、LBS及用户行为分析等技术手段，帮助用户获取与自身位置、消费行为相关的商业信息，同时为商户解决商业信息在传递中低效率、精准性差、成本高等问题。

（杜　玲）

**【高精度实时运动成像基础研究通过验收】**10月20日，由北京航空航天大学主办的“973计划项目‘高分辨率对地观测系统中的高精度实时运动成像基础研究’课题验收会”在北航召开。工业和信息化部科技司与北航科研院的有关领导及验收专家组、课题负责人、学术骨干等20余人参加。由北航仪器光电学院房建成等完成的高分辨率对地观测系统中的高精度实时运动成像基础研究课题通过专家验收。课题于2009年1月由科技部批准实施。项目为国内高分辨率对地观测技术的发展提供理论支撑，可提高国内机载高分辨率对地观测系统中的高精度实时运动成像技术水平，提出的高精度位置姿态测量方法和研制的高精度光学 POS 系统，为机载 X 波段干涉 SAR 成像高程精度从 3 米提高至 0.27 米以及机载干涉型光谱仪等典型载荷成像分辨率的大幅提高发挥关键作用。

（钮　键）

**【中国首次实现卫星双轴帆板自主控制】** 10 月 29 日，国家知识产权局发布《关于第十五届中国专利奖授奖的决定》（国知发管字〔2013〕74 号），由北京控制工程研究所张笃周等完成的“一种非太阳同步轨道卫星双轴帆板控制方法”获第十五届中国专利奖金奖。发明是针对双轴太阳帆板驱动机构提出的控制方法，使卫星无须进行姿态机动就可以使卫星帆板法线指向太阳，简化了卫星的飞行程序，节约了卫星进行姿态机动的成本，并且卫星可以始终保持在对地定向三轴稳定状态，卫星的正常工作内容无须因姿态机动而被打断，提高了卫星的工作效率，降低了卫星的管理成本。同时，还使卫星对姿态机动的要求降低，可减少卫星上为姿态机动而配备的设备和算法，使卫星重量减轻，降低卫星的研制成本，并使运载火箭增加有效载荷。成果首次实现中国卫星双轴帆板自主控制，使中国成为世界上继美国和俄罗斯之后第三个掌握该项技术的国家。

（杜　玲）

**【北斗定位通信户外移动终端下线】** 10 月，由北京华力创通科技股份有限公司研发的集北斗定位、北斗通信、云服务平台于一体的智能户外手持终端——HWA-RDSS-300 北斗手持卫星通信终端量产下线。手持终端采用 4.3 寸全彩高清电容触摸屏；支持中国北斗二代卫星导航系统（BD2），兼容美国 GPS 卫星导航系统，能够实现双系统组合导航定位功能；双核 CPU 处理器，性能可靠；IP65 三防设计，满足户外极限运动需要；采用 500 万像素摄像头、安卓 4.0 操作系统以及超大容量电池等。其特点是集成了北斗短报文通信功能，可在没有任何移动信号的情况下通过北斗卫星发送重要信息。产品可应用于野外科考、户外探险、数据采集、应急救援等领域。

（张　蕾）

**【建设北斗导航高精度增强系统】** 11 月 22 日，在中国卫星导航系统管理办公室国际合作研究中心和北斗导航科技有限公司主办的北斗国际化应用面临的机遇与挑战国际研讨会上，北京合众思壮科技股份有限公司宣布，将投资 3 亿元建设基于北斗导航系统的高精度增强系统“中国精度”（China CM），在获得政府批准或与政府合作的前提下，采用自研的接收机和天线在国内和海外同步建立全球参考站网络，投入专家技术团队，在 2014 年开始全球参考站网络的建设，2015 年实现米级精度（1~2 米）免费服务，2016 年实现分米级精度授权服务，到 2017 年实现厘米级精度授权服务。

（杜　玲）

**【“试验五号”卫星发射成功】** 11 月 25 日 10 点 12 分，“试验五号”卫星在酒泉卫星发射中心由“长征二号丁”运载火箭发射升空，并进入预定轨道。卫星由中国航天科技集团公司所属中国空间技术研究院东方红卫星有限公司抓总研制，主要用于开展空间技术试验和环境探测。

（龙　琦）

**【旋极公司参展国际航空维修装备展】** 11 月 26—28 日，在西安大唐西市博物馆举行的“2013 年西安国际航空维修与管理学术会议暨维修装备展览会”上，北京旋极信息技术股份有限公司展示其研发的 IceBlade 故障注入系统、DT1553 总线测试仪等产品。IceBlade 系统是一套对通信链路进行故障注入并对目标系统进行检测的系统级综合测试设备，可用于军用电子平台的后期验证和测试阶段。DT1553 总线测试仪是专门为 1553B 总线提供综合性测试以及诊断的设备，包括电气层系统诊断和协议层系统诊断，可检验设备是否满足 GJB5186 的相关要求，并具有 1553B 总线通信网络的电缆的检测功能、信号采样录取及信号观察功能和 1553B 总线物理层、电气层及协议层故障注入功能。

（尹玲利）

**【“嫦娥三号”发射成功】** 12 月 2 日 1 时 30 分，“嫦娥三号”月球探测器由“长征三号乙”运载火箭在西昌卫星发射中心发射升空。12 月 14 日 21 时 11 分，“嫦娥三号”在月球成功实施软着陆，降落相机传回图像。12 月 15 日 4 时 35 分，“嫦娥三号”着陆器与巡视器（“玉兔号”月球车）成功分离。“嫦娥三号”由中国航天科技集团公司抓总研制，承担中国首次月球软着陆和月面巡视勘察任务。其突破月球软着陆、月面巡视勘察、月面生存、深空测控通信与遥操作、运载火箭直接进入地月转移轨道等关键技术，实现中国首次对地外天体的直接探测。"玉兔号"月球车由中国航天科技集团公司所属中国空间技术研究院抓总研制，是中国首辆月球车，设计质量140千克，以太阳能为能源，能够耐受月球表面真空、强辐射、−180℃ ~150℃极限温度等极端环境，具备20度爬坡、20厘米越障能力，并配备有全景相机、红外成像光谱仪、测月雷达、粒子激发X射线谱仪等科学探测仪器。登陆月球后，月球车将开展3个月巡视勘察，完成月表形貌与地质构造调查、月表物质成分和可利用资源调查、地球等离子体层探测和月基光学天文观测等科学任务。

（龙　琦）

**【航天科技集团获首届中国质量奖】**12月16日，在北京航天城举行的"首届中国质量奖颁奖仪式"上，中国航天科技集团公司基于质量问题"双归零"的系统管理方法获得首届中国质量奖。双归零方法包括"技术归零"和"管理归零"，从出现的质量问题入手，通过技术上的分析、管理上的改进，达到系统预防的目的，从而提高航天产品的质量水平。"技术归零"是针对发生的质量问题，从技术上按"定位准确、机理清楚、问题复现、措施有效、举一反三"的5条要求逐项落实，并形成归零报告或技术文件的活动。"管理归零"是针对质量问题，从管理上按"过程清楚、责任明确、措施落实、严肃处理、完善规章"的5条要求逐项落实，并形成管理归零报告和相关文件的活动。同时，中国科学院数学与系统科学研究院研究员刘源张院士因在中国推广、普及全面质量管理模式做出突出贡献，获得首届中国质量奖。刘源张是中国全面质量管理领域的开创者和奠基人、国际质量科学院院士，被国内学界称为"中国质量管理之父"。其提出的中国的全面质量管理理论和方法，确立了中国质量管理的指导性思想体系。（中国质量奖是2012年经全国评比达标表彰工作协调小组审定并报请中央批准设立的，由质检总局牵头开展，是中国质量领域的最高荣誉，开展周期为两年，设中国质量奖和中国质量奖提名奖，旨在表彰在质量管理模式、管理方法和管理制度领域取得重大创新成就的组织和为推进质量管理理论、方法和措施创新做出突出贡献的个人。）

（杜　菲）

**【玻利维亚通信卫星发射成功】**12月21日0时42分，玻利维亚通信卫星由"长征三号乙"运载火箭在西昌卫星发射中心发射升空，并进入预定轨道。玻利维亚总统莫拉莱斯在现场观看发射全过程。这是外国国家元首首次亲临中国卫星发射现场观看发射。玻利维亚通信卫星由中国航天科技集团公司所属中国空间技术研究院研制，采用中国空间技术研究院研制的"东方红四号"卫星平台，装载26路Ku频段、2路C频段和2路Ka频段转发器，设计在轨寿命15年，其覆盖范围包括玻利维亚及整个南美洲。卫星以玻利维亚民族英雄图帕克·卡塔里（Tupak Katari）的名字命名，是玻利维亚拥有的第一颗通信卫星，用于广播通信、远程教育、远程医疗等领域。

（龙　琦）

# 文化创意产业

【概况】2013 年，中关村示范区文化创意产业保持稳定、可持续的发展态势，产品原创和技术开发能力不断提升。数码辰星公司采用 4K 激光放映技术 + 高品质激光光源，建成首家 CineLab 激光影厅“喜来厅”；中文在线公司推出新华悦读数字阅读平台和全新的教育产品微书房；爱奇艺公司推出“网络电影院线”电影发行—收益模式的“分甘同味”电影计划，面向所有专业内容制作者，提供从内容展示到最终商业分成的平台支持；优酷土豆公司发布优酷“多屏化”的网站页面，实现产品、内容和营销贯通的“多屏合一”；百度公司推出互联网电视高清播放器“百度影棒”，可将手机、电脑上的网络视频、本地视频投射到电视上。新浪公司发布新浪微博短视频应用“秒拍”，允许用户通过手机拍摄短视频，并分享至新浪微博等社交平台。举办第四届中国（北京）动漫游戏嘉年华活动，3 万余人次观众到场参观。举办第二届中国（北京）国际服务贸易交易会暨数字内容产业洽商会，达成合作意向额 41.49 亿元。北纬通信公司推出的手机游戏《妖姬三国》获 2013 金翎奖。2013 年，示范区文化创意产业实现总收入 4989.5 亿元，软件、网络及计算机服务领域占到近八成，收入过亿元企业达 697 家，上市企业 104 家。

（杜　玲）

【4 家企业入选“创意中国榜”】1 月 5 日，在北京大学举行的第十届中国文化产业新年论坛上，“创意中国榜”2012 年度中国文化创意产业评选活动的结果揭晓。中关村示范区内华谊兄弟传媒股份有限公司、优酷土豆股份有限公司、北京水晶石数字科技股份有限公司、北京小米科技有限责任公司等 4 家企业获“创意中国榜”2012 年度中国文化创意产业领军企业称号。

（杜　玲）

【展示数码视讯 @ 互动系统】1 月 8—11 日，在美国拉斯维加斯举行的 2013 国际消费电子展（CES）上，北京数码视讯科技股份有限公司展示其研发的 @ 互动系统及智能终端。数码视讯 @ 互动系统基于广电有线网络和 Wifi 无线覆盖 2 种技术的结合，通过在家庭及公共场所的 Wifi 覆盖，用户可以在任何时间、地点使用收视服务，并提供多屏之间的交互功能，还可以使用移动终端对电视进行控制，可将移动终端上的内容发送到大屏上。数码视讯高清互动电视智能终端实现 DVB 标准数字电视和定制 Android 系统的无缝结合，可实现高 / 标清数字视音频节目直播、点播以及双向互动业务，并可提供视频通话、休闲游戏、生活资讯、在线购物、在线缴费、即时通信等功能应用。

（龙　琦）

【新华悦读上线】1 月 11 日，在新华网与中国图书商报社联合主办的“‘2012 年度中国影响力图书’颁奖典礼暨‘新华悦读’数字阅读平台上线仪式”上，由新华网与北京中文在线数字出版股份有限公司联合开发的新华悦读（book.news.cn）数字阅读平台上线。新华悦读定位于严肃阅读、品质阅读和经典阅读，提供知识化、人文化、专业化数字出版物的在线阅读服务，包括文史、小说、军事、政治、思想、社会、财经等品类图书，并提供安卓版和苹果版的客户端。中文在线公司将为新华悦读提供精品内容资源、产品设计开发以及图书运营服务。

（尹玲利）

【中文在线公司推出微书房】1 月 11—13 日，在由中国书刊发行业协会与中国出版工作者协会联合主办的 2013 北京图书订购会上，北京中文在线数字出版股份有限公司推出全新教育产品——微书房。微书房是一款基于数字图书存储的个人书房，内置 500 本图书并配有图书管理软件，具有通过硬件级加密保护内置图书版权、极佳的阅读体验、提供丰富的听书资源等特点，并可凭借微书房的账号、密码直接登录中文在线云中图书馆——微书院，将图书和听书资源下载到微书房中离线阅读。

（尹玲利）

【完美世界公司与联想公司合作】2 月 5 日，完美世界（北京）网络技术有限公司宣布与联想（北京）有限公司展开合作，其首款四维无界体感多端网络游戏《Touch》将植入联想公司推出的智能电视产品中。游戏涵盖 PC 客户端、网页端、iOS、Android 四大平台，采用 Unity3D 引擎制作，具备 3D 视频体感、触控操作、重力感应、光学感应等技术及跳舞毯、体感摄像头、体感控制器等设备。《Touch》还将为联想智能电视独家开发双人游戏模式，未来将植入联想智能电视的高端产品中，区别于手机、平板电脑的单人模式版本。

（罗　灵　杜　玲）

**【游戏软件出口工作小组成立】**3 月 1 日，市经济信息化委组织召开游戏企业出口工作交流座谈会，就建立北京市软件出口统计体系，游戏软件出口海外渠道创建、组建出口企业联盟，实施自主产品出口计划，提升产业国际影响力等工作进行研讨，确定由北京软件行业协会益智与娱乐软件分会牵头，成立游戏软件出口工作小组，编制游戏软件出口工作方案，推动游戏产业出口工作新发展。

（郝峥嵘）

**【“分甘同味”电影计划发布】**4 月 9 日，在中华世纪坛举行的“第四届中国电影导演协会 2012 年度表彰大会”年度论坛上，北京爱奇艺科技有限公司发布“网络电影院线”电影发行—收益模式——“分甘同味”电影计划。“分甘同味”电影计划面向所有专业内容制作者，提供从内容展示到最终商业分成的平台支持，建立一个包含用户、内容方和视频网站自身在内的可循环的完善商业生态。计划开启后，爱奇艺公司将为在其网站上映电影的导演首开 7 个月的付费窗口期，根据付费用户观看电影产生的收益，与导演进行分成。窗口期之后，还会将收益模式转换为广告 CPM 分成，并在未来逐步实现永久分成。

（杜　玲）

**【中国城市文化产业发展联盟成立】**4 月 11 日，由中国文化管理学会、国家发展改革委国际合作中心等单位主办的“中国城市文化产业发展联盟成立大会”在全国政协礼堂召开。文化部、发展改革委等相关部委的领导，发起单位代表和地方城市代表 400 余人参加。联盟由中国文化管理学会、北京东方雍和国际版权交易中心、北京歌华文化发展集团等 34 家相关政府部门、企业、学研机构、专业媒体等联合发起成立，是有助于产业发展的活动性、学术性会员制社会组织，旨在搭建中国城市文化产业发展综合服务平台，培育高效统一的全国城市文化资源交易市场，推动中国文化产业发展。联盟将发挥政、产、学、研、金融、宣传等全产业链集约化优势，为城市文化产业发展提供政策咨询、立项咨询、项目对接等服务，每年组织召开中国城市文化产业发展年会，发布《中国城市开发指数报告》和《中国城市投资环境指数报告》，解读中国城市文化产业发展趋势，分析行业发展情况。联盟位于盛唐古驿文化创意产业园，接受中国文化管理协会的业务指导和监督管理，文化部副部长赵维绥为该联盟首届主席。

（龙　琦）

**【“轻网游”战略启动】**4 月 12 日，“轻游戏　趣时代——2013 趣游集团新品发布会”在北京香格里拉饭店举行。国内外合作伙伴以及媒体记者参加。趣游科技集团有限公司发布《横扫天下》等 14 款不同题材和平台的新游戏产品，并提出“轻网游”概念。“轻网游”即轻便、轻快、轻度、轻松，体现在多端登录、微端下载、用户碎片时间高效利用等方面。

（杜　玲）

**【网站首次被判教唆侵权】**4 月 15 日，朝阳区人民法院对北京智珠网络技术有限公司经营的 178 游戏网擅自传播《后宫甄嬛传》电子书，被该书数字版权专有使用人北京中文在线数字出版股份有限公司诉至法院一案做出一审判决，认定智珠网公司已经构成教唆侵权，判赔 4 万余元。该案系北京首例网站被判教唆侵权案例。2010 年 2 月 1 日，在 178 游戏网 Apple 粉丝站下的 ePub 电子书区，该网站招募的论坛管理员（版主）“用手抓痒痒”发布名为“后宫—甄嬛传 / 流潋紫著”的帖子，提供《后宫甄嬛传》电子书下载服务。法院认为，“用手抓痒痒”的版主权利是智珠网公司经过审查后授予的，且智珠网公司在其经营的 ePub 电子书区版规中，明确规定有奖励发布资源者的内容。上述给予版主的相应权利以及提供资源奖励的方式实质上会诱导、鼓励网络用户来实施侵害信息网络传播权的行为，根据《最高院关于审理侵害信息网络传播权民事纠纷案件适用法律若干问题的规定》第七条的规定，已经构成教唆侵权，应当承担停止侵权、赔偿损失的民事责任。

（尹玲利）

**【书香燕园高校互联网数字图书馆开通】**4 月 25 日，在“燕京理工学院第四届图书馆文化周开幕式”上，由北京中文在线教育科技发展有限公司与燕京理工学院合作的高校互联网开放式数字图书馆“书香燕园”(sxyy.chineseall.cn) 平台开通启用。“书香燕园”设有精品推荐、年度新书、国学、名家等 11 个窗口，文学、小说、艺术、经济等 10 类书籍，热门畅销、年度新书、国学经典、热门作者等，具有 24 小时无障碍、无边界阅读，多终端同步阅读，专属私人书房，交互阅读社区等功能，可为校园师生提供最实用的电子图书资源和阅读渠道。

（尹玲利）

**【动画片《天天好孩子》获奖】**4 月 27 日，在杭州市举行的“2012 年度优秀动画作品人才表彰大会暨精品创作论坛”上，国家新闻出版广电总局公布2012年度少儿精品及国产动画发展专项资金项目评审结果，北京万豪天际文化传播股份有限公司创作的动画片《天天好孩子》被评为2012年度动画精品三等奖。《天天好孩子》是万豪公司受教育部委托，策划的以青少年文明礼仪教育为主题的大型动画系列片。

（张　月）

**【中国创意经济论坛举办】**4月28日，中国民营文化产业商会、北京文化产业商会在顺义区共同主办首届“中国创意经济论坛”，主题为“创新商业模式，助推经济发展”。全国工商联、顺义区政府等有关单位领导以及各省市相关行业优秀企业家300余人到会。创意经济包括时尚设计、表演艺术、出版业、电视广播、旅游等行业，并体现在广告创意、品牌创意、行销创意、商业模式创意等层面。论坛着力从探讨商业模式创新的角度出发，推动与会各界来宾与北京雅昌彩色印刷有限公司、北京江河幕墙股份有限公司、北京七彩蝶创意文化有限公司等优质文创企业的创新性商业模式实现有效对接，成功搭建和谐发展的交流合作平台，促进创意经济发展。与会者通过演讲、经验交流、创意分享、实地参观等方式了解企业的创新性商业模式，在分享创新成果的同时，为中小企业实现转型升级、跨越式发展开拓思路。

（龙　琦）

**【中国（北京）动漫游戏嘉年华举办】**4月30日—5月1日，由北京动漫游戏爱好者联盟、中关村数字内容产业协会（DC产业联盟）共同主办的“第四届中国（北京）动漫游戏嘉年华（I DO4）”在国家会议中心举办。400余家参展商参加。嘉年华举办了知名coser（穿着特定服饰来扮演动漫、游戏以及影视中的某些人物的人）及漫画家签售活动、千名coser场内游园会、Cosplay（角色扮演）主题摄影会、同人原创作品交流会等近20场活动。2013China Joy Cosplay嘉年华北京分赛区预选赛同期举行，Silver Land、粉红色猴子天堂、D剧团等近60家Cosplay社团、近5000名专业coser登场。活动还举办了“蓝海杯”首届青少年原创动漫作品大赛发布会。大赛主题为“‘动’我世界·‘漫’我生活”，由中关村数字内容产业协会和北京动漫游戏爱好者联盟联合主办，旨在结合民族精神与时代精神，推广民族文化，鼓励原创动漫，为青少年原创动漫创作提供展示平台。大赛向北京市青少年原创动漫创作者征集漫画类、动画类等参赛作品，组织专家对申报作品进行评审，入选作品将向大众进行展示，并向动漫产业相关机构推荐优秀青少年原创动漫人才。同时，还举行了北京动漫游戏爱好者联盟揭牌仪式。联盟由中关村数字内容产业协会及50余家动漫游戏爱好者社团联合成立，旨在促进动漫游戏爱好者之间的联系、交流、分享、共进，引导首都青少年健康成长，促进动漫游戏产业发展。嘉年华期间，共有3万余观众到场参观。

（张　月）

**【第二届京交会数字内容产业洽商会举办】**5月30日，由中关村数字内容产业协会（DC产业联盟）主办的第二届中国（北京）国际服务贸易交易会暨数字内容产业洽商会在国家会议中心举办。洽商会主要以私募洽商和展示互动为主。来自全国20余个省、市的近300家数字内容企业携300余个项目参加，其中展示互动企业29家。企业一对一洽商超过450轮次，现场达成合作意向额41.49亿元。在展览展示专区，北京太尔时代科技有限公司展示的“3D打印机”采用熔融挤压快速成型技术，可以应用于教育、工业设计、产品设计、建筑、医疗、动漫等各种领域，同时还适合办公室以及家庭使用；在体验互动区，北京卡联科技股份有限公司演示了易淘客智能终端、易淘客手机支付终端及多种便民服务应用。会上，中关村数字内容产业协会推出“互联网数字内容国际交易平台”（www.zgcdcia.org.cn/JJH）。平台以O2O互联网与线下的专业项目对接为特点，为数字内容企业提供互联网对接、线下服务等；以数字内容企业数据库为依托，以政府采购、行业购买、国际合作、终端客户应用为对象，涵盖所有数字内容产品、技术和方案；服务所有数字内容企业，接洽所有买卖双方代表；推广所有最新技术、

产品和方案。来自美国、俄罗斯、马来西亚等国家的商务机构、企业和北京歌华有线电视网络股份有限公司、中国文化产业投资基金等中国企业、机构等买家参加，到场人数近1000人次。

（张　月）

**【大洋央视新址播出项目全面启用】**6月17日，中央

电视台综合频道、新闻频道等24个公共频道在央视新址全面播出，由北京中科大洋科技发展股份有限公司承担的央视新址播出系统项目全面启用。央视新址播出系统由大洋公司负责系统总集成，采用网络化的制播工艺技术，取代以录像磁带为载体的传统制播模式，使央视成为世界上首家采用全流程网络制播系统的国家电视台。项目应用GMP全域媒体准备、文件化自动技审、动态跟随播出、四级自动切换、一键式应急处理等技术，实现节目无带化备播，保障了节目质量、播出系统的安全性和可靠性。

（龙　琦）

**【优酷土豆集团发布多屏战略】**6月27日，“视·屏合一——优酷土豆多屏营销战略发布会”在上海市举行。优酷土豆股份有限公司发布优酷、土豆网以及拍客APP适用于多屏的全新版本，同时还发布优酷全新“多屏化”的网站页面，实现产品、内容和营销贯通的“多屏合一”，并打通底层架构，使各个屏之间风格、内容及交互达到一致性，相同的内容可以满足多屏幕主流收视需求。为了让用户在观看长视频的时候能够在多屏幕间无缝转换衔接，优酷APP推出“二维码跨屏追剧”功能。用户用手机扫描优酷播放页二维码，即可将观看进度和信息“带走”，在另一场景继续观看。土豆APP推出“跨屏”追看内容的功能，用户可以通过“手机敲击PC空格键”的方式，完成视频内容在PC和移动端的“穿越”。同时，观看记录、个人推荐、剧情提示、互动分享、跳过片头以及画质选择等使用习惯方面的体验，也都通过“云端”实现多屏幕同步和联动。此外，全新的拍客APP为用户提供更为丰富的视频社交体验。

（杜　玲）

**【“红云新桥”非公党建网站上线】**6月28日，由东城区委、北新桥街道工作委员会主办的“北新桥街道工委红云新桥非公党建平台上线仪式”举办，市委组织部、东城区政府等相关单位领导出席。“红云新桥”（www.hclouds.org）由北新桥街道工委与北京中文在线数字出版股份有限公司合作创建，设有红云书屋、红云活动、红云资源、红云驿站、红云论坛、红云风采、注册登录、代表在线8个板块。网站以建设“云端的非公党建平台，白领的精神生活家园”为宗旨，运用互联网和云技术，融合了“新闻、社交、学习、论坛、发起线上线下活动、开展线下公益服务”各项功能，且推出读书板块，包括与党组织相关的各类法律法规、世界各国的经典名著等，会员可在线阅读或下载，在技术上实现了存档功能，在个人账户下，读过多少书、读到哪一页，“红云新桥”都能“记”下来，方便下次阅读。

（尹玲利）

**【大洋公司成果获广电总局突出贡献奖】**7月1日，国家新闻出版广电总局发布《关于颁布2012年度科技创新奖获奖结果的通知》（广发〔2013〕41号），由北京中科大洋科技发展股份有限公司参与完成的“高可靠网络化大规模电视台播出系统与应用”项目获2012年度广电总局科技创新突出贡献奖。项目利用计算机及网络技术平台，解决电视台全域节目文件化整备、质检、控制、管理、监控等各项技术难题，实现全域的互联互通，构建新一代的高可靠、全自动、智能化播出系统，提高播出的安全性和效率，并可进一步支持由传统发布方式向新媒体发布方式的转变，为整个广电行业的播出系统建设提供样本和典范。大洋公司参与设计全流程网络化智能化播出系统架构，按照构建“控管监”一体化播出架构以及全流程播出内容质量保证体系的总体设计要求，开发相关软件，研发关键设备，构建完全代播与部分代播相结合的N+1分组备份系统，使节目文件整备、播出控制和系统监管更加安全高效，实现播出系统运行的高安全、节目播出的高质量，并将项目取得的成果在各级电视台的项目应用上进行推广。

（尹玲利）

**【歌华有线公司获准建立NGB融合业务平台实验室】**8月8日，北京歌华有线电视网络股份有限公司发布《获准建立国家新闻出版广电总局下一代广播电视网（NGB）融合业务平台实验室的公告》，宣布其接到国家新闻出版广电总局《关于同意建立下一代广播电视网（NGB）融合业务平台实验室的批复》（技科字〔2013〕191号），同意在歌华有线公司建立下一代广播电视网融合业务平台实验室。实验室将按照三网融合发展的要求，开展NGB融合新业务创新研究，为国家新闻出版广电总局制订相关技术政策、开展技术试验、推广创新业务和展示应用成果提供支持。

（杜　玲）

**【首届青年手机游戏创意设计大赛启动】**8月16日，雍和园管委会、北京博纳通成科技有限公司主办的“创意点亮北京·首届青年手机游戏创意设计大赛启动仪式”在银河SOHO举办，东城区政府、中金赛富投资集团等单位相关领导以及参赛企业代表参加。大赛是2013年“创意点亮北京”科普体验活动重要板块之一，历时3个月，面向社会青年、在校学生征集手机游戏作品，主要为中小型团队及个人手游开发者提供一个专业性的展示平台。借此大赛聚焦手机游戏开发者、开发商，在引进新颖项目，挖掘优秀创意和人才的同时，为行业发展锻炼培养后备力量，通过奖励机制激发手机游戏行业创新。大赛设四大奖项，且由博纳通成提供创业扶持基金 100 万元。

（龙　琦）

**【文化产业和新兴产业税收政策比较结题】**8 月 23 日，由中国人民大学文化产业研究院完成的文化部文化产业司委托的课题“中国文化产业和战略性新兴产业税收政策比较研究报告”通过文化部组织的结题验收。课题通过比较分析文化产业和战略性新兴产业相关税收政策在出台时间、数量以及优惠的对象、条件、类型、幅度、广度等方面，总结 2 类产业税收优惠的效果和影响。课题的研究为文化部文化产业司借鉴战略性新兴产业税收优惠政策，制订针对文化内容创意生产企业的税收优惠政策提供参考。

（刘晶扬）

**【《中关村数字出版产业研究报告》结题】**8 月 23 日，由中关村数字内容产业协会主办的《中关村数字出版产业研究报告》结题会在翠宫饭店举行。中关村管委会、中国高等教育出版社、北京印刷学院等单位相关领导、专家及课题组成员参加。《中关村数字出版产业研究报告》是受中关村管委会委托，由中关村数字内容产业协会马云飞等完成。课题组通过走访大量数字出版企业，收集和整理了数字出版产业方面的资料和信息，在研究国内外和中关村示范区数字出版产业发展整体态势的基础上，对中关村示范区数字出版的现状和劣势进行了研究，总结了中关村示范区数字出版企业的实际诉求，首次提出数字出版平台对行业发展起决定性作用的观点。会上，专家组审阅了研究报告，听取课题组的汇报和答辩并提出相关建议，最终一致同意课题通过验收。

（张　月）

**【中国民营文化产业商会成立】**9 月 16 日，中国民营文化产业商会第一次全体成员大会在中国大饭店举行。全国政协副主席王钦敏出席。民政部、文化部、国家新闻出版广电总局等单位有关负责人以及 100 余家企业会员的代表参加。商会是国内首个专门服务民营文化产业发展的全国性大型组织，汇聚来自中央和地方政府、民营企业、投资机构等多方力量，致力于打造一个集文化产业规划、资源配置和信息共享于一体的国家级文化产业战略合作平台。首批通过审核的发起会员单位 100 余家，总资产规模超过 5000 亿元，区域覆盖全国 20 个省、自治区和直辖市，行业涵盖新闻出版、广播影视、文化艺术、文化投资、互联网及软件服务、动漫等领域。百度在线网络技术（北京）有限公司董事长李彦宏当选为首任会长。

（龙　琦）

**【推出百度影棒】**9 月 16 日，百度在线网络技术（北京）有限公司推出互联网电视高清播放器“百度影棒”。用户可通过百度影棒将手机、电脑上的网络视频、本地视频投射到电视上免费观看。百度影棒支持开放协议 DLNA、苹果 Airplay，以及百度视频专属协议 BDPlay。

（杜　玲）

**【文化创意产业新领军者评选活动举办】**9 月 25 日，由北京市海淀区文化创意产业协会和中关村大数据产业联盟共同主办的“首届‘中国文化创意产业新领军者’评选活动新闻发布会”在北京皇苑大酒店举行。会议宣布新领军者评选活动启动。评选活动采用大数据技术，借助“中国文化创意产业网络影响力指数体系”进行评奖，覆盖文化创意九大类行业，人物评选侧重文化创意与产业结合以及人物在所属领域内的创新引领作用，经过大数据查寻千万级网页最终确定获奖人选。11 月 7 日，在第八届中国北京国际文化创意产业博览会海淀展馆举行颁奖仪式，百度在线网络技术（北京）有限公司 CEO 李彦宏等入选“中国文化创意产业最具网络影响力十大人物”，同方知网（北京）技术有限公司总经理王明亮等入选“中关村核心区文化创意产业最具网络影响力十大人物”。

（刘乐乐）

**【中关村软件园文化促进平台项目获批】**10 月 9 日，市发展改革委发布《关于北京中关村软件园文化促进平台项目资金申请报告的批复》（京发改〔2013〕2106 号），同意中关村软件园文化促进平台项目建设，政府补助资金 801 万元。项目依托北京中关村软件园发展有限责任公司的公共服务平台，利用互联网技术为文化企业提供信息化服务，构建产业公共服务体系。项目将建 1 个门户、4 个平台，即综合门户、资讯平台、交易平台、文化圈平台和孵化平台，以及建设通信中心、数据中心、灾备中心、呼叫中心等基础工程。

（龙　琦）

**【中国虚拟现实产业峰会举行】**10 月 12 日，由中国高科技产业化研究会、中关村虚拟现实产业协会、中关村工业设计产业协会等单位共同主办的“2013 年中国虚拟现实产业峰会”在北京电影学院举行。峰会主题为“科技服务生活、创新引领未来”。来自各个虚拟现实应用领域的专家、学者和企业家代表 200 余人参加。与会代表就虚拟现实技术的发展趋势、中关村虚拟现实产业行业发展情况以及虚拟现实技术在工业设计、影视特效、展览展示、游戏等方面的应用进行交流。

（刘乐乐）

**【万豪公司参展国际动漫博览会】**10 月 12—20 日，在北京蟹岛国际会展中心举办的“国际动漫博览会（北京 2013）”上，北京万豪天际文化传播股份有限公司开设皮皮鲁与鲁西西特展、以中国传统美食文化为背景的“包强”特展、德云社相声动漫特展。万豪公司还设立动漫玩具展示区、互动区，小朋友可到展区享受亲手组装玩具的乐趣。

（张　月）

**【首家 CineLab 激光影厅建成】**10 月 26 日，由数码辰星科技发展（北京）有限公司打造的首家 CineLab 激光影厅“喜来厅”在合生麒麟社大地数字影院建成。喜来厅采用 4K 激光放映技术 + 高品质激光光源，呈现出接近自然光，更绚丽、更身临其境的 3D 放映效果，光源具有长达 2 万小时的超长寿命，可使影院在 5 年运营时间内光效无衰减；与建声机构“清华建声”合作打造的高端还音系统，以标准的音场定位、点声源重放，为观众带来超大型演唱会现场的音响享受。此外，影厅采用的砂岩环保吸音板技术，具有高环保性；采取激光放映机吊装方案，使原本只能容纳 100 余人的小影厅增加近 30% 的座位。影厅还采用该公司研发的 TMS 多厅自动放映管理系统，改变放映方式，排期、影片导入分发、密钥分发、自动控制信号加载、设备状态监控等均能通过网络远程操作，工作人员通过电脑即可放映。

（崔春雷）

**【《妖姬三国》获金翎奖】**11 月 7 日，中国国际数码互动娱乐展览会（ChinaJoy）组委会公布 2013 年“金翎奖”年度优秀游戏评选大赛获奖名单，北京北纬通信科技股份有限公司推出的手机游戏《妖姬三国》获 2013 金翎奖“玩家最喜爱的手机游戏”。《妖姬三国》是一款三国卡牌类网络游戏。

（尹玲利）

**【S11X 云终端产品获中国设计红星奖】**12 月 12 日，在北京设计之都大厦举行的 2013 年“中国设计红星奖颁奖”活动中，北京云端时代科技有限公司设计并生产的 S11X 云终端产品获红星奖，这是云终端产品首次获红星奖。产品是云端时代公司三大类云终端产品中 S1XXX 系列的一款，是外观小巧的 X86 架构云终端产品，整体造型硬朗，斜角和栅格细节设计细腻，应用于云计算领域的桌面云终端，在商用领域可替代传统商用 PC 产品。产品摆放灵活、可立、可卧、可

悬挂于显示器后，并且具备超小机箱设计，具有节省办公空间、简化办公环境、整机无机械部件、超静音设计、超长使用寿命、超低功耗等优势。

（龙　琦）

**【突破电气公司产品获红星奖】**12 月 12 日，在北京设计之都大厦举行的 2013 中国创新设计红星奖颁奖典礼上，北京突破电气有限公司的产品——走遍天下系列插座产品 TZ–C1163（旅游转换器），凭借酷似鹅卵石的圆润外观，纯白色泽，光滑质感获得红星奖。

（杜　菲）

**【中国设计红星奖颁奖】**12 月 12 日，由北京工业设计促进中心、中国工业设计协会共同主办的 2013 年中国设计红星奖颁奖活动在设计之都大厦举行，主题为“全球视野　国家利益”。中国工业设计协会、市科委等单位相关领导以及获奖企业代表、设计专家等近 300 人参加。北京工业设计促进中心宣布与设计资讯网站 designboom.com 国际版合作，将联手创办 designboom 中文站“设计邦”。此届红星奖有 5567 件产品参评，280 件产品获奖，其中至尊金奖 1 名、金奖 8 名、银奖 10 名、最佳团队奖 1 名、最佳新人奖 1 名、红星奖 261 项，其中中关村示范区北京小米科技有限责任公司设计的小米手机 2A 及小米盒子、北京元隆雅图文化传播股份有限公司设计的诺克车用多功能安全锤获金奖，北京心觉工业设计公司的盲文阅读机等产品获银奖。

（龙　琦）

**【发布“秒拍”】**12 月 16 日，“秒拍短视频 10 秒看世界——新浪微博短视频战略暨秒拍 APP 产品发布会”在北京栢悦酒店举行。新浪网技术（中国）有限公司等单位相关负责人以及相关专家、媒体记者参加。新浪公司发布其短视频战略，将重点发展官方应用“秒拍”，还会向开发者公开短视频上传接口，扶持更多细分领域优秀的短视频应用，从而打造一个开放的短视频平台。“秒拍”是由炫一下（北京）科技有限公司研

发的新浪微博官方的短视频应用，允许用户通过手机拍摄10秒短视频，并快速分享至新浪微博等社交平台。“秒拍”还具有支持个性化滤镜、剪辑、添加边框及配乐、延时发布、约占据600K大小适中的普通流量控制（清晰度调配）、拍摄主题选取、支持本地视频时段自由摘取等功能。

（杜　玲）

**【钧天坊获国家级非物质文化遗产保护研究基地称号】** 12月18日，“第二批国家级非物质文化遗产保护研究基地命名暨颁牌仪式”上，北京钧天坊古琴文化艺术传播有限公司获“国家级非物质文化遗产保护研究基地”称号，成为大兴新区首家、北京市第二家获此称号的企业。公司于2001年创建，是以古琴设计研制与古琴文化推广为主营业务的公司，已发展为注册资金2000万元、资产总额3000余万元、占地面积1.3公顷、建筑面积6000平方米的中国古琴制作领军企业。“钧天坊”古琴制作秉承3000年来的传统工艺，代表着当代古琴制作的最高工艺标准，先后修复了唐代“九霄环佩”，宋代“龙吟虎啸”“虞廷清韵－复古殿”“彩凤孤鸣”等100余张历史名琴。2010年11月，钧天坊公司被文化部授予“国家文化产业示范基地”。

（龙　琦）

**【首届海淀优秀少儿作品评选举办】** 12月24日，由海淀区委宣传部、区教委等5个部门联合主办，中关村数字内容产业协会（DC产业联盟）承办的“第一届海淀优秀少儿作品评选颁奖典礼”在海淀剧院举行。市文化局、海淀区委宣传部等单位有关领导参加。该活动于2013年9月3日启动，旨在鼓励和扶持创作企业、团队、个人；促进少儿、青少年作品的创作，推动中关村示范区乃至中国少儿娱乐内容、教育内容等全方面健康发展。活动共收录411个系列4000余件作

品。中关村示范区内共有100余家企业报送作品，占全部参与企业的64%。活动最终选出最佳作品奖12名，优秀奖35名，最佳少儿作品传播平台奖3名，共计33个北京市企业及12个外省市企业获奖。其中，北京芝兰玉树科技有限公司（贝瓦网）创作的作品《kiss baby》获最佳少儿歌曲作品奖，海淀实验小学创作的作品《稻草人》获最佳少儿舞蹈作品奖，北京梦之城文化有限公司创作的动画片《阿狸》获最佳少儿形象作品奖。

（张　月）

**【百度百家上线】** 12月24日，由百度在线网络技术（北京）有限公司推出的自媒体平台百度百家（baijia.baidu.com）上线。百度百家是百度新闻原创栏目，利用百度公司开发的大数据和自然语音理解技术等用户个性化新闻推荐功能，以互联网模式建立完整的自媒体生态链，在内容和广告的交互转换下，实现作者、读者、传播者之间的无缝对接。百度百家包括科技互联网、时政、人文、音乐等栏目，采用根据流量与作家分成机制，靠引入百度联盟广告获取营收，广告产生的收入100%返还给作者。

（杜　玲）

# 重大创新成果

## Major Innovative Achievements

本栏目设有国家科学技术奖和北京市科学技术奖2个分栏目，以条目体形式记述中关村国家自主创新示范区区域内的部分单位和个人获国家最高科学技术奖、国家自然科学奖、国家技术发明奖、国家科学技术进步奖、北京市科学技术奖的成果内容及其创新点。

# 综 述

2014年1月6日，《国务院关于2013年度国家科学技术奖励的决定》（国发〔2014〕2号）发布，国务院决定，对为中国科学技术进步、经济社会发展、国防现代化建设做出突出贡献的科学技术人员和组织给予奖励。授予张存浩院士、程开甲院士2013年度国家最高科学技术奖。共奖励313项成果和10位科技专家，其中国家自然科学奖54项、国家技术发明奖71项、国家科学技术进步奖188项。其中，国家自然科学奖授奖项目54项，国家技术发明奖授奖项目71项，国家科学技术进步奖授奖项目188项，北京地区共获得国家级奖励75项（中关村示范区64项），占全国通用项目获奖总数的30.5%，其中包括一等奖9项（中关村示范区8项），二等奖66项（中关村示范区56项）。75个项目中包括国家自然科学奖18项，其中一等奖1项、二等奖17项（中关村示范区17项，其中一等奖1项、二等奖16项）；国家技术发明奖19项，其中一等奖1项、二等奖18项（中关村示范区19项，其中一等奖1项、二等奖18项）；国家科技进步奖38项，其中一等奖5项、创新团队2项、二等奖31项（中关村示范区28项，其中一等奖4项、创新团队2项、二等奖22项）。9个一等奖项目，占2013年国家科技奖一等奖总数的一半，创历史新高，其中8项在中关村示范区；连续3年空缺后产生的国家自然科学奖一等奖以及2013年唯一的国家技术发明奖一等奖均出自中关村示范区；3个创新团队奖中关村示范区占据2席，显示中关村示范区得天独厚的资源优势和强大的自主创新实力。国家最高科学技术奖获得者程开甲院士为总装备部科技委顾问，中国著名物理学家，中国核试验科学技术的创建人和领路人。2013年度国家科技奖励呈几大特点：突出鼓励自主创新成果和重大的发明创造；基础研究取得突破性进展，自然科学奖一等奖不再空缺，在连续3年空缺后终于名花有主；强化对青年科技人才的激励导向，获奖项目主要完成人平均年龄46.6岁，海归人员成获奖大户，占到18.5%；战略性新兴产业获奖项目势头强劲，在节能环保、高端装备制造、新一代信息技术等领域拥有一批具有自主知识产权的技术和产品，推动了战略高技术产业和先进制造业的发展。1月10日，中共中央、国务院在京举行国家科学技术奖励大会。

2014年1月8日，市政府发布《关于2013年度北京市科学技术奖励的决定》（京政发〔2014〕2号），为加快健全技术创新市场导向机制，市政府决定，对在发展首都科技事业、促进首都经济社会发展中取得突出成绩的科技人员和组织予以奖励。根据《北京市科学技术奖励办法》的规定，共有233项成果获奖，其中中关村示范区194项获奖。“深腾7000高效能计算机系统及关键技术”等26项成果获一等奖，其中中关村示范区23项；“大规模智能视频监控新技术及应用”等66项成果获二等奖，其中中关村示范区58项；“北京市电动汽车电能供给智能服务网络建设”等141项成果获三等奖，其中中关村示范区113项。233项获奖成果中，技术发明类、技术开发类、社会公益类、重大工程类等应用型成果达180项，其中高新技术企业独立或合作完成的成果129项，表明高新技术企业不断增强自身的创新动力和活力，逐步成为首都重要的科技创新主体。企业独立及参与完成的成果136项，其中大部分是企业之间、企业与高校、研究院所间开展的围绕首都重点产业和经济社会发展中急需解决的关键、共性技术和重点、难点问题进行的合作研发，促进首都产业结构优化升级。战略性新兴产业获奖项目达到145项，共获得授权发明专利575件，获软件著作权289件，涵盖了新一代信息技术等领域，表明大力推进战略性新兴产业发展，用创新驱动、绿色发展理念打造更优质的首都经济已逐步取得实效。此外，还有与百姓生活息息相关的惠民成果、基础研究类的成果获得奖励；获奖项目完成人中，中青年科技人员占获奖人员总数的60.4%，“80后”科技人员脱颖而出，一批高素质、有创新意识和创新能力的优秀青年科技人才成长为首都科技创新的中坚力量。2014年3月25日，市委、市政府举行2013年度北京市科学技术奖励大会。

（龙 琦）

# 2013年度国家科学技术奖部分项目简介

## 国家最高科学技术奖

**程开甲** 男，1918年8月出生，江苏吴江人，1941年毕业于浙江大学物理系，1946年留学英国，1948年获英国爱丁堡大学哲学博士学位，任英国皇家化学工业研究所研究员。1950年回国后，历任浙江大学物理系副教授，南京大学物理系教授、副主任，原二机部第九研究所副所长、第九研究院副院长，中国核试验基地研究所副所长、所长，基地副司令员，原国防科工委科技委常任委员、顾问，现任总装备部科技委顾问。1980年当选中国科学院数学物理学部委员（院士），1999年获“两弹一星”功勋奖章。

程开甲院士是中国著名物理学家，是中国核试验科学技术的创建者和领路人。

20世纪40年代初，程开甲先后在自由粒子狄拉克方程严格证明、五维场论等方面做出了出色的工作，与导师波恩共同提出超导电性双带机理，在*Nature*、*Physical Review*等杂志上发表多篇论文。50年代，程开甲在国内率先开展系统的热力学内耗理论研究，在多年教学和研究工作的基础上，撰写了中国第一部《固体物理学》。

20世纪60年代，程开甲建立发展了中国核爆炸理论，系统阐明了大气层核爆炸和地下核爆炸过程的物理现象及其产生、发展规律，并在历次核试验中不断验证完善，成为中国核试验总体设计、安全论证、测试诊断和效应研究的重要依据。以该理论为指导，创立了核爆炸效应研究领域，建立完善不同方式核试验的技术路线、安全规范和技术措施；领导并推进了中国核试验技术体系的建立和科学发展，指导建立核试验测试诊断的基本框架，研究解决核试验的关键技术难题，满足了不断提高的核试验需求，支持了中国核武器设计改进和作战运用。

20世纪80年代，程开甲开创了中国抗辐射加固技术研究领域。在其领导下，开展了核爆辐射环境、电子元器件与系统的抗辐射加固原理、方法和技术研究，利用核试验提供的辐射场进行辐射效应和加固方法的研究;指导建设先进的实验模拟条件，推动中国自行设计、建造核辐射模拟设施，开展基础理论和实验研究，促进了中国抗辐射加固技术的持续发展，为提升中国战略武器的生存与突防能力提供了技术支撑。

20世纪90年代以来，程开甲不顾年迈，仍在材料理论、高功率微波等方面继续进行研究。

程开甲院士毕生在国防科学领域辛勤耕耘，自力更生，发愤图强，严谨求实，崇尚科学，无私奉献，勇于登攀，为中国核武器事业和国防高新技术发展做出了卓越贡献。

## 国家自然科学奖
## 一等奖

**【40 K以上铁基高温超导体的发现及若干基本物理性质研究】**项目由中国科学院物理研究所等单位赵忠贤、陈仙辉、王楠林等完成，是凝聚态物理的一个重大突破，不仅在科学研究方面意义重大，而且在信息通信、工业加工、能源存储、交通运输、生物医学乃至航空航天等领域均有重大的应用前景。其主要成果包括：①首次突破麦克米兰极限温度，确定铁基超导体为新一类高温超导体。继2008年日本科学家报道临界温度26 K的$LaFeAsO_{1-x}F_x$超导体之后，项目组用磁性稀土离子钐、铈取代非磁性的镧，首次发现常压下临界温度高于40 K的超导电性，突破了麦克米兰极限温度，随后用镨取代镧使临界温度达到52 K，确定铁基超导体为新一类高温超导体，引发了世界范围内的研究热潮。②合成系列铁基高温超导体并确认为第二个高温超导家族，创造并保持铁基超导体临界温度的最高纪录。在1111结构体系中，利用高温高压方法在国际上率先合成一系列临界温度在50 K以上的铁基超导体$REFeAsO_{1-x}F$（RE=Pr，Nd，Sm，Gd）；发现氧缺位实现高温超导电性，高压合成了系列$REFeAsO_{1-x}$（Re=La，Ce，Pr，Nd，Sm，Gd，Tb，Ho，Y）铁基高温超导体；在Sm−1111体系中创造出55 K临界温度的最高纪录，确认铁基超导体为第二个高温超导家族；通过

在 La 位掺 Sr 在国际上率先合成出以空穴型载流子为主的 $La_{1-x}Sr_xFeAsO$ 超导体；发现了其他几种新型铁基材料，扩充了铁基超导体的结构类型。③基于若干基本物理性质的研究，确认了铁基超导体的非常规性，为理解铁基超导电性起到了奠基性的作用。首次提出铁基超导体母体具有自旋密度波（SDW）态，预言了其条纹状反铁磁结构并被实验证实；在国际上率先生长出多种高质量单晶，并开展输运、磁性、能谱等系统物性研究及国际合作；揭示 SDW 相变引起的电子结构重组和费米面能隙打开，发现 SDW 温度之上磁化率与温度的线性关系，建立 $SmFeAsO_{1-x}F_x$ 和 $Ba_{1-x}KxFe_2As_2$ 体系的相图，发现超导电性和反铁磁序的竞争与共存特征，研究了同位素置换对超导临界温度和 SDW 相变温度的影响，指出了铁基超导体的多带特性。研究成果推动了多轨道关联电子系统的研究和发展，深化了巡游与局域电子磁性、自旋密度波、轨道有序等相关物理问题的认识；铁基超导体具有金属性和非常高的临界磁场，材料工艺相对简单，尽管临界温度低于铜基超导体，但具有特殊的应用潜力已经显现。8 篇代表性论文 SCI 他引 3801 次，最高单篇他引 823 次，20 篇主要论文 SCI 他引 5145 次；主要完成人在国际会议做特邀报告 160 余次。

## 国家自然科学奖<br>二等奖

**【若干重要的可压缩欧拉方程整体解研究】**项目由中国科学院数学与系统科学研究院等单位黄飞敏、王振完成，属物理学基础研究，原名称为气体动力学方程整体解研究。气体动力学 γ 律方程的简化模型是此领域的经典问题。经 Diperna，丁夏畦（与陈贵强等）和 P. L. Lions 等数学家的努力，对热力学常数 $\gamma>1$ 的等熵情形的大初值整体解有了完整的解答，但对 $\gamma=1$ 的等温情形，长期以来，悬而未决。项目建立一个解析延拓定理，对强熵建立交换关系式，并建成紧性框架，解决了这一问题的本质困难，其成果报告被评为 2004 年国际工业应用数学学会的杰出论文奖。此外，项目对零压的可压缩 Euler 方程的 Radon 测度解，找到一个保证唯一性的熵条件；证明带阻尼的可压缩 Euler 方程在时间充分大时，解趋于 Porous 介质方程的相似解。

**【量子通信与量子算法的物理基础研究】**项目由清华大学等单位龙桂鲁、邓富国、仝殿民等完成，属于量子信息科学领域。在科技部、教育部、国家基金委的支持下，项目组从 1998 年起，在量子信息领域开展研究工作，在量子通信和量子算法的物理基础方面，获得若干创造性成果。主要发现点为：①阐明量子直接安全通信的物理机制，建立国际上第一个量子直接安全通信模型—两步通信方案。构造基于单光子的量子一次便笺直接安全通信方案，被意大利研究组实验验证；提出分步传输、块传输和顺序重排 3 种构造量子通信的新方法，有 100 余个量子通信方案采用这些方法。②利用多体和高维复杂量子体系的纠缠物理性质，构建第一个多方高维量子密集编码模型，提出高维多方通信方案且已经被武汉物理所实验验证并成为当前量子超纠缠实验研究的重要应用目标。③构造了改进的 Grover 算法，建立量子搜索算法的相位匹配理论，被广泛应用并被荷兰实验组所验证；证明被长期作为充分条件的量子绝热条件是不充分的，促进了绝热量子算法可行性条件的研究。

**【高分子复合材料微加工制备及其物理与化学问题】**项目由中国科学院化学研究所杨振忠、徐坚、陈永明完成，属化学学科中的“高分子化学与物理”领域。自 2000 年起，项目围绕高分子复合材料微加工中的物理与化学问题展开系列研究，主要科学发现：①首次提出高分子凝胶诱导生长制备复合中空微球和阵列体系新方法。以核 / 壳结构的高分子凝胶为模板，将凝胶诱导物质定位优先生长与胶体颗粒模板合成结合，充分利用凝胶的可渗透性和容易与功能物质复合等特点，解决中空微球空腔尺寸和壳体厚度连续调控难题，极大拓展其性能和应用领域；发现多重（如催化、静电强作用和离子交换等）物理与化学机制作用，控制凝胶诱导物质定位优先生长；利用凝胶微结构的电场响应特性和无机物的超快复制结构，制备纳米孔壳层，为壳层微结构控制提供新方法。②提出高分子凝胶中空微球为模板一步合成复合中空微球的新方法。首次将氢键、共价键自组装技术从二维平面扩展到球面，制备高分子凝胶中空微球；以凝胶中空微球为模板，同步实现物质的空间分布和形态的精确控制，解决传统核 / 壳方法导致壳层破裂无法获得完整中空微球难题；研制复合中空功能微球粉体放量制备装置，为其综合性能的深入研究和应用奠定基础。③首次报道介孔复合膜材料，为制备新结构提供新方法。以多孔氧化铝膜模板为模型受限空间，在其通道中通过双亲嵌段高分子与无机物的溶胶 / 凝胶共组装制备介孔复合膜材料和相应的一维介孔材料；深入研究介孔结构的演变过程和模板孔通道化学场对一维介孔复合材料形态的影响；合成系列相对分子质量分布窄的含可凝胶化的新型嵌段聚合物，研究其自组装规律，为制备介孔复合膜材料提供基本构筑单元。项目授权发明专利12件。

**【基于碳氢键活化的氧化偶联】** 项目由北京大学施章杰、李必杰、万小兵等完成，属化学基础研究领域。其主要成果：在过渡金属催化剂存在下，探索碳氢键的反应性及活化过程中的选择性，并在此基础上使碳氢键高效转化，代替有机卤化物实现交叉偶联反应；针对碳氢键活化和氧化偶联中的碳氢键的反应性差、选择性控制难等问题，利用过渡金属催化剂的结构多样性特征、催化性能在不同体系中可调的特点，发展基于过渡金属催化的芳香烃碳氢键和烯丙位、苄位 $sp^3$ 碳氢键高选择性活化方法，系统开展碳氢键和不同的金属试剂等研究，深化对在过渡金属存在下惰性碳氢键的反应性的理解；通过对底物、反应溶剂、添加剂等反应体系条件的调控，拓展碳氢键作为偶联反应中亲电试剂的性质，体现过渡金属催化和碳氢键高效高选择性转化的相结合优势，对惰性碳氢键的反应性及可控转化的理解、碳氢键活化反应机制的揭示以及碳氢键活化在合成中的应用探索有系统的创造性贡献。

**【硬骨鱼纲起源与早期演化研究】** 项目由中国科学院古脊椎动物与古人类研究所朱敏、赵文金、贾连涛等完成，属古生物学研究领域。研究成果为解决古生物学与演化生物学领域长期争论不休的理论问题，如辐鳍鱼类与肉鳍鱼类共同祖先的形态型、肉鳍鱼类的起源、内鼻孔的起源等，提供关键性的实证，改变学术界对这些重大问题的固有认识，推动国际上对硬骨鱼纲起源与早期演化这一重要研究方向的探索。其研究进展：①发现原始肉鳍鱼类斑鳞鱼出人意料的特征组合，为解开硬骨鱼纲起源之谜提供线索，使硬骨鱼纲起源与早期演化的研究成为古生物学研究领域的前沿和热点之一。②发现保存近乎完整的志留纪硬骨鱼化石—梦幻鬼鱼，为探讨包括硬骨鱼纲在内的有颌类各大类群间的相互关系提供关键资料，加深对硬骨鱼纲起源与早期分化的认识。③通过对肯氏鱼和中国螈的研究，解开内鼻孔起源的谜团，将亚洲四足动物的化石记录提前近1亿年，并扩大泥盆纪四足动物的古地理分布区域，为探索四足动物的起源提供重要资料。④发现了无孔鱼、弥曼鱼和蝶柱鱼，丰富志留纪－泥盆纪硬骨鱼类尤其是早期肉鳍鱼类的多样性，进一步支持中国南方是肉鳍鱼类起源与早期分化中心的假说。

**【华北克拉通早期陆壳形成与演化】** 项目由中国科学院地质与地球物理研究所翟明国、郭敬辉、彭澎完成，属前寒武纪地质与变质地质学研究领域。研究首次发现可以作为板块构造标志的古元古代高压变质岩，在华北克拉通构建完整的早前寒武纪下地壳地质剖面，进一步阐明地壳垂向分异对大陆稳定化（克拉通化）的贡献，系统归纳华北克拉通早期陆壳形成的特殊规律，创新地提出多阶段克拉通化概念。通过对比研究指出，华北东部大部分下地壳在中生代被置换，并引发大规模金矿成矿作用的结论；通过研究华北克拉通18亿年前基性岩墙群及相关裂谷岩浆岩系，发现该期基性岩墙群的放射状几何学分布特征，确定岩浆序列，建立古老的大火成岩省，提出以多阶段克拉通化为特征的早期大陆生长演化机制。

**【寡糖的合成及某些基于糖类的药物发现】** 项目由北京大学叶新山、熊德彩、耿轶群等完成，属生物有机和药物化学领域。研究在糖基化反应的立体选择性控制、糖基化反应新活化剂的发现、“预活化”一釜寡糖合成新策略研究等方面取得一系列进展，且发现了一系列具有抗肿瘤、免疫抑制和分子伴侣等活性的先导化合物。主要成果有：①首次明确提出糖基供体“预活化”的概念，发展基于糖基供体预活化的一釜寡糖合成的新策略，从原理上克服传统一釜合成法对糖合成模块要求过高及不易合成的限制，具有自动化合成的潜力。②在糖基化反应的立体选择性控制方面取得系列进展：基于“预活化”概念，发现“预活化”方式对糖基化反应的立体选择性有着重要影响，在此基础上实现高收率、高 alpha- 和高 beta- 立体选择性的氨基糖的糖基化偶联反应，以及脱氧糖高度 alpha- 立体选择性的糖基化反应；发展一种简单、温和、氧化剂调控的利用糖烯同硼酸的Heck 类型的C- 糖基化反应高立体选择性制备碳苷的方法。③发现一种新的以硫苷糖作为糖基供体的糖基化偶联反应的高效活化剂，可成功应用于一釜寡糖合成。④在糖类药物研究方面设计、合成了多种结构类型的氮杂糖类糖模拟物，发现其具有抗肿瘤、免疫抑制和分子伴侣等活性，为新类型免疫抑制药物的发现提供了新思路。项目核心论文20篇，被SCI他引430次；获得中国发明专利5件。

**【高效光／电转换的新型有机光功能材料】** 项目由中国科学院理化技术研究所等单位张晓宏、李述汤、张秀娟等完成，曾获2011年度北京市科学技术一等奖，项目简介刊登在《中关村国家自主创新示范区年鉴2012》重大科技成果（第433页）栏目中。

**【过渡金属及其化合物纳米材料的可控合成、微结构及相关特性】**项目由北京航空航天大学等单位郭林、杨世和、王荣明等完成，属于材料物理与化学、无机非金属材料、金属纳米材料研究领域。研究以氧化锌纳米材料、铁系金属及其化合物为主要对象，围绕不同表面修饰对纳米材料的形成机理、形貌及结构控制对物性的影响等，研究产物的光学、磁学性质的响应机制，并通过对微观结构的调控，实现对宏观性质的控制，获得规律性结果。主要研究：①发展单分散氧化锌纳米材料的制备方法学，并通过对微观结构的调控实现对宏观光学特性的调控；给出氧化锌纳米材料黄绿光发光带源于氧缺陷的实验证据，提出氧化锌在聚乙烯吡咯烷酮（PVP）修饰情况下，新的发光机制，即强的紫外发射不能归结为带边发光，而是由于修饰后的相对浅势阱和在纳米尺度情况下精细结构劈裂产生的黑子所致。②发展一种通用的制备一维链状铁系金属及化合物纳米材料合成的新方法，提出相应的形成机理，成功地将该方法推广到其他过渡金属及化合物纳米链状材料的制备，发展一维链状微纳米材料制备的方法学；验证Aharoni的球链模型的正确性，为后续单畴磁性纳米链状材料磁学理论的发展提供素材；运用波函数重构方法在亚埃点分辨率、皮米精度定量研究了FePt纳米粒子的原子结构，确定其为正二十面体结构，定量分析其晶格位移场，提出的基于Pt表层偏聚形成富Fe合金核、富Pt壳层的核壳结构原子模型，解释粒子的表层晶格驰豫现象、优异的抗氧化性能以及高能电子束辐照下良好的结构稳定性。③利用软模板化学法，结合晶体结构及选择修饰剂特性，设计纳米材料的空间限域生长，实现了特定形貌产物的定向制备和尺寸调控。

**【广义协调与新型自然坐标法主导的高性能有限元及结构分析系列研究】** 项目由清华大学等单位龙驭球、岑松、龙志飞等完成，属土木工程与计算力学的交叉领域。研究历经30余年，建立一系列新型有限元理论、方法和模型，破解多项学科难题，推动结构工程学科发展和工程设计水平的提高。主要科学发现点为：①首创广义协调理论。在分区变分原理与极限协调概念基础上导出广义协调条件，构造出保证收敛的高精度广义协调元，使过去被传统方法排斥在外的上百个高性能结构新单元模型重新被发现，克服非协调元法不保证收敛而协调元法局限性过大且收敛慢的双重缺陷。②首创新型自然坐标系列方法。提出在克服网格畸变敏感性方面，优于传统等参坐标的新型自然坐标体系，包括第一类、第二类、第三类四边形面积坐标和六面体体积坐标方法，为解决抗畸变难题开辟新途径。③创立分区混合元、新型解析试函数元、新型样条元三种有限元法，使位移元与应力元、解析法与离散法、样条函数与有限元之间的优势互补，提升精度与效率。④创立新型分区变分原理和含参变分原理，为新型高性能有限元方法的建立提供理论基础，为变分原理的应用提供更为广阔的优化空间。⑤成功破解厚板壳单元剪切闭锁、单元网格畸变敏感、位移元应力精度损失、应力奇点计算、非协调元法不保证收敛而协调元法排斥优秀单元等学科难题。

**【纳米结构金属力学行为尺度效应的微观机理研究】**项目由中国科学院力学研究所武晓雷、魏悦广、洪友士完成，属于固体力学领域。研究通过对纳米晶铝和钴的拉伸实验及电镜观测，首次观测出孪晶和偏位错沿晶界的形成过程及与晶界的交互作用机制，为系统掌握纳米晶金属的尺度效应、建立跨尺度力学理论提供了实验基础；通过准静态拉伸和动态冷轧实验的比对观测，并结合系统的分子动力学研究得出孪晶及偏位错机制起源于晶界，对孪晶与偏位错机制在纳米晶金属强韧化中的主导作用提供有力证据；对纳米晶镍系统地开展拉伸、冲击和冷轧等静、动态力学性能的比对实验，发现晶粒发生孪晶变形的反尺寸效应以及冷轧引起的加工硬化是由偏位错与孪晶界交互作用所主导的；对纳米晶、纳米孪晶以及结构纳米线的力学行为开展系统的分子动力学研究，揭示孪晶与偏位错的生成和演化机制以及与表面、晶界、孪晶界的交互作用机制，获得均匀拉伸下五重孪晶的生成机制，建立孪晶和偏位错生成及演化引起材料总体强化的力学机制，其纳米晶精细力学试验、电镜观测与分子动力学研究结果对从根本上揭示材料的高强、高韧等优异力学性能及其尺度效应的物理本质具有重要科学意义。

**【昆虫飞行的空气动力学和飞行力学】**项目由北京航空航天大学孙茂、吴江浩、杜刚等完成，属空气动力学和飞行力学领域。研究揭示新的气动力机理，完善拍动飞行的空气动力学，并将研究拓展到飞行能耗、飞行稳定性和飞行控制，完成从基本方程建立到动稳定性和可控性分析一整套工作，对昆虫拍动飞行外部力学领域的发展起实质性推动作用。 重要科学发现：揭示 2 个昆虫产生非定常高升力的新机制；指出影响不同昆虫拍动翅的气动力系数的主控参数为雷诺数且飞行的能耗随飞行速度的变化关系近似为“J”型曲线，而不像飞机那样为“U”型曲线；揭示昆虫飞行是动不稳定的，但是可控的。研究结果为设计开发新概念微型飞行器提供力学基础和启示，并为研究昆虫生理学、行为学、神经生物学等提供力学依据。

## 国家技术发明奖（通用项目）一等奖

**【大型结构与土体接触面力学试验系统研制及应用】**项目由清华大学张建民、张嘎、胡黎明等完成，属于土木建筑领域。研究历时 17 年，通过技术发明、理论创新和工程实践，突破试验测试和数值模拟方面的技术瓶颈。其创新点：①发明整机真三维接触面加载技术、高精度接触面法向控制技术和柔性接触面测试技术，研制以大型为主、大中小型配套的高精度接触面静动力学试验设备。②发明接触面微小变形、大变形以及接触面内土颗粒运动、土颗粒破损及物态演化等位变测试技术，首次精确测定接触面内土颗粒平移与转动及接触面特征厚度，同时发明在单一设备上实现各类接触面力学试验及土料的直剪、单剪、压缩、固结、湿化试验等多功能测试技术。③发现结构与土体接触面的物态演化律、强度律、剪切律、剪胀律和压缩律等 5 项本构规律，构筑接触面力学建模理论框架和三维弹塑性本构模型，发明系列化接触面数值模拟技术。④阐明土性、结构面板和加载方式 3 类 10 余种主要因素对接触面静动力学特性影响的基本规律和物理机制，建立极具实用价值的接触面力学试验数据库。成果在高土石坝、港航、高铁、海上风电等国内外大型工程结构设计中得到论证，支撑 5 部设计标准修订，使各种结构与土体接触面力学行为的测评实现从半经验到科学、合理和精细化技术水平的跨越。

## 国家技术发明奖（通用项目）二等奖

**【果实采后绿色防病保鲜关键技术的创制及应用】**项目由中科院植物研究所等单位田世平、蒋跃明、秦国政等完成，属农业科学技术学科果树领域的果品采后处理与贮藏技术，得到科技部、自然科学基金委、中科院等单位支持。研究主要针对果实采后存在腐烂损失严重、病害防治困难、品质劣变快和保鲜期短等问题，以及长期单一使用化学农药防病带来的环境污染和农药残毒超标引起的食品安全等社会关注问题，在系统研究果实采后病原真菌致病机理、果实采后生理病理学特性及抗性应答机制的理论基础上，创制生物源绿色防病和果实抗性诱导等核心技术。生物源绿色防病技术在多种水果上应用，病害控制率较传统技术提高了 30%~60%，农药使用量减少了 40%~60%，提高了病害防控的安全性；果实抗性诱导技术使果实采后病害的发生率减少了 30%~40%，增强了病害防控的有效性。项目集成适合于甜樱桃、芒果、葡萄等果实的采后精准贮藏保鲜配套技术，使果实保鲜期比传统贮藏方法延长 30~90 天，果实商品率达到 95% 以上。项目已在主要水果产区示范应用，实现绿色防病保鲜。项目获发明专利 16 件。

**【低成本易降解肥料用缓释材料创制与应用】**项目由中国农业科学院农业资源与农业区划研究所等单位张夫道、张建峰、杨俊诚等完成。研究 1996 年启动，发明了低成本，易降解的系列肥料用缓释材料，解决了成本高、降解难的难题；研制出大田作物用缓 / 控肥料生产工艺，解决了肥料利用率低、养分流失量大的难题；研制出缓释肥生产关键设备，提高了肥料生产率，实现规模化连续生产；产业化应用效益显著，在广东、山东、河南等地区的大型企业实现产业化，2009—2012 年生产、销售大田作物用缓 / 控释肥 524.7 万吨，总产值 121.2 亿元，利税 10.3 亿元，施用面积近 1.1 亿亩，环境、经济、社会效益显著。

**【碳酸盐岩油气藏转向酸压技术与工业化应用】**项目由中国石油天然气股份有限公司勘探开发研究院等单位周福建、刘玉章、张福祥等完成。成果首次提出集裂缝转向与酸液转向于一体的转向酸压技术原理，并发明模拟实验装置，建立实验方法，证实原理的可行性。为纵向上定向沟通储集体、平面上裂缝暂堵转向形成多条裂缝，发明 2 种裂缝转向材料。为实现酸液深度转向与智能转向，形成酸蚀网络，扩大波及体积，发明 2 套自增黏酸液转向体系。开发出转向酸压优化设计软件，发明了转向酸压安全作业的配套装置与工具。项目累计增产原油 284.2 万吨、天然气 14.9 亿立方米，新增产值 112.7 亿元，直接经济效益 70.3 亿元。

**【工业钒铬废渣与含重金属氨氮废水资源化关键技术和应用】**项目由中国科学院过程工程研究所等单位曹宏斌、李鑫钢、林晓等完成，属矿业、冶金工业废物处理与综合利用和水污染防治工程技术领域。其主要发明为：①高效绿色分离的萃取新体系，实现废渣中金属资源的高效清洁提取。②高浓氨氮 - 重金属废水资源化处理平台技术，实现重金属、氨氮的资源化处理。③建成万吨级钒铬废渣处理产业化、高浓氨氮废水等示范工程，其高浓度氨氮废水资源化处理技术已在钒、钼、镍、稀土、锆、铌钽等行业应用，使相关企业的新鲜氨 / 铵辅料消耗减少 60% 以上，氨氮废水污染物处理率、资源回收率≥ 99%，处理后水中氨氮稳定达到国家一级排放标准，处理效果好、运行成本低，处理达标率和用户满意率 100%。

**【新型甲醇羰基化催化剂的结构设计及工业应用】**项目由中国科学院化学研究所袁国卿、宋勤华、钱庆利等完成。研究在新型羰基合成催化剂的结构设计和制备方面取得突破性进展，50 余件发明专利组成完整的知识产权体系。首次发明强弱配键共存、可分子内键取代反应的催化剂结构，从根本上克服现行工业催化剂的不足，实现高活性和高稳定性的统一，其多种类催化剂的性能达到世界先进水平，新型结构均被美国化学文摘赋予 CAS 登记号。催化剂在工业上得到广泛应用并首次技术转移到海外市场，累计产醋酸 708.7 万吨，约占国内总产量的 1/3，销售额 231.4 亿元，实现利润 19.8 亿元，税收 11.2 亿元。

**【KBBF 族晶体深紫外非线性光学特性的发现、晶体生长与激光应用】**该项目由中国科学院理化技术研究所等单位陈创天、许祖彦、王继扬等完成，属无机非金属材料领域，曾获 2008 年北京市科学技术一等奖，名称为“KBBF 族深紫外非线性光学晶体的发现、生长和应用”，内容刊登在《中关村国家自主创新示范区年鉴 2010》重大科技成果栏目（第 381 页）。

**【基于行驶环境感知与控制协同的汽车智能安全新技术及应用】**项目由清华大学李克强、王建强、罗禹贡等完成。研究在国家科技攻关计划、863 计划、自然科学基金等支持下，针对汽车智能安全技术所涉及的复杂道路交通环境感知和多目标协同安全控制等国际性难题，完成多项发明并研制了相关装置，形成一系列具有自主知识产权的核心技术并实现产业化应用。主要技术内容：①针对复杂道路交通环境的感知问题，提出多特征分级融合和最优动态跟踪的车辆 / 车道线识别方法，发明车载扫描式雷达探测系统，突破了识别准确性、实时性和低成本难以兼顾的技术瓶颈。②针对汽车行驶多性能指标约束的安全控制问题，发明自适应驾驶员行为特性的多目标协同控制方法，研制出智能化车辆行驶安全控制系统，克服了模型参数固化和控制目标单一的技术缺陷。③针对汽车行驶智能安全系统集成及评价问题，提出结构共用的智能安全系统新型体系架构，发明双模式电子节气门和电控辅助制动等执行装置，解决了现有系统集成度低及车型适应性差的难题，实现车道偏离报警、汽车前撞报警等多功能集成的汽车安全辅助驾驶。项目获授权发明专利 16 件。技术成果已形成系列产品，并建设了汽车行驶智能安全系统生产线，实现在厦门金龙、郑州宇通、重庆长安等整车企业的前装配套。

**【下一代互联网 4over6 过渡技术及其应用】**项目由清华大学等单位吴建平、崔勇、李星等完成。项目组依托 973 计划、863 计划、CNGI 以及自然科学基金等国家科研项目的支持，自 2002 年开始进行 IPv6 过渡方面的相关研究，历经 11 年，围绕 IPv6 过渡关键技术难点，在通用 4over6 过渡体系结构、路由映射、异构组播和动态接入等方面实现重大技术创新：①在国际上首次提出通用 4over6 过渡体系结构，解决了 IPv6 过渡复杂场景下多种单元过渡技术有序关联和协同工作的技术难题。②发明基于核心路由协议的 4over6 路由隔离映射机制，解决了穿越 IPv6 主干网传递 IPv4 信息的大规模异构路由高效映射的技术难题。③开发出 4over6 异构组播技术，解决了 IPv4/IPv6 组播编址映射和复杂协议语义兼容的技术难题；④提出自适应 4over6 动态接入机制，发明异构网络动态地址资源分配技术，解决了大规模 IPv4/IPv6 用户异构接入和地址资源共享的技术难题。基于上述成果，推动国际互联网标准化组织 IETF 成立专门工作组 Softwire，主导制定 IETF 核心国际标准 RFC11 项，完成 7 项中国通信行业标准，获授权发明专利 23 件，软件著作权 5 件，并带领华为、Juniper 等国内外设备厂商完成 4over6 过渡技术设备实现及产业化。相关产品已规模应用于中国下一代互联网示范工程 CNGI-CERNET2 主干网、百所高校校园网、中国电信试验现网等。

**【基于生物敏感膜的便携式传感器关键技术及应用】**项

目由中国科学院电子学研究所等单位蔡新霞、崔大付、赖平安等完成，属电子仪器领域。发明历经10余年，在高灵敏度快速响应敏感膜材料关键技术、微型化集成化生物传感器制备新工艺、多参数生物传感器检测新方法3个方面取得重大创新和突破，发明多参数微传感器敏感材料试剂制备和敏感膜固定化方法、微电极阵列集成化制备新工艺、电化学多参数生物传感器检测新方法和仪器、光学多参数生物传感器检测新方法和仪器；实现新型便携生物传感器的系列化、实用化和国产化，从根本上解决国内血糖血酮体测试仪、血酮体测试仪、全血乳酸测试仪以及表面等离子体谐振仪等生物传感器产品的“有无”问题。项目获发明专利授权31件；制定企业标准4项，获中华人民共和国医疗器械注册证4个，形成6个类型的新产品，血糖和血酮体检测产品获得了欧盟CE认证。

**【高场静磁装备设计理论和关键技术及应用】**项目由中国科学院电工研究所等单位王秋良、胡新宁、戴银明等完成，属于仪器仪表和特种装备领域。项目组通过自主创新，建立了完整的设计理论体系，发明了设计方法和关键制造技术，解决了用于仪器、医疗和特种装备等领域高精度与稳定度科学仪器和特种电磁装备的高场静磁结构装备实用化的技术难题。项目的创新技术点是：①首次构建了高电流密度高场静磁结构的准三维磁热扩散模型、多孔介质流体—热—电磁耦合模型和精细网格移动边界电—热—机械效应分析模型，辨明其磁热与电机械效应耦合机理，揭示了非线性多场耦合规律，为高场静磁结构磁体的设计提供了理论与方法，并发明了异形磁体的制备技术，解决了其磁热和机械不稳定性问题。②发明了以多重优化算法有机结合并用改进的Tikhonov方法消除问题的奇异性的解算方法，解决了任意磁源结构优化、电流密度分级和多线圈结构层次组装技术问题。建立了3D开域问题的非线性积分方法直接模拟二次场源，显著提高计算精度，解决了高精度匀场结构优化问题。③发明了高均匀与高稳定度的超屏蔽高场静磁结构磁体技术，研制成功应用于物理检测、材料制备、粒子分离与探测、医学成像和精密测量控制等的高场静磁结构装备，解决了其制造与集成的关键技术难题。④发明了热激发低温流体流动的闭环热交换冷却技术，其主动冷却方法实现了磁体高效冷却，解决了长时间极低温保持与特种装备适应复杂热真空环境的技术瓶颈问题。项目具有自主知识产权，获国内发明专利授权15件，美国专利授权1件。

**【高性能谐振式传感器关键技术及其应用】**项目由北京航空航天大学等单位樊尚春、郑德智、王帅等完成，属于仪器仪表领域。项目研制出两类高性能谐振式传感器，即谐振筒压力传感器和科氏质量流量传感器的关键技术，并在理论、试验、加工工艺等方面开展研究，解决了工程化问题，实现批量生产。谐振筒压力传感器作为核心部件成功用于航空高度分层管理系统，装备了现役军机，还可用于压力无汞化校准、气象台站、井下通风参数测试系统、航空机载、弹载、战车系统、面具等，同时出口到乌克兰等国。谐振式科氏质量流量传感器广泛应用于石油、化工、电力、冶金、食品等行业以及油品配料控制，油品、天然气贸易交接计量等领域。项目取得的理论与试验成果可用于其他谐振式传感器的研究，相关工艺技术可用于其他高性能弹性敏感元件的加工生产。

**【基于吸收式换热的集中供热技术】**项目由清华大学、北京清华同衡规划设计研究院有限公司等单位付林、张世钢、罗勇等完成，属于城乡建设技术领域，曾获2012年度北京市科学技术奖一等奖，项目介绍刊登在《中关村国家自主创新示范区年鉴2013》重大科技成果栏目（第482页）。

## 国家科学技术进步奖（通用项目）一等奖

**【离岸深水港建设关键技术与工程应用】**项目由中国交通建设股份有限公司等单位谢世楞、孙子宇、赵冲久等完成，为《国家中长期科学和技术发展规划纲要》优先主题和交通运输部《公路水路交通“十一五”科技发展规划》重大专项，是交通部最大的水运建设技术开发类项目。研究历经10年，企业牵头，院士领衔，产学研用协同攻关，在离岸深水港安全高效总体规划与运营、海工新型结构设计与新材料、外海快速环保施工成套装备与工艺、新的土体极限分析理论与计算方法和水下原位自动化监测等5个方面取得突破。在国际上率先形成系统完备的离岸深水港建设核心技术，解决了外海恶劣自然条件下建设大型离岸深水港口的世界性难题，使中国具备了在外海建设港口和陆域基地的实力。项目包括3个原始性创新成果：攻克深水大浪条件下，水下软黏土地基波浪动力软化评判标准的难题，开发出箱筒型基础防波堤施工工法，在传统建港禁区建成了世界最大的人工港；研制了集抛石、整平、检测于一体，供料母船和水下整平机分离的深水基床抛石整平船，缩短工期 4 倍以上，实现深水区的安全环保快速施工；创立新的土体广义极限平衡理论，并开发相应的地基计算软件。项目成果在世界最大的矿石码头、海军某工程、卡塔尔多哈新港等 20 余项国内外重大工程中应用，并纳入 13 部国家和行业标准规范。

**【以创建国际一流船舶集团为目标的军民融合科技创新工程】**项目由中国船舶重工集团公司完成。为促进海军武器装备跨越式发展，加快建设海洋强国，提升中国装备制造能力和水平，中船重工集团以创建国际一流船舶集团为战略目标，以“战略引领、体系推进，机制支撑、组织保障，强化创新、跨越发展”为总方针，2006 年启动实施“科技创新工程”。项目建立军民融合、互动发展的科技创新体系，实施具有自身特色的科技创新评价制度，建立全方位的科技创新激励制度以及多渠道多元化科技投入机制，突破一大批核心关键技术，研制以中国首艘航母、“蛟龙号”载人潜水器、30 万吨油船、自升式钻井平台、自主品牌中速柴油机、国内首台 5 兆瓦海上风电机组等为代表的海军新型武器装备和行业标志性产品。2006 年以来累计申请专利 10526 件，其中发明专利 5787 件，主持制定国家和行业标准 500 余项。通过科技创新工程，中船重工集团成为中国海军装备最强最大的供应商和船舶工业的主导力量，经济总量和效益持续增长。在国资委央企业绩考核中连续 9 年获得 A 级，连续 9 年 3 个任期被授予中央企业“科技创新特别奖”，2009 年被命名为国家创新型企业，2009、2010、2011 年连续 3 年入选世界 500 强，位列全球造船业前三甲。

**【国产民用高分辨率立体测图卫星测绘和应用关键技术】**项目由国家测绘地理信息局卫星测绘应用中心等单位唐新明、孙承志、龚健雅等完成。项目针对国产遥感卫星难以测图的问题，突破“资源三号”立体测图卫星从指标优化设计到立体测图等一系列技术难题，结束中国遥感卫星难以测图的历史，实现 5 个第一：首次建立卫星辐射几何一体化仿真平台；首次建立高分辨率卫星遥感几何检校场；首次突破遥感卫星的精密定轨定姿技术，建立高精度的成像几何模型；自主研制从原始影像到测绘产品的全流程并行数据处理系统，首次建立国产卫星测图产品体系、标准体系和软硬件系统；首次建立覆盖全国的高精度控制点影像库，正射遥感影像生产效率提高 5 倍以上。项目突破高分辨率民用立体测图卫星的辐射和几何一体化仿真、精密定轨定姿、高精度几何检校和地面数据处理等一整套核心技术，圆满解决了遥感卫星难以测图的问题，形成中国光学卫星测绘技术体系，实现中国 1∶50000 测图从依赖国外卫星到使用国产卫星的根本性变革。项目取得软件著作权登记 11 件，申请发明专利 12 件。“资源三号”卫星的各类产品已全面应用于测绘、国土、水利、地矿等行业的 500 余家单位。

**【中药安全性关键技术研究与应用】**项目由中国人民解放军军事医学科学院放射与辐射医学研究所等单位高月、杨明会、范骁辉等完成。项目历时 10 余年，在国家多个重大项目的资助下，创建中药安全性研究关键技术平台并成功用于中药的毒性成分确认、致毒机制解析、经典理论实证、创新药物研发，促进了中药毒理学的发展。主要创新点：①国际上率先创建系统配套的中药安全性研究关键技术平台。建立包括中药早期毒性发现的基于药物毒理基因组学及代谢组学相融合技术；中药量毒关系研究的毒性评价方法，中药相互作用研究的基于药物代谢酶与受体通路的快速筛选等多种集成技术，特别是建立适合配伍禁忌、质量控制、致敏物质发现的中药毒理学研究新技术，形成中药安全性评价的新技术体系。②系统揭示常见不良反应中药（中药注射剂、马兜铃酸类、吡咯里西啶类生物碱类、含重（类）金属类、外用毒药类、“十八反”和左金丸）产生毒性的物质基础、代谢特征、配伍禁忌和毒性机制；发现 10 种中药注射剂的过敏性特点，促进中药分子毒理学学科的发展。③揭示中药毒性的分子生物学机制。发现甘草通过激活 PXR 受体加速中药毒性成分代谢，从而“调和诸药”的分子生物学基础；发现诱导 CYP1A2 基因表达可降低马兜铃酸类中药毒性的新机制；发现千里光通过生物碱诱导热休克蛋白表达与胚胎毒性发生的关联机制。④实证中药配伍禁忌的经典理论。首次从毒性成分和药物代谢酶角度揭示中药配伍“反”与“不反”的科学本质；从离子通道和儿茶酚胺调节角度揭示中药寒热配伍及其减毒增效的科学内涵。⑤支撑创新药物的研发并研制出 8 种中药新药。基于毒性早期预测平台发现 11 个具有 PXR 受体激活特性，表征了中药早期毒性的化合物，降低新药研发因安全性淘汰的风险，独立研制出 2 种Ⅰ类、6 种Ⅵ类中药新药。成果获军队、省部级、行业学会科技进步一等奖 2 项，二等奖 4 项；授权发明专利 4 件、获软件著作权 4 件；发表论文 252 篇，主编专著 15 部。

# 国家科学技术进步奖（通用项目）创新团队

**【清华大学辐射成像创新团队】**清华大学辐射成像创新团队始创于1995年，第一带头人康克军，现汇聚加速器物理及应用、辐射探测、核电子学、成像方法、核系统控制、辐射防护等研究方向的49名学者。团队一直面向国家安全重大需求，解决其中的辐射成像科学与技术问题，取得加速器辐射源移动式集装箱检查系统、大型装备缺陷辐射检测技术等多项标志性成果，并成功实现产业化，为国家打私、反恐及国防装备检测等提供了高科技手段。形成的产品出口到120余个国家和地区，实现从“中国制造”到“中国创造”的转变。团队先后获得国家科技进步奖一等奖、国家技术发明奖一等奖及3项中国发明专利金奖；主导编制IEC国际标准，这是中国在核科学与技术领域完成的第一个国际标准；获国内发明专利授权185件，海外发明专利授权276件。团队建成包括中国锦屏极深地下实验室在内的一批世界一流的科学实验平台，面向学科前沿开展探索研究，得到国际学术界的高度评价；倡导集体创新，形成先进的文化理念和制度保障；坚持把“顶天”的学术探索与“立地”的转化应用密切结合，鼓励为国家社会产业创造实实在在的效益；成功实践“带土移植、回报苗圃”等创新的体制机制，为中国开展产学研合作提供范例。

**【军事医学科学院蛋白质组学创新团队】**军事医学科学院蛋白质组学创新团队始创于1998年，第一带头人贺福初，由分析化学、信息技术等领域专家组成。团队领导创立具有国际一流水平的中国蛋白质组学理论和技术体系及其学术组织，领衔人类第一个器官（肝脏）蛋白质组计划（HLPP），开中国引领国际大型科技合作计划之先河，是该领域国际公认的先锋团队。2002年获批全军蛋白质组学与基因组学重点实验室；2003年获自然科学基金委创新群体基金资助，结题评优并获滚动支持；2005年组建北京蛋白质组研究中心并被国际人类蛋白质组组织（HUPO）批准为HLPP国际执行总部，次年被科技部批准为“蛋白质科学重大研究计划国家基地”；2006年获全军首届、全军卫生领域首个军队科技创新群体奖；2007年准建蛋白质组学国家重点实验室，2009年提前通过验收，2年后在国家重点实验室评估中获优秀。团队共承担281项科研项目。所建蛋白质组学技术平台进入国际领先行列。构建迄今国际上质量最高、规模最大的人类第一个器官（肝脏）蛋白质组综合数据库。共发表论文979篇，获国家自然科学奖二等奖4项、国家科技进步奖二等奖3项、省部级一等奖8项。授权国际PCT发明专利3件、中国发明专利40件、实用新型专利2件、软件著作权33件、国家Ⅱ类新药证书和临床批件各1个。转让成果4件，合同金额7000万元。

# 2013 年度北京市科学技术奖部分项目简介

## 北京市科学技术奖
## 一等奖

**【仿生机器鱼高效与高机动控制的理论与方法】**项目由中国科学院自动化研究所谭民、喻俊志、侯增广等完成，属机器人学、信息科学与仿生学交叉领域。成果研究鱼类高效、高机动运动所蕴含的科学问题和关键技术，提出仿生机器鱼的智能控制理论和方法。其主要发现点为：明确描述鱼体周期性形变运动的“基波”概念，建立仿生机器鱼高效运动的鱼体波模型，提出多关节仿生机器鱼稳定三维游动的控制方法，并验证鱼类高效推进机理；提出基于 C 曲线的动态轨迹法来实现仿生机器鱼的高机动转弯运动，构建仿生机器鱼三维空间复杂机动运动的智能控制方法体系框架，实现机器海豚的滚翻和跃水等高机动运动；提出仿生机器鱼的多连杆机构优化指标设计方法，推导仿生机器鱼稳态游动下的受力描述，确定基于时滞神经网络模型的机构优化方法并证明其全局指数稳定条件；构建多仿生机器鱼系统基于局部信息感知和有限通讯的协作框架和协调机制，提出分布式鲁棒自适应神经网络控制方法，证明有限通讯条件下系统达到一致状态的充要条件，实现多仿生机器鱼系统协作完成编队、搬运、监控等作业。

**【深腾 7000 高效能计算机系统及关键技术】**项目由联想控股有限公司等单位祝明发、肖利民、贺志强等完成，属计算机信息技术领域。深腾 7000 是对社会提供服务的首台百万亿次级计算机，项目突破一批高端计算机研制和应用的关键技术，获发明专利 40 件。主要创新点包括：大规模异构体系结构、系统均衡设计方法、高效能结点机、大规模无局部盘结点及千核级应用技术突破等。主要技术指标：深腾 7000 具有创新的异构型体系结构，通用 CPU 部分峰值速度为每秒 157 万亿次双精度浮点运算，GPU 加速部分峰值速度为每秒 100 万亿次单精度浮点运算。

**【3D 视频编码与大规模网络传输技术】**项目由清华大学等单位孙立峰、杨士强、胡伟栋等完成。项目依托国家 863 计划、973 计划、自然科学基金等项目支持，在 3D 视频编码和网络传输的理论模型与核心技术等方面取得突破：首次提出 3D 视频编码并行任务调度性能评价理论模型，实现精确的任务调度性能评价预测，为多核 3D 视频编码并行处理算法设计提供分析模型与工具，且设计实现了基于多核处理器的多视点视频（MVC）编解码优化方法，解决了 3D 视频编码高复杂度计算的效率问题；发明 MVC 与 H.264 视频编码标准间的双向实时转码技术，研制出国内首个 MVC/3D 编码器，可进行实时多路高清视频 MVC 编码；提出基于对等网络的 3D 视频传输性能分析数学模型及优化方法，能够有效指导大规模 3D 视频传输系统的设计，提出“推拉”混合模式对等网络传输协议，缩短播放延迟 80%，解决 3D 视频直播启动延迟大的问题，并研发国内首套符合 MVC 国际标准的互联网 3D 视频直播系统。项目授权国家发明专利 12 件，软件著作权 1 件。

**【低分辨人脸图像的重建与人脸识别】**项目由清华大学苏光大、任小龙、陈健生等完成。成果采用在 NSCT 域进行流形学习的超分辨率人脸重建方法、基于人脸识别技术的低分辨人脸图像的二次重建方法、基于三维模型的单幅多姿态人脸的正面像重建方法以及采用低分辨人脸图像的三点定位方法及邻域图像并行处理技术，解决低分辨率人脸重建以及重建速度的难题；采用多特征融合、多部件融合的人脸识别算法、融合人脸形状特征的人脸识别方法以及基于约束采样与形状特征的稀疏表示人脸识别方法，解决人脸识别应用中的一些难题；将低分辨率人脸图像重建功能集成到人脸识别系统中，实现重建与识别的一体化。

**【纳米环磁性隧道结及新型纳米环磁随机存取存储器的基础研究】**项目由中国科学院物理研究所韩秀峰、魏红祥、温振超等完成，属自旋电子学研究领域。项目主要成果：①制备出外直径为 100 纳米、环宽 20 纳米 ~30 纳米的最小尺度环状基于非晶 Al–O 及单晶

MgO（001）势垒的磁性隧道结，实现利用 100 微安数量级的自旋极化电流翻转自由层磁矩，并获室温下 20%~100% 的隧穿磁电阻比值。②提出以纳米环磁随机存储器为代表的 3 类 7 种以上的新型 MRAM 的原理型器件设计结构；研制出纳米环 4 比特 ×4 比特和常规 16 比特 ×16 比特 MRAM 原理型演示器件；获 9 件 MRAM 中国发明专利授权，美国、日本等国家 4 件国际专利授权。MRAM 具有非易失性、功耗低、读取速度快、防辐射、可无限次擦写等优点，可用于工业自动化、数据存储、卫星航天等领域。③发展出一种纳米尺度下有效观测自旋翻转长度的新方法，并利用第一性原理计算双势垒磁性隧道结中量子阱共振隧穿效应，准确调控和利用自旋翻转长度及量子阱共振隧穿效应。

**【DTMB 标准国际化关键技术及应用】**项目由清华大学等单位杨知行、潘长勇、宋健等完成，属广播电视工程技术领域。成果主要研发中国数字电视强制性国家标准 GB20600−2006（DTMB）的海外推广应用、国际标准及其必要的增强技术，主要创新：①首次提出多域时钟协同处理、等效扩展映射、子信道增强纠错、时域并行采样率变换等创新技术，研制成功增强型 DTMB 系统，填补 DTMB 标准支持不同 QoS 需求的多业务广播和 6、7 兆赫带宽可选的空白。②首次提出多域信号协同处理接收机总体结构、系统同步、信道估计和均衡算法，突破传统单域信号处理方式，成功解决复杂环境下的信号快速同步和优化处理难题。③集中国内资源，突破 DTMB 国际标准的技术瓶颈，完善产业链，推动国际标准修订，2011 年 12 月 DTMB 系统成为国际电联标准，取得与美国、欧洲、日本等国家和地区同类标准的同等竞争地位，被国家电联列为全球数字电视 40 年来重大里程碑事件。

**【体全息光学相关器及其在高速图像处理中的应用】**项目由清华大学等单位金国藩、曹良才、何庆声等完成，属电子通信领域。成果获国家自然科学基金、973 计划、预研重点基金、863 计划等 10 余项项目支持，发明点如下：①发明二维随机交错方法和解析归一化内积值提取方法，消除图案依赖行为及冗余相关性影响，图像相关计算精度提高 3 倍。②发明多样本并行估计方法，挖掘多个样本库图像中的内在关联耦合特性，实现大幅面图像的高精度并行识别处理。③发明均匀光学并行运算通道建立方法，攻克记录擦除效应和通道缺失难题，实现 7500 个光学并行运算通道，运算速度达到 $1.38\times10^{11}$MAC/s。④研制只读工作模式的小型化固态体全息光学相关器。成果在高分辨率指纹识别系统和遥感图像实时处理中得到广泛应用。项目授权发明专利 10 件，软件著作权 1 件。

**【基于离子液体溶剂体系的纤维素加工与功能化的新原理和新方法】**项目由中国科学院化学研究所等单位张军、武进、袁金颖等完成，属环境友好材料与天然高分子交叉领域。成果对以离子液体为溶剂的纤维素加工与功能化的新原理和新方法研究，取得如下创新性成果：①设计合成高效溶解纤维素的系列新型离子液体溶剂，首次提出并实验验证离子液体溶解纤维素的机理，揭示纤维素在离子液体中的溶解过程、溶液相行为与及流变性质。②发展再生纤维素材料制备的绿色新方法，制备一系列再生纤维素材料和功能化纤维素材料。③发展以离子液体为介质的纤维素衍生物的均相合成新方法：实现以离子液体为介质的一步法均相合成系列纤维素酯；提出并实现以离子液体为介质的直接基于纤维素骨架的新型纤维素接枝共聚物的合成新方法。项目获授权发明专利 7 件。

**【组织调控超强稀土永磁材料工程化技术及应用】**项目由中国钢研科技集团有限公司李卫、胡伯平、竺韵德等完成，属新材料、特种功能金属、磁学交叉学科领域，来源于国家 863 计划稀土专项、自然科学基金和北京市科技计划等技术工程项目。项目就超强稀土永磁材料的总体水平和影响其长远发展的技术难题，开发“双主相合金”工艺、组织调控和热压 / 热流变纳米晶磁体制备技术等 28 件发明专利，掌握综合性能（BH）max（MGOe）+Hcj（kOe）大于 70、高使用温度磁体、热压纳米晶磁体以及特殊用途稀土永磁体工程化的核心技术，实验室水平综合性能（BH）max+Hcj 大于 75。产品在“神舟”飞船、“天宫一号”工程等高技术领域成功使用。项目在高性能磁性机理和新型 Ce 永磁材料探索方面也取得突破，扩建或新建钕铁硼和钐钴生产线 5 条，主要产品为硬盘驱动器、光盘驱动器、混合动力汽车和电动汽车、风力发电、节能家电及新工业节能电机等用稀土永磁材料。

**【砷超富集植物及其对砷污染土壤的修复机理】**项目由中国科学院地理科学与资源研究所等单位陈同斌、雷梅、黄泽春等完成，属环境保护与资源利用领域。成功解决砷超富集植物的筛选和鉴定、超富集植物对砷的富集机理和砷污染土壤的植物修复机理等理论问题，并取得创新性成果：①发现中国境内自然分布的第一种超富集植物蜈蚣草，是国际上第一种可超富集砷植物。②揭示超富集植物体内砷富集和解毒的关键机制，阐明富集过程中砷形态转化—亚细胞区隔化解毒机制—木质部转运限速环节，提出植物体内重金属砷超富集与超强耐性是两个独立的特征。③利用营养元素磷、硫建立砷超富集植物的富集调控机制，并应用于砷污染农田土壤修复实践。④利用同步辐射技术建立活体植物中化学元素微区定位及形态研究新方法，揭示植物中重金属的亚细胞分布及迁移、转化、富集、损失的机理过程。

**【面向应用的航天遥感软硬一体化仿真系统技术与应用示范】**项目由中国科学院遥感与数字地球研究所顾行发、余涛、胡新礼等完成。在国际上首次研发以应用需求为出发点和落脚点的航天遥感仿真系统，从应用角度对整个遥感系统的需求、规模、结构、功能等进行闭环式的优化迭代分析。该系统包括遥感卫星群组网覆盖、遥感器成像、应用系统分析等 3 个功能模块及 1 个软硬一体化集群计算平台，可对 30 颗以上的多星组网应用进行优化分析，对光学与合成孔径雷达（SAR）遥感图像仿真评价，对 PB 级数据处理规模的应用系统进行分析。项目成果在“高分辨率对地观测系统重大专项”（高分专项）、“国家自然灾害空间信息基础设施专项”（623 专项）以及国家民用空间基础设施中长期发展规划（空间基础设施）中应用，同时在环境减灾、风云、海洋等 12 颗卫星综合应用分析、载荷状态评价以及农业、国土、海洋等 10 个领域近 50 个部门得到应用。项目获专利授权 4 件，软件登记 10 件。

**【纤维转盘过滤系统在污水深度处理中的应用与示范】**项目由浦华环保有限公司等单位李星文、曲颂华、袁琳等完成。纤维转盘过滤技术采用滤布作为过滤介质，兼具高精度、低阻力和易反洗等特点；采用转盘垂直安装立体过滤方式，可缩小占地面积；采用反抽吸式反洗方式，实现单机连续过滤和高强度反洗。该技术具有占地面积小、运行费用低等特点。项目开发出 2 米、3 米等多种直径纤维转盘滤池及沉淀过滤一体机、防冻型和防油型纤维转盘滤池等设备，形成 7 个系列 58 个型号的产品，并开发出适合中国不同地区不同水质的多种深度处理工艺，在北京、江苏等 21 个省市的 200 余个污水厂成功应用，总规模达 810 万吨 / 日，领域涵盖市政、钢铁、煤化工、印染等。

**【大功率直线电机变频驱动系统关键技术研发及应用】**项目由中国科学院电工研究所等单位李耀华、葛琼璇、李崇坚等完成。成果在国家 863 计划、科技支撑计划等国家重点科研项目支持下，取得创新成果：首次提出大功率直线电机新型分析方法和新型电机结构，研制大功率高效直线电机，并形成系列化；提出大功率变频驱动系统串、并联运行控制策略和多物理场优化设计方法，研制出单机容量达 18 兆伏安的 IGCT 四象限变频驱动装置；建立并完善大功率直线电机控制理论，研制出实时多任务分布式控制系统，实现大功率直线电机驱动系统的高性能控制。项目研制的大功率直线电机和变频驱动系统在国家多个工程和行业中推广应用，并形成国内最大的直线电机生产基地，建成年产 600 台套的大功率高性能电机节能调速装置生产线。项目申请国家专利 31 件，23 件获授权，形成行业标准 1 项、企业标准 2 项。

**【智能电表关键芯片研发与应用】**项目由中国电力科学研究院等单位任伟理、赵东艳、章欣等完成，属电子通信领域，来源于北京市科技计划“智能电表芯片产业化建设”。项目开发出安全芯片、光通信芯片、主控芯片。其研发的国内首款采用国密 SM1 算法的电力专用安全芯片，采用多项安全防护技术可有效抵御复杂攻击，提升智能电网的安全性；光通信芯片是国内首颗配用电专用 EPON 通信芯片；主控芯片首次实现通用 MCU、RTC 和 LCD 驱动及多种接口的系统集成，突破晶体合封式封装的技术难题，使智能电表主控芯片具有高可靠性、低成本的特点。项目申请专利 16 件、集成电路布图登记 3 件，软件著作权 3 件。项目成果通过 NCTC 等权威机构的检测，获国家保密局颁发的商用密码产品等资质，在北京市得到成熟应用。

**【深部裂缝性油气储层预测与评价新技术及工业化应用重大成效】**项目由中国石油大学（北京）曾联波、乔文孝、狄帮让等完成，属资源与环境技术领域。项目研发并形成深部裂缝性油气储层定量预测和评价新技术，取得的成果：①建立非均质性储层的岩石破裂模型，由此指导研发出不同方向裂缝的定量预测技术、裂缝地质建模技术和恢复至地层围压条件下的裂缝参数定量评价技术。②研发出识别和评价裂缝性储层的多极子声波测井技术、新一代电缆测试技术以及微电扫描成像方法。③开展定向裂缝和正交裂缝介质的地震物理模型实验研究，采集裂缝介质的二维和三维宽、窄方位纵波数据体，发现预测裂缝的纵波敏感属性和关键因素，开发出基于各向异性理论的地震叠前纵波裂缝预测技术。研究成果推广应用于四川盆地、渤海湾盆地、松辽盆地等地区的油田，并获国家发明专利授权9件，实用新型专利1件，登记计算机软件4套。

**【高水压强渗透浅覆土超大直径水下盾构隧道工程设计关键技术】**项目由中国铁建股份有限公司等单位肖明清、夏国斌、韩向阳等完成，属城乡基础建设领域。项目以南京长江隧道工程为依托，从结构分析方法与结构体系优化、接缝防水与新型防水材料研发、基于结构安全监控、结构抗火能力试验与保护、结构体系健康监测、浅覆土泥水劈裂机理、超浅覆土始发、强渗透地层超大直径盾构接收、管片混凝土耐久性设计与制备控制9个方面开展研究，取得三大创新技术成果：①粉细砂和圆砾地层超大直径盾构隧道设计施工营运全过程结构安全保障技术。②高水压强渗透复杂地质超大直径泥水平衡盾构浅覆土长距离穿越长江隧道埋深选择与施工控制关键技术。③高水压强渗透地层超大直径盾构隧道管片混凝土耐久性设计与制备控制技术。项目成果全面应用于南京长江隧道，并推广到扬州瘦西湖隧道、广深港高铁益田路及深港隧道、杭州环城北路地下通道、北京地铁10号线二期工程土建5标等工程，并获国家专利5件，软件著作权2件。

**【系列化纯电动专用车关键技术及产业化】**项目由北京理工大学等单位孙逢春、林程、张军等完成，属新能源及节能技术领域。项目发明的纯电动专用车动力系统平台集成一体化动力驱动与传动系统、可更换锂离子动力电池箱系统、车载总线网络及控制系统、高效电动化附件系统及适用于多种专用车上装需求的冗余空间和电气接口系统，形成系列化、标准化纯电动专用车底盘平台。项目首次实现大功率永磁同步电机在电动专用车上的应用；将基于AMT的一体化动力驱动与传动系统应用于纯电动专用车；针对纯电动环卫车的工况特点，提出作业状态下的“工作挡”概念；研发出一体化车用高压电源及配电系统，实现集群电机驱动控制系统的资源共享。项目开发出N1、N2、N3三大系列20种纯电动专用车底盘平台、37种整车产品，制定关键零部件检测、生产工艺保证、整车下线检测等完整的生产工艺流程，形成年产5.5万辆各类纯电动专用车产能。项目授权专利25件；牵头编写国家行业标准1项、企业标准规范6项；发表三大检索系统收录学术论文21篇；出版著作1部。

**【新型饲料用非淀粉多糖酶制剂产品的创制】**项目由中国农业科学院饲料研究所等单位姚斌、黄火清、杨培龙等完成，属现代农业技术范畴。成果解决了酶基因资源高效获取和知识产权问题、酶的应用性能和生产成本问题。主要创新点：①在饲料用酶基因的高效筛选上，创立多种从环境基因组和转录组中直接克隆全长功能基因的新技术体系，克隆到具有高比活、高温、嗜酸、抗蛋白酶等特性的饲料用非淀粉多糖酶新基因103个。②构建特有的胞外融合表达突变酶库的筛选技术，并完善酶蛋白结构功能研究和分子改良技术体系，获得综合性质优越、可应用于实际生产的改良酶。③发现一批新的表达因子及作用机理和功能，在此基础上构建并完善每毫升级5毫克~25毫克的饲料用酶高效表达技术体系，保障饲料用酶的规模化廉价生产。④建立一系列饲料用酶研发的关键平台技术，创制的4种最主要的非淀粉多糖酶－木聚糖酶、葡聚糖酶、甘露聚糖酶和α－半乳糖苷酶，均具有优良的性能和廉价的生产成本。成果获授权专利18件，颁布5项企业标准。

**【西瓜优异抗病种质创制与京欣系列新品种选育及推广】**项目由北京市农林科学院蔬菜研究中心等单位许勇、宫国义、张海英等完成，属瓜果学学科领域。其创新点：①创新西瓜分子标记辅助育种技术：开展第一代西瓜分子标记技术研究，首次绘制西瓜全基因组序列图谱与变异图谱，在此基础上建立西瓜抗枯萎、病毒与白粉病的分子标记辅助育种技术与1373个品种资源的核酸指纹库。②拓展中国西瓜育种优异性状来源与血缘基础：首次系统引进和评价国外西瓜资源2000余份，获100余份抗病及耐旱种质，创制出一批抗病优质育种材料及骨干亲本。③培育出优势性状突出、综合性状领先的京欣系列西瓜换代品种：京欣2号品质与早熟性突出，抗病、耐裂与丰产性提高10%；京欣4号增产13.5%，耐裂性大幅度提高；京欣3号嫁接后皮薄、口感品质突出。项目培育出北京市或国家审定品种3个，获植物新品种权1项、发明专利2件。

**【肝源细胞生长调节分子作用机制及应用基础研究】**项目由中国人民解放军军事医学科学院放射与辐射医学研究所杨晓明、吴祖泽、李长燕等完成，属基础医学研究领域。研究在国际上首次发现多种调控肝源细胞生长的新分子、新活性及新机制，揭示与肝病发生、发展的关系，为严重肝病诊治提供候选药物和靶点。首次证实人重组 Hepassocin（HPS）在体内具有促肝细胞增殖、救治中毒性肝衰竭活性，揭示其肝脏特异表达的调控机制。在国际上率先分离新型肝细胞增殖刺激因子 HPPCn，证实 HPPCn 对急、慢性肝损伤具有显著保护作用；HPPCn 与肝癌细胞分化程度及病人预后密切相关，可作为肝癌诊断和预后判断的候选标志物。发现肝细胞生成素（HPO）通过线粒体调控肝癌细胞存活和辐射敏感性的新机制。首次揭示 THAP11 下调 c-Myc 负调控肝癌细胞生长的抑癌新功能。发现肝细胞生长因子（HGF）促进肝癌侵袭的关键“正反馈环路”；证明 SPK 信号途径在 HGF 调控肝癌细胞恶性表型中的重要作用，为抗肿瘤药物研发提供候选靶点和新思路。建立基于 c-Met 的抗肿瘤药物高通量筛选平台，获得多种靶向 c-Met 的新结构抗肿瘤先导化合物。HPPCn 获得美国发明专利授权。重组 HPS、HPPCn 治疗严重肝病的药物研发列入国家新药创制重大专项。项目获中国发明专利 1 件，申请国际 PCT 专利 1 件。

**【中国人体表慢性难愈合创面发生新特征与防治关键措施研究】**项目由中国人民解放军总医院第一附属医院等单位付小兵、陆树良、李校堃等完成，属创伤与生物医学交叉领域。其创新成果：①通过对流行病学研究，发现造成中国人体表慢性难愈合创面的主要病因已由以创伤、感染为主转变为由糖尿病足、褥疮以及老年慢性疾病并发症为主的新特征，搞清创面细菌负荷与创面不愈和难愈以及截肢率的关系。②研究创面不愈或难愈的相关机制，发现糖尿病皮肤组织局部高糖和糖基化产物（AGEs）等毒性物质蓄积所致的皮肤组织自身细胞或基质功能不良，是糖尿病皮肤损害的重要机制之一。③建立了以手术加光子治疗、改良的细胞因子治疗等为主的综合治疗技术体系，显著提高治愈率。④建立以创面治疗专科和社区医疗机构双向联动与转诊的治疗新模式，以及与国际和国内基金合作开展慢性难愈合创面早期防控教育的新策略。项目成果获专利 12 件，获产品注册证 1 个。

**【蛋白质泛素连接酶的功能与调控机制及其疾病相关性研究】**项目由中国人民解放军军事医学科学院放射与辐射医学研究所张令强、贺福初、张戈等完成，属基础生物研究领域。研究阐明 Smurf1 等多个泛素连接酶的功能与调控机制，揭示 CKIP-1 等多个泛素化调控因子与骨质疏松等疾病的功能关联，是该领域国际上的突破性进展，对研发靶向泛素连接酶促进骨形成的骨质疏松新药具有重要价值。项目在国际上首次系统揭示 HECT 型泛素连接酶 Smurf1 的激活和灭活机制，鉴定其激活因子 CKIP-1 和灭活因子 FBXL15，发现 WFS1 等多个新底物，揭示底物选择机制。在此基础上的研究发现，在老龄性骨质疏松发生中，CKIP-1 异常上调、增强 Smurf1 对骨形成蛋白底物的泛素化降解，选择性抑制骨形成，从而导致骨量下降；通过自主研发的成骨细胞靶向性 siRNA 递送系统实现 CKIP-1 的敲低表达，可特异增加骨形成而不影响骨吸收、显著提升骨量、治疗骨质疏松。此外，项目还阐明 RING 型泛素连接酶 APC/C、SIAH1 等调控肿瘤细胞生长的机制。

**【高等植物光合膜蛋白复合物的结构与功能研究】**项目由中国科学院生物物理研究所等单位常文瑞、柳振峰、匡廷云等完成。项目在国际上率先解析菠菜 LHC-II 高分辨率晶体结构。测定 LHC-II 真核细胞来源的膜蛋白复合体结构，是国际公认的高难课题，也是一个国家结构生物学研究水平的重要标志。研究首次发现一种新型膜蛋白三维结晶，将其命名为 III 型膜蛋白晶体，其堆积方式完全不同于已知的 I 型和 II 型膜蛋白晶体。该发现被公认为光合作用和膜蛋白结构生物学研究领域的一个里程碑。

# 基地建设

# Base Construction

本栏目设有产业基地、专业园、大学科技园和海归人才创业园4个分栏目，以条目体形式记述中关村国家自主创新示范区各产业基地、专业园、大学科技园、海归人才创业园等加强自身建设的主要举措，开展的重要创新创业活动及取得的成效。

# 综　述

2013年，中关村示范区规划建设工作坚持贯彻落实《国务院关于同意调整中关村国家自主创新示范区空间规模和布局的批复》和市委、市政府的实施意见，以示范区空间规模和布局调整为契机，加大工作统筹力度。

*统筹协调“一区十六园”协同发展*。落实中关村示范区落桩定界专项工作。组织开展示范区192个地块落桩定界专项工作，通过国土资源部和住房城乡建设部审核验收，并以市政府名义报国务院完成备案。初步建立与各分园的联系机制。与各分园建立主要领导定期会晤、主管领导牵头负责制，落实管理机构、重大项目落地等11项重点任务。组织相关人员到新纳入园区调研并授牌。开展与各分园不同层面的对接活动，组织集中对接活动11次，专项对接活动8次。

*开展各分园特色产业基地规划研究*。进行特色产业基地规划布局方案研究。中关村管委会围绕“641”重点产业领域，以集群创新产业空间建设和创新环境建设为重点，确定规划建设40个特色产业基地，由市级统筹重点建设24个特色产业基地，区级统筹建设16个特色产业基地。开展示范区规划实施评估和规划调整研究。调研梳理各分园用地规划编制情况、各类剩余用地资源、闲置和低效利用厂房楼宇资源，有针对性地指导中关村示范区扩区后各分园、各产业基地的规划编制和完善。

*开展生态园区建设专项工作*。推进中关村示范区生态园区建设。指导各专业园特别是新纳入示范区的分园编制生态园区建设规划，重点实施低碳园区能源综合利用工程、绿色建筑推广工程等八大示范工程。推动示范区人才公共租赁住房建设。年内，海淀园、昌平园、丰台园、大兴—亦庄园等园区筹集人才公共租赁住房房源1.2983万套，示范区范围内约500家企业的1.3万多名不同层次的人才入住。支持高新技术企业申请建筑业企业资质。出台《关于中关村国家自主创新示范区高新技术企业申请建筑业企业资质有关事项的通知（试行）》，支持符合条件的中关村高新技术企业申请建筑业企业资质，促进建筑业转型升级。

*加强统筹推动重大项目快速落地*。落实“一区十六园”重大项目建设。重点推进中关村软件园康体中心、电子城物联网产业园、东升科技园二期等一批重大建设项目协调，取得阶段性的进展。落实“一区十六园”重点工程建设。跟踪协调示范区重点建设项目247个，总占地面积约6000公顷，总规划建设规模约1500万平方米，计划总投资约1200亿元，已完成投资约500亿元。其中产业化项目191个，土地一级开发项目19个，基础设施建设及改造项目37个。加快推进中关村科学城项目建设。完成中关村科学城第五批项目认定，8个项目获批，90余家领军企业和研发机构意向入驻。推进蓝鲸园项目建设。协调办理一级开发立项、建设工程规划许可等相关手续。项目于5月18日开工，年底基本完成主体工程施工。

*开拓创新探索园区规划建设新模式*。推进中关村REITs试点方案的编制工作。支持具备条件的专业园区和企业开展科技载体信托投资基金（中关村REITs）试点，委托相关机构开展中关村REITs研究工作，与金融监管部门和银行机构共同研究探索区别于房地产开发的园区融资模式，并研究协议出让土地、划拨用地、集体土地等不同产权类型的可行模式。探索中关村示范区组团式开发试点工作。研究通过组团式开发建设模式满足园区和中小企业发展的需求，统一规划、立项、出让、建设和管理办公空间，提高园区开发建设效率，并选择丰台园2宗研发用地作为组团式的开发试点。开展市级层面政策创新突破工作。研究建立示范区项目规划建设审批专门通道、示范区存量土地及空间资源支持政策、园区规划配套服务设施用地出让规则、集体建设用地发展高新技术产业和配套设施、特色产业基地开发建设和布局引导基金等。

（温会姣）

# 产业基地

**【陈刚调研普罗吉公司】**1月6日，市委常委陈刚到中关村生物医药园调研。中关村管委会主任郭洪等有关领导参加。陈刚参观了北京普罗吉生物科技发展有限公司的实验室，听取普罗吉公司首席科学家罗永章的工作汇报，了解普罗吉公司的科技创新、新药研发及产业化建设等情况。陈刚表示，政府将继续给予高新技术企业大力支持，帮助解决企业提出的困难和问题，加快推动高新技术项目的快速发展。

（陈宝德）

**【10家基地获批为新型工业化产业示范基地】** 1月30日，市经济信息化委、市发展改革委、市科委等6个部门联合发布《关于公布“北京市新型工业化产业示范基地”名单的通知》，为推进北京市产业结构调整和发展方式转变，规范市级新型工业化产业基地建设，6个部门联合评出19家第一批北京市新型工业化产业示范基地。其中中关村示范区内中关村科技园区通州园光机电一体化产业基地、昌平区南口工程机械产业基地、北京高端制造业产业基地等10家基地入选，涉及光机电、节能环保、生物医药等领域。示范基地是指以可持续发展为前提，以产业集聚为主要特征，以工业园区和产业基地为主要载体，经济发展水平较高，主导产业特色突出，在产业升级、“两化融合”、技术改造、自主创新、军民融合、节能减排、效率效益、安全生产、区域品牌发展、人力资源充分利用等方面走在北京市前列的产业集聚区。市经济信息化委将在产业规划布局、技术改造、公共服务平台建设、标准厂房建设、节能减排和循环利用等方面对示范基地及其企业予以支持。2月4日，在“2013年北京市工业和信息化工作会议”上，19家被认定的基地获授牌。

（龙　琦）

**【数字电视产业园获批国家新型工业化产业示范基地】**1月31日，工业和信息化部发布《关于公布第四批“国家新型工业化产业示范基地”名单的通知》（工信部规〔2013〕23号），46家基地获批。北京地区仅1家，即经市经济信息化委推荐的“电子信息（平板显示）·北京经济技术开发区数字电视产业园”。基地将立足现有基础，坚持走新型工业化道路，根据上报的创建工作方案和产业发展规划，进一步做好自主创新和技术改造、“两化融合”、节能环保、安全生产、公共服务平台建设等方面的工作，改造提升传统产业，培育壮大战略性新兴产业，加快发展生产性服务业，完善产业配套和服务环境，提高发展质量和水平，切实起到示范作用。示范基地实行动态管理，每3年进行一次复核，对合格的示范基地予以确认，对不合格的撤销称号并摘牌。

（崔春雷）

**【永丰基地获新型工业化产业示范基地称号】**2月4日，在市经济信息化委召开的2013年北京市工业和信息化工作会上，永丰产业基地获首批“北京市新型工业化产业示范基地”称号，成为北京市19个示范基地之一。基地将结合科技企业加速器建设，加大力度建设助推企业成长需求的技术开发、检验检测、金融服务、市场开拓、现代物流、人才培养等公共服务平台，进一步提升园区经济实力和产业发展能力。

（何　慰）

**【共建曹妃甸中关村高新技术产业基地】**5月22日，在河北省石家庄市举行的河北省·北京市工作交流座谈会暨合作框架协议签约仪式上，中关村管委会与唐山市政府签订《中关村科技园区管理委员会、河北省唐山市人民政府共建曹妃甸中关村高新技术产业基地战略合作框架协议书》。双方将重点围绕下一代互联网、海水淡化、激光显示、硅砂材料、高端装备制造、新能源等领域开展合作，并在唐山市曹妃甸区共建“曹妃甸中关村高新技术产业基地”。

（李锦程）

**【嘉捷·长赢企业汇项目奠基】**6月6日，“北京大兴军民结合产业园嘉捷·长赢企业汇项目奠基仪式”在大兴区长子营镇举行。大兴区政府、亦庄园管委会、大兴区长子营镇政府等单位相关领导以及投资方、承包方、军工企业的代表参加。项目位于长子营镇，占地面积7.28公顷，总建筑面积8万余平方米，由北京嘉捷源技术开发有限公司投资7亿元建设，中建一局集团二公司为承包方，其中一期施工4.7万平方米。建成后将引入以装备制造、新能源、新材料、应急救援设备为主要方向的军民结合项目，且拟将嘉捷集团公司中的军工业务和LED照明业务的部分研发和制造基地迁入，占总建筑面积的 30% 左右，其余用于招商，引入满足入园条件的相关企业。

（崔春雷　龙　琦）

**【利亚德公司亦庄生产基地一期封顶】** 6 月 18 日，利亚德光电股份有限公司北京亦庄生产基地一期封顶仪式在利亚德 LED 应用产业园举行。利亚德公司等单位相关领导参加。利亚德公司亦庄生产基地一期 3 栋楼

封顶，分别为：1 号亮化照明创意显示调试车间，办公大楼；2 号电子机加工车间；3 号机加工车间。一期建筑面积 4 万平方米。

（尹玲利）

**【永丰加速器（三区）首家入驻企业投产】** 6 月，北京敏视达雷达有限公司投产运营，成为永丰科技企业加速器（三区）首家入驻投产企业。该公司入驻永丰科技企业加速器（三区）B6 号楼，建筑面积 3896 平方米，是由中国气象局所属的中国华云气象科技集团公司和美国洛克希德·马丁公司于 1995 年在北京共同投资兴办的高新技术企业，主要从事天气雷达、风廓线雷达等设备的研发、设计和生产。

（何　慰）

**【6 家基地入选战略性新兴产业科技成果转化基地】** 7 月 4 日，市科委发布《关于公示 2013 年度北京市战略性新兴产业科技成果转化基地认定及项目立项结果的通知》，认定中关村生命科学院、移动互联网和新一代移动通信产业基地、普天三网融合创新园、中关村东升科技园、北京高端制造业基地、中关村高端人才创业基地等 6 家基地为北京市战略性新兴产业科技成果转化基地，同时对“中关村生命科学园公共研发服务平台建设”等 9 个基地公共服务平台项目及“下一代移动互联网认证鉴权（AAA）设备研发”等 10 个基地企业协同创新项目进行支持。6 家基地全部位于中关村示范区内。

（张慧秋　杜　玲）

**【共建中关村南山产业示范基地】** 7 月 13 日，由中关村发展集团股份有限公司与南山集团有限公司共同主办的“烟台市与中关村战略合作暨北京南山航空材料研究院揭牌仪式”在北京外文文化创意园举行。中关村管委会主任郭洪等领导以及烟台市政府有关领导、企业代表 50 余人参加。中关村管委会与烟台市政府签署战略合作协议。根据协议，双方将在产学研、投融资、

科技成果转化及创新载体建设等方面开展合作，形成一批具有较强支撑引领作用的产业集群。中关村发展集团与南山集团签署战略合作框架协议，双方将在龙口市西海岸建设山东省中关村（烟台南山）高新技术产业示范基地，重点打造航空材料研发、飞机零部件制造、飞机组装、专用设备制造、科技新材料以及海洋经济和创新服务等领域的高科技产业基地。北京南山航空材料研究院由中关村发展集团和南山集团共同出资 5000 万元设立，将重点从事航空航天用铝合金大规格铸锭的成型及组织调控，航空航天用铝合金多级热处理，轨道交通、舰船用铝合金材料及其生产等方面的技术研发和应用。

（李贺英　李锦程）

**【共建乐山中关村科技成果产业化基地】** 7 月 24 日，中关村管委会与乐山市人民政府战略合作框架协议签约仪式在裕惠大厦举行。中关村管委会主任郭洪等领导以及乐山市政府有关领导、企业代表等参加。根据协议，双方将共建“乐山中关村科技成果产业化基地”，重点围绕电子信息（物联网）、新能源、新材料、现代装备制造和现代服务业等产业，为中关村示范区企业拓展发展空间和乐山市产业转型升级提供新的发展平台，并逐步形成具有特色的产业集聚区。仪式上，乐山市政府还与北京瀛凯文化传媒投资有限公司、北京韦加航通科技有限责任公司、北京仁创科技集团有限责任公司 3 家企业签约首批合作项目，包括峨眉文化园项目、微小型无人机机场和培训基地项目、碳纤维

超便携式电动自行车项目，总投资 18 亿元。

（郭妍桢）

**【万泰公司研发生产综合楼奠基】**7 月 26 日，“北京万泰生物药业股份有限公司研发生产综合楼奠基仪式”在中关村生命科学园举行。北京中关村生命科学园发展有限责任公司、江苏省建筑集团公司北京公司、北京方圆工程监理有限公司等单位的代表参加。该项目为万泰公司二期工程建筑，建筑面积 1 万平方米，包括 6 层的科研综合楼和 4 层的诊断试剂生产厂房，将搭建化学发光诊断试剂、生化诊断试剂新的研发和产业化技术平台。

（温会姣）

**【通滦产业园开工建设】**8 月 6 日，由甘李药业股份有限公司主办的“通滦产业园奠基仪式”在通州开发区南区举行。项目由甘李药业公司投资建设，投资总额 15 亿元，占地面积 19.4 公顷，将建成集研发、生产、销售于一体的糖尿病药物产业中心，主要生产胰岛素类、口服降糖药类等产品以及与糖尿病相关的医疗器械。其中，一期项目总建筑面积 4 万平方米，投资逾 10 亿元，预计 2015 年投产。

（郭庆云）

**【低温气罐生产基地开工】**8 月 14 日，北京天海工业有限公司低温气罐生产基地项目开工建设。项目位于通州经济开发区南区，占地面积 13.73 公顷，总建筑面积 13.76 万平方米，总投资 9.3 亿元，将建数幢 1~6 层高的厂房及附属设施，并设有单层地下室，主体为钢结构。项目竣工后，主要生产 LNG 车用瓶和 LNG 低温储罐，用于汽车领域。

（郭庆云）

**【中关村示范区国家新媒体产业基地授牌】**8 月 14 日，“中关村国家自主创新示范区国家新媒体产业基地授牌仪式”在国家新媒体产业基地举行。活动以“新媒体新梦想新启航”为主题。中关村管委会主任郭洪以及

市委、市文资办、大兴区政府等单位相关领导及 100 余家企业的代表参加。中关村示范区国家新媒体产业基地的授牌，使其成为唯一享受“中关村＋北京经济技术开发区”双重政策覆盖的文化创意产业园区。活动还举行市文资办与大兴区政府战略合作协议签约仪式。双方拟合作在基地建设北京文创基金产业园，打造文创投资机构及文创企业的聚集区。国家新媒体产业基地企业咨询服务中心同时启动，将为企业提供金融扶持政策、融资需求、企业服务、党建、工会建设等方面的申请、审核服务。（国家新媒体产业基地于 2005 年 12 月由科技部批复成立，位于大兴区，规划总面积约 10 平方千米，已形成以新媒体产业为核心，以影视制作产业、设计创意产业、出版印刷产业、文化休闲产业为重点的文化创意产业体系。）

（杜　玲　温会姣）

**【万科公司入驻环渤海高端总部基地】**8 月 14 日，北京万科企业有限公司在北京市中心交易市场竞得环渤海高端总部基地Ⅳ－1 街区 4－1－007 商业金融用地（京土整储挂（通）〔2013〕59 号），以 10.2 亿元成交。地块总面积 4.4 公顷，其中建设用地面积 3.5 公顷，建筑控制规模 10.4 万平方米，计划 2014 年底开工。

（郭庆云）

**【北斗星通公司迁入新基地】**9 月 15 日，北斗星通导航技术股份有限公司迁入北斗星通导航产业示范基地办公。北斗星通导航产业示范基地位于永丰高新技术产业基地，占地面积 1.78 公顷，建设面积 4 万平方米，将成为以北斗导航为核心的 GNSS 接收机及芯片核心技术和产品研发平台、多网合一综合信息运营服务平台以及产业化研究及技术创新实验平台、科技产业化相关产品的生产制造和测试平台。

（何　慰）

**【中关村科学城生物产业创新基地落成】**10 月 9 日，由北京赛林泰医药技术有限公司、汇龙森国际企业孵化（北京）有限公司、军事医学科学院、清华大学生命科学院等单位联合成立的中关村科学城生物产业创新基地落成。基地位于海淀园，将重点加强蛋白质、抗体、诊断试剂等三大领域和高效表达细胞株构建等五大关键技术的院校企业间合作，加快成果产业化。

（杜　玲）

**【天坛生物疫苗产业基地获《药品生产许可证》】**10 月 18 日，北京市食品药品监督管理局签发北京天坛生物制品股份有限公司天坛生物疫苗产业基地首批产品的《药品生产许可证》，包括口服脊髓灰质炎减毒活疫苗（人二倍体细胞）、麻疹减毒活疫苗、腮腺炎减毒活疫苗、

风疹减毒活疫苗（人二倍体细胞）、麻风联合减毒活疫苗、麻腮风联合减毒活疫苗、小容量注射剂等 8 个品种，标志着天坛亦庄基地从工程建设阶段进入到 GMP 认证阶段。2010 年 6 月，亦庄疫苗产业基地开工，总投资 26.6 亿元，项目用地约 16 公顷。至年底，建成 103 号分包装车间、105 号麻腮风车间、储运部物料等设施，计划 2014 年完工，2015 年产品陆续实现投产。

（崔春雷）

**【新媒体产业基地企业联合会成立】** 10 月 28 日，“新媒体产业基地企业联合会成立大会”在新媒体产业基地举行。大兴区政府等单位相关领导及 39 家会员企业的代表参加。联合会由新媒体产业基地入区企业、个人等自愿联合发起成立，是经大兴区社会团体登记管理机关核准登记的非营利性社会团体。联合会成立后将加强各企业之间、企业同有关管理部门的联系，组织、举办各种交流及培训，提供信息服务，通过协调各方面的行动，促进企业资源共享、信息畅通，探索新型的开发区建设管理模式。会议选举产生联合会第一届理事会、监事会，以及会长、副会长、秘书长和监事长，北京三元基因工程有限公司总裁程永庆当选会长。联合会还与工行、中行、农行、建行、农商行等 5 家金融机构签署合作协议。

（龙　琦）

**【建设北京交通大学小企业创业基地】** 10 月，由北京交大铁科科技园有限公司建设的北京交通大学小企业创业基地在北京交通大学落户。基地位于北京交通大学东校区科教楼，建筑面积总计约 1.53 万平方米，其中可供中小企业使用场地 6767 平方米，公共服务办公区使用场地 2000 平方米，将为轨道交通中小企业提供研发试验、技术检测、创新创业、人才培养、科技成果转化等提供服务。

（丁　蕾）

**【建设生物农药生产研发基地】** 11 月 9 日，北京科威拜沃生物技术有限公司与承德市产业聚集区建设推进委员会办公室签订项目合作协议，在承德张百湾新兴产业示范区内投资建设生物农药生产研发基地项目。项目计划总投资 1.4 亿元，占地面积约 4.7 公顷。

（杜　玲）

**【乐山中关村产业化基地授牌】** 11 月 15 日，由乐山市政府主办的“乐山中关村科技成果产业化基地授牌暨乐山高新区第四季度项目集中开工仪式”在乐山高新区举行。中关村管委会、乐山市政府等单位有关领导以及企业代表参加。仪式上，乐山中关村科技成果产业化基地的远地投资港台国际交流中心甲骨文（乐山）实训基地暨软件产业园项目、海棠医药中药饮片厂及物流配送中心项目等 8 个项目集中开工，总投资 21.1 亿元。

（郭妍桢）

**【云计算创新示范基地结构封顶】** 11 月 21 日，由北京中关村软件园发展有限责任公司主办的“云计算基地工程主体结构封顶仪式”在中关村软件园举行。中关村软件园公司以及项目管理公司、总承包单位、监理单位的有关领导及代表近 60 人参加。云计算创新示范基地是中关村软件园二期第一个自建产业载体，建筑

面积 1.9 万平方米，地下 1 层，地上 3 层，于 2013 年 8 月 30 日开工。项目将推动中关村软件园云计算企业的整合，培育、孵化、推动云计算软件的研发、创新与示范，打造成为“中国云计算研发与示范基地”，以推动云硬件设备以及云操作系统、云虚拟化管理系统软件、云平台软件、云系统集成软件、云应用软件的研发，培育“云计算产业群”。

（张　蕾）

**【建立东华云计算基地】** 11 月 24 日，“浙江中关村科技产业园开园暨项目签约仪式”上，东华软件股份公司与衢州市政府签署协议，在浙江中关村科技产业园投资设立“东华云计算有限公司”，注册资本 1 亿元。东华公司将在衢州市建立东华云计算基地，发展智慧城市综合管理云平台、企业管理云、电子政务云、区域协同医疗、智慧城市行业应用等，总投资规模将达 10 亿元。

（陈宝德）

**【6 家基地获第二批外贸转型升级示范基地授牌】** 12 月 5 日，在市商务委方庄办公区召开的北京市外贸转型升级示范基地工作会议上，市商务委公布入选第二批市级外贸转型升级示范基地的 8 个特色产业基地的名单并授牌。其中，中关村示范区内海淀区集成电路设计基地、丰台区轨道交通产业基地、丰台区应急救援

产业基地、趣游集团游戏出口基地、华录百纳影视文化产品出口基地和中建材国际营销集成服务基地6家基地入选。

（张永平）

**【永丰基地新园开发建设完成投资23亿元】**年内，北京中关村永丰高新技术产业基地新园一级开发建设工作完成投资23亿元。园区G、H、C地块取得规划意见书和市发展改革委项目核准批复，并完成地块相关征地补偿协议签署工作，相应14宗地达到供地条件；重点项目折子工程永丰北环路、永丰西滨河路、辛店东路3条城市次干路达到使用条件，并完成年内投资任务；支付大牛坊、东玉河等5个村庄拆迁腾退款10.73亿元，累计支付拆迁腾退款75.2亿元；完成C4、C5公租房、人才公寓项目地块的控规编制工作和建筑设计方案；进行国家气象产业集团、中国地质科学院、北京城市学院等单位落地项目的论证、评估、洽商工作，编制完成中国地质科学院、城市学院的二级建设方案。2013年，北京实创高科技发展有限责任公司按照各金融机构的产品特征与园区建设项目进行对接，设计融资方案，实现新增融资68.05亿元，保障园区开发建设的资金需求。

（孙燕艳）

**【永丰产业基地实现总收入328亿元】**年内，永丰产业基地入驻企业4家，入驻企业总数365家，实现总收入328亿元，同比增长8.8%；实现税费18亿元，同比增长4.7%；从业人员3.8万人，同比增长5.6%。截至年底，永丰产业基地拥有上市企业13家；年度销售收入过10亿元企业8家；1亿至10亿元企业24家；累计专利授权数2538件。

（何　慰）

# 专业园

**【新浪总部大楼奠基】** 2月3日，“新浪总部大楼奠基典礼”在中关村软件园举行。新浪网技术（中国）有限公司和北京中关村软件园发展有限责任公司领导、建设单位及监理约150人参加。新浪总部大楼位于中关村软件园二期，占地面积2.9公顷，计划建筑面积10万平方米左右，将于2015年竣工。

（张　蕾）

**【建设人教社数字资源管理平台】** 2月，软通动力信息技术（集团）有限公司与人民教育出版社签署协议，建设人民教育出版社有限公司数字资源管理与推送平台项目（软件部分）。软通动力公司将助人民教育出版社建设标准化的数字内容资源库以及内容导入系统，形成可维护、可扩展、稳定的数字资源管理平台。

（张　蕾）

**【环保园加速器项目开工】** 3月13日，由北京实创科技园开发建设股份有限公司主办的“3–3–263地块加速器项目开工仪式”在中关村环保科技示范园举行。海淀区北部开发建设指挥平台、海淀区住建委等单位领导参加。3–3–263地块位于环保园中心区域。项目占地面积3.7公顷，总建筑面积9.5万平方米，主要由10栋共6万平方米的研发办公楼组成，还有1万平方米的会议展示、员工餐厅等商务配套服务设施。项目主要面对移动互联网产业，建成后可引进移动互联网产业企业20家。项目预计2014年底竣工。

（苗　丽）

**【Go Mobile沙龙第一期举办】** 3月29日，由中关村软件园人才服务平台、中国软件开发联盟（CSDN）共同举办的“e起飞翔——中关村软件园企业活动日之Go Mobile沙龙第一期：行业应用　移动优先”主题沙龙活动在中关村软件园云广场举行。相关专家分别围绕“新媒体战略思路：不做传统媒体的附庸”“移动医疗的创业机会”“制造、石油、政府等传统行业的移动信息化，经验与案例分享”发表主题演讲，分享行业应用的开发经验以及成功案例，并就“行业应用移动化的困难与机遇”进行分析和讨论。来自甲骨文（中国）软件系统有限公司、软通动力信息技术（集团）有限公司等中关村示范区企业的代表70余人参加。

（张　蕾）

**【集成电路设计公共服务平台通过验收】** 4月2日，由市发展改革委主办的“北京集成电路设计公共服务平台建设项目验收会”在北京集成电路设计园召开。验收专家组成员、平台建设单位代表等参加。由北京集成电路设计园有限责任公司建设完成的北京集成电路设计公共服务平台通过验收。项目于2010年1月启动，可为集成电路设计企业提供EDA工具服务、共享IP核及IP交易、流片验证服务、封装测试服务、人才培养及知识产权服务等专业服务。

（张永平）

**【知识产权护航企业创新发展活动举办】** 4月18日，由北京市保护知识产权举报投诉服务中心（北京12330）、海淀区知识产权局主办，中关村软件园保护知识产权举报投诉服务中心承办的“中关村软件园大讲堂——知识产权护航企业创新发展”活动在中关村软件园云广场举行。北京市知识产权服务中心、北京

12330、海淀区知识产权中心等单位有关领导及来自新浪网技术（中国）有限公司、亚信联创科技（中国）有限公司、汉王科技股份有限公司等企业的100余位知识产权业务负责人参加。会上，相关专家介绍了北京12330维权援助政策和工作站，解读了软件企业知识产权典型案例和知识产权申请、商用化政策。

（张　蕾）

**【软件园科技金融服务超市专场举行】** 4月18日，由海淀区金融办、北京中关村软件园发展有限责任公司

共同主办的“2013年海淀区中小微企业投融资对接会——中关村软件园科技金融服务超市专场”活动在中关村软件园云广场举行。人民银行北京营管部、市金融局、中关村管委会等单位有关领导以及来自工商银行、农业银行、北京银行等18家银行的相关负责人及企业代表和媒体记者100余人参加。会议介绍了海淀区科技金融政策体系和海淀促进中小微企业融资的有关政策以及中关村软件园科技金融服务的创新、探索与实践。会议还举行海淀区中小微企业信贷服务专营机构授牌和小微企业授信签约仪式。中国工商银行北京海淀西区支行、北京银行上地支行、锦州银行中关村支行、包商银行北京中关村支行等4家银行取得专营机构资格。在融资对接活动中，来自北京银行中关村分行、首创证券、中信建设投行部、银河证券场外业务部的相关代表分别就新型信贷产品、四板市场情况、私募债融资和小微企业融资等主题做了介绍和解读。

（张　蕾　李贺英）

**【北航—博彦智慧应用联合工程中心成立】** 4月25日，由博彦科技股份有限公司与北京航空航天大学联合举办的“北航—博彦智慧应用联合工程中心揭牌仪式暨颁奖典礼”在北航举行。双方相关领导参加。活动向由北航和博彦科技公司共同举办的“博彦之星Windows8编程大赛”获奖同学颁发证书并发放奖学金5万元。同时，为加大对北航创新及研发活动的支持，双方共同签署捐赠协议。活动还举行“北航—博彦智慧应用联合工程中心”揭牌仪式。工程中心是由北航计算机学院和博彦科技公司共同成立的应用技术研究和实践中心，主要专注于移动互联网、社交网络、大数据、云计算、智慧城市等方面的研究，并将其应用于社会发展实践和城市以及行业的信息化建设中。

（张　蕾）

**【诺和诺德中国研发中心投入运营】** 5月8日，诺和诺德中国研发中心运营启动仪式在中关村生命科学园举行。市科委、市经济信息化委、昌平区政府等单位领导以及丹麦驻华大使馆、诺和诺德公司的相关人员近30人参加。诺和诺德中国研发中心新实验楼位于中关村生命科学园，投资额2.1亿元，建筑面积1.21万平方米，包括生物研发实验室和示范性大型动物饲养中心，将进行与糖尿病晚期并发症（DCL）药物相关的药理学研究。

（梁　爽　李贺英）

**【SITIC与以色列CDI公司签署投资协议】** 5月8日，中以国际技术合作创新中心（SITIC）与以色列CDI系统有限公司在北京凯宾斯基酒店签署投资协议。北京中关村软件园发展有限责任公司和CDI系统公司有关负责人分别代表中以双方在协议上签字。SITIC是天津施拉特科技有限公司与中关村软件园公司共建的合作项目，位于中关村软件园云广场D座。根据协议，CDI系统公司将在北京注册成为外商独资企业并拟落地SITIC。以色列总理内塔尼亚胡和以色列驻华大使马腾出席。

（张　蕾）

**【高校计算机类专业社会评价研究通过评审】** 5月15日，教育部“高校计算机类专业社会评价机制的研究与实践”研究项目专家评审会在中关村软件园召开。教育部、计算机教育杂志社等单位相关专家参加。教

育部“高校计算机类专业社会评价机制的研究与实践”研究项目的目的是探索建立高校计算机类专业以产出为导向的社会评价机制，其中一个重要的任务是针对校企合作现状及典型模式进行梳理和分析，逐步建立和完善模式库，供高校和软件企业选用、参考。此次专家评审会主要对项目组校企合作模式研究成果进行评审。作为课题承担单位，中国软件行业协会教育与培训委员会与北京中关村软件园发展有限责任公司联合开展针对高校与企业的调研，收集来自软件企业、高校和培训机构校企合作的案例，通过对这些案例进行梳理和分析，归纳出课程共建、专业共建、校企协作平台等 10 种典型校企合作模式，并列出每一种模式的定义、典型案例、优缺点、创新性和推广价值。参与评审的专家认为项目组针对校企合作模式的研究成果达到项目预期目的，值得大力推广。

（张　蕾）

**【北京物资学院现代物流创新园揭牌】** 5 月 16 日，“北京物资学院现代物流创新园揭牌仪式”在北京物资学院南校区举行。市教委、市经济信息化委、市科委等单位有关领导以及企业代表等参加。创新园位于北京物资学院南校区，将按照“产学研一体化”的发展模式，以电子商务与现代物流产业集聚为外在表现的产业发展推动方式，依托通州区交通与产业优势，以及北京物资学院在物流领域内教学科研的领军优势，吸引现代物流产业链上的企业集聚，建设成为产业集中、发展集约、资源共享、功能互补的公共服务平台。

（陈宝德）

**【江苏省党政代表团调研生命科学研究所】** 5 月 23 日，江苏省省委书记罗志军、省长李学勇、省政协主席张连珍率江苏省党政代表团到北京生命科学研究所调研，旨在了解北京生命科学研究所与国际接轨的管理模式和运行机制，以高水平研究学者团队为基础建设国际一流基础生命科学研究机构的具体情况。北京市委书记郭金龙、市长王安顺等领导陪同调研。代表团在听取北京生命科学研究所的汇报后，了解了研究所的管理机制、科研创新和文化建设等方面的情况，对研究所的建设和发展给予肯定，并参观了罗敏敏及魏丽萍实验室。

（梁　爽）

**【中芬 TMT 企业投资路演举办】** 5 月 28 日，由北京中关村软件园发展有限责任公司与中芬金桥创新中心共同举办的“2013 中芬 TMT（TMT 代表科技、媒体、通信）企业投资路演暨项目对接洽谈会”在中关村软件园云广场举行。芬兰驻华使馆、中芬金桥创新中心、中关

村软件园公司等单位有关人员及中芬 TMT 企业代表、投资机构代表、媒体记者等 80 余人参加。会上，专注 MeeGo 操作系统研究的 Jolla 公司、开发萝拉熊猫系列游戏的 BeiZ 公司等 7 家芬兰企业结合中国市场对各自的技术、软件和设备等 TMT 产品进行融资路演，介绍各自公司在技术创新上的突破与成果，并与参会的 12 家中方企业、30 家投资机构代表进行专场对接洽谈，寻求在技术研发、市场拓展、项目产品上的创新与合作。

（张　蕾　李贺英）

**【中关村软件园夏季招聘会举行】** 6 月 21 日，由中关村软件园人才服务平台和北京中关村软件园孵化服务有限公司共同举办的“e 起飞翔·中关村软件园夏季招聘会”在中关村软件园国际软件大厦举行。招聘会吸引园区及上地信息产业基地的 40 余家软件企业参加，包括北京信威通信技术股份有限公司、北京中科大洋科技发展股份有限公司、博彦科技股份有限公司、

联想集团有限公司等。参加招聘会的学员超过 300 人。招聘会上，北京中关村软件园发展有限责任公司相关负责人向参会企业介绍软件园人才服务体系以及人才服务平台作为园区人才储备池的独特模式，并将在现场大型招聘模式基础上，搭建基于互联网的人才选拔

平台，为企业提供即时服务。

（张　蕾）

**【中关村软件园人力资源联盟工作会召开】** 6月25日，中关村软件园人力资源联盟工作会在中关村软件园云广场举行。60余家园区企业的人力资源负责人参加。会议介绍了园区人力资源联盟工作开展情况，并通过修订后的《中关村软件园人力资源联盟章程》及由北京中关村软件园发展有限责任公司、北京中关村软件园孵化服务有限公司、北京启明星辰信息技术股份有限公司、汉王科技股份有限公司、北京中科大洋科技发展股份有限公司、IBM（中国）有限公司、联想（北京）有限公司、百度在线网络技术（北京）有限公司、博彦科技股份有限公司、北京华胜天成科技股份有限公司、东软集团（北京）有限公司等11家园区企业组成的新一届理事会。会议还发布《中关村软件园人力资源联盟自律公约》，号召园区企业进一步加强自律，

使公约成为园区企业的自觉行动，避免人才恶意竞争造成不良后果，切实营造一个合作发展、和谐共赢的发展环境。

（张　蕾）

**【软件园获中关村信用示范基地称号】** 9月6日，在“信用中关村系列活动——北京中关村企业信用促进会成立十周年暨2013中关村信用双百企业发布会”上，中关村软件园被中关村管委会授予中关村信用示范基地称号，成为中关村信用示范基地创建工作的首个试点。北京中关村软件园发展有限责任公司主要围绕信用基础建设、信用管理、商业应用3个方面来进行信用园区建设。在信用基础建设方面，主要是建立信用园区的经营指标体系；园区企业信用信息的日常采集和整合，建立园区企业的信用档案；在园区范围内进行信用方面的政策、知识的宣传与普及。在信用管理方面，针对园区的企业进行动态的分类监管。在商业信用方面，信用价值可以作为政府部门、金融机构的一个重要信息平台，特别是政府部门在进行相关的经济信息运行的监管、监测时，园区的信用平台就可以提供这方面的信息。

（张　蕾）

**【汤森路透科技助力金融发展论坛举办】** 9月13日，由北京中关村软件园发展有限责任公司和汤森路透

全球运营中心中国区联合主办的“e起飞翔—智讯成金——汤森路透科技助力金融发展论坛”在中关村软件园云广场举行。中国人民银行金融信息中心、中关村管委会、海淀区金融办等单位有关领导和嘉宾200余人参加。论坛举办了金融技术、大数据变革、云计算、敏捷开发、测试技术、金融应用与技术实践等专业分论坛，探讨金融技术的发展趋势和前沿信息、大数据解决方案在金融领域的探索性尝试、面向金融领域互联网大数据挖掘的挑战、大数据平台的虚拟化及其测试要素等话题。同时还邀请政府机构、内外资银行、券商、金融机构、行业龙头企业主管技术信息的高层举行CTO圆桌会议，共同商讨行业发展趋势及未来产业走向。

（张　蕾）

**【中关村软件园微信服务平台开通】** 9月，中关村软件园微信服务平台正式开通，实时动态发布园区的相关服务内容、实用信息及企业的最新资讯成果，致力于打造成为园区信息服务、园企互动和传递正能量、发挥影响力的新型传播互动平台。

（张　蕾）

**【环保园园区班车开通】** 10月16日，北京实创科技园开发建设股份有限公司开通中关村环保科技示范园至西二旗、龙泽、回龙观、沙河、天通苑、生命园等交通枢纽的园区班车。班车运营时间为园区企业上下班高峰时段，可解决企业员工2000余人的出行问题。

（苗　丽）

**【中关村创新中心区企业产品推介会举行】** 10月18日，

由海淀区北部地区开发建设委员会办公室主办的“创新服务，助力发展——2013年中关村创新中心区企业产品推介会”在翠湖科技园举行。海淀区政府、海淀园管委会、海淀区北部办等单位有关领导以及中关村创新中心区（CID）企业的代表参加。北京中电兴发科技有限公司、北京京鹏环球科技股份有限公司、北京佳讯飞鸿电气股份有限公司等15家企业展示了FIAMM高清摄像机、城市安全监控与报警中央管控平台等产品，并相互对接，开展合作交流。推介会现场，中电兴发公司与北京联动原创科技有限公司、北京星河康帝思科技开发股份有限公司与北京广利核系统工程有限公司等5对CID内企业成为合作伙伴。

（苗　丽）

**【中关村软件园获互联网金融产业基地授牌】**10月19日，在海淀区人民政府主办的《关于促进互联网金融创新发展的意见》发布会上，举行了“互联网金融中心”“互联网金融产业园”“互联网金融基地”揭牌仪式。其中，“互联网金融基地”落地中关村软件园。海淀区政府将以中关村软件园二期为基础打造互联网金融产业基地。

（张　蕾　李贺英）

**【中关村软件园人才对接会举办】**10月24日，由中关村软件园人才服务平台主办的“e起飞翔——中关村软件园人才对接会”在中关村软件园国际软件大厦举办。活动吸引近1000名学员参加。北京信威通信技术股份有限公司、博彦科技股份有限公司、亚信联创科技（中国）有限公司等近100家企业参加。会上，有些求职者当场拿到报到通知。

（张　蕾）

**【首届生命科学园发展论坛举办】**11月5日，由北京中关村生命科学园发展有限公司等单位主办的首届中关村生命科学园发展论坛暨2013中关村生物医药产业联盟年会在生命科学园举行。来自市经济信息化委、市科委、中关村管委会等单位相关领导及投融资机构、企业的代表等100余人参加。论坛旨在搭建起政府部门、入园企业交流合作、资源共享的平台，进一步发挥园区产业集群优势，促进生命健康产业快速发展。北京生命科学研究所所长王晓东和生物芯片北京国家工程研究中心主任程京分别发表“建立世界一流研究所——北京生命科学研究所十年探索”和“政策机制创新决定技术产品创新”主题演讲。与会人员围绕生物技术和生命健康产业发展趋势，国家产业政策及企业研发创新，产业集群效应及科技园区升级、借助移动互联网技术实现园区服务模式创新、发挥园区产业集群和产业联盟优势，促进人才聚集与产学研协同发展等问题进行探讨和交流。

（王红彬　李贺英）

**【百度院士专家工作站成立】**11月11日，由百度在线网络技术（北京）有限公司主办的“百度院士专家工作站揭牌暨科技创新报告会”在百度公司举行。中国科学技术咨询服务中心、市科协、海淀区政府等单位领导参加。会上，百度公司向进驻院士颁发聘书。首批进驻院士包括：中国工程院院士倪光南、高文、李德毅、沈昌祥以及中国科学院院士怀进鹏。百度院士专家工作站将围绕大数据、云计算、多媒体等领域展开研究，工作站将基于百度公司的技术和院士的科研成果，以产学研联合的方式共同推动行业进步。

（张　蕾　罗　灵）

**【百济神州公司签约默客集团】**11月13日，“百济新药　济世惠民——百济神州　默克雪兰诺全球合作研发抗癌新药项目启动仪式”在中关村生命科学园举行。市科委、昌平区政府、中关村发展集团等单位有关领导以及相关专家、企业代表等参加。百济神州（北京）生物科技有限公司与默克雪兰诺有限公司签署关于BeiGene-290全球合作开发和商业化协议。根据协议，百济神州公司将负责BeiGene-290在中国的开发和商

业化，默克雪兰诺公司负责 BeiGene-290 在全球其他地区的开发和商业化。BeiGene-290 是一种治疗癌症的多聚二磷酸腺苷核糖聚合酶（PARP）抑制剂。

（梁　爽　王红彬）

**【捷通华声公司推出多语种语音合成技术】** 11 月 28 日，北京捷通华声语音技术有限公司宣布灵云开放平台（www.hcicloud.com）推出多语种语音合成（Text to Speech，TTS）技术，全面支持中文、英语、法语、俄语、西班牙语、阿拉伯语、德语、葡萄牙语、日语、韩语、泰语等 11 种语言，覆盖全球 90% 以上的国家和地区。（语音合成技术，又称文语转换技术，能将任意文本信息实时转化为标准流畅的语音朗读。通过 TTS 技术，计算机可以在任何时候将任意文本转换成具有高自然度的语音。）

（张　蕾）

**【“青春爱知道”上线】** 11 月 29 日，“百度知识产品与联合国教科文组织战略合作启动仪式”在北京举行。联合国教科文组织、百度在线网络技术（北京）有限公司、中国传媒大学健康传播与公共媒介研究中心的相关人员以及来自中国计划生育协会、中国性学会青少年性健康教育专委会等组织和机构的专家等参加。活动举行“青春爱知道”（www.zhidao.baidu.com/topic/un/index.html）健康教育之虚拟课堂中国计划启动仪式，“青春爱知道”健康教育网络互动平台上线。“青春爱知道”是联合国教科文组织驻华代表处和中国传媒大学健康传播与公共媒介研究中心联手百度知道、百度百科和百度经验共同推广的互动知识行动，将建立面向青少年群体的问答型健康教育互动服务，关注年轻人的艾滋病预防与性健康教育等问题。

（杜　玲）

**【中关村软件园科技文化活动周举办】** 12 月 6—12 日，由市发展改革委和中关村管委会共同主办的“云墨传奇——中关村软件园科技文化活动周”在中关村软件园云广场举行。活动分为开幕式、艺术家笔会、慈善拍卖会和展览展示四大部分，旨在进一步推动科技和文化融合，促进形成科技创新与文化创新的“双轮驱动”发展。来自政府相关部门领导、文化艺术界代表、企业代表、媒体记者等近 200 人参加开幕式。艺术家笔会邀请陈宏年、袁波、邢俊勤等 10 位艺术家现场创作。慈善拍卖会参拍作品 66 幅，拍卖所得资金将部分用于捐赠。展览包括当代名家艺术展（书画展）、文化科技展（科技产品展）、印吧专场（中关村云印社产品展）、当代雕塑专场（舒勇雕塑专场）四大主体展区。其中，文化科技展部分，北京捷通华声语音技术有限公司展示了交互感知云——灵云产品，爱国者数码科技有限公司展示了与文化发展相融合的数码产品，汉王科技股份有限公司展示了人机交互式电子产品，北京天仕博科技有限公司展示了交互式白板，北京创艺丰通信息技术有限公司展示了其最新成果——美丽中国。

（张　蕾）

**【中关村互联网金融产业园开园】** 12 月 13 日，由中关村创业投资和股权投资基金协会、中关村互联网金融行业协会、北京中关村海淀金融创新商会等单位联合主办的“中关村互联网金融产业园暨宝蓝・金园国际中心开园仪式”在中关村互联网金融产业园举行。市金融局、中关村管委会、海淀区政府等单位有关领导及机构代表等 100 余人参加。中关村互联网金融产业园位于海淀区四季青镇，占地面积 13.8 公顷，总建筑面积 12.6 万平方米，将重点聚集互联网金融的研发、培训、研究院、实验室及重要的宣传展示机构。宝蓝・金园国际中心作为产业园的一期，总建筑面积 3.1 万余平方米，地上 4 层，地下 1 层。其中，1 层分布互联网金融服务机构、互联网金融博物馆，2~4 层分布互联网金融的研发、培训、研究院、实验室等互联网金融机构。活动还举行江川金融服务股份有限公司等 3 家机构的入园仪式。

（刘乐乐　刘伟杰）

**【王晓东当选中科院外籍院士】** 12月19日，中国科学院发布《关于公布2013年中国科学院院士增选和外籍院士选举结果的公告》，北京生命科学研究所所长王晓东博士当选为中科院外籍院士。王晓东是美籍华裔生物化学科学家，美国国家科学院院士，“千人计划”入选者，主要从事细胞凋亡规律的研究。

（梁　爽）

**【中关村软件园信用园区建设交流会举办】** 12月19日，由北京中关村软件园发展有限责任公司、北京中关村企业信用促进会共同主办的“信用中关村系列活动暨中关村软件园信用园区建设交流会”在中关村软件园云广场举行。人民银行营业管理部、中关村管委会等单位有关领导以及来自企业、金融机构、银行、协会组织及新闻媒体的代表近200人参加。会议介绍了信用园区建设情况以及企业信用政策、科技金融政策、中小企业信用托管工程等。会上举行首批“中关村软件园诚信之星企业”颁奖仪式，北京傲天动联技术有限公司、北京海泰方圆科技有限公司、软通动力信息技术（集团）有限公司、北京思创银联科技股份有限公司、北京智控美信信息技术有限公司5家企业获诚信之星企业称号。中关村软件园公司还启动“园区企业全景信息增信金融服务计划”。计划针对科技金融服务面临的信息不对称、审贷过程繁复、潜在风险多、服务受到制约等问题，利用中关村软件园自身产业服务综合优势，全面评估和展现企业健康和运营状况，通过全景信息汇集，为企业提供信用增信金融服务，帮助企业更优惠、便捷、快速地获得金融投资。活动上，

中关村软件园上市公司沙龙向园区内上市公司发起社会责任倡议，鼓励企业积极发布年度“企业发展社会责任报告”，自觉将商业目标与社会公益相结合，把自身发展融入到社会民生均衡发展中，努力超越自我商业目标，以诚信发展回馈社会。

（张　蕾　李志华）

**【中关村软件园上市企业达30家】** 年内，中关村软件园内共有4家企业在新三板上市，园内上市企业达到30家；园区企业获2013年度国家科技进步奖一等奖1项，共拥有国家科技进步奖特等奖1项、一等奖6项。截至年底，园区企业总数277家，在园人数3.52万人；拥有十百千工程企业26家，国家规划布局重点软件企业20家，跨国公司研发总部7家；园区总产值达1213亿元，园区企业总利润116.6亿元；园区企业获专利7665件，获批国家标准21项，拥有知识产权数量达16304件；科技成果转化228项。

（张　蕾）

# 大学科技园

**【国学时代公司入围福布斯中国潜力企业榜】**1月9日，《福布斯》中文版发布“福布斯2013中国潜力企业榜”，北京国学时代文化传播股份有限公司入围“2013福布斯中国潜力非上市公司100强”。国学时代公司凭借其长期置身于古籍数字化领域的研究，并将中国优秀的传统文化与先进的科学技术相结合，在促进国家文化产业发展方面发挥作用，成为此次上榜企业中唯一致力于传统文化领域的企业。

（刘　佳　彭思源）

**【北大科技园上地园区项目规划调整获批复】**1月10日，市规划委向海淀区政府复函《关于对调整海淀北部地区北大科技园上地园规划条件的有关意见》（市规函〔2013〕57号），批复同意园区总建筑规模由27.7万平方米调至48.8万平方米，容积率由1.6调至2.9，建筑高度由12~18米调至36~45米。上地园区建成后，地上地下总建筑面积接近100万平方米，总投资将达100亿元。

（李　佳）

**【中厚板TMCP技术中间冷却工艺与装备的研发应用获奖】**1月11日，福建省人民政府发布《关于2012年度省科学技术奖励的决定》（闽政〔2013〕4号）。由北京科技大学设计研究院有限公司参与完成的“中厚板TMCP技术中间冷却工艺与装备的研发应用”获福建省科技进步奖二等奖。项目于2009年启动，采用对中厚板生产过程的中间坯采取强制冷却工艺方法，并以福建三明钢铁公司中板厂为应用基地，开发出小流量、超密度喷射的中间冷却方法，形成中间坯高效均匀冷却的一整套工艺和装备技术，应用于规模生产。

（张慧秋）

**【地铁运营技术咨询公司成立】**1月31日，由北京市地铁运营有限公司、北京交大资产经营有限公司、铁科院（北京）工程咨询有限公司、中国交通运输协会共同出资成立的北京地铁运营技术咨询股份有限公司在海淀区工商局注册。注册资本1000万元，其中北京市地铁运营有限公司出资780万元，北京交大资产经营有限公司、铁科院（北京）工程咨询有限公司分别出资100万元，中国交通运输协会出资20万元。公司成立后主要在技术开发、技术咨询、技术转让、技术服务、技术推广、技术培训、环境监测、企业管理咨询等方面开展业务。

（丁　蕾）

**【共建江苏启迪绿色环保科技园】**2月26日，“清华启迪与江苏中关村全面合作签约仪式”在常州市举行。常州市政府、启迪控股股份有限公司、江苏中关村科技产业园园区建设有限公司等单位有关领导20余人参加。根据协议，启迪公司以“最新版孵化器”合作模式入驻江苏中关村科技产业园，双方将共同建设江苏启迪绿色环保科技园，促进空气净化、建筑节能领域新产品的研发和产业化，引进一批总部型、税源型重大项目在园区落户。在首期合作中，双方将依托启迪公司旗下北京亚都环保科技有限公司等环保科技企业，围绕雾霾污染治理、空气全面净化等课题形成产业化解决方案，合力打造新一代科技园区暨大型科技新城综合体——“清华启迪（常州）科技城”。

（康秋红）

**【北大科技园创新技术有限公司成立】**3月8日，由北大工学院、北京北大科技园有限公司、北大科技公司共同成立北大科技园创新技术有限公司，注册资本5000万元（其中北京北大科技园有限公司出资3000万元，北京工道控股有限公司出资2000万元）。公司主要在科研技术引入、科技成果孵化和转化、企业项目对接落地和多层面孵化投资基金参与等方面开展业务，致力于将北京大学科教优势转化为现实生产力，将通过搭建科技成果孵化平台、教育培训发展平台、科研技术开发平台及产业项目投资平台塑造北大科技园产学研用创新合作体系。

（李　佳）

**【北师大科技园举办大型国学讲座】**3月16日，由北京师大科技园科技发展有限责任公司、北师大留创园共同主办的“文化——国家的根基，民族的血脉”大型国学讲座在北京师范大学举行。中关村管委会相关负责人以及来自中关村示范区各留创园、企业、社会团体的代表和社会文化爱好者、大学生500余人参加。中国当代著名文化学者舒乙从历史发展的不同阶段展示中华民族的传统文化，分析当代文化的发展趋势，指出文化有主流与主体之分，创业者只有在追求主流文化的同时兼顾主体文化，才能真正实现文化的传承和个人修养的提高，铸就当代企业家精神。

（卢梦姣）

**【科技政策法规宣讲团走进清华科技园】**4月18日，由市科委主办的“北京市科技政策法规宣讲团走进清华科技园政策专题宣讲会”在清华科技园举行。市科委、清华科技园管委会等单位有关领导以及企业、科技服务和金融服务机构的负责人近100人参加。市科委相关负责人就市科委支持企业发展的科技政策、市经济信息化委支持中小企业发展的政策进行介绍和解读，就企业如何申报获得资金支持、人才支持等方面给予指导，并与企业代表围绕专利、国际合作、科技服务业等问题进行交流和讨论。

（康秋红）

**【华北电力大学科技园企业家俱乐部成立】**4月26日，华北电力大学国家大学科技园企业家俱乐部成立大会暨金融服务平台合作伙伴授牌仪式在华北电力大学召开。华北电力大学、昌平区政府等单位相关领导以及企业代表和北京银行、交通银行等金融机构的负责人近100人参加。俱乐部旨在促进企业与金融机构紧密对接，加快华北电力大学科技园金融服务平台的建设，助力科技园企业的发展。中仪标化（北京）技术咨询中心总经理张永存当选第一届理事会会长。

（陈宝德）

**【北邮科技园获创新创业实训基地授牌】**4月28日，由教育部教育管理信息中心主办的大学生创新创业培训基地授牌仪式在北邮科技大厦举行。来自北京大学、北京林业大学等高校的创业教师和大学生创业者代表50余人参加。教育部信息中心授予北京邮电大学国家大学科技园“大学生创新创业北京实训基地”铜牌。基地以科技创新、互联网创业为方向，为大学生创业者提供创业指导、创业扶持、创业项目孵化的帮助。

（陈思亮）

**【共建北京交大科技产业园】**5月5日，在“保定北京招商周活动开幕式暨低碳之城、善美保定2013（北京）推介会”上，保定市政府与北京交通大学就共建北京交大科技产业园项目签署协议。根据协议，双方拟建设保定—北交大产业技术研究院、北京交通大学国家大学科技园保定分园，并在保定高新区建设北京交大科技产业园，项目总投资28.8亿元，项目分2期开发建设，一期建设新能源及交通领域产业研发基地、大学科技成果转化基地及配套设施等，二期建设企业总部基地、国际企业产业园、海外留学生创业基地、关键共性技术服务平台、企业人才培训中心等。

（丁　蕾）

**【创新资金申报培训清华科技园专场举办】**5月9日，由市科委主办的“科技型中小企业创新资金政策申报培训清华科技园专场”在清华科技园举行。来自企业及金融服务机构的代表近200人参加。市科委相关负责人就创新资金和创新基金的关系，创新资金、创新基金简介以及2013年创新资金申报注意事项等4个部分内容进行解析，并为企业解答申报注意事项、财税审计部分的要求、重点扶持项目和创投项目如何分类等问题。

（康秋红　陈宝德）

**【共同开发韩国金浦科技园】**5月15日，由启迪控股股份有限公司、韩国金浦市政府、韩国NORSTAR股份有限公司、韩国社团法人韩中交流协会共同主办的“大韩民国金浦市国际科技园项目合作协议签字仪式”

在清华科技园举行。签约双方代表参加。根据协议，双方将在教育、培训、咨询、政策研究、科技交流等领域开展实质性业务。启迪控股公司将整合包括启迪创新研究院在内的各方资源，为金浦国际科技园的规划、建设和管理提供咨询服务，为韩国金浦市相关企业在中国境内开展业务提供支持。

（康秋红）

**【北理工科技园7家企业入选“展翼计划”】**5月17日，在裕龙国际大酒店举行的“信贷创新中关村”系列活动——中关村示范区“展翼计划”支持政策暨创新金融产品发布会上，北理工科技园的北京诺信泰伺服科技有限公司、北京派特森科技发展有限公司、北京市加华博来科技有限公司、北京天一安盛科技发展有限公司、北京中村宇极科技有限公司、太阳圣华（北京）医疗科技有限公司、中丹康灵（北京）生物技术有限公司7家企业入选“展翼计划”。

（李　莹）

**【法大科技园科技周活动举办】**5月19—25日，由北京法大园科技有限公司主办的“科技改变世界”科技周活动在中国政法大学昌平校区举行。活动以“科技创新·美好人生”为主题。活动组织科技专家、学者，到学校和园区举办科普讲座，进行展板展示等，指导科学研究，宣讲科学文明知识，发放科普资料。鼓励企业利用园区及中国政法大学的实验室进行科学研究，讲解园区与大学生创业的相关优惠政策、知识产权政策及科普相关知识等，鼓励大学生学以致用。活动共发放科普宣传资料1000余份，参与群众及学生达3000余人次。

（孙晓云）

**【孵化器及大学科技园工作会召开】**5月24日，由市科委、市教委、中关村管委会共同主办的“北京市科技企业孵化器及大学科技园工作会议”在北京创业大厦召开。市委常委陈刚等领导以及市科委、市教委、中关村管委会等单位相关负责人，北京中关村软件园孵化器服务有限公司、36氪以及北京银行等单位的代表近200人参会。市科委相关负责人做北京市科技企业孵化器及大学科技园发展报告，指出，至2012年底，北京市共有孵化机构127家，其中国家级孵化器28家，国家级大学科技园14家；市级孵化器41家，大学科技园26家；总面积超过400万平方米，在孵企业近8500家；与700余家科技中介机构、200余家金融服务机构建立合作关系，孵化机构内累计获得金融机构投融资的企业1500余家。会议为北京中关村软件园孵化服务有限公司等8家战略性新兴产业孵育基地和诺基亚体验中心等7家中关村创新型孵化器授牌。会议还举行孵化器与产业基地、金融机构、科研机构的签约仪式。与会人员分别从发挥孵化机构平台及载体作用，促进科技成果转化、对接社会资本、培育战略性新兴产业源头企业、服务“草根”创业、营造良好创新创业环境等方面进行经验交流和成果分享。

（李贺英　张慧秋）

**【清华科技园香港联络处启动】**5月25日，“清华科技园香港联络处启动仪式”在香港科技园举办。启迪控股股份有限公司、香港科技园公司等单位相关人员参加。联络处位于香港科技园内，将发挥清华科技园科技创新服务优势和香港科技园创新资源优势，推动资源整合优化配置，鼓励良性互动和共同发展，构建区域合作与发展的新格局，为启迪控股公司建立的全国科技园服务网络中的各地企业提供全球化发展和全球资本对接的平台，并且为国际前沿技术在中国落地提供服务。

（康秋红）

**【清华科技园与以色列海法市政府签订协议】**5月29日，以色列海法市政府与清华科技园管委会、中关村私募股权协会在海法市签署战略合作协议。根据协议，三方将互设办公地点，在研发、市场推广及战略制定方面建立长期合作关系。

（康秋红）

**【HR管理法律风险应对方案培训举办】**5月30日，由北京启迪创业孵化器有限公司举办的启迪创业沙龙——“招聘入职与试用期法律风险应对方案分享会”在清华科技园科技大厦举行。北京紫光置地投资有限公司、北京华电通达科技有限公司等50余家企业的人力资源管理人员参加。相关专家就企业员工招聘入职流程中的法律风险控制、试用期管理中的法律风险控制方面，针对学历、工作履历等招聘条件的后果与运用以及OFFER的法律风险、离职证明的审核、服务期与违约金的审核等问题进行讲解。

（康秋红）

**【软件企业商业秘密保护和管理培训举办】**6月4日，由中关村大学科技园联盟12330知识产权保护工作站主办的“软件企业商业秘密保护和管理”知识产权培训在柏彦大厦举行。近20家企业的代表参加。会上，西城法院知识产权庭代理审判员曲凌刚讲解商业秘密基础知识、软件企业商业秘密概述、软件企业商业秘密民事诉讼策略等。

（钮　键）

**【北理工科技园企业参展物联网大会】**6月4—5日，

在上海国际展览中心举行的第四届中国国际物联网大会暨展览会上，北京理工科技园科技发展有限公司组织园区 11 家企业的技术和产品参展。其中有北京理工雷科电子信息技术有限公司的新体制雷达和卫星导航芯片与接收机、自由飞越国际航空技术服务（北京）有限公司的 TraFree 国际机票检索预定引擎、北京中科软银信息技术有限公司的云弛服务器虚拟化产品等。在宣传和展示北理工科技园物联网企业联盟建设成果和特色的同时还了解了物联网行业的整体发展水平和趋势，有利于进一步推动园区物联网企业及联盟的发展。

（李　莹）

**【中科同步创新应用实验室成立】** 6 月 6 日，“中科同步创新应用实验室”签约暨揭牌仪式在京举行。合作双方领导及主创人员 10 余人参加。实验室由北京同步科技有限公司与北京中美寰宇科技有限责任公司联合成立。根据协议，双方在优势互补的基础上，分别派遣技术及管理人员组成工作团队，利用该平台，进行产品技术整合及行业推广等工作。同步科技公司拥有广电高新技术积累和自主创新实力及应用整合能力，中美寰宇科技公司具备丰富的项目经验、高品质的软件产品以及专业的管理服务，对于双方开展互惠互利的合作奠定了良好的基础。

（刘　佳　霍丹丹）

**【大学生创业训练项目结项表彰会举行】** 6 月 7 日，由中国人民大学和人大文化科技园管委会共同主办的“2012 大学生创业训练项目结项表彰暨 2013 大学生创业训练项目立项大会”在中国人民大学举行。参与创业训练项目的学生代表等 60 余人参加。经过为期 1 年的训练，首批创业训练项目结项，其中“意兔文化传媒”“无穷动”2 个项目经专家评审结合项目团队自荐，进入创业实践阶段，中国人民大学将为其提供企业注册指导和相关政策支持，包括资金、场地和硬件配套等。

（徐　洋）

**【中国文化产业示范基地园区协会成立】** 6 月 29 日，中国文化产业示范基地园区协会成立大会在北京京西宾馆举行。首批会员单位代表 200 余人参加。协会由北京盛世金鹰国际传媒有限公司、中国对外文化集团公司、北京人大科技园建设发展有限公司等单位发起，阿里巴巴（中国）有限公司、中国对外文化集团公司、上海盛大网络发展有限公司等 110 家文化企业成为首批会员单位。北京盛世金鹰国际传媒有限公司董事长张斌当选为会长，人大文化科技园管委会主任牛维麟等为副会长。协会将研究制定有关标准，帮助优秀的单体基地企业加强资源、品牌、资本、人才的整合，打造具有自主知识产权和国际竞争力的文化品牌；引导特色文化产业集聚类园区因地制宜、健康发展。

（徐　洋）

**【北理工科技园 4 家企业入选瞪羚计划】** 7 月 2 日，中关村示范区“2013 年瞪羚企业名单”公布，北理工科技园 4 家企业榜上有名，即：北京理工中兴科技股份有限公司、北京派特森科技发展有限公司、北京中村宇极科技有限公司、北京理工北阳爆破工程技术有限责任公司。

（李　莹）

**【北理工科技园 7 家企业的项目获市创新资金立项】** 7 月

5日，市科委发布《2013年度北京市科技型中小企业技术创新资金立项公告》。其中，由北理工科技园战略性新兴产业孵育基地推荐的泰邦泰平科技（北京）有限公司、中科泰岳（北京）科技有限公司、北京清科立业科技有限责任公司和北京睿日车心科技有限公司4家企业的创业孵化项目，以及北京联星科通微电子技术有限公司、北京德可达科技有限公司和北京宇极科技发展有限公司3家企业申请的中小企业技术创新项目入选。

（李　莹）

**【北航科技园物联网技术创新中心揭牌】**7月16日，由北京北航科技园有限公司主办的“北航国家大学科技园物联网技术创新中心揭牌仪式”在柏彦大厦举行。工业和信息化部、北京航空航天大学等单位有关领导以及来自电子信息企业与物联网产业企业的代表50余人参加。中心是由工业和信息化部软件与集成电路促进中心和北航科技园公司共建的国家软件与集成电路公共服务平台，旨在以北航科技园为核心，辐射整个中关村地区及周边相关物联网企业，帮助优秀的原创技术与产品进行市场推广与产业化，在促进物联网相关科技成果转化、高新技术企业孵化、创新创业人才培养等方面为企业提供技术创新、产品推广等服务。中心聘请中国移动通信研究院教授杨景为首席科学家。

（钮　键）

**【联合投资金浦科技园】**7月24日，由启迪控股股份有限公司和韩国NORSTAR股份有限公司共同主办的“联合投资韩国金浦国际科技产业园项目签约仪式”在清华科技园举行。清华控股有限公司等单位有关领导以及首尔大学等韩国相关机构的代表参加。启迪控股公司与NORSTAR公司签署投资协议。根据协议，双方将推进金浦国际科技产业园项目开发、建设和运营工作，积极引进国际优秀企业、加速科技成果转化，共同促进中韩两国在科技园领域的双赢合作。

（康秋红）

**【企业商业秘密管理和保护讲座举办】**7月30日，由北京理工科技园科技发展有限公司主办的中关村企业知识产权系列讲座第四期——“企业商业秘密管理和保护”在北京理工国际教育交流大厦举行。70余家企业的代表参加。首都保护知识产权服务律师张黎介绍了商业秘密的概念、法律规定、管理制度、保密协议、竞业限制协议、补偿金和违约金等内容，还通过案例分析，就侵犯商业秘密纠纷、诉讼提起、法院审理、物理性措施、鉴定意见等方面，讲解企业商业秘密管理和保护的知识，并现场解答企业代表的提问。

（李　莹　陈宝德）

**【双机架不锈钢炉卷轧机项目开球会举行】**8月5日，北京福建吴航不锈钢制品有限公司的2250毫米双机架不锈钢炉卷轧机项目电气传动和自动化开球会在北京举行。项目中的电气传动和自动化控制系统由北京科技大学设计研究院有限公司总承包，预计在2015年5月热负荷试车。2250毫米双机架炉卷轧机组为世界最宽双机架不锈钢炉卷轧机，在中小规模和特钢板带轧制方面与传统炉卷轧机、热连轧机组相比有着独特的优势。

（张慧秋）

**【北航软件测试沙龙举办】**8月10日，由北航国家大学科技园物联网技术创新中心主办的物联网落地有声系列活动“北航软件测试沙龙”在柏彦大厦举办。活动以“软件测试新战场——物联网测试”为主题。物联网测试领域专家、学者及专业技术人员等近200人参加。相关专家与大家分享物联网技术架构分层和影响物联网安全威胁危害度的各种因素及其他技术层面问题；从物联网技术架构、设备、系统、安全、应用等纬度提出物联网测试需求；以物联网测试案例讲解物联网系统和应用测试关键技术等。

（钮　键）

**【市经济信息化委专项资金及创投基金政策宣讲会举办】**8月13日，由北京市经委经济技术市场发展中心主办，

北京理工科技园科技发展有限公司承办的“市经济信息化委专项资金及创投基金政策宣讲会”在北京理工国际教育交流大厦召开。北京市中小企业服务中心等单位相关领导及40余位企业代表参加。相关部门负责人分别对中央及市级专项资金的政策、专项资金的类别以及各类专项资金的支持重点与要求做了剖析与解读，就创投引导基金的运营现状与支持重点做了讲解。

（李　莹）

**【北理工科技园企业参展物联网博览会】** 8月15—17日，在深圳会展中心举行的中国（深圳）国际物联网技术与应用博览会上，北京理工科技园科技发展有限公司组织易云捷讯科技（北京）有限公司等8家企业参展，展示易云捷讯科技（北京）有限公司的易云云操作系统、北京联星科通微电子技术有限公司的GNSS多系统卫星导航定位产品、北京恒通安信科技有限公司的eC120智能化老人看护平台等产品和技术。易云捷讯公司的易云云操作系统由虚拟化操作系统和云计算管理系统组成，可以使客户拥有和管理完全私有的云计算中心，从而降低客户的开发成本，提高安全保障。联星科通公司的GNSS多系统卫星导航芯片和模块，具备高动态性能，填补该领域无国产芯片的空白，并被空军批量采购，装备于主力战机。恒通安信基于物联网技术开发的eC120智能化老人看护平台，可全天候、实时地监测老人日常生活中的异常和意外，提供多指标监测和关联分析，实现全面、翔实和高精度的看护服务。

（李　莹）

**【同步科技公司推出三维渲染新媒体技术】** 8月21—24日，在中国国际展览中心举办的第二十二届国际广播电影电视设备展览会（BIRTV 2013）上，北京同步科技有限公司的展台以“三维渲染新媒体时代”为主题，设置同步演播室、导控间、节目制作中心、媒资管理中心、体验区、静态板卡6个展示区，展出录制、编辑、存储和管理等不同应用的全方位系统解决方案。其展示的MagicSpt特高清实时渲染拼接展示系统，可满足大型拼接墙对于4320像素、7680像素素材的需求，可以对三维场景进行实时渲染，实现任意清晰度的显示和精确的拼接同步，支持交互式操作，可应用于广播电视、教育教学、交通运输、智能楼宇和政府部门等领域。

（刘　佳　霍丹丹）

**【同步科技助力中央纪委监察部网站启动】** 9月2日，中央纪委监察部网站（www.ccdi.gov.cn）开通，中央纪委书记王岐山对中央纪委监察部网站建设进行调研并出席网站开通仪式。北京同步科技有限公司以数字信息化技术整合为此次调研活动提供个性化服务和支持，秉承“相同的技术，不同的应用”的研发理念，为其定制了多媒体信息发布平台个性化综合应用解决方案。

（刘　佳　霍丹丹）

**【第五届启迪创新论坛举行】** 9月9—10日，由清华大学启迪创新研究院、陕西省决策咨询委员会、西安高新技术企业协会联合主办的“第五届启迪创新论坛暨全球科技园区领导者圆桌会议”在西安陕西宾馆举行。论坛以“科技园区的发展与城镇化”为主题。国际科技园及创新区域协会（IASP）总干事路易斯、中国高新技术产业开发区协会主席张景安以及来自海内外科技园区的相关负责人等300余人参加。论坛探讨新型城镇化与全球科技创新发展的模式与趋势，并就如何通过合作创新推动世界各科技园区的可持续发展等问题，举行全球科技园区领导者圆桌会议。

（康秋红）

**【智慧城市（一期）课题一通过验收】** 9月12日，由北京航空航天大学主办的“863主题项目‘智慧城市（一期）’课题一‘智慧城市技术架构与总体方案研究’课题验收会”在北航召开。科技部高技术中心等单位有关领导及项目有关人员20余人参加。由北航计算机学院熊璋等完成的智慧城市技术架构与总体方案研究课题通过专家验收。课题作为整个项目的总体课题，主要研究国内智慧城市发展的整体技术构架与总体方案，分析智慧城市的技术需求，研究智慧城市技术体系整体架构，梳理智慧城市建设所需的关键技术，完成技术体系、标准体系的规划与构建。通过项目的实施，成立国内首家“智慧城市产业技术创新战略联盟”，并发布《智慧城市技术白皮书》。

（钮　键）

**【北大科技园签订产学研战略合作协议】** 9月16日，北大科技园与北京大学信息科学应用技术研究院产学研战略合作签约仪式在北大科技园举行。北京北大科技园建设开发有限公司、北京大学信息科学应用技术研究院相关领导等参加。根据协议，北大信息科学应用技术研究院将落户北大科技园，和北京北大科技园建设开发公司联署办公。双方将在应用技术研究、产学研项目发展基金、高新技术产业投资、优质教育培训、科技园区项目开发建设等方面合作，推动科技成果转化。

（李　佳）

**【北理工科技园组织企业参展国际信息通信展】** 9月24—28日，在北京中国国际展览中心召开的2013年中国国际信息通信展览会上，北京理工科技园科技发展有限公司组织自由飞越国际航空技术服务（北京）有限公司等8家园区企业参展。其中，自由飞越公司展出的TraFree国际机票检索预定引擎可实时查询与预订全球7000多个城市的机票，并能在5分钟之内完成机票的检索、预订、支付，实现国际机票在线快速交易。北京理工雷科电子信息技术有限公司展出的新体制雷达包括FOD机场异物检测雷达、边坡变形监测雷达和公路交通管理雷达等，用于提供预警监测数据。北京诺信泰伺服科技有限公司展出的iDrive智能伺服驱动器可应用于纺织机械、雕刻和切割机械、印刷包装机械、医疗器械等行业。

（李　莹）

**【法大科技园组团参展科技成果集市】** 9月26日，在昌平区体育馆举行的“2013年昌平区科技成果集市暨昌平区青少年发明大赛”上，法大科技园组织北京浩正泰吉科技有限公司等6家企业参展，展示企业和个人的专利12件，涉及高科技农业产品、节能环保、日常生活等领域。

（孙晓云）

**【北下关集中办公区挂牌】** 9月27日，在中关村软件园举行的《中关村核心区科技服务业发展三年行动计划（2013—2015年）》发布会上，北下关集中办公区挂牌运营。北下关集中办公区是中央财经大学科技园与北下关街道办事处共建的集中办公区，由财大科技园独立运营。办公区位于西直门长河湾小区，总面积约1800平方米，重点吸引孵化处于初创阶段的科技型企业，同时为财大学生创业提供物理空间，可满足创

业企业的工商注册和日常办公需要，并提供财务代理、税务代理、人才招聘、法律咨询、投融资、创业培训、资金申报等方面的服务。

（张向丽）

**【北邮科技园与芬兰DIGILE签署合作备忘录】** 9月27日，在北京邮电大学举行的“中芬ICT联盟——开源软硬件及开放创新生态平台建设专题研讨会”上，北京北邮科技园有限公司和芬兰信息通讯技术科学与创新战略中心（DIGILE）签署合作备忘录，双方将共同发起和建设开源软件、开源硬件与开放创新服务平台，推动未来互联网项目和产业合作，探讨成立国际智慧校园创新与创业孵化联盟的设想。

（陈思亮）

**【浦发银行企业项目现场预审会举办】** 9月27日，由北京启迪厚德投资管理有限公司主办的“中关村科技金融政策宣讲会暨浦发银行中关村高科技企业现场预审会”在清华科技园举行。中关村管委会等单位相关负责人以及高科技中小型企业的代表30余人参加。浦发银行首次尝试以“项目评审会”的方式，将评审会现场设在园区，通过“高科技企业快速贷”产品实现简化流程、快速放款，面对面地为企业解决融资问题。现场有7家企业通过初审，达成小额信用类贷款意向；4家企业表达订单融资、应收账款池质押等融资意向，初步达成融资方案。

（康秋红）

**【财大科技园昌平园获200万元支持资金】** 10月9日，在昌平区科委举行的“北京市昌平区科技创新支持政

策2013年首批资金拨付会议”上，昌平区科委向在科技创新方面做出突出贡献的大学科技园、科技孵化机构、科技创新企业、中介机构发放支持资金。其中，中央财经大学科技园昌平园获200万元的财政资金支持，将用于科技园内的产学研合作项目、创业投资、技术转移、公共服务平台建设等方面。

（张向丽）

**【首期绿色创业领导力训练营举办】** 10月30日—11月1日，由清华科技园管委会、气候组织（The Climate Group）共同主办的首期“绿色创业领导力训练营”在清华科技园举行。金融投资、市场营销等方面专家及绿色创业方案团队、创业人才等70余人参加。德勤会计师事务所等单位的4位专家担任讲师，课程内容包括公司财务管理、资本筹划、市场营销、社会责任感建立等，还组织项目路演，邀请投资机构的专业人士对创业项目进行点评。

（康秋红）

**【易云捷讯公司推出面向IDC行业的公有云运营平台】** 11月5—8日，在“2013香港OpenStack峰会”上，易云捷讯科技（北京）有限公司推出“面向中国互联网数据中心（IDC）行业的公有云运营平台”解决方案。

方案的核心部分是易云捷讯研发的基于OpenStack的云操作系统（EayunOS）和云运营平台（EayunCenter），具有管理跨地域多计算中心、百种应用一键部署和全方位的运维支持等功能，可为终端用户提供简单、易用的全自助服务，满足云运营平台的运营管理（营销、订单、财务、会员等）及完整的设备管理。

（李　莹）

**【中国文化产业指数发布】** 11月9日，由中国人民大学与文化部文化产业司共同主办的“文化中国：中国文化产业指数发布会”在中国人民大学举行。文化部文化产业司、中国人民大学文化科技园管委会等单位有关领导参加。发布会的主题为“文化产业与城市可持续发展”。会上发布2013年度“中国省市文化产业发展指数”及“中国文化消费指数”。2013年度“中国省市文化产业发展指数”从综合指数、生产力指数、影响力指数、驱动力指数4个方面对全国各省市的文化产业发展进行排名，展示出各省市文化产业发展指数平均值基本呈增长的态势。首次发布的“中国文化消费指数”，通过对覆盖全国的文化消费专项调研数据的系统计算和分析，从总体情况、城乡差异、区域差异、消费结构、消费偏好和影响因素等方面反映出中国文化消费的现状。

（刘晶扬）

**【中国文化产业项目服务平台上线】** 11月9日，由文化部主办，北京人大文化科技园建设发展有限公司建设运营的中国文化产业项目服务平台上线。该平台是国内第一家提供全方位文化产业项目服务的国家级公共服务平台，致力于整合政府、文化企业和金融机构三方资源，汇集海量项目数据，提供智能精准分析，实现动态立体展示。平台将面向电影、电视剧、软件、音乐、文字、动漫、游戏七大行业，综合运用市场法、收益法、成本法构建价值评估模型，实现版权价值的在线智能评估。提供文化产业线下项目对接、文化金融专业培训、文化金融决策咨询、文化产业课题研究、文化企业融资解决方案等专业的增值服务。

（刘晶扬）

**【科大科技园6个项目通过验收】** 11月15日，在北京创业大厦举行的2012年度战略性新兴产业孵育基地能力提升课题及培育项目验收会（第二批）上，由北京科大科技园有限公司承担的“2012年度战略性新兴产业孵育基地——科大科技园”项目及园区企业完成的5个培育项目通过市科委组织验收。5个培育项目分别为：北京博鹏北科科技有限公司的“塔文湿法除尘系统”项目、北京浩运金能科技有限公司的“镍氢电池用低自放电型储氢合金的开发”项目、奥美合金材料科技（北京）有限公司的“一种新型耐磨耐蚀铁基粉的应用”项目、北京华业恒威油品新技术有限公司的“节能环保产品——恒威燃油宝”项目及北京科大朗涤环保工程技术有限公司的“基于移动捕集式除尘的焦炉二合一地面除尘站”项目。

（张慧秋）

**【首届中俄企业国际合作研修班结业】** 11月22日，由清华科技园管委会与俄罗斯莫斯科大学科技园共同主办的首届“‘创新与交流’中俄企业国际合作研修班”结业式在清华科技园举行。主办双方相关负责人以及

学员等20余人参加。研修班主题为“创新与交流”，旨在为两国高科技企业彼此了解对方创新创业环境、相关法规和扶持政策搭建平台；同时为双方寻找合作伙伴、促进科技成果转化、开拓双方市场提供特殊服务。在为期1周的学习与交流中，来自俄罗斯的高科技企业家和莫斯科市政府官员参观了数十家中国高科技企业，与中国的企业家、政府官员及专家学者就创新、创业、行业合作等主题举行近10场研讨会、讲座、圆桌会议等交流活动。

（康秋红）

**【OMZ集团落户清华科技园】** 12月9日，“启迪控股与俄罗斯OMZ集团战略合作框架协议签约仪式”在清华科技园举行。中关村管委会等单位有关领导以及媒体代表等20余人参加。俄罗斯重型机械集团公司（OMZ）与启迪控股股份有限公司签署协议，将落户清华科技园。根据协议，启迪公司将为OMZ集团旗下的五大骨干企业进入中国市场提供全方位服务，包括宏观层面和行业层面，涵盖行业调研、市场支持、业务咨询、政策解读、联合研发、金融服务、公共关系等领域。（OMZ集团是俄罗斯规模最大的重型机械制造企业，也是全球第三大核电反应堆制造商，其业务领域涵盖核电工业设备、石油天然气工程与设备、特殊钢生产、冶金设备、采矿设备、深冷设备等。）

（康秋红　杜　玲）

**【启迪（扬州）科技新城项目启动】** 12月10日，“扬州市人民政府、启迪控股战略合作暨启迪（扬州）科技新城项目签约仪式”在江苏省扬州市举行。扬州市政府、中关村管委会、启迪控股股份有限公司等单位有关领导30余人参加。根据协议，双方将共同改造升级原有园区，并将其建设成为一座充分体现产城结合、可持续发展的科技新城；在园区开发运营、科技金融、教育培训、整合传媒等领域开展全面合作，并在智慧城市、节能环保等科技领域共建产业支撑平台。

（康秋红）

**【启迪控股公司获产学研合作促进奖】** 12月15日，在重庆市举办的“第七届中国产学研合作创新大会”上，启迪控股股份有限公司凭借在推动科技成果转化和创业企业培育方面做出的突出贡献，以及在产学研合作创新方面取得的成绩，获中国产学研合作促进会颁发的2013年中国产学研合作促进奖。

（康秋红）

**【知识产权与技术转移系列讲座举办】** 年内，中关村大学科技园联盟12330知识产权保护工作站共举办3期“知识产权与技术转移”系列讲座，参加人数500余人次。系列讲座旨在提高园区企业、科研管理人员的专利保护意识，掌握专利撰写技巧，挖掘知识产权商用化价值，维护企业及发明人的切身利益。北京市知识产权信息中心、中国技术交易所等机构的专家围绕知识产权与技术转移的话题，在“专利价值及专利撰写技巧”“知识产权交易及商用化”“专利文献信息利用”等方面进行讲解。活动期间，专家和与会代表进行交流，为解决专利管理工作中遇到的问题给予指导。

（钮　键）

**【北师大科技园企业获7件专利授权】** 年内，北师大科技园企业申请的磷吸附复合材料的制备方法及磷吸附复合材料、锂离子电池正极活性材料的制备方法等7件国家发明专利获得授权；申报的一种层状氢氧化物复合材料及其制备方法、层状氢氧化铽纳米复合体及其制备方法等4项发明获国家发明专利。

（卢梦姣）

**【北师大科技园新引进23家企业入园】** 年内，北师大科技园共引进23家新入园企业，涉及教育、科技、文化创意等领域。在园企业总数达73家，其中注册资本总额在1000万元以上的企业有9家。全年引进8家留学生企业，同时还为符合条件的大学生或优秀项目提供相应的场地。3家企业获北京市留学人员创办企业开办费资助资金，共计30万元；8家留学生企业获中关村海归人才创业企业创业启动资金支持，共计80万元。

（卢梦姣）

**【财大科技园新增企业 26 家】** 年内，中央财经大学科技园新增企业 26 家，在园企业总数 97 家。累计注册资本金 4.2 亿元。新增 1 名中关村高端领军人才（北京德惠众合信息技术有限公司法人何宇）。至年底，获海淀园管委会各项奖励共计 35 万元；获中关村管委会“吸引及服务中关村海归人才创业企业工作经费”45 万元。

（张向丽）

**【中关村企业知识产权系列讲座举办】** 年内，北京理工科技园科技发展有限公司面向中关村示范区科技企业推出“中关村企业知识产权系列讲座”，邀请政府知识产权管理部门负责人、业内资深专家及具有知识产权管理和企业管理经验的专家作为讲师，为企业解读知识产权政策，并免费举行业务咨询。讲座主要内容包括：知识产权政策解读、涉及计算机软件的发明专利申请与保护、商标注册及布局与运营、企业商业秘密管理和保护、企业知识产权纠纷应对策略、企业知识产权管理与交流、知识产权合同介绍等。至年底，共举办 8 期讲座，近 500 人次参加。

（李　莹）

**【人大文化科技园新增留创企业 28 家】** 年内，中国人民大学文化科技园新入园留创企业 28 家，在园企业累计达 130 家。在园孵化企业 88 家，其中留创企业 47 家，一般孵化企业 20 家，大学生创业企业 21 家。企业涉及数字出版、动漫游戏、创意设计等多个新兴文化行业。在园企业获得的自主知识产权数量累计超过 300 项。至年底，园区共获得科技部、中央文资办等各级相关主管政府部门扶持资金 1012 万元。

（刘晶扬）

**【北科大设计院承接的铝热连轧生产线投产】** 年内，北京科技大学设计研究院有限公司承接的浙江永杰铝业有限公司 1850 毫米 1+3 热连轧机、宁夏锦宁巨科新材料有限公司 1850 毫米冷热轧机组和广西银海铝业年产 35 万吨板带材项目“1+4”热连轧机组等 3 条铝热连轧生产线建成投产，实现批量生产 1 系、3 系和 5 系等多种铝合金牌号的能力。北科大设计院在项目中负责轧线设备自动化控制系统的设计与建设。系统采用先进的全数字化分布式计算机网络控制结构，具有集成度高、自动化程度高、易于维护与升级等特点。

（张慧秋）

**【北科大设计院获冷轧自动化领域 3 个项目】** 年内，北京科技大学设计研究院有限公司获得山东瑞丰 1420 毫米平整机组三电控制系统、河南万达铝业 1850 毫米双机架冷连轧机组二级控制系统改造、宜昌三峡全通涂镀板有限公司冷连轧极薄板生产线技术服务 3 个冷轧自动化领域项目，签约总额超过 1000 万元。冷轧控制系统采用多级计算机控制的模式，并运用先进的控制模型和算法，能够保证良好的尺寸精度，迅速适应轧制规格的变换，提高轧制节奏。

（张慧秋）

# 海归人才创业园

**【三三会在北理工留创园召开】**3月6日，由中关村管委会主办的中关村留学人员精品项目推介会（三三会）在北京理工国际教育交流大厦召开。中关村管委会、北京海外学人中心相关负责人，中关村各留创园企业代表，以及北京朗玛峰创业投资管理有限公司、海通证券股份有限公司、中国建设银行等80余家金融机构及媒体的代表180余人参加。会上，推出北京麦克斯泰科技有限公司的“讯库”、泰瑞数创科技（北京）有限公司的“一站式位置服务平台”、泰邦泰平科技（北京）有限公司的“下一代光学成像Magixoom™技术的产业化”等7个项目。专家对各个项目做了点评并提出修改意见。现场有4家企业与投资机构达成了初步对接意向，包括北京涌金冠泰科技有限公司的“速来招工网”项目、泰邦泰平科技（北京）有限公司的“下一代光学成像Magixoom™技术的产业化”项目等。

（李　莹）

**【2013年应届毕业生专场招聘会举办】**3月6日，由中关村科技园区海淀园创业服务中心主办的“2013年应届毕业生专场招聘会”在中关村创业大厦举办。招聘会组织园内近40家高新技术企业参加，提供电子信息、环保与节能、新材料等领域的招聘职位500余个。来

自北京理工大学、北京科技大学、中国农业大学、北京交通大学等20余所高校的应届毕业生2000余人参加，200余名应届毕业生通过27家企业的初试。

（顾友明）

**【4家企业通过市专利试点单位验收】**3月13日，市知识产权局发布《关于认定2012年度北京市专利试点验收合格单位的通知》，公布2012年专利试点单位验收合格名单。丰台留创园北京圣岩迅科技发展有限公司、北京友信宏科电子科技有限公司、北京阳光凯瑞国际科技发展有限公司、北京科信华技术有限公司4家企业通过认定。4家专利试点企业经过市知识产权局1年的培养，建立较为完善的知识产权管理制度，开展了专利信息利用、专利战略研究等工作。成为专利试点后，企业除享受市知识产权局专利申请相关资助外，还可免费参加市知识产权局或丰台区知识产权局的专题培训，优先享受专利预测预警等相关扶持政策。

（尚革力）

**【申报创新基金专题培训班举办】**3月15日，由北京北航天汇科技孵化器有限公司主办的“软件企业如何申报创新基金”专题培训班在柏彦大厦举办。来自软件企业的30余位代表参加。相关专家就创新基金资助政策、申报程序以及要求等做了介绍，辅导申报企业突出重点，在准备材料时保证质量，注意合理规避风险等。现场为参加培训的企业代表解答分析具体问题。

（翟　彬）

**【开放实验室和协调创新政策宣讲会举办】**3月29日，由中关村科技园区丰台园科技创业服务中心主办的智慧星期五“中关村开放实验室和协调创新政策宣讲会”在北京IBI报告厅举办。园区50余家企业的代表参加。相关专家介绍中关村开放实验室和政府公共服务平台及优惠政策，以及如何申请政府补贴的程序。活动还向园区企业推介首都医科大学共享实验平台。

（尚革力）

**【企业家进大学校园系列活动举办】**3月，中关村科技园区丰台园科技创业服务中心在中国农业大学举办2场“2013丰台科技园企业家进校园”活动，吸引120余名大学生参加。活动邀请园区企业相关负责人为主讲人，与大学生们分享创业经历和创业感受，并为大学生如何做好未来职业规划，以及在个人发展与企业发展之间寻找切合点等方面做了辅导与交流。科创中心负责人向大学生们介绍中国大学生创业园的创业环境、资金获取渠道等情况，让大学生了解丰台科技园开启的绿色服务通道、鼓励扶持政策和良好的创业环境，并对学生们普遍关注的创业问题做了解答。

（尚革力）

**【首期创新创业企业总裁高级研修班举办】**4月11日—

6月22日，由中关村科技园区海淀园创业服务中心、中关村创新研修学院共同举办首期海淀创业园创新创业企业总裁高级研修班。研修班旨在完善海淀创业园孵化服务体系，培育更多战略性新兴产业领军人才和明星企业，每期3个月，每周1天课程。首期研修班围绕经济形势、产业政策、知识产权、研发管理、国学经典与创业智慧、现金流管理策略等内容组织开展10次专题学习，结合企业商业模式进行案例分析与专题研讨，组织2次风投对接与项目实战路演，安排5次学员交流讨论及各项团队建设活动，并组织学员前往企业参观考察，与企业家座谈交流，学习成功企业家的创业经验。

（顾友明）

**【三三会在望京创业园举办】** 4月17日，由中关村人才特区建设促进中心主办的中关村留学人员精品项目推介会（三三会）在望京留创园举办。中关村管委会、中关村留创园协会等单位有关领导以及来自企业、风投机构、证券公司、银行的代表100余人参加。30余家企业进行现场推介，行业涉及生物识别、云计算、互联网、节能环保等领域，其中重点推出8个融资项目，分别是全维智码信息技术（北京）有限公司的云计算项目、北京释码大华科技有限公司的虹膜识别技术项目、北京诺亚星云科技有限责任公司的云计算平台/大数据服务项目、北京搜霸天下网络科技有限公司的移动互联网一站式整体解决项目、北京瑞特莱福科技有限公司的本土化基于MFI技术的空气净化器项目、海航集团有限公司的BestHotel项目、北京源天彩生物科技有限公司的天然生物色素项目、无限乐盒科技有限公司的爱途迹项目。风投机构、银行、券商及相关中介机构的代表与推介企业代表就企业商业模式、技术特点、融资意向等问题进行交流与讨论。7家企业达成初步洽谈意向。

（朱文利）

**【“4·26”中关村企业知识产权实务研讨会举办】** 4月18日，由国家知识产权局专利审查协作北京中心和丰台园科创中心共同主办的“‘4·26’中关村企业知识产权实务研讨会”在北京IBI报告厅举办。有关专家及企业代表100余人参加。研讨会分3个专场，分别围绕专利战略选取、专利预警、专利诉讼、专利利用等话题展开。北京国之专利预警咨询中心的专家介绍知识产权预警分析、专利挖掘技巧与专利布局策略，以及知识产权管理与运营、价值分析、风险应对等案例；北京市第一中级人民法院知识产权庭审判长介绍知识产权审判动态与知识产权风险应对策略；北汽福田汽车股份有限公司负责人分享企业实施知识产权战略的成功经验。

（尚革力）

**【成功商业模式的23对基因讲座举办】** 4月19日，由中关村科技园区海淀园创业服务中心主办的“成功商业模式的23对基因”讲座在海淀创业园举办。园区20余家企业的创业者参加。中关村创新研修学院副院长张国庆做了题为“成功商业模式的23对基因”的讲座，结合科技型中小企业的特点及其面临的实际问题，从商业模式的方向、赢利境界及设计成功商业模式的规则等方面对成功商业模式的23对基因进行剖析与讲解，并对照案例为企业自身商业模式找到其问题所在，进而设计企业的成功商业模式，还通过互动问答的形式与创业者进行交流和探讨。

（顾友明）

**【丰台园科创中心成立博士之家】** 5月14日，由丰台园科创中心主办的“博士后（青年英才）工作交流会暨‘博士之家’成立仪式”在北京IBI举行。丰台园企业的部分博士后20余人参加。“博士之家”是为丰台园的高端人才提供的交流平台，将通过整合政府、高校、科研院所等多方资源，举办博士沙龙、专项培训、学术交流、资源对接等活动，展示丰台园博士的风采，以吸引更多的海内外博士来园区工作和创业。

（尚革力）

**【企业核心竞争力与知识产权战略规划讲座举办】** 5月16日，由中关村科技园区海淀园创业服务中心主办的企业核心竞争力与知识产权战略规划讲座在海淀创业园举办。园内20余家企业的相关负责人参加。北京市振邦律师事务所张宝华做了题为“企业核心竞争力与知识产权战略规划”的讲座，从企业竞争力、知识产权战略、专利战略的运用与实践、商标战略的运用与实践、综合运用商标战略和专利战略5个方面对科技型中小企业核心竞争力与知识产权战略规划的相互作用与关系进行介绍与讲解。企业代表就知识产权战略方面的困惑和问题与主讲嘉宾进行交流和咨询。

（顾友明）

**【首都科技条件平台朝阳站推介会举办】** 5月16日，由北京望京科技孵化服务有限公司主办的“首都科技条件平台朝阳工作站推介会及人才引进申报工作说明会”在望京科技园举办。园区企业代表30余人参加。相关专家介绍首都科技条件平台的各类服务内容、专业服务机构及为企业提供财政科技支持项目培育、科技金融融资项目培育、科技研发支持服务、技术转移服务等，并讲解人才引进（落户北京）平台的相关内容，解答与会代表提出的问题。

（朱文利）

**【北京市留创园工作人员培训班举办】**5月30—31日，由市人力社保局、市科委、北京海外学人中心共同主办的“第八期北京市留学人员创业园工作人员培训班”在延庆夏都会议中心举行。来自北京市35个留学人员创业园以及北京海外学人中心开发区分中心、金融街分中心和CBD分中心的相关人员90余人参加。科技

部火炬中心孵化器管理处、市劳动服务管理中心、市人力社保局流动调配处等单位负责人分别就国家科技企业孵化器“十二五”发展规划、北京市鼓励支持创业相关扶持政策、北京市留学人员创业园建设发展的相关意见、北京市留学人员企业接收毕业生相关政策及工作程序进行介绍和解读。培训还特邀车库咖啡创始人苏菂介绍创业经历，和大家分享与探讨孵化器的创新模式。

（马雨桐）

**【延庆自行车骑游软件上线】**6月10日，由北京朗途融通信息科技有限公司开发的“延庆自行车骑游”软件上线。软件是基于iOS和Android系统的智能手机自助导游应用，为到延庆县骑游的游客提供自助语音导游、紧急救援、周边商家信息和优惠预订门票等服务，同时还可提供涵盖互联网、WAP、手机客户端等使用方式的运营支撑服务。

（尚革力）

**【机场中跑道视频融合拼接项目签约】**6月15日，首都机场股份有限公司与北京天睿空间科技有限公司签署合作协议，由天睿空间公司承担首都机场“多航站楼协同智能监控预警模型与视频分析关键技术研究——跑道拼接、移动物体轨迹跟踪等视频技术研究”项目。项目运用智能视频分析技术，包括图像的拼接融合、运用分割与提取、目标跟踪、事件检测与分析等，是图像处理、计算机视觉、模式识别、人工智能技术的综合研究及应用，可实现应用视频分析技术和数据以及安防监控平台与机场业务平台的数据共享、交互联动，建立多航站楼智能监控协同指挥业务模型。

（朱文利）

**【石化齐鲁分公司应用发布系统通过验收】**6月19日，由中国石油化工股份有限公司齐鲁分公司主办的“中国石化齐鲁分公司应用发布系统”项目验收会在齐鲁石化公司举行。验收组专家和承建单位代表参加。由北京名道恒通信息技术有限公司承建的“中国石化齐鲁分公司应用发布系统”项目通过验收。系统采用云计算与应用虚拟化技术，发布齐鲁石化公司层面的门户网站、OA、ERP、MES、计量管理系统、实时数据采集监控分析系统、生产运营与经营管理监控分析系统、Office软件及个人文件夹，同时还发布13家二级单位共25个门户网站与OA系统，使各级管理人员可通过各种类型智能终端设备进行跨平台访问，以满足移动办公的需求。

（朱文利）

**【中关村金种子工程项目推介会举办】**6月21日，由中关村管委会和丰台园科创中心联合举办的“中关村金种子工程项目推介会”在北京IBI举办。来自北京拓普智鑫科技有限公司等12家企业及风投机构的代表50余人参加。风投机构代表就帮助创业者优化产品方向，梳理商业模式，助力企业确定正确的融资策略，实现快速成长等具体项目及融资需求与企业负责人进行交流。

（尚革力）

**【新三板上市辅导举办】**6月24日，由北京望京科技孵化服务有限公司主办的“‘新三板’高级培训和相关辅导”在望京科技园举行。金融、投资机构的专家和园区企业代表40余人参加。相关专家介绍新三板的概念，新三板与主板、中小板、创业板的区别，什么样的企业适合在新三板上市，上市的条件以及进入新三板市场带给企业的好处等内容，并与参会企业家进行沟通和交流。

（朱文利）

**【4家留创园的企业参加三三会】**6月26日，由中关村人才特区建设促进中心主办的“中关村留学人员企业精品项目推介会（三三会）”在柏彦大厦举行。中关村管委会、北京中关村留学人员创业园协会等单位有关领导以及风投机构、企业的代表参加。推介会展示来自北航留学人员创业园、北科大留创园、北邮留创园以及中科院中自留创园的40家企业在新材料和电子信

息领域所取得的成果。其中，北京九驹网络科技有限责任公司、北京微陶环保技术研究中心有限公司、北京网鼎芯睿科技有限公司、北京洋浦伟业科技发展有限公司、北京中芯优电信息技术有限公司、北京聪明狗网络技术有限公司等6家企业对公司项目进行现场推介，推介项目有GaliWSN智能工业传感网解决方案、购物党比价、微鼻重金属水处理材料等。领航蓝海投资咨询投资公司、达晨创业创投有限公司等近30家风投机构的代表就市场推广、财务计划、技术地位等方面向企业提出建议和意见。

（翟　彬）

**【重新审视新三板理论与实践讲座举办】**6月27日，由中关村科技园区海淀园创业服务中心主办的“重新审视新三板：理论与实践”讲座在海淀创业园举行。园区内30余家企业的相关人员参加。相关专家讲解新三板市场的制度框架、如何登陆新三板市场以及挂牌公司的规范运作等方面的内容。

（顾友明）

**【望京创业园科技创新沙龙举办】**6月28日，“望京创业园第五次企业家俱乐部活动暨望京创业园‘新未来、新发展’科技创新沙龙”在来广营举行。朝阳区政府、电子城管委会等单位相关领导以及精进电动科技（北

京）有限公司、北京致生联发科技发展有限公司等园区企业的代表30余人参加。活动介绍朝阳区的科技创新环境及人才发展情况，并对企业在吸引和留住人才方面的政策需求等问题进行探讨。

（朱文利）

**【创业家旗舰训练营举办】**6月29—30日，由北师大留创园、北师大科技园共同主办的“企业家旗舰训练营”在青龙峡企业家拓展基地举行。留学生企业代表和中关村示范区企业创业者40余人参加。活动通过挑战No.1、蛟龙出海、过电网等一系列拓展项目训练，使营员发挥团队协作精神，加深企业之间的交流与沟

通，使创业者提高团队合作能力与执行力。

（卢梦姣）

**【8个项目获市创新基金290万元】**7月4日，市科委发布《2013年度北京市科技型中小企业技术创新资金立项公告》，对立项项目予以公告。其中，由丰台园科创中心推荐的北京友信宏科电子科技有限公司的“纯电动汽车级联式中高压控制器”、北京圣岩迅科技发展有限公司的“基于Zigbee技术的无限农田灌溉控制系统”、北京凯云创智软件技术有限公司的“通用嵌入式系统测试平台”等8个项目获批，共获支持资金290万元。

（尚革力）

**【创业企业担保融资服务介绍讲座举办】**7月16日，由中关村科技园区海淀园创业服务中心主办的“创业企业担保融资服务介绍”专题讲座在中关村创业大厦举行。园区20余家企业的代表参加。相关专家介绍创业园小微企业金融服务方案，包括“创业贷”的收费标准、补贴政策、成功融资案例以及展翼贷、软件贷、小额信用贷、投联贷等创新产品。与会专家与企业代表还就融资方式等细节问题逐项进行沟通。

（张爱华）

**【劳动争议司法解释解读讲座举办】**7月19日，由中关村科技园区海淀园创业服务中心举办的“劳动争议司法解释解读及企业用工疑难问题”讲座在中关村创业大厦举行。园区30余家企业的代表参加。相关专家从劳动争议司法解释的出台背景、调解协议司法确认、竞业限制，以及企业用工过程中出现的职前调查、劳动合同变更、违约处理等问题进行介绍。

（张爱华）

**【债权融资及小微金融培训举办】**8月2日，由北京工业大学留学人员创业园主办的“中关村海归人才企业孵化系列培训第二期——债权融资及小微金融”在北工大继续教育学院举行。会上，工商银行北京分行的专业人员对商业银行的产品体系做了介绍，对商业银行开展的以存单、银票做质押贷款，以优质应收账款、

优质订单做融资，以储存物、存货、应收商品做商品融资等业务做了推介，对小企业设计的置业通、集合信托、国内保理、科技通等金融产品做了说明。北京中关村科技融资担保有限公司相关负责人介绍“瞪羚计划”“留学绿通”“重大工程”等专项政策。

（甄小航）

**【推出快乐妈咪胎语仪】** 8月13—15日，在北京国际会议中心举行的“2013（第十二届）中国互联网大会”上，北京瑞智和康科技有限公司推出“快乐妈咪胎语仪”。产品是一款将胎心监护仪器与手机移动应用相结合的可穿戴计算设备，有一个简单的多普勒探头，通过智能终端和无线网络，将检测到的胎心数据传到智能手机上，即可实现实时监测孕妇和胎儿的各种数据，使数据能够便利地储存、分析、交流、分享，突破传统家用胎音监护设备超声探头与扬声器无法兼容的技术壁垒。

（朱文利）

**【交通一卡通飞付卡启动】** 8月15日，由凤凰云科技（北京）有限公司等单位主办的“北京市政交通一卡通飞付卡正式商用启动暨新产品发布会”在望京科技园举行。相关企业的领导和工作人员60余人参加。凤凰云科技公司等4家企业联合发布其共同研发的“一卡

通飞付卡”。产品支持使用iOS和Android系统的手机。用户下载其客户端“e乐一卡通”，便可通过手机查询卡内余额和为卡片充值，还可以用一卡通账户资金缴纳手机话费、固定电话费、购买商品。

（朱文利）

**【留创园协会换届】** 8月16日，中关村留学人员创业园协会换届会员大会在中关村软件园软件广场召开。中关村管委会、市民政局社团办等单位有关领导以及各留创园的代表等80余人参加。会议选举产生理事单位15家，监事单位3家。其中理事长单位为汇龙森国际企业孵化（北京）有限公司，秘书长单位为北京中关村软件园孵化服务有限公司，监事长单位为中关村生命科学园生物医药科技孵化有限公司。

（王 芮）

**【科技型中小企业技术创新国际研讨班举办】** 9月7—18日，由中关村管委会主办、丰台园科技创业服务中心承办的“第十三期科技型中小企业技术创新国际研讨班”在丰台园科创中心举行。来自埃及、印度尼西

亚、伊朗、津巴布韦等16个国家的26名学员参加。研讨班安排7场分别以中国火炬计划、发展中小型创新企业的政府作用、中国孵化器发展及中关村示范区建设等为主题的专家讲座；组织学员参加2013中关村论坛年会，考察创新工场、3W咖啡等创新型孵化器；举办科技政策交流、科技创新项目推介会等专场活动。研讨班期间，巴基斯坦、墨西哥、乌干达等9个国家的学员代表，分别与北京三益能源环保发展股份有限公司、北京谊安医疗系统股份有限公司、北京海鑫科金高科技股份有限公司、北京奥博泰科技有限公司等企业达成20项科技合作项目；丰台园科创中心与巴基斯坦科学基金会、巴基斯坦农业大学科技企业孵化器、伊朗伊斯法罕科学技术城、利比亚国家中小企业发展计划办公室达成4项科技合作项目。

（尚革力 殷 茵）

**【海淀园创业服务中心获全国留创园2014年会承办权】** 9月17日，在湖北襄阳高新区召开的2013（第十四届）全国留学人员创业园年会上，中国留学人员创业园联盟宣布2014（第十五届）全国留创园年会暨中国留创园体系成立20周年主题活动将在海淀举办。鉴于中关村科技园区海淀园创业服务中心在创业服务体系建设、科技企业孵化、高端人才引进方面的全国领先地位，在相关主管机构提议及全国各地留创园的推荐下，海淀园创业服务中心获活动的承办权。

（张爱华）

**【税务热点解读会举办】** 9月23日，由北京中财园科技有限公司主办的税务热点解读会在中央财经大学举行。来自中关村各留创园的近100位企业创始人、财

务负责人等参加。相关专家就中国税制改革的趋势与高科技企业税务筹划要点等问题进行讲解，帮助创业企业了解税收政策动向，提高企业负责人与财税务管理人员的税务筹划意识。

（张向丽）

**【致生公司生产视频监察系统列入安全技术项目】**9月23日，国家安全监管总局发布《关于发布2013年安全生产重大事故防治关键技术科技项目的通知》（安监总厅科技〔2013〕140号），由北京致生联发信息技术股份有限公司研发的“企事业单位安全生产视频整合监察系统”入选。系统是基于云计算的物联网综合应用，结合视频数据编码技术、多制式跨平台技术、云计算技术、大数据处理技术、各传感器联动管控技术等成果，以及在“公共安全社会图像资源整合系统”“建筑工地扬尘监控系统”等实际项目应用中提出的，针对解决国内安全生产领域事先、事中、事后的全过程预防、督导、应急处置等所遇到的难题而研发的综合监察系统。

（朱文利）

**【4家企业入选最具成长潜力的留创企业】**10月13日，在北京万达索菲特大饭店举行的“欧美同学会北京论坛暨第八届中国留学人员创新创业论坛”上，中国留学人员回国创业专家指导委员会公布2013年度“最具成长潜力的留学人员创业企业”名单。其中，中关村示范区内北京海博思创科技有限公司、能力天空科技（北京）有限公司、海纳医信（北京）软件科技有限责任公司和卡尤迪生物科技（北京）有限公司4家企业入选。

（尹玲利）

**【三三会科技金融专场举行】**10月23日，由中关村管委会主办的“中关村留学人员企业精品项目推介会（三三会）科技金融专场”在清华科技园举行。中关村管委会、中关村留学人员创业园协会、中关村科技融资担保公司等单位有关负责人及企业项目负责人等近100人参加。推介会对财大留创园和清华留创园推荐的5个项目做了重点推介，包括北京德惠众合信息技术有限公司的“企业办公信息APP应用”、北京意得捷优科技有限公司的“跨平台WebAPP开发平台”、创造同盟（北京）科技有限公司的“大数据存储及专注后期知识发掘”等项目。投资机构代表对这5个项目做了专业性的点评，并给予中肯的建议。另有近20个项目做了现场集中展示，并与参会的近30家投资机构进行对接。

（张向丽　康秋红）

**【技术合同认定登记培训班举办】**10月30日，由丰台园科创中心主办的“营改增政策暨技术合同认定登记专项培训会”在北京IBI举行。园区企业的代表100余人参加。相关专家解读“营改增”相关政策，介绍“营改增”试点企业、高新技术企业申报要点及会计账务处理方法，并从技术合同认定登记实操方面剖析企业纳税、免税、退税的方案选择。

（尚革力）

**【第二期总裁实战班结业】**11月2日，由中关村科技园区海淀园创业服务中心主办的第二期海淀创业园创新创业企业总裁实战班结业典礼在北京实创西山科技培训中心举行。中关村管委会、中关村创新研修学院等单位相关领导参加。第二期总裁实战班为期3个月，47名来自企业的董事长、总经理等高层管理人员参加。学习内容包括经营管理及用人方略、财税管控与纳税筹划、专题诊断与研讨、经验交流及考察学习四大模块23次课程及3天的集中培训。实战班还特别设置企业诊断与研讨专题，甄选处于初创期、成长期与发展期的3家具有代表性的企业——北京丰华联合科技有限公司、北京黔龙泰达科技有限公司和卡尤迪生物科技（北京）有限公司，针对不同阶段企业面临的关键问题，就机遇与风险、市场与销售、商业模式及组织变革等方面对企业实地调研，并由咨询顾问全程指导，进行主题宣讲、案例讨论、专家点评，为企业提供解决思路。

（张爱华　陈宝德）

**【望京创业园新三板知识培训举办】**11月14日，由北京望京科技孵化服务有限公司主办的“2013年望京创业园中小企业新三板挂牌知识培训会”在望京创业园召开。来自朝阳区政府相关部门、园区企业、券商的代表等50余人参加。相关专家以“全国股份转让系统政策与业务解读”“新三板挂牌上市相关流程等细节问题”为主题，对全国中小企业股份转让系统有限责任公司的核心业务内容，以及上市新三板的目的、意义、条件和风险以及哪些企业适合上市新三板等相关内容进行讲解。

（朱文利）

**【三三会汇龙森专场举办】**11月27日，由中关村管委会主办的“中关村留学人员企业精品项目推介会（三三会）汇龙森留创园专场”在汇龙森留创园举办。中关村管委会、北京市海外学人中心等单位相关领导以及企业代表等近200人参加。参会企业的代表从产业资源对接和协同创新的角度对融资项目进行交流。参会企业的30余个生物医药和医疗器械等领域的项目现场达成签约和意向投融资，总额约8.7亿元。汇龙森国际企业孵化（北京）有限公司还发布“孵化＋创投”模式的落地政策，使三三会由过去单一的项目筛选转变为持续的资本关注。

（李美惠）

**【丰台园孵化器银企洽谈会举办】**11月29日，由丰台园科创中心主办的丰台园孵化器“银企洽谈会——‘智汇星期五’2013年第十期”在北京IBI召开。北京中关村科技担保有限公司、北京中关村瞪羚投资基金管理有限公司、交通银行北京分行等金融机构代表，以及来自电子信息、生物医药、节能环保等领域的企业代表参加。会议旨在为中小微企业量身打造一个由固定资产抵押—知识产权质押—信用贷款—风险投资为主要形式的金融服务体系，以缓解中小微企业融资难问题。金融机构代表针对中小微企业“轻资产、重智力”的现状，重点推出以知识产权、信用促贷款及风险投资的金融服务新模式，企业可通过快速审批绿色通道，

对多样化产品进行选择。会上，北京轩慧国信科技有限公司、华益兰馨（北京）环境科技有限公司与中关村担保公司达成初步合作意向。

（尚革力）

**【丰台孵化器4个项目通过市科委验收】**11月，由丰台园科创中心和3家在孵企业分别完成的4个项目通过市科委战略性新兴产业培育项目审核验收。4个项目于2011年立项，属市科委的首批战略性新兴产业培育项目，包括：丰台园科创中心的“中小企业创新服务平台建设”项目、北京拓扑智鑫科技有限公司的“传感器阵列型在线恶臭监测信息系统”项目、北京华智凯科技有限公司的“面向云计算的下一代数据中心统一管理软件系统”项目、北京科信华技术有限公司的“KXH－自律机双机倒切装置系统”项目。

（尚革力）

**【3D打印技术的发展前景和产业机会沙龙举办】**12月3日，由北理工留创园主办的“3D打印技术的发展前景和产业机会”沙龙在北京理工国际教育交流大厦举

行。企业代表、媒体记者50余人参加。北京云启信息技术有限公司的联合创始人蒋晓庆和北京金达雷科技有限公司副总裁尚原硕，围绕3D打印的应用及市场机会、自有技术分析及行业概况等内容分别做了主题发言。不同于增料制造式3D打印机，金达雷公司采用立体光固化（SLA）3D打印技术自主研发的桌面专业级一键式激光3D打印机，以其精度高、表现准确、快速稳定等特点，吸引业界人士的高度关注。与会代表还观摩了3D打印的过程，欣赏打印成型的作品。

（李　莹）

**【首届O2O文化节举办】**12月12日，由O2O产业联盟主办的“首届O2O文化节新闻发布会”在O2O俱乐部·北京举行。近100家企业的代表参会。“O2O文化节”由O2O产业联盟主办，旨在为线上“电商”与线下“店商”搭建一个相互学习、互动交流、资源互通的开放式交流平台。首届O2O文化节将以“要‘2’宣言”为主题，以线上线下2种方式举行。主办方将在线下启动“O2O文化节”，并对35家优秀的O2O企业授予“O2O产业联盟理事单位”荣誉称号。

（张琳琳）

**【金达雷公司获留创园创业潜力企业称号】**12月15日，在天津市举行的2013（第四届）中国留学人员创业园

百家企业颁奖典礼上，北理工留创园企业北京金达雷科技有限公司凭借其具有自主知识产权的 3D 打印和超级电路项目，以及优秀的创业团队，获“中国留学人员创业园创业潜力企业”称号。

（李　莹）

**【5 家企业入围中国留创园创业潜力企业】** 12 月 15 日，在天津市举行 2013（第四届）中国留学人员创业园百家企业颁奖典礼上，由中关村科技园区海淀园创业服务中心推荐申报的北京和竑灵源照明技术有限公司、北京维康双元生物医药科技有限公司、普强信息技术（北京）有限公司、北京志光伯元科技有限公司、北京安生绿源科技有限公司等 5 家企业入围“中国留学人员创业园创业潜力企业”；德威华泰（北京）科技有限公司董事长袁国文入围“中国留学人员创业园十大领军人物”。

（张爱华　陈宝德）

**【大数据浪潮中中小企业的机会沙龙举办】** 12 月 20 日，由北理工留创园主办的“大数据浪潮中中小企业的机会”沙龙在北京理工国际教育交流大厦举办。共有企业代表 60 余人参加。北京恒通安信科技有限公司 CEO 王杰围绕大数据的发展趋势、大数据与中小企业，以及大数据在中国等议题进行阐述，提出走向大数据时代的 3 个转变、大数据发展的障碍及大数据生态系统等观点，拓展了创业者的眼界与思维。

（李　莹）

**【望京科技园知识产权培训系列活动举办】** 年内，望京科技园 12330 工作站开展 5 期知识产权系列培训活动，50 余家入园企业 70 余人次参加。相关专家就“知识产权政策宣讲”“企业在经营过程中的知识产权保护”“专利申请审查程序”“举报投诉和维权援助”等主题为企业进行培训，并通过座谈和讨论等形式分析企业在知识产权管理方面出现的问题，提出知识产权战略及维权的意见和建议。

（朱文利）

**【望京科技园新增高端人才 14 名】** 年内，望京科技园企业有 2 人入选“千人计划”，3 人入选“海聚工程”。其中，精进电动科技（北京）有限公司首席执行官余平、北京妙微科技有限公司董事长徐亮峰入选“千人计划”；北京释码大华科技有限公司首席执行官王晓鹏、北京神州仪亮科技有限公司总经理胡力游、布谷（北京）网络科技有限公司法人唐明入选“海聚工程”。园区还有 5 家企业引入“千人计划”专家 7 人、“海聚工程”专家 2 人。

（朱文利）

# 科技金融

# Sci-tech Financing

本栏目设有信用、金融 2 个分栏目，以条目体形式记述中关村国家自主创新示范区在创建国家科技金融创新中心中采取的举措，在创新科技金融服务和建设企业信用体系中组织的主要活动和取得的成效，以及中关村示范区企业在境内外上市和中关村发展专项资金的使用情况等。

# 综　述

2013年，中关村示范区加快建设中关村国家科技金融创新中心，完善科技金融服务体系，强化金融对产业发展的支撑作用。

*完善科技金融服务体系。*深化企业信用体系建设。中关村企业信用促进会新增会员529家，会员总数4392家；新增信用星级企业423家，总数801家；中关村信用双百企业达到412家。建成并完善发展改革委信用信息化试点项目。截至年底，北京中关村科技融资担保有限公司等单位累计为中关村示范区企业提供890亿元的担保融资。27家银行共为1154家次企业提供2920笔信用贷款，实际发放资金356.5亿元；出口信保公司支持中关村示范区企业贸易出口共计132亿美元，占到北京地区的37.3%。累计承保联想集团有限公司等中关村示范区企业421家次；中关村小额贷款公司累计为企业发放贷款899笔，总金额62.87亿元。推动中小企业股份转让试点工作。中关村企业促进会新三板专业委员会成立，将增强企业信用自律，提高企业信用意识、信用管理水平和风险防范能力。新增新三板挂牌企业73家，占全国新增企业的46.8%，总数达255家，占全国新三板挂牌企业总数的40%。88家企业完成或启动102次增资，融资额29.3亿元。加强企业改制上市服务力度。新增上市公司6家，总数达230家，包括境内144家，境外86家，IPO融资总额近2000亿元。上市后备资源丰富，改制完的非上市股份公司500余家，符合创业板财务指标要求的企业近1000家，在证监会等待上市审核和在北京证监局辅导的企业有100余家实现国际化发展。中关村管委会与金融机构和德国证券交易所签约，支持企业走出去。中关村科技租赁有限公司获商务部内资租赁公司试点资格，为28家中关村示范区企业提供租赁业务6.47亿元。推进国家科技金融功能区建设，启动中关村百千万科技金融服务平台建设，成立总规模100亿元的发展基金。

*服务中关村小微企业。*中关村管委会推出“展翼计划”，通过融资担保渠道，重点解决年收入在100万~2000万元之间企业的融资问题。中关村科技融资担保有限公司为此成立专门的小微事业部。截至年底，服务展翼企业300余家。联合人行营管部开展“零信贷”小微企业金融服务拓展活动，引导和鼓励银行、担保等机构帮助科技型小微企业解决首次融资的难题。设立小微企业信贷风险补偿资金，保险公司为企业提供小额贷款保证保险而发生的代偿本金，对担保公司为企业提供融资担保而发生的代偿本金，以及银行为企业提供贷款而发生的不良贷款本金进行一定比例的分担。

*打造互联网金融创新中心。*组织开展互联网金融行业发展情况研究，支持成立全国首家互联网金融的行业组织——中关村互联网金融行业协会。出台《支持中关村互联网金融产业发展的若干措施》，建设中关村互联网金融信用信息平台、中关村数海大数据交易平台。积极培育并聚集一批新型的民营互联网金融机构。围绕国家科技金融功能区建设，支持海淀、石景山等有关区县结合功能定位，建设互联网金融产业基地。

*企业并购再掀高潮。*2013年，中关村示范区企业并购交易数量与金额均创历史新高，企业发生并购案例134起，较2012年增加39起，并购案例数占全国并购案例总数的1/10强；披露并购金额总计918.2亿元，是2012年的3倍，约占全国披露并购案例金额的16.2%。示范区一批企业通过并购实现业务转型、多元化战略、横向整合、垂直整合、行业整合等多种目的，并迎来快速发展时代。其中，百度在线网络技术（北京）有限公司并购91无线、百分之百、糯米网、PPS、移动安全公司TrustGo等企业，投资并购金额超过30亿美元，诞生14个价值过亿元的移动产品，加速移动产业链的战略布局；紫光集团有限公司收购芯片龙头企业展讯通信有限公司，快速跻身国内芯片设计领域巨头行列；汉能控股集团有限公司收购美国硅谷企业MiaSolé，获全球转化率最高的铜铟镓硒（CIGS）技术，成为在技术上具世界领先水平的薄膜太阳能企业。

（刘　研）

# 信　用

**【中关村担保公司首次为公司债提供担保】**4月3日，北京中科金财科技股份有限公司向社会公开发行2.4亿元的公司债券，根据中国证券监督管理委员会《关于核准北京中科金财科技股份有限公司公开发行公司债券的批复》（证监许可〔2013〕39号）的核准，面向社会公众投资者网上公开发行。网上发行代码为“101692”，简称为“12中财债”，票面利率为6.7%，期限5年。公司债由北京中关村科技融资担保有限公司提供担保，担保范围包括此次债券的本金及利息、违约金、损害赔偿金及实现债权的费用。这是中关村担保公司首次为公司债提供担保。中科金财公司被专业机构评定为主体信用等级AA-，经中关村担保公司提供担保后此次债券的信用等级提升为AA级。

（赵正国）

**【京东方集团获300亿元综合授信】**5月8日，京东方科技集团股份有限公司发布《关于签署战略合作协议的公告》，宣布中国进出口银行北京分行将为京东方集团提供300亿元的综合授信，在信贷、担保、咨询等相关业务领域进行合作，包括高新技术产品出口，重要原材料、关键技术和设备进口，国别风险、汇率风险咨询，符合国际化战略的项目评估咨询、融资顾问等，合作期限为3年。此次合作有助于发挥双方在进出口方面的合作优势，有助于双方间建立良好的银企战略合作关系，促进国内平板显示产业的发展。

（崔春雷）

**【陈刚调研中关村企业信用体系建设情况】**5月17日，市委常委陈刚一行到北京中关村企业信用促进会调研中关村示范区企业信用体系建设情况。中关村管委会主任郭洪陪同调研。在听取信用促进会的工作和发展计划汇报后，陈刚充分肯定信用促进会实施“以信用促进企业融资，以融资推动企业发展”的示范区信用体系建设发展战略。陈刚指出，信用体系建设工作要更好地依照市场规则，利用市场机制，充分发挥会员企业在信用体系建设中的主体作用，通过信用宣传、信用服务，不断提升企业信用意识，优化示范区信用环境。协会工作要面向企业、面向市场，为企业做实事；要与市场紧密结合，与企业需求紧密对接；要形成开放式办协会的模式，积极与相关部门机构合作，采用外包、合作联办等方式，最大限度地调动社会和市场资源，扩大协会影响力和服务能力。陈刚强调，信用促进会要进一步整合资源、服务企业，更好地发挥联系企业和政府的桥梁纽带作用；信用信息要合作共享，发挥信用对资源的配置作用，对信用要素进行资源整合，最大限度地发挥信用建设对科技金融和经济发展的推动作用，进一步推进整个中关村示范区的信用建设再上新台阶。

（于梦晨）

**【推出“展翼计划”服务方案】**5月17日，在“信贷创新中关村——中关村示范区‘展翼计划’支持政策暨创新金融产品发布会”上，北京中关村科技融资担保有限公司推出专门服务“展翼计划”企业的服务方案，包括：设立中关村国家自主创新示范区展翼企业担保贷款绿色通道，为注册在中关村示范区内、列入当期“展翼计划”名单的科技型中小企业提供最高额不超过500万元的贷款担保，企业可享受优惠的担保费率、贷款贴息、利息补贴等优惠政策；从事微金融

服务，为列入“展翼计划”的高成长小微型科技企业提供最高额不超过200万元的小额流动资金贷款担保；推出分离式保函业务，即由中关村担保公司作为业务申请人，向合作银行提出申请为指定的被保证人以出具保函的形式向受益人承诺；推出知识产权质押担保服务产品，企业仅需提供个人连带责任和知识产权质押，中关村担保公司即可为企业提供总额不超过200万元的担保授信；深入与外资银行合作；

创业团队服务。

（赵正国）

**【信用与科技金融政策培训会举办】** 6月7日，由北京中关村企业信用促进会、北京中关村留学人员创业园协会共同主办的“示范区信用与科技金融政策培训会（留创企业专场）”在中央财经大学学术会堂举办。中关村管委会等单位相关负责人以及留创园企业的代表100余人参加。中关村管委会相关部门负责人对中关村示范区创新创业投融资环境、科技金融工作的思路

以及担保融资、信用贷款、信用保险及贸易融资等政策性贷款和融资租赁、改制上市等科技金融政策做了介绍，并对专利促进、商标促进、技术标准资助、开放式实验室等专项资金的实施情况、支持措施以及申报方式做了说明。信用促进会的工作人员对中介服务支持资金与信用星级评定政策进行讲解。

（于梦晨）

**【陈刚到中关村担保公司调研】** 6月18日，市委常委陈刚到北京中关村科技融资担保有限公司进行调研。中关村管委会主任郭洪陪同调研。调研组了解了公司强化自身综合服务能力以及整合资源搭建信用金融协同服务平台，服务科技型中小微企业的情况。陈刚对中关村担保公司的工作给予肯定，并提出公司在发展提速期，应着力抓好以下几方面工作：第一，要继续坚持“政策性导向、市场化运作”的经营宗旨，探索服务中小微企业的新途径，进一步提高对示范区中小微企业的服务覆盖面。第二，主营业务要做到稳扎稳打，新业务拓展做到风险可控。在服务好中小微企业的前提下，稳步提高收益，实现国有资产保值增值。第三，进一步强化规范管理，保持良好发展态势。

（赵正国　李贺英）

**【亦庄信用工作平台获授牌】** 6月25日，由北京中关村企业信用促进会主办的“北京中关村信用促进会亦

庄信用工作平台授牌仪式”在博大大厦举行。100余位企业代表参加。信用促进会向亦庄信用工作平台授牌。亦庄信用工作平台设立在汇龙森国际企业孵化（北京）有限公司，主要负责办理信用促进会入会、年审、中介资金申请受理、信用星级评定等日常业务，以及举办政策推广和融资服务等活动。

（于梦晨）

**【中关村“展翼计划”主题宣传活动举办】** 6月27日，由北京中关村企业信用促进会电子城信用工作平台举办的“中关村展翼计划主题宣传活动”在电子城科技大厦举行。来自朝阳园的40余家企业的50余名代表参加。会上，信用促进会负责人介绍了中关村示范区“展翼计划”工作方案，朝阳区工商局的相关负责人对如何注册商标及有关支持政策进行讲解。

（于梦晨　李　哲）

**【开展企业百人汇活动】** 6月，北京中关村企业信用促进会联合相关创投机构、金融机构和信用服务、财务服务等中介机构，推出以企业发展智慧传承为目的的中关村新三板企业专业委员会“企业百人汇”问诊系列活动，旨在聚集中关村示范区新三板企业信用资源，增强企业信用自律，提高企业信用意识、信用管理水平和风险防范能力，高效对接科技金融服务，分享创新发展经验和传承智慧理念，促进企业融资发展。信用促进会联合中关村股权投资天使分会、中关村股权投资法律分会成立由企业家、PE/VC投资人、资本运营专家、法律专家等专家组成的“特别的企业拜访团”。企业拜访团主要围绕企业投融资、信用管理、资本运营、市场营销、企业管理等方面，实地走访企业开展咨询、对话交流活动。活动还于每个月末召开集中企业会诊式的“拜访企业座谈会”，对企业需求进行集中会诊。

（于梦晨）

**【签署“1+5”中关村担保联盟协议】** 7月8日，在市

金融局等单位主办的“北京市融资担保行业企业战略合作联盟签约仪式”上，北京中关村科技融资担保有限公司与中鸿联合融资担保有限公司、中硕融资担保有限公司、中鸿基融资担保有限公司、京银汇通融资担保有限公司、金达融资担保有限责任公司5家担保机构签订《“1+5”担保企业合作协议》。根据协议，合作成员各方推荐的项目，经评审通过，可采取中关村担保公司与联盟成员联合对外承担担保责任或中关村担保公司向合作金融机构承担担保责任、联盟各方向中关村担保公司提供反担保责任的运作模式，并由合作各方共同协商承保比例，各方依承保比例承担相应的风险和收益。

（赵正国　李贺英）

**【软件园孵化器信用工作平台揭牌】**7月18日，由北京中关村企业信用促进会主办的“中关村软件园孵化器信用工作平台揭牌仪式”在中关村软件园举行。信用促进会等单位有关领导以及企业代表100余人参加。平台由北京中关村软件园孵化服务有限公司与中关村企业信用促进会共同成立，以方便企业就近办理中关村企业信用促进会的入会、年审、星级评定、资金补贴申请、政策咨询及培训等业务。同时，还举办“中关村科技金融政策宣讲会”。信用促进会的负责人向与会代表介绍担保贷款、“展翼计划”、信用贷款、信保融资、融资租赁、改制上市、并购支持等科技金融政策，并对中介服务支持资金、专利促进资金、商标促进资金、技术标准资助资金的申报流程做了说明。

（刘乐乐　陈宝德）

**【“展翼计划”主题宣传活动举办】**7月25日，由石景山区人力社保局、石景山园管委会共同主办的“园区讲堂”2013年人力资源与社会保障系列培训第三讲——社会保险和医疗保险相关政策解读及中关村科技金融政策讲座在领秀大厦举行。北京中关村企业信用促进会等单位有关领导以及企业代表60余人参加。相关专家介绍了中关村“展翼计划”工作方案，包括“展翼计划”信用星级评定、中介资金补贴和融资租赁补贴等，并对社会保险和医疗保险的相关政策进行讲解。

（于梦晨）

**【中关村租赁公司与宣爱智能公司签约】**8月21日，“十年磨剑　合剑向前暨北京宣爱智能模拟技术股份有限公司中关村科技租赁（北京）有限公司战略合作签约仪式”在北大博雅国际酒店举行。中国道路运输协会驾驶员工作委员会等单位有关人员以及签约双方代表50余人参加。根据协议，中关村租赁公司将给予宣爱

智能公司融资租赁业务授信额度1亿元，并采取租赁销售、租赁经营、先租后买等3种模式为其“宣爱”牌模拟驾驶机的推广提供服务。

（李贺英）

**【中关村新三板企业专业委员会成立】**8月27日，由中关村信用促进会主办“信用中关村系列活动——北京中关村企业信用促进会新三板企业专业委员会成立大会”在京仪大酒店举行。会议主题为“信用、分享、共赢、发展”。中关村管委会、全国中小企业股权转让系统有限公司等单位有关领导以及相关机构、协会和企业的代表300余人参加。新三板专委会是由中关村示范区新三板挂牌企业、转板成功企业、拟申请挂牌企业以及为企业提供服务的金融机构、担保机构、创投机构、券商、律所、会计事务所、信用服务等机构组成的信用自律组织，旨在聚集中关村示范区新三板企业信用资源，增强企业信用自律，提高企业信用意识、信用管理水平和风险防范能力，高效对接科技金融服务，促进企业与政府部门、中介机构、金融机构之间的联系与交流，拓宽企业融资通道，助力企业IPO和转板，分享创新发展经验和传承智慧理念，促进企业快速、健康和持续发展。其主要工作为：促进企业与企业之间、中介服务机构与企业之间、政府部门与企业之间的沟通交流；整合中关村示范区企业信用与科技金融等资源，促进专委会成员高效便捷融资；宣传中关村示范区科技金融政策，促进企业创新发展；企业创新发展的经验分享和智慧传承。专委会第一届主任委员为北京凯英信业科技股份有限公司副总经理张旭。会议发布新三板专业委员会自律公约，并举行银行、担保机构、创投机构与已挂牌新三板企业的签约仪式。

（于梦晨）

**【中关村信用双百企业名单发布】**9月6日，由中关村管委会、中国人民银行营业管理部、市经济信息化委、市金融局联合主办的“信用中关村系列活动——北京

中关村企业信用促进会成立十周年暨2013中关村信用双百企业发布会”在北京京仪大酒店举行。来自政府相关部门、金融机构、担保机构、保险机构、创投机构、信用中介机构和高科技企业的代表近400人参加。会议回顾了北京中关村企业信用促进会的发展历程；公布了2013中关村信用双百企业名单，包括最具影响力信用企业116家，最具发展潜力信用企业101家；发布了740家2013中关村信用星级企业名单，其中五星级企业99家，四星级企业74家，三星级企业92家，二星级企业164家，一星级企业311家。商业银行、担保机构还与双百企业代表进行企业融资授信签约。会上，中关村软件园被中关村管委会授予“中关村信用示范基地”称号。

（刘乐乐　杜　玲）

**【信用促进与知识产权政策培训会举办】** 10月31日，由北京中关村企业信用促进会亦庄信用工作平台主办的“信用促进与知识产权政策培训会”在汇龙森科技园举行。中关村知识产权促进局、北京中关村企业信用促进会等单位相关负责人以及大兴—亦庄园企业代表60余人参加。中关村信用促进会的相关负责人向与会代表介绍担保贷款、“展翼计划”、信用贷款、信保融资、融资租赁、改制上市、并购支持等科技金融政策，并对中介服务支持资金的补贴范围，即信用报告、认证、知识产权代理和各项内容的补贴比例、申报流程做了说明。中关村知识产权促进局负责人讲解了知识产权对企业的重要性以及中关村示范区对知识产权的补贴政策及申请流程。

（于梦晨　李美惠）

**【中关村发展集团参展金博会】** 10月31日—11月3日，在北京展览馆举行的第九届北京国际金融博览会上，中关村发展集团股份有限公司以“聚力科技金融，助推经济升级”为主题参展，展示科技投资、科技担保、科技信贷、科技典当、科技租赁、知识产权运营等系列金融创新产品与服务。其展出的“增信保”“分离式保函”等科技担保服务产品，为瞪羚企业、展翼企业开辟“绿色通道”；推出“信用时贷”“知本时贷”“赤诚相贷”等“贷贷相传”系列产品，转变重实物和押品价值的传统思维定式，为轻资产的高科技企业提供获得信贷的支持；科技租赁业务在推出集群租赁、风险租赁等七大产品组合的基础上，还附赠“银租通”“投租通”和“保租通”3项增值服务，破解科技型中小企业融资难题。

（李贺英）

**【科技金融政策与劳动合同法培训会举办】** 11月12日，由北京中关村企业信用促进会电子城信用工作平台主办的“中关村信用及科技金融政策与劳动合同法培训会”在电子城科技大厦举行。朝阳区劳动社保局、北京中关村企业信用促进会等单位相关负责人以及来自朝阳园企业的40余位代表参加。中关村信用促进会的负责人向与会代表介绍担保贷款、“展翼计划”、信用贷款、信保融资、融资租赁、改制上市等科技金融政策，并对2013年度第四季度中介服务支持资金的补贴申报流程做了说明。朝阳区劳动社保局相关负责人向与会代表解读劳动合同法，并通过举例说明分析相关条款。

（于梦晨）

**【8家企业获软件和信息服务业AAA级信用评价】** 11月15日，在湖北省武汉市举行的“2013年（第六届）中国软件和信息服务业企业信用评价发布会”上，中国软件行业协会发布2013年度48家信用企业的名单及等级。其中，获AAA级企业31家，AA级企业12家，A级企业4家，BBB级企业1家。中关村示范区内航天信息股份有限公司、中科软科技股份有限公司、北京国电通网络技术有限公司等8家企业被评为中国软件和信息服务业信用评价AAA级企业，北京本果信息技术有限公司、北京汉王智通科技有限公司被评为信用评价AA级企业，北京三正科技有限公司被评为信用评价A级企业。

（杜　菲）

**【解读信用体系概况与信用激励政策】** 12月10日，由中关村协会联席会主办的“信用中关村系列活动——中关村信用体系概况与信用激励政策解读及专项资金申报培训会”在北京理工国际教育交流大厦举行。来自相关机构、协会组织、企业的代表200余人参加。相关专家对中关村示范区信用体系概况与信用激励政策进行阐述和解读，并对2012年下半年信保融资业务补贴申报和2013年第四季度中介服务支持资金申报的申请流程、网上申报、现场提交资料等内容做了说明。

（于梦晨）

**【瞪羚十年暨创新金融产品发布会举行】**12 月 27 日，由中国人民银行营业管理部、北京银监局、市金融局、中关村管委会共同主办的“信贷创新中关村系列活动——‘小企业　微金融　大平台’瞪羚十年暨创新金融产品发布会”在北京京仪大酒店举行。来自瞪羚企业、银行及中介机构的代表 400 余人参加。活动回顾“瞪羚计划”实施 10 年来在帮助中关村科技型中小企业拓宽融资渠道、促进高成长性科技企业实现跨越式发展等方面的经验和做法。北京中关村科技融资担保有限公司作为“瞪羚计划”的实施主体，10 年累计为中关村示范区 2535 家“瞪羚企业”提供 400 余亿元的融资担保服务，有效缓解高成长科技型中小企业的融资难问题。中关村担保公司发布“瞪羚重点培育企业主动担保综合授信”“‘展翼计划’主动担保授信”“商业汇票保兑保函”等系列金融产品。会上，中关村担保公司与中国建设银行股份有限公司签署商票合作协议、北京中关村瞪羚投资基金管理有限公司与招银国际金融有限公司签署引资协议。活动还举行中关村担保公司主动担保授信服务启动仪式。主动担保授信是指，在主动担保授信额度和时限内，企业可依所需自主选择银行、贷款、保函等金融产品及合作机构，中关村担保公司都能为其提供担保。

（赵正国　李志华）

**【全年担保额超过 200 亿元】**年内，北京中关村科技融资担保有限公司为 2968 家次中关村示范区企业提供担保，担保业务总额 204 亿元，年度担保业务总额首次突破 200 亿元。

（赵正国）

**【信用促进会新增会员 529 家】**年内，北京中关村企业信用促进会新增会员 529 家，会员总数 4392 家；受理企业购买中介服务项目 2336 项，涉及支持资金补贴额 1193.68 万元；受理信保融资资金补贴申请企业 26 家，涉及资信调查费、保费和贷款利息补贴总额 678 余万元；受理 3 家中关村示范区企业和 2 家租赁企业的融资租赁补贴申报，涉及租息、手续费、业务补贴总额 77.08 万元。举办各类信用政策和投融资政策宣传宣介活动 62 场次，包括中关村示范区科技金融政策、产业政策、知识产权政策以及新出台的“展翼计划”政策等，培训人员 5000 余人次。

（于梦晨）

**【新增信用星级企业 423 家】**年内，北京中关村企业信用促进会新增中关村示范区信用星级企业 423 家。其中，新增一星级企业 196 家，二星级企业 92 家，三星级企业 58 家，四星级企业 41 家，五星级企业 36 家。信用星级企业累计达到 801 家。

（于梦晨）

**【新增信用报告 1860 份】**年内，北京中关村企业信用促进会新增信用报告 1860 份，其中新增评级报告 1274 份，深度征信 140 份，标准征信 446 份。信用报告累计达到 1.49 万份。

（于梦晨）

# 金 融

**【京东方公司与国开行签署金融合作协议】**1月7日，京东方科技集团股份有限公司发布《关于签署开发性金融合作协议的公告》，宣布其于1月6日与国家开发银行股份有限公司北京市分行签署《开发性金融合作协议》。根据协议，自2013年至2014年期间，双方在各类金融产品上的合作融资总量为200亿元。

（杜 玲）

**【开屏基金扶持计划启动】**1月11日，在北京奥雅会所举行的极客公园创新大会上，乐视网信息技术（北京）股份有限公司宣布启动“开屏基金扶持计划”，乐视娱乐投资（北京）有限公司、北京创新方舟科技有限公司（创新工场）、深圳市创新投资集团有限公司等机构将联合投资1亿元，为智能电视应用开发者提供启动资金支持。扶持计划重点关注家庭游戏类、视频类、生活方式类、社交类、教育类等领域的应用，采用资金整合和资金多元的运营模式，以借贷转股、部分参股、全资收购和滚动投资4种方式投资扶持优秀的智能电视应用开发者。

（杜 玲）

**【雪迪龙公司参股设立环保公司】**1月14日，北京雪迪龙科技股份有限公司发布《关于参股设立北京科迪威环保设备有限公司的公告》，宣布拟出资14.4万美元与韩国Korbi公司（Korbi Co., Ltd.）、北京盈智威华咨询有限公司及2位自然人合资设立北京科迪威环保设备有限公司，主要从事水质监测仪器仪表及有关产品的制造。雪迪龙公司是新公司的第一大股东，持有40%股权。

（杜 玲）

**【星展银行提供一站式金融服务】**1月17日，由星展银行有限公司主办的信贷创新中关村活动——中小企业融资理财一站式服务研讨会在北京世纪金源大酒店举行。来自中关村示范区企业的代表参加。星展银行（中国）有限公司宣布将为中关村示范区内科技型中小企业提供一站式特色金融服务，协助中小企业业主寻找合适的企业融资和个人理财方案，并针对中关村示范区企业推出4款融资产品。一是应付账款融资，有无抵押物均可，如果提供抵押品，贷款额度可大于抵押物价值，解决企业流动资金困难；二是设备融资，贷款额度最高为全款的80%，最长4年，解决企业采购大型设备的困难；三是应收账款融资，解决下游企业确认问题；四是企业现有设备抵押贷款，设备使用7年以内均可，贷款额度最高为评估值的七成，以盘活生产企业的优质固定资产。

（李志华）

**【中关村股权投资行业发展报告发布】**1月29日，由中关村创业投资和股权投资基金协会主办的“中关村金融家俱乐部新年酒会暨中关村创业投资和股权投资基金协会新春联谊会”在北大博雅国际酒店召开。中关村管委会有关领导，市民政局社团办、海淀区金融办、海淀区民政局等单位有关领导以及中关村示范区、海淀区创业和股权投资机构及银行、保险、证券等金融机构的代表近160人参加。会议发布由中关村创投协会联合清科研究中心共同完成的《2012年股权投资行业对中关村经济贡献年度报告》和《2012年中关村股权投资行业发展报告》。2份报告分析了股权投资机构发展情况、中关村示范区驻区企业股权融资情况、中国股权投资发展趋势与中关村示范区的发展机遇问题，并在中关村示范区股权投资行业发展情况分析及专家意见的基础上，总结中关村示范区发展股权投资行业的意义，并对中关村示范区股权投资行业的发展提出建议。

（杨 禹）

**【中关村科技租赁公司获批融资租赁试点】**1月31日，商务部、税务总局发布《关于确认及取消有关企业内资融资租赁业务试点资格的通知》（商流通函〔2013〕49号），批准中关村科技租赁（北京）有限公司等19家企业作为第十批内资融资租赁业务试点企业。中关村租赁公司将专注于为中关村示范区的中小高科技企业提供研发、生产、检测等设备的租赁服务，以及基于这些设备的融资服务。其业务有三大特点：一是创立集群租赁新模式，大力促进整个产业集群的发展；二是探索创投租赁新模式，将创业投资和租赁业务结合起来；三是建立风险补偿基金。基金由政府和租赁公司设立，若中小企业（承租人）出现违约，由基金先行代偿，基金代偿后享有债权追偿权。

（李贺英 杜 玲）

**【合众思壮公司收购半球公司业务】** 2月2日，北京合众思壮科技股份有限公司发布《收购资产公告》，宣布公司通过下属全资公司思壮加拿大公司（1718784 Alberta Ltd.）及思壮美国公司与加拿大半球股份公司（Hemisphere GPS Inc.）及加拿大半球有限公司（Hemisphere GPSLLC.）签署协议，投资2000万美元，收购加拿大半球股份公司部分资产及业务，包括高精度产品线和相关的所有知识产权，以及“Hemisphere GPS”商标。

（杜　玲）

**【嘉捷小微企业互助基金成立】** 3月19日，由嘉捷企业汇、中国民生银行联合主办的“嘉捷企业汇小企业创业基地互助基金成立大会暨首批会员贷款放款活动”在博大大厦举行。市经济信息化委、大兴区经济信息化委、北京经济技术开发区科技局等单位相关领导以及嘉捷互助基金的会员、大兴新区企业和新闻媒体的代表等100余人参加。基金由嘉捷企业汇与民生银行共同发起，是北京市首家以政府公共服务平台、政府小企业基地为主导的服务于小微企业融资的互助合作基金，旨在为小微企业提供贷款。小微企业若要加入互助基金，需要遵守基金章程，缴纳一定比例的保证金和风险抵御金，无须直接向银行提供抵押物和担保，即可以企业主的名义从民生银行获批一笔不高于500万元的纯信用贷款，用于企业经营，具有手续简便、放款快的特点。会上，北京新北铜铝业有限公司、北京宝佳亚龙光电有限公司等15家小微企业通过基金获民生银行的贷款1500万元。至年底，基金帮助园区企业成功贷款超过5000万元。

（崔春雷）

**【推出“瞪羚诚信贷”】** 3月21日，由杭州银行北京分行主办的“信贷创新中关村系列活动——杭州银行北京分行瞪羚诚信贷新产品发布会”在北京京仪大酒店举行。来自中关村示范区企业的代表300余人参加。

杭州银行北京分行针对瞪羚重点培育企业发布“瞪羚诚信贷”产品。“瞪羚诚信贷”将采用无抵押无担保的信用贷款方式，贷款额度最高1000万元，具有产品标准化、审批时间短、效率高等特点。

（李志华）

**【新三板企业专场融资路演活动举行】** 4月2日，由中关村管委会主办的“创业中关村”系列活动——“中关村企业融资路演——新三板专场”在裕惠大厦举行。5家中关村示范区新三板挂牌企业和20余家创投机构的代表参加。5家路演企业分别是北京速原中天科技股份公司、北京宣爱智能模拟技术股份有限公司、北京德鑫泉物联网科技股份有限公司、北京航天理想科技股份有限公司、北京沃捷文化传媒股份有限公司，涉及物联网、软件服务、文化传媒等领域。企业负责人分别从技术、产品、团队以及商业模式等方面介绍企业的基本情况，并结合企业下一步的发展战略，提出相应的融资需求。创投机构负责人从投资者的角度，结合自身的投资理念、投资经验、融资技巧等与路演企业代表进行交流。

（李志华）

**【中关村现代服务业中小微投资基金设立】** 4月3日，由市财政局和北京市国有资产经营有限责任公司共同举办的《“中关村现代服务业中小微投资基金”财政资金委托管理协议》签约仪式在京举行。签约双方相关领导以及相关企业负责人参加。市财政局与市国资公司签约设立“中关村现代服务业中小微投资基金”。根据协议，由市财政局从现代服务业试点扶持资金中安排1亿元，委托市国资公司进行管理，并作为有限合伙人将资金投入中小微投资基金。基金将通过私募形式募集社会资金，为中关村示范区范围内的现代服务业中小微企业提供债权融资服务。

（龙　琦）

**【保险机构走进中关村活动举行】** 4月26日，中关村管委会与北京保监局、市金融局联合举办“保险机构走进中关村”活动。20余家保险公司、保险中介机构的负责人以及北京保险行业协会和企业的代表等50余人参加。保险机构代表首先参观了中关村示范区展示中心和中关村软件园，最后在中关村软件园召开以“保险和中关村战略性新兴产业发展”为主题的座谈会。在座谈会上，与会代表就企业的保险业务和相关需求以及科技保险的产品、服务等进行探讨。

（李志华）

**【龙渊云腾基金成立】** 5月6日，在第二届全球移动游戏大会上，龙渊云腾基金发布。龙渊云腾基金由北京当乐信息技术有限公司联合北京磐古创业投资有限责任公司、软银赛富投资顾问有限公司以及资深游戏人、个人投资者共同创办，主要是对初创期的游戏团队进行天使轮、种子轮的投资，将采用股权投资、收入分成、小额贷款等方式，支持移动游戏的早期投资与孵化。基金计划募集目标1亿元，第一期募集资金5000万元。

（张　月）

**【百度公司收购PPS视频业务】** 5月7日，百度在线网络技术（北京）有限公司旗下企业北京爱奇艺科技有限公司在北京、上海两地分别召开新闻发布会，宣布百度公司以3.7亿美金全盘收购上海众源网络有限公司（PPS）的视频业务，并将其与爱奇艺公司合并，合并后的公司仍叫“爱奇艺”，PPS业务以爱奇艺公司的子品牌运营。

（杜　玲）

**【3227家企业入选2013年“瞪羚计划”】** 5月9日，中关村管委会公布2013年入选“瞪羚计划”的企业名单，北京长城电子工程技术有限公司、博彦科技股份有限公司、中粮（北京）饲料科技有限公司等3227家企业入选，涵盖电子信息、能源环保、生物工程及新医药、新材料等战略性新兴产业。入选企业可享受中关村贷款贴息及担保补贴政策。

（李志华）

**【华谊嘉信公司收购3家公司】** 5月10日，北京华谊嘉信整合营销顾问集团股份有限公司发布《向特定对象发行股份及支付现金购买资产并募集配套资金暨关联交易报告书（草案）》，宣布其以总计2.06亿元对价收购上海东汐广告传播有限公司49%、上海波释广告有限公司49%以及北京美意互通科技有限公司70%的股权。收购完成后，东汐广告公司和波释广告公司成为华谊嘉信公司的全资子公司。

（杜　玲）

**【中关村斯坦福新兴技术创业投资基金设立】** 5月14日，中关村斯坦福新兴技术创业投资基金签约仪式在美国硅谷举行。市长王安顺等领导以及美国斯坦福大学、北京世纪金沙江创业投资管理有限公司等机构有关人员参加。基金由中关村发展集团股份有限公司联合斯坦福大学学者张首晟以及有关投资机构在硅谷发起成立，计划募集5000万美元，首期投资700万美元，由张首晟等斯坦福大学的华裔科学家主导，重点支持斯坦福大学及周边院校具有原创性和创新技术项目，与中关村发展集团硅谷国际孵化中心合作，引导支持项目到中关村示范区产业化。

（李贺英）

**【政金企对话科技金融活动举办】** 6月5日，由海淀区政府主办的“2013海淀中关村‘政金企对话科技金融’投融资对接活动主题会场暨开幕仪式”在用友软件园

举行。市金融局、中关村管委会、海淀区政府等单位有关领导以及金融机构和企业的代表300余人参加。活动分“科技金融与企业全球化”主会场及“软件行业专场”“资本市场专场”“互联网金融专场”“天使投资专场”4个分会场，中关村发展集团股份有限公司、用友软件股份有限公司、北京小米科技有限责任公司等企业有关领导以及北京银行中关村分行等机构负责人分别做了主题讲演。与会代表开展专题对话进行沟通交流，探讨科技金融有机对接的方式和路径。发起活动的企业团体和金融服务团体共同签署战略合作意向书。

（李贺英）

**【中关村企业融资路演会TMT专场举行】** 6月6日，由市发展改革委、市经济信息化委、市金融局和中关村管委会联合主办的“创业中关村”系列活动——中关村企业融资路演会TMT专场在清华科技园举行。来自创业企业和创投机构的代表50余人参加。北京神州仪亮科技有限公司、北京华电方胜技术发展有限公司、北京智慧星光信息技术有限公司、北京新思云创科技有限公司等4家企业进行路演展示。4家企业分别涉及TMT行业的3G、4G高端空口测试仪器，智能配电、节能系统，大数据分析、舆情监控，桌面虚拟化产品及服务等领域。

（李志华）

**【85个国家创新基金项目通过验收】** 6月6日，科技部创新基金网站公布2013年第一批国家创新基金项目验收合格名单。由北京市企业完成的216个项目通过验收。其中，由中关村管委会推荐并监理的85个项目通过验收，其中2009年创新基金项目有北京广灵精华科技有限公司的“半固态镁合金流变成型技术生产汽车方向盘骨架”等75个；2010年创新基金项目有北京

有恒斯康通信技术有限公司的“3G 无线传输视频监控管理系统”等 10 个。

（陈宝德）

**【中关村外汇管理政策培训会举行】**6 月 6 日，由中关村管委会、北京外汇管理部共同主办的中关村外汇管理政策培训会在裕惠大厦举行。100 余家创投机构和企业的代表参加。北京外汇管理部的相关负责人就外汇管理政策和业务操作流程进行讲解，并就与会人员提出的问题进行答疑。

（李志华）

**【“银租企”三方签约】**6 月 13 日，“中关村租赁与金科水务、光大银行战略合作签约仪式”在朔黄发展大厦举行。中关村发展集团股份有限公司、中关村科技租赁有限公司、金科水务工程（北京）有限公司、中国光大银行北京分行等单位有关负责人 30 余人参加。根据协议，中关村租赁公司与光大银行将实现信息和

资源共享，提供融资租赁和授信服务；中关村租赁公司将为金科水务公司提供融资租赁销售服务，促进其产品的研发和推广应用。

（李贺英）

**【乐普医疗公司收购新帅克公司】**6 月 22 日，乐普（北京）医疗器械股份有限公司与河南新帅克制药股份有限公司战略合作签约仪式在北京世纪金源大饭店举行。中国船舶重工集团公司以及签约双方相关领导参加。乐普医疗公司与新帅克公司的控股股东拉萨恒宁创业投资合伙企业签署《股份转让协议》。根据协议，乐普医疗公司出资 3.9 亿元收购新帅克公司 60% 股份，将对新帅克公司的产品销售、技术研发、资本运作和服务领域进行整合和优化。新帅克公司注册资金 5500 万元，产品涉及心血管、消化系统、妇科等领域。通过收购新帅克公司，乐普医疗公司将获其心血管药物的核心药品批文、产品线与研发平台。

（王红彬　杜　玲）

**【北京银行创业卡发布】**6 月 26 日，由中国人民银行营业管理部、市科委、中关村管委会等单位共同主办的信贷创新中关村系列活动——北京银行组合产品助力中关村企业成长暨创业卡发布仪式在中关村软件园举行。市委常委陈刚、副市长苟仲文、中关村管委会主任郭洪等领导以及工业和信息化部、银监局、银行业协会等单位相关负责人和企业代表等参加。北京银行发布国内银行业内首张针对创业人群的创业者专属信用卡——北京银行“创业卡”，以满足创业人员在创业初期日常消费的资金需求。北京银行联合创新工场、创业家等创新型孵化器，为创业者提供“创业卡”服务，并将信用卡额度纳入企业贷款额度统一授信管理。北京银行还针对中关村示范区企业创业、成长、成熟、腾飞 4 个发展阶段发布为企业量身定制的分阶段金融服务产品。针对创业期轻资产、首次融资难的创业企业，北京银行将提供包括“创业贷”小额信用贷款、见贷即保、投贷联动、留学归国人员创业企业担保贷款在内的综合融资服务；针对成长期快速成长、融资需求加大的企业，提供包括智权贷、创意贷、订单贷、短贷宝在内的综合融资服务；针对成熟期已上市企业，提供包括信用贷、个人高端主动授信、供应链金融服务、主动授信、票据融资、现金管理在内的综合融资服务；针对腾飞期跨越式发展、融资需求多元化的企业，提供包括并购贷款、非金融企业债务融资工具、债务融资、现金管理、供应链金融服务在内的综合融资服务。

（龙　琦）

**【科技金融政策宣讲会大兴园专场举办】**6 月 27 日，由中关村管委会主办的中关村示范区科技金融政策宣讲会大兴园专场在国家新媒体产业基地举行。中关村管委会、大兴区经济信息化委等单位有关领导以及相关金融机构负责人、企业代表等 100 余人参加。相关专家分别就中关村科技金融及改制上市政策、企业改制上市、新三板业务实操和法律方面相关问题等进行解读。

（李志华）

**【掌趣科技公司收购动网先锋公司】**7 月 2 日，北京掌趣科技股份有限公司发布《关于公司发行股份及支付现金购买资产并募集配套资金获得中国证券监督管理委员会正式批复的公告》，宣布收到中国证券监督管理委员会《关于核准北京掌趣科技股份有限公司重大资产重组及向宋海波等发行股份购买资产并募集配套资金的批复》（证监许可〔2013〕841 号），批准其收购海南动网先锋网络科技有限公司 100% 的股权。交易总对价 8.1 亿元，其中现金支付 5.6 亿元，其余 2.5 亿元对价由掌趣科技公司通过非公开发行股票支付。

（杜　玲）

**【博大创投专场企业融资路演会举行】** 7月9日，由市发展改革委、市经济信息化委、市金融局和中关村管委会联合主办的“2013‘创业中关村’系列活动——企业融资路演——博大创投专场”在中国技术交易大厦举行。来自创业企业和创投机构的代表近100人参加。中关村管委会相关负责人介绍中关村管委会为创投机构、企业提供的相关政策扶持和“创业中关村系列活动——走进创投”这一投融资平台的情况。获得北京博大环球创业投资有限公司投资的北京赛亿科技股份有限公司、北京育才苑教育科技有限公司以及北京华丰达系统技术有限公司、百助通（北京）物联网科技有限公司、优万科技（北京）有限公司分别进行企业融资路演，分别向投资者介绍其公司的发展历程、管理团队、主营业务、核心竞争力及融资需求。路演企业涉及新材料、物联网科技、素质教育、矿山机械和3D虚拟世界等领域。

（李志华　康秋红）

**【中小企业并购重组专题培训举办】** 7月12日，由中关村管委会、北京证监局和市金融局联合举办的“2013年北京地区中小企业并购重组业务专题培训”在北京裕龙大酒店举行。北京地区中小板及创业板上市公司、拟上市企业的高管300余人参加。相关专家分别就并购重组法规、内幕交易法规、中小公司并购重组方法、并购重组风险控制以及跨境并购实务等方面进行讲解，并以实例分享了有关并购发展策略、跨境并购实践和并购整合方面的经验教训。

（李志华）

**【投融资交流会国泰君安证券专场举办】** 7月18日，由中关村管委会、全国中小企业股份转让系统有限公司和国泰君安证券股份有限公司联合主办的“国泰君安证券·中关村投融资交流会”在北京大学光华管理学院举行。来自中关村示范区企业的代表100余人参加。相关专家就中关村管委会支持中关村示范区企业在新三板挂牌的相关政策以及新三板市场发展的战略意义、未来发展前景、相关制度、对企业的帮助等方面做了介绍。

（李志华）

**【新三板挂牌企业投资者接待周活动举行】** 7月19日，由北京证监局、市金融局、中关村管委会、全国中小企业股份转让系统有限责任公司共同主办的“全国股份转让系统中关村示范区挂牌企业集体业绩说明会暨投资者集体接待周启动仪式”在全景网举行。中关村管委会有关领导以及挂牌企业的相关负责人参加。仪式上，中关村示范区28家公司通过全景网投资者互动平台与全国各地的投资者进行沟通与交流。互动活动旨在为推动全国股份转让系统中关村示范区挂牌企业进一步做好投资者关系管理工作，强化中关村示范区挂牌企业与广大投资者的交流，促进中关村示范区挂牌企业不断提高透明度和治理水平。中关村示范区挂

牌企业高管在1周内分批次与全国各地投资者通过网络平台进行实时沟通，就企业的发展战略、业绩、财务指标、融资计划、股权激励等问题，进行“一对多”形式的网络沟通。活动至7月25日结束。

（龙　琦）

**【新三板挂牌与融资并行第一例】** 7月22日，北京蓝天瑞德环保技术股份有限公司在全国中小企业股份转让系统挂牌。同时，蓝天环保公司向1名机构投资者和4名自然人定向发行股票731.43万股，发行价格为1.4元/股，融资1024.002万元。蓝天瑞德环保公司成为首家在新三板挂牌同时进行定向增发的企业。

（李志华）

**【同方公司收购壹人壹本公司】** 7月24日，中国证券监督管理委员会印发《关于核准同方股份有限公司向杜国楹等发行股份购买资产并募集配套资金的批复》（证监许可〔2013〕973号），核准同方公司以7.02元/股的价格向杜国楹、北京启迪明德创业投资有限公司、融银资本投资管理有限公司等14名交易对方定向发行股份，收购其合计持有的北京壹人壹本信息科技有限公司的75.27265%股权。同时，同方公司以不低于6.32元/股的价格向不超过10名特定投资者非公开发行股份募集配套资金，募资金额不超过交易总额的25%，用于收购北京健坤投资集团有限公司和冯继超持有的壹人壹本公司的24.72735%股权。同方公司用发行股份和支付现金的方式，以总价14.5亿元收购壹人壹本公司100%股权。

（杜　玲）

**【东华软件公司发行可转换债券】** 7月24日，东华软

件股份公司发布《东华软件股份公司公开发行可转换公司债券发行公告》（公告编号：2013-016），发行10亿元可转债，每张面值为100元，共1000万张。可转债存续期限为6年，即自2013年7月26日至2019年7月25日。2013年8月19日，债券在深圳证券交易所上市。债券简称：东华转债，债券代码：128002。募集的资金计划用于东华基础架构云平台项目、中小商业银行一体化云服务平台项目、区域性数字医疗服务信息云平台项目、智慧城市一体化解决方案项目、智慧矿山一体化信息平台项目以及新一代IT运维管理系统项目的投资建设。

（尹玲利）

**【汉能控股集团并购美国GSE公司】**7月25日，汉能控股集团有限公司宣布并购美国全球太阳能公司(Global Solar Energy，Inc.，GSE)。GSE是薄膜太阳能企业，总部位于美国亚利桑那州图森市，其生产的柔性太阳能电池组件可广泛应用于光伏建筑一体化(BIPV)、太阳能屋顶系统、电动汽车和移动太阳能应用产品等领域。

（杜　玲）

**【金山云公司融资2000万美元】**8月13日，北京金山云网络技术有限公司召开融资媒体见面会，宣布完成2000万美元A轮融资，领投方为俄罗斯投资人尤里·米纳尔（Yuri Milner）旗下的一家基金公司。资金主要用于提升客户体验方面，包括增加存储设备，还有带宽投入等。

（杜　玲）

**【百度公司收购91无线公司】**8月14日，百度在线网络技术（北京）有限公司全资子公司百度（香港）有限公司在福州市与网龙网络有限公司签署最终并购协议，从网龙公司和其他股东处收购91无线网络有限公司100%股权。交易总金额约为19亿美元，由于91无线公司为持有价值5206万美元特别股的股东派发有条件股息，实际收购总金额为18.5亿美元。10月1日，百度公司完成对91无线公司的收购。

（杜　玲）

**【百度公司战略投资糯米网公司】**8月23日，百度在线网络技术（北京）有限公司和人人公司联合宣布达成最终协议，百度公司将向人人公司旗下的北京糯米网科技发展有限公司战略投资1.6亿美金，以获得其约59%的股权。糯米网的团购平台和本地信息，能够与百度公司的移动LBS（基于位置服务）、地图等业务实现优势互补，其覆盖众多城市的销售团队和累积的用户基础，将有助于百度公司更好地为商户搭建本地化LBS平台。

（杜　玲）

**【中关村上市公司竞争力报告发布】**8月28日，由中关村上市公司协会主办的“《2012年中关村上市公司竞争力报告》发布会”在朔黄发展大厦举行。中关村管委会、北京银行中关村分行等单位有关领导以及企业和媒体的代表参加。报告由中关村上市公司协会组织编写。报告显示，中关村示范区内全体224家上市公司2012年的总市值1.3554万亿元，资产总额1.713万亿元，收入规模1.3145万亿元，实现毛利润2242亿元，其中净利润约598亿元，87%的企业实现赢利；总体现金及等价物规模3144亿元，显现强大的投资实力；拥有3100亿现金及等价物可以用于直接投资，同时还会带动政府及金融机构投资，可以形成万亿级的投资规模。在2012年度市值排名20强中，百度在线网络技术（北京）有限公司以2198.75亿元排名第一，北京碧水源科技股份有限公司、北京大北农科技集团股份有限公司、北京双鹭药业股份有限公司等企业也进入20强，表明随着在节能环境、生物制药等领域的快速拓展，中关村示范区上市公司已经形成对国家战略性新兴产业的全面布局。报告指出，中关村示范区上市企业具备规模大、市值高、资产轻等特点和优势。同时，中关村示范区企业还拥有增长迅猛的强大投资能力。

（杜　玲　刘伟杰）

**【西城区企业科技金融政策培训会举办】**8月29日，由西城区科委、西城区生产力促进中心主办的“西城区科技企业科技金融政策培训会”在北京同春园饭店举行。中关村管委会、北京中关村企业信用促进会等单位有关领导以及企业的近100位相关管理人员参加。相关专家对中关村示范区科技金融政策、信用政策与金融政策的关系、“展翼计划”、高新技术企业信用信息服务平台申报流程等内容进行讲解和说明。

（于梦晨）

**【中关村论坛年会之科技金融分论坛举办】**9月12日，由中关村发展集团承办的“2013中关村论坛年会之科技金融分论坛”在北京国家会议中心举行。金融机构负责人、专家学者、政府官员、行业协会和企业的代表等300余人参加。论坛以“科技与金融共生　引领经济新发展”为主题。与会代表回顾中关村示范区发展科技金融的实践，分享美国、以色列等国家科技与金融互动的经验，对新时期中关村示范区如何通过“科技和金融的结合，助推经济的升级”进行探讨，并围绕互联网金融展开讨论。

（李贺英）

**【博达瑞恒公司收购中盈安信公司】**10 月 10 日，恒泰艾普石油天然气技术服务股份有限公司发布《关于控股子公司北京博达瑞恒科技有限公司使用自筹资金收购北京中盈安信技术服务有限公司的公告》，宣布其子公司博达瑞恒公司使用自筹资金 1.8666 亿元收购中盈安信公司 51% 股权。

（郝峥嵘）

**【京港企业投融资项目路演举办】**10 月 24 日，由中关村管委会与香港贸易发展局共同主办的“创业中关村”系列活动——京港创业企业融资路演推介活动在中关村示范区展示中心举行。活动以“优势互补、互利双赢、共同发展”为主题。中关村管委会有关领导以及来自京港两地政府机构、创投机构和企业的代表 80 余人参加。安百特半导体有限公司等来自香港科技园的 10 家企业和北京神州仪亮科技有限公司等 2 家中关村高成长企业发布融资需求，进行融资路演，并与创投机构代表进行交流与沟通。

（康秋红　朱　凯）

**【中关村企业参展第九届北京金博会】**10 月 31 日—11 月 3 日，在北京展览馆举行的第九届北京国际金融博览会上，中关村管委会组织 20 家中关村互联网金融企业以“中关村——建设具有全球影响力的国家科技创新中心”为主题参展，展示中关村管委会以“汇聚、创新、服务、引领 ”的理念建设国家科技金融创新中心和以“包容、开放、普惠、共享”的精神建设中国互联网金融创新中心所取得的成果。中关村国家科技金融创新中心展区主要展示中关村示范区在信用体系建设、改制上市、创业投资、科技信贷等方面的成果。中国互联网金融创新中心展区主要展示北京京东世纪贸易有限公司、北京益新速创科技发展有限公司（天使汇）、拉卡拉支付有限公司等近 20 家中关村互联网金融企业针对百姓理财、中小微企业融资、金融搜索等方面推出的产品和服务。展会期间，天使汇联合中关村天使投资协会、中关村企业家天使投资联盟、中关村互联网金融行业协会等天使众筹机构共同发布《中国天使众筹领投人规则》。规则规定创业企业和投资人在投融资过程中应尽的责任和义务，明确天使众筹的基本流程。

（李贺英　王　翔）

**【易云捷讯获用友和信中利投资】**11 月 1 日，“用友幸福投资、信中利投资与易云投融资签约仪式”在北京理工科技大厦举行。用友软件股份有限公司董事长王文京、用友幸福投资总经理贾文新、北京信中利投资有限公司总裁汪潮涌、易云捷讯科技（北京）有限公司 CEO 占海等参加。根据“融资协议”，资金主要用

于易云捷讯公司进一步在市场推广自主研发的易云云操作系统和易云云运营平台，并进一步拓展新的应用领域，研发新的产品。

（李　莹）

**【上市公司市值管理培训举办】**11 月 8 日，由中关村管委会和清华大学五道口金融学院共同主办的上市公司市值管理培训活动在五道口金融学院举行。中关村示范区 60 余家上市公司和新三板企业的 80 余位高管参加。相关专家就上市公司市值管理革命、上市公司市值管理策略等主题讲授市值管理的概念、市值管理战略设计和市值管理实操工具运用，并点评市场上的一些市值管理做法，解答企业进行市值管理时所遇到的问题。

（李志华）

**【荣之联公司收购车网互联公司】**11 月 11 日，北京荣之联科技股份有限公司发布《关于发行股份购买资产事项获得中国证监会核准的公告》，宣布其收到中国证券监督管理委员会《关于核准北京荣之联科技股份有限公司向上海翊辉投资管理有限公司等发行股份购买资产的批复》（证监许可〔2013〕1413 号），批复核准其向上海翊辉投资管理有限公司发行 4139.0728 万股股份、向上海奥力锋投资发展中心（有限合伙）发行 2069.5364 万股股份，购买 2 家公司合法持有的北京车网互联科技股份有限公司 75% 的股权，交易价格为

5.625亿元。

（杜　玲）

**【新三板政策实务培训会举办】**11月20日，由中关村管委会和中关村科技企业家协会共同主办的“新三板”政策实务培训会在裕惠大厦举行。北京格林雷斯环保科技有限公司、北京艾威康电子技术有限公司等企业的代表50余人参加。中关村管委会相关负责人、西部证券股份有限公司相关专家先后就新三板政策和成果、新三板挂牌操作实务及发展动向进行主题演讲。

（尹玲利）

**【资本市场创富之旅活动举办】**12月3日，由中关村管委会、上海证券交易所、全国中小企业股份转让系统有限责任公司和交通银行共同主办的“走进中关村——资本市场创富之旅（北京站）”活动在北京京仪大酒店举行。中关村示范区拟上市企业和相关中介机构的代表近200人参加。相关专家就股权融资、债权融资、改制上市、新三板、金融服务、中介机构服务等方面进行讲解。

（李志华）

**【紫光集团收购展讯通信公司】**12月23日，紫光集团有限公司和展讯通信有限公司联合宣布，根据双方2013年7月12日签署的并购协议，紫光集团对展讯通信公司的收购已全部完成，总价为17.8亿美元（约合109亿元人民币）。根据展讯通信公司股东大会于2013年9月4日批准的并购协议，展讯通信公司发行在外的普通股将被全部注销；作为收购对价，每股普通股可获现金10.33美元，每份每股美国存托股（ADS，相当于3股普通股）可获现金31美元（每份ADS需支付注销费0.05美元）。展讯通信公司是一家通信芯片制造商，致力于智能手机、功能型手机及其他消费电子产品的手机芯片平台开发。

（龙　琦）

**【新增73家新三板挂牌企业】**年内，中关村示范区内北京奥特美克科技股份有限公司、北京佳星慧盟科技股份有限公司、北京金日创科技股份有限公司等73家企业在全国中小企业股份转让系统挂牌。其中，海淀园40家，丰台园8家，西城园1家，昌平园6家，东城园7家，门头沟园1家，大兴园1家，石景山园2家，朝阳园7家。至此，中关村示范区新三板挂牌企业总数255家，占全国新三板挂牌企业总数的40%。

（李志华）

**【批复通过股权和分红激励试点方案】**年内，中关村示范区7家企业的股权和分红激励的试点方案获批复通过，包括北京北航华钛激光科技有限公司等4家中央单位的试点方案，北京达博有色金属焊料有限责任公司等3家市属单位的试点方案。

（韩　冰）

**【设立中关村砂产业专项基金】**年内，北京中海投资管理公司与北京仁创科技集团有限公司签署合作经营协议，共同成立北京仁创中海砂业科技有限公司，并组织召开仁创中海公司第一次股东大会。根据协议，双方将通过设立合资公司、发起砂产业专项基金等方式，围绕砂产业共同开展与沙漠资源化利用相关的科技成果转化、创业孵化、产业园区运营管理等工作，合力打造以海淀为中心辐射全国的砂产业企业集群。第一次股东大会还明确，双方将共同建立国家级硅砂产业工程中心，共同发起设立5亿元的中关村砂产业专项基金，共同开发和建设砂产业辐射园，共同构建海淀区“技术＋投资＋辐射”的产业加速模式。

（龙　琦）

**【新增6家上市企业】**年内，中关村示范区共有6家企业获准上市，全部在中国香港或美国上市，即中国香港证券交易所4家、美国纽约证券交易所1家、美国纳斯达克证券交易所1家。其中，海淀园3家、朝阳

| 序号 | 企业名称 | 上市时间 | 证券代码 | 证券简称 | 发行价格 | 发行数量（万股） | 融资总额 | 上市地点 |
|---|---|---|---|---|---|---|---|---|
| 1 | 北京天下图数据技术有限公司 | 10月2日 | 00402 | 天下图控股 | — | — | — | 香港交易所（借壳上市） |
| 2 | 北京五八信息技术有限公司（58同城） | 10月31日 | WUBA | 58同城 | 17美元 | 1100 | 1.87亿美元 | 美国纽交所 |
| 3 | 北京趣拿信息技术有限公司（去哪儿网） | 11月1日 | QUNR | 去哪儿网 | 15美元 | 1111 | 1.67亿美元 | 美国纳斯达克 |
| 4 | 普华和顺集团公司（北京伏尔特技术有限公司） | 11月8日 | 1358 | 普华和顺 | 3.18港元 | 46000 | 14.628亿港元 | 香港交易所 |
| 5 | 凤凰医疗集团有限公司 | 11月29日 | 01515 | 凤凰医疗 | 7.38港元 | 23100 | 17.05亿港元 | 香港交易所 |
| 6 | 神州数字销售技术有限公司（神州付） | 12月4日 | 8255 | 神州数字 | 0.6港元 | 12000 | 0.72亿港元 | 香港交易所 |

园1家、石景山园1家、西城园1家。至年底，示范区上市公司总数达230家。

（李志华）

**【支出中关村发展专项资金29.26亿元】**年内，市财政拨付中关村示范区发展专项资金（市级统筹部分）29.74亿元，全年支出29.26亿元，均支付给示范区所属园区。其中，海淀园最高，支出25.4775亿元，占支出总额的87.07%。从支出领域分析，做强做大企业及十百千工程支持资金最高，为16.6707亿元，占支出总额的57%，创新环境建设支持资金次之，为6.6373亿元，占支出总额的23%。

| 投向（按园区） | 2013年支出金额（万元） | 2000—2013年支出金额（万元） | 占2000—2013年总支出的比重（%） |
|---|---|---|---|
| 海淀园 | 254775 | 1106512 | 81.16 |
| 丰台园 | 2168 | 20324 | 1.49 |
| 昌平园 | 3222 | 69762 | 5.12 |
| 电子城 | 12436 | 54220 | 3.98 |
| 亦庄园 | 2407 | 19512 | 1.43 |
| 德胜园 | 1232 | 13242 | 0.97 |
| 健翔园 | 170 | 2685 | 0.20 |
| 大兴医药基地 | 120 | 7309 | 0.54 |
| 通州园 | 1288 | 16560 | 1.21 |
| 石景山园 | 2113 | 9798 | 0.72 |
| 雍和园 | 2243 | 6802 | 0.50 |
| 马坊高新技术产业基地 | 300 | 650 | 0.05 |
| 密云高新技术产业基地 | 532 | 913 | 0.07 |
| 石龙高新技术产业基地 | 0 | 110 | 0.01 |
| 临空国际高新技术产业基地 | 120 | 950 | 0.07 |
| 怀柔园 | 96 | 96 | 0.01 |
| 良乡高新技术产业基地 | 1415 | 1685 | 0.12 |
| 其他 | 7919 | 32278 | 2.37 |
| 合计 | 292556 | 1363408 | 100.00 |

| 投向（按领域） | 2013年支出金额（万元） | 占支出总额比例（%） |
|---|---|---|
| 小微企业创新创业孵化支持资金 | 11462 | 3.92 |
| 高成长企业支持资金 | 13999 | 4.79 |
| 做强做大企业及十百千工程支持资金 | 166707 | 56.98 |
| 人才特区建设支持资金 | 14410 | 4.82 |
| 创新环境建设支持资金 | 66373 | 22.69 |
| 中关村现代服务业试点项目资金 | 19605 | 6.70 |
| 合计 | 292556 | 100.00 |

（陈　刚）

# 人才特区

# Special Talent Zone

本栏目设有人才引进、人才服务2个分栏目，以条目体形式记述中关村国家自主创新示范区在建设国家人才特区过程中取得的进展，在引进人才方面采取的举措，在利用和发挥人才作用方面提供的具有创新性的服务内容等。

# 综　述

2013年，中关村国家自主创新示范区围绕建设国家级人才特区的中心任务，发挥中关村创新平台的工作优势，集聚人才、培养人才、服务人才，充分发挥人才的作用，大力提升人才特区的建设水平，优化创新创业环境。

*引进以海外高层次人才为重点的特需人才。*推动引进“顶尖千人”与高端创新创业团队，协调北京市编办落实北京纳米能源所（“顶尖千人”王中林团队）列入北京市属科研事业单位序列，协调将其挂靠至中关村高科技产业促进中心。广开渠道，加快引进海外高层次人才，依托34家海归人才创业园，组织赴美国、澳大利亚等国家举办“留学生见面招商会”“中关村人才政策宣讲会”，吸引海归人才到人才特区创业。由北京海外学人中心组织的北京海外人才政策宣讲团到德国、比利时、英国等国家举办北京市海外人才引进政策说明会，介绍北京海外人才聚集工程相关政策。至年底，北京地区累计904人入选中央“千人计划”，其中中关村示范区有703人，占78%；514人入选“海聚工程”，其中中关村示范区有368人，占72%；158人（团队）入选“高聚工程”。

*完善海外联络机制。*发挥美国硅谷、华盛顿、日本东京等10个海外联络处联通中关村示范区与世界主要国家（地区）的桥梁纽带作用，在海外开展中关村政策宣讲活动近60场，并通过期刊、拍摄电视台专题节目等多种方式开展海外宣传及人才延揽工作。同时，各联络处拜访国际科技园协会（IASP）会员单位近70家，配合中关村示范区成功申办国际科技园区协会（IASP）2015年年会，提升中关村示范区国际影响力，为寻访和引进海外人才做好铺垫。

*推动落实人才特区特殊政策。*贯彻落实《关于中关村国家自主创新示范区建设人才特区的若干意见》，累计统筹安排新能源、新材料、高端装备制造等领域的548个重大项目落地;将1925个科研项目纳入改革试点范围，共列支科技间接经费1.82亿元;推动清华大学等19所211高校与百度在线网络技术（北京）有限公司等近100家知名企业合作开展人才互动项目，遴选100余名企业家和科研领军人才到市属高校担任兼职教授或研究生导师；建成启用8625套人才公共租赁住房；推动落实“高聚工程”进口税收政策，“高聚工程”中海外高层次留学人才入境后，可享受进口生活物品和个人携带物品税收优惠。中关村高端领军人才职称评价直通车试点范围扩大到“一区十六园”，改革成果惠及中关村示范区更多的高端领军人才。支持海归创业群体，出台优秀人才支持资金管理办法，开展优秀人才支持资金申报，支持167家海归人才企业一次性创业启动资金1660万元、3家创业类“千人计划”人才企业一次性配套资金300万元。

*推动人才发展平台建设。*成立共青团中关村科技园区工作委员会，在41家中关村示范区非公企业建立团组织。成立中关村青年联合会，组织中关村青联委员开展各种交流活动。依托海归人才创业园，开展100余场知识产权系列培训等交流活动，举办8场中关村留学人员企业精品项目推介会（三三会），展示180余个留学人员精品项目，帮助创业团队获得1.9亿元投资。试点雏鹰人才工程，投入3000万元政府支持资金，吸引社会资本总投资近3亿元，吸引高层次人才200余名。中关村高端人才创业基地（天工大厦）工作全面展开，至年底，入驻企业92家，入驻总面积6.2万余平方米。举办第十届中关村人才论坛，为各类人才提供交流平台。

*完善全方位人才培训体系。*在继续举办中关村企业家党校班、中关村初创海归人才高级培训班等品牌培训项目的基础上，组织实施2期中关村重点产业领军人才赴台培训班、1期中关村杰出企业家海外（硅谷）培训班、2期中关村重点企业专题研讨班，累计培训各类企业家300余人次。关注大学生创业群体，开展大学生创业培训项目，累计为5000余名大学生提供创业宣讲、培训服务。聚焦企业人力资源、营销管理等具体需求，举办20余场专题培训，累计培训2300余人，覆盖2000余家企业。针对不同层次的人才群体开展不同形式的培训，完善全方位的人才培训体系。

（李欢欢）

# 人才引进

**【海外高层次人才政策说明会召开】** 1月10日，由北京海外学人中心召开的“第七次海外高层次人才特定生活待遇政策说明会”在北京海外学人中心举行。入选北京市第八批“海聚工程”海外高层次人才及所在单位负责人80余人参加。相关负责人介绍国家“千人计划”和北京市“海聚工程”的相关政策及海外高层次人才服务工作的进展情况，讲解海外高层次人才特定生活待遇的服务内容和填写“北京市海外高层次人才需求情况登记表”“北京市海外高层次人才工作居住证”，以及制证应注意的事项，并为参会人员进行答疑。

（马雨桐）

**【北京海外人才政策宣讲团出访德国比利时】** 1月14—23日，由北京海外学人中心组织的北京海外人才政策宣讲团出访德国和比利时。宣讲团在德国法兰克福市、慕尼黑市和比利时布鲁塞尔市举办3场“北京市海外人才引进政策说明会”，介绍北京市海外人才聚集工程相关政策和用人需求，以及朝阳区和北京经济技术开发区的创业环境和引才政策。中国驻法兰克福总领事馆和中国驻比利时王国大使馆相关负责人、当地华人专业社团和学生联合会负责人、海外高层次人才和留学人员100余人参加。

（马雨桐）

**【《北京市海淀区高层次人才发展报告》发布】** 3月21日，在北京市海淀区高层次人才发展促进会高层次人才发展年度论坛上，人才促进会发布《北京市海淀区高层次人才发展报告》白皮书。白皮书通过对海淀区内创业及就业的部分“千人计划”“海聚工程”“高聚工程”人才的访谈和调研，分别从3类高层次人才的性别、年龄、专业、国际专利、申请重大项目、海外工作年限和从事行业等方面概述人才主要特征，并分析3类高层次人才回国创业选择海淀区的主要原因，重点从3类高层次人才创业以及对政府政策的满意度2个方面得出主要结论，帮助海淀区政府了解这3类高层次人才在海淀区的发展现状和问题，以及对政府管理和服务的需求。从宏观和微观视角提出激励这3类高层次人才的政策，为政府制定高层次人才战略提供参考和依据。

（冯　娜）

**【虹膜生物识别技术获奖】** 3月28日，在苏州市举行的首届“千人计划”创业大赛决赛上，北京释码大华科技有限公司王晓鹏的项目——虹膜生物识别技术的信息安全应用设计获大赛二等奖。该项技术具有完全自主知识产权。虹膜生物识别系统依赖于对虹膜纹理模式的检测和识别，融合虹膜识别系统，实现对企业人员全面管理，具有生物活性、强弱变化、非接触性、唯一性、稳定性、防伪性等特点，被广泛应用于各个对身份识别有精密要求的机场安检通道、银行身份认证系统、国家机要机关、军队保密系统等领域。

（朱文利）

**【2013年首期留学人员政策培训班举办】** 4月10日，由北京海外学人中心主办的2013年第一期“北京市引进留学人员相关政策及有关服务程序培训班”在海外学人中心举行。30余家用人单位的人力资源负责人参加。海外学人中心相关负责人分别讲解关于单位立户、“北京市（留学人员）工作居住证”和留学人员人才引进的相关政策与规定，以及具体办理程序、留学人员人事档案管理和代办“海外高层次人才身份证明”的相关程序，并就参会人员提出的问题给予解答。

（马雨桐）

**【“北京海外人才创业林”认养仪式举行】** 4月13日，由北京海外学人中心和北京海外高层次人才协会主办的2013“北京海外人才创业林”认养仪式暨海外学人奥林匹克森林公园健康日活动在北京奥林匹克森林公园举行。市园林绿化局、朝阳区委、海外学人中心等单位有关负责人以及入选“千人计划”和“海聚工程”

的海外学人及留学人员创业园的代表等400余人参加。“北京海外人才创业林”位于奥林匹克森林公园，占地面积3公顷，有乔木1000余棵、灌木3000余棵。

（马雨桐）

**【中关村杰出企业家海外培训班举办】**4月18日，由中关村管委会主办、北京大学光华管理学院承办的中关村杰出企业家海外（硅谷）培训班开学典礼在北大光华学院举行。培训班主题为“创新与梦想”。中关村管委会主任郭洪以及北京大学等单位有关领导参加。首期培训班学员23名，均为来自时代集团公司、北京京东世纪贸易有限公司等中关村示范区企业的主要负责人以及国家“千人计划”、北京市“海聚工程”入选者。培训班旨在培养具有国际影响力的创新型企业领导者，促进中关村示范区优秀企业的国际化发展。培训包括3个部分：4月18—19日，学员在北京大学光华管理学院接受项目导入课程；4月21—29日，学员赴斯坦福大学开展培训，学习全球竞争力、战略金融等课程，并赴谷歌、IBM等硅谷企业参访交流；美国培训归来后，学员又接受2天的总结交流课程。

（李欢欢　王　翔）

**【开展香港地区校园宣讲招聘活动】**4月24日，由中关村人才市场组织实施的“中关村人才特区校园宣讲招聘团”赴香港科技大学和香港大学举行校园宣讲招聘活动。活动吸引方正国际软件（北京）有限公司、北京和利时电机技术有限公司等10余家中关村示范区企业参团，提供计算机、自动化等100余个岗位，吸引港校毕业生600余人参加。活动期间，招聘团在香港大学召开政策解析会，就香港大学留学生引进问题进行解答，并对人才引进及户口申办问题做了阐述。

（冯　娜）

**【生物医药专家沙龙举行】**4月25日，由北京海外高层次人才协会主办的“北京海外高层次人才协会专家沙龙”在北京海外学人中心举行。活动以“H7N9禽流感研究”为主题。北京海外学人中心相关负责人及生物医药界别组近20位专家参加。相关专家做了“H7N9禽流感”学术报告，介绍H7N9病毒发现的始末，分析医学界对该病毒的研究现状，对生物医药界专家能在该领域所做的工作提出建议和意见。与会专家围绕H7N9病毒的研究情况进行探讨。

（马雨桐）

**【人才促进会沙龙活动举办】**4月26日，由北京市海淀区高层次人才发展促进会举办的人才促进会2013年首期会员沙龙活动在北京大北农科技集团生物技术中心举行。北京凯悦宁科技有限公司董事长吴洪流博士等6位“千人计划”“海聚工程”的高层次人才及同方股份有限公司等9家“十百千工程”“瞪羚计划”企业和海淀区重点及高新技术企业的会员参加。活动中，大北农集团生物技术中心首席科学家张世平做了关于转基因生物技术的主题演讲，并带领与会会员参观大北农生物技术中心实验室。参观结束后举办了农业与生物技术方面的专题研讨会，来自中国种子集团有限公司的企业嘉宾及与会会员就中国农业和生物技术的发展前景进行探讨。此次活动是人才促进会首次以参观考察的形式走进企业，并尝试开展同行业间深层次的交流，为会员间搭建合作交流的平台。2013年，人才促进会共举办12期会员沙龙活动，走进神州数码（中国）有限公司、北京中科大洋科技发展股份有限公司等企业，就智慧城市、高新技术企业相关税收政策、食品安全等话题进行交流和探讨。

（冯　娜）

**【举办2期海归人才高级培训班】**4月—5月，中关村管委会委托中关村创新研修学院在龙泉会议中心举办了中关村创新创业（海归）人才高级培训班第六期和第七期。培训对象为中关村示范区内入选“千人计划”“海聚工程”“高聚工程”的各类高层次人才以及获“留学人员科技活动项目择优资助”等政府资助的

海归创业企业创始人、董事长、总经理和海归人才创业园的核心管理人员。每期培训班培训周期为7天，培训内容涉及政策解读、企业经营管理、资本运作、经验交流等，共有来自电子信息、生物医药、节能环保、文化创意、新材料、高技术服务等领域的80余名学员参加。培训邀请政府部门、高等院校、科研院所的相关专家，围绕国家、北京市、中关村示范区系列产业政策、人才政策、金融政策以及国家宏观经济形势、产业发展前沿、企业商业模式创新、识人用人智慧、资本运作实务、企业家思维修炼、研发人员绩效管理等内容进行讲解。

（李欢欢）

**【优视公司发布新战略】**5月7日，在北京国家会议中心举行的“2013全球移动互联网大会”上，优视科技有限公司发布其“3·3·3计划”，即：未来3年，优视公司将在人才、生态环境和国际化3个方面支出总计30亿元资金，展开一系列投资、并购和市场拓展计划。优视公司将启动“聚英一千”计划，3年内在全球招募1000名高级技术人才。通过扶持和投资创业团队，加大对移动互联网生态环境投入，将在更多国家和地区建立分公司和本地化运营团队。

（杜　玲）

**【人才促进会政策宣讲会举办】**5月22日，由北京市海淀区高层次人才发展促进会举办的2013年首期政策宣讲会在海淀区人力社保局举行。人才促进会100余家会员单位的代表参加。宣讲会邀请海淀区人力社保局工作人员就2013年第三批中关村国家自主创新示范区高端领军人才专业技术资格评审的申报事项和2013年人才引进专项计划的注意事项进行讲解，并对参会会员提出的问题做了解答。2013年，人才促进会共举办5期政策宣讲会，宣讲海淀区加快核心区自主创新和产业发展政策体系等各项政策，共有200余人次参加。

（冯　娜）

**【海淀园企业博士专场洽谈会举办】**5月23日，由海淀园管委会主办，中关村人才市场等承办的“2013年度中关村人才市场、中关村科技园区海淀园企业博士、博士后专场洽谈会”在北京大学英杰交流中心举行。北大方正集团有限公司、用友软件股份有限公司、北京双鹭药业股份有限公司、北京大北农科技集团股份有限公司等45家中关村示范区企业到场，提供各领域博士、博士后岗位170余个，吸引包括北京大学、清华大学、香港科技大学、哥伦比亚大学、日本东京大学等46所国内外高校的250余名博士生到场求职，其中近20名为外籍博士，69名博士现场与企业达成意向。洽谈会还就博士后相关政策进行宣讲答疑。此次招聘洽谈会首次通过中关村人才市场官方微博、二维码等基于网络媒体的宣传途径进行前期宣传，以提升企业的招聘质量和高端人才的应聘成功率。

（冯　娜）

**【高新企业认定和复审及人才引进政策培训举办】**5月24日，由海淀园管委会主办的“国家高新技术企业资格认定和复审及高新人才引进相关政策”系列政策培训会（第二场）在鑫泰大厦举行。园区内400余家高新技术企业的代表参加。宣讲大会邀请市科委和海淀区人才服务中心的相关专家就2013年高新认定及复审、海淀区“人才引进及工作居住证”相关政策及申报流程进行讲解和诠释。

（龙　琦）

**【《千人》杂志落户中关村】**6月25日，“‘千人专家的中国梦’座谈会暨《千人》杂志北京编辑部启动会”在中关村高端人才创业基地举行。中组部人才局、北京市委组织部、中关村管委会等单位相关领导以及近20名“千人计划”专家参加。会议围绕“千人计划”海外高层次人才如何实现自己的中国梦、创业类“千人计划”人才实现产业报国、创新类“千人计划”人才引领科技创新等议题开展研讨。会上，还举行“千

人计划”官方杂志《千人》杂志北京编辑部的启动仪式，《千人》杂志正式落户中关村示范区。《千人》杂志于2011年创刊，是由中组部指导、“千人计划”专家联谊会主办的一本智库型读物，以月刊模式发行。

（李欢欢）

**【海外学人中心组团参加中国海外学子创业周】**6月28—29日，在辽宁省大连市举办的2013中国海外学子创业周上，北京海外学人中心组织北京海外学人中心及CBD分中心、开发区分中心等单位有关负责人组团参加，在北京展位提供722个岗位需求信息，并参加高层次人才招聘洽谈会、政策环境推介暨项目对接洽谈会、海归创业领袖峰会暨科技金融创新论坛和创业门诊等活动，发放数百册“海聚工程”和北京人才专项计划宣传材料，接待参观者100余名。

（马雨桐）

**【人大留创园归国创业政策宣讲会举行】**6月，人大留创园在法国巴黎市和德国柏林市分别举办“中国人民大学留学人员创业园归国创业政策宣讲会”，吸引近100位留学生参加。留创园相关负责人介绍人大留创园的基本情况、创业条件及创业政策，还与留学生就其关注的相关问题展开互动交流。人大欧洲校友会负责人介绍在欧洲范围内开展的留学生创新创业大赛情况，并表示为实现项目回国落地，愿与人大留创园进行对接，并希望得到留创园的创业支持。

（徐　洋）

**【北京海外高层次人才京郊行活动启动】**7月4—5日，由北京海外学人中心和延庆县政府联合主办的北京海外高层次人才京郊行项目对接活动首站在延庆县举行。“千人计划”和“海聚工程”入选者陆凡、刘世平、王立军等部分海外留学人员代表10余人参加。活动旨在为在京创新创业的海外高层次人才搭建与京郊区县沟通的平台，促进海外人才的高科技项目能在京郊区县落地，更好地服务于北京区域经济的发展，更好地发挥海外高层次人才的作用。海外高层次人才参观世界园艺博览会的选址地、妫河滨河景观、野鸭湖湿地保护区等，了解延庆县的招商政策、环境和重点发展领域和区域，并介绍各自的创业项目以及与延庆县相关单位合作的计划。

（马雨桐）

**【“千人计划”创新类申报人员培训会举办】**7月10日，由中关村管委会主办的2013年“千人计划”创新类申报人员培训会在裕惠大厦举行。第十批“千人计划”创新类申报人员及相关企业负责人等40余人参加。会议邀请北京海外学人中心首席顾问夏颖奇、北京创毅

视讯科技有限公司副总裁宋磊等相关专家进行指导。参会专家结合答辩、评审经历，对模拟答辩人员进行针对性点评，重点解读项目评判标准及注意事项，并解答申报人员提出的关于答辩PPT准备、评审专家构成等问题。

（李欢欢）

**【“千人计划”创业类申报人员培训会举办】**8月15日，由中关村管委会主办的“2013年‘千人计划’创业类申报人员培训会”在裕惠大厦举行。第十批“千人计划”创业类申报人员及相关企业负责人近40人参会。培训邀请北京海外学人中心首席顾问夏颖奇、中央“千人计划”特聘专家吴洪流等相关专家进行指导。培训会设置现场模拟答辩环节，指导专家重点解读项目评判标准及注意事项，建议答辩材料准确、翔实，答辩过

程简明扼要、重点突出。在互动环节，指导专家向申报人员解答评审专家构成、答辩补充材料、公司核心技术说明等相关问题。

（李欢欢）

**【共建海外高层次人才产业化促进基地】**8月22日，“京津科技谷、北京海外学人中心海外高层次人才产业化促进基地项目签约仪式”在天津市武清区举行。武清区委组织部、京津科技谷产业园管理委员会、北京海外学人中心等单位相关负责人参加。北京海外学人中心与京津科技谷产业园有限公司签约，京津科技谷产

业园成为北京海外学人中心海外高层次人才产业化促进基地。根据协议，双方将以北京海外学人中心高端人才高度聚集优势和天津武清区域优势，以服务地方经济社会发展为导向，发挥各自资源优势，拓宽合作领域，提高合作水平，形成合作互动、互利共赢、共建海外高层次人才产业化促进基地，打造跨区域的高层次创新创业资源交流合作平台，为京津科技谷及北京海外学人中心的创业人才提供更优良的发展环境和更广阔的成长空间。

（马雨桐）

**【海外学人创新创业大会举办】**8月28日，由北京朝阳海外学人中心主办的“2013海外学人创新创业大会”在朝阳区规划艺术馆举办。活动以“服务创业，筑梦朝阳”为主题。投资和金融机构代表以及创业者及其创业团队成员200余人参加。大会组织主题论坛、对话朝阳、创业讲堂、项目路演、学人企业招聘等主体活动，并启动旨在帮助创业者圆梦的“筑梦行动”。“筑梦行动”由朝阳海外学人中心、朝阳海外学人俱乐部、知名人才顾问机构朝阳联盟、海外知名高校北京校友会人才联盟等组织和机构共同发起，旨在为创业者提供更加优质的创业软环境而提出一系列支持及服务行动，希望借此能吸引更多优秀的海外人才来朝阳创新创业。投资和金融机构代表与创业者及其创业团队成员进行交流，筛选符合朝阳区经济发展方向的创业项目。

（马雨桐）

**【累计推荐70人入选“千人计划”】**9月2日，中关村管委会根据北京市海外学人工作联席会办公室发布的《关于开展“千人计划”引进专家有关情况调查工作的通知》的要求，启动由中关村管委会推荐入选“千人计划”的引进专家有关情况的调查工作。经调查，第一批至第九批“千人计划”入选专家中，经中关村管委会推荐入选的各类专家共有70人。其中，创业类55人，创新类（含创新长期、青年千人、溯及既往）15人。入选专家均按照中组部的相关要求在国内开展创新创业工作，并在一些关键技术上取得突破。

（李欢欢）

**【中关村人才特区企业高端人才洽谈会举办】**9月5日，由中关村人才市场举办的“2013年中关村人才特区企业高端人才专场洽谈会”在北京文津国际酒店举行。方正国际软件有限公司、同方环境股份有限公司、北京双鹭药业股份有限公司等40余家中关村人才特区企业参会，提供各领域高端人才需求岗位350个。北京大学、清华大学、英国诺丁汉大学、日本东京大学等国内外高校毕业生及各类高端人才400余人参会，近200个岗位在现场达成意向。

（冯　娜）

**【海外人才考察中关村活动举办】**9月11—12日，中关村管委会举办2013年秋季海外人才考察中关村活动。由中关村示范区10家驻外联络处推荐的近100名海外人才参加。海外人才考察团参加了中关村论坛开幕式和主论坛以及与中关村青联委员对话等活动，并按电子信息、生物医药、能源环保和文化创意等产业领域分组，分别考察中关村国际孵化器、海淀留创园、中关村软件园、中关村生命科学园和中关村石景山文化创意高端人才创业基地等园区，了解园区的规划情况、功能设置以及提供的创新创业政策服务和园区内入驻科技型企业情况。

（李欢欢）

**【2013海外赤子北京行活动举办】**10月15—16日，由市委组织部、市人力社保局、北京海外学人中心联合主办的“海外赤子　梦圆京华——2013海外赤子北京行”活动在京举行。北京海外学人工作联席会等单位相关负责人、入选“千人计划”“海聚工程”的专家代表、风投机构代表、全市各留学人员创业园负责人及海外来京人才200余人参加。来自美国、加拿大、澳大利亚等12个国家的100名海外高层次人才来京参加，其中90%以上获博士学位，70%携带具体项目，其项目涉及生物医药、电子信息、金融管理、文化创意、汽车、新能源和新材料等领域。活动中，北京海外学人中心与首都医科大学校友会、日本东京大学中国留学生学友会、美国华盛顿中美技术创新发展中心和美国华人医药科学家协会共同签署战略合作协议，还与18家北京重点院校校友会、海外华人社团签署合作协议，将在信息咨询、考察交流、宣传联络等方面展开合作。活动还着重介绍朝阳区的发展特色、人才政策、凤凰计划及望京创业园基本概况和孵化平台建设等情况。海外留学人员实地考察爱科凯能科技（北京）股份有

限公司等 3 家企业，并与留学回国创业人员进行座谈。留学人员还与北京汽车集团有限公司等北京市用人单位进行职位对接，与 IDG 资本等多家投资机构代表进行项目洽谈。

（马雨桐　朱文利）

**【167 家海归人才企业获支持资金】** 11 月 6 日，中关村管委会发布《关于组织申报 2013 年度中关村海归人才创业服务机构及海归人才企业支持资金的通知》，组织开展中关村海归人才支持资金申报工作。经审核，北京泛生子生物科技有限公司等 167 家企业符合支持资金的有关要求，共获一次性创业启动资金 1660 万元；北京珅奥基医药科技有限公司等 3 家企业符合创业类“千人计划”配套支持资金的有关要求，共获一次性配套资金支持 300 万元。

（李欢欢）

**【海外人才政策宣讲团出访英国、法国】** 12 月 7—13 日，由北京海外学人中心组织的北京海外人才政策宣讲团出访英国和法国。宣讲团由北京海外学人中心、北京海外学人中心金融街分中心、汇龙森国际企业孵化（北京）有限公司等单位相关负责人组成，在英国牛津大学、法国巴黎高等管理学院举办 2 场“北京市海外人才引进政策说明会”，介绍北京市引进海外人才相关政策以及西城区和北京经济技术开发区的创业环境和引才措施。牛津大学、巴黎地区中国学生学者组织负责人，海外高层次人才和留学人员近 100 人参加。宣讲团还考察英国剑桥大学科技园、法国巴黎北部高新科技园，与科技园负责人就服务创业人才进行交流，宣传北京市海外人才引进政策，了解海外高层次人才和留学人员在英国、法国的学习、工作和生活情况。

（马雨桐）

**【中小企业贷款主题沙龙举办】** 12 月 10 日，由北京海外高层次人才协会与招商银行北京分行共同举办的中小企业贷款主题沙龙在北辰时代大厦举行。近 20 家“海聚工程”企业及北京海外学人中心金融街分中心、CBD 分中心、经济技术开发区分中心的海创企业负责人参加。相关专家介绍千鹰展翼创新型成长企业培育计划，分析留创企业的融资体系以及相对应的千鹰展翼服务方案。与会人员还就贷款办理及利率等事项进行交流。

（马雨桐）

# 人才服务

**【IT业人力资源状况调查报告发布】**1月9日，由北京中关村IT专业人士协会主办的“第九届中关村人才论坛——‘强化组织能力和人才能力建设，迎接用工成本挑战’暨《2012年度中关村IT业人力资源状况调查报告》发布”活动在翠宫饭店举行。来自中关村示范区企业的50余名总经理、副总经理、HR总监和专业人士参加。论坛发布由中国人民大学劳动人事学院专业团队撰写的《2012年度中关村IT业人力资源状况调查报告》。报告通过对人力资源状况进行分析，得出六大结论：IT从业者对企业的发展信心和工作信心指数持续提高；IT从业者的生活信心指数改善不明显，生活环境类指标低位徘徊；招聘人数和离职率呈下降趋势；人力资源重点从数量扩张到效能开发，人力资源管理、组织氛围、员工的工作投入和创新指数呈上升趋势；HR人员内部社会网络影响HR的战略地位和工作成效；保留人才需要关注薪酬福利、能力提升、职业发展和人际关系等因素。会上，相关专家就“强化组织能力和人才能力建设，迎接用工成本挑战”等主题发表演讲。论坛还评选出美世咨询公司等6家优秀服务机构。

（杨　禹）

**【中美IT人才俱乐部成立】**1月31日，由中关村人才协会主办的“硅谷人才面面观——中美IT人才俱乐部第一期活动”在北京福泰酒店举行。活动举行中美IT人才俱乐部成立仪式。俱乐部是由中关村人才协会、庞果网及PingWest联合成立的线下中美高级科技人才交流组织，旨在搭建中国和美国硅谷之间高端IT人才交流的优质平台，促进两地人才交流，以及促成技术、资金的对接与合作。会上，优视科技有限公司董事长俞永福回顾公司的发展历程，并分享公司在海外市场创业和拓展成功的心得；北京木瓜移动科技有限公司CEO沈思分享其放弃国外生活、工作机会回国创业，再闯入国际市场的经验和教训；Facebook Android移动客户端技术负责人杜启星就技术人员如何选择工作机会、如何转变角色等话题同与会者进行交流。参加交流的嘉宾和与会者还就人才成长历程、如何在不同文化背景下选人用人，以及如何获得第一份创业投资等话题进行讨论。近100名留学生、海归创业者及相关人士参加。

（杨　禹）

**【中关村人才特区重点企业招聘会举办】**3月6日，由中关村人才市场主办的“首届中关村人才特区(核心区)重点企业招聘会”在中关村人才发展中心举办。同方股份有限公司、爱国者数码科技有限公司等40余家核心区企业参会，提供中高端招聘岗位500余个，吸引参会求职者2000余人。此次招聘活动，中关村人才市场为核心区重点企业特别定制“引荐招聘”的服务模式：根据企业所提供的招聘岗位在中关村人才市场高端人才库、中关村人才网等符合条件的候选人中定向发放邀请参会，有效提升招聘针对性和时效性。根据调查显示，此次招聘会呈现出招聘成功率高、求职者综合素质高、人才专业对口、会场服务到位等特点，企业满意度高达100%。2013年，中关村人才市场共举办11场中关村人才特区（核心区）重点企业招聘会，共有核心区内400余家次重点企业参加，吸引到会中高级人才6400余人次，提供系统工程师、制剂研究员等招聘岗位5000余个。

（冯　娜）

**【高新技术企业人才政策培训座谈会举行】**3月13日，由北京市海淀区人才服务中心举办的高新技术企业人才政策培训座谈会在中关村人才发展中心举行。百度在线网络技术（北京）有限公司、北京华为数字技术有限公司等60余家企业的代表参加。会上，海淀区人才服务中心集合业务骨干组成培训团队，针对人才引进、工作居住证、人事档案、集体户口、生育服务等问题为企业开展政策培训。海淀区人才服务中心还邀请参会的企业人事总监和人事经理进行座谈，了解企业人才服务方面的需求与困难，并就优化业务办理流程和深化网络办公听取企业代表的建议。

（顾晓妍）

**【IT HR沙龙举办】**3月29日，由中关村人才协会与庞果网共同主办的IT HR主题沙龙活动在北京翠宫饭店举行。中关村示范区企业代表50余人参加。沙龙活动围绕“如何与猎头打交道”“如何打赢核心人才争夺战”2个主要议题展开。科税福克斯人才顾问有限公司CEO李炯明从猎头市场的发展趋势入手，分享与猎头打交道的技巧；豆瓣网工程副总裁段念从企业管理者和业务技术部门管理者的角度做了“find Mr/Mrs Right”的主题分享，阐述如何通过人性化的手段和方法，为企业找到并留住核心人才；华为北研所高级招聘经理钮嘉介绍华为公司在人才招聘和管理方面的经验，其中的人才地图、洞察报告、定点挖掘等做法为大家提供全新的思路和参考。

（杨　禹）

**【公务员培训超市活动举办】** 3月，北京市海淀区培训中心公务员培训超市启动。培训共安排线下培训课程40门，7个培训模块，分别为党的十八大精神学习、公务员核心能力建设、宏观思维、区域发展能力、时事政治与社会热点、职业素质与修养及现场教学。课程设置结合党的十八大和市十一次党代会精神，以提高培训质量为目标，以公务员能力建设为主题，以需求调研分析为导向，为进一步促进公务员知识的持续更新和队伍建设的协调发展提供有力保障。至年底，共举办培训40场，共有1万余人参加。

（冯　娜）

**【与哈尔滨工业大学共建就业实习基地】** 4月8日，“中关村人才市场—哈尔滨工业大学（威海）就业实习基地合作协议签约仪式”在哈尔滨工业大学（威海）举行。

双方相关领导及工作人员参加。双方签署就业实习基地合作协议，并举行揭牌仪式。根据协议，中关村人才市场每年到哈尔滨工业大学（威海）招聘并提供实习岗位；实现双方就业网络连接，接收哈尔滨工业大学（威海）毕业生简历；定期到哈尔滨工业大学（威海）进行就业指导等相关工作；及时交流北京市新出台的用人政策；接收哈尔滨工业大学（威海）学生参加社会实践活动。

（冯　娜）

**【中关村人才特区校园招聘团宣讲活动举办】** 4月9日—5月10日，中关村人才市场组织实施“中关村人

才特区校园宣讲招聘团”活动。宣讲招聘团带领海淀区重点高新技术企业走入山东大学（威海）、中国科学技术大学、华南理工大学、兰州大学、新疆石河子大学举办5场宣讲招聘活动，宣传核心区政策、揽收优秀人才。方正国际软件有限公司、东华软件股份公司等50余家次中关村示范区企业参团宣讲，提供涉及IT电子、互联网等行业的500余个岗位，吸引高校应届毕业生4000余人参会。宣讲招聘团还分别在哈尔滨工业大学（威海）、合肥工业大学、兰州大学渝中校区等5所高校举办以“择业、就业、职业”为主题的大学生就业指导讲座，旨在为在校大学生提供指导性建议和帮助。

（冯　娜）

**【高校职业类学生社团专业化培训举办】** 4月14日—6月8日，北京高校毕业生就业促进会联合北京高校毕业生就业指导中心开展“2013年北京高校职业类学生社团专业化培训”。来自47所高校职业类学生社团的50余人参加。培训分4期举行，邀请相关专家讲授大学生职业发展、职场探索和职业规划以及简历、面试的相关事宜等内容，并开展社团干部户外拓展活动。培训期间，清华大学、北京交通大学、北京体育大学等多家高校职业类社团还针对培训、社团建设及发展等方面进行讨论。

（杨　禹）

**【开展海淀区高端领军人才培养计划专项人才培训】** 4月23日，由海淀区培训中心主办的“北京市海淀区高端领军人才培养计划专项人才培训”在中关村人才发展中心举行。方正国际软件（北京）有限公司、大唐电信国际技术有限公司、中国技术进出口总公司等31家企业的40余名中层以上管理人员参加。相关专家以《劳动合同法》修正案解读与应对为主题，就企业面临的实际困难，讲解新劳动合同法、劳动合同、用工方式、权益保障等12个方面的问题。系列培训面向中关村示范区“十百千工程”“瞪羚计划”企业及海淀区重点高新技术企业和“千人计划”“海聚工程”“高聚工程”3

类高层次人才创办的企业，提供各类中高端人才服务。2013年，培训共举办5场，分别讲解了劳动法、PMP项目管理、企业经营管理、成功企业经验分享、腾讯参访、沙盘推演、问题发现与解决等，共有200余人次参加。

（冯　娜）

**【开展人才特区政策宣讲与业务指导】** 4月26日，中关村人才市场和北京市海淀区高层次人才发展促进会到中关村东升科技园开展中关村人才特区政策宣讲和业务指导服务。北京北航冠新世纪软件有限公司、北京键凯科技有限公司等企业的20余名人力资源负责人参与。活动包括专项资金政策介绍、北京市海淀区高层次人才发展促进会介绍、业务指导和答疑3个环节，主要介绍人才促进会的成立背景和为高层次人才及所在企业提供的服务内容，并对参与活动企业如何参与专项资金项目、办理人事外包服务进行指导。

（冯　娜）

**【成长中的企业家培训举办】** 4月26日，由海淀区培训中心举办的成长中的企业家培训在中关村人才发展中心举行。方正国际软件（北京）有限公司、北京久其软件股份有限公司等30家企业的50余名项目经理参加。培训的课程为“PMP项目管理最佳实践课程”。培训对项目管理的理论知识进行阐述，同时结合企业在实施项目运行中的各个环节进行案例模拟，帮助企业解决工作中遇到的困难。

（冯　娜）

**【人才促进会高端培训举办】** 5月10日，由北京市海淀区高层次人才发展促进会主办的人才促进会首期高端培训活动在北京世纪金源大酒店举办。腾讯科技（北京）有限公司、北京搜狐互联网信息服务有限公司、北京双鹭药业股份有限公司等会员单位的50余人参加。活动的主题为“新时期下的员工管理——80后、90后员工管理”。相关专家从员工成长背景、员工分析、员工管理、组织行为、个人行为及队伍建设等方面展开提问式、互动式、案例式的探讨与交流。2013年，该培训共举办3期，主题分别为“基于企业战略的中层管理能力塑造”“市场营销及品牌建立”等，共有100余人次参加。

（冯　娜）

**【解读《劳动合同法》修正案与最新司法解释】** 5月16日，由中关村人才协会举办的《劳动合同法》修正案与最新司法解释深度解读暨企业员工关系处理十大问题应对培训活动在翠宫饭店举行。来自30余家企业的60余位代表参加。培训的特邀讲师是劳达集团创始人魏浩征。魏浩征针对《劳动合同法》修正案为大家做了解读，并与参会人员进行互动交流。培训课程内容共计十大部分，分别为：用工模式的选择问题；未订立书面劳动合同的处理；合同变更的形式要求；无固定期限劳动合同的问题；培训与服务期的问题；竞业限制的问题；有关劳动合同解除、终止的问题；有关经济补偿、赔偿的问题；有关外籍人员的法律适用问题及有关程序问题。

（杨　禹）

**【“企业家进校园”活动举办】** 5月28日，中关村人才协会举办“企业家进校园”系列活动之走进北京交通大学。活动主题为“如何获得第一份工作，业界大佬们与大学生畅谈人生经历”。中关村管委会、北京交通大学经管学院等单位相关领导及北京交通大学300余位师生参加。活动邀请中国软件开发联盟创始人蒋涛、北京中搜网络技术股份有限公司CEO陈沛、北京点击科技有限公司董事长王志东作为嘉宾。3位嘉宾分享了自己的职业生涯成长历程，回顾自己如何获得“第一份”工作的历史，尤其是分享自己如何从第一份工作开始，不断在工作中学习，进而取得今天成就的故事。在圆桌论坛环节，3位嘉宾分析了就业形势，就如何找到第一份工作、如何培养学习能力、如何处理就业和创业的关系、如何尽快培养职场心态、如何使自己成为企业抢手的人才等话题进行阐述，并就现场同学们关心的话题做了解答。

（杨　禹）

**【人才促进会首期会员专场招聘会举办】** 5月30日，由北京市海淀区高层次人才发展促进会举办的人才促进会首期会员专场招聘会活动在北京文津国际酒店举行。腾讯科技（北京）有限公司、北京北大千方科技有限公司、北京中科大洋科技发展股份有限公司等41家会员单位参与，提供职位信息约250个，涉及计算机软硬件、互联网、生物医药、农业等行业。招聘会吸引约600名求职者参会，约50%的职位与求职者达成初步意向。

（冯　娜）

**【企业劳动争议应对培训举办】**6 月 21 日，由中关村人才协会与劳达集团共同举办的主题为“违纪员工处理、白领犯罪风险管理及劳动争议应对”的培训活动在翠宫饭店举行。来自神州数码（中国）有限公司、用友软件股份有限公司、北京牡丹电子集团有限责任公司等 30 余家企业的代表参加。活动特邀劳达集团创始人魏浩征主讲。魏浩征通过专业知识与案例相结合的授课方式，分析劳动争议的情况与发展趋势和劳动争议企业败诉的原因，并为学员重点讲解违纪管理制度制定与违纪员工处理实务、白领犯罪的常见类型与风险管理，以及劳动争议处理应对策略与处理技巧。

（杨　禹）

**【人才促进会首期参访活动举办】**7 月 16 日，由北京市海淀区高层次人才发展促进会举办的人才促进会首期会员参访活动在中国科学院过程工程研究所举行。20 余位来自中关村示范区“十百千工程”“瞪羚计划”和海淀区重点及高新技术企业的会员代表参加。中科院过程工程研究所相关专家介绍了该所的整体情况和生化工程实验室的情况，并带领参会会员参观离子液体北京市重点实验室、生化工程国家重点实验室和多相复杂系统国家实验室。活动还进行学术交流，北京德农种业有限公司、北京大北农科技集团股份有限公司等 5 家会员单位对研究所的生化介质、绿色化工、提取 / 分离与纯化等项目提出构想建议与合作意向，期望有进一步的交流与合作。此次活动是人才促进会首次以参观访问的形式走进中国科学院研究所，并尝试推进产学研之间的交流合作，为会员与研究所搭建项目合作与学术交流的桥梁。

（冯　娜）

**【高端领军人才培养计划专项培训举办】**7 月 22 日—8 月 3 日，由海淀区培训中心联合北京市海淀区高层次人才发展促进会共同举办海淀区高端领军人才培养计划首期专项培训。来自大唐电信科技股份有限公司、中国地质工程集团公司等单位 40 余名高层次人才、企业高层管理者参训。专项培训分为 2 个阶段开展，包括宏观经济分析、金融投资策略、团队训练、沙盘推演、世界 500 强参访交流等 12 门课程。第一阶段培训聘请清华大学经济管理学院金融系、创新创业与战略系等五大领域的 5 位专家为学员授课，第二阶段培训邀请国家“千人计划”及北京市“海聚工程”的专家与参训学员进行创业经验交流。专项培训还组织参训学员到诺基亚通信有限公司（NOKIA）进行参访

及专题讨论。

（冯　娜）

**【承办暑期毕业生就业服务月活动】**7 月 26 日—8 月 30 日，中关村人才市场承办了海淀地区“2013 年暑期北京地区毕业生就业服务月活动”。服务月期间，中关村人才市场共举办 6 场大学生专场招聘会及 2 场毕业生就业指导讲座。共吸引参会企业 288 家次，提供招聘职位 3000 余个，现场求职大学生 2400 余人，现场为近 100 名求职毕业生提供就业能力指导服务。中关村人才市场在会场电子大屏、中关村人才网和中关村人才市场官方微博同步发布职位信息，使应聘大学生能够提前锁定目标职位，有效提高毕业生的求职效率。同时，中关村人才市场与海淀区培训中心合作，在招聘会现场同步安排就业指导讲座，进一步提升服务效果。活动期间，中关村人才市场完成登记实名应届毕业生简历 289 份，累计向企业推荐 344 家次，实现就业市场供求双方的高效对接。

（冯　娜）

**【中关村人才论坛举办】**8 月 6 日，由中关村人才协会主办的“2013· 第十届中关村人才论坛”在神州数码科技广场举行。论坛主题为“激发人才正能量，铸造企业中国梦——关键人才的吸引、使用与培养”。中关村管委会副主任杨建华以及中组部人才局、北京市委组织部等单位相关领导和来自中关村示范区内企业、协会组织等各界代表 500 余人参加。会上，相关专家就关键人才的使用与培养、创新人才的培养、组织效能与人力资源、如何吸引关键人才、人才战略与企业

发展等话题发表主题演讲和进行高端对话，探讨如何通过关键人才的吸引、使用与培养，实现高端人才资源的交流、合作和引进，开创中关村人才特区建设的新局面。论坛还举行中关村人才协会新徽标揭牌仪式。

（杨　禹　李欢欢）

**【为未就业应届毕业生搭建服务平台】** 8月，海淀区人才服务中心采取措施推进2013届高校未就业毕业生求职推荐及接收工作，主要包括：在“海淀人才”网站首页设立“未就业高校毕业生服务专区”、办事大厅开设未就业毕业生登记窗口，搭建多层次就业服务平台，及时将有就业意向的毕业生信息转至相关招聘部门；为毕业生提供就业指导、档案接收、保险缴纳等“一站式”服务；实行未就业毕业生档案临时库动态管理，通过多渠道告知毕业生档案到档情况，解答存档方面问题。

（顾晓妍）

**【海淀区高端领军人才专项培训举办】** 9月23—28日，由北京市海淀区培训中心、北京市海淀区高层次人才发展促进会共同举办的第二期海淀区高端领军人才专项培训在复旦大学管理学院举行。来自北京碧水源科技股份有限公司、北京四方继保自动化股份有限公司等29家中关村示范区企业的30余名企业高管参训。培训以“企业经营之道和金融战略决策”为主题，开设企业家领导力修炼、宏观经济走势和市场机会分析、创新思维和创新管理、世界500强企业参访交流等10门课程，邀请复旦大学管理学院7位专家为学员授课，还组织学员到上海通用汽车有限公司以及金融机构进行参观并与其高层管理人员进行交流。培训中，参训学员围绕企业家创新与领导力，分小组选取1~2个主题为研究方向，最终形成小组简报。

（冯　娜）

**【中关村人才特区校园招聘团活动举办】** 9—11月，中关村人才市场举办中关村人才特区校园招聘团活动，组织中关村人才特区企业赴京外高校开展招聘活动。活动全程途经哈尔滨、西安、成都等9个城市，学校涉及哈尔滨工业大学、西安交通大学、四川大学等14所211、985院校。活动采取独立宣讲、接收简历、笔试及面试相结合的形式，吸引同方股份有限公司、浪潮（北京）电子信息产业有限公司、北大方正集团有限公司等近410家次中关村人才特区企业参加，提供电子通信技术、软硬件工程等就业岗位3000余个，吸引高校毕业生3万余人。同期，中关村人才市场还为乐普医疗股份有限公司与中科大洋科技股份有限公司组织召开8场独立宣讲会，吸引毕业生3000余人次。此外，针对无法到场的企业，还提供代收简历服务，收取毕业生简历1.1万余份。

（冯　娜）

**【京台产业合作大会人才专题分论坛举行】** 11月27日，由中关村人才协会、台北内湖科技园区发展协会共同主办的“第十六届京台产业合作大会人才专题分论坛”在台北市举行。市台办、中关村管委会等单位有关领导以及中关村示范区和台湾企业及相关单位的代表70余人参加。此次大会首次设立人才专题分论坛。论坛以“共建海峡两岸人才交流平台”为主题。双方代表围绕人才战略、人才引进、人才管理及人才发展趋势进行交流和讨论。

（刘乐乐）

**【人才特区创业企业系列招聘活动举办】** 11—12月，中关村管委会委托北京教育人才培训中心举办中关村人才特区创业企业人才招聘系列活动，共举办6场，分别为中关村人才特区创业企业综合专业招聘会、文科及管理类专场招聘会、北京化工大学专场招聘会、对外经贸大学专场招聘会、北京科技大学专场招聘会和高校联合招聘会，招聘对象主要为北京地区2014届各高校特色专业应届毕业生。来自信息技术、环境、医疗、生物制药、能源等领域的212家次企业参加，

提供岗位数3000余个，参会学生共3000余人次。

（李欢欢）

**【人才促进会高端交流活动举办】**12月27日，由中关村人才市场、北京市海淀区高层次人才发展促进会等单位共同主办的“人才·发展·创新——海淀区高层次人才发展促进会高端交流活动”在鼎好电子大厦举行。海淀区委、区政府、区人力社保局、海淀园管委会等单位相关领导以及人才促进会会员代表30余人参加。活动特邀专家分别围绕人才发展及创新驱动战略进行主题演讲。演讲分别从“坚持创新驱动、加快转型发展”和“世界人才领域的8个新动态”2个方向，就正在孕育和兴起的新科技革命、把握全球产业变革趋势、深入实施创新驱动发展战略、加快企业转型发展等4个方面以及人才带动就业、人才安全、人才管理升级、人才创业、人才异代引进、人才机构转型等8个方面，对人才领域的最新动态进行分析和判断。

（冯　娜）

**【开展家庭经济困难及就业困难大学生帮扶工作】**年内，北京高校毕业生就业促进会举办“2013年北京高校家庭经济困难及就业困难大学生帮扶工程”系列活动。工程旨在帮助家庭经济困难或就业困难毕业生群体提升就业竞争力，补齐就业“短板”，加强自身职业技能，从而促进就业和职业发展。协会组织优质教学资源开设“就业力”“公务员备考”“求职英语”“职业office”等课程，邀请北京外企人力资源服务有限公司人力资源总监温沁山、中国诚通人力资源有限公司人力资源总监李晓红、中关村创新研修学院院长张国庆等资深讲师走进北京工业大学、北京化工大学、北京体育大学等高校为学生们讲授当前就业形势、简历制作、面试要点、职业素养、职场探索、时间管理等内容，共有近1万名学生参加培训。

（杨　禹）

**【高端人才创业基地推进校企合作】**年内，中关村高端人才创业基地推进校企合作，促成北京科技大学与京微雅格（北京）科技有限公司签署校企战略合作框架协议、北京科技大学相关学院与北京兆易创新科技有限公司联合申报北京市科委2012—2013年科技储备项目、北京科技大学为北京凯英信业科技股份有限公司等推荐实习大学生等校企合作项目，并在人才培养、项目申报等方面促进高校与基地入驻企业间的合作。

（李欢欢）

**【开展雏鹰人才工程试点】**年内，中关村管委会在海淀园、石景山园、望京园进行雏鹰人才工程试点，并结合各区县产业发展特点，遴选创投机构，筛选初创团队，共建设雏鹰人才创业基地5367平方米，初步形成产业特点鲜明、高端创业人才聚集、核心技术突出的雏鹰企业聚集区。雏鹰人才工程设立3000万元创业启动资金，扶持发展潜力大、市场前景好的企业，吸引社会资本总投资近3亿元。首批57家雏鹰企业总注册资本超过2.2亿元，总资产规模达到15亿元，吸引高层次人才200余名，拥有专利权180余件，著作权200余件。

（李欢欢）

# 创业服务

## Start-up Service

本栏目设有创业孵化、创业环境2个分栏目，以条目体形式记述中关村国家自主创新示范区在培育和扶持企业（特别是中小微企业）创新创业方面所提供的服务，在营造有利于企业成长壮大的环境方面所采取的举措及取得的成效等。

# 综 述

2013年，中关村示范区不断整合各类创业服务资源，释放创新创业资源活力，以促进创业服务机构发展为抓手，以服务早期项目和初创企业为着力点，制定创新型孵化器发展规划，深入实施金种子工程，壮大天使投资人和创业导师队伍，推广创新工场、车库咖啡、创客空间等新型孵化模式。至年底，中关村示范区拥有各类创业孵化服务机构120余家，孵化面积超过320万平方米。累计在孵企业超过1.2万家，累计毕业企业7000余家。

*创新型孵化器引领中关村创业服务蓬勃发展。*中关村管委会发布《中关村国家自主创新示范区创新型孵化器发展规划（2013—2015年）》，提出中关村示范区未来3年创新型孵化器的发展思路、发展目标、重点任务和保障措施。科技部火炬中心将创新工场、亚杰商会等17家中关村示范区创新型孵化器纳入国家科技企业孵化器的管理体系。新兴创业服务组织发挥重要的示范引领作用，共组织各类特色创业服务活动600余场。联想之星、创新工场、亚杰商会等创业服务机构，首次举办“即客出发　创业戈壁行”活动，为200余位创业者提供交流沟通的互动平台。创新型孵化器开创互联网融资、合投平台、众筹平台等投资服务新模式，提升创业服务机构整体投资服务能力。36氪通过互联网平台发布400余家国内创业公司和120多个创业项目，帮助近1/4的项目获得投资;车库咖啡联合北京银行中关村支行推出“创业贷”专属信贷产品，为创业团队提供存贷款、日常结算等综合金融服务。

*中关村创业呈现出新特点。*大企业骨干离职创业成为主力军。2013年中关村示范区新创办企业超过6000家，大企业骨干离职创业者占47%；累计融资1000万元以上和被并购企业的创业者中企业高管和技术骨干离职创业人数分别占55%和59%；出现百度系、金山系、搜狐系等创业派系。连续创业者获资本市场的高度认可。中关村示范区连续创业者占所有创业者比例为37%，其中创业成功再创业比例89%。33%连续创业者获融资或被并购，高出其他背景创业者近10个百分点。在《福布斯》2013年“中国30位30岁以下创业者”名单中，中关村示范区创业者占36%，居全国首位。中关村创业生态系统初步形成。中关村示范区创业投资机构、领军企业、大学、社会组织、天使投资人及职业经理人开展创业服务活动，突破“公共服务＋技术服务”的发展模式，推动创业要素循环流动、循环演进、优化配置和相互作用，形成精准孵化、天使投资、创业社区等各类创新创业服务模式融合发展的创业生态系统。

*金种子工程推动初创企业快速发展。*2013年，95家企业成为金种子企业，总数达到195家。40余家企业配备创业导师，近80家企业与导师所在企业开展交流合作;汇集80余位创业导师和60余家风险投资机构，30余家金种子企业获首轮融资或再融资，帮助企业融资超过15亿元;通过“苗圃计划”为企业提供选址咨询服务736家次，推荐写字楼约1800座次，总推荐面积超过35万平方米。在2013中关村十大系列评选榜单中，20%的上榜明星来自中关村示范区金种子企业。

*天使投资日趋活跃。*截至年底，在中关村示范区活跃的天使投资人近500名，活跃的天使投资基金30支，基金规模近24亿元，全年投资项目59项，投资总额4.86亿元。中关村天使投资基金引导资金规模达1.09亿元，联合设立创新工场、戈壁绿洲等基金10支，基金总规模7.69亿元，放大倍数超过7倍。在投资行业方面，中关村天使投资机构多投资于TMT等高新技术领域，尤其集中于互联网、移动互联网行业，注重轻资产行业的投资，注重为被投企业提供管理、再融资等方面的后续增值服务。

*打造品牌性创业服务活动。*组织第二届全国创新创业大赛北京赛区比赛和首届中关村—硅谷创新创业大赛，吸引来自中国、美国、加拿大等国家200余家创业企业和团队参赛。举办中关村创业讲坛22场，围绕创业知识、资本运作、管理经验、产业环境等创业主题展开，共有7000余人参与。

（陈宝德）

# 创业孵化

**【北航孵化器科技型中小微企业金融服务对接会举办】** 1月4日，由北京北航天汇科技孵化器有限公司与北京软件和信息服务交易所共同主办的“科技型中小微企业市场、交易、金融服务对接会”在柏彦大厦召开。来自北航科技园，北航留学人员创业园、孵化器和其他高校科技园区近50家企业的负责人参加。软交所的工作人员就软件交易服务、科技金融服务、股权融资服务、科技型企业资质建设服务等方面的业务与企业代表进行现场对接。

（翟　彬）

**【中国农大创业园企业联合会成立】** 1月21日，由北京中农大科技企业孵化器有限公司主办的中国农大创业园企业团拜会暨企业联合会成立大会在中国农大创业园召开。中关村管委会、海淀区投促局、海淀园管委会等单位相关领导及100余家园区企业的代表参加。北京中农大科技企业孵化器有限公司宣布成立中国农大创业园企业联合会。联合会旨在提升企业核心竞争力，增进企业间以及企业与社会各界的交流合作，搭建政企沟通桥梁，创造性地开展工作，努力成为民营科技企业的“代言人”，在区域创新体系与和谐社会建设中贡献力量。会长单位由北京建设大学担任。

（付　骁　陈宝德）

**【建设美国昭衍创新园】** 1月，北京昭衍新药研究中心有限公司收购德国拜耳制药公司在美国旧金山市的研发和生产基地。昭衍公司将依托该基地，投资1亿美元，建设占地面积20公顷的“美国昭衍创新园”，为硅谷中小型生物医药创新企业提供企业孵化、技术支撑、国际合作等服务。

（龙　琦）

**【营改增政策解读及应对实务培训举办】** 2月28日，由北京北航天汇科技孵化器有限公司主办的“北京市营改增政策解读及应对实务培训”在柏彦大厦举行。来自中关村示范区内企业的代表50余人参加。相关专家就北京营业税改征增值税的政策及相关细则进行介绍，解读营业税改征增值税政策的适用范围、实施办法、优惠政策以及税制改革对企业税负带来的影响，并与企业代表进行互动答疑。

（翟　彬）

**【36氪启动创投晚宴活动】** 3月12日，由北京协力筑成传媒科技有限公司主办的36氪第一期“创投晚宴”在北邮科技大厦宴会厅举办。来自北京力美科技有限公司等创业公司的创始人，IDG资本、经纬创投等VC合伙人以及百度在线网络技术（北京）有限公司等企业的相关负责人50余人参加。活动主题为创业&投资。活动采取一边用餐一边探讨行业经验的形式，把国内优秀创业企业、知名投资机构以及资源性平台公司的负责人聚到一起交流。创投晚宴的定位是帮助已获VC支持、产品也得到初步市场验证的创业者打造一个私密的交流圈子，让其有更多机会和其他优秀的创业者、投资人等交流探讨。活动还创建一个便于继续交流的微信群组。

（龙　琦）

**【清华科技园企业“校园行”专场招聘会举办】** 3月19日，由北京启迪创业孵化器有限公司、清华大学就业指导中心共同主办的“清华科技园企业‘校园行’——

清华大学专场招聘会”在清华大学举行。启迪控股股份有限公司、北京亚都环保科技有限公司等近30家园区企业参加。会上发布招聘职位124个，涉及研发、销售、市场、行政等。来自清华大学及周边院校和外地院校的应届毕业生1000余人应聘。

（康秋红）

**【国家级孵化器项目专场对接会举行】**4月25日，由北京北航天汇科技孵化器有限公司和北京理工创新高科技孵化器有限公司共同主办的“国家级孵化器项目专场对接会（北理工专场）”在北理工国际教育交流大厦举行。来自北航、北理工国家级孵化器8家企业的代表、30余家投资机构的代表等100余人参加。此次发布对接的8个项目涉及物联网、云计算、导航、光电、芯片等领域。其中北航孵化器北京迈迪泰克科技有限公司的3G手机视频医疗咨询平台，患者可通过3G视频通话手机拨打医疗专家的3G视频手机，依托

互联网平台提供健康管理、就诊、看病，尤其是对于初次诊断的病人和诊断治疗后复诊的病人，省时、及时、便捷。北京中芯优电信息技术有限公司开发的物联网工程已完成的产品5种，代理的产品7种，培训课程12种，成为微软嵌入式领域的全球合作伙伴，其自主研发无线智能家居系统也初具规模。

（李　莹　翟　彬）

**【企业商业秘密风险防控专题讲座举办】**4月25日，由北京启迪创业孵化器有限公司主办的启迪创业沙龙——“企业商业秘密风险防控及相关案例分享”在清华科技园举行。北京搜狗科技发展有限公司、北京烨晶科技有限公司等30余家园区企业的知识产权负责人参加。相关专家就“企业商业秘密风险”“商业秘密侵权”“企业商业秘密风险管控”等方面进行讲解，并列举企业商业秘密泄露导致的侵权诉讼案例，提示企业在专利保护和版权保护的基础上，要提升企业商业秘密的保护意识。参会企业的代表分别就各自企业商业秘密保护的情况以及遇到的问题进行现场咨询并得到解答。

（康秋红）

**【清华X-lab启动】**4月25日，由清华大学经济管理学院主办的“清华X-lab启动仪式暨创新创业论坛”在清华大学举行。清华大学有关领导、企业家及投资人等20余人参加。清华大学创意创新创业教育平台（X-lab）是依托清华经管学院，由清华校内多所院系共同建设，面向清华所有院系学生、校友、教师的创意创新创业人才发现和培养的教育平台，在全国率先推出驻校企业家（EiR）、驻校天使（AiR）参与实践教育的方式，其价值来源于实现清华校内多学科合作、整合校外各种资源、提供商业模式和社会价值实现的方式和路径。X-lab将开展支持学生创新创业成长的各类免费公益性服务，包括：创意活动、创业团队接待日、创业伙伴服务、驻校企业家和驻校天使服务；还将建设X-lab网站（清华创业门户网站）、创业学习和实践场所（清华校内基础工业训练中心创业场地和清华科技园创业场地），组织创业团队交流培训活动，并依托校友和合作企业，提供创业发展的指导和资源。会上，清华X-lab被中关村管委会授予“中关村（清华）梦想实验室”，并认定为“创新型孵化器”。清华科技园发展中心与经管学院签署合作备忘录，成为清华X-lab创始战略合作伙伴。启迪控股股份有限公司总裁王济武等40余位清华校友企业家、资深投资人受聘成为X-lab首期驻校企业家或驻校天使。

（康秋红）

**【望京留创园企业创业资助评审会举办】**5月7日，由北京望京科技孵化服务有限公司主办的“2013年望京留学人员创业园企业创业资助评审会”在望京留创园召开。评审团专家和参评企业的代表20余人参加。会议评选出北京天睿空间科技有限公司等1家重点企业、3家优秀企业、4家入围企业，给予2013年望京留学人员创业园企业创业资助，资助资金总额80万元。

（朱文利）

**【丰台园科创中心开展金种子工程企业辅导】**5月10日，由中关村管委会和丰台园科创中心联合举办的“中关村金种子工程导师深度课程”在北京IBI举行。科创中心重点培育的20余家种子企业的代表、驻园企业代表及孵化器管理人员等70余人参会。相关专家就创业公司管理概要、市场定位、产品定义及客户关系等内容举行讲解，并对拟申报企业进行培训和辅导。

（尚革力）

**【中小企业财税规划技巧培训会举办】**5月23日，由

北京启迪创业孵化器有限公司主办的启迪创业沙龙——“中小企业财税规划技巧培训会”在清华科技园举行。能力天空科技（北京）有限公司、北京海博思创科技有限公司等50余家企业的财务负责人参加。相关专家就税收政策、税赋法则等进行讲解，介绍如何在国家法律法规允许的前提下，最大限度地维护企业自身权益，采取行之有效的方法保证企业收益，并为企业如何做好税收筹划等问题给予指导与解答。

（康秋红）

**【丰台园科创中心签署知识产权合作框架协议】**5月24日，在市科委、市教委、中关村管委会共同召开的“北京市科技企业孵化器及大学科技园工作会议”上，中关村知识产权促进局与中关村科技园区丰台园科技创业服务中心签署知识产权合作框架协议。根据协议，双方将建立定期工作会商机制，并在知识产权创造、运用、保护和管理4个方面开展合作。合作的内容：一是依托中关村国家审查员实践基地、专利巡回审查平台对接丰台园企业，实现审查员一线服务创新主体，解决园区企业面临的知识产权维权的困扰，提升创新主体的知识产权创造能力。二是依托中关村知识产权服务业联盟平台优势，引导优质的知识产权服务机构，

针对丰台园重点企业、重大项目开展知识产权评议工作。三是借助国家知识产权局的专家团队和优势资源，有针对性地开展专题培训，强化知识产权保护意识，并建立稳定、常态化的工作机制，共同打造知识产权创新实践的示范区。

（苏　品　尚革力）

**【软件园孵化器获新兴产业孵育基地授牌】**5月24日，在北京创业大厦举行的“北京市科技企业孵化器及大学科技园工作会议”上，北京中关村软件园孵化服务有限公司获“北京市战略性新兴产业孵育基地”授牌。中关村软件园孵化器培育项目为北京恒信启华信息技术有限公司的智能社区服务管理信息系统的研发和北

京金双狐油气技术有限公司的DF-V2C双狐变速构造成图系统V 4.0的升级研发。

（张　蕾）

**【国际孵化园信息技术展示与测试平台建成】**5月28日，由北京中关村国际孵化器有限公司投资，园区内多家在孵企业提供技术支持的“中关村国际孵化园信息技术展示与测试平台”投入使用。平台是一个集产品展示、技术测试、项目推介、企业宣传、互动体验等功能于一体的技术服务平台，分前言、知识产权展示、产品陈列、视频展示、测试等5个功能区域。平台的能源系统、照明系统、安防系统等多项技术方案不仅可在展厅内展示和体验，而且通过物联网技术辐射到整个孵化器大楼，将大楼的温度、湿度、安防监控、照明、用水、排风等智能楼宇技术通过展厅终端展现。

（樊敬愚）

**【北京银行与5家在孵企业签订贷款协议】**5月31日，由北京中关村国际孵化器有限公司与北京银行上地支行共同主办的以“科技金融创新，银企合作共赢”为主题的企业融资服务交流会在朔黄大厦举行。中关村管委会等单位有关领导以及国际孵化园20余家企业的代表参加。北京海博思创科技有限公司、北京忆恒创源科技有限公司、北京捷软世纪信息技术有限公司、和信诚软件（北京）有限公司、北京智物达科技有限公司等5家企业与北京银行上地支行签订初次贷款协议，贷款总额度为500万元。会议还介绍中关村科技金融政策、北京银行的金融产品、中关村科技担保公司的担保业务等情况，并围绕如何拓宽中小企业融资渠道、努力破解中小企业融资难题等进行交流和讨论。

（樊敬愚　陈宝德）

**【首批20家企业进入丰台园孵化器种子企业库】**7月4日，由丰台园科创中心组织召开的“种子企业座谈会”在北京IBI举行。来自北京国能中电节能环保技术有限责任公司、北京天元晟业科技有限公司、北京华智凯科技有限公司等首批入选的20家种子企业的代表参

加。丰台园科创中心发布《种子企业管理办法》，通报种子企业培育规划。《办法》明确种子企业的入选条件和对入选的种子企业提供的专项服务，并规定：对获知识产权的种子企业给予专项补贴，对入选中关村金种子企业给予资金支持，对参加中国创新创业大赛入围和获奖企业给予奖励，对上市的种子企业给予补贴或资助。《办法》自 2012 年 3 月 1 日起实施。首批入选的 20 家种子企业，属中关村战略性新兴产业领域，是尚未达到瞪羚企业标准，且拥有自主知识产权或在商业模式上有重大创新的企业。依据《办法》，科创中心将对种子企业实施项目经理全程跟踪负责制，进行重点培育，助其快速成长。

（尚革力）

**【微软云加速器二期初创企业展示日活动举办】**7 月 7 日，微软云加速器二期初创企业展示日活动在北京微软亚洲研发中心举行。微软亚太研发集团、微软创投（Microsoft Venture）大中华区的相关负责人以及微软云加速器前 3 期学员、云加速器导师、微软合作伙伴、风险投资代表等参加。微软云加速器宣布，微软创投正式进入中国，未来将为 Windows Azure 打造更为完整的创业生态圈，让其成为最前沿的技术集散地。同时宣布加速器三期启动以及当期入驻的创业团队名单。微软云加速器二期初创企业通过 6 个月的加速成长，均推出各具特色的产品与服务，其中北京易动纷享科技有限责任公司、北京保益互动科技发展有限公司等初创企业，均推出具有全球市场竞争力的产品与创新服务。

（龙　琦）

**【新兴产业孵育基地培育项目新产品发布】**7 月 12 日，由北京高技术创业服务中心、北京创业孵育协会共同主办的“北京市战略性新兴产业孵育基地新产品发布会——中关村软件园孵化器专场”在中关村软件园云广场举办。来自科技部火炬中心、北京市科委、海淀园管委会等单位有关领导和战略性新兴产业孵育基地及企业的代表、投融资机构代表等近 200 人参加。活动主办方介绍了“北京市战略性新兴产业孵育基地新产品发布会系列活动”的设想、具体实施规划以及实施目的。此次活动是该系列活动的首场。在企业展示阶段，中关村软件园孵化器的 6 家战略性新兴产业培育企业负责人介绍并展示其最新产品和创新技术，包括北京博思廷科技有限公司“智慧城市智能视频分析预警系统”、北京数字绿土科技有限公司“数字三维景观重建”、北京金双狐油气技术有限公司“地质成图系统”、北京恒信启华信息技术有限公司“企业资产管理 EAM 完整解决方案”、北京天耀宏图科技有限公司“云

GIS 产品”、中交远洲信息技术（北京）股份有限公司“公路布局咨询解决方案”等。

（张　蕾　李贺英）

**【启迪孵化器新媒体营销主题沙龙举办】**7 月 18 日，由北京启迪创业孵化器有限公司与五彩世界（北京）文化传媒有限公司共同主办的“五彩传媒新媒体营销经验及案例分享沙龙”在清华科技园举行。园区内外企业的代表 60 余人参加。相关专家围绕“新媒体营销”的主题，对新媒体、新媒体营销方式及策略、新媒体的未来发展趋势等进行阐述与讲解，并就如何运用数字杂志、数字报纸、数字广播、手机短信、移动电视、网络等媒体形态宣传企业与企业代表进行互动。

（康秋红）

**【启迪孵化器商业模式与公司运营分享活动举办】**7 月 25 日，由北京启迪创业孵化器有限公司与 AAMA 亚杰商会共同主办的“商业模式与公司运营”分享活动在清华科技园举行。来自园区企业的代表 70 余人参加。华山资本创始合伙人陈大同的讲授课程分为 2 个部分，一是创业机会与商业模式，从“如何发现创业机会”开篇，围绕怎样发现创业机会、如何遵循市场规律、如何规避市场误区等方面展开演讲，并辅助案例论述创业企业可能会遇到的相关问题。二是创业公司管理概要与 CEO，围绕公司管理、创业感悟等方面与参会企业代表分享在创业过程中的体会及经验。陈大同还解答参会企业代表在制定商业模式、公司运营管理等方面遇到的困惑和问题。

（康秋红）

**【亚杰商会赴西雅图拓展合作渠道】**7 月 28 日，由艾德思奇美国分公司和亚杰商会共同举办的 2013“北京遇上西雅图”CEO 商务论坛在美国西雅图市举行。北京雅康博生物科技有限公司 CEO 许军普等 12 位亚杰商会的企业家与来自微软公司、亚马逊公司等西雅图地区互联网高科技企业的代表 200 余人参加。北京微

智全景信息技术有限公司创始人兼亚杰商会执委李岩代表亚杰商会介绍了协会过去一年的发展及社会贡献，以及其对硬件的复苏，未来移动的商机将架构在软硬件服务紧密结合基础上的一些创新性的研究成果。亚杰商会成员与西雅图高科技领域人士分享了创业经历，并就中国互联网行业的市场前景和更多的跨地区合作机会进行讨论与洽谈。

（龙　琦）

**【石景山区创业基地联盟成立】**8月8日，石景山区创业基地联盟首次会议暨创业基地政策、服务交流活动在首特创业基地举行。石景山区经济信息化委及来自服务机构、企业的代表等40余人参加。会议通过联盟章程。石景山区经济信息化委副主任彭春辉任联盟理事会理事长。联盟由石景山区经济信息化委、石景山区产业促进中心发起成立，旨在促进商务楼宇增加服务功能，向创业基地转变，鼓励联盟内创业基地服务联合、服务共享、优势互补，提高服务能力。会议还介绍首特创业基地服务体系建设情况及孵化服务经验和成果，讲解“北京市创业基地及资金奖励的政策和申报流程”，并就中小企业融资难、管理不规范等问题进行探讨。

（陈宝德）

**【启迪孵化器4G主题沙龙活动举办】**8月15日，由北京启迪创业孵化器有限公司与华为技术有限公司、“清华创业行”社区共同主办的“华为讲4G,不只快一点”主题沙龙在清华科技园举行。来自移动通信、互联网应用相关行业公司的专业技术人员等60余人参会。华为公司的讲师就4G移动网络的知识普及、网络应用、优势以及华为自有的针对4G的公共开放测试平台等技术问题进行讲解。与会代表围绕4G技术应用、4G网络优势、4G网络普及难点，以及4G网络应用安全性等进行交流和沟通。

（康秋红）

**【企业家沙龙之创业经验谈举办】**8月15日，由北京中关村国际孵化器有限公司主办的“企业家沙龙‘创业经验谈’”在中关村国际孵化园举行。园内企业代表50余人参加。北京欧博方医药科技有限公司董事长李靖讲述创业之初的理想和创业过程中的现实情况，并根据其企业的发展历程，介绍创业团队的管理、发展方向和产品定位以及创业融资等情况。与会企业家还就企业发展方向定位、团队管理以及面临融资难等问题展开讨论。

（樊敬愚）

**【移动互联网创新创业孵化平台启动】**8月16日，由大唐电信科技股份有限公司主办的“大唐创新港—移动互联创新创业孵化平台启动仪式”在京举行。市发展改革委、市经济信息化委、市科委等单位有关领导参加。平台以“新华瑞德云平台”为基础，将整合政府、资本方、合作伙伴等各方优势资源，构建一个面向行业机构、中小微企业及创业团队的移动互联网创新创业生态环境，打造一个集可共享的云服务基础资源、多元化融资渠道、创新园区及产业扶持政策为一体的基础创新公共服务平台，将为有资源优势的行业服务机构、传统服务型企业以及创业团队提供一站式服务。平台将采用“一体两翼三阶段”的发展模式，以新华瑞德数字内容云服务平台为主体，以投融资服务和实体园区服务为两翼，重点孵化资源型垂直行业移动互联网应用项目,通过“规模化、集群化、开放化”3个阶段，打造可协同的垂直行业移动互联网产业群。

（杜　玲）

**【中关村科创硅谷孵化器成立】**10月19日，“中关村科创硅谷孵化器（TIPark Silicon Valley）开幕仪式”在美国硅谷举行。中国驻旧金山总领事馆、海淀区政府等单位有关领导以及来自美国加利福尼亚州及地方政府、清华校友总会、风险投资机构、企业、新闻媒体的代表等100余人参加。硅谷孵化器是清控科创控股股份有限公司与海淀区政府共建的首个国际孵化器，位于美国加利福尼亚州硅谷地区，拥有近5000平方米孵化面积，将为中美的创新创业者以及企业提供全方位的资源对接和服务，为促进中国与美国企业开拓海外市场，寻求产业并购和资本合作创造机会；打造以创新为导向的信息交流、产业对接、需求推广、资源集成的合作平台；致力于实现中美之间区域合作交流的平台，实现国内外高端创新要素的集成和流通。

（龙　琦）

**【海淀留创园精品项目推介会举办】**10月23日，由上地创业谷与创业影院共同举办的海淀留创园精品项目推介会在中关村创业大厦举行。来自海纳亚洲创投基金（SIG）、联创策源风险投资基金、IDG技术创业投资基金等投资机构、媒体和企业的代表100余人参加。来自海淀留创园、上地创业谷和创业影院企业的10个项目进行路演，包括：沙和尚创业服务网、俱客网、超级鼠标、云极搜索、久久相悦等。（上地创业谷是海淀留创园为完善服务体系，搭建全链条孵化模式而建设的“零成本”项目孵化平台。为入驻项目免费提供办公场地、网络服务、创业辅导、项目诊断、产业链对接、投融资对接、工位注册和工商注册代理等服务。）

（陈宝德）

**【技术合同管理实务讲座举办】** 10月24日，由中关村科技园区海淀园创业服务中心主办的技术合同管理实务讲座在中关村创业大厦举行。40余名园区企业相关负责人参加。北京市世坤律师事务所律师肖伟明介绍技术合同管理办法，从技术合同本身的特殊性与风险、一般审查的重点与防范、可享受的优惠政策等方面做了讲解，并对与技术合同相关的税收优惠申请流程、注意事项等4个方面做了实务介绍。

（陈宝德）

**【亚杰摇篮导师分享会举行】** 10月，AAMA亚杰商会举办2次小型摇篮导师分享会。北京博纳中美管理咨询有限公司的创始人邓臻以“创业企业如何做到真正有效的目标管理？”为主题，与企业家学员共同分享“有效目标管理”理论，分析了在创业企业中如何将员工有效整合，同时实现目标的有效管理和执行；CL网络教育高级顾问居文以“企业时间管理”为主题诠释时间在企业不同发展阶段起到的不同作用，以及如何在不同企业规模的情况下，更有效地提高生产效率和研发速度。

（龙　琦）

**【汇龙森公司入选科技创业孵化链条建设示范单位】** 11月22日，科技部火炬中心发布《关于启动苗圃—孵化器—加速器科技创业孵化链条建设示范工作的通知》（国科火字〔2013〕295号），公布首批全国科技创业孵化链条建设示范单位名单。汇龙森欧洲科技（北京）有限公司凭借其具备完整合理的科技创业孵化链条管理机制，为入驻企业提供财务、金融投资、法律、人力资源、项目申报、政策信息层面的专业性服务等优势入选。

（李美惠）

**【启迪创业咨询港首期活动举办】** 11月27日，由北京启迪创业孵化器有限公司主办的“启迪创业咨询港”首期活动在清华科技园举行。活动主题是高新技术企业认定及复审等相关问题。启迪创业咨询港的业务专家师以及企业代表参加。业务专家师根据4家咨询企业的不同发展阶段及特点，为其在高新认证及复审过程中遇到的实际问题，分别进行现场答疑和指导。“启迪创业咨询港”是启迪创业孵化器公司集成专业服务团队设立的定期为企业提供免费一对一业务咨询服务的服务平台，业务内容涵盖：工商税务、金融信息、科技政策、人事管理、社保管理、法律咨询等。

（康秋红）

**【丰台园孵化器创业导师聘书颁证仪式举行】** 11月29日，由丰台园科创中心主办的“丰台园孵化器种子企业创新创业研讨会”在科创中心举行。中关村管委会、中关村金种子工程联席会秘书处等单位相关领导以及种子企业的代表40余人参加。科创中心聘请北京容百投资控股有限公司董事长白厚善、北京奥博泰科技有限公司总经理张喆民作为创业导师并颁发证书。2位导师围绕初创期企业在人才引进、标准制定及资金需求等方面的议题与参会人员做了首场交流和研讨。

（尚革力）

**【上市企业实战交流会举办】** 12月20日，由亚杰商会举办的上市分享会在启迪大厦举行。亚杰摇篮计划的学员20余人参加。摇篮计划第五期创业家北京神州付科技有限公司创始人孙江涛分别从香港主板上市的条件，创业板上市的条件以及在香港上市的优点、什么类型的企业适合在香港上市等方面进行陈述，将神州付公司在香港上市挂牌的经验和困难做了讲解，并将“耐心、隐忍、低调”的感受分享给与会学员。

（龙　琦）

**【17家孵化器纳入国家科技企业孵化器体系】** 12月30日，科技部火炬中心发给中关村管委会《关于支持中关村示范区创新型孵化器创新发展的复函》（国科火函〔2013〕52号），同意将创新工场（北京创新方舟科技有限公司）、车库咖啡（北京创业之路咖啡有限公司）、常青藤创业园（北京市石景山区常青藤创业研究中心）等17家中关村示范区创新型孵化器纳入国家科技企业

| 序号 | 单位名称 | 地址 | 邮编 | 电话 | 邮箱 | 网址 | 运营模式和特点 |
|---|---|---|---|---|---|---|---|
| 1 | 创新工场—北京创新方舟科技有限公司 | 海淀区海淀大街3号鼎好电子商城A座10层 | 100080 | 57525200 | wangzhaohui@chuangixn.com | www.chuangxin.com | 早期投资＋垂直领域专业服务（精益孵化模式） |
| 2 | 车库咖啡—北京创业之路咖啡有限公司 | 海淀区中关村西大街48号鑫鼎宾馆 | 100080 | 82627127 | sudi79515@gmail.com | www.chekucafe.com | 交流社区＋开放办公（创业社区孵化模式） |
| 3 | 常青藤创业园—北京市石景山区常青藤创业研究中心 | 石景山区苹果园实兴东街11号 | 100041 | 52866756 | service@ivyi.org.cn | www.ivyi.org.cn | 早期投资＋垂直领域专业服务（精益孵化模式） |

（续表）

| 序号 | 单位名称 | 地址 | 邮编 | 电话 | 邮箱 | 网址 | 运营模式和特点 |
|---|---|---|---|---|---|---|---|
| 4 | 亚杰商会—北京亚杰商汇咨询有限公司 | 清华科技园科技大厦B座5层 | 100084 | 82158001–8225 | may@aamachina.com.cn | www.aamachina.com.cn | 创业培训＋早期投资（发掘培育孵化模式） |
| 5 | 3W咖啡—北京三大不六文化传播有限公司 | 海淀区善缘街1号立方庭大厦 | 100080 | 62555755 | xdd@vip.qq.com | www.3wcoffee.com | 交流社区＋开放办公（创业社区孵化模式） |
| 6 | 创业家杂志社—北京创业未来传媒技术有限公司 | 海淀区北四环四路52号方正大厦 | 100080 | 62513691 | post@chuangyejia.com | www.iheima.com | 线上媒体＋线下活动（融资对接孵化模式） |
| 7 | 创业邦—爱奇清科（北京）信息科技有限公司 | 朝阳区霄云路36号国航大厦 | 100027 | 82332922 | jolin@cyzone.cn | www.cyzone.cn | 线上媒体＋线下活动（融资对接孵化模式） |
| 8 | 联想之星—北京联想之星创业投资有限公司 | 海淀区科学院南路2号融科资讯中心C座 | 100190 | 62509620 | zhuangcg@legendholdings.com.cn | www.legendstar.om.cn | 创业培训＋早期投资（发掘培育孵化模式） |
| 9 | 云计算产业孵化器—北京云基地云计算科技发展有限公司 | 北京经济技术开发区地盛北街1号北工大软件园内 | 100176 | 87120038 |  | www.cloud-valley.com | 产业基金＋专业技术平台（全产业链孵化模式） |
| 10 | NEIC诺基亚体验创新中心—诺基亚（中国）投资有限公司 | 东城区和平里东街11号1号楼 | 100013 | 84220636 |  | www.neic.com.cn | 开放技术平台＋产业资源支持（平台型企业孵化模式） |
| 11 | 36氪—北京协力筑成传媒科技有限公司 | 海淀区西大街39号 | 100080 | 57187565 | wow@36kr.com | www.36kr.com | 线上媒体＋线下活动（融资对接孵化模式）全国最大的线上创业服务平台 |
| 12 | 微软云加速器—微软（中国）有限公司 | 海淀区丹棱街5号微软研发集团总部大厦 | 100080 | 59178888 | cnca@microsoft.com | www.yunjiasuqi.cn | 开放技术平台＋产业资源支持（平台型企业孵化模式） |
| 13 | 石谷轻文化产业孵育基地—趣游科技集团有限公司 | 石景山区鲁谷路74号瑞达大厦 | 100040 | 68608366–8110 |  | www.gamewave.net | 早期投资＋垂直领域专业服务（精益孵化模式） |
| 14 | 中关村国际数字设计中心—北京中关村国际数字设计中心 | 海淀区海淀大街1号 | 100080 | 68947179 |  | www.zgciddc.cn | 公共技术服务平台＋投资 |
| 15 | 厚德创新谷—北京厚德科创科技孵化器有限公司 | 海淀区海淀大街3号鼎好电子大厦A座 | 100080 | 62607779–8012 | bp@hdcxg.com | www.hdcxg.com | 早期投资＋垂直领域专业服务（精益孵化模式） |
| 16 | 创客空间—北京创客空间科技有限公司 | 海淀区海淀大街1号中关村梦想实验室 | 100080 | 57196164 | bjmakerspace@gmail.com | www.bjmakerspace.com | 交流社区＋开放办公（创业社区孵化模式）亚太地区最大的软硬件结合的创业服务平台 |
| 17 | 天使汇—北京益新速创科技发展有限公司 | 海淀区大钟寺东路9号京仪科技大厦B座 | 100086 | 62670371–813 | zhangteng@pe.ve | www.angelcrunch.com | 线上媒体＋线下活动（融资对接孵化模式）全国最大的天使合投平台 |

孵化器的管理体系及相关科技计划项目的支持范围，支持中关村示范区创新型孵化器不断探索新型孵化机制和模式，增强创业增值服务能力和水平。

（陈宝德）

**【创新工场被纳入国家科技企业孵化器管理体系】** 12月30日，创新工场（北京创新方舟科技有限公司）被纳入国家科技企业孵化器的管理体系及相关科技计划项目的支持范围。创新工场由李开复博士创办于2009年9月，旨在帮助中国青年成功创业，培育创新人才和新一代高科技企业，是“投资＋孵化”模式的代表企业，也是首个获中关村示范区“创新型孵化器”命名的创业服务机构，主要支持专注于移动互联网、电子商务、消费互联网和云计算等信息产业领域的创业者，并在美国硅谷建立分公司，通过创新工场平台将海外优势技术与项目转化并落地国内。创新工场的投资者包括联想控股有限公司等财富100强企业、知名创投等。创新工场累计投资并孵化80余个项目，投资金额超过5.5亿元，投资企业估值超过61亿元。

（陈宝德）

**【车库咖啡被纳入国家科技企业孵化器管理体系】** 12月30日，车库咖啡（北京创业之路咖啡有限公司）被纳入国家科技企业孵化器的管理体系及相关科技计划项目的支持范围。车库咖啡由蓝汛国际控股有限公司（China Cache）原投资总监苏菂发起，10余位天使投资人联合投资设立，成立于2011年4月。车库咖啡以咖啡厅的形式为早期项目创业者提供一个低成本、高效率的全开放式创新创业服务平台，为创业者提供战略制定、技术研发、产品测试、人才招聘等服务，促进创业团队快速成长，并举办形式多样的创业活动，为创业者与各类创新资源之间搭建多维度的沟通交流平台。累计有40余家在车库咖啡创业的团队共获超过1亿元的天使投资，10余个创业项目被并购，促进近100个早期创业团队融合为优势互补的创业新团队。车库咖啡北美分店于2013年11月试运营。

（陈宝德）

**【常青藤创业园被纳入国家科技企业孵化器管理体系】** 12月30日，常青藤创业园（北京市石景山区常青藤创业研究中心）被纳入国家科技企业孵化器的管理体系及相关科技计划项目的支持范围。常青藤创业园是由石景山区委、区政府指导建设的高端人才创业基地，由常青藤创业园和常青藤加速器组成，由常青藤创业研究中心负责运营，是国内第一次运用企业主导的民办非营利模式运营创业园。园区建筑面积3000平方米，主要服务于高端人才初创企业，并承认知名天使投资的项目是优秀项目，取消专家评审的繁杂及低效流程，为国内识别高端人才项目提出新的思路。园区每年增加8家企业，充分尊重高端人才是稀少的客观规律，对高端人才不提供具体资金支持，而是为每家入驻企业提供财务、人力资源、法律培训、市场拓展、融资对接、创业辅导等共享创业服务。园区累计引进由高端人才创办的23家高新技术企业，入驻企业获早期投资超过3亿元。

（陈宝德）

**【亚杰商会被纳入国家科技企业孵化器管理体系】** 12月30日，AAMA亚杰商会（北京亚杰商汇咨询有限公司）被纳入国家科技企业孵化器的管理体系及相关科技计划项目的支持范围。亚杰商会是由一批具有丰富经验和资源的成功企业家、投资银行家、管理咨询专家发起，于2004年底在北京—北大朗润园成立，旨在以独特的成长模式，在科技商业界形成一定的影响力，吸纳一大批各界精英人士成为商会的导师、创业家学员，形成一个志趣相投、相互交流、资源共享、倡导现代商业文明的开放组织。亚杰商会以投资+导师指导帮助为特色，通过“摇篮计划”和专为摇篮计划学员及创业者设立的亚杰天使基金，先后推动完美时空、海兰信、鑫泉物联网等企业在纳斯达克、创业板及新三板登陆或挂牌，帮助学员企业获得约50亿美元的投融资。（2012年8月27日，市民政局批准亚杰商会注册成为商协会组织，并更名为“中关村亚洲杰出企业家成长促进会”，简称“亚杰商会”。2013年1月7日，市民政局颁发《行政许可决定书》。）

（陈宝德）

**【3W咖啡被纳入国家科技企业孵化器管理体系】** 12月30日，3W咖啡（北京三大不六文化传播有限公司）被纳入国家科技企业孵化器的管理体系及相关科技计划项目的支持范围。3W咖啡由徐小平、沈南鹏、陈大同、孙陶然等近200名天使投资人、投资家和企业家共同投资设立，成立于2010年，旨在为互联网企业提供行业社交网络，搭建创业投资交流平台，协助优质创业项目与资本对接，帮助互联网行业创业者成长。3W咖啡打造了面对互联网行业的创业咖啡、创业媒体、创业服务、人才招聘四位一体的创业服务平台，吸引500余名专家级会员，通过主办和承办行业沙龙，搭建自媒体和媒体平台，为互联网从业者和创业者提供行业信息和技能培训。

（陈宝德）

**【创业邦被纳入国家科技企业孵化器管理体系】** 12月30日，创业邦（爱奇清科北京信息科技有限公司）被纳入国家科技企业孵化器的管理体系及相关科技计划项目的支持范围。创业邦成立于2007年1月，由美国国际数据集团（IDG）及多家国际著名VC共同投资设立，致力为创业者提供高价值的资讯和服务，旗下产品及服务包括杂志、网站、创业类活动和天使基金等。创业邦连续7年举办创新中国、创业邦年会、创新中国校友会等创业活动，活动覆盖全国20个城市近1万家企业，帮助企业融资5亿美元。创业邦在2011年设立天使基金，投资孵化企业15家。2012年，创业邦推出科技博客快鲤鱼，专注报道移动互联网创业者。创业邦的线上资讯和线下活动及孵化服务，使其成为创新型的孵化器。

（陈宝德）

**【创业家被纳入国家科技企业孵化器管理体系】** 12月

30日，创业家（北京创业未来传媒技术有限公司）被纳入国家科技企业孵化器的管理体系及相关科技计划项目的支持范围。创业家成立于2008年，聚焦年龄45岁以下的极具创新意识的创始人，年营收规模在500万元至1亿元的科技型中小企业，营造一个发现寻找、报道宣传、培训交流、创投对接“黑马”孵化服务平台。创业家建立《创业家》杂志、iheima网站、微博、微信等关注创业创新的综合媒体传播平台，并从2010年起，推出创业大赛“黑马大赛”，帮助400余家科技型中小企业获融资总额超过112亿元。创业商学院——“黑马营”是创业家在“黑马大赛”的基础上推出的孵化项目，导师团队由知名企业家组成，并成立高端俱乐部产品“黑马会”，由“黑马营”的优秀学员帮助“黑马会”成员，形成“大帮小”的成长孵化组织和交流社区。

（陈宝德）

**【联想之星被纳入国家科技企业孵化器管理体系】**12月30日，联想之星（北京联想之星创业投资有限公司）被纳入国家科技企业孵化器的管理体系及相关科技计划项目的支持范围。联想之星由中国科学院和联想控股股份有限公司于2008年共同发起，旨在为有创业意愿的科技人员提供实战型的创业培训。联想之星通过设立天使投资基金、创业CEO特训班、联想之星创业大讲堂等扶持手段，发现和培养科技创业领军人才，孵化科技创业企业，推动科技成果产业化，还建立一支专业的创业顾问团队，整合企业和社会资源，为科技初创企业提供管理、财务、法务、市场营销等各个方面的综合孵化服务，形成创业培训+天使投资+开放平台的三位一体科技创业孵化模式，累计投资近40家企业，投资金额近2亿元，带动其他投资机构投资近1亿元。

（陈宝德）

**【云基地被纳入国家科技企业孵化器管理体系】**12月30日，云基地（北京云基地云计算科技发展有限公司）被纳入国家科技企业孵化器的管理体系及相关科技计划项目的支持范围。云基地由宽带资本董事长田溯宁于2010年8月创立，作为北京市云计算示范基地（北京·亦庄云基地）落户于大兴—亦庄园。在此基础上，北京中关村云基地于2012年8月在中关村软件园成立，双方合作建立云计算演示中心，联合投资云计算公司，共建云计算孵化器，基地企业业务涵盖云计算产业链的主要环节。云基地通过自建云计算展示中心、主办“云世界大会”等活动，推动云计算产业的市场发展，并创立“基金+基地”的创新发展模式，通过自有基金引导政府资金和风险资本，吸纳云计算的前沿技术和人才，创建和支持一系列创新型的创业公司，为产业和自主品牌的发展开拓出一种新的商业与运营模式。

（陈宝德）

**【诺基亚体验创新中心被纳入国家科技企业孵化器管理体系】**12月30日，诺基亚体验创新中心（Nokia Experience Innovation Center，NEIC）被纳入国家科技企业孵化器的管理体系及相关科技计划项目的支持范围。NEIC于2012年9月18日成立，旨在扶持开发创业者成长，鼓励并孵化初级创业者向互联网公司迈进，为打造一个软件生态园奠定基础，并创建企业与政府双赢发展的模式。NEIC为开发者和创业团队提供的全套创业解决方案包括：降低创业的硬件成本；通过导师和专家团队获得技术、企业运营能力、资金方面的支持，通过与政府的合作得到政策方面的扶助；融入创新社区，进入一个合作与分享的平台。NEIC通过举办创业讲座、成就秀场、大师论道、VC面对面、技术培训以及开发者交流沙龙等形式多样的线上、线下活动，为广大创业者、开发者提供合作共享的交流平台和技术、推广方面的扶持。

（陈宝德）

**【36氪被纳入国家科技企业孵化器管理体系】**12月30日，36氪（北京协力筑成传媒科技有限公司）被纳入国家科技企业孵化器的管理体系及相关科技计划项目的支持范围。36氪是科技新媒体平台，报道互联网科技新闻以及最有潜力的互联网创业企业，其网站于2010年12月8日上线。36氪通过新媒体平台36氪、创业服务平台36氪+、线下活动平台Open day，为创业者提供除场地以外的资金、人才、市场营销、创业工具等资源，成为全国最大的线上创业服务平台，并以远低于市场的价格提供云服务器、猎头、法律顾问、财务顾问等第三方服务，已拥有注册创业者8000余名，项目数超过1.1万个，国内Alexa排名在1200左右。

（陈宝德）

**【微软创投加速器被纳入国家科技企业孵化器管理体系】**12月30日，微软创投加速器（即“微软云加速器”）被纳入国家科技企业孵化器的管理体系及相关科技计划项目的支持范围。微软创投加速器由微软亚太研发集团于2012年设立，旨在深入中国的创业生态链，鼓励更多的创业者使用微软云计算平台进行技术开发及实现创新；同时为企业提供多方位的创业支持资源，以帮助创业者实现梦想。创业企业进入微软云加速器，可以得到当期期间内（4~6个月），微软公司提供的免费办公空间，并得到由行业专家、技术专家等组成的导师团的扶植与指导，同时获得多方面培训、融资机会对接及多种创业资源，还将得到价值6万美元的Windows Azure云服务。加速器累计完成4期共60余个项目的孵化，孵化企业获得融资的比例超过93%。

（陈宝德）

**【石谷轻文化创业基地被纳入国家科技企业孵化器管理体系】** 12月30日，石谷轻文化创业基地（趣游科技集团有限公司）被纳入国家科技企业孵化器的管理体系及相关科技计划项目的支持范围。石谷轻文化创业基地由趣游科技集团有限公司投资，于2011年7月设立，总建筑面积4800平方米。基地集技术研发、产品开发、产品运营、团队孵化、渠道整合、数据管理、资源共享等功能于一体，重点孵化以网络科技、体育文化、休闲娱乐产业等为代表的轻文化新业态企业，可对在孵企业研发、运营、市场推广、支付渠道及IDC服务等产业链各个环节进行优化。基地现有在孵企业9家，2012年毕业企业11家。

（陈宝德）

**【中关村国际数字设计中心被纳入国家科技企业孵化器管理体系】** 12月30日，中关村国际数字设计中心（北京中关村国际数字设计中心）被纳入国家科技企业孵化器的管理体系及相关科技计划项目的支持范围。2012年5月28日，由北京中海投资管理公司负责运营管理的中关村国际数字设计中心开业。中心发展定位是“海淀区为产业创新搭建的服务支撑平台”，即以数字化的设计为技术载体，搭建包括需求、设计、产品3个维度的立体产业创新平台，通过平台实现需求引领、设计整合和资源汇聚，达到新产业孵化的目的。中心占地面积1670平方米，总建筑面积近1万平方米，规划建设“商务配套、创新交流、项目孵化、产业育成、公共服务”5个功能区域，为新兴产业提供“战略研究、公共技术、产业中介和产业孵化”4个方面服务，入孵企业13家，其中1家企业获投资500万元，4家企业毕业后进行场外孵化。2013年新增孵化面积2100平方米。

（陈宝德）

**【厚德创新谷被纳入国家科技企业孵化器管理体系】** 12月30日，厚德创新谷（北京厚德科创科技孵化器有限公司）被纳入国家科技企业孵化器的管理体系及相关科技计划项目的支持范围。厚德创新谷成立于2012年10月，是移动互联与文化创意领域的专业孵化器，依托清华大学雄厚的技术实力与产业资源，以及清华校友在创业、产业、投资方面的丰富经验和国际化资源，结合清控科创专业优质的企业孵化及培育能力，为创业团队提供360度创业服务平台、一对一的创业导师、大型创业训练、专业的投融资服务及产业对接创业服务和全过程的资金支持，促进其快速成长。厚德创新谷致力于搭建创业者、从业者、天使投资人、国内外投资机构、企业服务机构的交流、服务和合作平台，驻场孵化与虚拟孵化相结合，基础服务套餐与菜单式增值服务项目相结合。

（陈宝德）

**【创客空间被纳入国家科技企业孵化器管理体系】** 12月30日，创客空间（北京创客空间科技有限公司）被纳入国家科技企业孵化器的管理体系及相关科技计划项目的支持范围。创客空间成立于2011年。2013年由戈壁投资与中海投资共同出资设立加速器，孵化面积1000平方米，设有300平方米的原型及小批量开发中心，创业团队可以根据需求自主搭建办公空间。创客空间通过线下和线上的创业服务平台，汇聚国内外创客的原创思想，形成跨领域创新思想的碰撞；通过原型及小批量开发中心将创新思想转化为创新产品，使原创思想能够在创客空间汇聚、生根、发芽；通过举办48小时创客马拉松等一系列沙龙活动，让各领域的专业人才相互交流，产生想法并行动，加速从想法到创业的过程。创客空间配置了国内第一个城市原型中心，通过整合生产和市场销售渠道，结合创业服务机构、投资机构、中介服务机构等创业服务资源，提供种子基金投资，构建了软硬结合与科技文化相融合的孵化体系，成为亚太地区最大也是国内首家软硬结合的孵化器，已孵化项目350余个。

（陈宝德）

**【天使汇被纳入国家科技企业孵化器管理体系】** 12月30日，天使汇（天津盛邦投资有限公司）被纳入国家科技企业孵化器的管理体系及相关科技计划项目的支持范围。天使汇由天津盛邦投资有限公司出资，于2011年11月成立，注册在北京市海淀区京仪科技大厦，是一个集投资、创业和市场三位一体的综合性天使投资与创业公司对接平台，聚集了成功的天使投资人和专业的创业团队，为初创企业发展提供融资、咨询、法律、营销、品牌、人才、管理等各种社会资源。天使汇累计举办28场DemoDay和FoundersDay等线下路演活动，在全国5个城市为240个创业项目举办路演活动，参与观众超过1.1万人次。利用互联网手段，定期推出视频路演、微信路演等服务，联合TECH2IPO平台推出创业推进器计划，帮助优秀的种子期项目进行推广和融资。天使汇平台上注册的创业项目达7500余个，通过审核的企业超过900家，创业者会员超过 2.2 万人，通过认证的天使投资人超过 700 位，帮助 70 多个项目完成近 2 亿元的融资，其中 80% 项目的融资额在 100 万 ~500 万元。

（陈宝德）

**【信息技术和产业领域最新发展专题讲座举办】**年内，北京北航天汇科技孵化器有限公司举办 4 期“信息技术和产业领域最新发展专题讲座”，园区初创企业、中小型企业的管理、技术研发、市场销售人员等 100 余人次参加。讲座邀请北京软件出口中心发展有限公司的信息技术领域专家，就“大数据应用技术及产业”“云计算及云服务”“移动互联网技术与产业”“物联网技术与应用领域”等 4 个专题进行演讲，涉及大数据、云服务、物联网、移动互联网相关技术的发展沿革和趋势、关键技术简介、应用领域及典型案例介绍、相关产业发展趋势等内容。

（翟　彬）

**【“启迪创业沙龙”系列活动举办】**年内，北京启迪创业孵化器有限公司举办 6 场“启迪创业沙龙”系列活动，分别以“企业商业秘密风险防控及相关案例分享”“五彩传媒新媒体营销经验及案例分享”“华为讲 4G，不只快一点”等为主题，邀请相关专家就如何在国家法律法规允许的前提下最大限度地维护企业自身权益，企业如何更好地保护专利和版权，如何运用数字媒体、手机短信、移动电视、网络等新的技术进行媒体宣传等方面进行讲解，并为企业答疑解惑。园区企业的相关负责人近 200 人次参加。

（康秋红）

**【摇篮计划导师课程培训举办】**年内，亚杰商会共举办 5 期摇篮计划导师课程培训，分别以“企业战略规划和内部管理提升”“中国合伙人——创业型团队的凝聚与转型”“成长型企业的研发管理”“商业模式与公司运营”“人才战争：人力资源与人才培养”等为主题。来自亚杰商会摇篮计划的学员累计 300 余人次参加。摇篮计划导师团队的导师分别就企业发展过程中战略规划和内部科学管理的重要性、核心文化作为企业团队的支撑和引导及持续成长中企业的团队融合问题以及如何遵循市场规律，构建核心竞争力确定企业的商业模式以及人才培养策略等方面进行讲解和经验分享，并为摇篮创业家提出很多中肯而实用的创业建议，就创业中遇到的投融资、转型、平衡家庭与工作关系等方面的问题与学员进行交流互动。

（龙　琦）

**【创新中国 DEMO CHINA2013 大赛举行】**年内，由爱奇清科北京信息科技有限公司（创业邦）举办的“创新中国 DEMO CHINA2013”第一次分春秋 2 季大赛举行。大赛吸引了包括中国大陆、中国港台、加拿大等国家和地区的创业者参与。3 月 20—21 日，第八届创新中国春季总决赛在上海颖奕高尔夫皇冠假日酒店举行，分为互联网、移动互联网、文化创意、节能环保等专场，近 40 家企业参加春季总决赛，角逐“创新之星”和“成长之星”大奖。9 月 11—12 日，2013 创新中国秋季活动在杭州洲际酒店举行，97 家参赛企业分别在互联网、移动互联网、医疗健康、时尚等专场进行项目展示。南京鼎科纳米技术研究所有限公司获 Demo God 大奖，北京洽时科技有限公司等 17 家企业获“创新之星”奖。至年底，创新中国活动帮助近 80 家企业融资近 2 亿美元。

（龙　琦）

# 创业环境

**【2013 搜狐科技财富论坛举行】** 1 月 15 日，由北京搜狐互联网信息服务有限公司主办的“创新·创业 2013 搜狐科技财富论坛”在国家会议中心举行。论坛以“快乐创业·智慧成长”为主题。中国民（私）营经济研究会、国家信息中心专家委员会等单位有关领导以及

相关专家、企业代表等 500 余人参加。活动共有“主题论坛”“主题展区”“快速约会”3 个互动板块。相关专家和企业代表分别就“中国企业创新的挑战与机遇”“中国经济形势与企业创新策略”“企业家精神与创业之路”等进行主题演讲，并围绕“创新中国·趋势与环境”“创业在路上·心态、方法与行动”2 个主题就“国内外创新创业趋势、创业者如何应对变化、创新创业的心态准备、如何打造团队行动力”等进行讨论。

（龙　琦）

**【启迪创业沙龙举办】** 1 月 23 日，由北京启迪创业孵化器有限公司、北京软件和信息服务交易所等单位联合举办的第四期启迪创业沙龙—清华科技园创业项目新春交流会在清华科技园举行。工业和信息化部、市经济信息化委、海淀区金融办、海淀园管委会等单位相关领导以及来自企业和投资机构的代表 100 余人参加。启迪孵化器公司与软交所签订战略合作协议。根据协议，双方将分别从投融资、科技金融产品设计及推广、知识产权 / 资质管家等领域为科技型中小企业提供服务。活动现场，北京施达优技术有限公司、北京唐桓科技发展有限公司、北京象清物华有限公司等 6 家企业进行路演，各投资机构的代表分别对所关注的项目进行提问。北京华山投资管理中心（有限合伙）创始合伙人邓杰为企业代表及青年投资人分享自己的创业与投资心得。

（陈宝德）

**【软件和信息服务企业专项资金申报培训举办】** 1 月 24 日，由北京软件行业协会举办的北京市软件和信息服务企业申报 2013 年度国家各类项目及专项资金支持申报工作培训会在柏彦大厦举行。120 余家企业的代表参加。市经济信息化委软件与信息服务业处项目负责人介绍 2013 年度国家及北京市各类项目及专项资金支持申报一般规则、要点及企业申报注意事项，同时就 2013 年度软件与信息服务业项目储备库建设有关情况做了介绍，并就与会代表提出的企业申报政府项目、资金支持中遇到的难题和疑惑等进行解答。

（郝峥嵘）

**【科技企业互助基金说明会举办】** 3 月 1 日，由北京民营科技实业家协会主办的首场科技型小微企业互助合作基金说明会在北京民协举行。爱帮聚信（北京）科技有限公司等 20 余家协会会员企业的代表参会。会议介绍了互助基金的运作模式，并邀请业界专家就企业提出的融资问题进行解答。科技型小微企业互助合作基金由北京民协、中国民生银行股份有限公司共同发起，旨在为企业提供无抵押经营性信用贷款。基金具有成本低、风险小、门槛低等特点，属开放式基金，各成员单位以各自认缴的保证金为限承担有限责任，年利率为 8.4%，期限最长为 2 年。企业成立 2 年以上，上一年销售收入 500 万元以上者可加入互助基金。

（尹玲利）

**【10 人入选 30 岁以下创业者排行榜】** 3 月 11 日，《福布斯》杂志中文版公布 2013 年中国 30 位 30 岁以下创业者排行榜。中关村示范区内北京字节跳动科技有限公司张一鸣、北京悦音经典网络科技有限公司施凯文、北京协力筑成传媒科技有限公司刘成城等 10 位青年创业者上榜。中关村示范区上榜创业者的平均年龄为 26.3 岁，主要分布在媒体和互联网两大领域。

（陈宝德）

**【企业教练助您打造成功企业沙龙举办】** 3 月 13 日，由北京软件行业协会举办的“北京软协主题沙龙——

企业教练助您打造成功企业”在柏彦大厦举行。来自协会30余家企业的负责人或高管参加。活动邀请赢商教练（ActionCOACH）公司教练田平为主讲嘉宾。田平介绍企业教练的工作方法和流程、如何辅导企业以及企业教练挑选合作企业的标准，还分享了赢商教练辅导企业的核心方法论，包括成功企业6步方法、提高销售和利润的5要素方法、建立企业内部系统的9步法、打造成功团队的核心6要素等，并与企业代表进行探讨和交流。

（郝峥嵘）

**【创业成长沙龙举办】**3月21日，由创业成长互助联盟、北京民营科技实业家协会、中关村企业家天使投资联盟共同主办的“如何正确地激励团队”创业成长沙龙在翠宫饭店举行。北京民协会员企业负责人及创业者70余人参加。彼得·德鲁克管理学院讲师仲艳松通过“内在激励与外在激励的思辨”“如何防止反激励”“金钱以外的激励实践”“德鲁克关于激励的三个观点”“如何对待绩效低的员工”等话题，与参会者共同探讨如何正确激励员工，以及打造一个富有激情的工作团队的具体措施。

（尹玲利）

**【微软云计算IT体验营开营】**3月22日，由微软（中国）有限公司主办的“云领中国行——微软云计算IT体验营”在微软大厦开营。来自中关村示范区企业、事业单位及机构IT专业人员100余人参加。体验营的课程

内容全基于企业级IT日常工作场景设置，可让营员亲身体验微软云计算的模拟环境。微软公司的相关专家将理论与实际应用相结合，就战略性IT技术的发展及现状进行介绍，针对实际工作中的IT问题和营员进行探讨和分析，并通过实验结果验证理论知识。

（龙　琦）

**【中关村亚洲杰出企业家成长促进会成立】**3月28日，“中关村亚洲杰出企业家成长促进会筹备成立大会”在启迪科技大厦举行。副市长苟仲文以及市民政局社团办、海淀区政府、中关村管委会等单位相关领导及会员单位代表100余人参加。促进会是帮助创业家成长、传承企业家精神、倡导现代商业文明的公益组织，是亚裔科技商业界高端人士的沟通平台，旨在加强美国

硅谷企业、亚太地区企业与中国企业在技术、管理、投资等方面的联系，汇聚科技商业领域的精英人士，建立良好的科技企业界、投资金融界及相关环节的互动人际平台，成为培育中国科技商业界领袖阶层的摇篮。会议选举中信资本控股有限公司总经理曾之杰为首届会长。

（陈宝德）

**【《乌兰察布中关村科技产业园总体规划研究》结题】**4月8日，《乌兰察布中关村科技产业园总体规划研究》结题会在裕惠大厦召开。验收组专家及课题负责人10余人参加。课题由中关村管委会和内蒙古自治区乌兰察布市政府委托中关村发展集团股份有限公司组织完成，包括产业规划、空间规划、投融资规划3项子课题。课题确定乌兰察布中关村科技产业园“首都科技成果转化区、区域产业升级引领区、共建合作开放示范区”的园区总体发展定位以及“能源科技创新中心、节能环保产业新区和生物农业示范基地”的园区产业发展定位，概括总结“区域资源禀赋和产业链构成的主导产业及发展定位、社会资本的园区空间发展规划、区域合作园区发展新模式、园区投融资制度创新和运营管理‘先行先试’”等“四大创新要素”，为下一步高标准建设园区提供参考。专家组一致认为，课题完成协议书所要求的任务，同意结题。（课题是根据《北京市人民政府内蒙古自治区人民政府区域合作框架协议》和《中关村管委会乌兰察布市政府战略合作框架协议》内容，于2012年5月立项实施。）

（李贺英）

**【中关村创业名家高校宣讲系列活动第六讲举行】**4月11日，由中关村管委会、市教委以及共青团北京市委共同举办的“中关村创业名家高校宣讲系列活动”第六讲在中国人民大学举行。人民大学师生代表参加。拉卡拉支付有限公司董事长孙陶然以“从大学到社会”为主题讲述自己的“北漂”经历，以及怎样一步步从

合同工做到创业企业领导者的经历，与学生们交流如何从大学社团工作中汲取必要的社会经验，以及如何在未来的就业与创业中打通人脉关系，如何自我激励，并与在场学生分享其36条“创业军规”。

（龙 琦）

**【市经济信息化委专项资金政策培训举行】** 4月19日，由市经济信息化委、海淀区经信办主办，北京中关村高新技术企业协会承办的“北京市经济和信息化委员会专项资金系列政策培训会”在湖北大厦举行。市经济信息化委，海淀园管委会等单位有关领导以及企业代表300余人参加。市经济信息化委相关领导对北京市2012年专项资金的使用情况做了介绍，对重大科技成果转化基金的使用范围做了说明，并对2013年市经济信息化委负责申报或管理的中央和市级专项情况、支持项目类型与专项资金类别、各类专项资金支持重点与要求、过程监督、绩效考评及验收等进行概述。海淀园管委会相关负责人对中关村专项资金的申报管理做了讲解，主要针对在申报市经济信息化委各类专项资金过程中需要关注的内容，包括各类专项资金的支持重点、要求、申报流程、主管部门、后期监管、绩效考评和验收等做了说明，从支持的项目类型与专项资金类别，各类专项资金支持重点与要求，资金使用过程的监督，绩效考评验收，以及专项资金管理平台的运用等方面做了指导。

（龙 琦）

**【郭金龙到中关村企业调研】** 5月4日，市委书记郭金龙就“优化创新创业环境，服务青年成长发展”主题到中关村示范区企业北京兆易创新科技股份有限公司、北京未尔锐创科技有限公司和北京启明星辰信息技术股份有限公司调研。在与首都优秀青年代表座谈时，郭金龙勉励广大青年努力为实现伟大的“中国梦”激情奉献，在首都现代化建设中建功立业。市长王安顺、常务副市长李士祥、市委秘书长赵凤桐、市委常委陈刚、

副市长苟仲文陪同。中关村管委会主任郭洪参加。

（张慧秋）

**【双软认证、年审新规定实施培训举办】** 5月10日，由海淀园管委会主办的“‘双软认证、年审新规定实施’政策解析培训会”在海淀科技中心举行。中关村示范区300余家高新技术企业的代表参加。相关专家就软件认定管理政策及优惠办法等问题进行讲解，着重解读2013年度软件企业认定新标准、相关优惠政策，同时就申报流程、注意事项及软件企业在认证和年审工作中所关注的问题做了解答。

（龙 琦）

**【北京银行中关村分行与车库咖啡签约】** 5月14日，“科技贷动 创业之梦——北京银行中关村分行与车库咖啡全面战略合作签约仪式”在车库咖啡举行。中关村管委会、海淀区政府等单位有关领导以及车库咖啡创业团队代表参加。北京银行中关村分行发布针对车库咖啡创业企业的金融服务方案，并推出“创业贷”专属信贷产品——提供小额信用流动资金贷款，无须任何实物资产抵押或担保。根据协议，北京银行中关村分行将为北京创业之路咖啡有限公司（车库咖啡）及其认证团队推荐的创业团队提供包括：存贷款服务、公司注册服务、日常结算服务、专属信用卡业务、公司及个人理财咨询等在内的一揽子综合金融服务，并与车库咖啡其他服务项目共同组成服务产品包支持企

业发展。北京银行中关村分行还与掌游移动科技公司等车库咖啡的4个创业团队签署贷款发放协议，发放小额信用流动资金贷款32万元。

（李志华　陈宝德）

**【中国—东盟自贸区商业机会报告会举办】**5月16日，由北京电子电器协会和中关村人才协会共同主办的以"走进中国—东盟自由贸易区，企业国际化发展新机遇"为主题的政策宣讲报告会在首信培训学院举行。来自中关村示范区企业的代表100余人参加。报告会邀请中国—东盟商务理事会中方秘书处常务副秘书长许宁宁为主讲嘉宾。许宁宁介绍了中国—东盟自由贸易区的基本情况，讲解中国—东盟自贸区的零关税等优惠政策，并逐一分析东盟各国的发展状况与潜在商机，同时就中关村示范区企业走进东盟提出建议。在互动环节，许宁宁就中国与东盟之间的投资、贸易、留学等问题回答企业代表的提问。

（杨　禹）

**【北京科大学生创业计划竞赛举办】**5月19日，由北京科大科技园有限公司、北京科技大学团委共同主办的"第十届'北京科大科技园杯'学生创业计划竞赛决赛暨颁奖仪式"在北京科技大学举行。参赛团队成员及观赛大学生近300人参加。嘉利克黄金大蒜吸附剂有限责任公司创业团队的"嘉利克黄金大蒜吸附剂项目"获大赛特等奖，"秋菠网"、慧思新材料有限责任公司、高性能铌酸盐基无铅压电陶瓷及"鼎安"特种安全头盔有限公司等9支创业团队分获大赛一、二、三等奖。大赛历时6个多月，共吸引在校学生1500余名参加，参赛创业团队92支，项目涉及新材料、节能环保、电子信息、先进制造等领域。

（张慧秋）

**【北京地区高校大学生创业展举办】**5月24日，由市教委、北京高校毕业生就业指导中心等单位共同主办的"2013年北京地区高校大学生创业展开幕式"在中国人民大学举行。全国高等学校学生信息咨询与就业指导中心、市人力社保局、市教委及团市委等相关部门负责人以及各高校就业部门负责人和来自各高校科技园、社会投资机构、创业导师团队、学生创业团队的代表近200人参加。创业展为期1天半，展示北京地区高校创业工作和大学生创业的成果，为创业大学生提供服务对接搭建了平台。参展的大学生创业团队80余家，高校近50所，高校科技园12家。人大文化科技园管委会作为大学生创业场地提供方与创业团队卓艺酷乐艺术文化有限公司签约，为大学生提供实习实践机会，以培育复合型、实干型人才。活动现场还设有专家咨询台，为参展的创业企业和观众提供创业辅导和创业咨询。累计观展的大学生及社会各界代表4000余人次。

（徐　洋）

**【第五届学生创业之星大赛总决赛举行】**6月5日，由中国人民大学、中国创业天使孵化工程组委会、人大

文化科技园管委会等单位共同主办的"'天九幸福杯'中国人民大学第五届学生'创业之星'大赛决赛暨颁奖典礼"在中国人民大学举行。教育部高校司、人民大学、九天幸福投资集团等单位有关领导及300余名大学生参加。大赛历时3个月，近100支团队的数百名选手报名参赛。总决赛最终评出"创业之星"最高奖、最具创业潜能奖、最具成长价值奖、最佳创业方案奖、最佳社会效益奖、最佳团队合作奖等10个奖项。大赛组委会为获奖团队提供创业启动资金40万元，其中北京ASPI爱搜派大学生兼职中介有限责任公司夺得最高奖，获15万元奖金。

（徐　洋）

**【韩启德调研科技服务业】**6月25日，全国政协副主席韩启德率九三学社中央调研组就促进科技服务业发展问题在京调研并座谈。市长王安顺，市政协主席吉林，统战部部长牛有成，副市长苟仲文出席座谈会，中关

村管委会主任郭洪参加。韩启德一行到创新工场，听取对创新工场的创办发展、运营模式、人才队伍等方面的介绍；到微软云加速器参观其工作场所，听取对加速器代表项目的介绍；到中国技术交易所，听取题为“创新技术交易服务，促进科技成果转化”的报告，了解中国技术交易所概况、功能定位与建设目标、工作成绩等。韩启德提出，由于能力、要素的限制，即使在硅谷大量的创新也都是中间产品，需要培育一大批小微型科技服务企业，从上到下组成的产业链接力向前，联通研发到产品上市的全过程。

（王　翔）

**【汇龙森科技园服务创新发布会召开】**6月25日，由市经济信息化委、汇龙森国际企业孵化（北京）有限公司共同主办的“北京·亦庄·汇龙森科技园服务创新发布会”在亦庄举行。会议主题为“战略资源合作、产业金融创新”。相关单位主管领导及企业代表200余人参加。汇龙森国际企业孵化（北京）有限公司发布一系列金融服务项目，旨在园区打造金融超市，为中小创新企业开设便利的融资渠道，标志着北京经济技术开发区金政园企“6+1+N”金融服务体正式与园区服务相结合。汇龙森公司与北京市中小企业服务中心、赛伯乐投资有限公司联合发起设立的中孵高科投资基金，首期投资1.33亿元，主要用于投资生物医药、医疗器械、新材料以及电子信息等领域的企业。汇龙森公司还与民生银行签署10亿元的园区企业综合授信协议。会议还举行汇龙森企业家俱乐部成立揭牌仪式。（2012年，北京经济技术开发区提出打造“6+1+N”金政园企产业金融服务体系。“6”是指债权融资、产业投资、融资担保、科技保险、信用服务、上市服务六大金融要素；“1”是指政府或者园区要发挥桥梁和纽带作用，促成金融与实体经济融合；“N”是受益企业。）

（李美惠　崔春雷）

**【助推中小企业国际化发展推介会举行】**7月11日，由中国进出口银行北京分行与中关村管委会联合主办的“政策性金融助推中关村国际化发展战略合作签约暨业务推介”在北京世纪金源大酒店举行。来自中关村示范区200余家中小型进出口企业的代表参加。中关村管委会与中国进出口银行北京分行签署战略合作协议。中国进出口银行北京分行将为中关村示范区内中小企业在一般机电产品和高新技术产品以及成套设备出口、海外投资、境外资源开发、外对承包工程、关键技术设备进口等多方面提供融资支持，还将为企业提供相关培训，并进一步做好包括融资方案设计、风险分析与管理、法律政策咨询等在内的“一站式”

服务。中关村管委会还就支持示范区内中小企业的科技金融政策进行发布和解读；中国进出口银行北京分行介绍其有关金融产品以及支持进出口的措施。会议还邀请相关专家就海外并购等方面对参会代表进行培训。

（李志华）

**【中关村大学生创业实战集训营举办】**7月15—21日，由中关村管委会、市教委和共青团北京市委员会共同举办的中关村大学生创业实战集训营一期在昌平区阳坊镇某军队大院举行。来自人民大学、北京师范大学、中国矿业大学等20余所高校的100余名参加过创业大赛或已开始创业的大学生参加。集训教练队伍由中关村优秀创业企业家、创业指导专家以及政府相关部门负责人组成。训练采取集中培训与分组教学相结合的方式进行，包括创业理论培训、创业专项素质拓展训练、创业实战演练及创业综合素质训练四大模块。同时，根据大学生创业项目所属产业领域，针对不同类型的项目团队分组进行个性化指导及帮扶，以解决创业学生的实际困难。

（李欢欢）

**【中关村企业家商事特邀调解员聘任仪式举行】**7月23日，由海淀法院和北京市民营科技实业家协会主办的中关村企业家商事特邀调解员聘任仪式在海淀法院举行。海淀区人民法院、海淀区人民法院上地法庭、中关村科技企业家协会等单位有关领导参加。上地法庭和北京民协增聘中关村科技软件有限公司总裁朱希铎、北京突破电气有限公司董事长林海青、北京金和软件股份有限公司董事长栾润峰等11位企业家为第四批特邀调解员。活动向新老调解员颁发了聘书。

（尹玲利）

**【中关村海外医疗器械项目推介会举办】**7月25日，由中关村发展集团股份有限公司、新发现资本有限公司、中国医疗器械行业协会共同主办的“第二届中关村海外医疗器械项目推介会”在中关村软件园举行。来自美国明尼苏达大学医疗器械中心等10余家推介机构的项目负责人以及国内近100家医疗器械企业、投资机构的代表参加。推介会推出可注射性关节软骨、快速血检仪、新型止血材料等24个美国医疗器械项目，涉及运动康复材料、保健器材、护理设备等领域。会议期间，国内外专家学者还交流行业发展动态，共同探讨中国与国际医疗器械技术和市场接轨的有效模式。

（李贺英）

**【第九期金种子工程项目推介会举行】**7月25日，由中关村管委会主办的第九期中关村金种子工程项目推介会在北京理工国际教育交流大厦举行。来自北京华山投资管理中心、华创资本有限公司等14家风险投资机构和企业的代表参加。活动推出北京融信优贝网络技术有限公司、北京深境智能科技有限公司、北京云启信息技术有限公司、北京中科软银信息技术有限公司等9家企业的银联数据资金平台、基于摄像头的移动垂直搜索系统等项目，涉及3D打印、互联网金融、大数据、安防等领域。风险投资机构代表听取企业项目介绍，与项目负责人进行交流并给予有针对性的专业辅导。

（李　莹　陈宝德）

**【NLP超越人生规划心理咨询讲座举办】**7月27日，由中关村科技企业家协会会员服务部和北京知信心理咨询中心共同主办的NLP（神经语言程序学）超越人生规划心理咨询讲座在北京理工国际教育交流大厦举行。讲座以“清醒人生　梦想体验”为主题。来自协会会员单位的代表近50人参加。北京知信心理咨询中心主任薛明通过冥想、趣味测试等现场心理体验，带领与会者从思考“我是谁，我来自哪里”开始，运用NLP技术，引导大家倾听自己内心的声音，从而学会树立正确的信念与价值观。

（尹玲利）

**【创业戈壁行活动举办】**8月11—14日，由联想控股有限公司旗下“联想之星”和“玄奘之路”举办的“即客出发创业戈壁行”活动在甘肃省举行。来自全国各地的200余名创业者参加。创业者历时4天3夜，从甘肃敦煌龚岔口到塔尔寺，徒步穿越108千米戈壁路，磨砺创业意志，收获行走感悟。

（龙　琦）

**【宝健·青年自主创业就业项目推进会举行】**8月13日，由中国青年创业就业基金会、宝健（中国）日用品有限公司共同主办的“中国青年创业就业基金会宝健·青年自主创业就业项目推进会”在人民大会堂举行。国务院发展研究中心、市投促局、中国外商投资企业协会等相关单位领导以及青年创业代表等参加。项目由主办双方联合实施，总投入将超过1亿元，计划在5年内通过提供专业培训、营销渠道和启动资金，扶持青年加盟宝健营销网络，在全国创造5000个创业机会、带动近10万人就业，帮助青年实现个人创业梦想。会上，18名首批得到“宝健·青年自主创业就业项目”扶持的青年获中国青年创业就业基金会颁授的“青年创业示范店”铭牌，部分创业青年代表还介绍了自己的创业经历和成长感悟。

（崔春雷）

**【中科院学术委员会成立】**8月23日，中国科学院学术委员会成立会议在京举行。中国科学院院长白春礼参加并为学术委员会成员颁发聘书。中科院学术委员会以中科院学部为主体建立，部分恢复学部的学术管理职能，加强中科院学术管理体系建设，通过发挥学术委员会的决策咨询和评议功能，推进决策科学化、民主化，指导和推动各项工作的开展。其主要工作是开展科技发展战略研究咨询，受中科院委托对中科院重大科技决策提供学术咨询和评议，同时承担加强中科院学术规范建设的职责。在重要发展规划制订、重大科研布局调整、重要科技资源配置、重大科研项目论证和验收、重点科研机构评估等方面以及中科院做出的一系列重要决策部署和推出的一系列重大改革举措，都要听取学术委员会的意见和建议。中国科协副主席秦大河院士任学术委员会主任。

（杜　菲）

**【公证助力企业发展交流活动举办】**8月28日，由海淀区司法局和中关村科技企业家协会联合主办的第15期“法律·商业”系列沙龙——“‘公证助力企业发展’主题交流活动”在皇苑大酒店举行。市司法局、海淀区委、海淀区司法局等单位有关领导以及来自中关村企协等6家协会及公证处、律师事务所、市（区）司法系统和企业的代表100余人参加。交流会以“服务新兴文化产业，共创海淀文化新区”为主题。北京市海诚公证处、北京市求是公证处及北京市国信公证处的公证员以案例形式从保全证据公证、强制执行公证、股权转让公证等方面，先后讲解企业如何运用公证方式实现自身发展及维护权益，并现场解答企业遇到的法律问题。北京人大金仓信息技术股份有限公司、北京同步科技有限公司、百度在线网络技术（北京）有限公司的代表用实际经验介绍办理公证为企业带来的效果。

（尹玲利）

**【中关村创业特训营开营】**9月11日，在北京京仪大酒店举行的2013第二届中国创新创业大赛(北京赛区)暨首届中关村—硅谷创新创业大赛（北京地区）决赛上，中关村管委会举行“中关村创业特训营”开营仪式。进入大赛决赛的初创组和成长组的60家企业进入特训营，直接成为中关村金种子企业，享受中关村管委会为金种子企业提供的所有服务，并享受为期1年的创始人领导力、团队建设、市场与营销、创业管理、商业模式、融资等六大核心模块的培训。

（陈宝德）

**【中关村论坛年会U30创业者分论坛举办】**9月12日，由北京瀚海智业投资管理有限公司承办的中关村创业讲坛第100期特别专场——“2013中关村论坛年会：创新创业新势力——U30创业者”专场分论坛在北京国家会议中心举办。科技部火炬中心、市科委、中关村管委会等单位有关领导以及来自中国、美国、加拿大等国家的企业家、创业家、投资人和国内外青年创业者100余人参加。与会人员围绕科技创新与青年创业展开交流与互动，探讨国际化创业趋势和科技创新思想，并就创业环境与时代特色进行成功创业经验的对比和交流。

（刘乐乐）

**【中科院发展咨询委员会成立】**9月24日，“中国科学院发展咨询委员会成立暨第一次全体会议”在京召开。中科院院长白春礼以及委员和委员代表参加。会上，白春礼向参加会议的委员颁赠聘书。发展咨询委员会主要由国家有关部门领导、国内高水平科技专家和科技管理专家组成，受中科院党组和院务会议委托，对中科院的重大发展战略、重大改革发展举措、中长期发展规划等提出咨询评议意见和建议，使中科院的发展战略、科研布局、重大任务组织和科技体制改革，更好地适应实施创新驱动发展战略的要求，更好地把握新科技革命的发展态势，更好地与国家重大战略需求和经济社会发展需求紧密结合，提高决策的科学性、战略性和协调性。白春礼任委员会主任。共有委员22位，包括科技部副部长王志刚、中国科协常务副主席申维辰、教育部副部长杜占元，工业和信息化部副部长杨学山、农业部副部长李家洋、北京大学校长王恩哥等。

（杜　菲）

**【中科院教育委员会成立】**9月24日，中国科学院教育委员会第一次会议在北京召开。中科院院长白春礼以及中科院机关相关部门和中国科学院大学、中国科学技术大学、上海科技大学的有关负责人参加。会议向教育委员会委员颁发聘书。中科院副院长丁仲礼任委员会主任。委员会的主要职能是开展中科院科技发展战略研究咨询，以及受中科院委托的有关中科院重大科技决策的学术咨询和评议，加强中科院学术规范建设。

（龙　琦）

**【北大创新创业扶持计划启动】**9月25日，由北京大学校友会、北京大学产业技术研究院共同主办的“‘创新北大·创业兴邦’北京大学创新创业扶持计划启动仪式暨第四届北京大学企业家论坛”在北京大学英杰交流中心举行。市委常委苟仲文、北大党委书记朱善璐等领导以及来自北大科技园及北大校友企业家的代表等200余人参加。扶持计划由北大校友会、产业技术研究院、工学院及北大企业家俱乐部等相关单位共同发起，依托北大的教育资源、研究资源、校友资源，以创业教育、创业研究、创业孵化、创投基金“四位一体”服务创业为理念，以大学的综合资源优势，扶持帮助青年创业，促进科技成果转化。在扶持计划中，“北大创业训练营”将面向北大校友以及全社会开放，无偿为青年创业者提供指导和帮扶；中关村管委会在鼎好大厦为北大开辟创业孵化专区，用于北大科技成果转化和青年校友创业扶持；成立由北大企业界校友全额支持的校友创业天使基金，基金将以商业基金运营为手段，用盈利来维持组织的稳定发展，并将部分收益回馈母校。

（李　佳）

**【中科院思想库委员会成立】**10月21日，中国科学院科学思想库建设委员会第一次会议在北京召开。中科院院长白春礼以及中科院相关部门负责人等参加。会议向思想库委员会委员颁发聘书。中科院副院长李静海任思想库委员会主任。委员会的主要职能是统筹、规划、协调中科院科学思想库相关研究、资源、队伍和平台建设工作，组织开展全局性、战略性、综合性的重大研究。

（龙　琦）

**【与招商局签署三方战略合作框架协议】**10月24日，在“第17届北京·香港经济合作研讨洽谈会——京港投资合作项目签约仪式”上，中关村管委会、中关村发展集团股份有限公司、招商局集团签署三方战略合作协议，将在科技园区建设与运营、科技金融服务等方面开展合作。根据协议，三方将以“产业资本＋金融资本＋地产资本”的三资融合模式，推进区域综合开发、特色产业园建设、科技社区开发及旧区改造等领域的合作；招商局集团将利用综合金融服务、产

业培育、产融互动等方面的经验和优势，在银行、证券、基金、保险等方面为中关村示范区企业提供“一站式”金融扶持计划；此外，招商局集团还将依托旗下招商地产控股股份有限公司在绿色地产开发方面的经验和资源优势，探讨为中关村示范区企业有关绿色、生态、节能、低碳等技术成果提供产业化试点与应用示范的合作机会。

（李贺英　李锦程）

**【中关村企业入围全球创新1000强】**10月28日，美国博斯公司在北京发布《2013年全球创新1000强》研究报告，公布2012财年全球范围内研发投入最大的前1000家企业名单，中国有75家企业入围。中关村示范区内中国石油天然气股份有限公司、中国海洋石油有限公司、中国中铁股份有限公司、联想集团有限公司、百度在线网络技术（北京）有限公司等企业入围。其中，中国石油天然气股份有限公司以22.91亿美元的研发支出位列榜单第64位，位于入围中国企业首位。

（龙　琦）

**【第五届中关村质量奖颁奖】**10月31日，在海淀区政府举行的“第五届中关村质量奖发布会”上，紫光股份有限公司、北京朝歌数码科技股份有限公司、北京当代商城有限责任公司3家企业，因自主创新能力突出、质量管理卓越、经济和社会效益显著获第五届中关村质量奖，并分别获海淀区政府30万元的奖励。

（康秋红）

**【北京软协“赢商”总裁沙龙举办】**11月3日，北京软件行业协会“赢商”总裁沙龙在柏彦大厦举办。20余位来自北京软协会员企业的董事长、总裁或总经理参加了首次学习。北京软协“赢商”总裁沙龙是一个系列学习活动，将围绕如何打造一个成功的企业这个主题，探讨企业经营管理中面临的各种问题，如企业愿景与使命、客户、市场、独特的卖点（USP）及承诺、销售、团队建设、组织结构、企业系统、关键绩效指标（KPI）设定、制订计划等，活动邀请赢商教练（ActionCOACH）公司的企业教练进行指导和分享。在首次活动中，来自赢商教练公司的企业教练田平和与会企业家一起探讨什么是成功的企业，企业为什么不成功，企业成功的关键是什么以及成功企业的企业主具有什么样的特质等问题，引发与会企业家的思考和讨论。

（郝峥嵘）

**【中关村现代服务业试点项目辅导会举办】**11月6—7日，北京软件行业协会举办的“中关村现代服务业2013年试点项目辅导会”在中关村知识产权大厦举行。神州数码控股有限公司、北京启明星辰信息技术股份有限公司等22家企业的代表参加。会上，市经济信息化委软件处相关负责人与申报企业就申报项目的项目名称、项目背景、项目建设内容、经济效益及社会效益、投资情况、建设周期等内容进行交流和探讨，并对企业在其申报项目中遇到的难题和疑惑进行解答。

（郝峥嵘）

**【车库咖啡在美国硅谷设立首家分店】**11月28日，在《车库咖啡——“中国硅谷”的创业梦》新书发布会上，车库咖啡创始人苏菂宣布车库咖啡北美分店已开始试营业。车库咖啡北美分店定位是“让海外创业者在创业初期就能跟中国国内无缝连接”，设在美国斯坦福大学附近的“Sand Hill Road”。店内可通过独享海底光缆24小时与中国创业者视频互动，创业者可以19美元的优惠价格享受全天封闭式食、宿、办公环境。

（陈宝德）

**【互联网创业峰会举办】**12月10—11日，由北京协力筑成传媒科技有限公司（36氪）主办的WISE·互联网创业峰会在751北京时尚设计广场举行。大会主题为“你的时代”。来自中国内地、中国香港、新加坡、日本、泰国等国家和地区的互联网创业者3000余人次参与。峰会以圆桌讨论的形式，由创投机构负责人以“投资人眼中的2014”“中国互联网创业公司的出路”“中国互联公司的出路”等为题与创业者共同探讨互动；北京豆果信息技术有限公司等20家创业公司CEO进行梦想演讲。专家评委从创新、产品、市场、团队4个维度，对15个参与竞赛的创业项目进行评选，talking data、云适配和快乐学3个团队分获前3名，同时获由中国宽带产业基金提供的总额为10万元的创业基金。

（陈宝德）

**【16家企业获科技创业贡献奖】**12月30日，中国技术创业协会发布《2013年度“中国技术创业协会科技创

业贡献奖”评奖公告》（中技创字〔2013〕0027 号），公布 2013 年度“中国技术创业协会科技创业贡献奖”评选结果。其中，中关村示范区内北京秉鸿嘉睿创业投资管理有限公司、北京博大环球创业投资有限公司 2 家企业获“科技创业投资机构奖”；北京航星永志科技有限公司、北京大清生物技术有限公司、北京中科汇联信息技术有限公司等 11 家企业获“科技中小企业奖”；中关村科技园区丰台园科技创业服务中心、汇龙森欧洲科技（北京）有限公司、中关村科技园区海淀园创业服务中心等 3 家创业服务机构获“科技创业服务奖”；海淀园创业服务中心主任赵新良获“优秀创业辅导师奖”。

（陈宝德）

**【举办中关村创业讲坛 22 场】**年内，由中关村管委会主办，中关村国家自主创新示范区协会联席会承办的“中关村创业讲坛”共举办 22 场(第 84 期～第 105 期)，邀请专家、学者、企业家、政府官员等作为演讲嘉宾进行主题讲演，涉及法律、投融资、互联网等领域，共有包括企业代表和高校学生等 7000 余人参加。2013 年，讲坛还采用展台体验、团队路演、嘉宾演讲相结合的方式宣传创业企业。

（刘乐乐）

**【“中关村 100”企业家俱乐部研讨会举办】**年内，“中关村 100”企业家俱乐部举办北京合众思壮科技股份有限公司、拉卡拉支付有限公司、桑德集团有限公司 3 场企业做强做大闭门研讨会。中关村管委会等单位有关领导以及俱乐部企业家参加。活动就中国卫星导航产业的发展方向、第三方支付行业的盈利模式、环保行业的发展等方面进行交流，并就企业并购，企业多元化发展，如何协调企业与政府的关系等方面进行探讨。

（陈宝德）

# 知识产权与标准化

# Intellectual Property and Standardization

本栏目设有专利、标准化、商标与版权、知识产权管理4个分栏目，以条目体形式记述中关村国家自主创新示范区在加强知识产权保护和管理方面采取的举措和取得的成效，中关村示范区范围内的单位在参与国际标准、国家标准、行业标准和北京市标准的制定方面取得的成效，以及在推广实施标准方面所开展的主要活动和取得的成效等。

# 综　述

2013 年，中关村示范区技术创新能力体系建设工作在专利、标准、商标等方面稳步推进。中关村管委会与市知识产权局、市质监局等单位联合制定相关文件，明确以专利、标准、商标为核心的技术创新能力体系建设工作的总体发展思路和规划；出台《中关村国家自主创新示范区技术创新能力建设专项资金管理办法》，包含专利、标准、商标、中介服务 4 个方面的支持内容，全年共支持企业 3000 余家次，支持资金总额近 1.22 亿元。

市知识产权局和中关村管委会共同召开“2013 年中关村知识产权推进大会”，发布《2013—2015 年中关村知识产权推进计划》，将打造出中关村示范区重量级的知识产权领军企业集群和拥有知识产权主导权的产业集群，建设战略性新兴产业知识产权综合服务平台和知识产权高端服务业聚集区，成立知识产权服务业联盟。中关村示范区经国家知识产权局批准，成为首批国家专利导航产业发展实验区。中关村知识产权促进局与姜颖法官知识产权法律服务团队签约合作，为知识产权促进中关村创新发展提供司法保障；与丰台园科技创业服务中心签署知识产权合作框架协议，通过知识产权助推丰台园孵化器创新发展；举办 2013 年北京（中关村）国家知识产权局专利局审查员实践基地活动，组织 102 名专利审查员进驻北京汽车动力总成有限公司等 33 家企业；评审出北京奥科瑞丰新能源股份有限公司等 46 家企业为 2013 年度中关村专利保险试点单位；举办首届知识产权·中关村国际论坛，就知识产权法律保护的问题进行探讨。市知识产权局与中国银行、建设银行、北京银行等 7 家银行签署中关村知识产权融资战略合作协议，为中关村示范区企业在拓展知识产权金融保险服务、促进企业需求与金融产品对接等方面提供金融支持。示范区企业的 4 项发明获“第十五届中国专利奖”金奖，占全部金奖总数的 16%。2013 年，中关村示范区企业专利申请量首次超过 3 万件，达 3.7782 万件，同比增长 34.2%，占北京市的 30.6%；专利授权量 20991 件，同比增长 36.2%。截至年底，中关村示范区企业共拥有有效发明专利 28501 件，同比增长 41%，占北京市企业有效发明专利量的 66.3%。

中关村管委会联合市质监局发布《中关村国家自主创新示范区标准化行动计划（2013—2015）》，围绕“641”重点产业集群，做好标准前瞻布局和重点产业标准的示范推广等标准化工作的顶层设计，统筹协调标准化推进机制，探索建立政策创新带动中关村标准化工作的机制。大幅增加中关村标准专项资助额度。2013 年度标准资助申报企业与项目数量大幅增加，共受理 126 家企业申报标准资助项目 358 项，较 2012 年分别增长 50% 和 58.4%。开展实地走访、“一对一”专业咨询、标准系列培训和到企业内训等活动，进一步推动重点企业和联盟的标准化工作。联盟标准推进成果初步显现，闪联、国家半导体照明工程研发及产业联盟的多项标准在国际、国内获批。通过沙龙、讲座、培训等形式与法国标准化协会、英国标准化协会、IEC、IEEE 等国际标准化组织建立联系，搭建中关村示范区企业与国际组织之间的国际标准创制的合作桥梁。支持企业、联盟创制国际标准，重点扶持“641”工程确定重点领域企业创制的国际标准。推动标准的检验检测和认证的国际互认，促进标准检测认证机构的国际化发展。中关村示范区内企业、科研院所等完成的 19 个项目获 2013 年中国标准创新贡献奖，占全国获奖比例的 33%。2013 年度中关村示范区企业和联盟共创制标准 221 项，包括国际标准 23 项，国家标准 97 项，行业标准 80 项，地方标准 21 项。

中关村管委会完成 2013 年度中关村商标促进资金申报工作，51 家企业获支持资金 1479.5 万元。商标申请量大幅增加，全年工商总局商标局驻中关村示范区办事处受理各类商标申请 5.11 万件，比 2012 年增长 86.36%。2013 年，中关村示范区企业新增中国驰名商标 13 件，北京市著名商标 261 件。

（钟锌章　苏　品）

# 专　利

【同昕公司试剂盒获发明专利】1月2日，由同昕生物技术（北京）有限公司李全、焦守恕发明的“同时检测人 EBV、BKV 和 CMV 的三重实时荧光定量 PCR 方法及试剂盒”获国家知识产权局颁发的“发明专利证书”（专利号：201110177104.6）。成果属于医学分子生物检测技术，采用其自行设计的3种病毒的3套引物和探针同时检测待测样本，试验证明，3套探针引物同时扩增待测模板或人工配置的验证标准品，都能够特异地正确反映3种病毒在样品中的存量，且互不干扰。

（江茂华）

【北京市专利代理人协会成立】1月8日，“北京市专利代理人协会成立大会暨第一届会员代表大会”在湖北大厦举行。市知识产权局、中华全国专利代理人协会、市社会团体管理办公室等单位有关领导以及来自北京市各大专利代理机构的代表100余人参加。会议宣读了市知识产权局同意设立市专利代理人协会的批复以及市民政局同意协会筹备成立的行政许可决定，选举产生第一届理事会、监事会。北京三友知识产权代理有限公司总经理崔晓光当选协会第一任会长。协会将在市知识产权局的指导下，建立并推行首都专利代理行业自律规范、服务标准和职业操守；利用网络等多种手段，将首都优质知识产权服务资源介绍给更多的国内外创新主体；还将搭建首都专利代理人才引进平台，吸引人才向首都专利代理行业聚集。

（苏　品）

【区域专利信息服务体系建设大会召开】1月10日，由市知识产权局主办的国家知识产权局推进专利信息传播利用工作暨北京市区域专利信息服务体系建设大会在亦庄生物医药园召开。国家知识产权局、市政府、市知识产权局等单位有关领导以及北京市16个区县和亦庄开发区知识产权局相关负责人和企业代表100余人参加。北京市知识产权信息中心与16个区县和亦庄开发区的知识产权局签署《专利信息服务合作框架协议》，17家北京市专利信息服务体系区县分站成立。各分站将为区域知识产权信息资源开发利用及创新发展提供多项服务：一是为区内企、事业单位及个人提供免费的专利检索查询以及专利专题信息分析、专利预警、专利交易信息和网上教育培训等服务；二是为政府委办局的科技查新、技术引进、重大风险防范、业务信息互动等提供数据支持；三是为科研院所提供技术发展态势分析，技术研发方向确定和科技成果创造保护服务。会议举行国家知识产权局（北京）专利信息传播利用基地授牌仪式。基地位于北京市知识产权信息中心，将构建专利信息传播利用工作体系，整合各类资源，面向政府、企业事业单位、社会公众提供知识产权创造、运用、保护、管理全过程的专利信息服务，以促进技术创新和成果转化。

（苏　品）

【一种金属氢化物储氢装置获实用新型专利】1月30日，由北京浩运金能科技有限公司张沛龙、朱永国等完成的“一种金属氢化物储氢装置”获国家知识产权局颁发的“实用新型专利证书”（专利号 ZL201120568055.4）。该专利主要针对金属氢化物储氢器热交换效率和重量储氢密度低的问题提供一种解决办法，将泡沫金属材料及相变材料应用于该装置，有效提高其热量利用效率，同时提高吸放氢速度，改善储氢器的传质及传热问题。

实用新型专利证书

（张慧秋）

【蒸发装置协调优化控制系统获发明专利】2月6日，由北京和隆优化控制技术有限公司于现军完成的“一种蒸发装置产量、质量、能耗多目标协调优化控制系统”获国家知识产权局颁发的“发明专利证书”（专利号：ZL200910181159.7）。发明基于蒸发器物料平衡与热量平衡，建立蒸发器液位预测模型，并依据蒸发器液位开关仪表实测的液位信号，对其进行在线“滚动”校正，实现对蒸发器液位连续测量值的预测，并引入蒸发器液位预测值变量作为神经网络软测量模型的输入变量，实现对物料浓度的高精度在线软测量。在此基础上，采用多变量解耦控制，协调各效蒸发器浓度和液位，实现蒸发装置产量、质量、能耗多目标协调优化控制。

（龙　琦）

**【保罗生物公司 3 个项目获国家发明专利】** 3 月 13 日、5 月 1 日，由保罗生物园科技股份有限公司武庆主持的“一种抗皱化妆品组合物及其制作方法”“一种清洁化妆品组合物及其制作方法”“一种祛痘化妆品组合物及其制备方法”3 项发明专利获国家知识产权局授予的专利证书。“抗皱化妆品”提供的抗皱化妆品组合物为纯天然原料经发酵制得，最明显的抗皱效果高达 95%，最低也有 58%。“清洁化妆品”提供的清洁化妆品组合物有效率最高达 87.72%，最低也可获 81.40%的清洁效率。“祛痘化妆品”提供的祛痘化妆品组合物为纯天然原料经发酵制得，最明显的抑制效果高达 96.49%，最低也有 90.70%。

（郭庆云）

**【北斗卫星导航产业专利评议通过验收】** 3 月 26 日，由中关村知识产权促进局完成的国家知识产权局委托的知识产权评议项目“中关村北斗卫星导航产业专利评议”通过验收。项目围绕该领域核心技术进行调研和专利分析，厘清北斗卫星导航产业专利布局概况以及竞争态势，为相关企业明确后续研发方向，同时也为北京市相关部门制定促进北斗导航产业发展的政策措施提出建议。项目发现：卫星导航领域的核心技术主要集中在美国、日本等国家；中国从 2006 年出台一系列支持政策之后，该领域专利数量增长迅速；国内申请人的研发热点主要在信号处理、信号跟踪、信号捕获和低功耗、高兼容性等方面；国内卫星导航芯片领域的专利申请有 40% 来自国外企业，中关村示范区北斗卫星导航产业的专利申请以高校和科研院所为主，企业专利活动仍欠活跃。

（苏　品）

**【瑞风公司成果获发明专利】** 6 月 5 日，北京瑞风协同科技股份有限公司南福春等完成的“通道数据的写入方法及该通道数据的文件头的读取方法”获国家知识产权局颁发的“发明专利证书”（专利号：ZL201110040505.7）。成果是一种通道数据的写入方法及该通道数据的文件头的读取方法，其中写入方法包括：首先将通道数据的数据部分写入文件；其次将通道数据的文件头部分的属性区写入文件；最后将通道数据的文件头部分的标志区写入文件。由于文件头部分后置于文件尾部，这样在修改文件头部分时，可以先将文件头部分所有信息读入内存，加入新信息后，再将内存中的文件头信息写回到文件中。因为通道数据文件的数据部分在整个文件的前面，所以修改文件头部分时不需要移动数据部分。由于文件头部分通常比较小，保存写磁盘时，耗时很少，效率较高，从而增加文件的通用性和扩展性。该专利已经应用于瑞风协同公司的设计、试验、综保三大核心软件产品，即数字化试验业务平台 TDM3000、数字化产品设计业务平台 DENOVA 和 LDM3000 五性综保数据管理系统。

（龙　琦）

**【防御素 mNP−1 及其在制备抗流感病毒药物中的应用获发明专利】** 6 月 5 日，由保罗生物园科技股份有限公司胡赞民等完成的“防御素 mNP−1 及其在制备抗流感病毒药物中的应用”发明专利获国家知识产权局授予的专利证书。发明于 2011 年申请，期限 20 年。发明利用小球藻表达改造的兔防御素 NP−1（mNP−1），在小球藻中表达的防御素对禽流感病毒 H5N1 和 H9N2 有很强的抑制或杀灭作用。小球藻是一种单细胞微藻类水生生物，有多种药理作用，如抗肿瘤、增强人体免疫力、抗辐射等。防御素 NP−1 是一种抗菌肽，能够对病原微生物具有广谱的毒杀效应，是高等生物防御病原体入侵的重要防御物质。防御素的抗病毒作用是通过与病毒外壳蛋白结合而导致病毒失去生物活性。

（郭庆云）

**【饲用富马酸亚铁的制备方法获发明专利】** 6 月 5 日，由北京英惠尔生物技术有限公司何家运等发明的“饲用富马酸亚铁的制备方法”获国家知识产权局颁发的“发明专利证书”（专利号：ZL201010260528.4）。发明公开一种饲用富马酸亚铁的制备方法：将富马酸加入碳酸钠溶液中，控制溶液 pH 为 5.5~6，再在浓硫酸和还原性铁粉做反应的抗氧化剂下，加入饲用一水硫酸亚铁，制得饲用富马酸亚铁。该方法是一种经济、实用、有效的饲料添加剂富马酸亚铁制备方法，不需要采用氮气保护等

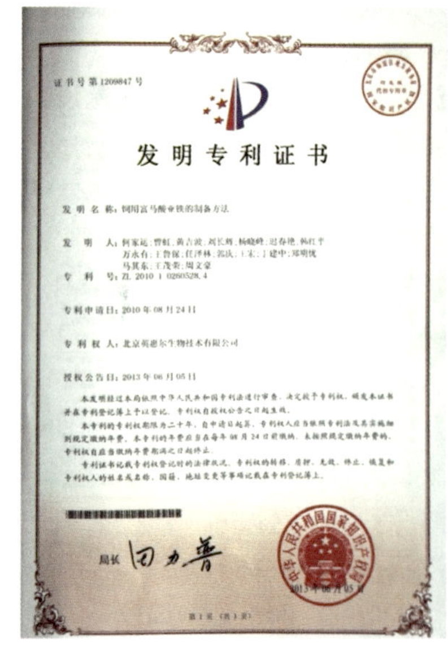
证书号第1209847号

发明专利证书

发明名称：饲用富马酸亚铁的制备方法

发明人：何家运；曾虹；黄吉波；刘长辉；杨晓峰；迟春艳；韩红丰
万永有；王鲁保；任泽林；郭庆；王宋；丁建中；郑明忱
马其东；王茂荣；周文豪

专利号：ZL 2010 1 0260528.4

专利申请日：2010年08月24日

专利权人：北京英惠尔生物技术有限公司

授权公告日：2013年06月05日

本发明经过本局依照中华人民共和国专利法进行审查，决定授予专利权，颁发本证书并在专利登记簿上予以登记。专利权自授权公告之日起生效。

本专利的专利权期限为二十年，自申请日起算。专利权人应当依照专利法及其实施细则规定缴纳年费。本专利的年费应当在每年08月24日前缴纳。未按照规定缴纳年费的，专利权自应当缴纳年费期满之日起终止。

专利证书记载专利权登记时的法律状况。专利权的转移、质押、无效、终止、恢复和专利权人的姓名或名称、国籍、地址变更等事项记载在专利登记簿上。

局长 田力普

第1页（共1页）

昂贵设施，充分考虑产品的成本、原材料储存、操作弹性等因素，是一种有相当竞争力、不受原料地域限制的饲用富马酸亚铁制备方法。

（龙　琦）

**【数码视讯公司成果获发明专利】**6月12日，由北京数码视讯科技股份有限公司崔玉斌完成的传输流台标字幕插入系统的视频帧的处理方法获国家知识产权局“发明专利证书”（专利号：201110204075）。发明提供一种传输流台标字幕插入系统的视频帧的处理方法，用以解决现有技术中对于视频帧插入台标字幕后，导致其后的重建宏块在终端解码显示不正确的问题。方法包括：根据待处理视频帧内的宏块在待处理视频帧的解码条带中的解码关系，确定待处理视频帧中的所有解码重建宏块；根据待处理视频帧的帧类型、每个解码重建宏块在待处理视频帧中的位置、每个解码重建宏块与其所参考宏块之间的参考关系对待处理视频帧中的每个解码重建宏块进行解码重建，得到并存储作为被参考宏块的每个所述解码重建宏块的重建值。采用该发明的技术方案，有助于确保实现TS流实时插入台标字幕和最大限度地保留电视节目原来的质量。

（尹玲利）

**【38家单位入选第五批北京市专利示范企业】**6月17日，在“2013年北京市专利示范暨知识产权专家团巡讲工作推进会”上，市知识产权局公布第五批北京市专利示范单位名单并举行授牌仪式，共有40家企事业单位入选。其中，中关村示范区内中国科学院微电子研究所、北京奇虎科技有限公司、北京交通大学等38家单位入选。

（苏　品　江茂华）

**【一种复合储氢系统获实用新型专利】**6月26日，由北京浩运金能科技有限公司张沛龙、朱永国等完成的“一种复合储氢系统”获国家知识产权局颁发的“实用新型专利证书”（专利号ZL201320009436.8）。系统由一级储氢罐、二级储氢罐及其他结构组成，一级储氢罐采用固态储氢方式，二级储氢罐采用气态储氢方式，将压缩储氢（气态）和金属储氢（固态）方式相结合，综合两者优势，从而得到重量储氢密度和体积储氢密度都相对较高的复合储氢系统。

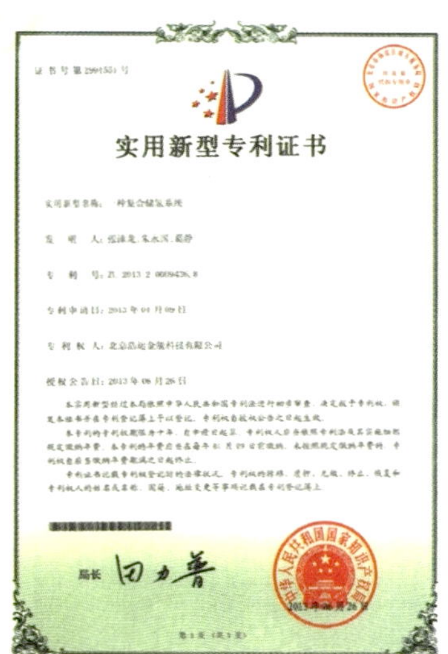
实用新型专利证书

（张慧秋）

**【同昕公司医学检测试剂获发明专利】**7月31日，由同昕生物技术（北京）有限公司贾凤芹、焦守恕、李全发明的“检测人全血中他克莫司药物浓度的化学发光酶联免疫试剂盒及其化学发光底物显色液”获国家知识产权局颁发的“发明专利证书”（专利号：201110183275.X）。成果属于医学检测试剂，包括化学发光酶标板，酶标记物；化学发光酶标板上的包被原为抗他克莫司单克隆抗体、二抗或与载体蛋白偶联的他克莫司半抗原；其特征在于还包括自制的使试剂盒具有更高信噪比和检测灵敏度的化学发光底物显色液，酶标记物为辣根过氧化物酶标记的抗体、抗原或抗抗体。发明可应用于开放式的半自动化学发光测量仪和全自动的测量系统。

（江茂华）

**【专利侵权判定与专利布局研讨会举办】**8月8日，由中关村知识产权促进局主办的“专利侵权判定与专利布局研讨会”在京仪大酒店举行。来自中关村示范区企业、科研单位的代表100余人参加。市一中院法官侯占恒用以案说法的方式就“专利侵权判断的实务分析”做了介绍，从间接侵权、侵权判断、现有技术抗辩、侵犯方法专利权的判定等方面对专利侵权的判定进行分析。北京康信知识产权代理有限责任公司的相关专家结合实际案例，分别就“专利侵权判定中‘两大’难点问题的解析”和“专利无效和侵权诉讼程序中的检索与分析”2个专题进行讲解。

（苏　品）

**【签订专利代理人才培养合作协议】**8月20日，市知识产权局分别与清华大学法学院、中国科学院大学工程管理与信息技术学院签订专利代理人才培养合作协议。根据协议，专利代理人才培养工作将在2013年第一学期开始。清华大学法学院设置“专利信息利用”和“专利代理实务”2门课程供法学院研究生学习，同时其他学生也可以选修这2门课程。中科院大学工程管理与信息技术学院开设“专利信息利用”和“专利代理实务”2门课程，市知识产权局还将进一步拓展与中科院大学的合作空间。

（苏　品）

**【46家单位入选中关村专利保险试点】**9月2日，中关村知识产权促进局公示2013年度中关村专利保险试点单位的评选结果，北京奥科瑞丰新能源股份有限公司、北京北方微电子基地设备工艺研究中心有限责任公司、

北京本草天源药物研究院、北京博思廷科技有限公司等 46 家单位入选。

（苏　品）

**【酶解法制饲用壳寡糖的方法获发明专利】**9 月 11 日，由北京英惠尔生物技术有限公司何家运等发明的“酶解法制饲用壳寡糖的方法”获国家知识产权局颁发的“发明专利证书”（专利号：ZL201010260537.3）。发明公开一种酶解法制饲用壳寡糖的方法，它的反应制备过程是：在乙酸和乙酸钠形成的缓冲溶液中，加入壳聚糖，再控制一定温度后，加入纤维素酶水解，最后灭酶活，便得到了壳寡糖。在后续的干燥工序中，采用低温真空干燥工艺，最大限度地保证产品的色度和品质。由于是饲料添加剂，其还对原料级别进行特别筛选，保证产品的绝对安全。

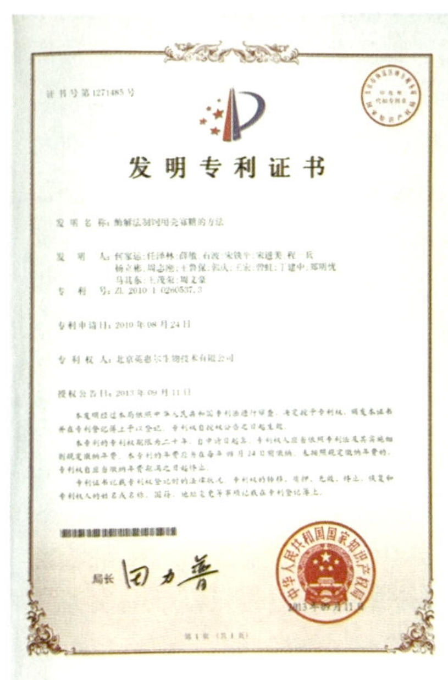

证书号第1271485号

发明专利证书

发明名称：酶解法制饲用壳寡糖的方法

专利号：ZL 2010 1 0260537.3

专利申请日：2010年08月24日

专利权人：北京英惠尔生物技术有限公司

授权公告日：2013年09月11日

局长 田力普

中华人民共和国国家知识产权局

第1页（共1页）

（龙　琦）

**【电平转换系统获发明专利授权】**10 月 2 日，北京旋极信息技术股份有限公司万波等完成的“电平转换系统”获国家知识产权局专利局的发明专利授权（专利号：201010606568.X）。发明提供一种电平转换系统，涉及电子电路领域，包括：输入接口，用于接收电平芯片的标识信息和第二标准电平信号的标识信息；处理器，与输入接口相连，用于根据电平芯片的标识信息，确定与电平芯片相连的转换装置，从与电平芯片相连的转换装置中确定目标转换装置，生成控制信号；控制电路，与处理器和每个开关电路相连，用于根据控制信号控制与目标转换装置对应的开关电路导通；目标转换装置，用于将第一标准电平信号转换成第二标准电平信号并输出到外部设备。发明提供的技术方案可应用于电平管理。

（尹玲利）

**【56 项成果获中国专利奖】**10 月 29 日，国家知识产权局发布《关于第十五届中国专利奖授奖的决定》（国知发管字〔2013〕74 号），公布第十五届中国专利奖获奖名单。其中，中关村示范区北京源荷根泽科技有限公司甘忠如完成的“含有分子内伴侣样序列的嵌合蛋白及其在胰岛素生产中的应用”，北京嘉博文生物科技有限公司黄谦、于海燕完成的“采用餐厨废弃物制备生化腐殖酸的技术与工艺”（详见海淀园栏目），北京控制工程研究所张笃周、袁利、魏春岭等完成的“一种非太阳同步轨道卫星双轴帆板控制方法”（详见产业发展航空航天产业栏目）3 件专利获中国专利金奖；联想（北京）有限公司杨哲、乐宁完成的“计算机（Cob）”获中国外观设计金奖；北京世纪源博科技股份有限公司陈恩鉴完成的“机内除湿再热的多级冲动式汽轮机”等 50 件专利获中国专利优秀奖；航天恒星科技有限公司冀宏斌、毕朝瑞、俞能杰等完成的“北斗手持终端”等 2 件外观设计专利获中国外观设计优秀奖。

（龙　琦）

**【源荷根泽公司成果获中国专利金奖】**10 月 29 日，国家知识产权局发布《关于第十五届中国专利奖授奖的决定》（国知发管字〔2013〕74 号），公布第十五届中国专利奖获奖名单。其中，北京源荷根泽科技有限公司甘忠如的“含有分子内伴侣样序列的嵌合蛋白及其在胰岛素生产中的应用”发明专利获第十五届中国专利金奖。项目属生物医药领域，主要是进行胰岛素及其类似物的规模化生产。研究于 1995 年启动，自主研发基因重组人胰岛素，1998 年开发出含有分子内伴侣样序列的嵌合蛋白及其在胰岛素生产中的应用技术，研制出具有中国独立知识产权的胰岛素生物制剂药品，打破了患者在使用胰岛素产品上依赖进口的格局。通过该专利技术生产胰岛素产品，能够保护胰岛素在制备过程中的稳定性，显著提高胰岛素的表达量和复性率，简化了胰岛素和类似物的生产步骤，并且使得到的胰岛素纯度更高。与进口同类产品相比，产品的稳定性和安全性相当，质量一致，纯度更高，而价格却只有进口产品的 70%~80%。

（郭庆云）

**【一种纤维稀浆封层设备获实用新型专利】**10 月，由北京欧亚波记机械设备有限公司王维芳完成的“一种纤维稀浆封层设备”获国家知识产权局授予的“实用新型专利证书”（专利号：ZL2013 2 0227092.8）。设备包括稀浆封层车、纤维剪切箱以及纤维箱，纤维剪切箱、纤维箱分别安装于稀浆封层车上，且纤维箱位于纤维剪切箱的下方，纤维剪切箱内安装有纤维刀架、气枪、软管、主轴、液压马达以及滚花轮，主轴支撑于纤维刀架上，液压马达和主轴连接，并驱动主轴转动，滚花轮固定于主轴上。装置在普通稀浆封层车的基础上添加专门的纤维设备，可方便地实施纤维稀浆封层技术，具有施工效率高、使用方便等特点。

（郭庆云）

**【一种连续式改性沥青生产设备获实用新型专利】**10月，由北京欧亚波记机械设备有限公司王维芳完成的“一种连续式改性沥青生产设备”获国家知识产权局授予的“实用新型专利证书”（专利号：ZL2013 2 0227093.2）。设备包括基质沥青泵、换热器、SBS改性剂螺旋输送器、生产罐、喂料泵以及胶体磨，基质沥青泵、换热器依次连接至生产罐，SBS改性剂螺旋输送器亦连接至生产罐，生产罐上设有一循环管，喂料泵、胶体磨依次设置于循环管上。设备在生产罐前加装一换热器，使沥青在通过换热器的瞬间将温度升至180℃，节省了大量沥青升温所需的时间，环保节能，且避免沥青在长时间内处于加热高温状态下老化或者变质。

（郭庆云）

**【一种具有橡胶避障功能的铲板组件获实用新型专利】**10月，由北京欧亚波记机械设备有限公司马红驰完成的“一种具有橡胶避障功能的铲板组件”获国家知识产权局授予的“实用新型专利证书”（专利号：ZL2013 2 0227110.2）。产品包括铲板、铲刃、橡胶块、连接架、液压油缸、支承架以及快速连接板，铲刃设置于铲板的底部，橡胶块一端连接铲板，另一端连接连接架，连接架通过支承架和快速连接板连接，液压油缸设置在快速连接板和铲板之间。产品铲板组件结构坚固，可降低除雪机的磨损和损坏，延长使用寿命。

（郭庆云）

**【首期中关村专利导航产业发展讲座举办】**11月13日，由国家知识产权局、清华科技园管委会、中关村知识产权促进局共同主办的“中关村专利导航产业发展系列讲座（一）——浏览器专利分析及商标管理”在清华科技园举行。来自中关村示范区相关企业的代表60余人参加。国家知识产权局专利分析普及推广项目组的专家针对浏览器专利技术发展趋势、路线图以及主要竞争对手专利布局和专利战略进行讲授。相关法律专家还针对企业商标的运用、管理和保护进行讲解和分析。

（苏　品）

**【第二期专利导航产业发展讲座举办】**11月28日，由中关村知识产权促进局和海淀区知识产权局共同主办的“中关村专利导航产业发展专题讲座”第二期在海淀科技中心举行。市知识产权局、海淀区知识产权局等单位有关领导以及来自中关村示范区相关企业的代表50余人参加。国家知识产权局专利分析普及推广项目组的专家针对物联网、短距离无线通信专利技术发展趋势、路线图以及主要竞争对手专利布局和专利战略进行讲授，并对企业如何将专利信息分析和专利运用融入到企业创新发展中提供指导。

（苏　品）

**【博晖创新公司获发明专利】**11月29日，北京博晖创新光电技术股份有限公司发布《关于取得发明专利的公告》，宣布由该公司杨奇发明的“膜动聚合物微流控芯片及其制备方法”获国家知识产权局颁发的“发明专利证书”（专利号：ZL201110235199.2）。发明公开一种膜动聚合物微流控芯片，涉及制造技术领域及制备方法，可实现多基板时两板通孔连接处的焊接，并保证基板与隔膜黏合表面的平整。

（王红彬　杜　玲）

**【专利实务培训举办】**12月3日，由国家知识产权局专利局人教部、市知识产权局、中关村管委会等单位共同主办的北京（中关村）审查员实践基地企业专利实务培训暨海淀区高层次人才知识产权政策宣讲会在西郊宾馆举行。来自中关村示范区“十百千工程”“瞪羚计划”企业的代表100余人参加。中关村管委会、国家知识产权局及中关村知识产权促进局的相关领导分别针对《中关村国家自主创新示范区技术创新能力建设专项资金管理办法》、“专利分析”和“中关村企业知识产权政策及服务举措”进行解读与宣讲。会议期间，中关村知识产权促进局与北京市海淀区高层次人才发展促进会签署战略合作框架协议。双方拟针对知识产权服务与高层次人才培养开展一系列合作，整合多方资源，共同致力提升中关村示范区核心区知识产权综合运用水平。

（冯　娜　苏　品）

**【一种多功能胶体磨获实用新型专利】**12月，由北京欧亚波记机械设备有限公司王维芳完成的“一种多功能胶体磨”获国家知识产权局授予的“实用新型专利证书”（专利号：ZL2013 2 0290232.6）。产品包括法兰盘、法兰端盖、定子、转子、外壳、间隙调整机构以及转轴，法兰盘通过一悬臂固持于外壳的一端，法兰端盖和法兰盘相配合，定子固定在法兰端盖上，转子安装于转轴上，可相对于定子转动，间隙调整机构收容于外壳内，与转轴相配合，以调整定子与转子之间的间隙。产品具有生产效率高、成本低且耐磨、耐腐蚀等特点。

（郭庆云）

**【一种手扶自行移动式抛丸机获实用新型专利】**12月，由北京欧亚波记机械设备有限公司王维芳完成的“一种手扶自行移动式抛丸机”获国家知识产权局授予的“实用新型专利证书”（专利号：ZL2013 2 0290229.4）。产品包括控制箱、分离系统、反弹高压室、驱动系统、抛丸电机、密封装置以及行走操作手柄，控制箱分别电性连接驱动系统、抛丸电机，反弹高压室的一侧设有一进料口，顶部设有分离系统，底部设有密封装置，行走操作手柄和驱动系统连接。产品具有结构紧凑、移动方便、使用灵活、效率高且无尘、无污染等特点。

（郭庆云）

**【一种泡沫沥青厂拌冷再生专用搅拌机获实用新型专利】**12 月，由北京欧亚波记机械设备有限公司王维芳完成的“一种泡沫沥青厂拌冷再生专用搅拌机”获国家知识产权局授予的“实用新型专利证书”（专利号：ZL2013 2 0290233.0）。产品通过在搅拌轴增设剪切刀片和反推叶片，从而增加搅拌强度和单位时间的次数，使泡沫沥青在消泡的过程中更易与再生料中的细小颗粒快速结合，最大限度地消除泡沫沥青消泡后的抱团现象，且沥青与细料结合点焊结构好，完全达到泡沫沥青厂拌冷再生料的性能指标。

（郭庆云）

**【一种新型沥青发泡装置获实用新型专利】**12 月，由北京欧亚波记机械设备有限公司王维芳完成的“一种新型沥青发泡装置”获国家知识产权局授予的“实用新型专利证书”（专利号：ZL2013 2 0290223.7）。装置包括水管道、沥青管道、发泡腔、汽缸、水喷嘴座、水喷嘴、沥青喷嘴座以及沥青喷嘴，水管道、沥青管道分别设置在发泡腔的两侧，水喷嘴安装于水喷嘴座上，沥青喷嘴安装于沥青喷嘴座上，沥青喷嘴、沥青喷嘴座分别通过一汽缸套管和汽缸连接。装置具有精度高、可拆卸更换且控制方便等特点。

（郭庆云）

**【TFT−LCD 像素结构及其制造方法获市发明专利奖二等奖】**年内，由北京京东方光电科技有限公司彭志龙完成的“TFT−LCD 像素结构及其制造方法”获第三届北京市发明专利奖二等奖。该方法包括数据线、栅线、公共电极线、薄膜晶体管和像素电极，栅线与数据线交叉定义一像素单元，薄膜晶体管形成在栅线和数据线的交叉处，数据线位于每一像素单元的中间，数据线的侧面形成有至少 2 个控制同一个像素电极的薄膜晶体管，公共电极线与数据线平行，并与像素电极形成至少 2 个存储电容。发明通过在同一像素单元设置多个薄膜晶体管和存储电容，可有效降低大型 TFT−LCD 生产中各种不良的发生概率，提高产品效率。

（崔春雷）

**【同益中公司成果获市发明专利奖二等奖】**年内，由北京同益中特种纤维技术开发有限公司、中纺投资发展股份有限公司贺鹏等完成的“一种超高分子量聚乙烯纤维纺丝溶液的制备方法”获第三届北京市发明专利奖二等奖。发明提供一种超高分子量聚乙烯纤维纺丝原液的制备方法，包括：取超高分子量聚乙烯溶解液与超高分子量聚乙烯溶胀液按照重量比为 0.42~2.85 的比例混合得到超高分子量聚乙烯重量含量为 10%~15% 的纺丝原液；超高分子量聚乙烯溶胀液中的超高分子量聚乙烯的重量含量为 10%~50%；超高分子量聚乙烯溶胀液中的超高分子量聚乙烯与所述超高分子量聚乙烯溶解液中的超高分子量聚乙烯的重量比为 2.5~70。由于溶解液可以对溶胀液起到增塑作用，因此可较好地改善纺丝原液体系的黏度较大的情况，保证纺丝原液具有较好的流动性和出丝连续性，避免在后续的纺丝过程中出现毛丝、断丝，从而制备出性能良好的超高分子量聚乙烯纤维。

（崔春雷）

# 标 准 化

**【中关村软件园获批首个标准创新试点园区】**1月7日，市质监局和中关村管委会联合印发《关于公布中关村国家自主创新示范区标准创新试点园区的通知》（市质监会签〔2013〕1号），批准中关村软件园成为首个中关村国家自主创新示范区标准创新试点园区。试点园区工作组设立在中关村软件园产业服务部，主要负责试点园区的日常工作开展。北京中关村软件园发展有限责任公司将按试点要求展开工作，包括开展战略性新兴产业和现代服务业相关的前沿技术和标准研究；将具有自主知识产权的技术创制成为企业技术标准；组建相关领域产业联盟并做好联盟标准创制及实施应用；为园区企业提供专业标准化咨询服务等。

（张　蕾　杜　玲）

**【电子信息产业标准推动会举行】**1月10日，由中国电子工业标准化技术协会、中国电子技术标准化研究院和中关村管委会共同主办的“第五届电子信息产业标准推动会暨中国电子信息行业社会责任年会”在万寿宾馆举行。工业和信息化部、国家标准化委、中关村管委会等单位有关领导以及研究机构、企业的代表300余人参加。会议公布2012年度电子信息产业十大标准化事件，“我国主导制定新型电视国际标准”“‘闪联’全系列标准正式成为国际标准”等入围。中国电子工业标准化技术协会社会责任工作委员会发布《中国电子信息行业社会责任指南》和《电子信息行业社会责任典型实践案例集》。《指南》为电子信息行业的企业和有关组织履行社会责任提供了指引，《案例集》则向社会分享了电子信息企业履行社会责任的先进理念、创新做法和成功经验。与会代表围绕“电子信息行业社会责任”“智能终端技术”“电子行业节能减排”等专题进行研讨。

（杜　玲）

**【19项标准获中国标准创新贡献奖】**2月8日，质检总局、国家标准委联合发布《关于公布2013年“中国标准创新贡献奖”获奖名单的通知》（国质检标联〔2013〕110号），共有58个项目获奖，包括一等奖8项，二等奖20项，三等奖30项。其中，中关村示范区内企业、科研院所等完成的19个项目入选，占全国获奖比例的33%。其中，由北京宇航系统工程研究所等单位李国爱等完成的《运载火箭/有效载荷飞行环境遥测数据处理》、工业和信息化部电信研究院等单位万屹等完成的《第四代移动通信TD-LTE-Advanced国际标准（IMT-Advanced技术评估）等54项标准》2个项目获一等奖；《运载火箭/有效载荷飞行环境遥测数据处理》提出星箭飞行环境测量和处理要求，规范世界各宇航公司的力学和热环境测量及数据处理要求，避免运载火箭与卫星用户之间因测量和数据处理不统一引发的分歧，提高了工作效率，有利于国际商业发射合作的开展，为深入挖掘和利用飞行环境数据奠定基础。《第四代移动通信TD-LTE-Advanced国际标准（IMT-Advanced技术评估）等54项标准》是TD-LTE在4G阶段的演进技术，是对中国拥有自主知识产权的3G国际标准TD-SCDMA技术的演进和增强。由中国标准化研究院等单位汤万金等完成的“科学技术研究项目评价通则”等8个项目获二等奖；由中机生产力促进中心等单位丁红宇等完成的“技术产品文件 数字化产品定义数据通则 第1部分:术语和定义等11项标准”等9个项目获三等奖。

（钟锌章　韩　冰）

**【布隆迪同意采用DTMB标准】**2月18日，中关村数字电视产业联盟收到布隆迪通信委员会主席皮埃尔·巴马巴斯（Pierre Bamabasi）于2013年1月14日签署的正式公函，表示采用中国地面数字电视标准DTMB在该国从事地面数字电视广播运营没有不便利，但需要按程序进行相关申请。数字电视地面多媒体广播系统DTMB标准是由中关村数字电视联盟制定的国际标准。联盟将组建DTMB标准海外推广投融资平台，负责国标海外市场拓展、DTMB标准覆盖网络建设;同时，还组建联盟内应用分组，集中国内运营商在运营管理、资金、人才等方面的资源、联盟企业的技术、产品资源等，共同推进DTMB海外推广应用工作。

（钟锌章　杜　玲）

**【国际标准IEEE P1888.4立项】**3月6日，国际电气和电子工程师协会标准协会（IEEE-SA）批准北京天地互连信息技术有限公司参与的IEEE P1888.4标准《绿色智能家居控制网络协议》立项。标准以“一网到底”为目标，对网络设备进行系统应用定义，还包含数据格式定义配置和管理功能、数据格式定义部署和控制导向的功能等，将为家庭和住宅小区提供能源计量和智能控制网络协议，推动家庭社区可以更加自如的实现绿色、智能功能。

（宋　阳）

**【第一期标准化知识培训举办】** 3月20日，由中关村标准创新服务中心主办的“中关村标准创新试点2013年第一期标准化基础知识培训会”在万寿宾馆举行。来自中关村标准创新试点联盟、企业以及各园区管委会、各区县质监局等单位的150余位代表参加。中国标准化研究院国家标准馆副馆长汪滨，分别从标准检

索内容与工具、标准信息跟踪方法等方面向参会人员介绍标准文献资源检索方法，并结合国家标准文献共享服务平台、首都标准网演示了门户网站的检索操作步骤。市质监局标准化处有关领导对北京市标准资助政策进行解读，从资助对象、申报条件、申报时间、审核流程等方面系统地说明了企业可享受的政策内容。授课专家还对企业提出的问题进行现场解答，并与企业代表进行交流。

（李　资　钟锌章）

**【ITSS政策宣贯活动举办】** 3月，北京信息化协会运维评估相关人员通过座谈、走访等方式对10余家企业就北京市ITSS符合性评估及运维资质条件政策等进行宣贯。协会运维评估人员对2013年北京市ITSS符合性评估工作申报情况、运维资质条件、相关政策及北京市符合性评估机构进行介绍，帮助企业正确理解ITSS符合性评估工作、运维资质条件政策及企业如何依据标准完善运维支持系统等。

（江　欣）

**【CSAS发布5项联盟标准】** 4月10日，国家半导体照明工程研发及产业联盟标准化委员会（CSAS）发布5项联盟标准，涉及LED照明产品及智能系统接口、测试方法等领域。其中，《自散热、控制装置分离式LED模组的路灯/隧道灯》（CSA 016–2013）为LED模组、电子控制装置和灯具等厂商设计开发、制造提供了依据；《室内LED照明用外置式恒流控制装置接口要求》（CSA 017–2013）在电流规格、接口特性等方面做了规定；《LED公共照明智能系统接口应用层通信协议》（CSA 018–2013）规定了LED公共照明智能系统中，现场广域网网关与远程服务器之间进行传输的应用层通信协议；《LED照明产品检验试验通用规范》（CSA 019–2013）引入电工电子产品的检验试验方法对LED照明产品进行质量评价，规范了LED照明产品的质量评价体系；《LED产品加速流明衰减试验方法》（CSA 020–2013）把加速衰减方法应用于LED照明产品的寿命测试，提出光通维持率的快速评估方法。

（杜　玲）

**【法国标准化知识专题讲座举办】** 4月26日，由市质监局主办、中关村标准创新服务中心承办的法国标准化知识专题讲座在翠宫饭店举办。国家标准委、市质监局等单位有关领导以及来自北京市各区县质监局、中关村标准创新试点企业的代表80余人参加。培训邀请法国标准化协会首席执行官奥利沃·皮亚特（Olivier Peyrat）作为主讲嘉宾。皮亚特就法国标准化协会的概况、法国标协与政府机关的关系、其内部的组织结构和工作模式、利益相关者与标准化工作、标准化的全球互动等议题进行讲解，还通过解释说明和举例等方法阐述标准化、创新和专利之间的关系，以及中小企

业如何参与标准化工作。皮亚特还与中关村示范区企业代表就企业融入国际市场过程中所遇的标准化问题，以及如何积极参与国际标准制定，有效推广实施国际标准等问题进行交流，并向企业提出建议。

（李　资　钟锌章）

**【利亚德公司参与制定的国家标准实施】** 5月1日，利亚德光电股份有限公司参与制定的国家标准《体育场馆LED显示屏使用要求及检验方法》（GB/T29458–

2012）正式实施。标准规定了体育场馆用 LED 显示屏的分类、要求、检验方法及合格判定规则，适用于固定安装在体育场、综合体育馆和游泳跳水馆的 LED 显示屏，首次为体育场、馆 LED 显示屏的设计提供国家标准作为参考和依据。

（王　杏）

**【技术标准政策培训会举办】** 5 月 23 日，由中关村标准创新服务中心、北京市民营科技实业家协会共同举办的中关村技术标准专项政策培训交流会在北京理工国际教育交流中心举行。北京中星微电子有限公司、北京荣之联科技股份有限公司、北京伟嘉人生物技术有限公司等 40 余家北京民协会员企业的 50 余名科研人员参会。会议介绍了中关村标准创新工作整体进展情况，并对中关村标准资助政策进行讲解，包括中关村技术标准资助资金的资助内容、申报流程和注意事项等，还对参会企业提出的问题进行解答，并围绕企业技术标准创新和技术标准化工作进行交流研讨。

（钟锋章　尹玲利）

**【走近 IEEE 主题沙龙举办】** 5 月 30 日，由中关村标准创新服务中心主办的中关村标准创新沙龙——“走近IEEE”主题活动在中国技术交易大厦举行。市质监局

标准化处负责人及 10 余家企业的代表参加。美国电气电子工程师协会（IEEE）的相关专家从 IEEE 标准协会的组织框架及工作内容、IEEE 标准涉及的领域及制定流程、IEEE 标准在中国的发展情况等方面介绍了IEEE。参会代表就 IEEE 会员的权利和义务、IEEE 与其他标准组织的互认、标准投票环节的设计及 IEEE 标准推广方法等问题与专家进行交流与探讨。

（李　资　钟锋章）

**【AVS 成为国际标准】** 6 月 4 日，由数字音视频编解码技术标准工作组主导制定的数字视频编解码技术标准 AVS（Audio Video coding Standard）被美国电气电子工程师协会（IEEE）标准化委员会颁布为 IEEE 1857 标准。视频编码又称视频压缩，是将体量巨大的视频数据进行大比例压缩从而实现高效传输和存储的技术，AVS 标准（IEEE 1857−2013）分为 4 个部分：电视（Main）、监控（Surveillance）、移动（Portable）和高清3D（Broadcasting）。

（钟锋章）

**【标准试点企业标准化知识系列培训举办】** 6 月 20 日—9 月 10 日，中关村标准创新服务中心举办为期 4 期的“中关村标准创新试点企业标准化知识系列培训”活动。

来自中关村标准创新试点联盟、企业以及各园区管委会、各区县质监局等单位的学员 600 余人次参加。培训邀请中国计量学院教授洪生伟担任主讲嘉宾，就企业标准化体系的建立和运行、企业标准体系表的设计原则及方法以及企业知识产权管理体系的建立、运行和审核等方面进行讲解。

（李　资　钟锋章）

**【标准运行机制与实施方案研究通过验收】** 7 月 5 日，由中关村标准创新服务中心主办的“中关村标准运行机制与实施方案研究”课题结题验收会在裕惠大厦召开。中关村管委会相关领导以及来自国际标准化组织、相关标准化协会、联盟的课题评审专家等 10 余人参加。会上，由中关村标准创新服务中心和中科院政策所等单位共同完成的中关村管委会对外合作课题“中关村标准运行机制与实施方案研究”通过验收。课题立足中关村示范区的战略定位，创新性地提出“中关村标准”这一概念，分析了中关村标准的可行性、中关村标准的实施路径、中关村标准的组织体系等，并结合中关村示范区的发展需求和工作基础，提出未来几年中关村标准实施的重点方向、重点工作及重点企业与联盟，为未来中关村团体标准的建设工作打好基础。同时借鉴国际标准组织及协会的标准工作经验，搭建联盟标准运作体系，编写联盟标准工作组架构和联盟标准制定流程等，为联盟实质性推进标准化工作提供

专业指导。

（李　资　钟锌章）

**【《商品煤炭杂物控制技术要求》发布】**7月15日，国家标准化委发布由贝恩讯谱光电科技（北京）有限公司参与制定的国家标准修订计划项目《商品煤炭杂物控制技术要求》（20111209-T-603）国家标准。标准对商品煤中杂物控制、清除和监管的相关要求及原则进行规定，为商品煤中杂物控制提供技术依据。贝恩讯谱公司在标准制定过程中提供商品煤检测、数据分析、商品煤杂物控制管理经验等方面的合作。

（朱文利）

**【11家企业通过首批国家运维通用要求符合性评估】**7月18日，中国电子工业标准化技术协会信息技术服务分会发布《关于第一批〈信息技术服务　运行维护　第1部分:通用要求〉符合性评估有关事项的通知》（ITSS评估〔2013〕2号），公布18家第一批通过《运维通用要求》符合性评估单位的名单。其中，北京地区的神州数码系统集成服务有限公司、北京中科金财科技股份有限公司、北京华胜天成科技股份有限公司等11家企业通过评审，全部为中关村示范区企业。

（江　欣）

**【过／欠电压继电器保护标准获批准】**7月19日，质检总局、国家标准委联合发布《关于批准发布〈民用建筑燃气安全技术条件〉等186项国家标准的公告》（2013年第10号），由北京紫光测控有限公司等单位葛荣尚等编制的《量度继电器和保护装置 第127部分：过/欠电压保护功能要求》（GB/T 14598.127-2013）获得批准，实施日期为2013年12月2日。标准规定过/欠电压继电器的最低要求，包括保护功能、测量特性和延时特性的技术规范；规定对稳态准确度和动态性能的影响因素，还包括检验性能和准确度的试验方法。

（梁馨玉）

**【"标准在城市管理服务中的角色"讲座举办】**7月25日，由首都标准委主办的"标准在城市管理服务中的角色"讲座在北京会议中心举行。国家标准委、市质监局等单位有关领导以及来自首都标准化委员会成员单位、各区县质监局、中关村示范区企业的代表160余人参加。活动邀请英国标准协会（BSI）总裁斯科特·斯迪曼做了"标准在城市管理服务中的角色"的专题讲座。斯科特·斯迪曼从经济的竞争能力、治理结构、社区和社会福利服务、教育、住房和医疗、安全和安保等角度，分析了未来城市面临的人口、社区和经济发展等方面的诸多挑战，并结合北京实际，阐述网络高速发展形势下，标准对未来智慧城市管理的重要作用。

（李　资　钟锌章）

**【首个软件成本度量地方标准发布】**7月29日，市质监局发布《北京市地方标准公告》（2013年标字第10号），北京软件和信息服务交易所与北京市软件行业协会过程改进分会共同制定的《信息化项目软件开发费用测算规范》被批准为北京市地方标准，标准号为DB11/T 1010-2013，实施日期为2013年11月1日。该标准是北京市首个软件成本度量地方标准。标准从软件研发的基本成本入手对成本进行测算，在成本基础之上确定软件价格参考区间，以解决交易双方定价权问题，为软件开发成本测算提供了科学依据。

（刘乐乐）

**【115个项目获市技术标准制修订补助】**8月26日，市质监局发布《关于公布2013年北京市技术标准制修订补助项目评审结果的通知》（京质监标发〔2013〕250号），共给予神州数码系统集成服务有限公司《信息技术服务　运行维护　第2部分：交付规范》（GB/T 28827.2-2012）、北京仁创科技集团有限公司的《砂基透水砖》（JG/T 376-2012）等81家单位的150个标准补助，补助资金共计1200万元。其中中关村示范区62家企业、科研院所的115个项目入选。

（龙　琦）

**【植物生长用LED平板灯联盟标准发布】**9月10日，国家半导体照明工程研发及产业联盟标准化委员会（CSAS）发布《植物生长用LED平板灯性能要求》（CSA021-2013）联盟标准。标准对植物生长用LED平板灯的术语和定义、分类与命名、技术要求、试验方法、检验规则、标志、包装、运输和贮存进行了规定。

（杜　玲）

**【智能电视集成服务框架国际标准立项】**9月22—27日，在深圳召开的国际电工委员会音频、视频和多媒体系统与设备委员会（IEC/TC100）2013年度全会上，由中国代表团提出的《智能电视集成服务框架》国际标准获IEC组织国际标准项目立项。《智能电视集成服务框架》国际标准由中关村数字视频产业技术创新联盟牵头研制，具体提案工作由联盟成员新华社通信技术局、工业和信息化部中国电子技术标准化研究院等单位的IEC代表负责，这是中国文化与科技机构联合制定新媒体技术标准并主导国际产业标准制定的成功案例。该标准借鉴工业界"集成服务"理念，运用云计算、大数据等关键技术，聚焦智能电视新媒体业务需求，提出智能电视新媒体应用的各类服务产业模型、应用场景、技术架构、终端接口、媒体格式及相关测试方法，将为国际智能电视产业的各类机构提供权威技术指导。

（李　资　钟锌章）

**【中标创编委会成立】** 9月23日，中关村标准创新服务中心发布《关于成立中标创编委会的通知》，决定成立中标创编委会，以通过创新宣传工作模式，强化企业参与度，优化整合信息资源，全面提高宣传质量，扩大社会影响力，更好地掌握企业、产业最新动态，结合产业发展推进标准化工作。编委会主编单位由中关村标准创新服务中心担任，编委会委员单位按照自愿原则从标准试点单位选出，并为通讯员统一颁发聘书(有效期2年)。采用的稿件将在内刊、标准工作简报、电子杂志、中关村标准创新网、微信、微博等媒体刊登。

（钟锌章　李　资）

**【国际标准 IEEE Std 1888.1—2013 发布】** 10月7日，经国际电气和电子工程师协会标准协会（IEEE—SA）批准，由北京天地互连信息技术有限公司参与制定的IEEE Std 1888.1—2013标准《泛在绿色社区控制网络协议：控制和管理》发布。标准定义了绿色节能服务网络架构，解决了利用ICT技术提供绿色节能服务的运营技术机制，实现绿色节能网络的可管可控，使得规模化构建绿色节能运营服务成为可能。

（宋　阳）

**【基于射频的移动支付标准发布】** 10月10日，质检总局、国家标准委联合发布《关于批准发布〈车用乙醇汽油（E10)〉等35项国家标准的公告》（中华人民共和国国家标准公告2013年第20号），由中国电子技术标准化研究院起草的《信息技术　基于射频的移动支付（第一至第五部分)》国家标准获准发布。标准涵盖移动支付射频接口、卡片、设备、应用管理和安全、测试方法等基础技术内容，确保移动支付产品的互操作性和互通性，为消费者利用移动终端设备进行支付提供统一的解决方案，于2014年5月1日起实施。成果入选2013年度电子信息产业标准化十大事件。

（龙　琦）

**【首家国家技术标准创新基地落户中关村】** 10月14日，在中关村示范区展示中心举办的"世界标准日暨全国标准开放服务日主题活动"上，国家标准化管理委员会宣布批准筹建国家技术标准创新基地（中关村），基地建设工作由北京市标准化研究院（中关村标准创新服务中心）具体承担。这是中国首家获批筹建的国家技术标准创新基地。创新基地旨在进一步推进技术标准与科技创新、产业升级协同发展，促进科技创新成果产业化、市场化，增强中关村示范区自主创新能力。国家标准委将在标准制修订、标准化科研、参与国际标准化活动、标准信息资源、人才培养等方面给予支持。会上，质检总局命名中关村示范区为"全国软件与信息产业知名品牌创建示范区"并授牌，示范期为2013年10月—2016年10月。示范区内创建知名品牌的骨干企业包括百度在线网络技术（北京）有限公司、大唐电信科技股份有限公司、用友软件股份有限公司等8家。

（刘伟杰　钟锌章）

**【北起院成果获机械工业科技奖】** 10月21日，中国机械工业联合会和中国机械工程学会联合发布《关于表彰2013年度中国机械工业科学技术奖奖励项目的通告》（中机联科〔2013〕525号），公布获奖项目名单。由北京起重运输机械设计研究院赵春晖等编制的机械行业标准《平衡重式叉车　整机试验方法》（JB/T 3300—2010）获2013年度中国机械工业科学技术奖三等奖。标准规定了平衡重式叉车试验前准备工作、试验条件、参数测定和稳定性、装卸性能、转向性能、运行性能、动力性能、能量消耗、制动性能、振动、噪声等的整机试验方法，适用于额定起重量为500~10000公斤的内燃平衡重式叉车和额定起重量为500~5000公斤的蓄电池平衡重式叉车。

（王墨洋）

**【4家企业通过第二批ITSS评估】**11月7日，中国电子工业标准化技术协会信息技术服务分会发布《关于第二批〈信息技术服务　运行维护　第1部分：通用要求〉符合性评估有关事项的通知》(ITSS评估〔2013〕5号)，公布18家第二批通过《运维通用要求》符合性评估单位的名单。其中，北京地区紫光软件系统有限公司、软通动力信息技术有限公司、联通系统集成有限公司、首都信息发展股份有限公司等4家企业通过评审，全部为中关村示范区企业。

（康秋红）

**【《软件研发成本度量规范》发布】**11月8日，由中国软件行业协会系统与软件过程改进分会和中国电子技术标准化研究院联合主办的“工业和信息化部行业标准《软件研发成本度量规范》发布会”在中关村软件园举行。工业和信息化部、中国软件行业协会、中国计算机用户协会等单位有关领导以及行业用户代表、软件企业代表、业界专家等300余人参加。《软件研发成本度量规范》(SJ/T11463-2013）由中国软件行业协会系统与软件过程改进分会、中国电子技术标准化研究院等40余家单位起草完成，规定了软件研发成本度量方法、过程及原则，包括软件研发成本的构成、软件研发成本度量过程、软件研发成本度量的应用，适用于度量成本与功能规模密切相关的软件研发项目的成本。标准不涉及软件定价，但相关各方可依据标准明确研发成本，从而为软件定价提供重要依据。

（刘乐乐）

**【科教文化游标准化试点通过考核】**11月12—13日，国家标准委组织考核评估组对海淀区旅游委承担的海淀区2011年度国家级服务业标准化试点项目——“北京中关村科教文化游服务业标准化试点”进行考核评估。考核评估组听取标准化试点工作情况汇报，实地查看北京体育大学、中科院计算机网络信息中心等试点现场，通过百分制综合打分，以综合评分93分的成绩，一致同意通过考核评估。试点建设经历调研启动、体系建设、组织实施、评价改进、总结验收5个工作阶段，建立由通用基础、服务保障、服务提供三大标准体系组成的包含140项标准的体系，在科技、教育、文化3个领域设立了颐和园、圆明园、中国科学院计算机网络信息中心、用友软件园、北京体育大学、北京农业大学、北京药用植物园7家试点单位，共编制完成569项企业标准，实施了117项国家、行业和地方标准。

（钟铎章）

**【矿冶总院成果获有色金属工业科技奖】**11月22日，中国有色金属工业科学技术奖励工作办公室发布公告，公布2013年度中国有色金属工业科学技术奖获奖项目名单。其中，由北京矿冶研究总院参与完成的“系列行业标准YS/T556.1~16-2009（2011)《锑精矿化学分析方法》制修订”和“《钴化学分析方法》系列标准制修订”2项成果获2013年度中国有色金属工业科学技术奖二等奖。《锑精矿化学分析方法》通过对原标准的分析方法进行修订，对未制定方法而测试工作中经常需要报出数据的部分元素分析进行研究，制订了新方法8项，补充、完善老方法7项，从而形成完善的由15项分标准组成的有色行业系列分析方法标准，可满足生产和贸易中对锑精矿中锑、砷、铅、锌、硒、汞、硫、金、湿存水、铜、镉、铋、镍、银等元素测定的需要。《钴化学分析方法》是对原标准的修订和补充，不仅包含传统的萃取—分光光度法、原子吸收光谱法，还应用了氢化物发生—原子荧光光谱法、直流电弧原子发射光谱法、电感耦合等离子体质谱法、电感耦合等离子体发射光谱法等仪器分析方法，能够完全满足钴中各杂质元素的准确、快速分析要求。

（赵　浩）

**【McWiLL®技术成为国际标准】**12月3日，在瑞士日内瓦市举行的国际电信联盟（ITU）第五研究组全会上，由北京信威通信技术股份有限公司提出的基于信威McWiLL®技术的空对地飞机移动通信标准提案《航空机上公众移动通信系统》(ITU-R m.〔LMS.ATG〕Systems for public mobile communications with aircraft)，被大会采纳并一致通过，成为全球空对地飞机移动通信国际标准。这是ITU首个以中国为主导并以中国拥有完全自主知识产权的通信技术作为主要内容的国际航空通信标准。标准可实现空地之间飞机机载安全信息系统与地面安全信息系统实时的宽带数据传输，以监控飞机运行状态、管理机上健康设备、诊断远程故障、回传“黑匣子”数据以及使飞机获取各类地面航空服务等信息，还可将移动互联网服务延伸到飞机上，满足乘客在飞机上打电话、上网和其他娱乐需求。

（李　资　钟铎章）

**【国际标准IEEE Std 1888.3-2013发布】**12月6日，经国际电气和电子工程师协会标准协会（IEEE-SA）批准，由北京天地互连信息技术有限公司主导制定的IEEE Std 1888.3-2013标准《泛在绿色社区控制网络协议：安全》发布。标准规范了增强的安全管理功能，对IEEE 1888通信网络定义了安全需求，提出系统安全架构，规范完整的安全协议以及实现方法。通过标准，可以防止数据泄露以及资源的非法接入，提供对信息的保护，在 IEEE 1888 系统中实现双向认证、接入控制、消息完整性、数据机密性等安全服务，从而提供一个安全可靠的传输环境。

（宋　阳　尹玲利）

**【超图软件公司 2 项国家标准获批】**12 月 31 日，质检总局和国家标准委联合发布《关于批准发布〈化学试剂　甲醛溶液〉等 567 项国家标准和 45 项国家标准样品的公告》（2013 年第 27 号），由北京超图软件股份有限公司主导编制的《地理空间数据库访问接口》（GB/T 30320–2013）和《地理信息基于位置服务多模式路径规划与导航》（GB/T 30321–2013）2 项测绘地理信息国家标准获批发布，并均于 2014 年 6 月 1 日实施。《地理空间数据库访问接口》规定了地理空间数据库的数据访问对象模型及接口，对满足该标准接口的空间数据提供者的加载和卸载做出规定，适用于通过标准接口访问或共享地理空间数据库的应用，侧重于从数据使用者和数据提供者角度描述访问对象模型及接口。《地理信息基于位置服务多模式路径规划与导航》定义了多模式路径规划与导航的数据类型以及与这些数据类型相关联的操作。

（胡加艳）

**【四维图新公司 2 项国家标准获批】**12 月 31 日，质检总局和国家标准委联合发布《关于批准发布〈化学试剂　甲醛溶液〉等 567 项国家标准和 45 项国家标准样品的公告》（2013 年第 27 号），由北京四维图新科技股份有限公司主导编制的《基于网络传输的导航电子地图数据更新规范第 1 部分：应用于车载终端编译的增量更新模式》（GB/T 30289.1–2013）、《个人位置导航电子地图物理存储格式》（GB/T 30292–2013）2 项国家标准获批发布，并均于 2014 年 7 月 15 日实施。《基于网络传输的导航电子地图数据更新规范 第 1 部分：应用于车载终端编译的增量更新模式》规定了导航电子地图增量更新机制、增量数据传输协议、本地数据存储格式、增量数据存储格式以及本地数据的更新方法，适用于从网络传输得到的导航电子地图增量数据与本地数据结合，通过编译形成可供车载导航应用软件使用的物理存储格式的模式。《个人位置导航电子地图物理存储格式》规定了卫星定位个人位置服务手持终端上导航电子地图的逻辑模型、数据组织方式和数据存储格式，适用于存储和应用个人位置导航电子地图数据及公共交通数据的各类手持终端。

（徐　静）

**【示范区企业参与标准创制工作】**年内，中关村示范区企业创制标准 221 项，其中，国际标准 23 项（发布 6 项、立项 17 项），发布国家标准 97 项、行业标准 80 项、地方标准 21 项。至年底，中关村示范区企业共创制标准 4882 项，其中，国际标准 130 项（发布 67 项，立项 63 项），发布国家标准 2778 项、行业标准 1828 项、地方标准 146 项。

（李　资　钟锌章）

**【IEEE1888 国际标准进入产品化阶段】**年内，由北京天地互连信息技术有限公司主导的 IEEE 1888 国际标准《泛在绿色社区网络控制协议》进入产品化阶段。国家电网公司、中国石油天然气集团公司等企业结合 IPv6 与 IEEE1888 标准开展应用示范项目；中国电信集团公司定制并计划在全国推广 IEEE1888 泛在网关产品；上海宝信软件股份有限公司在第三届智慧能源国际峰会上发布基于 IEEE1888 标准的宝之慧智慧能源解决方案；英特尔公司联合天地互连公司成立技术工作组，推动其在 2014 年上市的 Quark 芯片网关全面支持 IEEE1888 标准。

（尹玲利）

# 商标与版权

**【中国网络版权维权联盟成立】** 2月28日，由中华版权代理中心主办的中国网络版权维权联盟成立暨揭牌发布会在北京东方雍和国际版权交易中心举行。联盟成员单位的代表等参加。北京京都世纪文化发展有限公司、百度在线网络技术（北京）有限公司、新浪网技术（中国）有限公司等首批25家成员单位共同签署《中国网络版权维权联盟自律公约》。联盟由中华版权代理中心作为牵头单位，召集著作权人、互联网内容提供商、网络服务提供商及其他互联网相关企业，通过签署自律公约的形式成为联盟签约单位，形成网络版权维权的自律、互助机制。联盟成立后将集合行业相关单位的加入，整合国内网络版权保护资源，以迅速的维权响应、优质的版权服务实现签约单位的版权价值，在全社会形成网络版权保护的积极影响。中国版权保护中心副主任范继红任联盟理事长。

（刘晶扬）

**【中关村商标促进资金申报工作完成】** 3月18日，中关村管委会发布《关于申报2013年度中关村商标促进资金的通知》，启动2013年度中关村商标促进资金申报工作。经审核，同方股份有限公司等51家企业符合支持条件，其中符合普通商标资助的企业有北京奇虎科技有限公司等5家，符合北京市著名商标资助的企业有北京大北农科技集团股份有限公司等28家，符合驰名商标资助的企业有北汽福田汽车股份有限公司等9家，符合国际注册商标资助的企业有北京亿赞普技术有限公司等18家，涉及专项支持资金1479.5万元。

（韩　冰）

**【知乎网等媒体呼吁尊重原创保护版权】** 3月20日，北京智者天下科技有限公司（知乎网）、北京协力筑成传媒科技有限公司（36氪）、《商业价值》杂志等20余家媒体联合发表倡议书，呼吁尊重专业媒体原创内容，保护版权。倡议书指出，许多人复制原创者的作品并随意改换原创者的名字，许多机构使用原创作品时并未获得授权，这对原创者的基本权利是一种冷漠。对此倡议提出，个人和非商业机构，在使用或转载他人作品时，在转载文章开头显著位置，注明原文作者名、原文出处和原文链接，以示尊重作者的署名权。商业机构和组织，在使用或转载他人作品时，还应在转载发表前事先与著作权人沟通，取得使用授权，并在显著位置注明原文作者、出处和链接，原作者和原出版方已明确表示禁止转载的，任何第三方个人或机构都应尊重此权利。倡导所有个人或机构提高保护原创、尊重版权的意识，鼓励监督和批评践踏原创、伤害作者的行为。

（刘晶扬）

**【软件著作权申请登记操作实务讲座举办】** 3月28日，由北京启迪创业孵化器有限公司主办的启迪创业沙龙之“软件著作权申请登记操作实务讲座”在创新大厦举行。北京京仪科技孵化器有限公司等30余家企业的代表参加。相关专家通过案例介绍版权保护的重要性，并就软件及作品的登记方式、流程、注意事项等方面进行讲解。企业代表就自身遇到的问题、困惑与专家进行交流。

（康秋红）

**【品牌战略维护及司法保护研讨会举行】** 4月3日，由中关村国际孵化软件协会与海淀区律师协会共同主办的中关村品牌战略维护及司法保护研讨会在海淀区举行。会议以“中关村自主创新企业品牌战略维护及司法保护”为主题。工商总局、市检察院、海淀区委等单位有关领导以及来自海淀区50余家企业的代表参加。相关专家从中国品牌保护的立法、执法、司法等方面，分析中国现阶段品牌保护的现状和存在的问题，并就企业商标的申请注册、商标侵权、商标的行政管理、驰名商标制度等具体问题提出见解，同时也对中国知识产权立法提出可行性建议。中关村示范区企业代表分别介绍公司品牌保护的情况，同时也向与会专家提出企业在品牌维护中遇到的困惑和问题。

（韩　冰）

**【14家企业入选工业品牌培育试点企业】** 4月10日，工业和信息化部发布《关于发布2013年工业品牌培育试点企业名单暨召开试点工作启动会的通知》（工信科简函〔2013〕182号），公布262家入选2013年工业品牌培育企业的名单。北京地区共有15家企业入选。其中，中关村示范区内共有北汽福田汽车股份有限公司、北京大北农科技集团股份有限公司、北京旋极信

息技术股份有限公司等 14 家企业入选。

（尹玲利）

**【知识产权保护日活动举办】** 4 月 26 日，由市版权局主办，北京中关村电子产品贸易商会承办的“尊重

知识产权　维护市场秩序——4·26 知识产权保护日活动”在海淀图书城举办。2013 年世界知识产权日的主题为“创造力　下一代”。活动以面向消费者普及知识产权相关知识、提高消费者的版权意识为主旨，通过与消费者互动、问题竞答等形式，吸引消费者积极主动参与，并向消费者派发宣传资料及宣传品。

（丁　旭　杨　禹）

**【首支版权保护公益基金设立】** 4 月 26 日，北京智慧版权保护基金会成立仪式在北京国际版权交易中心举行。国家版权局、北京市版权局以及中国版权协会、中国文字著作权协会、中国电影著作权协会、中国音像著作权集体管理协会、中国摄影著作权协会等机构负责人参加。基金由北京国际版权交易中心发起成立，是国内第一支以传播和鼓励“版权保护”为宗旨和目标的公益性基金。基金会成立后将设立一系列专项基金：包括版权保护奖励基金、版权侵权举报基金、版权维权援助基金。通过下设专项基金的运作解决版权产业领域维权难等问题，维护著作权人的合法权益，推动中国文化创意产业走向正版化、国际化。活动还举办“杨再春大师艺术精品公益捐赠”仪式，为版权保护基金募集首批善款。

（刘晶扬）

**【国有文化企业版权资产管理研究开题】** 4 月，受国家版权局委托，由人大文化科技园管委会承担的国有文化企业版权资产管理研究项目开题。项目将阐释文化企业版权资产的内涵、特征及分类；从战略管理、价值管理和实务管理 3 个层面，分析文化企业内部如何加强版权资产管理的问题；从国有文化企业版权资产的特殊性出发，提出国家层面如何加强国有版权资产监管的政策建议。

（徐　洋）

**【百度文库数字版权开放平台上线】** 5 月 23 日，“数字分享　开发共赢——百度文库数字版权开放平台上线发布会”在京举行。国家版权局、中国文字著作权协会等单位领导以及各界版权方代表参加。百度在线网络技术（北京）有限公司发布百度文库数字版权开放平台，任何版权机构或版权个人均可申请加入平台，将正版电子作品有偿提供给网民。百度公司还宣布 3 年内其将采用“零分成”模式，所有版权收益都划拨给版权方。

（杜　玲）

**【105 件商标被认定为 2012 年度北京市著名商标】** 6 月 5 日，市工商局发布《关于认定谷雨等 179 件商标为 2012 年度北京市著名商标的通知》（京工商发〔2013〕56 号），认定谷雨等 179 件商标为北京市著名商标，自认定之日起有效期为 3 年。其中，中关村示范区内北京高盟新材料股份有限公司的“高盟牌”、北京立高防水工程有限公司的“立高”、北京科兴生物制品有限公司的“孩尔来福”等 105 件商标入选，占北京市的 58.66% 。

（汪凌波）

**【首都版权联盟成立】** 6 月 6 日，“首都版权联盟第一次会员大会”在北京举行。国家新闻出版广电总局、市委宣传部、市新闻出版（版权）局等单位有关领导以及会员代表参加。联盟是经北京市社会团体登记管理机关核准登记的非营利性社会组织，由中国出版集团、百度在线网络技术（北京）有限公司、新浪网技术（中国）有限公司等 70 余家单位发起成立，将对行业优势资源进行有效整合，维护广大会员单位的版权权益，并配合政府相关部门加强市场管理，促进首都版权产业健康发展。会议审议通过《首都版权联盟章程》，选举产生第一届理事会主席、副主席、秘书长、理事及监事等人选。北京市版权局副局长王野霏当选为联盟首届主席，市版权局版权保护处原处长韩志宇为秘书长。

（刘晶扬）

**【核心区瞪羚企业版权保护高端人才实训班第一期开班】** 6 月 18 日，由海淀区文化委主办的海淀文委 4·26 版权保护系列活动——“实战培训 · 实效保护——核心区瞪羚企业版权保护高端人才实训班”第一期开班仪式在中关村创新研修学院举行。40 家企业专门负责版权保护的高级经理参加培训。实训班历时 4 个月，包含集中授课、案例分析、庭审体验等内容，突出“实

战”和“实效”，将以领导统筹和班级自治相结合的管理方式，举办版权保护政策的讲解、版权保护思维方式的训练、版权保护技巧训练、版权纠纷案件庭审体验、版权保护实战问题分析、版权保护策略研讨等活动。

（龙　琦）

**【北京高校首设数字版权保护中心】** 6月28日，由北京国际版权交易中心主办的“北京印刷学院北京国际版权交易中心签约揭牌仪式”在北京印刷学院举行。国家版权局、北京国际版权交易中心、民生银行北京分行、北京印刷学院等单位相关领导及代表20余人参加。“北京印刷学院数字版权保护中心”是首个在高校设立的专门的数字版权保护机构，将为印刷学院在校师生提供高效权威的版权保护绿色通道，并通过讲座、公开课、选修课的方式普及版权保护的法律知识。同时，中心为校办文创企业发展和学生创业提供专项扶持基金，对印刷学院优秀文创项目进行融资服务，并为在校师生的艺术设计作品提供全方位的展示与推介。北京国际版权中心将开展“版权保护进高校”系列活动，在国内重点相关大学建设一批“数字版权保护中心”。

（刘晶扬）

**【软件团购助北京企业软件正版化】** 9月24日，由北京市使用正版软件工作联席会议办公室组织的“北京市2013年市属国有企业正版软件集体采购签约仪式”在市版权局举行。作为北京市首次“软件团购”活动，微软公司、金山公司等厂商代表与参加团购的市属国有企业用户代表现场签署正版软件采购协议，市属国有企业团购正版软件6200余套，交易金额1200余万元。经北京市使用正版软件工作联席会议办公室授权，北京市软件和信息服务交易所被认定为北京市正版软件服务工作站，作为市属国有企业正版软件采购平台，负责为用户提供包括协议采购、批量采购、集团预购等方式的软件选型和采购服务。工作站与微软公司、金山公司等主要软件企业进行多轮价格谈判，团购价格做到同类软件市场最低水平，比市场价普遍优惠30%以上。以软件团购的方式既为供应商提供优质的销售平台，也解决企业的采购成本问题，保证可靠的货源与优质的服务，节约企业选型和询价比较的时间，提高了整体采购效率，体现了软交所搭建“阳光、透明、公正”的采购平台的公信力。

（刘晶扬）

**【姜颖法官网上讲法】** 10月17日，在新浪的“慕课”即MOOC（massive open online courses）平台上，北京市第一中级人民法院知识产权庭副庭长姜颖的网络公开课上线。姜颖法官讲解了“微博里的著作权”，其内容共4讲，包括“抄袭别人的微博侵权吗”“转发微博侵权吗”“微博不是与世隔绝的世界”“涉微博侵权的救济途径和民事责任”。姜颖以郑码输入法发明人告微软侵权案、国家体育场有限公司告鸟巢烟花侵权案等一系列在国内外有重大影响的案件为例，分析讲解了关于著作权的法律问题。

（刘晶扬）

**【知识产权维权培训举办】** 10月29日，由望京创业园12330工作站主办的企业知识产权维权培训在望京科技园举办。漫游世界（北京）科技发展有限公司等20余家企业的代表参加。相关专家介绍知识产权维权援助工作情况及相关流程，并从如何保护自己的权利和不要侵犯他人权利等2个方面讲解“企业在经营过程中的知识产权保护”，还就软件升级版本与登记版权的关系、正确使用商标及签订技术合同应注意的事项等问题以案例分析的形式进行讲解，指导企业如何预防和处理各类知识产权纠纷等问题。

（朱文利）

**【戴均良到大兴—亦庄园调研】** 11月11日，副市长戴均良就品牌创建工作到大兴—亦庄园调研，市质监局局长赵长山陪同。座谈会上，戴均良听取园区品牌建设情况以及北京·亦庄从品牌到无形资产的建设历程，充分肯定新区在品牌建设方面所取得的成就，并强调，要调动企业主动加强质量提升、参与品牌建设的意识；政府职能部门要全力支持企业进行技术和产业产品的创新，以标准创新为动力，从根本上提升企业的核心竞争力。同时，各部门要在服务上下功夫，形成提升质量、创建品牌的长效机制。戴均良一行还参观北京京东方显示技术有限公司、北京同仁堂健康药业股份有限公司的生产线，并听取北京奔驰汽车有限公司、北京以岭药业有限公司等企业负责人的相关汇报。

（崔春雷）

**【专利分析及商标管理主题沙龙举办】** 11月13日，由国家知识产权局、中关村知识产权促进局、北京启迪创业孵化器有限公司共同主办的“中关村专利导航产业发展系列讲座——浏览器专利分析及商标管理”主题沙龙在清华科技园举办。市知识产权局、清华科技园管委会等单位有关领导及企业相关负责人近100人参加。相关专家分别围绕浏览器的专利申请、审查、保护、诉讼等方面进行主题发言。北京恩赫律师事务所律师宋波结合专业知识以及实操经验，对企业商标的运用、管理和保护进行讲解和分析。企业代表还与专家进行咨询和交流。

（康秋红）

**【中文在线公司获评版权产业最具影响力企业】** 11月30日，在北京召开的第六届中国版权年会上，北京中文在线数字出版股份有限公司因其在行业中的重大影响和对中国版权产业发展的推动作用、对行业发展的突出贡献以及创新性的管理理念获中国版权协会颁发的“2013年中国版权产业最具影响力企业”奖。

（康秋红）

**【17家企业获2013年中国版权产业最具影响力企业奖】** 11月30日，在北京召开的第六届中国版权年会上，中国版权协会公布“2013年中国版权产业最具影响力企业”奖获奖名单，全国37家企业和机构获奖。其中，中关村示范区内北京人大文化科技园建设发展有限公司、联通宽带在线有限公司、北京东方雍和国际版权交易中心有限公司等17家企业获奖。

（刘晶扬）

**【文化产业版权运营与管理研修班举办】** 12月6—8日，由中国人民大学国家版权贸易基地主办的第一期“文化产业版权运营与管理高级研修班”在学校文化大厦举办。来自文化企业、版权交易机构、版权服务组织的近40名学员参加。研修班旨在国有文化企业版权资产管理研究课题基础上进行理论应用，通过课程讲授，帮助学员了解和掌握文化产业版权保护、管理、评估及投资运营等方面的理论知识与实务技巧，为文化企业制定版权战略、提升核心竞争力提供智力支撑。相关专家从版权保护、产业化运营与管理、价值评估、投融资等方面讲授全球化与数字化背景下文化产业版权运营与管理的基础知识、前沿理论和方法技巧。

（刘晶扬）

**【受理商标申请5.11万件】** 年内，工商总局商标局驻中关村示范区办事处受理各类商标申请5.11万件，比2012年增长86.36%；其中商标注册申请3.94万余件，比2012年增长98.08%；现场发放“商标注册申请受理通知书”近3万件，比2012年增长110.79%。

（付　饶）

**【认定驰名商标13件】** 年内，工商总局认定北京地区“北京（汽车）”等35件商标为中国驰名商标。其中，中关村示范区内北京合众思壮科技股份有限公司的“UniStrong”、桑德集团有限公司的“桑德”、悦康药业集团有限公司的“悦康药业，YOUCARE”等13件商标入选，占北京市的37.14%。

（汪凌波）

**【156件商标被认定为2013年度北京市著名商标】** 年内，中关村示范区内北京仁创科技集团有限公司的商标“仁创”、北新集团建材股份有限公司的商标“BNBM”、北京同有飞骥科技股份有限公司的商标“NetStor”等156件商标被认定为2013年度北京市著名商标，占北京市的52.88%。

（汪凌波）

# 知识产权管理

**【知识产权服务中国汽车用品展】**3月1—4日，在第16届中国汽车用品暨改装汽车展览会上，北京市保护知识产权举报投诉服务中心（北京12330）设立展会知识产权举报投诉服务工作站，为参展商及观众提供知识产权保护服务。展会期间，展会工作站共接到知

识产权投诉9件，解答涉及注册商标、展位设计侵权判定、维权途径等相关问题的咨询20余件。展会中，来自中央民族大学的16名大学生保护知识产权志愿者与北京12330工作人员共同走访参展商，向参展商发放展会知识产权调查问卷108份，回收率80%以上；发放“展会知识产权保护指导案例”丛书、折页等宣传材料1000余份。

（苏　品）

**【苟仲文听取知识产权服务中关村工作汇报】**3月4日，副市长苟仲文听取市知识产权局局长汪洪关于市知识产权局“十二五”开局以来运用知识产权服务中关村创新发展的工作汇报。在听取汇报后，就如何进一步做好中关村示范区知识产权工作，苟仲文强调，要以市知识产权局和中关村管委会为龙头，在中关村示范区努力营造符合“具有全球影响力的科技创新中心”标准和要求的知识产权环境。市知识产权局要在4个方面下功夫：一是要在提升中关村示范区知识产权服务业的发展水平上下功夫。要认真贯彻落实《关于促进首都知识产权服务业发展的意见》，加大政策扶持力度，做大做强北京市的知识产权服务机构，吸引国内优秀知识产权中介服务机构在京设立分支机构，并引导其在中关村示范区聚集，为中关村示范区企业提供高质量、方便快捷的专业服务。同时，要利用优惠政策，着力吸引世界知名的知识产权服务机构落户北京，为中关村示范区的国际化发展积累国际创新要素。二是要在促进知识产权交易上下功夫。要加强北京市知识产权交易活动现状的研究，借鉴其他发达地区的先进经验，查找工作短板，培育一批知识产权交易机构；同时要积极引入国际知名的知识产权交易机构，在中关村示范区建设世界级的知识产权展示和交易中心，使中关村示范区成为国内乃至全世界知识产权交易最活跃的区域。三是要在争取国家知识产权局专业资源对接中关村示范区上下功夫。要继续借助国家知识产权局的专业资源，深入推进专利审查员实践活动、发明专利巡回审查、专利信息帮扶等工作，更好地服务中关村企业。四是要在加强中关村示范区知识产权保护方面下功夫。要加大企业的宣传教育力度，深入开展打击侵犯知识产权和假冒伪劣的专项行动，为企业创新、为环境优化提供支持。同时，苟仲文还强调，市知识产权局的推动工作要有国际视野，制定政策要解放思想，通过不断创新，突破发展中的瓶颈问题，解决工作中的实际困难，推动中关村示范区的知识产权工作再上新台阶。

（苏　品）

**【北京知识产权发展沙龙举办】**3月14日，由北京知识产权保护协会主办的2013年北京知识产权发展沙龙新春交流会暨“转型—把握知识产权的商业本源”主题论坛在中国专利大厦举行。市知识产权局、北京知识产权保护协会相关领导以及来自中外企业、科研院所的知识产权管理人员近100人参加。会议发布沙龙集体总结归纳的2012年度五大知识产权趋势内容：知识产权话题更趋热门；知识产权质量更趋重要；知识产权诉讼更趋激烈；知识产权交易更趋活跃；知识产权服务业更趋繁荣。会议还向沙龙年度知识产权风云人物颁奖，中国科学院计算技术研究所知识产权办公室主任李晓娟等9人获奖。相关专家就“宏观经济背景探析”和“专利预警护航企业创新”2个主题做了演讲，并围绕“企业、科研院所知识产权管理革新与知识产权服务业转型”的话题进行研讨。2013年，北京知识产权保护协会共举办10期北京知识产权发展沙

龙活动，主题分别为“走向产业之路—专利分析普及推广项目回顾展望”“聚焦商业秘密保护”“美国专利商标局的专利无效程序”等，共有来自企业、科研院所的知识产权管理人员近500人参加。

（苏　品）

**【2个城区通过国家知识产权试点城市考核】** 3月15日、3月21日，市知识产权局受国家知识产权局委托分别组织对朝阳区和海淀区国家知识产权试点城市（城区）的考核验收。朝阳区、海淀区知识产权局从政府投入、知识产权产出、知识产权运用、知识产权保护、知识产权环境5个方面的28个指标进行自评分。在通过听取汇报、查阅资料、现场答辩等考核环节后，验收组一致认为朝阳区、海淀区政府在试点期间，工作体系不断完善、政策法规不断健全，不断加大经费投入，无论在知识产权产出数量、质量，还是效率方面都不断提高，在知识产权运用、知识产权保护和知识产权环境营造方面都有着突出的表现，验收资料齐全、规范，数据翔实，同意2个城区通过试点考核验收。

（苏　品）

**【中关村知识产权法律保护研究院成立】** 3月23日，中关村知识产权法律保护研究院成立大会在中关村示范区展示中心举行。来自法学理论界和实务界、企业代表、科研院所的专家学者100余人参加。研究院由北京大学、中国政法大学、北京理工大学等高校的专家共同发起设立，旨在推动国家知识产权战略、促进科技和文化交流，直接服务于中关村示范区，配合相关政府和司法部门，开展知识产权立法、执法和司法方面的研究。研究院将通过专题研究、专项研究、学术报告、国际交流、人才培训、成果展览等形式，对知识产权进行全方位研究，实现协同创新。北京理工大学法学院院长曲三强任研究院院长。

（苏　品）

**【海淀区政府签订“聚核工程”框架协议】** 4月2日，“北京市知识产权局、北京市海淀区人民政府知识产权‘聚核工程’框架协议签约仪式”在海淀区政府办公大楼举行。国家知识产权局、市知识产权局、中关村管委会、海淀区政府等单位有关领导参加。根据协议，双方将重点实施三大计划九大专项，分别为：创新驱动计划、专利引领计划和环境优化计划。“聚核工程”推进工作从产学研用协同创新、知识产权综合服务能力提升、专利质量提升、专利助推企业转型升级、专利数据解芯、专利促进产业结构调整、知识产权商用化推进、知识产权保护、知识产权宣传推广等9个方面开展。按照双方合作计划，在2013—2015年期间，核心区发明专利授权量年均增长20%，到2015年末，实现年发明专利授权量达到1.8万件。到2015年，海淀区实现年度千件专利申请企业翻一番，专利技术合同交易额达到60亿元。

（苏　品　刘伟杰）

**【第三批保护知识产权校园服务站成立】** 4月16日，由北京市保护知识产权举报投诉服务中心（北京12330）主办的“北京市第三批首都大学生保护知识产权志愿者校园服务站成立仪式”在北京联合大学举行。市知识产权局、北京联合大学、市志愿服务指导中心等单位领导以及来自第三批建立校园服务站的高校师生代表100余人参加。仪式上，与会领导为北京交通大学、北京林业大学、北京外国语大学、北京语言大学、北京联合大学5家第三批校园服务站授牌、赠书。北京12330将依托校园服务站，在高校普及知识产权知识，培育知识产权文化。

（苏　品）

**【中关村企业知识产权实务研讨会举办】** 4月18日，由国家知识产权局专利局专利审查协作北京中心、中关村知识产权促进局联合主办的“4·26中关村企业知识产权实务研讨会”在丰台科技园创业中心举行。丰台园企业代表近100人参加。来自国家知识产权局、北京市第一中级人民法院和专利示范企业的知识产权专家分别讲解专利预警知识和专利重复授权判定标准、专利侵权抗辩的种类和应对策略、企业知识产权管理工作实务经验，并就专利撰写技巧和无效方面的问题进行交流。

（苏　品）

**【北京12330西城区分中心成立】** 4月19日，由北京市保护知识产权举报投诉服务中心（北京12330）、西城区知识产权局共同主办的“北京12330西城区分中心、康华伟业工作站揭牌暨知识产权培训会”在北京十月大厦举行。市知识产权局、西城区政府、德胜园管委会等单位相关领导以及西城区100余家高新技术企业的代表参加。北京 12330 联合西城区知识产权局、德胜园管委会与西城区生产力促进中心共同签署北京市西城区知识产权保护服务分中心的共建协议；北京 12330、西城区知识产权局与康华伟业孵化器有限公司签署北京市西城区康华伟业孵化器知识产权保护服务站的共建协议。北京 12330 西城区分中心、康华伟业孵化器工作站将在北京 12330、西城区知识产权局、德胜园管委会的共同指导下，按照工作站的服务要求，主动调研企业知识产权需求，充分依托首都保护知识产权志愿服务专家资源，为企业的创新研发、生产管理、市场经营等各个环节提供知识产权保护服务。仪式后，还举行以商业秘密为主题的知识产权保护培训。

（苏　品）

**【姜颖法官知识产权法律服务团队成立】**4 月 22 日，由北京市第一中级人民法院主办的“姜颖法官知识产权法律服务团队成立暨签约仪式”在北京一中院举行。国家知识产权局知识产权培训中心、市知识产权局、中关村管委会、北京一中院等单位有关领导以及中关村示范区企业代表 60 余人参加。姜颖法官知识产权法律服务团队由北京一中院知识产权审判庭副庭长姜颖带头成立，旨在进一步满足中关村示范区企业日益增长的知识产权法律需求，弘扬姜颖法官体现的时代精神，为知识产权促进中关村示范区创新发展提供更加有力的司法保障。该团队将为有需求的中关村示范区企业开展知识产权法律宣传和培训，合作开展知识产权法律调研，以及为确有特殊困难需要帮助的中关村示范区企业提供知识产权法律咨询服务。仪式上，中关村知识产权促进局、中国互联网协会、国家知识产权局知识产权培训中心分别与该团队签署合作协议。（姜颖先后审理“中国十大有影响力诉讼”尼欧普兰客车外观设计专利侵权案、北京市十大知识产权精品案件“鸟巢”建筑作品等重大案件，先后被授予全国优秀法官、首都劳动奖章。2012 年 7 月，被欧洲《知识产权管理》杂志评为全球知识产权界 50 位最具影响力人物之一。）

（苏　品）

**【专利信息平台与饲料产业联盟签约】**4 月 23 日，由市知识产权局主办的国家饲料产业技术创新战略联盟签约及专利信息利用培训会在京举行。来自饲料产业联盟的企业代表近 40 人参加。市知识产权局信息中心与饲料产业联盟签订合作框架协议，双方将建立专利信息服务长效互动工作机制。根据协议，信息中心将根据饲料产业联盟的需求，提供环境、数据支撑，并对相关数据统计分析工作给予帮助和指导；饲料产业联盟将发挥其专业和人才资源优势，推动北京市知识产权公共信息服务平台在联盟企业的应用、推广以及数据资源共享。信息中心还进行专利信息利用及信息平台使用培训。

（苏　品）

**【中关村知识产权推进计划发布】**4 月 23 日，在“2013 年中关村知识产权推进大会”上，市知识产权局与中关村管委会共同发布《2013—2015 年中关村知识产权推进计划》。根据推进计划，2015 年，中关村示范区企业专利申请量将突破 4 万件，其中发明专利申请量将突破 3 万件；打造出中关村示范区重量级的知识产权领军企业集群，着力培育年专利申请量超千件单位 10 家，年专利申请量超 500 件的单位 20 家，年专利申请量超 100 件的单位 50 家；形成 2~3 个拥有知识产权主导权的产业集群，聚集战略性新兴产业开展专利布局分析；打造战略性新兴产业知识产权综合服务平台；打造知识产权高端服务业聚集区，成立知识产权服务业联盟，深入推进国家知识产权服务业级集聚发展试验区建设工作，形成知识产权创造、运用和交易的高地；建成中关村商用化促进平台，形成以专利质押、出资入股、融资担保等为一体的中关村知识产权投融资新模式；健全中关村示范区“一区十六园”知识产权工作管理体系；培育一批中关村知识产权高端人才。为实现 3 年目标，中关村示范区将实施战略性新兴产业知识产权导航计划，成立战略性新兴产业知识产权联盟；推进中关村知识产权金融产品和金融服务创新，扩大专利保险试点范围，开展专利商用化工作；加快中关村国家知识产权服务集聚发展区建设，成立中关村知识产权服务业联盟，培育中关村知识产权服务业品牌；实施中关村知识产权领军企业培育计划，打造一批中关村知识产权优势企业；加强中关村示范区企业知识产权海外预警，并加快中关村知识产权国际化进程。

（苏　品）

**【知识产权文化园区行活动举办】**4 月 25 日，由海淀区知识产权局和中关村知识产权促进局联合主办的海淀知识产权大讲堂首场活动——“‘4·26’知识产权文化园区行”在海淀招商大厦举行。来自海淀园企业的 100 余名知识产权管理人员参加。活动分为 2 个专场。在上半场专利运用高级实务宣讲中，国家知识产权局专利分析普及推广项目指导专家蒋路帆从专利信息分析利用过程中的技术分解、行业调研、数据去噪、图表制作、报告撰写等几个部分，介绍专利信息分析人员如何将专利信息转化为专利情报的具体步骤和主要环节。在下半场企业知识产权管理主题培训中，爱国者数码科技有限公司知识产权总监黄晶通过对其公司运用知识产权维权诉讼巩固行业竞争地位等案例的分析，为企业知识产权管理人员提供实操性策略和建议。

（苏　品）

**【通州种业园知识产权公共服务平台启动】**4月25日，由市知识产权局服务中心、北京市知识产权举报投诉服务中心（北京12330）和通州区知识产权局共同主办的“通州国际种业科技园知识产权公共服务平台启动仪式暨北京12330通州分中心、种业科技园工作站揭牌仪式”在北京通州国际种业科技园举行。市知识产权局、通州区政府等单位相关领导以及通州区知识产权联席会议成员单位、各园区和专利试点企业、高新技术企业的代表100余人参加。仪式上，北京12330分别与通州区知识产权局、通州国际种业科技园管委会签署通州区12330分中心共建协议和通州国际种业科技园12330工作站共建协议。平台建成后，

市知识产权局服务中心、北京12330和通州区知识产权局将共同为园区种业企业提供知识产权数据分析、维权援助、培训等服务，并将强化顶层设计，制订园区知识产权工作中长期发展规划，推行个性化服务，抓好典型企业的经验推广。

（郭庆云　苏　品）

**【中关村人民法庭成立】**4月26日，由海淀区人民法院主办的“中关村人民法庭成立大会”在海淀法院举行。来自最高人民法院、市高院、市一中院、海淀园管委会、中关村知识产权促进局等单位相关领导参加。该法庭是北京市第一家以审理知识产权案件为主的派出法庭。为适应核心区发展需要，进一步形成品牌优势，提高审判效率，提升知识产权保护力度，海淀法院专门选调人员组建中关村人民法庭。法庭成立后，将审理知识产权、媒体和网络侵犯人格权、特许经营等类型案件。

（苏　品　孙　莹）

**【首都知识产权国际化战略基地启动】**4月26日，由市知识产权局和北京外国语大学联合主办的“‘首都知识产权国际化战略基地’启动仪式”在北京外国语大学举行。市知识产权局、北京外国语大学等单位有关领导以及国内外师生代表60余人参加。基地由市知识产权局与北京外国语大学合作创建，是北京市政府部门与高校在知识产权国际化领域的首次合作，将作为双方开展一系列具体合作事项的运行平台。仪式上，双方签订“首都知识产权国际化战略基地”合作协议，市知识产权局向首都保护知识产权志愿者总队北外校园服务站授旗。根据协议，双方将在知识产权人才教育与培养、专利代理实务技能培训、创办知识产权国际沙龙、开展国际交流合作、知识产权研究、知识产权志愿者服务和知识产权普法等方面进行合作。启动仪式后，由双方合办的“第一期北京市知识产权国际化人才培训班”开班。

（苏　品）

**【食品安全检测知识产权联盟沙龙举办】**5月6日，“北京食品安全检测产业知识产权联盟第一期沙龙活动”在北京农学院举办。市知识产权局等单位相关领导以及来自联盟成员单位的代表20余人参加。与会代表就专利布局策略、挖掘方法、侵权规避、审查周期与答复技巧等展开研讨与交流。

（苏　品）

**【中关村企业知识产权管理培训举办】**5月10日，由中关村知识产权促进局和北京科学学研究中心联合主办的“中关村企业知识产权管理高级培训会”在自动化大厦举办。此次培训是中科院中自留学人员创业园“中小企业人才培育”系列讲座的第一期。来自中关村示范区企事业单位的知识产权高级主管近100人参加。会上，德国弗劳恩霍夫协会生产设备与结构技术研究所（IPK）企业管理部主管霍尔戈·科尔（Holger Kohl）介绍了世界通用的企业标杆管理理论在企业中的实施步骤、模式及效果；市知识产权局副局长周砚做了题为“专利制度及其运用”的专题讲座，介绍专利制度的起源、建立及世界各国知识产权战略的发展及运用情况；民生证券股份有限公司总经理王旭从证券市场创新的角度讲授知识产权投融资服务的方式、路径和策略。

（苏　品）

**【研讨智能终端知识产权风险及发展环境】**5月14日，由工业和信息化部电信研究院主办的“ICT产业创新与知识产权保护论坛之智能终端知识产权风险及发展环境研讨会”在北京西苑饭店举办。工业和信息化部

科技司、国家知识产权局保护协调司、最高人民法院知识产权庭等单位有关领导以及来自政府主管部门、智能终端企业、专利代理机构、科研院校的200余名代表参加。会议围绕智能终端领域的知识产权发展态势、热点解析以及应对策略3个部分进行专题研讨，并就智能终端领域的专利发展趋势、ITC“337调查”实务、智能终端专利布局、智能终端福安专利侵权赔偿数额以及标准核心专利的禁令救济等问题进行讨论。会议发布由电信研究院知识产权中心完成的《智能终端知识产权问题研究——专利纠纷及诉讼风险研究》报告。报告梳理了智能终端行业国外纠纷态势，对中国出口贸易数额较大、增长较快的国家和地区的知识产权法律、诉讼案例、相关企业专利策略等内容进行研究，分析了发展趋势与风险以及对产业的影响，并针对性地提出对策及建议。

（苏　品）

**【北京（中关村）审查员实践基地启动】**6月13日，由市知识产权局和中关村管委会共同举办的2013年北京（中关村）审查员实践基地启动暨第二期实践基地企业专利实务培训会在中关村软件园云广场举行。主题为“实践创新，共促发展”。国家知识产权局、市知识产权局、中关村管委会等单位有关领导以及中关村

示范区各园区代表、审查员团组代表、各实践点单位代表等近100人参加。会议介绍了2012年北京（中关村）审查员实践基地活动情况及2013年工作计划。会上，中关村软件园被市知识产权局和中关村管委会共同授予北京（中关村）审查员实践基地实践园区称号，中国石油天然气集团公司、中粮集团有限公司、北京启明星辰信息技术股份有限公司、飞天诚信科技股份有限公司等7家企业被授予2013年北京（中关村）国家知识产权局专利局审查员实践基地。会议还举办了企业专利挖掘实务培训及知识产权投融资服务专题讲座。

（苏　品　张　蕾）

**【知识产权服务改装汽车暨房车展】**6月15—17日，

在由杜塞尔多夫展览（上海）有限公司、雅森国际展览有限公司、中国港中旅集团公司及中国汽车工业协会（旅居车）房车委员会共同主办的2013中国国际改装汽车暨房车展览会上，北京市保护知识产权举报投诉服务中心（北京12330）应主办方邀请进驻展会，设立展会知识产权保护办公室，开展服务工作。展会中，北京12330共走访参展商60余家，发放宣传资料500余份，解答咨询13件。

（苏　品）

**【8家机构入选知识产权分析评议服务示范机构】**7月2日，国家知识产权局公示首批26家知识产权分析评议服务示范创建机构。北京地区有14家机构入选。其中，中关村示范区内北京三聚阳光知识产权代理有限公司、北京路浩知识产权代理有限公司、中国技术交易所有限公司等8家机构入选。

（苏　品）

**【软件企业知识产权保护培训举办】**7月30日，由北京市保护知识产权举报投诉服务中心（北京12330）和北京软件行业协会共同主办的“北京软件企业知识产权保护培训”在翠宫饭店举行。100余家协会会员企业参加。国家知识产权局专利审查员王雪莲和中国版权保护中心专家程晨受邀为企业培训，内容涉及计算机软件领域专利申请的撰写及检索，著作权的登记流程等。部分企业还就自己在实际情况中遇到的“专利权”和“著作权”方面相关问题与专家进行交流。

（郝峥嵘）

**【中关村知识产权服务业联盟成立】**7月30日，由市知识产权局和中关村管委会联合主办的“中关村知识产权服务业联盟成立大会暨知识产权融资战略合作签约仪式”在中关村示范区展示中心举行。国家知识产权局等单位有关领导以及中关村知识产权服务机构、银行和企业的代表400余人参加。中关村知识产权服务业联盟由中关村知识产权促进局发起成立，首批成员单位有北京易能立方科技有限公司等53家知识产权服务机构，将对接中关村示范区各分园区、产业基地、

企事业单位等各类主体，为其提供优质高效的知识产权服务；通过定期开展知识产权服务业调研，及时向政府部门报告产业发展情况和存在问题，建立政府与联盟成员之间的纽带；还将通过举办论坛、专题讲座、沙龙等活动，提升服务机构专业水平，加强知识产权服务业专业人才培养，提升联盟成员整体竞争力。市知识产权局与中国银行、建设银行、北京银行等7家

银行签署中关村知识产权融资战略合作协议。根据协议，7家银行总授信额度将达到260亿元，并将在拓展知识产权金融保险服务、促进企业需求与金融产品对接等方面为中关村示范区企业提供金融支持。普天信息技术研究院有限公司与北京银行签署知识产权融资服务合作协议，将以专利权作为质押，一次性从北京银行获得2亿元的贷款融资。活动还举行中关村管委会专利促进资金发放仪式。

（苏　品　韩　冰）

**【中关村知识产权服务业联盟沙龙举办】** 8月23日，“中关村知识产权服务业联盟第一期主题沙龙”在量子银座举行。活动主题为“创新与知识产权管理”。来自企业、高校、科研院所、联盟成员单位的代表20余人参加。联盟成员单位的知识产权专家围绕“高质量的研发创新——TRIZ创新方法及其专利的结合”“高级别的创新保护——怎样做好企业知识产权管理”“高等级的知识产权运营——技术型企业专利战略制定”等主

题做了演讲。与会代表就主题内容进行探讨。

（苏　品）

**【首届知识产权·中关村国际论坛举办】** 10月16日，由中关村知识产权法律保护研究院主办的首届知识产权·中关村国际论坛在北京大学举行。论坛以“创新驱动发展与知识产权保护”为主题。来自政府部门、高校、研究机构等单位的领导、专家及企业代表200余人参加。相关专家就商标法律制度的完善、知识产权交易现状与推进、技术标准与专利池、网络著作权保护等知识产权法律保护的问题展开探讨。论坛还举行中关村知识产权法律保护研究院知识产权交易研究所挂牌仪式、中国高新企业服务网启动仪式和中关村知识产权法律保护研究院与北京大学、清华大学培训项目签约仪式。

（苏　品）

**【46家企业入选首批国家级知识产权示范企业和优势企业】** 11月21日，国家知识产权局发布《关于确定第一批国家级知识产权示范企业和优势企业的通知》。北京市19家企业入选示范企业，其中中关村示范区有北大方正集团有限公司、北京中星微电子有限公司等15家企业；38家企业入选优势企业，其中中关村示范区有京东方科技集团股份有限公司、北京英纳超导技术有限公司等31家企业。入选企业涉及电子、新材料、生物医药等领域，培育工作期限自2013年12月—2015年11月。各示范和优势企业将结合自身实际，研究制订工作方案，明确专项工作的责任人、联系人，及时总结工作经验，按时报送年度信息；入选企业将继续享受原“全国企事业知识产权试点示范单位”的优惠政策和扶持措施。

（龙　琦）

**【京台知识产权研讨会举办】** 11月22日，由市知识产权局主办，中关村知识产权促进局、北京三友知识产权代理有限公司承办的“2013年京台知识产权研讨会”

在北京花园饭店举办。北京市各区县知识产权管理部门、企事业单位以及知识产权服务机构的代表近100人参加。来自北京市和台湾省的知识产权专家围绕“企业海外专利布局及涉外专利诉讼应对”的主题，分别就专利海外申请、海外专利布局战略思维、涉外知识产权诉讼策略、美国337调查应对、外向型企业涉外知识产权管理等进行讲解，并为企业涉外知识产权工作提出意见和建议。

（苏　品）

**【知识产权服务大学生科技成果推介会】** 11月23—24日，在“第二届首都大学生科技创新作品与专利成果展示推介会”上，北京市保护知识产权举报投诉服务中心（北京12330）设立展会知识产权举报投诉服务工作站。展会期间，工作站工作人员解答知识产权相关咨询5件，走访参展高校41所，发放首都保护知识产权志愿服务总队宣传折页、《北京12330知识产权漫画读本》等宣传资料200余份，帮助大学生了解如何运用专利有效保护自己的科研成果。

（苏　品）

**【海淀区高层次人才发展促进会签署知识产权服务协议】** 12月3日，在北京（中关村）审查员实践基地企业专利实务培训暨海淀区高层次人才知识产权政策宣讲会上，中关村知识产权促进局与海淀区高层次人才发展促进会签署战略合作框架协议。双方拟针对知识产权服务与高层次人才培养开展一系列合作，整合多方资源，致力提升核心区知识产权综合运用水平。

（苏　品）

**【审查员实践基地活动举办】** 年内，由中关村知识产权促进局举办的北京（中关村）国家知识产权局专利局审查员实践基地活动共走进北京汽车动力总成有限公司、金山网络科技有限公司、中国中钢集团公司等33家企业，来自国家知识产权局专利局的102名专利审查员进驻企业开展实践活动。

（苏　品）

# 合作与交流

# Cooperation and Exchange

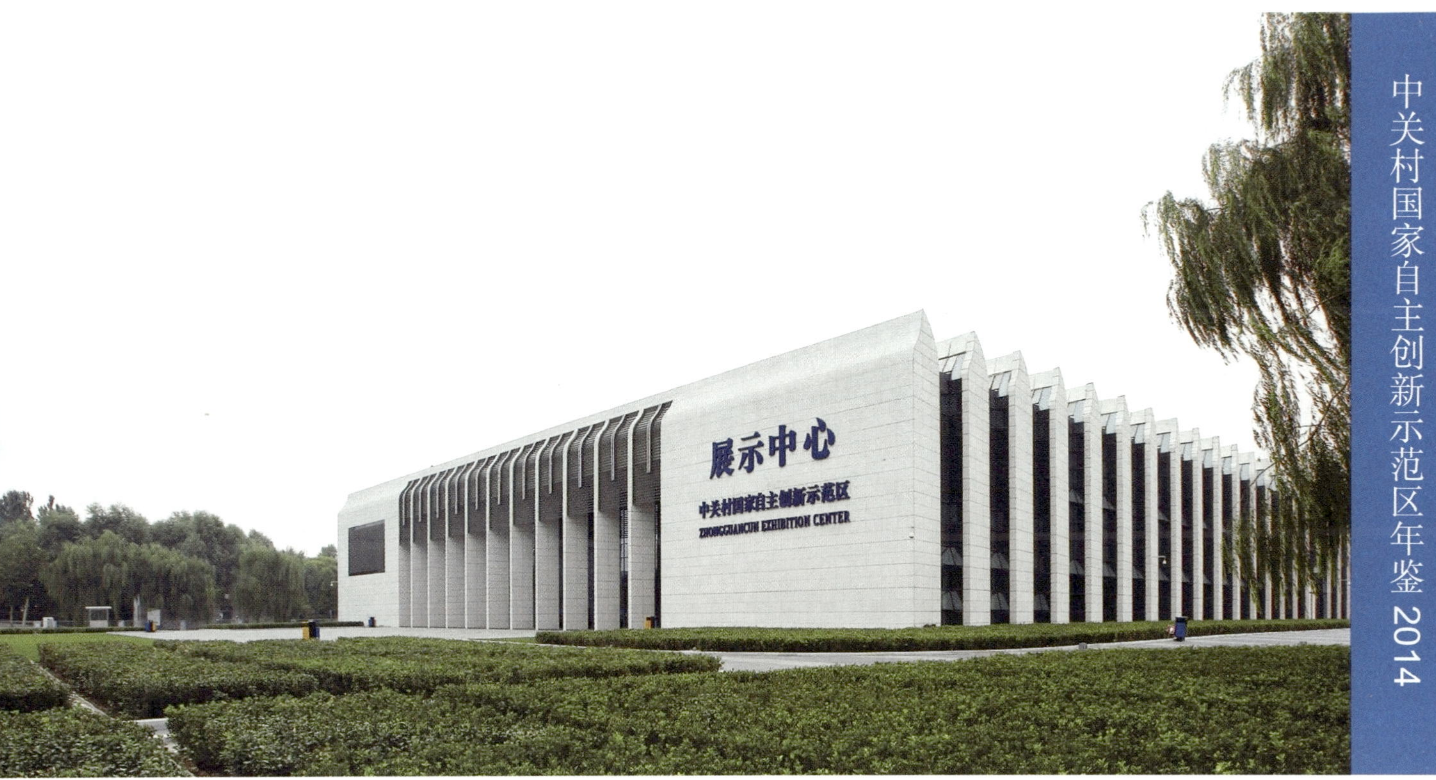




本栏目设有合作、交流2个分栏目，以条目体形式记述中关村国家自主创新示范区为推进和服务企业参与国内外交流与合作所采取的举措，以及企业在开展国内外交流与合作的重要活动中取得的成效。

# 综 述

2013年，中关村示范区以围绕建设具有全球影响力的科技创新中心为目标，以服务和推进企业国际化发展为核心，逐步提升示范区参与国际科技与产业资源配置能力，重点推进企业国际化，资本、技术、人才和品牌国际化，增强中关村示范区国际影响力和竞争力。

*进一步研究明确国际化发展思路*。从宏观和战略层面，中关村管委会开展“中关村国家自主创新示范区国际化战略规划研究”和“外资机构在促进中关村国际化发展中的作用研究”，在梳理和分析科技园区的国际发展趋势、国内发展现状和政策需求等基础上，提出促进中关村示范区国际化发展的工作建议。坚持政府引导与发挥市场作用相结合，坚持“引进来”与“走出去”相结合，更广泛地开拓国际市场。落实促进企业全球技术协同创新、强化科技金融服务支撑、支持企业引进国际高端人才和原创技术、营造企业国际化创新创业环境等4个方面的重点任务。

*逐步完善推动示范区国际化发展的政策体系*。实施《中关村国家自主创新示范区国际化发展专项资金管理办法（试行）》。至年底，示范区共有网上注册报名参与国际化发展专项资金评审的企业324家，申报项目企业207家，审核项目535项，审核通过项目483项。持续推进实施《北京市企业人员申办APEC商务旅行卡管理办法》，设立相关经济体在其主要出入境口岸专用通道，持卡人享有快速通关的便利。

*不断扩大中关村示范区国际影响力*。举办“2013中关村论坛年会”“第十三期科技型中小企业技术创新国际研讨班”“以色列信息通信技术企业洽谈会（北京）”“2013海峡两岸大学生社团领袖交流营”等活动，取得较好效果。中关村管委会申办并获得国际科技园区（IASP）2015年年会的主办权。年内，中关村管委会共接待外事来访团组96个1234人次。其中，按级别分类，国家级团组4个，副部级及部级团组8个，常规团组84个。按团组性质分类，政府机构39个，学术团体48个，商业团组9个。来访地区和国家主要包括加拿大、美国、法国、英国、韩国、越南以及中国港、澳、台等国家和地区。

*支持示范区企业及社会组织开拓国际市场*。组织中关村示范区企业参加美国国际消费电子展览会（CES）、阿联酋阿布扎比世界未来能源峰会暨环保能源展（WFES）、世界移动通信大会等8个展会，以开阔企业的国际化视野，增强企业“走出去”的信心，参会企业67家，展会现场签订订单总额2亿余元。随着自主创新和产业化能力的不断提高，示范区企业、行业协会在国际业界的话语权日益增大。数字电视国家工程实验室（北京）与古巴国家电信研究所在古巴联合举办“第一届中国—古巴哈瓦那数字电视国际论坛”，探讨数字电视的关键技术及产业化和运营模式。北京泰宁科创雨水利用技术股份有限公司承办“第16届国际雨水收集利用国际研讨会暨雨水综合利用国际论坛”，来自40余个国家的250余名行业专家、学者、政府机构人员参加。中关村示范区与越来越多的国家（地区）开展友好交往，扩大国际影响，为中关村示范区建设具有全球影响力科技创新中心起到重要的推动作用。

*推动区域合作、交流，拓宽发展渠道*。中关村示范区通过专场推介、企业宣讲、组织考察等形式，与政府、军队、金融、企业等各类型、各层次的地区或机构就推动区域经济合作相关工作进行对接。与江西省瑞金市、浙江省衢州市等28个地区建立战略合作关系，促成100余家示范区企业在河北省承德市、贵州省贵阳市等地区达成170余个合作项目，总金额200余亿元。安泰科技股份有限公司先进金属材料北京市国际科技合作基地等15个基地被市科委认定为北京市国际科技合作基地。中芬国际合作创新平台落地中关村示范区，将协助芬兰企业及相关组织开展与中关村示范区企业完成对接。敦煌网与越南Sovico集团合作，共同推进越南供应商的在线贸易。乐视网与富士康集团达成战略合作，将共同开拓智能电视市场。

（殷 茵）

# 合 作

**【傲天动联公司签约印尼无线宽带项目】**1月3日，印尼电信全国WiFi项目签约仪式在京举行。北京傲天动联技术股份有限公司与印度尼西亚Tbk公司（PT. Tekomunikasi Indonesia）签署协议。根据协议，傲天动联公司将为Tbk公司的国家无线宽带运营项目，提供端到端无线宽带解决方案及相关运营服务，包括电信运营级的室内外无线接入点（AP）和无线WLAN控制器（AC），以及运营与维护管理运营级无线宽带接入点和控制器的网络中心管理控制系统，及相关服务支持。双方相关人员参加。

（郝峥嵘）

**【农大与涿州市政府签署协议】**1月8日，由中国农业大学主办的“涿州市人民政府　中国农业大学市校合作签字仪式”在中国农大举行。双方相关领导参加。根据协议，中国农大将利用其科技、人才、信息等方面的优势，为涿州市农业结构调整、发展农业支柱产业的项目、开发农业特色产业基地、成果转化基地等领域提供技术支持和咨询服务；还将为涿州市经济建设培养和输送专业人才，为涿州市农业科技与管理培训人才。涿州市政府将制定相关政策措施，引导和支持中国农大有关单位和科技人员与涿州市科研、推广、生产等单位开展广泛合作；涿州市政府设立不低于1亿元的专项资金，用于支持中国农大涿州科技园区建设。双方还约定，共同承担国家农业高新技术产业化和发展农业支柱产业的项目，由双方有关部门共同向市政府申报“中国农大涿州科技园建设专项资金”等。

（付　骁）

**【合作开发手机浏览器】**1月14日，百度在线网络技术（北京）有限公司与法国移动通信运营商桔子公司（Orange）达成移动浏览器合作协议，将共同为中东和非洲地区的客户开发移动浏览器，在非洲市场上通过桔子公司出售的安卓移动终端设备，将预装百度移动浏览器。百度Orange浏览器针对非洲网络状况欠佳的状况，在数据压缩方面进行特殊设计，用户可轻松访问维基百科、Facebook、Twitter等。

（杜　玲）

**【设立中科电子公司】**1月22日，北京中科金财科技股份有限公司发布《对外投资公告》，宣布其于1月21日与北京恒沙科技有限责任公司签订《股东出资协议》。根据协议，双方共同出资设立北京中科金财电子产品有限公司，注册资金为4000万元。其中，中科金财公司出资2040万元，占注册资本的51%；恒沙科技公司出资1960万元，占注册资本的49%。新公司主要面向政府、银行及企业等行业，提供计算机、平板电脑等电子产品的销售及相关软件产品的开发和服务。

（杜　玲）

**【中关村管委会与瑞金市政府签约】**1月24日，“中关村科技园区管委会、江西省瑞金市人民政府战略合作框架协议签约仪式”在瑞金市举行。双方相关领导参加。根据协议，双方将在战略性新兴产业发展、科技创新、金融试点、人才交流等方面进行对接合作。同时加强现代服务业合作，建立产品、技术、服务双向输出渠道，推进重大示范应用工程在两地的开展。

（龙　琦）

**【敦煌网与越南Sovico集团签约】**1月，在亚太经合组织（APEC）工商咨询理事会2013年第一次会议上，世纪禾光科技发展（北京）有限公司（敦煌网）与越南Sovico控股集团签订战略合作协议，共同推进越南供应商的在线贸易。根据协议，Sovico集团将建立运营团队和多语种团队，本地化招募外贸电商；敦煌网将为团队提供管理和运营培训，并帮助越南供应商拓展海外市场等。

（孙　莹　杜　玲）

**【乐视网公司与富士康集团战略合作】**3月5日，“颠覆　需要世界级品质——乐视&富士康战略合作发布会”在北京柏悦酒店召开。乐视网信息技术（北京）股份有限公司、富士康科技集团相关人员以及媒体记者等参加。双方签署战略合作协议，将共同开拓智能电视市场。富士康集团将为乐视TV·超级电视以及互联网机顶盒产品提供全套解决方案。双方还将成立合资公司，推动乐视网海外版的发展。

（杜　玲）

**【航天科工集团与中国电信集团签署协议】**3月7日，中国航天科工集团公司与中国电信集团公司全面业务合作框架协议签约仪式在京举行。双方相关领导参加。根据协议，双方将在网络发票、智慧城市、智能交通以及宽带业务 4 个领域展开全面合作。

（杜　菲）

**【中关村管委会、海淀区政府与通化市政府签约】** 3 月 17 日，“中关村科技园区管委会、北京市海淀区人民政府、吉林省通化市人民政府战略合作框架协议签约仪式”在海淀区政府大楼举行。吉林省省长巴音朝鲁、北京市委常委赵凤桐、中关村管委会主任郭洪等领导以及两地三方相关部门负责人参加。根据协议，三方合作内容包括促进科技创新资源共享，鼓励项目和投融资合作，推进高新技术成果产业化，建立人才交流培训机制，加强经贸、旅游、文化方面的交流合作等方面，以及建立互访交流机制、建立信息共享平台等合作机制。

（李锦程）

**【科大讯飞公司与歌华有线公司签约】** 4 月 2 日，科大讯飞与歌华有线战略合作签约仪式在歌华大厦举行。工业和信息化部、北京市委宣传部、北京广播电视台等单位有关领导以及企业和媒体的代表参加。根据协议，科大讯飞信息科技股份有限公司将为北京歌华有线电视网络股份有限公司提供以覆盖北京地区为主的广播电视网络平台，以及与之配套的机顶盒、一体机、遥控器、后台信息服务等设备或系统并提供智能语音技术支撑，让用户通过自然语音即可实现广电终端或服务的整体智能人机交互体验，联合打造全国广电领域智能语音交互应用标杆。歌华有线语音交互应用服务的建成使用，以北京地区为主的有线电视用户只需通过说话方式就能够完成有线电视及机顶盒上的常用操作，实现换台、视频点播、信息查询等功能。

（杜　玲）

**【中芬国际合作创新平台落地中关村】** 4 月 8 日，“中芬国际合作创新平台启动暨北京芬华创新中心签约仪式”在中关村软件园云广场举行。这是芬华创新中心首次落户中关村示范区。中关村管委会、海淀区政府、海淀园管委会等单位有关领导以及芬兰相关人员和企业代表 100 余人参加。仪式上，北京中关村软件园发展有限责任公司与芬兰贸易协会签署共建北京芬华创新中心的合作协议书，中芬双方还共同为“中芬国际合作创新平台”揭幕。中芬国际合作创新平台由芬华创新中心有限公司负责运营，办公地点设在中关村示范区内，将协助芬兰企业及相关组织开展与中关村示范区企业完成对接，成为中国和芬兰高科技企业、人才、技术与市场发展的良性平台。创新中心将引导芬兰在各自领域具有领先性或颠覆性前沿技术的软件信息服务类、电子信息类、新能源类、节能环保类、高技术

服务类的高科技企业落地中关村示范区，其中 IT 及相关领域企业落地中关村软件园。

（李贺英　张　蕾）

**【中关村管委会与太原市政府签约】** 4 月 9 日，北京市政府与山西省政府在山西省太原市签署《关于深化落实〈区域合作框架协议〉的实施意见》和 6 个专项协议。其中，中关村管委会与太原市政府签署战略合作框架协议。根据协议，双方将围绕合作建设科技创新平台、开展创新资源交流互动、产学研合作、成果示范应用、科技金融创新及培养高端人才等方面开展合作。

（郭妍桢）

**【利亚德公司与印度 MIC 公司签约】** 4 月 10 日，“利亚德·MIC 战略合作签约仪式”在北京国家会议中心举行。利亚德光电股份有限公司和印度 MIC 公司（MIC Electronics Limited）相关人员参加。双方签订《战略联盟协议》，将在 LED 显示产品、LED 照明产品以及共同开发 LED 3D 显示技术等方面展开合作。根据协议，MIC 公司被授权成为利亚德公司在印度市场的总代理；MIC 公司授权利亚德公司在中国开发和销售 LED 太阳能照明产品和相关软件，双方共同投资在印度建立 LED 研发制造公司。

（孙　莹　杜　玲）

**【同步科技公司与航天福道公司签约】** 4 月 10 日，由北京同步科技有限公司与北京航天福道高技术股份有限公司共同主办的“航天福道—同步科技战略合作协议签约仪式”在京举行。双方领导及有关人员 10 余人参加。根据协议，合作双方主要在技术与管理、产品与市场、资源与信息等方面开展广泛的战略协同，将在测控系统、通信系统、智能交通、智慧校园等领域进行合作，双方约定参观沟通和培训计划，逐步建立信息互动机制，提高企业的整体竞争力和应对挑战的能力。

（刘　佳　霍丹丹）

**【合推超光网】** 4 月 11 日，华数传媒控股股份有限公

司发布《关于与北京数码视讯科技股份有限公司签署〈战略合作协议〉的公告》，宣布其全资子公司华数传媒网络有限公司与北京数码视讯科技股份有限公司签订关于超光网的战略合作协议，以共同完成普及超光网的目标。根据协议，由华数传媒公司部署超光网系统并推广基于该网络的丰富业务，由数码视讯公司提供产品和全面的技术保障服务。华数传媒公司将在数码视讯公司设备满足华数传媒公司技术要求且满足数码视讯公司承诺价格的前提下，在杭州地区内的新建住宅小区直接将超光网铺设进基础网络，后续将根据华数传媒公司的基础网络更新进度，采用超光网系统进行基础网络改造。（超光网是以CCMTS为核心支撑技术实现的“光纤接入，同轴转换”的有线网络传输方式，可以实现每户100兆比特每秒双向宽带接入，同时无线覆盖信号辐射仅为手机的1‰。除了EPON+CCMTS的有线网络改造方案之外，超光网还包括WiFi信号、3G信号的室内无线覆盖方案以及数字频点倍增解决方案。）

（罗　灵）

**【北航与温州市政府签署协议】** 4月17日，“温州市政府、北京航空航天大学战略合作签约仪式”在浙江省温州市举行。温州市委市政府、北航等单位相关领导及有关人员80余人参加。根据协议，双方将合作共建北航（温州）研究院、北航（温州）通用航空学院和国家级智慧城市示范区。其中，研究院为事业单位，落户温州市龙湾区；通用航空学院落户温州市空港新区，将引入社会资本参与建设；智慧城市示范区将在一年半内建成温州市智慧城市运营平台。仪式上，龙湾区（高新区）政府、北航、多彩科技集团有限公司签订共建北航（温州）研究院的三方协议，将围绕不锈钢、阀门、食药机械、激光光电、新材料、信息软件等行业进行攻关，帮助当地骨干企业进行技改。瑞安市政府、北航、多彩科技集团签订共建北航瑞安汽车电子工程技术研究中心的三方协议，将以汽车及零部件产业为特色，孵化汽车产业高新技术企业。龙湾区（高新区）政府和北航签订共建智慧城市示范区合作协议，构建面向智慧城市的集成创新体系和基础共性平台。

（钮　键）

**【搜狗公司和IBM公司共建联合实验室】** 4月21日，北京搜狗科技发展有限公司与IBM公司合作成立联合实验室，通过共享双方的平台资源、技术资源和核心人才，共同研发基于Systemx的下一代数据中心和大数据运算平台，旨在通过研发前瞻性的技术来推动互联网行业基础架构的进一步优化，帮助互联网企业应对“大数据”挑战。

（杜　玲）

**【共建“法国产品进中国”网络平台】** 4月25日，在人民大会堂举行的“中法商务论坛”上，亿赞普（北京）科技有限公司与法国无线电技术公司（SFR，SociétéFrançaise de Radiotéléphonie）就“法国产品进中国”（French2China）项目签约。根据协议，法国SFR公司负责法国的企业和通道，亿赞普公司负责在中国的信息流、物流到达，通过全新的、法国企业专属的互联网直购新平台，帮助法国企业的产品低成本、短渠道进入中国市场。

（孙　莹　杜　玲）

**【中关村管委会与南阳市政府签约】** 4月27日，“中关村科技园区管理委员会、河南省南阳市人民政府战略合作框架协议签约仪式”在南阳宾馆举行。中关村管委会主任郭洪等领导以及南阳市政府相关领导、企业代表等参加。根据协议，双方将相互借鉴发展理念，共同探索完善政策体系；共同推进建设南阳中关村科技产业园，作为延伸产业链的重要载体和中关村企业高端产品的配套生产基地；支持产业转移对接，促进产业项目合作；共同推动科技创新，促进产学研用合作；推动双方新技术新产品示范应用；加强现代服务业合作，促进产业服务协同发展；开展高端人才互访，建立交流合作机制。

（龙　琦）

**【中关村管委会与德阳市政府签署协议】** 5月6日，“中关村管委会、德阳市人民政府战略合作框架协议签约仪式”在裕惠大厦举行。中关村管委会主任郭洪等领导以及德阳市政府有关领导、企业代表等参加。根据协议，双方将从软、硬件环境的建设，探索差异化合作发展模式、合作机制等方面进行合作，推动双方科技、产业、服务、人才等协同发展。双方将重点围绕下一代互联网、移动互联网、节能环保、新材料、高端装备制造、新能源和新能源汽车等领域，有计划地推进双方产业对接，加强培育发展战略性新兴产业项目合作，推动传统产业转型升级。仪式上，北京数码大方科技股份有限公司与德阳市恒合置业有限公司签署项目合作协议。项目总投资10亿~15亿元，将以中江恒合机电工业园为载体，共同打造德阳工业云制造基地。

（郭妍桢）

**【中关村管委会与黄冈市政府签署协议】** 5月10日，“中关村科技园区管理委员会　黄冈市人民政府战略合作框架协议签约仪式”在湖北省黄冈市举行。北京市政府、中关村管委会、黄冈市政府等单位有关领导以及黄冈市相关部门负责人和中关村示范区企业代表20余人参加。根据协议，双方将共同推进黄冈中关村科技产业园建设；重点围绕光机电一体化、环保和新能源、高端装备制造等产业推进双方对接；鼓励和支持黄冈市特色优势企业在中关村示范区开辟产品市场窗口，黄冈市政府则在重大项目及政府采购中优先使用中关村示范区企业的新技术、新产品等。仪式上，北京创世奇科技有限公司、北京赛美环能科技有限公司与黄冈市科技局签订高效节能变速器组装和测试基地项目合作意向协议书。

（李锦程）

**【CSA与匈牙利企业签约】**5月17日，在商务部举行的“中国LED企业赴欧发展研讨会”上，国家半导体照明工程研发及产业联盟（CSA）与匈牙利东方太阳能电力公司签署《战略合作框架协议》。根据协议，双方将共同策划和推进中国LED照明企业拓展欧洲市场以及对欧市场投资项目，包括“中国优秀LED产品欧洲展示中心”“绿色照明产业基地”等。CSA将组织国内企业和产品通过与东方太阳能电力公司搭建的平台进入欧洲市场。

（杜　玲）

**【中交兴路公司与英特尔公司签约】**5月22日，“智慧交通　芯动力——英特尔和中交兴路战略合作签约仪式”在京举行。中国第一汽车集团公司等车联网产业链企业代表参加。根据协议，双方将发挥英特尔公司在智能终端、云计算、大数据处理及系统安全建设、国际化等方面的优势，以及北京中交兴路信息科技有限公司在车联网实践中的资源、技术能力和实际应用等优势，在中国车联网应用领域开展全方位、多层次的合作。

（杜　玲）

**【北京民协与天津市北辰区政府签约】**5月22日，北京民营科技实业家协会与天津市北辰区政府战略合作

协议签约仪式在北京民协举行。双方相关领导参加。根据协议，双方将组织中关村示范区高科技企业“抱团”开展与天津市场项目对接、科技成果转移转化、赴外参展考察、购房置地以及对外投资等活动。

（尹玲利）

**【联想集团与京东公司达成服务战略合作】**5月22日，“领航3C服务　共赢3C未来——联想与京东服务战略合作”签约仪式在北京举行。双方相关负责人参加。联想集团有限公司与北京京东世纪贸易有限公司签署服务战略合作协议，共同拓展中国3C服务市场。双方将展开线上到线下服务合作模式，打造一个综合性3C产品销售和服务平台，让消费者足不出户即可轻松享受到专业、便捷、安全的3C服务。

（杜　菲）

**【15家单位获批北京市国际科技合作基地】**5月24日，市科委发布《关于认定第二批北京市国际科技合作基地的通知》（京科发〔2013〕237号），认定15家单位为北京市国际科技合作基地，全部为中关村示范区内单位，包括依托安泰科技股份有限公司的先进金属材料北京市国际科技合作基地、依托北京时分移动通信产业协会的基于时分技术的移动通信产业应用及创新北京市国际科技合作基地、依托海淀园管委会的中关村国家自主创新示范区核心区北京市国际科技合作基地等。

（龙　琦　杨　禹）

**【中关村管委会与朔州市政府签署协议】**6月14日，在北京山西大厦举行的“2013朔州市（北京）招商推介会”上，中关村管委会与山西省朔州市政府签署战略合作框架协议。根据协议，双方将在发展理念的相互借鉴和政策体系的对接互动等方面探索差异化合作发展模式，完善合作机制，推动科技、产业、服务、人才等多元合作发展；促进产业转移和承接，推动传统产业转型升级；共同整合科技创新资源，推动新技术新产品示范应用；加强现代服务业合作，在促进产业服务协同发展等方面开展合作。中关村管委会主任郭洪等领导出席。

（许　靖）

**【中关村管委会与绵阳市政府签署协议】**7月1日，在绵阳富乐山国际酒店举行的“中国（绵阳）科技城建设座谈暨科技创新项目对接会”上，中关村管委会与四川省绵阳市政府签署战略合作框架协议。全国政协副主席韩启德出席会议并讲话。根据协议，双方将利用各自在军民融合发展方面积累的经验、技术，相互借鉴和交流，围绕国防和军队重点建设领域，支持企

业及科研机构联合承担重大项目，开展科研攻关；加强科研资源的开放共享，支持实验资源的双向服务；推进军民技术的转化和产业化，支持项目在对方所属区域的落地。

（郭妍桢）

**【中关村管委会与江门市政府签署协议】**7月2日，“中关村管委会、江门市人民政府战略合作框架协议签约仪式”在裕惠大厦举行。双方相关领导参加。根据协议，双方以市场主导与政府引导相结合为原则，深化两地合作，推进科技创新资源的共享，在企业、产业孵化和技术交易、科技服务等方面开展全面交流与对接；将相互借鉴发展理念，探索完善政策体系，发挥各自优势，联合促进双方产业转移和承接，支持双方企业到对方落户，并享受对方产业转移优惠政策；将重点围绕电子信息、新材料、新能源、装备制造、节能环保领域，有计划地推进双方产业对接，加强培育、发展战略性新兴产业项目合作，推动传统产业转型升级。江门市科技局还与中国技术交易所签署意向合作协议书。根据协议，中国技术交易所有限公司将在广东科炬高新技术创业园设立工作站，以促进科技成果更快地向市场化转化。

（龙　琦）

**【中关村管委会与葫芦岛市政府签署协议】**7月18日，中关村管委会与葫芦岛市区域合作工作会议在北京辽宁大厦召开。辽宁省省长陈政高、副省长刘强，北京市委常委苟仲文，中关村管委会主任郭洪等领导以及辽宁省政府相关部门、葫芦岛市政府、中关村管委会等单位有关负责人出席。中关村管委会与葫芦岛市政府签署战略合作框架协议，共同建设辽宁东戴河新区中关村科技成果产业化基地。根据协议，双方将以市场主导和政府引导相结合，深化两地合作，推动区域间发展要素和创新资源的优化配置，探索建立利益共享机制，以及具有鲜明特色的跨区域产业协同发展模式；重点围绕电子信息、新能源及节能环保、高端装备制造和健康产业等领域，有计划地推进产业对接，加强培育发展战略性新兴产业项目，推动传统产业转型升级，共同推动科技创新，促进产学研用合作；通过建立合作机制共同建立产品、技术、服务双向输出渠道，推进技术创新产品的示范应用；加强现代服务业合作，促进服务协同发展。同时，双方还将开展高端人才互访，建立交流合作机制。

（李锦程）

**【中关村管委会与三沙市政府签署协议】**7月21日，中关村管委会与三沙市人民政府战略合作框架协议签约仪式在海南省三沙市举行。中关村管委会、三沙市政府等单位有关领导以及中国科学院地理科学与资源研究所、国家开发银行海南省分行等科研院所和企业的负责人100余人参加。根据协议，双方将在三沙市联手建设军民融合重大工程；通过政府采购、金融、人才引进等方面的优惠政策，联合促进双方在军民融合领域的产业拓展、共同申报科技创新及产业化项目。

（李锦程　赵蔚彬）

**【中关村管委会与乐山市政府签署协议】**7月24日，中关村管委会与乐山市人民政府战略合作框架协议签约仪式在京举行。中关村管委会主任郭洪和乐山市政府有关领导以及企业代表等参加。根据协议，双方将共建“乐山中关村科技成果产业化基地”，重点围绕电子信息（物联网）、新能源、新材料、现代装备制造和现代服务业等产业，为中关村示范区企业拓展发展空间和乐山市产业转型升级提供新的发展平台，并逐步形成具有特色的产业集聚区。仪式上，乐山市政府还与北京瀛凯文化传媒投资有限公司、北京韦加航通科技有限责任公司、北京仁创科技集团有限责任公司等3家企业签约首批合作项目，包括峨眉文化园项目、微小型无人机机场和培训基地项目、碳纤维超便携式电动自行车项目，投资总额18亿元。

（龙　琦）

**【共同开发移动内容感知网络】**7月31日，“ChinaCache、Altobridge™战略合作签约仪式”在蓝汛国际控股有限公司（ChinaCache）总部举行。爱尔兰副总理埃蒙·吉尔摩等来自中国和爱尔兰的政府官员出席。蓝汛公司与爱尔兰Altobridge公司宣布双方确立战略合作伙伴关系，将为新一代的基于云服务和富媒体内容的无线接入方式开发移动内容感知网络（mCaN），新的方案可以为大型基站、小型基站及移动设备端提供缓存内容。mCaN基于蓝汛公司优化移动互联网内容传送的内容接入服务（CPIS）和Altobridge公司的无线网络多层数据优化技术（DatE™），可让与用户相关的内容更接近终端用户，降低回程带宽需求。mCaN的主要基本原理包括：将与特定终端用户相关的富媒体内容和数据，推送至最接近终端用户的位置；基于具体应用的内容缓存，每个应用在无线网络的每层都有对应的逻辑位置；通过链路传输的数据不再被重复传输；对流视频和电视内容的传送进行优化，使传送尽可能高效地运作。mCaN将显著提高终端用户的体验质量（QoE），并将大幅降低移动运营商的传输成本、节省费用开销。

（龙　琦）

**【环保中心与珲春边境经济合作区管委会签约】**8月9日，在吉林省珲春市举行的首届图们江区域（珲春）国际科技合作论坛暨珲春国际合作示范区投资说明会上，珲春边境经济合作区管委会与中关村国际环保产业促进中心签署战略合作框架协议。协议主要内容有：一是委托中关村示范区专业机构编写珲春循环经济产业园建设规划，通过生态设计、清洁生产、生态产业链构建、绿色招商以及节能减排重点工程实施等措施，将珲春循环经济产业园建设成为全国再生资源回收利用的重要基地；二是发挥中关村科技资源丰富的优势，为珲春市提供产业承接技术及政策咨询服务，推荐更多的符合条件的中关村示范区企业参与珲春市循环经济建设；三是联合开展国际间有关循环经济与可持续发展合作项目；四是配合在北京举办相关国际论坛、招商会、项目发布会等活动。

（马晓清）

**【中关村管委会与大理州政府签署协议】**8月14日，中关村管委会与大理州人民政府战略合作框架协议签约仪式在中关村创新中心举行。云南省大理白族自治州州委书记梁志敏、州长何华，中关村管委会主任郭洪等领导以及大理州政府相关部门和中关村管委会相关处室的负责人等出席。双方签订战略合作框架协议。根据协议，双方将在完善政策体系、产业拓展对接和项目合作、促进产学研用、现代服务业合作、推动科技创新和示范应用、建立人才交流机制、完善科技金融服务体系等方面开展合作，并将围绕节能环保、生物医药、新材料、电子信息、清洁能源、现代农业、先进制造等产业开展合作。

（许　靖）

**【中关村管委会与衢州市政府签署协议】**8月22日，由中关村管委会主办的“中关村管委会、衢州市政府战略合作协议签约仪式”在裕惠大厦举行。市委常委苟仲文、浙江省副省长毛光烈、中关村管委会主任郭洪等领导以及衢州市政府相关领导和企业代表等参加。根据协议，双方将在创新体系、技术转移和成果转化服务体系及科技产业园区建设等方面开展合作，推动中关村示范区建设，加快衢州市高新技术产业发展。北京嘉博文生物科技有限公司等10余家中关村示范区企业和机构与衢州市有关单位签订合作协议或合作意向书。中关村科技企业家协会与衢州绿色产业聚集区签署中关村衢州产业科技合作交流项目合作协议，双方将组织中关村示范区企业“抱团”开展与衢州市场项目对接、科技成果转移转化、对外投资等活动。

（马晓清　尹玲利）

**【联想集团助力山东职业教育】**8月28日，“校企深度融合　助力职业教育科学发展暨山东省教育厅与联想集团全方位战略合作签约仪式”在济南市举行。山东省政府、省教育厅，联想集团有限公司等单位有关领导以及山东省各地市教育、院校代表60余人参加。根据协议，双方将在创新型IT人才培养、双师型教师培养模式创新、企业管理实践进校园、教育信息化建设等方面展开合作。联想集团还将为山东省职业院校教学资源网络平台、学校管理平台、多媒体教学提供技术服务与技术咨询，促进山东省教育信息化建设。同时，双方将开展企业业务运营中心和业务平台平移入校园工程，构建创新的“教学+实训+生产实践”一体化人才培养体系，并在山东省遴选首批10所高职院校和10所中职院校开展试点，根据企业用人标准培养、考核学生，实现教学过程与生产过程对接，学历证书与职业资格证书对接。未来5年，联想集团将为山东省培训1000名IT专业教师，并通过与山东省在本科、中高职院校各层次计算机专业的合作，吸纳1万名IT服务工程师进入企业工作。

（杜　菲）

**【中关村管委会与贵阳市政府签署协议】**9月8日，由贵阳市政府、中关村管委会共同主办的“贵阳市人民政府、中关村科技园区管理委员会战略合作框架协议签约揭牌仪式暨中关村企业家贵阳峰会”在贵阳生态国际会议中心举行。贵州省委书记赵克志、省长陈敏尔，北京市政协主席吉林、市委常委苟仲文等领导及贵州省、贵阳市和北京市相关部门负责人、企业代表参加。根据协议，双方将在相互借鉴发展理念、共同探索完善政策体系，加强科技金融合作，开展人才互访、建立交流合作机制等方面进行合作。会议还举行由贵阳市政府和中关村管委会共建的贵阳中关村科技园的揭牌仪式。来自中关村示范区企业、协会、科研院所与贵阳市各区（市、县）共同签署合作项目106个，投资总额超过400亿元。项目包括北京云狐科技的移动互联网及数字内容产业基地等产业类项目30个，总投资 263.81 亿元；中关村光电产业协会的中关村·贵阳光机电测控研发中心等科技服务类项目 16 个，总投资 185.52 亿元；北京中星微电子有限公司的自动光学检测设备技术研究等科研类项目 23 个，总投资 15.73 亿元；清华控股有限公司的清华控股创新基地等孵化器建设类项目 1 个；移动电子商务技术支撑咨询服务等人才类项目 36 个，总投资 0.59 亿元。

（李锦程）

**【大清生物公司与HSD Europe公司战略合作】** 9月17日，北京大清生物技术有限公司与意大利 HSD Europe 公司签订战略合作备忘录。双方将在鼻腔过滤器、粉尘过滤产品的研发和应用等领域进行合作，并将成立合资公司，生产、销售鼻腔过滤器 Sanispira 产品以及后续相关产品技术的开发。

（龙　琦）

**【中发时代公司与纳库鲁政府战略合作】** 10 月 1 日，“中发集团与纳库鲁政府战略合作意向书签约仪式”在百旺商城举行。北京中发时代科技发展有限责任公司有关领导以及由肯尼亚纳库鲁省省长等一行 20 人组成的非洲商务考察团参加。根据协议，双方将在酒店、旅游等领域进行合作，中发集团在纳库鲁湖国家公园构建豪华酒店，纳库鲁政府将给予支持。

（陈　琳　丁　旭）

**【中科院南美天文研究中心揭牌】** 10 月 4 日，中国科学院、智利大学南美天文研究中心揭牌仪式在智利国家天文台举行。中科院院长白春礼和智利大学代校长阿赛意图诺参加。研究中心是中科院实施发展中国家科教合作拓展工程的第一个海外项目，将为中国科学家开展南半球天文研究提供重要平台。同时，该中心还将支持和促进中智两国在天文科技领域的合作与共享，推进人才的交流机制，为中国天文学家利用先进观测设备开展前沿科学研究创造机会。

（杜　菲）

**【为载人航天工程提供信息技术】** 10 月 15 日，中国载人航天工程办公室和联想集团有限公司在京宣布，双方自即日起建立战略合作伙伴关系，首期合作为期 8 年。联想集团将向参加中国载人航天工程研制的全体单位提供高质量的信息技术产品和服务，涉及服务器、个人电脑及相关解决方案，支持建设载人航天工程总体仿真实验室，支持载人航天工程学术交流科普教育活动。双方将建立密切的沟通协调机制，在技术、管理、教育、文化等方面开展全方位合作。

（杜　菲　杜　玲）

**【新浪公司与 NBA 签约】** 10 月 17 日，新浪—NBA 战略合作发布会在上海市举行。新浪网技术（中国）有限公司董事长曹国伟、美国职业篮球协会（NBA）主席大卫·斯特恩等相关负责人参加。双方宣布新浪公司成为 NBA 的中国官方互联网合作伙伴、NBA 中国官方在线社区合作伙伴，将在移动观赛、社区互动、视频直播 3 个方面展开深度合作，集优质 NBA 赛事资源打造门户、微博双观赛平台，全面覆盖苹果、安卓、平板电脑等移动终端与 WAP 平台，为中国 NBA 球迷提供跨平台、多终端一站式的观赛体验。双方此次战略合作主要包含九大方面，即 NBA 网络赛事报道、手机新浪网 NBA 赛事资讯、NBA 赛事网络视频直播及点播、NBA 赛事移动端视频直播及点播、NBA 原创视频节目、NBA 中文官网及 NBA 官方微博运营、在线休闲游戏开发、市场营销、社交电商等一揽子权益。新浪公司成为第一家同时提供基于 PC、移动互联网、社交网络平台上进行 NBA 观赛的体育媒体平台。发布会上，双方共同揭晓 NBA 中国官方社区（nba.weibo.com），新浪体育台也正式上线。

（罗　灵　刘伟杰）

**【博奥生物公司与司法鉴定研究所签约】** 10 月 23 日，“博奥生物暨生物芯片北京国家工程研究中心、司法部司法鉴定科学技术研究所战略合作协议签约仪式”在博奥生物有限公司举行。双方相关领导参加。根据协议，双方将在司法鉴定领域生物芯片的科学研究和应用、司法鉴定实验室建设与人员培训、人才队伍培养等方面开展合作，提高司法鉴定的科技水平和科技成果转化能力。

（王红彬　杜　玲）

**【启迪研究院与博洛尼亚大学签署备忘录】** 10 月 28 日，清华大学启迪创新研究院与意大利博洛尼亚大学签署合作谅解备忘录。在备忘录的框架下，双方将就科研合作、技术转移及相关创新领域寻求合作机会，并将通过双方研究人员、专利技术与高科技企业之间的对接与互动为双方的高科技企业进入对方市场提供支持和服务。

（康秋红）

**【中关村管委会与焦作市政府签署协议】** 11月6日，“中关村科技园区管理委员会、焦作市人民政府战略合作协议签约仪式”在裕惠大厦举行。科技部、中关村管委会、焦作市政府等单位有关领导以及企业代表参加。根据协议，双方将共同推动科技创新，促进产学研用合作；推动双方新技术新产品示范运用；加强现代服务业合作，促进产业服务协同发展；开展高端人才互访，建立交流合作机制等方面深化两地合作，构建区域合作与互动发展的新格局。仪式上，焦作市明仁天然药物有限责任公司等4家企业分别与北京红惠新医药科技有限公司等4家中关村示范区企业就合作项目签署协议。

（郭妍桢）

**【中关村管委会与连云港市政府签署协议】** 11月20日，“中关村　连云港市战略合作框架协议签约仪式”在裕惠大厦举行。中关村管委会主任郭洪等领导以及连云港市政府有关领导、企业代表等参加。中关村管委会与连云港市政府签署战略合作框架协议。根据协议，双方将主要在相互借鉴发展理念、支持产业拓展对接和项目合作、共同推动科技创新、促进产学研用合作、推动双方新技术新产品示范应用、加强现代服务业合作、促进产业服务协同发展、开展高端人才互访等方面加强合作交流，实现优势互补，促进创新驱动和跨越发展。会上，汇龙森国际企业孵化（北京）有限公司与东海县人民政府签署共建东海科技创业城（孵化器）、北京双鹭药业股份有限公司与东海县人民政府就

新医药科技成果产业化项目等10个科技项目进行签约。

（李锦程）

**【中关村管委会与德州市政府签署协议】** 11月22日，在北京中国职工之家举行的“2013年山东德州融入首都经济圈合作恳谈会暨北京德州商会揭牌仪式”上，中关村管委会与德州市政府签署战略合作框架协议。根据协议，双方将主要在相互借鉴发展理念、支持产业拓展对接和项目合作、共同推动科技创新、促进产学研用合作、推动双方新技术新产品示范应用、加强现代服务业合作、促进产业服务协同发展、开展高端人才互访等方面加强合作交流。

（李锦程）

**【北航大数据研究中心获国家国际科技合作基地认定】** 11月30日，在山西省太原市召开的“2013年度国家国际科技合作基地证书授予仪式暨国合基地工作座谈会”上，北航大数据科学与工程国际研究中心获科技部颁发的2013年度国家国际科技合作基地证书（国家级国际联合研究中心类）。中心围绕互联网和大数据时代新型信息技术，在互联网软件技术和大数据处理技术领域与高校和互联网企业开展科研合作，整合利用国际优秀计算机研究、教育和企业资源，以促进“大数据科学与工程”领域的科技发展。

（钮　键）

**【中关村管委会与宝坻区政府签署协议】** 11月30日，“中关村科技园区管理委员会、中关村发展集团股份有

限公司、天津市宝坻区人民政府战略合作签约仪式”在天津宝坻经济开发区举行。中关村管委会主任郭洪等领导以及天津市科委、宝坻区政府等单位有关领导40余人参加。根据协议，双方将围绕探索建立跨区域产业协同发展模式和新型利益共享机制，共同构建创新创业生态系统，推动两地间发展要素和创新资源合理流动，并在完善政策体系、支持产业拓展对接和项目合作、推动科技创新和示范应用、加强现代服务业合作、建立人才交流合作机制、建立科技金融服务体系等方面开展合作，高标准建设京津中关村科技新城，形成区域创新合作与互动发展新格局。

（李贺英　高　婧）

**【闪联与庆科公司签约】** 12月2日，闪联产业技术创新战略联盟与上海庆科信息技术有限公司签订战略合作协议，双方将在空调、微波炉、冰箱、洗衣机、吸尘器和热水器等白色家电产品中推广闪联标准。根据

协议，双方将把相关的标准化协议集成在庆科公司的嵌入式 WiFi 模块中，提供给生产企业无线模块，协助企业推出符合闪联标准的智能产品，以降低开发、生产成本，提高产品的可靠性和竞争力。

（刘乐乐）

**【中关村管委会与十堰市政府签署协议】** 12 月 20 日，“中关村、十堰市战略合作框架协议签约仪式”在裕惠大厦举行。十堰市委书记周霁、市长张维国，中关村管委会主任郭洪等领导以及双方相关部门负责人、企业代表参加。根据协议，双方将推进“十堰中关村科技成果产业化基地”建设，支持产业拓展对接和项目合作；共同推动科技创新，促进“产学研用”合作等。仪式上，中国循环经济协会木塑复合材料专业委员会、北京仁创科技集团有限公司、北京大诚太和建筑科技有限公司、中能华辰控股集团股份有限公司分别和十堰市政府签署项目合作意向书，将在汽车电子及北斗导航、生物医药和健康产业、生态农业及水产品、节能环保、高端装备制造、新材料等领域开展合作。

（许　靖）

**【多地引入中关村电子信息产品指数产品库】** 年内，河南省滑县公共资源交易中心、北京市朝阳区发展改革委、长沙市政府采购监督管理局等 13 个市、县（区）政府采购监督部门先后引入中国·中关村电子信息产品指数产品库作为第三方价格监测，建成政府采购电子协议供货产品价格比对系统，从而实现电子协议供货产品市场价格的实时监控，降低采购成本、提高资金使用效率，在保证协议供货产品“市场可买、价格可比”的基础上，减少与供应商的产品入围工作量，提高工作效率。

（李红杰　丁　旭）

**【中关村管委会与 28 个地区建立战略合作关系】** 年内，中关村管委会与江西省瑞金市、辽宁省葫芦岛市、云南省大理白族自治州等 28 个地区建立战略合作关系，将与签约各方在相互借鉴发展理念、共同探索完善政策体系、促进产学研用合作、加强科技金融合作、建立人才交流合作机制、推进产业对接、加强培育发展战略性新兴产业项目合作、推动传统产业转型升级等方面进行合作，并促成 100 余家示范区企业在河北省承德市、贵州省贵阳市等地达成 170 余个合作项目，总金额 200 余亿元。

| 序号 | 省份 | 地区 | 行政级别 | 所签署合作协议 | 签署时间 | 协议有效期 |
|---|---|---|---|---|---|---|
| 1 | 江西省 | 赣州市 / 瑞金市 | 地级 / 县级 | 《中关村科技园区管理委员会　瑞金市政府战略合作签约仪式》 | 1 月 24 日 | 3 年 |
| 2 | 吉林省 | 通化市 | 地级 | 《中关村科技园区管理委员会　北京市海淀区人民政府　吉林省通化市人民政府战略合作框架协议书》 | 3 月 17 日 | 5 年 |
| 3 | 山西省 | 太原市 | 副省级 | 《太原市政府　中关村科技园区管理委员会战略合作框架协议》 | 4 月 9 日 | 3 年 |
| 4 | 河南省 | 南阳市 | 地级 | 《南阳市政府　中关村科技园区管理委员会战略合作框架协议》 | 4 月 27 日 | 3 年 |
| 5 | 四川省 | 德阳市 | 地级 | 《中关村科技园区管理委员会　四川省德阳市政府战略合作框架协议》 | 5 月 6 日 | 2 年 |
| 6 | 湖北省 | 黄冈市 | 地级 | 《中关村科技园区管理委员会　湖北省黄冈市政府战略合作框架协议》 | 5 月 10 日 | 2 年 |
| 7 | 河北省 | 唐山市 | 地级 | 《中关村科技园区管理委员会　河北省唐山市人民政府共建曹妃甸中关村高新技术产业基地战略合作框架协议书》 | 5 月 22 日 | 2 年 |
| 8 | 山东省 | 临沂市 | 地级 | 《中关村科技园区管理委员会　临沂经济开发区管理委员会战略合作框架协议》 | 5 月 27 日 | 2 年 |
| 9 | 山西省 | 朔州市 | 地级 | 《中关村科技园区管理委员会　山西省朔州市人民政府战略合作框架协议书》 | 6 月 14 日 | 2 年 |
| 10 | 四川省 | 绵阳市 | 地级 | 《中关村科技园区管理委员会　绵阳市人民政府战略合作框架协议书》 | 7 月 1 日 | 2 年 |
| 11 | 广东省 | 江门市 | 地级 | 《中关村科技园区管理委员会　广东省江门市人民政府战略合作框架协议书》 | 7 月 2 日 | 2 年 |
| 12 | 江苏省 | 扬州市 | 地级 | 《中关村科技园区管理委员会　扬州市人民政府战略合作框架协议书》 | 7 月 5 日 | 2 年 |
| 13 | 山东省 | 烟台市 | 地级 | 《中关村科技园区管理委员会　烟台市人民政府战略合作框架协议书》 | 7 月 13 日 | 2 年 |
| 14 | 辽宁省 | 葫芦岛市 | 地级 | 《中关村科技园区管理委员会　葫芦岛市人民政府战略合作协议书》 | 7 月 18 日 | 2 年 |
| 15 | 海南省 | 三沙市 | 地级 | 《中关村科技园区管理委员会　三沙市人民政府战略合作框架协议书》 | 7 月 21 日 | 2 年 |
| 16 | 四川省 | 乐山市 | 地级 | 《中关村科技园区管理委员会　乐山市人民政府战略合作框架协议书》 | 7 月 24 日 | 2 年 |
| 17 | 云南省 | 大理白族自治州 | 地级 | 《中关村科技园区管理委员会　大理白族自治州人民政府战略合作框架协议书》 | 8 月 14 日 | 2 年 |

（续表）

| 序号 | 省份 | 地区 | 行政级别 | 所签署合作协议 | 签署时间 | 协议有效期 |
|---|---|---|---|---|---|---|
| 18 | 浙江省 | 衢州市 | 地级 | 《中关村科技园区管理委员会　衢州市人民政府战略合作框架协议书》 | 8月22日 | 2年 |
| 19 | 贵州省 | 贵阳市 | 地级 | 《中关村科技园区管理委员会　贵阳市人民政府战略合作框架协议书》 | 9月8日 | 2年 |
| 20 | 四川省 | 广安市 | 地级 | 《中关村科技园区管理委员会　广安市人民政府战略合作框架协议书》 | 10月30日 | 2年 |
| 21 | 河南省 | 焦作市 | 地级 | 《中关村科技园区管理委员会　焦作市人民政府战略合作框架协议书》 | 11月6日 | 2年 |
| 22 | 四川省 | 南充市 | 地级 | 《中关村科技园区管理委员会　南充市人民政府战略合作框架协议书》 | 11月13日 | 2年 |
| 23 | 江苏省 | 连云港市 | 地级 | 《中关村科技园区管理委员会　连云港市人民政府战略合作框架协议书》 | 11月20日 | 2年 |
| 24 | 山东省 | 德州市 | 地级 | 《中关村科技园区管理委员会　德州市人民政府战略合作框架协议书》 | 11月22日 | 2年 |
| 25 | 江苏省 | 淮安市 | 地级 | 《中关村科技园区管理委员会　淮安市人民政府战略合作框架协议书》 | 11月28日 | 2年 |
| 26 | 天津市 | 宝坻区 | 正厅级 | 《天津市宝坻区政府　中关村管委会　中关村发展集团战略合作框架协议》 | 11月30日 | 2年 |
| 27 | 宁夏回族自治区 | 中卫市 | 地级 | 《中关村科技园区管理委员会　中卫市人民政府战略合作框架协议书》 | 12月18日 | 2年 |
| 28 | 湖北省 | 十堰市 | 地级 | 《中关村科技园区管理委员会　十堰市人民政府战略合作框架协议书》 | 12月20日 | 2年 |

（李锦程）

# 交 流

**【联想集团参展 CES】** 1 月 8—11 日，在美国拉斯维加斯举行的 2013 国际消费电子展（CES）上，联想集团有限公司携 40 余款产品参展。联想集团参展的 IdeaCentre Horizon，是专为家庭多人分享设计的产品，开创 PC“智能桌面”这一全新电脑品类。当 Horizon 水平放置时，系统自动切换到联想集团的多人交互界面 Aura，多位用户可在同一屏幕上玩游戏、学习或浏览多媒体；当屏幕由水平调整至直立时，Horizon 可自动切换到 Windows 8 环境，变成一台一体台式机。联想集团还展示了其在智能手机领域的首款高端旗舰产品——5.5 英寸屏幕的联想智能手机 K900。K900 塑造出外表硬朗、做工精致、形神不羁的风格，搭载 Intel Atom 四线程平台，能让用户拥有时尚与性能的双重体验。展会上，联想集团还推出平板笔记本电脑家族成员 IdeaPad Yoga 11S 和 ThinkPad Helix，专为游戏发烧友开发的台式电脑 Lenovo Erazer X700，Windows 8 触屏笔记本 IdeaPad U310/410/Z400/Z500，以及一体台式机 IdeaCentre A730/C540 等产品。

（杜　菲）

**【数码视讯公司参展 CSTB】** 1 月 29—31 日，在俄罗斯广播卫星通讯展览会（CSTB）上，北京数码视讯科技股份有限公司针对东欧市场推出包括高清编码、DVB-T2、三屏互动、CAS 中间件在内的第三代数字电视整体解决方案。方案基于开放、融合整体架构设计，具备端到端的全媒体、全业务、全终端支持能力，可帮助客户进行业务拓展和数字电视网络改造。

（尹玲利）

**【蓝鲸园第九次项目对接会召开】** 2 月 7 日，由中关村管委会主办的“蓝鲸园第九次‘民参军’‘军转民’项目对接会”在裕惠大厦举行。副市长苟仲文、海军副司令员丁一平等领导以及企业代表等参加。对接会展示北京威标至远科技有限公司、北京赛美环能科技有限公司、北京中航智科技有限公司等 10 家企业的高新技术产品。其中，中航智公司的无人机，北京威业源生物科技有限公司等单位的微生物净化产品和技术得到相关单位的认可和肯定。

（赵蔚彬）

**【中关村企业参展世界移动通信大会】** 2 月 25—28 日，在西班牙巴塞罗那举行的“2013 年世界移动通信大会”（MWC2013）上，中关村管委会组织北京君正集成电路股份有限公司、金山网络技术有限公司、德信无线通讯科技（北京）有限公司、北京天宇朗通通信设备股份有限公司 4 家企业以整体展团的形式参展，展示手机、芯片产品、手机安全软件产品等。其中，德信无线公司展示的三防手机——云狐 J3 手机，外壳采用军工材质制造，荧幕采用航天级钢化玻璃，整机共用 28 枚强抗氧化螺丝，能够 8 级防水，6 级防尘，1.2 米防震，1.5 吨防压，适用于户外运动爱好者。展会期间，天宇朗通公司与来自美国、巴西、法国、俄罗斯、印度的客户签署 1.9 亿元的订单。

（杜　玲　殷　茵）

**【中关村企业参展美国信息安全大会】** 2 月 25 日—3 月 1 日，在美国旧金山市举行的 2013 信息安全大会（RSA Conference2013）上，中关村管委会组织北京天融信科技有限公司、北京启明星辰信息技术股份有限公司、北京握奇数据系统有限公司等 12 家信息安全企业参展。其中，天融信公司展示的入侵检测及防御系统，采用在线部署方式，能够实时检测和阻断包括溢出攻击、RPC 攻击、WEBCGI 攻击、拒绝服务攻击、木马、蠕虫、系统漏洞等网络攻击行为，以保护用户网络 IT 服务资源，同时还具有应用协议智能识别、P2P 流量控制、网络病毒防御、上网行为管理、恶意网站过滤和内网监控等功能。北京网御星云信息技术有限公司展示的 PowerConnect 采用 SSL-VPN 技术，可让装有 IOS、安卓等系统的移动终端安全地接入业务系统，实现可信赖的移动接入。

（杜　玲　殷　茵）

**【中国—古巴哈瓦那数字电视国际论坛举办】** 3 月 19—21 日，由数字电视国家工程实验室（北京）与古巴国家电信研究所联合主办的“第一届中国—古巴哈瓦那数字电视国际论坛”在古巴举行。发展改革委联合相关部门组成的中国政府代表团和中国相关企事业单位的代表，古巴信息通信部、广电部门和高等教育部的代表，以及来自加拿大、阿根廷、巴西等国家的嘉宾 100 余人参加。论坛安排 4 个技术和产业化专场。在运营商专场，中、古专家们分别介绍地面数字电视广播在中国香港、古巴、老挝的发展状况以及 DTMB 移动电视北京运营模式等；在 DTMB 技术和产业化专场，清华大学、古巴国家电信研究所等单位的代表先后结合 DTMB-A 与 E-DTMB 的关键技术及产业化、中国数字电视终端产业、BBEFDTMB 标准发射机及古巴示范区覆盖等专题发表演讲；在 AVS 技术和产业化专场，北京大学、AVS 联盟以及古巴方面代表等分别介绍 AVS 新发展、DTMB+AVS 标准产品及产业化应用、AVS 专利池。会议还展示了中国 KTMB 和 AVS 双国标在古巴的推广应用成果。

（钟锌章　殷　茵）

**【数码视讯公司参展 CCBN2013】** 3 月 21—23 日，在国家广播电影电视总局主办的“第二十一届中国国际广播电视信息网络展览会”（CCBN2013）上，北京数码视讯科技股份有限公司以“广电新模式展示、云平台展区、超光网展区和广电新业务展区”四大展区，展示广电行业“全媒体、全终端、全业务、全网络”的未来趋势。在广电新模式展区展示了电视代缴水、电、燃气费等家庭上线商用以及电视、手机和 Pad 等移动终端互联互动；在云平台展区展示了互动平台手机 VOD、云媒体、云转码平台等；在超光网展区展示了同轴宽带 · 有线宽带解决方案等；在广电新业务展区展示了金融支付、玩转 3D 软件、体感技术、智能终端等。

（尹玲利）

**【海峡两岸大学生社团领袖交流营举办】** 3 月 30 日—4 月 7 日，由北京大学与台湾十大杰出青年基金会共同主办的“2013 海峡两岸大学生社团领袖交流营”活动在北京、上海、南京等地区举行。活动以“创新与创业”为主题。来自台湾大学、政治大学等台湾高校的 25 名学生代表与北京大学、清华大学等大陆高校的学生社团负责人参加。相关专家、企业家先后为交流营做专题报告，并与两岸大学生交流、座谈。交流营一行还参观微软亚洲研究院、北大科技园、上海交通大学学生科技创新创业中心、南京江宁台湾农民创业园等机构。活动期间，还举办“引创意之锋，领立业之潮”海峡两岸大学生社团领袖论坛。

（李　佳）

**【全球 IPv6 论坛举行】** 4 月 11—12 日，由全球 IPv6 论坛主办、天地互连信息技术有限公司承办的“2013 全球 IPv6 下一代互联网高峰会议”在新世纪日航饭店举行。峰会以“加快建设新一代信息基础设施，促进信息网络技术广泛应用”为主题。发展改革委、工业和信息化部、中关村管委会等单位有关领导以及相关组织、机构、企业的代表 1000 余人次参加。会议主要就 3 个主题展开研讨：一是加快 IPv6 技术的新一代信息基础设施建设，促进信息网络广泛应用；二是 IPv6 技术面临的发展商机、路线图与重要措施；三是探索影响网络安全的国际互联网域名，支持新增 IPv6“根服务器”落地中国。与会代表就 IPv6 发展现状和更新导向、产业链和过渡解决方案、行业应用和测试及 IPv6 网络环境安全性等话题展开讨论和交流。

（李建丽　尹玲利）

**【中关村企业参加国际生物技术大会】** 4 月 22—25 日，在美国举行的第 20 届国际生物技术大会暨展览会(BIO 2013）上，中关村管委会组织中关村生命科学园生物医药科技孵化有限公司、北京东方灵盾科技有限公司、乐普（北京）医疗器械股份有限公司等 9 家生物技术领域企业集体参展。大会期间共举办 100 余场技术交流会议。参展企业代表与客户探讨合作意向，并进行信息咨询、寻找专利律师，拓展国外市场渠道和了解生物技术领域最前沿的趋势。

（王红彬　殷　茵）

**【云时代下的信息防泄漏技术研讨会举行】** 4 月 27 日，由中国计算机安全专业委员会主办，北京鼎普科技股份有限公司承办的“云时代下的信息防泄漏（ILP）技术变革与创新研讨会”在北京国宾酒店举行。中关村管委会等单位有关领导以及相关专家、企业代表等参加。国家信息化专家咨询委员会委员沈昌祥院士、公

安部网络安全保卫工程师郭启全，先后就“云计算环境的保密科技发展态势”及“等级保护与国家安全”主题做了演讲。国家保密局总工程师杜虹与国家信息化专家咨询委员会研究员曲成义，分别以“云时代下的涉密安全”和“云计算支撑信息安全模式的新发展”为题，与参会领导、专家进行探讨。作为信息防泄漏行业的首次高端技术研讨会，会议的成果对信息防泄漏行业具有重要的指导性意义，将为行业内企业未来的发展及研发路线指明方向，指导企业从全局的高度认识和理解云安全。

（龙　琦）

**【中关村企业参加中美采购交易大会】**5月7—8日，在美国举行的2013中美采购交易大会（US-China Procurement Conference）上，中关村管委会组织中关村示范区10家高新技术企业参加。企业代表与美国邓白氏公司、惠普公司等企业的代表进行交流洽谈，并学习和研读美国联邦政府对于中国企业进入其采购系统的相关规则。会议期间，德信无线通讯科技有限公司签订50万美元的三防手机和健康手机的意向订单。

（殷　茵）

**【物联网产业联盟参展华东物联网展】**5月14—16日，在苏州国际博览中心举行的2013第三届中国国际物联网技术及应用展览会上，中关村物联网产业联盟组织北京昆仑海岸传感技术有限公司、朗德华信（北京）自控技术有限公司、北京理工科技园科技发展有限公司等企业参展。昆仑海岸公司展出的昆仑海岸物联网云服务平台，可让用户直接通过云平台查看和获取物联网中各种类型无线传感探头的数据（采集值）。朗德华公司展出的智慧能源云平台解决方案和智慧城市整体解决方案，可为建筑、工业、交通等各个领域的分布式能源、跨区域建筑群落（包括IDC机房），提供以云计算为基础的物联网能源管控中心解决方案，在一个区域范围内，通过“智慧能源云”将创能设备、储能设备、耗能设备连接组网并对设备进行远程控制和维护，实现能源的管理和优化使用。北理工科技园公司展出其园区11个物联网企业的项目，涵盖物联网各领域的技术和解决方案，包括北京联星科通微电子技术有限公司的60通道65纳米双核多系统卫星导航GNSS基带SoC芯片、北京德可达科技有限公司的TC

系列轻型无人直升机、北京屹林智信科技发展有限公司的梯度分簇和簇间分频的无线传感器网络模块等。

（李　莹　杜　玲）

**【优联网促进会成员企业参加京交会】**5月28日—6月1日，在北京国家会议中心召开的第二届中国（北京）国际服务贸易交易会上，北京中关村优联网产业促进会携成员企业同方股份有限公司、北京昆仑海岸传感技术有限公司、北京天一众合科技股份有限公司、北京中立格林控制技术有限公司参展。同方公司展示了“大数据产业”，昆仑海岸公司重点展示“云服务平台”，天一众合公司展示了智能停车管理和市政管理系统，中立格林公司展示了一款中国联通物联网应用的多功能室内空气环境监测仪。其中，以数据资源管理体系为基础的同方大数据产业，围绕城市基础设施、公众服务、公共安全、政务管理、资源统筹5个方面，构建了智慧城市指标体系。

（杨　禹　陈宝德）

**【航天信息公司参展京交会】**5月28日—6月1日，在北京国家会议中心举行的第二届中国（北京）国际服务贸易交易会上，航天信息股份有限公司携三金工程、智能交通、感知粮食、物流追溯等一系列高新信息技术参展，展出车联网服务、智能交通解决方案等。京交会期间，在中国航天科工产品推介会暨签约仪式上，航天信息公司与香港ARFID科技有限公司（ARFID SCIENCE & TECHNOLOGY CO.）签订电子标签玩具配件服务项目，签约金额300万美元。

（杜　菲）

**【优联网促进会组织企业参展物联网大会】**6月4—5日，在上海举行的2013年第四届中国国际物联网大会暨展览会上，北京中关村优联网产业促进会组织北京时代凌宇科技有限公司、北京中立格林控制技术有限公司、北京理工科技园科技发展有限公司等15家企业参展。时代凌宇公司展出电梯运行安全监测信息平台和梧桐物联网开放平台，以及车位探测器、车辆标签等产品。中立格林公司展出二氧化碳、一氧化碳、细颗粒物（PM2.5）等多种空气质量监测类产品。北京昆仑海岸传感技术有限公司展出的物联网云服务平台，可以在不经过烦琐的底层硬件通信协议的情况下，直接查看和获取物联网中各种类型无线传感探头的数据（采集值）。北理工科技园以联合参展的形式在大会上展出11家企业的产品，包括北京联星科通微电子技术有限公司的60通道65纳米双核多系统卫星导航GNSS基带SoC芯片、北京中科软银信息技术有限公司的“云驰”服务器虚拟化产品、北京理工雷科电子信息技术有限公司的卫星导航、信号处理产品等。

（杨　禹　李　莹）

**【中关村企业参展哈洽会】**6月15—19日，在哈尔滨国际会展中心举行的“第二十四届中国哈尔滨国际经济贸易洽谈会”上，中关村管委会以“示范引领、协同创新”为主题，组织京东方科技集团股份有限公司、杰思永创（北京）科技有限公司等18家园区企业集体参展，展示的技术产品涉及移动互联网、数码电子、卫星应用、医药健康四大产业领域。展会期间，北京云龙视界科技有限公司与哈尔滨市委宣传部、哈尔滨经济技术开发区管委会签署战略合作协议，进驻中国云谷，以共同推进其研发的采用浏览器完成跨界新媒体互动软件平台“云互动发布系统”合作项目的实施。云互动发布系统适用于各种显示屏幕播放技术，具有即时信息发布、脸部识别系统、触屏互动功能和智能白板演示等功能。通过使用该系统，管理人员可随时随地利用笔记本电脑、平板计算机或手机等任何可上网终端设备，进行后台管理。

（朱　凯）

**【生态文明与美丽国土系列讲座举办】**6月18日，由北京大学主办的“生态文明与美丽国土”大师系列讲座的首场讲座在北大博雅国际酒店举行。讲座主题是“古代经验对城市防洪涝的启示”。北大校友会、海淀区相关委办局等单位的专家学者与嘉宾200余人参加。讲座由华南理工大学东方建筑文化研究所所长吴庆洲主讲。吴庆洲通过列举大量的古今城市防洪建筑案例，从科学、哲学2个维度阐述对于城市防洪建设规划及实务的观点。与会代表共同讨论关于城市防洪设计的特殊性与普遍适用范围以及古代防洪设计经验的演变规律问题。系列讲座由北京大学主办，旨在通过活动引起社会各界对中国生态环境保护问题的关注和讨论，从而找到解决中国和世界生态与环境问题的新观念、新理念和新方法，倡导实践美丽中国与美丽地球的新美学和新文化，邀请国内和国际生态学、建筑、规划、景观设计、地理学等相关领域的专家作为讲师。

（李　佳）

**【14家企业参展亚洲通信展】**6月18—21日，在新加坡举行的2013新加坡亚洲国际通信与资讯科技展及国际广播科技与设备展览会（Communic Asia 2013）上，中关村管委会组织14家企业参展。北京中科大洋科技发展股份有限公司参展的iChannel 2 Clustered Automation高集成模块化播出系统是一款可灵活配置的数字化播出系统，不仅支持高标清同播，还支持基于IP流的采集和播出。北京傲天动联技术股份有限公司展示的CUBE技术包含多种无线覆盖方式（Data Offload全面覆盖3G、4G、WiFi），软网络云部署（Cloud Application），为企业级用户实现可控、健壮、

安全、低运营成本的无线解决方案。展会期间，北京飞亚视科技发展有限公司与来自澳洲的客户签订150个变焦双色温、亮度无级可调影视灯产品的订单。北京算通科技发展股份有限公司展出的数字电视前端产品H.265转码器、北京爱科迪信息通讯技术有限公司展出的便携天线和车载天线等产品也寻求到客户。

（殷　茵）

**【国际雨水收集利用大会召开】**7月1—4日，由国际雨水收集系统协会（IRCSA）主办，北京泰宁科创雨水利用技术股份有限公司和东南大学共同承办的“第十六届国际雨水收集利用大会暨雨水综合利用国际论坛”在国家会议中心举行。中关村管委会主任郭洪等领导以及来自40余个国家的200余名行业专家、学者、

政府机构人士参会。与会嘉宾围绕雨水收集、雨水处理、雨水再利用、气候影响与洪涝灾害及其他相关领域等议题进行交流。（大会历时3天，分别在北京和南京两地召开。）

（殷　茵）

**【闪联参展SINOCES 2013】** 7月11—14日，在青岛国际会展中心举行的2013年中国国际消费电子博览会（SINOCES 2013）上，闪联产业技术创新战略联盟组织中科开元信息技术（北京）有限公司、北京华录北方电子有限责任公司等10余家联盟企业共同参展，以“云联世界·智享未来”为主题展示智慧教育、智能家居、智能用电、智能音频、智慧影音等基于闪联国际标准的10余个技术解决方案及50余款互联互通产品。其展示的支持闪联享屏多屏互动技术的高清播放器、无线音频、无线存储、智能电视、智能手机及无线路由器等产品，可通过内嵌的闪联标准，实现无缝实时互通功能，消费者通过一部智能手机，就可以无线将手机中的内容共享至智能电视、高清播放器和无线音箱上播放。闪联还展示了智能用电解决方案，用户只要将PLC适配器插上电源插头之上，即可利用电线充当LAN线做传输。该适配器采用支持128-bitAES的加密技术，可提供210兆的传输速率支持影音、视频等数据的传输，可与电脑、IP电话、互联网电视等多种终端设备连接。

（杜　菲）

**【介绍中关村国际化发展战略】** 7月17日，中关村管委会副主任周国林和相关部门负责人做客首都之窗直播间，就中关村国际化工作的基本情况、中关村支持园区和企业国际化发展的具体措施、相关政策以及下一步发展计划等与广大网友进行交流。活动介绍了国际化的概念和《中关村国家自主创新示范区支持企业国际化发展行动计划》《中关村国家自主创新示范区国际化发展专项资金管理办法》等相关政策，还针对创新与国际化发展的关系、中关村示范区如何鼓励中小微企业国际化发展等问题进行探讨。

（王　翔）

**【航天信息公司参展青岛软博会】** 8月15—17日，在青岛举行的“第二届中国（青岛）国际软件融合创新博览会”上，航天信息股份有限公司展示了企业信息化、税务信息化、物联网等三大领域的14类信息化服务产品及方案，包括Aisino A3、Aisino ERP.A6、Aisino ERP.A8等企业管理软件以及防伪税控核心产品、防伪税控延伸产品、国税集成产品、手机开票和DTU等税务信息化方面的产品。ERP系列产品可在同一技术平台（AOS）进行应用实现，为企业提供财税管理、投资管理、市场风险预测、跨地区企业集成、销售获利评估、决策信息判断、促销与分销、售后服务与维护、全面质量管理、人力资源管理、项目分析以及利用互联网实现电子商务等，同时针对企业涉及的个性化需求以及行业化发展目标的特殊要求，全面支持企业在特殊业务环节上的深度应用，可扩展功能构建了企业信息化全程管理模型。

（杜　菲）

**【国际平板显示产业高峰论坛举行】** 9月10—11日，由中国光学光电子行业协会液晶分会和日本日经BP社共同主办的“中国·北京2013国际平板显示产业高峰论坛”在北京辽宁大厦举行。论坛主题为“合作、创新与发展——产业链竞争力和产业升级”。来自全球平板显示产业的企业代表、专家学者和政府官员1000余人次参加。论坛上，相关专家共同探讨平板显示产业在中国的发展战略，解读中国平板显示产业的未来发展，并介绍了平板显示技术的最新技术走势和新兴技术成果。与会代表还围绕“金属氧化物和大型AM-OLED”“中小型面板生产所遇到的问题和解决方案”“面板生产中不良品率的改善和检查测定的应用”“工厂系统的网络构建”等主题，讨论平板显示产业技术发展现状、对提升产业竞争力的设备、材料的技术需求等。

（杜　菲　杨　禹）

**【TD 产业联盟参展通信展】**9 月 24—28 日，在中国国际展览中心举办的“2013 年中国国际信息通信展览会”上，TD 产业技术创新战略联盟组织联想（北京）有限公司、北京星河亮点技术股份有限公司、北京裕源大通科技有限公司等 20 余家企业组团参展，展示了 TD-LTE 的系统设备、系统配套、最新终端、芯片、测试仪器仪表、业务应用及软件等各产业环节的产品，包括超清智能手机、LTE 4G 无线热点设备、以“AV5251 多模终端综合测试仪”为代表的芯片 / 终端测试产品、以“AV5252 基站综合测试仪”为代表的基站测试产品、以 AV9201 射频一致性测试系统为代表的认证 / 预认证测试产品等。还展示了全业务光纤分布系统（RAS），其网络容量高，信号质量好，适用于城中村、楼宇及地铁等特殊场景的深度覆盖。

（韩　雯　杨　禹）

**【中关村企业参展国际物联网博览会】**9 月 26—28 日，在无锡太湖国际博览中心举行的第四届中国国际物联网（传感网）博览会上，中关村管委会以“智慧物联，感知世界”为主题，组织北京时代凌宇科技股份有限公司等 12 家企业集体参展。参展企业重点展示物联网技术在交通、城市管理和民生方面的应用与自主研发的技术产品。时代凌宇公司展出与智慧城市相关的“北京市路侧停车场物联网管理系统”和“北京市电梯安全运行监测平台”物联网示范工程；天云融创数据科技（北京）有限公司展出 BDx 产品体系，包括 BDP 大数据分布式处理平台、BDF 大数据流引擎、BDA 大数据加速器、BDS 大数据分布式集群存储系统，以及大数据在国计民生、运营商、商业银行等方面的成功解决方案；北京凯思昊鹏软件工程技术有限公司展出的 Hopen 无线传感网操作系统以及物联网老年人智慧关爱系统，通过居室内路由节点、床体压力传感、浴室报警、门禁传感、随身防跌倒节点及网关 pad 等系列化物联网工程技术产品，形成一整套面向居家养老的居室内智慧型养老关爱辅助系统产品，使不在老人身边的子女亲友可随时方便获知老人居家养老的即时健康、活动、安全等综合信息，以及对突发状况进行及时响应。

（朱　凯）

**【资本市场助推企业国际化交流会举办】**10 月 30 日，由中关村上市公司协会、中关村互联网金融行业协会、北京中关村企业信用促进会、北京中关村软件园发展有限责任公司共同主办的“科技引领发展　金融成就未来——资本市场助推中关村企业国际化发展专题交流会”在中关村软件园云广场举行。中关村管委会主任郭洪等领导以及来自中关村示范区的 400 余家企业的代表参加。会上，上海证券交易所总经理夏建亭、美国洛克律师事务所合伙人巴特、以色列风险投资协

会创始人马诺等专家从不同角度就企业利用国际资本和多层次资本市场实现国际化发展进行专题演讲。

（张　蕾　李志华）

**【芬兰创新政策宣讲会举办】**10 月 30 日，由中关村管委会与芬兰信息通信科技创新战略中心（DIGILE）共同主办的芬兰创新政策宣讲会在裕惠大厦举行。30 余家企业的代表参加。DIGILE 代表介绍芬兰的产业发展情况、创新氛围、DIGILE 概况及其对企业参与研发合作的支持方式，并表示将协助中关村示范区企业与芬兰相关企业和机构开展合作。

（殷　茵）

**【2013 互联网金融峰会举办】**10 月 30 日，由互联网金融千人会、中关村创业投资和股权投资基金协会、北京中关村海淀金融创新商会联合主办的“2013 互联网金融峰会”在北京世纪金源大饭店举行。会议主题是“大数据　大金融　大战略”。市金融局、中关村管委会、海淀区政府等单位有关领导以及互联网金融领域的专家、企业家等 1000 余人参加。与会代表就互联网金融征信与风控以及第三方支付、基金触电、金融互联网等主题进行探讨。

（刘乐乐）

**【以色列信息通信技术洽谈会召开】**11 月 1 日，由中关村管委会、以色列经济部首席科学家办公室和以色列经济部产业研发中心共同主办的“以色列信息通信技术企业洽谈会（北京）”在裕龙国际酒店举行。以色列驻华使馆、中国科学技术交流中心、中关村管委会等单位有关人员以及企业代表参加。会议介绍以色列

信息通信技术发展情况。10家来自以色列信息通信类企业的代表，与30余家中关村示范区企业、投资机构的代表进行74场一对一洽谈，在技术、产品或项目上找寻合作机会。

（殷　茵　王　翔）

**【诺贝尔奖获得者校园行活动举办】** 11月14日，由北京航空航天大学与霍尼韦尔公司主办的第三次“霍尼韦尔卓越科学与工程计划”诺贝尔奖获得者校园行活动在北航举行。北航师生500余人参加。活动邀请1979年诺贝尔物理学奖获得者谢尔登·格拉肖(Sheldon Glashow）参加。谢尔登·格拉肖与师生们分享其最新的学术成果，以及在科学探索道路上的心得体会，并发表题为“科学进步源自偶然或精心规划”的演讲，阐述在科学探索的过程中，偶然发现和有针对性的研究具有同等的重要性，并鼓励大学生要从2个方面入手去探索科学。

（钮　键）

**【闪联参展深圳高交会】** 11月16—21日，在深圳会展中心举行的第十五届（深圳）中国国际高新技术成果交易会上，闪联产业技术创新战略联盟以“云联世界·智享未来”为主题设置了智能家居、智能互联等主题专区。在智能家居专区中，闪联展示了以LINXEE智能家庭网络中心H200为核心，将智能灯泡、智能插座、智能烟雾探测器、智能灯座、智能无线网络摄像头、智能燃气探测器等“微智能”产品整体联动起来的智能家居系统。通过H200，可以远程用电脑、手机、PAD调节和查看家里的“微智能”产品。闪联展出的LINXEE手机爱TV-高清无线影音传输器VM100，可在没有网络的环境，将手机、PAD、笔记本中多媒体内容无线传输到电视上播放，分享本地文件。该产品具有一键投屏功能，可进行会议、商务演示，还具有在线影视功能，可把家中的高清电视升级为网络电视，并可兼容众多游戏。

（杜　菲）

**【中关村展团参展MEDICA】** 11月20—23日，在杜塞尔多夫展览中心举行的2013年第45届德国杜塞尔多夫国际医院及医疗设备展览会（MEDICA 2013）上，中关村管委会组织北京谷山丰生物医学技术有限公司、北京松上技术有限公司、北京市华仁益康科技发展有限公司等13家企业组成中关村展团参展，展示呼吸机、监护仪、数字心电图仪、全自动除颤仪、半导体激光手术系统、全自动生化分析仪、触摸屏高频电刀及骨科类内植入物等产品。展会期间，北京谷山丰生物医学技术有限公司、北京鑫禾丰医疗技术有限公司、北京松上技术有限公司等企业签订订单近40份。

（殷　茵）

**【中国轨道交通企业“走出去”论坛举办】** 11月27日，由商务部主办、中关村科技企业家协会承办的“中国轨道交通企业‘走出去’论坛”在裕龙大酒店举行。论坛以“新机遇，新挑战，中国轨道交通企业走向世界”为主题。来自泰国、南非共和国等国家的驻华大使馆代表、产业专家、轨道交通相关企业代表等150余人参加。与会人员就中国轨道交通产业如何实现升级发展、企业如何顺利“走出去”以及主要国家的投资发展机会和政策环境等议题进行交流。

（尹玲利）

**【两岸LED产业合作交流会议举办】** 11月29日，由国家半导体照明工程研发及产业联盟（CSA)、台湾工业技术研究院/台湾光电半导体产业协会共同主办的“2013两岸LED产业合作交流会议”在江苏省昆山市举行。发展改革委、国家标准化委等单位相关人员以及研究机构和企业的代表60余人参加。与会代表针对两岸LED产业发展与合作进行讨论。会议发布由CSA和台湾光电半导体产业协会（TOSIA）共同研究编制的CSA 005-2013/TOSIA CS-002-2013《寒地LED道路照明产品性能要求》和CSA 009-2013/TOSIA CS-001-2013《自镇流非定向LED灯》2项技术规范。CSA与TOSIA签署两岸半导体（LED）照明成果示范（台湾）合作意向书，将在台湾省开设两岸半导体照明成果试点示范城市，在推动智慧照明系统、HV等发布展开合作。

（杜　玲）

**【中关村—硅谷创新创业大赛获奖企业交流会举行】** 12月3日，由中关村管委会主办的中关村—硅谷创新创业大赛硅谷12强企业与北京创新创业大赛获奖企业交流会在车库咖啡举行。中关村管委会有关领导及大赛获奖企业代表、天使投资人等30余人参加。中关村管委会相关负责人介绍中关村示范区概况及创业服务体系建设情况。获奖企业代表互相介绍中美两地创业环境及各自的项目情况，并就有关创新创业的具体问题进行交流。会后，美国硅谷获奖企业代表参观了北京百度在线网络技术有限公司、北京小米科技有限责任公司、北京创客空间和3W咖啡等中关村示范区企业及创新型孵化器。

（陈宝德）

**【装备建设民参军技术成果推介会召开】** 12月11日，由中关村管委会主办的装备建设民参军技术成果推介对接会在永兴花园酒店举行。来自解放军总装备部、工业和信息化部等单位以及中关村示范区企业、协会的代表200余人参加。北京天睿空间科技有限公司、北京神州泰岳软件股份有限公司等30余家企业展示卫星导航、应急通信、信息安全、数字地形、无人飞行平台、储能发电等8个领域的39项新技术新产品。相关专家为与会代表解读军民融合政策，并发布100余项技术合作需求信息。

（赵蔚彬）

**【展示装备建设民参军技术成果】**12月12日，由中关村管委会主办的装备建设民参军技术成果推介展示会在京举行。会上，北京中科飞鸿有限公司、北京国智恒电力管理科技有限公司等30余家中关村示范区企业展示了8个领域39项民参军优秀技术成果，并发布100余项技术合作需求信息。中关村管委会、总装备部、空军、海军、军事科学院等相关单位负责人参加。

（王　翔）

**【海军军民融合产品对接会召开】**12月24日，由中关村创新平台和蓝鲸园管委会筹建办共同主办的“海军北京市军民融合储能及磁传动领域高新技术产品展示对接会”在中关村示范区展示中心召开。海军副司令员丁一平、市政府副秘书长朱炎等领导以及海军机关和企业的代表近100人参加。中关村示范区19家企业展示飞轮储能、燃料电池、微网集成和磁传动等9个领域32项新技术新产品。会上，相关单位就锌镍液流电池、聚合物锂离子动力电池等7项高新技术产品与企业达成合作意向。

（赵蔚彬）

**【中关村研发开放日系列活动举办】**年内，北京中关村外商投资企业协会共举办10场中关村研发开放日活动，走进北京泽华化学工程有限公司、3M中国有限公司北方技术中心、中国英特尔物联技术研究院等10家企业、机构，就“化工行业的节能降耗—传质技术创新”“建筑节能与太阳能技术创新”“物研院2013年度三大技术示范工程演示”等技术主题进行参访交流。共有来自科技企业、大专院校、重点实验室的400余名专业人员参加。中关村研发开放日活动是由北京中关村外商投资企业协会主办的公益性技术交流活动，旨在为中关村示范区科技企业与外资研发机构之间搭建交流与合作平台。

（刘乐乐）

# 社会组织

# Social Organizations

本栏目设有协会组织、联盟组织2个分栏目，以条目体形式记述中关村国家自主创新示范区支持和发挥社会组织的功能而采取的举措，以及各社会组织承担政府职能转移，根据自身特点开展的为企业服务的活动等。

# 综　述

2013年，活跃在中关村示范区的创新型社会组织总数达110余家，聚集各类创新创业主体1万余家，覆盖各个产业和技术中介服务领域，在搭建公共服务平台、推动产业技术升级、搭建政介沟通桥梁等发面发挥重要作用，成为中关村示范区建设中一支不可替代的重要力量。

*社会组织稳步发展，实力不断增强。*中关村管委会等单位召开中关村示范区社会组织工作大会，总结中关村示范区社会组织发展情况和成就，研讨中关村示范区社会组织的架构布局与发展，以及新时期的任务与需求。中关村示范区全年新增社会组织37家，其中社会团体28家，民办非企业单位9家，年增长率在100%以上。中关村信息安全产业联盟、中关村—滨海大数据产业技术创新战略联盟、中关村涉药物流产业技术创新战略联盟等产业技术联盟成立，同时，还有32家产业技术联盟完成备案。可持续发展能力较强。从业人员呈现年轻化、知识化趋势。在参加年检的社会组织中，35岁以下的从业人员占总人数的44.73%；硕士以上学历人员占整体人员的51%，本科以上学历人员占整体人员90%。整体发展水平提高。符合市民政局社会组织评估条件的13家中关村社会组织全部为3A级以上，其中5A级2家，4A级5家。中关村国家自主创新示范区协会联席会成员单位达61家，拥有近2万家会员企业，覆盖信息技术、生物医药、能源环保等高新技术产业领域和孵化器、创业投资机构、咨询机构、技术转移机构等中介服务领域，呈现“以企业为主体，市场化、职业化运作”的发展态势。北京民营科技实业家协会更名为中关村科技企业家协会，北京中关村IT专业人士协会更名为中关村人才协会，可更大范围地为示范区企业服务。中关村管委会举办中关村协会发展论坛，就中关村协会组织的发展方向与模式进行探讨；成立中关村天使投资协会，搭建政府与天使投资人之间的桥梁，促进政府与天使投资人之间的沟通交流。

*充分发挥社会组织作用，推动示范区发展。*中关村示范区社会组织围绕产业链发展，利用会员资源及行业优势促进创新资源对接，搭建公共服务平台，促进产学研协同创新，其中北京中关村外商投资企业协会举办10期研发开放日活动，组织科技型企业、高等学校、重点实验室赴3M北方技术中心、英特尔物研院等地开展技术交流活动，为企业与外资研发机构之间的交流与合作搭建平台；中关村人力资源经理协会启动中关村科技创新型企业人才服务平台建设，培养创新型企业高级人力资源管理者，帮助企业在人力资源管理与开发、人才激励与约束机制等方面形成高效的管理体制。中关村社会组织成为示范区标准创制的重要力量。闪联IGRS 2.0远程访问系列7项标准提案通过ISO/IEC成员国投票立项成为IGRS新的系列；北京时分移动通信产业协会成为科技部支撑计划“重点领域协会标准研制及国际化培育示范应用”课题研制协会标准及培育国际标准的3家协会之一。围绕国家战略需求和示范区发展规划，中关村社会组织积极承担政府公共服务职能，开展产业研究、行业分析、政策咨询等工作，其中中关村电子产品贸易商会发布的“中关村电子信息产品指数”被纳入商务部市场指数体系，为政府采购评标提供数据支持，中关村不动产商会承担的中关村创新创业企业选址服务工作为中关村示范区招商引资工作提供保障。中关村示范区社会组织开展特色品牌活动，营造创新文化氛围，2013年举办各类活动1000余场，参与企业1万余家。中关村协会联席会组织中关村创业讲坛活动22场，涉及创业经验、资本运作、行业政策、产业环境、法律法规等创业热点；中关村数字内容产业协会承办的动漫游戏产业洽谈交易会，吸引国内外企业界300余人参加，合作意向额23.7亿元。通过组织参展、举办活动、建立海外机构和海外合作平台等方式，加强国际交流合作，帮助企业参与国际竞争，扩大中关村示范区全球影响。中关村人才协会的“走进东盟”系列活动，举办“中泰投资合作座谈会”“中关村企业与柬埔寨王国投资合作座谈会”等，为促进企业国际化发展提供服务；中关村高新技术企业协会组织企业参加在美国、土耳其、澳大利亚、德国等国家举办的近10场国际展会，涉及医药、电子、通信等领域，帮助企业进一步开拓国际市场。

（何　闽　秦　琳）

# 协会组织

**【闪联协会获创新创业驱动奖】**1月15日，在北京国家会议中心举行的“2013年搜狐科技财富论坛”上，北京市闪联信息产业协会因在组织会员企业对技术、标准等方面的创新做出突出贡献，获“2012年度创新创业驱动奖”；闪联信息技术工程中心有限公司因在2012年度推出多款基于闪联国际标准的新产品并迅速占领市场，取得突出业绩，获“2012年度创新创业卓越企业奖”。

（杜　菲）

**【中关村电子产品贸易商会更名】**1月18日，“2013北京市场协会电子卖场分会理事会暨北京中关村电子产品贸易商会理事会”在翠宫饭店召开。北京市民政局社团管理办公室、海淀区商务委等单位有关领导以及

各理事单位代表等40余人参加。会上，全体参会代表表决，全票通过“北京中关村电子产品贸易商会”申请更名为“中关村电子商会”的提议。

（丁　旭　杨　禹）

**【科贸电子城获优秀企业称号】**1月22日，在北京电子商会成立20周年庆祝活动暨2013北京电子信息企业新春联谊会上，北京中关村科贸电子城有限公司凭借多年来对北京电子市场发展做出的突出贡献，被北京电子商会授予“优秀企业”称号。

（朱　昱　丁　旭）

**【北京信息化协会LOGO启用】**1月25日，由北京信息化协会举办的2013年新春联谊会暨北京信息化协会LOGO启用仪式在中关村皇冠假日酒店举行。市经济信息化委、市社团办、中共北京市委社会工作委

员会等单位有关领导以及协会副理事长、理事及常务理事、会员代表140余人参加。会上，北京信息化协会正式启用协会的LOGO标识。标识由英文“Beijing Informatization Association”（北京信息化协会）的词头缩写“BIA”组合而成，寓意用北京“包容”的精神引领北京信息化建设，以及协会作为政府、企业和行业机构的汇集体，积极发挥沟通桥梁的作用，为信息化企业提供更好更全面的服务。

（江　欣）

**【中关村IT专业人士协会更名】**1月29日，市民政局下发《行政许可决定书》（京民社许准变字〔2013〕157号），批准北京中关村IT专业人士协会更名为中关村人才协会。协会将在更大范围的服务企业，继续巩固和推动优秀人才聚集中关村示范区，为更多的企业提供交流经验和获得提升、发展和成就的机会。

（杨　禹）

**【中关村协会组织表彰大会举行】**1月30日，由中关村国家自主创新示范区协会联席会主办的“中关村协

会联席会表彰大会暨2013年迎新春联欢会”在腾达大厦举行。中关村管委会等单位有关领导以及来自协会联席会50家成员协会的负责人和工作人员200余人参加。会议对在2012年度表现优秀的成员协会和协会工作人员进行表彰，北京民营科技实业家协会等8家协会被评为“2012年度中关村协会信息工作优秀单位”，中关村数字内容产业协会等8家协会被评为“2012年度中关村协会组织工作优秀单位”，34位协会工作人员被评为“2012年度中关村协会工作先进个人”。

（杨　禹）

**【4家机构获第一批社会组织示范基地称号】**2月27日，在北京市社会团体管理办公室召开的2013年北京市市级社会团体年检动员会暨建设管理工作会上，北京软件行业协会获“第一批社会组织示范基地”授牌。根据市民政局《关于命名第一批社会组织示范基地的通知》（京民社发〔2012〕534号），同时入选的还有3家中关村社会组织，包括北京市闪联信息产业协会、北京中关村高新技术企业协会和北京时分移动通信产业协会。示范基地将承担起提供接待、咨询、培训、孵化和资源配置服务的职责，进一步创新发展思路，充分发挥功能作用，积极履行社会责任，自觉增强服务意识，为推动首都社会组织健康快速发展，加快形成现代社会组织体制贡献力量。

（郝峥嵘）

**【海龙电子城当选北京十大商业品牌】**2月28日，在“促进商业品牌建设座谈会暨2012年度北京十大商业品牌揭晓”活动上，海龙电子城当选为“2012年度北京十大商业品牌”。2012年，海龙电子城进行全面的卖场升级改造，从服务消费者出发，提出“卖场商场化”的改造目标，引进新的产品品类，创新服务内容，在卖场中推出统一收银、会员服务、小额快赔等服务项目，将海龙电子城打造成为“全”“新”生活体验的消费类电子商城。

（高晓丽　丁　旭）

**【承办创建诚信经营示范店动员大会】**3月15日，由海淀区商务委主办，北京中关村电子产品贸易商会承办的“创建全国文明城区诚信经营示范店动员大会暨3·15诚信消费品牌节”在中关村鼎好电子商城举行。

海淀区创建全国文明城区总指挥部办公室、西区工商所、西区驻场工作组等单位有关领导以及各卖场相关负责人和诚信经营示范店代表等参加。中关村电子卖场诚信经营示范单位代表共同签署承诺书，承诺：做文明海淀的参与者、践行者、维护者。规范经营，文明诚信，积极参与创建全国文明城区。活动还向商户代表发放了海淀区商业零售业创建全国文明城区及诚信消费宣传册，帮助更多的商户及企业了解创建全国文明城区的意义。

（丁　旭　杨　禹）

**【人才促进会第二届会员大会举行】**3月21日，北京市海淀区高层次人才发展促进会第二届会员大会暨年度论坛在中关村示范区展示中心举行。来自“千人计划”“海聚工程”“高聚工程”的28位个人会员及中关村示范区“十百千工程”“瞪羚计划”企业和海淀区高新技术企业的75家企业会员的代表参加。会上，人才促进会负责人汇报了2012年的工作，并公布2013年工作计划。2013年，人才促进会将创建“高层次人才之家”。“高层次人才之家”主要从学习、生活2个方面入手，通过不定期组织会员开展参观考察等专题活动，学习知名企业的先进管理方法，了解中关村示范区科技创新与科技文化，了解各园区的建设规划、优惠政策，从而开阔会员视野，使会员能够更好地经营企业，促进会员发展；通过组织会员体检、文体竞赛、组织养生专题讲座、会员联谊等活动，引导会员关注健康，丰富会员精神文化生活，增进会员间的了解和交流。论坛上，人才促进会首次发布《北京市海淀区高层次人才发展报告》白皮书，并邀请相关专家及会员代表就人才战略、国家“千人计划”及各地人才政策及其特点、北京市“海聚工程”的发展和现状等主题做了演讲。

（冯　娜　杨　禹）

**【北京民协第七届会员大会召开】**3月28日，“北京民营科技实业家协会第七届会员大会”在北大博雅酒店

召开。北京民协会员代表近200人参加。会议选举产生第七届理事会、监事会组成人员，北京绿创环保集团有限公司董事局主席姜鹏明当选理事长，北京华讯集团董事长戴焕忠当选监事长。第七届理事会、监事会还分别召开第一次会议，决定成立3个“委员会”、2个“中心”，即投融资促进委员会、市场开拓委员会、科技产业促进委员会、会员服务中心和咨询顾问中心，构建成协会的“3+2”服务体系。

（尹玲利）

**【陈刚到北京民协调研】** 4月11日，市委常委陈刚、市委副秘书长傅华、中关村管委会主任郭洪等领导到北京民营科技实业家协会调研。陈刚听取协会会长姜鹏明对北京民协各项服务职能的介绍，并指出：社会组织未来的地位与价值将日益凸显，希望北京民协坚持创新，积极服务中关村国家自主创新示范区的发展。

（尹玲利　陈宝德）

**【中关村协会发展论坛举办】** 4月11日，由中关村管委会主办，中关村协会联席会承办的中关村协会发展论坛在中关村示范区展示中心举行。来自中关村示范区各协会的代表100余人参加。论坛围绕“中关村协会组织如何创新”“中关村协会组织如何自律”“企业发展过程中对协会组织的需求”“中关村协会组织今后的发展方向与模式”等议题，由中关村协会组织代表、企业代表、专家和领导进行发言，并与参会嘉宾进行互动交流。

（杨　禹　韩　冰）

**【研究开发费用加计扣除政策培训举办】** 4月12日，由海淀园管委会、北京中关村高新技术企业协会共同主办的“高新技术企业研究开发费用加计扣除政策培训”在北京美泉宫饭店举行。中关村示范区300余家高新技术企业的代表参加。市科委相关负责人介绍和讲解企业在申报高新技术企业认定中有关加计扣除政策和认定条件相关联的常见问题、操作流程。国税八所相关负责人为企业代表讲解企业在国税办理加计扣除相关事项时应注意的问题等，并就国税备案等问题进行诠释与指导。

（龙　琦）

**【中关村外商投资企业协会换届】** 4月18日，北京中关村外商投资企业协会第六届会员代表大会在微软亚太研发集团召开。海淀区政府、海淀园管委会等单位有关领导以及相关政府部门、协会领导及部分会员企业代表100余人参加。大会选举产生第六届理事会成员单位和第六届协会会长、副会长、秘书长。微软亚太研发集团主席张亚勤当选为第六届协会会长。

（杨　禹）

**【人才协会第五届会员代表大会召开】** 4月26日，“中关村人才协会第五届会员代表大会暨第五届理事会第一次会议”在翠宫饭店举行。市民政局、中关村管委会等单位有关领导以及会员代表60余人参加。会上，市民政局社团办宣读北京市民政局《行政许可决定书》（京民社许准变字〔2013〕157号），准予协会社团名称变更为中关村人才协会。会议选举产生第五届理事会和监事会，太极计算机股份有限公司总裁刘淮松当选为协会第五届理事长。

（杨　禹）

**【承办第十七届软博会北京软件周】** 5月27日—6月1日，由市经济信息化委主办，北京软件行业协会等单位承办的2013第十七届中国国际软件博览会北京软件活动周在京举行。活动围绕“建成有世界影响力的中国软件名城——北京”的主题，整合展览展示、论坛、峰会、报告发布等活动资源，整体展示北京软件产业发展成果，研讨产业发展面临的紧迫问题。活动期间北京软件和信息服务企业组团参加第十七届软博会。北京软件行业协会组织搭建软博会北京馆，以整体统一和简约设计的风格，以互动体验的方式，全面展示北京软件和信息服务业的名企、名人、名品、名园以及创新产品。北京软协还举办北京软件名人论坛，邀

请业界、政届、学届名人，共同研讨软件在未来的作用，讨论如何把握软件革命带来的机遇和挑战。

（郝峥嵘）

**【信息网络新业态创新企业 30 新榜单发布】**5 月 31 日，由北京信息化协会主办的“2013 北京信息网络产业新业态创新企业 30 新遴选颁奖典礼”在北京世纪金源大饭店举行。政府主管领导、企业代表、记者以及相关机构的代表近 200 人参会。此届遴选由北京信息化协会、北京软件行业协会、北京通信信息协会、北京软件和信息服务交易所 4 家机构联合主办，以“智慧城市　业态创新”为主题，以新商业模式、新技术应用、新市场机会等为标准，评出北京爱创科技股份有限公司、北京乐动天下（北京）体育科技有限公司、北京奥鹏远程教育中心有限公司等 30 家最具创新力和成长潜力的信息网络企业，全部为中关村示范区企业，主要涉及软件业、互联网信息服务、物联网、手机支付、移动通信、云计算等领域。入选企业平均成立时间 8 年，平均员工数量 269 人，2012 年平均收入 1.8 亿元，平均增长率为 26%，平均净利率为 11%，专利数量平均 5 件，著作权数量平均 34 件，有 14 家企业有股权或者债权融资需求，3 家有股权和债权融资需求。

（江　欣）

**【完成北京软件和信息服务业发展报告】**5 月，北京软件行业协会潘登等完成市经济信息化委委托的软科学课题项目《北京软件和信息服务业发展报告:2013》。《报告》对北京软件和信息服务业 2012 年总体情况、重点领域、新兴领域、投融资、人才、技术发展进行总结和分析。

（郝峥嵘）

**【中关村天使投资协会成立】**7 月 9 日，“中关村天使投资协会筹备成立大会”在清华科技园举行。市民政局、中关村管委会等单位有关领导以及协会发起单位的负责人、会员代表 70 余人参加。会议审议并通过《中关村天使投资协会章程》和《会费收取办法》，选举启迪天使投资管理（北京）有限公司董事长罗茁为会长。协会由专注于早期创业投资的风险投资机构、天使投资人、创业者和活跃在天使早期项目投资领域的相关企业以及具备条件的专家、学者和实际工作者等自愿联合发起成立，是经北京市社会团体登记管理机关核准登记的非营利性社会团体法人，旨在搭建政府与天使投资人之间的桥梁，促进政府与天使投资人之间的沟通交流，将通过与各大学科技园、科技园区和孵化器的合作，挖掘创业企业，开展会员联合投资和项目共享活动，还将组织会员参与投资交流、行业学习、投资培训等活动，为会员搭建项目投资学习、创业经验分享及感情联络的交流平台。

（刘伟杰　杜　玲）

**【北京软协人才服务与培训分会成立】**7 月 15 日，市民政局发布《行政许可决定书》（京民社许准分变字〔2013〕736 号），批准北京软件行业协会归国软件人员联络会更名为北京软件行业协会人才服务和培训分会。北京软件行业协会人才服务与培训分会是由相关的软件企业、大中专院校、各类培训机构、从事软件行业的专业人士等自愿组成，并经市社团办批准成立的行业性组织，将推动各类急需软件人才的培养与发展，拓展北京及周边的大中专专业院校向北京定向输送软件人才，倡导企业与员工之间和谐共生，形成有序的行业人员流动与竞争机制，建立更加有效的校企合作与人才服务模式，提升面向软件行业各类从业人才的权益保障与服务水平，探索软件领域内个人职业信用体系的建设思路。分会将依托北京软件人才公共服务平台，开展与人才服务与培训有关的各项工作。

（郝峥嵘）

**【计算机信息系统集成企业培训举办】**7 月 17 日，由北京信息化协会举办的“2013 年度计算机信息系统集成企业资质监督检查培训”在柏彦大厦举行。来自计算机信息系统集成资质三四级企业的相关人员 60 余人参加。培训邀请工业和信息化部计算机信息系统集成资质认证工作办公室和北京市计算机信息系统集成资质认证工作办公室的有关领导，针对企业在资质监督检查中遇到的问题进行解答，协助企业做好 2013 年度计算机信息系统集成监督检查，正确填写监督检查表。

（江　欣）

**【海淀商业服务业技能维修大赛举办】**7 月 18 日，由海淀区政府主办，中关村电子商会承办的第七届海淀商业服务业职业技能风采大赛之技能维修大赛在鼎好电子商城举行。来自各电子卖场的 14 位选手参加比赛。

参赛者利用大赛组委会提供的工具、出现问题的笔记本电脑及手机，按照比赛要求，以用时长短划分比赛名次，完成后由裁判员统一负责验机，合格且用时最短者为胜。经过初赛筛选，共有鼎好、海龙、中关村维修城、E世界等4家电子卖场的14位选手进入决赛，最终来自中关村维修城的选手以13分12秒的成绩获得冠军。

（丁　旭）

**【北京软协CEO互访活动第二站举办】**7月26日，2013北京软协CEO互访活动第二站在北京超图软件股份有限公司举行。市经济信息化委软件处有关领导以及北京软件行业协会20位副会长及部分常务理事参加。与会企业家讨论了“智慧城市”建设的发展情况、企业合作契机以及面对的问题，并达成共识：“智慧城市”建设是个庞大的项目，各个企业单独的力量是有限的，并且在各自专长的领域，面对“智慧城市”建设多方位的竞争时势单力孤。如果企业形成“联合体”模式，把各自企业的专长融合到一起形成合力参与竞争是个很好的模式，既能够发挥各自企业的专长，还能以“联合体”的全面而强大的模式参与“智慧城市”建设的国际竞争。最后，与会企业家一致通过成立工作小组，由协会秘书处牵头，每家副会长单位指派专人参与工作组，共同制定“北京软件智慧企业白皮书”推进企业联合工作。

（郝峥嵘）

**【自主创新和产业发展专项资金培训举办】**7月29日，由北京中关村高新技术企业协会主办的“海淀区2013年支持核心区自主创新和产业发展专项资金培训会”在鑫泰大厦举行。海淀园近500家高新技术企业的代表参加。培训会邀请海淀园管委会相关处室和海淀区金融办的相关负责人，就各自部门、处室负责的2013年核心区自主创新和产业发展专项资金部分项目进行讲解，着重介绍海淀园企业申报的项目，包括项目特点、

申报条件、申报流程等。

（龙　琦）

**【北京民协更名为中关村科技企业家协会】**8月6日，市民政局发布《行政许可决定书》（京民社许准变字〔2013〕853号），批准北京民营科技实业家协会社团名称变更为中关村科技企业家协会，法定代表人变更为姜鹏明，办公住所变更为海淀区上地信息路7号605室。中关村科技企业家协会将在沿袭北京民协已有服务的基础上，更大范围团结和凝聚企业家群体的力量，为中关村示范区企业家发展科技产业服务，为中关村示范区建设服务。

（尹玲利）

**【中关村电子商会成立10周年庆典举办】**8月18日，“十年铸剑　再创辉煌——北京中关村电子产品贸易商会成立10周年庆典暨《IT卖场运营手册》发布仪式”在翠宫饭店举办。商务部、工业和信息化部、中关村

管委会等单位有关领导及商会会员代表100余人参加。活动回顾过去10年商会的成长历程以及取得的成绩，并宣布北京中关村电子产品贸易商会更名为中关村电子商会。商会还发布由商会会长鲁瑞清主编的《IT卖场运营手册》。《手册》分为入门篇、管理篇、经营篇、服务篇、物业篇等10篇，包括：卖场业态、卖场开办、开店活动等内容，经典案例等，总结IT卖场运营的规律和成功经验，并对中国的IT卖场行业给予指导。

（丁　旭）

**【共建北京项目管理学院】**8月，北京项目管理学院（网

络）（www.bipm.cn）成立。学院由北京项目管理协会与北京时代光华教育发展公司共同创立，是专门从事项目管理学科的学术理论研究、学历相关教育、国际认证培训、企业管理咨询以及图书资料编撰的教育培训学院，采用“大规模实时在线课堂”（MOOC–Massive Open Online Course）的方式，开展 PMP、IPMP、项目管理成熟度 OPM3 等课程的学习、培训、认证和咨询的服务。

（刘乐乐）

**【新三板专委会读书会举办】** 10 月 12 日，北京中关村企业信用促进会新三板企业专业委员会读书会第一次会议在嘉华大厦举行。来自新三板企业、银行、投资公司的代表 30 余人参加。活动邀请《破解“窝火”的人力资源——看经营组织之“道”》的作者罗元福为主讲嘉宾。罗元福从大数据背景下企业方略的实战角度出发，对绩效管理的理念、原理、步骤、关键点做了解读。“读书会”是新三板专委会下设的一个活动团体，以“学习和传播新三板知识、构建中关村新三板企业融合且丰富读者业余生活”为宗旨，为会内的所有企业提供一个信息交流的平台。

（于梦晨）

**【越南投资合作报告会举办】** 10 月 18 日，由中关村人才协会、北京电子电器协会、中关村不动产商会、北京中关村高新技术企业协会联合主办的“越南投资、贸易、合作政策报告会”在北辰世纪中心举行。越南驻华使馆相关人员以及来自浙江大学、相关协会、企业的代表 80 余人参加。会议介绍越南在招商引资、项目合作、贸易等方面政策环境情况和高企协驻越南河内市办事处的相关情况，以及中国企业赴越南投资可能遇到的问题。会上，北京电子电器协会、中关村人才协会和不动产商会还与高企协驻越南河内市办事处签订合作框架协议书。根据协议，北京电子电器协会、中关村人才协会和不动产商会将组织会员企业赴越南进行市场调研和考察，高企协驻越南河内市办事处负责协助企业在项目合作、贸易洽谈等方面开展工作，办事处的产品展示中心可为企业提供企业宣传和产品展示的平台。

（龙　琦）

**【建设科技创新型企业人才服务平台】** 10 月，北京中关村人力资源经理协会启动“中关村科技创新型企业人才服务平台”建设。平台建设主要包括人力资源管理创新、教育培训内容创新、专家服务形式创新 3 个方面内容，旨在培养创新型企业高级人力资源管理者，帮助企业在人力资源管理与开发、人才激励与约束机制等方面形成高效的管理体制，构建企业高层次的人才队伍，提升科技创新型企业的核心竞争力。协会邀请入选“千人计划”“海聚工程”“高聚工程”的高层次人才和北京市律师协会的律师组成平台专家服务小组，通过举办培训、交流等活动，为科技创新型企业提供专业人才服务。至年底，平台举办 6 场培训活动和 4 场专家小组走进企业活动，为科技创新型企业管理者以及 HR 总监、经理等中高层管理者提供服务，近 200 家企业的相关人员 800 余人参加。

（孙　婧）

**【乐购中关村促销活动举办】** 11 月 28 日，由中关村电子商会、北京市场协会电子卖场分会、北京中关村电子卖场工会联合会共同主办的“乐购中关村——重塑‘诚信兴商’创文明新风新闻发布会”在鼎好投影器材城举行。海淀区商务委有关领导以及中关村各大电子卖场代表参加。会上，中关村电子商会宣布，9 月—12 月，组织中关村各大卖场举办以“乐购中关村——重塑‘诚信兴商’创文明新风”为主题开展系列活动，通过促销、宣传、树立典型、评比等活动满足消费者的购物需求，为消费者提供文明、诚信的购物环境，

以进一步地传播中关村文化、树立品牌形象及宣扬中关村地区新主张，将为重塑中关村各电子卖场的诚信形象起到良好的作用。同时，也为卖场聚集人气，增加销量，以提高市场占有率。

（丁　旭　杨　禹）

**【电子卖场专项整治工作动员大会举行】** 12 月 25 日，由中关村电子商会主办的“‘诚信经营　整治乱象’动员大会”在京举行。海淀区商务委、工商海淀分局西区工商所、西区办等单位有关领导以及中关村各电子卖场代表等 100 余人参加。会议公布由商会联合各电子卖场制定的《各电子卖场关于落实双打工作的具体要求》，要求做到思想到位、人员到位、措施到位等，并充分利用协调机制，配合联动，统筹协调集中整治出售假冒伪劣商品、强买强卖、管理混乱等不良行为。

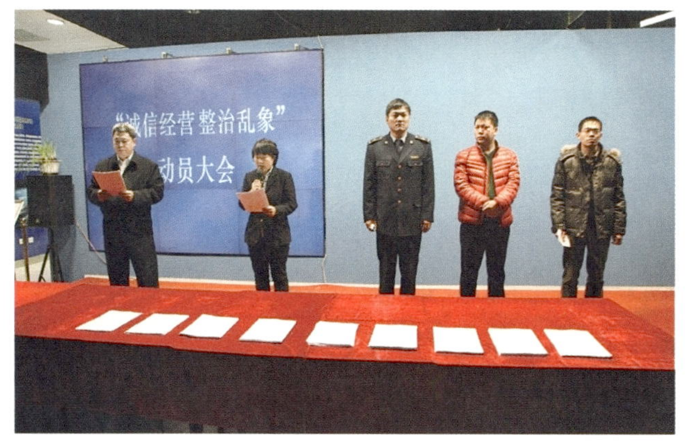


海龙电子城、鼎好电子城、E世界数码广场以及科贸电子城4家电子卖场为响应此次专项整治工作制定了新的市场制度，以加强对卖场经营秩序的管理，切实维护广大消费者及商户的利益，各商户必须服从卖场统一协调管理。凡有不服从卖场统一协调，强买强卖、恶性压价、欺行霸市、扰乱商场经营秩序者，按规定给予相应处罚，直至解除合同。

（丁　旭）

**【中关村产业技术联盟促进会成立】** 12月26日，中关村产业技术联盟促进会（联席会）成立大会在文津国际酒店举行。科技部、中关村管委会、市民政局社团办等单位相关领导以及50余家会员单位的代表参加。促进会旨在为推动科技创新、协同创新和提高资源整合效率，发挥"引领"和"集群"作用，将在促进联盟间协同创新，技术、产业交叉集成中发挥积极作用，同时搭建联盟与政府、联盟与联盟之间沟通的桥梁。启迪控股股份有限公司董事长梅萌为促进会理事长。

（王　翔）

**【高端领军人才资格评价工作培训举办】** 年内，北京中关村人力资源经理协会举办3场"中关村高端领军人才专业技术资格评价工作培训会"。北京市各区县人力社保部门和中关村示范区各园区的相关工作人员、评审专家和企业人员等近900人参加。培训邀请市人力社保局、北京市人事考试中心等单位的相关专家，就中关村高端领军人才专业技术资格评价工作的背景、相关政策、工作程序、注意事项、答辩流程、机器操作等方面进行介绍和讲解。

（孙　婧）

**【中关村社会组织数量达110余家】** 年内，中关村示范区社会组织登记数量为37家，其中社会团体28家，民办非企业单位9家，年增长率在100%以上。同时，还有32家产业技术联盟完成备案。至年底，活跃在中关村示范区的社会组织达110余家。其中，在市民政局社团办中关村处登记的社会组织82家（包括社会团体63家、民办非企业单位18家、基金会1家），在海淀区民政局登记注册、为中关村示范区核心区发展服务的社会组织32家。

（秦　琳）

# 联盟组织

**【闪联参展 CES】**1 月 8—11 日，在美国拉斯维加斯举行的 2013 国际消费电子展（2013 CES）上，闪联产业技术创新战略联盟展示一系列基于闪联国际标准的应用与产品，包括 TCL 享屏智能电视、LINKSEE A5 无线高清影音伴侣以及“PC to TV”等在内的“智慧互联”产品。LINKSEE A5 采用安卓（Andiroid）操作系统，具备多屏互动功能，实现无线互联、无线投屏，支持将手机、平板电脑、笔记本端的 PPT、音乐、视频、图片等资源无线传输到电视端显示。闪联还在智慧教育领域推出享屏大屏幕互联教育一体机解决方案。由新联合众（北京）科技有限公司研发的具备无线互联、

LINXEE智能触控一体机

智能交互技术的 LINXEE 智能触控一体机集电视、电脑、投影机、电子白板、功放音响等诸多功能于一体，具有减少设备投入成本，空间占用小，操作更便捷等优势，其最大的特点在于解决了教学设备布线难问题，实现设备间的无线互联、文件的无线传输、屏幕的无线投影，笔记本、台式机、平板电脑等教学移动终端可将屏幕内容以无线方式在大屏幕一体机上显示，学生还可用电子书包将作业提交到大屏幕一体机上显示。

（杜　菲）

**【闪联标准入围十大标准化事件】**1 月 10 日，在“第五届电子信息产业标准推动会暨中国电子信息行业社会责任年会”上，工业和信息化部公布 2012 年度电子信息产业十大标准化事件。其中，“‘闪联’全系列标准正式成为国际标准”入围，入选理由为“IEC 国际标准化组织向全球正式发布由我国主导制定《信息设备资源共享协同服务　第 21 部分　应用框架》《第 3 部分　基础应用》《第 5 部分　设备类型规范》《第 6 部分　服务类型规范》等 4 项国际标准，与之前颁布的 3 项国际标准共同构成完整的‘闪联’国际标准体系，标志着 3C 协同互联领域实现了国际标准中国创造，对中国信息技术、消费电子和通信技术的协同发展和产业竞争力的提升具有重要意义”。

（杜　菲　杜　玲）

**【智慧北京大赛颁奖大会举行】**1 月 16 日，由中关村物联网产业联盟、中关村移动互联网产业联盟、中关村云计算产业联盟、北京信息化协会、北京软件行业协会等机构共同主办的“首届中国移动杯智慧北京大赛颁奖大会暨中关村物联网 2013 迎新年会”在北京京仪酒店举行。大赛指导单位、主办单位、支持单位的相关领导，智慧城市领域相关专家以及北京市相关企业、行业、媒体的代表等 200 余人参加。大赛评选出北京交大微联科技有限公司的北京地铁 15 号线 ATS 系统、北京掌城科技有限公司的公共交通出行者行人导航服务系统、芯联达科技（北京）有限公司的芯联达移动医 / 护工作站系统等 10 项优秀示范应用奖、北京时代凌宇科技有限公司的城市生命线监测系统、北京奥格瑞亚科技有限公司的智慧校园感知管理系统、北京创艺丰通信息技术有限公司的 3D 实景行业应用云平台等 10 项优秀解决方案奖和 10 项突出贡献奖。

（杨　禹）

**【食品安全检测产业知识产权联盟成立】**1 月 18 日，北京食品安全检测产业知识产权联盟筹备会在中国农业科学院农业质量标准与检测技术研究所举行。市知识产权局等单位有关领导以及联盟发起单位的代表参加。会议讨论通过联盟章程。联盟由中粮营养健康研究院、北京勤邦生物技术有限公司、清华大学精密仪器系等 11 家单位发起成立，是北京市首家专注于食品安全检测领域产学研协同创新和专利转移转化的知识产权联盟，旨在以知识产权为主线，提升创新能力和竞争力，促进产业持续发展。联盟理事长单位为中粮营养健康研究院。

（苏　品）

**【TD 联盟参与项目获国家科技进步奖】**1 月 18 日，在人民大会堂举行的国家科学技术奖励大会上，“TD-SCDMA 关键工程技术研究及产业化应用”项目获 2012 年度国家科学技术进步奖一等奖。中国移动通信

国家科学技术进步奖

证 书

为表彰国家科学技术进步奖获得者，特颁发此证书。

项目名称：TD-SCDMA 关键工程技术研究及产业化应用

奖励等级：一等

获 奖 者：北京时分移动通信产业协会

中华人民共和国国务院

2012 年 12 月 19 日

证书号：2012-J-236-1-01-D08

集团公司为该项目第一完成单位，北京时分移动通信产业协会（TD 产业技术创新战略联盟）等单位参与完成。项目完成单位均为 TD 产业联盟成员单位。TD 产业联盟在项目的推进过程中，协调、组织 TD 产业链各环节的联动发展。该项目的科技创新体现在：自主研发双模终端关键技术，解决了 TD-SCDMA 产业规模商用的瓶颈；系统设备在容量提升、性能提升、工程实用、绿色节能四大类关键工程技术领域取得突破；创立技术标准产业化的测试方法体系，在系统级端到端的测试技术方面取得突破，自主研发了相关测试装备等；提出并规模应用一系列 TD-SCDMA 网络优化、运营安全、网络管理和 TD 与 GSM 网络融合的创新方案；成立首个由企业自发形成的产业协调组织（即 TD 产业联盟），形成专利共享、共同开发、协同组织的产业发展机制，开创中国产学研用相结合的产业协同创新发展模式，加快了产业化整体进程。

（韩　雯）

**【中国低碳高端智慧园区产业技术创新战略联盟成立】**1 月 31 日，由北京经开投资开发股份有限公司主办的“中国低碳高端智慧园区产业技术创新战略联盟”成立大会在京举行。科技部、教育部、北京理工大学等单位相关领导以及来自高校、科研院所、企业的代表近 300 人参加。联盟由北京经开投资开发股份有限公司、中国城市发展研究会、北京工业大学等 32 家单位共同发起，融合产、学、研、用等多方力量，将以自主创新和引领发展为宗旨，通过对低碳高端智慧园区共性核心基础技术的研究与自主创新，形成具有自主知识产权的产业标准、专利技术和专有技术，带动重大应用示范，建立集约高效的园区经济发展模式，促进新兴产业以园区为平台的集聚共生和谐发展。3 月，联盟发布《低碳产业园区评估标准》，是国内首个着眼于产业园区物质能量代谢与全生命周期温室气体排放行为的低碳评价标准，适用于低碳产业园区的规划、建设、管理和验收，也可指导产业园区的低碳化改造。7 月 11 日，联盟第一届理事会第一次会议召开，确定联盟理事会，明确联盟章程、执行机构。十一届全国政协常委蒋明麟担任联盟首届理事长。

（崔春雷）

**【筹备电力节能环保产业知识产权联盟】**2 月 27 日，由市知识产权局主办的北京市电力节能环保产业知识产权联盟筹备工作会在市知识产权局举行。联盟发起单位的代表参加。会议通过联盟章程并就联盟 2013 年度工作计划进行讨论。联盟由华北电力大学、国家电网智能电网研究院、北京三得普华科技有限责任公司等 8 家电力节能环保产业单位联合发起，致力于推进电力节能环保领域知识产权联合创新和专利对接转化，将搭建产业知识产权信息共享平台和专利转移转化平台，为联盟成员提供定制化的知识产权战略制定、专利挖掘布局、专利风险分析和专利商用交易等服务，通过整合、运营联盟知识产权资源，提升联盟及各成员知识产权整体实力和竞争力，推动电力行业节能减排。

（苏　品）

**【长风专场政策解读会举办】**3 月 14 日，由北京长风信息技术产业联盟主办的“中关村示范区国际化发展专项资金培训会——长风联盟专场”在裕惠大厦举行。联盟成员单位代表 100 余人参加。相关专家分别对国际化发展专项资金的政策、申请流程及网上申报以及海淀园的国际化发展专项资金政策给予解读。2013 年，长风联盟共组织 11 场专场政策解读会，内容涉及国际化合作、金融、中小企业服务、人才等方面的各项政策，共有 1500 余人次参加。

（董　琳）

**【共建 e 联盟】**4 月 18 日，由百度在线网络技术（北京）有限公司主办的“搜赢大数据时代——2013 百度营销中国行暨 e 联盟——行业企业信息化服务联盟发布仪式”在北京香格里拉酒店举行。来自企业、行业协会以及媒体的代表 1000 余人参加。会上举行行业企业信息化服务联盟（e 联盟）成立仪式。联盟由百度公司联合中国电子商会、中国机械工业联合会、中国食品工业协会等全国八大行业的 11 家国家级协会及组织共同发起成立，将围绕电子电工、纺织服装、食品、机械设备、装饰装修、婚庆、汽车、软件、物流等行业，从网络平台、现场活动和会员企业专项服务 3 个方面为企业提供专业化服务，通过举办行业企业信息化活动，为企业提供搜索营销知识培训，并免费为企业建设网站和提供营销指导，还将推出“百度商情”“行业企业身份认证”等企业特权服务。

（杜　玲）

**【现代服务业开放平台产业联盟成立】**4月27日，“现代服务业开放平台产业联盟成立暨电子商务公共信息服务平台发布大会”在北京西郊宾馆举行。国家标准化委、北京市商委、中关村管委会等单位有关领导以及50余家联盟发起单位和理事单位的代表参加。联盟由中国标准化研究院、北京京东世纪贸易有限公司、北京软件产品质量检测检验中心等单位发起，将组织会员制定满足产业发展的联盟标准，并建设运营电子商务公共信息服务平台，为政府决策、行业管理、消费者、社会和联盟成员提供公共信息服务。其具体目标包括，推动建设标准化示范应用工程、主导或参与各级标准的制定，探索建设电子商务工程中心，培育行业龙头企业，形成一批自主知识产权产品和集成应用解决方案，成为中国电子商务权威的技术标准研究和信息服务中心。

（杜　玲）

**【闪联参展科博会】**5月22—26日，在中国国际展览中心举行的“第十六届中国北京国际科技产业博览会”上，闪联产业技术创新战略联盟以“闪联互联创新技术·助力智慧城市建设”为主题参展。闪联推出白色家电智能化解决方案，展示的海信微博空调实现了闪联跨界互联智能化。该空调通过闪联跨界互联服务器与移动互联网社交应用进行无缝绑定，用户通过微博就可以远程遥控空调调节温度；遇到异常天气或重度污染的情况，空调也会发送微博或者私信告知用户，使用户可以快速了解天气变化和空气质量。闪联还展示了84英寸、82英寸等带有无线传屏功能的大屏幕智慧教育触控一体机产品以及智能电视产品和LINKSEE A5、A6+、A8高清播放系列产品、无线高清共享器201、501系列等产品。

（杜　菲）

**【长风联盟参展京交会】**5月28日—6月1日，在第二届中国（北京）国际服务贸易交易会上，北京长风信息技术产业联盟组织会员单位北京中科红旗软件技术有限公司、北京红山世纪科技有限公司、北京捷通华声语音技术有限公司等10余家企业参展。捷通华声公司展示的由灵云能力支撑的广播寻人信息系统，导游在智能终端的手写屏上写出对方的名字、旅游团名称后，广播中就会语音播出，还可以播放英文、日文等语言。捷通华声公司还展示了语音合成产品，通过在平台上输入文字，即可实时进行播报，音质完美，声音清晰、自然，可应用于呼叫中心等行业。

（董　琳）

**【中国城市文化产业发展联盟揭牌】**6月14日，“中国城市文化产业发展联盟揭牌仪式”在雍和园举行。文化部、东城区委宣传部等单位有关领导以及联盟发起单位的代表100余人参加。联盟由中国文化管理协会、国家发展改革委国际合作中心文化产业研究所、北京大学文化产业研究院等业界相关政府部门、学术研究机构、企业和媒体联合发起成立，将致力于为中国城市、地区的文化环境建设打造公共服务平台，提供相关一体化方案，为其成员提供城市品牌规划、城市文化遗产保护规划等系统性服务。仪式上，中国城市文产联盟与泛华建设集团有限公司签署战略合作协议，将“中国城市文化产业发展联盟贡品产业发展中心”和“中国城市文化产业发展联盟文化遗产发展中心”设立在泛华集团。同时，联盟还和北京歌华有线电视网络股份有限公司成立“中国城市文化产业发展联盟传媒发展中心”，并向掌讯东方（北京）信息技术有限公司、北京圣唐古驿创意文化园，三匚新华控股（北京）有限公司授予理事单位标牌。

（杜　玲）

**【TD产业联盟新增7家成员单位】**7月9日，“夏日倾情　携手共赢暨TDIA新成员加入仪式”在北京国宾酒店举行。来自TD产业技术创新战略联盟（TDIA）会员单位的代表120余人参加。经联盟理事会和成员大会表决通过，联盟成员工业和信息化部电信研究院晋升为理事单位；清华大学、东南大学、北京小米科技有限责任公司、安立通讯科技（上海）有限公司、广东欧珀移动通信有限公司、展唐通讯科技（上海）有限公司、广东盛路通信科技股份有限公司等7家单位加入联盟。至此，联盟成员增至97家。

（韩　雯）

**【TD产业联盟参展SINOCES 2013】**7月11—14日，在青岛国际会展中心举行的2013年中国国际消费电子博览会（SINOCES 2013）上，TD产业技术创新战略联盟组织联想（北京）有限公司、华为技术有限公司、播思通讯技术（北京）有限公司等成员企业参展，展示了TD手机、TD数据卡、TD无线座机、TD芯片、TD电子阅读终端等TD终端系列产品。

（韩　雯）

**【长风联盟科技立方委员会成立】**8月16日，由北京长风信息技术产业联盟主办的“‘长风联盟科技立方创新资源服务（大数据）委员会’成立筹备会”在方圆大厦举行。北京市科技信息中心、长风联盟等单位有关领导以及联盟会员企业代表30余人参加。会议确定委员会名称为“长风联盟科技立方大数据服务创新委员会”，委员会的第一届主任委员单位为北京拓尔思信息技术股份有限公司，拓尔思公司总裁施水才担任第一届主任委员。委员会设研究组和市场组。研究组开展研究大数据环境下信息资源整合技术、关联分析技术等相关技术研究，大数据环境下技术平台标准和信息资源操作标准的制定和研究。市场组面向行业用户，开展多资源联合的、多维度的、具有关联分析特性的信息资源服务研究，探索大数据环境和开放数据环境下的信息服务产业模式。

（董　琳）

**【软件和信息服务业节能减排产业联盟成立】**8月20日，“中关村软件和信息服务业节能减排产业联盟第一届成员大会暨成立仪式”在工业和信息化部电信研究院举行。工业和信息化部、市经济信息化委、中关村管委会等单位有关领导以及清华大学、中国移动通信集团北京有限公司、中国联合网络通信有限公司北京市分公司等相关单位的代表近80人参加。联盟由工业和信息化部电信研究院（中国泰尔实验室）和中关村光电产业协会等19家单位发起成立，旨在通过政府引导和市场拉动，聚合产业相关单位，搭建节能减排服务平台。联盟将以提高能源利用效率为核心，以管理和技术进步为手段提升节能减排技术(产品)研发水平，优化产业发展环境，加强会员单位的沟通与协作，实现行业自律，促进本行业节能减排工作健康有序发展。工业和信息化部电信研究院当选为第一届理事长单位，中国泰尔实验室主任何桂立当选为第一届理事长。

（刘乐乐）

**【闪联与衢州市教育局签订协议】**8月22日，在“中关村管委会、衢州市政府战略合作协议签约仪式”上，闪联产业技术创新战略联盟与衢州市教育局签订战略合作协议，共建“智慧教育”信息化示范项目。根据协议，双方将共建衢州“智慧教育”项目实施方案、新技术示范基地及产品产销渠道，共同推动衢州教育信息化进程，推进智慧校园、智慧教室等项目建设与应用。

（杜　菲）

**【第二届智慧北京大赛举行】**8月22日，由中关村物联网产业联盟、北京软件和信息服务交易所、中关村移动互联网产业联盟、中关村云计算产业联盟、北京信息化协会、北京软件行业协会、北京通信信息协会共同主办的“第二届中国移动杯‘智慧北京’大赛启动大会”在亚洲大酒店举行。市委宣传部、市经济信息化委、市科委、中关村管委会等单位相关领导参加。大赛面向北京企业、事业单位征集为社会公众提供信息化、智能化服务的“优秀示范应用”“优秀解决方案”，具体包括基本公共服务、交通信息服务、食品安全信息服务、旅游文化信息服务、智慧社区、智能家居等方面。大赛还特别设立10个智慧生活创意奖名额，面向社会公众公开征集智慧北京“民生服务”领域的优秀创意。12月19日，第二届中国移动杯“智慧北京”大赛颁奖大会在北京京仪酒店举行。拉卡拉支付有限公司的拉卡拉“智慧社区”便民金融服务应用等10个项目获优秀示范应用，北京汇通天下物联科技有限公司的GREAT物联网平台10个项目获优秀解决方案。

（江　欣　李建丽）

**【中关村美中生物技术产业集群创新联盟成立】**9月5日，“中关村美中生物技术产业集群创新联盟成立大会”在亦庄生物医药园举行。联盟会员企业代表参加。联盟是大兴—亦庄园第一家经民政局批准的非盈利社团组织，由园区内北京五加和分子医学研究所有限公司等7家生物医药企业共同发起成立，首批会员单位35家。会议通过联盟章程草案，选举出理事会主席、副主席。联盟成立后将吸引聚集包括技术、资金、人才等要素在内的优势资源，增加集群的创新能力；打造公共服务体系，开展多种形式的会员服务、行业服务、社会服务活动，高效配置社会资源;发挥组织协调作用，促进分工合理、特色明显、优势互补的区域产业结构形成；加强企业之间的关联度和分工合作，提高企业创业成功率和发展效率，降低成本，集约利用社会资源;促进政产学研用结合和科技成果转化，增强集群的协同创新能力和国际竞争力。五加和分子医学研究所董事长董小岩任联盟理事长。

（崔春雷）

**【闪联参展IFA电子展】**9月6—11日，在德国柏林举行的2013年德国柏林国际电子消费品展览会（2013 IFA）上，闪联产业技术创新战略联盟以“云联世界·智享未来”为主题展示内嵌闪联国际标准的LINXEE系列产品，包括LINXEE R110无线便携路由器、LINXEE P400超薄型移动电源、移动电源与路由器结合一体的3G无线路由器LINXEE R200等。闪联还推出智能LED灯LINXEE-HA200+，可将手机或PAD与智能网关一起连入家庭局域网，通过WiFi和Zigbee传输功能，智能控制多个LED灯光的开关，可根据场景或心情变换照明颜色。

（杜　菲　杨　禹）

**【首期TD产业沙龙举办】**10月10日，首期“TD产业沙龙”在高德大厦举行。来自产业链各环节企业的技术人员60余人参会。与会代表就TD-LTE相关行业应用标准和规范、国产设备与器件支持、业务应用创新及体验环境建设等内容进行交流。沙龙由TD产业技术创新战略联盟组织，旨在推动TD产业快速发展，推动TD-LTE技术用于应急通信、政务、能源、公安、医疗、交通等领域，以期为TD-LTE行业应用树立可推广的创新示范应用方案，带动TD-LTE与现代服务业的融合发展。

（韩　雯）

**【涉药物流产业技术创新战略联盟成立】** 10月11日，中关村涉药物流产业技术创新战略联盟签约仪式在中国技术产权交易所举行。来自国家有关部委、行业协会、医药物流企业、投资机构的代表及行业专家等参加。联盟由北京中交协物流研究院、中国标准科技集团、中国技术交易所有限公司发起成立，将依托发起单位各自领域的资源优势，组织相关国家工程技术研究中心、相关技术产业化基地以及重点实验室等相关资源，开展物流科技产业共性技术和产业链集成技术研发，促进生物医药产业及医药冷链物流技术的发展。

（杜　玲）

**【长风联盟3家会员企业获特一级资质】** 10月18日，工业和信息化部发布《关于公布首次授予计算机信息系统集成特一级企业资质证书企业名单的通知》（工信计资〔2013〕17号），授予中国软件与技术服务股份有限公司等4家企业计算机信息系统集成特一级企业资质。其中，3家企业为北京长风信息技术产业联盟会员企业，包括东软集团股份有限公司、浪潮齐鲁软件产业有限公司、太极计算机股份有限公司。入围的4家企业中，中软公司和太极公司为中关村示范区内企业。特一级资质认定，旨在推动计算机信息系统集成企业做大做强，维护党政、军队、金融、电信、交通、能源等重要领域安全可靠信息系统的建设和保障。获得资质的企业将可以承接涉及军队、金融等领域的国家重大信息工程项目。

（董　琳　江　欣）

**【长风联盟洛阳展示中心揭牌】** 10月18日，由北京长风信息技术产业联盟主办的“长风联盟智慧城市解决方案（洛阳）展示中心揭牌仪式”在洛阳高新区创业中心举行。发展改革委、工业和信息化部、北京市科委以及洛阳市工信局、科技局、高新区等单位有关领导、业界专家和长风联盟会员代表参加。展示中心位于洛阳高新区，是长风联盟受洛阳高新技术创业服务中心有限公司委托承建，以长风联盟会员单位面向智慧城市的典型应用案例为核心，以功能展示作为基础，搭建一个开放的、可互动交流的展览展示平台。中心采取图文说明、多媒体演示、用户体验、用户试用等多种方式，集中展示长风联盟成员在智慧城市领域的优

秀解决方案与产品，包括智慧政务、旅游、医疗、社区等领域。展示中心的建成，为长风联盟的成员单位与洛阳市的企业、客户之间开展合作提供互动交流的渠道，为共同开展面向洛阳市重大信息化应用的联合技术攻关和产业化研究项目搭建平台。

（董　琳）

**【中关村云平台与数据应用联盟成立】** 10月25日，中关村云平台与数据应用联盟成立大会在包头稀土高新区举行。近20家联盟发起单位的负责人以及企业代表近80人参加。联盟由中电华通通信有限公司、亿赞普北京科技有限公司、北京荣之联科技股份有限公司等企业联合发起成立，包括研发生产型企业、研发机构和科研院所等企事业单位，旨在以整合云平台与大数据产业的资源为手段，建立科学的云平台、大数据应用模式，推动创新共赢和产业发展。联盟成员涉及云平台、大数据领域的全产业链。会上，包头市经济信息化委、中关村云平台与数据应用产业联盟、稀土高新区管委会共同与中电华通公司等6家企业举行四方签约仪式。根据协议，中关村云平台与数据应用产业联盟及6家企业将参与智慧包头总体规划和顶层设计，并适时组织智慧工业、智慧社区、智慧农业、智慧环境与水务、智慧医疗等领域的联盟成员，与包头市经济信息化委就项目合作进行对接，稀土高新区管委会将提供优惠政策支持合作项目在高新区投资建设。

（龙　琦）

**【信息化监管机制研究课题通过验收】** 10月，由北京长风信息技术产业联盟完成的“信息化工作任务监管机制研究”课题通过市科委验收。课题通过研究国外电子政务和信息化项目监理的先进方法与经验、现状和特点，对中国信息化项目监理运行现状与存在问题、电子政务建设中的项目监理评价指标和收费标准体系进行科学研究分析，提出推动中国电子政务项目监理工作的具体建议。课题研究成果将以《信息化项目监

理研究分析报告》和调研报告的形式向社会公布。

（董　琳）

**【中关村—滨海大数据产业联盟成立】**11月8日，中关村—滨海大数据产业技术创新战略联盟成立仪式在天津市滨海新区举行。中关村管委会、滨海新区政府等电脑有关领导以及联盟全体成员80余人参加。联盟由来自中关村示范区和滨海新区的大数据领域企业、高校、科研机构组成，包括北京五八信息技术有限公司、天津中科蓝鲸信息技术有限公司等70余家单位。其主要任务是组织成员开展核心技术攻关、建立大数据公共技术创新平台、建立人才联合培养机制、促进科技成果转化、协助联盟成员开拓市场等。联盟理事长由北京大学信息科学技术学院院长梅宏担任。

（龙　琦）

**【智慧能源产业技术创新战略联盟成立】**11月14日，由全国节能减排标准化技术联盟和中关村下一代互联网产业联盟共同举办的“智慧能源产业技术创新战略联盟”成立会暨第一次理事会在北京海润艾丽华酒店举行。科技部、市质监局和中关村管委会等单位有关领导以及相关机构、科研院所、大学和企业的代表50余人参加。联盟由全国节能减排技术标准化联盟和下一代互联网产业联盟共同发起，旨在以IEEE 1888智慧能源标准为基础，基于互联网开放模式，制定联盟标准，提供智慧能源开放平台，融合传统垂直产业链，在产业链各环节提供标准化的产品和服务，推动下一代互联网与节能减排事业融合发展。全国节能减排标准化技术联盟理事长王忠敏任联盟理事长。

（尹玲利）

**【百度健康公益联盟成立】**11月19日，由百度在线网络技术（北京）有限公司举办的“关爱凝聚力量　平等成就健康——百度健康公益联盟成立仪式”在北京举行。国家卫生计生委、中华儿慈会等单位有关领导以及医疗机构的代表参加。联盟由百度公司联合上万家专业医疗机构成立，将以“平等成就健康”为使命，旨在为需要救助的儿童提供直接的专业医疗救助。联盟首期联合投入2亿元医疗资源，覆盖国内上千个县市，为因医疗资源有限而得不到及时救助的患儿提供救助。病患儿童通过登录百度健康公益联盟官方网站（1119.baidu.com）提交申请，经中华少年儿童慈善救助基金会9958儿童紧急救助中心核实认证，确认真实有效且属于救助范围之后，将会获得联盟成员中1家或几家医疗机构提供的免费专业救助。具体救助的疾病包括：儿童先天性白内障、儿童先天外形缺陷、儿童皮肤病、儿童自闭症、儿童意外伤害等。联盟的第一个主题救助项目“瞳计划——贫困地区先天性白内障儿童救助行动”同时启动，计划救助1000个贫困的先天性白内障儿童。

（杜　玲）

**【中国运动健康产业联盟成立】**12月8日，“中国运动健康产业联盟启动仪式”在京举行。相关企业、机构的代表参加。联盟由北京康比特体育科技股份有限公司等10余家企业和机构发起成立，成员包括大型连锁健身俱乐部、运动食品、服装器材等领域的企业和机构，旨在“推动国家政策对产业的支持，推广技术的应用，加强专业人员培养，提升行业服务水平，促进行业进步，实现行业成员共赢”，将通过共享资源和信息，共树健康行业影响力，推动产业加速发展。

（龙　琦）

**【CSA获社团法人社会主体资格】**12月14日，中关村半导体照明工程研发及产业联盟筹备成立大会暨第一次会员大会在中科院半导体所举行。市民政局社团办等单位有关领导以及联盟成立筹备组、联盟会员单位的代表60余人参加。中关村半导体照明工程研发及产业联盟是将国家半导体照明工程研发及产业联盟（CSA）进行实体化和法人化，原有成员的身份和权利义务不发生改变。联盟注册后，将充分发挥中关村示范区在科研、检测、设计、展示、交易、人才及金融方面的优势，通过国际半导体照明总部基地规划发展，建设中国半导体照明产业发展的核心，致力于将中关村示范区打造成国际领先的半导体照明技术成果发源地、国际活动聚集地、全球人才会聚地、创新模式试验地、创新企业孵化地、全球性LED供应链中心和国内核心LED企业高端产品的研发和制造基地。

（杜　玲）

**【闪联标准推动奖颁奖】**12月19日，2013年闪联标准推动奖颁奖仪式在北京马哥孛罗酒店举行。闪联产业技术创新战略联盟合作伙伴及会员代表80余人参加。仪式上，闪联为在推动闪联标准应用、标准制定、标准技术研发等工作中做出突出贡献的8位联盟厂商代表颁发2013年闪联标准推动奖，分别是：海信集团有限公司李玉军、韩国电子部品研究院（KETI）郑喜教、中国电子技术标准化研究院杨宏、四川长虹电器股份有限公司刘孟红、意法（北京）半导体研发有限责任公司孙国滨、深圳市云动创想科技有限公司曾德钧、飞利浦（中国）投资有限公司顾洁、闪联孙志勇。

（杜　菲）

**【油气技术创新与服务产业联盟成立】**12月24日，“中关村油气技术创新与服务产业联盟成立大会”在北京京仪酒店举行。全国人大环境与资源保护委员会、工业和信息化部、中关村管委会等单位有关领导以及各发起单位相关负责人等100余人参加。联盟由中关村光电产业协会、中国石油大学、北京六合伟业科技股份有限公司等22家油气技术创新与服务相关单位共同发起成立，旨在以大学、科研院所以及工程技术中心为技术依托，与油气领域相关单位共同针对油气资源勘探开发装备的关键技术进行攻关，解决油气资源勘探开发产业发展中的共性、关键技术问题，促进油气资源勘探开发产业科学技术成果的迅速转化，推动油气资源勘探开发产业快速健康发展。联盟将结合油气资源勘探开发产业重大技术需要，以加快行业基础科学、前沿技术、应用技术和配套装备综合能力稳步提高为目标，重点开展油气资源勘探开发产业共性技术和重大项目的联合研究与产品开发、产业发展战略研究等。

（刘乐乐）

**【中关村信息安全产业联盟成立】**12月30日，中关村信息安全产业联盟成立仪式在中关村东升科技园举行。市委副秘书长傅华等领导以及相关专家、企业代表等参加。联盟由北京鼎普科技股份有限公司、北京奇虎科技有限公司、北京锐安科技有限公司、北京中兴网安科技有限公司、国防科技工业保密资格审查认证中心和成果交流中心等6家单位牵头，联合国内信息安全产业的相关机构和企业共同成立。联盟采取“产业联盟+创新基地+产业基金”的方式整体推动集群创新，将利用国家和北京市促进产业发展的相关政策，发挥产业集群优势，帮助企业做强做大，发挥上下游产业链共同发展的平台作用和助推器作用。联盟将采用“1244”模式，即1个平台、2个委员会、4个机构、4个中心的构架。鼎普公司董事长于晴任联盟理事长。活动还举行中关村国家信息安全创新基地、北京中关村信息安全创业投资基金揭牌仪式。中关村国家信息安全创新基地依托于中关村信息安全产业联盟，位于东升科技园，将集聚北京信息安全技术研究机构、检测认证机构等资源，为技术创新、产品研发与应用提供一站式服务，满足企业发展和政府监管需要。北京中关村信息安全创业投资基金由北京中关村瞪羚投资基金管理有限公司与北京鼎普信息技术有限公司共同出资设立，基金规模8000万元，将针对信息安全中小微企业，重点支持中关村示范区内具备原始创新、集成创新或消化吸收再创新属性、且处于初创期、早中期的信息安全领域创新型企业。

（龙　琦）

**【长风联盟承担国家级项目24项】**年内，经北京长风信息技术产业联盟组织和推荐，联盟会员企业承担并实施的国家级项目24项，获得国家和地方财政科技经费17.15亿元，比2012年增长53.1%；联盟企业承担实施的市场委托项目20项，总投入经费9.67亿元，比2012年增长近10倍；企业自筹经费重大联合项目8项，投入经费2.03亿元。

（董　琳）

**【WAPI安全网络落户技术交易中心】**年内，由WAPI产业联盟组织建设的WAPI（无线局域网鉴别与保密基础结构）安全无线网络落户北京技术交易促进中心。网络覆盖中心办公区域，供工作人员进行日常办公。WAPI是安全、可运营、可管理的无线局域网技术，能为国家信息基础设施、确保国家网络与公众信息安全提供技术支撑。

（杜　玲）

# 政策法规

## Policies and Regulations

本栏目设有规章、政策2个分栏目，以条目体形式记述国务院、中央部委、北京市人大、北京市政府、中关村国家自主创新示范区领导小组、中关村管委会、北京市政府属相关委办局印发的促进中关村示范区健康发展的文件。

# 综 述

2013年，国务院、国务院有关部委和北京市委、市政府及相关委办局在深入调研、周密论证的基础上，深化体制机制创新和政策先行先试，紧紧围绕“1+6”先行先试政策和《中关村国家自主创新示范区条例》，相继出台各类支持中关村国家自主创新示范区发展的行政规章、政策等，不断完善中关村示范区创新发展政策体系，营造良好的政策环境。通过梳理，从中选择23件，其中：国务院有关部委文件10件；地方行政性规章1件；政策12件，包括中关村示范区领导小组2件、中关村管委会5件、市有关委办局5件。

*“新四条”试点政策获国务院批准实施。*财政部、科技部、国税总局印发相关政策文件，在中关村示范区开展高新技术企业认定中文化产业支撑技术等领域范围、有限合伙制创业投资企业法人合伙人企业所得税、技术转让企业所得税、企业转增股本个人所得税等4项政策试点，进一步完善支持创新创业的政策体系，将对企业扩大资本再投入、激发企业创新活力起到有力的推动作用。这是继“1+6”系列先行先试政策之后，中关村示范区新一轮政策创新工作的集中成果，相关政策的落实对于进一步优化中关村示范区创新创业环境，更好发挥先行先试的示范作用，具有重要意义。中关村管委会、市科委、市财政局、市地税局和市国税局针对有限合伙制创业投资企业的法人合伙人企业所得税、技术转让企业所得税、企业转增股本个人所得税3件政策出台实施细则，中关村先行先试政策辐射范围再次扩大。

*深入实施国务院支持的“1+6”政策。*中关村示范区高新技术企业认定管理试点的工作期限获批延长3年；科技成果处置权和收益权管理改革、研发费用加计扣除、职工教育经费税前扣除、股权奖励个人所得税4件政策获批延长适用期，并推广至东湖国家自主创新示范区、张江国家自主创新示范区和合芜蚌自主创新综合试验区，以鼓励企业加大研发投入，提高员工素质，从根本上帮助企业持续提升创新能力，有效激发创新活力，加速科技成果转化和产业化。这标志着中关村“1+6”的先行先试政策开始向全国辐射，中关村示范区在全国政策先行先试领域的辐射带动作用逐渐凸显。中关村创新平台增设由15家北京市单位和驻京军事大单位共同组成的军民融合创新工作组；为探索适合首都特点的军民融合创新发展模式，促进军地资源融合、推进创新驱动发展，市政府印发建设中关村军民融合科技创新示范基地行动计划（2013—2015年），强调将充分发挥首都国防科技资源和中关村科技创新优势，以中关村示范区为任务承载区，大力推动军民融合科技创新体系建设。

*着力推动市级层面政策创新。*中关村示范区领导小组审议通过促进市级层面先行先试政策研究工作方案，支持企业国际化发展、小微企业信贷风险补偿、互联网金融产业发展等政策，出台市属国有创投企业持有和转让所持中关村企业股权管理等文件。其中，《中关村国家自主创新示范区支持企业国际化发展行动计划（2013—2015）》提出国家化发展的总体思路和发展目标，明确了重点任务，以进一步促进中关村示范区加快建设具有全球影响力的科技创新中心。同时，北京市相关委办局就中关村示范区高端领军人才专业技术资格评价、高新技术企业申请建筑业企业资质等事项出台相关政策，进一步支撑中关村示范区政策先行先试。

*不断完善示范区条例配套政策体系。*统筹推进条例配套文件制定工作，对现有的资金管理办法进行全面梳理，紧紧围绕中关村示范区工作的全局和总体工作目标，根据聚焦“641”产业集群和企业的国际化发展的阶段性工作重点，将原有的近40个资金管理办法整合为10个资金管理办法。整合后的优秀人才创业支持资金管理办法、创业服务体系发展支持资金管理办法、技术创新能力体系建设专项资金管理办法、社会组织发展支持资金管理办法等4个办法已印发实施，其余6个将相继出台。

（李　思）

# 规　章

**【中关村　东湖　张江国家自主创新示范区和合芜蚌自主创新综合试验区有关股权奖励个人所得税试点政策】**2月25日，财政部、税务总局联合印发《关于中关村　东湖　张江国家自主创新示范区和合芜蚌自主创新综合试验区有关股权奖励个人所得税试点政策的通知》（财税〔2013〕15号）。《通知》指出，对试点地区内的高新技术企业转化科技成果，以股份或出资比例等股权形式给予本企业相关技术人员（指企业重要的技术人员和企业经营管理人员）的奖励，技术人员一次缴纳税款有困难的，经主管税务机关审核，可分期缴纳个人所得税，但最长不得超过5年。《通知》明确，在2012年1月1日—2014年12月31日期间，经有关部门批准获股权奖励的技术人员，可享受上述分期纳税的优惠。

（李　思）

**【中关村　东湖　张江国家自主创新示范区和合芜蚌自主创新综合试验区有关研究开发费用加计扣除试点政策】**2月26日，财政部、税务总局联合印发《关于中关村　东湖　张江国家自主创新示范区和合芜蚌自主创新综合试验区有关研究开发费用加计扣除试点政策的通知》（财税〔2013〕13号）。《通知》指出，企业在试点地区内从事《国家重点支持的高新技术领域》、发展改革委等部门公布的《当前优先发展的高技术产业化重点领域指南（2011年度）》和试点地区当前重点发展的高新技术领域规定项目的研究开发活动，其在一个纳税年度中实际发生的8类相关费用支出，允许在计算应纳税所得额时按照规定实行加计扣除。政策新增将高新技术企业为科技人员缴纳的“五险一金”列入研发费用加计扣除范围，允许按实际发生额的150%比例，在缴纳企业所得税时予以税前扣除的内容。《通知》明确，政策自2012年1月1日—2014年12月31日执行。

（李　思）

**【中关村　东湖　张江国家自主创新示范区和合芜蚌自主创新综合试验区有关职工教育经费税前扣除试点政策】**2月26日，财政部、税务总局联合印发《关于中关村　东湖　张江国家自主创新示范区和合芜蚌自主创新综合试验区有关职工教育经费税前扣除试点政策的通知》（财税〔2013〕14号）。《通知》指出，试点地区内的高新技术企业发生的职工教育经费支出，不超过工资薪金总额8%的部分，准予在计算企业所得税应纳税所得额时扣除；超过部分，准予在以后纳税年度结转扣除。《通知》明确，政策自2012年1月1日—2014年12月31日执行。

（李　思）

**【关于建设国家技术转移集聚区的意见】**4月26日，科技部、市政府联合印发《关于建设国家技术转移集聚区的意见》（国科发火〔2013〕456号）。具体内容详见特载。

（李　思）

**【延长中关村国家自主创新示范区高新技术企业认定管理试点工作期限】**6月24日，科技部、财政部、税务总局联合印发《关于延长中关村国家自主创新示范区高新技术企业认定管理试点工作期限的通知》（国科发火〔2013〕529号）。《通知》指出，将中关村示范区高新技术企业认定管理试点工作期限延长3年，从2012年1月1日起至2014年12月31日止。延长期间，原有试点政策内容不变。（8月5日，市科委、市财政局、市国税局、市地税局、中关村管委会转发该《通知》。）

（李　思）

**【建设中关村军民融合科技创新示范基地行动计划（2013—2015年）】**7月12日，市政府印发《关于印发建设中关村军民融合科技创新示范基地行动计划（2013—2015年）的通知》（京政发〔2013〕19号）。具体内容详见特载。

（李　思）

**【扩大中央级事业单位科技成果处置权和收益权管理改革试点范围和延长试点期限】**9月26日，财政部印发《关于扩大中央级事业单位科技成果处置权和收益权管理改革试点范围和延长试点期限的通知》（财教〔2013〕306号）。《通知》指出，将中央级事业单位科技成果处置权和收益权管理改革试点政策实施范围由中关村示范区扩大到东湖示范区、张江示范区和合芜蚌综合试验区。试点地区内的中央级事业单位按照财政部《关于在中关村国家自主创新示范区进行中央级事业单位科技成果处置权改革试点的通知》（财教〔2011〕18号）

和财政部《关于在中关村国家自主创新示范区开展中央级事业单位科技成果收益权管理改革试点的意见》(财教〔2011〕127号)有关规定执行。《通知》明确，中关村示范区相关政策实施时间相应延长至2015年12月31日。

(李　思)

**【中关村国家自主创新示范区有限合伙制创业投资企业法人合伙人企业所得税试点政策】**9月29日，财政部、税务总局联合印发《关于中关村国家自主创新示范区有限合伙制创业投资企业法人合伙人企业所得税试点政策的通知》(财税〔2013〕71号)。《通知》指出，注册在中关村示范区内的有限合伙制创业投资企业采取股权投资方式投资于未上市的中小高新技术企业2年(24个月)以上，该有限合伙制创业投资企业的法人合伙人，可在有限合伙制创业投资企业持有未上市中小高新技术企业股权满2年的当年，按照该法人合伙人对该未上市中小高新技术企业投资额的70%，抵扣该法人合伙人从该有限合伙制创业投资企业分得的应纳税所得额，当年不足抵扣的，可以在以后纳税年度结转抵扣。政策自2013年1月1日—2015年12月31日执行。(11月12日，市财政局、市国税局、市地税局、中关村管委会转发该《通知》。)

(李　思)

**【中关村国家自主创新示范区技术转让企业所得税试点政策】**9月29日，财政部、税务总局联合印发《关于中关村国家自主创新示范区技术转让企业所得税试点政策的通知》(财税〔2013〕72号)。根据《中华人民共和国企业所得税法》(主席令第63号)及《中华人民共和国企业所得税法实施条例》(国务院令第512号)的规定，居民企业在一个纳税年度内，取得符合条件的技术转让所得不超过500万元的部分，免征企业所得税;超过500万元的部分，减半征收企业所得税。《通知》明确上述优惠政策在中关村示范区内如何适用等相关问题。政策自2013年1月1日—2015年12月31日执行。(11月12日，市财政局、市国税局、市地税局、中关村管委会、市科委、市商务委转发该《通知》。)

(李　思)

**【中关村国家自主创新示范区企业转增股本个人所得税试点政策】**9月29日，财政部、税务总局联合印发《关于中关村国家自主创新示范区企业转增股本个人所得税试点政策的通知》(财税〔2013〕73号)。《通知》指出，企业以未分配利润、盈余公积、资本公积向个人股东转增股本时，应按照“利息、股息、红利所得”项目，适用20%税率征收个人所得税。对示范区中小高新技术企业以未分配利润、盈余公积、资本公积向个人股东转增股本时，个人股东一次缴纳个人所得税确有困难的，经主管税务机关审核，可分期缴纳，但最长不得超过5年。《通知》规定，在2013年1月1日—2015年12月31日期间，经有关部门批准获得转增股本的股东，可享受上述延期纳税的优惠。(11月12日，市财政局、市地税局、中关村管委会转发该《通知》。)

(李　思)

**【在中关村国家自主创新示范区开展高新技术企业认定中文化产业支撑技术等领域范围试点】**9月29日，科技部、财政部、税务总局联合印发《关于在中关村国家自主创新示范区开展高新技术企业认定中文化产业支撑技术等领域范围试点的通知》(国科发高〔2013〕595号)。《通知》指出，对中关村示范区从事文化产业支撑技术等领域的企业，按规定认定为高新技术企业的，减按15%税率征收企业所得税。

(李　思)

# 政　策

**【贯彻落实国家支持中关村科技园区建设国家自主创新示范区试点税收政策】**5月2日，市财政局、市国税局、市地税局、市科委、中关村管委会联合印发《关于贯彻落实国家支持中关村科技园区建设国家自主创新示范区试点税收政策的通知》（京财税〔2013〕610号）。《通知》对财政部、税务总局下发的《关于中关村　东湖　张江国家自主创新示范区和合芜蚌自主创新综合试验区有关研究开发费用加计扣除试点政策的通知》（财税〔2013〕13号）《关于中关村　东湖　张江国家自主创新示范区和合芜蚌自主创新综合试验区有关职工教育经费税前扣除试点政策的通知》（财税〔2013〕14号）和《关于中关村　东湖　张江国家自主创新示范区和合芜蚌自主创新综合试验区有关股权奖励个人所得税试点政策的通知》（财税〔2013〕15号）等文件中涉及的企业所得税试点政策、备案管理要求、个人所得税试点政策做出补充说明。企业享受13号文件规定的试点税收政策的，对当年新增研究开发项目，在备案时应提供市级科技部门出具的《企业研究开发项目鉴定意见书》，市级科技部门在出具《企业研究开发项目鉴定意见书》中的“鉴定意见”时，应明确“该研发项目符合13号文件规定的条件和领域范围”。为方便企业享受优惠政策，企业可向主管税务机关申请一次性备案，享受示范区试点税收政策。申请享受14号文件规定的职工教育经费税前扣除试点政策的，还应报送“中关村国家自主创新示范区试点企业职工教育经费税前扣除政策执行情况表”。根据15号文件精神，企业技术人员享受分期缴纳个人所得税政策，应由奖励单位在股权奖励次月7个工作日内向主管税务机关报备。

（李　思）

**【中关村“展翼计划”工作方案】**5月8日，中关村管委会印发《关于印发〈中关村“展翼计划”工作方案〉的通知》（中科园发〔2013〕17号）。《工作方案》规定：中关村管委会为实际贷款期限在9个月以上，并按期还本付息的企业，按照银行贷款基准利率的一定比例提供贷款贴息；企业发行企业债券、信托计划、中期票据、短期融资券等直接融资产品，中关村管委会给予社会筹资利息30%的补贴；中关村管委会根据担保公司为“展翼计划”企业提供贷款担保的规模，每年给予新增担保额0.5%的担保补贴，对于担保期限少于8个月的担保额，减半计入当年应补贴担保总额。“展翼计划”的业务主体包括：中关村管委会、中关村科技担保公司等中关村管委会合作担保机构、中关村企业信用促进会、信用评级机构和合作银行。中关村管委会负责组织和监管“展翼计划”的实施，为企业提供贷款贴息支持；合作担保公司负责受理“展翼计划”企业的担保申请和资格认定，提供快捷担保服务，实施在保管理和违约追偿，代办贴息业务。对不能给予担保的项目，需向中关村管委会做出说明；中关村企业信用促进会负责对“展翼计划”企业进行信用管理和星级评定，负责对其指定的信用评级机构的相关业务进行指导和监督；合作银行负责向获得担保的“展翼计划”企业发放贷款，实施快捷贷款审批程序，执行上浮不超过基准利率30%的贷款利率。

（李　思）

**【关于开展中关村国家自主创新示范区高端领军人才专业技术资格评价扩大试点工作的通知】**5月15日，市人力社保局发布《关于开展中关村国家自主创新示范区高端领军人才专业技术资格评价扩大试点工作的通知》（京人社专技发〔2013〕127号）。《通知》决定，将中关村示范区高端领军人才专业技术资格评价试点工作扩大到中关村示范区“一区十六园”。《通知》同时对试点工作的实施范围、申报条件、评价程序、申报流程、申报材料及要求做了具体规定。在中关村国家自主创新示范区“一区十六园”内注册的企业中，从事工程技术研发生产的专业技术人员申报可不受学历、资历、职称限制，不需参加职称外语和计算机应用能力考试，满足下列条件之一，即：曾取得国家级人才表彰奖励；曾获得国家级科技奖项；曾担任国家级重大科技项目负责人；在自主创新和科技成果转化过程中取得突出成绩，可直接申报北京市高级工程师（教授级）专业技术资格。

（李　思）

**【中关村国家自主创新示范区高端领军人才专业技术资格评价办法】**7月1日，市人力社保局印发《关于印发〈中关村国家自主创新示范区高端领军人才专业技术资格评价办法〉的通知》（京人社专技发〔2013〕180 号）。《评价办法》适用于在中关村示范区各园区内注册的企业中从事工程技术工作的高端领军人才。《评价办法》规定市人力社保局和中关村管委会共同负责组建中关村示范区高端领军人才高级工程师（教授级）专业技术资格评审委员会，对推荐人选进行专业评价并确定专业技术资格。各区县人力社保局与中关村科技园区各分园管委会共同组建中关村示范区高端领军人才高级工程师（教授级）专业技术资格推荐委员会，负责向评审委员会推荐本区域内高端领军人才专业技术资格申报。专业技术资格评价工作遵循个人申请、企业申报、区域推荐、业绩陈述、专家评价、评委会表决、结果验收、社会公示等程序，公示期满后，经中关村国家自主创新示范区高端领军人才专业技术资格评价工作领导小组审核同意，市人力社保局为通过专业技术资格评价人员，颁发“北京市高级工程师（教授级）专业技术资格证书”。专业技术资格证书生效日期自评审委员会表决通过之日起计算。专业技术资格评价文件包括：中关村国家自主创新示范区高端领军人才专业技术资格评价办法、中关村国家自主创新示范区高端领军人才专业技术资格评价量化标准、中关村国家自主创新示范区高端领军人才专业技术资格评价工作领导小组名单 3 个附件。《办法》自发布之日起实行。《中关村国家自主创新示范区高端领军人才专业技术资格评价试行办法》（京人社专技发〔2011〕113 号）文件同时废止。

（李　思）

**【贯彻落实中关村国家自主创新示范区企业所得税试点政策】** 11 月 12 日，市财政局、市国税局、市地税局、市科委、中关村管委会联合印发《关于贯彻落实中关村国家自主创新示范区企业所得税试点政策的通知》（京财税〔2013〕2407 号）。《通知》规定，中关村示范区内企业可于 2014 年 5 月 31 日前，按照《关于贯彻落实国家支持中关村科技园区建设国家自主创新示范区试点税收政策的通知》的有关规定，向主管税务机关办理享受 2012 年度研发费用加计扣除、职工教育经费税前扣除试点税收政策相关手续。

（李　思）

**【中关村国家自主创新示范区优秀人才支持资金管理办法】** 11 月 18 日，中关村管委会印发《关于印发〈中关村国家自主创新示范区优秀人才支持资金管理办法〉的通知》（中科园发〔2013〕40 号）。《管理办法》设有总则、海归人才创业支持资金、雏鹰人才创业支持资金、资助资金的申请程序、监督管理、附则等 6 章 19 条。《管理办法》明确了海归人才、雏鹰人才的认定标准并规定了对其进行资金支持额度及相应的措施。支持海归人才到中关村示范区创办企业，对于当年度内新注册成立的海归人才企业，经中关村管委会认定的天使投资机构、创业投资机构、风险投资机构或海归人才创业园等其中的 2 家共同推荐，给予一次性创业启动资金支持；支持雏鹰人才到中关村示范区创办企业，经中关村示范区各分园、专业园或相关风投机构等单位推荐，给予一次性启动资金支持，用于房租补贴、设备购置、团队建设及技术研发等。《办法》自发布之日起实施，《中关村国家自主创新示范区海归人才创业支持专项资金管理办法》（中科园发〔2012〕49 号）和《中关村国家自主创新示范区海内外优秀人才创业扶持工程专项资金管理办法（试行）》（中科园发〔2012〕50 号）同时废止。

（李　思）

**【中关村国家自主创新示范区技术创新能力建设专项资金管理办法】** 11 月 21 日，中关村管委会印发《关于印发〈中关村国家自主创新示范区技术创新能力建设专项资金管理办法〉的通知》（中科园发〔2013〕43 号）。《管理办法》设有总则、支持内容及标准、申请程序、监督管理、附则等 5 章 31 条。《管理办法》明确，创新专项资金主要支持内容包括企业及产业联盟围绕专利、技术标准、商标和购买科技中介服务开展的创新活动，并优先支持下列项目：属于中关村战略性新兴产业集群创新引领工程“641”产业集群确定的重点产业领域；入选中关村示范区“十百千工程”“瞪羚计划”“金种子工程”重点培育企业，以及入选中央“千人计划”、北京市“海聚工程”和中关村示范区“高聚工程”“雏鹰人才”“U30 人才”等领军人才创办企业开展的项目。《管理办法》支持对象包括：企业获得国际国内发明专利、知识产权领军企业和重点示范企业提升知识产权综合运用能力，鼓励企业提升专利质量、支持知识产权服务机构提升服务水平、支持知识产权服务机构集聚发展；支持企业或产业联盟主导制定技术标准、支持标准化试点企业承担标准化专业技术委员会工作、支持标准化试点企业参加或组织实质性国际标准化会议、支持标准化组织集聚发展。《办法》自 2014 年 1 月 1 日起实施，原《中关村专利促进资金管理办法》（中科园发〔2011〕41 号）、《中关村技术标准资助资金管理办法》（中科园发〔2011〕42 号）、《中关村国家自主创新示范区商标促进专项资金管理办法》（中科园发〔2012〕23 号）和《中关村国家自主创新示范区企业购买中介服务支持资金管理办法》（中科园发〔2012〕1号）同时废止。

（李　思）

**【中关村国家自主创新示范区社会组织发展支持资金管理办法】** 11月21日，中关村管委会印发《关于印发〈中关村国家自主创新示范区社会组织发展支持资金管理办法〉的通知》（中科园发〔2013〕44号）。《管理办法》设有总则、支持条件和内容、受理和审核、监督管理、附则等5章14条。《管理办法》明确，通过后补贴的方式重点支持社会组织开展下列专项工作：对实现中关村示范区战略目标、中心工作有重大影响和促进作用的工作；围绕中关村战略性新兴产业集群创新引领工程“641”产业集群开展的重要促进工作；有利于营造中关村示范区良好创新创业环境的工作；围绕中关村示范区国际化发展战略开展的工作；对促进行业自律、推动行业健康有序发展有重要作用的工作；中关村管委会委托社会组织开展的其他工作。设立枢纽型社会组织支持经费，重点支持为中关村示范区社会组织提供公共服务、发挥桥梁纽带作用并处于业务龙头地位的社会组织开展工作。主要支持工作内容包括：整合资源，搭建公共服务平台，推动社会组织协同创新发展的工作；发挥孵化培育功能，提升社会组织综合服务能力和整体发展水平的工作；针对社会组织发展中的共性问题开展政策研究，优化发展政策环境的工作。《办法》自发布之日起实施，原《中关村国家自主创新示范区协会商会组织发展支持资金管理办法》（中科园发〔2010〕44号）同时废止。

（李　思）

**【关于中关村国家自主创新示范区高新技术企业申请建筑业企业资质有关事项的通知（试行）】** 12月2日，市住房城乡建设委、中关村管委会联合印发《关于中关村国家自主创新示范区高新技术企业申请建筑业企业资质有关事项的通知（试行）》（京建法〔2013〕21号）。《通知》规定申请与其高新技术相适应的建筑业企业资质应是：注册在中关村示范区；具有“高新技术企业证书”或“中关村高新技术企业证书”，且其高新技术与建设工程领域有紧密联系；经市住房城乡建设委、中关村管委会认定的在建设工程领域高新技术应用方面具有完全自主知识产权发明专利或者主导高新技术应用国家标准、行业标准等编制工作；成立3年以上，财务状况近2年连续盈利，且依法纳税的高新技术企业。《通知》自2014年1月1日起试行。

（李　思）

**【中关村国家自主创新示范区创业服务体系发展支持资金管理办法】** 12月3日，中关村管委会印发《关于印发〈中关村国家自主创新示范区创业服务体系发展支持资金管理办法〉的通知》（中科园发〔2013〕41号）。《管理办法》设有总则、支持对象与条件、支持措施、资助资金的申请程序、监督管理、附则等6章20条。《管理办法》明确支持对象为中关村示范区创新型孵化器、中关村示范区专业孵化基地、中关村示范区海归人才创业服务机构等各类创业服务主体，并规定对各类创业服务主体的具体支持措施。鼓励各类创新主体兴办新型孵化机构，完善创业项目和初创企业的挖掘、识别、培养和孵化机制，提供从创业项目植入到成果转化再到产业化的全过程服务。支持各类创业服务主体在维护运营专业技术服务平台、构建高效专业服务团队、提高孵化空间使用效率、培育推荐前沿技术项目和金种子企业等方面开展创新性工作；支持各类创业服务主体建设专业技术服务平台；支持各类创业服务主体承办跨地区跨领域的全国性、国际性的重大创业服务活动；支持各类创业服务主体组织开展对中关村示范区创业生态系统、新兴产业创业发展趋势以及创业发展规律等研究；支持海归人才创业服务机构为海归人才创业提供各项服务及房租减免等。《办法》自发布之日起实施，《中关村国家自主创新示范区大学科技园及科技企业孵化器发展支持资金管理办法（试行）》（中科园发〔2012〕55号）和《中关村国家自主创新示范区海归人才创业支持专项资金管理办法》（中科园发〔2012〕49号）同时废止。

（李　思）

**【关于支持中关村互联网金融产业发展的若干措施】** 12月25日，中关村示范区领导小组印发《关于印发〈关于支持中关村互联网金融产业发展的若干措施〉的通知》（中示区组发〔2013〕4号），明确支持中关村互联网金融产业发展的九大措施：大力支持互联网金融企业在中关村注册设立，优化工商注册流程，合理确定企业经营范围；引导互联网金融企业在中关村聚集发展，加强对互联网金融企业的孵化和服务，以中关村核心区为重点，结合国家科技金融功能区建设，推进中关村互联网金融功能区建设，实施对重点互联网金融企业的购（建、租）房补贴支持政策，支持主要面向互联网金融企业的孵化器发展，建立和完善为互联网金融企业服务的中介服务体系；鼓励互联网企业开展科技与金融相结合的技术创新和商业模式创新，将互联网金融作为中关村现代服务业试点的重要内容，支持中关村互联网企业基于自身业务优势发起设立网络小额贷款、第三方支付、网络金融超市、网络金融大数据挖掘和评估、企业信用评价等互联网金融相关机构，支持符合条件的互联网金融企业获得相关业务资格，支持互联网金融领域的专业投资基金在中关村设立和发展，完善为互联网金融机构服务的科技金融服务体系；鼓励和推动金融机构通过互联网开展业务创新，引导和鼓励金融机构将网络银行、移动支付等互联网金融相关业务在中关村布局，由相关区县政府给予一定的补贴支持；完善支撑服务体系，优化互联网金融发展环境；加强信用体系建设，完善风险控制和信用评价机制；发挥行业协会的作用，推动行业自律和规范发展；探索监管新模式，有效控制风险；加强组织推动，形成政策合力。

（李　思）

**【中关村国家自主创新示范区小微企业信贷风险补偿资金管理办法（试行）】**12 月 26 日，中关村示范区领导小组印发《关于印发〈中关村国家自主创新示范区小微企业信贷风险补偿资金管理办法（试行）〉的通知》（中示区组发〔2013〕5 号）。《管理办法》设有总则、信贷风险补偿资金支持对象及条件、信贷风险补偿资金风险分担比例、信贷风险补偿资金申请及受理程序、信贷风险补偿资金的使用和监督、附则等 6 章 24 条。《管理办法》明确风险补偿资金支持对象包括：各合作担保公司为符合条件的中关村小微企业提供融资担保业务而发生的代偿本金部分；各合作银行为符合条件的中关村小微企业提供融资担保业务以外的贷款而发生的不良贷款本金部分。鼓励银行和保险机构合作，开展小额保证保险贷款，建立市场化的风险分担机制。风险补偿资金支持的融资担保业务应当纳入再担保范围。风险补偿资金的计算基数为扣除再担保分担份额之后合作担保公司实际承担的本金部分。《办法》自发布之日起施行。

（李　思）

# 统计资料

# Statistics Data

本栏目以统计表格形式记录年度内中关村国家自主创新示范区主要经济指标、十大行业主要经济指标、国内部分高新技术产业开发区主要经济指标，以及中关村示范区区域内单位获国家科学技术奖、北京市科学技术奖和中国专利奖的项目等。

# 2013 年中关村国家自主创新示范区主要经济指标一览表

表 1 按园区统计

| 指标＼园区 | 总和 | 海淀园 | 丰台园 | 昌平园 | 朝阳园 | 亦庄园 | 西城园 | 东城园 | 石景山园 | 通州园 | 大兴园 | 平谷园 | 门头沟园 | 房山园 | 顺义园 | 密云园 | 怀柔园 | 延庆园 |
|---|---|---|---|---|---|---|---|---|---|---|---|---|---|---|---|---|---|---|
| 企业数(家) | 15455 | 9051 | 1387 | 1498 | 1099 | 556 | 469 | 193 | 462 | 153 | 189 | 52 | 61 | 40 | 106 | 25 | 88 | 26 |
| 年末从业人员（人） | 1898756 | 864458 | 157172 | 144552 | 189687 | 185123 | 67596 | 44345 | 68344 | 33634 | 30964 | 8471 | 8148 | 20241 | 45087 | 9702 | 16488 | 4744 |
| 其中：科技活动人员 | 499870 | 275518 | 25532 | 33706 | 52529 | 31176 | 19081 | 14395 | 11923 | 7435 | 5922 | 1910 | 2208 | 2311 | 10361 | 1349 | 3398 | 1116 |
| 工业总产值(亿元) | 7890.3 | 1755.1 | 367.9 | 1244.0 | 744.6 | 2163.2 | 266.1 | 32.9 | 71.7 | 262.2 | 214.9 | 37.2 | 28.4 | 128.8 | 336.6 | 93.4 | 109.8 | 33.5 |
| 总收入(亿元) | 30497.4 | 12533.6 | 3295.6 | 2943.4 | 3551.1 | 3587.8 | 1060.6 | 764.6 | 1183.6 | 346.2 | 234.2 | 66.8 | 49.9 | 170.4 | 396.8 | 112.0 | 149.4 | 51.4 |
| 1. 技术收入 | 4032.4 | 2365.7 | 304.7 | 106.6 | 601.2 | 204.5 | 192.1 | 96.9 | 107.8 | 6.5 | 13.5 | 5.0 | 6.3 | 2.8 | 6.3 | 0.4 | 11.5 | 0.9 |
| 2. 产品销售收入 | 10788.4 | 3331.9 | 894.5 | 1430.6 | 958.5 | 2291.4 | 322.7 | 135.4 | 126.7 | 266.2 | 190.2 | 51.5 | 30.1 | 145.1 | 355.9 | 94.8 | 119.8 | 43.2 |
| 其中：新产品销售收入 | 4070.4 | 1434.4 | 394.9 | 399.7 | 511.1 | 734.9 | 34.1 | 8.0 | 46.8 | 96.0 | 84.4 | 9.6 | 9.5 | 46.7 | 169.7 | 24.7 | 51.7 | 14.1 |
| 3. 商品销售收入 | 11339.6 | 5239.6 | 1321.5 | 1307.6 | 1645.9 | 913.4 | 293.4 | 247.6 | 275.0 | 38.0 | 12.5 | 5.0 | 4.0 | 2.3 | 8.9 | 11.4 | 13.3 | 0.2 |
| 进出口总额(亿美元) | 889.8 | 359.2 | 64.4 | 27.2 | 146.6 | 216.5 | 38.7 | 6.6 | 3.9 | 7.1 | 2.0 | 0.7 | 0.5 | 1.5 | 12.6 | 1.3 | 0.7 | 0.3 |
| 其中：进口总额 | 553.5 | 249.0 | 51.6 | 15.7 | 123.2 | 93.2 | 6.7 | 1.3 | 0.8 | 2.8 | 0.8 | 0.3 | 0.2 | 0.8 | 6.3 | 0.4 | 0.4 | 0.02 |
| 其中：出口总额 | 336.3 | 110.2 | 12.8 | 11.5 | 23.4 | 123.3 | 32.0 | 5.3 | 3.1 | 4.3 | 1.2 | 0.4 | 0.3 | 0.7 | 6.3 | 0.9 | 0.3 | 0.3 |
| 实缴税费总额（亿元） | 1506.6 | 490.3 | 85.4 | 122.7 | 350.9 | 232.3 | 60.6 | 33.1 | 40.0 | 18.2 | 14.6 | 4.1 | 5.5 | 7.1 | 24.9 | 6.4 | 8.1 | 2.4 |
| 其中：实缴增值税 | 584.7 | 219.9 | 30.2 | 60.1 | 83.5 | 96.9 | 26.3 | 9.1 | 8.6 | 10.7 | 8.6 | 2.3 | 2.0 | 4.0 | 13.2 | 3.7 | 4.4 | 1.4 |
| 其中：实缴营业税 | 116.6 | 41.4 | 20.2 | 4.4 | 12.6 | 9.1 | 2.4 | 7.0 | 14.9 | 1.2 | 0.7 | 0.2 | 0.7 | 0.6 | 0.8 | 0.0 | 0.3 | 0.1 |
| 其中：企业所得税 | 403.5 | 160.0 | 21.5 | 40.1 | 52.4 | 53.4 | 26.5 | 12.3 | 11.8 | 4.3 | 3.4 | 1.3 | 2.3 | 1.2 | 7.3 | 2.0 | 2.8 | 0.8 |
| 利润总额(亿元) | 2264.8 | 938.4 | 177.3 | 208.8 | 343.0 | 234.4 | 147.2 | 48.2 | 65.2 | 11.4 | 24.1 | 3.6 | 2.7 | 0.6 | 29.1 | 8.9 | 18.4 | 3.6 |
| 资产总计(亿元) | 50814.4 | 22797.2 | 7225.8 | 4593.3 | 5368.8 | 3768.3 | 2196.0 | 1027.6 | 1408.7 | 405.5 | 382.9 | 131.5 | 207.4 | 220.4 | 682.4 | 123.0 | 197.3 | 78.5 |
| 科技活动经费支出总额(亿元) | 1319.8 | 701.6 | 55.5 | 75.5 | 152.6 | 105.2 | 39.7 | 64.8 | 51.3 | 16.1 | 10.6 | 3.0 | 4.4 | 6.4 | 20.1 | 4.0 | 6.9 | 2.1 |
| 专利申请数(件) | 37782 | 18515 | 2686 | 3345 | 4823 | 2590 | 1895 | 543 | 1060 | 565 | 446 | 196 | 217 | 162 | 129 | 93 | 452 | 65 |
| 其中：发明专利 | 22506 | 12841 | 1280 | 1307 | 2623 | 1204 | 1433 | 334 | 657 | 268 | 149 | 58 | 79 | 33 | 41 | 33 | 138 | 28 |
| 专利授权数(件) | 20991 | 9514 | 1524 | 2238 | 3022 | 1642 | 588 | 169 | 519 | 409 | 361 | 156 | 174 | 112 | 123 | 89 | 309 | 42 |

（续表）

| 表 2 | 按技术领域统计 | | | | | | | | | | | |
|---|---|---|---|---|---|---|---|---|---|---|---|---|
| 指标 \ 技术领域 | 总和 | 电子信息 | 生物医药 | 新材料 | 先进制造 | 航空航天 | 现代农业 | 新能源 | 环境保护 | 海洋工程 | 核应用 | 其他 |
| 企业数（家） | 15455 | 8718 | 1055 | 962 | 1631 | 105 | 196 | 978 | 623 | 11 | 43 | 1133 |
| 年末从业人员（人） | 1898756 | 888903 | 117641 | 115876 | 255797 | 43516 | 22212 | 145917 | 49390 | 3205 | 2677 | 253622 |
| 其中：科技活动人员 | 499870 | 284713 | 27251 | 26410 | 62199 | 11031 | 4172 | 28566 | 12581 | 218 | 856 | 41873 |
| 工业总产值（亿元） | 7890.3 | 1897.1 | 650.3 | 676.8 | 2338 | 179.6 | 117.8 | 1527 | 287.6 | 30.7 | 8.7 | 176.7 |
| 总收入（亿元） | 30497.4 | 11010.0 | 1316.9 | 3015.9 | 4204.2 | 392.7 | 248.2 | 3466.4 | 748.4 | 34.0 | 24.6 | 6036.1 |
| 1. 技术收入 | 4032.4 | 2338.5 | 56.7 | 83.5 | 234.8 | 58.3 | 11.7 | 358.8 | 173.6 | 0.6 | 2.5 | 713.6 |
| 2. 产品销售收入 | 10788.4 | 3506.2 | 750.3 | 815.2 | 2376 | 278.1 | 148.1 | 1695.3 | 417.1 | 32.3 | 13.3 | 756.4 |
| 其中：新产品销售收入 | 4070.4 | 1512.5 | 212.0 | 362.2 | 755.6 | 44.0 | 63.0 | 625.0 | 197.5 | 0.1 | 2.7 | 295.8 |
| 3. 商品销售收入 | 11339.6 | 4389.0 | 472.7 | 2044.8 | 1462.3 | 11.1 | 79.1 | 1175.7 | 51.6 | 0.2 | 3.0 | 1650.1 |
| 进出口总额（亿美元） | 889.8 | 278.8 | 33.6 | 146.8 | 201.6 | 9.2 | 7.4 | 64.0 | 7.9 | 0.005 | 0.44 | 140.1 |
| 其中：进口总额 | 553.5 | 123.5 | 25.2 | 121.1 | 148.3 | 4.2 | 2.0 | 47.0 | 2.3 | 0.004 | 0.4 | 79.5 |
| 其中：出口总额 | 336.3 | 155.3 | 8.4 | 25.7 | 53.3 | 5.0 | 5.4 | 17.0 | 5.6 | 0.001 | 0.04 | 60.6 |
| 实缴税费总额（亿元） | 1506.6 | 460.7 | 118.2 | 57.9 | 427.8 | 10.5 | 7.5 | 154.2 | 35.3 | 2.2 | 4.0 | 228.4 |
| 其中：实缴增值税 | 584.7 | 236.9 | 69.2 | 29.2 | 126.1 | 4.5 | 2.5 | 56.7 | 16.3 | 0.8 | 1.3 | 41.4 |
| 其中：实缴营业税 | 116.6 | 30.7 | 1.4 | 3.7 | 3.9 | 0.8 | 1.0 | 8.0 | 3.0 | 0.4 | 0.4 | 63.2 |
| 其中：企业所得税 | 403.5 | 124.2 | 30.1 | 17.6 | 68.8 | 4.0 | 2.8 | 49.4 | 11.3 | 0.1 | 2.0 | 93.1 |
| 利润总额（亿元） | 2264.8 | 769.1 | 160.5 | 105.9 | 383.9 | 30.3 | 16.6 | 284.3 | 73.9 | −1.9 | 7.0 | 435.2 |
| 资产总计（亿元） | 50814.4 | 15377.8 | 2074.3 | 4298.9 | 6016.9 | 909.2 | 485.7 | 6784.2 | 2029.1 | 81.8 | 163.4 | 12593.1 |
| 科技活动经费支出总额（亿元） | 1319.8 | 749.0 | 64.3 | 59.3 | 158.9 | 58.1 | 12.6 | 82.4 | 28.1 | 0.8 | 1.7 | 104.6 |
| 专利申请数（件） | 37782 | 19008 | 1599 | 2433 | 6526 | 1437 | 473 | 2955 | 1252 | 19 | 36 | 2044 |
| 其中：发明专利 | 22506 | 13685 | 1091 | 1265 | 2543 | 1054 | 309 | 1106 | 444 | 9 | 10 | 990 |
| 专利授权数（件） | 20991 | 7726 | 918 | 1516 | 5213 | 478 | 420 | 2269 | 1066 | 8 | 119 | 1258 |

| 表 3 | 按注册类型统计 | | | | | | | | | | |
|---|---|---|---|---|---|---|---|---|---|---|---|
| 指标 \ 注册类型 | 总和 | 国有 | 集体 | 股份合作 | 联营 | 有限责任 | 股份有限 | 私营 | 港澳台 | 外商 | 其他 |
| 企业数（家） | 15455 | 245 | 72 | 190 | 7 | 4951 | 739 | 7626 | 462 | 1160 | 3 |
| 年末从业人员（人） | 1898756 | 75608 | 2502 | 7788 | 491 | 679929 | 298943 | 340109 | 141243 | 352098 | 45 |
| 其中：科技活动人员 | 499870 | 27671 | 596 | 1102 | 72 | 166108 | 94011 | 90189 | 42363 | 77758 | 0 |
| 工业总产值（亿元） | 7890.3 | 154.0 | 4.7 | 18.5 | 0 | 2457.8 | 1363.8 | 480.7 | 875.8 | 2534.9 | 0 |
| 总收入（亿元） | 30497.4 | 1843.8 | 13.6 | 32.4 | 1.7 | 13700.1 | 4888.8 | 2210.1 | 2197.4 | 5609.4 | 0.1 |
| 1. 技术收入 | 4032.4 | 295.7 | 3.2 | 4.1 | 1.6 | 1742.0 | 437.0 | 457.8 | 372.7 | 718.4 | 0.02 |
| 2. 产品销售收入 | 10788.4 | 343.1 | 5.2 | 19.9 | 0.1 | 3666.9 | 2011.6 | 891.9 | 1080.1 | 2769.5 | 0.01 |
| 其中：新产品销售收入 | 4070.4 | 112.2 | 1.6 | 4.6 | 0.02 | 1292.1 | 1066.3 | 305.1 | 469.2 | 819.3 | 0 |
| 3. 商品销售收入 | 11339.6 | 1093.3 | 0.5 | 5.7 | 0 | 5868.2 | 1442.3 | 539.9 | 660.7 | 1729.1 | 0 |

（续表）

| 按注册类型统计 | | | | | | | | | | | |
|---|---|---|---|---|---|---|---|---|---|---|---|
| 注册类型<br>指标 | 总和 | 国有 | 集体 | 股份合作 | 联营 | 有限责任 | 股份有限 | 私营 | 港澳台 | 外商 | 其他 |
| 进出口总额（亿美元） | 889.8 | 91.0 | 0.06 | 0.3 | 0 | 291.4 | 76.0 | 13.8 | 96.3 | 321.0 | 0 |
| 其中：进口总额 | 553.5 | 72.0 | 0.03 | 0.1 | 0 | 198.2 | 23.5 | 5.3 | 72.1 | 182.3 | 0 |
| 其中：出口总额 | 336.3 | 19.0 | 0.03 | 0.2 | 0 | 93.2 | 52.5 | 8.5 | 24.2 | 138.7 | 0 |
| 实缴税费总额（亿元） | 1506.6 | 60.7 | 0.8 | 2.1 | 0.2 | 465.7 | 206.4 | 115.0 | 95.8 | 559.9 | 0.0014 |
| 其中：实缴增值税 | 584.7 | 24.1 | 0.3 | 1.6 | 0.1 | 161.5 | 90.1 | 65.1 | 44.7 | 197.3 | 0.0009 |
| 其中：实缴营业税 | 116.6 | 3.0 | 0.2 | 0.1 | 0 | 73.5 | 19.5 | 9.5 | 2.4 | 8.5 | 0.0003 |
| 其中：企业所得税 | 403.5 | 24.6 | 0.1 | 0.2 | 0.1 | 147.7 | 67.5 | 24.9 | 32.3 | 106.1 | 0 |
| 利润总额（亿元） | 2264.8 | 143.2 | 0.1 | 1.6 | 0.6 | 819.1 | 455.2 | 137.6 | 173.1 | 534.2 | −0.1 |
| 资产总计（亿元） | 50814.4 | 3028.5 | 71.7 | 52.1 | 2.1 | 21964.2 | 13862.3 | 3545.7 | 2628.7 | 5659 | 0.2 |
| 科技活动经费支出总额（亿元） | 1319.8 | 108.0 | 1.1 | 1.6 | 0.1 | 424.8 | 219.3 | 175.7 | 112.0 | 277.2 | 0 |
| 专利申请数（件） | 37782 | 3315 | 17 | 91 | 1 | 12281 | 8404 | 7007 | 3346 | 3320 | 0 |
| 其中：发明专利 | 22506 | 2443 | 3 | 31 | 1 | 7482 | 4543 | 3371 | 2578 | 2054 | 0 |
| 专利授权数（件） | 20991 | 2015 | 16 | 70 | 0 | 6609 | 4814 | 4476 | 1028 | 1963 | 0 |

表4 按收入规模统计

| 收入规模<br>指标 | 总和 | 大于100亿元 | 10亿～100亿元 | 1亿～10亿元 | 5000万～1亿元 | 1000万～5000万元 | 500万～1000万元 | 100万～500万元 | 小于100万元 |
|---|---|---|---|---|---|---|---|---|---|
| 企业数（家） | 15455 | 56 | 371 | 1935 | 1252 | 4024 | 1813 | 3340 | 2664 |
| 年末从业人员（人） | 1898756 | 184478 | 527186 | 688584 | 152219 | 230229 | 45789 | 49329 | 20942 |
| 其中：科技活动人员 | 499870 | 31257 | 125709 | 198395 | 44638 | 67886 | 12844 | 13287 | 5854 |
| 工业总产值（亿元） | 7890.3 | 2704.4 | 2784.1 | 1929.4 | 240.4 | 203.7 | 17.1 | 10.3 | 1.0 |
| 总收入（亿元） | 30497.4 | 12614.8 | 10135.3 | 5669.8 | 886.2 | 961.9 | 130.9 | 87.4 | 11.0 |
| 1. 技术收入 | 4032.4 | 300.2 | 1862.4 | 1316.2 | 217.7 | 258.5 | 41.6 | 31.5 | 4.3 |
| 2. 产品销售收入 | 10788.4 | 2991.8 | 4034.9 | 2847.8 | 431.7 | 401.8 | 48.2 | 29.3 | 2.8 |
| 其中：新产品销售收入 | 4070.4 | 1211.5 | 1397.3 | 1207.0 | 136.3 | 106.9 | 7.2 | 3.9 | 0.3 |
| 3. 商品销售收入 | 11339.6 | 7371.8 | 2697.3 | 878.3 | 143.5 | 200.4 | 27.8 | 18.0 | 2.5 |
| 进出口总额（亿美元） | 889.8 | 491.6 | 267.3 | 110.6 | 9.7 | 9.4 | 0.7 | 0.5 | 0.04 |
| 其中：进口总额 | 553.5 | 366.0 | 121.2 | 57.3 | 4.0 | 4.5 | 0.3 | 0.2 | 0.03 |
| 其中：出口总额 | 336.3 | 125.6 | 146.1 | 53.3 | 5.7 | 4.9 | 0.4 | 0.3 | 0.01 |
| 实缴税费总额（亿元） | 1506.6 | 578.3 | 441.4 | 352.5 | 54.8 | 61.2 | 10.3 | 6.5 | 1.6 |
| 其中：实缴增值税 | 584.7 | 147.1 | 189.8 | 169.7 | 31.2 | 36.4 | 6.4 | 3.6 | 0.4 |
| 其中：实缴营业税 | 116.6 | 34.2 | 44.8 | 27.4 | 3.8 | 4.7 | 0.6 | 1.0 | 0.1 |
| 其中：企业所得税 | 403.5 | 136.0 | 132.7 | 105.0 | 13.5 | 12.5 | 2.1 | 0.9 | 0.7 |
| 利润总额（亿元） | 2264.8 | 708.0 | 768.2 | 647.7 | 103.7 | 39.6 | −1.5 | 0.1 | −1.1 |
| 资产总计（亿元） | 50814.4 | 13706.1 | 13732.4 | 13536.7 | 2759.4 | 4027.8 | 741.2 | 1158.0 | 1152.9 |

（续表）

| 按收入规模统计 | | | | | | | | | |
|---|---|---|---|---|---|---|---|---|---|
| 指标 \ 收入规模 | 总和 | 大于100亿元 | 10亿～100亿元 | 1亿～10亿元 | 5000万～1亿元 | 1000万～5000万元 | 500万～1000万元 | 100万～500万元 | 小于100万元 |
| 科技活动经费支出总额（亿元） | 1319.8 | 122.0 | 491.2 | 466.5 | 85.1 | 111.2 | 17.7 | 17.8 | 8.3 |
| 专利申请数（件） | 37782 | 5663 | 7643 | 13579 | 2657 | 4111 | 801 | 1313 | 2015 |
| 其中：发明专利（件） | 22506 | 4036 | 5179 | 7858 | 1239 | 1812 | 394 | 795 | 1193 |
| 专利授权数（件） | 20991 | 1833 | 3948 | 7770 | 2105 | 2834 | 489 | 676 | 1336 |

资料来源：中关村科技园区管理委员会

# 2013年中关村国家自主创新示范区十大行业主要经济指标一览表

| 行业 \ 指标 | 企业数量（家） | 总收入（亿元） | 工业总产值（亿元） | 新产品销售收入占总收入比重（%） | 技术收入占总收入比重（%） | 利润总额（亿元） | 上缴税费（亿元） | 出口创汇（亿美元） | 从业人员（人） | 科技活动经费支出（亿元） |
|---|---|---|---|---|---|---|---|---|---|---|
| 第二产业 | | | | | | | | | | |
| 计算机、通信和其他电子设备制造 | 478 | 2242.3 | 1822.1 | 46.5 | 1.2 | 102.0 | 71.1 | 110.3 | 120310 | 83.8 |
| 土木工程建筑 | 57 | 1302.3 | 0 | 0.1 | 16.9 | 73.0 | 34.9 | 1.7 | 24483 | 24.7 |
| 汽车制造 | 89 | 1091.8 | 1077.2 | 17.3 | 0.2 | 66.0 | 101.9 | 2.0 | 65389 | 23.8 |
| 第三产业 | | | | | | | | | | |
| 软件和信息技术服务 | 4377 | 3054.8 | 0 | 10.9 | 40.3 | 310.7 | 193.1 | 14.9 | 446979 | 303.4 |
| 专业技术服务 | 1008 | 2304.5 | 0 | 4.4 | 33.7 | 216.5 | 88.7 | 29.3 | 151856 | 69.6 |
| 商务服务 | 592 | 1932.2 | 0 | 1.3 | 4.9 | 253.7 | 92.0 | 32.8 | 53087 | 14.2 |
| 科技推广和应用服务 | 1805 | 1092.0 | 0 | 3.7 | 22.6 | 83.3 | 47.4 | 15.8 | 81284 | 55.2 |
| 互联网和相关服务 | 326 | 595.5 | 0 | 0.4 | 46.3 | 135.6 | 53.6 | 0.3 | 76593 | 52.6 |
| 研究和实验发展 | 593 | 409.8 | 0 | 11.6 | 49.3 | 46.4 | 19.2 | 3.8 | 49091 | 64.1 |
| 电信、广播电视和卫星传输服务 | 246 | 399.6 | 0 | 0.2 | 58.9 | 28.2 | 17.1 | 3.5 | 46921 | 32.6 |

注：按照国民经济行业分类代码（GB/4754—2011），依据大类行业的企业数量、经济总量规模、从业人数等指标，综合选定中关村国家自主创新示范区十大行业，其中第二产业占3席，第三产业占7席

资料来源：中关村科技园区管理委员会

# 2013 年国内部分高新技术产业开发区主要经济指标一览表

| 指标 / 名称 | 企业数（家） | 从业人员（万人） | 总收入（亿元） | 工业总产值（亿元） | 实缴税额（亿元） | 出口创汇（亿美元） | 净利润（亿元） |
|---|---|---|---|---|---|---|---|
| 北京中关村示范区 | 15455 | 189.9 | 30497.4 | 7890.3 | 1506.6 | 336.3 | 2264.8 |
| 上海张江示范区 | 2806 | 72.2 | 11368.9 | 6665.8 | 595.7 | 312.8 | 728.9 |
| 武汉东湖示范区 | 2883 | 41.9 | 6517.2 | 5086.2 | 320.9 | 104.7 | 394.7 |
| 西安高新区 | 3368 | 32.3 | 6622.2 | 5157.7 | 480.0 | 78.8 | 440.0 |
| 深圳高新区 | 1485 | 42.0 | 4656.0 | 4815.9 | 271.8 | 168.6 | 373.5 |
| 广州高新区 | 2313 | 45.4 | 4680.2 | 3501.4 | 177.5 | 238.2 | 367.2 |
| 天津高新区 | 3175 | 34.3 | 5674.4 | 3119.5 | 188.0 | 105.8 | 577.4 |
| 成都高新区 | 1626 | 27.2 | 4814.7 | 3662.4 | 253.2 | 164.9 | 461.0 |
| 苏州高新区 | 1100 | 23.4 | 2825.8 | 2725.6 | 83.9 | 238.9 | 98.9 |
| 全国高新区合计 | 71180 | 1460.2 | 199648.9 | 151367.6 | 11043.1 | 4133.3 | 12443.6 |

资料来源：中关村科技园区管理委员会

# 中关村国家自主创新示范区获 2013 年度国家科学技术奖项目一览表

| 国家最高科学技术奖 | | | |
|---|---|---|---|
| 程开甲 | 中国著名物理学家，核试验科学技术的创建者和领路人 | 1980 年当选中国科学院院士，1999 年获“两弹一星”功勋奖章 | 中国人民解放军总装备部科技委员会 |

| 国家自然科学奖一等奖 | | | | |
|---|---|---|---|---|
| 序号 | 编号 | 项目名称 | 主要完成人 | 主要完成单位 |
| 1 | Z-102-1-01 | 40K 以上铁基高温超导体的发现及若干基本物理性质研究 | 赵忠贤　王楠林　闻海虎 | 中国科学院物理研究所 |
| 国家自然科学奖二等奖 | | | | |
| 序号 | 编号 | 项目名称 | 主要完成人 | 主要完成单位 |
| 1 | Z-101-2-01 | 若干重要的可压缩欧拉方程整体解研究 | 黄飞敏 | 中国科学院数学与系统科学研究院 |
| 2 | Z-101-2-02 | 凯勒几何中的典则度量和里奇流 | 朱小华 | 北京大学 |

（续表）

| 国家自然科学奖二等奖 | | | | |
|---|---|---|---|---|
| 序号 | 编号 | 项目名称 | 主要完成人 | 主要完成单位 |
| 3 | Z-102-2-02 | 北京谱仪 II 实验发现新粒子 | 金　山　李卫国　房双世 | 中国科学院高能物理研究所 |
| 4 | Z-102-2-03 | 量子通信与量子算法的物理基础研究 | 龙桂鲁　邓富国　李岩松 | 清华大学 |
| 5 | Z-103-2-05 | 高分子复合材料微加工制备及其物理与化学问题 | 杨振忠　徐　坚　陈永明 | 中国科学院化学研究所 |
| 6 | Z-103-2-06 | 基于碳氢键活化的氧化偶联 | 施章杰　李必杰　万小兵 | 北京大学 |
| 7 | Z-104-2-01 | 硬骨鱼纲起源与早期演化研究 | 朱　敏　赵文金　贾连涛 | 中国科学院古脊椎动物与古人类研究所 |
| 8 | Z-104-2-03 | 华北克拉通早期陆壳形成与演化 | 翟明国　郭敬辉　彭　澎 | 中国科学院地质与地球物理研究所 |
| 9 | Z-105-2-02 | 被子植物有性生殖的分子机理研究 | 杨维才　石东乔　刘　洁 | 中国科学院遗传与发育生物学研究所 |
| 10 | Z-106-2-03 | 寡糖的合成及某些基于糖类的药物发现 | 叶新山　熊德彩　耿铁群 | 北京大学 |
| 11 | Z-107-2-03 | 生物计算中数据编码与模型构建理论方法研究 | 许　进 | 北京大学 |
| 12 | Z-108-2-01 | 高效光/电转换的新型有机光功能材料 | 张晓宏　张秀娟　陶斯禄 | 中国科学院理化技术研究所 |
| 13 | Z-108-2-05 | 过渡金属及其化合物纳米材料的可控合成、微结构及相关特性 | 郭　林　王荣明　陈晋平 | 北京航空航天大学 |
| 14 | Z-109-2-07 | 广义协调与新型自然坐标法主导的高性能有限元及结构分析系列研究 | 龙驭球　岑　松　龙志飞 | 清华大学 |
| 15 | Z-110-2-01 | 纳米结构金属力学行为尺度效应的微观机理研究 | 武晓雷　魏悦广　洪友士 | 中国科学院力学研究所 |
| 16 | Z-110-2-03 | 昆虫飞行的空气动力学和飞行力学 | 孙　茂　吴江浩　杜　刚 | 北京航空航天大学 |

| 国家技术发明奖（通用项目）一等奖 | | | | |
|---|---|---|---|---|
| 序号 | 编号 | 项目名称 | 主要完成人 | 主要完成单位 |
| 1 | F-310-1-01 | 大型结构与土体接触面力学试验系统研制及应用 | 张建民　张　嘎　胡黎明 | 清华大学 |
| 国家技术发明奖（通用项目）二等奖 | | | | |
| 序号 | 编号 | 项目名称 | 主要完成人 | 主要完成单位 |
| 1 | F-301-2-04 | 果实采后绿色防病保鲜关键技术的创制及应用 | 田世平　秦国政　孟祥红 | 中国科学院植物研究所 |
| 2 | F-301-2-07 | 低成本易降解肥料用缓释材料创制与应用 | 张夫道　张建峰　杨俊诚 | 中国农业科学院农业资源与农业区划研究所 |
| 3 | F-303-2-01 | 碳酸盐岩油气藏转向酸压技术与工业化应用 | 周福建　刘玉章　熊春明 | 中国石油天然气股份有限公司勘探开发研究院 |
| 4 | F-304-2-02 | 工业钒铬废渣与含重金属氨氮废水资源化关键技术和应用 | 曹宏斌　林　晓　张　懿 | 中国科学院过程工程研究所 |
| 5 | F-304-2-03 | 高效微生物及其固定化脱氮技术 | 倪晋仁　叶正芳　籍国东 | 北京大学 |
| 6 | F-305-2-01 | 高性能二次电池新型电极、电解质材料与相关技术 | 吴　锋　陈人杰 | 北京理工大学 |
| 7 | F-306-2-03 | 新型甲醇羰基化催化剂的结构设计及工业应用 | 袁国卿　宋勤华　钱庆利 | 中国科学院化学研究所 |
| 8 | F-307-2-02 | KBBF族晶体深紫外非线性光学特性的发现、晶体生长与激光应用 | 陈创天　许祖彦　王晓洋 | 中国科学院理化技术研究所 |
| 9 | F-30801-2-04 | 飞机大型整体结构件测量/加工一体化关键技术及应用 | 赵慧洁　周富强　姜宏志 | 北京航空航天大学 |

（续表）

| 国家技术发明奖（通用项目）二等奖 | | | | |
|---|---|---|---|---|
| 序号 | 编号 | 项目名称 | 主要完成人 | 主要完成单位 |
| 10 | F-30802-2-03 | 基于行驶环境感知与控制协同的汽车智能安全新技术及应用 | 李克强　王建强　罗禹贡 | 清华大学 |
| 11 | F-30901-2-02 | 下一代互联网 4over6 过渡技术及其应用 | 吴建平　崔　勇　李　星 | 清华大学 |
| 12 | F-30901-2-04 | 信息密度非均匀下的异构无线组网新技术 | 张　平　陶小峰　张建华 | 北京邮电大学 |
| 13 | F-30902-2-01 | 基于生物敏感膜的便携式传感器关键技术及应用 | 蔡新霞　崔大付　刘春秀 | 中国科学院电子学研究所 |
| 14 | F-30902-2-02 | 高精度微纳结构掩模制造核心技术 | 刘　明　谢常青　叶甜春 | 中国科学院微电子研究所 |
| 15 | F-30902-2-03 | 高速半导体激光器制备、测试与耦合封装技术 | 祝宁华　朱洪亮　谢　亮 | 中国科学院半导体研究所 |
| 16 | F-30902-2-04 | 高场静磁装备设计理论和关键技术及应用 | 王秋良　胡新宁　戴银明 | 中国科学院电工研究所 |
| 17 | F-30902-2-05 | 高性能谐振式传感器关键技术及其应用 | 樊尚春　郑德智　王　帅 | 北京航空航天大学 |
| 18 | F-310-2-02 | 基于吸收式换热的集中供热技术 | 付　林　张世钢　罗　勇 | 清华大学 |

| 国家科学技术进步奖（通用项目）一等奖 | | | | |
|---|---|---|---|---|
| 序号 | 编号 | 项目名称 | 主要完成人 | 主要完成单位 |
| 1 | J-223-1-01 | 离岸深水港建设关键技术与工程应用 | 谢世楞　孙子宇　赵冲久 | 中国交通建设股份有限公司 |
| 2 | J-206-1-01 | 以创建国际一流船舶集团为目标的军民融合科技创新工程 | | 中国船舶重工集团公司 |
| 3 | J-25201-1-01 | 国产民用高分辨率立体测图卫星测绘和应用关键技术 | 唐新明　孙承志　龚健雅 | 国家测绘地理信息局卫星测绘应用中心 |
| 4 | J-234-1-01 | 中药安全性关键技术研究与应用 | 高　月　杨明会　范骁辉 | 中国人民解放军军事医学科学院放射与辐射医学研究所 |

| 国家科学技术进步奖（通用项目）创新团队奖 | | | | |
|---|---|---|---|---|
| 序号 | 编号 | 团队名称 | 主要完成人 | 主要完成单位 |
| 1 | J-207-1-02 | 清华大学辐射成像创新团队 | 康克军　陈志强　唐传祥 | 清华大学 |
| 2 | J-207-1-03 | 军事医学科学院蛋白质组学创新团队 | 贺福初　杨晓明　张学敏 | 军事医学科学院 |

| 国家科学技术进步奖（通用项目）二等奖 | | | | |
|---|---|---|---|---|
| 序号 | 编号 | 项目名称 | 主要完成人 | 主要完成单位 |
| 1 | J-202-2-03 | 森林资源综合监测技术体系 | 鞠洪波　张怀清　唐小明 | 中国林业科学研究院资源信息研究所 |
| 2 | J-203-2-01 | 北京鸭新品种培育与养殖技术研究应用 | 侯水生　胡胜强　刘小林 | 中国农业科学院北京畜牧兽医研究所 |
| 3 | J-206-2-02 | 中国南车轨道交通装备三大技术平台建设技术创新工程 | | 中国南车集团公司 |
| 4 | J-206-2-04 | 中国石油科技创新体系建设工程 | | 中国石油天然气集团公司 |
| 5 | J-210-2-02 | 海上油田超大型平台浮托技术创建及应用 | 金晓剑　周守为　李新仲 | 中海石油（中国）有限公司 |
| 6 | J-211-2-04 | 干酪制造与副产物综合利用技术集成创新与产业化应用 | 任发政　郭本恒　陈历俊 | 中国农业大学 |
| 7 | J-214-2-01 | 土木工程用高性能纤维复合材料制备及应用关键技术 | 岳清瑞　张继文　薛忠民 | 中冶建筑研究总院有限公司 |

（续表）

| 国家科学技术进步奖（通用项目）二等奖 | | | | |
|---|---|---|---|---|
| 序号 | 编号 | 项目名称 | 主要完成人 | 主要完成单位 |
| 8 | J-21502-2-02 | 一水硬铝石矿高效强化拜耳法生产技术的开发与产业化应用 | 顾松青　刘保伟　武建强 | 中国铝业股份有限公司 |
| 9 | J-21502-2-03 | 7000 系铝合金强韧化热处理技术创新与工业应用 | 熊柏青　周　江　张永安 | 北京有色金属研究总院 |
| 10 | J-217-2-02 | 大型风电并网运行与试验检测关键技术及应用 | 郭剑波　王伟胜　刘　纯 | 中国电力科学研究院 |
| 11 | J-219-2-02 | 环境与灾害监测预报小卫星星座 A、B 卫星 | 白照广　代守仑　沈　中 | 航天东方红卫星有限公司 |
| 12 | J-219-2-03 | 超大规模集成电路 65-40 纳米成套产品工艺研发与产业化 | 吴汉明　居建华　倪百兵 | 中芯国际集成电路制造（北京）有限公司 |
| 13 | J-220-2-02 | 曙光高效能计算机系统关键技术及应用 | 孙凝晖　张佩珩　聂　华 | 中国科学院计算技术研究所 |
| 14 | J-22101-2-03 | 超高及复杂高层建筑结构关键技术与应用 | 肖从真　徐培福　王翠坤 | 中国建筑科学研究院 |
| 15 | J-23302-2-02 | 新生儿脑损伤预防、诊断和治疗技术的研究与应用 | 封志纯　刘　敬　母得志 | 中国人民解放军北京军区总医院 |
| 16 | J-235-2-03 | 正电子发射断层扫描（PET）核医学装备系统的研制及产业化 | 孙启银　黄　钢　曾　骏 | 北京大基康明医疗设备有限公司 |
| 17 | J-25101-2-03 | 主要农业入侵生物的预警与监控技术 | 万方浩　张润志　王福祥 | 中国农业科学院植物保护研究所 |
| 18 | J-25101-2-04 | 旱作农业关键技术与集成应用 | 梅旭荣　张燕卿　孙占祥 | 中国农业科学院农业环境与可持续发展研究所 |
| 19 | J-25103-2-01 | 干旱内陆河流域考虑生态的水资源配置理论与调控技术及其应用 | 康绍忠　杜太生　粟晓玲 | 中国农业大学 |
| 20 | J-25201-2-01 | 机载多波段多极化干涉 SAR 测图系统 | 张继贤　黄国满　燕　琴 | 中国测绘科学研究院 |
| 21 | J-25202-2-01 | 煤矿岩巷全断面高效掘进关键技术与装备 | 杨仁树　闫振东　李　清 | 中国矿业大学（北京） |
| 22 | J-25302-2-03 | 重度感音神经性耳聋致病机制及出生缺陷干预研究与应用 | 戴　朴　冯　永　袁慧军 | 中国人民解放军总医院 |

注：受篇幅所限，表中主要完成人仅列前 3 名，主要完成单位仅列第一完成单位
资料来源：国家科学技术奖励工作办公室网站

# 中关村国家自主创新示范区获 2013 年度北京市科学技术奖项目一览表

| 一等奖 | | | | |
|---|---|---|---|---|
| 序号 | 编号 | 项目名称 | 主要完成人 | 主要完成单位 |
| 1 | 2013 计 -1-001 | 仿生机器鱼高效与高机动控制的理论与方法 | 谭　民　喻俊志　侯增广 | 中国科学院自动化研究所 |
| 2 | 2013 计 -1-002 | 深腾 7000 高效能计算机系统及关键技术 | 祝明发　肖利民　贺志强 | 联想控股有限公司 |
| 3 | 2013 计 -1-003 | 3D 视频编码与大规模网络传输技术 | 孙立峰　杨士强　胡伟栋 | 清华大学 |
| 4 | 2013 计 -1-004 | 低分辨人脸图像的重建与人脸识别 | 苏光大　任小龙　陈健生 | 清华大学 |
| 5 | 2013 电 -1-001 | 纳米环磁性隧道结及新型纳米环磁随机存取存储器的基础研究 | 韩秀峰　魏红祥　温振超 | 中国科学院物理研究所 |

（续表）

| 一等奖 | | | | |
|---|---|---|---|---|
| 序号 | 编号 | 项目名称 | 主要完成人 | 主要完成单位 |
| 6 | 2013 电 –1–002 | DTMB 标准国际化关键技术及应用 | 杨知行　潘长勇　宋　健 | 清华大学 |
| 7 | 2013 电 –1–003 | 体全息光学相关器及其在高速图像处理中的应用 | 金国藩　曹良才　何庆声 | 清华大学 |
| 8 | 2013 材 –1–001 | 基于离子液体溶剂体系的纤维素加工与功能化的新原理和新方法 | 张　军　武　进　袁金颖 | 中国科学院化学研究所 |
| 9 | 2013 材 –1–002 | 组织调控超强稀土永磁材料工程化技术及应用 | 李　卫　胡伯平　竺韵德 | 中国钢研科技集团有限公司 |
| 10 | 2013 环 –1–001 | 砷超富集植物及其对砷污染土壤的修复机理 | 陈同斌　雷　梅　黄泽春 | 中国科学院地理科学与资源研究所 |
| 11 | 2013 环 –1–002 | 面向应用的航天遥感软硬一体化仿真系统技术与应用示范 | 顾行发　余　涛　胡新礼 | 中国科学院遥感与数字地球研究所 |
| 12 | 2013 环 –1–003 | 纤维转盘过滤系统在污水深度处理中的应用与示范 | 李星文　曲颂华　袁　琳 | 浦华环保有限公司 |
| 13 | 2013 能 –1–001 | 大功率直线电机变频驱动系统关键技术研发及应用 | 李耀华　葛琼璇　李崇坚 | 中国科学院电工研究所 |
| 14 | 2013 能 –1–002 | 智能电表关键芯片研发与应用 | 任伟理　赵东艳　章　欣 | 中国电力科学研究院 |
| 15 | 2013 能 –1–003 | 深部裂缝性油气储层预测与评价新技术及工业化应用重大成效 | 曾联波　乔文孝　狄帮让 | 中国石油大学（北京） |
| 16 | 2013 城 –1–001 | 高水压强渗透浅覆土超大直径水下盾构隧道工程设计关键技术 | 肖明清　夏国斌　韩向阳 | 中国铁建股份有限公司 |
| 17 | 2013 交 –1–001 | 系列化纯电动专用车关键技术及产业化 | 孙逢春　林　程　张　军 | 北京理工大学 |
| 18 | 2013 农 –1–001 | 新型饲料用非淀粉多糖酶制剂产品的创制 | 姚　斌　黄火清　杨培龙 | 中国农业科学院饲料研究所 |
| 19 | 2013 农 –1–002 | 西瓜优异抗病种质创制与京欣系列新品种选育及推广 | 许　勇　宫国义　张海英 | 北京市农林科学院蔬菜研究中心 |
| 20 | 2013 医 –1–001 | 肝源细胞生长调节分子作用机制及应用基础研究 | 杨晓明　吴祖泽　李长燕 | 中国人民解放军军事医学科学院放射与辐射医学研究所 |
| 21 | 2013 医 –1–002 | 中国人体表慢性难愈合创面发生新特征与防治关键措施研究 | 付小兵　陆树良　李校堃 | 中国人民解放军总医院第一附属医院 |
| 22 | 2013 基 –1–001 | 蛋白质泛素连接酶的功能与调控机制及其疾病相关性研究 | 张令强　贺福初　张　戈 | 中国人民解放军军事医学科学院放射与辐射医学研究所 |
| 23 | 2013 基 –1–002 | 高等植物光合膜蛋白复合物的结构与功能研究 | 常文瑞　柳振峰　匡廷云 | 中国科学院生物物理研究所 |

| 二等奖 | | | | |
|---|---|---|---|---|
| 序号 | 编号 | 项目名称 | 主要完成人 | 主要完成单位 |
| 1 | 2013 计 –2–001 | 高性能众核结构设计及验证技术 | 范东睿　张　浩　叶笑春 | 中国科学院计算技术研究所 |
| 2 | 2013 计 –2–002 | 高分辨率合成孔径成像声呐 | 张春华　黄海宁　刘纪元 | 中国科学院声学研究所 |
| 3 | 2013 计 –2–003 | 农业经济空间信息服务关键技术与应用平台（中国农业经济电子地图） | 诸叶平　陈丽水　雪　燕 | 中国农业科学院农业信息研究所 |
| 4 | 2013 计 –2–004 | 大规模智能视频监控新技术及应用 | 陈　峰　聂　蓉　索津莉 | 北京声迅电子股份有限公司 |
| 5 | 2013 计 –2–005 | 病理切片全景显微扫描技术及远程诊断服务系统的研发和产业化 | 郑众喜　刘明星　李鹏杰 | 北京优纳科技有限公司 |
| 6 | 2013 计 –2–007 | 海内外一体化测井解释处理软件开发与应用 | 伍　东　汪　浩　程晓东 | 中国石油集团长城钻探工程有限公司 |

（续表）

| 二等奖 | | | | |
|---|---|---|---|---|
| 序号 | 编号 | 项目名称 | 主要完成人 | 主要完成单位 |
| 7 | 2013 电 –2–001 | 先进半导体光子晶体激光器技术研究 | 郑婉华　陈良惠　渠红伟 | 中国科学院半导体研究所 |
| 8 | 2013 电 –2–002 | 多功能通用雷达目标模拟器开发平台及关键技术研究 | 梁志恒　尤　政　陶青长 | 清华大学 |
| 9 | 2013 电 –2–003 | 图像处理和智能分析理论及应用 | 阮秋琦　倪蓉蓉　安高云 | 北京交通大学 |
| 10 | 2013 材 –2–001 | SMT 用环保型无铅焊料及其旋转盘雾化制备技术的研究与应用 | 徐　骏　胡　强　朱学新 | 北京康普锡威科技有限公司 |
| 11 | 2013 材 –2–002 | 高效低耗少渣炼钢新工艺的开发与创新 | 张功焰　王新华　邱世中 | 首钢总公司 |
| 12 | 2013 材 –2–003 | 面向医疗系统射线防护新材料及应用 | 刘　力　张立群　温世鹏 | 北京化工大学 |
| 13 | 2013 材 –2–004 | 乙烯装置碱洗塔黄油抑制剂研发与产业化 | 刘宽胜　王秀芬　何宏晓 | 北京斯伯乐科学技术研究院 |
| 14 | 2013 环 –2–001 | 国家地理信息应急监测系统研制与应用 | 李英成　杨伯钢　肖金城 | 中国测绘科学研究院 |
| 15 | 2013 环 –2–002 | 基于厌氧氨氧化的高氨氮有机废水生物除碳脱氮技术创新与实践 | 张树军　彭永臻　蒋　勇 | 北京城市排水集团有限责任公司 |
| 16 | 2013 环 –2–003 | 以土地处理为核心的城市污水再生及回用集成技术 | 赵　璇　王建龙　甘一萍 | 清华大学 |
| 17 | 2013 环 –2–004 | 内陆水体富营养化高光谱遥感监测技术与应用 | 张　兵　李俊生　王　桥 | 中国科学院对地观测与数字地球科学中心 |
| 18 | 2013 能 –2–001 | 面向智能电网的信息安全边界接入技术研究与应用 | 林为民　张　涛　邵志鹏 | 中国电力科学研究院 |
| 19 | 2013 能 –2–002 | 风电并网试验检测关键技术研究及检测能力建立 | 王伟胜　秦世耀　李　庆 | 中国电力科学研究院 |
| 20 | 2013 能 –2–003 | 电网广域保护控制系统研究与应用 | 秦红霞　姚　斌　田文辉 | 北京四方继保自动化股份有限公司 |
| 21 | 2013 能 –2–004 | 500kW 光伏并网逆变器的研发及大规模产业化应用 | 马　亮　孙琳琳　余明锋 | 北京京仪绿能电力系统工程有限公司 |
| 22 | 2013 能 –2–005 | 海水淡化联合发电关键技术研究与应用 | 李　杨　寇彦德　吴礼云 | 北京首钢国际工程技术有限公司 |
| 23 | 2013 能 –2–006 | 电动汽车充电设施设计理论、方法和标准研究及应用 | 王震坡　孙逢春　李永华 | 北京理工大学 |
| 24 | 2013 能 –2–007 | 枯竭气藏及盐穴储气库钻采工程技术及工具 | 申瑞臣　袁光杰　班凡生 | 中国石油集团钻井工程技术研究院 |
| 25 | 2013 制 –2–001 | 磁控溅射设备研发及产业化 | 赵梦欣　丁培军　王厚工 | 北京北方微电子基地设备工艺研究中心有限责任公司 |
| 26 | 2013 制 –2–002 | 离子膜电解槽激光焊接成套技术装备及应用 | 肖荣诗　左铁钏　武　强 | 北京工业大学 |
| 27 | 2013 制 –2–003 | 重型龙门数控机床大型结合面关键技术研究与应用 | 蔡力钢　刘宇凌　刘志峰 | 北京工业大学 |
| 28 | 2013 制 –2–004 | 高精度离轴非球面先进制造技术 | 程灏波　郑列华　冯云鹏 | 北京理工大学 |
| 29 | 2013 城 –2–001 | 细晶高强钢筋应用关键技术研究 | 岳清瑞　朱建国　程志军 | 中冶建筑研究总院有限公司 |
| 30 | 2013 城 –2–002 | 顶推法施工的大跨度曲线预应力混凝土斜拉桥技术研究及应用 | 徐升桥　陈国立　韩少民 | 中铁工程设计咨询集团有限公司 |
| 31 | 2013 城 –2–003 | 城市轨道交通 U 型梁系统综合技术研究 | 杨秀仁　佘才高　宋敏华 | 北京城建设计研究总院有限责任公司 |
| 32 | 2013 城 –2–005 | 南水北调中线干线工程建筑环境规划研究 | 吴良镛　武廷海　吴　晨 | 清华大学 |
| 33 | 2013 城 –2–006 | 大型复杂高层建筑高性能抗震体系及关键技术 | 曹万林　吕西林　董宏英 | 北京工业大学 |

（续表）

| 二等奖 | | | | |
|---|---|---|---|---|
| 序号 | 编号 | 项目名称 | 主要完成人 | 主要完成单位 |
| 34 | 2013 城 –2–007 | 重大建筑工程抗风设计关键技术的研究与应用 | 金新阳 陈 凯 唐 意 | 中国建筑科学研究院 |
| 35 | 2013 交 –2–001 | 安全综合检测车轮轨力检测系统研制与应用 | 李 谷 祖宏林 储高峰 | 中国铁道科学研究院机车车辆研究所 |
| 36 | 2013 交 –2–002 | 中国铁路自动售检票设备与系统 | 史天运 史 宏 康增建 | 中国铁道科学研究院电子计算技术研究所 |
| 37 | 2013 交 –2–003 | 兼容各型动车组空心车轴超声波探伤关键技术研究及应用 | 王志全 石峥映 谭 鹰 | 北京新联铁科技股份有限公司 |
| 38 | 2013 交 –2–005 | CTCS3 级列控车载设备及 RBC 设备制造国产化 | 康 文 徐 清 孟驰宇 | 北京铁路信号有限公司 |
| 39 | 2013 农 –2–001 | 蜂王浆高产机理及蜂王浆生化特征的研究 | 李建科 冯 毛 房 宇 | 中国农业科学院蜜蜂研究所 |
| 40 | 2013 农 –2–002 | 高性能竹基纤维复合材料制造技术 | 于文吉 余养伦 祝荣先 | 中国林业科学研究院木材工业研究所 |
| 41 | 2013 农 –2–003 | 禽用保健型中兽药关键技术研究开发与应用 | 许剑琴 刘凤华 郭世宁 | 中国农业大学 |
| 42 | 2013 农 –2–004 | 农药残留安全评价研究 | 周志强 王 鹏 刘东晖 | 中国农业大学 |
| 43 | 2013 农 –2–005 | 生菜周年安全生产关键技术研究与应用 | 范双喜 郑建秋 常希光 | 北京农学院 |
| 44 | 2013 农 –2–006 | 早熟、耐密、抗倒玉米品种京单 28 的选育及示范推广 | 赵久然 陈 刚 杨国航 | 北京市农林科学院玉米研究中心 |
| 45 | 2013 医 –2–001 | IgA 肾病的进展机制及中西医结合诊疗的研究 | 陈香美 吴 杰 张雪光 | 中国人民解放军总医院 |
| 46 | 2013 医 –2–002 | 新生儿重症救治关键技术体系研究与应用 | 封志纯 刘 敬 陈 超 | 中国人民解放军北京军区总医院 |
| 47 | 2013 医 –2–003 | 脑和脊髓损伤后神经再生与功能修复的机制及治疗研究 | 徐如祥 戴宜武 杨志军 | 中国人民解放军北京军区总医院 |
| 48 | 2013 医 –2–006 | 创造性思维中关键认知神经科学过程的机理研究 | 罗 劲 傅小兰 罗跃嘉 | 中国科学院心理研究所 |
| 49 | 2013 医 –2–007 | 中国黑色素瘤个体化治疗模式的初步建立 | 郭 军 孔 燕 斯 璐 | 北京肿瘤医院 |
| 50 | 2013 医 –2–008 | 关节运动损伤微创治疗临床与基础研究 | 敖英芳 余家阔 王健全 | 北京大学第三医院 |
| 51 | 2013 中 –2–001 | 冠心病血瘀证证候实质探索研究 | 陈可冀 殷惠军 马晓娟 | 中国中医科学院西苑医院 |
| 52 | 2013 中 –2–002 | 缺血性中风病中医康复方案研究 | 王永炎 谢雁鸣 邹忆怀 | 中国中医科学院中医临床基础医学研究所 |
| 53 | 2013 药 –2–001 | 疾病标记物的化学发光免疫分析试剂盒的研制 | 林金明 应希堂 李海芳 | 清华大学 |
| 54 | 2013 药 –2–002 | 脂微球载体靶向镇痛药物氟比洛芬酯注射液临床及产业化技术的研究 | 刘红星 张 扬 邓艳萍 | 北京泰德制药股份有限公司 |
| 55 | 2013 基 –2–001 | 聚合物太阳能电池光伏材料的研究 | 李永舫 侯剑辉 何有军 | 中国科学院化学研究所 |
| 56 | 2013 基 –2–002 | 天然免疫抗病毒效应因子 ZAP 功能和作用机理研究 | 高光侠 朱益平 郭学敏 | 中国科学院生物物理研究所 |
| 57 | 2013 基 –2–003 | 经济预测预警理论方法及决策支持系统 | 汪寿阳 杨晓光 尚 维 | 中国科学院数学与系统科学研究院 |
| 58 | 2013 基 –2–004 | Riesz 基理论对无穷维振动系统的镇定与应用 | 郭宝珠 王军民 | 中国科学院数学与系统科学研究院 |

注：受篇幅所限，表中主要完成人仅列前 3 名，主要完成单位仅列第一完成单位
资料来源：北京市科学技术奖励工作办公室网站

# 中关村国家自主创新示范区获2013年中国标准创新贡献奖项目一览表

| 序号 | 项目名称 | 主要完成人 | 主要完成单位 |
|---|---|---|---|
| 一等奖 | | | |
| 1 | ISO 15862：2009 运载火箭/有效载荷飞行环境遥测数据处理 | 李国爱　雷式松　谢　萱 | 北京宇航系统工程研究所 |
| 2 | ITU-R M.2198：2010 第四代移动通信TD-LTE-Advanced国际标准（IMT-Advanced技术评估）等54项标准 | 万　屹　杨　宁　秦　飞 | 工业和信息化部电信研究院 |
| 二等奖 | | | |
| 1 | GB/T 22900-2009 科学技术研究项目评价通则 | 汤万金　巨建国　田　武 | 中国标准化研究院 |
| 2 | TB/T 3276-2011 高速铁路用钢轨 | 周清跃　张银花　朱　梅 | 中国铁道科学研究院金属及化学研究所 |
| 3 | GB 19147-2009 车用柴油 | 倪　蓓　林荣兴 | 中国石油化工股份有限公司石油化工科学研究院 |
| 4 | GB/T 20491-2006 用于水泥和混凝土中的钢渣粉等12项标准 | 朱桂林　卢忠飞　仇金辉 | 中冶建筑研究总院有限公司 |
| 5 | GB/T 17296-2009 中国土壤分类与代码 | 田有国　姚艳敏　李小林 | 中国农业科学院农业资源与农业区划研究所 |
| 6 | GB 21660-2008 塑料购物袋的环保、安全和标识通用技术要求、GB/T 21661-2008 塑料购物袋、GB/T 21662-2008 塑料购物袋的快速检测方法与评价 | 陈家琪　翁云宣　陈　倩 | 轻工业塑料加工应用研究所 |
| 7 | GB 23821-2009 机械安全 防止上下肢触及危险区的安全距离 | 李　勤　富　锐　朱　平 | 中机生产力促进中心 |
| 8 | GB/T 14260-2010 散装重有色金属浮选精矿取样、制样通则等5项标准 | 赵军锋　程　习　闫文彬 | 中国有色金属工业标准计量质量研究所 |
| 三等奖 | | | |
| 1 | GB/T 23791-2009 企业质量信用等级划分通则 | 叶如意　咸奎桐　尹建军 | 中国标准化研究院 |
| 2 | GB/T 26686-2011 地面数字电视接收机通用规范等4项标准 | 赵新华　张素兵　胡　鹏 | 中国电子技术标准化研究院 |
| 3 | GB 5296.7-2008 消费品使用说明 第7部分：体育器材 | 柳成洋　张小晶　袁义龙 | 中国标准化研究院 |
| 4 | CJ 244-2007 游泳池水质标准、CJ/T 325-2010 公共浴池水质标准 | 赵　锂　周　蔚　赵　昕 | 中国建筑设计研究院 |
| 5 | GB/T 13208-2008 芦笋罐头 | 梁仲康　仇　凯　洪坤山 | 中国食品发酵工业研究院 |
| 6 | GB/T 23734-2009 食品生产加工小作坊质量安全控制基本要求 | 马爱进　刘　文　金东海 | 中国标准化研究院 |
| 7 | GB/T 24734.1-2009 技术产品文件 数字化产品定义数据通则 第1部分：术语和定义等11项标准 | 丁红宇　张红旗　肖承翔 | 中机生产力促进中心 |
| 8 | GB 23439-2009 混凝土膨胀剂 | 赵顺增　刘　立　游宝坤 | 中国建筑材料科学研究总院 |
| 9 | GB 21746-2008 教学仪器设备安全要求 总则 | 王　静　任伟德　党建伟 | 教育部教学仪器研究所 |

注：受篇幅所限，表中主要完成人仅列前3名，主要完成单位仅列第一完成单位

资料来源：国家标准化管理委员会网站

# 中关村国家自主创新示范区
# 获第十五届中国专利奖项目一览表

| 序号 | 专利号 | 专利名称 | 发明人 | 专利权人 | 领域 |
|---|---|---|---|---|---|
| 专利金奖 | | | | | |
| 1 | 98813941.3 | 含有分子内伴侣样序列的嵌合蛋白及其在胰岛素生产中的应用 | 甘忠如 | 北京源荷根泽科技有限公司 | |
| 2 | 201010269356.7 | 采用餐厨废弃物制备生化腐殖酸的技术与工艺 | 黄　谦　于海燕 | 北京嘉博文生物科技有限公司 | |
| 3 | 201010509198.8 | 一种非太阳同步轨道卫星双轴帆板控制方法 | 张笃周　袁　利　魏春岭 | 北京控制工程研究所 | |
| 外观设计金奖 | | | | | |
| 1 | 201130344771.X | 计算机（Cob） | 杨　哲　乐　宁 | 联想（北京）有限公司 | |
| 专利优秀奖 | | | | | |
| 1 | 201110216709.1 | 液压阀、液压阀组及液压阀控制方法 | 易小刚　刘永东 | 三一重工股份有限公司 | 机械 |
| 2 | 200510034193.3 | 机内除湿再热的多级冲动式汽轮机 | 陈恩鉴 | 北京世纪源博科技股份有限公司 | |
| 3 | 200910218809.0 | 一种自动落纱装置 | 索双富　阮运松　王志豪 | 清华大学 | |
| 4 | 200910241790.1 | 方向盘转角传感器装置以及汽车电子稳定系统 | 刘　明　王万顺　曹立臣 | 北汽福田汽车股份有限公司 | |
| 5 | 200610137962.7 | 集装箱吊具液压回转和倾转装置 | 饶京川　李海波 | 交通部水运科学研究院 | |
| 6 | 201010151181.X | 一种防爆罐 | 王　颖　王远途　李　剑 | 公安部第一研究所 | |
| 7 | 201010605123.X | 一种风力发电机 | 庞云亭　王菲菲　张黎杰 | 北京天诚同创电气有限公司 | |
| 8 | 200710130712.5 | 一种模拟田面微地形空间分布状况的方法 | 许　迪　白美健　李益农 | 中国水利水电科学研究院 | 电学 |
| 9 | 02129045.8 | 一种对半结构化文档集进行文本挖掘的方法 | 杨建武　陈晓鸥　吴於茜 | 北京北大方正技术研究院有限公司 | |
| 10 | 200710119474.8 | 采用全光学膜体系的垂直结构发光二极管制作方法 | 伊晓燕　王良臣　王国宏 | 中国科学院半导体研究所 | |
| 11 | 200810240942.1 | 一种高效的敏感图像检测方法及其系统 | 胡卫明　左海强　吴　偶 | 中国科学院自动化研究所 | |
| 12 | 201010192359.5 | 真三维道路智能设计方法及系统 | 王国锋　许振辉　郭　力 | 中国公路工程咨询集团有限公司 | |
| 13 | 201110041517.1 | 控制补丁包下载的方法、系统、客户端及服务器 | 孙　海　李　涛　万立新 | 北京奇虎科技有限公司 | 通信 |
| 14 | 200710178165.8 | 一种通信系统的同步方法及装置 | 高　卓　刘亚伟 | 电信科学技术研究院 | |
| 15 | 200810227604.4 | 一种确定分组数据网络连接是否建立的方法、系统和装置 | 刁建德　赵国胜 | 大唐移动通信设备有限公司 | |
| 16 | 200510000139.7 | 分级存储管理系统 | 宋宜纯　季小军　赵　严 | 中央电视台 | |

（续表）

| 序号 | 专利号 | 专利名称 | 发明人 | 专利权人 | 领域 |
|---|---|---|---|---|---|
| 17 | 95118826.7 | 识别表皮生长因子受体的人源化和嵌合体单克隆抗体 | R．P．罗德里古兹 C．M．A．德里奥 E．M．福里阿斯 | 百泰生物药业有限公司 | 医药生物 |
| 18 | 200910118800.2 | 尖吻蝮蛇血凝酶 | 孙 狄 王锡娟 | 北京康辰药业有限公司 | |
| 19 | 201110030367.4 | 甲型H1N1流感病毒检测试剂盒及检测方法 | 王绪敏 任鲁风 张 猛 | 中国科学院北京基因组研究所 | |
| 20 | 200410068964.6 | 甘薯蛋白及其生产技术 | 木泰华 孙艳丽 刘鲁林 | 中国农业科学院农产品加工研究所 | |
| 21 | 200810117918.9 | 印制线路板金手指的制作方法 | 朱兴华 | 北大方正集团有限公司 | 化学 |
| 22 | 200910082277.2 | 脲醛树脂助剂及其制备方法和应用 | 雷得定 刘 波 | 永港伟方（北京）科技股份有限公司 | |
| 23 | 200710122506.X | 避免残像的方法及装置 | 窦 芳 | 北京京东方光电科技有限公司 | 光电 |
| 24 | 200580049795.4 | 一种激光微阵列芯片扫描仪 | 王宪华 徐 辉 叶建新 | 博奥生物有限公司 | |
| 25 | 200910243276.1 | 人控交会对接半物理仿真试验系统 | 胡 军 解永春 石 磊 | 北京控制工程研究所 | |
| 26 | 01130792.7 | 内腔变反射率光参量振荡器 | 巩马理 闫 平 沈 磊 | 清华大学 | |
| 27 | 200910088495.7 | 利用多视角X射线对行李爆炸物进行自动探测的方法及装置 | 杨立瑞 李宏伟 孔维武 | 公安部第一研究所 | |
| 28 | 200710099470.8 | 多级电平驱动装置 | 殷新社 陈 明 | 北京京东方光电科技有限公司 | |
| 29 | 201010224959.5 | 一种地震波的矢量波场分离与合成的方法和系统 | 王 赟 芦 俊 | 中国科学院地质与地球物理研究所 | |
| 30 | 200910078645.6 | 液晶显示器的检测电路和检测方法 | 彭志龙 何祥飞 王 威 | 北京京东方光电科技有限公司 | |
| 31 | 200810111874.9 | TFT-LCD阵列基板及其制造方法 | 王 刚 孙增辉 刘传珍 | 京东方科技集团股份有限公司 | |
| 32 | 200810119923.3 | 一种基于动态戴维南等值判别电压失稳和功角失稳的方法 | 汤 涌 孙华东 易 俊 | 中国电力科学研究院 | |
| 33 | 200810104068.9 | FFS模式显示装置的阵列基板及其制造方法 | 薛建设 | 北京京东方光电科技有限公司 | |
| 34 | 01134859.3 | 高效导向筛板塔 | 李群生 | 北京化工大学 | 材料 |
| 35 | 200710179443.1 | 一种选择性加氢催化剂及其制备方法 | 梁顺琴 孙利民 吕龙刚 | 中国石油天然气股份有限公司 | |
| 36 | 200810238868.X | 一种大跨径斜拉桥支承体系 | 张喜刚 裴岷山 刘 高 | 中交公路规划设计院有限公司 | |
| 37 | 200610011273.1 | 燃煤锅炉干式排渣装置 | 刘振强 李向阳 王玉玮 | 北京国电富通科技发展有限责任公司 | |
| 38 | 98100003.7 | 一种聚酰胺酸内涂胶及其制备方法和用途 | 杨士勇 | 中国科学院化学研究所 | |
| 39 | 200910076819.5 | 纵连板式无砟轨道水泥乳化沥青砂浆 | 曾 志 郑新国 翁智财 | 中国铁道科学研究院铁道建筑研究所 | |
| 40 | 200410091490.7 | 一种含分子筛的加氢脱硫催化剂 | 申宝剑 李会峰 赵 野 | 中国石油天然气股份有限公司 | |
| 41 | 200710163930.9 | 一种有机萃取剂的预处理方法及其应用 | 黄小卫 李红卫 龙志奇 | 有研稀土新材料股份有限公司 | |

（续表）

| 序号 | 专利号 | 专利名称 | 发明人 | 专利权人 | 领域 |
|---|---|---|---|---|---|
| 42 | 200810227196.2 | 一种利用烟气冷凝热能的复合型防腐换热装置 | 王随林　刘贵昌　潘树源 | 北京建筑工程学院 | |
| 43 | 200510079702.4 | 一种可燃粉体旋流燃烧器 | 王明坤　李兵科　刘孝弟 | 航天长征化学工程股份有限公司 | |
| 44 | 00134681.4 | 环保型胶合板生产工艺 | 王　正　郭文静 | 中国林业科学研究院木材工业研究所 | |
| 45 | 201010252648.X | 一种汽油选择性加氢脱硫催化剂的制备和应用 | 兰　玲　钟海军　鞠雅娜 | 中国石油天然气股份有限公司 | |
| 46 | 201010237637.4 | 热风炉定风温控制系统 | 陈冠军　万　雷　蔡景春 | 首钢总公司 | |
| 47 | 200910087861.7 | 折扇形双曲面单元式建筑幕墙系统及其施工方法 | 谭中心　佘高乾　曹志军 | 江河创建集团股份有限公司 | |
| 实用新型专利优秀奖 | | | | | |
| 1 | 200920350770.3 | 大功率短波转动天线 | 赵宝山　叶　进　杨玉龙 | 北京北广科技股份有限公司 | |
| 2 | 201120324826.5 | 无砟轨道系统 | 赵有明　江　成　王继军 | 中国铁道科学研究院铁道建筑研究所 | |
| 3 | 201120444418.3 | 一种轻小型航空遥感集成装置 | 左建章　关艳玲　刘先林 | 中国测绘科学研究院 | |
| 外观设计优秀奖 | | | | | |
| 1 | 201230136219.6 | 北斗手持终端 | 冀宏斌　毕朝瑞　俞能杰 | 航天恒星科技有限公司 | |
| 2 | 201030150114.7 | 带有显示窗的转换器 | 林海音　丁瑞军　杜大勇 | 北京突破电气有限公司 | |

注：受篇幅所限，表中发明人仅列前3名，专利权人仅列第一完成单位
资料来源：国家知识产权局网站

# 附录

## Appendix

本栏目以表格形式记载中关村国家自主创新示范区的管理机构、孵化基地、社会组织；中关村示范区区域内的国家级实验室、企业技术中心、工程研究中心和工程技术研究中心，北京地区中国科学院院士、中国工程院院士；示范区企业获得的中国驰名商标、北京市著名商标，以及年度中关村十大系列等。

# 中关村国家自主创新示范区管理机构

## 中关村国家自主创新示范区领导小组

中关村国家自主创新示范区领导小组为市政府议事协调机构。主要职责是:贯彻落实党中央、国务院的有关指示，研究和决定建设中关村国家自主创新示范区的重大事项;提出需要中关村科技园区建设国家自主创新示范区部际协调小组研究解决的重大问题;组织、协调推进示范区有关发展战略、政策法规、体制创新、空间和产业规划、重大项目等实施工作。

## 中关村科技园区建设国家自主创新示范区部际协调小组

中关村科技园区建设国家自主创新示范区部际协调小组负责协调各部门在职责范围内支持中关村科技园区建设国家自主创新示范区，落实相关政策措施，研究解决发展中的重大问题。

## 中关村国家自主创新示范区领导小组办公室

中关村国家自主创新示范区领导小组办公室设在中关村科技园区管理委员会，具体承担领导小组的日常工作。

## 中关村科技园区管理委员会

中关村科技园区管理委员会（简称中关村管委会）是负责对中关村科技园区（包括海淀园、昌平园、顺义园、大兴—亦庄园、房山园、通州园、东城园、西城园、朝阳园、丰台园、石景山园、门头沟园、平谷园、怀柔园、密云园、延庆园，以下简称园区）发展建设进行综合指导的市政府派出机构。其主要职责是:

（一）贯彻落实国家有关法律法规和政策，研究拟订园区的发展战略和规划，参与组织编制园区有关空间规划，组织研究园区相关改革方案，促进可持续发展。

（二）研究制定园区发展和管理的相关政策，起草相关地方性法规草案、政府规章草案。

（三）协调整合各类创新资源，开展园区创新创业、高新技术研发及其成果产业化、科技金融、人才资源、中介组织、知识产权保护等方面的促进和服务工作。

（四）负责管理市财政拨付的园区发展专项资金，并协助有关部门监督专项资金的使用。

（五）根据市政府授权，对北京中关村发展集团股份有限公司市级财政投入资金履行出资职责，依法对其国有资产进行监督管理，并加强业务指导。

（六）统筹产业空间布局，对各分园整体发展规划、空间规划、产业布局、项目准入标准等重要业务实行统一领导。

（七）承担示范区领导小组的具体工作，负责园区内各类协会组织的联系工作。

（八）开展园区国际交流与合作，提升园区国际化发展水平。

（九）承担园区外事、宣传、联络等工作。

（十）承办市政府交办的其他事项。

主　任：郭　洪
副主任：马胜杰（正局级，2013 年 4 月 11 日任）
　　　　杨建华（保留正局级）
　　　　宣　鸿
　　　　廖国华
　　　　王汝芳
　　　　于凤英（2013 年 1 月 15 日免）
　　　　李稻葵（挂职，2013 年 1 月 15 日免）
　　　　白智勇（挂职）
　　　　周国林（挂职）
委　员：张茂盛（副局级）
　　　　李　翔（副局级）
　　　　刘　航（副局级）

纪检组组长：侯　云
党 组 书 记：苟仲文
党组副书记：郭　洪
党 组 成 员：马胜杰（2013 年 4 月 3 日任）
杨建华
宣　鸿
廖国华
于凤英（2013 年 1 月 9 日免）
侯　云
周国林
地　　址：北京市海淀区阜成路 73 号
邮　　编：100142
电　　话：88828800
传　　真：88828882
网　　址：www.zgc.gov.cn

## 机构设置

**办公室**

负责本机关的政务工作；负责公文处理、信息、议案、建议、提案和信访、档案、保密工作，以及重要会议、活动的组织工作；负责重要文件和会议决定事项的督察工作；负责机关联络接待、服务保障、安全保卫等工作；负责机关信息化建设工作。

**产业发展促进处**

研究和拟订园区产业规划和政策并组织实施；督促落实发展园区高新技术企业的各项政策；促进重大科技成果产业化；扶持高新技术企业做强做大。

**自主创新能力建设处**

研究和拟订园区自主创新能力建设及战略性新兴产业培育的规划、政策并组织实施；推动园区产业技术联盟的组建和发展；推动关键技术的示范应用；建设园区技术创新服务体系；促进园区科技基础设施建设；协调园区知识产权保护和促进工作，推动园区技术标准创新工作。

**规划建设协调处**

研究制订园区发展规划并协调组织实施；参与组织编制园区的空间规划、土地利用规划和生态规划等工作；负责园区重大建设项目信息的收集和分析。

**科技金融处**

负责研究提出园区投融资体系建设方案；研究分析园区投融资发展状况，并提出政策建议，搭建园区投融资政策平台；推动园区企业的股权交易和上市融资工作；组织协调投融资机构为园区产业发展提供支持，发展适合园区企业的多种融资方式，促进科技与金融的结合；促进园区信用体系建设工作。

**人才资源处**

研究拟订园区人才资源发展战略规划；研究拟订园区培养、吸引、使用人才等方面的有关政策，并协调组织实施；建立健全人才资源的服务体系，优化园区人才发展环境。

**创业服务处**

研究拟订园区创业服务体系的发展规划，提出创业服务政策措施并组织实施；促进大学科技园、孵化器、行业协会和社会中介组织建设，搭建创业服务平台；整合园区创业服务资源，完善园区创业服务体系和环境。

**军民融合创新工作处**

落实军地战略合作框架协议中关于中关村国家自主创新示范区的任务；研究拟定中关村军民融合科技创新相关政策、规划并组织实施；组织开展军地会商、供需对接、项目联合攻关等工作；促进军民融合科技创新成果的转化和产业化；推进中关村军民融合科技创新示范基地建设。

**经济分析处**

协助统计主管部门开展园区统计调查工作；配合统计主管部门建立健全园区经济运行、重点产业评测及预测预警系统；跟踪分析国内外相关地区和相关产业发展情况；利用统计资料开展统计分析工作，为园区发展提供服务。

**国际交流合作处**

负责园区的国际交流与合作工作；负责园区派遣人员因公临时出国（境）和邀请外国经贸科技人员来华事项的审批工作；负责园区驻海外联络处的建设、联络和管理工作。

**研究室（法制处）**

研究拟订园区发展规划；承担园区体制和机制创新及其配套改革措施的研究工作；组织研究园区发展建设中的重大问题，并提出相关对策、建议；起草有关地方性法规草案、政府规章草案及配套文件；组织有关地方志、年鉴的编纂工作。

**宣传处**

负责园区宣传工作，制订园区宣传方案并组织实施；组织园区新闻发布会；组织园区重要活动、重要工作的新闻报道工作。

**资产监管和审计处**

承担北京中关村发展集团股份有限公司国有资产监督管理工作；负责机关及所属单位的国有资产管理工作；负责机关和所属事业单位的内部审计以及园区发展专项资金内部审计工作；协助有关部门监督专项资金的管理使用。

**财务处**

负责机关及其所属单位的财务管理工作；负责园区发展专项资金预算编制和管理工作；配合财税部门开展园区财政税收政策的研究和落实工作。

**人事处**

负责机关及所属单位的干部人事、机构编制、教育培训及退休人员的管理服务工作。

**机关党委**

负责本机关及所属事业单位的党群工作。

**监察处**

履行派驻纪检监察机构职责。

## 中关村科技创新和产业化促进中心（首都创新资源平台）

北京市政府会同中关村国家自主创新示范区部际协调小组相关部门，共同组建中关村科技创新和产业化促进中心（简称首都创新资源平台或中关村创新平台）。首都创新资源平台在市政府和中央相关部门共同领导下，负责落实示范区建设的各项重大决策，整合资源，提高效率，对跨层级审批和跨部门审批加强协调和督办，促进重大科技成果产业化，构建有利于政策先行先试的工作机制，形成高效运转、充满活力的科技创新和产业化服务体系。中关村管委会加挂中关村科技创新和产业化促进中心综合办公室牌子。中关村管委会作为市政府的派出机构，同时又是中关村科技创新和产业化促进中心的办事机构。综合办公室主任由中关村管委会主任兼任。综合办公室负责保障首都创新资源平台正常运行，统一开展审批受理、内部协调和对外联络服务等工作。

### 工作机构

**重大科技成果产业化项目审批联席会议办公室**

具体研究审定项目的确定、资金支持、选址和产业布局等重大问题，主要支持国家科技重大专项、科技基础设施和重大科技成果产业化项目。

**科技金融工作组**

负责协调金融机构开展符合科技企业特点的制度创新、产品创新、服务创新，吸引聚集金融服务资源，推动全国场外交易市场的管理机构落户中关村国家自主创新示范区，推动开展知识产权质押、信用贷款等科技金融创新业务，推动股权投资聚集和发展，支持企业在境内外资本市场上市和利用资本市场开展兼并重组，及时提出需要由首都创新资源平台解决的重大事项。

**人才工作组**

负责搭建吸引和聚集高端领军人才创新创业的服务平台，吸引国际一流人才团队和科研机构，推动建立有利于创新工作的学术环境和与国际接轨的创新创业服务体系。

**新技术新产品政府采购和应用推广工作组**

负责推动实施新技术、新产品政府采购和重大应用示范工程，促进新技术、新产品的应用和推广。

**政策先行先试工作组**

负责研究制订中关村国家自主创新示范区内有关单位股权激励试点方案审批实施细则，加快推进股权激励试点工作；联合审定示范区内有关单位申报的股权激励试点方案，推动落实间接经费列支、高新技术企业认定、品牌和标准建设等先行先试政策，及时提出需要由首都创新资源平台协调解决的重大事项。

**规划建设工作组**

按照土地集约利用原则，负责推进实施中关村国家自主创新示范区空间布局规划，协调推进重大科技成果产业化项目的选址、规划建设等方面的审批工作，促进重大项目落地实施。

**中关村科学城工作组**

协调推进中关村科学城建设的相关工作；负责按照产业发展规划，组织提出特色产业园的建设方案；统一受理中关村科学城区域内的特色产业园项目、重大科技成果产业化项目、产业技术研究院项目的申报，并汇总整理和组织筛选；会同其他职能部门开展项目落地服务工作。

**现代服务业工作组**

组织拟定中关村现代服务业总体发展规划及分领域规划、总体实施方案及分领域方案；组织研究财税、金融、土地等创新政策，组织建立评价体系和统计体系，制定试点专项资金管理办法；承担中关村现代服务业综合试点工作领导小组的日常工作。

**军民融合创新工作组**

负责推动落实中关村军民融合科技创新任务，统筹研究中关村军民融合科技创新政策，组织制定并实施中关村军民融合科技创新规划，建立健全军地和部市会商工作机制，协调解决工作中遇到的重大问题。

## 中关村科技园区管理委员会直属事业单位

**中关村高科技产业促进中心**

具体承担中关村国家自主创新示范区高科技产业促进政策的宣传和落实工作；承担高科技产业促进信息的收集、整理与分析，为中关村示范区内的企业提供政策咨询等服务；组织开展产学研用创新协作和交流交往活动。

**中关村政府采购促进中心**

承担搭建中关村自主创新产品政府采购综合服务平台工作，承担信息收集、项目推介和对接、项目跟踪服务等工作。

**中关村人才特区建设促进中心（北京海外学人中心中关村分中心）**

具体承担中央和市委、市政府关于中关村国家自主创新示范区建设人才特区政策的宣传和落实工作，联系和吸引海内外高层次人才到中关村示范区创新创业，为中关村示范区内的人才事业发展提供服务保障。

# 中关村国家自主创新示范区十六园一览表

| 序号 | 名称 | 地址 | 邮编 | 电话、传真 | 电子邮箱 | 网址 |
|---|---|---|---|---|---|---|
| 1 | 海淀园 | 海淀区四季青路6号海淀招商大厦5~7层 | 100089 | 88498507<br>88494199 | kfzx-qy@zhongguancun.com.cn | www.zhongguancun.com.cn |
| 2 | 昌平园 | 昌平区超前路9号 | 102200 | 69744527<br>69745549 | cpygwh@bjchp.gov.cn | www.zgc-cp.gov.cn |
| 3 | 顺义园 | 顺义区建新西街3号 | 101300 | 69421214<br>69421214 | shyzgc@163.com | |
| 4 | 大兴—亦庄园 | 大兴区天河西路19号（大兴） | 102600 | 61252874<br>61252869 | dzb2874@163.com | www.bjcbp.com.cn |
| | | 北京经济技术开发区荣华中路15号博大大厦（亦庄） | 100176 | 67887177<br>67887480 | cuichunlei@bda.gov.cn | www.bda.gov.cn |
| 5 | 房山园 | 房山区长阳镇昊天北大街38号 | 102445 | 81312735<br>81312735 | zhdyk916@163.com | xxg.bjfsh.gov.cn |
| 6 | 通州园 | 通州区新华东街258号 | 101100 | 61567995<br>61567995 | zgc_tzy@126.com | zgc-tzp.bjtzh.gov.cn |
| 7 | 东城园 | 东城区青龙胡同1号歌华大厦A座16层1606室 | 100007 | 59260100<br>59260100<br>—0800 | yongheyuan0927@sina.com.cn | www.bjdch.gov.cn |
| 8 | 西城园 | 西城区西直门内大街东桃园胡同2号 | 100035 | 66205328<br>66205328 | zgcxckjy@126.com | www.zgc-ds.gov.cn |
| 9 | 朝阳园 | 朝阳区酒仙桥路甲12号电子城科技大厦15层 | 100015 | 64311811<br>64317300 | 64317300@163.com | www.zgc-dzc.gov.cn |
| 10 | 丰台园 | 丰台区外环西路8号 | 100070 | 63702020<br>63702051 | weill@zgc-ft.gov.cn | www.zgc-ft.gov.cn |
| 11 | 石景山园 | 石景山区实兴大街64号 | 100041 | 68863659<br>88910825 | sjskw@263.net.cn | www.zgc-sjs.gov.cn |

（续表）

| 序号 | 名称 | 地址 | 邮编 | 电话<br>传真 | 电子邮箱 | 网址 |
|---|---|---|---|---|---|---|
| 12 | 门头沟园 | 门头沟区永安路 20 号 | 102308 | 69803404<br>69803404 | | slkfq.bjmtg.gov.cn |
| 13 | 平谷园 | 平谷区乐园西小区 7 号 | 101200 | 69985420<br>69988495 | zgcpgy@163.com | www.zgcpgy.gov.cn |
| 14 | 怀柔园 | 怀柔区杨雁路 888 号 | 101407 | 61667108<br>61667431-0 | kaifq@yda.gov.cn | www.yda.gov.cn |
| 15 | 密云园 | 密云县兴盛南路 8 号 | 101500 | 69044661<br>89099929 | 69044661@163.com | www.bmida.gov.cn |
| 16 | 延庆园 | 延庆县东外大街建业胡同 2 号 | 102100 | 69103310<br>69144623 | yqzgc2014@126.com | www.zgc-yq.gov.cn |

资料来源：中关村科技园区管理委员会

# 中关村国家自主创新示范区协会一览表

| 序号 | 名称 | 成立时间（年） | 地址 | 邮编 | 网址<br>电子邮箱 | 电话<br>传真 |
|---|---|---|---|---|---|---|
| 1 | 中关村国家自主创新示范区协会联席会 | 2003 | 海淀区花园路 2 号牡丹创业楼 416 室 | 100191 | www.zgcshzz.org<br>lianxihui@vip.sina.com | 82237601<br>82237601－604 |
| 2 | 中关村泰诚民营经济产业发展研究所 | 2013 | 海淀区上地西路 28 号时代集团大厦 B 座 2402 层 | 100085 | qyjgwh@163.com | 62960696<br>62960696 |
| 3 | 中关村科技企业家协会 | 1987 | 海淀区信息路 7 号数字传媒大厦 605 室 | 100085 | www.ztea.org<br>office@bjmx－online.com | 62960213<br>62960965 |
| 4 | 北京中关村高新技术企业协会 | 1991 | 海淀区四季青路 8 号郦城工作区 609 室 | 100195 | www.gqx.org.cn<br>gaoqixie－11@vip.163.com | 68946787<br>68948951－608 |
| 5 | 北京中关村不动产商会 | 2002 | 海淀区花园路 2 号牡丹创业楼 501A | 100191 | www.zgcestate.org<br>zgcestate@vip.163.com | 82237603<br>82237604 |
| 6 | 北京中关村企业信用促进会 | 2003 | 海淀区北四环西路 67 号大地科技大厦 1211 室 | 100080 | www.ecpa.org.cn<br>zgcxch@yahoo.com.cn | 82886570<br>82886657 |
| 7 | 中关村电子商会 | 2003 | 海淀区中关村大街 1 号海龙大厦 9 层 907 室 | 100190 | www.bjzetc.org<br>mishuchu@bjzetc.org | 62523765<br>62526127 |
| 8 | 北京时分移动通信产业协会 | 2002 | 海淀区花园东路 10 号高德大厦 3 层 301 室 | 100191 | www.tdia.cn<br>tdia@tdia.cn | 82036611<br>82038611 |
| 9 | 中关村上市公司协会 | 2012 | 海淀区清华科技园科技大厦 C 座 18 层 | 100084 | www.zlca.org<br>zlca@zlca.org | 82484022<br>82483364 |
| 10 | 北京软件行业协会 | 1986 | 海淀区海淀南路甲 21 号中关村知识产权大厦 A 座 206 室 | 100080 | www.bsia.org.cn<br>bsia@bsia.org.cn | 82358631<br>82358691 |
| 11 | 北京中关村外商投资企业协会 | 1990 | 海淀区四季青路 8 号郦城工作区 431 室 | 100195 | www.zgcafe.org<br>zgcafe@163.com | 88498441<br>88498441－22 |
| 12 | 北京电子商会 | 1993 | 宣武区槐柏树街 2 号 3 号楼 | 100053 | www.becc.org.cn<br>yanjun@becc.org.cn | 83162048<br>63021895 |
| 13 | 北京项目管理协会 | 2008 | 海淀区西三环北路 50 号院豪柏大厦 C2 座 1103 室 | 100048 | www.bpma－china.org<br>bpma_china@163.com | 62757381<br>62289962 |
| 14 | 北京中关村优联网产业促进会 | 2006 | 朝阳区北辰东路 8 号北京国际会议中心东配楼 2 层 | 100101 | www.zuia.org.cn<br>wulianwang@gei.com.cn | 84986970<br>84986970－500 |

（续表）

| 序号 | 名称 | 成立时间（年） | 地址 | 邮编 | 网址<br>电子邮箱 | 电话<br>传真 |
|---|---|---|---|---|---|---|
| 15 | 中关村数字内容产业协会 | 2010 | 海淀区牡丹园北甲2号市政投资商务楼3层302室 | 100191 | www.zgcdcia.org.cn<br>zy@zgcdcia.org.cn | 62342036<br>4007065618-804 |
| 16 | 中关村人才协会 | 2000 | 海淀区苏州街甲49号606室 | 100080 | www.zitpa.org<br>zitpa@zitpa.org | 62563533<br>62563533 |
| 17 | 北京市闪联信息产业协会 | 2005 | 海淀区海淀北二街10号泰鹏大厦8层 | 100080 | www.igrs.org<br>dufei@igrslab.com | 59610166<br>59610169 |
| 18 | 中关村股权投资协会 | 2012 | 海淀区北三环西路48号北京科技会展中心3号楼19A | 100086 | www.zvca.org<br>zvca@zvca.org | 53692796<br>59733465 |
| 19 | 北京知识产权保护协会 | 2006 | 海淀区海淀南路甲21号中关村知识产权大厦A座3层 | 100080 | www.bippa.org<br>bippa@126.com | 82610919<br>82610151 |
| 20 | 北京市海淀区中关村科技中介服务机构协会 | 2007 | 海淀区中关村南大街3号海淀科技大厦11层 | 100081 | www.kjzj.org.cn<br>kjzjxh@126.com | 68948361<br>68915238 |
| 21 | 中关村光电产业协会 | 2011 | 海淀区花园路3号院主楼409室 | 100191 | www.zgcgd.org<br>zgcgdcyxh@163.com | 82028905<br>82028903 |
| 22 | 中关村资本市场研究会 | 2012 | 朝阳区安贞门小关北里45号院世纪嘉园3号楼7层 | 100029 | www.zgcscm.org<br>alfred_xu@126.com | 56281425<br>85870373 |
| 23 | 中关村宽带无线专网应用产业协会 | 2007 | 海淀区西直门北大街60号首钢国际大厦 | 100082 | www.bwpforum.org<br>info@bwpforum.org | 58810398<br>51905810 |
| 24 | 中关村创业投资和股权投资基金协会 | 2008 | 海淀区中关村南大街3号海淀科技大厦11层 | 100081 | www.zvcpe.org<br>zvcpe@zvcpe.org | 57039638 |
| 25 | 北京电子电器协会 | 1991 | 西城区西什库大街74号308室 | 100034 | www.dzdqxh.org<br>Bjeea128@sina.com | 66158248<br>66158248 |
| 26 | 北京中关村人力资源经理协会 | 2002 | 西城区裕民中路8号北办公楼6层613室 | 100029 | www.zgchr.org.cn<br>hr_zgc@163.com | 62022303<br>62022125 |
| 27 | 北京中关村自主品牌创新发展协会 | 2006 | 海淀区海淀南路36号海润大厦B座3层 | 100080 | www.zpa.org.cn<br>info@zba.org.cn | 82500018<br>4008266163-03532 |
| 28 | 北京高校毕业生就业促进会 | 2006 | 海淀区增光路45号院东门 | 100048 | www.526job.com<br>526job@163.com | 68987198<br>68987369 |
| 29 | 北京信息化协会 | 2003 | 海淀区海淀南路甲21号中关村知识产权大厦A座201室 | 100080 | www.bjit.org.cn<br>heweiyu@bjit.org.cn | 61136399<br>61136398 |
| 30 | 北京科技咨询业协会 | 1994 | 海淀区北三环中路31号生产力大楼8层A座808室 | 100088 | www.bjca.org<br>bjca@bjpc.org.cn | 82003628<br>82006043 |
| 31 | 北京发明协会 | 1985 | 海淀区苏州街甲49号1层101室 | 100080 | www.bj-fm.com<br>bj-fm@vip.163.com | 68356829<br>68337026 |
| 32 | 北京市海淀区高层次人才发展促进会 | 2012 | 海淀区海淀大街3号鼎好电子大厦A座8层807室 | 100080 | www.hdgch.zgcrc.org<br>hdgch@zgcrc.com.cn | 88506177<br>88506198 |
| 33 | 北京市海淀区文化创意产业协会 | 2008 | 海淀区四季青路8号郦城工作区615室 | 100195 | www.chuangyi.org.cn<br>hd_chuangyi@163.om | 88493560<br>88493560-804 |
| 34 | 中关村虚拟现实产业协会 | 2011 | 海淀区花园路2号牡丹创业楼209A | 100191 | www.cnvr.org.cn<br>zgcvria@sina.com | 82237526<br>82237526 |
| 35 | 北京创新学会 | 2001 | 朝阳区北四环东路108号千鹤家园1号楼2404室 | 100029 | beijingcxxh@126.com | 58859701<br>58898908 |
| 36 | 北京创业投资协会 | 1999 | 海淀区昆明湖南路9号云航大厦5001室 | 100195 | www.vcab.org<br>piblicvcab@126.com | 62572150<br>62572151 |
| 37 | 北京市科技金融促进会 | 1995 | 朝阳区安翔北里11号北京创业大厦A座217室 | 100101 | www.bjtf.cn<br>bjtf_2007@126.com | 64853151<br>64858451 |

（续表）

| 序号 | 名称 | 成立时间（年） | 地址 | 邮编 | 网址<br>电子邮箱 | 电话<br>传真 |
|---|---|---|---|---|---|---|
| 38 | 北京中关村国际孵化软件协会 | 2004 | 海淀区学院路35号世宁大厦407室 | 100191 | www.zsoft.cn<br>zsoft@zsoft.cn | 82318300<br>82337088 |
| 39 | 北京市朝阳区高新技术企业协会 | 2008 | 朝阳区酒仙桥路甲12号电子科技大厦908室 | 100015 | gqx@zgc-dzc.gov.cn | 64310293<br>64317300 |
| 40 | 北京中关村留学人员创业园协会 | 2009 | 海淀区东北旺西路9号中关村软件园2号楼2245室 | 100193 | wrgsgl@163.com | 82825033<br>62288385 |
| 41 | 中国民营科技促进会 | 1995 | 西城区三里河路54号 | 100045 | www.cappse.org.cn<br>cappse@cappse.org.cn | 89505829<br>89505182 |
| 42 | 北京企业投资协会 | 1993 | 朝阳区东四环中路41号嘉泰国际大厦B座306室 | 100020 | www.bjeia.org<br>qytzxh@163.com | 84254347<br>84254209 |
| 43 | 北京创业孵育协会 | 2000 | 朝阳区安翔北里11号创业大厦A座 | 100101 | www.bjventure.com.cn<br>bbia2000@126.com | 64843991<br>64843992 |
| 44 | 北京技术市场协会 | 1992 | 西城区西直门南大街16号北楼 | 100035 | www.cbtma.org.cn<br>congwei001@126.com | 66161861<br>66161861 |
| 45 | 北京设备管理协会 | 1983 | 东城区美术馆后街60号 | 100010 | cape.ndrc.gov.cn<br>1175000310@qq.com | 82120140<br>64016341 |
| 46 | 中国科技金融促进会 | 1992 | 海淀区玉渊潭南路8号 | 100038 | www.cstf.org.cn<br>zhmkjb@163.com | 68530171<br>68530171 |
| 47 | 北京中关村生物工程和新医药企业协会 | 2000 | 海淀区马连洼北路151号院内 | 100094 | www.zgceabp.org.cn<br>dongshuai@newlife.org.cn | 62896868<br>62899978 |
| 48 | 北京中关村科技园区昌平园高新技术企业协会 | 2002 | 昌平区超前路9号 | 102200 | www.zgc-cp.gov.cn<br>cpyzifw@126.com | 80113651<br>89719107 |
| 49 | 北京知识产权代理行业协会 | 2007 | 海淀区海淀南路甲21号中关村知识产权大厦A座三层 | 100080 | agent.bippa.org<br>bippa@126.com | 82610151 |
| 50 | 中国软件行业协会系统与软件过程改进分会 | 2006 | 海淀区中关村软件园华夏科技大厦226室 | 100193 | www.spichina.org.cn<br>spichina@spichina.org.cn | 62973582<br>62970611 |
| 51 | 北京中关村高新技术企业协会数字娱乐传媒分会 | 2005 | 海淀区农大南路88号万霖大厦 | 100084 | www.fuhua7.cn<br>lixul@sina.com | 82796568<br>82669722 |
| 52 | 北京通信信息协会光电与光通信专业委员会 | 2004 | 海淀区花园路3号院主楼409室 | 100191 | www.gdgtx.org<br>zgcgdcyxh@163.com | 82028905<br>82028903 |
| 53 | 北京市专利代理人协会 | 2013 | 海淀区知春路23号量子银座301室 | 100191 | www.bjpaa.org<br>bjipaa@126.com | 51530063<br>51530137 |
| 54 | 中国光学光电子行业协会液晶分会 | 1996 | 朝阳区酒仙桥路10号 | 100015 | www.coda.org.cn<br>lcb.coema@gmail.com | 64318888-6095<br>64363965-5111 |
| 55 | 中关村工业设计产业协会 | 2010 | 海淀区海淀北二街8号PE大厦619室 | 100080 | www.zida.org.cn<br>zgcida@163.com | 62698827<br>62699862 |
| 56 | 北京标准化协会 | 1982 | 东城区和平里东街20号2号楼218室 | 100013 | bzxiehui@sina.com | 84255247<br>64210795 |
| 57 | 北京市民间组织国际交流协会 | 2007 | 东城区南河沿大街97号 | 100006 | www.beijingngo.org.cn<br>liuyuqing999@126.com | 65221476<br>65221474 |
| 58 | 中关村成长型科技企业互助促进会 | 2013 | 朝阳区安立路68号飘亮阳光广场C2座503室 | 100101 | hzok.org<br>hzok98@126.com | 57239697<br>57239697 |
| 59 | 中关村亚洲杰出企业家成长促进会 | 2004 | 海淀区清华科技园科技大厦B座5层 | 100084 | www.aamachina.com.cn<br>aama@aamachina.com.cn | 82158001<br>82158001 |
| 60 | 中关村创新企业发展促进会 | 2013 | 海淀区西三环北路87号国际财经中心A座14层 | 100089 | www.cujinhui. 中国<br>cujinhui@163.com | 88825818<br>88825813 |
| 61 | 北京科技教育促进会 | 2008 | 朝阳区八里庄东里1号莱锦创意产业园CN17栋3层 | 100025 | www.cujinhui.net<br>woaiqisheng@126.com | 57892789<br>57892883 |

注：以上协会均为中关村国家自主创新示范区协会联席会成员单位
资料来源：中关村科技园区管理委员会

# 中关村国家自主创新示范区主要联盟一览表

| 序号 | 名称 | 成立时间 | 主要发起单位 |
| --- | --- | --- | --- |
| 1 | TD-SCDMA 产业联盟 | 2002 年 10 月 | 大唐电信科技产业集团、联想（北京）有限公司等 |
| 2 | 中关村医疗器械行业市场联盟 | 2002 年 10 月 | 北京航天长峰股份有限公司、时代集团公司等 |
| 3 | 龙芯产业化联盟 | 2002 年 12 月 | 中国科学院计算技术研究所、海尔集团公司等 |
| 4 | 闪联产业联盟 | 2003 年 6 月 | 联想集团有限公司、TCL 集团股份有限公司等 |
| 5 | 中关村新材料产业联盟 | 2003 年 8 月 | 中关村高新技术企业协会、北京新材料发展中心等 |
| 6 | 中关村中国饲料产业技术创新战略联盟 | 2003 年 10 月 | 中国农业科学院饲料研究所、北京大北农科技集团股份有限公司等 |
| 7 | 中关村城市污泥无害化产业联盟 | 2003 年 11 月 | 中关村国际环保产业促进中心、中国农业科学院、中国建筑材料科学研究院等 |
| 8 | 中关村软件企业出口联盟 | 2003 年 12 月 | 北京中关村软件园发展有限责任公司等 |
| 9 | 中关村清新空气产业联盟 | 2004 年 9 月 | 中关村国际环保产业促进中心等 |
| 10 | 移动多媒体技术联盟 | 2004 年 10 月 | 信息产业部电信研究院、中国移动通信集团公司、中国联合网络通信集团有限公司等 |
| 11 | 北京材料分析测试服务联盟 | 2004 年 12 月 | 北京新材料发展中心等 |
| 12 | 中关村下一代互联网产业联盟 | 2005 年 2 月 | 北京天地互连信息技术有限公司、比威网络技术有限公司、中国科学院计算技术研究所等 |
| 13 | 中关村 IT 服务业联盟 | 2005 年 3 月 | 联想集团有限公司、北大方正集团有限公司等 |
| 14 | 长风开放标准平台软件联盟 | 2005 年 4 月 | 神州数码（中国）有限公司、中科软科技股份有限公司、太极计算机股份有限公司等 |
| 15 | 中关村新能源技术（热泵）应用联盟 | 2005 年 5 月 | 中关村国际环保产业促进中心等 |
| 16 | 中国 Linux 产业战略联盟 | 2005 年 5 月 | 北京中科红旗软件技术有限公司、中标软件有限公司等 |
| 17 | 中关村创意产业联盟 | 2005 年 5 月 | 中关村文化发展有限公司等 |
| 18 | AVS 产业联盟 | 2005 年 5 月 | 北京海尔广科数字技术有限公司、联合信源数字音视频技术(北京)有限公司等 |
| 19 | UOML 联盟 | 2005 年 12 月 | 北京书生电子技术有限公司、北京红旗中文贰仟软件技术有限公司、北京拓尔思信息技术股份有限公司等 |
| 20 | 中关村 WAPI 产业联盟 | 2006 年 3 月 | 北京邮电大学、中国移动通信集团公司等 |
| 21 | 中关村生物医药研发外包联盟 | 2006 年 7 月 | 北京中关村生命科学园发展有限责任公司、北京德众万全药物技术开发有限公司等 |
| 22 | 中关村手机动漫产业联盟 | 2006 年 11 月 | 金山软件股份有限公司等 |
| 23 | 北京中关村农业生物技术产业联盟 | 2007 年 2 月 | 北京大北农科技集团股份有限公司、北京奥瑞金种业股份有限公司等 |
| 24 | 中关村数字电视产业联盟 | 2007 年 6 月 | 清华大学、北京凌讯华业科技有限公司等 |
| 25 | 中关村资源节约与能源管理服务产业联盟 | 2007 年 6 月 | 浦华控股有限公司、北京清华阳光能源开发有限责任公司、中关村国际环保产业促进中心等 |
| 26 | 中关村开放实验室联盟 | 2007 年 11 月 | 北京大学、清华大学、北京科技大学等 |
| 27 | 中国数字创意产业联盟 | 2007 年 11 月 | 北京多媒体行业协会、水晶石数字科技有限公司等 |

（续表）

| 序号 | 名称 | 成立时间 | 主要发起单位 |
|---|---|---|---|
| 28 | 北京国际文化创意产业联盟 | 2007年11月 | 北京歌华文化创意产业中心、中国制造创意管理机构（英国）等 |
| 29 | 宽带无线专网应用产业联盟 | 2008年1月 | 大唐电信科技产业集团、中国普天信息产业集团公司等 |
| 30 | 中关村数字电视增值业务产业联盟 | 2008年1月 | 中关村高新技术企业协会、中信信息科技投资有限公司、北京新奥特集团有限公司等 |
| 31 | 抗体产学研联盟 | 2008年5月 | 百泰生物药业有限公司、协和医科院肿瘤研究所、中国科学院生物物理研究所等 |
| 32 | 中关村虚拟现实产业联盟 | 2008年5月 | 红京鸟（北京）科技有限公司、北京动态时空科技有限公司等 |
| 33 | 蛋白质技术服务联盟 | 2008年5月 | 北京正旦国际科技有限责任公司等 |
| 34 | 无线新媒体产业联盟 | 2008年6月 | 蓝海星空信息技术（北京）有限公司、德信无线通讯科技（北京）有限公司、中国科学院计算技术研究所等 |
| 35 | 中国高性能计算机产业联盟 | 2008年12月 | 曙光信息产业（北京）有限公司、北京中科红旗软件技术有限公司、中国科学院计算技术研究所等 |
| 36 | 首都工程技术创新产业联盟 | 2009年5月 | 中国钢研科技集团公司、北京有色金属研究总院等 |
| 37 | 火炬IT服务创新联盟 | 2009年5月 | 用友软件工程有限公司、北京北航科技园有限公司、北京瑞友科技股份有限公司等 |
| 38 | 中关村自主创新品牌建设联盟 | 2009年5月 | 央视国际网络有限公司、北京搜狐互联网信息服务有限公司、北京新浪互联信息服务有限公司等 |
| 39 | 首都钢铁服务产业联盟 | 2009年6月 | 钢铁研究总院、北京矿冶研究总院、中冶京诚工程技术有限公司等 |
| 40 | 首都新能源产业技术联盟 | 2009年6月 | 北京市农林科学院、中国核能行业协会、北京金风科创风电设备有限公司等 |
| 41 | 中关村半导体照明产业技术联盟 | 2009年6月 | 中国科学院半导体研究所、清华大学等 |
| 42 | 中关村CMMB手持电视产业联盟 | 2009年6月 | 北京泰美世纪科技有限公司、北京创毅视讯科技有限公司等 |
| 43 | 北京新药创制产学研联盟 | 2009年7月 | 北京大学医学部、北京医药集团有限责任公司、北京同仁堂（集团）有限责任公司等 |
| 44 | 开源及基础软件通用技术创新战略联盟 | 2009年10月 | 中国软件协会共创软件分会、中标软件有限公司、普华基础软件股份有限公司等 |
| 45 | 中关村物联网产业联盟 | 2009年11月 | 同方股份有限公司、中国移动通信集团北京有限公司、中国科学院软件研究所等 |
| 46 | 中关村版权联盟 | 2009年12月 | 中国人民大学国家版权贸易基地、中国文字著作权协会、人民出版社等 |
| 47 | 污染场地修复科技创新联盟 | 2010年1月 | 中国科学院地理科学与资源研究所、北京市环境保护科研院、轻工业环境保护研究所等 |
| 48 | 北京非晶产业链创新联盟 | 2010年2月 | 安泰科技股份有限公司、北京中机联供非晶科技股份有限公司等 |
| 49 | 城市集中式生物质燃气产业技术创新战略联盟 | 2010年3月 | 清华大学、北京化工大学、北京机电院高技术股份有限公司等 |
| 50 | 中关村智能电网产业技术创新战略联盟 | 2010年3月 | 中国电力科学研究院、国网北京市电力公司、清华大学等 |
| 51 | 北京动力电池产业联盟 | 2010年3月 | 中信国安盟固利新能源科技有限公司、北大先行科技产业有限公司、北汽福田汽车股份有限公司等 |
| 52 | 北京轨道交通产业创新战略联盟 | 2010年4月 | 北京市基础设施投资有限公司、北京市轨道交通建设管理有限公司等 |
| 53 | 国家集成电路设计产业技术创新服务联盟 | 2010年4月 | 北京集成电路设计园有限责任公司、北京华大九天软件有限公司等 |

（续表）

| 序号 | 名称 | 成立时间 | 主要发起单位 |
|---|---|---|---|
| 54 | 数字出版联盟 | 2010 年 5 月 | 北京出版集团有限责任公司等 |
| 55 | 中关村国家污水资源化产业联盟 | 2010 年 5 月 | 北京城市排水集团有限责任公司、清华大学、北京市市政工程设计研究总院等 |
| 56 | 中关村云计算产业联盟 | 2010 年 7 月 | 联想集团有限公司、赛尔网络有限公司、中国移动研究院等 |
| 57 | 北京绿色印刷产业技术创新联盟 | 2010 年 8 月 | 北大方正集团有限公司、北人印刷机械股份有限公司、北京印刷学院等 |
| 58 | 北京电子产品循环经济发展联盟 | 2010 年 8 月 | 北京海龙资产经营集团有限公司、北京通信信息协会光电与光通信专委会、中关村电子商会等 |
| 59 | 电子城新一代移动通信产业联盟 | 2010 年 9 月 | 中国移动通信集团北京有限公司朝阳分公司、北京通信信息协会等 |
| 60 | 电子城新生物医药产业联盟 | 2010 年 9 月 | 北京万东医疗装备股份有限公司、北京双鹤药业股份有限公司、中国科学院生物物理研究所等 |
| 61 | 电子城新能源产业联盟 | 2010 年 9 月 | 西门子（中国）有限公司、ABB（中国）有限公司等 |
| 62 | 粉末冶金产业技术创新战略联盟 | 2010 年 10 月 | 中国钢研科技集团有限公司等 |
| 63 | 北京经济技术开发区云计算创新联盟 | 2010 年 12 月 | 北京天云融创科技有限公司、中金数据系统有限公司、北京中企开源信息技术有限公司等 |
| 64 | 北京经济技术开发区诊断试剂创新联盟 | 2010 年 12 月 | 北京金豪制药股份有限公司、北京利德曼生化股份有限公司、北京义翘神州生物技术有限公司等 |
| 65 | 北京经济技术开发区高技术服务业（钢铁行业）创新联盟 | 2010 年 12 月 | 中冶京诚工程技术有限公司、北京京诚凤凰工业炉工程技术有限公司、北京京诚瑞信长材工程技术有限公司等 |
| 66 | 中关村移动互联网产业联盟 | 2011 年 1 月 | 中国移动通信集团北京有限公司、大唐电信科技股份有限公司、优视科技有限公司等 |
| 67 | 北京汽车物联网产业联盟 | 2011 年 4 月 | 北汽福田汽车股份有限公司、中国移动通信集团公司、中国联合网络通信集团有限公司等 |
| 68 | 中关村智能交通产业联盟 | 2011 年 4 月 | 北京千方科技股份有限公司、汉王科技股份有限公司、北京时代凌宇科技有限公司等 |
| 69 | 中关村国家自主创新示范区上市公司联盟 | 2011 年 6 月 | 北京科兴生物制品有限公司、北京搜狐互联网信息服务有限公司、北京北斗星通导航技术股份有限公司等 |
| 70 | 中关村科技金融创新联盟 | 2011 年 7 月 | 北京中关村科技创业金融服务集团有限公司、北京中关村科技担保有限公司、北京国际信托有限公司等 |
| 71 | 中关村数字视频产业技术创新联盟 | 2011 年 7 月 | 新奥特（北京）视频技术有限公司等 |
| 72 | 中关村空间信息产业联盟 | 2011 年 8 月 | 北京合众思壮科技股份有限公司等 |
| 73 | 中国云计算基地（中心）联盟 | 2011 年 8 月 | 中国电子信息产业发展研究院等 |
| 74 | 北京经济技术开发区孵化器创新联盟 | 2011 年 10 月 | 汇龙森国际企业孵化（北京）有限公司等 |
| 75 | 北京经济技术开发区生物医药创新服务联盟 | 2011 年 10 月 | 北京义翘神州生物技术有限公司、北京凯因科技股份有限公司、北京旷博生物技术有限公司等 |
| 76 | 中关村网页游戏产业联盟 | 2011 年 10 月 | 工业和信息化部电子科技情报研究所、趣游科技集团有限公司等 |
| 77 | 中关村数字媒体产业联盟 | 2011 年 11 月 | 新传媒网、爱国者数码科技有限公司、慧聪邓白氏研究等 |
| 78 | 中国科技自动化联盟 | 2011 年 11 月 | 北京易能立方科技有限公司、毕孚自动化设备贸易（上海）有限公司北京分公司等 |
| 79 | 中国半导体照明 /LED 产业与应用联盟 | 2012 年 1 月 | 中国照明电器协会、北京北方微电子基地设备工艺研究中心有限责任公司、利亚德光电股份有限公司等 |

（续表）

| 序号 | 名称 | 成立时间 | 主要发起单位 |
|---|---|---|---|
| 80 | 中国航空替代燃料产业技术创新战略联盟 | 2012 年 2 月 | 北京航空航天大学、中国石油化工集团公司、中国国际航空股份有限公司等 |
| 81 | 中国云产业联盟 | 2012 年 4 月 | 北京航空航天大学、中国宽带产业基金（宽带资本）、百度在线网络技术（北京）有限公司、用友软件股份有限公司等 |
| 82 | 北京市再生资源绿色产业联盟 | 2012 年 4 月 | 华新绿源环保产业发展有限公司、盈创再生资源有限公司等 |
| 83 | 中关村医疗器械产业技术创新联盟 | 2012 年 4 月 | 清华大学、北京航空航天大学等 |
| 84 | 集成电路设计产业技术创新战略联盟 | 2012 年 4 月 | 北京集成电路设计园有限责任公司、清华大学、北京华大九天软件有限公司等 |
| 85 | 首都生物肥料科技创新服务联盟 | 2012 年 4 月 | 北京世纪阿姆斯生物技术股份有限公司、中国农业微生物菌种保藏中心等 |
| 86 | 中关村新能源海水淡化产业技术创新联盟 | 2012 年 6 月 | 北京控股集团有限公司、首钢总公司、北京赛诺水务科技有限公司等 |
| 87 | 中关村储能产业技术联盟 | 2012 年 7 月 | 中国科学院工程热物理研究所、国能电力集团有限公司、神华集团有限责任公司等 |
| 88 | 中关村软件和信息服务业节能减排产业联盟 | 2012 年 8 月 | 工业和信息化部电信研究院、中关村光电产业协会、清华大学等 |
| 89 | 国家非晶节能材料产业技术联盟 | 2012 年 9 月 | 安泰科技股份有限公司、国网电力科学研究院等 |
| 90 | 中国智慧城市产业技术创新战略联盟 | 2012 年 9 月 | 北京航空航天大学、神州数码信息系统有限公司等 |
| 91 | 中关村电子商务与现代物流产业联盟 | 2012 年 11 月 | 北京物资学院、北京京东世纪贸易有限公司、北京当当网信息技术有限公司等 |
| 92 | 中关村应急管理产业技术联盟 | 2012 年 11 月 | 北京东方正通科技有限公司、北京联信永益科技股份有限公司、中国普天信息产业股份有限公司等 |
| 93 | 中关村未来制造业产业技术国际创新战略联盟 | 2012 年 12 月 | 北京京城机电控股有限责任公司、北新建材集团有限公司、北京数码大方科技有限公司等 |
| 94 | 中关村知识产权投融资服务联盟 | 2012 年 12 月 | 中关村知识产权促进局等 |
| 95 | 中关村大数据产业与创新联盟 | 2012 年 12 月 | 中国宽带产业基金（宽带资本）、百度在线网络技术（北京）有限公司、中国联合网络通信集团有限公司等 |
| 96 | 北京经济技术开发区节能与新能源产业技术创新战略联盟 | 2012 年 12 月 | 清华大学信息技术研究院、北京泰豪智能科技有限公司、北京和利时自动化驱动技术有限公司等 |
| 97 | 中关村国家环境服务业发展联盟 | 2012 年 12 月 | 中关村国际环保产业促进中心、清华同方股份有限公司、浦华控股有限公司等 |
| 98 | 北京现代农业科技创新服务联盟 | 2013 年 8 月 | 北京市科学技术委员会农村发展中心、北京大北农科技集团股份有限公司等 |
| 99 | 中关村美中生物技术产业集群创新联盟 | 2013 年 9 月 | 北京五加和分子医学研究所有限公司、北京亦庄国际诊断试剂技术有限公司等 |
| 100 | 中关村云平台与数据应用产业联盟 | 2013 年 10 月 | 中电华通通信有限公司、亿赞普北京科技有限公司、北京荣之联科技股份有限公司等 |
| 101 | 北京设计产业联盟 | 2013 年 10 月 | 中国设计集团有限公司、中国建筑设计研究院、北京洛可可科技有限公司等 |
| 102 | 中关村油气技术创新与服务产业联盟 | 2013 年 12 月 | 中关村光电产业协会、北京工业大学、北京六合伟业科技股份有限公司等 |
| 103 | 中国运动健康产业联盟 | 2013 年 12 月 | 北京康比特体育科技股份有限公司、健与美杂志社等 |
| 104 | 中关村信息安全产业联盟 | 2013 年 12 月 | 北京鼎普科技股份有限公司、北京奇虎科技有限公司、北京锐安科技有限公司等 |

资料来源：中关村科技园区管理委员会

# 中关村国家自主创新示范区大学科技园一览表

| 序号 | 名称 | 地址 | 邮编 | 电话 | 电子邮箱 | 网址 |
|---|---|---|---|---|---|---|
| 1 | 清华大学国家大学科技园 | 海淀区清华科技园创新大厦A座 | 100084 | 62785888 | liuxf@tuspark.com | www.tuspark.com |
| 2 | 北京大学国家大学科技园 | 海淀区中关村北大街127-1号北大科技园创新中心 | 100080 | 62769088 | pkusp@pkusp.com.cn | www.pkusp.com.cn |
| 3 | 北京航空航天大学国家大学科技园 | 海淀区学院路35号世宁大厦 | 100191 | 82339266 | zhaibin@bbi.com.cn | www.buaa.com.cn |
| 4 | 北京科技大学国家大学科技园 | 海淀区学院路30号方兴大厦6层 | 100083 | 62316722 | zhanghq@ustbcm.com | www.ustbsp.cn |
| 5 | 北京理工大学国家大学科技园 | 海淀区中关村南大街9号理工科技大厦 | 100081 | 68470073-8016 | bitrp@126.com | www.bitsp.com.cn |
| 6 | 北京邮电大学国家大学科技园 | 海淀区西土城路10号北京邮电大学178信箱 | 100876 | 62282813 | 1409000@sina.com | www.buptsp.com |
| 7 | 中国人民大学国家大学科技园 | 海淀区中关村大街甲59号文化大厦 | 100872 | 62514010 | cspruc@ruc.edu.cn | www.cspruc.com |
| 8 | 北京师范大学国家大学科技园 | 海淀区学院南路12号 | 100082 | 62206051 | zhangqi939@sohu.com | |
| 9 | 北京化工大学国家大学科技园 | 朝阳区北三环东路15号133信箱 | 100029 | 64438220 | zhanggb@mail.buct.edu.cn | www.spbuct.buct.com |
| 10 | 北京工业大学国家大学科技园 | 朝阳区平乐园100号 | 100022 | 67392953 | asgzg@bjut.edu.cn | www.bjttcam.com.cn |
| 11 | 北京交通大学国家大学科技园 | 海淀区高梁斜街44号东校区科教楼 | 100044 | 51686946 | mmeng@bjtu.edu.cn | www.bjtuspark.com |
| 12 | 中国农业大学国家大学科技园 | 海淀区天秀路10号 | 100193 | 62737370 | fuxiaofx@gmail.com | www.cau.spark.com |
| 13 | 中国矿业大学（北京）国家大学科技园 | 海淀区学院路丁11号宝源商务公寓 | 100083 | 51733599 | zy@cumtb.edu.cn | www.zgces.com |
| 14 | 华北电力大学国家大学科技园 | 昌平区回龙观镇北农路2号 | 102206 | 61772235 | yjw@ncepu.edu.cn | 211.157.146.152：89 |
| 15 | 中央财经大学科技园 | 海淀区学院南路39号 | 100081 | 62288385 | cufezcy@163.com | www.cufesp.org |
| 16 | 中国政法大学科技园 | 海淀区西土城路25号 | 100088 | 58908009 | mljlsy@163.com | www.cuplsp.com |
| 17 | 首都师范大学科技园 | 海淀区西三环北路105号科原大厦A座 | 100048 | 68905635 | blue896@sohu6.com | www.cnu.edu.cn |
| 18 | 中国石油大学（北京）科技园 | 昌平区振兴路18号 | 102249 | 89731531 | houxuejun0329@sohu.com | |
| 19 | 北京建筑工程学院科技园 | 西城区展览馆路1号 | 100044 | 68322579 | zhangdy@bucea.edu.cn | btusp.bucea.edu.cn |
| 20 | 北京林业大学科技园 | 海淀区清华东路35号 | 100083 | 62337729 | bjfusp@163.com | blkjy.bjfu.edu.cn |
| 21 | 北京信息科技大学科技园 | 海淀区清河小营东路12号 | 100192 | 82426833 | bistukjy@163.com | |
| 22 | 北京印刷学院大学科技园 | 大兴区兴华大街二段1号 | 102600 | 60261575 | kejiyuan@bigc.edu.cn | kjy.bigc.edu.cn |
| 23 | 北京农学院科技园(东园) | 昌平区回龙观镇北农路7号 | 102206 | 80799140 | bnkjgs@163.com | www.bua.edu.cn |
| 24 | 中国传媒大学科技园 | 朝阳区定福庄东街1号 | 100024 | 65783519 | officecamc@cuc.edu.cn | |
| 25 | 北京联合大学科技园 | 朝阳区北四环东路97号 | 100101 | 64900086 | ldjgb@buu.edu.cn | |
| 26 | 首都医科大学科技园 | 丰台区右安门外西头条10号 | 100069 | 83911290 | gaowen@ccmu.edu.cn | |
| 27 | 北京电影学院大学科技园 | 海淀区西土城路4号 | 100088 | 82283398 | 436098058@qq.com | |
| 28 | 北京服装学院大学科技园 | 朝阳区樱花园东街甲2号 | 100029 | 64520943 | info@biftpark.com | www.biftpark.com |
| 29 | 北京物资学院大学科技园 | 通州区富河大街1号 | 101149 | 80575002 | yjy@bwu.edu.cn | |

资料来源：中关村科技园区管理委员会

# 中关村国家自主创新示范区海归人才创业园一览表

| 序号 | 名称 | 地址 | 邮编 | 电话 | 网址 | 成立时间 |
|---|---|---|---|---|---|---|
| 1 | 北京市留学人员海淀创业园 * | 海淀区上地信息路 26 号中关村创业大厦 | 100085 | 82898748 | www.ospp.com | 1997 年 10 月 |
| 2 | 中关村国际孵化园 * | 海淀区上地信息路 2 号创业园 D 栋 | 100085 | 82895166 | www.incubase.net | 2000 年 12 月 |
| 3 | 北大留学人员创业园 * | 海淀区中关村北大街 127-1 号 | 100080 | 62769088 | www.pkusp.com.cn | 2002 年 9 月 |
| 4 | 清华留学人员创业园 * | 海淀区清华科技园科技大厦 C 座 9 层 | 100084 | 62785888 | www.tuspark.com | 2002 年 12 月 |
| 5 | 中国北京（望京）留学人员创业园 * | 朝阳区望京高新技术产业区利泽中二路 2 号 | 100102 | 64390345 | www.wangjing.gov.cn | 2003 年 4 月 |
| 6 | 北航留学人员创业园 * | 海淀区北四环中路 238 号柏彦大厦 | 100191 | 82316255 | www.bbi.com.cn | 2003 年 4 月 |
| 7 | 北京科大留学人员创业园 * | 海淀区学院路 30 号方兴大厦 6 层 | 100083 | 62333978 | www.ustbsp.cn | 2003 年 6 月 |
| 8 | 北京理工留学人员创业园 * | 海淀区中关村南大街 9 号理工科技大厦 | 100081 | 68470075 | www.bitrp.com.cn | 2003 年 7 月 |
| 9 | 北邮留学人员创业园 | 海淀区西土城路 10 号新科研楼 | 100876 | 62281497 | www.buptincubator.com | 2003 年 12 月 |
| 10 | 中关村软件园留学人员创业园 * | 海淀区东北旺西路中关村软件园 3 号楼 | 100193 | 82825187 | www.zgcspi.com | 2004 年 1 月 |
| 11 | 北京中关村生命科学园留学人员创业园 * | 昌平区生命园路 29 号创新大厦 | 102206 | 80715731 | www.zgcbmi.com.cn | 2004 年 3 月 |
| 12 | 丰台园留学人员创业园（北京国际企业孵化中心）* | 丰台区科兴路 9 号 | 100071 | 63744650 | www.bjibi.org.cn | 2004 年 4 月 |
| 13 | 中科院中自留学人员创业园 | 海淀区中关村东路 95 号自动化大厦 | 100190 | 62541938 | www.caspark.com.cn | 2005 年 4 月 |
| 14 | 汇龙森留学人员创业园 * | 北京经济技术开发区科创十四街 99 号 D 座 | 101111 | 59755345 | www.huilongsen.com | 2005 年 5 月 |
| 15 | 中国农大留学人员创业园 | 海淀区天秀路 10 号 | 100193 | 62737370 | www.causpark.com | 2005 年 8 月 |
| 16 | 北工大留学人员创业园 * | 海淀区车公庄西路 35 号 | 100044 | 68458163 | www.bjutcyy.com | 2005 年 12 月 |
| 17 | 北师大留学人员创业园 * | 海淀区学院南路 12 号 | 100082 | 62205399 | | 2005 年 12 月 |
| 18 | 中国人民大学留学人员创业园 * | 海淀区中关村大街 45 号兴发大厦 404 室 | 100086 | 82509532 | www.cyruc.com | 2005 年 12 月 |
| 19 | 中关村数字娱乐留学人员创业园 * | 石景山区实兴东街 11 号 | 100041 | 52866756 | www.ivyi.org.cn | 2006 年 1 月 |
| 20 | 中关村集成电路留学人员创业园 | 海淀区知春路 27 号量子芯座 | 100083 | 82357175 | www.bjicpark.com | 2006 年 1 月 |
| 21 | 中央财经大学留学人员创业园 | 海淀区学院南路 39 号 | 100081 | 62288385 | www.cufesp.org | 2006 年 12 月 |
| 22 | 中国政法大学留学人员创业园 | 海淀区西土城路 25 号院 | 100088 | 58908009 | www.cuplsp.cn | 2007 年 5 月 |
| 23 | 北京交通大学留学人员创业园 | 海淀区高梁桥斜街 44 号东校区科教楼 | 100044 | 51686172 | www.bjtuspark.com | 2007 年 7 月 |
| 24 | 中国矿业大学留学人员创业园 | 海淀区学院路丁 11 号宝源商务公寓 | 100083 | 51733599 | www.zgces.com | 2007 年 7 月 |
| 25 | 首都师范大学留学人员创业园 | 海淀区西三环北路 105 号科原大厦 A 座 | 100048 | 68905635 | kjy.cnu.edu.cn | 2007 年 9 月 |

（续表）

| 序号 | 名称 | 地址 | 邮编 | 电话 | 网址 | 成立时间 |
|---|---|---|---|---|---|---|
| 26 | 华北电力留学人员创业园 | 昌平区回龙观镇北农路2号 | 102206 | 61772235 | 211.157.146.152：89 | 2008年10月 |
| 27 | 北京化工大学留学人员创业园 | 海淀区紫竹院路98号北京化工大学西校区 | 100089 | 88588552 | www.bhlcy.com | 2009年3月 |
| 28 | 北京瀚海智业留学人员创业园 | 东城区东直门内海运仓1号瀚海海运仓大厦 | 100007 | 51239477 | www.bjhcdc.com | 2009年7月 |
| 29 | 中关村大兴生物医药产业基地留学人员创业园 | 大兴区天河西路19号 | 102600 | 61252888 | www.bjcbp.com.cn | 2009年12月 |
| 30 | 中关村雍和航星留学人员创业园 | 东城区和平里东滨河路乙1号 | 100013 | 88103162 | www.hangxingyuan.com | 2011年12月 |
| 31 | 中关村博雅留学人员创业园 | 海淀区紫竹院路116号 | 100097 | 51709999 | www.bjmmedia.cn | 2011年12月 |
| 32 | 中关村昌平园留学人员创业园 | 昌平区昌平科技园区超前路9号 | 102200 | 80115286 | | 2011年12月 |
| 33 | 中关村798创意产业留学人员创业园 | 朝阳区酒仙桥路4号798艺术区 | 100015 | 59789861–810 | www.behc.com.cn | 2011年12月 |
| 34 | 中关村京仪海归人才创业园 | 海淀区大钟寺东路9号B座 | 100098 | 62252281 | www.jyfhq.com.cn | 2012年12月 |

注：* 为市人事局和市科委联合命名的“北京留学人员创业园”
资料来源：中关村科技园区管理委员会

# 中关村国家自主创新示范区驻外联络处一览表

| 序号 | 名称 | 地址 | 电话 | 传真 | 电子邮箱 | 挂牌时间 |
|---|---|---|---|---|---|---|
| 1 | 硅谷联络处 | 4633 Old Ironsides Drive, Suite 402, Santa Clara, CA 95054, USA | 001–408–406–3118 | | ftan@zgc–usa.com | 2000年7月 |
| 2 | 东京联络处 | 东京都中央区日本桥蛎殼町1丁目37–12 PARK AXIS 日本桥 STAGE 大楼 1207 房间 | 0081(3)–3664–1388 | 0081(3)–3664–1136 | tokyo@zgc.gov.cn | 2001年12月 |
| 3 | 华盛顿联络处 | 13943 Coachmans Cir Germantown MD 20874 USA | 001 301–515–4898 | 001 301–5152737 | washington@zgc.gov.cn | 2002年12月 |
| 4 | 多伦多联络处 | 4 St Moritz Way #5 Markham, Ontario Canada L3R 4E8 | 001(905)–305–8298 | 001(905)–305–7698 | toronto@zgc.gov.cn | 2003年12月 |
| 5 | 伦敦联络处 | 31Thames Avenue, Perivale, London UB6 8JN | 0044(20)88817996 | 0044(20)88817996 | london@zgc.gov.cn | 2004年7月 |
| 6 | 德国联络处 | Franz–Schubert–Weg 70 61118 Bad Vilbel Germany | 0049 8937 9595 68 | 0049 1520 9789 95 | rzhang@zgc.gov.cn | 2011年5月 |
| 7 | 悉尼联络处 | Unit308 451 Pitt Street Sydney, NSW 2000 Australia | 00610292811855 | 0061 2 96630876 | bsy_guanjing@126.com | 2012年2月 |
| 8 | 芬兰联络处 | Tekniikantie 14, 02150 Espoo | 00358 4 69033816 | | zhuzq@zpark.com.cn | 2012年11月 |
| 9 | 比利时联络处 | Avenue du port 86c Havenlaan 1000 BRUSSEL | 00 32 488 71 03 78 | | belgium@zgc.gov.cn | 2012年11月 |

资料来源：中关村科技园区管理委员会

# 中关村国家自主创新示范区企业孵化基地一览表

| 序号 | 名称 | 地址 | 邮编 | 电话<br>传真 | 电子邮箱 | 网址 |
|---|---|---|---|---|---|---|
| 1 | 北京高技术创业服务中心＊ | 朝阳区安翔北里甲 11 号 | 100101 | 64853169<br>64853178 | cyzx@bjcy.net.cn | www.bjcy.net.cn |
| 2 | 中关村科技园区丰台园科技创业服务中心＊ | 丰台区科兴路 9 号 | 100071 | 63747737<br>63728448 | bjibi@bjibi.org.cn | www.bjibi.org.cn |
| 3 | 中关村科技园区海淀园创业服务中心＊ | 海淀区上地信息路 26 号 | 100085 | 82898748<br>62984933 | chuangye@ospp.com | www.ospp.com |
| 4 | 北京北航天汇科技孵化器有限公司＊ | 海淀区北四环中路 238 号柏彦大厦 | 100191 | 82316140<br>82338204 | bbi@bbi.com.cn | www.bbi.com.cn |
| 5 | 北京望京科技孵化服务有限公司＊ | 朝阳区望京高新技术产业区利泽中二路 2 号 | 100102 | 64390345<br>64392019 | wangjingkejiyuan@126.com | www.wangjing.gov.cn |
| 6 | 北京理工创新高科技孵化器有限公司＊ | 海淀区中关村南大街 9 号理工科技大厦 | 100081 | 68470075<br>68470073–8999 | bitrp@126.com | www.guojiagaoxin.com.cn |
| 7 | 北京启迪创业孵化器有限公司＊ | 海淀区清华科技园创新大厦 A 座 14 层 | 100084 | 62773649<br>62788199 | liuxueliang@tuspark.com | www.tusstar.com |
| 8 | 北京科大方兴科技孵化器有限公司＊ | 海淀区学院路 30 号方兴大厦 6 层 | 100083 | 62333297<br>62316722 | lvcy@ustbcm.com | www.ustbsp.cn |
| 9 | 北京中关村国际孵化器有限公司＊ | 海淀区上地信息路 2 号创业园 D 座 | 100085 | 82895166<br>62974804 | scottzwx@sohu.com | www.incubase.net |
| 10 | 北京赛欧科园科技孵化中心有限公司＊ | 丰台区科学城海鹰路 5 号 | 100071 | 83681790<br>83682828 | soky@bjibi.org.cn | www.bjsoky.com |
| 11 | 北京中关村软件园孵化服务有限公司＊ | 海淀区东北旺西路 8 号中关村软件园 3 号楼 | 100193 | 82825187<br>82825186 | spi@zgcspi.com | www.zgcspi.com |
| 12 | 北京康华伟业孵化器有限责任公司＊ | 西城区德胜门外大街 11 号 | 100088 | 62021044<br>82085979 | bjkhwy@163.com | www.bjkh.com.cn |
| 13 | 汇龙森国际企业孵化（北京）有限公司＊ | 北京经济技术开发区科创十四街 99 号 D 座 | 101111 | 59755588<br>59755396 | hls666@huilongsen.com | www.huilongsen.com |
| 14 | 北京普天德胜科技孵化器有限公司＊ | 西城区新街口外大街 28 号 | 100088 | 82052111<br>82052127 | Ptdsh2002@gmail.com | www.ptdsh.com |
| 15 | 北京博奥联创科技孵化器有限公司＊ | 昌平区超前路 5 号 | 102200 | 69711188<br>69728266 | tq198908@163.com | www.balc.com.cn |
| 16 | 北京汉潮大成科技孵化器有限公司＊ | 东城区东直门内海运仓 1 号瀚海海运仓大厦 | 100007 | 51239477<br>64041953 | bjhcdc2011@163.com | www.bjhcdc.com |
| 17 | 北京九州通科技孵化器有限公司＊ | 丰台区科学城航丰路 8 号 | 100070 | 56541558<br>56541500 | jdgk@jzteyao.com | www.jdgk.com.cn |
| 18 | 北京中关村上地生物科技发展有限公司＊ | 海淀区上地信息产业基地开拓路 5 号 | 100085 | 82898305<br>62988017 | qijm@biozgc.com | www.biozgc.com |
| 19 | 北京中关村生命科学园生物医药科技孵化有限公司＊ | 昌平区生命园路 29 号创新大厦 | 102206 | 80715731<br>80715732–1005 | zgcbmi@zgcbmi.com.cn | www.zgcbmi.com.cn |
| 20 | 北京京仪科技孵化器有限公司＊ | 海淀区大钟寺东路 9 号 B 座 | 100098 | 62252281<br>62272425 | jyfhq@fwzx.com.cn | www.jyfhq.com.cn |

（续表）

| 序号 | 名称 | 地址 | 邮编 | 电话<br>传真 | 电子邮箱 | 网址 |
|---|---|---|---|---|---|---|
| 21 | 北京北达燕园科技孵化器有限公司 * | 海淀区中关村北大街 127—1 号 | 100080 | 62769088<br>82667188 | pkuincubator@pkusp.com.cn | www.pkusp.com.cn |
| 22 | 北京牡丹科技孵化器有限公司 * | 海淀区花园路 2 号 | 100191 | 82237531<br>82237572 | wangjing@peony.cn | www.dtvjxtt.com |
| 23 | 北京奥宇科技企业孵化器有限责任公司 * | 大兴区金星路 12 号 | 102600 | 60213415<br>60215576 | aykjfhq@126.net | www.aoyucn.com |
| 24 | 北京瀚海润泽孵化器有限公司 * | 丰台区开阳路 1 号瀚海花园大厦 | 100007 | 83973962<br>83973556 | master@hanhairunze.com.cn | www.hanhairunze.com.cn |
| 25 | 北京华海基业科技孵化器有限公司 * | 石景山路 22 号长城大厦 | 100043 | 68668593<br>68666207 | huahaijy2012@163.com | www.huahaijiye.com |
| 26 | 汇龙森欧洲科技（北京）有限公司 * | 北京经济技术开发区科创十四街 99 号 D 座 | 101111 | 59755588<br>59755396 | hls666@huilongsen.com | www.huilongsen.com |
| 27 | 北京中关村京蒙高科企业孵化器有限责任公司 * | 海淀区上地东路京蒙高科大厦 | 100085 | 51557666<br>82783861 | jmgk@newwest.cn | www.newwest.cn |
| 28 | 北京创新方舟科技有限公司 * | 海淀区海淀大街 3 号鼎好电子商城 A 座 | 100080 | 57525200 | press@chuangxin.com | www.chuangxin.com |
| 29 | 北京亦庄国际生物医药投资管理有限公司 * | 北京经济技术开发区科创六街 88 号院 | 101111 | 56315281<br>56315287 | swyyzs@bybp.com.cn | www.bybp.com.cn |
| 30 | 云计算产业孵化器 * | 北京经济开发区地盛北街 1 号北工大软件园内 | 100176 | 87120038 | | www.cloud-valley.com |
| 31 | NEIC 诺基亚体验创新中心 * | 东城区和平里东街 11 号 | 100013 | 84220636 | | www.neic.com.cn |
| 32 | 36 氪 * | 海淀区海淀西大街 39 号 | 100080 | 57187565 | wow@36kr.com | www.36kr.com |
| 33 | 微软云加速器 * | 海淀区丹棱街 5 号微软研发集团总部大厦 | 100080 | 59178888 | cnca@microsoft.com | www.yunjiasuqi.cn |
| 34 | 石谷轻文化产业孵育基地 * | 石景山区鲁谷路 74 号瑞达大厦 | 100040 | 68608366—8110 | | www.gamewave.net |
| 35 | 中关村国际数字设计中心 * | 海淀区海淀大街 1 号 | 100080 | 68947179<br>68915226 | | www.zgciddc.cn |
| 36 | 厚德创新谷 * | 海淀区海淀大街 3 号鼎好电子大厦 A 座 | 100080 | 62607779—8012 | bp@hdcxg.com | www.hdcxg.com |
| 37 | 创客空间 * | 海淀区海淀大街 1 号中关村梦想实验室 | 100080 | 57196164 | bjmakerspace@gmail.com | www.bjmakerspace.com |
| 38 | 天使汇 * | 海淀区大钟寺东路 9 号京仪科技大厦 B 座 | 100086 | 62670371—813 | zhangteng@pe.vc | www.angelcrunch.com |
| 39 | 车库咖啡 * | 海淀区西大街 48 号鑫鼎宾馆 | 100080 | 82627127 | sudi79515@gmail.com | www.chekucafe.com |
| 40 | 常青藤创业研究中心 * | 石景山区实兴东街 11 号 | 100041 | 52866756 | service@ivyi.org.cn | www.ivyi.org.cn |
| 41 | AAMA 亚杰商会 * | 海淀区清华科技园科技大厦 B 座 5 层 | 100084 | 82158001 | may@aamachina.com.cn | www.aamachina.com.cn |
| 42 | 3W coffee* | 海淀区善缘街 1 号立方庭大厦 | 100080 | 62555755 | xdd@vip.qq.com | www.3wcoffee.com |
| 43 | 创业家 * | 海淀区北四环西路 52 号方正大厦 | 100080 | 62513691<br>62512879 | post@chuangyejia.com | www.iheima.com |
| 44 | 创业邦 * | 朝阳区霄云路 36 号国航大厦 | 100027 | 82332922<br>82338087 | jolin@cyzone.cn | www.cyzone.cn |

（续表）

| 序号 | 名称 | 地址 | 邮编 | 电话<br>传真 | 电子邮箱 | 网址 |
|---|---|---|---|---|---|---|
| 45 | 联想之星 * | 海淀区科学院南路 2 号融科资讯中心 | 100190 | 62509620<br>62509359 | ls@legendholdings.com.cn | www.legendstar.com.cn |
| 46 | 清华大学创意创新创业教育平台（X-lab）* | 清华大学经济管理学院 | 100084 | 62785650 | x-lab@sem.tsinghua.edu.cn | www.x-lab.tsinghua.edu.cn |
| 47 | 北京中自科技产业孵化器有限公司 | 海淀区中关村东路 95 号自动化大厦 | 100190 | 62541938<br>82614526 | caspark@ia.ac.cn | www.caspark.com.cn |
| 48 | 北京集成电路设计园有限责任公司 | 海淀区知春路 27 号量子芯座 | 100083 | 82357175<br>82357178 | webmaster@bjicpark.com | www.bjicpark.com |
| 49 | 北京人大文化科技园建设发展有限公司 | 海淀区中关村大街 45 号兴发大厦 | 100086 | 82509532<br>82509959 | cspruc@cspruc.com | www.cyruc.com |
| 50 | 北京师大科技园科技发展有限责任公司 | 海淀区学院南路 12 号 | 100082 | 62206051<br>62205230 | kjy@bnu.edu.cn | |
| 51 | 北京首特科技孵化器有限责任公司 | 石景山区古城大街 1 号领秀大厦 | 100043 | 88982099<br>88982102 | stisti@126.com | www.stfhq.com |
| 52 | 北京北控高科技孵化器有限公司 | 昌平区白浮泉路 10 号 | 102200 | 89760000<br>89760046 | gy_beikong@126.com | www.behi.net.cn |
| 53 | 北京高创天成国际企业孵化器有限公司 | 朝阳区安翔北里 11 号 | 100101 | 64842793<br>64841928 | info@htibi.com | www.htibi.com |
| 54 | 中关村兴业（北京）高科技孵化器股份有限公司 | 昌平区超前路 37 号 | 102200 | 89717555<br>89717555<br>−822 | zgcxy@zgcxy.com | www.zgcxy.com |
| 55 | 北京信创宇轩科技孵化器有限公司 | 昌平区华通路 11 号 | 102200 | 80108801 | bjxcyx@yahoo.com.cn | www.bjxcyx.com |
| 56 | 北京昌科晨宇科技企业孵化器有限公司 | 昌平区火炬街甲 12 号 | 102200 | 89748410 | bjxcyx@yahoo.com.cn | www.bjckcy.com |
| 57 | 北京绿创环保集团科技孵化器有限公司 | 昌平区振兴路 28 号 | 102200 | 69718405<br>69718403 | muzdk@163.com | www.greentec-incubator.com.cn |
| 58 | 北京矿大能源安全科技有限公司 | 海淀区学院路丁 11 号宝源商务公寓 | 100083 | 51733599<br>51733590 | kjy@cumtb.edu.cn | www.zgces.com |
| 59 | 北京交大科技孵化器有限公司 | 海淀区高梁斜街 44 号东校区科教楼 | 100044 | 51686946<br>51686172 | mmeng@bjtu.edu.cn | www.bjtuspark.com. |
| 60 | 北京博大经开置业有限公司 | 北京经济技术开发区宏达北路 12 号 A 座 | 100176 | 67880116 | | 221.123.187.42 |
| 61 | 北京华商置业有限公司 | 大兴区工业开发区科苑路 18 号 | 102600 | 61271941<br>61271943 | | |
| 62 | 北京扶星达科技发展中心 | 丰台区富丰路 2 号 | 100070 | 83813982<br>83814088 | zxzqadlp@sina.com | |
| 63 | 北京利玛自动化技术公司 | 西城区德外教场口 1 号 | 100120 | 62050851<br>82285386 | wangqi-wangqi@163.com | www.riamb.ac.cn |
| 64 | 北京中海创意动漫游戏科技孵化器有限公司 | 海淀区中关村南大街 3 号海淀科技大厦 | 100081 | 68943887<br>68943877 | pangxg@zhongguancun.com.cn | www.fuhua7.cn |
| 65 | 北京中农大科技企业孵化器有限公司 | 海淀区清华东路 17 号科贸楼 C201 室 | 100083 | 62737370 | fuxiaofx@gmail.com | www.causpark.com |

注：* 为国家级高新技术创业服务中心
资料来源：中关村科技园区管理委员会

# 中关村国家自主创新示范区开放实验室一览表

| 序号 | 名称 | 主管单位 | 地址 | 电话 | 类型 | 授牌时间 |
|---|---|---|---|---|---|---|
| 1 | 国家专用集成电路设计工程技术研究中心 | 中国科学院自动化研究所 | 海淀区中关村东路95号 | 62620080 | 研发 | 2006年6月 |
| 2 | 北京大学微处理器及系统研究开放实验室 | 北京大学 | 海淀区北京大学理科1号楼8层1814~1818室 | 62759129 | 研发 | |
| 3 | 清华大学环境模拟与污染控制国家重点实验室（清华分室） | 清华大学 | 海淀区清华大学环境科学与工程系 | 62785684 | 研发 | |
| 4 | 北京科技大学腐蚀磨蚀与表面技术北京市重点实验室 | 北京科技大学 | 海淀区学院路30号北京科技大学腐蚀磨蚀与表面技术实验楼309室 | 62332715 | 研发 | |
| 5 | 北京科技大学教育部金属电子信息材料工程研究中心 | 北京科技大学 | 海淀区学院路30号北京科技大学材料工程学院功能材料研究所 | 82376835 | 研发 | |
| 6 | 中科院蛋白质中心蛋白质与多肽药物实验室 | 中国科学院蛋白质中心 | 朝阳区大屯路15号 | 64845388 | 研发 | |
| 7 | 北京大学干细胞与再生生物学实验室 | 北京大学 | 海淀区北京大学东门生命科学院4层 | 62756954 | 研发 | |
| 8 | 清华大学分析中心 | 清华大学 | 海淀区清华大学西北门理科大楼物理2层 | 62772261 | 检测 | |
| 9 | 北京航空航天大学北京智能交通研究实验中心 | 北京航空航天大学 | 海淀区学院路37号 | 82338483 | 研发 | 2007年3月 |
| 10 | 北京邮电大学智能通信软件与多媒体实验室 | 北京邮电大学 | 海淀区西土城路10号 | 62283324 | 研发 | |
| 11 | 中国传媒大学数字音视频技术研究中心 | 中国传媒大学 | 朝阳区定福庄东街1号 | 65779081 | 研发 | |
| 12 | 中科院计算所虚拟现实技术实验室 | 中国科学院计算技术研究所 | 海淀区中关村大街1号海龙大厦12层 | 62662638 | 研发 | |
| 13 | 中科院高能所网络安全开放实验室 | 中国科学院高能物理所 | 石景山区玉泉路19号乙院 | 88257981 | 研发 | |
| 14 | 北京邮电大学网络与交换技术国家重点实验室 | 北京邮电大学 | 海淀区西土城路10号 | 62283412 | 研发 | |
| 15 | 北京集成电路设计园EDA开放实验室 | 北京集成电路设计园有限公司 | 海淀区知春路27号量子芯座 | 82357176 | 综合 | |
| 16 | 工业和信息化部通信计量中心 | 工业和信息化部 | 海淀区花园北路52号 | 62301626 | 检测 | |
| 17 | 中国北方车辆研究所动力电池实验室 | 中国北方车辆研究所 | 丰台区槐树岭4号 | 83809250—101 | 检测 | |
| 18 | 机械科学研究总院通用零部件产品质量检测中心 | 机械科学研究总院 | 海淀区首体南路2号 | 88301117 | 检测 | |

（续表）

| 序号 | 名称 | 主管单位 | 地址 | 电话 | 类型 | 授牌时间 |
|---|---|---|---|---|---|---|
| 19 | 中国电力科学研究院继电保护及安全自动装置实验室 | 中国电力科学研究院 | 海淀区清河小营东路 15 号 | 82812216 | 检测 | |
| 20 | 北京有色金属研究总院国家有色金属及电子材料分析测试中心 | 北京有色金属研究总院 | 西城区新街口外大街 2 号 | 82241374 | 检测 | |
| 21 | 国家钢铁材料检测中心 | 钢铁研究总院 | 海淀区学院南路 76 号 | 62182642 | 检测 | |
| 22 | 北京市建筑材料质量监督检验站节能环保材料分析测试实验室 | 北京建筑材料科学研究总院 | 石景山区金顶北街 69 号院 | 88751768 | 检测为主 | 2007 年 11 月 |
| 23 | 中科院过程所过程工程实验室 | 中国科学院过程工程研究所 | 海淀区中关村北二条 1 号 | 62558316 | 研发 | |
| 24 | 中科院理化所工程塑料国家工程研究中心 | 中国科学院理化技术研究所 | 海淀区中关村北一条 2 号 | 82543775 | 检测 | |
| 25 | 北京理工大学智能信息技术北京市重点实验室 | 北京理工大学 | 海淀区中关村南大街 5 号 | 68913536 | 研发 | |
| 26 | 现场总线技术及自动化北京市重点实验室 | 北方工业大学 | 石景山区晋元庄 5 号 | 88803297 | 研发 | |
| 27 | 中国电子技术标准化研究所 | 工业和信息化部 | 东城区安定门东大街 1 号 | 84029113 | 检测 | |
| 28 | 北京邮电大学信息光子学与光通信教育部重点实验室 | 北京邮电大学 | 海淀区西土城路 10 号 | 62282074 | 研发 | |
| 29 | 北京交通大学下一代互联网互联设备国家工程实验室 | 北京交通大学 | 海淀区西直门外上园村 3 号 | 51685364 | 研发 | |
| 30 | 北京大学空间信息集成与 3s 工程应用北京市重点实验室 | 北京大学 | 海淀区颐和园路 5 号 | 62769330 | 研发 | |
| 31 | 清华大学信息科学与技术国家实验室 | 清华大学 | 海淀区清华园 1 号 | 62798981 | 研发 | |
| 32 | 北京邮电大学泛网无线通信教育部重点实验室 | 北京邮电大学 | 海淀区西土城路 10 号 | 62282843 | 研发 | |
| 33 | 北京大学网络与信息安全实验室 | 北京大学 | 海淀区成府路 298 号方正大厦 3 层 | 82529640 | 研发 | |
| 34 | 北京理工大学生物分离分析实验室 | 北京理工大学 | 海淀区中关村南大街 5 号 | 68949331 | 研发 | |
| 35 | 北京大学医药卫生分析中心 | 北京大学 | 海淀区学院路 38 号北京大学医学部 | 82801549 | 检测 | |
| 36 | 中科院集成电路 EDA 中心 | 中国科学院微电子研究所 | 朝阳区北土城西路 3 号 | 82995630 | 研发 | |
| 37 | 中科院软件所基础软件国家工程研究中心 | 中国科学院软件研究所 | 海淀区中关村南四街 4 号 | 62661660 | 研发 | 2008 年 10 月 |
| 38 | 中科院软件所信息安全共性技术国家工程研究中心 | 中国科学院软件研究所 | 海淀区中关村大街 19 号新中关大厦 B 座 1601 室 | 82486299 | 研发 | |
| 39 | 北京大学软件工程国家工程研究中心 | 北京大学 | 海淀区北京大学理科楼群 1 号楼 7 层 | 62754993 | 研发 | |

（续表）

| 序号 | 名称 | 主管单位 | 地址 | 电话 | 类型 | 授牌时间 |
|---|---|---|---|---|---|---|
| 40 | 北京航空航天大学虚拟现实技术与系统国家重点实验室 | 北京航空航天大学 | 海淀区学院路37号北航新主楼G座710室 | 82338861 | 研发 | |
| 41 | 中科院遥感所国家遥感应用工程技术研究中心 | 中国科学院遥感与数字地球研究所 | 朝阳区安外大屯路甲20号 | 64889206 | 研发 | |
| 42 | 中科院计算所网络存储研究中心 | 中国科学院计算技术研究所 | 海淀区中关村大街19号新中关大厦A座10层 | 59851155–2605 | 研发 | |
| 43 | 国家网络新媒体工程技术研究中心 | 中国科学院声学研究所 | 海淀区北四环西路21号 | 62565615–218 | 研发 | |
| 44 | 下一代互联网宽带业务应用国家工程实验室 | 中国联合网络通信集团有限公司 | 北京经济技术开发区中和街1号 | 66522712 | 检测/研发 | |
| 45 | 国家广播电视产品质量监督检验中心 | 中国电子集团三所 | 朝阳区酒仙桥北路乙7号 | 64380109 | 检测 | |
| 46 | 北京大学微米/纳米加工技术国家级重点实验室 | 北京大学 | 海淀区颐和园路5号 | 62756793 | 检测/研发 | |
| 47 | 北京无线电计量测试研究所(203所) | 中国航天科工集团第二研究院 | 海淀区永定路50号 | 68388203 | 检测 | |
| 48 | 北京长城计量测试技术研究所(304所) | 中国航空工业集团公司 | 海淀区温泉镇环山村 | 62458085 | 检测 | |
| 49 | 航天科工防御技术研究试验中心(201所) | 中国航天科工集团第二研究院 | 海淀区永定路50号 | 88527201 | 检测 | |
| 50 | 环境模拟与污染控制国家重点实验室（中科院生态所分室） | 中国科学院生态环境研究中心 | 海淀区双清路18号 | 62849136 | 研发 | |
| 51 | 国家重有色金属质量监督检验中心 | 北京矿冶研究总院 | 西城区西直门外文兴街1号 | 88399206 | 检测 | |
| 52 | 中国中材集团公司激光与红外光学材料研究开发实验室 | 中国中材集团公司 | 朝阳区东坝红松园1号 | 65495011 | 研发 | |
| 53 | 太赫兹光电子学省部共建教育部重点实验室 | 首都师范大学 | 海淀区西三环北路105号首都师范大学教三楼119室 | 68980838 | 研发 | |
| 54 | 北京蛋白质组研究中心蛋白质组学及其相关产品分析实验室 | 军事医学科学院 | 昌平区科学园路33号 | 80705888 | 检测/研发 | |
| 55 | 国家北京药物安全评价研究中心 | 军事医学科学院毒物药物研究所 | 海淀区太平路27号 | 66930753 | 检测 | |
| 56 | 北大—未名生物技术联合实验室 | 北京未名福源基因药物研究中心有限公司 | 朝阳区霄云里南街霄云中心A座1601~1602室 | 62760811 | 研发 | |
| 57 | 中国医学科学院药用植物研究所天然药物、健康产品的研究与开发实验室 | 中国医学科学院药用植物研究所 | 海淀区马连洼北路151号药用植物研究所 | 62896313 | 检测/研发 | |
| 58 | 北京师范大学基因工程药物与生物技术实验室 | 北京师范大学 | 海淀区新街口外大街19号 | 83754896 | 检测/研发 | |
| 59 | 中科院微生物所分子病毒及生物制药开放实验室 | 中国科学院微生物研究所 | 朝阳区大屯路甲3号 | 64807503 | 研发 | |

（续表）

| 序号 | 名称 | 主管单位 | 地址 | 电话 | 类型 | 授牌时间 |
|---|---|---|---|---|---|---|
| 60 | 机械科学研究总院先进制造技术研究中心 | 机械科学研究总院 | 海淀区学清路 18 号 | 82415945 | 研发 | 2009 年 10 月 |
| 61 | 中国纺织科学研究院纤维材料工程化技术开发实验室 | 中国纺织科学研究院 | 朝阳区朝外延静里中街 3 号中国纺织科学研究院 | 65987254 | 研发 | |
| 62 | 土壤植物机器系统技术国家重点实验室 | 中国农业机械化科学研究院 | 朝阳区德胜门外北沙滩 1 号 | 64882234 | 研发 | |
| 63 | 无线移动通信国家重点实验室终端开放实验室 | 电信科学技术研究院 | 海淀区学院路 29 号 | 58832515 | 检测 | |
| 64 | 中国建筑科学研究院建筑安全与环境国家重点实验室 | 中国建筑科学研究院 | 海淀区北三环东路 30 号 | 64517000 | 检测 | |
| 65 | 北京矿冶研究总院无污染有色金属提取及节能技术国家工程研究中心 | 北京矿冶研究总院 | 丰台区南四环西路 188 号总部基地 18 区 23 号楼 | 63299841 | 研发 | |
| 66 | 煤炭工业洁净煤工程技术研究中心 | 煤炭科学研究总院 | 朝阳区和平里青年沟东路 5 号 | 84262359 | 研发 | |
| 67 | 中国建筑材料检验认证中心 | 中国建筑材料研究总院 | 朝阳区管庄东里 1 号 | 51167352 | 检测 | |
| 68 | 北京有色金属研究总院半导体材料国家工程研究中心 | 北京有色金属研究总院 | 西城区新街口外大街 2 号 | 62055383 | 研发 | |
| 69 | 钢铁研究总院先进钢铁材料技术国家工程研究中心 | 钢铁研究总院 | 海淀区高梁桥斜街 13 号院主楼 | 62182657 | 研发 | |
| 70 | 中科院自动化所数字内容技术与系统研究中心 | 中国科学院自动化研究所 | 海淀区中关村东路 95 号自动化大厦 804 室 | 82614847 | 研发 | |
| 71 | 北京大学数字视频编码与系统技术国家工程实验室 | 北京大学 | 海淀区北京大学理科 2 号楼 | 62757268 | 研发 | |
| 72 | 交通部智能交通技术交通行业重点实验室 | 交通部公路科学研究院 | 海淀区西土城路 8 号 | 62079526–240 | 检测 | |
| 73 | 北京市科学技术研究院公共计算重点实验室 | 北京市计算中心 | 海淀区永丰产业基地丰贤中路 7 号北科产业 3 号楼 | 59341832 | 研发 | |
| 74 | 中科院计算所网络技术研究中心 | 中国科学院计算技术研究所 | 海淀区科学院南路 6 号 | 62600725 | 研发 | |
| 75 | 华北电力大学电站设备状态监测与控制教育部重点实验室 | 华北电力大学 | 昌平区回龙观镇北农路 2 号 | 51971314 | 研发 | |
| 76 | 中科院计算所集成电路研究与设计开放实验室 | 中国科学院计算技术研究所 | 海淀区科学院南路 6 号 | 62601336 | 研发 | |
| 77 | 北京市理化分析测试中心 | 北京市科学技术研究院 | 海淀区永丰产业基地丰贤中路 7 号孵化楼 B 座 4 层 | 58717639–8054 | 检测 | |
| 78 | 北京化工大学北京市生物加工过程重点实验室 | 北京化工大学 | 朝阳区北三环东路 15 号 | 64421335 | 研发 | |
| 79 | 国家人类基因组北方研究中心 | 北京诺赛基因组研究中心有限公司 | 北京经济技术开发区永昌北路 3 号 707 室 | 67883332–860 | 研发 | |

（续表）

| 序号 | 名称 | 主管单位 | 地址 | 电话 | 类型 | 授牌时间 |
|---|---|---|---|---|---|---|
| 80 | 北京市医疗器械检验所 | 北京市药品监督管理局 | 西城区北三环中路2号 | 62059605 | 检测 | |
| 81 | 药物代谢、药物制剂与药物分析重点实验室 | 军事医学科学院 | 海淀区太平路27号 | 82671638 | 研发 | |
| 82 | 中关村生命科学园开放实验室 | 北京中关村生命科学园生物医药科技孵化有限公司 | 昌平区生命园路29号创新大厦B座221室 | 80715732–1011 | 检测 | |
| 83 | 中国医学科学院肿瘤研究所抗体工程药物与肿瘤标志物实验室 | 中国医学科学院肿瘤研究所 | 朝阳区潘家园南里17号 | 87788749 | 研发 | |
| 84 | 北京印刷学院印刷包装材料与技术北京市重点实验室 | 北京印刷学院 | 大兴区兴华北路25号 | 60261107 | 研发 | |
| 85 | 工业和信息化部电信传输研究所中国泰尔实验室 | 工业和信息化部 | 海淀区花园北路52号科研楼B座 | 62300486 | 检测 | |
| 86 | 清华大学信息网络工程实验室互联网测试和认证中心 | 清华大学 | 海淀区清华大学东主楼 | 62788109 | 检测 | |
| 87 | 天地互连中关村下一代互联网测试服务中心 | 亦庄园管委会 | 朝阳区曙光西里甲6号时间国际A座2508室 | 58678188–166 | 检测 | |
| 88 | 中国电子科技集团公司第15研究所北京尊冠科技有限公司 | 中国电子科技集团公司第十五研究所 | 朝阳区北四环中路211号 | 51615269 | 检测 | |
| 89 | 闪联电子信息产品协同互联开放实验室 | 闪联信息技术工程中心有限公司 | 海淀区海淀北二街10号泰鹏大厦8层 | 59610166–894 | 检测 | |
| 90 | 中国软件测评中心 | 工业和信息化部 | 海淀区紫竹院路66号赛迪大厦5层 | 88559238 | 检测 | |
| 91 | 中关村软件园公共技术服务实验室 | 中关村管委会 | 海淀区东北旺西路8号中关村软件园1号楼B座 | 82825690–2009 | 检测 | |
| 92 | 北京交通大学轨道交通控制与安全国家重点实验室 | 北京交通大学 | 海淀区西直门外上园村3号思源楼 | 51684773 | 研发 | 2011年10月 |
| 93 | 数字电视国家工程实验室 | 北京数字电视国家工程实验室有限公司 | 海淀区花园路2号 | 82284700–8028 | 研发 | |
| 94 | 北京机电研究所精密成形国家工程研究中心 | 北京机电研究所 | 海淀区学清路18号 | 82415037 | 研发 | |
| 95 | 中关村集成电路测试中心开放实验室 | 北京确安科技有限公司 | 海淀区永丰产业基地丰贤中路7号孵化楼A楼 | 58717625–214 | 检测/研发 | |
| 96 | 北京东方计量测试研究所（514所） | 中国航天五院空间信息技术研究院 | 海淀区知春路82号院 | 68379577 | 检测 | |
| 97 | 北京农林科学院国家农业智能装备工程技术研究中心 | 北京农林科学院 | 海淀区曙光花园中路11号北京农科大厦 | 51503416 | 研发 | |
| 98 | 北京北达燕园微构分析测试中心有限公司 | 北京北达燕园科技孵化器有限公司 | 海淀区中关村北大街127–1号 | 58874029 | 检测 | |
| 99 | 首都师范大学北京市纳米光电子学重点实验室 | 首都师范大学 | 海淀区西三环北路105号首都师范大学科技园 | 68902965 | 研发 | |

（续表）

| 序号 | 名称 | 主管单位 | 地址 | 电话 | 类型 | 授牌时间 |
|---|---|---|---|---|---|---|
| 100 | 清华大学电力系统及发电设备控制和仿真国家重点实验室 | 清华大学 | 海淀区清华大学西主楼3区205室 | 62783378 | 研发 | |
| 101 | 中国电力科学研究院智能用电与节能技术实验室 | 中国电力科学研究院 | 海淀区清河小营东路15号 | 82813238 | 检测/研发 | |
| 102 | 中国农业科学院饲料研究所 | 中国农业科学院 | 海淀区中关村南大街12号 | 62153069 | 研发 | |
| 103 | 北京航空航天大学医疗器械及康复辅具实验室 | 北京航空航天大学 | 海淀区学院路37号 | 82315554 | 研发 | |
| 104 | 中科院微生物所中关村细胞免疫与疫苗评价开放实验室 | 中国科学院微生物研究所 | 朝阳区北辰西路1号院3号 | 64807569 | 研发 | |
| 105 | 中国食品药品检定研究院国家药物安全评价监测中心 | 中国食品药品检定研究院 | 北京经济技术开发区宏达中路甲8号 | 67887035 | 检测 | |
| 106 | 总后勤部卫生部药品仪器检验所 | 总后勤部卫生部 | 丰台区丰台西路17号 | 66949008 | 检测 | |
| 107 | 国家生物医药产业基地汇龙森中小企业公共实验中心 | 亦庄园管委会 | 北京经济技术开发区科创14街99号 | 59755606 | 检测/研发 | |
| 108 | 北京大学实验动物中心 | 北京大学 | 海淀区颐和园路5号北京大学院内 | 62765851 | 研发 | |
| 109 | 中国农业科学院生物技术研究所 | 中国农业科学院 | 海淀区中关村南大街12号 | 82106142 | 研发 | |
| 110 | 软件测试与渲染技术重点实验室 | 北京软件产品质量检测检验中心 | 海淀区东北旺西路8号中关村软件园3A楼 | 82825511—815 | 检测为主 | 2012年7月 |
| 111 | 多媒体与智能软件技术北京市重点实验室 | 北京工业大学 | 朝阳区平乐园100号 | 67392313 | 研发为主 | |
| 112 | 网络体系构建与融合北京市重点实验室 | 北京邮电大学 | 海淀区西土城路10号 | 62282262 | 研发为主 | |
| 113 | 安全生产智能监控北京市重点实验室 | 北京邮电大学 | 海淀区西土城路10号 | 62281958 | 研发为主 | |
| 114 | 轨道交通网络验证与测试实验室 | 北京交通大学 | 海淀区西直门外上园村3号 | 51686023 | 检测为主 | |
| 115 | 北京航空航天大学计算机系统结构研究所 | 北京航空航天大学 | 海淀区学院路37号北航新主楼G座1034室 | 82338824 | 研发为主 | |
| 116 | 半导体集成技术开放实验室 | 中国科学院半导体研究所 | 海淀区清华东路甲35号中科院半导体所内 | 82304754 | 检测为主 | |
| 117 | 卫星导航应用与用户设备检测实验室 | 中国人民解放军61081部队 | 海淀区北清路22号 | 66369060 | 检测为主 | |
| 118 | 北京市物流系统与技术重点实验室 | 北京物资学院 | 通州区富河大街1号 | 89534322 | 研发为主 | |
| 119 | 中科院高能所射线成像工程实验室 | 中国科学院高能物理所 | 石景山区玉泉路19号乙 | 88236345 | 研发为主 | |
| 120 | 中科院工程热物理所传热传质研究中心 | 中国科学院工程热物理研究所 | 海淀区北四环西路22号 | 82543022 | 研发为主 | |

（续表）

| 序号 | 名称 | 主管单位 | 地址 | 电话 | 类型 | 授牌时间 |
|---|---|---|---|---|---|---|
| 121 | 功能高分子材料研发与检测实验室 | 中国科学院理化技术研究所 | 海淀区中关村东路29号 | 82543772 | 研发为主 | |
| 122 | 离子液体清洁过程北京重点实验室 | 中国科学院过程工程研究所 | 海淀区中关村北二条1号 | 56200254 | 研发为主 | |
| 123 | 北京科大分析检验中心有限公司 | 北京科大科技园有限公司 | 海淀区学院路30号北京科技大学材料测试楼 | 62333720 | 检测为主 | |
| 124 | 钢研院先进永磁材料与分析检测实验室 | 钢铁研究总院 | 海淀区高梁桥斜街13号院主楼 | 62182657 | 研发为主 | |
| 125 | 北京农学院农业生物制品与种业实验室 | 北京农学院 | 昌平区回龙观镇北农路7号 | 80797301 | 研发为主 | |
| 126 | 生物芯片北京国家工程研究中心 | 博奥生物有限公司 | 昌平区生命科学院路18号 | 80726868–6319 | 检测为主 | |
| 127 | 北京昭衍新药研究中心 | 北京昭衍新药研究中心有限公司 | 北京经济技术开发区荣京东街甲5号 | 67869966 | 检测为主 | |
| 128 | 京蒙细胞治疗及相关产品分析实验室 | 北京京蒙高科干细胞技术有限公司 | 海淀区上地东路5–2号京蒙高科大厦B座601室 | 51557690 | 检测为主 | |
| 129 | 环境科学与工程北京市重点实验室 | 北京理工大学 | 海淀区中关村南大街5号 | 68918766 | 研发为主 | |
| 130 | 场地污染评估与修复重点实验室 | 中国科学院地理科学与资源研究所 | 朝阳区大屯路甲11号 | 64889085 | 研发为主 | |
| 131 | 生物质发电成套设备国家工程实验室 | 华北电力大学 | 昌平区朱辛庄北农路2号 | 61772992 | 研发为主 | |
| 132 | 清华大学核环境技术实验室 | 清华大学核能与新能源技术研究院 | 昌平区南口镇虎峪村清华大学核研院内 | 62784945 | 研发为主 | |
| 133 | 北京环卫集团环境研究发展有限公司 | 北京环境卫生集团有限公司 | 朝阳区北湖渠路15号京环大厦12层 | 59682798 | 研发为主 | |
| 134 | 电动车辆国家工程实验室 | 北京理工大学 | 海淀区中关村南大街5号 | 68940589 | 研发为主 | |
| 135 | 北京市作物分子育种工程技术研究中心 | 北京大北农科技集团股份有限公司 | 海淀区圆明园西路2号 | 82408600 | 研发/检测 | |
| 136 | 药物安全评价关键技术北京市工程实验室 | 北京协和建昊医药技术开发有限责任公司 | 北京经济技术开发区景园街2号 | 67817730 | 研发/检测 | |
| 137 | 中远现代物流信息技术实验室 | 中远网络物流信息科技有限公司 | 东城区朝阳门北大街8号富华大厦F座15A室 | 65542060 | 研发/检测 | |
| 138 | 电磁信息安全应用技术北京市工程实验室 | 安方高科电磁安全技术（北京）有限公司 | 海淀区中关村永丰产业基地丰德东路9号 | 58711666 | 研发/检测 | 2013年12月 |
| 139 | 北京绿创声学工程实验室 | 北京绿创声学工程设计研究院有限公司 | 昌平区振兴路28号 | 60748792 | 研发/检测 | |
| 140 | 生物质谱转化医学研究中心 | 毅新兴业（北京）科技有限公司 | 海淀区西二旗西路领秀新硅谷2号院38号楼102室 | 82608397 | 研发/检测 | |

（续表）

| 序号 | 名称 | 主管单位 | 地址 | 电话 | 类型 | 授牌时间 |
|---|---|---|---|---|---|---|
| 141 | 北京经济技术开发区（汇龙森）新材料公共技术服务及实验中心 | 汇龙森欧洲科技（北京）有限公司 | 北京经济技术开发区科创14街99号汇龙森7号楼2单元B1 | 59755588 | 研发 | |
| 142 | 北京市劣质铁矿石综合利用工程技术研究中心 | 北京神雾环境能源科技集团股份有限公司 | 昌平区马池口镇神牛路18号 | 13911136986 | 研发/检测 | |
| 143 | 影视技术与艺术研究院 | 北京电影学院 | 海淀区西土城路4号 | 82283398 | 研发/检测 | |
| 144 | 国家城市环境污染控制工程技术研究中心 | 北京市环境保护科学研究院 | 西城区北营房中街59号 | 68333644 | 研发/检测 | |
| 145 | 国家纤维增强模塑料工程技术研究中心 | 北京玻璃钢研究设计院有限公司 | 延庆县八达岭经济开发区康西路261号 | 61161204 | 研发/检测 | |
| 146 | 国家兽药安全评价中心 | 中国农业大学 | 海淀区圆明园西路2号 | 62733378 | 研发/检测 | |
| 147 | 北京市生态环境材料及其评价工程技术研究中心 | 北京工业大学 | 朝阳区平乐园100号 | 67392166 | 研发/检测 | |
| 148 | 北京市传感器重点实验室 | 北京信息科技大学 | 朝阳区北四环中路35号 | 13810817828 | 研发/检测 | |
| 149 | 北京中医药大学科研实验中心 | 北京中医药大学 | 朝阳区北三环东路11号 | 64286401 | 研发/检测 | |
| 150 | 高速铁路系统试验国家工程实验室 | 中国铁道科学技术研究院 | 海淀区大柳树路2号 | 51893730 | 研发/检测 | |
| 151 | 新能源电力系统国家重点实验室 | 华北电力大学 | 昌平区北农路2号 | 51971430 | 研发 | |
| 152 | 大功率微波电真空器件技术国家重点实验室 | 中国电子科技集团公司第十二研究所 | 朝阳区酒仙桥路13号 | 84352402 | 研发 | |
| 153 | 中国科学院低温工程学重点实验室 | 中国科学院理化技术研究所 | 海淀区中关村东路29号 | 82543427 | 研发/检测 | |
| 154 | 清华大学饮用水安全技术实验室 | 清华大学 | 海淀区清华大学 | 62796958 | 研发/检测 | |
| 155 | 互联网基础技术开放实验室 | 中国科学院计算机网络信息中心 | 海淀区中关村南四街4号中国科学院软件园1号楼 | 58813022 | 研发 | |
| 156 | 宽带移动通信工程实验室 | 北京邮电大学 | 海淀区西土城路10号 | 18811031862 | 研发/检测 | |
| 157 | 赛林泰肿瘤和糖尿病小分子靶向新药研发开放实验室 | 北京赛林泰医药技术有限公司 | 海淀区闵庄路3号15、16楼 | 18910879583 | 研发 | |
| 158 | 中国科学院大学网络经济及知识管理研究中心 | 中国科学院大学 | 海淀区中关村东路80号 | 82680920 | 研发 | |
| 159 | 北京橡胶工业研究设计院橡胶材料及其制成品实验室 | 北京橡胶工业研究设计院 | 海淀区阜石路甲19号 | 51338840 | 研发/检测 | |

资料来源：中关村科技园区管理委员会

# 中关村国家自主创新示范区国家工程实验室一览表

| 序号 | 名称 | 依托单位 | 地址 | 邮编 | 电话 | 建设、验收年份 |
|---|---|---|---|---|---|---|
| 1 | 生物冶金国家工程实验室 | 北京有色金属研究总院 | 西城区新街口外大街2号 | 100088 | 82241313 | 2005 |
| 2 | 下一代互联网宽带业务应用国家工程实验室 | 中国联合网络通信集团有限公司 | 北京经济技术开发区中和街1号 | 100176 | 66522712 | 2006 |
| 3 | 高速铁路系统试验国家工程实验室 | 中国铁道科学研究院 | 海淀区大柳树路2号 | 100081 | 51893730 | 2007<br>2013 |
| 4 | 电力系统仿真国家工程实验室 | 中国电力科学研究院 | 海淀区清河小营东路15号 | 100192 | 82812114 | 2007<br>2011 |
| 5 | 抗肿瘤蛋白质药物国家工程实验室 | 清华大学 | 海淀区清华园1号清华大学生命科学楼 | 100084 | 62795106 | 2008 |
| 6 | 钢铁制造流程优化国家工程实验室 | 冶金自动化研究设计院 | 丰台区西四环南路72号 | 100071 | 83802365 | 2008<br>2013 |
| 7 | 先进金属材料涂镀国家工程实验室 | 新冶高科技集团有限公司 | 海淀区学院南路76号 | 100081 | 62182572 | 2008<br>2012 |
| 8 | 作物细胞育种国家工程实验室 | 中国农科院蔬菜花卉研究所 | 海淀区中关村南大街12号 | 100081 | 82109531 | 2008<br>2011 |
| 9 | 林木育种国家工程实验室 | 北京林业大学 | 海淀区清华东路35号北京林业大学实验楼 | 100083 | 62336232 | 2008<br>2014 |
| 10 | 油气钻井技术国家工程实验室 | 中国石油集团钻井工程技术研究院 | 昌平区沙河镇西沙屯桥西中国石油创新基地A34块地 | 102206 | 80162352 | 2008 |
| 11 | 畜禽育种国家工程实验室 | 中国农业大学 | 海淀区圆明园西路2号中国农业大学动科动医大楼4层 | 100193 | 62732708 | 2008 |
| 12 | 作物分子育种国家工程实验室 | 中国农科院作物科学研究所 | 海淀区中关村南大街12号 | 100081 | 82109715 | 2008<br>2014 |
| 13 | 濒危药材繁育国家工程实验室 | 中国医学科学院药用植物研究所 | 海淀区马连洼北路151号 | 100193 | 57833199 | 2008<br>2013 |
| 14 | 煤矿深井建设技术国家工程实验室（北京实验区） | 北京中煤矿山工程有限公司 | 朝阳区和平街十三区青年沟路5号 | 100013 | 84263083 | 2008<br>2013 |
| 15 | 信息内容安全技术国家工程实验室 | 中国科学院信息工程研究所 | 海淀区闵庄路甲89号 | 100093 | 82546700 | 2008<br>2013 |
| 16 | TFT-LCD工艺技术国家工程实验室 | 京东方科技集团股份有限公司 | 北京经济技术开发区地泽路9号 | 100176 | 87119726 | 2008 |
| 17 | 遥感卫星应用国家工程实验室 | 中国科学院遥感与数字地球研究所 | 朝阳区大屯路甲20号北 | 100101 | 62178967 | 2008<br>2013 |
| 18 | 结构性碳纤维复合材料国家工程实验室 | 北京航空材料研究院 | 海淀区温泉镇环山村 | 100095 | 62496020 | 2008 |
| 19 | 下一代互联网互联设备国家工程实验室 | 北京交通大学 | 海淀区上园村3号 | 100044 | 51685364 | 2008<br>2011 |
| 20 | 湿法冶金清洁生产技术国家工程实验室 | 中国科学院过程工程研究所 | 海淀区中关村北二条1号 | 100190 | 82544829 | 2008<br>2014 |

（续表）

| 序号 | 名称 | 依托单位 | 地址 | 邮编 | 电话 | 建设、验收年份 |
|---|---|---|---|---|---|---|
| 21 | 灾备技术国家工程实验室 | 北京邮电大学 | 海淀区西土城路10号北京邮电大学126信箱 | 100876 | 62256336-820 | 2008<br>2014 |
| 22 | 中药质量控制技术国家工程实验室 | 中国中医科学院中药研究所 | 东城区东直门内南小街16号 | 100700 | 64014411 | 2009 |
| 23 | 电动车辆国家工程实验室 | 北京理工大学 | 海淀区中关村南大街5号 | 100081 | 68940589 | 2009 |
| 24 | 数字视频编解码技术国家工程实验室 | 北京大学 | 海淀区颐和园路5号北京大学理科2号楼 | 100871 | 62758116 | 2009<br>2013 |
| 25 | 生物质发电成套设备国家工程实验室 | 华北电力大学 | 昌平区朱辛庄北农路2号 | 102206 | 61772992 | 2009<br>2014 |
| 26 | 制浆造纸国家工程实验室 | 中国制浆造纸研究院 | 朝阳区启阳路4号中轻大厦 | 100102 | 64778001 | 2009<br>2014 |
| 27 | 下一代互联网核心网国家工程实验室 | 清华大学 | 海淀区清华园1号清华大学信息科学技术大楼 | 100084 | 62785931 | 2009<br>2014 |
| 28 | 新一代移动通信测试验证国家工程实验室 | 工业和信息化部电信研究院 | 海淀区花园北路52号 | 100191 | 62301618 | 2010 |
| 29 | 新一代移动通信无线网络与芯片技术国家工程实验室 | 大唐电信科技产业控股有限公司 | 海淀区学院路40号大唐电信集团 | 100191 | 62303003 | 2010 |
| 30 | 海洋石油勘探国家工程实验室 | 中国海洋石油总公司 | 东城区东直门外小街6号海油大厦 | 100027 | 84523630 | 2011<br>2013 |
| 31 | 粮食储运国家工程实验室 | 国家粮食局科学研究院 | 西城区百万庄大街11号 | 100037 | 58523700 | 2011 |
| 32 | 农业生产机械装备国家工程实验室 | 中国农业机械化科学研究院 | 朝阳区德胜门外北沙滩1号 | 100083 | 64882239 | 2011 |
| 33 | 耕地培育技术国家工程实验室 | 中国农业科学院农业资源与农业区划研究所 | 海淀区中关村南大街12号 | 100081 | 82106203 | 2011 |
| 34 | 作物高效用水与抗灾减损国家工程实验室 | 中国农业科学院农业环境与可持续发展研究所 | 海淀区中关村南大街12号 | 100081 | 82109567 | 2011 |
| 35 | 口腔数字化医疗技术和材料国家工程实验室 | 北京大学 | 海淀区中关村南大街22号 | 100081 | 82195521 | 2011 |
| 36 | 数字电视国家工程实验室(北京) | 北京数字电视国家工程实验室有限公司 | 海淀区花园路2号28号楼 | 100083 | 82284700-8028 | 2011 |
| 37 | 神经调控技术国家工程实验室 | 清华大学 | 海淀区清华园1号 | 100084 | 62794952 | 2012 |
| 38 | 电子商务交易技术国家工程实验室 | 清华大学 | 海淀区清华园1号 | 100084 | 62783197-1058 | 2013 |
| 39 | 移动互联网安全技术国家工程实验室 | 北京邮电大学 | 海淀区西土城路10号 | 100876 | 62283180 | 2013 |
| 40 | 互联网域名管理技术国家工程实验室 | 中国互联网络信息中心 | 海淀区中关村南四街4号中国科学院软件园1号楼 | 100190 | 58813000 | 2013 |
| 41 | 网络安全应急技术国家工程实验室 | 国家互联网应急中心 | 朝阳区裕民路甲3号 | 100029 | 82990168 | 2013 |

资料来源：国家发展和改革委员会网站

# 中关村国家自主创新示范区国家重点实验室一览表

| 序号 | 名称 | 依托单位 | 地址 | 邮编 | 电话 | 建设、验收年份 |
|---|---|---|---|---|---|---|
| 1 | 蛋白质与植物基因研究国家重点实验室 | 北京大学 | 海淀区颐和园路5号 | 100871 | 62751848 | 1987<br>1990 |
| 2 | 核物理与核技术国家重点实验室 | 北京大学 | 海淀区成府路201号 | 100871 | 62751870 | 2007<br>2009 |
| 3 | 人工微结构和介观物理国家重点实验室 | 北京大学 | 海淀区成府路209号 | 100871 | 62765884 | 1990<br>1993 |
| 4 | 天然药物及仿生药物国家重点实验室 | 北京大学 | 海淀区学院路38号 | 100191 | 82802724 | 1985<br>1987 |
| 5 | 湍流与复杂系统国家重点实验室 | 北京大学 | 海淀区颐和园路5号 | 100871 | 62757944 | 1991<br>1995 |
| 6 | 稀土材料化学及应用国家重点实验室 | 北京大学 | 海淀区颐和园路5号 | 100871 | 62751016 | 1991<br>1995 |
| 7 | 区域光纤通信网与新型光通信系统国家重点实验室（北京实验区） | 北京大学 | 海淀区颐和园路5号 | 100871 | 62754170 | 1989<br>1995 |
| 8 | 电力系统及发电设备安全控制和仿真国家重点实验室 | 清华大学 | 海淀区清华大学 | 100084 | 62792469 | 1989<br>1995 |
| 9 | 摩擦学国家重点实验室 | 清华大学 | 海淀区清华大学 | 100084 | 62781379 | 1986<br>1988 |
| 10 | 汽车安全与节能国家重点实验室 | 清华大学 | 海淀区清华大学 | 100084 | 62785963 | 1991<br>1995 |
| 11 | 水沙科学与水利水电工程国家重点实验室 | 清华大学 | 海淀区清华大学 | 100084 | 62783337 | 2006<br>2008 |
| 12 | 微波与数字通信技术国家重点实验室 | 清华大学 | 海淀区清华大学 | 100084 | 62784884 | 1991<br>1995 |
| 13 | 新型陶瓷与精细工艺国家重点实验室 | 清华大学 | 海淀区清华大学 | 100084 | 62782753 | 1991<br>1995 |
| 14 | 智能技术与系统国家重点实验室 | 清华大学 | 海淀区清华大学 | 100084 | 62782266 | 1987<br>1990 |
| 15 | 低维量子物理国家重点实验室 | 清华大学 | 海淀区清华大学 | 100084 | 62772767 | 2011<br>2013 |
| 16 | 化学工程联合国家重点实验室（清华大学萃取分离实验室） | 清华大学、天津大学、华东理工大学、浙江大学 | 海淀区清华大学 | 100084 | 62773017 | 1987<br>1991 |
| 17 | 精密测试技术及仪器国家重点实验室 | 清华大学、天津大学 | 海淀区清华大学 | 100084 | 62773609 | 1990<br>1995 |
| 18 | 环境模拟与污染控制国家重点实验室（清华分室） | 清华大学、中国科学院生态环境研究中心、北京大学、北京师范大学 | 海淀区清华大学 | 100084 | 62785684 | 1989<br>1995 |
| 19 | 集成光电子学国家重点实验室（清华大学实验区） | 清华大学、吉林大学、中国科学院半导体研究所 | 海淀区清华大学 | 100084 | 62782734 | 1987<br>1991 |
| 20 | 地表过程与资源生态国家重点实验室 | 北京师范大学 | 海淀区新街口外大街19号 | 100875 | 58805461 | 2007<br>2010 |
| 21 | 认知神经科学与学习国家重点实验室 | 北京师范大学 | 海淀区新街口外大街19号 | 100875 | 58806154 | 2005<br>2008 |
| 22 | 轨道交通控制与安全国家重点实验室 | 北京交通大学 | 海淀区上园村3号 | 100044 | 51688193 | 2006<br>2010 |

（续表）

| 序号 | 名称 | 依托单位 | 地址 | 邮编 | 电话 | 建设、验收年份 |
|---|---|---|---|---|---|---|
| 23 | 化工资源有效利用国家重点实验室 | 北京化工大学 | 朝阳区北三环东路15号 | 100029 | 64425385 | 2006<br>2008 |
| 24 | 有机无机复合材料国家重点实验室 | 北京化工大学 | 朝阳区北三环东路15号 | 100029 | 64431706 | 2011<br>2013 |
| 25 | 地质过程与矿产资源国家重点实验室 | 中国地质大学（北京） | 海淀区学院路29号 | 100083 | 82322176 | 2005<br>2008 |
| 26 | 爆炸科学与技术国家重点实验室 | 北京理工大学 | 海淀区中关村南大街5号 | 100081 | 68913957 | 1991<br>1996 |
| 27 | 煤炭资源与安全开采国家重点实验室 | 中国矿业大学（北京） | 海淀区学院路丁11号 | 100083 | 62331854 | 2006<br>2008 |
| 28 | 深部岩土力学与地下工程国家重点实验室 | 中国矿业大学（北京） | 海淀区清华东路16号宝源公寓A2座 | 100083 | 62331091 | 2008<br>2010 |
| 29 | 植物生理学与生物化学国家重点实验室 | 中国农业大学 | 海淀区圆明园西路2号 | 100193 | 62733475 | 2002<br>2003 |
| 30 | 农业生物技术国家重点实验室 | 中国农业大学、香港中文大学 | 海淀区圆明园西路2号 | 100193 | 62733332 | 1987<br>1990 |
| 31 | 软件开发环境国家重点实验室 | 北京航空航天大学 | 海淀区学院路37号 | 100191 | 82317643 | 1991<br>1995 |
| 32 | 虚拟现实技术与系统国家重点实验室 | 北京航空航天大学 | 海淀区学院路37号 | 100191 | 82338861 | 2007<br>2010 |
| 33 | 网络与交换技术国家重点实验室 | 北京邮电大学 | 海淀区西土城路10号 | 100876 | 62283412 | 1991<br>1995 |
| 34 | 信息光子学与光通信国家重点实验室 | 北京邮电大学 | 海淀区西土城路10号 | 100876 | 62282029 | 2011<br>2013 |
| 35 | 新金属材料国家重点实验室 | 北京科技大学 | 海淀区学院路30号 | 100083 | 62332508 | 1991<br>1995 |
| 36 | 钢铁冶金新技术国家重点实验室 | 北京科技大学 | 海淀区学院路30号 | 100083 | 82375842 | 2011<br>2013 |
| 37 | 油气资源与探测国家重点实验室 | 中国石油大学（北京） | 昌平区府学路18号 | 102249 | 89733952 | 2007<br>2010 |
| 38 | 重质油国家重点实验室 | 中国石油大学（北京） | 昌平区府学路18号 | 102249 | 89733070 | 1989<br>1995 |
| 39 | 新能源电力系统国家重点实验室 | 华北电力大学 | 昌平区朱辛庄北农路2号 | 102206 | 51971430 | 2011 |
| 40 | 半导体超晶格国家重点实验室 | 中国科学院半导体研究所 | 海淀区清华东路甲35号 | 100083 | 82304287 | 1988<br>1991 |
| 41 | 表面物理国家重点实验室 | 中国科学院物理研究所 | 海淀区中关村南三街8号 | 100190 | 82649428 | 1984<br>1987 |
| 42 | 超导国家重点实验室 | 中国科学院物理研究所 | 海淀区中关村南三街8号 | 100190 | 82649167 | 1987<br>1991 |
| 43 | 磁学国家重点实验室 | 中国科学院物理研究所 | 海淀区中关村南三街8号 | 100190 | 82649253 | 1991<br>1995 |
| 44 | 城市与区域生态国家重点实验室 | 中国科学院生态环境研究中心 | 海淀区双清路18号 | 100085 | 62941033 | 2006<br>2010 |
| 45 | 环境化学与生态毒理学国家重点实验室 | 中国科学院生态环境研究中心 | 海淀区双清路18号 | 100085 | 62849339 | 2004<br>2007 |
| 46 | 大气边界层物理和大气化学国家重点实验室 | 中国科学院大气物理研究所 | 朝阳区德胜门外祁家豁子 | 100029 | 62041394 | 1991<br>1995 |
| 47 | 大气科学和地球流体力学数值模拟国家重点实验室 | 中国科学院大气物理研究所 | 朝阳区德胜门外祁家豁子 | 100029 | 82995299 | 1990<br>1992 |
| 48 | 非线性力学国家重点实验室 | 中国科学院力学研究所 | 海淀区北四环西路15号 | 100190 | 62561834 | 1999<br>2001 |

（续表）

| 序号 | 名称 | 依托单位 | 地址 | 邮编 | 电话 | 建设、验收年份 |
|---|---|---|---|---|---|---|
| 49 | 高温气体动力学国家重点实验室 | 中国科学院力学研究所 | 海淀区北四环西路15号 | 100190 | 62548132 | 2011<br>2013 |
| 50 | 分子动态与稳态结构国家重点实验室 | 中国科学院化学研究所、北京大学 | 海淀区中关村北一街2号 | 100190 | 62558682 | 1987<br>1991 |
| 51 | 高分子物理与化学国家重点实验室（北京） | 中国科学院化学研究所、中国科学院长春应用化学研究所 | 海淀区中关村北一街2号 | 100190 | 62659906 | 2000<br>2001 |
| 52 | 计算机科学国家重点实验室 | 中国科学院软件研究所 | 海淀区中关村南四街4号 | 100190 | 62661616 | 2005<br>2007 |
| 53 | 信息安全国家重点实验室 | 中国科学院信息工程研究所 | 海淀区闵庄路甲89号 | 100093 | 82546543 | 1989<br>1991 |
| 54 | 科学与工程计算国家重点实验室 | 中国科学院数学与系统科学研究院 | 海淀区中关村东路55号 | 100190 | 62545820 | 1990<br>1995 |
| 55 | 空间天气学国家重点实验室 | 中国科学院空间科学与应用研究中心 | 海淀区中关村南二条1号 | 100190 | 62582648 | 2006<br>2009 |
| 56 | 模式识别国家重点实验室 | 中国科学院自动化研究所 | 海淀区中关村东路95号 | 100190 | 62545671 | 1984<br>1987 |
| 57 | 复杂系统管理与控制国家重点实验室 | 中国科学院自动化研究所 | 海淀区中关村东路95号 | 100190 | 62621642 | 2011<br>2013 |
| 58 | 脑与认知科学国家重点实验室 | 中国科学院生物物理研究所 | 朝阳区大屯路15号 | 100101 | 64888778 | 2005<br>2007 |
| 59 | 生物大分子国家重点实验室 | 中国科学院生物物理研究所 | 朝阳区大屯路15号 | 100101 | 64888486 | 1989<br>1991 |
| 60 | 生化工程国家重点实验室 | 中国科学院过程工程研究所 | 海淀区中关村北二条1号 | 100190 | 62561813 | 1988<br>1995 |
| 61 | 多相复杂系统国家重点实验室 | 中国科学院过程工程研究所 | 海淀区中关村北二条1号 | 100190 | 62628836 | 2006<br>2009 |
| 62 | 生物膜与膜生物工程国家重点实验室 | 中国科学院动物研究所、清华大学、北京大学 | 朝阳区北辰西路1号院5号 | 100101 | 64807302 | 1988<br>1990 |
| 63 | 计划生育生殖生物学国家重点实验室 | 中国科学院动物研究所 | 朝阳区北辰西路1号院5号 | 100101 | 64807312 | 1991<br>1993 |
| 64 | 农业虫害鼠害综合治理研究国家重点实验室 | 中国科学院动物研究所 | 朝阳区北辰西路1号院5号 | 100101 | 64807068 | 1991<br>1995 |
| 65 | 声场声信息国家重点实验室 | 中国科学院声学研究所 | 海淀区北四环西路21号 | 100190 | 62565617 | 1987<br>1990 |
| 66 | 微生物资源前期开发国家重点实验室 | 中国科学院微生物研究所 | 朝阳区北辰西路1号院3号 | 100101 | 64807429 | 1989<br>1995 |
| 67 | 真菌学国家重点实验室 | 中国科学院微生物研究所 | 朝阳区北辰西路1号院3号C406室 | 100101 | 64807515 | 2011<br>2013 |
| 68 | 系统与进化植物学国家重点实验室 | 中国科学院植物研究所 | 海淀区香山南辛村20号 | 100093 | 62836101 | 2004<br>2007 |
| 69 | 植被与环境变化国家重点实验室 | 中国科学院植物研究所 | 海淀区香山南辛村20号 | 100093 | 62836263 | 2007<br>2009 |
| 70 | 计算机体系结构国家重点实验室 | 中国科学院计算技术研究所 | 海淀区中关村科学院南路6号 | 100190 | 62600600 | 2011<br>2013 |
| 71 | 核探测与核电子学国家重点实验室 | 中国科学院高能物理研究所、中国科学技术大学 | 石景山区玉泉路19号乙 | 100049 | 88236054 | 2011<br>2013 |
| 72 | 岩石圈演化国家重点实验室 | 中国科学院地质与地球物理研究所 | 朝阳区北土城西路19号 | 100029 | 82998240 | 2005<br>2007 |

（续表）

| 序号 | 名称 | 依托单位 | 地址 | 邮编 | 电话 | 建设、验收年份 |
|---|---|---|---|---|---|---|
| 73 | 遥感科学国家重点实验室 | 中国科学院遥感与数字地球研究所、北京师范大学 | 朝阳区大屯路甲20号北 | 100101 | 64848730 | 2003<br>2005 |
| 74 | 植物基因组学国家重点实验室 | 中国科学院遗传与发育生物学研究所、中国科学院微生物研究所 | 朝阳区北辰西路1号院2号 | 100101 | 64873428 | 2003<br>2006 |
| 75 | 植物细胞与染色体工程国家重点实验室 | 中国科学院遗传与发育生物学研究所 | 朝阳区北辰西路1号院2号 | 100101 | 64854467 | 1989<br>1995 |
| 76 | 分子发育生物学国家重点实验室 | 中国科学院遗传与发育生物学研究所 | 朝阳区北辰西路1号院2号 | 100101 | 62553286 | 2011<br>2013 |
| 77 | 资源与环境信息系统国家重点实验室 | 中国科学院地理科学与资源研究所 | 朝阳区大屯路甲11号 | 100101 | 64889633 | 1985<br>1987 |
| 78 | 理论物理国家重点实验室 | 中国科学院理论物理研究所 | 海淀区中关村东路55号 | 100190 | 62582398 | 2011<br>2013 |
| 79 | 地震动力学国家重点实验室 | 中国地震局地质研究所 | 朝阳区德外祁家豁子 | 100029 | 62009034 | 2003<br>2007 |
| 80 | 有色金属材料制备加工国家重点实验室 | 北京有色金属研究总院 | 西城区新街口外大街2号 | 100088 | 82241161 | 2005<br>2010 |
| 81 | 灾害天气国家重点实验室 | 中国气象科学研究院 | 海淀区中关村南大街46号 | 100081 | 58995503 | 2005<br>2007 |
| 82 | 先进钢铁流程及材料国家重点实验室 | 钢铁研究总院 | 海淀区学院南路76号 | 100081 | 62182907 | 2004<br>2010 |
| 83 | 植物病虫害生物学国家重点实验室 | 中国农业科学院植物保护研究所 | 海淀区圆明园西路2号 | 100193 | 62815922 | 1989<br>1992 |
| 84 | 动物营养学国家重点实验室 | 中国农业科学院畜牧兽医研究所、中国农业大学 | 海淀区圆明园西路2号 | 100193 | 62816249 | 2005<br>2009 |
| 85 | 林木遗传育种国家重点实验室 | 中国林业科学研究院、东北林业大学 | 海淀区颐和园后东小府1号 | 100091 | 62824007 | 2011<br>2014 |
| 86 | 流域水循环模拟与调控国家重点实验室 | 中国水利水电科学研究院 | 海淀区复兴路甲1号D座936室 | 100038 | 68781380 | 2011<br>2013 |
| 87 | 病原微生物生物安全国家重点实验室 | 中国人民解放军军事医学科学院 | 丰台区东大街20号 | 100071 | 66948668 | 2005<br>2010 |
| 88 | 蛋白质组学国家重点实验室 | 中国人民解放军军事医学科学院 | 昌平区生命园路33号 | 102206 | 80705889 | 2007<br>2009 |
| 89 | 传染病预防控制国家重点实验室 | 中国疾病预防控制中心 | 昌平区昌平流字5号 | 102206 | 61739580 | 2005<br>2011 |
| 90 | 肾脏疾病国家重点实验室 | 中国人民解放军总医院 | 海淀区复兴路28号 | 100853 | 68211187 | 2011<br>2013 |
| 91 | 航天医学基础与应用国家重点实验室 | 中国航天员科研训练中心 | 海淀区航天城 | 100094 | 68117398 | 2009<br>2012 |
| 92 | 心血管疾病国家重点实验室 | 中国医学科学院阜外心血管病医院 | 西城区北礼士路167号 | 100037 | 88398227 | 2011<br>2013 |
| 93 | 大陆构造与动力学国家重点实验室 | 中国地质科学院地质研究所 | 西城区百万庄大街26号 | 100037 | 88334886 | 2011<br>2014 |
| 94 | 先进成形技术与装备国家重点实验室* | 机械科学研究总院 | 海淀区首体南路2号 | 100044 | 88301811 | 2008<br>2010 |
| 95 | 土壤植物机器系统技术国家重点实验室* | 中国农业机械化科学研究院 | 朝阳区德胜门外北沙滩1号 | 100101 | 64882223 | 2008<br>2010 |
| 96 | 石油化工催化材料与反应工程国家重点实验室* | 中国石油化工股份有限公司石油化工科学研究院 | 海淀区学院路18号 | 100083 | 62327551 | 2008<br>2012 |

（续表）

| 序号 | 名称 | 依托单位 | 地址 | 邮编 | 电话 | 建设、验收年份 |
|---|---|---|---|---|---|---|
| 97 | 无线移动通信国家重点实验室 * | 电信科学技术研究院 | 海淀区学院路 40 号 | 100083 | 62302299 | 2008<br>2010 |
| 98 | 高速铁路轨道技术国家重点实验室 * | 铁道科学研究院 | 海淀区大柳树路 2 号 | 100081 | 51849018 | 2008<br>2012 |
| 99 | 矿物加工科学与技术国家重点实验室 * | 北京矿冶研究总院 | 西城区西直门外文兴街 2 号 | 100044 | 88399236 | 2008<br>2013 |
| 100 | 电网安全与节能国家重点实验室 * | 中国电力科学研究院 | 海淀区清河小营东路 15 号 | 100192 | 82812114 | 2008<br>2010 |
| 101 | 提高石油采收率国家重点实验室 * | 中国石油天然气股份有限公司勘探开发研究院 | 海淀区学院路 20 号 | 100083 | 83598373 | 2008<br>2010 |
| 102 | 硅沙资源利用国家重点实验室 * | 北京仁创科技集团有限公司 | 海淀区上地三街 9 号嘉华大厦 | 100085 | 62987799 | 2008<br>2012 |
| 103 | 海洋石油高效开发国家重点实验室 * | 中国海油研究总院 | 东城区东直门外小街 6 号海油大厦 | 100027 | 84523630 | 2010 |
| 104 | 绿色建筑材料国家重点实验室 * | 中国建筑材料科学研究总院 | 朝阳区管庄东里 1 号 | 100024 | 51167417 | 2008<br>2012 |
| 105 | 特种纤维复合材料国家重点实验室 * | 中材科技股份有限公司 | 海淀区板井路 69 号 | 100097 | 88433966 | 2008<br>2011 |
| 106 | 建筑安全与环境国家重点实验室 * | 中国建筑科学研究院 | 朝阳区北三环东路 30 号 | 100013 | 64517000 | 2008<br>2011 |
| 107 | 混合流程工业自动化系统及装备技术国家重点实验室 * | 冶金自动化研究设计院 | 丰台区西四环南路 72 号 | 100071 | 63898782 | 2008<br>2011 |
| 108 | 数字多媒体芯片技术国家重点实验室 * | 中星微电子有限公司 | 海淀区学院路 35 号世宁大厦 | 100191 | 68948888 | 2010 |
| 109 | 数字出版技术国家重点实验室 * | 北大方正集团有限公司 | 海淀区成府路 298 号中关村方正大厦 | 100871 | 82532081 | 2010<br>2013 |
| 110 | 固废资源化利用与节能建材国家重点实验室 * | 北京建筑材料科学研究总院有限公司 | 石景山区金顶北路 69 号 | 100041 | 88751967 | 2010<br>2013 |
| 111 | 生物饲料工程国家重点实验室 * | 北京大北农科技集团股份有限公司 | 海淀区中关村大街 27 号中关村大厦 14 层 | 100080 | 62818175 | 2010<br>2013 |
| 112 | 煤炭资源高效开采与洁净利用国家重点实验室 * | 煤炭科学研究总院 | 朝阳区和平里青年沟 5 号 | 100013 | 84261651 | 2010<br>2013 |

注：* 为科技部批准的依托转制院所和企业建设的国家重点实验室
资料来源：国家重点实验室网站

# 中关村国家自主创新示范区国家企业技术中心一览表

| 序号 | 企业名称 | 技术中心名称 |
|---|---|---|
| 1 | 联想（北京）有限公司 | 联想（北京）有限公司技术中心 |
| 2 | 北大方正集团有限公司 | 北大方正集团有限公司技术中心 |
| 3 | 北京北开电气股份有限公司 | 北京北开电气股份有限公司技术中心 |
| 4 | 首钢总公司 | 首钢总公司技术中心 |
| 5 | 北京城建集团有限责任公司 | 北京城建集团有限责任公司技术中心 |
| 6 | 北京燕京啤酒股份有限公司 | 北京燕京啤酒股份有限公司技术中心 |
| 7 | 中国石油天然气集团公司 | 中国石油天然气集团公司技术中心 |
| 8 | 中国电子信息产业集团有限公司 | 中国电子信息产业集团有限公司技术中心 |

（续表）

| 序号 | 企业名称 | 技术中心名称 |
|---|---|---|
| 9 | 同方股份有限公司 | 同方股份有限公司技术中心 |
| 10 | 中国铝业公司 | 中国铝业公司技术中心 |
| 11 | 北京和利时系统工程有限公司 | 北京和利时系统工程有限公司技术中心 |
| 12 | 北汽福田汽车股份有限公司 | 北汽福田汽车股份有限公司技术中心 |
| 13 | 中国印钞造币总公司 | 中国印钞造币总公司技术中心 |
| 14 | 中国石油化工股份有限公司 | 中国石油化工股份有限公司技术中心 |
| 15 | 大唐电信科技股份有限公司 | 大唐电信科技股份有限公司技术中心 |
| 16 | 中国普天信息产业股份有限公司 | 中国普天信息产业股份有限公司技术中心 |
| 17 | 中国建筑材料集团有限公司 | 中国建筑材料集团有限公司技术中心 |
| 18 | 中牧实业股份有限公司 | 中牧实业股份有限公司技术中心 |
| 19 | 安泰科技股份有限公司 | 安泰科技股份有限公司技术中心 |
| 20 | 北京大北农科技集团股份有限公司 | 北京大北农科技集团股份有限公司技术中心 |
| 21 | 用友软件股份有限公司 | 用友软件股份有限公司技术中心 |
| 22 | 中国黄金集团公司 | 中国黄金集团公司技术中心 |
| 23 | 北京中科三环高技术股份有限公司 | 北京中科三环高技术股份有限公司技术中心 |
| 24 | 中国建筑工程总公司 | 中国建筑工程总公司技术中心 |
| 25 | 中国水利水电建设集团公司 | 中国水利水电建设集团公司技术中心 |
| 26 | 北京金隅集团有限责任公司 | 北京金隅集团有限责任公司技术中心 |
| 27 | 北京四方继保自动化股份有限公司 | 北京四方继保自动化股份有限公司技术中心 |
| 28 | 时代集团公司 | 时代集团公司技术中心 |
| 29 | 江河创建集团股份有限公司 | 江河创建集团股份有限公司技术中心 |
| 30 | 北京北一机床股份有限公司 | 北京北一机床股份有限公司技术中心 |
| 31 | 有研半导体材料股份有限公司 | 有研半导体材料股份有限公司技术中心 |
| 32 | 北京东方雨虹防水技术股份有限公司 | 北京东方雨虹防水技术股份有限公司技术中心 |
| 33 | 中国华电工程集团有限公司 | 中国华电工程集团有限公司技术中心 |
| 34 | 北京启明星辰信息技术股份有限公司 | 北京启明星辰信息技术股份有限公司技术中心 |
| 35 | 汉王科技股份有限公司 | 汉王科技股份有限公司技术中心 |
| 36 | 北京神州泰岳软件股份有限公司 | 北京神州泰岳软件股份有限公司技术中心 |
| 37 | 北京双鹭药业股份有限公司 | 北京双鹭药业股份有限公司技术中心 |
| 38 | 中铁十六局集团有限公司 | 中铁十六局集团有限公司技术中心 |
| 39 | 北京三元食品股份有限公司 | 北京三元食品股份有限公司技术中心 |
| 40 | 国家核电技术有限公司 | 国家核电技术有限公司技术中心 |
| 41 | 百度在线网络技术（北京）有限公司 | 百度在线网络技术（北京）有限公司技术中心 |
| 42 | 京东方科技集团股份有限公司 | 京东方科技集团股份有限公司技术中心 |
| 43 | 新奥特（北京）视频技术有限公司 | 新奥特（北京）视频技术有限公司技术中心 |
| 44 | 北京汽车股份有限公司 | 北京汽车股份有限公司技术中心 |
| 45 | 北京资源亚太饲料科技有限公司 | 北京资源亚太饲料科技有限公司技术中心 |
| 46 | 北京建工集团有限责任公司 | 北京建工集团有限责任公司技术中心 |
| 47 | 中国电子工程设计院 | 中国电子工程设计院技术中心 |
| 48 | 中国建筑科学研究院 | 中国建筑科学研究院技术中心 |
| 49 | 中铁第五勘察设计院集团有限公司 | 中铁第五勘察设计院集团有限公司技术中心 |
| 50 | 中煤北京煤矿机械有限责任公司 | 中煤北京煤矿机械有限责任公司技术中心 |

资料来源：中关村科技园区管理委员会

# 中关村国家自主创新示范区国家工程研究中心一览表

| 序号 | 名称 | 依托单位 | 主管部门 |
|---|---|---|---|
| 1 | 高效轧制国家工程研究中心 | 北京科技大学 | 教育部 |
| 2 | 小卫星及其应用国家工程研究中心 | 航天东方红卫星有限公司 | 中国航天科技集团公司 |
| 3 | 电子出版新技术国家工程研究中心 | 北京大学 | 教育部 |
| 4 | 无污染有色金属提取及节能技术国家工程研究中心 | 北京矿冶研究总院 | 北京矿冶研究总院 |
| 5 | 半导体材料国家工程研究中心 | 有研半导体材料股份有限公司 | 北京有色金属研究总院 |
| 6 | 木材工业国家工程研究中心 | 中国林业科学院木材工业研究所 | 国家林业局 |
| 7 | 生物芯片北京国家工程研究中心 | 北京博奥生物芯片有限责任公司 | 北京市发展和改革委员会 |
| 8 | 油气勘探计算机软件国家工程研究中心 | 中油油气勘探软件国家工程研究中心有限公司 | 中国石油天然气集团公司 |
| 9 | 光盘系统及应用技术国家工程研究中心 | 清华大学 | 教育部 |
| 10 | 稀土材料国家工程研究中心 | 有研稀土新材料股份有限公司 | 北京有色金属研究总院 |
| 11 | 软件工程国家工程研究中心 | 北京大学 | 教育部 |
| 12 | 炼油工艺与催化剂国家工程研究中心 | 中国石化石油化工科学研究院 | 中国石油化工集团公司 |
| 13 | 连铸技术国家工程研究中心 | 中达连铸技术国家工程研究中心有限责任公司 | 中国钢研科技集团有限公司 |
| 14 | 制造业自动化国家工程研究中心 | 北京机械工业自动化研究所 | 机械科学研究总院 |
| 15 | 精密成形国家工程研究中心 | 北京机电研究所 | 机械科学研究总院 |
| 16 | 大规模集成电路CAD国家工程研究中心 | 北京华大九天软件有限公司 | 中国电子信息产业集团公司 |
| 17 | 病毒生物技术国家工程研究中心 | 北京凯因生物技术有限公司 | 卫生和计划生育委员会 |
| 18 | 光电子器件国家工程研究中心 | 中国科学院半导体研究所 | 中国科学院 |
| 19 | 输配电及节电技术国家工程研究中心 | 中国电力科学研究院 | 国家电网公司 |
| 20 | 工程塑料国家工程研究中心 | 中国科学院理化技术研究所 | 中国科学院 |
| 21 | 卫星导航应用国家工程研究中心 | 航天长征火箭技术有限公司 | 中国航天科技集团公司 |
| 22 | 聚烯烃国家工程研究中心 | 中国石化北京化工研究院 | 中国石油化工集团公司 |
| 23 | 中药复方新药开发国家工程研究中心 | 北京中研同仁堂医药研发有限公司 | 国家中医药管理局 |
| 24 | 橡塑新型材料合成国家工程研究中心 | 中国石化北京化工研究院 | 中国石油化工集团公司 |
| 25 | 经济领域系统仿真技术应用国家工程研究中心 | 中国航天科工集团第二研究院 | 中国航天科工集团公司 |
| 26 | 先进钢铁材料技术国家工程研究中心 | 中国钢研科技集团有限公司 | 北京市发展和改革委员会 |
| 27 | 精密超精密加工国家工程研究中心 | 北京机床研究所 | 北京市发展和改革委员会 |

注：此表所列均为2014年2月9日发展改革委公布的《2014年国家工程研究中心评价结果》（2014年第2号）中通过评审的国家工程研究中心

资料来源：中关村科技园区管理委员会

# 中关村国家自主创新示范区国家工程技术研究中心一览表

| 序号 | 名称 | 依托单位 | 地址 | 邮编 | 电话 | 建设、验收时间 |
|---|---|---|---|---|---|---|
| 1 | 国家并行计算机工程技术研究中心 | 中国科学院计算技术研究所、江南计算技术研究所 | 海淀区科学院南路6号 | 100190 | 62570431 | 1992<br>1996 |
| 2 | 国家高性能计算机工程技术研究中心 | 中国科学院计算技术研究所、曙光天演信息发展有限公司 | 海淀区科学院南路6号 | 100190 | 62657255 | 1997<br>2000 |
| 3 | 国家企业信息化应用支撑软件工程技术研究中心 | 清华大学、华中科技大学 | 海淀区清华大学华业大厦3区4层 | 100084 | 62782208 | 1997<br>2000 |
| 4 | 国家数据通信工程技术研究中心 | 兴唐通信科技股份有限公司 | 海淀区学院路40号 | 100191 | 62301219 | 1992<br>1995 |
| 5 | 国家网络新媒体工程技术研究中心 | 中国科学院声学研究所、中国科学技术大学 | 海淀区北四环西路21号 | 100190 | 62540072 | 2007<br>2010 |
| 6 | 国家遥感应用工程技术研究中心 | 中国科学院遥感与数字地球研究所 | 朝阳区安外大屯路甲20号 | 100101 | 64889206 | 1997<br>2000 |
| 7 | 国家专用集成电路设计工程技术研究中心 | 中国科学院自动化研究所 | 海淀区中关村东路95号 | 100190 | 62554297 | 1992<br>1995 |
| 8 | 国家生化工程技术研究中心（北京） | 中国科学院过程工程研究所 | 海淀区中关村北二条1号 | 100190 | 62550875 | 1996<br>2000 |
| 9 | 国家工业建筑诊断与改造工程技术研究中心 | 中冶集团建筑研究总院 | 海淀区西土城路33号 | 100088 | 82227377 | 1993<br>1996 |
| 10 | 国家住宅与居住环境工程技术研究中心 | 中国建筑设计研究院 | 西城区车公庄大街19号 | 100044 | 68302801 | 1993<br>1999 |
| 11 | 国家智能交通系统工程技术研究中心 | 交通运输部公路科学研究院 | 海淀区西土城路8号 | 100088 | 62079526 | 1999<br>2003 |
| 12 | 国家铁路智能运输工程技术研究中心 | 中国铁道科学研究院 | 海淀区大柳树路2号 | 100081 | 51849016 | 2000<br>2004 |
| 13 | 国家新能源工程技术研究中心 | 北京市太阳能研究所 | 朝阳区北苑路大羊坊10号 | 100012 | 84932673 | 1992<br>1995 |
| 14 | 国家板带生产先进装备工程技术研究中心 | 北京科技大学 | 海淀区学院路30号 | 100083 | 62332598 | 2009<br>2012 |
| 15 | 国家钢结构工程技术研究中心 | 中冶集团建筑研究总院 | 海淀区西土城路33号 | 100088 | 82227377 | 2007<br>2011 |
| 16 | 国家工业控制机及系统工程技术研究中心 | 中国航天科技集团公司五院502研究所 | 海淀区知春路61号康拓科技大厦 | 100190 | 62523971 | 1993<br>1996 |
| 17 | 国家固体激光工程技术研究中心 | 中国电子科技集团公司第十一研究所 | 朝阳区酒仙桥路4号 | 100015 | 84321411 | 1992<br>1995 |
| 18 | 国家计算机集成制造系统工程技术研究中心 | 清华大学 | 海淀区清华大学中央主楼6层 | 100084 | 62783197 | 1992<br>1995 |
| 19 | 国家金属矿产资源综合利用工程技术研究中心（北京分中心） | 北京矿冶研究总院 | 西城区文兴街1号 | 100044 | 88333366 | 1994 |
| 20 | 国家磁性材料工程技术研究中心 | 北矿磁材科技股份有限公司 | 丰台区南四环路188号6区5号楼 | 100070 | 67537184 | 1992<br>1995 |
| 21 | 国家非晶微晶合金工程技术研究中心 | 钢铁研究总院 | 海淀区学院南路76号 | 100081 | 62183317 | 1996<br>1999 |
| 22 | 国家通用工程塑料工程技术研究中心 | 北京市化学工业研究院 | 海淀区中关村北大街123号华腾科技大厦5层 | 100084 | 62640827 | 1991<br>1995 |
| 23 | 国家有色金属复合材料工程技术研究中心 | 北京有色金属研究总院 | 西城区新街口外大街2号 | 100088 | 82241220 | 1992<br>1996 |
| 24 | 国家碳纤维工程技术研究中心 | 北京化工大学、中国石油天然气股份有限公司吉林分公司 | 朝阳区北三环东路15号 | 100029 | 64434771 | 1992<br>2008 |

（续表）

| 序号 | 名称 | 依托单位 | 地址 | 邮编 | 电话 | 建设、验收时间 |
|---|---|---|---|---|---|---|
| 25 | 国家昌平综合农业工程技术研究中心 | 中国农业科学院作物研究所 | 海淀区中关村南大街12号 | 100081 | 68975179 | 1991<br>1995 |
| 26 | 国家花卉工程技术研究中心 | 北京林业大学 | 海淀区清华东路35号 | 100083 | 62338279 | 2005<br>2008 |
| 27 | 国家蔬菜工程技术研究中心 | 北京市农林科学院蔬菜研究中心 | 海淀区西郊板井村 | 100097 | 51503032 | 1992<br>1995 |
| 28 | 国家节水灌溉（北京）工程技术研究中心 | 中国水利水电科学研究院、中国灌溉排水发展中心 | 海淀区车公庄西路20号 | 100048 | 68786542 | 1999<br>2002 |
| 29 | 国家农业信息化工程技术研究中心 | 北京市农林科学院 | 海淀区西郊板井村 | 100097 | 51503473 | 2001<br>2005 |
| 30 | 国家农业机械工程技术研究中心 | 中国农业机械化科学研究院 | 朝阳区德胜门外北沙滩1号 | 100083 | 64882238 | 1999<br>2002 |
| 31 | 国家饲料工程技术研究中心 | 中国农业大学、中国农业科学院饲料研究所 | 海淀区圆明园西路2号 | 100193 | 62133466 | 2000<br>2004 |
| 32 | 国家奶牛胚胎工程技术研究中心 | 北京市三元集团有限公司 | 朝阳区德胜门外清河南镇 | 100085 | 62948010 | 2004<br>2008 |
| 33 | 国家作物分子设计工程技术研究中心 | 北京未名凯拓农业生物技术有限公司 | 海淀区上地西路39号北大生物城 | 100085 | 62986799 | 2008<br>2012 |
| 34 | 国家果蔬加工工程技术研究中心 | 中国农业大学 | 海淀区清华东路17号 | 100083 | 62737434 | 2010 |
| 35 | 国家测绘工程技术研究中心 | 中国测绘科学研究院 | 海淀区莲花池西路28号 | 100830 | 63880820 | 2009<br>2013 |
| 36 | 国家科技信息资源综合利用与公共服务中心 | 中国科学技术信息研究所 | 海淀区复兴路15号 | 100038 | 58882425 | 2010 |
| 37 | 国家农业智能装备工程技术研究中心 | 北京市农林科学院 | 海淀区西郊板井村 | 100097 | 51503686 | 2009<br>2013 |
| 38 | 国家蛋品工程技术研究中心 | 北京德青源农业科技股份有限公司 | 延庆县张山营镇德青源生态园院内 | 102115 | 59798166<br>—222 | 2009<br>2013 |
| 39 | 国家建筑工程技术研究中心 | 中国建筑科学研究院 | 朝阳区北三环东路 | 100013 | 64517000 | 1993<br>1996 |
| 40 | 国家皮革及制品工程技术研究中心 | 中国皮革和制鞋工业研究院 | 朝阳区将台西路18号 | 100015 | 64362592 | 2009<br>2013 |
| 41 | 国家超精密机床工程技术研究中心 | 北京市机床研究所 | 朝阳区望京路4号 | 100012 | 64736742 | 2004<br>2008 |
| 42 | 国家火力发电工程技术研究中心 | 华北电力大学 | 昌平区朱辛庄北农路2号 | 102206 | 61772209 | 2009<br>2013 |
| 43 | 国家应急防控药物工程技术研究中心 | 军事医学科学研究院 | 海淀区太平路27号 | 100850 | | 2010 |
| 44 | 国家半导体泵浦激光工程技术研究中心 | 北京国科世纪激光技术有限公司、中国科学院光电研究院 | 昌平区百葛路9号院1号楼2层 | 102211 | 56760700 | 2011 |
| 45 | 国家有色金属新能源材料与制品工程技术研究中心 | 北京有色金属研究总院 | 西城区新街口外大街2号 | 100088 | 82241240 | 2012 |
| 46 | 国家阻燃材料工程技术研究中心 | 北京理工大学 | 海淀区中关村南大街5号 | 100081 | 68912927 | 2012 |
| 47 | 国家科技资源共享服务工程技术研究中心 | 北京航空航天大学 | 海淀区学院路37号 | 100191 | 82316681 | 2012 |
| 48 | 国家心脏病植介入诊疗器械及设备工程技术研究中心 | 乐普（北京）医疗器械股份有限公司 | 昌平区超前路37号 | 102200 | 80120651 | 2012 |
| 49 | 国家玻璃深加工工程技术研究开发中心 | 中国建筑材料科学研究总院 | 朝阳区管庄东里1号 | 100024 | 51167361 | 1999<br>2003 |
| 50 | 国家冶金自动化工程技术研究中心 | 冶金自动化研究设计院 | 丰台区西三环南路72号 | 100071 | 63898746 | 1992<br>1994 |
| 51 | 国家棉花加工工程技术研究中心 | 中棉工业有限责任公司 | 西城区宣武门外大街甲1号环球财讯中心B座6层 | 100052 | 59338968 | 2010 |
| 52 | 国家水煤浆工程技术研究中心 | 煤炭科学研究总院 | 朝阳区和平里青年沟东路5号 | 100013 | 84261742 | 1992<br>1996 |

资料来源：中关村科技园区管理委员会

# 2013 年中关村国家自主创新示范区收入超 10 亿元企业一览表

| 序号 | 名称 | 园区 | 收入规模（亿元） |
|---|---|---|---|
| 1 | 梅赛德斯—奔驰（中国）汽车销售有限公司 | 朝阳园 | 100 以上 |
| 2 | 北京京东世纪信息技术有限公司 | 亦庄园 | 100 以上 |
| 3 | 中国移动通信集团终端有限公司 | 昌平园 | 100 以上 |
| 4 | 联想（北京）有限公司 | 海淀园 | 100 以上 |
| 5 | 诺基亚通信有限公司 | 亦庄园 | 100 以上 |
| 6 | 中国矿产有限责任公司 | 海淀园 | 100 以上 |
| 7 | 五矿有色金属股份有限公司 | 海淀园 | 100 以上 |
| 8 | 中新联进出口公司 | 丰台园 | 100 以上 |
| 9 | 北京奔驰汽车有限公司 | 亦庄园 | 100 以上 |
| 10 | 中国普天信息产业股份有限公司 | 海淀园 | 100 以上 |
| 11 | 北汽福田汽车股份有限公司 | 昌平园 | 100 以上 |
| 12 | 北京神华昌运高技术配煤有限公司 | 昌平园 | 100 以上 |
| 13 | 北京普天太力通信科技有限公司 | 海淀园 | 100 以上 |
| 14 | 神华销售集团华北能源贸易有限公司 | 昌平园 | 100 以上 |
| 15 | 中海石油气电集团有限责任公司 | 朝阳园 | 100 以上 |
| 16 | 神华国华（北京）电力研究院有限公司 | 朝阳园 | 100 以上 |
| 17 | 北京小米科技有限责任公司 | 海淀园 | 100 以上 |
| 18 | 中铁建设集团有限公司 | 石景山园 | 100 以上 |
| 19 | 中国首钢国际贸易工程公司 | 海淀园 | 100 以上 |
| 20 | 西门子（中国）有限公司 | 朝阳园 | 100 以上 |
| 21 | 中国水电建设集团国际工程有限公司 | 海淀园 | 100 以上 |
| 22 | 中国中铁股份有限公司 | 丰台园 | 100 以上 |
| 23 | 北京小米通讯技术有限公司 | 海淀园 | 100 以上 |
| 24 | 中国印钞造币总公司 | 西城园 | 100 以上 |
| 25 | 北京市燃气集团有限责任公司 | 西城园 | 100 以上 |
| 26 | 京沪高速铁路股份有限公司 | 海淀园 | 100 以上 |
| 27 | 中建二局第三建筑工程有限公司 | 丰台园 | 100 以上 |
| 28 | 神华物资集团有限公司 | 昌平园 | 100 以上 |
| 29 | 施耐德电气（中国）有限公司 | 朝阳园 | 100 以上 |
| 30 | 北新建材集团有限公司 | 海淀园 | 100 以上 |
| 31 | 北京神州数码有限公司 | 海淀园 | 100 以上 |
| 32 | 中国机械设备工程股份有限公司 | 西城园 | 100 以上 |
| 33 | 朔黄铁路发展有限责任公司 | 海淀园 | 100 以上 |
| 34 | 中国石油集团长城钻探工程有限公司 | 朝阳园 | 100 以上 |
| 35 | 神州数码（中国）有限公司 | 海淀园 | 100 以上 |
| 36 | 华润医药商业集团有限公司 | 东城园 | 100 以上 |
| 37 | 中博世金科贸有限责任公司 | 丰台园 | 100 以上 |
| 38 | 北京北车物流发展有限责任公司 | 海淀园 | 100 以上 |
| 39 | 中国铁路物资股份有限公司 | 丰台园 | 100 以上 |
| 40 | 中国水电建设集团路桥工程有限公司 | 海淀园 | 100 以上 |
| 41 | 中国铁建电气化局集团有限公司 | 石景山园 | 100 以上 |
| 42 | 北京科园信海医药经营有限公司 | 丰台园 | 100 以上 |
| 43 | 中铁六局集团有限公司 | 海淀园 | 100 以上 |
| 44 | 北京京东方显示技术有限公司 | 亦庄园 | 100 以上 |
| 45 | 拜耳医药保健有限公司 | 亦庄园 | 100 以上 |
| 46 | 中国寰球工程公司 | 朝阳园 | 100 以上 |
| 47 | 华电煤业集团运销有限公司 | 石景山园 | 100 以上 |
| 48 | 百度在线网络技术（北京）有限公司 | 海淀园 | 100 以上 |
| 49 | 北大方正集团有限公司 | 海淀园 | 100 以上 |
| 50 | 翰林汇信息产业股份有限公司 | 海淀园 | 100 以上 |
| 51 | 中铁二十二局集团有限公司 | 石景山园 | 100 以上 |
| 52 | 中国核电工程有限公司 | 海淀园 | 100 以上 |
| 53 | 中铁十六局集团有限公司 | 朝阳园 | 100 以上 |
| 54 | 中铁十九局集团有限公司 | 亦庄园 | 100 以上 |
| 55 | 中石油管道联合有限公司 | 昌平园 | 100 以上 |

（续表）

| 序号 | 名称 | 园区 | 收入规模（亿元） |
|---|---|---|---|
| 56 | 中国石油集团工程设计有限责任公司 | 海淀园 | 100 以上 |
| 57 | 北京华为数字技术有限公司 | 海淀园 | 50~100 |
| 58 | 五矿铝业有限公司 | 海淀园 | 50~100 |
| 59 | 新联冶（北京）国际贸易有限公司 | 石景山园 | 50~100 |
| 60 | 中铁物产控股发展有限公司 | 海淀园 | 50~100 |
| 61 | 中国电力工程有限公司 | 海淀园 | 50~100 |
| 62 | 国电燃料有限公司 | 昌平园 | 50~100 |
| 63 | 北京海震铁路装备投资有限公司 | 丰台园 | 50~100 |
| 64 | 微软（中国）有限公司 | 海淀园 | 50~100 |
| 65 | 中国华电工程（集团）有限公司 | 丰台园 | 50~100 |
| 66 | 同方股份有限公司 | 海淀园 | 50~100 |
| 67 | 中国华能集团燃料有限公司 | 昌平园 | 50~100 |
| 68 | 江河创建集团股份有限公司 | 顺义园 | 50~100 |
| 69 | 中铁电气化局集团有限公司 | 丰台园 | 50~100 |
| 70 | 中工国际工程股份有限公司 | 海淀园 | 50~100 |
| 71 | 三一重工股份有限公司 | 昌平园 | 50~100 |
| 72 | ABB（中国）有限公司 | 朝阳园 | 50~100 |
| 73 | 诺基亚（中国）投资有限公司 | 亦庄园 | 50~100 |
| 74 | 中交隧道工程局有限公司 | 东城园 | 50~100 |
| 75 | 北京乐语世纪科技集团有限公司 | 海淀园 | 50~100 |
| 76 | 中国中铁航空港建设集团有限公司 | 海淀园 | 50~100 |
| 77 | 中国长安汽车集团股份有限公司 | 海淀园 | 50~100 |
| 78 | 爱立信（中国）通信有限公司 | 朝阳园 | 50~100 |
| 79 | 北京百度网讯科技有限公司 | 海淀园 | 50~100 |
| 80 | 中国路桥工程有限责任公司 | 东城园 | 50~100 |
| 81 | 诺基亚通信系统技术（北京）有限公司 | 东城园 | 50~100 |
| 82 | 普天国际贸易有限公司 | 海淀园 | 50~100 |
| 83 | 中国惠普有限公司 | 海淀园 | 50~100 |
| 84 | 中国航空技术北京有限公司 | 亦庄园 | 50~100 |
| 85 | 中国电子进出口总公司 | 海淀园 | 50~100 |
| 86 | 国电联合动力技术有限公司 | 海淀园 | 50~100 |
| 87 | 北大资源集团有限公司 | 海淀园 | 50~100 |
| 88 | 北京百纳威尔科技有限公司 | 通州园 | 50~100 |
| 89 | 中国铁路通信信号股份有限公司 | 丰台园 | 50~100 |
| 90 | 百度时代网络技术（北京）有限公司 | 海淀园 | 50~100 |
| 91 | 中国技术进出口总公司 | 海淀园 | 50~100 |
| 92 | 北京国电龙源环保工程有限公司 | 海淀园 | 50~100 |
| 93 | 北京京东世纪贸易有限公司 | 海淀园 | 50~100 |
| 94 | 威讯联合半导体（北京）有限公司 | 亦庄园 | 50~100 |
| 95 | 北京神州数码供应链服务有限公司 | 海淀园 | 50~100 |
| 96 | 北京电通广告有限公司 | 东城园 | 50~100 |
| 97 | 神州数码系统集成服务有限公司 | 海淀园 | 50~100 |
| 98 | 北京迪信通商贸股份有限公司 | 海淀园 | 50~100 |
| 99 | 泛华建设集团有限公司 | 丰台园 | 50~100 |
| 100 | 中交一公局桥隧工程有限公司 | 丰台园 | 50~100 |
| 101 | 中铁电气化局集团第一工程有限公司 | 丰台园 | 50~100 |
| 102 | 中建一局集团第三建筑有限公司 | 东城园 | 50~100 |
| 103 | 北京燕京啤酒股份有限公司 | 顺义园 | 20~50 |
| 104 | 中国航空规划建设发展有限公司 | 西城园 | 20~50 |
| 105 | 中建二局第一建筑工程有限公司 | 丰台园 | 20~50 |
| 106 | 腾讯科技（北京）有限公司 | 海淀园 | 20~50 |
| 107 | 北京旭阳宏业化工有限公司 | 丰台园 | 20~50 |
| 108 | 中铁现代物流科技股份有限公司 | 海淀园 | 20~50 |
| 109 | 中铁快运股份有限公司 | 丰台园 | 20~50 |
| 110 | 甲骨文（中国）软件系统有限公司 | 海淀园 | 20~50 |
| 111 | 北京京东方光电科技有限公司 | 亦庄园 | 20~50 |
| 112 | 蓝星石油有限公司 | 海淀园 | 20~50 |
| 113 | 北京诺华制药有限公司 | 昌平园 | 20~50 |
| 114 | 华电重工股份有限公司 | 丰台园 | 20~50 |
| 115 | 北京城建道桥建设集团有限公司 | 朝阳园 | 20~50 |
| 116 | 北京东方园林股份有限公司 | 朝阳园 | 20~50 |
| 117 | 思爱普（北京）软件系统有限公司 | 海淀园 | 20~50 |
| 118 | 中国化纤总公司 | 海淀园 | 20~50 |
| 119 | 万宝矿产有限公司 | 丰台园 | 20~50 |
| 120 | 中冶京诚工程技术有限公司 | 亦庄园 | 20~50 |

（续表）

| 序号 | 名称 | 园区 | 收入规模（亿元） |
|---|---|---|---|
| 121 | 中国石油化工股份有限公司润滑油分公司 | 海淀园 | 20~50 |
| 122 | 中外运—敦豪国际航空快件有限公司 | 亦庄园 | 20~50 |
| 123 | 中铝国际工程股份有限公司 | 海淀园 | 20~50 |
| 124 | 中芯国际集成电路制造（北京）有限公司 | 亦庄园 | 20~50 |
| 125 | 鼎桥通信技术有限公司 | 朝阳园 | 20~50 |
| 126 | 华锐风电科技（集团）股份有限公司 | 海淀园 | 20~50 |
| 127 | 大唐能源化工营销有限公司 | 昌平园 | 20~50 |
| 128 | 中国联合航空有限公司 | 丰台园 | 20~50 |
| 129 | 中国石油化工股份有限公司长城润滑油分公司 | 海淀园 | 20~50 |
| 130 | 万都（北京）汽车底盘系统有限公司 | 密云园 | 20~50 |
| 131 | 中国移动通信集团设计院有限公司 | 海淀园 | 20~50 |
| 132 | 北京ABB电气传动系统有限公司 | 朝阳园 | 20~50 |
| 133 | SMC（中国）有限公司 | 亦庄园 | 20~50 |
| 134 | 中海油能源发展股份有限公司 | 东城园 | 20~50 |
| 135 | 索尼移动通信产品（中国）有限公司 | 朝阳园 | 20~50 |
| 136 | 北京华兴凯达石油化工有限公司 | 朝阳园 | 20~50 |
| 137 | 国药控股北京天星普信生物医药有限公司 | 丰台园 | 20~50 |
| 138 | 经纬纺织机械股份有限公司 | 亦庄园 | 20~50 |
| 139 | 三星电子（北京）技术服务有限公司 | 朝阳园 | 20~50 |
| 140 | 航天信息股份有限公司 | 海淀园 | 20~50 |
| 141 | 北京当当网信息技术有限公司 | 东城园 | 20~50 |
| 142 | 北京北方车辆集团有限公司 | 丰台园 | 20~50 |
| 143 | 中铁特货运输有限责任公司 | 丰台园 | 20~50 |
| 144 | 北京金风科创风电设备有限公司 | 亦庄园 | 20~50 |
| 145 | 新时代健康产业（集团）有限公司 | 昌平园 | 20~50 |
| 146 | 北京畅游时代数码技术有限公司 | 石景山园 | 20~50 |
| 147 | 中钞国鼎投资有限公司 | 丰台园 | 20~50 |
| 148 | 中国铁道科学研究院 | 海淀园 | 20~50 |
| 149 | 中建材信息技术有限公司 | 海淀园 | 20~50 |
| 150 | 李宁（中国）体育用品有限公司 | 通州园 | 20~50 |
| 151 | 富泰京精密电子（北京）有限公司 | 亦庄园 | 20~50 |
| 152 | 中国民航信息网络股份有限公司 | 海淀园 | 20~50 |
| 153 | 北京纵横机电技术开发公司 | 海淀园 | 20~50 |
| 154 | 恒天创业投资有限公司 | 海淀园 | 20~50 |
| 155 | 中国中原对外工程有限公司 | 海淀园 | 20~50 |
| 156 | 中交一公局海威工程建设有限公司 | 丰台园 | 20~50 |
| 157 | 中国石油集团海洋工程有限公司 | 亦庄园 | 20~50 |
| 158 | 国电国际经贸有限公司 | 昌平园 | 20~50 |
| 159 | 中国葛洲坝集团国际工程有限公司 | 朝阳园 | 20~50 |
| 160 | 航卫通用电气医疗系统有限公司 | 亦庄园 | 20~50 |
| 161 | 北京众信国际旅行社股份有限公司 | 朝阳园 | 20~50 |
| 162 | 北京东方雨虹防水技术股份有限公司 | 顺义园 | 20~50 |
| 163 | 中国电信集团系统集成有限责任公司 | 海淀园 | 20~50 |
| 164 | 北方国际合作股份有限公司 | 丰台园 | 20~50 |
| 165 | 施耐德（北京）中低压电器有限公司 | 亦庄园 | 20~50 |
| 166 | 天地科技股份有限公司 | 朝阳园 | 20~50 |
| 167 | 中国航天时代电子公司 | 海淀园 | 20~50 |
| 168 | 北京飞机维修工程有限公司 | 顺义园 | 20~50 |
| 169 | 北京全路通信信号研究设计院有限公司 | 丰台园 | 20~50 |
| 170 | 中铁十六局集团北京轨道交通工程建设有限公司 | 通州园 | 20~50 |
| 171 | 中国电力科学研究院 | 海淀园 | 20~50 |
| 172 | 利乐包装（北京）有限公司 | 亦庄园 | 20~50 |
| 173 | 紫光数码有限公司 | 海淀园 | 20~50 |
| 174 | 东华软件股份公司 | 海淀园 | 20~50 |
| 175 | 北京全国棉花交易市场电子商务有限责任公司 | 朝阳园 | 20~50 |
| 176 | 北京福田康明斯发动机有限公司 | 昌平园 | 20~50 |
| 177 | 中冶交通工程技术有限公司 | 亦庄园 | 20~50 |
| 178 | 北京华胜天成科技股份有限公司 | 海淀园 | 20~50 |
| 179 | 北京德尔福万源发动机管理系统有限公司 | 亦庄园 | 20~50 |

（续表）

| 序号 | 名称 | 园区 | 收入规模（亿元） |
|---|---|---|---|
| 180 | 太极计算机股份有限公司 | 海淀园 | 20~50 |
| 181 | 北京畅游天下网络技术有限公司 | 石景山园 | 20~50 |
| 182 | 中国国际电视总公司 | 海淀园 | 20~50 |
| 183 | 中电科技国际贸易有限公司 | 海淀园 | 20~50 |
| 184 | 北京城建设计发展集团股份有限公司 | 西城园 | 20~50 |
| 185 | 北京四方继保工程技术有限公司 | 海淀园 | 20~50 |
| 186 | 北京同仁堂健康药业股份有限公司 | 亦庄园 | 20~50 |
| 187 | 北京三元食品股份有限公司 | 海淀园 | 20~50 |
| 188 | 北京印钞有限公司 | 西城园 | 20~50 |
| 189 | 用友软件股份有限公司 | 海淀园 | 20~50 |
| 190 | 北京颖泰嘉和生物科技有限公司 | 海淀园 | 20~50 |
| 191 | 大唐科技产业集团有限公司 | 海淀园 | 20~50 |
| 192 | 中农立华生物科技股份有限公司 | 海淀园 | 20~50 |
| 193 | 赛诺菲（北京）制药有限公司 | 亦庄园 | 20~50 |
| 194 | 北京中关村国际商城发展有限公司 | 昌平园 | 20~50 |
| 195 | 北京发那科机电有限公司 | 海淀园 | 20~50 |
| 196 | 通标标准技术服务有限公司 | 海淀园 | 20~50 |
| 197 | 奥瑞金包装股份有限公司 | 怀柔园 | 20~50 |
| 198 | 中国医药保健品股份有限公司 | 海淀园 | 20~50 |
| 199 | 今麦郎饮品股份有限公司 | 密云园 | 20~50 |
| 200 | 航天东方红卫星有限公司 | 海淀园 | 20~50 |
| 201 | 中科软科技股份有限公司 | 海淀园 | 20~50 |
| 202 | 华电煤业集团有限公司 | 昌平园 | 20~50 |
| 203 | 中油测井技术服务有限责任公司 | 昌平园 | 20~50 |
| 204 | 中国大唐集团科技工程有限公司 | 海淀园 | 20~50 |
| 205 | 安迅（北京）金融设备系统有限公司 | 亦庄园 | 20~50 |
| 206 | 同方威视技术股份有限公司 | 海淀园 | 20~50 |
| 207 | 北京岱摩斯变速器有限公司 | 通州园 | 20~50 |
| 208 | 威斯特（北京）机械设备有限公司 | 亦庄园 | 20~50 |
| 209 | 北京航天新风机械设备有限责任公司 | 海淀园 | 20~50 |
| 210 | 北京市三一重机有限公司 | 昌平园 | 20~50 |
| 211 | 北京方正世纪信息系统有限公司 | 海淀园 | 20~50 |
| 212 | 冠捷显示科技（中国）有限公司 | 亦庄园 | 20~50 |
| 213 | 北京宇航系统工程研究所 | 丰台园 | 20~50 |
| 214 | 北京北车中铁轨道交通装备有限公司 | 丰台园 | 20~50 |
| 215 | 北京ABB高压开关设备有限公司 | 亦庄园 | 20~50 |
| 216 | 北京同仁堂科技发展股份有限公司 | 亦庄园 | 20~50 |
| 217 | 北京首钢国际工程技术有限公司 | 石景山园 | 20~50 |
| 218 | 北京国美在线电子商务有限公司 | 海淀园 | 20~50 |
| 219 | 北京天海工业有限公司 | 朝阳园 | 20~50 |
| 220 | 中国仪器进出口（集团）公司 | 西城园 | 20~50 |
| 221 | 中煤北京煤矿机械有限责任公司 | 房山园 | 20~50 |
| 222 | 诺基亚西门子通信网络科技服务有限公司 | 东城园 | 20~50 |
| 223 | 北京歌华有线电视网络股份有限公司 | 海淀园 | 20~50 |
| 224 | 联动优势科技有限公司 | 西城园 | 20~50 |
| 225 | 中航网信（北京）科技有限公司 | 海淀园 | 20~50 |
| 226 | 中国京冶工程技术有限公司 | 海淀园 | 20~50 |
| 227 | 北京天诚同创电气有限公司 | 亦庄园 | 20~50 |
| 228 | 神华国能燃料有限公司 | 昌平园 | 20~50 |
| 229 | 安泰科技股份有限公司 | 海淀园 | 20~50 |
| 230 | 北京惠买在线网络科技有限公司 | 亦庄园 | 20~50 |
| 231 | 联通系统集成有限公司 | 亦庄园 | 20~50 |
| 232 | 北京四方继保自动化股份有限公司 | 海淀园 | 20~50 |
| 233 | 北京同仁堂股份有限公司 | 亦庄园 | 20~50 |
| 234 | 北京神州汽车租赁有限公司 | 丰台园 | 20~50 |
| 235 | 易尚明天科技有限公司 | 丰台园 | 20~50 |
| 236 | 首都航天机械公司 | 丰台园 | 20~50 |
| 237 | 西门子工厂自动化工程有限公司 | 朝阳园 | 20~50 |
| 238 | 北京巴布科克威尔科克斯有限公司 | 石景山园 | 20~50 |
| 239 | 中国长城工业集团有限公司 | 海淀园 | 20~50 |
| 240 | 北京泰德制药股份有限公司 | 亦庄园 | 20~50 |
| 241 | 中国公路工程咨询集团有限公司 | 海淀园 | 20~50 |
| 242 | 瑞萨半导体（北京）有限公司 | 海淀园 | 20~50 |
| 243 | 北京国电华北电力工程有限公司 | 海淀园 | 20~50 |

（续表）

| 序号 | 名称 | 园区 | 收入规模（亿元） |
| --- | --- | --- | --- |
| 244 | 北京中邮普泰移动通信设备有限责任公司 | 丰台园 | 20~50 |
| 245 | 北京日进汽车系统有限公司 | 平谷园 | 10~20 |
| 246 | 康宁显示科技（中国）有限公司 | 亦庄园 | 10~20 |
| 247 | 长城宽带网络服务有限公司 | 海淀园 | 10~20 |
| 248 | 石化盈科信息技术有限责任公司 | 海淀园 | 10~20 |
| 249 | 大唐移动通信设备有限公司 | 海淀园 | 10~20 |
| 250 | 中铁十六局集团北京工程有限公司 | 朝阳园 | 10~20 |
| 251 | 中国物资储运总公司 | 丰台园 | 10~20 |
| 252 | 北京电力设备总厂 | 房山园 | 10~20 |
| 253 | 三洋能源（北京）有限公司 | 亦庄园 | 10~20 |
| 254 | 北京石油化工工程有限公司 | 朝阳园 | 10~20 |
| 255 | 中国电力工程顾问集团华北电力设计院工程有限公司 | 西城园 | 10~20 |
| 256 | 北京北汽大世汽车系统有限公司 | 顺义园 | 10~20 |
| 257 | 中国中元国际工程公司 | 海淀园 | 10~20 |
| 258 | 北京城市排水集团有限责任公司 | 西城园 | 10~20 |
| 259 | 方正产业控股有限公司 | 海淀园 | 10~20 |
| 260 | 亚信联创科技（中国）有限公司 | 海淀园 | 10~20 |
| 261 | 北京搜狐新媒体信息技术有限公司 | 海淀园 | 10~20 |
| 262 | 北京奇虎科技有限公司 | 西城园 | 10~20 |
| 263 | 北京康拓科技有限公司 | 海淀园 | 10~20 |
| 264 | 北京晓通网络科技有限公司 | 海淀园 | 10~20 |
| 265 | 中国中金科技股份有限公司 | 丰台园 | 10~20 |
| 266 | 北京绿地京华置业有限公司 | 朝阳园 | 10~20 |
| 267 | 博世力士乐（北京）液压有限公司 | 亦庄园 | 10~20 |
| 268 | 大唐软件技术股份有限公司 | 海淀园 | 10~20 |
| 269 | 合一信息技术（北京）有限公司 | 海淀园 | 10~20 |
| 270 | 思科系统（中国）网络技术有限公司 | 海淀园 | 10~20 |
| 271 | 北京爱慕内衣有限公司 | 朝阳园 | 10~20 |
| 272 | 北京世界星辉科技有限责任公司 | 石景山园 | 10~20 |
| 273 | 南车二七车辆有限公司 | 丰台园 | 10~20 |
| 274 | 北京新浪互联信息服务有限公司 | 海淀园 | 10~20 |
| 275 | 中铁工程设计咨询集团有限公司 | 丰台园 | 10~20 |
| 276 | 航天信息系统工程（北京）有限公司 | 海淀园 | 10~20 |
| 277 | 北京航天发射技术研究所 | 丰台园 | 10~20 |
| 278 | 北京丽贝亚建筑装饰工程有限公司 | 石景山园 | 10~20 |
| 279 | 北京中科三环高技术股份有限公司 | 海淀园 | 10~20 |
| 280 | 北京中青旅创格科技有限公司 | 海淀园 | 10~20 |
| 281 | 北京中油瑞飞信息技术有限责任公司 | 东城园 | 10~20 |
| 282 | 北京双鹤药业经营有限责任公司 | 海淀园 | 10~20 |
| 283 | 中青旅控股股份有限公司 | 东城园 | 10~20 |
| 284 | 中牧实业股份有限公司 | 丰台园 | 10~20 |
| 285 | 中材科技风电叶片股份有限公司 | 延庆园 | 10~20 |
| 286 | 航天恒星科技有限公司 | 海淀园 | 10~20 |
| 287 | 中国恩菲工程技术有限公司 | 海淀园 | 10~20 |
| 288 | 北京费森尤斯卡比医药有限公司 | 朝阳园 | 10~20 |
| 289 | 诺兰特移动通信配件（北京）有限公司 | 亦庄园 | 10~20 |
| 290 | 北京星航机电设备厂 | 丰台园 | 10~20 |
| 291 | 北京大唐高鸿数据网络技术有限公司 | 海淀园 | 10~20 |
| 292 | 中国重型机械有限公司 | 海淀园 | 10~20 |
| 293 | 冠捷科技（北京）有限公司 | 朝阳园 | 10~20 |
| 294 | 北京上药爱心伟业医药有限公司 | 海淀园 | 10~20 |
| 295 | 赛尔网络有限公司 | 海淀园 | 10~20 |
| 296 | 北京讯宜创新电子有限公司 | 海淀园 | 10~20 |
| 297 | 北京富通东方科技有限公司 | 海淀园 | 10~20 |
| 298 | 中广有线信息网络有限公司 | 海淀园 | 10~20 |
| 299 | 北京大北农科技集团股份有限公司 | 海淀园 | 10~20 |
| 300 | 北京精密机电控制设备研究所 | 丰台园 | 10~20 |
| 301 | 北京方正信息技术有限公司 | 海淀园 | 10~20 |
| 302 | 北京沃利帕森工程技术有限公司 | 朝阳园 | 10~20 |
| 303 | 中国船级社 | 东城园 | 10~20 |
| 304 | 安捷伦科技（中国）有限公司 | 朝阳园 | 10~20 |
| 305 | 三星数据系统（中国）有限公司 | 朝阳园 | 10~20 |
| 306 | 揖斐电电子（北京）有限公司 | 亦庄园 | 10~20 |

（续表）

| 序号 | 名称 | 园区 | 收入规模（亿元） |
|---|---|---|---|
| 307 | 乐视网信息技术（北京）股份有限公司 | 海淀园 | 10~20 |
| 308 | 华润国康（北京）医药有限公司 | 丰台园 | 10~20 |
| 309 | 北京市建筑设计研究院 | 西城园 | 10~20 |
| 310 | 北京中彩在线科技有限责任公司 | 亦庄园 | 10~20 |
| 311 | 中国卫通集团有限公司 | 海淀园 | 10~20 |
| 312 | 中国北方车辆有限公司 | 西城园 | 10~20 |
| 313 | 悦康药业集团有限公司 | 亦庄园 | 10~20 |
| 314 | 北京中铁房山桥梁有限公司 | 房山园 | 10~20 |
| 315 | 大唐电信科技股份有限公司 | 海淀园 | 10~20 |
| 316 | 北京燕华工程建设有限公司 | 房山园 | 10~20 |
| 317 | 中煤科工集团北京华宇工程有限公司 | 海淀园 | 10~20 |
| 318 | 博雅软件股份有限公司 | 海淀园 | 10~20 |
| 319 | 北方爆破工程有限责任公司 | 海淀园 | 10~20 |
| 320 | 富士康精密组件（北京）有限公司 | 亦庄园 | 10~20 |
| 321 | 北京探路者户外用品股份有限公司 | 昌平园 | 10~20 |
| 322 | 西得乐机械（北京）有限公司 | 亦庄园 | 10~20 |
| 323 | 大唐高鸿信息技术有限公司 | 海淀园 | 10~20 |
| 324 | 北京正诚伟业煤焦化工有限公司 | 丰台园 | 10~20 |
| 325 | 北京天源科创风电技术有限责任公司 | 海淀园 | 10~20 |
| 326 | 北京摩比斯中车汽车零部件有限公司 | 昌平园 | 10~20 |
| 327 | 北京铁路信号有限公司 | 大兴园 | 10~20 |
| 328 | 北京华夏建龙矿业科技有限公司 | 丰台园 | 10~20 |
| 329 | 中成进出口股份有限公司 | 丰台园 | 10~20 |
| 330 | 北京圆之翰煤炭工程设计有限公司 | 西城园 | 10~20 |
| 331 | 博洛尼家居用品（北京）股份有限公司 | 大兴园 | 10~20 |
| 332 | 北京二七轨道交通装备有限责任公司 | 丰台园 | 10~20 |
| 333 | 北京江森汽车部件有限公司 | 顺义园 | 10~20 |
| 334 | 北京四环制药有限公司 | 通州园 | 10~20 |
| 335 | 北京桑德环境工程有限公司 | 海淀园 | 10~20 |
| 336 | 中国大恒（集团）有限公司 | 海淀园 | 10~20 |
| 337 | 方正国际软件（北京）有限公司 | 海淀园 | 10~20 |
| 338 | 中国软件与技术服务股份有限公司 | 海淀园 | 10~20 |
| 339 | 曙光信息产业（北京）有限公司 | 海淀园 | 10~20 |
| 340 | 北京中电普华信息技术有限公司 | 海淀园 | 10~20 |
| 341 | 北京市上品商业发展有限责任公司 | 东城园 | 10~20 |
| 342 | 浦项建设（中国）有限公司 | 朝阳园 | 10~20 |
| 343 | 熊猫（北京）国际信息技术有限公司 | 海淀园 | 10~20 |
| 344 | 五矿物流集团有限公司 | 海淀园 | 10~20 |
| 345 | 外语教学与研究出版社有限责任公司 | 海淀园 | 10~20 |
| 346 | 瑞斯康达科技发展股份有限公司 | 海淀园 | 10~20 |
| 347 | 北京航星机器制造公司 | 东城园 | 10~20 |
| 348 | 同方环境股份有限公司 | 海淀园 | 10~20 |
| 349 | 北京搜狗科技发展有限公司 | 海淀园 | 10~20 |
| 350 | 北京新立机械有限责任公司 | 海淀园 | 10~20 |
| 351 | 中交路桥华北工程有限公司 | 亦庄园 | 10~20 |
| 352 | 北京金隅混凝土有限公司 | 海淀园 | 10~20 |
| 353 | 中石化三菱化学聚碳酸酯(北京)有限公司 | 房山园 | 10~20 |
| 354 | 中铁信弘兴（北京）信息工程有限责任公司 | 海淀园 | 10~20 |
| 355 | 北京云星宇交通工程有限公司 | 丰台园 | 10~20 |
| 356 | 中建电子工程有限公司 | 海淀园 | 10~20 |
| 357 | 超威半导体产品（中国）有限公司 | 海淀园 | 10~20 |
| 358 | 中交水运规划设计院有限公司 | 东城园 | 10~20 |
| 359 | 文思海辉技术有限公司 | 海淀园 | 10~20 |
| 360 | 泰戈特（北京）工程技术有限公司 | 朝阳园 | 10~20 |
| 361 | 凡客诚品（北京）科技有限公司 | 丰台园 | 10~20 |
| 362 | 浪潮（北京）电子信息产业有限公司 | 海淀园 | 10~20 |
| 363 | 北京神雾环境能源科技集团股份有限公司 | 昌平园 | 10~20 |
| 364 | 航天长征火箭技术有限公司 | 亦庄园 | 10~20 |
| 365 | 中国万宝工程公司 | 西城园 | 10~20 |

（续表）

| 序号 | 名称 | 园区 | 收入规模（亿元） |
|---|---|---|---|
| 366 | 北京科高大北农饲料有限责任公司 | 怀柔园 | 10~20 |
| 367 | 北京松联科技有限公司 | 亦庄园 | 10~20 |
| 368 | 中国航空工业集团公司北京航空制造工程研究所 | 朝阳园 | 10~20 |
| 369 | 诺维信（中国）投资有限公司 | 海淀园 | 10~20 |
| 370 | 京东方现代（北京）显示技术有限公司 | 朝阳园 | 10~20 |
| 371 | 北京现代京城工程机械有限公司 | 丰台园 | 10~20 |
| 372 | 北京国电通网络技术有限公司 | 海淀园 | 10~20 |
| 373 | 北京福斯汽车电线有限公司 | 怀柔园 | 10~20 |
| 374 | 颇尔过滤器（北京）有限公司 | 亦庄园 | 10~20 |
| 375 | 北京燕山集联石油化工有限公司 | 房山园 | 10~20 |
| 376 | 亿赞普（北京）科技有限公司 | 海淀园 | 10~20 |
| 377 | 安东石油技术（集团）有限公司 | 朝阳园 | 10~20 |
| 378 | 华润双鹤药业股份有限公司 | 朝阳园 | 10~20 |
| 379 | SMC（北京）制造有限公司 | 顺义园 | 10~20 |
| 380 | 艺龙网信息技术（北京）有限公司 | 朝阳园 | 10~20 |
| 381 | 广联达软件股份有限公司 | 海淀园 | 10~20 |
| 382 | 中钢集团工程设计研究院有限公司 | 海淀园 | 10~20 |
| 383 | 北京卫星制造厂 | 海淀园 | 10~20 |
| 384 | 酒仙网电子商务股份有限公司 | 亦庄园 | 10~20 |
| 385 | 锋电能源技术有限公司 | 亦庄园 | 10~20 |
| 386 | 阿帕奇（北京）光纤激光技术有限公司 | 亦庄园 | 10~20 |
| 387 | 北京地铁车辆装备有限公司 | 丰台园 | 10~20 |
| 388 | 中机国际招标公司 | 丰台园 | 10~20 |
| 389 | 北京嘉林药业股份有限公司 | 朝阳园 | 10~20 |
| 390 | 施耐德（北京）中压电器有限公司 | 亦庄园 | 10~20 |
| 391 | 北京精雕科技有限公司 | 门头沟园 | 10~20 |
| 392 | 森特士兴集团股份有限公司 | 延庆园 | 10~20 |
| 393 | 宝健（中国）日用品有限公司 | 亦庄园 | 10~20 |
| 394 | 北京科诺伟业科技股份有限公司 | 昌平园 | 10~20 |
| 395 | 北京国安电气有限责任公司 | 海淀园 | 10~20 |
| 396 | 北京嘉寓门窗幕墙股份有限公司 | 顺义园 | 10~20 |
| 397 | 有研稀土新材料股份有限公司 | 西城园 | 10~20 |
| 398 | 北京双鹭药业股份有限公司 | 海淀园 | 10~20 |
| 399 | 天地融科技股份有限公司 | 海淀园 | 10~20 |
| 400 | 北京江森自控有限公司 | 海淀园 | 10~20 |
| 401 | 北京电子城有限责任公司 | 朝阳园 | 10~20 |
| 402 | 楼氏电子（北京）有限公司 | 亦庄园 | 10~20 |
| 403 | 中国水电顾问集团北京勘测设计研究院有限公司 | 朝阳园 | 10~20 |
| 404 | 金鹰国际货运代理有限公司 | 亦庄园 | 10~20 |
| 405 | 北京伊普国际水务有限公司 | 亦庄园 | 10~20 |
| 406 | 中国轻工建设工程有限公司 | 西城园 | 10~20 |
| 407 | 中国建筑设计研究院 | 西城园 | 10~20 |
| 408 | 延锋伟世通（北京）汽车饰件系统有限公司 | 顺义园 | 10~20 |
| 409 | 华诚博远建筑工程有限公司 | 石景山园 | 10~20 |
| 410 | 三一重型能源装备有限公司 | 昌平园 | 10~20 |
| 411 | 北京中电华大电子设计有限责任公司 | 朝阳园 | 10~20 |
| 412 | 航天长征化学工程股份有限公司 | 亦庄园 | 10~20 |
| 413 | 北京燕化天钲建筑工程有限责任公司 | 房山园 | 10~20 |
| 414 | 北京市阀门总厂（集团）有限公司 | 大兴园 | 10~20 |
| 415 | 北京中丽制机工程技术有限公司 | 通州园 | 10~20 |
| 416 | 北京黎明瑞泰科技股份有限公司 | 海淀园 | 10~20 |
| 417 | 赛门铁克软件（北京）有限公司 | 海淀园 | 10~20 |
| 418 | 北京佩特来电器有限公司 | 通州园 | 10~20 |
| 419 | 北京瑞华赢科技发展有限公司 | 亦庄园 | 10~20 |
| 420 | 软通动力信息技术（集团）有限公司 | 海淀园 | 10~20 |
| 421 | 大唐微电子技术有限公司 | 海淀园 | 10~20 |
| 422 | 北京碧水源科技股份有限公司 | 海淀园 | 10~20 |
| 423 | 北京宇信易诚科技有限公司 | 海淀园 | 10~20 |
| 424 | 中交公路规划设计院有限公司 | 东城园 | 10~20 |
| 425 | 中国纺织工业设计院 | 海淀园 | 10~20 |
| 426 | 北京世纪互联宽带数据中心有限公司 | 朝阳园 | 10~20 |
| 427 | 北京蓝汛通信技术有限责任公司 | 海淀园 | 10~20 |

资料来源：中关村科技园区管理委员会

# 中关村国家自主创新示范区企业获2013年度中国驰名商标一览表

| 序号 | 名称 | 商标 | 商品或服务 |
|---|---|---|---|
| 1 | 北京合众思壮科技股份有限公司 | UniStrong | 导航仪器、卫星导航仪器 |
| 2 | 伊美尔（北京）集团控股有限公司 | 伊美尔 | 整形外科、美容院 |
| 3 | 北京特普丽装饰装帧材料有限公司 | 特普丽 TOPLI 及图 | 墙纸 |
| 4 | 桑德集团有限公司 | 桑德 | 废物处理（变形） |
| 5 | 北京澳特舒尔保健品开发有限公司 | 碧生源及图 | 茶叶 |
| 6 | 中国石油天然气集团公司 | 中国石油及图 | 车辆加油站、车辆加润滑油 |
| 7 | 悦康药业集团有限公司 | 悦康药业 YOUCARE 及图 | 各种针剂、片剂、水剂、生化药品 |
| 8 | 康辰医药股份有限公司 | 康辰 HEALTHSTAR | 人用药品 |
| 9 | 北京老万生物质能科技有限责任公司 | 老万及图 | 锅炉 |
| 10 | 北京市全富木制品有限公司 | 全富及图 | 胶合板 |
| 11 | 北京华都集团有限责任公司 | 华都 HD | 加工过的肉 |
| 12 | 北京世纪互联宽带数据中心有限公司 | 世纪互联 | 电信信息、通信服务 |
| 13 | 中青旅控股股份有限公司 | 中青旅 | 旅行社、旅行预订服务 |

资料来源：北京市工商行政管理局

# 中关村国家自主创新示范区企业获2012年度北京市著名商标一览表

| 序号 | 名称 | 商标 | 商标注册号 | 类别 | 商品或服务 |
|---|---|---|---|---|---|
| 1 | 北京高盟新材料股份有限公司 | 高盟牌 | 3020400 | 1 | 工业用黏合剂 |
| 2 | 北京立高防水工程有限公司 | 立高 | 3512642 | 2 | 屋顶毡用涂层（油漆）、沥青清漆、清漆、油毛毡涂层（涂料） |
| 3 | 北京东升砂布有限责任公司 | 图形 | 203906 | 3 | 砂纸 |
| 4 | 北京靓妃生物科技有限公司 | 靓妃 | 3433990 | 3 | 化妆品 |
| 5 | 北京绿海科技有限公司 | 绿伞 | 1904549 | 3 | 洗衣剂 |
| 6 | 北京洛娃日化有限公司 | 洛娃 | 850284 | 3 | 肥皂、香皂及其他人用洗洁物品 |
| 7 | 北京章光101科技股份有限公司 | 章光 | 349428 | 3 | 毛发再生精 |
| 8 | 北京章光101科技股份有限公司 | 101 | 361832 | 3 | 毛发再生精 |
| 9 | 北京奥力助兴石化有限公司 | 飞圣达 | 4923556 | 4 | 润滑油、润滑脂 |

（续表）

| 序号 | 名称 | 商标 | 商标注册号 | 类别 | 商品或服务 |
|---|---|---|---|---|---|
| 10 | 北京嘉林药业股份有限公司 | 阿乐 | 1484597 | 5 | 片剂 |
| 11 | 北京科兴生物制品有限公司 | 孩尔来福 | 3017985 | 5 | 疫苗 |
| 12 | 北京四环制药有限公司 | 四环 | 1516476 | 5 | 药用化学制剂、各种针剂、片剂 |
| 13 | 北京万泰生物药业股份有限公司 | 艾知 AID | 3490447 | 5 | 体外诊断试剂、体外诊断试纸 |
| 14 | 北京协和药厂 | 百赛诺 | 1624418 | 5 | 医药制剂、片剂 |
| 15 | 奥瑞金包装股份有限公司 | 图形 | 1697595 | 6 | 马口铁包装容器、金属包装容器 |
| 16 | 北京嘉寓门窗幕墙股份有限公司 | 嘉寓 | 862467 | 6 | 金属门、窗 |
| 17 | 北京美驰建筑材料有限责任公司 | MYLCH | 1382188 | 6 | 窗用金属器材、金属窗 |
| 18 | 北京泰宁科创雨水利用技术股份有限公司 | TIDELION | 3206766 | 6 | 金属排雨水斗、金属排泄管、金属管道加固材料 |
| 19 | 安东石油技术（集团）有限公司 | 安东石油 | 3939687 | 7 | 石油开采、石油精炼工业用机器设备、石油专用抽油泵、电焊枪（机器） |
| 20 | 北京北方微电子基地设备工艺研究中心有限责任公司 | NMC | 4800007 | 7 | 电子工业设备 |
| 21 | 北京精雕科技有限公司 | JD | 4280217 | 7 | 电脑割字机 |
| 22 | 爱国者数码科技有限公司 | 爱国者 | 1114515 | 9 | 计算机周边设备 |
| 23 | 爱国者数码科技有限公司 | aigo | 3295078 | 9 | 计算机外围设备 |
| 24 | 北京北大英华科技有限公司 | 北大法宝 | 1706214 | 9 | 计算机软件（已录制）、电脑软件（录制好的） |
| 25 | 北京东方广视科技股份有限公司 | 东方广视 | 3427035 | 9 | 有线电视视频音频播出设备、有线电视视音频加解扰机 |
| 26 | 北京二十一世纪科技发展有限公司 | STC | 1199648 | 9 | 电测量仪器、工业操作遥控电动装置 |
| 27 | 北京合康亿盛变频科技股份有限公司 | 合康 | 4192451 | 9 | 变压器（电） |
| 28 | 北京金储自动化技术有限公司 | 鹰眼 | 5156562 | 9 | 假币检测器、支票证明机 |
| 29 | 北京力达塑料制造有限公司 | 力达 | 306570 | 9 | 塑料安全帽 |
| 30 | 北京人民电器厂有限公司 | 固安祥 | 1311220 | 9 | 断路器 |
| 31 | 北京时代之峰科技有限公司 | TIME | 687513 | 9 | 硬度计、粗糙度仪、涂层测厚仪、测振仪 |
| 32 | 北京市阀门总厂（集团）有限公司 | 京字 | 115162 | 9 | 闸阀 |
| 33 | 北京斯普乐电线电缆有限公司 | 斯普乐 | 1983137 | 9 | 电缆、电线 |
| 34 | 北京四维图新科技股份有限公司 | 四维图新 | 4092719 | 9 | 已录制的计算机程序（程序）、计算机软件（已录制）、电子出版物（可下载） |
| 35 | 北京天宇朗通通信设备股份有限公司 | 天语 | 3890266 | 9 | 手提电话 |
| 36 | 北京维益埃电气股份有限公司 | 图形 | 3135728 | 9 | 配电控制台（电）、配电箱（电）、电站自动化装置、电开关 |
| 37 | 北京英凯瑞科技发展有限公司 | 凯瑞德 | 5156248 | 9 | 计算机外围设备 |
| 38 | 北京中创信测科技股份有限公司 | 中创信测 | 1698323 | 9 | 计算机软件（已录制） |
| 39 | 广联达软件股份有限公司 | 广联达 | 1432424 | 9 | 已录制的计算机程序（程序）、计算机软件（已录制） |
| 40 | 汉王科技股份有限公司 | 汉王 | 703653 | 9 | 电子计算机及其外部设备、文字处理机 |

（续表）

| 序号 | 名称 | 商标 | 商标注册号 | 类别 | 商品或服务 |
|---|---|---|---|---|---|
| 41 | 首安工业消防有限公司 | 首安 | 3442419 | 9 | 灭火设备、火灾报警器 |
| 42 | 同方威视技术股份有限公司 | 威视 | 1341322 | 9 | 非医用X光产生器械及装置、非医用X光机 |
| 43 | 北京松上技术有限公司 | 松上 | 3038743 | 10 | 医疗分析仪器 |
| 44 | 北京天新福医疗器材有限公司 | 天义福 | 3766852 | 10 | 外科（骨科）用移植物 |
| 45 | 北京怡成生物电子技术有限公司 | 怡成 | 1327133 | 10 | 快速血糖测试仪 |
| 46 | 中生北控生物科技股份有限公司 | 中生北控生物科技股份有限公司 | 3795400 | 10 | 医疗器械和仪器 |
| 47 | 北京科泰兴达高新技术有限公司 | 阳光岛 | 3599935 | 11 | 水净化装置 |
| 48 | 北京清华阳光能源开发有限责任公司 | 清华阳光 | 1551697 | 11 | 太阳能集热器 |
| 49 | 北京首钢吉泰安新材料有限公司 | 钢花牌 | 523554 | 11 | 电热丝 |
| 50 | 北京天韵太阳科技发展有限公司 | 天韵 | 3287934 | 11 | 太阳能热水器 |
| 51 | 北京星光影视设备科技股份有限公司 | 星光 | 4141434 | 11 | 灯、照明器械及装置、舞台灯具 |
| 52 | 北京雨昕阳光太阳能工业有限公司 | 雨昕阳光 | 1642006 | 11 | 太阳能热水器、太阳能集热器 |
| 53 | 恒有源科技发展有限公司 | HYY | 1743070 | 11 | 空气冷却装置、空气加热器 |
| 54 | 北京天路通科技有限责任公司 | 天路 | 5062548 | 12 | 扫路车、清洁车 |
| 55 | 北汽福田汽车股份有限公司 | FORLAND | 1445414 | 12 | 汽车、卡车 |
| 56 | 北汽福田汽车股份有限公司 | 福田时代 | 1598027 | 12 | 汽车、卡车 |
| 57 | 北汽福田汽车股份有限公司 | 奥铃 | 3113435 | 12 | 汽车（车辆） |
| 58 | 北汽福田汽车股份有限公司 | 图形 | 3117241 | 12 | 汽车 |
| 59 | 北新集团建材股份有限公司 | 龙牌 | 4266766 | 17 | 矿棉吸声板 |
| 60 | 北京东方雨虹防水技术股份有限公司 | 雨虹 | 1258881 | 19 | 防水卷材、涂料（土、砂、石建筑材料） |
| 61 | 北京立高防水工程有限公司 | 立高 | 3512641 | 19 | 建筑用沥青产品、建筑用油毡、非金属建筑材料 |
| 62 | 北京联合荣大工程材料有限责任公司 | RD | 1437654 | 19 | 耐火材料 |
| 63 | 北京联合荣大工程材料有限责任公司 | 联合荣大 | 4879979 | 19 | 耐火材料、耐火纤维、耐火砖、耐火瓦 |
| 64 | 北京太空板业股份有限公司 | 太空 | 3125440 | 19 | 建筑用非金属隔板 |
| 65 | 北京黎明文仪家具有限公司 | LMFU | 4490769 | 20 | 家具 |
| 66 | 北京市标致家具有限责任公司 | 标致 | 1004140 | 20 | 家具 |
| 67 | 北京御都家具制造有限公司 | 御都 | 4606284 | 20 | 家具 |
| 68 | 北京富泰革基布股份有限公司 | RichT | 1932292 | 24 | 鞋和靴用织物、起绒粗呢（布） |
| 69 | 北京京冠毛巾有限责任公司 | JINGGUAN | 1166823 | 24 | 毛巾被、浴巾、毛巾 |
| 70 | 北京嘉曼服饰有限公司 | 水孩儿 | 748226 | 25 | 服装 |
| 71 | 北京特普丽装饰装帧材料有限公司 | 特普丽 | 3787317 | 27 | 墙纸 |
| 72 | 北京格瑞拓普生物科技有限公司 | 图形 | 4508055 | 29 | 蘑菇罐头、干食用菌 |
| 73 | 北京昊屹畜牧有限公司 | 梦思 | 3497646 | 29 | 鹅肉 |
| 74 | 北京华都集团有限责任公司 | 华都 | 1255268 | 29 | 加工过的肉 |

（续表）

| 序号 | 名称 | 商标 | 商标注册号 | 类别 | 商品或服务 |
|---|---|---|---|---|---|
| 75 | 北京华都集团有限责任公司 | 华都食品 | 3669146 | 29 | 加工过的肉 |
| 76 | 北京御食园食品股份有限公司 | 御食园 | 1748177 | 29 | 蜜饯、精制坚果仁 |
| 77 | 北京澳特舒尔保健品开发有限公司 | 碧生源 | 1659483 | 30 | 茶叶、茶叶代用品 |
| 78 | 北京互润农业科技发展有限公司 | 互润 | 1447589 | 30 | 蜂蜜 |
| 79 | 北京金田麦国际食品有限公司 | 伊田面馆 | 1583311 | 30 | 面粉制品、米粉 |
| 80 | 北京康比特体育科技股份有限公司 | 康比特 | 3246001 | 30 | 非医用营养粉、非医用营养胶囊 |
| 81 | 北京市金盛福食品有限公司 | 金盛福 | 1706485 | 30 | 馒头、花卷、包子 |
| 82 | 北京祥聚斋食品有限公司 | 祥聚斋 | 3540878 | 30 | 糕点 |
| 83 | 绿纯（北京）生物科技发展中心 | 绿纯 | 1221443 | 30 | 蜂蜜 |
| 84 | 北京金五星商业大厦有限责任公司 | JINWUXING | 1264994 | 35 | 推销（替他人） |
| 85 | 北京正元伟业科技发展有限公司 | 正元伟业 | 3412387 | 35 | 推销（替他人） |
| 86 | 中国电子信息产业发展研究院 | 赛迪 | 1487677 | 35 | 广告传播 |
| 87 | 中国投资担保有限公司 | 中投保 | 3604065 | 36 | 担保 |
| 88 | 北京东方雨虹防水技术股份有限公司 | 东方雨虹 | 4667760 | 37 | 建筑物密封、防湿业务（建筑物） |
| 89 | 北京绿茵天地体育产业股份有限公司 | 绿茵天地 | 1109960 | 37 | 运动场地施工 |
| 90 | 北京东大正保科技有限公司 | 图形 | 3068295 | 41 | 教育、培训 |
| 91 | 北京红马传媒文化发展有限公司 | MAITIX.COM | 4634071 | 41 | 文娱活动、演出座位预订 |
| 92 | 品牌联盟（北京）咨询有限公司 | 图形 | 4852809 | 41 | 安排和组织会议、组织文化或教育展览 |
| 93 | 北京佰能电气技术有限公司 | 佰能 | 1982717 | 42 | 计算机编程 |
| 94 | 北京春秋永乐文化传播有限公司 | 永乐票务 | 4463281 | 42 | 主持计算机站（网站）、把有形的数据和文件转换成电子媒体 |
| 95 | 北京华胜天成科技股份有限公司 | 华胜天成 | 1739697 | 42 | 研究与开发（替他人）、计算机软件设计 |
| 96 | 北京华天饮食集团公司 | 同和居 | 771951 | 42 | 餐馆 |
| 97 | 北京华天饮食集团公司 | 烤肉季 | 771968 | 42 | 餐馆 |
| 98 | 北京华天饮食集团公司 | 烤肉宛 | 1205821 | 42 | 餐馆 |
| 99 | 北京华天饮食集团公司 | 砂锅居 | 1388760 | 42 | 餐馆 |
| 100 | 北京市东方爱婴咨询有限公司 | 东方爱婴 | 1388827 | 42 | 研究与开发（替他人）、看管孩子 |
| 101 | 北京市海淀区海碗居老北京炸酱面餐馆 | 海碗居 | 2014875 | 42 | 餐馆 |
| 102 | 北京无名居美食有限公司 | 无名居 | 1109881 | 42 | 餐馆 |
| 103 | 北京中科红旗软件技术有限公司 | 中科红旗 | 3152359 | 42 | 计算机编程、计算机软件设计、替他人创建和维护网站 |
| 104 | 亚信联创科技（中国）有限公司 | 亚信 | 1337444 | 42 | 计算机程序编制、计算机软件设计 |
| 105 | 北京圣心女子天地器械运动健身中心 | 圣心女子天地 | 3197457 | 44 | 美容院 |

资料来源：北京市工商行政管理局

# 中关村国家自主创新示范区企业获2013年度北京市著名商标一览表

| 序号 | 名称 | 商标 | 商标注册号 | 类别 | 商品或服务 |
|---|---|---|---|---|---|
| 1 | 北京百灵威科技有限公司 | 图形 | 1290083 | 1 | 科学用化学试剂、制药工业用化学原料 |
| 2 | 北京雷力农用化学有限公司 | LEILI | 3800276 | 1 | 肥料 |
| 3 | 北京仁创科技集团有限公司 | 仁创 | 1202014 | 1 | 铸造制模用制剂、铸造用砂 |
| 4 | 北京世纪阿姆斯生物技术股份有限公司 | 阿姆斯 | 826070 | 1 | 肥料 |
| 5 | 北京红狮漆业有限公司 | 红狮 | 323969 | 2 | 油漆、涂料 |
| 6 | 北京英茂药业有限公司 | 英茂 | 4383588 | 2 | 着色剂 |
| 7 | 北新集团建材股份有限公司 | 龙牌 | 4266769 | 2 | 油漆、涂料 |
| 8 | 富思特制漆（北京）有限公司 | 富思特 | 916791 | 2 | 乳胶漆、彩喷涂料 |
| 9 | 北京大宝化妆品有限公司 | 大宝 | 738399 | 3 | 化妆品（不包括动物用化妆品） |
| 10 | 北京丽源公司 | 奥琪 | 236916 | 3 | 润肤膏 |
| 11 | 北京丽源公司 | 宝贝 | 1224108 | 3 | 化妆品 |
| 12 | 资生堂丽源化妆品有限公司 | 欧珀莱 | 632834 | 3 | 化妆品 |
| 13 | 北京清研利华石油化学技术有限公司 | 清研利华 | 4239573 | 4 | 汽油、柴油 |
| 14 | 北京倍舒特妇幼用品有限公司 | 倍舒特 | 1569656 | 5 | 卫生巾 |
| 15 | 北京创盈科技产业集团有限公司 | 斯利安 | 1750479 | 5 | 人用药 |
| 16 | 北京费森尤斯卡比医药有限公司 | 开同 | 1111800 | 5 | 片剂 |
| 17 | 北京华素制药股份有限公司 | 华素 | 1120125 | 5 | 人用药 |
| 18 | 北京利德曼生化股份有限公司 | 利德曼 | 3979107 | 5 | 医用诊断制剂 |
| 19 | 北京双鹭药业股份有限公司 | 图形 | 1272722 | 5 | 注射剂 |
| 20 | 华润赛科药业有限责任公司 | 赛科 | 3506335 | 5 | 原料药、人用药 |
| 21 | 华润双鹤药业股份有限公司 | 图形 | 513706 | 5 | 新药成药、胶丸、胶囊、原料药 |
| 22 | 华润双鹤药业股份有限公司 | 奥复星 | 629831 | 5 | 西药 |
| 23 | 华润紫竹药业有限公司 | 毓婷 | 1297759 | 5 | 片剂 |
| 24 | 华润紫竹药业有限公司 | 紫竹 | 3841406 | 5 | 医药制剂、医用敷料 |
| 25 | 悦康药业集团有限公司 | 悦康药业 | 3283705 | 5 | 各种针剂 |
| 26 | 中国北京同仁堂（集团）有限责任公司 | 同仁堂 | 171188 | 5 | 中药 |
| 27 | 中牧实业股份有限公司 | 图形 | 1770560 | 5 | 兽医用生物制剂、兽医用药、消灭有害动物制剂 |
| 28 | 北京奥宇模板有限公司 | 图形 | 1287184 | 6 | 金属建筑材料 |
| 29 | 北京达瑞兴钉业有限公司 | 安心 | 726102 | 6 | 钢钉 |

（续表）

| 序号 | 名称 | 商标 | 商标注册号 | 类别 | 商品或服务 |
|---|---|---|---|---|---|
| 30 | 北新集团建材股份有限公司 | BNBM | 1049497 | 6 | 建筑用金属板、金属建筑材料 |
| 31 | 首钢总公司 | 图形 | 668477 | 6 | 普通金属及其合金 |
| 32 | 北京北大先锋科技有限公司 | 先锋科技 | 1685691 | 7 | 气体分离设备、制氧制氮设备、稀有气体提取设备 |
| 33 | 北京大力机械有限公司 | 大力 | 5270891 | 7 | 电动管道疏通器（大便管道疏通器） |
| 34 | 北京多力多机械设备制造有限公司 | 多力 | 1322186 | 7 | 农业机械 |
| 35 | 北京凡元兴科技有限公司 | 京雷 | 6004409 | 7 | 引擎锅炉用设备、电站用锅炉及其辅助设备 |
| 36 | 北京富特盘式电机有限公司 | 安特 | 1047363 | 7 | 马达、马达部件（包括发动机、电动机、船用不包括车辆用马达） |
| 37 | 北京联飞翔科技股份有限公司 | 联飞翔 | 5658608 | 7 | 机油滤清器、空气滤清器、柴油滤清器、过滤器（机械和引擎部件） |
| 38 | 北京绿创环保集团有限公司 | 绿创 | 1376909 | 7 | 发动机空气过滤净化器、内燃机配件 |
| 39 | 绿友机械集团股份有限公司 | 绿友 | 1083933 | 7 | 农业用机械、农业用机械部件（不包括小农具） |
| 40 | 现代农装科技股份有限公司 | 中农机 | 1633812 | 7 | 农业机械 |
| 41 | 中国华电工程（集团）有限公司 | CHEC | 1167252 | 7 | 锅炉管道（机械设备）、风力动力设备、电站用锅炉及其辅助设备 |
| 42 | 中煤北京煤矿机械有限责任公司 | BMJ | 1336903 | 7 | 矿井作业机械 |
| 43 | 北大方正集团有限公司 | 方正 | 1017984 | 9 | 电子计算机及其外部设备 |
| 44 | 北京博纳电气股份有限公司 | 图形 | 1000090 | 9 | 电卡电能表、电卡预付费控制器、电卡数据读写机 |
| 45 | 北京澄通光电股份有限公司 | 澄通 | 5589462 | 9 | 电子广告牌、电子布告板 |
| 46 | 北京德天泉机电设备有限公司 | 图形 | 1726331 | 9 | 导航仪器 |
| 47 | 北京恒阳电缆厂 | 跃京 | 671645 | 9 | 电线、电缆 |
| 48 | 北京基业达电气有限公司 | 基业达 | 1217148 | 9 | 配电盘 |
| 49 | 北京久久神龙消防器材有限公司 | 神龙 | 1489780 | 9 | 灭火器、消防箱 |
| 50 | 北京利达永信电子有限公司 | 利达 | 1493802 | 9 | 智能型中文火灾报警控制器 |
| 51 | 北京普析通用仪器有限责任公司 | 普析 | 3975319 | 9 | 化学仪器和器具、实验室用层析设备、理化试验和成分分析用仪器和量器、光学器械和仪器、光度计 |
| 52 | 北京市京南应用技术研究所 | 金吉 | 1102535 | 9 | 影视宽带立体化眼镜、眼镜 |
| 53 | 北京市六一仪器厂 | 六一 | 227619 | 9 | 理化试验用仪器 |
| 54 | 北京四方继保自动化股份有限公司 | 图形 | 862676 | 9 | 输、配变电站的保护继电器及控制仪器、设备 |
| 55 | 北京同有飞骥科技股份有限公司 | NetStor | 3065116 | 9 | 计算机软件（已录制） |
| 56 | 北京拓尔思信息技术股份有限公司 | TRS | 1916878 | 9 | 计算机软件（录制好的） |
| 57 | 北京握奇数据系统有限公司 | 握奇数据 | 3860505 | 9 | 智能卡（集成电路卡） |
| 58 | 北京燕东微电子有限公司 | 图形 | 640403 | 9 | 半导体集成电路 |

（续表）

| 序号 | 名称 | 商标 | 商标注册号 | 类别 | 商品或服务 |
|---|---|---|---|---|---|
| 59 | 北京煜邦电力技术有限公司 | YUPONT | 4255215 | 9 | 计算机软件（已录制）、计量仪表、电测量仪器、电度表 |
| 60 | 北京中盾安民分析技术有限公司 | FISCAN | 3884863 | 9 | 非医用X光产生器械和设备、非医用X光射线防护装置 |
| 61 | 北京中科三环高技术股份有限公司 | 中科三环 | 1642324 | 9 | 磁铁、磁性材料和器件 |
| 62 | 北京中星微电子有限公司 | 中星微 | 3366362 | 9 | 集成电路 |
| 63 | 北京中卓时代消防装备科技有限公司 | 中卓时代 | 4816767 | 9 | 消防车 |
| 64 | 大唐电信科技股份有限公司 | 大唐 | 744926 | 9 | 通信导航设备 |
| 65 | 高德软件有限公司 | Autonavi | 1538323 | 9 | 导航仪器 |
| 66 | 利亚德光电股份有限公司 | 利亚德 | 1229037 | 9 | 电子通知公告牌、电子显示屏 |
| 67 | 联想（北京）有限公司 | 联想 | 520416 | 9 | 微机、计算机外部设备 |
| 68 | 完美世界（北京）网络技术有限公司 | 完美世界 | 4057077 | 9 | 计算机游戏软件 |
| 69 | 小米科技有限责任公司 | 小米 | 8228211 | 9 | 手提电话 |
| 70 | 小米科技有限责任公司 | MI | 8911270 | 9 | 手提电话 |
| 71 | 用友软件股份有限公司 | 用友 | 558108 | 9 | 电子计算机及其外部设备 |
| 72 | 中国大恒（集团）有限公司 | 大恒 | 800614 | 9 | 电子计算机及其外部设备 |
| 73 | 中国电子信息产业集团有限公司 | 长城 | 551616 | 9 | 电子计算机及其外部设备 |
| 74 | 北京谊安医疗系统股份有限公司 | aeonmed | 4463534 | 10 | 压迫机（外科用）、医用床、麻醉面罩 |
| 75 | 婷美集团保健科技有限公司 | 婷美 | 1471011 | 10 | 腹带、束腹紧身胸衣 |
| 76 | 北京科净源科技股份有限公司 | 水医生 | 1359325 | 11 | 水过滤器、水净化设备和机器 |
| 77 | 北京老万生物质能科技有限责任公司 | 老万 | 914691 | 11 | 锅炉 |
| 78 | 北京青云航空仪表有限公司 | 青云 | 312759 | 11 | 风机盘管、空气处理机 |
| 79 | 北京神雾环境能源科技集团股份有限公司 | 神雾 | 1165494 | 11 | 燃烧炉、轻便锻炉、熔炉、非实验用加热炉 |
| 80 | 北京市太阳能研究所集团有限公司 | 桑普 | 959046 | 11 | 采暖炉、太阳能热水器 |
| 81 | 北汽福田汽车股份有限公司 | 福田风景 | 1697878 | 12 | 农用运输车、卡车 |
| 82 | 北汽福田汽车股份有限公司 | 欧马可 | 4327205 | 12 | 卡车、农用运输车 |
| 83 | 四维—约翰逊实业股份有限公司 | 威斯坦 | 1581810 | 12 | 防弹运钞车、运钞车 |
| 84 | 中国南车股份有限公司 | 南车 | 3258567 | 12 | 铁路机车车辆、地铁车辆、高速列车 |
| 85 | 北京菜市口百货股份有限公司 | 菜百 | 1536611 | 14 | 未加工的金或金箔、铂（金属）、宝石、翡翠 |
| 86 | 北京星海钢琴集团有限公司 | 星海 | 115500 | 15 | 乐器及其附件 |
| 87 | 外语教学与研究出版社有限责任公司 | 外研社 | 4831674 | 16 | 书籍、印刷出版物 |
| 88 | 北京奥星恒迅包装科技有限公司 | AHP | 3157759 | 17 | PP塑料膜、密封环、接头用密封物 |
| 89 | 北京富亚涂料有限公司 | 富亚 | 3045086 | 19 | 涂层（建筑材料）、非金属建筑涂面材料 |
| 90 | 北京金隅集团有限责任公司 | 金隅 | 3615026 | 19 | 水泥 |

（续表）

| 序号 | 名称 | 商标 | 商标注册号 | 类别 | 商品或服务 |
| --- | --- | --- | --- | --- | --- |
| 91 | 北京市全富木制品有限公司 | 全富 | 1664688 | 19 | 胶合板、三合板 |
| 92 | 北京今圣梅家具制造有限公司 | 圣梅 | 1196397 | 20 | 家具 |
| 93 | 北京金隅天坛家具股份有限公司 | 天坛 | 127924 | 20 | 家具 |
| 94 | 北京市定慧桥集美家具城市场有限公司 | 集美 | 1082108 | 20 | 沙发 |
| 95 | 北京木真了时装有限公司 | 木真了 | 1168796 | 25 | 服装 |
| 96 | 北京赛斯特新世纪服装有限公司 | 赛斯特 | 1064968 | 25 | 服装 |
| 97 | 北京绅士服装有限公司 | 绅士 | 1188754 | 25 | 服装 |
| 98 | 北京市大华衬衫厂 | 天坛 | 1136522 | 25 | 衬衫 |
| 99 | 弗拉蒂尼利德（北京）服饰有限公司 | 弗拉蒂尼 | 7429419 | 25 | 服装 |
| 100 | 朗姿股份有限公司 | LANCY FROM 25 | 1549274 | 25 | 服装 |
| 101 | 北京星伟体育用品有限公司 | 星牌 | 544911 | 28 | 台球桌 |
| 102 | 北京二商王致和食品有限公司 | 王致和 | 1072961 | 29 | 腐乳 |
| 103 | 北京红螺食品有限公司 | 红螺 | 1119615 | 29 | 水果蜜饯 |
| 104 | 北京六必居食品有限公司 | 天 | 214238 | 29 | 酱菜、腌制蔬菜 |
| 105 | 北京六必居食品有限公司 | 六必居 | 3269221 | 29 | 腌制蔬菜 |
| 106 | 北京三元食品股份有限公司 | 三元 | 1227173 | 29 | 消毒牛奶、酸牛奶 |
| 107 | 金果园老农（北京）食品股份有限公司 | 果园老农 | 3413823 | 29 | 果肉、加工过的坚果仁、蜜饯、食用果冻 |
| 108 | 北京百花蜂业科技发展股份公司 | 百花 | 1187166 | 30 | 蜂蜜 |
| 109 | 北京稻香村食品有限责任公司 | 稻香村 | 1011610 | 30 | 饺子、年糕、粽子、元宵 |
| 110 | 北京二商官颐府食品有限公司 | 官颐府 | 4097817 | 30 | 面包、糕点、粽子 |
| 111 | 北京六必居食品有限公司 | 金狮 | 158991 | 30 | 酱油 |
| 112 | 北京六必居食品有限公司 | 龙门 | 161366 | 30 | 醋 |
| 113 | 北京吴裕泰茶业股份有限公司 | 吴裕泰 | 811092 | 30 | 茶及茶叶代用品 |
| 114 | 北京义利食品公司 | 义利 | 672097 | 30 | 面包 |
| 115 | 北京御食园食品股份有限公司 | 御食园 | 1964756 | 30 | 糕点、谷类制品、南糖、蔬菜片、糖果 |
| 116 | 北京九州大地生物技术集团股份有限公司 | D | 1758697 | 31 | 饲料 |
| 117 | 北京联创种业股份有限公司 | 联创 | 4786190 | 31 | 植物种子 |
| 118 | 北京留民营生态农业有限责任公司 | 留民营 | 1678495 | 31 | 新鲜蔬菜 |
| 119 | 北京沙迪克商贸中心 | 沙迪克 | 4277847 | 31 | 鲜水果 |
| 120 | 北京市华都峪口禽业有限责任公司 | 峪口禽业 | 4427023 | 31 | 种家禽、饲料 |
| 121 | 北京市华都峪口禽业有限责任公司 | 峪口 | 5981291 | 31 | 饲料 |
| 122 | 北京市中农良种有限责任公司 | CASC | 3365387 | 31 | 种子 |
| 123 | 北京禧宝露饮料有限责任公司 | 禧宝露 | 1691242 | 32 | 无酒精饮料 |
| 124 | 北京燕京啤酒集团公司 | 燕京 | 1140906 | 32 | 啤酒 |

（续表）

| 序号 | 名称 | 商标 | 商标注册号 | 类别 | 商品或服务 |
|---|---|---|---|---|---|
| 125 | 北京北粮国际经贸有限公司 | 丰收 | 53589 | 33 | 葡萄酒 |
| 126 | 北京龙徽酿酒有限公司 | 夜光杯 | 115512 | 33 | 白兰地酒、葡萄酒 |
| 127 | 北京翠微大厦股份有限公司 | 翠微 | 1165872 | 35 | 进出口代理、推销（替他人） |
| 128 | 北京仁达方略企业管理咨询有限公司 | 仁达方略 | 3532365 | 35 | 商业管理和组织咨询、人事管理咨询 |
| 129 | 北京市闪联信息产业协会 | IGRS | 6054008 | 35 | 工商管理辅助 |
| 130 | 北京市闪联信息产业协会 | 闪联 | 6054011 | 35 | 工商管理辅助 |
| 131 | 物美控股集团有限公司 | WU MART | 1179842 | 35 | 进出口代理、推销（替他人） |
| 132 | 正邦创意（北京）品牌科技股份有限公司 | 正邦 | 5988543 | 35 | 广告设计 |
| 133 | 北京安信行物业管理有限公司 | ANXIN | 1986525 | 36 | 不动产管理 |
| 134 | 北京鼎信体育设施有限公司 | 鼎信 | 3590801 | 37 | 娱乐体育设备的安装和修理 |
| 135 | 北京韩建集团有限公司 | 韩建 | 1115807 | 37 | 建筑 |
| 136 | 北京磊鑫建筑工程有限公司 | 图形 | 1949471 | 37 | 建筑 |
| 137 | 金诚信矿业管理股份有限公司 | 金诚信 | 3233080 | 37 | 建筑、采矿、打井、机械安装、保养和修理 |
| 138 | 乐视网信息技术（北京）股份有限公司 | 乐视 | 4698875 | 38 | 电视广播、有线电视、计算机辅助信息与图像传输 |
| 139 | 北京雍和宫管理处 | 雍和宫 | 1327343 | 39 | 观光旅游 |
| 140 | 中青旅控股股份有限公司 | 图形 | 3121282 | 39 | 旅行社（不包括预订旅馆）、旅游安排 |
| 141 | 汉能控股集团有限公司 | 汉能 | 6049462 | 40 | 能源生产 |
| 142 | 滕氏工贸发展有限公司 | 滕氏 | 1115042 | 40 | 服装制作 |
| 143 | 百度在线网络技术（北京）有限公司 | 百度 | 4096733 | 42 | 主持计算机站（网站） |
| 144 | 北京鼎普科技股份有限公司 | 鼎普 | 6224855 | 42 | 计算机软件设计、计算机系统设计 |
| 145 | 北京华天饮食集团公司 | 峨嵋 | 773446 | 42 | 餐馆 |
| 146 | 北京慧点科技股份有限公司 | 慧点科技 | 1794820 | 42 | 计算机编程 |
| 147 | 北京金和软件股份有限公司 | 金和 | 1211859 | 42 | 计算机编程及相关服务 |
| 148 | 北京千纸鹤电子技术发展有限公司 | 千纸鹤 | 1949145 | 42 | 计算机硬件咨询、计算机系统分析、研究和开发（替他人） |
| 149 | 北京水晶石数字科技股份有限公司 | 水晶石 | 1567961 | 42 | 建筑咨询、建筑制图 |
| 150 | 北京铁血科技有限责任公司 | 铁血 | 4911908 | 42 | 主持计算机站（网站）、为计算机用户间交换数据提供即时连接服务 |
| 151 | 北京有色金属研究总院 | 有研 | 1749107 | 42 | 技术研究、研究和开发（替他人） |
| 152 | 博彦科技股份有限公司 | 博彦科技 | 1177886 | 42 | 计算机程序编制、计算机软件设计 |
| 153 | 梅地亚电视中心有限公司 | 梅地亚中心 | 779223 | 42 | 住所（饭店、供膳寄宿处） |
| 154 | 太极计算机股份有限公司 | 太极 | 1969524 | 42 | 计算机软件设计、计算机软件维护 |
| 155 | 北京市麻辣诱惑酒楼有限公司 | 麻辣诱惑 | 3343153 | 43 | 餐馆 |
| 156 | 伊美尔（北京）控股集团有限公司 | 伊美尔 | 3078100 | 44 | 整形外科 |

资料来源：北京市工商行政管理局

# 2013 年中关村国家自主创新示范区全国中小企业股份转让系统挂牌企业一览表

| 序号 | 名称 | 证券简称 | 股份代码 | 挂牌日期 | 所属园区 |
|---|---|---|---|---|---|
| 1 | 北京优炫软件股份有限公司 | 优炫软件 | 430208 | 1月29日 | 海淀园 |
| 2 | 北京康孚科技股份有限公司 | 康孚科技 | 430209 | 1月22日 | 海淀园 |
| 3 | 北京丰电科技股份有限公司 | 丰电科技 | 430211 | 1月30日 | 丰台园 |
| 4 | 北京六合伟业科技股份有限公司 | 六合伟业 | 430212 | 1月31日 | 丰台园 |
| 5 | 北京乐升科技股份有限公司 | 乐升股份 | 430213 | 5月17日 | 西城园 |
| 6 | 北京必可测科技股份有限公司 | 必可测 | 430215 | 5月16日 | 海淀园 |
| 7 | 北京拓川科研设备股份有限公司 | 拓川股份 | 430219 | 5月17日 | 海淀园 |
| 8 | 北京网动网络科技股份有限公司 | 网动科技 | 430224 | 7月3日 | 海淀园 |
| 9 | 北京奥凯立科技发展股份有限公司 | 奥凯立 | 430226 | 7月5日 | 昌平园 |
| 10 | 北京东软慧聚信息技术股份有限公司 | 东软慧聚 | 430227 | 7月3日 | 海淀园 |
| 11 | 北京星原丰泰电子技术股份有限公司 | 星原丰泰 | 430233 | 7月4日 | 昌平园 |
| 12 | 北京典雅天地文化传播股份有限公司 | 典雅天地 | 430235 | 7月3日 | 东城园 |
| 13 | 美兰创新（北京）科技股份有限公司 | 美兰股份 | 430236 | 7月2日 | 昌平园 |
| 14 | 北京信诺达泰思特科技股份有限公司 | 信诺达 | 430239 | 7月5日 | 东城园 |
| 15 | 北京随视传媒科技股份有限公司 | 随视传媒 | 430240 | 7月4日 | 海淀园 |
| 16 | 北京蓝贝望生物医药科技股份有限公司 | 蓝贝望 | 430242 | 7月5日 | 海淀园 |
| 17 | 北京铜牛信息科技股份有限公司 | 铜牛信息 | 430243 | 7月5日 | 海淀园 |
| 18 | 北京奥特美克科技股份有限公司 | 奥特美克 | 430245 | 7月23日 | 海淀园 |
| 19 | 北京佳星慧盟科技股份有限公司 | 佳星慧盟 | 430246 | 7月23日 | 海淀园 |
| 20 | 北京金日创科技股份有限公司 | 金日创 | 430247 | 7月22日 | 门头沟园 |
| 21 | 北京奥尔斯科技股份有限公司 | 奥尔斯 | 430248 | 7月22日 | 海淀园 |
| 22 | 北京慧峰仁和科技股份有限公司 | 慧峰仁和 | 430249 | 7月22日 | 大兴园 |
| 23 | 北京智网科技股份有限公司 | 智网科技 | 430250 | 7月18日 | 海淀园 |
| 24 | 北京兴竹同智信息技术股份有限公司 | 兴竹信息 | 430253 | 7月23日 | 丰台园 |
| 25 | 北京三意时代科技股份有限公 | 三意时代 | 430255 | 7月18日 | 海淀园 |
| 26 | 布雷尔利（北京）金属家居用品股份有限公司 | 布雷尔利 | 430260 | 7月22日 | 石景山园 |
| 27 | 北京神州云动科技股份有限公司 | 神州云动 | 430262 | 7月18日 | 海淀园 |
| 28 | 北京蓝天瑞德环保技术股份有限公司 | 蓝天环保 | 430263 | 7月22日 | 海淀园 |
| 29 | 北京盛世光明软件股份有限公司 | 盛世光明 | 430267 | 7月18日 | 海淀园 |
| 30 | 北京恒信启华信息技术股份有限公司 | 恒信启华 | 430268 | 7月23日 | 海淀园 |
| 31 | 北京福乐维生物科技股份有限公司 | 福乐维 | 430277 | 8月8日 | 丰台园 |
| 32 | 索享（北京）科技股份有限公司 | 索享股份 | 430280 | 8月8日 | 海淀园 |
| 33 | 北京能为科技股份有限公司 | 能为科技 | 430281 | 8月7日 | 丰台园 |
| 34 | 北京科胜伟达石油科技股份有限公司 | 科胜石油 | 430284 | 8月8日 | 海淀园 |

（续表）

| 序号 | 名称 | 证券简称 | 股份代码 | 挂牌日期 | 所属园区 |
|---|---|---|---|---|---|
| 35 | 北京锐创信通科技股份有限公司 | 锐创信通 | 430285 | 8月8日 | 海淀园 |
| 36 | 北京京鹏环宇畜牧科技股份有限公司 | 环宇畜牧 | 430287 | 8月7日 | 海淀园 |
| 37 | 北京威达宇电软件股份有限公司 | 威达宇电 | 430288 | 8月8日 | 海淀园 |
| 38 | 北京华索科技股份有限公司 | 华索科技 | 430289 | 8月8日 | 海淀园 |
| 39 | 北京和隆优化科技股份有限公司 | 和隆优化 | 430290 | 8月5日 | 海淀园 |
| 40 | 北京威控科技股份有限公司 | 威控科技 | 430292 | 8月2日 | 海淀园 |
| 41 | 北京平安力合科技发展股份有限公司 | 平安力合 | 430296 | 8月8日 | 朝阳园 |
| 42 | 北京淘礼网科技股份有限公司 | 淘礼网 | 430298 | 8月8日 | 朝阳园 |
| 43 | 北京倚天凌云科技股份有限公司 | 倚天股份 | 430301 | 8月13日 | 丰台园 |
| 44 | 北京百文宝科技股份有限公司 | 百文宝 | 430303 | 8月9日 | 朝阳园 |
| 45 | 北京每日视界影视动画股份有限公司 | 每日视界 | 430304 | 8月9日 | 海淀园 |
| 46 | 北京维珍创意科技股份有限公司 | 维珍创意 | 430305 | 8月16日 | 海淀园 |
| 47 | 永铭诚道（北京）医学科技股份有限公司 | 永铭医学 | 430306 | 8月9日 | 东城园 |
| 48 | 北京泽天盛海油田技术服务股份有限公司 | 泽天盛海 | 430308 | 8月8日 | 海淀园 |
| 49 | 博易智软（北京）技术股份有限公司 | 博易股份 | 430310 | 8月30日 | 海淀园 |
| 50 | 北京达美盛软件股份有限公司 | 达美盛 | 430311 | 8月12日 | 海淀园 |
| 51 | 北京国创富盛通信股份有限公司 | 国创富盛 | 430313 | 8月16日 | 海淀园 |
| 52 | 北京北化新橡特种材料科技股份有限公司 | 新橡科技 | 430314 | 8月8日 | 朝阳园 |
| 53 | 北京日升天信科技股份有限公司 | 日升天信 | 430317 | 10月15日 | 东城园 |
| 54 | 北京博德世达石油技术股份有限公司 | 博德石油 | 430321 | 10月16日 | 昌平园 |
| 55 | 智合新天（北京）传媒广告股份有限公司 | 智合新天 | 430322 | 10月16日 | 东城园 |
| 56 | 北京世贸天阶生物科技股份有限公司 | 天阶生物 | 430323 | 10月16日 | 朝阳园 |
| 57 | 北京精英智通科技股份有限公司 | 精英智通 | 430325 | 10月16日 | 海淀园 |
| 58 | 北京元工国际科技股份有限公司 | 元工国际 | 430327 | 10月16日 | 海淀园 |
| 59 | 北京锦鸿希电信息技术股份有限公司 | 北京希电 | 430328 | 10月16日 | 丰台园 |
| 60 | 北京捷世智通科技股份有限公司 | 捷世智通 | 430330 | 10月16日 | 丰台园 |
| 61 | 普康迪（北京）数码科技股份有限公司 | 普康迪 | 430333 | 10月23日 | 昌平园 |
| 62 | 华韩整形美容医院投资股份有限公司 | 华韩整形 | 430335 | 11月6日 | 石景山园 |
| 63 | 北京朗威视讯科技股份有限公司 | 朗威视讯 | 430337 | 11月8日 | 东城园 |
| 64 | 北京中搜网络技术股份有限公司 | 中搜网络 | 430339 | 11月8日 | 海淀园 |
| 65 | 北京呈创科技股份有限公司 | 呈创科技 | 430341 | 11月6日 | 海淀园 |
| 66 | 北京天润康隆科技股份有限公司 | 天润康隆 | 430342 | 11月1日 | 海淀园 |
| 67 | 哇棒（北京）国际传媒股份有限公司 | 哇棒传媒 | 430346 | 12月4日 | 东城园 |
| 68 | 北京瑞斯福高科技股份有限公司 | 瑞斯福 | 430348 | 11月15日 | 昌平园 |
| 69 | 爱科凯能科技（北京）股份有限公司 | 爱科凯能 | 430351 | 11月15日 | 朝阳园 |
| 70 | 北京慧网通达科技股份有限公司 | 慧网通达 | 430352 | 11月15日 | 海淀园 |
| 71 | 北京世纪竹邦能源技术股份有限公司 | 竹邦能源 | 430360 | 12月25日 | 朝阳园 |
| 72 | 般固（北京）科技股份有限公司 | 般固科技 | 430361 | 12月24日 | 海淀园 |
| 73 | 东电创新（北京）科技发展股份有限公司 | 东电创新 | 430362 | 12月26日 | 海淀园 |

注：表中排序按股份代码先后顺序排列
资料来源：中关村科技园区管理委员会

# 2013 年度中关村十大系列

## 中关村十大年度人物

| 序号 | 姓名 | 单位及职务 | 所属园区 | 入选理由 |
|---|---|---|---|---|
| 1 | 雷　军 | 北京金山软件有限公司董事长、北京小米科技有限责任公司 CEO | 海淀园 | 金山软件公司的“代言人”，参与卓越网的创建；相继投资 20 余家企业，均成为行业内数一数二的顶尖企业。二度出山掌控金山软件公司。小米公司崇尚创新、快速的互联网文化，相信用户就是驱动力，坚持“为发烧而生”的产品理念，在国产手机行业掀起了一场持续数年的“小米风暴”。2013 年，小米公司推出小米 3 手机，同时还推出更加亲民的红米手机，再次引发消费者关注热潮，继续引领国产手机品牌的新潮流。 |
| 2 | 邓兴旺 | 国家作物分子设计工程技术研究中心首席科学家 | 海淀园 | 美国耶鲁大学终身冠名教授，致力于打造中国自主创新的现代农业生物核心技术研发中心，在国际上享有很高的学术地位。2013 年，因在生物学方面的卓越贡献当选为美国国家科学院院士，成为中关村千人计划中唯一一个当选美国国家科学院院士的人选。其带领团队研发的世界最高精度玉米全基因组育种芯片获得成功，使原来 8~10 年的育种周期减少至 4~5 年；研发的第三代杂交水稻育种技术已进入国家安全认证阶段。 |
| 3 | 王东升 | 京东方科技集团股份有限公司董事长 | 朝阳园 | 20 年卧薪尝胆，心中一直保持着产业报国的激情。在其带领下，京东方集团完成从平板显示领域的“进入者”到“追赶者”的转变，一跃成为带领中国内地显示器领域实力雄厚的龙头企业。2013 年，京东方集团研制出 9.55 英寸 AMOLED 柔性显示屏，标志着中国内地企业在柔性显示领域取得了技术与工艺的重大突破。中国首条、全球第二条 5.5 代 AMOLED 生产线投产，对国内半导体显示产业赶超世界先进水平具有重大战略意义。2013 年仅上半年，集团实现大幅持续赢利，营业总收入 162.5 亿元，较去年同期增长近七成，净利润达 8.6 亿元，产能提升 1/3。 |
| 4 | 王恩东 | 浪潮（北京）电子信息产业有限公司总裁 | 海淀园 | 作为牵头人，开发出国产第一代高端商用服务器系统，使中国成为美国、日本之后，世界上第三个掌握最新主机核心技术的国家。在国产服务器软硬件设计中实现重大创新，打破了国外产品对高端服务器市场的垄断，维护国家关键信息系统的安全。2013 年，国内第一台关键应用主机浪潮天梭 K1 系统上市，受到中央领导的高度重视。雄厚的综合实力，使浪潮公司成为中国最具影响力的 IT 品牌之一。 |
| 5 | 郜春海 | 北京交控科技有限公司董事长兼总裁 | 丰台园 | 致力于轨道交通列车运行控制系统的教学与研究，成功攻克制约中国几十年的信号系统自主化难题，最终完成整体示范线工程核心技术的实施，使中国成为亚洲第一个掌握 CBTC 核心技术并运用的国家。2013 年，研究成果在北京亦庄线和昌平线、14 号线等地铁线路示范应用，系统综合性能达国际先进水平，其中地铁 14 号线线路里程长、车站数量多、地下线路长、配置车数多，是国产自主化 CBTC 信号系统在城区大线的首次大规模正式应用，对提高国产自主知识产权信号系统的市场推广和认知具有重要意义。同时，还攻克复杂线路条件下高速度、高密度列车最小间隔达到 90 秒追踪控制的难题，可全天候地保证列车安全运行。 |

（续表）

| 序号 | 姓名 | 单位及职务 | 所属园区 | 入选理由 |
|---|---|---|---|---|
| 6 | 孙育宁 | 闪联信息技术工程中心有限公司总裁 | 海淀园 | 亚洲家庭网络标准委员会联合主席，牵头制定的信息设备资源共享协同服务标准获得原信息产业部的批准，成为国家行业标准、国家标准以及ISO/IEC国际标准。所领导的闪联产业联盟拥有国内发明专利240件，软件著作权7件，国际发明专利48件。2013年，在其带领下，闪联远程访问系列7项国际标准新工作项目提案通过了SC25全体会员国的投票，进入ISO/IEC国际标准制定流程；"面向3C融合的闪联关键技术研究及重大产业化应用"获中国计算机学会2013 CCF科技进步奖二等奖。此外，闪联产业联盟7项国家标准经质检总局和国家标准委批准，正式对外发布。 |
| 7 | 文一波 | 桑德集团有限公司董事长 | 海淀园 | 为推动中国工业废水处理的进程，治理了焦化废水处理不治之症，具有世界级的典型达标工艺。发起"中华碧水计划"，并将"建设—运营—移交(BOT)"模式首次引入中国水务行业，为中国乡镇污水处理与农村连片环境治理提供了成功借鉴路径。在其带领下，桑德集团利润以年均25%的增长率稳健发展，成功募集资金18.5亿元，并进军锂电产业，实现了产业链的全面拓展。此外在并购重组方面进一步完善产业整合，实现北京地区3个污水处理厂的并购，涉及金额1.3亿元。 |
| 8 | 王长田 | 北京光线传媒股份有限公司董事长 | 东城园 | 被称为中国最早提出"制播分离"模式的传媒领袖，创新性地总结并实践着娱乐产业工业化生产的理念，成为行业无法复制的领先经验与模式。光线传媒公司为北京市第一家在创业板上市的民营文化传媒企业。2013年，公司斥资8.29亿元收购新丽传媒股份有限公司，以加强在电视剧领域的战略布局，与公司的电视剧投资业务形成良好的互补，其投资的影片《泰囧》创下21天突破10亿元票房收入的骄人成绩。 |
| 9 | 俞孔坚 | 北京土人城市规划设计有限公司首席设计师 | 海淀园 | 所开创的生态安全格局及"反规划"理论和方法，打破了常规的城市规划思路。其设计理念和实践在中外200余个城市得到推广，获得20余项国际重要奖项，出版著作20余部，发表论文300余篇，并促成景观设计师成为国家正式认定的职业。为此，被国际学术界公认为推动当代世界景观设计学科和职业发展的重要领袖人物。2013年，其带领的土人设计公司再获美国景观设计师协会年度大奖，其撰写的《设计生态学——俞孔坚的景观》中英文版在全球同步发行，给业界带来巨大反响。 |
| 10 | 李建辉 | 北京北斗星通导航技术股份有限公司总裁 | 海淀园 | 被誉为卫星定位行业的先行者。北斗星通公司先后承担"北斗一号"信息服务系统、北斗卫星海洋渔业综合信息应用服务、港口集装箱码头卫星定位应用等国家重大课题研究，形成具有自主知识产权的一批技术成果，为中国新一代全球卫星导航系统兼容GPS等系统的接收机探索出一条成功的国际合作商业模式和实现途径。2013年，公司发布的国内首款具有完全自主知识产权的55纳米低功耗SoC芯片——HumbirdTM蜂鸟芯片，获得EE Times"年度最佳无线IC产品奖"。 |

# 中关村十大海归新星

| 序号 | 姓名 | 单位及职务 | 所属园区 | 入选理由 | 备注 |
|---|---|---|---|---|---|
| 1 | 张剑辉 | 北京海博思创科技有限公司董事长、总经理 | 海淀园 | 曾就职于美国国家半导体公司，为该公司SolarMagic技术发明人、技术团队负责人。具有多年电力电子与大规模集成电路产品研发及技术管理经验，带领团队研发了两大核心产品，即“大容量锂电池管理系统”“智能电网储能管理系统”，是电动汽车及电网储能的核心技术之一，可提高纯电动客车20%的行驶里程。申请并被授予10余件美国技术发明专利，发表了10余篇国际会议及学术专刊论文。2013年，启迪创投完成了对海博思创公司A轮1500万元的股权融资。 | 2012年高聚工程 |
| 2 | 崔彤哲 | 海纳医信（北京）软件科技有限责任公司CEO | 海淀园 | 短短3年，在其带领下，海纳医信公司成为医疗影像信息领域的佼佼者。远程医疗服务平台成功入选第一批中关村现代服务业试点项目。随着移动互联网的发展，推出国内首套基于HTML 5标准的移动医疗影像信息管理系统。2013年，海纳医疗影像信息管理系统获美国食品和药品监督管理局的市场准入批准，迈出国际化进程的第一步。公司获得22件软件著作权、4件专利以及红杉资本（Sequoia Capital）3000万元注资，以促进海纳医信品牌的快速提升。 | 2010年海聚工程 |
| 3 | 周　欣 | 北京大方科技有限责任公司总裁兼总工程师 | 海淀园 | 成功研发世界第一台基于可调谐激光吸收光谱技术的天然气和炼厂气中微量硫化氢的气体分析仪。其创办的大方科技公司致力于开发、生产具有自主知识产权、国际领先水平的激光气体检测和分析仪器，解决了长期存在的测量难题，成功销售并应用在美国、加拿大以及欧洲、中东和亚洲等国家和地区的石油化工与天然气公司。在燃烧测量与控制领域取得多项国际领先的科研成果，申请国际专利11件。研发的DLGA-1000系列产品，为环保、生产过程控制和航空航天等领域提供了优质的产品和技术服务。 | 2010年海聚工程<br>2010年千人计划 |
| 4 | 赵　伟 | 安进医疗科技（北京）有限公司董事长兼总经理 | 海淀园 | 曾在日本主板上市公司担任执行董事等职务，发明了世界首创的电磁刀产品，创立了融医疗技术、人体传感网络、医疗与通信为一体的研发、生产、销售的中外合资高新技术企业，并在日本设有分部。2013年，在微创手术及内窥镜手术领域、人体传感信息领域、远程医疗领域及医疗产品追迹跟踪领域，研发新产品，在技术应用方面取得重大突破，为医疗事业提供了更加安全、方便、高性能和低成本的医疗产品，市场占有率明显提升。 | 2012年海聚工程 |
| 5 | 李　响 | 卡尤迪生物科技(北京）有限公司董事长兼总经理 | 海淀园 | 具有13年生物、物理交叉研究背景，创办了中国第一家，世界第二家致力于研发手持型通用荧光定量PCR仪的生物公司。同时，成功设计了世界首次真正的人工双向基因开关，掌握世界最尖端的PCR技术。2013年，卡尤迪公司被评选为“最具成长潜力的留学人员创业企业”，并入选中关村“金种子企业”。公司研发的“一键式、一步法POCT通用基因检测系统”，为中国核酸检测技术打破国外技术壁垒提供了保证，并借此启动公司的A轮融资。 | 2012年海聚工程 |

（续表）

| 序号 | 姓名 | 单位及职务 | 所属园区 | 入选理由 | 备注 |
|---|---|---|---|---|---|
| 6 | 陈本峰 | 美通云动（北京）科技有限公司 CEO | 海淀园 | 拥有近 10 年浏览器内核研发及国际互联网标准制定经验，曾发布 IE 8、IE 9 浏览器，参与制定 HTML 5 国际互联网标准。2013 年，完成从科研人员到商人的角色转型，在世界范围全面推广网站跨平台适配理念。通过云适配打开了网站的移动营销入口，降低 95% 以上的手机网站创建和运维成本。该项技术颠覆了传统手工移动网站建设模式，获第五届中国云计算大会“十大云创新企业”及美国著名创业杂志《红鲱鱼》“2013 亚洲创新百强”等荣誉。 | |
| 7 | 曹晓刚 | 北京豪腾嘉科科技有限公司创始人、CEO | 海淀园 | 80 后优秀的海归创业代表，致力于移动社交游戏业务。短短 2 年时间便引起了巨大的市场轰动以及资本市场的高度关注。2013 年，带领团队打造的“疯狂猜图”手机游戏首创微信传播“轻游戏”方式，是 APP 史上最火的一款游戏之一，连续多日位居 APP 休闲游戏排行之首。同时创建了国内首个通过微信病毒传播机制来进行游戏营销的商业模式，获得启明创投 250 万美元的投资。 | |
| 8 | 柏林森 | 北京百分点信息科技有限公司 CEO | 海淀园 | 在美国加州硅谷和纽约等地工作多年，历任高级金融软件工程师、金融分析师及资深金融保险咨询师。专长于资本市场、金融产品创新、海量数据处理、数学建模、时间序列预测、人工智能及其系统实现，是国内个性化推荐技术领航者。成功地将公司打造成为国内最专业的引擎技术平台和最大的跨网站消费偏好数据平台，获得 IDG 资本和名力中国成长基金 720 万美元投资。2013 年，百分点公司研发的个性化推荐引擎已成功应用在 550 余家知名电子商务企业和 100 余家资讯类网站。 | |
| 9 | 唐　明 | 布谷（北京）网络科技有限公司董事长 | 朝阳园 | 具有多年海外工作经验，对于网络技术的研发和应用有着独到见解，从日益走俏的网购中发现新的商机，创造了中国首家网购点评网“淘免单”，通过为买家提供增值服务，从淘宝口中“夺食”，让“淘免单”聚集了一大批网购消费者，形成免单营销模式。同时，还将“淘免单”搬到移动互联网上，让其成为一种交流和互动的工具。2013 年，在其带领下，超过 40 余万家卖者成为“淘免单”网的合作卖家，公司市场占有率不断提升。 | 2012 年海聚工程 |
| 10 | 王晓鹏 | 北京释码大华科技有限公司董事长兼总经理 | 朝阳园 | 历经 8 年研发虹膜识别技术并进行科技成果转化，系统稳定性、安全性和快速性均处于世界领先行列，在国内外先后申报获得 20 余件专利。2013 年，释码大华公司针对移动终端设计的虹膜识别技术解决方案达到全球领先水平，多家欧美公司要求购买该技术授权。该项技术得到广泛的应用，与德国奥迪汽车公司、华为集团、联想集团、中兴集团等签订合作意向，并在解放军总医院建立其医疗专用企业的虹膜通道，且联合同仁医院共同推行公益项目。 | 2012 年海聚工程 |

# 中关村十大卓越品牌

| 序号 | 品牌名称 | 品牌图形 | 企业名称 | 入选理由 | 所属园区 |
| --- | --- | --- | --- | --- | --- |
| 1 | 联想 | lenovo联想 | 联想集团有限公司 | 被誉为全球PC行业的领军者。经过近30年努力，毫无争议地登上PC行业的巅峰。保持在中国市场的优势，进军全球新兴市场，在智能手机、智能电视、平板电脑等新领域孜孜以求地追求创新。通过并购、自主发展等方式，不论是在发达国家还是新兴国家，都建立起大本营。2013年7月，IDC和Gartner分别发布的最新行业数据显示，联想超越惠普，为全球最大的个人电脑供应商，首次成为全球个人电脑行业无可争议的领导者。 | 海淀园 |
| 2 | 百度 | Baidu百度 | 百度在线网络技术（北京）有限公司 | 对中文信息检索技术的追求，成就了在行业中的霸主地位。让人们最便捷地获取信息，做中国人自己的搜索引擎，经过10年磨砺，已发展成为全球第二大独立搜索引擎和最大的中文搜索引擎，在中国拥有超过八成的市场份额。2013年，从收购PPS视频业务和91无线，到联合卡巴斯基推出免费杀毒软件，再到宣布旗下百度导航业务永久免费和发布首款理财产品——百发，百度公司通过持续的商业模式创新，不断提升着企业自身的品牌及运营效率，进一步带动整个互联网行业的经济增长，推动社会经济的发展和转型。 | 海淀园 |
| 3 | 京东方 | 京东方 BOE | 京东方科技集团股份有限公司 | 作为全球知名的光电显示产品、技术与解决方案提供商，京东方集团公司通过多年自主创新及产业积累，构建了全系列液晶面板制造体系，实现全系列液晶显示屏“中国造”，成为中国大陆规模最大、在显示领域最具综合实力的高科技企业，带领中国半导体显示产业实现新跨越。2013年，公司在超高分辨率、低功耗GOA及高透过率、透明显示、超高清裸眼3D等全球前沿技术与产品领域均占据领先地位，陆续推出全球最大尺寸7680×4320分辨率超高清显示屏、全球首款65英寸氧化物TFT显示屏、超高清裸眼3D等产品，全球新品首发率超过30%。2013年仅上半年公司就实现营业总收入162.5亿元，较去年同期增长近七成，净利润达8.6亿元，产能提升1/3。 | 朝阳园 |
| 4 | 京东 | JD.COM 京东 | 北京京东世纪贸易有限公司 | 京东公司始终坚持以纯电子商务模式运营，缩减中间环节，为消费者在第一时间提供优质的产品及满意的服务，在国内拥有超过1亿注册用户。作为中国B2C市场最大的3C网购专业平台，无论在访问量、点击率、销售量以及业内知名度和影响力上，都在国内3C网购平台中首屈一指。2013年3月30日，京东商城域名更换为JD.COM，并推出名为“Joy”的吉祥物形象，凸显其对“为用户提供更简单、快乐的购物体验”这一理念的追求和坚持，同时新形象也拉开了公司第二个10年发展的序幕。 | 海淀园 |
| 5 | 乐视网 | Letv乐视网 | 乐视网信息技术（北京）股份有限公司 | 凭借最全的影视剧库和“乐视制造”这一视频网站自制第一品牌，成为中国第一专业长视频网站。2011年和2012年，乐视网公司业绩增速连续2年位居网络视频行业首位。其用户规模和广告盈收已双双跃居互联网公司20强。2013年5月，公司联合最顶尖面板供应商夏普十代屏、智能芯片商美国高通公司、制造商富士康和播控平台合作方CNTV，推出首款4核1.7吉赫兹、速度最快、最高性价比的智能电视——乐视TV·超级电视X60，同时推出卧室电视S40，成为全球首家正式推出自有品牌且具有颠覆性技术的电视互联网公司。 | 海淀园 |

（续表）

| 序号 | 品牌名称 | 品牌图形 | 企业名称 | 入选理由 | 所属园区 |
|---|---|---|---|---|---|
| 6 | 利亚德 | 利亚德 LEYARD | 利亚德光电股份有限公司 | 利亚德公司是专业从事LED应用产品研发、设计、生产、销售和服务的高新技术企业，致力于为客户提供高效、节能、可靠的LED应用产品及其整体解决方案。凭借高品质的产品、领先的技术水平和一流的服务能力在业内树立起良好的品牌声誉。2013年7月，其自主研发的超高清LED电视发布，推动了利亚德光电全球化品牌战略的进程，同时也标志着中国LED电视技术在全球范围内取得了领先地位，中国公司将在这一领域抢得先机，赢得更多市场份额。 | 海淀园 |
| 7 | 大北农 | DBN 大北农集团 DA BEI NONG GROUP | 北京大北农科技集团股份有限公司 | 大北农公司致力于以科技创新推动中国的现代农业发展，建有饲用微生物工程国家重点实验室、作物生物育种国家地方联合工程实验室2个国家级研发机构，“大北农猪圆环病毒疫苗技术”“大北农猪早期营养技术”曾分别获国家科技进步奖一等奖和二等奖。2013年，在“第八届大北农科技奖颁奖大会暨中关村全球农业生物技术创新论坛畜牧科技创新分论坛”期间，公司与加拿大吉博克种猪育种公司签署了种猪育种全面合作协议，为大北农种猪事业的品牌、技术和服务等体系建设提供了强有力的支撑。 | 海淀园 |
| 8 | 德青源 | DQY ECOLOGICAL® 德青源 | 北京德青源农业科技股份有限公司 | 被誉为全球领先的生态农业企业，开创了可持续发展的生态农业模式，建立了全球领先的循环经济标准，引领农业产业化，持续为消费者提供高品质的生态食品和清洁能源，推动并参与制定了中国第一部鸡蛋标准，开创了中国鸡蛋品牌之先河。2013年，在南非开普敦举行的2013世界蛋品年会上，德青源公司夺得全球蛋品行业最高奖——2013年度全球水晶鸡蛋奖。这是公司继2008年获得该奖项后第二次收获此项大奖，同时，公司也是世界蛋品协会成立65年以来唯一一家获此奖的亚洲蛋品企业，是唯一一家两次获得同一奖项的蛋品企业。 | 海淀园 |
| 9 | 高德 | 高德 AutoNavi | 高德软件有限公司 | 中国领先的数字地图、导航和位置服务解决方案提供商，拥有导航电子地图甲级测绘资质、测绘航空摄影甲级资质和互联网地图服务甲级测绘资质“三甲”资质，其优质的电子地图数据库成为公司的核心竞争力。2013年5月，公司与阿里巴巴集团宣布战略合作，共同致力于海量基础地图和生活服务数据库的建设，以提升高德地图作为移动生活服务入口及应用的用户体验。8月28日，高德导航产品打破导航应用产品长期收费的固有规则，率先宣布全面取消用户收费，将为导航产业带来新一轮的快速发展。 | 昌平园 |
| 10 | 桑德 | 桑德集团 sound group | 桑德集团有限公司 | 作为国内环保产业界技术水平最高、综合实力最强的企业之一，拥有20年环境领域事业经验，集投资、设计、建设、运营、环保设备制造于一体，在水务、固废处理、清洁能源等多项环境治理领域提供全面解决方案。2013年，由桑德集团公司控股的湖南桑顿新能源公司一期项目——锂电池及其机电一体化产品量产，公司由此正式进军锂电新能源产业。同时，公司成功实现了北京朝阳垡头污水处理厂、石景山五里坨污水处理厂、顺义李桥污水处理厂的并购，涉及金额1.3亿元。作为2013年水务市场的大宗并购案例，此次并购进一步整合了北京市场，加大了公司对北京环境产业的建设力度，完善了公司在北京市场的战略布局。 | 海淀园 |

# 中关村十大新锐品牌

| 序号 | 品牌名称 | 品牌图形 | 企业名称 | 入选理由 | 所属园区 |
|---|---|---|---|---|---|
| 1 | 小米 | 小米 xiaomi.com | 北京小米科技有限责任公司 | 专注于高端智能手机自主研发的移动互联网公司，小米手机、MIUI、米聊是其三大核心业务。首创用互联网模式开发手机操作系统、60万发烧友参与开发改进的模式。2013年，小米公司相继推出功能和性价比超高的红米手机、小米3手机、新小米盒子、小米移动电源等产品。2013年8月22日，小米科技完成新一轮融资，整体估值逼近100亿美元。公司成立短短3年，估值从2.5亿美元到90亿美元，身价翻了36倍，成为国内仅次于百度、阿里巴巴、腾讯的第四大互联网公司。小米品牌的成功源于营销模式、商业模式及竞争战略上的创新。 | 海淀园 |
| 2 | 创客空间 | 创客空间 BEIJING MAKERSPACE | 北京创客空间科技有限公司 | 针对于创客的公共服务平台和孵化基地，为个人创客和创客团队提供孵化场地、房租租赁、技术平台及评测、开发工具、管理咨询、投融资和渠道销售服务。创客空间公司是国内第一家从创意上游进行跨领域协同创新孵化或者代理独立创造者的独创性科技项目，进行协作开发和本地化，将其输出到各类下游渠道的专业化多边平台。2013年1月起，尤伦斯当代艺术中心、创客空间公司共同举办每月一期的工作坊，以30分钟的讲座和3小时的动手实践为形式，通过具体的科技项目，用可爱或奇怪的科技材料和方式，让参与者加入到具体的创作和制作中并完成个人或者临时的团队作品，旨在用具体而有趣的跨界项目，让参与者学习到当今全球最新的快速原型相关技术方法。 | 海淀园 |
| 3 | 爱奇艺 | iQIYI 爱奇艺 | 北京爱奇艺科技有限公司 | 由全球最大的中文搜索引擎百度创立，是国内首家专注于提供免费、高清网络视频服务的大型专业网站。凭借丰富的自制、版权内容，多元的终端支持和优质的用户体验，爱奇艺公司赢得了广大用户和广告主们的青睐和口碑。2013年5月7日，公司与PPS宣布合并，合并后的爱奇艺公司同时拥有iQIYI和PPS两大品牌，成为中国最大的网络视频平台。 | 海淀园 |
| 4 | 精进电动 | 精进电动 | 精进电动科技（北京）有限公司 | 中国新能源汽车驱动电机行业的领军企业，是国内第一家把新能源汽车电机产品推向产业化、国际化的公司。精进电动公司的驱动电机产量、销量和出口量均高居国内新能源汽车电机领域首位，并成为全球产销量领先的独立驱动电机供应商之一。2013年，公司经过与东芝、法里奥等7个全球顶级汽车电机供应商的竞争，赢得美国三大汽车公司之一的菲斯克汽车公司（Fisker Automotive）新能源汽车电机的量产项目。从向美国汽车品牌Fisker供货，到拿下美国主流汽车公司新能源汽车电机量产大单，充分显示出公司强大的技术与产业化实力。 | 朝阳园 |
| 5 | 36氪 | 36Kr | 北京协力筑成传媒科技有限公司 | 中国领先的科技新媒体，报道最新的互联网科技新闻以及最有潜力的互联网创业企业，专注于为互联网创业者和从业者提供媒体资讯、投融资、人才招聘、数据库、大型展会等服务。协力筑成公司目标是通过对互联网行业及最新创业企业的关注，为中文互联网读者提供最佳的了解互联网行业当下与未来的科技媒体。2013年1月，36氪创业服务平台36氪+上线，将为创业者提供寻求融资、寻求报道和创业项目数据库以及服务优惠、招聘、创业指南等各种服务。公司已被纳入国家科技企业孵化器管理体系。 | 海淀园 |

（续表）

| 序号 | 品牌名称 | 品牌图形 | 企业名称 | 入选理由 | 所属园区 |
| --- | --- | --- | --- | --- | --- |
| 6 | 3W 咖啡 | 3W 这就是互联网的圈子 | 北京三大不六文化传播有限公司 | 由中国互联网行业领军企业家、创业家、投资人组成的人脉圈层，其业务包含天使投资、俱乐部、企业公关、会议组织和咖啡厅，主旨是为互联网人士提供一个开放、专业、休闲的交流场所和沟通平台，以展现日新月异的创意产业，提高企业竞争力和影响力，繁荣互联网文化，增进业界交流，促进行业发展。2013 年，3W 咖啡推出 Next Big 的孵化器项目，为创业者提供免费的统一行政服务以及诸多软性资源，比如以微博营销、电子商务、移动互联网、互联网业态观察、互联网投资趋势等为主题举办各类系列的分享沙龙，提供投融资对接、行业培训交流及优惠的企业级服务等。 | 海淀园 |
| 7 | 人人贷 | 人人贷 renrendai.com | 人人贷商务顾问（北京）有限公司 | 集金融信息服务及互联网技术应用于一身的创新型公司，为有资金需求和理财需求的个人搭建了一个诚信、透明、公平、高效、创新的网络互动平台。用户可以在人人贷上获得信用评级、发布借款请求满足个人的资金需要，也可把自己的闲余资金通过人人贷出借给信用良好有资金需求的个人。2013 年 8 月，人人贷参与发布《个人对个人（P2P）小额信贷信息咨询服务机构行业自律公约》，这是 P2P 行业首个自律公约，推进了行业健康化、阳光化发展。同时，人人贷发起成立中关村互联网金融行业协会。2013 年，人人贷网站累计贷款成交量突破 20 亿元；完成 A 轮融资，领投方为挚信资本，投资总额为 1.3 亿美元。作为中国最早的一批基于互联网的 P2P 信用借贷服务平台，人人贷已赢得良好的用户口碑，成为行业内最具影响力的品牌之一。 | 朝阳园 |
| 8 | 亿赞普 | izp TECHNOLOGIES | 亿赞普（北京）科技有限公司 | 基于技术和商业模式的创新，搭建全球化的云媒体平台。通过与全球运营商及互联网网站合作，基于自主创新的大数据量智能分类处理平台，在全球互联网上部署跨多个国家、多个地区、多种语言体系，覆盖面最广的超级互联网媒体平台。在欧洲、拉美、东南亚设立 3 个海外运营中心，有 21 个跨国电信运营商和数十万网站加入亿赞普的平台，覆盖 89 个国家的 8 亿互联网用户，其中 50% 以上是国外的网民。2013 年，亿赞普公司以最高分入选 2014 年国家“863 计划媒体大数据内容理解与智能服务”项目，成为担任此轮 863 计划大数据领域的领头人，说明国家对亿赞普大数据技术与研发实力的高度认可，也标志着公司在行业中享有的领先地位。 | 海淀园 |
| 9 | 豌豆荚 | 豌豆荚 | 北京卓易讯畅科技有限公司 | “豌豆实验室”是创新工场首批孵化项目之一，拥有一个小而精的产品设计师团队，将概念性的想法转化成对用户富有价值的产品，专注于为用户创造简单好用的移动产品。其主要产品豌豆荚拥有上千万用户，成为国内 Android 手机用户安装应用的主要来源。2013 年，卓易公司发布“视频搜索”产品，其特色功能“追追看”从手机端延伸至 PC 端，为超过 2.5 亿豌豆荚用户带来了更加方便、快捷的手机视频消费体验。“云备份”和“云相册”，将手机中数据及照片保管到云端，避免数据丢失带来的麻烦，享受放心应用的乐趣。 | 海淀园 |
| 10 | 中科纳新 | 中科纳新 Nano Think | 北京中科纳新印刷技术有限公司 | 致力于具有自主知识产权的印刷相关新技术、新材料及相关设备、软件的研发、生产和销售。通过持续的技术创新，保持了在印刷领域的领先地位，成为国内和国际绿色印刷技术的领跑者。中科纳新公司主要技术为纳米材料绿色制版技术，是一种非感光、无污染、低成本的新型快速印刷制版技术，其推广应用有望解决国内印刷制版行业的污染和资源浪费问题，提升中国印刷企业的技术创新水平和竞争力。2013 年，公司在绿色油墨、绿色铝板基生产等领域的延伸应用都取得可喜成效。公司将实现管理体制创新，制定符合产业发展的公司政策，简化股东结构，进一步提高管理水平，引入战略合作伙伴，加快市场推广步伐。 | 怀柔园 |

# 中关村十大创新成果

| 序号 | 成果名称 | 企业名称 | 领域 | 所属园区 | 入选理由 |
|---|---|---|---|---|---|
| 1 | 110 英寸 3840×2160 超高清液晶显示屏 | 京东方科技集团股份有限公司 | 新材料 | 朝阳园 | 产品拥有自主知识产权，可打破国外产品垄断，具有广阔的市场前景，对于相关产业发展具有带动作用。110 英寸超高清 ADSDS 显示屏最高分辨率可达 3840×2160，相当于全高清的 4 倍，同时采用京东方公司独有的 ADSDS 宽视角技术，拥有上下 / 左右均 178 度的超宽广视角。显示屏亮度高达 1000nits。产品可广泛运用在室外公共显示场所，能够实现高品质显示，10bit 色彩技术呈现 10.7 亿色，远高于主流显示色彩数，使得色彩更加丰富艳丽，在最大程度上还原了真实色彩。 |
| 2 | GD32 系列 32 位通用微控制器 | 北京兆易创新科技股份有限公司 | 新材料 | 海淀园 | 成果是中国首个基于 ARM® Cortex−M3 内核的 32 位通用微控制器，打破了欧美厂商的垄断。性能上和市场同类产品相比有明显优势，具备较强的市场竞争力。产品采用了多项具有自主知识产权的专利技术，全新的 GD32 系列实现了内核对 Flash 访问的零等待。根据 Dhrystones 和 CoreMark 测试结果，GD32 的代码执行效率比市场同类产品提高 30%~40%。此外，还针对节能和电池供电等应用场合进行了优化，提供了 3 种省电模式，同主频下的工作电流比市场同类产品降低 20%~30%，在最高主频下的全速运行功耗仅为 1.05 毫瓦 / 兆赫兹。该系列 MCU 产品面向工业和消费类嵌入式应用，适用于工业自动化、人机界面、电机控制、安防监控、智能家居家电及物联网等，在变频控制领域已有快速增长的需求。 |
| 3 | 新型精准定位与无线通信系统 | 北京神州泰岳软件股份有限公司 | 电子信息 | 海淀园 | 成果将多种无线通信能力集成于一根“智慧线”中，实现无线接入和定位，拥有自主知识产权，方案已在矿山试点。产品具有技术独创性，市场前景广阔。智慧线是整个系统的核心部分，相当于人体内的神经系统。线缆集成了无线接入与数据传输功能，铺设后自动形成无线通信网络，可根据需求随意剪切、连接而不影响通信质量，单一子网线缆的级联、分叉累计距离可达数百公里，多个子网可以融合构成一个巨网。其功能包括可感知存在于其周围携带智慧标签的设备，并确定设备的位置；接收智慧标签发送出来的数据和语音；为数据传输提供带宽等。智慧线 2.0 的传输带宽最高可达 1.25 吉兆，无线带宽最高可达 2 兆；智慧线 3.0 的无线带宽达到 300 兆至 1.3 吉兆，出口总线带宽 4 吉兆至 80 吉兆。 |
| 4 | 氢气竖炉直接还原技术及产业化应用 | 北京神雾环境能源科技集团股份有限公司 | 节能环保 | 昌平园 | 项目实现转底炉关键设备的国产化及大型化，解决了劣质含铁资源利用难度大、利用水平低、现有工艺能耗高、污染大等国际性难题，具有明显创新性。项目在多家大型钢厂得到应用，累计实现销售收入超过 16 亿元。氢气竖炉直接还原——熔分双联工艺冶炼钒钛资源技术，是神雾环境公司通过引进国际先进的氢气竖炉直接还原工艺，融合自身的蓄热式高温空气燃烧核心技术开发而成，在生产效率、工程规模化、投资费用、工序生产能耗、产品单位成本等方面极具优势。冶炼过程中，没有焦化、烧结、高炉等高能耗的污染设备，不需焦炭、焦煤，只需普通煤炭作为原料。高炉炼铁的反应温度在 1500℃左右，而神雾转底炉炼铁的反应温度在 1250℃左右，大大降低了冶炼能耗，二氧化碳的排放可下降 20% 以上。 |
| 5 | PET−CT 分子医学影像整机系统 | 北京锐视康科技发展有限公司 | 生物工程 | 丰台园 | 公司实力雄厚，目前国内未有企业生产销售 PET−CT 系统。该产品拥有自主知识产权，打破了国外产品垄断，具有广阔的市场应用前景。锐视康公司自主研发的高分辨率 36 环 PET 系统与日立医疗最新的 64 排 CT 实现了有机组合。PET 扫描架与 CT 扫描架共心设计，共用一个检查床，一次检查完成 CT 和 PET 扫描，无须考虑病人的移位，从根本上保证了 CT 与 PET 影像的融合精度。一次非创伤性扫描即可得到完美的影像，不仅可以精确地显示机体的解剖结构，且可从分子水平展现机体组织的功能变化。 |

（续表）

| 序号 | 成果名称 | 企业名称 | 领域 | 所属园区 | 入选理由 |
| --- | --- | --- | --- | --- | --- |
| 6 | 新型肿瘤标志物热休克蛋白90α（Hsp90α） | 北京普罗吉生物科技发展有限公司 | 生物工程 | 海淀园 | 项目是中国第一个自主研发的全新肿瘤标志物，具有广阔的临床应用空间。Hsp90α定量检测试剂盒已通过临床试验验证，获得国家第三类（最高类别）医疗器械证书，并通过了欧盟认证，获准进入中国和欧盟市场。产品可用于肝癌、乳腺癌、结直肠癌、前列腺癌、胰腺癌、胃癌等多个瘤种的临床测试。与其他肿瘤检测手段相比，检测肿瘤标志物更加方便快捷，成本更低。患者只需取一滴血液，通过Hsp90α定量检测试剂盒检测血浆中Hsp90α的含量，即可用于病情监测和治疗效果的评价，为指导肿瘤个体化治疗提供辅助依据。 |
| 7 | 高效节能增强型中空纤维膜生物反应器组器 | 北京碧水源科技股份有限公司 | 节能环保 | 海淀园 | 公司拥有自主研发的核心技术，是中国污水资源化技术的开拓者和领先者,也是中国膜生物反应器（MBR）技术大规模应用的奠基者。采用膜材料制造技术生产的PVDF中空纤维微滤膜膜丝与膜元件创新性较强，具有广阔的市场应用前景，对于相关产业发展有带动作用。创新成果已广泛应用于污水处理行业，并获得良好的经济效益和社会效益。 |
| 8 | LED小间距电视技术 | 利亚德光电股份有限公司 | 电子信息 | 海淀园 | 利亚德公司围绕自主研发的LED小间距电视技术已申请了50余件专利，拥有核心技术的自主知识产权。成果具有国内领先的技术优势和广阔的市场前景，在研发LED电视关键技术中取得了创新性突破。小间距LED电视具有超高清、高显示一致性、超高刷新率、更高的图像层次、轻巧简易的安装拆卸方式等优点，适用于高端会议、安防监控、作战指挥和广电演播等领域，主要用于替代DLP和LCD电视，市场需求空间巨大，具有传统DLP、LCD拼接大屏无可比拟的优势——实现真正意义上的无缝拼接。 |
| 9 | TRS SMAS社会化媒体分析云服务平台 | 北京拓尔思信息技术股份有限公司 | 电子信息 | 海淀园 | 云服务平台核心技术处于领先水平，全部自主研发（TRS全文数据库系统、TRS文本挖掘软件、TRS网络信息雷达系统、TRS SMAS社会媒体云服务平台）。拓尔思公司具备较强的产品研发能力和市场开拓能力，产品拥有完全自主知识产权，是建立在TRS数据中心基础上的大型在线服务平台，面向政府、企事业单位、个人，提供各类社会化媒体数据及分析服务，范围涵盖网络媒体、论坛博客、微博SNS等全媒体，囊括了事前预警、事中分析、事后处理，为信息的全面分析构建了完整的生态链条。TRS SMAS在大数据智能挖掘、热点分析方面具有业内领先的技术优势，凭借海量数据的支撑，可为客户提供丰富而个性化的服务，满足各行业客户的不同需求。 |
| 10 | 无创肿瘤基因检测 | 安诺优达基因科技（北京）有限公司 | 生物工程 | 亦庄园 | 安诺优达公司项目属于全球肿瘤检测领域的前沿技术，拥有自主知识产权，创新性较强，市场应用广阔，对相关产业发展具有带动作用。基于新一代高通量测序技术，早、准、快、全，安诺优达MyGenome肿瘤基因检测,采用新一代高通量测序及信息分析技术，一次能对42种肿瘤的基因序列进行测序,准确性更高,检测更全面。使用HiSeq 2500/2000、NextSeq 500高通量测序平台，配以高性能计算平台，具有强大的数据存储及处理能力。同时用2套不同序列捕获方法，对目标区域进行特异性富集后，通过高通量测序平台进行深度测序，可充分保证结果的准确性及可靠性，实现对个人基因组信息的详细解读。用于进行肿瘤基因检测的技术有一代测序、基因芯片、新一代高通量测序，主要从检测通量、检测范围、准确性、灵敏性等方面对这3种技术进行比较。 |

# 中关村十大创新标准

| 序号 | 标准名称 | 标准号 | 领域 | 完成单位 | 所属园区 | 入选理由 |
|---|---|---|---|---|---|---|
| 1 | 工业通信网络高可靠性自动化网络第6部分：分布式冗余协议（DRP） | IEC 62439-6:2010 | 电子信息 | 北京东土科技股份有限公司 | 石景山园 | 标准描述了协议支持的环型拓扑和双环型拓扑形式、DRP协议的通信过程、DRP协议类的属性、DRP协议参数、DRP协议的读写服务、DRP协议各类报文的特征和属性以及DRP协议状态机迁移条件和过程。该标准的实施和应用，可提高工业通信系统智能化和自动化水平，便捷地诊断网络故障和隔离网络故障，增强工业通信系统的可靠性和安全性，提升工业自动化控制能力与水平。随着该标准化协议被国内外同行业企业逐步采用，对中国企业形成自主发展和规模化应用水平将产生巨大影响，促进中国工业通信领域从采用外国芯片逐步转向芯片开发，实现工业通信领域的产业升级。 |
| 2 | 《信息技术信息设备资源共享协同服务（IGRS）》7项国际标准 | ISO/IEC14543-5-1\4\22:2010; ISO/IEC 14543-5-3\5\6\21:2012 | 电子信息 | 闪联产业联盟 | 海淀园 | 系列标准包括：2012年发布的《音视频应用框架》《基础应用》《服务类型》《设备类型》4项标准和2010年发布的《基础协议》《文件交互应用框架》《设备验证》3项国际标准，是中国3C协同领域首个完整ISO国际标准体系。该系列标准是数字3C设备的交换技术和接口规范，在通信及内容安全机制的保证下，支持各种数字3C设备智能互联、资源共享和协同服务，实现"数字3C设备＋网络运营＋内容/服务"的全新网络架构，为未来的终端设备提供商、网络运营商和网络内容/服务提供商创造出健康清晰的赢利模式，为用户提供高质量的信息服务和娱乐方式。其主要特征可以概括为"智能互联，资源共享，协同服务"。该系列标准以自主创新架构为基础，已得到了国际同行的认可，并且规避了潜在的国外专利风险。 |
| 3 | 三维地理信息模型数据产品规范 | CH/T 9015-2012 | 航空航天 | 高德软件有限公司 | 朝阳园 | 标准规定了三维地理信息模型数据产品的内容、分类、分级以及可视化表达等方面的要求，提供了各行业部门三维建设的统一基准，提高了三维模型数据生产、维护的有效性，可更好地推动三维地理信息的广泛应用。该标准的实施将促进北京地区地理信息产业结构的调整优化，提升中关村示范区企业在国际、国内地理信息市场的竞争力。 |
| 4 | 民用建筑节水设计标准 | GB 50555-2010 | 节能环保 | 中国建筑设计研究院 | 西城园 | 标准首次提出"节水用水定额"的具体数据，并规范了"节水设计专篇"的编写格式，对现有的国家标准做出了具体、可操作性的补充，对保障中国建设节水型社会具有重要指导意义。 |
| 5 | 废弃电器电子产品处理工程设计规范 | GB 50678-2011 | 节能环保 | 中国电子工程设计院 | 海淀园 | 标准规定了废弃电器处理项目的工程设计要求，获2012中国电子学会"电子信息科学技术奖"。标准与"节能减排"产业结合紧密，技术专业性强，对实施近年来国家针对废弃电器颁布的法律法规具有有效的技术支撑作用，并规范了相关行业单位的建设行为。 |
| 6 | 医用电气设备数字X射线成像系统的曝光指数第1部分：普通X射线摄影的定义和要求 | YY/T 0796.1-2010 | 生物工程 | 华润万东医疗装备股份有限公司 | 朝阳园 | 标准规范了数字X射线成像系统的曝光指数的定义，对曝光指数的数据创建、区域选择、模型建立、校准和偏差等提出了具体要求，适用于所有数字X射线摄影系统，为产品上市前的注册检验及生产使用提供了重要依据。该标准实施后，为建立患者受照剂量数据库提供了统一标准依据，可避免数字X射线摄影临床检查中可能出现的曝光失败、过度曝光，减少患者受照剂量，对数字X射线行业的规范具有重大意义。 |
| 7 | 中低速磁浮交通车辆通用技术条件 | CJ/T 375-2011 | 现代制造 | 北京控股磁悬浮技术发展有限公司 | 朝阳园 | 标准制定了中低速磁浮车辆产品系统、悬浮走行部系统、悬浮导向系统及列车运行自动控制系统的技术条件与技术规范等，是国内中低速磁浮交通产品标准体系的创新。该标准符合市政府和中关村示范区的重点发展方向，将有力保障中低速磁浮交通示范线（S1线）的建设和运营，对中低速磁浮交通产业的发展起到重要的技术支撑作用，对国内城市轨道交通发展具有重要指导意义。 |

（续表）

| 序号 | 标准名称 | 标准号 | 领域 | 完成单位 | 所属园区 | 入选理由 |
| --- | --- | --- | --- | --- | --- | --- |
| 8 | 铜及铜合金化学分析方法系列标准 | GB/T5121.1~27-2008; GB/T 5121.28-2010 | 新材料 | 北京矿冶研究总院 | 西城园 | 系列标准共包括28个分标准，62个分析方法，涵盖现行所有的铜及铜合金冶炼和加工产品标准。该标准与国家原标准和ISO标准、ASTM标准、EN标准、JIS等国外先进标准比较，方法更先进、全面，覆盖面更广，分析范围更宽。标准实施以来，已在有色金属行业铜及铜合金生产企业、加工企业、科研院所以及出入境检验、质检等检测机构广泛应用，是行业采用的首选方法，对中国铜及铜合金行业生产、贸易起到了指导作用，并提供了分析测试依据。该标准获得省部级一等奖2项。 |
| 9 | 机械电器安全 机械电气设备 第1部分：通用技术条件 | GB 5226.1-2008 | 现代制造 | 北京凯恩帝数控技术有限责任公司 | 丰台园 | 标准规定了解决机械电气系统的基本安全要求，适用于机械设备用的电工、电子和可编程序控制系统或设备，是高端装备制造业机械电器进出口检验的重要法规，行业内所有生产厂商研发、设计、试验、生产等使用最广泛的标准。该标准已作为蓝本申请到国际标准立项，是中国高端装备制造业首部国际标准立项，具有创新性和开拓性。作为国家强制标准，为中国机电产品进行机床数控系统强制检测提供技术依据，对机电装备产业发展有重大指导意义。该标准的制定与实施将促进中国机械电气的电磁兼容性水平提高，对提升中关村示范区机电企业在国际、国内市场竞争力，提高机械电气安全水平，保护工作人员的人身健康均具有重要的意义。 |
| 10 | 风力发电机组 双馈式变流器 第1部分：技术条件 | GB/T 25388.1-2010 | 现代制造 | 北京科诺伟业科技股份有限公司 | 昌平园 | 标准规定了双馈式变速恒频风力发电机组交直交电压型变流器的相关术语和定义、通用技术要求、试验方法、检验规则，且包括产品的相关信息。通过本标准的实施，统一了各厂家生产的产品技术指标和功能，规范了双馈式变流器产品，促使风电产品及市场按规范化、标准化的方向健康有序发展。标准促进了风电机组关键零部件控制系统的产业化进程，打破了国外同类产品的技术壁垒，提升了行业竞争力。 |

# 中关村十大创投、十大并购案例

| 序号 | 创投案例 | 序号 | 并购案例 |
| --- | --- | --- | --- |
| 1 | 挚信资本等投资人人贷，共创互联网金融新格局 | 1 | 百度收购91无线，完成移动互联网布局 |
| 2 | 融360获红杉资本等注资，巩固行业引领地位 | 2 | 紫光并购能通科技和融创天下，力争IT服务领导地位 |
| 3 | 君联资本联合多家机构投资优信互联，发力二手车电子商务 | 3 | 荣之联并购车网互联科技，确定物联网领先地位 |
| 4 | 经纬红杉等注资北森测评，SaaS招聘管理系统引风投垂青 | 4 | 263并购iTalk，完善通信战略布局 |
| 5 | 纪源资本等投资中持水务，积极布局环保领域 | 5 | 蓝色光标并购东方博杰，打造行业典范 |
| 6 | 阿米那获浩然资本等投资，深耕中美节能环保产业 | 6 | 合众思壮收购半球科技，布局GNSS高精度市场 |
| 7 | 云知声获启明创投注资，语音识别技术服务移动互联网 | 7 | 掌趣科技并购海南动网先锋，横向布局页游 |
| 8 | 易到用车网获宽带资本青睐，商务用车服务市场爆发 | 8 | 太极并购慧点科技，优化行业布局 |
| 9 | 宽带资本等注资秒针信息，大数据引发营销变革 | 9 | 乐普医疗并购河南新帅克，成功挺进医药行业 |
| 10 | 天使汇获得众筹融资，创新天使投资新模式 | 10 | 同方并购E人E本，完成PC向平板布局 |

# 中关村新锐企业十强

| 序号 | 名称 | 领域 | 注册时间 | 所属园区 | 入选理由 |
|---|---|---|---|---|---|
| 1 | 贝壳网际（北京）安全技术有限公司 | 电子信息 | 2009 | 石景山园 | 贝壳网际公司拥有强大的产品化能力和丰富的产品化经验，为上亿用户提供免费的互联网和移动互联网产品。其产品猎豹安全浏览器主打安全与极速特性，对Chrome的Webkit内核进行了超过100项的技术优化，访问网页速度更快。贝壳网际的PC端用户和移动端用户接近2亿人。公司在所属领域形成比较完整的自主知识产权链，整体技术水平居行业领先。 |
| 2 | 北京东方车云信息技术有限公司 | 电子信息 | 2010 | 丰台园 | 东方车云公司是专业提供汽车共享服务的电子商务平台，其产品“易到用车”致力服务于企业及个人用户的用车需求，使所有人能够分享互联网时代的用车新体验。现有用户上百万人，业务覆盖国内49个大中型城市，是极具创新能力和发展潜力的高成长型企业。已获得5件专利授权、软件著作权14件。公司已实现传统行业与现代互联网技术的结合，符合行业发展潮流，创新和应用模式属于国内首家。 |
| 3 | 易淘星空网络科技（北京）有限公司 | 电子信息 | 2011 | 石景山园 | 易淘星空公司作为国内领先的餐饮O2O企业，市场份额巨大，未来发展前景乐观。其自主研发的网络餐饮管理系统易淘食旗下有易淘食、易淘订、易淘客和易淘送等产品，可以分为两个大类：面向B端的电子商务建设体系和面向C端的国内首家网络餐饮功能性平台——在线订餐网站易淘食。公司中国餐饮行业的线下市场规模巨大，为餐饮O2O发展提供了广阔前景。 |
| 4 | 北京融世纪信息技术有限公司 | 电子信息 | 2011 | 海淀园 | 融世纪信息公司凭借独特的模式和清晰的定位，成为国内互联网金融行业的六大典型业态之一。融360也是金融垂直搜索领域内的市场第一品牌，是目前覆盖城市最广（贷款覆盖86个城市、信用卡覆盖120个城市），服务用户最多（80%的小微企业、个体工商户和个人消费者）的信用卡与贷款的搜索、推荐与申请的网络平台。公司基于整个金融产业链的创新，为用户提供了一站式搜索、比较金融产品平台，引入了多层次、多元化的金融机构以及多样化的金融产品，覆盖用户不同层次的个性化需求。 |
| 5 | 北京旷博生物技术有限公司 | 生物医药 | 2009 | 亦庄园 | 旷博生物公司聚焦临床产品和健康预警产品，以自主核心技术为境内外科研单位提供技术服务，成为临床和健康预警领域的生物试剂领先企业。承担国家“十二五”重大专项课题4个、国家卫生行业科研课题1个，建立了完整的化学发光技术平台、酶联免疫技术平台、流式细胞技术平台、microRNA技术平台、四聚体和蛋白质工程技术等5个技术平台。公司完成对北京同生时代生物技术公司的收购，拥有了成熟的诊断试剂GMP生产体系和国内销售网络。 |
| 6 | 百济神州（北京）生物科技有限公司 | 生物医药 | 2011 | 昌平园 | 百济神州公司致力于探索和开发对中国和亚太地区常见癌症有效的新型抗肿瘤药物，属于生物医药产业中专门从事创新药物研发的行业领先企业。拥有国际一流的科研实力、研发团队，完善的科研平台以及全球领先的技术平台和完全创新性的药物研发产品线。有优秀的科研人才，一流的合作伙伴，包括国家“千人计划”1人、北京市“海聚工程”高端人才5人。公司2011年获得美国Merck及默克（默沙东）公司战略投资，具有良好的市场前景。 |
| 7 | 天脉聚源（北京）传媒科技有限公司 | 电子信息 | 2008 | 东城园 | 天脉聚源公司所提供的信息云计算服务处于行业主导地位，其研发的具有独立知识产权的云计算平台得到市场的认可，几乎所有互联网主流门户均采用该公司提供的服务。在广电新媒体领域，包括CNTV、CETV、SMG、BTV等众多国内电视台与其合作。公司自创立以来累计收录了国内外主要电视台2年半的数据，经过技术积累，通过大量数据对模式识别（语言、画面）长期的训练，可达到最高95%的识别准确率，属于行业领先企业。 |
| 8 | 多盟智胜网络技术（北京）有限公司 | 电子信息 | 2010 | 海淀园 | 多盟智胜公司作为中国第一智能手机广告平台，覆盖国内超过80%的智能手机用户，主要通过提供广告主推广信息和APP及用户的精准匹配而获得收益。公司技术领先，流量规模巨大，具备行业先发优势。 |
| 9 | 北京万普隆能源技术有限公司 | 新能源 | 2009 | 海淀园 | 万普隆能源公司核心业务是提供煤层气排采与集输的智能控制设备及软件的研发、生产和销售，其产品是一个可持续升级和扩展的实时监控与智能控制数字化平台。公司研发了适合于煤层气井的数字化、精细化、智能化的排采设备及系统——“煤层气智能排采控制系统”（下位机）和“智能排采综合管理系统”（上位机）。上下位机系统的有机融合，实现了对煤层气的生产智能管控，创建了一个可持续升级和扩充的智能控制数字化平台，实现实时监控、智能排采控制、自动报表、自动预警的功能。公司自主研发的产品属于行业领先地位。 |
| 10 | 北京水木源华电气股份有限公司 | 新能源 | 2008 | 海淀园 | 水木源华公司自主研发生产的智能配电网、智能输电网、智能变电站、智能一次设备等30余种产品，技术在国内处于领先水平，产品包括短路故障指示器系列、电缆型故障指示灯系列、架空故障检测系统系列、电缆型故障监测系统系列、电力设备温度预警系统系列、输电型产品等，其中配电线路自动化终端LTU、激光除冰装置、智能型永磁开关等填补国家智能配电网的多项技术空白。 |

# 中关村十大年度新闻

| 序号 | 新闻名称 | 入选理由 |
|---|---|---|
| 1 | 中央政治局集体学习走进中关村 | 9 月 30 日，中央政治局以实施创新驱动发展战略为主题举行第九次集体学习。这次集体学习首次走出中南海，把“课堂”搬到了中关村，采取调研、讲解、讨论相结合的形式进行。中共中央总书记习近平在主持学习时强调，实施创新驱动发展战略决定着中华民族的前途命运。全党全社会都要充分认识科技创新的巨大作用，敏锐把握世界科技创新发展趋势，紧紧抓住和用好新一轮科技革命和产业变革的机遇，把创新驱动发展作为面向未来的一项重大战略实施好。习近平指出，面向未来，中关村要加大实施创新驱动发展战略力度，加快向具有全球影响力的科技创新中心进军，为在中国实施创新驱动发展战略更好发挥示范引领作用。 |
| 2 | 中关村“新四条”税收政策促创新 | 9 月 29 日，财政部、科技部、税务总局等部委发布支持中关村示范区企业加快创新发展的 4 条新政策，标志中关村“新四条”政策正式出台。“新四条”政策包括：对中关村从事文化产业支撑技术等领域的企业，认定为高新技术企业的，减按 15% 税率征收企业所得税；对中关村有限合伙制创业投资企业的法人合伙人，给予创业投资企业所得税优惠政策；明确将 5 年以上非独占许可使用权转让纳入技术转让所得税优惠政策试点；对中关村中小高新技术企业以未分配利润、盈余公积、资本公积向个人股东转增股本有关个人所得税，可最长不超过 5 年分期缴纳。这是继“1+6”系列先行先试政策之后，中关村新一轮政策创新工作的集中成果。相关政策的落实对于进一步优化中关村创新创业环境，更好发挥先行先试的示范作用具有重要意义。 |
| 3 | 中关村领跑中国互联网金融创新 | 8 月 9 日，包括京东商城、当当网、拉卡拉等在内的 33 家单位发起成立了中关村互联网金融行业协会。这是国内范围内第一家互联网金融的行业组织。以进军互联网金融产业为契机，中关村示范区迈出构建中国互联网金融创新中心的步伐。协会的建立可以整合互联网金融行业发展资源，实现优势互补、合作共赢、协同创新、规范自律。为解决互联网金融模式下企业信用管理问题，中关村互联网金融信用信息平台也于当日启动。未来，中关村管委会还将出台《支持中关村互联网金融产业发展的意见》，并支持企业发起设立基于创新信用机制和大数据运用的互联网银行——中关村银行，主要为科技型、创业型、创新型中小微企业提供全面、快捷、低成本的金融服务。 |
| 4 | 小米身价 3 年翻 36 倍　市值逼近百亿美元 | 8 月 22 日，小米科技完成新一轮融资，整体估值逼近 100 亿美元。成立短短 3 年多的时间，小米科技估值从 2.5 亿美元到 90 亿美元，身价翻了 36 倍，成为国内仅次于百度、阿里巴巴、腾讯的第四大互联网公司。小米科技的快速发展是中关村示范区作为中国最具活力的创新创业中心的一个缩影。作为科技体制改革的试验田，中关村示范区积极探索中国特色的自主创新道路。一是市场配置资源，政产学研协同创新；二是打破束缚，释放活力；三是努力构建创业生态系统，培育创业文化和创业企业家精神。经过多年的培育，中关村示范区的创新环境不断优化，创新效率得到显著提升。2013 年小米科技共销售手机 1870 万台，销售量同比增长 160%，实现含税销售额 316 亿元，同比增长 150%。 |
| 5 | 以市场机制选人才　中关村雏鹰人才工程初显成效 | 中关村雏鹰人才工程在 2013 年全面启动，中关村管委会先后在海淀园、石景山园、望京留学人员创业园进行试点，并结合各区县产业发展特点，遴选创投机构，以市场机制选人才，筛选初创团队。雏鹰人才工程最大的亮点在于以人才为切入点，重点强化市场机制选人才的主导作用。雏鹰人才的认定采取市场化方式，由天使投资、风险投资等投资管理机构推荐，且投资机构投资须向雏鹰人才创办企业投入一定规模的资金。另外，雏鹰人才工程充分发挥了区县政府、高校等机构的共建作用，双方共同选聘并委托专业投资管理机构为雏鹰人才创业提供服务支撑。在资金上，经认定的雏鹰人才可一次性获得创业启动资金支持，一定程度上降低社会资本投资初创企业的风险。中关村雏鹰人才工程实施以来，政府资金撬动社会资本投入效果明显。以石景山园首批雏鹰企业为例，政府提供的 400 万元房租补贴资金，共撬动社会资本总投资 1.4 亿元。高端人才聚集效应也逐渐凸显，从人才分布看，既不乏来自本土知名企业的专业人士和有过多次创业实践的本土创业者，又有来自硅谷的资深技术人才以及曾任职著名跨国科技公司的业内精英。 |

（续表）

| 序号 | 新闻名称 | 入选理由 |
| --- | --- | --- |
| 6 | 首个国家技术转移集聚区落户中关村 | 9月，国家技术转移集聚区和中国国际技术转移中心在中关村揭牌。国家技术转移集聚区是国内首个以技术转移为主要内容的创新资源“集散中心”，是加快建设创新型国家、形成国家技术转移新格局的一项重要战略举措，也是加速传统产业改造升级、抢占战略性新兴产业发展的先机和主动权的重要途径，更是深化科技体制改革、优化科技资源配置、促进科技与经济结合的突破口。聚集区将以中关村西区为核心进行建设，未来将发挥北京创新资源集中、中关村先行先试、中关村西区技术转移活跃三大优势，促进技术、人才、资金、服务4类要素的流动和融合，大幅提高技术转移效率和整体服务能力，带动中国技术转移制度、组织与机制实现全面战略提升。国家技术转移集聚区已经吸引集团总部、研究院及其子公司共43家，大型科技研发类企业107家，科技中介机构117家，金融机构280家。 |
| 7 | 中关村80后上榜《福布斯》 引领青年创业热潮 | 2013年，《福布斯》杂志中文版首度推出“中国30位30岁以下创业者”榜单。中关村示范区10佳青年创业者上榜，数量居国内各地区之首。其中，“Peaklabs实验室”的季逸超、“游卡桌游”的黄恺、“力美广告”的舒义、“聚美优品”的陈欧和“铁血科技”的蒋磊成为连续上榜的国内青年创业者。与整体相比，中关村上榜创业者表现出更为年轻、创业空间主要集中于互联网等特点。《福布斯》指出，中国的年轻创业者更擅长从应用着手，寻找传统产业在网络平台的新应用，并凭借敏锐的市场嗅觉，将传统产业迅速转换为更适应网络市场的运营模式。 |
| 8 | 中关村企业并购升温 中国资本市场崛起中关村板块 | 8月28日，中关村上市公司协会发布《2012年中关村上市公司竞争力报告》。报告显示，中关村上市公司2012年总市值达13554亿元，资产总额达17130亿元，具备规模大、市值高、资产轻等特点和优势，同时手握3100多亿元现金，可用于直接投资，形成万亿级的投资规模。2013年中国资本市场并购十分活跃，中关村示范区企业在资本市场上乘势而上。百度19亿美元全资收购91无线公司，强势布局移动互联网，成为中国互联网史上最大并购案；紫光集团18亿美元收购展讯通信，9.1亿美元收购锐迪科，芯片设计年产值进入全球企业前20。中关村示范区企业并购特点还包括并购战略日趋完善，企业积极开展横向拓展与纵向整合，在全球范围内优化配置人才、技术、市场和品牌等资源。58同城、去哪儿网、天下图等中关村示范区企业陆续在美国和中国香港等地上市，中关村上市公司总数增加到230家，资本市场的“中关村板块”进一步形成。 |
| 9 | 中关村研发出全球精度最高玉米全基因组育种芯片 | 由国家作物分子设计工程技术研究中心首席科学家邓兴旺带领团队研发的世界最高精度玉米全基因组育种芯片获得成功，原来8~10年的育种周期可减少至4~5年，将大幅提升中国种业的育种效率。国内传统的育种方式是由育种专家人工从田间作物里选出一对一对来进行“杂交”，待植株长大后，再根据肉眼辨别、称重等方式识别其性能。而该芯片技术则可从数万个位点对种子基因进行观测，通过芯片检测出杂交种类的基因特性，进一步推动传统“经验育种”方式向“精确育种”方式转变。这种杂交前先验DNA的方法还能够更好地观测到种子的隐性基因、预测后代的特征，为农民减少种植风险。此外，该团队研发的第三代杂交水稻育种技术已进入国家安全认证阶段，最早将于2016年产业化。 |
| 10 | 中关村获2015年IASP年会举办权 国际影响力显著 | 10月17日，中关村管委会获得2015年国际科技园区协会（IASP）年会举办权。这是中关村示范区继1995年、2005年成功举办2届IASP年会之后又一次申办成功。为推进全球资源“高端链接”和“走出去”战略，提高企业对国内外创新资源的整合利用能力，把中关村示范区打造成为全球创新网络的重要节点、国际化高端资源聚集区和全国创新网络的中枢，提供了良好平台。中关村示范区将借此平台，进一步加强与国际知名创新中心的合作，瞄准世界前沿技术，大力引进国际顶尖人才和团队，吸引跨国公司研发中心、国际知名研究机构和产业组织入驻中关村示范区，加速将中关村示范区打造成具有全球影响力的科技创新中心。 |

资料来源：中关村科技园区管理委员会

# 北京地区 2013 年当选中国科学院院士一览表

| 序号 | 姓名 | 专业 | 工作单位 |
|---|---|---|---|
| 数学物理学部 | | | |
| 1 | 向　涛 | 凝聚态理论 | 中国科学院物理研究所 |
| 2 | 汪景琇 | 太阳物理 | 中国科学院国家天文台 |
| 3 | 陈十一 | 力学 | 北京大学 |
| 4 | 欧阳颀 | 凝聚态物理 | 北京大学 |
| 5 | 周向宇 | 基础数学 | 中国科学院数学与系统科学研究院 |
| 化学部 | | | |
| 1 | 方维海 | 物理化学 | 北京师范大学 |
| 2 | 李永舫 | 高分子化学与物理 | 中国科学院化学研究所 |
| 3 | 韩布兴 | 物理化学 | 中国科学院化学研究所 |
| 生命科学和医学学部 | | | |
| 1 | 赵继宗 | 神经外科学 | 首都医科大学 |
| 2 | 施一公 | 生物物理学 | 清华大学 |
| 3 | 高　福 | 病原微生物学与免疫学 | 中国疾病预防控制中心、中国科学院微生物研究所 |
| 4 | 程和平 | 细胞生物学和生物物理学 | 北京大学 |
| 5 | 赫　捷 | 胸外科 | 中国医学科学院肿瘤医院 |
| 地学部 | | | |
| 1 | 王成善 | 沉积学 | 中国地质大学（北京） |
| 2 | 王会军 | 大气科学 | 中国科学院大气物理研究所 |
| 3 | 张培震 | 地震动力学 | 中国地震局地质研究所 |
| 4 | 金之钧 | 石油地质学 | 中国石油化工股份有限公司石油勘探开发研究院 |
| 5 | 周成虎 | 地图学与地理信息系统 | 中国科学院地理科学与资源研究所 |
| 6 | 郭正堂 | 新生代地质与环境 | 中国科学院地质与地球物理研究所 |
| 信息技术科学部 | | | |
| 1 | 王　巍 | 导航、制导与控制 | 中国航天科技集团公司第九研究院 |
| 2 | 尹　浩 | 通信网络与信息系统 | 中国人民解放军总参谋部第六十一研究所 |
| 3 | 龚旗煌 | 非线性光学、超快光子学 | 北京大学 |
| 4 | 谭铁牛 | 模式识别与计算机视觉 | 中国科学院自动化研究所 |
| 技术科学部 | | | |
| 1 | 方岱宁 | 固体力学 | 北京大学 |
| 2 | 邱　勇 | 有机光电材料 | 清华大学 |
| 3 | 何满潮 | 矿山工程岩体力学 | 中国矿业大学（北京） |
| 4 | 金红光 | 工程热物理 | 中国科学院工程热物理研究所 |
| 5 | 高德利 | 油气钻探与开采 | 中国石油大学（北京） |

注：以姓氏笔画为序
资料来源：中国科学院网站

# 北京地区 2013 年当选中国工程院院士一览表

| 序号 | 姓名 | 工作单位 |
|---|---|---|
| 机械与运载工程学部 | | |
| 1 | 樊会涛 | 中国航空工业集团公司 |
| 2 | 徐芑南 | 中国船舶重工集团公司 |
| 3 | 尤　政 | 清华大学 |
| 4 | 张　军 | 北京航空航天大学 |
| 信息与电子工程学部 | | |
| 1 | 丁文华 | 中央电视台 |
| 2 | 费爱国 | 空军装备研究院 |
| 3 | 杨小牛 | 中国电子科技集团公司 |
| 4 | 张广军 | 北京航空航天大学 |
| 5 | 赵沁平 | 教育部 |
| 化工、冶金与材料工程学部 | | |
| 1 | 李仲平 | 中国航天科技集团材料及工艺研究所 |
| 能源与矿业工程学部 | | |
| 1 | 蔡美峰 | 北京科技大学 |
| 2 | 郭剑波 | 国家电网公司中国电力科学研究院 |
| 3 | 李　阳 | 中国石油化工股份有限公司 |
| 4 | 赵文智 | 中国石油天然气股份有限公司 |
| 土木、水利与建筑工程学部 | | |
| 1 | 胡春宏 | 中国水利水电科学研究院 |
| 2 | 聂建国 | 清华大学 |
| 3 | 肖绪文 | 中国建筑股份有限公司 |

（续表）

| 序号 | 姓名 | 工作单位 |
|---|---|---|
| | | 农业学部 |
| 1 | 李德发 | 中国农业大学动物科技学院 |
| | | 医药卫生学部 |
| 1 | 韩德民 | 首都医科大学北京同仁医院 |
| 2 | 胡盛寿 | 中国医学科学院阜外心血管病医院 |
| 3 | 林东昕 | 中国医学科学院肿瘤医院 |
| 4 | 王　辰 | 北京医院 |
| | | 工程管理学部 |
| 1 | 曹耀峰 | 中国石油化工集团公司 |
| 2 | 黄维和 | 中国石油天然气股份有限公司 |
| 3 | 周建平 | 中国载人航天工程办公室 |

注：按汉语拼音排序
资料来源：中国工程院网站

# 国家部分机构全称简称对照表

| 序号 | 全　称 | 简　称 |
|---|---|---|
| 1 | 中华人民共和国国务院 | 国务院 |
| 2 | 中华人民共和国国防部 | 国防部 |
| 3 | 中华人民共和国国家发展和改革委员会 | 发展改革委 |
| 4 | 中华人民共和国教育部 | 教育部 |
| 5 | 中华人民共和国科学技术部 | 科技部 |
| 6 | 中华人民共和国工业和信息化部 | 工业和信息化部 |
| 7 | 中华人民共和国公安部 | 公安部 |
| 8 | 中华人民共和国民政部 | 民政部 |
| 9 | 中华人民共和国司法部 | 司法部 |
| 10 | 中华人民共和国财政部 | 财政部 |
| 11 | 中华人民共和国人力资源和社会保障部 | 人力资源社会保障部 |
| 12 | 中华人民共和国国土资源部 | 国土资源部 |
| 13 | 中华人民共和国环境保护部 | 环境保护部 |
| 14 | 中华人民共和国住房和城乡建设部 | 住房城乡建设部 |
| 15 | 中华人民共和国交通运输部 | 交通运输部 |
| 16 | 中华人民共和国水利部 | 水利部 |
| 17 | 中华人民共和国农业部 | 农业部 |
| 18 | 中华人民共和国商务部 | 商务部 |
| 19 | 中华人民共和国文化部 | 文化部 |
| 20 | 中华人民共和国国家卫生和计划生育委员会 | 国家卫生计生委 |
| 21 | 中国人民银行 | 人民银行 |
| 22 | 国务院国有资产监督管理委员会 | 国资委 |
| 23 | 中华人民共和国海关总署 | 海关总署 |
| 24 | 国家税务总局 | 税务总局 |
| 25 | 国家工商行政管理总局 | 工商总局 |
| 26 | 国家质量监督检验检疫总局 | 质检总局 |
| 27 | 国家新闻出版广电总局（国家版权局） | 新闻出版广电总局（版权局） |
| 28 | 国家食品药品监督管理总局 | 食品药品监管总局 |
| 29 | 国家统计局 | 统计局 |
| 30 | 国家林业局 | 林业局 |
| 31 | 国家知识产权局 | 知识产权局 |
| 32 | 国家旅游局 | 旅游局 |
| 33 | 国务院侨务办公室 | 国侨办 |
| 34 | 国务院台湾事务办公室 | 国台办 |
| 35 | 国务院港澳事务办公室 | 国务院港澳办 |
| 36 | 国务院法制办公室 | 国务院法制办 |
| 37 | 新华通讯社 | 新华社 |
| 38 | 中国科学院 | 中科院 |
| 39 | 中国社会科学院 | 社科院 |
| 40 | 中国工程院 | 工程院 |
| 41 | 中华人民共和国国务院发展研究中心 | 国务院发展研究中心 |
| 42 | 国家行政学院 | 行政学院 |
| 43 | 中国地震局 | 地震局 |
| 44 | 中国气象局 | 气象局 |
| 45 | 中国银行业监督管理委员会 | 银监会 |
| 46 | 中国证券监督管理委员会 | 证监会 |
| 47 | 中国保险监督管理委员会 | 保监会 |
| 48 | 国家自然科学基金委员会 | 自然科学基金委 |
| 49 | 中国国家标准化管理委员会 | 国家标准委 |

资料来源：中央人民政府门户网站

# 北京市部分机构全称简称对照表

| 序号 | 全 称 | 简 称 |
|---|---|---|
| 1 | 中共北京市委员会 | 市委 |
| 2 | 北京市人民代表大会 | 市人大 |
| 3 | 中共北京市委组织部 | 市委组织部 |
| 4 | 中共北京市委政法委员会 | 市委政法委 |
| 5 | 中国人民政治协商会议北京市委员会 | 市政协 |
| 6 | 北京市机构编制委员会办公室 | 市编办 |
| 7 | 首都精神文明建设委员会办公室 | 首都文明办 |
| 8 | 北京市人民政府新闻办公室（北京市委宣传部） | 市政府新闻办公室（市委宣传部） |
| 9 | 北京市人民政府 | 市政府 |
| 10 | 北京市发展和改革委员会 | 市发展改革委 |
| 11 | 北京市教育委员会 | 市教委 |
| 12 | 北京市科学技术委员会 | 市科委 |
| 13 | 北京市经济和信息化委员会（北京市国防科学技术工业办公室） | 市经济信息化委（市国防科工办） |
| 14 | 北京市公安局 | 市公安局 |
| 15 | 北京市监察局（中共北京市纪律检查委员会） | 市监察局（市纪委） |
| 16 | 北京市民政局 | 市民政局 |
| 17 | 北京市司法局 | 市司法局 |
| 18 | 北京市财政局 | 市财政局 |
| 19 | 北京市人力资源和社会保障局 | 市人力社保局 |
| 20 | 北京市国土资源局 | 市国土局 |
| 21 | 北京市环境保护局 | 市环保局 |
| 22 | 北京市规划委员会（首都规划建设委员会办公室） | 市规划委（首规委办） |
| 23 | 北京市住房和城乡建设委员会（北京市人民政府住房制度改革办公室） | 市住房城乡建设委（市政府房改办） |
| 24 | 北京市交通委员会 | 市交通委 |
| 25 | 北京市农村工作委员会 | 市农委 |
| 26 | 北京市水务局 | 市水务局 |
| 27 | 北京市商务委员会（北京市人民政府口岸办公室） | 市商务委（市政府口岸办） |
| 28 | 北京市文化局 | 市文化局 |
| 29 | 北京市卫生和计划生育委员会 | 市卫生计生委 |
| 30 | 北京市审计局 | 市审计局 |
| 31 | 北京市人民政府外事办公室（北京市人民政府港澳事务办公室） | 市政府外办（市政府港澳办） |
| 32 | 北京市社会建设工作办公室 | 市社会办 |
| 33 | 北京市人民政府国有资产监督管理委员会 | 市国资委 |
| 34 | 北京市地方税务局 | 市地税局 |
| 35 | 北京市工商行政管理局 | 市工商局 |
| 36 | 北京市质量技术监督局 | 市质监局 |
| 37 | 北京市新闻出版广电局（北京市版权局） | 市新闻出版广电局（市版权局） |
| 38 | 北京市统计局 | 市统计局 |
| 39 | 北京市园林绿化局（首都绿化委员会办公室） | 市园林绿化局（首都绿化办） |
| 40 | 北京市金融工作局 | 市金融局 |
| 41 | 北京市知识产权局 | 市知识产权局 |
| 42 | 北京市人民政府法制办公室 | 市政府法制办 |
| 43 | 北京市人民政府研究室 | 市政府研究室 |
| 44 | 中关村科技园区管理委员会 | 中关村管委会 |
| 45 | 北京经济技术开发区管理委员会 | 经济技术开发区管委会 |
| 46 | 北京市农业局 | 市农业局 |
| 47 | 北京市粮食局 | 市粮食局 |
| 48 | 北京市食品药品监督管理局 | 市食品药品监管局 |
| 49 | 北京市中医管理局 | 市中医局 |
| 50 | 北京市重大项目建设指挥部办公室 | 市重大项目办 |
| 51 | 北京市南水北调工程建设委员会办公室 | 市南水北调办 |

（续表）

| 序号 | 全　称 | 简　称 |
|---|---|---|
| 52 | 北京市档案局 | 市档案局 |
| 53 | 北京市公园管理中心 | 市公园管理中心 |
| 54 | 北京市投资促进局 | 市投资促进局 |
| 55 | 北京市地方志编纂委员会办公室 | 市地方志办 |
| 56 | 北京市政府采购中心 | 市政府采购中心 |
| 57 | 北京市国家税务局 | 市国税局 |
| 58 | 北京市气象局 | 市气象局 |
| 59 | 北京市人民政府台湾事务办公室 | 市台办 |
| 60 | 中华人民共和国北京海关 | 北京海关 |
| 61 | 北京市人民检察院 | 市人民检察院 |
| 62 | 北京市高级人民法院 | 市高级人民法院 |
| 63 | 北京市总工会 | 市总工会 |
| 64 | 共青团北京市委员会 | 团市委 |
| 65 | 北京市妇女联合会 | 市妇联 |
| 66 | 北京市科学技术协会 | 市科协 |
| 67 | 北京市社会科学界联合会 | 市社科联 |

资料来源：首都之窗网站

# 索引
# Index

## 说明

1. 本索引采取主题索引也称内容分析索引法编制，索引词以《中关村国家自主创新示范区年鉴2014》版正文中出现的专业名词、名词词组、机构名称等为主。

2. 特载、大事记、统计资料及附录内容不在索引标注之内。

3. 本索引按汉语拼音音序排列。汉字的标目（索引词）按首字的音序、音调依次排列，首字相同时，则以第二字排序，以此类推。以阿拉伯数字打头的索引词，排在最前面，以英文字母打头的索引词，列于其次。

4. 本索引的文字部分为标目，即所要查找的内容，标目之后的数字，表示该标目所在正文中的页码（地址页）。



### A



### B

## C



## D

## E



## F



## G

## H



## J

K



L



M



N

## T



## W

## X



## Y

## Z

# 《中关村国家自主创新示范区年鉴》

获第六届、第七届

全国年鉴编校质量检查评比

## 特 等 奖

获北京市首届年鉴综合质量评比

## 特 等 奖

**编辑部地址**：北京市海淀区西三环北路27号

北科大厦1006室

**邮 政 编 码**：100089

**电　　　话**：010－68451257　010－88827911

**传　　　真**：010－88827947

**电 子 邮 箱**：bjkjz007@sina.com

**网　　　址**：yqz.zgc.gov.cn